文/白/对/照

容齋随筆

初笔

〔宋〕洪　迈　著
王兴亚　主编

团结出版社

序 言

《容斋随笔》是毛泽东生前长期珍藏爱读的一部古籍，也是他老人家临终前13天还提出要读的最后一部书。

《容斋随笔》是古代文言笔记小说，宋朝洪迈撰，共“五笔”，74卷，1220则。据作者自述，全书完成历时逾四十年，是他多年博览群书、经世致用的智慧和汗水的结晶。

洪迈（1123年—1202年），字景卢，号容斋，别号野处，谥号“文敏”。宋饶州鄱阳（今江西鄱阳）人。出生在一个官宦家庭。他的父亲洪皓，徽宗政和五年（1111年）考中进士，官至礼部尚书，奉命出使金国，被扣留长达15年之久，饱尝人间辛酸，坚强不屈，后遇金国大败，才得以南归。之后，因斥责秦桧与金勾结的行径，被贬斥。著有《鄱阳集》《松漠纪闻》等。他的两个哥哥，都在高宗绍兴十二年（1142年）考中博学鸿词科进士，是朝廷命官，又是知名学者。长兄洪适，官至尚书仆射同中书门下平章事兼枢密使，著有《盘洲集》《隶释》等。次兄洪遵，曾为秘书省正字，历起居舍人、中书舍人，官至枢密副使、资政殿学士，喜收藏历代钱币，著有《翰苑群书》等。

洪迈是洪皓最小的儿子。他出生在这样一个官宦家庭，自幼受正统教育，有方便的学习条件和博览群书的机会。再加上他天资聪敏，勤奋好学，每日读书数千言，过目不忘，所以，在他青年时代，就“博极载籍，虽稗官虞初，释老旁行，靡不涉猎”，从而，形成了良好的知识结构。23岁那年，即绍兴十五年，考中博学鸿词科进士，步入仕途。历两浙转运司干办公事，入为敕令所删定官。后因其父洪皓遭贬而被降调为福州教授，召入左司员外郎、起居舍人、中书舍人兼侍读、直学士院。复出知赣州（今江西赣州）、婺州（今浙江金华），再召入史馆，参与《四朝国史》的修撰，终以端明殿学士致仕，在家从事著述。

洪迈一生，勤于治学，思路开阔，志趣广泛，著述甚富。辑有《万首唐人绝句》《史记法语》《经子法语》；著有《夷坚志》《野处类稿》《容斋随笔》《容斋诗话》《容斋四六丛谈》《糖霜谱》《俗考》等。所谓《容斋随笔》便是他的笔记荟萃。

笔记自汉魏以降已有这种体裁，宋代达于极盛。它的题材广泛，可以说是四部中史部的杂史，子部中的杂家和小说家，兼而有之。洪迈之所以以随笔作为自己著作的名称，是“谦言顺笔录之”的意思。《容斋随笔》是个总称。它包括《随笔》（一笔）、《续笔》（二笔）、《三笔》、《四笔》、《五笔》五部分。一笔成书于孝宗淳熙七年（1180年），刊刻于婺州，传入禁中，为孝宗皇帝所“御览”，并且得到孝宗皇帝的称赞。这对作为朝廷命官的洪迈来说，是一个莫大的鼓舞，促使他更加坚定了继续写下去的决心，于是该书继一笔之后又有续笔、三笔、四笔、五笔之作。按照他的原定计划，每笔写16卷，前四笔都是这样编定的，至于五笔，他因病魔缠身，夺去生命，只完成了10卷，这样，就使该书凡五笔，共74卷。

《容斋随笔》全书50余万言，不是一次编定的。据他本人自述，《随笔》汇集了他18年的读书心得，于淳熙七年编次成书。《续笔》用了13年时间，于光宗绍熙三年（1192年）三月编次而成。《三笔》用了5年时间，于宁宗庆元二年（1196年）六月编次而成。《四笔》“不费一岁”，于庆元三年（1197年）九月编次而成。《五笔》的写作时间，洪迈没有明言，当在四笔完成之后至嘉泰二年（1202年）去世期间。全书撰写持续了40余年时间。

《容斋随笔》的内容十分丰富。明人李瀚在谈到该书内容时说：洪迈“聚天下之书而遍阅之，搜悉异闻，考核经史，捃拾典故，值言之最者必札之，遇事之奇者必摘之，虽诗词、文翰、历谶、卜医，钩纂不遗，从而评之。”清人洪璟说：“其书自经史典故，诸子百家之言，以及诗词、文翰、医卜星历之类，无不记载，而多所辨证。”这些概括，清晰地说明了该书的取材，不仅有《四书》《五经》儒家经典著作，官私所撰的史书，诸子百家著述，而且还有文人的诗集、词集、文集，以及医学、占卜、天文、历法等自然科学方面的著述。取材设目的原则是“搜悉异闻，考核经史、捃拾典故，值言之最者必札之，遇事之奇者必摘之”，也就是说求新求实。就其所记内容而言，涉及政治、经济、军事、文化、自然和社会的方方面面。既着重于对宋代典章制度、官场见闻、社会风尚的记述，又有对宋代以前王朝废兴、人物轶事、制度沿革的记述；既有广征博引、去伪求真的考订，又有持之有据、如情如理的分析。不仅有许多材料为官修史书所不载，而且对一些历史经验的总结亦颇多见解，是我国古代笔记小说中不可多得的珍品。

正是由于它资料丰富，考订确切，议论精当，所以它一经问世，就在朝野上下引起强烈的反响。南宋淳熙十四年，孝宗皇帝见到刊刻的《随笔》后，就为它的内容所吸引，称赞它有很好的议论，热情鼓励洪迈继续写下去。嘉定五年（1212年）十一月，宝谟阁直学士、太中大夫、提举隆兴府玉隆万寿宫何异称赞该书："可以稽典故，可以广闻见，可以证讹谬，可以膏笔端"（何异《容斋随笔总序》）。明弘治十一年十月，李瀚亦称赞该书："可劝可戒，可喜可愕，可以广见闻，可以证讹谬，可以祛疑贰，其于世教未尝无所裨补"（李瀚《容斋随笔旧序》）。清代《四库全书》的纂修者纪昀等将该书辑入《四库全书》时，亦高度评价它是南宋笔记小说之冠。毛泽东在战争年代，得到该书，也为它的丰富内容所吸引，一直把它带在身旁，不时进行翻阅。在不少卷页上，留下了他老人家用黑铅笔划上的圈、点和竖杠。甚至当他身患重病，临终前13天还提出要看这部书。

宋代笔记种类甚多。据有人统计，流传至今的，不下300部。而《容斋随笔》问世700年来，之所以为学者、官员及普通人所推崇，为执政者所青睐，并不是偶然的，归根结底，就在于它本身具有的特殊魅力。这种魅力的集中表现：一是它辑录、保存了许多珍贵资料，其中有不少为正史所不载，可以用来补充正史所记之遗缺，匡正正史所记之讹误，也就是说它具有较高的资料价值。

二是它以笔记的形式，广采博辑，立论新颖，构思精密，简明扼要，实事求是地总结历史经验教训，提出了许多令人深思的问题，丰富了人们的智慧，扩大了人们的视野，使各个不同社会阶层的人都能从中得到有益的启迪。这也就是说它具有较广泛的欣赏价值和使用价值。也正是因为这样，今天我们将它重新校点，全文译出，以飨广大读者。

该书成书后，屡经刊刻重印，见于著录的，主要有：

1.宋嘉定五年马巽甫刻本。（万有文库本、1955年商务印书馆重印本，均据此本刊印。）

2.明弘治十一年李瀚刻本。

3.清康熙三十九年洪璟刻本。

4.清《四库全书》本。

5.清乾隆五十九年扫叶山房重刻本。

6.清同治至宣统洪氏晦木山房丛书本。

7.《四部丛刊续编》（1934年）本。

8.民国笔记小说大观（第五辑）本。

本书校译，以同治年间洪氏晦木山房丛书本为底本，参照其它本子，凡是有明显脱漏讹误的，直接改正，不作校记一一注明。

本书译文采取直译与意译相结合，以直译为主。鉴于笔记为随笔所录，言事不象写史那样有头有尾，结构严谨，引文也不象写史那样严格一字不误，往往取其大义。为了通顺可读，在译出时作了某些必要的补充。全书译文，力求将科学性、学术性、可读性、通俗性融为一体。

参与本书校译的有的是知名的专家、学者，有的是有志于古籍整理与研究的中青年新秀。为着同一个目标，相互切磋，反复推敲，有的数易其稿，不厌其烦，从而保证了校译的顺利进行。本书在校译的过程中，有许多具体工作是戴庞海同志做的。

诚然，我与参加该书校译的所有同志，为做出一个好的标点、译文本，尽了最大的努力，但是，由于水平所限，文中校勘失当或译文欠妥之处，在所难免，敬请广大读者示正。

王兴亚

1993年10月

目 录

卷一（二十九则）

欧率更帖 …… 2
罗处士志 …… 2
唐平蛮碑 …… 4
半择迦 …… 4
六十四种恶口 …… 4
八月端午 …… 6
赞公少公 …… 6
郭璞葬地 …… 6
黄鲁直诗 …… 8
禹治水 …… 8
敕勒歌 …… 10
浅妄书 …… 12
五臣注文选 …… 12
文烦简有当 …… 14
地险 …… 14
史记世次 …… 16
解释经旨 …… 18
坤动也刚 …… 18
乐天侍儿 …… 20
白公咏史 …… 20
十年为一秩 …… 22
裴晋公禊事 …… 22
司字作入声 …… 24
乐天新居诗 …… 24
黄纸除书 …… 24
白用杜句 …… 26
唐人重服章 …… 26
诗谶不然 …… 26
青龙寺诗 …… 28

卷二（二十四则）

唐重牡丹 …… 30
长歌之哀 …… 32
韦苏州 …… 32
古行宫诗 …… 34
隔是 …… 34
张良无后 …… 34
周亚夫 …… 36
汉轻族人 …… 36
漏泄禁中语 …… 38
田叔 …… 38
孟舒魏尚 …… 40
秦用他国人 …… 40
曹参赵括 …… 42
信近于义 …… 44
刚毅近仁 …… 44
忠恕违道 …… 46
求为可知 …… 48
里仁 …… 48
汉采众议 …… 48
汉母后 …… 52
田千秋郅恽 …… 54
戾太子 …… 54
灌夫任安 …… 56
单于朝汉 …… 56

卷三（二十一则）

进士试题 …… 58
儒人论佛书 …… 60
和归去来 …… 60
四海一也 …… 60
李太白 …… 62
太白雪谗 …… 62
冉有问卫君 …… 64
商颂 …… 64
俗语有所本 …… 66
鄱阳学 …… 66
国忌休务 …… 68
汉昭顺二帝 …… 68
三女后之贤 …… 70
贤父兄子弟 …… 70

蔡君谟帖 …… 74
亲王与从官往还 …… 74
三传记事 …… 74
张嘉贞 …… 78
张九龄作牛公碑 …… 80
唐人告命 …… 80
典章轻废 …… 82

卷四（二十三则）

张浮休书 …… 84
温公客位榜 …… 86
李颀诗 …… 86
诗中用茱萸字 …… 86
鬼宿度河 …… 88
府名军额 …… 90
马融皇甫规 …… 90
孟蜀避唐讳 …… 92
翰苑亲近 …… 92
宁馨阿堵 …… 94
风毛 …… 94
牛米 …… 96
石鼓歌过实 …… 96
送孟东野序 …… 96
喷嚏 …… 98
野史不可信 …… 98
谤书 …… 102
王文正公 …… 102
晋文公 …… 104
南夷服诸葛 …… 104
二疏赞 …… 106
李宓伐南诏 …… 106
浮梁陶器 …… 110

卷五（二十五则）

汉唐八相 …… 112
六卦有坎 …… 112
晋之亡与秦隋异 …… 114
上官桀 …… 114
金日磾 …… 116
汉宣帝忌昌邑王 …… 116

平津侯…… 116
韩信周瑜 …… 118
汉武赏功明白…… 120
周召房杜 …… 120
三代书同文 …… 122
周世中国地 …… 122
李后主梁武帝…… 124
诗什 …… 124
易举正…… 124
其惟圣人乎 …… 128
易说卦…… 128
元二之灾 …… 130
圣人污…… 132
廿卅卌字 …… 134
字省文…… 134
负剑辟咡 …… 134
国初人至诚 …… 136
史馆玉牒所 …… 138
稗沙门…… 138

卷六（十九则）

建武中元 …… 140
带职人转官 …… 142
上下四方 …… 142
魏相萧望之 …… 144
姓氏不可考 …… 146
畏无难…… 148
绿竹青青 …… 148
孔子欲讨齐 …… 150
韩退之…… 152
诞节受贺 …… 154
左氏书事 …… 156
狐突言词有味…… 158
宣发 …… 160
郗文公楚昭王…… 160
杜悰 …… 162
唐书世系表 …… 164
鲁昭公…… 168
州县失故名 …… 168
严州当为庄 …… 168

卷七（十八则）

孟子书百里奚…… 172
韩柳为文之旨…… 172
李习之论文…… 174
魏郑公谏语…… 176
虞世南…… 178
七发…… 178
将军官称…… 180
北道主人…… 182
洛中盱江八贤…… 184
王导小名…… 188
汉书用字…… 190
姜嫄简狄…… 190
羌庆同音…… 192
佐命元臣…… 194
名世英宰…… 196
檀弓误字…… 198
薛能诗…… 198
汉晋太常…… 202

卷八（十五则）

诸葛公…… 206
沐浴佩玉…… 208
谈丛失实…… 210
石砮…… 214
陶渊明…… 216
东晋将相…… 218
赏鱼袋…… 220
浯溪留题…… 220
皇甫湜诗…… 222
人物以义为名…… 222
人君寿考…… 224
韩文公佚事…… 224
论韩公文…… 228
治生从宦…… 232
真宗末年…… 232

卷九（二十八则）

霍光赏功 …………………… 236
尺棰取半 …………………… 236
汉文失材 …………………… 236
陈轸之说疏 ………………… 238
颜率儿童之见……………… 240
皇甫湜正闰论……………… 240
简师之贤 …………………… 242
老人推恩 …………………… 244
唐三杰……………………… 244
忠义出天资 ………………… 246
刘歆不孝 …………………… 246
汉法恶诞谩 ………………… 248
汉官名……………………… 248
五胡乱华 …………………… 250
石宣为彗 …………………… 250
三公改它官 ………………… 252
带职致仕 …………………… 252
朋友之义 …………………… 252
高科得人 …………………… 254
辛庆忌……………………… 256
楚怀王……………………… 256
范增非人杰 ………………… 258
翰苑故事 …………………… 260
唐扬州之盛 ………………… 260
张祜诗……………………… 260
古人无忌讳 ………………… 262
宰我不诈 …………………… 264
李益卢纶诗 ………………… 264

卷十（二十则）

杨彪陈群 …………………… 266
爰盎温峤 …………………… 266
日饮亡何 …………………… 268
爰盎小人 …………………… 268
唐书判……………………… 270
古彝器……………………… 270
玉蕊杜鹃 …………………… 272
礼寺失职 …………………… 272
徐凝诗……………………… 274
梅花横参 …………………… 276

致仕之失 …… 276
南班宗室 …… 280
省郎称谓 …… 280
水衡都尉二事 …… 282
程婴杵臼 …… 282
战国自取亡 …… 284
临敌易将 …… 286
司空表圣诗 …… 288
汉丞相 …… 288
册礼不讲 …… 290

卷十一（十六则）

将帅贪功 …… 292
汉二帝治盗 …… 294
汉唐封禅 …… 294
汉封禅记 …… 298
杨虞卿 …… 300
屯蒙二卦 …… 302
汉诽谤法 …… 302
谊向触讳 …… 304
小贞大贞 …… 306
唐诗戏语 …… 308
何进高叡 …… 310
南乡掾史 …… 312
汉景帝忍杀 …… 312
燕昭汉光武之明 …… 314
周南召南 …… 316
易中爻 …… 316

卷十二（十八则）

利涉大川 …… 320
光武弃冯衍 …… 320
恭显议萧望之 …… 322
晁错张汤 …… 324
逸诗书 …… 324
刑罚四卦 …… 326
巽为鱼 …… 326
三省长官 …… 328
王珪李靖 …… 330
虎夔藩 …… 332

曹操用人 ………… 334
汉士择所从 ………… 336
刘公荣 ………… 340
元丰官制 ………… 342
耳馀袁刘 ………… 342
周汉存国 ………… 342
曹操杀杨修 ………… 344
古人重国体 ………… 346

卷十三（十八则）

谏说之难 ………… 350
韩馥刘璋 ………… 354
萧房知人 ………… 354
俞似诗 ………… 356
吴激小词 ………… 356
君子为国 ………… 358
兑为羊 ………… 358
晏子杨雄 ………… 360
一以贯之 ………… 362
裴潜陆俟 ………… 364
拔亡为存 ………… 366
孙吴四英将 ………… 366
东坡罗浮诗 ………… 368
魏明帝容谏 ………… 370
汉世谋于众 ………… 372
国朝会要 ………… 374
孙膑减灶 ………… 374
虫鸟之智 ………… 376

卷十四（十七则）

张文潜论诗 ………… 378
汉祖三诈 ………… 378
有心避祸 ………… 380
蹇解之险 ………… 380
士之处世 ………… 382
张全义治洛 ………… 382
博古图 ………… 386
士大夫论利害 ………… 388
舒元舆文 ………… 390
绝唱不可和 ………… 390
赠典轻重 ………… 392
扬之水 ………… 394

李陵诗…… 394
大曲伊凉 …… 396
元次山元子 …… 396
次山谢表 …… 398
光武仁君 …… 402

卷十五（十九则）

张文潜哦苏杜诗 …… 404
任安田仁 …… 406
杜延年杜钦 …… 406
范晔作史 …… 408
唐诗人有名不显者 …… 410
苏子由诗 …… 412
呼君为尔汝 …… 412
世事不可料 …… 414
蔡君谟帖语 …… 416
孔氏野史 …… 418
有若 …… 420
张天觉为人 …… 422
为文论事 …… 424
连昌宫词 …… 428
二士共谈 …… 428
张子韶祭文 …… 430
京师老吏 …… 430
曹操唐庄宗 …… 432
云中守魏尚 …… 434

卷十六（十九则）

文章小伎 …… 436
三长月…… 438
兄弟直西垣 …… 440
续树萱录 …… 440
馆职名存 …… 442
南宫适…… 444
吴王殿…… 446
王卫尉…… 446
前代为监 …… 448
治盗法不同 …… 450
和诗当和意 …… 452
稷有天下 …… 454

一世人材 ………………………… 454
王逢原……………………………… 456
吏文可笑 ………………………… 456
靖康时事 ………………………… 458
并韶 ……………………………… 458
谶纬之学 ………………………… 460
真假皆妄 ………………………… 462

容斋随笔

卷一（二十九则）

欧率更帖

临川《石刻杂法帖》一卷，载欧阳率更一帖云："年二十余，至鄱阳，地沃土平，饮食丰贱，众士往往凑聚。每日赏华，恣口所须。其二张才华议论，一时俊杰；殷、薛二侯，故不可言；戴君国士，出言便是月旦；萧中郎颇纵放诞，亦有雅致；彭君摛藻，特有自然，至如《阁山神》诗，先辈亦不能加。此数子遂无一在，殊使痛心。"兹盖吾乡故实也。

罗处士志

襄阳有《隋处士罗君墓志》曰："君讳靖，字礼，襄阳广昌人。高祖长卿，齐饶州刺史。曾祖弘智，梁殿中将军。祖养，父靖，学优不仕，有名当代。"碑字画劲楷，类褚河南。然父子皆名靖，为不可晓。拓拔魏安同父名屈，同之长子亦名屈，祖孙同名，胡人无足言者，但罗君不应尔也。

欧率更帖

临川（今江西临川县）县的石刻中，羼杂一卷法帖，刊载了欧阳询（曾任太子率更令）的一份字帖，帖上说："我二十多岁的时候，到了鄱阳，这里土地肥沃平坦，饮食既丰富又便宜，许多读书人时常集会，每天赏花饮酒，大饱口福。其中有两个姓张的，议论风生，很有才华，实是当代不可多得的人才；姓殷、姓薛的两位士人，自不必说；戴君也是杰出的人才，每有评说，一发言就成定论；萧中郎狂放不羁，很有文雅的风度；彭先生满腹经纶，文章十分自然。像《阁山神诗》，前辈名人，也超不过他。这些名士一个在世的也没有了，着实让人痛心。"所有这些，都是我们乡里值得称道的旧事呀！

罗处士志

襄阳（今湖北襄樊市）有《隋处士罗君墓志》，志文说："罗君名靖，字礼，襄阳广昌（今湖北枣阳）人，高祖长卿，南齐饶州刺史。曾祖弘智，南朝梁殿中将军。祖父养，父亲靖，学问都很好，没有做官，当时很有名望。"碑上的字画工整有力，很像河南褚遂良。然而父子名都为靖，却让人不理解。拓拔魏的安同，父亲名屈，安同的长子也名屈，祖父与孙子同名，在胡人是无所谓的，但罗君却不应该如此。

唐平蛮碑

成都有唐《平南蛮碑》，开元十九年，剑南节度副大使张敬忠所立。时南蛮大酋长染、浪州刺史杨盛颠为边患，明皇遣内常侍高守信为南道招慰处置使以讨之，拔其九城。此事《新》《旧唐书》及野史皆不载。肃宗以鱼朝恩为观军容处置使，宪宗用吐突承璀为招讨使，议者讥其以中人主兵柄，不知明皇用守信盖有以启，之也。裴光庭、萧嵩时为相，无足责者。杨氏苗裔，至今犹连“晟”字云。

半择迦

《大般若经》云：梵言“扇搋半择迦”，唐言黄门。其类有五：一曰半择迦，总名也，有男根用而不生子；二曰伊利沙半择迦，此云妒，谓他行欲即发，不见即无，亦具男根而不生子；三曰扇搋半择迦，谓本来男根不满，亦不能生子；四曰博叉半择迦，谓半月能男，半月不能男；五曰留拏半择迦，此云割，谓被割刑者。此五种黄门，名为人中恶趣受身处。搋音丑皆反。

六十四种恶口

《大集经》载六十四种恶口之业，曰：粗语、软语、非时语、妄语、漏语、大语、高语、轻语、破语、不了语、散语、低语、仰语、错语、恶语、畏语、吃语、诤语、谄语、诳语、恼

唐平蛮碑

成都有唐朝的《平南蛮碑》，是唐玄宗开元十九年，剑南节度副大使张敬忠立的。当时南蛮大酋长染、浪州刺史杨盛颠侵扰边境，唐明皇派内常侍高守信任南道招慰为处置使去讨伐，攻下了九座城池。此事《新唐书》《旧唐书》及野史都没有记载。唐肃宗用鱼朝恩任观军容为处置使，唐宪宗用吐突承璀任招讨使，评议的人讽刺他们用太监掌握兵权，却不知道这是唐玄宗任用高守信，开启了先例。裴光庭、萧嵩在当时为丞相，不足责备。杨氏苗族后裔，直到现在，名字上都还连着“晟”字呢！

半择迦

《大般若经》说：梵言“扇搋半择迦”，汉语是黄门（天阉），类别有五种：其一名半择迦，这是总名，指有男性生殖器，能性交而不能生孩子；其二名伊利沙半择迦，汉语名为妒，是说性交时即将射精，忽然不振，也有男性生殖器，但不能生孩子；其三名扇搋半择迦，指本来男性生殖器很小，也不能生孩子；其四名博叉半择迦，指半月能性交，半月不能性交；其五名留拏半择迦，即说的“阉割”，指受了“腐刑”（割去生殖器）的人。此五种黄门，即为人类中的恶境应在了自己的身上。搋，音丑皆反。

六十四种恶口

《大集经》（也名《大方等大集经》）记载了六十四种骂人恼人的罪过话，名目是：粗语、软语、非时语、妄语、漏语、大语、高语、轻语、破语、不了语、散语、低语、仰语、错语、恶语、语、怯语、邪语、罪语、哑语、人语、烧语、地语、狱语、虚语、慢语、不爱语、说罪咎语、失语、别离语、利害语、两舌语、无义语、无护语、喜语、狂语、杀语、害语、系语、闲语、缚语、打语、歌语、非法语、自赞叹语、说他过语、说三宝语。

八月端午

唐玄宗以八月五日生，以其日为千秋节。张说《上大衍历序》云："谨以开元十六年八月端午赤光照室之夜献之。"《唐类表》有宋璟《请以八月五日为千秋节表》云："月惟仲秋，日在端午。"然则凡月之五日皆可称端午也。

赞公少公

唐人呼县令为明府，丞为赞府，尉为少府。《李太白集》有《饯阳曲王赞公贾少公石艾尹少公序》。盖阳曲丞、尉，石艾尉也。"赞公"、"少公"之语益奇。

郭璞葬地

《世说》："郭景纯过江，居于暨阳。墓去水不盈百步，时人以为近水，景纯曰：'将当为陆。'今沙涨，去墓数十里皆为桑田。"此说盖以郭为先知也。世传《锦囊葬经》为郭所著，行山卜宅兆者印为元龟。然郭能知水之为陆，独不能畏语、吃语、诤语、谄语、诳语、恼语、怯语、邪语、罪语、哑语、人语、烧语、地语、狱语、虚语、慢语、不爱语、说罪咎语、失语、别离语、利害语、两舌语、无义语、无护语、喜语、狂语、杀语、害语、系语、闲语、缚语、打语、歌语、非法语、自赞叹语、说他过语、说三宝语。

八月端午

唐玄宗因为是八月初五降生的，便把这一天定为千秋节。张说《上大衍历序》说：“谨在开元十六年八月端午，皇帝诞生的夜晚，献上大衍历。”《唐类表》有宋璟《请以八月五日为千秋节表》说：“月惟仲秋，日在端午。”如果这样，那么每月的初五都可以叫端午了。

赞公少公

唐人称呼县令为明府，县丞为赞府，县尉为少府。《李太白集》有《饯阳曲王赞公贾少公石艾尹少公序》。这是饯别阳曲县丞、县尉和石艾县尉的。这里变“赞府”、“少府”为“赞公”、“少公”，称呼就更离奇了。

郭璞葬地

《世说新语》记载：“郭景纯南渡后，住在暨阳（今江苏江阴县东），墓地距江水不满一百步，当时人都认为距水太近。郭景纯说：‘这里不久就会变成陆地的。’现在泥沙上涨了，离墓地几十里都成了良田。”这种说法，是把郭璞看成未卜先知。社会上传说，《锦囊葬经》是郭璞所著，看坟地卜宅基的，把它奉为卜吉以免其非命乎？厕上衔刀之见浅矣。

黄鲁直诗

徐陵《鸳鸯赋》云："山鸡映水那相得，孤鸾照镜不成双。天下真成长会合，无胜比翼两鸳鸯。"黄鲁直《题画睡鸭》曰："山鸡照影空自爱，孤鸾舞镜不作双。天下真成长会合，两凫相倚睡秋江。"全用徐语点化之，末句尤精工。又有《黔南十绝》，尽取白乐天语，其七篇全用之，其三篇颇有改易处。乐天《寄行简》诗，凡八韵，后四韵云："相去六千里，地绝天邈然。十书九不达，何以开忧颜！渴人多梦饮，饥人多梦餐。春来梦何处，合眼到东川。"鲁直剪为两首，其一云："相望六千里，天地隔江山。十书九不到，何用一开颜？"其二云："病人多梦医，囚人多梦赦。如何春来梦，合眼在乡社！"乐天《岁晚》诗七韵，首句云："霜降水返壑，风落木归山。冉冉岁将晏，物皆复本源。"鲁直改后两句七字，作"冉冉岁华晚，昆虫皆闭关"。

禹治水

《禹贡》叙治水，以冀、兖、青、徐、扬、荆、豫、梁、雍圣经。然而郭璞能知道江水会变成陆地，就不能占卜一个好卦避开杀身之祸吗？厕上衔刀的小术[注：郭璞和桓彝友好，郭对桓说："你来的时候，不要到厕所找我，去了对彼此都不利。"一次桓彝醉了，便到厕上去寻，见郭璞赤身披发，衔刀祭酒。郭说："我不让你来，你偏来，不但我有祸，你也逃不脱。"后来郭璞被王敦所杀。桓彝也被苏峻所害。]太浅近了。

黄鲁直诗

徐陵《鸳鸯赋》说："山鸡映水那相得，孤鸾照镜不成双。天下真成长会合，无胜比翼两鸳鸯。"黄庭坚《题画睡鸭》说："山鸡照影空自爱，孤鸾舞镜不作双。天下真成长会合，两凫相倚睡秋江"全用徐陵的词句，而加以提炼，末一句尤其精妙工整。又有《黔南十绝》，都使用白居易的词句，其中有七篇几乎完全一样，其余三篇稍有改动。白居易的《寄行简》，共八韵，后四韵说："相去六千里，地绝天邈然。十书九不达，何以开忧颜！渴人多梦饮，饥人多梦餐。春来梦何处？合眼到东川。"黄庭坚把它剪成了两首，其一说："相望六千里，天地隔江山。十书九不到，何用一开颜？"其二说："病人多梦医，囚人多梦赦。如何春来梦，合眼在乡社！"白居易的《岁晚》共七韵，第一句说："霜降水返壑，风落木归山。冉冉岁将晏，物皆复本源。"黄庭坚只改了后两句的七个字，成为"冉冉岁华晚，昆虫皆闭关"。

禹治水

《禹贡》记叙治水，其先后次序是：冀州、兖州、青州、徐为次。考地理言之，豫居九州中，与兖、徐接境，何为自徐之扬，顾以豫为后乎？盖禹顺五行而治之耳。冀为帝都，既在所先，而地居北方，实于五行为水，水生木，木东方也，故次之以兖、青、徐；木生火，火南方也，故次之以扬、荆；火生土，土中央也，故次之以豫；土生金，金西方也，故终于梁、雍。所谓"彝伦攸叙"者此也。与鲧之汩陈五行，相去远矣。此说予得之魏几道。

敕勒歌

鲁直《题阳关图》诗云："想得阳关更西路，北风低草见牛羊。"又集中有《书韦深道诸帖》云："斛律明月，胡儿也，不以文章显，老胡以重兵困敕勒川，召明月作歌以排闷。仓卒之间，语奇壮如此，盖率意道事实耳。"予案，古乐府有《敕勒歌》，以为齐高欢攻周玉壁而败，恚愤疾发，使斛律金唱《敕勒》，欢自和之。其歌本鲜卑语，词曰："敕勒川，阴山下。天似穹庐，笼罩四野。天苍苍，野茫茫，风吹草低见牛羊。"鲁直所题及诗中所用，盖此也。但误以斛律金为明月。明月名光，金之子也。欢败于玉壁，亦非困于敕勒川。

州、扬州、荆州、豫州、梁州、雍州。按地理来说,豫州在九州中间,和兖州、徐州接界,为什么却从徐州写到扬州,反把豫州丢下了呢?这是大禹按五行方位治理的缘故。冀州是帝都,应该在先,而且地理位置又在北方,按五行属水,水能生木,木是东方,所以按次序是兖州、青州、徐州;木能生火,火是南方,所以依次是扬州、荆州;火能生土,土是中央,所以再次是豫州;土能生金,金是西方,所以最后是梁州、雍州。这就是《尚书·洪范》所说的常理都有序列。和鲧乱列五行,是相距很远的。这个说法,我是从魏几道那儿得来的。

敕勒歌

黄庭坚《题阳关图》诗说:"想得阳关更西路,北风低草见牛羊。"又黄庭坚集中有《书韦深道诸帖》说:"斛律明月,本是胡人,文章并不出名,老胡高欢因大批军队被困在敕勒川,便召斛律明月唱歌解闷,本来形热紧迫,而歌词却很壮阔,大概是因随意写事实的缘故吧!"我查古乐府有《敕勒歌》,认为是北齐高欢攻打北周的玉壁(今山西稷山县西南)失败,异常气愤,生了病,让斛律金唱《敕勒歌》,高欢亲自和乐。歌词本是鲜卑语,歌词说:"敕勒川,阴山下。天似穹庐,笼罩四野。天苍苍,野茫茫,风吹草低见牛羊。"黄庭坚题的《阳关图》和诗中所引用的,大概来源于此,都是指的这首歌。但却把斛律金误会成斛律明月。斛律明月名叫光,是斛律金的儿子。高欢在玉壁被打败,也不是被困在敕勒川。

浅妄书

俗间所传浅妄之书，如所谓《云仙散录》《老杜事实》《开元天宝遗事》之属，皆绝可笑。然士大夫或信之，至以《老杜事实》为东坡所作者。今蜀本刻杜集，遂以入注。孔传续《六帖》，采摭唐事殊有工，而悉载《云仙录》中事，自秽其书。《开元遗事》托云王仁裕所著，仁裕五代时人，虽文章乏气骨，恐不至此。姑析其数端以为笑。其一云："姚元崇开元初作翰林学士，有步辇之召。"按，元崇自武后时已为宰相，及开元初三入辅矣。其二云："郭元振少时美风姿，宰相张嘉贞欲纳为婿，遂牵红丝线，得第三女，果随夫贵达。"按，元振为睿宗宰相，明皇初年即贬死，后十年，嘉贞方作相。其三云："杨国忠盛时，朝之文武，争附之以求富贵，惟张九龄未尝及门。"按，九龄去相位十年，国忠方得官耳。其四云："张九龄览苏颋文卷，谓为文阵之雄师。"按，颋为相时，九龄元未达也。此皆显显可言者，固鄙浅不足攻，然颇能疑误后生也。惟张彖指杨国忠为冰山事，《资治通鉴》亦取之，不知别有何据？近岁，兴化军学刊《遗事》，南剑州学刊《散录》，皆可毁。

五臣注文选

东坡诋五臣注《文选》，以为荒陋。予观《选》中谢玄

浅妄书

社会上流传的浅陋荒谬的书籍，像人们说的《云仙散录》《老杜事实》《开元天宝遗事》一类，都非常可笑。然而有的读书人却很相信，甚至认为《老杜事实》是苏东坡所作。当今蜀地刻的杜甫集，遂把它引入注释里。孔传续《六帖》，采集唐朝史实很有功绩，但全用了《云仙散录》里的故事，自己把书糟蹋了。《开元天宝遗事》假托为王仁裕所著，王仁裕是五代时期的人，虽然文章缺乏骨气，但是也不至于如此。且摘出几件事聊作笑谈。其一说："姚崇在开元初年作翰林学士，玄宗亲自坐着轿子召见他。"据考证，姚崇在武后时就当了宰相，到开元初年，已经三次为相了。其二说："郭元振年轻时容貌俊美，宰相张嘉贞想招他为婿，遂用牵红丝线的办法，牵得了第三个女儿，果然其女儿因丈夫而显贵。"据考证，郭元振是唐睿宗宰相，唐玄宗初年就遭贬而死，又过了十年，张嘉贞才作了宰相。其三说："杨国忠势焰薰天之时，朝廷的文武官员，争相依附他求取富贵，只有张九龄不曾登门。"据考证，张九龄免去宰相十年，杨国忠方才获得官职。其四说："张九龄看到苏颋的文章，称他是文坛上的雄师。"据考证，苏颋当宰相时，张九龄还是个小官呢！这都是最明显可以指出的，浅陋得不值得批驳。但它却很能够贻误年轻人哪！只有张彖指杨国忠制造冰山这件事，《资治通鉴》也记载了，不知是根据什么？近几年兴化军学宫刻的《开元天宝遗事》，南剑州学宫刻的《云仙散录》，都应该毁掉。

五臣注文选

苏轼指斥五臣注《文选》，认为它荒谬浅陋。我看《文选》

晖和王融诗云："阽危赖宗衮，微管寄明牧。"正谓谢安、谢玄。安石于玄晖为远祖，以其为相，故曰宗衮。而李周翰注云："宗衮谓王导，导与融同宗，言晋国临危，赖王导而破苻坚。牧谓谢玄，亦同破坚者。"夫以宗衮为王导固可笑，然犹以和王融之故，微为有说，至以导为与谢玄同破苻坚，乃是全不知有史策。而狂妄注书，所谓小儿强解事也。唯李善注得之。

文烦简有当

欧阳公《进新唐书表》曰："其事则增于前，其文则省于旧。"夫文贵于达而已，繁与省各有当也。《史记·卫青传》："校尉李朔、校尉赵不虞、校尉公孙戎奴，各三从大将军获王，以千三百户封朔为涉轵侯，以千三百户封不虞为随成侯，以千三百户封戎奴为从平侯。"《前汉书》但云："校尉李朔、赵不虞，公孙戎奴，各三从大将军，封朔为涉轵侯、不虞为随成侯、戎奴为从平侯。"比于《史记》五十八字中省二十三字。然不如《史记》为朴赡可喜。

地险

古今言地险者，以谓函秦宅关、河之胜，齐负海、岱，赵、魏据大河，晋表里河山，蜀有剑门、瞿唐之阻，楚国方城以为城，汉水以为池，吴长江万里，兼五湖之固，皆足以立国。唯宋、卫之郊，四通五达，无一险可恃。然东汉之末，中谢朓和王融的诗说：“阽危赖宗衮，微管寄明牧。”指的是谢安和谢玄两人。谢安是谢朓的远房祖先，又是宰相，所以称宗族为衮冕。但李周翰注释说：“宗衮指王导，王导与王融是同族，是说晋国倾危，倚仗王导打败苻坚。牧指谢玄，是和王导共同打败苻坚的。”说宗衮是王导固然可笑，但因和王融唱和的缘故，还稍有可说，至于说王导和谢玄共同打败苻坚，却是全然不知历史，然而还狂妄地注释该书，这就是常说的小孩子勉强解事罢了。只有李善的注疏最得其实。

文烦简有当

欧阳修《进新唐书表》说：“事迹比以前有增加，文字比以前减略。”文章贵在畅达，该繁就繁，该简就简，应视具体情况而定。《史记·卫青传》：“校尉李朔、校尉赵不虞、校尉公孙戎奴，都是三次跟随大将军擒获匈奴王子，用一千三百户封李朔为涉轵侯，用一千三百户封赵不虞为随成侯，用一千三百户封公孙戎奴为从平侯。”《前汉书》只是说：“校尉李朔、赵不虞、公孙戎奴，都是三次跟随大将军，分封李朔为涉轵侯，赵不虞为随成侯、公孙戎奴为从平侯。”比《史记》的五十八字少了二十三个字，但却不如《史记》质朴丰满、令人喜爱。

地险

古今说地形险要的，都说关中凭借函谷、大河的形胜，齐国仗恃大海和泰山，赵国和魏国依仗大河，晋国外河里山，西蜀占有剑门关、瞿塘峡的险阻，楚国用方城作城垣，汉水作城池，吴国有万里长江和太湖的险要，都能够建立国家。只有宋国、卫袁绍跨有青、冀、幽、并四州，韩遂、马腾辈分据关中，刘璋擅蜀，刘表居荆州，吕布盗徐，袁术包南阳、寿春，孙策取江东，天下形胜尽矣。曹操晚得兖州，倔强其间，终之夷群雄，覆汉祚。议者尚以为操挟天子以自重，故能成功。而唐僖、昭之时，方镇擅地，王氏有赵百年，罗洪信在魏，刘仁恭在燕，李克用在河东，王重荣在蒲，朱宣、朱瑾在兖、郓，时溥在徐，王敬武在淄、青，杨行密在淮南，王建在蜀，天子都长安，凤翔、邠、华三镇鼎立为梗，李茂贞、韩建皆尝劫迁乘舆。而朱温区区以汴、宋、亳、颍巉然中居，及其得志，乃与操等。以在德不在险为言，则操、温之德又可见矣。

史记世次

《史记》所纪帝王世次，最为不可考信，且以稷、契论之，二人皆帝喾子，同仕于唐、虞。契之后为商，自契至成汤凡十三世，历五百余年。稷之后为周，自稷至武王凡十五世，历千一百余年。王季盖与汤为兄弟，而世之相去六百年，既已可疑。则周之先十五世，须每世皆在位七八十年，又皆暮年所生嗣君，乃合此数，则其所享寿皆当过百年乃可。其为漫诞不稽，无足疑者。《国语》所载太子晋之言曰："自后稷之始基靖民，十五王而文始平之。"皆不然也。

国的周围，四通八达，没有一处险要可守。然而东汉末年，袁绍占有青州、冀州、幽州、并州四州，韩遂、马腾等分占关中，刘璋凭借蜀地，刘表据有荆州，吕布窃据徐州，袁术包罗南阳、寿春，孙策攻取江东，中国险要地方，都分割完了。曹操最后才得到兖州，据此称强，结果却消灭了群雄，倾覆了汉室。评议的人，还以为曹操挟持皇帝，提高自己的地位，所以才能成功。但唐朝僖宗、昭宗时候，方镇割据，王氏据有赵地一百多年，罗洪信在魏地，刘仁恭在燕地，李克用在河东，王重荣在蒲州，朱宣、朱瑾在兖州、郓州，郡王时溥在徐州，王敬武在淄州、青州，杨行密在淮南，王建在蜀地，皇帝建都长安，凤翔、邠州、华州三镇鼎足而立，不听诏令，李茂贞、韩建都挟持过皇帝。然而朱温依靠小小的汴州、宋州、亳州、颍州几个地方，孤立地处在中间，等到他志得意满的时候，却和曹操相同。如果说兴盛是依靠德行不是依靠险要，那么曹操和朱温的德行有多高就显而易见了。

史记世次

《史记》记载的帝王世代的次序，最经不起考验，就拿稷和契来说吧！二人都是帝喾的儿子，同在唐尧、虞舜时代做官。契的后代是商，从契到成汤共十三代，历时五百余年。稷的后代是周，从稷到武王，共十五代，历时一千一百多年。论辈分王季（文王之父）应和商汤是兄弟，差了两代，竟差了六百年，这已经很可疑了。那么周朝的先人十五代，必须每代在位七、八十年，又都是晚年得子，才符合此数。而他们所享的年寿，不超过一百岁才可以。《史记》记载的荒谬，经不起考察，是无可怀疑的了。《国语》所载太子晋的话："从后稷奠定基础，安抚人民，经过

解释经旨

解释经旨，贵于简明，惟孟子独然。其称《公刘》之诗：“乃积乃仓，乃裹糇粮，于橐于囊，思戢用光，弓矢斯张，干戈戚扬，爰方启行。”而释之之词，但云：“故居者有积仓，行者有裹囊也，然后可以爰方启行。”其称《烝民》之诗：“天生烝民，有物有则，民之秉夷，好是懿德。”而引孔子之语以释之，但曰：“故有物必有则，民之秉夷也，故好是懿德。”用两“故”字，一“必”字，一“也”字，而四句之义昭然。彼训“曰若稽古”三万言，真可覆酱瓿也。

坤动也刚

《坤》卦《文言》曰：“坤至柔而动也刚。”王弼云：“动之方正，不为邪也。”程伊川云：“坤道至柔，而其动则刚，动刚故应乾不违。”张横渠云：“柔亦有刚，静亦有动，但举一体，则有屈伸动静终始。”又云：“积大势成而然。”东坡云：“夫物非刚者能刚，惟柔者能刚尔。畜而不发，及其极也，发之必决。”张葆光但以训六二之直。陈了翁云：“至柔至静，坤之至也。刚者道之动，方者静之得，柔刚静动，坤元之道之德也。”郭雍云：“坤虽以柔静为主，苟无方刚之德，不足以含洪光大。”诸家之说，率不外此。予顷见临安十五代至文王才得天下。”也都是不对的。

解释经旨

解释经书主旨，最好是简单明了，只有孟子才能如此。他称颂《大雅·公刘》诗：“（公刘由邰迁邠）谷物积满了粮仓，口袋装满了干粮，用它安定人民，兴旺家邦，然后备好武器，才开始远行。”而他的解释只是说：“所以在家的有积蓄，出行的有干粮，然后才可以出行。”他称颂《大雅·烝民》诗：“上天降生众民，有事物就有法则，老百姓坚持公理，都喜欢好的品德。”但他却只用孔子的话来解释，说：“所以有事物就有法则，人是坚持公理的，因此就喜欢这美好的品德。”用两个“故”字，一个“必”字，一个“也”字，内容就明明白白。像那注释《尧典》“曰若稽古”就有三万字的，真可以用来盖酱缸了。

坤动也刚

坤卦《文言》说：“坤是最柔和的，但动起来却很刚强。”王弼说：“变化向正的方面发展，才不会走向邪道。”程颐说：“坤的本身是最柔软的，但一变化却很刚强，因它一变就很刚强，所以能和乾卦相应。”张载说：“坤柔中有刚，静中有动，任举其中一体，都有屈和伸，动和静，终和始。”又说：“积累大势达到成熟才能如此。”苏东坡说：“一切事物，不是刚强的能刚强，而是柔弱的能刚强，积蓄力量而不发作，等达到极点，再一发作，定要冲决一切。”张葆光只用这句话解释六二爻的内容。陈了翁说：“至柔和至静，都是坤的极致。刚强是体的发动，方正是静的作用。柔和刚、静和动的辩证关系，就是坤元的体和退居庵僧昙莹云:“动者谓爻之变也,《坤》不动则已,动则阳刚见焉。在初为《复》,在二为《师》,在三为《谦》,自是以往皆刚也。”其说最为分明有理。

乐天侍儿

世言白乐天侍儿唯小蛮、樊素二人。予读集中《小庭亦有月》一篇云:“菱角执笙簧,谷儿抹琵琶,红绡信手舞,紫绡随意歌。”自注曰:“菱、谷、紫、红皆小臧获名。”若然,则红、紫二绡亦女奴也。

白公咏史

东坡《志林》云:“白乐天尝为王涯所谗,贬江州司马,甘露之祸,乐天有诗云:‘当君白首同归日,是我青山独往时。’不知者以乐天为幸之,乐天岂幸人之祸者哉?盖悲之也。”予读白集有《咏史》一篇,注云:“九年十一月作。”其词曰:“秦磨利刃斩李斯,齐烧沸鼎烹郦其,可怜黄绮入商洛,闲卧白云歌紫芝,彼为菹醢机上尽,此作鸾凰天外飞,去者逍遥来者死,乃知祸福非天为。”正为甘露事而作,其悲之之意可见矣。

用。”郭雍说：“坤虽然以柔和静为主体，但如果没有方和刚作用，就不能发扬光大。”诸家的说法，大概不出这几种。我最近见到临安（今浙江杭州市）退居庵僧人昙莹，他说：“动是指爻的变化，《坤》不动就罢了，一动就出现阳刚。在初九是地雷复，在九二是地水师，在九三是地山谦，从此以后便都是阳刚。这个说法最清楚最有道理。

乐天侍儿

世人传言白居易的侍妾只有小蛮和樊素两人。我读他集中的《小庭亦有月》一篇，说：“菱角手持笙簧，谷儿轻弹琵琶，红绡信手舞蹈，紫绡随意唱歌。”他自注说“菱角、谷儿、紫绡、红绡，都是小婢名字。”果真如此的话，那么红绡、紫绡也都是他的侍女呀！

白公咏史

苏轼在《志林》说：“白居易曾被王涯谗毁，贬到江州（今江西九州市）作司马。甘露之变，自乐天有诗说：‘正当你们老年被杀的日子，却是我自在游山的时候。’不了解的，以为白居易快意他们的死，白居易岂是幸灾乐祸之人吗？实是悲痛他们的死呀！”我读白居易集，有一篇《咏史》，自注说：大和九年十一月作。那词是：“秦国磨刀要斩李斯，齐王烧鼎煮死郦食其。堪羡四皓商山避难，白云为伴闲唱《紫芝》。他们在案上剁成肉酱，我像凤凰自由翔飞。走的逍遥不走的死，才知祸福非天所定。”正是为甘露事件而写的，痛惜他们的意思就十分清楚了。

十年为一秩

白公诗云:“已开第七秩,饱食仍安眠。”又云:“年开第七秩,屈指几多人。”是时年六十二,元日诗也。又一篇云:“行开第八秩,可谓尽天年。”注曰:“时俗谓七十以上为开第八秩。”盖以十年为一秩云。司马温公作《庆文潞公八十会致语》云,“岁历行开九帙新”,亦用此也。

裴晋公禊事

唐开成二年三月三日,河南尹李待价将禊于洛滨,前一日启留守裴令公。公明日召太子少傅白居易,太子宾客萧籍、李仍叔、刘禹锡、中书舍人郑居中等十五人合宴于舟中,自晨及暮,前水嬉而后妓乐,左笔砚而右壶觞,望之若仙,观者如堵。裴公首赋一章,四坐继和,乐天为十二韵以献,见于集中。今人赋上巳,鲜有用其事者。予案《裴公传》,是年起节度河东,三年以病乞还东都。文宗上巳宴群臣曲江,度不赴,帝赐以诗,使者及门而度薨。与前事相去正一年。然乐天又有一篇,题云《奉和裴令公三月上巳日游太原龙泉忆去岁禊洛之作》,是开成三年诗,则度以四年三月始薨。《新史》以为三年,误也。《宰相表》却载其三年十二月为中书令,四年三月薨。而帝纪全失书,独《旧史》纪、传为是。

十年为一秩

白居易诗说："已开第七秩，饱食仍安眠。"又说："年开第七秩，屈指几多人？"这是六十二岁时，正月初一的诗。又一篇说："行开第八秩，可谓尽天年。"自注说："时俗称七十以上为进八十寿。"这是以十年为一秩的。司马光作《庆文潞公八十会致语》说："岁历行开九帙新"，也是使用的这个说法。

裴晋公禊事

唐文宗开成二年三月初三，河南尹李待价将在洛水边修禊（除掉不祥的祭祀），前一天去信寄给河南留守、中书令裴度。第二天裴度召集太子少傅白居易，太子宾客萧籍、李仍叔、刘禹锡，中书舍人郑居中等十五人，在船上大开宴会。从早晨到晚上，玩水的玩水，奏乐的奏乐，赋诗的赋诗，饮酒的饮酒，远远看去，像神仙一般，观看的人，人山人海。裴公先赋诗一首，余人接着唱和，白居易作了十二韵诗，献给会上诸人，现存集中。现代人写上巳诗，很少使用这个史实。我查《裴公传》这年起复用为河东节度使，开成三年因病求回东都。文宗上巳日在曲江池大宴群臣，裴度没有赴会，文宗写诗赐给他，使者刚到门，裴度就死了。和上次的事相隔正好一年。但白居易又有一篇，题为《奉和裴令公上巳日游太原龙泉忆去岁禊洛之作》，是开成三年诗，那么裴度是开成四年三月才死的。《新唐书》以为是开成三年，那就错了。《宰相表》却记载裴度开成三年十二月为中书令，开成四年三月病故。然而《帝纪》全无记载，只有《旧唐书》纪和传记载的对。

司字作入声

白乐天诗，好以“司”字作入声读，如云“四十着绯军司马，男儿官职未蹉跎”，“一为州司马，三见岁重阳”，是也。又以“相”字作入声，如云“为问长安月，谁教不相离”，是也。“相”字之下自注云：“思必切。”以“十”字作平声读，如云“在郡六百日，入山十二回”，“绿浪东西南北路，红栏三百九十桥”，是也。以“琵”字作入声读，如云“四弦不似琵琶声，乱写真珠细撼铃”，“忽闻水上琵琶声”，是也。武元衡亦有句云：“唯有白须张司马，不言名利尚相从。”

乐天新居诗

白乐天自杭州刺史分司东都，有《题新居呈王尹兼简府中三掾》诗云：“弊宅须重葺，贫家乏羡财，桥凭州守造，树倩府寮栽，朱板新犹湿，红英暖渐开，仍期更携酒，倚槛看花来。”乃知唐世风俗尚为可喜。今人居闲，而郡守为之造桥，府寮为之栽树，必遭讥议，又肯形之篇咏哉！

黄纸除书

乐天好用“黄纸除书”字，如：“红旗破贼非吾事，黄纸除书无我名”“正听山鸟向阳眠，黄纸除书落枕前”“黄纸除书到，青宫诏命催”。

司字作入声

白居易的诗，喜欢把“司”字作入声字用，如说“四十着绯军司马，男儿官职未蹉跎”，“一为州司马，三见岁重阳”，就是这种用法。又把“相”字当入声字用，如说“为问长安月，谁教不相离”，就是这种用法。在相字下面，自己作注说：“思必切。”把“十”字作平声字读，如说“在郡六百日，入山十二回”，“绿浪东西南北路，红栏三百九十桥”，就是这种用法。把“琵”字当入声字用，如说“四弦不似琵琶声，乱写真珠细撼铃”，“忽闻水上琵琶声”，就是这种用法。武元衡也有诗句说：“唯有白须张司马，不言名利尚相从。”

乐天新居诗

白居易由杭州刺史任分设东都洛阳的官员，有一首《题新居呈王尹兼简府中三掾》诗，说：“弊宅须重葺，贫家乏羡财，桥凭州守造，树倩府寮栽，朱板新犹湿，红英暖渐开，仍期更携酒，倚槛看花来。”由此可以看到唐代风俗还是很好的。现代人平时很闲，太守替造桥，府僚给栽树，必定要受到讥讽，哪还敢写进诗里呢！

黄纸除书

白居易喜用“黄纸除书”字样，如：“红旗破贼非吾事，黄纸除书无我名”“正听山鸟向阳眠，黄纸除书落枕前”“黄纸除书到，青宫诏命催”。

白用杜句

杜子美诗云："夜足沾沙雨，春多逆水风。"白乐天诗"巫山暮足沾花雨，陇水春多逆浪风"，全用之。

唐人重服章

唐人重服章，故杜子美有"银章付老翁""朱绂负平生""扶病垂朱绂"之句。白乐天诗言银绯处最多，七言如："大抵着绯宜老大""一片绯衫何足道""暗淡绯衫称我身""酒典绯花旧赐袍""假着绯袍君莫笑""腰间红绶系未稳""朱绂仙郎白雪歌""腰佩银龟朱两轮""便留朱绂还铃阁""映我绯衫浑不见""白头俱未着绯衫""绯袍着了好归田""银鱼金带绕腰光""银章暂假为专城""新授铜符未着绯""徒使花袍红似火""似挂绯衫衣架上"。五言如："未换银青绶，唯添雪白须""笑我青袍故，饶君茜绶新""老逼教垂白，官科遣着绯""那知垂白日，始是着绯年""晚遇何足言，白发映朱绂"。至于形容衣鱼之句，如："鱼缀白金随步跃，鹄衔红绶绕身飞"。

诗谶不然

今人富贵中作不如意语，少壮时作衰病语，诗家往往以为谶。白公十八岁，病中作绝句云："久为劳生事，不学摄生道，少年已多病，此身岂堪老？"然白公寿七十五。

白用杜句

杜甫诗说："夜足沾沙雨，春多逆水风。"白居易诗："巫山暮足沾花雨，陇水春多逆浪风"，全用的杜句。

唐人重服章

唐人最看重服章，所以杜甫有"银章付老翁""红绶负平生""扶病垂朱绂"等句子。白居易诗中说"银绯"的地方很多，七言的像"大抵着绯宜老大""一片绯衫何足道""暗淡绯衫称我身""酒典绯花旧赐袍""假着绯袍君莫笑""腰间红绶系末稳""朱绂仙郎白雪歌""腰佩银龟朱两轮""便留朱绂还铃阁""映我绯衫浑不见""白头俱未着绯衫""绯袍着了好归田""银鱼金带绕腰光""银章暂假为专城""新授铜符未着绯""徒使花袍红似火""似挂绯袍衣架上"。五言的像："未换银青绶，唯添雪白须""笑我袍故，饶君茜绶新""老逼教垂白，官科遣着绯""那知垂白日，始是着绯年""晚遇何足言，白发映朱绂"。至于形容衣和鱼的句子，如："鱼缀白金随步跃，鹄衔红绶绕身飞"。

诗谶不然

现代人在富贵时说失意的话，少年时说老病的话，诗人们往往认为是谶语——以后不好的预兆。白居易十八岁，生病时作绝句说："长年生活苦，不学养生法。少年已多病，怎能活得老？"然而白居易活到了七十五岁。

青龙寺诗

乐天《和钱员外青龙寺上方望旧山》诗云："旧峰松雪旧溪云，怅望今朝遥属君，共道使臣非俗吏，南山莫动《北山文》。"顷于乾道四年讲筵开日，蒙上书此章于扇以赐，改"使臣"为"侍臣"云。

青龙寺诗

白居易《和钱员外青龙寺上方望旧山》诗说："旧峰松雪旧溪云，怅望今朝遥属君，共道使臣非俗吏，南山莫动北山文。"近期在孝宗乾道四年，经筵开讲的那天，承皇上把这首诗写在扇子上赐给了我，把"使臣"改成了"侍臣"。

卷二（二十四则）

唐重牡丹

欧阳公《牡丹释名》云："牡丹初不载文字，唐人如沈、宋、元、白之流，皆善咏花，当时有一花之异者，彼必形于篇什，而寂无传焉，唯刘梦得有《咏鱼朝恩宅牡丹》诗，但云一丛千朵而已，亦不云其美且异也。"予案，白公集有《白牡丹》一篇十四韵，又《秦中吟》十篇，内《买花》一章，凡百言，云："共道牡丹时，相随买花去。一丛深色花，十户中人赋。"而《讽谕乐府》有《牡丹芳》一篇，三百四十七字，绝道花之妖艳，至有"遂使王公与卿士，游花冠盖日相望""花开花落二十日，一城之人皆若狂"之语。又《寄微之百韵》诗云："唐昌玉蕊会，崇敬牡丹期。"注："崇敬寺牡丹花，多与微之有期。"又《惜牡丹》诗云："明朝风起应吹尽，夜惜衰红把火看。"《醉归盩厔》诗云："数日非关王事紧，牡丹花尽始归来。"元微之有《入永寿寺看牡丹》诗八韵，《和乐天秋题牡丹丛》三韵，《酬胡三咏牡丹》一绝，又有五言二绝句。许浑亦有诗云："近来无奈牡丹何，数十千钱买一窠。"徐凝云："三条九陌花时节，万马千车看牡丹。"又云："何人不爱牡丹花，占断城中好物华。"然则元、白未尝无诗，唐人未尝不重此花也。

唐重牡丹

欧阳修《牡丹释名》说：“牡丹最初不见文字记载，唐人像沈佺期、宋之问、元稹、白居易等，都是咏花能手，当时有一种奇异的花，都要写入诗中，然而却没有人写牡丹。只有刘禹锡有歌咏鱼朝恩宅中牡丹诗，也只说它一丛千朵罢了，并没有夸它美丽和奇异。”我考查，白乐天集中有《白牡丹》一篇，共十四韵，又有《秦中吟》十篇，其中有《买花》一章，共一百字，说：“都说牡丹开，买花人成队。哪知一丛花，十户一年税。”他的《讽谕乐府》有《牡丹芳》一篇，三百四十七字，很讲花的妖艳。甚至有这样的句子：“竟使王公与卿士，看花车马多如云”“牡丹花期二十天，满城争看如发狂。’又《寄微之百韵》诗说“唐昌观中玉蕊会，崇敬寺里牡丹期。”自注：“崇敬寺正开牡丹花，常邀元微之去看。”又《惜牡丹》诗说：“明天有风来，将把花吹落。为看凋残花，夜间灯照着。”《醉归盩厔》诗说：“几天不在家，不是公事紧。为看牡丹花，直等花开尽。”元稹有《入永寿寺看牡丹》诗八韵，《和乐天秋题牡丹丛》三韵，《酬胡三咏牡丹》一绝句，又有五言二绝句。许浑也有诗说：“近来牡丹真价贵，几万铜钱买一窠。”徐凝说：“大街小巷到花期，车马纷纷看牡丹。”又说：“有谁不爱牡丹花，绝好风光难比它。”那么元稹、白居易不是没有牡丹诗，唐人也不是不重牡丹啊！

长歌之哀

嬉笑之怒，甚于裂眦，长歌之哀，过于恸哭。此语诚然。元微之在江陵，病中闻白乐天左降江州，作绝句云：“残灯无焰影憧憧，此夕闻君谪九江。垂死病中惊起坐，暗风吹雨入寒窗。”乐天以为：“此句他人尚不可闻，况仆心哉！”微之集作“垂死病中仍怅望”此三字既不佳，又不题为病中作，失其意矣。东坡守彭城，子由来访之，留百余日而去，作二小诗曰：“逍遥堂后千寻木，长送中宵风雨声。误喜对床寻旧约，不知漂泊在彭城。”“秋来东阁凉如水，客去山公醉似泥。困卧北窗呼不醒，风吹松竹雨凄凄。”东坡以为读之殆不可为怀，乃和其诗以自解。至今观之，尚能使人凄然也。

韦苏州

《韦苏州集》中，有《逢杨开府》诗云：“少事武皇帝，无赖恃恩私。身作里中横，家藏亡命儿。朝持樗蒱局，暮窃东邻姬。司隶不敢捕，立在白玉墀。骊山风雪夜，长杨羽猎时。一字都不识，饮酒肆顽痴。武皇升仙去，憔悴被人欺。读书事已晚，把笔学题诗。两府始收迹，南宫谬见推。非才果不容，出守抚茕嫠。忽逢杨开府，论旧涕俱垂。”味此诗，盖应物自叙其少年事也，其不羁乃如此。李肇《国史补》云：

长歌之哀

带着嬉笑的怒骂，超过吹胡子瞪眼；用歌声表达的悲哀，超过号啕痛哭。这话一点也不错。元稹在江陵时，正在生病，听到白居易被贬到江州（今江西九江市），作绝句说："残灯将灭一晃一晃，夜听说你被贬九江。不顾病危一惊而起，窗外风雨吹打身上。"白居易认为："这些诗句，别人听到都受不了，何况我呢！"元稹集中作："垂死病中仍怅望"，"仍怅望"这三个字既不好，又不题是病中作的，就离开原意了。苏轼作彭城（今江苏徐州市）太守，弟弟苏辙来看他，住了一百天才离去。作了两首诗说："逍遥堂后面高大的树木，夜里常送风雨的悲声。我本是高兴地来赴约会，哪知道是在凄楚的彭城。""秋天的东阁像凉水一样清冷，客人走后，我只有借酒消愁，一醉如泥。疲倦时躺在北窗之下，叫也叫不醒，和我相伴的是松竹中的凄凉的风雨之声。"苏轼认为读了实在不能忍受，便和了两首诗，自己宽慰自己。就是今天读起来，仍然使人十分悲凉。

韦苏州

《韦苏州集》里，有《逢杨开府》诗说："少时跟随武帝（唐玄宗），恃恩干尽坏事。街坊任意横行，罪犯藏在家里。白天招人赌博，夜晚奸污妇女。官吏不敢追捕，照样在朝任职。随上骊山避寒，又去长扬打猎。一个大字不识，用酒消磨岁月。自从玄宗死去，沦落便被人欺。读书觉得太晚，拿笔学写诗句。两府（丞相御史）开始收录，礼部破格荐举。不能胜任朝官，出外抚恤惸嫠（孤儿寡妇）。忽遇杨家开府，忆旧不觉涕洟。"玩味此诗，乃是韦应物自写少年时历史，竟然放荡到如此地步。李肇《国史

“应物为性高洁，鲜食寡欲，所居焚香扫地而坐，其为诗驰骤建安已还，各得风韵。”盖记其折节后来也。《唐史》失其事，不为立传。高适亦少落魄，年五十始为诗，即工。皆天分超卓，不可以常理论云。应物为三卫，正天宝间，所为如是，而吏不敢捕，又以见时政矣。

古行宫诗

白乐天《长恨歌》《上阳人歌》，元微之《连昌宫词》，道开元间宫禁事，最为深切矣。然微之有《行宫》一绝句云：“寥落古行宫，宫花寂寞红。白头宫女在，闲坐说玄宗。”语少意足，有无穷之味。

隔是

乐天诗云：“江州去日听筝夜，白发新生不愿闻。如今格是头成雪，弹到天明亦任君。”元微之诗云：“隔是身如梦，频来不为名，怜君近南住，时得到山行。”“格”与“隔”二字义同，“格是”犹言“已是”也。

张良无后

张良、陈平，皆汉祖谋臣，良之为人，非平可比也。平尝曰：“我多阴谋，道家之所禁。吾世即废矣，以吾为阴祸补》说："韦应物性情高洁，生活简朴，没有欲望，住的地方，烧香扫地然后才坐。他的诗很有建安风骨，情致过人。"这乃是他改正以后的事情。《旧唐书》丢掉这些事迹，不给他立传。高适少年时也不得意，到了五十岁才学作诗，但一作就很好。这都是天资过人，不能用常理论断的。韦应物为三卫郎，是在玄宗天宝年间，做事如此不法，然而官吏不敢捕捉，那么时政的好坏，也就可想而知了。

古行宫诗

白居易《长恨歌》《上阳人》歌，元稹《连昌宫词》，写玄宗开元时候宫院里的事，算是最深刻的诗词了。然而元稹还有《行宫》一首绝句说："衰败的旧行宫啊，只剩下花木自开自谢了。几个满头白发的宫女，正说着玄宗的故事呢！"语句不多，内容却很丰富，有无穷无尽的意味。

隔是

白居易的诗说："江州去日听筝夜，白发新生不愿闻。如今格是头成雪，弹到天明亦任君。"元稹的诗说："隔是身如梦，频来不为名，怜君近南住，时得到山行。""格"与"隔"两字意义相同，"格是"就是"已是"。

张良无后

张良、陈平，都是汉高祖的谋臣，但张良的为人，却不是陈平可以比拟的。陈平曾说："我惯使用阴谋，是道家的禁忌，我的后代就要灭绝了，因为我为子孙种下了祸根啊！"果然陈平传也。”平传国至曾孙，而以罪绝，如其言。然良之爵但能至子，去其死财十年而绝，后世不复绍封，其祸更促于平，何哉？予盖尝考之，沛公攻峣关，秦将欲连和，良曰：“不如因其懈怠击之。”公引兵大破秦军。项羽与汉王约中分天下，既解而东归矣。良有养虎自遗患之语，劝王回军追羽而灭之。此其事固不止于杀降也，其无后宜哉！

周亚夫

周亚夫距吴、楚，坚壁不出。军中夜惊，内相攻击扰乱，至于帐下。亚夫坚卧不起。顷之，复定。吴奔壁东南陬，亚夫使备西北。已而果奔西北，不得入。《汉史》书之，以为亚夫能持重。按，亚夫军细柳时，天子先驱至，不得入，文帝称其不得而犯。今乃有军中夜惊相攻之事，安在其能持重乎？

汉轻族人

爰盎陷晁错，但云：“方今计，独有斩错耳。”而景帝使丞相以下劾奏，遂至父母妻子同产无少长皆弃市。主父偃陷齐王于死，武帝欲勿诛，公孙丞相争之，遂族偃。郭解客杀人，吏奏解无罪，公孙大夫议，遂族解。且偃、解二人两人国到他的曾孙，便因有罪被废绝，和他说的一样。然而张良的爵位，却只能传到儿子，距他的死才十年，便被灭绝，后代也不再续封，遭到灾祸的时间比陈平还短，这是怎么回事呢？我曾考察过，沛公刘邦，攻打峣关（今陕西蓝田县东南），秦国守将想投降，张良说："不如趁他守备松懈时进攻。"沛公听了张良的话，打败了秦兵。项羽和汉王约定平分天下，约成后，项羽就带兵东去彭城了。刘邦也想回关中，张良说这是蓄养老虎自留后患，劝汉王回兵追项羽而灭掉他。这两件比诛杀降兵还厉害，他没有后代是理所当然啊！

周亚夫

周亚夫抗拒吴、楚，坚壁清野并不出战。军队夜间受惊，发生骚乱，互相攻击，一直闹到周亚夫帐下。周亚夫躺着一动不动。过了一会，又安静下来。吴军攻打营垒的东南角，周亚夫命令防备西北，一会儿吴军果然来攻西北，攻不进来。《汉书》记下来，认为周亚夫用兵持重。按，周亚夫驻军在细柳（今陕西咸阳市西南）时，皇帝骑马率先到达，进不了军营。汉文帝称赞他不能够侵犯。现在有军队夜间受惊互相攻击的事件，怎么能说他用兵持重呢？

汉轻族人

爰盎陷害晁错，只是说："为今之计，只有杀掉晁错。"而汉景帝指使丞相等官员弹劾他，竟至父母妻子兄弟姐妹不管老少都被斩首示众。主父偃陷害齐王至死，汉武帝不想杀他，公孙弘丞相坚持，遂就灭了主父偃一族。郭解的下属杀了人，官吏判本不死，因议者之言，杀之足矣，何遽至族乎？汉之轻于用刑如此！

漏泄禁中语

京房与汉元帝论幽、厉事，至于十问十答。西汉所载君臣之语，未有如是之详尽委曲者。盖汉法漏泄省中语为大罪，如夏侯胜出，道上语，宣帝责之，故退不敢言，人亦莫能知者。房初见帝时，出为御史大夫郑君言之，又为张博道其语，博密记之，后竟以此下狱弃市。今史所载，岂非狱辞乎？王章与成帝论王凤之罪，亦以王音侧听闻之耳。

田叔

贯高谋弑汉祖，事发觉，汉诏赵王，有敢随王罪三族，唯田叔、孟舒等自髡钳随王，赵王既出，上以叔等为郡守。文帝初立，召叔问曰："公知天下长者乎？"曰："故云中守孟舒，长者也。"是时，舒坐虏大人云中，免。上曰："虏入云中，孟舒不能坚守，士卒死者数百人，长者固杀人乎？"叔叩头曰："夫贯高等谋反，天子下明诏，赵有敢随张王者，罪三族。然孟舒自髡钳，随张王，以身死之，岂自知为云中守哉！是乃所以为长者。"上曰："贤哉孟舒！"复召以为云中守。按，田叔、孟舒同随张王，今叔指言舒事，几于自荐矣。叔不郭解无罪，公孙弘大夫判有罪，遂也灭了他的族人。再说主父偃、郭解二人本可以不被杀，因有人主张要杀，杀了也就够了，哪至于灭族呢？汉朝就这样地轻于用刑。

漏泄禁中语

京房与汉元帝讨论周幽王、厉王的事情，至于十问十答。西汉记载的君臣对答，没有这样详细完全的了。按照汉朝法律，泄露宫廷机密是大罪，像夏侯胜出来讲皇帝说的话，汉宣帝狠狠地批评了他。所以他不敢再说，别人也不知道。京房最初见皇帝时，出来对御史大夫郑君说了，又对张博讲了皇帝说的话，张博秘密地记了下来，后来京房竟因此下狱被斩首示众。今史书记载的君臣问答，岂不是狱辞吗？王章和汉成帝讨论王凤的罪过，也是因为王音在一旁听到的。

田叔

贯高主谋杀害汉高祖，事情被发觉，汉廷下诏书给赵王张敖，有敢跟随赵王的，灭他三族。只有田叔、孟舒自己剃发钳颈跟随赵王。赵王既被赦出狱后，汉高祖用田叔等当了郡守。文帝初登皇位，召见田叔问道：“你知道谁是天下的贤人君子吗？”田叔说：“原来的云中（今内蒙古托克托县东北）守孟舒是贤人君子呀！”当时，孟舒因为匈奴进入云中被罢免。文帝说：“匈奴攻入云中，孟舒没有守住，战士死了几百人，贤人君子是这样的吗？”田叔叩头说：“当年贯高谋反，皇帝明明有诏书，赵国人胆敢跟随赵王，灭他三族。然而孟舒自己剃发钳颈，跟随张敖，准备死去，哪里知道会当云中守呢！所以是贤人君子。”文帝说：

自以为嫌，但欲直孟舒之事，文帝不以为过，一言开悟，为之复用舒，君臣之诚意相与如此。

孟舒魏尚

云中守孟舒，坐虏大入云中免。田叔对文帝曰："匈奴来为边寇，孟舒知士卒罢敝，不忍出言，士争临城死敌，如子为父，以故死者数百人。孟舒岂驱之哉！"上曰："贤哉孟舒！"复召以为云中守。又冯唐对文帝曰："魏尚为云中守，虏尝一入，尚率车骑击之。士卒终日力战。上功幕府，坐首虏差六级，下吏削爵。臣以为陛下罚太重。"上赦魏尚，复以为云中守。案，孟舒、魏尚，皆以文帝时为云中守，皆坐匈奴入寇获罪，皆得士死力，皆用他人言复故官，事切相类，疑其只一事云。

秦用他国人

七国虎争天下，莫不招致四方游士。然六国所用相，皆其宗族及国人，如齐之田忌、田婴、田文，韩之公仲、公叔，赵之奉阳、平原君，魏王至以太子为相。独秦不然，其始与之谋国以开霸业者，魏人公孙鞅也。其它若楼缓赵人，张仪、魏冉、范睢皆魏人，蔡泽燕人，吕不韦韩人，李斯楚人，

“好样的呀，孟舒！”又让他当了云中守。按，田叔、孟舒一同跟随赵王，现在田叔径直叙说孟舒的长处，几乎就是自荐了。但田叔并不避嫌，只是想说清孟舒的事情，文帝也不认为他是自荐，一句话受了启发，又任用了孟舒，君臣以诚意互相交流就是如此。

孟舒魏尚

云中守孟舒，因为匈奴大举进攻云中，被罢免。田叔对汉文帝说：“匈奴侵犯边境，孟舒知道战士疲弱，不忍心下令抵抗，但战士们争先恐后地上城拼死对敌，就像儿子保护父亲一样，因此死了几百人，哪里是孟舒命令他们这样做呢！”汉文帝说：“孟舒真是好样的呀！”又让他当了云中守。又，冯唐对汉文帝说：“魏尚当云中守，匈奴曾经进犯，魏尚率领军队反击。战士整天鏖战。魏尚上书将军府记功，因为差了六颗首级，就被下狱削去官爵。我认为陛下处罚得太重。”汉文帝便赦免了魏尚，仍让他当云中守。据考，孟舒、魏尚，都在汉文帝时当云中守，都是因为匈奴进犯获罪，都得到战士的拼死卖命，都因为别人的话复官，事情极其相似，我怀疑这是同一件事。

秦用他国人

七国争雄天下，都在招纳吸收游说四方的人才。但六国所任用的相国，都是他们的宗族和本国人，像齐国的田忌、田婴、田文，韩国的公仲、公叔，赵国的奉阳君、平原君，魏王甚至任用太子当相国。只有秦国不是这样，最初与秦国商讨大计、开创霸业的是魏国人公孙鞅。其他的像楼缓是赵国人——张仪、魏冉、范雎都是魏国人，蔡泽是燕国人，吕不韦是韩国人，李斯皆委国而听之不疑，卒之所以兼天下者，诸人之力也。燕昭王任郭隗、剧辛、乐毅，几灭强齐，辛、毅皆赵人也。楚悼王任吴起为相，诸侯患楚之强，盖卫人也。

曹参赵括

汉高祖疾甚，吕后问曰："萧相国既死，谁令代之？"上曰："曹参可。"萧何事惠帝，病，上问曰："君即百岁后，谁可代君？"对曰："知臣莫若主。"帝曰："曹参何如？"曰："帝得之矣。"曹参相齐，闻何薨，告舍人趣治行，吾且入相。居无何，使者果召参。赵括自少时学兵法，其父奢不能难，然不谓善，谓其母曰："赵若必将之，破赵军者必括也。"后廉颇与秦相持，秦应侯行千金为反间于赵，曰："秦之所畏，独赵括耳。"赵王以括代颇将。蔺相如谏，王不听。括母上书言括不可使，王又不听。秦王闻括已为赵将，乃阴使白起代王龁，遂胜赵。曹参之宜为相，高祖以为可，惠帝以为可，萧何以为可，参自以为可，故汉用之而兴。赵括之不宜为将，其父以为不可，母以为不可，大臣以为不可，秦王知之，相应侯知之，将白起知之，独赵王以为可，故用之而败。呜呼！将相安危所系，可不监哉！且秦以白起易王龁，而赵乃以括代廉颇，不待于战，而胜负之形见矣。

是楚国人。秦国把国家托付给他们，却没有一点疑心，所以结果就取得了天下，便是这些人的力量。燕昭王任用郭隗、剧辛、乐毅，差点灭了强盛的齐国，剧辛、乐毅却都是赵国人。楚悼王任用吴起为相国，诸侯都惧怕楚国的强盛，吴起是卫国人呀！

曹参赵括

汉高祖病重，吕后问："萧相国死后，谁可以接替他？"汉高祖说："曹参可以。"萧何辅佐汉惠帝，病重，惠帝问："你如有不幸，谁可以接替你？"萧何回答说："了解臣子没有比君主更清楚的了。"惠帝说："曹参怎么样？"萧何说："皇帝找到最合适的人了。"曹参正当齐国相国，听说萧何死了，告诉手下人准备行装，我要入朝当宰相了。时间不久，使者果然来召曹参进京。赵括从小就学习兵法，他父亲赵奢也难不倒他，但不认为他学得好，对他母亲说："赵国如一定让他为将，他必定葬送赵国的大军。"其后，廉颇与秦国对垒，秦国的应侯范雎，用一千两黄金到赵国行反间计，说："秦国所怕的人，只有赵括。"赵王信以为真，便用赵括代替廉颇。蔺相如劝阻，赵王不听。赵括的母亲上书赵王，说赵括不能用，赵王又不听。秦王听说赵括当了赵国的大将，于是暗地让白起代替王龁，遂即打败赵国。曹参适合当相国，高祖认为能够胜任，惠帝认为能够胜任，萧何认为能够胜任，曹参自己也认为能够胜任，所以汉朝用了他，就兴盛起来。赵括不适合当大将，他父亲知道，母亲知道，大臣知道，秦王知道，相国应侯知道，大将白起知道，只有赵王不知道，所以用了他遭到了失败。哎！将和相关系国家安危，能不慎重吗？再说秦国用白起代替王龁，赵国用赵括代替廉颇，不等战争开始，胜败

信近于义

“信近于义，言可复也。恭近于礼，远耻辱也。因不失其亲。亦可宗也。”程明道曰：“因恭信而不失其所以亲，近于礼义，故亦可宗。”伊川曰：“因不失于相近，亦可尚也。”又曰：“因其近礼义而不失其亲，亦可宗也。况于尽礼义者乎？”范纯父曰：“君子所因者本，而立爱必自亲始，亲亲必及人。故曰因不失其亲。”吕与叔分为三事。谢显道曰：“君师友三者，虽非天属，亦可以亲，舍此三者之外，吾恐不免于谄贱。惟亲不失其所亲，然后为可宗也。”杨中立曰：“信不失义，恭不悖礼，又因不失其亲焉，是亦可宗也。”尹彦明曰：“因其近，虽未足以尽礼义之本，亦不失其所宗尚也。”予切以谓义与礼之极，多至于不亲，能至于不失其亲，斯为可宗也。然未敢以为是。

刚毅近仁

刚毅者，必不能令色。木讷者，必不为巧言。此近仁鲜仁之辨也。

的形势，已经分出来了。

信近于义

“诚信不等于义，如能不违背义，说的话就可以去实践。谦恭不等于礼，如能不违背礼，耻辱就能够远离。与人亲爱而又不失掉可以亲爱的人，也是可以尊崇的。”程颢说：“依凭恭信，不失掉所可亲爱的人，又不违背礼义，所以也可以尊崇。”程颐说：“依凭恭信，如能不违背礼义，也是可以尊崇的。”又说：“因为恭信能近乎礼义，就不会失掉所可亲近的人，也是可以尊崇的，何况完全合乎礼义的呢！”范纯父说：“君子所依凭的是本性，而建立爱心必从亲人开始，爱自已的亲人，也一定要爱别人的亲人，所以说亲爱不失掉可亲爱的人。”吕与叔把信、恭、亲分成三件事。谢显道说：“君、师、友这三类。虽然不是天赋本性，也可以亲爱。除这三类以外，就不免陷于谄媚和卑贱。只有亲爱不失掉可亲爱的人，然后才可以崇尚。’杨中立说：“诚信如不失掉义，谦恭如不违背礼，又亲爱不失掉可亲爱的人，这也是可以崇尚的。”尹彦明说：“因为恭信近于礼义，虽然还不完全合乎礼义的本源，也是可以崇尚的。”我以为礼和义的极限，多至于不能亲近，如能够达到不失掉可亲近的人，这是可崇尚的。但不敢以为是确解。

刚毅近仁

刚毅的人，必定不能和颜悦色。不善言辩的人，必定不说讨人喜欢的话。这就是分辨近仁少仁的要领。

忠恕违道

曾子曰："夫子之道，忠恕而已矣。"《中庸》曰："忠恕违道不远。"学者疑为不同。伊川云："《中庸》恐人不喻，乃指而示之近。"又云："忠恕固可以贯道，子思恐人难晓，故降一等言之。"又云："《中庸》以曾子之言虽是如此，又恐人尚疑忠恕未可便为道。故曰违道不远。"游定夫云："道一而已，岂参彼此所能豫哉？此忠恕所以违道，为其未能一以贯之也。虽然，欲求人道者，莫近于此，此所以违道不远也。"杨中立云："忠恕固未足以尽道。然而违道不远矣。"侯师圣云："子思之忠恕，施诸己而不愿，亦勿施于人。此已是违道。若圣人，则不待施诸己而不愿，然后勿施诸人也。"诸公之说大氐不同。予切以为道不可名言，既丽于忠恕之名，则为有迹。故曰违道。然非忠恕二字亦无可以明道者。故曰不远。非谓其未足以尽道也。违者违去之谓，非违畔之谓。老子曰："上善若水，水善利万物而不争，处众人之所恶，故几于道。"苏子由解云："道无所不在，无所不利，而水亦然。然而既已丽于形，则于道有间矣，故曰几于道。然而可名之善，未有若此者。故曰上善。"其说与此略同。

忠恕违道

曾子说："孔夫子之道，只有忠、恕（尽己、及人）罢了。"《中庸》说："忠恕距离理的本源不远。"学者们怀疑这两种说法不同。程颐说："《中庸》怕人不懂，才指示说忠恕接近道的本源。"又说："忠恕固然可以贯穿全部的道，子思怕人不好懂，所以才降一等来解释。"又说："《中庸》以为虽然曾子说过万事之理只有忠恕，还怕人怀疑它不是理的本源，所以说离理不远。"游定夫说："理的本源只有一个，岂能用比较来确定？忠恕之所以违理，是因为它不能一切表现都在行事上。虽然如此，但想学道理的，没有比这更接近的了，所以说它离本源不远。"杨中立说："忠恕固然不能包括全部道理，然而它距离理的本源不远了。"侯师圣说："子思讲的忠恕，加在自己身上不愿接受，也不能加在别人身上。这本身已离开理的本源了。像圣人就不是等加给自己不愿意，而后才不加给别人的。"这些人的说法不尽相同，我私下以为万物之理，不能用名称来表达，既然把理的本源，加上忠恕的名称，就是有了痕迹，所以说它离开了本源。然而脱离了忠恕二字，也没有能够阐明道理的，所以说它不远。并不是说它不能包括理的本源。违是说离去，不是说背叛。老子说："最好的东西像水，能使万物得到而不争功，处在众人不愿住的地方，所以它接近自然之理。"苏辙解释说："自然之理什么地方都有，对什么都有利，水就是这样。然而它已有了形迹，对于自然之理，就有了差别了，所以说它近于自然之理。然而找一个妥当的命名，没有一个超过它的，所以说最好的东西像水。"这说法和我说的大略相同。

求为可知

“不患无位，患所以立，不患莫己知，求为可知也。”为之说者，皆以为当求为可知之行。唯谢显道云：“此论犹有求位求可知之道，在至论则不然，难用而莫我知，斯我贵矣，夫复何求？”予以为君子不以无位为患，而以无所立为患；不以莫己知为患，而以求为可知为患。第四句盖承上文言之。夫求之有道，若汲汲然求为可知，则亦无所不至矣。

里仁

“里仁为美，择不处仁，焉得智？”孟子论函矢巫匠之术，而引此以质之，说者多以里为居，居以亲仁为美，予尝记一说云，函矢巫匠皆里中之仁也。然于仁之中有不仁存焉，则仁亦在夫择之而已矣。尝于郑景望言之，景望不以为然。予以为此特谓闾巷之间所推以为仁者，固在所择，正合孟子之意。不然，仁之为道大矣，尚安所择而处哉？

汉采众议

汉元帝时，珠厓反，连年不定。上与有司议大发军，待诏贾捐之建议，以为不当击。上以问丞相、御史，御史大夫

求为可知

“不担忧没有官位，担忧不能立身：不担忧人不了解自己，只要追求人们自然了解。”解说这话的，都以为应当追求可以被人了解的品德。只有谢显道解释说：“这种解释，还有追求官位、追求被人了解的行为。至理名言可不是如此，难被人用而又不被人知道，我认为就可贵了，还追求什么呢？”我以为君子不是担忧没有官位，而是担忧不能立身；不是担忧不被人知道，而是担忧追求让人知道。第四句是承接上文说的。本来追求应有道理，如果一心追求被人知道。那就什么事情都要干了。

里仁

“邻里以有仁厚的风俗为好，选择住处，不去有仁德的地方住，哪能得到智慧？”孟子评论造甲、作箭、做巫医、当木匠等人的职业，曾经引用此文作证明。解释的人，多半把“里”字解成“居”字，指居处以亲近仁人为好。我曾经记得一个解释，函人、矢人、巫医、木匠，都是邻里的仁人，因为他们都有仁爱之心。但在仁爱之中，还有不仁爱的存在，譬如函人和木匠，利在死人，那么仁爱也在选择罢了。我曾经对郑景望说过这个意思，郑景望不同意。我以为这里所指的，只是邻里推选出来的仁人，固然在于选择职业，正合孟子的意见。不然，仁的内涵实在太大了，还能够选择而处吗？

汉采众议

汉元帝时候，珠厓（今海南琼山东南四十里）反叛，几年平定不了。汉元帝和大臣商议使用兵平叛，待诏贾捐之建议，以为陈万年以为当击，丞相于定国以为捐之议是，上从之，遂罢珠厓郡。匈奴呼韩邪单于既事汉，上书愿保塞上谷以西，请罢边备塞吏卒，以休天子人民。天子令下有司议，议者皆以为便，郎中侯应习边事，以为不可许。上问状，应对十策，有诏勿议罢边塞事。成帝时，匈奴使者欲降，下公卿议，议者言宜如故事受其降。光禄大夫谷永以为不如勿受，天子从之。使者果诈也。哀帝时，单于求朝，帝欲止之，以问公卿，亦以为虚费府帑，可且勿许。单于使辞去。黄门郎杨雄上书谏，天子寤焉，召还匈奴使者，更报单于书而许之。安帝时，大将军邓骘欲弃凉州，并力北边，会公卿集议，皆以为然，郎中虞诩陈三不可，乃更集四府，皆从诩议。北匈奴复强，西域诸国既绝于汉，公卿多以为宜闭玉门关绝西域。邓太后召军司马班勇问之，勇以为不可，于是从勇议。顺帝时，交阯蛮叛，帝召公卿百官及四府掾属，问以方略，皆议遣大将发兵赴之，议郎李固驳之，乞选刺史太守以往，四府悉从固议，岭外复平。灵帝时，凉州兵乱不解，司徒崔烈以为宜弃，诏会公卿百官议之，议郎傅燮以为不可，帝从之。此八事者，所系利害甚大，一时公卿百官既同定议矣，贾捐之以下八人，皆以郎大夫之微，独陈异说。汉元、成、哀、安、顺、灵皆非明主，悉能违众而听之，大臣无贤愚亦不复执前说，盖犹有公道存焉。每事皆能如是，天下其有不治乎？

不应当打。汉元帝便问丞相和御史，御史大夫陈万年认为应当打，丞相于定国以为贾捐之的建议对，汉元帝采用了贾捐之的意见，就撤销了珠厓郡。匈奴呼韩邪单于既归服了汉朝，上书说愿意保卫汉朝边塞，从上谷（今河北怀来县）以西，撤走汉朝守边的军队，让人民得到休养生息。汉元帝让大臣们商议，都以为可行。郎中侯应熟悉边疆情况，以为不可答应。汉元帝询问情况，侯应提出了十条不能答应的意见，汉元帝于是下诏不要再谈撤掉边备的意见。汉成帝的时候，匈奴使者想要投降，汉成帝让大臣们商议，大臣们主张应按旧例接受他投降。光禄大夫谷永认为不可答应，汉成帝采纳了谷永的意见。使者果然是诈降。汉哀帝时候，单于要求朝见皇帝，汉哀帝不想答应，便征求大臣的意见，大臣们也认为耗费国家钱财，不宜答应。单于使臣便走了。黄门郎杨雄上书劝谏，汉哀帝省悟过来，召回匈奴使臣，另写了诏书，答应了单于的请求。汉安帝时候，大将军邓骘想放。弃凉州（今甘肃陇县），加强力量，以对付北方边患。朝廷召集公卿商议，都认为可行，郎中虞诩陈述了三条意见，认为不能放弃。于是又召集四府（丞相、御史、车骑将军、前将军）商议，都同意虞诩的建议。北匈奴再度强盛，西域诸国断绝了和汉朝的关系，大臣们多主张关闭玉门关（今甘肃敦煌市西北小方盘城），和西域断绝交往。邓太后招来军司马班勇，询问他的意见，班勇以为不宜断绝，于是采纳了班勇的意见。汉顺帝时候，交阯（今越南河内一带）反叛，汉顺帝召集公卿百官和四府的僚属商讨对策，都主张派大将进兵征讨，议郎李固提出了反对意见，要求选派刺史太守去安抚，四府都听从了李固的意见，岭南又安定下来。汉灵帝的时候，凉州军士骚乱不止，司徒崔烈认为应该放弃，朝

汉母后

汉母后预政，不必临朝及少主，虽长君亦然。文帝系周勃，薄太后曰："绛侯绾皇帝玺，将兵于北军，不以此时反，今居一小县，顾欲反邪？"帝谢曰："吏方验而出之。"遂赦勃。吴、楚反，诛，景帝欲续之，窦太后曰："吴王，老人也，宜为宗室顺善，今乃首乱天下，奈何续其后！"不许吴，许立楚后。郅都害临江王，窦太后怒，会匈奴中都以汉法。帝曰："都忠臣。"欲释之。后曰："临江王独非忠臣乎？"于是斩都。武帝用王臧、赵绾，太皇窦太后不悦儒术，绾请毋奏事东宫，后大怒，求得二人奸利事以责上，上下绾、臧吏，杀之。窦婴、田蚡廷辩，王太后大怒不食，曰："我在也，而人皆藉吾弟，且帝宁能为石人邪！"帝不直蚡，特为太后故杀婴。韩嫣得幸于上，江都王为太后泣，请得入宿卫比嫣，后繇此衔嫣，嫣以奸闻，后使使赐嫣死。上为谢，终不能得。成帝幸张放，太后以为言，帝常涕泣而遣之。

廷乃召集公卿百官商议，议郎傅燮认为不能放弃，汉灵帝听从了傅燮的建议。这八件事，都关系着国家成败，当时公卿百官都有共同意见，贾捐之等八人，都是郎、大夫一类的小官，却敢提出不同的意见。汉元帝、成帝、哀帝、安帝、顺帝、灵帝都不是英明的皇帝，都能够违背众人，听从他们的意见，大臣们不论贤愚，也不再坚持前议，这是公道还存在的表现。每件事都能这样，天下还有不太平吗？

汉母后

汉朝母后干预朝政，不一定亲自坐朝也不一定是皇帝年幼，就算是年龄大的皇帝，也是如此。汉文帝下周勃入狱，薄太后说："绛侯周勃（在诸吕作乱时）掌握皇帝玺绶，统率北军，不在那时造反，现在住一小县，反而造反吗？"文帝告罪说："官吏正在落实情况，就要放他出来。"遂即赦免了周勃。吴、楚国王因为谋反被杀，景帝想续封他们的后代为王，窦太后说："吴王是国家元老，应当成为宗室的表率，现在带头来祸乱天下，凭什么续封他的后代？"于是不答应续封吴国，答应给楚国立后。郅都害死临江王刘荣，窦太后非常恼怒，因匈奴事用汉法判处郅都死罪。景帝想赦免他，说："郅都是忠臣啊！"窦太后说："临江王就不是忠臣吗？"于是便杀掉了郅都。武帝任用王臧、赵绾，窦太后不喜欢儒家学说，赵绾奏请不要向东宫禀报事情，窦太后不怒，访察到两人的违法事情后，责问武帝，武帝只好把王臧、赵绾交给司法官吏，杀掉了二人。窦婴、田蚡在朝廷辩论曲直，王太后大怒，不吃饭，说："我还健在，人们就践踏我的弟弟，难道皇帝就甘心当石头人吗？"武帝原本认为田蚡不

田千秋郅恽

汉武帝杀戾太子，田千秋讼太子冤曰："子弄父兵当何罪？"帝大感悟，曰："父子之间，人所难言也。公独明其不然，公当遂为吾辅佐。"遂拜为丞相。光武废郭后，郅恽言曰："夫妇之好，父不能得之于子，况臣能得之于君乎？是臣所不敢言。虽然，愿陛下念其可否之计，无令天下有议社稷而已。"帝曰："恽善恕己量主。"遂以郭氏为中山王太后，卒以寿终。此二人者，可谓善处人骨肉之间，谏不费词，婉而能入者矣。

戾太子

戾太子死，武帝追悔，为之族江充家，黄门苏文助充谮太子，至于焚杀之。李寿加兵刃于太子，亦以它事族。田千秋以一言至为丞相，又作思子宫，为归来望思之台。然其孤孙囚系于郡邸，独不能释之，至于掖庭令养视而不问也，岂非汉法至严，既坐太子以反逆之罪，虽心知其冤，而有所不对，只是为了太后的缘故，杀掉了窦婴。韩嫣为武帝所宠爱，江都王对太后哭泣，要求和韩嫣一样宿卫皇宫。太后因此深恨韩嫣，后来韩嫣的奸情暴露出来，太后派人赐韩嫣死罪。武帝为韩嫣谢罪，结果未能赦免。成帝宠爱张放，太后提出意见，成帝只好哭泣着把张放赶走。

田千秋郅恽

汉武帝杀了戾太子，田千秋为太子诉冤，说："儿子玩弄父亲的兵器，应判什么罪？"武帝深受感动，知道自己错了，说："父子之间的事情，是外人所难说的，你独敢阐明太子不反，应该当我的辅佐。"遂任他为丞相。汉光武准备废掉郭皇后，郅恽进谏说："夫妻之间的和谐关系，父亲无法从儿子那里得到，何况臣子能够从君主那里得到吗？这一点是臣所不敢提及的。即使这样，但愿陛下考虑考虑，这种做法是否可行，不要让天下的人议论祖宗社稷罢了。"光武帝说："郅恽善于恕己量主。"于是，让郭氏作中山王的太后，寿终正寝。这两个人，可以说善于处理人们肉骨之间的事情，进谏之言，简明扼要，婉转入耳，皇上容易采纳。

戾太子

戾太子死后，汉武帝非常后悔，因此便灭了江充的族人。黄门苏文帮助江充诋毁太子，武帝把他活活烧死。李寿直接杀害太子，也因别的事由杀了他全族。田千秋为太子鸣冤，说了一句话，就当了丞相，武帝又建思子宫，并筑归来望思之台。但是他的孤孙宣帝被幽囚在郡舍，却不能释放，直到掖庭令养护他，而武赦者乎?

灌夫任安

窦婴为丞相,田蚡为太尉,同日免。蚡后为丞相,而婴不用,无势,诸公稍自引而怠骜,唯灌夫独否。卫青为大将军,霍去病财为校尉,已而皆为大司马。青日衰,去病日益贵。青故人门下多去事去病,唯任安不肯去。灌夫、任安,可谓贤而知义矣,然皆以它事卒不免于族诛,事不可料如此。

单于朝汉

汉宣帝黄龙元年正月,匈奴单于来朝,二月归国,十二月帝崩。元帝竟宁元年正月,又来朝,五月帝崩。故哀帝时,单于愿朝,时帝被疾,或言匈奴从上游来厌人。自黄龙、竟宁时,中国辄有大故,上由是难之。既不许矣,俄以杨雄之言,复许之。然元寿二年正月,单于朝,六月帝崩。事之偶然符合,有如此者。

帝却不管不问。岂不是汉朝法令过严，既已叛处戾太子叛逆罪名，虽然知道太子冤枉，而不敢赦免吗？

灌夫任安

窦婴任丞相，田蚡任太尉，同一天被罢免。田蚡后来当了丞相，窦婴没有再任用，失去了权势，门下众客渐渐离去，没去的也很怠慢，只有灌夫不是如此。卫青任大将军，霍去病才是个校尉，不久，都当了大司马。卫青渐渐失势，霍去病却一天天显贵。卫青门下旧人，很多离开卫青去追随霍去病，只有任安不肯去。灌夫、任安，可算是贤良和深明大义了。然而，都因为别的事情免不掉被灭族，事情的变化，竟如此不可预料。

单于朝汉

汉宣帝黄龙元年正月，匈奴单于来朝见，二月回国，十二月宣帝病死。汉元帝竟宁元年正月，单于请又来朝见，五月元帝病死。所以哀帝时，单于愿来朝见，哀帝正病着，有人说，匈奴从汉朝以来，形势压人。自从黄龙、竟宁以来，中国屡次发生大事故，哀帝因此不想让单于来朝。本已拒绝，因杨雄建议，又答应让来。但哀帝元寿二年正月，单于朝见后，六月哀帝就死了。事情偶然相合，竟有这么巧。

卷三（二十一则）

进士试题

唐穆宗长庆元年，礼部侍郎钱徽知举，放进士郑朗等三十三人，后以段文昌言其不公，诏中书舍人王起、知制诰白居易重试，驳放卢公亮等十人，贬徽江州刺史。白公集有奏状论此事，大略云："伏料自欲重试进士以来论奏者甚众。盖以礼部试进士，例许用书策，兼得通宵，得通宵则思虑必周，用书册则文字不错。昨重试之日，书策不容一字，木烛只许两条，迫促惊忙，幸皆成就，若比礼部所试事校不同。"及驳放公亮等敕文，以为《孤竹管赋》出于《周礼》正经，阅其程试之文，多是不知本末。乃知唐试进士许挟书及见烛如此。国朝淳化三年，太宗试进士，出《卮言日出赋》题，孙何等不知所出，相率扣殿槛乞上指示之，上为陈大义。景德二年，御试《天道犹张弓赋》。后礼部贡院言，近年进士惟钞略古今文赋，怀挟入试，昨者御试以正经命题，多懵所出，则知题目不示以出处也。大中祥符元年，试礼部进士，内出《清明象天赋》等题，仍录题解，摹印以示之。至景祐元年，始诏御药院，御试日进士题目，具经史所出，摹印给之，更不许上请。

进士试题

唐穆宗长庆元年，礼部侍郎钱徽任主考官，选中进士郑朗等三十三人。后因段文昌说他不公，穆宗又诏中书舍人王起、知制诰白居易重新考试，驳下卢公亮等十人，因此贬钱徽为江州刺史。白居易集有奏状评论这件事，大略说："自从朝廷要重新考试进士以来，上书评论的很多。旧例，礼部考试进士，允许使用书籍，还准许达到通宵。达到通宵，考虑问题就一定周到，使用书籍写出文字就不出差错。昨天重新考试，不许查看书籍，时间也只给两条木烛，迫促惊慌，勉强完成，和礼部的考试相比，事情有很大的不同。"说到驳下卢公亮等的敕文，以为《孤竹管赋》出自《周礼》正经上，读他们的考试文章，大多不知道它的来龙去脉。从此才知道唐朝考试进士，许可带书和燃烛。本朝太宗淳化三年，太宗考试进士，出《卮言日出赋》试题，孙何等不知道出自何处，考生都到殿上求皇上指示，太宗告诉了他们大意。景德二年，真宗亲自考试《天道犹张弓赋》。后来礼部考试院上书，说：近来进士只抄取古今的文章诗赋，昨天御试，出正经上题目，大多茫然不知道出处。从此可知试题是不告诉出处的。真宗大中祥符元年，考试礼部进士，由宫中出《清明象天赋》等题目，仍旧抄录解题，摹写刻印好，让考生看。仁宗景祐元年，才令御药院，御试进士的题目，都从经史所出，摹写刻印好。交给士子，不许再问皇帝。

儒人论佛书

韩文公《送文畅序》，言儒人不当举浮屠之说以告僧。其语云：“文畅浮屠也，如欲闻浮屠之说，当自就其师而问之，何故谒吾徒而来请也？”元微之作《永福寺石壁记》云：“佛书之妙奥，僧当为予言，予不当为僧言。”二公之语，可谓可当。

和归去来

今人好和《归去来辞》，予最敬晁以道所言。其《答李持国书》云：“足下爱渊明所赋《归去来辞》，遂同东坡先生和之，仆所未喻也。建中靖国间，东坡《和归去来》，初至京师，其门下宾客从而和者数人，皆自谓得意也，陶渊明纷然一日满人目前矣。参寥忽以所和篇示予，率同赋，予谢之曰：‘童子无居位，先生无并行，与吾师共推东坡一人于渊明间可也。’参寥即索其文，袖之出，吴音，曰：‘罪过公，悔不先与公话。’今辄以厚于参寥者为子言。”昔大宋相公谓陶公《归去来》是南北文章之绝唱，《五经》之鼓吹。近时绘画《归去来》者，皆作大圣变，和其辞者，如即事遣兴小诗，皆不得正中者也。

四海一也

海一而已，地之势西北高而东南下，所谓东、北、南三海，其实一也。北至于青、沧，则云北海，南至于交、广，则

儒人论佛书

韩愈《送文畅序》，说儒生不应当把佛家学说告诉僧人。该序中说：“文畅是佛教徒，如想听佛家学说，自应去问他的师傅，为什么来找我们呢？”元稹作《永福寺石壁记》也说：“佛经的奥妙，僧人应当对我说，我不应当给僧人说。”二人的话可算是十分确切。

和归去来

现代人喜欢和《归去来辞》，我最佩服晁以道说的话。他《答李持国书》说：“先生喜欢陶渊明所作的《归去来辞》，遂与东坡先生和它，这我就不明白了。徽宗建中靖国年间，东坡有《和归去来辞》，最初来到京城，他的门下宾客，随他唱和的有好几个人，都自以为作的很好，真是一日之间陶渊明满眼都是了。参寥子忽然把他和的篇章让我看，大略和赋一样，我告诉他说：‘童子不敢占据高位，先生面前不较同行，我和大师共同推举东坡先生到陶渊明的行列里就行了。’参寥子就把他的文章要了回去，装在袖里走了，并且用吴语说：‘对不起先生，我后悔没有和先生早打招呼。’现在我把爱重参寥子的话对先生说。”旧时大宋相公宋庠称陶渊明《归去来辞》是南北文章的绝唱，五经的传播者。近来画《归去来辞》的都画成了大圣变，和陶公辞的像是随事遣兴的小诗，都是违背了原意的。

四海一也

大海只是一个，地的形势西北高东南低，所说的东海、北海、南海三个海，其实是一个海。北边到青州、沧州，就叫北海，云南海，东渐吴、越，则云东海，无由有所谓西海者。《诗》《书》《礼》经所载四海，盖引类而言之。《汉·西域传》所云蒲昌海，疑亦渟居一泽尔。班超遣甘英往条支，临大海，盖即南海之西云。

李太白

世俗多言李太白在当涂采石，因醉泛舟于江，见月影俯而取之，遂溺死，故其地有捉月台。予案李阳冰作太白《草堂集序》云："阳冰试弦歌于当涂，公疾亟，草藁万卷，手集未修，枕上授简，俾为序。"又李华作《太白墓志》，亦云："赋《临终歌》而卒。"乃知俗传良不足信，盖与谓杜子美因食白酒牛炙而死者同也。

太白雪谗

李太白以布衣人翰林，既而不得官。《唐史》言高力士以脱靴为耻，摘其诗以激杨贵妃，为妃所沮止。今集中有《雪谗诗》一章，大率载妇人淫乱败国，其略云："彼妇人之猖狂，不如鹊之强强。彼妇人之淫昏，不如鹑之奔奔。坦荡君子，无悦簧言。"又云："妲己灭纣，褒女惑周。汉祖吕氏，食其在傍。秦皇太后，毐亦淫荒。蝃蝀作昏，遂掩太阳。万乘尚尔，匹夫何伤。词殚意穷，心切理直。如或妄谈，昊天是殛。"予味此诗，岂非贵妃与禄山淫乱，而白曾发其奸乎？不南边到交州、广州，就叫南海，东到吴、越，就叫东海，没有所说的西海。《诗经》《尚书》《礼记》等经书记载的四海，乃是连类说的。《汉书·西域传》所记的蒲昌海，我怀疑它只是积存一个大泽罢了。班超派甘英出使条支，遇到大海，大概就是南海的西面。

李太白

社会上多说李白在当涂的采石（今安徽当涂县采石矶）。因喝醉了酒，在长江上行船，见到水中月亮的影子，俯身去捞取，遂淹死在水中，所以采石有捉月台。我考察李阳冰作太白《草堂集序》说："我任当涂县令，太白病重，有草稿一万卷，还没有修订，在床上交给我，让我作序。"又李华作《太白墓志》也说："太白写完《临终歌》而死。"才知道社会上所传，实在不可信。大概和说杜甫因吃了白酒、牛肉块，饱胀而死是一样的无稽。

太白雪谗

李白以平民身份进入翰林院，后来没有得到官职。《旧唐书》说高力士以给李白脱靴为耻辱。便摘取李白诗句，激怒杨贵妃，被杨贵妃阻止了他的任职。现在太白集中有《雪谗诗》一章，大概讲妇人淫乱败坏国政，大略说："那妇人太猖狂，还不如喜鹊双飞翔。那妇人太淫滥，还不如鹌鹑相随伴。胸怀坦荡的君子啊，不要听从悦耳的细语。"又说："妲己灭了殷纣，褒姒乱了西周，汉高祖吕后与郦食其同床，秦始皇太后与嫪毐情长。虹霓弄昏暗，遮蔽太阳光。皇帝还如此，百姓又何妨。词已说完，意亦说尽，心情迫切理直气壮。如果有假话，皇天来处然，则“飞燕在昭阳”之句，何足深怨也？

冉有问卫君

冉有曰：“夫子为卫君乎？”子贡曰：“吾将问之。”入，曰：“伯夷、叔齐何人也？”曰：“古之贤人也。”曰：“怨乎？”曰：“求仁而得仁，又何怨？”出，曰：“夫子不为也。”说者皆评较蒯聩、辄之是非，多至数百言，惟王逢原以十字蔽之，曰：“贤兄弟让，知恶父子争矣。”最为简妙。盖夷、齐以兄弟让国，而夫子贤之，则不与卫君以父子争国可知矣。晁以道亦有是语，而结意不同。尹彦明之说，与逢原同。唯杨中立云：“世之说者，以谓善兄弟之让，则恶父子之争可知，失其旨矣。”其意为不可晓。

商颂

宋自微子至戴公，礼乐废坏。正考甫得《商颂》十二篇于周之太师，后又亡其七，至孔子时，所存才五篇尔。宋，商王之后也，于先代之诗如是，则其它可知。夫子所谓“殷礼吾能言之，宋不足征也。”盖有叹于此。杞以夏后之裔，至于用夷礼，尚何有于文献哉？郯国小于杞、宋，少昊氏远于夏、商，而凤鸟名官，郯子枚数不忘，曰：“吾祖也，我知之。”其亦贤矣。

死。”我玩味此诗，莫非杨贵妃与安禄山私通，李白曾揭发过他们的丑事？不然，“飞燕在昭阳”的句子，值得这么怨恨吗？

冉有问卫君

冉有说：“夫子帮助卫君吗？”子贡说：“我要问问夫子。”遂进见孔子；说：“伯夷、叔齐是什么样的人呀？”孔子说：“是古时的贤人哪！”子贡说：“他们怨恨吗？”孔子说：“追求仁爱，得到了仁爱，还怨恨什么？”子贡辞出，说：“夫子不会帮助卫君的。”解说的人，都是用评比的方法来定蒯聩和辄的是非，多到几百字，只有王逢原用了十个字就概括了，说：“赞成兄弟让国，就知道反对父子相争了。”此为最为简洁精妙的评论。晁以道也有这样的话，但结句的意思不同。尹彦明的说法，和王逢原相同。只有杨中立说：“世上的解说者，以为赞成兄弟让国，就知道反对父子相争，失掉了这句话的主旨。”他想表达的意思真让人捉摸不透。

商颂

宋国从微子到戴公，礼乐都败坏了。正考父从周太师那里得到十二篇《商颂》，后又丢失了七篇，到孔子时才剩了五篇。宋国是商王的后代，对于先代的诗章这样轻视，那么其他就可想而知了。孔子所说的，“商代的礼制我能够说明，但宋国不能够验证。”大概就是慨叹这点。杞国是夏朝的后代，至于使用夷狄的礼节，还有什么文献呢！郯国比杞国宋国都小，少昊氏又远过夏代商代，而用凤鸟为官名，郯君却历数不忘，说：“这是我祖先的制度，我都知道。”他是很贤能的了。

俗语有所本

俗语谓钱一贯有畸曰千一、千二，米一石有畸曰石一、石二，长一丈有畸曰丈一、丈二之类。按，《考工记》："殳长寻有四尺。'注云："八尺曰寻，殳长丈二。'《史记·张仪传》："尺一之檄。"汉淮南王安书云：丈一之组。《匈奴传》：尺一牍。《后汉》：尺一诏书。唐，城南去天尺五之类，然则亦有所本云。

鄱阳学

鄱阳学在城外东湖之北，相传以为范文正公作郡守时所创。予考国史，范公以景祐三年乙亥岁四月知饶州，四年十二月，诏自今须藩镇乃得立学，他州勿听。是月，范公移润州。《余襄公集》有《饶州新建州学记》，实起于庆历五年乙酉岁，其郡守曰都官员外郎张君，其略云："先是郡先圣祠宫栋宇隳剥，前守亦尝相土，而未遑缔治，于是即其基于东湖之北偏而经营之。"浮梁人金君卿郎中作《郡学庄田记》云："庆历四年春，诏郡国立学，时守都官副郎张侯谭始营之，明年学成。"与余公记合。范公在饶时，延君卿置馆舍，使公有意建学，记中岂无一言及之？盖是时公既为执政，去郡十年矣。所谓前守相土者不知为何人？

俗语有所本

俗语说钱一吊有余叫一千一、一千二，米一石有余叫一石一、一石二，长一丈有余叫一丈一、一丈二等。按，《考工记》："殳长寻又四尺。"《注》说："八尺叫寻，殳长一丈二。"《史记·张仪传》：一尺一的木简，汉淮南王刘安的书说：一丈一的绦，《史记·匈奴传》：一尺一的木牍，《后汉书》：一尺一的诏书，唐时谣谚说："城南韦杜，去天尺五"之类，那么也都是有根据的呀！

鄱阳学

鄱阳学宫在城外东湖的北面，相传是范仲淹当郡守时所创建的。我考察国史，范仲淹在仁宗景祐三年乙亥岁（按，景祐三年为丙子，景祐二年为乙亥）四月任饶州太守，景祐四年十二月，诏书规定必须是藩镇才可以建立学宫，别的州不许建，当月，范仲淹迁官润州（今江苏镇江市）。《余襄公集》有《饶州建州学记》，实是仁宗庆历五年乙酉岁建立，郡守是都官员外郎张君，大略说："起初郡城里先圣祠官，房屋毁坏，前郡守也曾察看过，还没有来得及修建。于是张君就用祠宫旧基，在东湖北边建起学宫。"浮梁县人金君卿郎中，作《郡学庄田记》说："仁宗庆历四年春天，诏书命令郡国建立学宫，当时郡守都官副郎张君名谭的筹划建立，第二年学宫建成。"和余公所记的相同。范仲淹在饶州时，请金君卿建立馆舍，如果范仲淹有意建立学宫，记中哪能一句也不提到？况且此时范仲淹已入朝中掌管朝政，离开饶州十年了。所记前太守察看土地，不知道是什么人。

国忌休务

《刑统》载唐大和七年敕："准令，国忌日唯禁饮酒举乐，至于科罚人吏，都无明文。但缘其日不合厘务，官曹即不得决断刑狱，其小小笞责，在礼律固无所妨，起今以后，纵有此类，台府更不要举奏。"《旧唐书》载此事，因御史台奏均王傅王堪男国忌日于私第科决作人，故降此诏。盖唐世国忌休务，正与私忌义等，故虽刑狱亦不决断，谓之不合厘务者此也。今在京百司，唯双忌作假，以其拜跪多，又昼漏已数刻，若单忌独三省归休耳，百司坐曹决狱与常日亡异，视古谊为不同。元微之诗云："缚遣推囚名御史，狼藉囚徒满田地，明日不推缘国忌。"又可证也。

汉昭顺二帝

汉昭帝年十四，能察霍光之忠，知燕王上书之诈，诛桑弘羊、上官桀，后世称其明。然和帝时，窦宪兄弟专权，太后临朝，共图杀害。帝阴知其谋，而与内外臣僚莫由亲接，独知中常侍郑众不事豪党，遂与定议诛宪，时亦年十四，其刚决不下昭帝，但《范史》发明不出，故后世无称焉。顺帝时，梁商为大将军辅政，商以小黄门曹节用事于中，遣子冀与交友，而宦官忌其宠，反欲害之。中常侍张逵、蘧政、杨定等，与左右连谋，共谮商及中常侍曹腾，孟贲，云欲议废立，

国忌休务

《刑统》记载唐文宗大和七年敕书:“依照法令,国家的忌日,只禁止饮酒奏乐,至于处罚百姓和官吏,没有明文规定。但由于这天不该处理事务,所以官府就不能判断案件,但小的责罚,在礼制和法律上都没有妨碍,从今以后,纵有此类事情,御史台府不要检举。”《旧唐书》记载这事,因为御史台检举均王师傅王堪的儿子,国忌日那天在私宅处罚工匠,所以才颁布这个诏书。大概唐代国忌日不处理事务,正合私忌一样,所以虽是刑事案件也不决断,诏书说不该处理事务,就是指这个。现在在京城的众官,只有双忌日放假,因为跪拜太多,时间又过了几刻,如果是单忌日,就只有三省官员休息了。其他百官上班断按,与平常日子没有两样。比古代制度有所不同。元稹的诗词中说:“抓人判案名为御史,囚徒狼狈满地都是,明天放假因为国忌日。”可以为证。

汉昭顺二帝

汉昭帝十四岁,能够察知霍光的忠诚,知道燕王上书的虚假,杀桑弘羊、上官杰,后代说他英明。然而汉和帝时,窦宪兄弟专权,太后垂帘听政,共谋杀害皇帝。和帝暗中了解到他们的计划,但和内外大臣不能接近,他知道中常侍郑众不巴结豪门奸党,遂和郑重定计,杀掉窦宪,当时也是十四岁,刚烈决断不比昭帝差。但范晔《后汉书》没指出这点,所以后代没有人称赞和帝。汉顺帝时,梁商任大将军辅佐政事,梁商因为小黄门曹节侍候皇帝,就派儿子梁冀和他交朋友,但太监们忌妒他们得到皇帝恩宠,反而想害他们。中常侍张逵、蘧政、杨定等,与皇帝左请收商等按罪。帝曰："大将军父子我所亲，腾、贲我所爱，必无是，但汝曹共妒之耳。"逵等知言不用，遂出矫诏收缚腾、贲。帝震怒，收逵等杀之，此事尤与昭帝相类。霍光忠于国，而为子禹覆其宗，梁商忠于国，而为子冀覆其宗，又相似。但顺帝复以政付冀，其明非昭帝比，故不为人所称。

三女后之贤

王莽女为汉平帝后，自刘氏之废，常称疾不朝会。莽敬惮伤哀，欲嫁之，后不肯，及莽败，后曰："何面目以见汉家。"自投火中而死。杨坚女为周宣帝后，知其父有异图，意颇不平，形于言色，及禅位，愤惋逾甚。坚内甚愧之，欲夺其志，后誓不许，乃止。李昪女为吴太子琏妃，昪既篡吴，封为永兴公主，妃闻人呼公主，则流涕而辞。三女之事略同，可畏而仰，彼为其父者，安所置愧乎？

贤父兄子弟

宋谢晦为右卫将军，权遇已重，自彭城还都迎家，宾客辐凑。兄瞻惊骇曰："汝名位未多，而人归趣乃尔，此岂门户之福邪？"乃以篱隔门庭，曰："吾不忍见此。"又言于宋公裕，特乞降黜，以保衰门。及晦立佐命功，瞻意忧惧，遇病，右的人共同策划诬蔑梁商及中常侍曹腾、孟贲，说他们想另立皇帝，要求逮捕梁商等治罪。顺帝说："大将军父子是我所亲近的，曹腾、孟贲是我喜欢的，绝没有这种事，只不过是你们忌妒他们罢了。"张逵等知道顺帝不听他们的话，遂假托皇帝诏命逮捕曹腾、孟贲。顺帝大怒，把张逵等抓起来杀了。此事尤其与昭帝相似。霍光忠于国家，却因为儿子霍禹的罪恶灭了族，梁商忠于国家，却因为儿子梁冀的罪恶灭了族，这事又相似。但顺帝又把政事交托给梁冀，他的英明不能和昭帝相比，所以不被后人称道。

三女后之贤

王莽的女儿为汉平帝皇后，自从刘氏皇帝被废以后，她常常托病不上朝。王莽对她既敬畏又哀怜。想把她再嫁人，她不答应。等到王莽失败，她说："我有什么脸面去见汉家皇帝。'自己跳入火中烧死了。杨坚女儿为周宣帝皇后，知道杨坚想篡夺帝位，很不赞成，常在言谈举止中表现出来，等到杨坚篡位，更加愤恨。杨坚感到很惭愧，想让她改嫁。她发誓不答应，杨坚只好作罢。李昪女儿为吴国太子琏妃子。李昪篡夺了吴国，封她为永兴公主。她听到人叫她公主，就流着泪不让叫。这三个女性的事迹，大略相同，可尊可敬，那为父亲的不感到惭愧吗?

贤父兄子弟

南朝宋谢晦任右卫将军，权势很大，从彭城（今江苏徐州市）回京，搬取家属，宾客车马拥挤。其兄谢瞻很害怕，说："你名声地位都不高，众人就趋奉如此，这哪是家门的福分呢?"于是就用篱笆隔开庭院，说："我不愿看到这种情况。"又请求宋不疗而卒。晦果覆其宗。颜竣于孝武有功贵重，其父延之，常语之曰："吾平生不喜见要人，今不幸见汝。"尝早诣竣，见宾客盈门，竣尚未起，延之怒曰："汝出粪土之中，升云霞之上，遽骄傲如此，其能久乎？"竣竟为孝武所诛。延之、瞻可谓贤父兄矣。

隋高颎拜为仆射，其母戒之曰："汝富贵已极，但有一斫头尔！"颎由是常恐祸变，及罢免为民，欢然无恨色，后亦不免为炀帝所诛。唐潘孟阳为侍郎，年未四十，母曰："以尔之材，而位丞郎，使吾忧之。"严武卒，母哭曰："而今而后，吾知免为官婢。"三者可谓贤母矣。

褚渊助萧道成篡宋为齐，渊从弟炤谓渊子贲曰："不知汝家司空将一家物与一家，亦复何谓？"及渊为司徒，炤叹曰："门户不幸，乃复有今日之拜。"渊卒，世子贲耻其父失节，服除遂不仕，以爵与其弟，屏居终身。齐王晏助明帝夺国，从弟思远曰："兄将来何以自立？若及此引决，犹可保全门户。"及拜骠骑将军，集会子弟，谓思远兄思微曰："隆昌之末，阿戎劝吾自裁，若从其语，岂有今日？"思远曰："如阿戎所见，今犹未晚也。"晏叹曰："世乃有劝人死者！"晏果为明帝所诛。炤、贲、思远，可谓贤子弟矣。

主刘裕把自己降级或免职，以便保住即将衰落的家门。等到谢晦立了建国大功，谢瞻又忧又怕，得了病，不去治疗，遂即死去。谢晦果然被灭了族。颜竣对于宋孝武帝有功，官位很高，他父亲颜延之常对他说："我平日不喜欢见有权势的人，今天不幸见到了你。"有一天早上去看颜竣，见宾客满门，颜竣还没有起床，颜延之很恼火，说："你出于粪土之中，升到云霞之上，即刻骄傲如此，还能长久吗？"颜竣最终被宋孝武帝杀死。颜延之、谢瞻可算是贤明的父兄了。

隋朝高颎被封为仆射，他母亲告诫他说："你富贵已达到顶点，只有等砍头罢了。"高颎因此常怕有祸变发生，等到罢官为民，高兴地没有怨恨的脸色，但后来也没有免掉被隋炀帝杀害的命运。唐朝潘孟阳任侍郎时，还不到四十岁，他母亲说："以你的才能，竟当了丞郎，真让我忧愁。"严武去世，他母亲哭道："从今以后，我知道不会当官家的奴婢了。"这三人可算是贤明的母亲了。

褚渊帮助萧道成篡夺刘宋政权，建立萧齐，褚渊的叔伯弟弟褚炤对褚渊的儿子褚贲说："我不知道你家司空把一家的东西送给另一家，是什么意思？"等到褚渊当了司徒，褚炤叹息说："家门不幸，竟又有今天的封官。"褚渊死后，儿子褚贲以父亲失节为耻辱，服孝期满，不再做官，把爵位让给弟弟，隐居终身。齐王晏帮助齐明帝夺取了帝位，叔伯兄弟王思远说："兄将来怎么立身？如能趁这时自杀，还可以保住门户。"等到任为骠骑将军，召集子弟对王思远的哥哥王思微说："隆昌末年，思远弟劝我自杀，如果听了他的话，哪有今天？"王思远说："依我所见，今天还不晚。"王晏叹息说："世界上竟有劝人自杀的。"王

蔡君谟帖

蔡君谟一帖云："襄昔之为谏臣，与今之为词臣，一也，为谏臣有言责，世人自见疏，今无是焉，世人见亲，襄之于人，未始异之，而人之观故有以异也。"观此贴，乃各昔时居台谏者，为人所疏如此。今则反是，方为此官时，其门挥汗成雨，一徙它局，可张爵罗。风俗媮薄甚矣。又有送荔枝与昭文相公一贴云："襄再拜，宿来伏惟台候起居万福。闽中荔枝，唯陈家紫号为第一，辄献左右，以伸野芹之诚，幸赐收纳，谨奉手状上闻不宣。襄上昭文相公阁下。"是时，侍从与宰相往还，其礼盖如是，今之不情苛礼，吁可厌哉！

亲王与从官往还

神宗有御笔一纸，乃为颍王时封还李受门状者，状云："右谏议大夫、天章阁待制兼侍讲李受起居皇子大王。"而其外封，题曰："台衔回纳。"下云："皇子忠武军节度使、检校太尉、同中书门下平章事、上柱国颍王名，谨封。"名乃亲书。其后受之子覆以黄，缴进，故藏于显谟阁。先公得之于燕，始知国朝故事，亲王与从官往还公礼如此。

三传记事

秦穆公袭郑，晋纳邾捷菑，《三传》所书略相似。《左晏果然被齐明帝杀死。褚炤、褚贲、王思远可算是贤明子弟了。

蔡君谟帖

蔡襄（字君谟）有一个帖子说："我过去当谏官，与今天当词臣，是一样的，当谏官有批评弹劾的责任，人们自然和我疏远，现在没有这个责任了，人们就和我亲近，我的为人，没有两样，而是人们对我的看法有两种。"看了此帖，才知道在御史台当谏官的被人如此地疏远。现在却翻了过来，当他刚任谏官时，门外车马拥挤不动，一旦换了别的官，门外就能支鸟网。人情薄的是太厉害了。他又有送荔枝给昭文相公一个帖子，说："我再三致意，近来想你一切顺适。闽中的荔枝，惟有陈家紫最好，现在送上，用以表现野人献芹的诚意，希望收下，敬上此书，不复一一。此上昭文相公阁下。"当时侍从官和宰相往来，礼节就是这样，现在不近人情，礼节甚严。唉，真是讨厌啊！

亲王与侍从官往还

神宗皇帝有一道御札，是为颍王时退回李受门状的，状上说："右谏议大夫天章阁待制兼侍讲李受起居皇子大王。"而在封皮上题道："台衔回纳。"下款说："皇子忠武军节度使、检校太尉、同中书门下平章事、上柱国颍王名谨封。"名字是亲笔。后来李受的儿子用黄布盖上，进呈皇帝，所以就放在了显谟阁。先父从燕都得到，才知本朝旧事，亲王与侍从官往来，礼节如此。

三传记事

秦穆公偷袭郑国，晋送邾捷菑回国，《春秋三传》的记载氏》书秦事曰："杞子自郑告于秦曰：'潜师以来，国可得也。'穆公访诸蹇叔，蹇叔曰：'劳师以袭远，非所闻也，且行千里，其谁不知！'公辞焉，召孟明出师。蹇叔哭之，曰：'孟子，吾见师之出，而不见其人也。'公曰：'尔何知！中寿，尔墓之木拱矣。'蹇叔之子与师，哭而送之曰：'晋人御师必于殽，殽有二陵焉，必死是间，余收尔骨焉。'秦师遂东。"《公羊》曰："秦伯将袭郑，百里子与蹇叔子谏曰：'千里而袭人，未有不亡者也。'秦伯怒曰：'若尔之年者，宰上之木拱矣。尔曷知！'师出，百里子与蹇叔子送其子而戒之曰：'尔即死，必于殽嵚岩，吾将尸尔焉。'子揖师而行，百里子与蹇叔子从其子而哭之。秦伯怒曰：'尔曷为哭吾师？'对曰：'臣非敢哭君师，哭臣之子也。'"《穀梁》曰："秦伯将袭郑，百里子与蹇叔子谏曰：'千里而袭人，未有不亡者也。'秦伯曰：'子之冢木已拱矣，何知？'师行，百里子与蹇叔子送其子而戒之曰：'女死必于殽之岩唫之下，我将尸女于是。'师行，百里子与蹇叔子随其子而哭之，秦伯怒曰：'何为哭吾师也？'二子曰：'非敢哭师也，哭吾子也，我老矣，彼不死，则我死矣。'"

其书邾事，《左氏》曰："邾文公元妃齐姜，生定公，二妃晋姬，生捷菑。文公卒，邾人立定公。捷菑奔晋，晋赵盾以大致相同。《左传》记秦国事情说：“杞子从郑国告诉秦国说：‘暗地派兵来，可以灭掉郑国。’秦穆公和蹇叔商量，蹇叔说：‘疲劳军旅偷袭远国，我没听说过能胜利的。而且千里行军，人家还有不知道的！’秦穆公不听，让孟明出兵。蹇叔对孟明哭着说：“孟明啊，我能看到军队出去，看不到它回来了。’秦穆公说：‘你知道什么！你如果是中年死亡，你坟上的树已经两手合抱了。’蹇叔的儿子参加了军队，蹇叔哭着送他说：‘晋国防御的军队，一定在崤山的两座丘陵之间设伏，你一定死在那里，我去收拾你的尸骨。’秦国军队遂去了东方。”《公羊传》说：“秦穆公将要偷袭郑国，百里奚与蹇叔劝诫说：‘行军千里偷袭人国，没有不失败的’。秦穆公恼怒地说：‘像你一样岁数的人坟上的树，已经两人合抱了，你知道什么？’军队就要出征了，百里奚与蹇叔送他们的儿子并告诫说：‘你们就要死了，一定是在崤山的岩壁下面，我将去收尸。’他们的儿子进军出发了，百里奚与蹇叔跟在儿子后面哭泣。秦穆公恼怒说：‘你们为什么哭我的军队？’他们回答说：‘我们不敢哭君王的军队，我们是哭自己的儿子呀！’《穀梁传》说：“秦穆公将偷袭郑国，百里奚与蹇叔劝阻道：‘千里行军偷袭人国，没有不失败死亡的’。秦穆公说：‘你们坟上的树木，已经合抱了，懂什么？’军队出发了，百里奚与蹇叔送他们的儿子，告诫说：‘你们必能死是在崤山的岩峰下面，我要在那里收你们的尸。’秦穆公恼怒地说：‘为什么哭我的军队？’他们二人说：‘我们不敢哭军队，是哭我们的儿子呀！我老了，他们不死，就是我死了。’”

三家记载邾国之事，《左传》说：“邾文公元妃齐姜生的定公，次妃晋姬生的捷菑。邾文公去世，邾国人立定公当了邾君。

诸侯之师八百乘，纳之。邾人辞曰：‘齐出貜且长。’宣子曰：‘辞顺而弗从，不祥。’乃还。”《公羊》曰：“晋郤缺帅师，革车八百乘，以纳接菑于邾娄，力沛然若有余而纳之，邾娄人辞曰：‘接菑，晋出也，貜且，齐出也。子以其指则接菑也四，貜且也六，子以大国压之，则未知齐、晋孰有之也。贵则皆贵矣，虽然，貜且也长。’郤缺曰：‘非吾力不能纳也，义实不尔克也。’引师而去之。”《穀梁》曰：“长毂五百乘，绵地千里，过宋、郑、滕、薛，夐入千乘之国，欲变人之主，至城下，然后知，何知之晚也！捷菑，晋出也，貜且，齐出也；貜且，正也，捷菑，不正也。”

予谓秦之事，《穀梁》纡余有味，邾之事，《左氏》语简而切，欲为文记事者，当以是观之。

张嘉贞

唐张嘉贞为并州长史、天兵军使，明皇欲相之，而忘其名，诏中书侍郎韦抗曰：“朕尝记其风操，今为北方大将，张姓而复名，卿为我思之。”抗曰：“非张齐丘乎？今为朔方节度使。”帝即使作诏以为相，夜阅大臣表疏，得嘉贞所献，遂相之。议者谓明皇欲大用人，而卤莽若是，非得嘉贞表疏，则误相齐丘矣。予考其事大为不然。按，开元八年，嘉贞为相，而齐丘以天宝八载始为朔方节度，相去三十年，安得如捷菑出走晋国，晋国赵盾率领诸侯的军队八百辆战车，送捷菑回国。邾国人不接受说：‘齐姜生的貜且年长。’赵宣子（盾）说：‘理由正当，如不听从，后果不好。’于是回国。”《公羊传》说：“晋国郤缺带兵，兵车八百辆，送接菑回邾娄，力量雄厚有余。邾娄人拒绝说：‘接菑是晋姬生的，貜且是齐姜生的。你用他们的手指头立君，那么接菑四个，貜且六个，都不正常。你用大国的势力来压我们，若齐国也照办，那就不知道齐晋两国的外甥哪个为君了。论身份贵重，他们是相等的，但貜且年长。’郤缺说：‘不是我的力量不能送接菑回国，是道义上不允许呀！’遂带兵回国。”《穀梁传》说：“长车五百辆，连绵一千里，经地宋国、滕国、薛国，远到有战车千辆的大国，想改换他们的国君，到了城下，才知道不行，怎么知道的这么晚呢！捷菑是晋姬生的，貜且是齐姜生的，立貜且是正确的，立捷菑是不正确的。”

我以为记秦国事，《穀梁传》委婉有味。记邾国一事，《左传》语言简明确切，想写文章记事，当看这两篇。

张嘉贞

唐朝张嘉贞任并州长史、天兵军使，唐玄宗想让他当丞相，但忘了他的名字，便告中书侍郎韦抗说：“我曾经记得他的风度品格，现在是北方的大将，姓张，双名，你替我想想。”韦抗说：“是不是张齐丘？现在是朔方节度使。”唐玄宗就让他写诏书，让张齐丘当丞相。唐玄宗夜里看大臣的表章，看到张嘉贞送上的疏文，便让他当了丞相。评议家说唐玄宗想重用人才，却这样鲁莽，如不是见到张嘉贞的表章，就误用了张齐丘。我经过考查，认为并不如此。按，唐玄宗开元八年，张嘉贞任宰相，张齐上所云者？又是时明皇临御未久，方厉精为治，不应置相而不审其名位，盖郑处诲所著《明皇杂录》妄载其事，史家误采之也。《资治通鉴》弃不取云。

张九龄作牛公碑

张九龄为相，明皇欲以凉州都督牛仙客为尚书，执不可，曰："仙客，河湟一使典耳，擢自胥史，目不知书，陛下必用仙客，臣实耻之。"帝不悦，因是遂罢相。观九龄集中，有《赠泾州刺史牛公碑》，盖仙客之父，誉之甚至，云："福善莫大于有后，仙客为国之良，用商君耕战之国，修充国羌胡之具，出言可复，所计而然，边捍长城，主恩前席。"正称其在凉州时，与所谏止尚书事，亦才一年，然则与仙客非有夙嫌，特为公家忠计耳。

唐人告命

唐人重告命，故颜鲁公自书告身，今犹有存者。韦述《集贤注记》，记一事尤著，漫载于此："开元二十三年七月，制加皇子荣王已下官爵，令宰相及朝官工书者，就集贤院写告身以进，于是宰相张九龄、裴耀卿、李林甫，朝士萧太师嵩，李尚书暠，崔少保琳、陈黄门希烈，严中书挺之，张兵部均，韦太常陟，褚谏议庭诲等十三人，各写一通，装縹丘是玄宗天宝八年才任朔方节度使的，相差三十年，怎么能像以上所说的呢？再说当时唐玄宗即位不久，正在励精图治，不应该任命丞相而不知道姓名和官位，这只是郑处诲所著的《明皇杂录》胡乱记了此事，历史学家误用罢了，故而《资治通鉴》就没有采用。

张九龄作牛公碑

张九龄任丞相，唐玄宗想让凉州都督牛仙客当尚书，张九龄坚决不同意，说："牛仙客是河湟地方一个使典罢了，从小吏提拔上来，又不识字，陛下一定要用牛仙客当尚书，我实在感到耻辱。"玄宗不高兴，因此就免去了张九龄的丞相。我看张九龄的文集有《赠刺史牛公碑》，是记牛仙客的父亲，评价很高，说："福分都超不过有好后代，牛仙客是国家的贤臣，用商鞅奖励耕战的法术，充实赵充国治胡羌的器具，言必行，行必果，定计就能实现。捍卫长城，皇恩隆重。"正是写的牛仙客在凉州时，张九龄拦阻他任尚书的事件，时间才一年，那么张九龄并不是和牛仙客有旧怨，只不过是为国家尽忠而已。

唐人告命

唐人最看重任官的凭证，所以颜真卿自己写的任官的凭证，今天还保留着。韦述《集贤注记》记载一个事尤其明了，随便记在这里："唐玄宗开元二十三年七月，朝廷封皇子荣王以下诸王的官爵，命令宰相和朝中官员书法好的，去集贤院写任官的凭证呈上，于是宰相张九龄、裴耀卿、李林甫，朝官太师萧嵩、尚书李暠，少保崔琳，黄门陈希烈，中书严挺之，兵部张均，太常韦进内，上大悦，赐三相绢各三百匹，余官各二百匹。”以《唐书》考之，是时，十三王并授开府仪同三司，诏诣东宫、尚书省，上日百官集送，有司供张设乐，悉拜王府官属，而不书此事。

典章轻废

典章故事，有一时废革遂不可复者。牧守铜鱼之制，新除刺史给左鱼，到州取州库右鱼合契。周显德六年，诏以特降制书，何假符契？遂废之。唐两省官上事宰臣，送上，四相共坐一榻，各据一隅，谓之押角。晋天福五年，敕废之。

陟、褚庭诲等十三人，各写一道，装裱进上，玄宗非常喜欢，赐给三位宰相绢各三百匹，其余官员各二百匹。”取《旧唐书》考察，当时，十三王子都授予开府仪同三司，命令他们去东宫、尚书省，进上任官凭证。那天，百官奉送，有关官员设帷帐音乐，都任命为王府的官属，但没有记载这事。

典章轻废

典章旧事，有一时废除就不能再恢复的。各州刺史、太守发给合铜鱼的制度，新任命的刺史给左半个鱼，到州以后，取出库存的右半个鱼验证符合才算数。周世宗显德六年，诏命称任官时特下诏书，还用什么符契？就把这个制度废除了。唐朝两省官员有事上报宰相，送上以后，四个宰相，同坐一个矮床上，各占一角，名叫押角。后晋高祖天福五年，下诏废掉了。

卷四(二十三则)

张浮休书

张芸叟《与石司理书》云:“顷游京师,求谒先达之门,每听欧阳文忠公、司马温公、王荆公之论,于行义文史为多,唯欧阳公多谈吏事。既久之,不免有请:大凡学者之见先生,莫不以道德文章为欲闻者,今先生多教人以吏事,所未谕也。公曰:不然。吾子皆时才,异日临事,当自知之。大抵文学止于润身,政事可以及物。吾昔贬官夷陵,方壮年,未厌学,欲求《史》《汉》一观,公私无有也。无以遣日,因取架阁陈年公案,反覆观之,见其枉直乖错不可胜数,以无为有,以枉为直,违法徇情,灭亲害义,无所不有。且夷陵荒远褊小,尚如此,天下固可知也。当时仰天誓心曰:‘自尔遇事,不敢忽也。’是时苏明允父子亦在焉,尝闻此语。”又有答孙子发书,多论《资治通鉴》,其略云:“温公尝曰:‘吾作此书,唯王胜之尝阅之终篇,自余君子求乞欲观,读未终纸,已欠伸思睡矣。书十九年方成,中间受了人多少语言陵藉’”云云。此两事,士大夫罕言之,《浮休集》百卷,无此二篇,今豫章所刊者,附之集后。

张浮休书

张芸叟《与石司理书》说:“最近到京城,要求拜见前辈官员,常听欧阳文忠公(修)、司马温公(光)、王荆公(安石)等人的议论,在道德文章方面为多,只有欧阳公多讲居官的事情。时间久了免不了就问他:凡是读书人来见先生,没有不想听道德文章的,现在先生教人最多的是居官的道理,这是我不明白的。欧阳公说:不是这样,你是现时的人才,以后做官理政,就会知道。大凡文学只能使自己光彩,政事可以影响事物。我过去贬官到夷陵(今湖北宜昌市),正在壮年,向往学习,想找《史记》《汉书》看看,公家私人都没有。无法打发日子,因此去取架上的旧案卷宗,反复阅读,见里边判冤枉判差错的,数不胜数,把理屈作为理直的,违反法律徇私情的,害死亲人破坏道义的,什么样的都有。而且夷陵是荒僻的小县,尚且这样,整个天下就可知道了。当时我对天发誓说:从此处理政事,不敢疏忽大意。当时苏明允(洵)父子也在座,曾听到这话。”还有《答孙子发书》,多谈论《资治通鉴》,大略说:“司马温公曾说:‘我著此书,只有王胜之读完过,其余众官员,找此书想看,一页都没有读完,就打哈欠伸懒腰想睡觉了。这书经过十九年才写成,中间受到了多少人的语言糟蹋……’。”这两件事,士大夫很少谈到,《浮休集》一百卷,没有这两篇,现在豫章(今江西南昌市)刊刻的《浮休集》就把它们附在了后面。

温公客位榜

司马温公作相日，亲书榜稿揭于客位，曰：“访及诸君，若睹朝政阙遗，庶民疾苦，欲进忠言者，请以奏牍闻于朝廷，光得与同僚商议，择可行者进呈，取旨行之。若但以私书宠谕，终无所益。若光身有过失，欲赐规正，即以通封书简分付吏人，令传人，光得内自省讼，佩服改行。至于整会官职差遣、理雪罪名，凡干身计，并请一面进状，光得与朝省众官公议施行。若在私第垂访，不请语及。某再拜咨白。”乾道九年，公之曾孙伋出镇广州，道过赣，获观之。

李颀诗

欧阳公好称诵唐严维诗“柳塘春水慢，花坞夕阳迟”及杨衡“竹径通幽处，禅房花木深”之句，以为不可及。予绝喜李颀诗云：“远客坐长夜，雨声孤寺秋。请量东海水，看取浅深愁。”且作客涉远，适当穷秋，暮投孤村古寺中，夜不能寐，起坐凄恻，而闻檐外雨声，其为一时襟抱，不言可知，而此两句十字中，尽其意态，海水喻愁，非过语也。

诗中用茱萸字

刘梦得云：“诗中用茱萸字者凡三人。杜甫云‘醉把茱萸子细看’，王维云‘插遍茱萸少一人’，朱放云‘学他年少

温公客位榜

司马光当宰相的时候，亲自写了一段“座右铭”，张贴在会见客人的地方，说：“来访的诸君，如看到朝廷政事有失误遗漏，百姓疾苦，想提出忠恳意见的，请用书策上奏给朝廷，我和同僚们商议，选择可以施行的，进呈给皇帝，经皇帝批准，即刻施行。如果只是把私书给我，始终没有益处。如果我有错误，不吝赐正，就用全封书信交给吏员，让他们给我，我用心考虑，佩带改过。至于处理官职的委派、平反罪名等，凡牵涉到本身的，都请送来状纸，我和朝里众官商议施行。如果是到我家私访，请不要来谈。司马光敬作说明。”宋孝宗乾道九年，司马光的曾孙司马伋去广州做官，路过赣州，我看到了这篇榜文。

李颀诗

欧阳修喜欢称诵唐人严维的诗句“柳塘春水慢，花坞夕阳迟”和杨衡的“竹径通幽处，禅房花木深”等句子，以为达不到它的高度。我却非常喜欢李颀的诗“远客坐长夜，雨声孤寺秋。请量东海水，看取浅深愁。”在远方作客，又恰碰上将尽的秋天，一个人夜晚宿在孤村的破旧寺院，怎么能睡得着，只好起来独自凄凉，而听到的却是房檐外面淅淅沥沥的雨声。这时的情思，不说也可以知道。而这两句十个字，把情思形态都说完了，用海水比喻忧愁，这不是言过其实。

诗中用茱萸字

刘禹锡（字梦得）说：“诗里使用茱萸字样的，共有三人。杜甫说：‘醉把茱萸仔细看’，王维说：“遍插茱萸少一人”，朱插茱萸’，三君所用，杜公为优。”予观唐人七言，用此者又十余家，漫录于后。王昌龄“茱萸插鬓花宜寿”，戴叔伦“插鬓茱萸来未尽”，卢纶“茱萸一朵映花簪”，权德舆“酒泛茱萸晚易醺”，白居易“舞鬟摆落茱萸房”，“茱萸色浅未经霜”，杨衡“强插茱萸随众人”，张谔“茱萸凡作几年新”，耿沣“发希那敢插茱萸”，刘商“邮筒不解献茱萸”，崔橹“茱萸冷吹溪口香”，周贺“茱萸城里一尊前”，比之杜句，真不侔矣。

鬼宿度河

宋苍梧王当七夕夜，令杨玉夫伺织女度河，曰：“见，当报我；不见，当杀汝。”钱希白《洞微志》载：“苏德哥为徐肇祀其先人，曰：‘当夜半可已。’盖俟鬼宿度河之后。”翟公巽作《祭仪》十卷，云：“或祭于昏，或祭于旦，皆非是，当以鬼宿渡河为候，而鬼宿渡河，常在中夜，必使人仰占以俟之。”叶少蕴云：“公巽博学多闻，援证皆有据，不肯碌碌同众，所见必过人。”予案天上经星终古不动，鬼宿随天西行，春昏见于南，夏晨见于东，秋夜半见于东，冬昏见于东，安有所谓渡河及常在中夜之理？织女昏晨与鬼宿正相反，其理则同。苍梧王荒悖小儿，不足笑，钱、翟、叶三公皆名儒硕学，亦不深考如此。杜诗云：“牛女漫愁思，秋期犹渡河。”“牛女年年度，何曾风浪生？”梁刘孝仪诗云：“欲待黄昏至，含娇浅渡河。”唐人七夕诗皆有此说，此自是牵俗遣词之过，故杜放说："'学他年少插茱萸'，三个人都用了，以杜甫为好。"我看唐人七言诗，用茱萸字样的，还有十多家，随便记在后面。王昌龄"茱萸插鬓花宜寿"，戴叔伦"插鬓茱萸来未尽"，卢纶"茱萸一朵映花簪"，权德舆"酒泛茱萸晚易醺"，白居易"舞鬓摆落茱萸房"，"茱萸色浅未经霜"，杨衡"强插茱萸随众人"，张谔"茱萸共作几年新"，耿沣"发希那敢插茱萸"，刘商"邮筒不解献茱萸！"崔橹"茱萸冷吹溪口香"，周贺"茱萸城里一尊前"，比起杜甫的句子，无法相提并论了。

鬼宿度河

南朝宋苍梧王刘昱，在七月初七夜里，命令杨玉夫等候织女过河，说："看到了就告诉我；看不到，我就杀了你。'钱希白《洞微志》记载："苏德哥替徐肇祭祀他的祖先，说：'到夜半就可以祭祀。'这是等鬼星过河以后。"翟公巽著《祭仪》十卷，说："有的在黄昏祭祀，有的在早晨祭祀，都不对。应当以鬼星过河为准，而鬼星过河，常在半夜，一定要派人仰面观察细心等待。"叶少蕴说："翟公巽闻多识广，引证都有根据，不愿平平淡淡和众人一般，他的见解一定超过别人。"我们以为天上星宿，万年不动，鬼星跟随天体向西运行。春天的黄昏，出现在东南方，夏天的早晨出现在东方，秋天的半夜出现在东方，冬天的黄昏，出现在东方，哪有所说的过河和常在半夜的道理？织女星晚上、早晨，正好与鬼星相反，道理都一样。苍梧王是荒唐悖理的小儿，不值得一笑。钱、刘、叶三人，都是有名的儒者和饱学之士，竟亦这样不加深考。杜甫的诗说："牛郎织女不要忧心如老又有诗云："牵牛出河西，织女处其东。万古永相望，七夕谁见同。神光竟难候，此事终蒙胧。"盖自洞晓其实，非它人比也。

府名军额

雍州，军额曰永兴，府曰京兆，而守臣以"知永兴军府事兼京兆府路安抚使"结衔。镇州，军额曰成德，府曰真定，而守臣以"知成德军府事兼真定府路安抚使"结衔，政和中，始正以府额为称。荆州，军额曰荆南，府曰江陵，而守臣则曰"知荆南"，通判曰"通判荆南"，自余掾幕县官则曰"江陵府"，淳熙四年，始尽以"江陵"为称。孟州，军额曰河阳三城，无府额，而守臣曰"知河阳军州事"。陕州无府额，而守臣曰"知陕州军府事"，法令行移，亦曰"陕府"。

马融皇甫规

汉顺帝时，西羌叛，遣征西将军马贤将十万人讨之。武都太守马融上疏曰："贤处处留滞，必有溃叛之变。臣愿请贤所不用关东兵五千，裁假部队之号，尽力率厉，三旬之中必克破之。"不从。贤果与羌战败，父子皆没，羌遂寇三辅，烧园陵。诏武都太守赵冲督河西四郡兵追击。安定上计掾皇醉，一到秋期，还能过河相会”，“牛郎织女年年过河，何曾遇上大风扬波？”南朝梁刘孝仪的诗说：“想等到黄昏后，含着娇羞去过河。”唐人的七夕诗，都有这样说法，这都自然是迁就世俗作诗的过错，所以老杜又有诗说：“牛郎在河西，织女在河东，始终相望不相会。神的光辉不可靠，此事终于难说清。”老杜自然清楚地了解事实，不是别人可比的。

府名军额

雍州，军名为永兴，府为京兆，镇守该地的长官以“知永兴军府事兼京兆府路安抚使”为头衔。镇州，军名为成德，府为真定，镇守该地的长官以“知成德军府事兼真定府路安抚使”为头衔，徽宗政和年间，才正式用府名为称号。荆州，军名为荆南，府为江陵，而镇守该地的长官被称为“知荆南”，通判被称为“通判荆南”，其余掾属幕僚县官被称为“江陵府”。孝宗淳熙四年，才都称为“江陵”。孟州，军名为河阳三城，没有府名，镇守该地的长官被称为“知河阳军州事”。陕州无府名，而镇守该地的长官则被称为“知陕州军府事”，法令行文，也称为“陕府”。

马融皇甫规

汉顺帝时，西羌反叛，朝廷派征西将军马贤率领十万人马征讨。武都太守马融上书说：“马贤处处停留，军队必定会发生叛乱。我愿用马贤所不用的五千名关东兵，给我一个部队上的名号，我尽力鼓励他们，三十天以内，一定能击溃他们。”朝廷不听。马贤果然被羌人打败，父子都死了。西羌遂扰乱关中地方，焚烧汉朝陵园。顺帝下诏命武都太守赵冲率领河西四郡兵甫规上疏曰:"臣比年以来,数陈便宜:羌戎未动,策其将反;马贤始出,知其必败。愿假臣屯列坐食之兵五千,出其不意,与冲共相首尾。土地山谷,臣所晓习,可不烦方寸之印,尺帛之赐,可以涤患。"帝不能用。赵冲击羌不利,羌寇充斥,凉部震恐,冲战死,累年然后定。案,马融、皇甫规之言晓然易见,而所请兵皆不过五千,然讫不肯从,乃知宣帝纳用赵充国之册为不易得,所谓明主可为忠言也。

孟蜀避唐讳

蜀本石《九经》皆孟昶时所刻,其书"渊、世民"三字皆缺画,盖为唐高祖、太宗讳也。昶父知祥,尝为庄宗、明宗臣,然于"存勖、嗣源"字乃不讳。前蜀王氏已称帝,而其所立龙兴寺碑,言及唐诸帝。亦皆平阙,乃知唐之泽远矣。

翰苑亲近

白乐天《渭村退居寄钱翰林》诗,叙翰苑之亲近云:"晓从朝兴庆,春陪宴柏梁。分庭皆命妇,对院即储皇。贵主冠浮动,亲王辔闹装。金钿相照耀,朱紫间荧煌。球簇桃花骑,歌巡竹叶觞。洼银中贵带,昂黛内人妆。赐禊东城下,颁酺曲水傍。樽罍分圣酒,妓乐借仙倡。"盖唐世宫禁与外廷不至相隔绝,故杜子美诗:"户外昭容紫袖垂,双瞻御座追击。安定上计掾皇甫规上书说："我近年以来，屡次上书谈边疆事宜：西羌还没有兴兵，就估计它要反；马贤刚刚出兵，就知他一定失败。请朝廷给我屯守不战的兵士五千人，出其不意，与赵冲前后夹击它。这一带山川情况，我都熟悉，不用给我印绶和布帛，我就可以清除边患。"顺帝不听从。赵冲战争失利，羌人大集，西凉受到震动，赵冲结果战死，经过几年西羌才被平定。按，马融、皇甫规的话明白好理解，他们要的兵又都不超过五千，然而却始终不肯答应，我才知道汉宣帝采用赵充国的计策，实是难得，这就是所说的，只有英明的皇帝才能向他进献忠言啊！

孟蜀避唐讳

蜀本石刻《九经》都是后蜀孟昶时刻的，书中遇到"渊、世民"三字都缺一画，这是给唐高祖、唐太宗避讳呀！孟昶的父亲孟知祥，曾为后唐庄宗和明宗的大臣，然而对于"存勖、嗣源"四字却不避讳。前蜀王氏已称皇帝了，然而他们立的龙兴寺碑，说到唐朝诸皇帝的名字，也都有缺画，我才知道唐朝的恩惠影响深远啊。

翰苑亲近

白居易《渭村退居寄钱翰林》诗，叙述翰林院与皇帝的亲密说："晨朝兴庆宫，春预柏梁宴。隔座贵官妻，对面太子院。公主冠动摇，亲王车马乱。首饰放光芒，官服杂一片。球拥桃花马，竹杯把酒按。银带太监服，高眉宫女艳。除灾东城下，赐肉曲水畔。杯中分御酒，宫伎歌不断。"可知唐朝宫院与外朝从不隔绝，所以杜甫的诗说："门外宫妃垂紫袖，同看皇座肃朝引朝仪。”又云：“舍人退食收封事，宫女开函近御筵。”而学士独称内相，至于与命妇分庭，见贵主冠服、内人黛妆，假仙倡佐酒，它司无比也。

宁馨阿堵

“宁馨”“阿堵”，晋宋间人语助耳。后人但见王衍指钱云：“举阿堵物却。”又山涛见衍曰：“何物老媪生宁馨儿？”今遂以阿堵为钱，宁馨儿为佳儿，殊不然也。前辈诗“语言少味无阿堵，冰雪相看有此君”，又“家无阿堵物，门有宁馨儿”，其意亦如此。宋废帝之母王太后疾笃，帝不往视，后怒谓侍者：“取刀来剖我腹，那得生宁馨儿！”观此，岂得为佳？顾长康画人物，不点目精，曰：“传神写照正在阿堵中。”犹言“此处”也。刘真长讥殷渊源曰：“田舍儿，强学人作尔馨语。”又谓桓温曰：“使君，如馨地宁可斗战求胜？”王导与何充语曰：“正自尔馨。”王恬拨王胡之手曰：“冷如鬼手馨，强来捉人臂。”至今吴中人语言尚多用宁馨字为问，犹言“若何”也。刘梦得诗：“为问中华学道者，几人雄猛得宁馨。”盖得其义。以宁字作平声读。

风毛

宋孝武嗟赏谢凤之子超宗曰：“殊有凤毛。”今人以子为凤毛，多谓出此。按，《世说》王劭风姿似其父导，桓温曰：“大奴固自有凤毛。”其事在前，与此不同。

仪。”又说：“舍人退朝收奏本，宫女开封近御席。”但只有学士被称为内相，至于和贵夫人对坐，和公主相接，见宫女装束，用宫伎陪酒，别的部门是比不上的。

宁馨阿堵

“宁馨”“阿堵”是晋、宋时候的语助词。后代人但见王衍指着钱说：“搬掉阿堵物。”又山涛见王衍时说：“什么老婆婆生了个宁馨儿？”遂把阿堵当成钱，宁馨儿当成佳儿，实际上不是的。前代人诗：“语言少滋味因为没阿堵，冰雪中相看顾只有此竹君。”又：“家无阿堵物，门有宁馨儿”，意思也是这样。宋废帝刘子业的母亲皇太后王氏病重，废帝不去看问，皇太后王氏大怒对陪侍的人说：“拿刀来剖开我的肚子，怎么生了这宁馨儿！”看看这句话，怎么能是佳儿？顾长康（恺之）画人物，不点眼珠。他说：“写真传神全在阿堵中。”阿堵，犹说“此处”啊！刘真长（恢）讽刺殷渊源（浩）说：“庄家儿，也学别人作尔馨语。”又对桓温说：“如馨地怎么能用武力求取胜利？”王导对何充说：“正自尔馨。”王恬拨开王胡的手说：“冷似鬼手馨，强力来捉人臂膀。”到现在吴地的语言还多用宁馨二字作问答，犹说“如何这样”啊！刘禹锡诗：“为问中华学道者，几人雄猛得宁馨。”得到真义。他把宁字当平声字用。

凤毛

宋孝武帝赞誉谢凤的儿子谢超宗说：“真有凤毛。”现代人称儿子为凤毛，大多认为出自这里。按，《世说新语》中王劭的神采仪容很像他父亲王导。桓温说：“大奴就是有凤毛。”这

牛米

燕慕容皝以牛假贫民，使佃苑中，税其什之八；自有牛者，税其七。参军封裕谏，以为魏、晋之世，假官田牛者不过税其什六，自有牛者中分之，不取其七八也。予观今吾乡之俗，募人耕国，十取其五，而用主牛者，取其六，谓之牛米，盖晋法也。

石鼓歌过实

文士为文，有矜夸过实，虽韩文公不能免。如《石鼓歌》极道宣王之事伟矣，至云："孔子西行不到秦，掎摭星宿遗羲娥。陋儒编《诗》不收拾，《二雅》褊迫无委蛇。"是谓《三百篇》皆如星宿，独此诗如日月也。"《二雅》褊迫"之语，尤非所宜言。今世所传石鼓之词尚在，岂能出《吉日》《车攻》之右？安知非经圣人所删乎？

送孟东野序

韩文公《送孟东野序》云："物不得其平则鸣。"然其文云："在唐、虞时，咎陶、禹其善鸣者，而假之以鸣。夔假于《韶》以鸣，伊尹鸣殷，周公鸣周。"又云："天将和其声，而使鸣国家之盛。"然则非所谓不得其平也。

事还比它还早，与孝武帝的话不一样。

牛米

前燕慕容皝把牛借给贫苦农民，让他们租种苑囿中的土地，收高租十分之八；自己有牛的，收十分之七。参军封裕劝阻，以为魏、晋时候，租种官田和使用官牛的，收租不过十分之六，自己有牛的，双方各取一半，不收十分之七或八。现在我们乡的风俗，用佃户耕田，收租十分之五，使用主家耕牛的，收租十分之六，名为“牛米”，这乃是晋朝的制度。

石鼓歌过实

文人作文，有夸大过实的地方，虽是韩愈这样的文人也难免其俗。如《石鼓歌》，它极力称扬周宣王的事业，可说是非常雄伟了，然而韩愈却说：“孔子西行不到秦国，检取星宿遗弃日月。浅儒编诗不予收入，《大雅》《小雅》迫促缺少光烈。”这是说《诗经》三百篇都像星宿，只有此诗才像日月啊！“《大雅》《小雅》褊迫”这种话，尤其不应该说。现在社会上流传的石鼓文还都在，哪能超出《吉日》《车攻》的上面！怎么知道《诗经》不收石鼓文不是圣人删去的呢？

送孟东野序

韩愈《送孟东野序》说：“事物得不到公平就会呼喊。”然而他在文中却说：“然而他在唐尧、虞舜时代，咎陶和禹是最善于呼喊的，而上天凭借他们呼喊。虞舜的臣夔凭借《韶乐》呼喊，殷朝凭借伊尹呼喊，周朝凭借周公呼喊。”又说：“上天将

喷嚏

今人喷嚏不止者，必噀唾祝云“有人说我”，妇人尤甚。予案《终风》诗：“寤言不寐，愿言则嚏。”郑氏笺云：“我其忧悼而不能寐，女思我心如是，我则嚏也。今俗人嚏，云‘人道我’，此古之遗语也。”乃知此风自古以来有之。

野史不可信

野史杂说，多有得之传闻及好事者缘饰，故类多失实，虽前辈不能免，而士大夫颇信之。姑摭真宗朝三事于左。

魏泰《东轩录》云：“真宗次澶渊，语寇莱公曰：‘虏骑未退，何人可守天雄军？’公言参知政事王钦若。退即召王于行府，谕以上意，授敕俾行。王未及有言，公遽酌大白饮之，命曰‘上马杯’，且曰：‘参政勉之，回日即为同列也。’王驰骑入魏，越十一日虏退，召为同中书门下平章事。或云王公数进疑词于上前，故莱公因事出之。”予案澶渊之役，乃景德元年九月，是时莱公为次相，钦若为参政。闰九月，钦若判天雄，二年四月，罢政。三年，莱公罢相，钦若复知枢密院，至天禧元年始拜相，距景德初元凡十四年。

和缓它的声音，使孟东野呼喊国家的兴盛。”那么从这些例证看，呼喊并不是遇到不公平啊！

喷嚏

现代人打喷嚏不停时，一定要吐唾沫祝告说：“有人说我。”妇女尤其如此。我考《终风》诗：“醒而不睡，思我则嚏。”郑玄解释说：“我有忧愁不能入睡。你想到我的忧愁，我就打喷嚏。现在人打喷嚏，就说‘有人说我’，这原是古时候遗留下来的话呀！”才知道这种风俗从古以来就有的。

野史不可信

野史杂说，大多数是得自传闻和由好奇的人粉饰的，所以故事大多失实，虽是前辈也不能免除此弊，然而士大夫们却很相信它。现且拣选出真宗朝三件事，如下：

魏泰《东轩录》说：“真宗驻军澶渊（今河南濮阳市南），对莱国公寇准说：‘辽兵不退，谁可以固守天雄军？’寇准说参知政事王钦若可以。因而退回去后立刻在行营中召见王钦若，告诉他真宗的意旨，给他敕书就让出发。王钦若还没有来得及答话，寇准就忙斟大杯让王钦若喝酒，名为‘上马杯’，并且说：‘请参政好自为之，回来时咱们就是同列了。’王钦若快马进入魏州，到第十一天辽兵退去，于是便召他作同中书门下平章事。有人说王钦若屡次在真宗面前说寇准坏话，所以寇准借个事由把他排挤出去。”我考察澶渊这次战役是在真宗景德元年九月，当时寇准是副宰相，王钦若是参知政事；闰九月，王钦若任天雄军长官，景德二年四月，罢免参知政事；景德三年，寇准免相，王钦其二事者，沈括《笔谈》云："向文简拜右仆射，真宗谓学士李昌武曰：'朕自即位以来，未尝除仆射，敏中应甚喜。'昌武退朝，往候之。门阑悄然。明日再对，上笑曰：'向敏中大耐官职。'"存中自注云："向公拜仆射，年月未曾考于国史，因见中书记，是天禧元年八月，而是年二月王钦若亦加仆射。"予案，真宗朝自敏中之前拜仆射者六人：吕端、李沆、王旦皆自宰相转，陈尧叟以罢枢密使拜，张齐贤以故相拜，王钦若自枢密使转。及敏中转右仆射，与钦若加左仆射同日降制，是时李昌武死四年矣。昌武者，宗谔也。

其三事者，存中《笔谈》又云："时丁晋公从真宗巡幸，礼成，诏赐辅臣玉带。时辅臣八人，行在祗候库止有七带，尚衣有带，谓之'比玉'，价直数百万，上欲以足其数。公心欲之，而位在七人之下，度必不及己，乃谕有司：'某自有小私带可服，候还京别赐可也。'既各受赐，而晋公一带仅如指阔，上顾近侍速易之，遂得尚衣御带。"予案景德元年，真宗巡幸西京，大中祥符元年，巡幸泰山，四年，幸河中，丁谓皆为行在三司使，未登政府。七年，幸亳州，谓始以参知政事从。时辅臣六人，王旦、向敏中为宰相，王钦若、陈尧叟为枢密使，皆在谓上，谓之下尚有枢密副使马知节，即不与此说合。且既为玉带，而又名'比玉'，尤可笑。魏泰无足论，沈若又任枢密使，至真宗天禧元年才任宰相，距离景德元年整整十四年。

第二件事：沈括《梦溪笔谈》说："文简公向敏中任右仆射，真宗对学士李昌武说：'朕从登基以来，还没有加封过仆射，向敏中一定很高兴。'李昌武退朝，去看望他，见门很寂静。第二天报告了皇帝，真宗笑着说：'向敏中真恬淡，经得起大官。'"沈括自注说："向君任仆射，年月未曾载于国史，因见内中书牍，知是真宗天禧元年八月，而这年二月王钦若也加仆射衔。"我考察在真宗朝，在向敏中之前任仆射的有六个人：吕端、李沆、王旦都是从宰相改任的，陈尧叟因罢免枢密使转封，张齐贤因系旧宰相加封，王钦若从枢密使迁封。到向敏中升右仆射，是与王钦若封左仆射同一天下的制书，当时李昌武已死四年了。李昌武就是李宗谔。

第三件事：沈括《梦溪笔谈》又说："这时晋国公丁谓跟随真宗出游，封泰山礼毕，诏命给辅弼大臣玉带。当时辅臣有八个人，皇帝行宫祗候库只有七条玉带，尚衣署有玉带，名叫'比玉'，价值几百万，真宗想让它凑足数目。丁谓想得到它，而地位在七人之下，估计轮不到自己，就告诉有关官员：'我有私人小玉带可以使用，等回京再另给我吧！'等各辅臣都得到了玉带，丁谓的玉带才有一指宽，真宗回看近臣，命令赶快给丁谓换上，丁谓遂得到了尚衣署的御带。"我考真宗景德元年，真宗巡游西京（今河南洛阳市），大中祥符元年，巡游泰山，大中祥符四年，到河中（今山西永济薄州镇），丁谓都是行宫的三司使，并未进入政府。大中祥符七年，真宗游亳州（今安徽亳县），丁谓才以参知政事职务相随。当时辅弼大臣六个人，王旦、向敏中是宰相，陈存中不应尔也。

谤书

司马迁作《史记》，于《封禅书》中述武帝神仙、鬼灶、方士之事甚备，故王允谓之谤书。国朝景德、祥符间，治安之极，王文穆、陈文忠、陈文僖、丁晋公诸人造作天书符瑞，以为固宠容悦之计。及真宗上仙，王沂公惧贻后世讥议，故请藏天书于梓宫以灭迹。而实录之成，乃文穆监修，其载崇奉宫庙，祥云芝鹤，唯恐不详，遂为信史之累，盖与太史公谤书意异而实同也。

王文正公

祥符以后，凡天书礼文、宫观典册、祭祀巡幸、祥瑞颂声之事，王文正公旦实为参政、宰相，无一不预。官自侍郎至太保，公心知得罪于清议，而固恋患失，不能决去。及其临终，乃欲削发僧服以敛，何所补哉？魏野赠诗，所谓“西祀东封今已了，好来相伴赤松游”，可谓君子爱人以德，其箴戒之意深矣。欧阳公神道碑，悉隐而不书，盖不可书也。虽持身公清，无一可议，然特张禹、孔光、胡广之流云。

尧叟是枢密使，地位都在丁谓之上，丁谓下边还有枢密副使马知节，就不与这个说法相合。况且既是玉带，而又叫‘比玉’，尤为可笑。魏泰不值一谈，沈括可不该如此。

谤书

司马迁作《史记》，在《封禅书》里叙述汉武帝敬奉神仙、鬼灶、方士的事情很详细，所以王允叫它谤书。本朝真宗景德、祥符年间，文穆公王钦若、文忠公陈尧叟、文僖公陈鼓年、晋国公丁谓诸人，假造天书符瑞，以为讨取皇帝欢喜、巩固地位的手段。等到真宗逝世，沂国公王曾怕遭到后代批评讽刺，所以他要求把天书藏在真宗棺内，以消灭痕迹。而真宗实录的纂修，是王钦若监修的，其中记载尊奉宫庙及祥云芝鹤之类，只怕不够详细，遂成为信史的污点，这真是和太史公司马迁的谤书用意不同而实际相同啊！

王文正公

宋真宗大中祥符以后，凡是所谓的天书礼文、宫观的典册、祭祀天地、巡幸各地、吉祥瑞符、歌功颂德等事情，文正公王旦身为宰相，都参预其事。王旦做官自侍郎到太保，他自知得罪了不少士大夫，但却患得患失，不能断然辞职而去。到他临终前，才想剃发为僧并要求在自己死后身穿僧服入殓，这于事何补？隐士魏野曾赠王旦诗说：“西祀东封今已了，好来相伴赤松游”，真可以称得上是君子爱人以德，其中所含的鉴戒之意也是很深远的。欧阳修先生在作神道碑文时，上述之事一点也没有写，大概他认为不能写。文正公王旦虽然公正清廉，后人也不

晋文公

晋公子重耳自狄适它国凡七，卫成公、曹共公、郑文公皆不礼焉，齐桓公妻以女，宋襄公赠以马，楚成王享之，秦穆公纳之，卒以得国。卫、曹、郑皆同姓，齐、宋、秦、楚皆异姓，非所谓“岂无他人，不如同姓”也。晋文公卒未葬，秦师伐郑灭滑，无预晋事，晋先轸以为秦不哀吾丧，而伐吾同姓，背秦大惠，使襄公墨衰绖而伐之。虽幸胜于郩，终启焚舟之战，两国交兵，不复修睦者数百年。先轸是年死于狄，至孙縠而诛灭，天也。

南夷服诸葛

蜀刘禅时，南中诸郡叛，诸葛亮征之，孟获为夷汉所服，七战七擒，曰：“公，天威也，南人不复反矣。”《蜀志》所载，止于一时之事。国朝淳化中，李顺乱蜀，招安使雷有终遣嘉州士人辛怡显使于南诏，至姚州，其节度使赵公美以书来迎，云：“当境有泸水，昔诸葛武侯戒曰：‘非贡献征讨，能议其是非，但他也只不过是像汉代的张禹、孔光、胡广之类的人罢了。

晋文公

春秋时，晋国公子重耳因国内动乱自狄（今甘肃临洮）逃跑，历经七个国家，卫成公、曹共公、郑文公对他都不以礼相待。齐桓公以自己的女儿嫁给重耳作妻子，宋襄公赠给他马匹，楚成王设宴招待他，秦穆公接纳他，最后重耳终于回国做了国君，就是晋文公。卫国、曹国、郑国的国君与重耳都是同姓，齐国、宋国、秦国、楚国的国君并非是重耳的同姓，同姓之国对他都不以礼相待，异姓却能做到这一点，这证明“异姓不如同姓”的说法是错误的。晋文公死后还没有埋葬，秦国派军讨伐郑国灭掉了滑国，本来这与晋国无关，晋国大臣先轸却认为秦国竟然在晋国大丧之际，不派人来吊唁，反而讨其同姓国，因此背弃了秦国以前的恩惠，让晋襄公身着孝服讨伐秦国。此战，晋国虽然侥幸在崤地打败秦军，但以此两国关系恶化，长年处于战争状态，这种状况持续了数百年。晋国与秦国交战的这年，先轸病死在狄，到他的孙子縠时，全家都被诛灭，这也是天意。

南夷服诸葛

三国蜀汉后主刘禅时，南中地区的几个郡反叛蜀汉，丞相诸葛亮率军征讨，反叛首领、为当地夷人汉人所佩服的孟获，与诸葛亮打了七次仗，被擒七次，最后他心悦诚服地说：“先生真是天助之威，南中之人再也不敢反叛朝廷了。”《三国志·蜀志》中所记载的，仅是蜀汉时期的事。大宋朝太宗淳化年间，李不得辄渡此水；若必欲过，须致祭，然后登舟。’今遣本部军将赍金龙二条、金钱三十文并设酒脯，请先祭享而渡。”乃知南夷心服，虽千年如初。呜呼！可谓贤矣！事见怡显所作《云南录》。

二疏赞

作议论文字，须考引事实无差忒，乃可传信后世。东坡先生作《二疏图赞》云：“孝宣中兴，以法驭人。杀盖、韩、杨，盖三良臣。先生怜之，振袂脱屣。使知区区，不足骄士。”其立意超卓如此。然以其时考之，元康三年二疏去位，后二年盖宽饶诛，又三年韩延寿诛，又三年杨恽诛。方二疏去时。三人皆亡恙。盖先生文如倾河，不复效常人寻阅质究也。

李宓伐南诏

唐天宝中，南诏叛，剑南节度使鲜于仲通讨之，丧士卒顺在蜀地反叛朝廷，招安使雷有终派遣嘉州（今四川乐山一带）士人辛怡显出使到南诏（今云南大理一带），到了姚州（今云南大姚），当地节度使赵公美出城接迎，他对辛怡显说："去南诏的路上有条河叫泸水，蜀汉时武侯诸葛亮告诫说：'不贡献战利品，就不能渡过这条河；假若一定要过，就必须向它祭祀，然后才可以登舟过河。''现在，我已派本部将士带金龙二条、金钱三十文并摆上酒肉，请先祭祀之后再渡河。'"由此才知道南夷对诸葛亮心悦诚服，虽事过千年仍然和当初一样。唉，诸葛亮真可以称得上英明啊！此事见于辛怡显所作的《云南录》中。

二疏赞

作议论性的文章，必须考证所引事实没有差错之后，才可以使之流传于后世。苏东坡先生所作的《二疏图赞》中说："西汉宣帝重振汉朝，以法治国驭人。先后杀掉了盖宽饶、韩延寿和杨恽，这三位都是忠臣。疏广、疏受两位先生很怜悯他们，以致为此而振袂脱屣。假使他们知道自己是区区小臣，他们就不会盛气凌人。"苏东坡先生作文的立意就是如此超绝卓异。但是，根据当时的实际情况考察，西汉宣帝元康三年，疏广、疏受二人已经去职，此后二年盖宽饶被杀，又过了三年，韩延寿被杀，又过了三年杨恽被杀。当疏广、疏受二人免职时，三人都还安然无恙。大概苏东坡先生文思敏捷，不像常人那样重于考究事实罢了。

李宓伐南诏

唐玄宗天宝年间，南诏（今云南大理一带）反叛，剑南（今六万人。杨国忠掩其败状，仍叙其战功。时募兵击南诏，人莫肯应募。国忠遣御史分道捕人，连枷送诣军所，行者愁怨，所在哭声振野。至十三载，剑南留后李宓，将兵七万往击南诏。南诏诱之深入，闭壁不战，宓粮尽，士卒瘴疫及饥死什七八，乃引还。蛮追击之，宓被擒，全军皆没。国忠隐其败，更以捷闻，益发兵讨之。此《通鉴》所纪。《旧唐书》云："李宓率兵击蛮于西洱河，粮尽军旋，马足陷桥，为閤罗凤所擒。"《新唐书》亦云："宓败死于西洱河。"予案，高适集中有《李宓南征蛮》诗一篇，序云："天宝十一载，有诏伐西南夷，丞相杨公兼节制之寄，乃奏前云南太守李宓涉海自交趾击之，往复数万里，十二载四月，至于长安。君子是以知庙堂使能，而李公效节。予忝斯人之旧，因赋是诗。"其略曰："肃穆庙堂上，深沉节制雄。遂令感激士，得建非常功。鼓行天海外，转战蛮夷中。长驱大浪破，急击群山空。饷道忽已远，县军垂欲穷。野食掘田鼠，晡餐兼僰僮。收兵列亭候，拓地弥西东。泸水夜可涉，交州今始通。归来长安道，召见甘泉宫。"其所称述如此，虽诗人之言未必皆实，然当时之人所赋，其事不应虚言，则宓盖归至长安，未尝败死，其年又非十三载也。味诗中掘鼠餐僮之语，则知粮尽危急，师非胜归明甚。

四川成都）节度使鲜于仲通讨之，丧失士卒有六万人之多。丞相杨国忠隐瞒战败之事，仍然给他记上战功。当时，招募士兵攻打南诏，但人们都不愿应募，杨国忠就派御史到各道去抓人，抓到后就给他们带上枷送到军中，被抓的人心中积满愁怨，所到之处哭声遍野。到了天宝十三年，剑南留后李宓率兵七万前去攻打南诏。南诏人诱敌深入，然后高垒不战，李宓久攻不下，军粮皆尽，士兵因得瘟疫和饥死者达十分之七八，无奈李宓才率军返回。南诏人引兵追击，李宓被擒获，这样全军覆没。杨国忠隐瞒其败迹，声称取胜，传来捷报，然后发更多的兵征讨南诏。这是《资治通鉴》中的记载。《旧唐书》中说："李宓率军在西洱河攻击南诏人，在粮尽军回时，马足失于桥上，被南诏首领閤罗凤擒获。"《新唐书》中也说："李宓战败死于西洱河。"我需要指出的是，其事并非如此。在唐诗人高适的文集中有一篇《李宓南征蛮诗》，序中说："天宝十一年，皇帝下诏讨伐南诏，丞相杨国忠主办此事，就上奏皇帝说前云南太守李宓渡海绕道交趾（今越南河内）攻击南诏，来往数万里。天宝十二年四月，李宓回到长安。人们也因此而知道朝廷所使之人很有才干，而李宓也能够效忠朝廷，我作为李宓的旧友，因而写下了这首诗。"他的诗这样写的："肃穆庙堂上，深沉节制雄。遂令感激士，得建非常功。鼓行天海外，转战蛮夷中。长驱大浪破，急击群山空。饷道忽已远，县军垂欲穷。野食掘田鼠，晡餐兼僰僮。收兵列亭候，拓地弥西东。泸水夜可涉，交州今始通。归来长安道，召见甘泉宫。"他是这样称赞李宓的，虽然作为诗人，他的话不一定全可信，但作为当时人所作的诗，这件事他是不会说谎的。那么，李宓大概还回到了长安，并没有战败而死，其年代也不是天宝十三

浮梁陶器

彭器资尚书文集有《送许屯田诗》，曰："浮梁巧烧瓷，颜色比琼玖。因官射利疾，众喜君独不。父老争叹息，此事古未有。"注云："浮梁父老言，自来作知县不买瓷器者一人，君是也。作饶州不买者一人，今程少卿嗣宗是也。"惜乎不载许君之名。

年。品味高适诗中所说的掘鼠餐僮的话，那么我们知道当时军粮已尽，形势危急，很明显李宓率军并非战胜而归。

浮梁陶器

彭器资尚书文集中有一首诗叫《送许屯田诗》，写道："浮梁巧烧瓷，颜色比琼玖。因官射利疾，众喜君独不。父老争叹息，此事古未有。"作注说："浮梁（今江西景德镇）的父老乡亲都说，来浮梁作知县的人，只有许君您一人不买瓷器，来饶州（今江西波阳一带）作知州的人中，只有现在的程少卿（字嗣宗）一人不买瓷器。"遗憾的是没有把许君的名字记载下来。

卷五（二十五则）

汉唐八相

萧、曹、丙、魏、房、杜、姚、宋为汉、唐名相，不待诵说。然前六君子皆终于位，而姚、宋相明皇，皆不过三年。姚以二子及亲吏受赂，其罢犹有说；宋但以严禁恶钱及疾负罪而妄诉不已者，明皇用优人戏言而罢之；二公终身不复用。宋公罢相时，年才五十八，后十七年乃薨。继之者如张嘉贞、张说、源乾曜、王晙、宇文融、裴光庭、萧嵩、牛仙客，其才可睹矣。唯杜暹、李元纮为贤，亦清介龊龊自守者。释骐骥而不乘，焉皇皇而更索，可不惜哉！萧何且死，所推贤唯曹参；魏、丙同心辅政；房乔每议事，必曰非如晦莫能筹之；姚崇避位，荐宋公自代。唯贤知贤，宜后人之莫及也。

六卦有坎

《易》《乾》《坤》二卦之下，继之以《屯》《蒙》《需》《讼》《师》《比》，六者皆有坎，圣人防患备险之意深矣！

汉唐八相

萧何、曹参、丙吉、魏相、房玄龄、杜如晦、姚崇、宋璟为汉唐名相，不用歌颂。然而前六位君子终身任丞相之职，而姚崇宋璟在唐玄宗时任丞相，都不到三年。姚崇因为自己两个儿子及亲信小吏收贿赂被罢相，事出有因。宋璟仅仅因为严厉禁止劣质的钱币及疾恶如仇，没有停止上诉，唐玄宗因戏子的一句戏言而罢掉了他的丞相之位，姚崇、宋璟二人终身再没被起用。宋璟罢相时，年仅五十八岁，过了十七年才死去。后继为相的，如张嘉贞、张说、源乾曜、王晙、宇文融、裴光庭、萧嵩、牛仙客，他们的才能显而易见。只有杜暹、李元纮可称为圣贤，也是廉洁奉公、刚正不阿的人。放弃骏马而不骑，怎么急急忙忙而改弦更张，真可惜啊！萧何将死，所推荐的贤人只有曹参；魏相、丙吉同心协力，辅佐国政；房玄龄每次商讨国事，必说没有杜如晦参加不能筹划决策；姚崇退避相位之时，推荐宋璟代替自己。唯贤知贤，后人望之莫及啊！

六卦有坎

《易经》中《乾》《坤》二卦之下，接着有《屯》卦、《蒙》卦、《需》卦、《讼》卦、《师》卦、《比》卦，这六卦之中都有《坎卦》，圣人防备祸患的意味可谓很深了！

晋之亡与秦隋异

自尧、舜及今，天下裂而复合者四：周之末为七战国，秦合之；汉之末分为三国，晋合之；晋之乱分为十余国，争战三百年，隋合之；唐之后又分为八九国，本朝合之。然秦始皇一传而为胡亥，晋武帝一传而为惠帝，隋文帝一传而为炀帝，皆破亡其社稷。独本朝九传百七十年，乃不幸有靖康之祸，盖三代以下治安所无也。秦、晋、隋皆相似，然秦、隋一亡即扫地，晋之东虽曰“牛继马后”，终为守司马氏之祀，亦百有余年。盖秦、隋毒流四海，天实诛之，晋之八王擅兵，孽后盗政，皆本于惠帝昏蒙，非得罪于民，故其亡也，与秦、隋独异。

上官桀

汉上官桀为未央厩令，武帝尝体不安，及愈，见马，马多瘦，上大怒：“令以我不复见马邪？”欲下吏，桀顿首曰：“臣闻圣体不安，日夜忧惧，意诚不在马。”言未卒，泣数行下。上以为忠，由是亲近，至于受遗诏辅少主。义纵为右内史，上幸鼎湖，病久，已而卒起幸甘泉，道不治，上怒曰：“纵以我为不行此道乎？”衔之，遂坐以它事弃市。二人者其始获罪一也，桀以一言之故超用，而纵及诛，可谓幸不幸矣。

晋之亡与秦隋异

从唐尧、虞舜至今，天下分裂而又统一的有四次：周朝末年为战国七雄，秦朝统一；汉朝末年为魏、蜀、吴三国鼎立，晋朝统一；晋朝大乱分裂为十几个小国，战争达三百年，隋朝统一，唐朝之后又分裂为八、九个小国，本朝统一。然而秦始皇传了一世而为胡亥，晋武帝传了一世而为晋惠帝，隋文帝传了一世而为隋炀帝，都是国家灭亡。唯独本朝传了九世有一百七十年，不幸有靖康年间的大祸，大概三代以来没有如本朝这样大治安定的了。秦朝、晋朝、隋朝都有相似之处，然而秦、隋一旦灭亡即一蹶不振，东晋即使被称为“牛继马后”，终究保持了司马氏的社稷；也享有百余年。大概秦朝、隋朝流毒四海，罪恶极大，上天诛之，晋朝的八王之乱，“孽后”贾南风擅权乱国，都是因为晋惠帝昏庸无能造成的，并不是得罪了百姓，所以它的灭亡和秦、隋朝的灭亡有差别。

上官桀

汉朝上官桀做未央宫厩令时，汉武帝曾经身体得病不舒服，等到病好，到马厩察看，发现官马大都很瘦弱，非常恼怒，说：“厩令上官桀认为我不能再看到官马了吗？”打算治其罪，让他为吏，上官桀立即顿首谢罪说：“我听说圣体不安，日夜忧愁，牵肠挂肚，心思确实没用在官马身上。”话没说完，已泣不成声，泪流满面。汉武帝认为上官桀一片忠心。从此把他作为近臣，以至于接受遗诏辅佐少主。义纵做右内史时，汉武帝驾临鼎湖，得了重病，时间不短，不久突然心血来潮，起驾游幸甘泉宫，道路没被清理，汉武帝大怒，说：“义纵认为我不会再从这条道路上

金日磾

金日磾没入宫，输黄门养马。武帝游宴见马，后宫满侧，日磾等数十人牵马过殿下，莫不窥视，至日磾，独不敢。日磾容貌甚严，马又肥好，上奇焉，即日拜为马监，后受遗辅政。日磾与上官桀皆因马而受知，武帝之取人，可谓明而不遗矣。

汉宣帝忌昌邑王

汉废昌邑王贺而立宣帝，贺居故国，帝心内忌之，赐山阳太守张敞玺书，戒以谨备盗贼。敞条奏贺居处，著其废亡之效。上知贺不足忌，始封为列侯。光武废太子强为东海王而立显宗，显宗即位，待强弥厚。宣、显皆杂霸道，治尚刚严，独此事显优于宣多矣。

平津侯

公孙平津本传称其意忌内深，杀主父偃，徙董仲舒，经过吗？”内心很恨义纵，于是因他事治罪义纵，并把他斩首示众。这二人刚获罪时是一样的，上官桀因为一句话的缘故被提拔重用，而义纵被杀，可谓幸运和不幸运了。

金日磾

金日磾被俘虏后，没入皇宫，被送到黄门养马。汉武帝在皇宫内游玩设宴，看见很多官马，宫女满侧，金日磾等数十人牵着马从殿下经过，宫女们没有不偷偷相看，等到金日磾经过时，不敢抬头。金日磾容貌不凡，气宇轩昂，牵的马非常膘壮，汉武帝感到金日磾不一般，当天拜金日磾为马监，后来接受遗诏辅佐朝政。金日磾和上官桀都是因为马而被皇上了解，汉武帝选拔人才，可称得上圣明而不遗漏了。

汉宣帝忌昌邑王

汉朝大将军霍光等废黜昌邑王刘贺而立汉宣帝刘询即位，刘贺移居原来被封的国中，汉宣帝内心很疑忌刘贺，赐给山阳太守张敞玉玺手谕，告诫他要谨慎防备强盗贼寇。张敞逐条上奏刘贺住在国中的状况，写明了刘贺被废之后的效果。汉宣帝知道刘贺不足为虑，才封他为列侯。光武帝废太子刘强为东海王，而立明帝刘庄为太子，汉明帝即皇位，对待刘强很优厚。汉宣帝、汉明帝都用“霸道”治国，崇尚严刑峻法，唯独这件事上汉明帝要比汉宣帝宽厚得多了。

平津侯

平津侯公孙弘的本传中称他“意忌内深”，杀死主父偃，驱皆其力。然其可称者两事：武帝置苍海、朔方之郡，平津数谏，以为罢弊中国以奉无用之地，愿罢之。上使朱买臣等难之，乃谢曰："山东鄙人，不知其便若是，愿罢西南夷专奉朔方。"上乃许之。卜式上书，愿输家财助边，盖迎合主意。上以语平津，对曰："此非人情，不轨之臣不可以为化而乱法，愿勿许。"乃罢式。当武帝好大喜功而能如是，概之后世，足以为贤相矣！惜不以式事载本传中。

韩信周瑜

世言韩信伐赵，赵广武君请以奇兵塞井陉口，绝其粮道，成安君不听。信使间人窥知其不用广武君策，还报，则大喜，乃敢引兵遂下，遂胜赵。使广武计行，信且成禽，信盖自言之矣。周瑜拒曹公于赤壁，部将黄盖献火攻之策，会东南风急，悉烧操船，军遂败。使天无大风，黄盖不进计，则瑜未必胜。是二说者，皆不善观人者也。夫以韩信敌陈余，犹以猛虎当羊豕尔。信与汉王语，请北举燕、赵，正使井陉不得进，必有它奇策矣。其与广武君言曰："向使成安君听子计，仆亦禽矣。"盖谦以求言之词也。方孙权问计于周瑜，瑜已言操冒行四患，将军禽之宜在今日。刘备见瑜，恨其兵少。瑜曰："此自足用，豫州但观瑜破之。"正使无火攻之逐董仲舒，都是他出的力。然而他可以称道的事情有两件：汉武帝设置苍海、朔方二郡，公孙弘多次进谏，认为使我国疲惫来奉养无用之地，希望废除掉。汉武帝派朱买臣等人责难他，他谢罪说："我乃山东粗俗之人，不知道有这么多的好处，希望废除西南夷专一奉养朔方之地。"汉武帝才答应了他的请求。卜式上书皇帝，希望输纳家财资助边防，大概是迎合汉武帝的意思。汉武帝就这件事询问公孙弘，公孙平津说："这不合乎人情，图谋不轨的大臣不足为训而扰乱国法，希望不要答应。"于是汉武帝罢了卜式的官。当汉武帝好大喜功之时而能如此进谏，即使和后世相比，公孙弘也足以称为贤相了！可惜在卜式的本传之中也不记载此事。

韩信周瑜

世人都说韩信攻打赵国时，赵国的广武君李左车请求用一支奇兵堵塞井陉口防守，断绝韩信大军的粮道，成安君陈余没有采纳。韩信派间谍暗中刺探得知陈余没有采纳广武君李左车的计策，回来报知，韩信大喜，就率军挺进，随即战胜赵国。假使广武君李左车的计策得以实行，韩信将成为笼中之鸟，这大概是韩信自己说的话。周瑜和曹操在赤壁对阵，部将黄盖献火攻之策，正巧遇到很大的东南风，烧毁了曹操的所有战船，曹操军队大败。假使天没起大风，黄盖没献火攻之计，那么周瑜未必能取胜。这两种说法都是不善于观察人的结果。用韩信和陈余相对阵，就好像用猛虎和羊猪对阵一样，韩信对汉王刘邦说，请求向北攻下燕国、赵国，假使井陉口不能前进，必定有其奇策妙计。韩信对广武君李左车说："假若成安君陈余采纳您的计谋，说，其必有以制胜矣。不然，何以为信、瑜？

汉武赏功明白

卫青为大将军，霍去病始为校尉，以功封侯，青失两将军，亡翕侯，功不多，不益封。其后各以五万骑深入，去病益封五千八百户，裨校封侯益邑者六人，而青不得益封，吏卒无封者。武帝赏功，必视法如何，不以贵贱为高下，其明白如此。后世处此，必曰青久为上将，俱出塞致命，正不厚赏，亦当有以慰其心，不然，它日无以使之，盖失之矣。

周召房杜

召公为保，周公为师，相成王为左右。观此二相，则刑措四十年，颂声作于下，不言可知。唐贞观三年二月，房玄龄为左仆射，杜如晦为右仆射，魏徵参预朝政。观此三相，则三百年基业之盛，概可见矣。

我将成为笼中之鸟了。”大概是谦虚而求得彼此沟通的话。当孙权向周瑜询问破操之计时，周瑜已经陈说了曹操贸然进军的四种弊端，将军擒拿他应该在今日。刘备拜见周瑜，嫌周瑜带的军队太少。周瑜说：“这些军队足够用了，您就看我周瑜大破曹军吧！”假使没有火攻之策，周瑜必定有制胜的办法。如果不是这样，怎么能称为韩信、周瑜呢？

汉武赏功明白

卫青为大将军，霍去病起初为校尉，因功被封侯，卫青进攻匈奴时，失掉了两个将军，翕侯阵亡，功不多，没有增加封赠。其后，二人各率五万骑兵深入匈奴腹地。霍去病增加封赠五千八百户，偏将、校尉被封侯增加食邑的共六人，而卫青没有得到增加封赠，手下的吏卒没有得到封赠。汉武帝论功行赏，必定按法进行，不以贵贱论高下，如此圣明。后世对待这些，必定说：卫青久为上将，都出塞卖命，即使没有厚赏，也应当有所表示来安慰将士之心，如果不这样，他日无以驱使将士。大概有失当之处。

周召房杜

召公为太保，周公为太师，辅佐周成王，执掌国政。这两个人共同执政四十年，朝野上下齐声称颂，不言而喻。唐朝太宗贞观三年二月，房玄龄为左仆射，杜如晦为右仆射，魏徵参与朝政。纵观三位宰相的行为，那么大唐三百年的基业盛况空前，在此可以窥见一斑。

三代书同文

三代之时，天下书同文，故《春秋左氏》所载人名字，不以何国，大抵皆同。郑公子归生，鲁公孙归父，蔡公孙归生，楚仲归，齐析归父，皆字子家。楚成嘉，郑公子嘉，皆字子孔。郑公孙段，印段，宋褚师段，皆字子石。郑公子喜，宋乐喜，皆字子罕。楚公子黑肱，郑公孙黑，孔子弟子狄黑，皆字子皙。鲁公子翚，郑公孙挥，皆字子羽。郳子克，楚斗克，周王子克，宋司马之臣克，皆字曰仪。晋籍偃，荀偃，郑公子偃，吴言偃，皆字曰游。晋羊舌赤，鲁公西赤，皆字曰华。楚公子侧，鲁孟之侧，皆字曰反。鲁冉耕，宋司马耕，皆字曰牛。颜无繇、仲由，皆字曰路。

周世中国地

成周之世，中国之地最狭，以今地里考之，吴、越、楚、蜀、闽皆为蛮；淮南为群舒；秦为戎。河北真定、中山之境，乃鲜虞、肥、鼓国。河东之境，有赤狄、甲氏、留吁、铎辰、潞国。洛阳为王城，而有杨拒、泉皋、蛮氏、陆浑、伊雒之戎。京东有莱、牟、介、莒、皆夷也。杞都雍丘，今汴之属邑，亦用夷礼。邾近于鲁，亦曰夷。其中国者，独晋、卫、齐、鲁、宋、郑、陈、许而已，通不过数十州，盖于天下特五分之一耳。

三代书同文

夏、商、周之时，天下文字大体相同，所以《左传》所记载的人名和表字，不管哪个国家，大抵都相同。郑国公子归生，鲁国的公孙归父，蔡国的公孙归生，楚国的仲归，齐国的析归父，字都是子家。楚国的成嘉，郑国的公子嘉，字都是子孔。郑国的公孙段，印段，宋国的褚师段，字都是子石。郑国的公子喜，宋国的乐喜，字都是子罕。楚国的公子黑肱，郑国的公孙黑，孔子的弟子狄黑，字都是子皙。鲁国的公子翚，郑国的公孙挥，字都是子羽。邾子克，楚国的斗克，周子克，宋国的司马臣克，字都是仪。晋国的籍偃、荀偃，郑国的公子偃，吴国的言偃，字都是游。晋国的羊舌赤，鲁国的公西赤，字都是华。楚国的公子侧，鲁国的孟之侧，字都是反。鲁国的冉耕，宋国的司马耕，字都是牛。颜无繇、仲由，字都是路。

周世中国地

西周之时，国家所统治疆域最小，按照今天的地域来考察，吴、越、楚、蜀、闽都是蛮族居住的地区；淮南是群舒少数民族所居住的地区；秦地为戎族所居住。河北路真定府、中山府一带，是鲜虞、肥、鼓国。河东路有赤狄、甲氏、留吁、铎辰、潞国。洛阳是王城，而王城周围有杨拒、泉皋、蛮氏、陆浑、伊雒等戎族。京东路有莱、牟、介、莒等东夷族。杞都雍丘，都是今天汴京的属邑，也是使用东夷的礼仪。邾国靠近山东，也称为东夷。属于华夏族统治疆域的，只有晋、卫、齐、鲁、宋、郑、陈、许，总共不过数十州，大概天下的五分之一罢了！

李后主梁武帝

东坡书李后主去国之词云:“最是苍皇辞庙日,教坊犹奏别离歌,挥泪对宫娥。”以为后主失国,当恸哭于庙门之外,谢其民而后行,乃对宫娥听乐,形于词句。予观梁武帝启侯景之祸,涂炭江左,以致覆亡,乃曰:“自我得之,自我失之,亦复何恨。”其不知罪已亦甚矣!窦婴救灌夫,其夫人谏止之,婴曰:“侯自我得之,自我捐之,无所恨。’梁武用此言而非也。

诗什

《诗》二《雅》及《颂》前三卷题曰:“某诗之什。”陆德明释云:“歌诗之作,非止一人,篇数既多,故以十篇编为一卷,名之为什。”今人以《诗》为篇什,或称誉它人所作为佳什,非也。

易举正

唐苏州司户郭京有《周易举正》三卷,云:“曾得王辅嗣、韩康伯手写注定传授真本,比校今世流行本及国学、乡贡举人等本,或将经入注,用注作经,小象中间以下句,反居其上,爻辞注内移,后义却处于前,兼有脱遗,两字颠倒、谬误者,并依定本举正其讹,凡一百三十节。”今略取其明白

李后主梁武帝

苏轼写南唐李后主亡国后被押往东京开封的情景说：“最是苍皇辞庙日，教坊犹奏别离歌，挥泪对宫娥。”认为李后主亡了国，应当在祖庙门外恸哭一场，以向人民谢罪，然后起程，但是他却对着宫女听音乐，所以写此词以讥之。我从史书中看到梁武帝引发了侯景之乱，使得江东地区的人们惨遭涂炭，以致国家覆亡，他却不在乎地说：“江山由我手上得到，又从我手上丢掉，有什么可遗憾的？”梁武帝也太不知自责了！西汉时，窦婴要救助获罪的灌夫，妻子劝他不要冒这份危险，窦婴说：“侯爵自我手上得到，又从我手上失去，没有什么遗憾的。”梁武帝引用此话而含义却是完全不对的。

诗什

《诗经》的大、小《雅》及《颂》的前三卷题记说：“某诗之什。”陆德明解释说：“诗的作者不是一个人，因为篇数较多，因而以十篇编为一卷，称之为什。”现在的人因为《诗经》中有“篇什”的提法，于是有人称赞他人的作品为“佳什”，这纯属误解，是不正确的。

易举正

唐代时，苏州的司户参军郭京著有《周易举正》三卷，作者自己说：“我曾得到王辅嗣、韩康伯手写的注定传授真本，考校当今流行本及国学、乡贡举人等本，发现它们或者将经文误入注文，或者将注文误作经文，或在《象》词中以下句反居其上，爻辞注文内移，前后倒置，还有脱漏，两字颠倒谬误的，所有这者二十处载于此：

《坤》初六："履霜坚冰至。"象曰："履霜，阴始凝也，驯致其道，至坚冰也。"今本于象文"霜"字下误增"坚冰"二字。《屯》六三象曰："即鹿无虞何？以从禽也。"今本脱"何"字。《师》六五："田有禽，利执之，无咎。"元本"之"字行书向下引脚，稍类"言"字，转写相仍，故误作"言"，观注义亦全不作"言"字释也。《比》九五象曰："失前禽，舍逆取顺也。"今本误倒其句。《贲》："亨，不利有攸往。"今本"不"字误作"小"字。"刚柔交错，天文也；文明以止，人文也。"注云："刚柔交错而成文焉，天之文也。"今本脱"刚柔交错"一句。《坎》卦"习坎"上脱"坎"字。《姤》："九四，包失鱼。"注："二有其鱼，故失之也。"今本误作"无鱼"。《蹇》："九三，往蹇来正。"今本作"来反"。《困》初六象，曰："入于幽谷，不明也。"今本"谷"字下多"幽"字。《鼎》彖："圣人亨以亨上帝，以养圣贤。"注云："圣人用之，上以亨上帝而下以养圣贤。"今本正文多"而大亨"三字，故注文亦误增"大亨"二字。

《震》彖曰："不丧匕鬯，出可以守宗庙社稷，以为祭主也。"今本脱"不丧匕鬯"一句。《渐》象曰："君子以居贤德，善风俗。"注云："贤德以止巽则居，风俗以止巽乃善。"今本正文脱"风"字。《丰》九四象："遇其夷主，吉，志行也。"今文脱"志"字。《中孚》彖："豚鱼吉，信及也。"今本些，我都依定本改正过来，总共有一百三十条。这里，我姑且选取比较简明易懂的二十条摘录如下：

《坤》卦初六爻的爻辞说："履霜坚冰至。"《象》曰："履霜，阴始凝也，驯致其道，至坚冰也。"今本象文"霜"字下误增"坚冰"二字。《屯》卦六三爻的《象》说："即鹿无虞何？以从禽也。"今本脱去"何"字。《师》卦的六五爻说："田有禽，利执之，无咎（即无凶）。"原本"之"字为行书，笔脚向下延伸，有点像"言"字，经过辗转传抄，结果误作"言"字，而且从注文的意思看，也根本未作"言"解释。《比》卦九五爻的象辞说："失前禽，舍逆取顺也。"今本错误地把此句的前后次序搞反了。《贲》卦说："亨，不利有攸往。"今本"不"字误作"小"字。"刚柔交错，天文也；文是以止，人文也。"注释说"刚柔交错而成文焉，天之文也。"今本脱漏"刚柔交错"一句。《坎》卦中"习坎"二字之上脱漏一个"坎"字。《垢》卦："九四，包失鱼。"注释说："二有其鱼，故失之也。"今本误作"无鱼"。《蹇》卦说："九三，往蹇来正。"今本作"来反"。《困》卦初六爻的象辞说："入于幽谷，不明也。"今本"谷"字下面多一"幽"字。《鼎》卦的象辞说："圣人亨以亨上帝，以养圣贤。"注释说："圣人用之，以上亨上帝而下以养圣贤。"今本正文多出"而大亨"三字，因而注文也误增"大亨"二字。

《震》卦的象辞说："不丧匕鬯，出可以守宗庙社稷，以为祭主也。"今本脱去"不丧匕鬯："一句。《渐》卦的象辞说："君子以居贤德、善风俗。"注释说："贤德以止巽则居，风俗以止巽乃善。"今本正文脱漏"风"字。《丰》封九四爻的象辞说："遇其夷主，吉，志行也。"今本脱漏"志。字。《中孚》卦的象辞说：

"及"字下多"豚鱼"二字。《小过》象："柔得中，是以可小事也。"今本脱"可"字，而"事"字下误增"吉"字。六五象曰："密云不雨，已止也。"注："阳已止下故也。"今本正文作"已上"，故注亦误作"阳已上故止也"。《既济》彖曰："《既济》，亨小，小者亨也。"今本脱一"小"字。《系辞》："二多誉，四多惧。"注云："惧，近也。"今本误以"近也"字为正文，而注中又脱"惧"字。《杂卦》："蒙稚而著。"今本"稚"误作"杂"字。予顷于福州《道藏》中见此书而传之，及在后省见晁公武所进《易解》，多引用之，世罕有其书也。

其惟圣人乎

《乾》卦："其惟圣人乎？"魏王肃本作"愚人"，后结句始作"圣人"，见陆德明《释文》。

易说卦

《易·说卦》荀爽《九家集解·乾》为木果之下，更有四，曰：为龙，为车，为衣，为言。《坤》后有八，曰：为牝，为迷，为方，为囊，为裳，为黄，为帛，为浆。《震》后有三，曰：为王，为鹄，为鼓。《巽》后有二，曰：为杨，为鹳。《坎》后有八，曰：为宫，为律，为可，为栋，为丛棘，为狐，为蒺藜，为桎梏。《离》后有一，曰：为牝牛。《艮》后有三，曰：为鼻，为虎，为狐。《兑》后有二，曰：为常，为辅颊。注云"常，西

“豚鱼吉，信及也。”今本“及”字下多出“豚鱼”二字。《小过》卦的彖词说：“柔得中，是以可小事也。”今本脱漏“可”字，而“事”字下误增“吉”字。六五爻的象辞说：“密云不雨，已止也。”注释说：“阳已止下故也。”今本正文作“已上”，故注文也误作“阳已上故止也。”《既济》卦的彖辞说：“《既济》，亨小，小者亨也。”今本脱漏一“小”字。《系辞》说：“二多誉，四多惧。”注释说：“惧，近也。”今本误以“近也”二字为正文，而注文中又脱漏“惧”字。《杂卦》说：“蒙稚而著。”今本“稚”字误作“杂”字。我前不久在福州《道藏》中见到此书，并且加以传播，后来又在翰林院中见到晁公式所进献的《易解》，其中大量引用该书，而一般世人很少能够见到此书。

其惟圣人乎

《乾》卦的卦辞说：“难道只有圣人吗？”曹魏王肃的本子作“愚人”，最后的结句才作“圣人”，这见于陆德明的《经典释文》一书。

易说卦

在《易经·说卦》，荀爽的《九家集解·乾》为木果之下，又有四种性质，即：为龙，为车，为衣，为言。《坤》卦后有八种，即：为牝，为迷，为方，为囊，为裳，为黄，为帛，为浆。《震》卦后有三种，即：为王，为鹄，为鼓。《巽》卦后有二种，即：为杨，为鹳。《坎》卦后有八种，即：为宫，为律，为可，为栋，为丛棘，为狐，为蒺蔾，为桎梏。《离》卦后有一种，即：为牝牛。《艮》卦后有三种，即：为鼻，为虎，为狐。《兑》卦后有二种，即：为常，方神也。”陆德明以其与王弼本不同，故载于《释文》。案，《震》为龙与《乾》同，故虞翻、干宝本作“駹”。

元二之灾

《后汉·邓骘传》：“拜为大将军，时遭元二之灾，人士饥荒，死者相望，盗贼群起，四夷侵畔。”章怀注云：“元二即元元也，古书字当再读者，即于上字之下为小二字，言此字当两度言之。后人不晓，遂读为元二，或同之阳九，或附之百六，良由不悟，致斯乖舛。今岐州《石鼓铭》，凡重言者皆为“二”字，明验也。”汉碑有《杨孟文石门颂》云：“中遭元二，西夷虐残。”《孔耽碑》云：“遭元二轗轲，人民相食。”赵明诚《金石跋》云：“若读为元元，不成文理，疑当时自有此语，《汉注》未必然也。”案，王充《论衡·恢国篇》云：“今上嗣位，元二之间，嘉德布流。三年，零陵生芝草。四年，甘露降五县。五年，芝复生。六年，黄龙见。”盖章帝时事。考之本纪，所书建初三年以后诸瑞皆同，则知所谓元二者，谓建初元年、二年也。既称嘉德布流以致祥瑞，其为非灾眚之语，益可决疑。安帝永初元年、二年，先零滇羌寇叛，郡国地震、大水。邓骘以二年十一月拜大将军，则知所谓元二者，谓永初元年、二年也。凡汉碑重文不皆用小二字，岂有《范史》一部唯独一处如此！予兄丞相作《隶释》，论之甚详。予修国史日，撰《钦宗纪赞》，用靖康元二之祸，实本于此。

为辅频。注释说："常，为西方神。"陆德明因为荀爽的说法与王弼本不同，因而将它记录在《经典释文》一书中。按，《震》为龙与《乾》为龙相同，所以，虞翻、干宝本作"駹"。

元二之灾

《后汉书·邓骘传》说："邓骘被任命为大将军，当时正好遭逢元二之灾，饥荒严重，饿死的人触目可见。在这种形势下，盗贼蜂起，四方的少数民族也乘机反叛、入侵。"章怀太子注释说："元二即元元，在古书中某字应重复时，就在第一个字下写一个小小的"二"字，表明这个字应读两遍。后人不懂，于是读作元二，有人解释为阳九，有人附会为百六，实际上都是因为不懂才导致这样的错误。现在岐州的《石鼓铭》上，凡是重复的地方都写一个"二"字，便是明证。"汉碑《杨孟文石门颂》说："中遭元二，西夷虐残。"《孔耽碑》说："遭逢元二轗轲，人民相食。"赵明诚的《金石跋》说："如果读作元元，于文理不通，怀疑当时的确有元二的说法，《后汉书》的注释未必正确。按，王充的《论衡·恢国篇》说："当今的皇上继位后，元二之间，恩德遍布四方。三年，零陵长出了灵芝草。四年，甘露降于五县之地。五年，又发现了灵芝。六年，黄龙现形。"这是汉章帝时期的事情。查考《章帝本纪》，可以看出，本纪中所纪的从建初三年以后各年的祥瑞，与王充所记的完全相同，显而易见，所谓的元二，乃是指建初元年和二年。既然说恩德遍布四方，则元二不是指灾祸，也就一目了然，无庸置疑了。汉安帝永初元年、二年，先零、滇羌叛乱，全国许多地方发生地震、大水。邓骘于二年十一月拜大将军，可见所谓的元二，乃是指永初元年、二年。

圣人污

孟子曰："宰我、子贡、有若智足以知圣人。污，不至阿其所好。"赵岐注云："三人之智足以识圣人。污，下也。言三人虽小污不平，亦不至于其所好，阿私所爱而空誉之。"详其文意，足以识圣人是一句。"污，下也"，自是一节。盖以"下"字训"污"也，其义明甚。而老苏先生乃作一句读，故作《三子知圣人污论》，谓："三子之智，不足以及圣人高深幽绝之境，徒得其下焉耳。"此说窃谓不然，夫谓"夫子贤于尧、舜，自生民以来未有"，可谓大矣，犹以为污下何哉？程伊川云："有若等自能知夫子之道，假使污下，必不为阿好而言。"其说正与赵氏合。大抵汉人释经子，或省去语助，如郑氏笺《毛诗》"奄观铚艾"云："奄，久。观，多也。"盖以久训奄，以多训观。近者黄启宗有《补礼部韵略》，于"淹"字下添"奄"字，注云："久观也。"亦是误以《笺》中五字为一句。

而且，并不是所有的汉碑中重复字都用小“二”字，难道只有范晔的《后汉书》一书中如此，而且唯独一处？我的兄长丞相洪遵曾著《隶释》，对这个问题论述得非常详尽。我编纂国史的时候，撰《钦宗纪赞》，其中有“靖康元二之祸”一句，其根据就在于此。

圣人污

孟子说：“宰我、子贡、有若等三人的智慧足以了解圣人。如果圣人有了污点，不至阿迎其所好，阿谀奉承。”赵岐注释说：“三人的智慧足以识圣人。污，下也。指三人虽小污不平，也不至于投其所好，偏心所爱而违心地吹捧别人。”仔细审核其文意，可以肯定“足以识圣人”后为一句号。“污，下也”自然是另一句。此处是用“下”字来解释“污’，其意思非常明白。而苏洵竟认为这两句乃是一句话，因此特意写了一篇《三子知圣人污论》，文中说：“三人的智慧无法达到圣人高深幽绝的境界，最多只不过是仅得其下而已。”我认为这种说法是不对的，他既然说“孔子比尧、舜更贤，自古以来绝无仅有”，可以说是伟大之极了，然而又说他尚有“污下”，这是怎么回事呢？程颐先生说：“有若等人当然能够知悉孔子之道，假使污下，必定不会为投其所好而虚美人。”这种说法与赵岐的看法正好相同。大抵汉代人解释经书与诸子著作时，往往省略语气助词，如郑玄解释《毛诗》中的：“奄观铚艾”说：“奄，久。观，多也。”也就是以“久”训“奄”，以“多”训“观”。近来，黄启宗著有《补礼部韵略》一书、在“淹”字下又增添一个“奄”字，并且注释说：“久观也。”他也是错误地把郑玄《毛诗笺》中的五个字当作一句了。

廿卅卌字

今人书二十字为廿，三十字为卅，四十为卌，皆《说文》本字也。廿音入，二十并也。卅音先合反，三十之省便，古文也。卌音先立反，数名，今直以为四十字。案，秦始皇凡刻石颂德之辞，皆四字一句。《泰山辞》曰：“皇帝临位，二十有六年。”《琅邪台颂》曰：“维二十六年，皇帝作始。”《之罘颂》曰：“维二十九年，时在中春。”《东观颂》曰：“维二十九年，皇帝春游。”《会稽颂》曰：“德惠修长，三十有七年。”此《史记》所载，每称年者，辄五字一句。尝得《泰山辞》石本，乃书为“廿有六年”，想其余皆如是，而太史公误易之，或后人传写之讹耳，其实四字句也。

字省文

今人作字省文，以禮为礼，以處为处，以與为与，凡章奏及程文书册之类不敢用，然其实皆《说文》本字也。许叔重释礼字云：“古文。”处字云：“止也，得几而止。或从處。”与字云：“赐予也，与與同。”然则当以省文者为正。

负剑辟咡

《曲礼》记童子事曰：“负剑辟咡诏之。”郑氏注云：“负，谓置之于背。剑，谓挟之于旁。辟咡诏之，谓倾头与语。口旁曰咡。”欧阳公作其父《泷冈阡表》云：“回顾乳

廿卅卌字

今人把二十写成“廿”，三十写成“卅”，四十写成“卌”，都是《说文解字》上的本字。“廿”音入，是两个十合并在一起。“卅”音先合反，是三十的简化，即古文。“卌”音先立反，数名，今天称之为四十。据考，秦始皇凡是刻石颂德的词句，都以四字为一句。《泰山辞》上说：“皇帝临位，二十有六年。”《琅邪台颂》上说：“维二十六年，皇帝作始。”《之罘颂》上说：“维二十九年，时在中春。”《东观颂》上说：“维二十九年，皇帝春游。”《会稽颂》上说：“德惠修长，三十有七年。”这都是《史记》所记载的，每次称“年”，总是五个字为一句。我曾经得到《泰山辞》的石本，却写着“廿有六年”，想着其余都是如此，而太史公司马迁无意之中写错了，或者后人传写的错误罢了，其实是四字一句啊！

字省文

今人写字时都简化，把“禮”写成“礼”，把“處”写成“处”，把“與”写成“与”，大凡章奏及程文书册之类都不敢用简化字，然而，其实都是《说文解字》的本字。许慎解释“礼”字云：“古文。”“处”字云：“止也，得几而止。或从處。”“与”字云：“赐予也，与與同。”既然这样，那么应以简化的字为正确。

负剑辟咡

《曲礼》记载童子事时说：“负剑辟咡诏之。”郑玄注释道：“负，谓置之于背。剑，谓挟之于旁。辟咡诏之，谓倾头与语。口旁曰咡。”欧阳修作他父亲的《泷冈阡表》中说：“回顾乳者者剑汝而立于旁。”正用此义。今庐陵石刻由存，衢州所刊《六一集》，已得其真，或者不晓，遂易剑为抱，可叹也！

国初人至诚

真宗时，并州谋帅，上谓辅臣曰：“如张齐贤、温仲舒皆可任，但以其尝历枢近，或有固辞，宜召至中书询问，愿往则授之。”及召二人至，齐贤辞以恐为人所谗。仲舒曰：“非敢有辞，但在尚书班已十年，若得改官端揆，赐都部署添给，敢不承命？”辅臣以闻，上曰：“是皆不欲往也，勿强之。”王元之自翰林学士以本官刑部郎中知黄州，遣其子嘉祐献书于中书门下，以为：“朝廷设官，进退必以礼，一失错置，咎在廊庙。某一任翰林学士，三任制诰舍人，以国朝旧事言之，或得给事中，或得侍郎，或为谏议大夫。某独异于斯，斥去不转一级，与钱谷俗吏，混然无别，执政不言，人将安仰？”予谓仲舒尝为二府，至于自求迁转及增请给；元之一代刚正名臣，至于公移笺书，引例乞转。唯其至诚不矫伪故也。后之人外为大言，避宠辞禄，而阴有营求，失其本真者多矣，风俗使然也。

剑汝而立于旁。”用的就是这个意思。今天庐陵石刻保存下来，衢州所刊的《六一集》，已经得到它真实的含义，有的人不明白此词的含义，遂改“剑”为“抱”，可惜啊！

国初人至诚

真宗时，谋求并州将帅的人选，真宗对辅政大臣说：“像张齐贤、温仲舒都可以胜任此职，只是因为他们曾经在枢密院供职，有时会坚决推辞，应该把二人召至中书省询问一下，如果他们愿意前往就授予官职。”等到把二人召至中书省，张齐贤以恐怕被别人进谗言来推辞。温仲舒说：“不敢有推辞之言，只是我在尚书之位已经十年了，如果改任我为执政大臣，赐给都部署之职，增添俸禄，敢不听命吗？”辅政大臣把他们的话传达给皇上，皇上说：“这是不打算前往任职，不要勉强他们。”王元之自翰林学士以本官刑部郎中知黄州，派遣他的儿子嘉祐献到中书门下献书，认为：“朝廷设官，是进是退必按照礼节，一旦失当，错误派官，罪责在于朝廷决策大臣。我一任翰林学士，三任制诰舍人，按照本朝的惯例来说，或者得给事中，或者侍郎，或者为谏议大夫。唯独我不一样，离开官位后没有转升一级，和管理钱谷的俗吏，混然没有差别，执政大臣不说，别人将怎么信服？”我认为温仲舒曾经为二府大员，至于自己要求升迁及增加俸禄；王元之乃是一代刚正名臣，至于公开献书，援引旧例，请求升级。是由于只有他们的至诚，从不掩饰虚伪啊！后来的人表面大言不惭，避宠辞禄，而暗中孜孜以求，失去真诚的人太多了，风俗使然啊！

史馆玉牒所

国朝熙宁以前，秘书省无著作局，故置史馆，设修撰、直馆之职。元丰官制行，有秘书官，则其职归于监、少及著作郎、佐矣。而绍兴中复置史馆修撰、检讨，是与本省为二也。宗正寺修玉牒官亦然。官制既行，其职归于卿、丞矣。而绍兴中复差侍从为修牒，又以它官兼检讨，是与本寺为二也。然则今有户部，可别置三司，有吏、刑部，可别置审官、审刑院矣。又玉牒旧制，每十年一进，谓甲子岁进书，则甲戌、甲申岁复然。今乃从建隆以来再行补修，每及十年则一进，以故不过三二年辄一行赏，书局僭赏，此最甚焉。

稗沙门

《宝积经》说僧之无行者曰："譬如麦田，中生稗麦，其形似麦，不可分别。尔时田夫，作如是念，谓此稗麦，尽是好麦，后见穟生，尔乃知非。如是沙门，在于众中，似是持戒有德行者。施主见时，谓尽是沙门，而彼痴人，实非沙门，是名稗沙门。"此喻甚佳，而文士鲜曾引用，聊志于此。

史馆玉牒所

国朝神宗熙宁以前，秘书省没有著作局，所以设置史馆，设修撰、直馆的职位。元丰年间改革官制，有秘书官，那么其取权归于秘书监、少监及著作郎、著作佐郎。而绍兴年间又设置史馆修撰、检讨的职位，这和秘书省一分为二。宗正寺中修玉牒官也是这样。元丰年间改革官制，它的职权归于寺卿、寺丞。而绍兴年间再次差侍从为修牒官，又以它官谦任检讨，这和宗正寺一分为二。今天有户部，可是另外设置三司，有吏部、刑部，可是另外设置审官、审刑院。另外，按照玉牒旧制，每十年，进献一次玉牒，如果甲子年进献玉牒，那么甲戌年、甲申年也都进牒。如今，从建隆年间以来，再次进行修补，每十年进献一次，所以不过三、二年总是统一行赏，秘书局不按惯例行赏，以此为最厉害了。

稗沙门

《宝积经》中到那些没有德行的和尚们，有这么一段话：“譬如麦田，中生稗麦，形状像麦，不能分别。那时田农会这样想，认为稗麦都是好麦，后来发现穟长出来了，才知不是好麦。像这样的和尚，在众僧之中，好似持戒甚严行德积善的人。施主见时，认为都是和尚，而他却是痴呆之人，实非和尚，这称为稗沙门。”这个比喻非常好，而文人学士曾经很少引用，姑且在此记载下来。

卷六（十九则）

建武中元

成都有《汉蜀郡太守何君造尊楗阁碑》，其末云："建武中元二年六月。"按，《范史》本纪，建武止三十一年，次年改为中元，直书为中元元年。观此所刻，乃是虽别为中元，犹冠以建武，如文、景帝中元、后元之类也。又《祭祀志》载封禅后赦天下诏，明言云："以建武三十二年为建武中元元年。"《东夷倭国传》云："建武中元二年，来奉贡。"援据甚明。而宋莒公作《纪年通谱》乃云："纪、志所载不同，必传写脱误。"学者失于精审，以意删去，殆亦不深考耳。韩庄敏家一铜斗，铭云："新始建国，天凤上戊六年。"又绍兴中郭金州得一钲，铭云："新始建国，地皇上戊二年。"按，王莽始建国之后改天凤，又改地皇，兹二器各冠以始元者，自莽之制如此，亦犹其改易郡名不常，每下诏犹系其故名之类耳，不可用中元为比也。

建武中元

成都有一通汉代的《汉蜀郡太守何君造尊楗阁碑》，碑文最后写着："建武中元二年六月。"经查阅范晔所写的《后汉书·光武帝本纪》记载，汉光武帝的年号"建武"只到三十一年，第二年改年号为中元，直接写为"中元元年"。这个碑上年号的写法是，虽年号已改为"中元"，仍在上面加上"建武"，就像汉文帝、汉景帝中元、后元一样。再看看《后汉书·祭祀志》所载的《封禅后赦天下诏》，上面明明白白地写着："以汉光武帝建武三十二年为汉光武帝建武中元元年。"《后汉书·东夷倭国传》也写着："汉光武帝建武中元二年，来汉朝朝贡。"写为"建武中元"根据是十分清楚的。可是宋莒公作的《纪年通谱》却说："《本纪》与《祭祀志》记载不同，必定是传抄过程中出了错误。"这是做学问的人没有认真研究，按自己的理解把"建武"二字删去，这也是没有认真考证的结果。本朝韩庄敏家有一铜斗，上边的铭文是："王莽新始建国、天凤上戊六年。"还有宋高宗绍兴年间有个叫郭金州的人得到一个钲(古乐器名)，上边的铭文也写着"新始建国、地皇上戊二年。"按，王莽称帝后的第一个年号为"始建国"，后改为"天凤"，再改为"地皇"。这两件器物上都把第一个年号写在前面，自王莽时代的制度就是如此，就好像有些郡名改的时间不久，每下诏书还把原来的郡名写在上面一样。这与"建武中元"的写法是不可相提并论的。

带职人转官

绍兴中，王浚明以右奉直大夫直秘阁，乞磨勘，吏部拟朝议大夫，时相以为，既带职，则朝议、奉直为一等，遂超转中奉。其后曾慥踵之。绍兴末，向伯奋亦用此，继而续觱复然。后省有言，不应蓦三级，自是但得朝议。予案故事，官制未行时，前行郎中迁少卿，有出身得太常；无出身，司农；继转光禄，即今奉直、朝议也。自少卿迁大卿、监，有出身，得光禄卿；无出身，历司农卿、少府监、卫尉卿，然后至光禄。若带职，则自少农以上径得光卿，不涉余级，至有超五资者。然则浚明等不为过，盖昔日职名不轻与人，故恩典亦异。又自承务郎至奉议词人，但三转，而带职者乃与余人同作六阶不小异，乃有司之失也。

上下四方

上下四方不可穷竟。正杂庄、列、释氏之寓言，曼衍不能说也。《列子》："商汤问于夏革曰：'上下八方有极尽乎？'革曰：'不知也。'汤固问，革曰：'无则无极，有则有

带职人转官

宋高宗绍兴年间，一个叫王浚明的人以右奉直大夫的身份在收藏珍贵图书的秘阁中任直秘阁，掌管图书管理工作。当时他向审官院请求考核他的政绩，予以升迁。吏部打算授以四品的朝议大夫。当时的宰相以为既然是带着职务迁升为官的，朝议和奉直属于同一级别，于是就超越了朝议转为中奉。之后，曾慥也按此办法给转了官。宋高宗绍兴末年，向伯奋也按这一办法转了官，紧接着，续觱也给予了同样的办理。后来中书省里却有人说，不应该跳越三级，只能得到吏部原议的朝议大夫之职。经过认真考察，我了解到，过去的惯例是：前行郎中升为少卿时，过去有做官的经历的，得太常；没有做官的经历的，得司农，然后再转而为光禄大夫，就是现在的奉直和朝议一级。从少卿升为大卿和监的人，有做官经历的得光禄卿；没有做官经历的，经过司农卿、少府监、卫尉卿，然后再至光禄大夫。如果是带着职务升迁的，自少农以上可以直接得到光禄大夫的品级，不必经过别的级别，以至于有一次超越五级的。由此可知，王浚明等人的越级并不过分。这是因为从前的职务名分不轻易给人，因而得到的待遇自然也不同。有人从承务郎升到奉议词人，经三次转升，可是带职务的人与别人一样，这是掌管升迁的机关人员工作中的失误。

上下四方

什么是上下四方？这个问题不可追根究底。就是《庄子》《列子》和佛教经典中的一些含义很深的寓言，也不能说清楚。《列子》中曾说：“商汤问夏革：‘上下八方有尽头吗？’夏革说：

尽，朕何以知之？然无极之外，复无无极；无尽之中，复无无尽。无极复无无极，无尽复无无尽，朕是以知其无极无尽也，而不知其有极有尽也，焉知天地之表，不有大天地者乎？’”

《大集经》：“‘风住何处？’曰：‘风住虚空。’又问：‘虚空为何所住？’答言：‘虚空住于至处。’又问：‘至处复何所住？’答曰：‘至处何所住者，不可宣说。何以故？远离一切诸处所故，一切处所所不摄故，非数非称不可量故，是故至处无有住处。’”

二家之说，如是而已。

魏相萧望之

赵广汉之死由魏相，韩延寿之死由萧望之。魏、萧贤公卿也，忍以其私陷二材臣于死地乎？杨恽坐语言怨望，而廷尉当以为大逆不道。以其时考之，乃于定国也。史称定国为廷尉，民自以不冤，岂其然乎？宣帝治尚严，而三人者，又从而辅翼之，为可恨也！

‘不知道。’商汤坚持要问，夏革就说：‘无就是没终点，有就是有个范围，我怎么知道它有没有终极。不过，在无终点以外，就不再存在没有终点之说；在没有范围的说法之内，也不存在没有范围。没有终点之外不再没有终点，没有范围之内不再没有范围，所以我只知道没有终点、没有范围的存在，而不知道有终点有范围的存在。既然如此，怎么能知道在看见的天地之外，有没有比天地更大的东西存在呢？’”

佛教的《大集经》却另是一种说法：“‘风住在什么地方？’答：‘风住在虚空那里。’又问：‘虚空又住在哪里？’回答说：“虚空住在至处。’又问：‘至处又住在哪里呢？’回答说：‘至处住的地方是无法说的。为什么呢？因为至处是远离所有的地方的地方，是任何地方都约束不了它的地方，是用什么东西都无法量的地方。这样的地方是找不到的。所以，至处没有住的地方。’”

两家的说法，也不过就是这个样子。

魏相萧望之

西汉宣帝时，大臣赵广汉向以执法不避权贵著称，后来却被杀，这事与魏相有关；曾任颍川、东郡太守的韩延寿，也是政绩卓著，后来也被诬陷身死，这又与萧望之有关。魏相、萧望之都是非常贤明的公卿大臣，怎么会忍心以个人的恩怨把二位有才能的贤臣置于死地呢？杨恽也是一位为朝廷立过大功劳的大臣，他因为被免为庶人后，竟因给友人写信时说了几句牢骚话，就被掌刑狱的廷尉认为是大逆不道，判处以斩刑。这个廷尉又恰恰是于定国。历史上曾经称道于定国为廷尉，民间就没有冤

姓氏不可考

姓氏所出，后世茫不可考，不过证以史传，然要为难晓。自姚、虞、唐、杜、姜、田、范、刘之外，余盖纷然杂出。且以《左传》言之，申氏出于四岳，周有申伯，然郑又有申侯，楚有申舟，又有申公巫臣，鲁有申繻、申枨，晋有申书，齐有申鲜虞。贾氏，姬姓之国，以国氏，然晋有贾华，又狐射姑亦，曰贾季，齐有贾举。黄氏，嬴姓之国，然金天氏之后，又有沈、姒、蓐、黄之黄，晋有黄渊。孔氏出于商，孔子其后也。然卫有孔达，宋有孔父，郑有孔叔，陈有孔宁，齐有孔虺，而郑子孔之孙又为孔张。高氏出于齐，然子尾之后又为高强，郑有高克，宋有高哀。国氏亦出于齐，然邢有国子，郑子国之孙又为国参。晋有庆郑，齐有庆克，陈有庆虎。卫有石碏，齐有石之纷如，郑有石奠，周有石尚，宋有石彄。晋有阳处父，楚有阳丐，鲁有阳虎。孙氏出于卫，而楚有叔敖，齐有孙书，吴有孙武。郭氏出于虢，而晋有郭偃，齐有郭最，又有所谓郭公者。千载之下，遥遥世祚，将安所质究乎？

案了。果真是如此吗？并不尽然。以宣帝时法制很严。而魏相，萧望之、于定国三人又是辅佐皇帝的得力大臣，也曾有过这类失误，实在是天大的遗憾。

姓氏不可考

姓氏源出何处？后世真是茫茫然不可考究。就是以史书传记来加以考证，也难以搞得十分清楚。在众多的姓氏中，除了姚、虞、唐、杜、姜、田、范、刘几姓之外，其余的根源出处，都很复杂混乱。就以《左传》中的记载来说吧：申姓原出于四岳，系黄帝后稷的后代，以后周朝有申伯。可是郑国又有申侯，楚国有申舟，有申公巫臣，鲁国有申繻、申枨，晋国有申书，齐国有申鲜虞。姓贾的源出于姬姓国家，以国名为姓氏，可是晋国有贾华，一个叫狐射姑的人也叫贾季，齐国有贾举。姓黄的属于嬴姓国家的人，可是金天氏的后代中有沈、姒、蓐、黄四姓，里面也有姓黄的，晋国又有黄渊。孔姓源出于商部落，孔子就是商的后代，可是卫国有孔达，宋国有孔父，郑国有孔叔，陈国有孔宁，齐国有孔虺，而且郑国子孔的孙子又叫孔张。姓高的源出于齐国，可是子尾的后代也叫高强，郑国有高克，宋国有高哀。姓国的也是源出于齐国，可是邢国有国子，郑国子国的孙子名叫国参。晋国有庆郑，然而齐国有庆克、陈国有庆虎。卫国有石碏，可是齐国也有石之纷如，郑国有石㚟，周地有石尚，宋国有石驱。晋国有阳处父，然而楚国又有阳丐，鲁国有阳虎。姓孙的源出于卫，于是楚国却有孙叔教，齐国有孙书，吴国有孙武。姓郭的源出于虢，可是晋国则有郭偃，齐国有郭最，还有个叫郭公的人。几千年来，各个姓氏世代相传，源远流长，又怎么能搞得清楚呢？

畏无难

圣人不畏多难而畏无难，故曰："惟有道之主能持胜。"使秦不并六国，二世未亡；隋不一天下服四夷，炀帝不亡；苻坚不平凉取蜀，灭燕翦代，则无肥水之役；唐庄宗不灭梁下蜀，则无嗣源之祸；李景不取闽并楚，则无淮南之失。

绿竹青青

毛公解《卫诗·淇奥》，分绿竹为二物，曰："绿，王刍也。竹，萹竹也。"《韩诗》："竹字作藩，音徒沃反，亦以为萹筑。郭璞云："王刍，今呼白脚莎，即菉蓐豆也。萹竹似小藜，赤茎节，好生道旁，可食。"又云："有草似竹，高五六尺，淇水侧，人谓之菉竹。"案此诸说，皆北人不见竹之语耳。《汉书》："下淇园之竹以为楗。"寇恂为河内太守，伐淇园竹为矢百余万。《卫诗》又有"籊籊竹竿，以钓于淇"之句，所谓绿竹，岂不明甚？若白脚莎、菉豆，安得云猗猗、青青哉？

畏无难

真正英明的帝王并不害怕困难多，而是害怕没有困难。一旦没有了困难就容易贪图安逸，不思危亡，所以说："只有圣明的国君才能始终保持住胜利。"在这方面有大量的反面例证：假如秦国不吞并六国，天下一统，秦二世也未必会很快灭亡；假如不是隋文帝统一了中国，结束了南北朝的分裂局面，又征服了四周的少数民族，隋炀帝也没有条件大兴土木，骄奢淫逸，终致灭亡；如果十六国时的前秦皇帝苻坚不去平定凉国（今甘肃黄河以西地带），攻取蜀国（今四川西部一带），灭掉燕国（今北京以北以西的地方），翦除代国（今内蒙中部和山西北端），也不会头脑膨胀，征集九十万人马去攻晋国，招致肥水大战的失败；五代时后唐庄宗李存勖如不灭梁国，攻蜀国，也不致口出狂言，荒淫专横，终致李嗣源兵变，最后被杀；南唐李景如果不去攻取闽国和楚国，也就不会有淮南的大败了。

绿竹青青

西汉时鲁郡人毛亨解释《诗经》卫风的《淇奥》时，把诗中的"绿竹"一词分为两种东西。他说："'绿'就是王刍，'竹'就是萹竹。"韩婴《韩诗外传》中也说："竹"字作"薄"，音徒沃反，也以为是萹竹。东晋训诂学家郭璞解释说："'王刍'现在叫'白脚莎'，就是绿蓐豆。萹竹样子像小藜，红茎有节，喜欢生长在路边，可以食用。"又说："有一种草像竹子，高五六尺，淇水两岸的人称它为'绿竹'。"认真研究上边的几种说法，都是北方没有见过竹的人的臆猜。《汉书》上说："砍下淇园的竹子作楗（堵塞河堤决口使用的材料）用。"东汉寇恂作河内（今河

孔子欲讨齐

陈成子弑齐简公，孔子告于鲁哀公，请讨之。公曰：“告夫三子者。”之三子告，不可。《左传》曰：“孔子请伐齐，公曰：‘鲁为齐弱久矣，子之伐之，将若之何？’对曰：‘陈常弑其君，民之不与者半，以鲁之众，加齐之半，可伐也。’”说者以为孔子岂较力之强弱，但明其义而已。能顺人心而行天讨，何患不克？使鲁君从之，孔子其使于周，请命乎天子，正名其罪。至其所以胜齐者，孔子之余事也。予以为鲁之不能伐齐，三子之不欲伐齐，周之不能讨齐，通国知之矣。孔子为此举，岂真欲以鲁之半，力敌之哉？盖是时三子无君与陈氏等，孔子上欲悟哀公，下欲警三子。使哀公悟其意，必察三臣之擅国，思有以制之，起孔子而付以政，其正君君臣臣之分不难也。使三子者警，必将曰：鲁小于齐，齐臣弑君而欲致讨，吾三臣或如是，彼齐、晋大国，肯置而不问乎？惜其君臣皆不识圣人之深旨。自是二年，孔子亡。又十一年，哀公竟偪于三子而孙于越，比之简公，仅全其身尔。

南黄河以北地区）太守时，曾砍伐淇园的竹子作了一百余万支箭。《诗经》卫风的《竹竿》一诗有“长而尖的竹竿哟，可作鱼竿钓于淇水之上”的诗句。由此可见，所谓“绿竹”是一种生长在淇水边上的竹子是十分清楚的。如果是白脚莎、绿豆之类的小草，怎么能说是美而且茂盛呢？（《淇奥》中有“绿竹猗猗”“绿竹青青”的诗句，猗猗是美而茂盛的样子，青青是茂盛的样子。）

孔子欲讨齐

春秋时，齐简公四年，齐国大臣陈成子弑杀齐简公，拥立齐平公，自任国相。这时，孔子找到鲁国的国君鲁哀公，请求讨伐陈成子。鲁哀公：“这件事你去找‘三子’（当时掌握鲁国政权的三家贵族，即孟孙氏、叔孙氏、季孙氏）跟他们说吧。”孔子把他的想法告诉了“三子”，遭到了拒绝。对此事，《左传》的记载是：“孔子请求讨伐齐国，鲁哀公说：‘鲁国比齐国弱已是很久的事实了。你说要讨伐他，结果会怎么样呢？’孔子回答说：‘陈成子（即陈常）杀了他的国君，齐国老百姓不拥护的有一半。现在用鲁国的全部力量和齐国的一半力量，共同去讨伐，是可以胜利的。对于这件事，有人评论说：孔子怎么会去计较实力的大小呢？他重在讲仁义，只要从仁义的角度把道理讲清楚就够了。如能顺乎民心而代天讨伐，还用担心不会胜利吗？假如鲁哀公接受了孔子的请求，派孔子出使周朝天子，请求周天子，给陈成子定罪，天下共讨，问题就解决了。至于说能否胜齐的实际力量，在孔子看来是十分次要的。我认为，鲁国因弱小不能讨伐齐国，孟孙氏、叔孙氏、季孙氏三人与陈成子一样居心不良，因而不想伐齐，周天子失去了权威也不能伐齐，这是全国没人不知的道理。

韩退之

《旧唐史·韩退之传》，初言："愈常以为魏、晋已远，为文者多拘偶对，而经诰之指归，不复振起。故所为文，抒意立言，自成一家新语，后学之士，取为师法。当时作者甚众，无以过之。故世称'韩文'。"而又云："时有恃才肆意，亦盭孔、孟之旨。若南人妄以柳宗元为罗池神，而愈撰碑以实之。李贺父名晋，不应进士，而愈为贺作《讳辩》，佥举进士。又为《毛颖传》，讥戏不近人情。此文章之甚纰缪者。撰《顺宗实录》，繁简不当，叙事拙于取舍，颇为当代所非。"裴晋公有《寄李翱书》云："昌黎韩愈，仆识之旧矣，其人信美材也。近或闻诸侪类云：恃其绝足，往往奔放，不以文立那么，孔子的这一举动，难道真的是想以鲁国一半去与齐国相拼吗？不是的。孔子看到，当时鲁国的“三子”目无君主与陈成子是一样的。因此，他的这一作法并不在于去打仗，而在于这样做，上可以使鲁哀公觉悟，下可以警告“三子”。如果鲁哀公明白了孔子的本意，就会认真看待三臣擅权，谋图不轨的事实，设法加以控制，并且起用孔子执掌国政，君臣之间的正常关系也就不难恢复了；假如“三子”因孔子的举动而受到震警，一定会说：鲁国比齐国小，齐国的大臣杀了君主，大家要去讨伐；我们三人如去杀君主，像齐、晋这些大国，怎么会置之不理呢？可惜的是，鲁国的君臣都未能明白圣人的这番深意。二年后，孔子死。又过了十一年，鲁哀公竟在三位大臣的威逼下流亡到越国，与齐简公相比，只是落个全尸罢了。被大臣推翻，其结果是一样的。

韩退之

在《旧唐书·韩愈传》中，前面说：“韩愈认为，自魏、晋时代以来，作文章的人大多拘泥于骈偶对句，致使秦汉及其以前的经典文献中的深层意蕴不能再给以发扬。因此，他的文章在表达思想和语言运用方面，都是有所创新，从而自成一家，为后来的人们所效法。当时，虽然作文章的人不可胜数，但没有人能超过他，所以社会上的人特称韩愈的文章为‘韩文’。”可是后边又说他“经常有自恃才高、任意而为的表现，又违背了孔、孟之道的精神实质。举例说吧：南方人很随便很轻率地把柳宗元称作‘罗池神’，韩愈就撰写碑文予以记载，使之成为事实。李贺父亲名晋，他为了避讳，就不去应考进士。可是韩愈却为李贺作了一篇《讳辩》，劝他考考进士。他还写一篇《毛颖传》的文章，荒制，而以文为戏。可矣乎？今之不及之者，当大为防焉尔。”《旧史》谓愈为纰缪，固不足责，晋公亦有是言，何哉？考公作此书时，名位犹未达，其末云：“昨弟来，欲度及时干进，度昔岁取名，不敢自高。今孤茕若此，游宦谓何！是不能复从故人之所勉耳！但置力田园，苟过朝夕而已。”然则，公出征淮西，请愈为行军司马，又令作碑，盖在此累年之后，相知已深，非复前比也。

诞节受贺

唐穆宗即位之初年，诏曰：“七日六日，是朕载诞之辰。其日，百寮命妇宜于光顺门进名参贺，朕于门内百寮相见。’明日，又敕受贺仪宜停。先是左丞韦绶奏行之，宰臣以古无降诞受贺之礼，奏罢之。然次年复行贺礼。诞节之制，起于明皇，令天下宴集休假三日，肃宗亦然。代、德、顺三宗诞不经到不近人情的地步。这些都是他的文章在内容方面十分不妥的地方。他写的《顺宗实录》，该细腻的不细腻，该简略的不简略，叙事的选择取舍也很不高明，这些形式方面的问题，也受到当代人的批评。”晋国公裴度有一封《寄李翱书》说：“自称昌黎人的韩愈，我是早就知道他的。这个人实在是有了不起的才能。近来有时也听到有些人说他依仗自己超人的才能，经常过于不受约束。写文章时不是通过文章建立法度，而是以文章为儿戏。这种作法可以吗？当今才能不如他的人，在这点上不仅不能向他学习，还应引以为戒。”《旧唐书》说韩愈有错误，是可以理解，且用不着指责的。但裴度也这样说是为什么呢？因为裴度写这封信时，名誉地位都还没有。信的最后写着：“昨日小弟来，是想能及时在功名上有所进取。我虽起名为‘度’，也不敢自视甚高。现在孤零潦倒到这个地步，出外做官又是为了什么呢？因此，我不能听从老朋友的勉励，今后只去致力于耕种田园，苟且地过日子罢了。”可是到了后来，裴度出征淮西时，请韩愈作他的行军司马之职，还让他写过碑文。这些事都在许多年之后，二人互相了解已深，与未成名之前二人的关系是不能相比的。

诞节受贺

唐穆宗李恒登皇帝位的那年，下诏书说：“七月初六，是我的寿诞之日。到了那天，百官和诰命妇人都可到光顺门把名字递上去，表示参加了朝贺，朕可以在门内与百官见面。”第二天，又下诏说，诞辰受百官朝贺的仪式停止。这是怎么回事呢？原来起初是尚书省总辖吏、户、礼三部的左丞韦绶上奏章，要求寿皆不置节名，及文宗以后，始置宴如初。则受贺一事，盖自长庆年至今用之也。

左氏书事

《左传》书晋惠公背秦穆公事曰：“晋侯之入也，秦穆姬属贾君焉，且曰：‘尽纳群公子。’晋侯烝于贾君，又不纳群公子，是以穆姬怨之；晋侯许赂中大夫，既而皆背之；赂秦伯以河外列城五，东尽虢略，南及华山，内及解梁城，既而不与；晋饥，秦输之粟，秦饥，晋闭之籴。故秦伯伐晋。”观此一节，正如狱吏治囚，蔽罪议法，而皋陶听之，何所伏窜，不待韩原之战，其曲直胜负之形见矣。晋厉公绝秦，数其五罪，书词铿訇，极文章鼓吹之妙，然其实皆诬秦。故《传》又书云：“秦桓公既与晋厉公为令狐之盟，而又召狄与楚，欲道以伐晋。”杜元凯注云：“据此三事，以正秦罪。”左氏于文，反复低昂，无所不究其至。观秦、晋争战二事，可窥一斑矣。

诞受贺，因之允准下诏；接着总揽政务的大臣又以古代就无寿诞受贺为理由，上书要求停止贺礼仪式，于是又下诏停止。但是到了第二年，又开始寿诞贺礼。皇帝寿诞之日举行贺礼的制度，开始于唐玄宗。当时，唐玄宗在他寿诞之日下令百官集中设宴庆贺、休假三天，之后唐肃宗也照此办理。后来，代宗、德宗、顺宗三朝都没有设置这一节日名目。直到唐文宗以后，才像玄宗时一样盛宴百官。由此可知，寿诞受贺之礼，大致从唐穆宗长庆年间一直沿用到现在。

左氏书事

《左传》在写到晋惠公背弃秦穆公一事的时候说："晋惠公要回晋国的时候，秦穆姬把帮助惠公归国的事托付于贾君，并且说：要让各位公子都回晋国。可是晋惠公后来对贾君也不好，又不让群公子归国，因此，穆姬已有怨恨；晋惠公曾许诺中大夫里克，事成后，把汾阳一带给他为封地，后来也背弃了诺言；回国前他曾答应秦穆公，一旦在秦的帮助下得到王位，要把黄河以南的五座城割给秦国，东面包括虢国（今河南三门峡、灵宝、山西平陆一带）的大部分，南边到了华山，黄河以北包括了解梁城（今山西临猗西南部），可是后来又不给；晋国遭到了饥荒，秦国给送去了粮食，可秦国遇到饥荒的时候，晋国则把买进来的粮食也封存起来。由于这些原因，秦穆公才去讨伐晋国。"看了这段叙述，真如法官审判犯人，以罪绳之以法，想逃遁是办不到的。就是古代最贤明的执法官皋陶听了，也会服气的。不必等到秦晋两国的韩原（一说为今陕西韩城西南，一说为今山西芮城）大战，其间的是非曲直也就一目了然了。晋厉公与秦断交时，曾罗

狐突言词有味

晋侯使太子申生伐东山皋落氏，以十二月出师，衣之偏衣，佩之金玦。《左氏》载狐突所叹八十余言，而词义五转。其一曰："时，事之征也。衣，身之章也。佩，衷之旗也。"其二曰："敬其事，则命以始。服其身，则衣之纯。用其衷则佩之度。"其三曰："今命以时卒，闳其事也。衣之龙服，远其躬也。佩以金玦，弃其衷也。"其四曰："服以远之，时以闳之。"其五曰："龙凉，冬杀，金寒，玦离。"其宛转有味，皆可咀嚼。《国语》亦多此体，有至六七转，然大抵缓而不切。

列秦的五条罪状，言词铿锵有力，极尽其夸张美饰之能事，但其中的事实却全是编造的。于是《左传》写道：“秦桓公已经与晋厉公订立了令狐（今山西临猗西）之盟，仍然要与北方的狄人和南方的楚国商议讨伐晋国的事。”对于上面这些记载，杜元凯加的注是“根据上述的三桩事实，就可以认定秦国伐晋并无罪过。”左丘明在《左传》中的文章真是有起有伏，但没有一件事不是追根求源，以事实证其是非的。这只要看看上面叙述的关于秦、晋之间的这两次战事，也就可以窥见一斑了。

狐突言词有味

晋献公十七年让太子申生去讨伐东山的皋落氏，并命他十二月出兵，穿上左右不同颜色的衣服，佩带上镶金的玉佩。对于这件事，《左传》上记载了狐突说的八十多个字的一段话，内容竟有五个层次的转折。第一层说：“时间是事情的征兆；衣服是身体的花纹；佩饰是内心的旗帜。”第二层说：“真正把事情看得严肃重大，要命他在一年的开头行动；要想让他驯服，应穿纯色的衣服；用他的内心的忠诚，佩饰也应适度。”第三层说：“现在让他在年终出征，是想让他的事业就此终了；使穿杂色的衣服，是想让他远征，疲劳其身体；让他披带上镶金的玉佩，就是要舍弃他内心的忠诚。”第四层说：“让他穿混杂的服色表明要把他放逐的很远；让他出师的时间表明要让他就此完结。”第五层说：“杂色意味着凄凉；冬天意味着肃杀；金属意味着寒气，玦佩意味着火一般的燥热。”《国语》中也有许多这种体式的文字，有的转折达到六七层意思。但是大多数都不是十分切紧内容。

宣发

《考工记》:“车人之事,半矩谓之宣。”注:“头发颢落曰宣。《易》:“《巽》为宣发。宣字本或作寡。”《周易》:“《巽》为寡发。”《释文》云:“本又作宣,黑白杂为宣发。”宣发二字甚奇。

郑文公楚昭王

郑文公卜迁于绎,史曰:“利于民而不利于君。”邾子曰:“命在养民,死之短长,时也。民苟利矣,迁也吉莫如之。”遂迁于绎,未几而卒。君子曰:“知命。”楚昭王之季年,有云如众赤鸟,夹日以飞三日。周太史曰:“其当王身乎?若禜之,可移于令尹、司马。”王曰:“除腹心之疾而置诸股肱,何益?不谷不有大过,天其夭诸?有罪受罚,又焉移之?”遂弗禜。孔子曰:“楚昭王知大道矣,其不失国也宜哉!”案,宋景公出人君之言三,荧惑为之退舍;郑文、楚昭之言,亦是物也,而终不蒙福,天道远而不可知如此。

宣发

《考工记》上说：“做车的工匠把半个方矩称为‘宣’。”里面的注解说：“头发又白又脱落叫‘宣’。《易经》说：‘《巽卦》为宣发。’‘宣’字本来也有人当作‘寡’。”《周易》说：“《巽》为寡发。”《释文》的解释是：“‘寡’字本来又当作宣，黑白颜色相混杂的头发就是宣发。”“宣发”这两个字实在太奇怪了。

邾文公楚昭王

邾国的国君邾文公要史官占卜，把国都从邾（今山东曲阜东南南陬村）迁到绎（今山东邹县东南纪王城）吉凶如何？史官答说：“有利于老百姓，可是对国君却不利。”邾文公听后说：“国君的使命就在于让老百姓得到好处，我个人寿命的长短，就听天由命吧！只要对老百姓有利，迁了就是最大的吉祥。”于是迁到了绎。不久，邾文公就死了。有德行的人都说邾文公是“了解天命”。楚昭王末年，有块云彩像一群红色的鸟一样，围绕太阳接连飞了三天。于是周朝的太史说：“红云挡住了太阳就挡住了国王的身体，于国君不利。应当举行祭典，祷告上天，就可把灾难降到令尹和司马的身上。”楚昭王说：“把心里的疾病移到四肢上能有什么益处呢？假如我没有大的过错，上天何必要让我早死？如果我有了罪孽应当受到惩罚，又何必移给别人？”所以不去举行祭典。对于这件事。孔子评价说：“楚昭王是知道大道理的，他是不应该失去国家的。”考究一下此中的道理，当年宋景公连续发表过几次国君应当发表的英明言词，结果那些企图去迷惑他的小人都不得不退避三舍。可是邾文公、楚昭王说的话是同样性质的，竟没有得到一点好处。天理不可猜测竟然到

杜悰

唐懿宗咸通二年二月，以杜悰为相。一日，两枢密使诣中书，宣徽使杨公庆继至，独揖悰受宣，三相起避。公庆出书授悰，发之，乃宣宗大渐时，宦官请郓王监国奏也。且曰："当时宰相无名者，当以反法处之。"悰反复读，复封以授公庆曰："主上欲罪宰相，当于延英面示圣旨。"公庆去。悰谓两枢密曰："内外之臣，事犹一体。今主上新践阼，固当以仁爱为先，岂得遽赞成杀宰相事！若习以性成，则中尉、枢密岂得不自忧乎！"两枢密相顾默然，徐曰："当具以公言白至尊，非公重德，无人及此。"三相复来见悰，徽请宣意，悰无言。三相惶怖，乞存家族。悰曰："勿为它虑。"既而寂然。及延英开，上色甚悦。此《资治通鉴》所载也。《新唐史》云："宣宗世，夔王处大明宫，而郓王居十六宅。帝大渐，遗诏立夔王，而中尉王宗贯迎郓王立之，是为懿宗。久之，遣枢密使杨庆诣中书独揖悰。它宰相毕諴、杜审权、蒋伸不敢进，乃授悰中人请帝监国奏，因谕悰劾大臣名不在者。悰语如前所云，庆色沮去，帝怒亦释。"予以史考之，懿宗即位之日，宰相四人，曰令孤绹、曰萧邺、曰夏侯孜、曰蒋伸，至是时唯有伸在。三人者罢去矣。諴及审权乃懿宗自用者，无由有斯事。盖野史之妄，而二书误采之。温公以唐事属之范祖禹，其审取可谓详尽，尚如此。信乎，修史之难哉！

这种地步。

杜悰

唐懿宗咸通二年二月，任命杜悰为宰相。有一天，有两位枢密使来到中书省，接着宣徽使杨公庆也来了。杨公庆单独向杜悰传达皇帝的意见，另外三位宰相都回避了。当时，杨公庆拿出一封信交给杜悰。杜打开一看，里面是宣宗病重之时，宦官们请郓王监国的奏章。杨公庆还对杜悰说："当时宰相没有在奏章上签名的人，应当以反对皇上处置。"意在暗示杜悰弹劾没有签名的宰相。杜悰反复读了奏章的以后，又封起来交还给了杨公庆，对杨说："皇上要是想治那些宰相的罪，应当在延英殿当面发布圣旨。"拒绝了对他的暗示。杨公庆走后，杜悰对两位枢密使说："内（指管理内务的宦官）外（指管理国家大事的其他大臣）大臣，所办的事情目标是一致的，现在皇上刚登上皇位，应该把仁爱放在前面，怎么能赞成杀宰相这类事。如果这类事习以为常，连中尉、枢密这些官员中的大臣也得忧虑自己的命运。"两位枢密使相互看看，默默无言。停了一会儿就慢慢地说："我们应当把你的话告诉皇上。你对大局的重视是没有人能够赶上的。"枢密使走后，另外三位宰相来到杜悰的面前，想知道宣徽使来说了些什么，杜悰不言语。三位宰相惶恐不安，恳求杜悰替他们求情以保全家族，杜悰说："不必忧虑太多。"之后又沉默了。等到延英殿召见群臣时，皇上满面喜悦之情。这件事是《资治通鉴》的记载。《新唐书》的记载是：唐宣宗时，夔王住在大明宫，郓王住在十六宅。待宣宗病重时，立下遗诏要夔王继承皇位。可是总领御林军的中尉王宗贯却把郓王迎回来立为皇帝，这就是

唐书世系表

《新唐·宰相世系表》皆承用逐家谱谍，故多有谬误，内沈氏者最可笑。其略云："沈氏出自姬姓。周文王子聃叔季，字子揖，食采于沈，今汝南平舆沈亭是也。鲁成公八年，为晋所灭。沈子生逞，字修之，奔楚，遂为沈氏。生嘉，字惟良，嘉生尹戌，戌生诸梁，诸梁子尹射，字修文。其后入汉，有为齐王太傅敷德侯者，有为骠骑将军者，有为彭城侯者。"《宋书》沈约《自叙》云："金天氏之后。沈国，在汝南平舆。定公四年，为蔡所灭。秦末有逞者征丞相不就。"其后颇与《唐表》同。案，聃季所封自是一国，与沈了不相涉。《春秋》成公八年，晋侵沈，获沈子揖。昭二十三年，吴败顿、唐懿宗。停了很久以后，就派枢密使杨庆到中书省单独见杜悰。另外三位宰相毕諴、杜审权、蒋伸不敢走近。于是杨庆把宦官请皇上监国的奏章交给杜悰，并转达皇上的意见，要他弹劾没在奏章上签名的大臣，于是杜悰就说了前面已经说过的那一段话。杨庆泄气地走了，皇上的愤怒也随之消失了。我根据考证的结果是：懿宗在位的时候，原来的令狐绹、萧邺、夏侯孜、蒋伸四位宰相，只有蒋伸还在职，其余三人都已免职。毕諴和杜审权是唐懿宗自己选用的宰相。因之前面叙述的那件事，根本没有可能发生。这大约是野史中胡乱记载，《资治通鉴》和《新唐书》又把它们选进来造成的错误。司马光能把唐朝的史事交给范祖禹来撰写，足见对材料的鉴别是十分严谨详尽的。即使如此，也会发生这类错误，可见，写历史实实在在是太难了。

唐书世系表

《新唐书·宰相世系表》都是取自各家家谱的材料，错误很多，其中关于沈姓的记载最可笑。里面这样写：“沈姓是来自姬姓的。周文王的儿子聃叔季，字子揖，封地在沈，也就是现在汝南平舆沈亭这个地方。鲁成公八年，被晋国灭掉。子揖的儿子叫逞，字修之，逃亡楚国，就姓了沈。沈逞生儿子沈嘉，字惟良，沈嘉生儿子尹戍，尹戍生儿子诸梁，诸梁生儿子尹射，字修文。后来，到了汉代，有的当了齐王太傅敷德侯，有的当了骠骑将军，有的当了彭城侯。”沈约修《宋书》时，曾在里边写了一篇《自叙》。里面写着：“沈国是金天氏的后代，在汝南平舆一带，鲁定公四年，被蔡国灭掉。秦朝末年，有个叫逞的人，皇帝请去做丞相，被他拒绝了。”后面的叙述与《新唐书·宰相世系表》相同。认真胡、沈、蔡之师于鸡父，沈子逞灭。定四年，蔡灭沈、杀沈子嘉。今《表》云：聃季字子揖，成八年为晋所灭，是文王之子寿五百余岁矣。逞为吴所杀，而《表》云奔楚，《宋书》云秦召为丞相。沈尹戌为楚将，战死于柏举，正与嘉之死同时，而以为嘉之子。尹射书于《左传》，三十四年始书诸梁，乃以为其子。又春秋时人立字皆从子及伯仲，岂有修之、惟良、修文之比？《汉列侯表》岂有所谓敷德、彭城侯？《百官表》岂有所谓骠骑将军沈达者？

沈约称一时文宗，妄谱其上世名氏官爵，固可蚩诮，又不分别两沈国。其金天氏之裔，沈、姒、蓐、黄之沈，封于汾川，晋灭之；春秋之沈，封于汝南，蔡灭之。顾合而为一，岂不读《左氏》乎？欧阳公略不笔削，为可恨也！

考究一下，聃叔季所封的是另外一个国家，与沈国毫无关系。根据《春秋》的记载，鲁成公八年，晋国侵犯沈国，俘虏了沈子揖。鲁昭公二十三年，吴国又在鸡父（今河南固始县南）这个地方打败了顿、胡、沈、蔡几国的军队，沈子揖的儿子逞被灭。鲁定公四年，蔡国又灭了沈国，杀了逞的儿子沈嘉。可是现在的《世系表》上却说：聃季字子揖，鲁成公八年，被晋国灭亡。如果是这样，作为文王儿子的聃季就活到五百多岁了，这怎么可能呢？沈逞是被吴国杀掉的，可是《世系表》上说他逃奔到了楚国，沈约在《宋书·自叙》中又说，秦国还想召他为丞相。沈尹戌是楚国的大将，战死在柏举（今湖北麻城县境），这个时间与沈嘉死的时间是大致同时的，可是《世系表》却说尹戌是沈嘉的儿子。尹戌在《左传》中先写的尹射，三十四年开始写成诸梁，可是《世系表》把诸梁当作了尹戌的儿子。还有，春秋时代人立字的时候，都从子和伯、仲三字，怎么会有修之、惟良、修文的叫法呢？《汉书·列侯表》怎么会有敷德侯、彭城侯？《汉书·百官表》怎么会有骠骑将军沈达？

沈约被称为一代文章的宗师，胡乱地谱写自己上代人的姓名、官职、爵位，已经令人嗤笑了，还分不清两个沈国的界限。实际上，作为金天氏的后代的沈姓，是现在沈、姒、蓐、黄各姓先人的沈，他们的封地在汾川（汾河流域），被晋国灭亡。春秋时代的沈姓，封于汝南，被蔡国灭亡。沈约把两个沈国的两个沈姓写成了一个，难道就没有读过《左传》？欧阳修编撰《新唐书》的时候，不去加以考证删削，也是令人感到遗憾的。

鲁昭公

春秋之世，列国之君失守社稷，其国皆即日改立君，无虚位以俟者。惟鲁昭公为季孙意如所逐而孙于齐，又适晋。凡八年乃没。意如在国摄事主祭，岁具从者之衣屦而归之于乾侯。公薨之明年，丧还故国，然后其弟公子宋始即位，它国无此比也。岂非鲁秉周礼，虽不幸逐君，犹存厥位，而不敢绝之乎？其后哀公孙于越，《左传》终于是年，不知悼公以何时立也。

州县失故名

今之州县，以累代移徙改割之故，往往或失其故名，或州异而县不同者。如建昌军在江西，而建昌县乃隶南康；南康军在江东，而南康县乃隶南安；南安军在江西，而南安县乃隶泉州；韶州为始兴郡，而始兴县外属赣州为南康郡，而南康县外属郁林为州，而郁林县隶贵州；桂阳为军，而桂阳县隶郴州。此类不可悉数。

严州当为庄

严州本名睦州，宣和中以方寇之故改焉。虽以威严为义，然实取严陵滩之意也。殊不考子陵乃庄氏，东汉避显

鲁昭公

春秋时代，各诸侯国的国君一旦失去了王位，这个国家马上就另立新君，没有把王位空在那里等人。唯独鲁昭公是例外。他被擅权的季孙意如驱逐后，先逃亡齐国，又到晋国，流亡了八年才死去。这八年间季孙意如在国内总揽大权，主持祭祀，并且每年都把参加祭祀的人的衣物交给乾侯。鲁昭公死后第二年，灵柩又回到了鲁国，然后他的弟弟公子宋才开始登上王位，这在别的国家没有的事。这大概是因为鲁国坚持了周朝的礼仪，即使国君不幸被驱逐了，他的国君的位置仍然存在，没人敢使之中断吧！后来鲁哀公也逃亡到了越国，但是《左传》记事到这时为止，此后鲁悼公究竟何时继承了哀公的王位，也就不知道了。

州县失故名

当今的州县，因为各个朝代州县政府所在地的变化，区域划分的改动，所以不少州县或者原来的名字都没有了，或者州县不一致的情况。例如，建昌军在江西，可是建昌县却属于南康军；南康军在江东，可是南康县却属于南安（今江西大余县）；南安军在江西，可是南安县却属于泉州；韶州属于始兴郡，可是始兴县却运离始兴郡属于赣州，在南康郡管辖下，而南康县又远离南康郡属于郁林州，郁林县又远离郁林州属于贵州；桂阳是个军，可是桂阳县则不属桂阳军而属于郴州。这类例子是不胜枚举。

严州当为庄

严州（州治在今浙江建德县东北梅城镇）原名睦州。北宋宣和年间因为方腊起义的原因改为严州。之所以改为严州，虽宗讳，以“庄”为“严”，故史家追书以为严光，后世当从实可也。

然也有表示威严的意思，实际上则是因为东汉严光避居之地严陵滩在此地，所以才如此改的。其实，大家并未认真考究，严光（字子陵）姓庄，东汉明帝的名字叫刘庄，严家为避其讳，把“庄”字改为“严”字。于是史学家的就写成了严光。后代的人应该实事求是地对待这件事。

卷七（十八则）

孟子书百里奚

柳子厚《复杜温夫书》云：“生用助字，不当律令，所谓乎、欤、耶、哉、夫也者，疑辞也。矣、耳、焉也者，决辞也。今生则一之，宜考前闻人所使用，与吾言类且异，精思之则益也。”予读《孟子》百里奚一章曰：“曾不知以食牛干秦缪公之为污也，可谓智乎？不可谏而不谏，可谓不智乎？知虞公之将亡而先去之，不可谓不智也。时举于秦，知缪公之可与有行也而相之，可谓不智乎？”味其所用助字，开阖变化，使人之意飞动，此难以为温夫辈言也。

韩柳为文之旨

韩退之自言：作为文章，上规姚、姒，《盘》《诰》《春秋》《易》《诗》《左氏》《庄》《骚》，太史、子云、相如，闳其中而肆其外。柳子厚自言：每为文章，本之《书》《诗》《礼》《春秋》《易》，参之《穀梁氏》以厉其气，参之《孟》

孟子书百里奚

柳宗元在《复杜温夫书》中说："生在写文章时，使用助字，不应当受到约束。人们常用的所谓乎、欤、耶、哉、夫等，是疑问字，表示疑问的意思。所谓矣、耳、焉等，是判断字，表示判断的意思。而今，生则认为这些字所表达的意思是一样的。仔细查考前人对这些字的使用，与我上面所说的是不同的。从此进行认真的思考分析是有益的。"我在读《孟子》一书时，见到关于百里奚的一段记载。说万章问道：有人说百里奚把自己卖给秦国养牲畜的人的所得来干求秦穆公，这话可信吗？其回答是：他竟不知道用饲养牛的方法来干求秦穆公是"为污也，可谓智乎？"他预见到虞公不可以劝阻，便不去劝阻，"可谓不智乎？"他又预知到虞公将要灭亡，因而早早离开，"不可谓不智也"？当他在秦国被推举出来的时候，便知道秦穆公是一位可以帮助而有作为的君主，"可谓不智乎"？仔细辨别所使用的助字，开合变化，使人思绪飞动，这段话对温夫之辈来说是非常难的。

韩柳为文之旨

唐代韩愈曾说：写文章时，应当师法上古的名著名篇，诸如《尚书·盘庚》《尚书·诰》，《春秋》《易》《诗经》《左传》《庄子》《离骚》，以及司马迁、杨雄、司马相如的文章。柳宗元则认为，写文章时，应当首先依据《尚书》《诗经》《礼记》《春秋》《易经》这个根本，其次，要参照《穀梁传》的写法，可使文章思

《荀》以畅其支，参之《庄》《老》以肆其端，参之《国语》以博其趣，参之《离骚》以致其幽，参之太史公以著其洁。此韩、柳为文之旨，要学者宜思之。

李习之论文

李习之《答朱载言书》论文最为明白周尽，云："《六经》创意造言，皆不相师。故其读《春秋》也，如未尝有《诗》也；其读《诗》也，如未尝有《易》也；其读《易》也，如未尝有《书》也；其读屈原、庄周也，如未尝有《六经》也。如出山有岱、华、嵩、衡焉，其同者高也，其草木之荣，不必均也。如渎有济、淮、河、江焉，其同者出源到海也，其曲直浅深，不必均也。天下之语文章有六说焉：其尚异者曰，文章词句，奇险而已；其好理者曰，文章叙意，苟通而已；溺于时者曰，文章必当对；病于时者曰，文章不当对；爱难者曰，宜深，不当易；爱易者曰，宜通，不当难。此皆情有所偏滞，未识文章之所主也。义不深不至于理，而词句怪丽者，有之矣，《剧秦美新》、王褒《僮约》是也。其理往往有是者，而词章不能工者有之矣，王氏《中说》、俗传《太公家教》是也。古之人能极于工而已，不知其辞之对与否、易与难也。'忧心悄悄，愠于群小'，非对也；'遘闵既多，受侮不路开阔，振奋气势。参照《孟子》《荀子》，可使文章流畅说理精当。参照《庄子》《老子》，可使文章酣畅泼墨，妙笔生花。参照《国语》，可使文章情趣横生，耐人寻味。参照《离骚》，可使文章意境幽远，发人深省。参照《史记》，可使文章语言优美，简洁精练。韩愈、柳宗元二人为唐代文学大家。他们所谈的创作方法，应当引起学人的注视。

李习之论文

李习之所写的《答朱载言书》，论述写文章最为明白、周到详尽。他在这篇文章中说："《诗经》《书经》《礼记》《乐经》《易》《春秋》等六经，立意用语，各有特点，富于创造，不相互仿效引用。所以在读《春秋》的时候，就见不到其中有引用《诗经》的。在读《诗经》的时候，就见不到其中有引用《易经》的。在读《易经》的时候，就见不到其中有引用《书经》的。甚至，在读屈原、庄周的著作的时候，也见不到其中有引用《六经》的。譬如高山，有泰山、华山、嵩山、衡山，它们共同的一点是高大，至于说山上草木的茂盛如何，则是不完全相同的。又如河川，有济水、淮河、黄河、长江，它们共同的一点是从发源地流出，一归于大海，至于说河道的曲直，河水是深是浅，则是不完全相同的。现在评论文章，有六种说法。有崇尚奇特的人说，文章语言词句，要奇特惊险。有喜好辩论的人说，文章叙事论理，要通顺流畅。有拘泥时尚的人说，文章必须讲求对仗。有厌恶时尚的人说，文章不应当讲求对仗。喜爱难的人说，主张文章应当难，而不应当浅显。喜爱容易的人则说，文章应当通顺不应当难。这六种情形，都是由于人的情感喜怒爱好不同，未曾涉及文少’非不对也；‘朕堲谗说殄行，震惊朕师’，‘菀彼桑柔，其下侯旬，捋采其刘’非易也；‘光被四表，格于上下’，‘十亩之间兮，桑者闲闲兮’，非难也。《六经》之后，百家之言兴，老聃、列、庄，至于刘向、杨雄，皆自成一家之文，学者之所师归也。故义虽深，理虽当，词不工者不成文，宜不能传也。”其论于文者如此，后学宜志之。

魏郑公谏语

魏郑公谏止唐太宗封禅，中间数语，引喻剀切，曰：“今有人十年长患，疗治且愈，此人应皮骨仅存，便欲使负米一石，日行百里，必不可得。隋氏之乱，非止十年，陛下为之良医，疾苦虽已乂安，未甚充实。告成天地，臣切有疑。”太宗不能夺。此语见于公《谏录》及《旧唐书》，而《新史》不载，《资治通鉴》记其谏事，亦删此一节，可惜也！

章的主题总旨。有的文章义理说得浮浅不透彻，但是词句离奇华美，吉《剧秦美新》、王褒的《僮约》，便是如此。有的文章讲道理讲得好，但是不注意修辞，语句粗劣，如王通的《中说》、俗传《太公家教》，便是如此。古时候的人，能够在语言文字上狠下一番工夫，但不大明白其词是对仗还是不对仗，是易还是难。‘忧心悄悄，愠于群小’，是不对仗。‘遘闵既多，受侮不少’，是对仗。‘朕塈谗说殄行，震惊朕师’，‘菀彼桑柔，其下侯旬，捋采其刘’，是不容易。而‘光被四表，格于上下’，‘十亩之间兮，桑者闲闲兮’，是不困难。自从《六经》出现之后，百家之言纷纷兴起，老聃、列子、庄子，以至于刘向、杨雄，在文坛上都自成一家。学习写文章的人，纷纷以他们为师。由此可见，有的文章虽然道理讲得很深，说理亦恰当，但是语言文字不好，不能成为好文章，亦不能传之于世。”李习之关于文章的论述，大致是这样。作为后学，应当注意他的这些论述。

魏郑公谏语

封禅祭祀天地是古代帝王的一件大事。唐太宗在位时，这种祭祀劳民伤财，耗费巨大。魏徵看到这种情形，就竭力劝阻。这天，唐太宗与魏徵二人谈话。魏徵以确切的比喻、中肯的言辞对唐太宗说：“现在有这么一个人，患病十年，卧床不起，经过治疗，逐渐痊愈。此人瘦得仅存皮骨，如果一定要让他背一石米，一天走上一百里路，那是绝对不行的。我们国家也是同样。隋朝末年，社会动乱不止十年，陛下作为良医，精心治理，虽然取得成效，天下太平无事，百姓并不富裕。在这个时候，隆重举行封禅，敬告天地大功告成，臣认为这样做是不大合适的。”唐

虞世南

虞世南卒后，太宗夜梦见之，有若平生。翌日，下制曰：“世南奄随物化，倏移岁序。昨因夜梦，忽睹其人，追怀遗美，良增悲叹！宜资冥助，申朕思旧之情，可于其家为设五百僧斋，并为造天尊像一躯。”夫太宗之梦世南，盖君臣相与之诚所致，宜恤其子孙，厚其恩典可也。斋僧、造像，岂所应作？形之制书，著在国史，惜哉，太宗而有此也！

七发

枚乘作《七发》，创意造端，丽旨腴词，上薄《骚》些，盖文章领袖，故为可喜。其后继之者，如傅毅《七激》、张衡《七辩》、崔骃《七依》、马融《七广》、曹植《七启》、王粲《七释》、张协《七命》之类，规仿太切，了无新意。傅玄又集之以为《七林》，使人读未终篇，往往弃诸几格。柳子厚《晋问》，乃用其体，而超然别立新机杼，激越清壮，汉、晋太宗听了，无言反驳。魏徵的这一段话，见于魏徵的《谏录》和《旧唐书》，但《新唐书》中不载。《资治通鉴》里载有魏徵劝谏的事迹，不知是什么原因，删去了这一段话，真太可惜了。

虞世南

虞世南是唐朝初年的大臣，又是著名的书法家。他死后，一天夜里，唐太宗做梦见到了他，与他在一起共同议论事情，共同欣赏书法作品。第二天，唐太宗特意颁布了一道诏书。诏书中写道："人必有一死，虞世南也无法幸免。昨天夜里，朕梦见世南，回忆起他生前的美德，十分悲伤和惋惜。为了表达朕对他在天之灵的思念，特决定在其家设坛祭祀，选派五百僧人斋戒，并为他造一尊塑像。"唐太宗之所以梦见虞世南，是由于他生前与唐太宗君臣关系相处融洽缘故，按照常理，只要注意抚恤，妥善安置他的子孙后代就可以了，怎么能去动用斋僧，并为它造像呢？然而，唐太宗竟然特意颁布诏书宣喻天下，并且载入国史。实在令人遗憾！

七发

枚乘的《七发》，创意新颖，语言优美，已与名篇《离骚》相近。作为文章的典范，这是十分可喜的。其后，继之而来的，如傅毅所写的《七激》、张衡写的《七辩》、崔骃所写的《七依》、马融所写的《七广》、曹植所写的《七启》、王粲所写的《七释》、张协所写的《七命》等等，都是依仿《七发》，亦步亦趋，毫无新意。傅玄又将上述文章进行汇集，取名为《七林》。由于格调一样，使人读起来感到无味，还没读到最后一篇，就往往略过几之间，诸文士之弊，于是一洗矣。东方朔《答客难》，自是文中杰出，杨雄拟之为《解嘲》，尚有驰骋自得之妙。至于崔骃《达旨》、班固《宾戏》、张衡《应间》，皆屋下架屋，章摹句写，其病与《七林》同，及韩退之《进学解》出，于是一洗矣。《毛颖传》初成，世人多笑其怪，虽裴晋公亦不以为可，惟柳子独爱之。韩子以文为戏，本一篇耳，妄人既附以《革华传》，至于近时，罗文、江瑶、叶嘉、陆吉诸传，纷纭杂沓，皆托以为东坡，大可笑也。

将军官称

《前汉书百官表》：“将军皆周末官，秦因之。”予案《国语》：“郑文公以詹伯为将军。”又：“吴夫差十旌一将军。”《左传》：“岂将军食之而有不足。”《檀弓》：“卫将军。”《文子》：“鲁使慎子为将军。”然则其名久矣。彭宠为奴所缚，呼其妻曰：“趣为诸将军办装。”《东汉书》注云：“呼奴为将军。欲其赦己也。”今吴人语犹谓小苍头为将军，盖本诸此。

页而不读，束之高阁。但是，柳宗元则不同。他所写的《晋问》一文，亦是采用《七发》的文章格式，但他并不受其约束，而是站在新的高度，大胆创新，文章构思新颖，布局奇巧，高昂激烈，清秀雄伟。汉、晋之间，文坛上那种华而不实的弊病，为之一扫而光。东方朔所写的《答客难》一文，自认为是文章中杰出的一篇，杨雄仿效这篇文章，写成《解嘲》，尚有纵横驰骋自得之妙。至于说崔骃所写的《达旨》、班固所写的《宾戏》、张衡所写的《应间》，都是屋下架屋，机械模拟章节和句子。其弊病与《七林》相同。待至韩愈《进学解》一文问世，文坛上的那种机械模仿华而不实的风气，为之一扫而光。《毛颖传》刚刚问世的时候，遭到很多人的讽刺嘲笑，认为写得很怪。即使裴度也有些不以为然，只有柳宗元喜欢这篇文章。韩愈以文为戏，本来就一篇这样的文章。无知妄为的人既将该文附于《革华传》。而最近一个时期，罗文、江瑶、叶嘉、陆吉诸传，纷纭杂乱，都假托为苏东坡所作，这可真是天大的笑话。

将军官称

《汉书·百官表》中载：“将军都是周代末年的官。秦代沿用了这个称号。”据查，《国语》里有载：“郑文公以詹伯以将军”，又载：“吴王夫差十旌一将军。”《左传》里记有“岂将军食之而有不足。”《檀弓》里有“卫将军”语。《文子》里亦有“鲁国任用慎子为将军”。可见，将军的称号时间很久了。东汉时，彭宠为奴隶缚捆，他急忙喊叫他的妻子说：“快去为各位将军置办行装。”《后汉书》中在这一句下作注说：“称呼奴隶为将军，是为了要他们释放自己。”现在吴（今江苏苏州）人仍称名叫小苍

北道主人

秦、晋围郑，郑人谓秦盍舍郑以为东道主。盖郑在秦之东，故云。今世称主人为东道者，此也。《东汉》载北道主人，乃有三事：

“常山太守邓晨会光武于钜鹿，请从击邯郸，光武曰：‘伟卿以一身从我，不如以一郡为我北道主人。’”

又：“光武至蓟，将欲南归，耿弇以为不可，官属腹心皆不肯，光武指弇曰：‘是我北道主人也。’”

“彭宠将反，光武问朱浮，浮曰：‘大王倚宠为北道主人，今既不然，所以失望。’”后人罕引用之。

头的奴隶为将军，其根据也在于此。

北道主人

秦国和晋国结成联盟，围攻宋国。郑人说秦国为什么不把郑国留下作为东道主。这是因为郑国位于秦国东部，所以这样说。现在人们称主人为东道主，其由来即在于此。《汉书》中载有北道主人，共见三处。

其一是《邓晨传》中记载：常山（今河北唐县倒马关）太守邓晨与汉光帝钜鹿（今河北平乡）相会，邓晨（字伟卿），要求跟随光武帝进攻邯郸（今河北邯郸）。光武帝回答说："伟卿你一人跟随我出战，不如以一郡之地为我的北道主人。"

其二是《耿弇传》记载，耿弇跟随汉光武帝来到了蓟州（今河北蓟县）。听说敌方的军队已到邯郸，光武帝想率师南归。于是便召集各位将领共同研究议论这事。在议论中，诸说不一。耿 不赞成光武帝南归，认为只要调集渔阳（今河北密云）、上谷（今河北怀来东南）两郡的兵力，邯郸是不必多虑的。而光武帝的部下心腹们则不赞成这一意见。光武帝在进行裁决时，指着耿弇说："你是我的北道主人。"

其三是《彭宠传》记载，彭宠投归汉光武帝后，授予大将军。不久，又想举兵反叛。光武帝问幽州（今北京市）牧朱浮："彭宠为什么反叛？"朱浮说："当初，彭宠率众来归，你赠送他衣服佩剑，依靠他为北道主人。二人亲切握手，交欢并坐。如今不是这样，所以令人失望。"这里三处提到北道主人，但后人很少有人引用北道主人一词。

洛中盱江八贤

司马温公《序赙礼》，书闾阎之善者五人，吕南公作《不欺述》，书三人，皆以卑微不见于史氏。予顷修国史，将以缀于孝行传而不果成，聊纪之于此。温公所书皆陕州夏县人。

曰医刘太，居亲丧，不饮酒食肉，终三年，以为今世士大夫所难能。其弟永一，尤孝友廉谨。夏县有水灾，民溺死者以百数，永一执竿立门首，他人物流入门者，辄擿出之。有僧寓钱数万于其室而死，永一诣县自陈，请以钱归其弟子。乡人负债不偿者，毁其券。

曰周文粲，其兄嗜酒，仰弟为生，兄或时酗殴粲，邻人不平而唁之，粲怒曰："兄未尝殴我，汝何离间吾兄弟也！"

曰苏庆文者，事继母以孝闻，常语其妇曰："汝事吾母小不谨，必逐汝！"继母少寡而无子，由是安其室终身。

曰台亨者，善画，朝廷修景灵宫，调天下画工诣京师，事

洛中盱江八贤

司马光在《序赙礼》这篇文章中说民间有善行者五人，吕南公在所撰《不欺述》中，记有三人的事略。这些都是由于他们出身微贱而不为史家所采取。近来，我在编修国史时，曾想将这五人列入孝行传中，结果也未能列入。兹将这五人事略，记之于此。司马光所说的五人，都是陕州夏县（今山西夏县）人。

一是刘太。是个医生，为父母守丧，三年不饮酒吃肉，始终如一。这是当今士大夫们所难以做到的。他的弟弟永一，尤以孝顺父母友爱兄弟和洁身谨慎而著称。夏县发生水灾，百姓被洪水淹没致死的数以百计，永一拿着一根竹竿，站在门首，凡是看到有人和东西漂流到家门口的，就打捞出来。有一个僧人，把数万钱寄放在他家里，这个僧人不幸死去，永一到县署述说其事，并且提出请求官府协助把这些钱归还给僧人的弟子。当地人向他借债，言明如期按本付息，有的家中穷困，实在不能偿还的，他就将借贷契约焚毁。

二是周文粲。他的哥哥嗜饮酒，不务正业，依靠弟弟文粲供给为生。他的哥哥在醉酒时，往往对文粲进行毒打。邻居中好打不平的人，对文粲的遭遇深表同情，都去安慰他。每当出现这种情形，文粲就恼火，并且对他们说："我的哥哥不曾打我，你们为什么要在我们兄弟之间进行挑拨离间呢？"

三是苏庆文。殷勤事奉继母，以孝子闻名。他曾对他的妻子说："你要谨慎耐心地事奉我的母亲。如果不是这样，就要把你赶走。"继母年少即守寡，没有儿子，后来，来到苏家安家并且最后病死在这里。

四是台亨。善绘画，朝廷决定修建景灵宫，征调各地著名画毕，诏选试其优者，留翰林授官禄，亨名第一。以父老固辞，归养于田里。南公所书皆建昌南城人。

曰陈策，尝买骡，得不可被鞍者，不忍移之它人，命养于野庐，俟其自毙。其子与猾驵计，因经过官人丧马，即磨破骡背，以衒贾之。既售矣，策闻，自追及，告以不堪。官人疑策爱也，秘之。策请试以鞍，亢亢终日不得被，始谢还焉。有人从策买银器若罗绮者，策不与罗绮。其人曰："向见君帑有之，今何靳？"策曰："然，有质钱而没者，岁月已久，丝力縻脆不任用，闻公欲以嫁女，安可以此物病公哉！"取所当与银器投炽炭中，曰："吾恐受质人或得银之非真者，故为公验之。"

曰危整者，买鲍鱼，其驵舞秤权阴厚整。鱼人去，身留整傍，请曰："公买止五斤，已为公密倍入之，愿畀我酒。"

工到京师，为景灵宫作画。这件事完成后，朝廷下令选拔其中的优秀者，留他们到翰林院，授给他们官职，发给他们薪俸。台亨名列第一，以其父年迈，坚持辞官，返回故里，侍养双亲。吕南公说周文粲、苏庆文、台亨，都是建昌南城（今江西南城）人。

五是陈策。曾经买一匹骡子，不能被鞍或让人骑，或驮运货物，不忍心再到市上卖给他人。就叫人在村外草屋进行喂养，让它老死在这里。他的儿子与奸诈的经纪合谋，在这里经过的官人，有的马突然死去急着再买。他们就借此机会，故意将骡子的脊背磨破，牵到市上去卖，并且极力夸耀这匹骡子如何如何。不久，就将它卖了出去。陈策听说后，就连忙前去追赶，见了买主，如实地告诉不能让人骑乘驮运的实情。官人听后，不禁产生疑虑，以为他是喜爱这匹骡子，便问他究竟是怎么一回事？陈策让官人将鞍子放在骡背上，整整折腾了一天，也没有放上，被骡子踢得一塌糊涂。这时官人才明白了真情，从内心里对陈策发出了由衷的感谢。陈策当即把钱退还给了官人，官人把骡子退还给了陈策。又有一次，一个人到陈策家里去买质地轻软带有椒眼文饰的银器，策不卖给。这个人有些生气，就问他道："我明明见你家中有这种东西，现在为什么不卖给我呢？"陈策回答说："是啊！我家存放的这种银器，时间已经很长了。我听说你买这东西是为女儿作陪嫁用的，怎么能用这样过期报废的货物来抗害你呢？"说罢，就将家中所存的银器投进炽热的炭火盆中焚毁，并对买主说："我这东西是从质人手中买来的，怕不是真品，作个验证让你看。"

六是危整。一天，他到市上买回鲍鱼，经纪舞弄着秤锤，故意多给称了几斤。卖鱼人走后，经纪就对危整说："你只买五斤，整大惊，追鱼人数里返之，酬以直。又饮驵醇酒，曰："汝所欲酒而已，何欺寒人为？"

曰曾叔卿者，买陶器欲转易于北方，而不果行。有人从之并售者，叔卿与之，已纳价，犹问曰："今以是何之？"其人对："欲效公前谋耳。"叔卿曰："不可，吾缘北方新有灾荒，是故不以行，今岂宜不告以误君乎？"遂不复售。而叔卿家苦贫，妻子饥寒不恤也。呜呼，此八人者贤乎哉！

王导小名

颜鲁公书远祖《西平靖侯颜含碑》，晋李阐之文也。云："含为光禄大夫，冯怀欲为王导降礼，君不从，曰：'王公虽重，故是吾家阿龙。'君是王亲丈人。故呼王小字。"《晋书》亦载此事，而不书小字。《世说》："王丞相拜司空，桓廷尉叹曰：'人言阿龙超，阿龙故自超。'"呼三公小字，晋人浮虚之习如此。

我暗中给你称了十斤，你得请我喝酒。”危整听后，十分吃惊。忙去追赶卖鱼的人，跑了几里才追上，把多给他的鱼，按价付给了卖鱼的人。就把那位经纪请到酒店中饮酒，并对那位经纪说：“你想喝酒；何必去欺侮卖鱼的贫苦人呢？”

七是曾叔卿，他打算到南方购买一批陶器运到北方贩卖。买回来后，迟迟不向北方转运。这天，一个跟他一起做陶器生意的人前来买货。叔卿答应卖给他，已付了钱，他顺便问道：“现在你买这些陶器干什么？”回答说：“我是跟你学的，是按照原先你的想法去做的。”叔卿当即斩钉截铁地对他说：“你可不能这样做。我是由于北方新近遭灾，所以才不把这批陶器运到北方去卖的。如今你岂能不告诉我这一点呢？”于是叔卿决定不再把存货卖给他。而叔卿家中贫穷，连妻子的饥寒温饱都难以顾全。唉，以上八人，真可谓是善人贤人啊！

王导小名

唐人颜真卿曾抄书了晋人李阐为其远祖颜含所作的《西平靖侯颜含碑》文。碑文中写道：“颜含在东晋初年为光禄大夫，冯怀相让他为丞相王导施礼，颜含坚辞不从，说：‘王导地位虽高，权势虽重，却是我们家的亲戚，我们都叫他的小名阿龙。’颜含本是王导的前辈，所以他才这样称呼王导的小名。”《晋书》中也记载了这件事，而没有提及王导的小名。《世说新语》中写道：“王导由丞相被拜授司空时，廷尉桓温很有感慨地说：‘人们都说阿龙升得很快，阿龙也确实是靠自己的能力而被提升的。’”对位极人臣的三公直呼其小名，晋人的浮虚之习俗就是这样。

汉书用字

太史公《陈涉世家》:“今亡亦死,举大计亦死,等死,死国可乎?”又曰:“戍死者固什六七,且壮士不死即已,死即举大名耳!”叠用七死字,《汉书》因之。《汉·沟洫志》载贾让《治河策》云:“河从河内北至黎阳为石堤,激使东抵东郡平刚;又为石堤,使西北抵黎阳观下;又为石堤,使东北抵东郡津北;又为石堤,使西北抵魏郡昭阳;又为石堤,激使东北。百余里间,河再西三东。”凡五用石堤字而不为冗复,非后人笔墨畦径所能到也。

姜嫄简狄

毛公注《生民》诗,姜嫄生后稷“履帝武敏歆’之句,曰:“从于高辛帝而见于天也。”《玄鸟》诗,“天命玄鸟,降而生商”之句,曰:“春分玄鸟降,简狄配高辛帝,帝与之祈于郊禖而生契,故本其为天所命,以玄鸟至而生焉。”其说本自明白。至《郑氏笺》始云:“帝,上帝也。敏,拇也。祀郊禖时,有大人之迹,姜嫄履之,足不能满,履其拇指之处,心体歆歆然如有人道感己者,遂有身,后则生子。”又谓:“鳦遗卵,简狄吞之而生契。”其说本于《史记》,谓:“姜嫄出

汉书用字

汉代太史公司马迁在《史记·陈涉世家》中，记载陈胜的话说：“今天，逃跑也是一死，造反也是一死，与其坐着等死，何不为国而死？”又说道：“十个戍边者中，有六七个都逃脱不了死的厄运，况且壮士不死则已，死就得使天下知其大名！”连用了七个“死”字。《汉书》也沿袭它这种用字法，《汉书·沟洫志》记载贾让的《治河策》中说：“黄河从河内（今河南武陟）向北流到黎阳（今河南浚县），以此筑起石堤？使黄河折而流向东郡（今河南濮阳）的平刚；又筑起石堤，使黄河折而流向黎阳观一带；又筑起石堤，使黄河折而流向东郡渡口北；又筑起石堤，使黄河折向西北到魏郡（今河北临漳南）的昭阳；又筑起石堤，使黄河折流向东北，百余里内，黄河向西拐了二个弯，向东拐了三个弯。”这段文字共用了五个“石堤”，但并不让人感到重复冗杂，这种文笔不是后人循规蹈矩、如法炮制所能达到的。

姜嫄简狄

汉人毛苌注《生民》诗，关于姜嫄生育后稷一事，有“履帝武敏歆”之句，注释说：“姜嫄配于高辛氏帝喾而为天所见。”《诗经·玄鸟》中，有“天命玄鸟，降而生商”一句，毛苌作注说：“春分时燕子飞来，简狄配高辛氏帝喾，帝喾和简狄为求子而在郊包向上帝祈祷，因而生下了商的祖先契，所以契是受命于天，在燕子到来时才出生的。”这种说法本来已经很明白了。但到东汉郑玄所作的《郑氏笺》中又解释说：“帝，就是上帝；敏，就是大拇指。在郊为求子祈祷时，见到大人走过的足迹，姜嫄踩进去，其足不能塞满足迹，又踩大人足迹的拇指之处，姜嫄野，见巨人迹，忻然践之，因生稷。”“简狄行浴，见燕堕卵，取吞之，因生契。”此二端之怪妄，先贤辞而辟之多矣。欧阳公谓稷、契非高刘辛之子，毛公于《史记》不取履迹之怪，而取其讹缪之世次。案，《汉书》毛公赵人，为河间献王博士，然则在司马子长之前数十年，谓为取《史记》世次，亦不然。盖世次之说，皆出于《世本》，故荒唐特甚，其书今亡。夫适野而见巨迹，人将走避之不暇，岂复故故践履，以求不可知之禨祥；飞鸟堕卵，知为何物，而遽取吞之。以古揆今，人情一也。今之愚人未必尔，而谓古圣人之后妃为之，不待辨而明矣。

羌庆同音

王观国彦宾、吴棫材老，有《学林》及《叶韵补注》《毛诗音》二书皆云：“《诗》《易》《太玄》凡用庆字，皆与阳字韵叶，盖羌字也。”引萧该《汉书音义》，庆音羌。又曰：“《汉书》亦有作羌者，班固《幽通赋》‘庆未得其云已’，《文选》作羌，而它未有明证。”予案，《杨雄传》所载《反离骚》：“庆夭憔而丧荣。”注云：“庆，辞也，读与羌同。”最心体忻然如有人道附身，于是就有了身孕，后来就生下了儿子后稷。”又说：“燕子丢下燕蛋，简狄把它吃掉后生下了契。”此说法本出于《史记》，《史记》中说：“姜嫄到野外，见有大人足迹，忻然踩进去，因而生下了后稷。”“简狄去河边洗浴，见到燕子掉的蛋，拾起后把它吃掉，因此生下了契。”这两则记载很是荒诞无稽，先贤辞而不引用和对它的批驳已经很多了。欧阳修认为后稷、契都不是高辛氏帝喾之子，毛苌在注《诗经》中没有采用《史记》中姜嫄踩巨人足迹的说法，而采用了更为荒谬世次之说。需要说明的是，《汉书》中记载的毛苌是赵地人，曾为河间献王刘德的博士，这样的话，他则生活在司马迁之前数十年，说他采用《史记》世次之说，也不大可能。大概世次之说，都是出于《世本》一书，其书内容特别荒唐，该书今天已亡佚。人去野外见到巨大的足迹，逃避犹恐不及，岂有故意踏踩它，以求难以预知的所谓吉祥？飞燕掉下的蛋，谁知道这是什么东西，就马上拾起来吃掉？从古到今，人情世故都是一样的，今天也不会以此来愚弄人，而他们却说古代圣人的后妃这样作，其荒唐可笑，不用反驳它人们就很清楚了。

羌庆同音

王观国彦宾、吴棫材老，在《学林》和《叶韵补注》《毛诗音》二书，其中都说：《诗经》《易经》《太玄》中凡用“庆”字的地方，都与阳字韵叶，大概是指“羌”字。萧该在《汉书音义》中也指出，庆音羌。又说：“《汉书》中，‘庆’也有写作‘羌’字的，东汉班固的《幽通赋》中写道‘庆未得其云已’，《昭明文选》在选用时把‘庆’字写作‘羌’，其他并无明证。”《杨雄传》中所记为切据。

佐命元臣

盛王创业，必有同德之英辅，成垂世久长之计，不如是，不足以为一代宗臣。伊尹、周公之事见于《诗》《书》，可考也，汉萧何佐高祖，其始入关，即收秦丞相御史律令图书，以周知天下阸塞，户口多少，强弱处，民所疾苦。高祖失职为汉王，欲攻项羽，周勃、灌婴、樊哙皆劝之，何独曰："今众弗如，百战百败，愿王王汉中，收用巴蜀，然后还定三秦。"王用其言。此刘氏兴亡至计也。进韩信为大将，使当一面，定魏、赵、燕、齐，高祖得颛心与楚确，无北顾忧；且死，引曹参代己，而画一之法成；约三章以蠲秦暴，拊百姓以申汉德。四百年基业，此焉肇之。唐房玄龄佐太宗，初在秦府，已独收人物致幕下，与诸将密相申结，引杜如晦与参筹帷。及为宰相，粲然兴起治功，以州县成天下之治，以租庸调天下之财，以八百府、十六卫本天下之兵，以谏争付王、魏，以兵事付靖、勣，御夷狄有道，用贤材有术。三百年基业，此焉肇之。其后制节度使而州县之治坏，更二税法而租庸之理坏，变府兵为彍骑、诸卫为神策而军政坏，虽有名臣良辅，不能救也。赵韩王佐艺祖，监方镇之势，削支郡以损其强，置转运、通判使掌钱谷以夺其富，参命京官知州事以分其党，禄诸大功臣于环卫而不付以兵，收天下骁锐于殿载其赋《反离骚》中有："庆夭憔而丧荣"之句，注释中说："庆，辞也，读音与羌相同。"这是最为贴切的证据。

佐命元臣

帝王创业之时，必须有同心同德的杰出的辅佐之臣，能使一代王朝垂世长久，否则，就不足称为一代杰出的大臣。伊尹、周公就是这样两个人物，他们的事迹可以从《诗经》《尚书》考知。汉时，萧何辅佐汉高祖，他们才进入关中，萧何就把秦朝丞相府、御史大夫府中的律令图册收集起来，认真研究，以便详细了解当时天下的要塞，全国户口的多少，强弱之所在，百姓疾苦。汉高祖最初被项羽分为汉王后，想攻项羽，大将周勃、灌婴、樊哙都支持他的想法，而萧何独有自己的见解，他说："现在我们军队不如项羽，已是百战百败了，我希望大王您先称王汉中，夺取巴蜀之地作为后方，然后收复关中。'汉王采纳了他的建议。这是刘氏兴亡的最为重要的一个谋略。萧何又推荐出身卒伍的韩信为大将，让他独当一面，平定了魏、赵、燕、齐等国故地，使汉高祖刘邦无后顾之忧，得以专心与楚霸王项羽决战；萧何临死时，引荐曹参代替自己为丞相，使汉初政策较为稳定地执行下去；萧何还在入关中后与百姓约法三章，蠲除秦朝的许多暴政，以此收抚百姓之心申明汉朝之德。他的所作所为，为四百年的汉王朝，奠定了基础。在唐代，房玄龄辅佐唐太宗也是如此，房玄龄最初在秦王李世民府，他吸收很多有才干的人物，把他们招致到秦王府中，在争夺皇位斗争中，他为秦王秘密交结诸将，又引荐杜如晦参与运筹帷幄。等到李世民即皇位，房玄龄则为宰相，他又致力于国家治理，使地方安定从而使天下大治，用岩而不使外重。建法立制，审官用人，一切施为，至于今是赖。此三君子之后，代天理物，硕大光明者，世有其人，所谓一时之相尔。萧之孙有罪及无子，凡六绝国，汉辄绍封之。国朝褒录韩王苗裔，未尝或忘。唯房公之亡未十年，以其子故，夺袭爵、停配享，讫唐之世不复续，唐家亦少恩哉！

名世英宰

曹参为相国，日夜饮醇酒不事事，而画一之歌兴。王导辅佐三世，无日用之益，而岁计有余，末年略不复省事，自叹曰："人言我愦愦，后人当思我愦愦。"谢安石不存小察，经租庸之制使天下财阜殷丰，用八百府、十六卫的府兵制作为国家的基本军制，他又把谏诤的职责长付给王硅、魏徵，把兵权托付给李靖、李勣，他统御夷狄之族，任用贤才都很有办法。可以说，唐朝三百年的基础是房玄龄奠定的。后来，唐朝在地方设置节度使从而破坏了地方上的安定，变租庸调制为二税法使国家财政受到影响，改府兵为彍骑、诸卫为神策军，使原来的军政遭到破坏。在这种情况下，唐王朝虽有名臣良辅，也难以挽救其灭亡的命运。大宋朝韩王赵普辅佐太祖也是如此，为了控制方镇，削减方镇的地盘，抑制其势力，设置转运使、通判等官职掌握地方财权，使地方无财力与中央抗衡，又命京官为地方的知州、知县，使地方官不能结党营私，把那些功臣宿将集中到中央只给他们些虚职，不让他们掌握军权，把天下的骁勇军队都集中在京师，强干弱枝，不使地方拥兵自重。此外，关于建法立制，量官用人等，他的所作所为，直到今天我朝还有赖于此。这三位君子以后，以天下为己任，光明正大者，历代都有，这就是所说的一时之良相。萧何的孙子有罪且无后代，传六世而国绝，汉朝就继续封他。我大宋朝对韩王赵普的后代也很照顾，从不曾忘却。只有房玄龄死后不到十年，因其子犯罪，被收回封爵，停止其在宗庙中配享的特权，到唐亡为止也没有续封其后人，唐王朝对功臣的恩惠也太少了！

名世英宰

西汉曹参担任相国之职后，日夜饮酒，无所事事，然而天下稳定，国富民殷。东晋王导身为三朝宰相，清静无为，而国家岁计有余，王导末年也不操心政事，他曾自叹说："人们都说我糊远无竞。唐之房、杜，传无可载之功。赵韩王得士大夫所投利害文字，皆置二大瓮，满则焚之。李文靖以中外所陈一切报罢，云："以此报国。"此六七君子，盖非扬己取名，了然使户晓者，真名世英宰也！岂曰不事事哉？

檀弓误字

《檀弓》载吴侵陈事曰："陈太宰嚭使于师，夫差谓行人仪曰：'是夫也多言，盍尝问焉，师必有名，人之称斯师也者，则谓之何？'太宰嚭曰：'其不谓之杀厉之师与！'"案，嚭乃吴夫差之宰，陈遣使者正用行人，则仪乃陈臣也。记礼者简策差互，故更错其名，当云"陈行人仪使于师，夫差使太宰嚭问之"，乃善。忠宣公作《春秋诗》引斯事，亦尝辩正云。

薛能诗

薛能者，晚唐诗人，格调不能高，而妄自尊大。其《海棠诗序》云："蜀海棠有闻，而诗无闻，杜子美于斯，兴象不出，没而有怀。天之厚余，谨不敢让，风雅尽在蜀矣，吾其庶涂，后人应当好好考虑一下我为什么糊涂。”谢安不拘小节，志向高远却又表现为无所作为。唐代的房玄龄、杜如晦，他们的功劳大到史传已无法全部记载下来。大宋韩王赵普凡是收到士大夫议论是非利害的奏书，都把它们放入两口大瓮中，倒满后就把它们全部烧掉。文靖公李沆把中外上奏陈述的一切事情批示完后，说：“我就以此来报答国家。”这六七位君子的本意。都不是想吹嘘自己，沽名钓誉，然而他们这些事却家喻户晓，人人皆知，他们真是名世杰出的宰相啊！怎么能说他们无所事事呢？

檀弓误字

《礼记·檀弓》记载春秋时的吴国侵犯陈国这件事时说：“陈国太宰嚭被派到吴国军中，吴王夫差对行人（官名）仪说：‘这个人话很多，何不问问他，师出必有名，人们是怎么称我们这次出兵的？’太宰嚭回答说：‘人们不都说是为杀掠而出兵吗？’”（需要指出的是，它这段记载是错误的。）按，嚭乃是吴王夫差的太宰，陈派遣使者用的就是行人。那么行人仪就是陈国的大臣。这是《礼记》的作者把简策搞乱了，所以把人名也弄错，他应当这样写：“陈国行人仪出使到吴国军中，吴王夫差派太宰嚭问他”才对。曾祖忠宣公洪皓在作《春秋诗》时引用此事，也曾予以辩正。

薛能诗

薛能是晚唐诗人，其诗的艺术风格不高，却狂妄自大。他在《海棠诗序》中说：“四川的海棠很有名，而写海棠的诗却默默无闻，杜甫长居于此，却无大作问世。苍天赐予我诗才，所以几。”然其语不过曰：“青苔浮落处，暮柳间开时。带醉游人插，连阴彼叟移。晨前清露湿，晏后恶风吹。香少传何许，妍多画半遗”而已。又有《荔枝诗序》曰：“杜工部老居西蜀，不赋是诗，岂有意而不及欤？白尚书曾有是作，兴旨卑泥，与无诗同。予遂为之题，不愧不负，将来作者，以其荔枝首唱，愚其庶几。”然其语不过曰：“颗如松子色如樱，未识蹉跎欲半生。岁杪监州曾见树，时新入座久闻名”而已。又有《折杨柳》十首，叙曰：“此曲盛传，为词者甚众，文人才子，各衒其能，莫不条似舞腰，叶如眉翠，出口皆然，颇为陈熟。能专于诗律，不爱随人，搜难抉新，誓脱常态，虽欲勿伐，知音者其舍诸？”然其词不过曰：“华清高树出离宫，南陌柔条带暖风。谁见轻阴是良夜，瀑泉声畔月明中。”“洛桥晴影覆江船，羌笛秋声湿塞烟。闲想习池公宴罢，水蒲风絮夕阳天”而已。别有《柳枝词》五首，最后一章曰：“刘白苏台总近时，当初章句是谁推。纤腰舞尽春杨柳，未有侬家一首诗。”自注云：“刘、白二尚书，继为苏州刺史，皆赋《杨柳枝词》，世多传唱，虽有才语，但文字太僻，宫商不高耳。”能之大言如此，但稍推杜陵，视刘、白以下蔑如也。今读其诗，正堪一笑。刘之词云：“城外春风吹酒旗，行人挥袂日西时。长安陌上无穷树，唯有垂杨管别离。”白之词云：“红板江桥清酒旗，馆娃宫暖日斜时。可怜雨歇东风定，万树千条各自垂。”其风流气概，岂能所可仿佛哉！

对杜甫我不敢相让，我想我的风雅之作也许可以在四川独领风骚。”然而，其《海棠诗》也不过是：“青苔浮落处，暮柳间开时。带醉游人插，连阴彼叟移。晨前清露湿，晏后恶风吹。香少传何许，妍多画半遗”而已，也没有什么惊人的语句。他又在《荔枝诗序》中写道：“杜甫年老时曾在四川西部居住过，但没有写过有关荔枝的诗，是否是有意写而能力不及呢？白居易曾作过与荔枝有关的诗，但太粗浅，和没有诗一样。于是，我就作了这首《荔枝诗》，我自信，不会愧对我的读者，我不会辜负人们对我的期望，我想将来的作者也许会把我这首诗当作吟咏荔枝首唱之作。”然而，他的《荔枝诗》中的诗句也不过是：“颗如松子色如樱，未识蹉跎欲半生。岁杪监州曾见树，时新入座久闻名”而已，也毫无惊人之处。他又写了十首《折杨柳》诗，其中记述说：“这支曲子广为流传，为它作词的人也不少，文人才子，各显其能，但他们的诗句也不过是把杨柳条比作舞女的腰肢，把杨柳叶子比喻成女人的眉翠，千篇一律，都是些陈词滥调。我专攻诗律，学有所成，不爱随波逐流，特爱标新立异，发誓要摆脱那些平庸之作的影响，虽然我不想标榜自己，但那些真正理解我的诗作的人能舍弃我吗？”然而，他的《折杨柳》诗中的语句不就是：“华清高树出离宫，南陌柔条带暖风。谁见轻阴是良夜，瀑泉声畔月明中。”“洛桥晴影覆江船，羌笛秋声湿塞烟。闲想习池公宴罢，水蒲风絮夕阳天”而已，实在没什么特别的。另外，他又写了《柳枝词》五首，其中最后一章中写道：“刘白苏台总近时，当初章句是谁推。纤腰舞尽春杨柳，未有侬家一首诗。”他自己注释说：“刘禹锡、白居易两位尚书，曾经相继担任苏州刺史一职，都作有《杨柳枝词》，社会上广为传唱，其

汉晋太常

汉自武帝以后，丞相无爵者乃封侯，其次虽御史大夫，亦不以爵封为间。唯太常一卿，必以见侯居之，而职典宗庙园陵，动辄得咎，由元狩以降，以罪废斥者二十人。意武帝阴欲损侯国，故使居是官以困之尔。表中所载：酂侯萧寿成，坐牺牲瘦；蓼侯孔臧，坐衣冠道桥坏；郸侯周仲居，坐不收赤侧钱；俞侯周平，坐不缮园屋；睢陵侯张昌，坐乏祠；阳平侯杜相，坐擅役郑舞人；广阿侯任越人，坐庙酒酸；江邹侯靳石，坐离宫道桥苦恶；戚侯李信成，坐纵丞相侵神道；愈侯栾贲，坐雍牺牲不如令；山阳侯张当居，会择博士弟子不以实；成安侯韩延年，坐留外国文书；新畤侯赵弟，坐鞫狱不实；牧丘侯石德，坐庙牲瘦；当涂侯魏不害，坐孝文庙风发瓦；轑阳侯江德，坐庙郎夜饮失火；蒲侯苏昌，坐泄官书；弋阳侯任宫，坐人盗茂陵园物；建平侯杜缓，坐盗贼多。自酂侯至牧丘十四侯，皆夺国，武帝时也。自当涂至建平五中虽有奇句，但所用文字太冷僻，音律也不甚规范。”薛能就是这样说大话的。在他的眼里，只有杜甫还算可以，自刘禹锡、白居易以下，他根本就不屑一顾。今天咱们读一下刘禹锡、白居易的诗作，就会觉得薛能的狂妄自大是多么可笑。刘禹锡的诗写道：“城外春风吹酒旗，行人挥袂日西时。长安陌上无穷树，唯有垂杨管别离。”白居易的诗写道：“红板江桥清酒旗，馆娃宫暖日斜时。可怜雨歇东风定，万树千条各自垂。”他们的诗的风流气概，薛能的诗怎么能够与之相比呢？

汉晋太常

西汉自武帝以后，凡是担任丞相职务而无爵位的人就可以被封为侯爵。丞相以下，虽然任御史大夫职务，一般情况下也不予封爵。九卿中只有太常卿一职，一定要以现任侯爵的担任，太常职掌宗庙和先帝陵园，往往动辄得咎，从汉武帝元狩年间，以后，以各种罪名被废斥的太常卿有二十人之多。估计是因为汉武帝想暗中削弱侯国的势力，所以故意让他们担任此职以便更容易抓到他们的过错。据史书记载以侯爵任太常卿而被削去封地或者免官的人主要有：鄼侯萧寿成，因为犯了所用牺牲（古代祭祀用的牲畜）太瘦的错误；蓼侯孔臧，是因为犯了弄坏衣冠道桥的错误而被治罪；鄗侯周仲居，是因为犯了不收赤侧钱（汉钱币名，以赤铜为外边，故名）的错误；绳侯周平，是因为犯了不修缮园屋的错误而被治罪；睢陵侯张昌，是因为犯了没有祭祀皇帝祖先的错误而被治罪；阳平侯杜相，是因为犯了擅自征役郑地舞人的错误而被治罪；广阿侯任越，是因为犯了宗庙里的祭祀用酒坏酸的错误而被治罪；江邹侯靳石，是因为去离宫的道路、侯，但免官，昭、宣时也。下及晋世，此风犹存，惠帝元康四年，大风，庙阙屋瓦有数枚倾落，免太常荀寓。五年，大风，兰台主者求索阿栋之间，得瓦小邪十五处，遂禁止太常，复兴刑狱。陵上荆一枝围七寸二分者被斫，司徒、太常奔走道路，太常禁止不解，盖循习汉事云。

桥梁太难走的错误而被治罪；戚侯李信成，是因为纵容丞相侵占神道（墓道，即神行之道）的缘故而被治罪；俞侯栾贲，是因为雍地（今陕西凤翔）所贡牺牲不合乎要求的缘故；山阳侯张当居，是犯了选拔博士时弄虚作假的错误而被治罪；成安侯韩延年，是违犯了大臣不得私自留藏外国文书的规定而被治罪；新畤侯赵弟的罪行是鞫审案件时，弄虚作假而被治罪；牧丘侯石德的罪行是宗庙里的用于祭祀的牲畜太瘦而被治罪；当涂侯魏不害的罪行是孝文帝庙上的瓦被风吹掉了而被治罪；轑阳侯江德的罪行是看庙人夜间饮酒，致使宗庙失火；蒲侯苏昌的罪行是暴露了官府文书的内容；弋阳侯杜缓的罪行是盗贼暴徒太多。他们这些人中，从酂侯萧寿成到牧丘侯石德十四位侯，都被夺去爵位，削去封地，这是汉武帝时期。从当涂侯魏不害到建平侯杜缓五位侯，只是免去了官职，仍然保留爵位，这是昭帝、宣帝时的事。此后到了晋代，这种风气仍然存在，晋惠帝四年，有一天起了大风，宗庙阙房上瓦被吹掉几片，因此太常荀寓被免官。第二年，又起大风，御史台的御史到宗庙中检查受破坏的情况，发现有十五处的瓦倾斜，于是就停止了太常的职务，兴师问罪。皇帝的陵墓上有荆条一枝约有七寸二分粗细，被人砍去，致使司徒、太常非常紧张，后来太常因此而被关押，长期不能得到释放。这大概是因循汉代的习惯吧。

卷八（十五则）

诸葛公

诸葛孔明千载人，其用兵行师，皆本于仁义节制，自三代以降，未之有也。盖其操心制行，一出于诚，生于乱世，躬耕垅亩，使无徐庶之一言，玄德之三顾，则苟全性命，不求闻达必矣。其始见玄德，论曹操不可与争锋，孙氏可与为援而不可图，唯荆、益可以取，言如蓍龟，终身不易。二十余年之间，君信之，士大夫仰之，夷夏服之，敌人畏之。上有以取信于主，故玄德临终，至云“嗣子不才，君可自取”；后主虽庸懦无立，亦举国听之而不疑。下有以见信于人，故废廖立而立垂泣，废李严而严致死。后主左右奸辟侧佞，充塞于中，而无一人有心害疾者。魏尽据中州，乘操、丕积威之后，猛士如林，不敢西向发一矢以临蜀，而公六出征之，使魏畏蜀如虎。司马懿案行其营垒处所，叹为天下奇才。钟会伐蜀，使人至汉川祭其庙，禁军士不得近墓樵采，是岂智力策虑所能致哉？魏延每随公出，辄欲请兵万人，与公异道会于潼关，公制而不许，又欲请兵五千，循秦岭而东，直取长安，以为一举而咸阳以西可定。史臣谓公以为危计不用，是不然。公真所谓义兵不用诈谋奇计，方以数十万之众，据正道而临有罪，建旗鸣鼓，直指魏都，固将飞书告之，择日合战，岂复翳行窃步，事一旦之谲以规咸阳哉！司马懿年长于公四岁，

诸葛公

诸葛孔明是千载伟人，他用兵行军、指挥作战，都以仁义之道为本，这是自夏商周三代以来未曾有过的。他的言行操守，一概出于对刘备和恢复汉室事业的忠诚，他生在乱世，亲自种田谋生，假使没有徐庶一句话的推荐，刘备三顾茅庐的热忱，那么他苟且保全性命、不求扬名显达是一定的了。诸葛亮在隆中第一次会见刘备，纵论天下大势时，就提出不可与曹操较量高低，对孙权也只可相互支援，不可图谋，只有荆州，益州可以夺取。这些论断像蓍占、龟卜一样准确，终其一生的政治经历看，真是不容变更之论。在他掌权的二十多年里，国君信任他，士大夫仰慕他，汉族与少数民族的百姓信服他，敌人畏惧他。对上，他以忠诚取得君主的高度信任，所以刘备临死时以至于对他说“我的儿子没有才能，你可以自取帝位”。后主刘禅虽平庸懦怯无所建树，也把整个国家交给他而毫无怀疑。对下，他的才德威望被部属信赖，所以长水校尉廖立与骠骑将军李严虽都被除名为民，但听到诸葛亮病逝的消息后，廖立垂泣不已，李严病发死去。后主左右奸佞之臣充塞宫中，却没有一个人有嫉恨暗害诸葛亮之心的。当魏国完全占领中州之地以后，还挟有曹操、曹丕父子生前的积威，军中勇猛的将士如林，却不敢派一兵一卒发一支箭到蜀国，而诸葛亮却率领大军六出岐山、讨伐魏国，致使魏国上下畏惧蜀国如同畏虎，敌帅司马懿仔细考查诸葛亮军营壁垒后，叹服他是天下奇才。敌将钟会征付蜀国时，特地派人至汉川祭礼懿存而公死，才五十四耳，天不祚汉，非人力也。“霸气西南歇，雄图历数屯。”杜诗尽之矣。

沐浴佩玉

“石骀仲卒，有庶子六人，卜所以为后者，曰：‘沐浴佩玉则兆。’五人者皆沐浴佩玉。石祁子曰：‘孰有执亲之丧而沐浴佩玉者乎？’不沐浴佩玉。”此《檀弓》之文也。今之为文者不然，必曰：“沐洛佩玉则兆，五人者如之，祁子独不可，曰：‘孰有执亲之丧若此者乎？’”似亦足以尽其事，然古意衰矣。

诸葛亮庙，并下令军士，禁止在诸葛墓附近砍柴。这难道是智力高超或谋略过人所能获得的吗？魏延每次随诸葛亮出兵伐魏，总想请求拨给自己将士万人，他要仿韩信故事，从暗道与诸葛亮潼关会师，诸葛亮坚决制止，决不允许；魏延又想请求诸葛亮拨给他将士五千人，他要沿秦岭向东走，直取长安。他认为这一军事行动能使咸阳以西之地平定。史臣记载说，诸葛亮认为这是危险之计而不予采纳。其实不然，诸葛公真是人们所说的正义之师不用诈谋奇计，他正要率领数十万大军，占据通衢要道去讨伐敌人，他树起大旗。高鸣战鼓，直指魏国京都，本来要飞骑传书，通知敌方，择定日期交战，难道又能隐秘行动，暗中行事，以谲诈之计谋图咸阳吗？司马懿比诸葛亮年长四岁。司马懿活着而诸葛亮却不幸死去，享年才五十四岁，上天不保佑汉室，这不是人力所能挽回的。“霸气西南歇，雄图历数屯。”杜甫这两句诗说天命去而汉祚终，是概括尽了（见《杜诗详注》第三册《谒先主庙》）。

沐浴佩玉

（春秋时代卫国大夫）石骀仲去世，没有嫡子，只有庶出的儿子六人，于是请掌卜的人占卜哪个儿子可以立为后继嫡子，掌卜人说：‘如果沐浴并佩戴玉器就能得到吉兆。’于是其中五人都去沐浴佩玉。只有石祁子说：‘（居丧应该穿着丧服，悲哀憔悴），哪有在父亲丧事期间而沐浴佩玉的人呢？’他就不沐浴佩玉。”这是《礼记·檀弓》篇中的一段文字。如今写文章的人却不这样写，必定写道“沐浴佩玉就能得到吉兆，五人听从而这样做，单单祁子不这样做，还说：‘哪有在父亲丧事期间像这样子

谈丛失实

后山陈无己著《谈丛》六卷，高简有笔力，然所载国朝事，失于不考究，多爽其实，漫析数端于此。

其一云："吕许公恶韩、富、范三公，欲废之而不能，及西军罢，尽用三公及宋莒公、夏英公于二府，皆其仇也。吕既老，大事犹问，遂请出大臣行三边，既建议，乃数出道者院宿，范公奉使陕西，宿此院，相见云云。"案，吕公罢相，诏有同议大事之旨，公辞，乃庆历三年三月，至九月致仕矣。四年七月，富、范始奉使，又三公入二府时，莒公自在外，英公拜枢密使而中辍，后二年莒方复入，安有五人同时之事。

其二云："杜正献、丁文简为河东宣抚，任布之子上书历诋执政，至云至于臣父，亦出遭逢，谓其非德选也。杜戏丁曰：'贤郎亦要牢笼。'丁深衔之。其后二公同在政府，苏子美进奏事作，杜避嫌不预，丁论以深文，子美坐废为民，杜亦罢去。一言之谑，贻祸如此。"案，杜公以执政使河东时，的人呢？’”似乎也足能概括出这件事，然而古文中的意思就减弱多了。

谈丛失实

诗人陈师道，字无己，号后山居士，著有《谈丛》六卷，文字高超简洁有力。然而他所记载本朝的大事，失误在于不考证核实，大多不合事实，在这里可以随便分析几条。

第一条说：“许国公吕夷简厌恶韩琦、富弼、范仲淹三公，想要罢他们的官而不能。等到对西夏的战争结束，朝廷在枢密院（专掌军政，称西府）和中书门下（政事堂，掌管政务，称东府）全都任用三公及莒国公宋庠、英国公夏竦。这都是吕夷简的政敌。吕夷简已经老了，朝廷大事还征求他的意见。他就请求朝廷派出大臣宣抚河北、河东、陕西等边界。建议被批准后，朝廷就按次序令赴边的大臣在枢密院宿夜。范仲淹奉派出使陕西，夜宿此院，与其他四人相见。”按，吕夷简罢相后，虽然皇上下诏令他与在位大臣同议大事，他却推辞了，那是仁宗庆历三年三月间，到九月他就退休了。到庆历四年七月，富弼、范仲淹才奉派为宣抚使。再说三公进入东西二府掌政时，宋庠自在外地，夏竦虽曾授枢密使却中止未成，两年后宋庠才重新进入西府，哪里有五个人同时在二府之事呢？

第二条是：“正献公杜衍、文简公丁度任河东宣抚使时，任布的儿子上书朝廷一一诋毁历届执政大臣，甚至说至于臣父，也是出于机遇被朝廷重用，意思是说连他父亲也不是靠德才被选拔上去的。听到这件事，杜衍对丁度开玩笑说：‘你对令郎也要好好笼络（意思是免得他上书朝廷诋毁你无德无才）’。丁度丁以学士为副。庆历四年十一月进奏狱起，杜在相位，五年正月罢，至五月，丁公方从翰林参知政事，安有深文论子美之说？且杜公重厚，当无以人父子为谑之理，丁公长者也，肯追仇一言陷贤士大夫哉？

其三云："张乖崖自成都召为参知政事，既至而脑疽作，求补外，乃知杭州而疾愈。上使中人往伺之、言且将召也，丁晋公以白金赂使者，还言如故，乃不召。"案，张西知成都，其初还朝为户部使、中丞，始知杭州。是时，丁方在侍从；其后自蜀知昇州，丁为三司使，岂有如前所书之事？

其四云："乖崖在陈，闻晋公逐莱公，知祸必及己，乃延三大户与之博，出彩骰子胜其一坐，乃买田宅为归计以自污，晋公闻之，亦不害也。"案，张公以祥符六年知陈州，八年卒，后五年当天禧四年，寇公方罢相，旋坐贬，岂有所谓乖崖自污之事？

就特别记恨他。以后杜衍、丁度二公同在朝廷执政。杜衍的女婿苏舜钦（字子美）当时任集贤殿校理、监进奏院。他遭人诬陷的事件发生后，杜衍为避开嫌疑，不参预此事的处理，丁度却尽量苛刻地引用法律条文，给苏舜钦定罪。结果，苏舜钦因此罢官为民，杜衍也因此罢官。一句玩笑，留下这么大的灾祸。”按，杜衍以执政大臣身份为河东宣抚使时，丁度以学士身份为副使；庆历四年十一月进奏院事件兴起大狱，杜衍尚在相位上，到庆历五年正月罢官，直到五月，丁度才从翰林学士提拔为参知政事，执掌大权。哪能有深文论罪苏舜钦一说？再说杜衍为人稳重、敦厚，应当没有拿别人父子开玩笑之理。丁度也是位长者，哪肯为一句话记仇来陷害朝廷中的正人贤臣呢？

第三条是：“张咏（号乖崖）自成都被召回朝中任参知政事，到京都后脑疮发病。他就要求到外地做官，于是在做杭州的长官时病好了。皇上派宫中内侍去探访他，还说将要召他回京。晋国公丁谓用白金贿赂这个使者，使者回到宫中，对皇上谎说张咏脑疮如故，皇上就不召他了。”按，张咏两次做成都长官，第一次回朝任户部使、中丞后，才做杭州长官。这时，丁度正担任侍从；以后，张咏从四川调任昇州（今南京市）长官时，丁度正任三司使，岂能发生前面所记述的那种事？

第四条是说：“张咏在陈州为官时，听说晋国公丁谓将莱国公寇准从朝廷中排挤出去，知道灾祸肯定要波及自己，于是就将当地三个殷实大户招来一起赌博，他用彩骰子一具赢了在座所有的人以后，便用赢的钱买房置地，作为归老林下的打算，实际上是以这件不光彩的事给自己抹灰。丁谓听说这件事，也就不害他了。”按，张咏在真宗大中祥符六年任陈州（今河南省淮阳兹四者所系不细，乃诞漫如此。盖前辈不家藏国史，好事者肆意饰说为美听，疑若可信，故误人纪述。后山之书，必传于后世，惧诒千载之惑，予是以辨之。

石砮

东坡作《石砮记》云：“《禹贡》荆州贡砺、砥、砮、丹及箘、簵、楛，梁州贡砮、磬。至春秋时，隼集于陈廷，楛矢贯之，石砮长尺有咫，问于孔子，孔子不近取之荆、梁，而远取之肃慎，则荆、梁之不贡此久矣。颜师古曰：‘楛木堪为笴，今豳以北皆用之。’以此考之，用桔为矢，至唐犹然，而用石为砮，则自春秋以来莫识矣。”案，《晋书·挹娄传》：有石砮、楛矢，国有山出石，其利入铁；周武王时，献其矢、砮；魏景元末亦来贡；晋元帝中兴，又贡石砮；后通贡于石虎，虎以夸李寿者也。《唐书·黑水靺鞨传》：其矢，石镞长二寸，盖楛砮遗法，然则东坡所谓春秋以来莫识，恐不考耳。予家有一砮，正长二寸，岂黑水物乎？

市）长官，大中祥符八年去世。五年后正当真宗天禧四年，寇准才罢相，立即因事被贬，岂能有所谓张咏自污之事？

这四条所关系的事情不小，却荒诞随意到这种地步。原因在于前辈们不可能家藏国家修的正史。喜欢多事的人便任意添油加醋编成故事，使人当成可信的真事，所以给记述的人造成失误。陈师道的书，必定会流传后世，恐怕这种记述会留下千载的疑惑，我因此作了辨别。

石砮

苏东坡写的《石砮记》说："《尚书·禹贡》记载，荆州向王室进贡砺、砥（磨刀石）、砮（石制的箭镞）、丹（丹砂，俗称朱砂）及箘、簵（两种善竹）、楛（可做箭杆的木），梁州贡砮、磬（用石或玉雕成的乐器）。到春秋时，猛禽鹰隼飞集陈国宫廷被射死；就是楛矢（箭）射穿的。石砮长一尺八寸（咫为古代长度单位，周制八寸），有人向孔子请教，孔子回答时不就近取荆州，梁州为例，而取远处的肃慎（古族名，居长白山北，东濒大海，北至黑龙江中下游，从事狩猎。周初曾以"楛矢石砮"来贡）来说明，那么，荆、梁二州不贡此物已很久了。唐人颜师古说："楛木可做箭杆，现在豳（陕西省栒邑县西）以北地方仍然都用它。'凭此话考证，用楛木做箭，到唐代仍旧这样，但是用石做箭镞，却从春秋以来没有人懂得了。"按，《晋书·挹娄传》（挹娄，古族名，源出肃慎，居长白山北、松花江、黑龙江中下游）记载：有石砮、楛矢，国内有座山出产的石头锋利得可刺入铁中；周武王时，挹娄族曾进贡矢、砮；魏元帝景元末年也来进贡；晋元帝中兴，又来贡石磬；后来，他们又与后赵王石虎往来，向他

陶渊明

陶渊明高简闲靖，为晋、宋第一辈人。语其饥则箪瓢屡空，瓶无储粟；其寒则短褐穿结，絺绤冬陈；其居则环堵萧然，风日不蔽。穷困之状，可谓至矣。读其《与子俨等疏》云：“恨室无莱妇，抱兹苦心。汝等虽曰同生，当思四海皆兄弟之义，管仲、鲍叔，分财无猜，他人尚尔，况同父之人哉！”然则犹有庶子也。《责子》诗云：“雍、端年十三。”此两人必异母尔。渊明在彭泽，悉令公田种秫，曰：“吾常得醉于酒足矣。”妻子固请种秔，乃使二顷五十亩种秫，五十亩种秔。其自叙亦云：“公田之利，足以为酒，故便求之。”犹望一稔而逝，然仲秋至冬，在官八十余日，即自免去职。所谓秫秔，盖未尝得颗粒到口也，悲夫！

进贡矢、砮，这就是石虎用来向成汉王李寿夸耀的事情。《旧唐书·黑水靺鞨传》（黑水靺鞮，古族名，源出肃慎，北魏时称勿吉，隋唐称靺鞨，分布于松花江、牡丹江流域及黑龙江中下游，东至日本海。分七部，黑水（黑龙江）部居最北方）记载：他们的箭，装有石镞有二寸长，看来是在古代制作楛砮的方法。那么苏东坡所说春秋以来没有人懂得，恐怕是不加考证的过错。我家有一个石砮，正好二寸长，难道是黑水靺鞨部的产物吗?

陶渊明

陶渊明高洁、闲静、淡远，是晋宋间第一流人物。谈到饥饿他是饭瓢常空，家无存粮，说到寒冷他是粗布短衣，破烂补丁，冬天还穿着夏天的葛衣，没有替换的衣裳。他的住房是四壁空空，难以遮蔽寒风和太阳。穷困之状可说是到了极点了 读他的《与子俨等疏》说："我常恨家中没有楚国老莱子之妻那样的贤内助来开导我，只有自己怀抱这样的一片苦心了。你们虽然不是一母所生，也应当思索四海之内皆兄弟的意义，齐国的管仲、鲍叔二人是朋友，在经商赢利分财时，多少并无猜疑之意。外人尚可以这样，何况你们是同父的兄弟呢！"那么，陶渊明还是有妾生的庶子了。他的《责子》诗说："雍、端两人年龄都是十三。"看来这两人一定不是同母的弟兄了。陶渊明在彭泽县作县令时，下令公田全都种成高粱，说："这样我就能常醉酒了，便心满意足了。"但妻子和儿子坚决请求种粳稻，他就下令让二顷五十亩种高粱好酿酒、五十亩种粳稻可食用。他在《归去来兮辞》中自序说："公田的收成，足够做酒，所以顺便求了彭泽令这个小官。"他本希望种的庄稼熟了，一年后离任。然而从仲秋到冬天，

东晋将相

西晋南渡，国势至弱，元帝为中兴主，已有雄武不足之讥，余皆童幼相承，无足称算。然其享国百年，五胡云扰，竟不能窥江、汉，苻坚以百万之众，至于送死肥水，后以强臣擅政、鼎命乃移，其于江左之势，固自若也，是果何术哉？尝考之矣，以国事付一相，而不贰其任，以外寄付方伯，而不轻其权，文武二柄，既得其道，余皆可概见矣。百年之间，会稽王昱、道子、元显以宗室，王敦、二桓以逆取，姑置勿言，卞壶、陆玩、郗鉴、陆晔、王彪之、坦之不任事，其真托国者，王导、庾亮、何充、庾冰、蔡谟、殷浩、谢安、刘裕八人而已。方伯之任，莫重于荆、徐，荆州为国西门，刺史常都督七八州事，力雄强，分天下半。自渡江讫于太元，八十余年，荷阃寄者，王敦、陶侃、庾氏之亮、翼，桓氏之温、豁、冲、石民八人而已，非终于其军不辄易，将士服习于下，敌人畏敬于外，非忽去忽来，兵不适将，将不适兵之比也。顷尝为主上论此，蒙欣然领纳，特时有不同，不能行尔。

他在官仅八十几天，就自动免官离职，所谓秫秔，实际上一粒也未曾尝到。可悲啊！

东晋将相

西晋南渡之后，国势十分衰弱，晋元帝是中兴之主，已遭到“雄武不足”的讥讽，其余的君主都是童年甚至幼年时继承帝位，更不值一提。然而东晋国祚百年之久，北方的少数民族政权，纷纷侵袭骚扰，竟不能窥视江、汉地区，前秦苻坚率百万大军南下，竟是到肥水送死来了。后来因为前秦强臣专权，皇位才转移，但东晋政权在江左的势力长期安然自若，这到底是什么原因呢？我曾经考察分析过，东晋把国家政事交给丞相，不设副职，把军事大权托付地方长官，权力很重。文武两方面的权柄，既能得到合适的安排，其余的问题可以想见了。东晋百年之间，会稽王司马昱、司马道子、司马元显凭着是宗室执政，王敦、二桓（桓温、桓冲）则以悖逆掌权，姑且置之不论；卞壶、陆玩、郗鉴、陆晔、王彪之、王坦之不办事；真正能托付国事的，不过王导、庾亮、何充、庾冰、蔡谟、殷浩、谢安、刘裕八人罢了。军事上的地方长官之任，没有比荆、徐二州更重要的，荆州是国家的西大门，荆州刺史常总管七八个州的事情，实力雄厚强大，占天下一半。自晋元帝渡江即位到晋孝武帝太元末，八十余年，担负统兵将帅责任的，不过王敦、陶侃、庾家的庾亮、庾翼，桓家的桓温、桓豁、桓冲、石民八人罢了，非死在军中不轻易调动，所以将士在下熟悉服从他，敌人在外敬重惧怕他，不是那种忽去又忽来，兵不适应将，将不适应兵的情况可比拟的。不久前我曾为皇上论及这个问题，蒙皇上高兴地肯定并采纳了，只是因为时

赏鱼袋

衡山有唐开元二十年所建《南岳真君碑》，衡州司马赵颐贞撰，荆府兵曹萧诚书。末云："别驾赏鱼袋，上柱国光打曜。"赏鱼袋之名不可晓，它处未之见也。

浯溪留题

永州浯溪，唐人留题颇多，其一云："太仆卿分司东都韦瓘，大中二年过此。余大和中以中书舍人谪宦康州，逮今十六年。去冬罢楚州刺史，今年二月有桂林之命，才经数月，又蒙除替，行次灵川，闻改此官，分司优闲，诚为忝幸。"案，《新唐书》："瓘仕累中书舍人，与李德裕善，李宗闵恶之，德裕罢相，贬为明州长史，终桂管观察使。"以题名证之，乃自中书谪康州，又不终于桂，史之误如此。瓘所称十六年前，正当大和七年，是时，德裕方在相位，八年十一月始罢，然则瓘之去国，果不知坐何事也。

代有所不同，不能实行罢了。

赏鱼袋

衡山有唐玄宗开元二十年所建立的《南岳真君碑》，碑文是衡州司马赵颐贞所撰写，碑字是荆府兵曹萧诚所书写。碑末还记载道：别驾赏鱼袋，上柱国光大睡。赏鱼袋这个词儿不可懂，在其他地方也没见过。

浯溪留题

在永州（治今湖南零陵）浯溪的石间，唐代人留下的题名石刻很多，其中有一条写道："太仆卿分司东都韦瓘，宣宗太中二年路过这里。我于文宗大和年间以中书舍人的身份被贬谪到康州（今西藏昌都地区）做官，至今已十六年。去年冬天在楚州（今江苏淮河以南、盱眙以东，宝应、盐城以北地区）刺史任上被罢官，今年二月又接到赴桂林做官的任命，在桂林才刚几个月，又蒙朝廷授职改任，行路停在灵川（今属广西）时，得到通知又改任此官。分司是个待遇优厚又悠闲的职务，确实令我感到有幸。"按，《新唐书》记载："韦瓘接连任中书舍人，他与宰相李德裕十分友好，所以监察御史李宗闵很憎恶他。李德裕罢相后，他被贬为明州（治今浙江省鄞县）长史，死于桂林观察使任上。"现在用石上题名来证实，韦瓘是从中书舍人被贬谪到康州，又不是死于桂林，正史的错误竟到这种地步。韦瓘所说的十六年前，正相当，于大和七年。这时，李德裕正在宰相位上，到大和八年十一月才罢相，既然如此，韦瓘离开京都，真不知道是因为什么事情啊！

皇甫湜诗

皇甫湜、李翱，虽为韩门弟子，而皆不能诗，浯溪石间有湜一诗，为元结而作，其词云："次山有文章，可惋只在碎。然长于指叙，约洁多余态。心语适相应，出句多分外。于诸作者间，拔戟成一队。中行虽富剧，粹美君可盖。子昂感遇佳，未若君雅裁。退之全而神，上与千年对；李杜才海翻，高下非可概。文于一气间，为物莫与大。先王路不荒，岂不仰吾辈。石屏立衙衙，溪口扬素濑。我思何人知，徙倚如有待。"味此诗乃论唐人文章耳，风格殊无可采也。

人物以义为名

人物以义为名者，其别最多。仗正道曰义，义师、义战是也。众所尊戴者曰义，义帝是也。与众共之曰义，义仓、义社、义田、义学、义役、义井之类是也。至行过人曰义，义士、义侠、义姑、义夫、义妇之类是也。自外入而非正者曰义，义父、义儿、义兄弟、义服之类是也。衣裳器物亦然。在首曰义髻，在衣曰义襕、义领，合中小合曰义子之类是也。

皇甫湜诗

皇甫湜和李翱，虽然是韩愈门下的弟子，却都不太会写诗。在永州浯溪旁的石刻间有皇甫湜的一首诗，是为元结而作的，内容是："次山(元结之字)有很好的诗篇，可惜失之于碎而不全。但是他长于寄托和描述，写得简洁而形象。他也擅长以质直古朴的语言准确地表达自己的思想感情，诗中的警句也常常出人意料。本朝诗人众多，将出类拔萃的诗人排成队伍。在中间那一行众多的诗人里，次山你仍以精粹优美的诗篇盖过他人。陈子昂的感遇诗虽好，也不如你的大作。韩愈的诗文全面、优美而神奇，只能往前与千年以来的名家相比。李白、杜甫的才华是大海翻腾的波涛，其高下不是我一句话可以概括的。古往今来，诗文以气为主，没有比'气'更重要的了。自《诗经》以来诗歌反映现实的道路不容荒芜，岂不要仰仗我们这一代人的努力吗?浯溪岸边的石屏排列成行，溪口扬起白色的急流。我的思索什么人知道呢，我徘徊踌躇在久久地等待。"玩味这首诗是在评论唐代诗文，但在风格上却没有什么特色可取。

人物以义为名

人和物用"义"为名的，分门别类最多。主持正义、维护百姓利益的叫义，如义师、义战。大众所尊重拥戴的叫义，如义帝。与大众共享或共同从事的叫义，如义仓，义社、义田、义学、义役、义井之类。至高无上、超过常人的行为叫义，如义士、义侠，义姑、义夫、义妇之类。外来而不是正统的叫义，如义父、义儿、义兄弟、义服之类。衣裳器用之物也是这样。如在头上的叫义髻，在衣服叫义襕、义领，盒子里有小盒子叫义子之类。把多类合众物为之，则有义浆、义墨、义酒。禽畜之贤，则有义犬、义乌、义鹰、义鹘。

人君寿考

三代以前，人君寿考有过百年者。自汉、晋、唐、三国、南北下及五季，凡百三十六君，唯汉武帝、吴大帝、唐高祖至七十一，玄宗七十八，梁武帝八十三，自余至五六十者亦鲜。即此五君而论之。梁武召侯景之祸，幽辱告终，旋以亡国；玄宗身致大乱，播迁失意，饮恨而没。享祚久长，翻以为害，固已不足言。汉武末年，巫蛊事起，自皇太子、公主、皇孙皆不得其死，悲伤愁沮，群臣上寿，拒不举觞，以天下付之八岁儿。吴大帝废太子和、杀爱子鲁王霸。唐高祖以秦王之故，两子十孙同日并命，不得已而禅位，其方寸为如何？然则五君者虽有崇高之位，享耆耋之寿，竟何益哉！若光尧太上皇帝之福，真可于天人中求之。

韩文公佚事

韩文公自御史贬阳山，新旧二《唐史》，皆以为坐论宫市事。案，公《赴江陵途中诗》，自叙此事甚详，云："是年京师旱，田亩少所收。有司恤经费，未免烦诛求。传闻闾里间，物品相混合,就有义浆、义墨、义酒。禽鸟牲畜中有善行的,就叫义犬、义乌、义鹰、义鹘。

人君寿考

夏、商、周三代以前,国君的寿数有超过百岁的。从汉、晋、唐、三国、南北朝下至五代,总计一百三十六个君主,只有汉武帝、吴大帝、唐高祖活到七十一岁,唐玄宗七十八岁,梁帝武八十三岁,其余的活到五六十岁的也很少。就这五个长寿之君而论:梁武帝自召侯景叛乱之祸,以被幽囚受辱、饥病而死,不久国亡;唐玄宗自己招致天下大乱,流亡失意,含恨死去。皇位久长,反是祸害,本来也不值得再说。汉武帝末年,巫蛊事件发生,株连多人,从皇太子、公主到皇孙都死于非命,汉武帝悲伤、忧愁、沮丧已极。群臣为他祝寿,他竟不举酒杯,表示拒绝。最后不得不把天下交给八岁的小孩子。吴大帝废去太子孙和,又杀掉了爱子鲁王孙霸。唐高祖因为秦王李世民的缘故,两个儿子、十个孙子同一天被杀,他不得已才禅位给秦王,他的心里是怎样想的呢?这样看这五个长寿之君虽有崇高的帝位,又享有七八十岁寿数,究竟有什么益处呢?像光尧太上皇帝(即宋高宗赵构退位后所上的尊号)这样的福气,真是只可在天上神仙中寻求了。

韩文公佚事

韩愈自监察御史贬到阳山(今属广东),新旧两部《唐书》都认为是因为论宫市得罪。按,韩愈《赴江陵途中诗》看,他自叙原因很详细,他说:“这年京师大旱,田地不收。官吏只顾向百赤子弃渠沟。我时出衢路，饿者何其稠！适会除御史，诚当得言秋。拜疏移閤门，为忠宁自谋。上陈人疾苦，无令绝其喉。下言畿甸内，根本理宜优。积雪验丰熟，幸宽待蚕麰。天子恻然感，司空叹绸缪。谓言即施设，乃反迁炎洲。”皇甫湜作公神道碑云：“关中旱饥，人死相枕藉。吏刻取恩，先生列言天下根本，民急如是，请宽民徭而免田租，专政者恶之，遂贬。”然则不因论宫市明甚。碑又书三事云：“公为河南令，魏、郓、幽、镇各为留邸，贮潜卒以槖罪亡，公将擿其禁，断民署吏，俟旦发，留守尹大恐，遽止之。是后郓邸果谋反，将屠东都，以应淮、蔡。及从讨元济，请于裴度，须精兵千人，间道以入必擒贼。未及行，李愬自文城夜入，得元济。三军之士，为公恨。复谓度曰：“今藉声势，王承宗可以辞取，不烦兵矣。得柏耆，口授其词，使耆执笔书之，持以入镇州，承宗遂割德、棣二州以献。”李翱作公行状，所载略同。而《唐书》并逸其事，且以镇州之功，专归柏耆，岂非未尝见湜文集乎？《资治通鉴》亦仅言耆以策干愈，愈为白度，为书遣之耳。

姓勒索，百姓连孩子也养不起，抛弃在水沟里。我亲眼看到饥饿的人群拥挤在大道上。当时我刚刚被任命为监察御史，实在是我应当直言进谏的时候。我写好奏疏时，想为国尽忠就不能为个人打算。我在奏疏前面陈述酷吏剥削、人民苦难，要求让百姓存活下去，在奏疏后面提出京师是国家根本，对京师的百姓要加倍体恤，眼下的瑞雪预兆明年的丰收，请宽限到明年蚕熟麦收时再收租税。天子看了奏疏感到悲伤，司空也叹息应早作安排。我一心以为朝廷将采取应急措施。没想到反把我放逐到南方。”皇甫湜为他作的神道碑写道：“关中大旱饥荒，饿殍遍地、官吏仍苛索百姓以求恩宠。先生上疏说京师为天下根本，京师百姓遭灾如此严重，请求朝廷放宽徭役，免去田租。执政者为此很憎恶他，便将他贬谪下去。”这样看韩愈被贬不是因论宫市事是很明白的。神道碑又写了三件事说：“文公任河南（今洛阳）令时，魏州（今河北大名、魏县）、郓州（今山东郓城县）、幽州（今北京市）、镇州（今河北正定）四藩镇各设留守藩邸，蓄养暗中调来的士兵并窝藏逃犯，意图不轨。文公要揭发他们的违法行为，便部署官吏，事先中断他们与人民的往来，等天明就公布，留守官员十分惧怕，立即停止活动。这件事后郓州留邸果然谋反，还妄图血洗东都洛阳，以响应淮西（今河南汝南、信阳一带）叛乱。等到文公跟随统帅裴度任行军司马征讨淮西吴元济叛乱时，曾建议裴度，派精兵千人从小路进入蔡州，必能擒拿吴元济。裴度未及采行，李愬已自文城（今河南唐河）提兵雪夜入蔡州，果然擒得吴元济。三军谋略之士，无不为文公惋惜。文公又对裴度说：如今凭借平定淮西的声势，镇州王承宗可用言辞说服，不必使用兵力了。于是找到了布衣柏耆。亲自口授了致

论韩公文

刘梦得、李习之、皇甫持正、李汉，皆称诵韩公之文，各极其挚。刘之语云："高山无穷，太华削成。人文无穷，夫子挺生。鸾凤一鸣，啁螗革音。手持文柄，高视寰海，权衡低昂，瞻我所在。三十余年，声名塞天。"习之云："建武以还，文卑质丧，气萎体败，剽剥不让。拔去其华，得其本根，包刘越嬴，并武同殷。《六经》之风，绝而复新，学者有归，大变于文。"又云："公每以为自杨雄之后，作者不出，其所为文，未尝效前人之言而固与之并，后进之士有志于古文者。莫不视以为法。"皇甫云："先生之作，无圆无方，主是归工，抉经之心，执圣之权，尚友作者，跂邪觝异，以扶孔子，存皇之极。茹古涵今，无有端涯。鲸铿春丽，惊耀天下，栗密窈眇，章妥句适，精能之至，鬼入神出，姬氏以来，一人而已。"又云："属文意语天出。业孔子、孟轲而侈其文，焯焯烈烈、为唐之章。"又云："如长江秋注，千里一道，然施于灌激，或爽于用。"此论似为不知公者。汉之语云："诡然而蛟龙翔，王承宗书信，叫柏耆执笔写下来后，带上书信进入镇州晓喻王承宗，王承宗摄于兵威，就上表请割德、棣二州献上，表示服从中央朝廷。”李翱所作韩愈行状，所记载的与上述事迹大致相同。新旧《唐书》也都未记载此事，而且把收服镇州，一概归功于柏耆，岂不是未曾见皇甫湜的文集吗？《资治通鉴》亦仅仅说柏耆以计策进见韩愈，韩愈替他禀告裴度，写了一封信派柏耆前去镇州罢了。

论韩公文

刘禹锡、李习之（李翱之字）、皇甫持正（皇甫湜之字）、李汉，都以极其诚挚之意来称赞韩愈的文章。刘的话是：“无穷无尽的高山，削成了太华山，民族的文化现象无穷，诞生了韩夫子。你是鸾凤一声长鸣，使得纷扰不宁的文坛改变了声音。你手持文权，俯视天下。你评论高下，看到我处的位置。三十余年间，你的声名充满天地之间。”（《祭韩吏部文》）李习之说：“东汉光武帝建武年间以来，文风卑弱、文质丧失、文气萎靡，文体不兴。剽窃吞剥之风大作。文公你拔开花，寻到根，上循商、周、秦、汉，使六经朴实的文风，绝而复新，使天下学文的人有所遵循，大大变革了文风。”李习之又说：“文公常以为从杨雄以后，就没有大作家出现，他的文章未曾模仿过前人的语言却经常和他们一致。有志学古文的后来人没有不把他的文章看作规范的。”（《祭吏部韩侍郎文》）皇甫湜说：“先生的文章，无论什么形式，到此时都十分高妙，他深入钻研六经的思想，掌握圣人权衡事物的观点，与天下作家为友，坚决抵制异端邪说并与之斗争，用以扶助孔子，保卫伟大的儒家思想标准。他的思想包古含蔚然而虎凤跃，锵然而韶钧鸣，日光玉洁，周情孔思，千态万貌，卒泽于道德仁义，炳如也。”是四人者，所以推高韩公，可谓尽矣。及东坡之碑一出，而后众说尽废，其略云：“匹夫而为百世师，一言而为天下法，是皆有以参天地之化，关盛衰之运，自东汉以来，道丧文弊，历唐贞观开元而不能救，独公谈笑而麾之，天下靡然从公，复归于正。文起八代之衰，道济天下之溺，岂非参天地而独存者乎？”骑龙白云之诗，蹈厉发越，直到《雅》《颂》，所谓若捕龙蛇、搏虎豹者，大哉言乎！

今，无边无涯。他的文章笔务雄健，词采鲜妍，震惊天下，至于内容的充实缜密，章句的妥帖美妙，精致到出神入化的地步，从周代以来，仅此一人而已。”（《韩文公墓志铭》）又说：“先生作文章，内容意境语言都像自天而降。他学习孔子、孟子并以文章发扬他们的思想，鲜明壮美，是唐代散文的新篇章。”又说：“先生的文章，像长江秋水浪涛，一泻千里，气势宏伟，但如用于灌溉，可能是大材小用。”（《谕业》）这一点好像是不了解韩公似的。李汉的话是：“韩公文章的奇诡像蛟龙在飞翔，文采像是虎风在跳跃，语言铿锵有力像韶乐在鸣奏，文章像日光般玉洁，表现出孔子的思想，周代六经中的感情，千姿万态，最终是对道德仁义的润泽、表现，这是很明显的。”（《唐吏部侍郎昌黎先生韩愈文集序》）这四个人对韩公的推崇可说是到极点了。到苏东坡的《韩文公庙碑》一出现后，所有的评说都被抛弃。苏东坡说的大略是：“一个普通的人却成为百代宗师，说出一句话能成为天下人效法的准则，这是因为这种人的成就可以和天地的化育万物并论，和国家命运的盛衰有深切的关系。从东汉以来，儒道衰丧，文风败坏，经过唐朝贞观、开元两个兴盛时期也不能挽救，只有韩文公谈笑着挥斥邪说，天下人倾倒随从他，使思想和文风重新回到正道上来。他的文章使东汉、魏、晋、宋、齐、梁、陈、隋八代以来衰败的文风得到振兴，他宣扬儒道，把天下人从沉溺中拯救出来，这难道不就是赞助天地、关系盛衰、浩大独立的正气吗？”在碑文后面，苏东坡又写了一首骑龙遨游白云乡的诗，慷慨激越，直追《诗经》中雅、颂的风格，正所谓像捕龙蛇，搏虎豹似的，宏大啊！苏轼的语言！

治生从宦

韩诗曰：“居闲食不足，从仕力难任。两事皆害性，一生常苦心。”然治生从宦，自是两涂，未尝有兼得者。张释之以赀为郎，十年不得调，曰：“久官减兄仲之产，不遂。”欲免归。司马相如亦以赀为郎，因病免，家贫无以自业，至从故人于临邛，及归成都，家徒四壁立而已。

真宗末年

真宗末年属疾，每视朝不多语言，命令间或不能周审，前辈杂传记多以为权臣矫制，而非也。钱文僖在翰林，有天禧四年《笔录》，纪逐日琐细家事，及一时奏对，并它所闻之语，今略载于此。寇莱公罢相之夕，钱公当制，上问：“与何官得？”钱奏曰：“王钦若近出，除太子太保。”上曰：“近上是甚？”云：“太子太傅。”上曰：“与太子太傅。”又云：“更与一优礼。”钱奏但请封国公而已。时枢密有五员，而中书只参政李迪一人，后月余，召学士杨大年，宣云：“冯拯与吏书，李迪吏侍。”更无它言。杨奏：“若只转官，合中书命词，唯枢密使、平章事，却学士院降制。”上云：“与枢密使、平章事。”杨亦忧虑，而不复审，退而草制，以迪为吏部侍郎、集贤相，拯为枢密相。又四日，召知制诰晏殊，殊退，乃召钱。上问：“冯拯如何商量？”钱奏：“外论甚美，只为密院

治生从宦

韩愈的诗说："闲住吃不饱饭，做官又难以胜任。两件事都对人性有害。一生为此常常苦恼。"然而谋生与做官，自是两路，没有人能兼而有之的。张释之用钱财买了个郎官，十年不能升迁调转。他说："长久做官用去兄仲不少财产，太不顺心了。"想要免官回家。司马相如也是用钱买了个郎官，因生病免官后，家里很穷没有什么可以从事的职业，不得已跟随老朋友到了临邛。等他带着卓文君从临邛回到成都时，家里穷得只有四堵墙壁空空立着而已。

真宗末年

真宗末年接连染病，每逢上朝不多说话，所下命令间或不能周密。前人的笔记杂传多认为是专权大臣假传圣旨。其实不是。文僖公钱惟演在翰林院学士任上，有真宗天禧四年《笔录》一部，按日记载琐碎细小的家事和奏答皇上的话，还有他听到的话，现大概记一些在这里。寇准罢相那天晚上。钱惟演值班起草制书（皇帝的诏令）。真宗问："给寇准什么官合适？'钱惟演回答说："王钦若近出，可授予太子太保。"真宗说："再高点儿是什么"回说："太子太傅。"真宗说："给寇准太子太傅。"又说："再给一什么良好的待遇。"钱惟演回奏只请封他国公而已。当时枢密院有五个官员，而中书只有参政李迪一人。一个多月后，真宗召翰林学士杨大年，命令说："冯拯与他吏部尚书，李迪给他吏部侍郎。"也没说别的话。杨大年回奏说："如果只升官，应当是中书省起草制书。枢密使、平章事的任命，才需要翰林学士院下达圣旨。"真宗说："给他枢密使、平章事。"杨大年却有三员正使，三员副使，中书依旧一员，以此外人疑讶。”上云：“如何安排？”钱奏：“若却令拯入中书，即是彰昨来错误，但于曹利用、丁谓中选一人过中书，即并不妨事。”上云：“谁得？”钱奏：“丁谓是文官，合入中书。”上云：“入中书。”遂奏授同平章事。又奏兼玉清宫使，又奏兼昭文国史。又乞加曹利用平章事。上云：“与平章事。”案，此际大除拜，本真宗启其端，至于移改曲折，则其柄乃是词臣，可以舞文容奸，不之觉也。寇公免相四十日，周怀政之事方作，温公《记闻》，苏子由《龙川志》，范蜀公《东斋纪事》，皆误以为因怀政而罢，非也。予尝以《钱录》示李焘，焘采取之，又误以召晏公为寇罢之夕，亦非也。

对真宗的御旨十分忧虑。真宗也不再审查。他只好退下来起草制书，任李迪为吏部侍郎兼集贤相（即集贤殿大学士的简称），冯拯为枢密相（宰相兼枢密使）。又过了四天，真宗召见知制诰（即翰林学士，皆加知制诰官衔）晏殊，晏殊退下来，才召见钱惟演。真宗问："冯拯的事怎么商量的？"钱惟演回说："外面议论很好。只因为枢密院竟有三员正使，三员副使，中书（政事堂）依旧只有一员，因此外面的人感到怀疑惊讶。"真宗说："那怎么安排？'钱惟演回奏说："如再叫冯拯入中书，就是明显表示原来错了。只在曹利用、丁谓两人中选一个过中书去，却不妨事。'真宗说："谁可以？钱惟演回奏说：'丁谓是文官，应进入中书。'真宗说："入中书。"钱惟演就奏说应授同平章事，又奏说应兼玉清官使，又奏兼昭文国史馆。又请求加曹利用平章事。真宗说："给平章事。"按，这时的大授职、大拜相，本是真宗开的头，至于更改变动的曲折过程，则权柄在词臣手里，他们可以舞文弄奸，皇上和一般人都不会察觉的。寇准罢相四十天后，周怀政事件（周为真宗宦官，权力很大。真宗病时，他潜召杨崇勋、杨怀古等密谋杀丁谓等人，立仁宗，以真宗为太上皇。为二杨告发、被处死。）才发生。温国公司马光的《涑水记闻》、苏辙的《龙川志》、蜀国公范镇的《东斋记事》都误以为寇准因周怀政的事情被罢相，是错误的。我曾把钱惟演的《笔录》给李焘看，他在编《续资治通鉴长编》时采用了，却又误以为皇上召晏殊那天为寇准罢相之日，也是不对的。

卷九（二十八则）

霍光赏功

汉武帝外事四夷，出爵劝赏，凡将士有军功，无问贵贱，未有不封侯者。及昭帝时，大鸿胪田广明平益州夷，斩首捕虏三万，但赐爵关内侯。盖霍光为政，务与民休息，故不欲求边功。益州之师，不得已耳，与唐宋璟抑郝灵佺斩默啜之意同。然数年之后，以范明友击乌桓，傅介子刺楼兰，皆即侯之，则为非是。盖朋友，光女婿也。

尺棰取半

《庄子》载惠子之语曰："一尺之棰，日取其半，万世不竭。"虽为寓言，然此理固具。盖但取其半，正碎为微尘，余半犹存，虽至于无穷可也。特所谓卵有毛、鸡三足、犬可以为羊、马有卵、火不热、龟长于蛇、飞鸟之景未尝动，如是之类，非词说所能了也。

汉文失材

汉文帝见李广曰："惜广不逢时，令当高祖世，万户侯岂

霍光赏功

汉武帝对外治理少数民族，利用爵位鼓励奖赏将士，只要有了军功，不论出身显贵或低贱，没有不封侯的。等到汉昭帝时，掌管外交礼仪的大鸿胪田广明平定益州少数民族，斩杀并捕获俘虏了三万人，只被赏赐关内侯的爵位。因为霍光处理政务，力求让百姓休养生息，因此不企求在边地建立战功。益州之战，是不得已的。这跟唐代宋璟抑制郝灵佺斩杀突厥可汗默啜的情况相同。但是几年之后，范明友攻击乌桓，傅介子刺杀楼兰王，都马上给他们封侯，这就不对了。大概是因为范明友是霍光的女婿吧。

尺棰取半

《庄子》中记载了惠子的话说："一尺长的棍棒，每天截去一半，千秋万代也截取不完。"这虽然是寓言，但所说的道理本来就有的。因为每次只截取棍棒的一半，截到细碎如同微小的尘埃，剩下的半截仍然是存在的，即使截到无穷小也是可以的。不过，所谓的蛋有毛、鸡三条腿、狗可以化为羊、马会生蛋、火不热、乌龟比蛇长、飞鸟的影子并没有动，像这一类的命题，不是用言辞解说所能够明了的。

汉文失材

汉文帝召见李广说："可惜李广生不逢时，如果处在高祖足道哉！”贾山上书言治乱之道，借秦为谕，其言忠正明白，不下贾谊，曾不得一官。史臣犹赞美文帝，以为山言多激切，终不加罚，所以广谏争之路。观此二事，失材多矣。吴、楚反时，李广以都尉战昌邑下，显名，以梁王授广将军印，故赏不行。武帝时，五为将军击匈奴，无尺寸功，至不得其死。三朝不遇，命也夫！

陈轸之说疏

战国权谋之士，游说从横，皆趋一时之利，殊不顾义理曲直所在。张仪欺楚怀王，使之绝齐而献商於之地。陈轸谏曰：“张仪必负王，商於不可得而齐、秦合，是北绝齐交，西生秦患。”其言可谓善矣。然至云：“不若阴合而阳绝于齐，使人随张仪，苟与吾地，绝齐未晚。”是轸不深计齐之可绝与否，但以得地为意耳。及秦负约，楚王欲攻之，轸又劝曰：“不如因赂之以一名都，与之并兵而攻齐，是我亡地于秦，取偿于齐也。”此策尤乖谬不义。且秦加亡道于我，乃欲赂以地；齐本与国，楚无故而绝之！宜割地致币，卑词谢罪，复求其援。而反欲攻之，轸之说于是疏矣。乃知鲁仲连、虞卿为豪杰之士，非轸辈所能企及也。

时代，封个万户侯又算什么！”贾山上书谈论治理乱世的方法，借用秦朝的事打比方，他的言论忠烈正直、明白畅晓，不比贾谊差，可他竟然没有得到一官半职。但是史官们仍然称誉赞颂汉文帝，认为贾山的言辞过于激烈热切，最后也没有受到责罚，这是汉文帝用来广开劝说帝王的言路的方法。考察这两件事，汉文帝丧失人才太多了。吴国、楚国等诸侯国反叛时，李广以都尉的身份在昌邑作战，因而名声显赫，但由于梁王授予李广将军之印，因此没有得到奖赏。汉武帝的时候，李广五次作为将军攻打匈奴，没有为他建立任何功名，最后自杀。李广历经文帝、景帝、武帝三朝，却没有得到知遇，这真是命啊！

陈轸之说疏

战国时的权术谋略之士，进行游说，合纵连横，都追求一时的利益，根本不考虑道义正理和是非曲直在哪一方面。张仪欺蒙楚怀王，让楚国跟齐国断交并把秦国的商於之地（商於，今陕西商南县、河南浙川县及内乡，县一带）献给楚王。陈轸劝谏道：张仪一定会背弃大王，商於不能得到而齐国、秦国却会联合。这样做就是在北边断绝与齐国的交往，在西面又滋生对秦国的忧患。”这些话可以说是正确的了。但是当他说道：“不如暗地里跟齐国联合而表面上跟它断交，派人跟着张仪，如果给我们土地，再跟齐国断交不迟”，这就是陈轸不深远地考虑能不能跟齐国断绝交往，只以得到土地作为心愿罢了。等到秦国背弃了盟约，楚王想攻打秦国，陈轸又劝说道：“不如趁机奉送秦国一个著名都市，跟秦国合并军队去攻打齐国，这样我国在秦国丧失的土地就可以从齐国那里得到补偿了。”这种决策更

颜率儿童之见

秦兴师临周而求九鼎，周君患之。颜率请借救于齐，乃诣齐王许以鼎。齐为发兵救周，而秦兵罢。齐将求鼎，周君又患之。颜率复诣齐曰："愿献九鼎，不识何涂之从而致之齐？"齐王将寄径于梁、于楚，率皆以为不可，齐乃止。《战国策》首载此事，盖以为奇谋。予谓此特儿童之见尔！争战虽急，要当有信。今一给齐可也，独不计后日诸侯来伐，谁复肯救我乎？疑必无是事，好事者饰之尔，故《史记》《通鉴》皆不取。

皇甫湜正闰论

晋魏以来，正闰之说纷纷，前人论之多矣。盖以宋继晋，则至陈而无所终；由隋而推之，为周为魏，则上无所起。故司马公于《通鉴》取南朝承晋讫于陈亡；然后系之隋开皇是荒谬不合道义。况且秦国把灭亡之路强加于楚国，楚国却打算把土地奉送给它；齐国本是同盟国，楚国竟要无故地跟它断交！楚国应该向齐国割让土地赠送礼物，用谦卑的辞令承认过错，再请求齐国援助，怎么能反过来想攻打齐国呢！陈轸的主张在这里就太过疏失了。相比之下，这才知道鲁仲连、虞卿是才智出众的士人，不是陈轸之流所能有希望赶上的。

颜率儿童之见

秦国发动军队逼近成周城下，索求象征王权的九鼎，周王对此感到忧虑。颜率请求允许他到齐国去借救兵，于是到齐王那儿许诺把九鼎给齐国。齐国为此派兵救周，而秦国也就罢兵了。齐国将要索求九鼎，周王又对此感到担忧。颜率又到齐国去说："我们愿意献出九鼎，不知道该从哪条路送到齐国去呢？"齐王打算和梁国、楚国借路，颜率都认为不行，齐国于是停止索求。《战国策》第一个记载这件事，大概认为这是奇特的谋略。我认为这只不过是儿童的见识罢了！争战虽然紧急，但重要的是应当有信义。现在欺骗齐国一次可以，偏偏不考虑将来各诸侯国来征伐时候，谁又肯救自己呢？我怀疑一定没有这件事，这是好事的人假托矫饰的故事罢了，因此《史记》《资治通鉴》都不取录。

皇甫湜正闰论

东晋、北魏以来，正统与非正统的意见众说纷纭，前人的主张够多的了。如果以南朝宋为正统接替东晋，那么到陈朝就接不下去了；如果由隋朝向上推，以北周、北魏为正统，那么这以九年，姑藉其年以纪事，无所抑扬也。唯皇甫湜之论不然，曰："晋之南迁，与平王避戎之事同。而元魏种实匈奴，自为中国之位号。谓之灭邪，晋实未改；谓之禅耶，已无所传。而往之著书者有帝元，今之为录者皆闰晋，失之远矣。晋为宋，宋为齐，齐为梁，江陵之灭，则为周矣。陈氏自树而夺，无容于言。故自唐推而上，唐受之隋，隋得之周，周取之梁，推梁而上以至于尧、舜，为得天下统。则陈僭于南，元闰于北，其不昭昭乎？"此说亦有理。然予复考之，灭梁江陵者，魏文帝也，时岁在甲戌。又三年丁丑，周乃代魏。不得云江陵之灭，则为周也。

简师之贤

《皇甫持正集》有《送简师序》，云："韩侍郎贬潮州，浮图之士，欢快以抃，师独愤起，访余求序，行资适潮，不顾蛇山鳄水万里之崄毒，若将朝得进拜而夕死者。师虽佛其名，而儒其行；虽夷狄其衣服，而人其知。不犹愈于冠儒前也无法衔接。因此司马光在《资治通鉴》里采取南朝承接晋朝一直到南朝陈灭亡；这以后接着是隋朝开皇九年，只是暂且借它的年号来记载史事，并没有偏重南朝。只是皇甫湜的分析不是这样，他说："晋朝的南迁，跟周平王因避犬戎的威胁而东迁的事相同。而元魏的种族实际上是匈奴，自己建立中原的政权称号。说晋朝灭绝了吧，它实际上并没有改变成外族；说它被替代了吧，又已经没有了传承。然而以往著书的人有把元姓看作正统皇帝的，现在记录历史的人又都把东晋看作非正统的，失误就太大了。东晋转为南朝宋，南朝宋转为南朝齐，南朝齐转为南朝梁，占据江陵一带的南朝覆灭以后，就归为北周统治了。陈霸先自立为帝到丧失政权，不用详述的。因此，从唐朝向上推，唐朝接替隋朝，隋朝灭了北周，北周取得南朝梁的政权，从南朝梁上推到尧、舜时代，这就得出了朝代的系统。那么，南朝陈在南方冒用帝王称号，北魏在北方并不正统，这不是清清楚楚了吗？"这个见解也是有道理的。不过，我又考察了这段历史，在江陵一带灭了梁朝的，是北魏文帝，时代在甲戌年（公元554年，此处所说年代与庙号不符。魏文帝在位十七年中没有甲戌年，应是魏恭帝甲戌年之误。）又过了三年，即丁丑年（公元557年），北周才取代了西魏。不能够说南朝覆灭就转为北周了。

简师之贤

《皇甫持正集》中有《送简师序》，写道："侍郎韩愈被贬官到潮州，信佛的人欢欣地拍手称快，简法师独自愤慨而起，拜访我，请求我写序文送行，资助他到潮州去，不管路途遥远，有毒蛇猛兽的艰险，好像是要早上进见晚上死了也甘心的样子。

冠，服朝服，惑溺于经怪之说以斁彝伦邪？”予读其文，想见简师之贤，而惜其名无传于后世，故表出之。

老人推恩

唐世赦宥，推恩于老人绝优。开元二十三年，耕籍田。侍老百岁以上，版授上州刺史；九十以上，中州刺史；八十以上，上州司马。二十七年，赦。百岁以上，下州刺史，妇人郡君；九十以上，上州司马，妇人县君；八十以上，县令，妇人乡君。天宝七载，京城七十以上，本县令；六十以上，县丞；天下侍老除官与开元等。国朝之制，百岁者始得初品官封，比唐不侔矣。淳熙三年，以太上皇帝庆寿之故，推恩稍优，遂有增年诡籍以冒荣命者。使如唐日，将如何哉？

唐三杰

汉高祖以萧何、张良、韩信为人杰。此三人者；真足以当之也。唐明皇同日拜宋璟、张说、源乾曜三故相官，帝赋《三杰诗》，自写以赐。其意盖以比萧、张等也。说与乾曜岂璟比哉！明皇可谓不知臣矣。

简法师虽然名义上皈依佛门，但行为上却是儒者；虽然穿着外族的袈裟，却有着正常人的智慧。这不更胜过戴着儒者帽子，穿着朝官衣服，却迷惑沉溺于佛经怪异之说而败坏天地人伦的常道的人吗？”我读了这篇序文，想到简师的贤良，因而遗憾他的名字没有流传到后代，所以把他表彰出来。

老人推恩

唐代赦免罪人宽宥过失，对老人施及的恩惠非常优厚。开元二十三年，皇帝亲行籍田礼。侍奉老人百岁以上的，封给上州刺史的头衔；九十岁以上的，封中州刺史；八十以上的，封上州司马。开元二十七年，赦免天下。百岁以上的老人，封下州刺史，百岁以上的妇女，封为郡君；九十岁以上的老人，封上州司马，妇女封为县君；八十岁以上的，封县令，妇女封乡君。唐天宝七年，京城里七十以上的老人，依照县令的待遇；六十以上的，按县丞对待；京城外全国侍奉老人安排官衔跟开元年间一样。本朝的制度，百岁的人才能得到初品官的封衔，跟唐代就不相等了。孝宗淳熙三年，因为太上皇帝庆寿的缘故，施加恩惠稍为优厚，于是有虚加岁数谎报籍贯来冒领光荣任命的人。如果像唐代那样，将会怎么样呢？

唐三杰

汉高祖把萧何、张良、韩信看成是人中豪杰。这三个人真正能够称是人杰了。唐玄宗在同一天授予宋璟、张说、源乾曜三位前丞相官职，玄宗作了《三杰诗》，亲自书写来赐赠给他们。他这样作大概是把这三人比作萧何、张良等人。张说和源乾曜

忠义出天资

忠义守节之士，出于天资，非关居位贵贱、受恩深浅也。王莽移汉祚，刘歆以宗室之隽导之为逆，孔光为宰相辅成其事；而龚胜以故大夫守谊以死；郭钦、蒋诩以刺史、郡守，栗融、禽庆、曹竟、苏章以儒生，皆去官不仕；陈咸之家，至不用王氏腊。萧道成篡宋，褚渊、王俭，奕世达宦，身为帝甥、主婿，所以纵臾灭刘，唯恐不速；而死节者乃王蕴、卜伯兴、黄回、任侯伯之辈耳。安禄山、朱泚之变，陈希烈、张均、张垍、乔琳、李忠臣，皆以宰相世臣为之丞弼；而甄济、权皋、刘海宾、段秀实，或以幕府小吏，或以废斥列卿，捐身立节，名震海内。人之贤不肖，相去何止天冠地屦乎！

刘歆不孝

事亲孝，故忠可移于君，是以求忠臣必于孝子之门。刘歆事父，虽不载不孝之迹，然其议论每与向异同。故向拳拳于国家，欲抑王氏以崇刘氏；而歆乃力赞王莽，唱其凶逆，至为之国师公，又改名秀以应图谶，竟亦不免为莽所诛，子棻、女愔皆以戮死。使天道每如是，不善者其知惧乎！

难道能跟宋璟类比吗？唐玄宗可以说不了解大臣了。

忠义出天资

忠贞道义保持节操的人，是因为他们的天赋，跟所处的地位高低，所受的恩惠多少没有关系。王莽篡夺了汉朝的皇位，刘歆身为汉朝宗室中才智出众的人却诱导王莽叛逆汉朝，孔光身为宰相也帮助王莽促成其事。而龚胜作为免职的大夫遵守道义而死；郭钦、蒋诩作为刺史、郡守，栗融、禽庆、曹竟、苏章作为读书人，都抛弃官职不求仕进，陈咸的家中，甚至不采用王莽的年终祭礼。萧道成篡夺了南朝宋的政权，褚渊、王俭，都是历代显达的官宦，身为皇帝的外甥、君主的女婿，怂恿鼓动颠覆刘宋的作为，只嫌不够快速；面为保持气节而死的人竟是王蕴、卜伯兴、黄回、任侯伯这些人罢了。安禄山、朱泚叛乱，陈希烈、张均、张垍、乔琳、李忠臣，身为宰相却作了他们的助手；而甄济、权皋、刘海宾、段秀实，有的作为军营公署中的小官，有的作为被罢免贬斥的卿相，献出生命建立名节，声名震动全国。人是否贤良，相差的哪里只是天上地下呀！

刘歆不孝

侍奉父母孝顺，故而忠心可以移向帝君，因此寻求忠义大臣一定在于孝子的家门。刘歆事奉父亲，虽然历史没有记载他不孝的事迹，但是他的言谈议论常常跟其父刘向不同。因此刘向对国家忠心耿耿，主张贬抑王莽而推崇刘氏；而刘歆却极力赞颂王莽，助长了他的凶虐反叛，甚至做了王莽的国师，而且改名为刘秀以适应图谶的预兆，最后也不可避免地被王莽诛杀，刘

汉法恶诞谩

李广以私忿杀霸陵尉，上书自陈谢罪。武帝报之曰："报忿除害，朕之所图于将军也。若乃免冠徒跣，稽颡请罪，岂朕之指哉！"张敞杀絮舜，上书曰："臣待罪京兆，絮舜本臣素所厚吏，以臣有章劾当免，受记考事，谓臣'五日京兆'，背恩忘义。臣窃以舜无状，枉法以诛之。臣贼杀不辜，鞠狱故不直，死无所恨。"宣帝引拜为刺史。汉世法令，最恶诞谩罔上。广、敞虽妄杀人，一语陈情，则赦之不问，所以开臣下不敢为欺之路也。武帝待张汤非不厚，及问鲁谒居事，谓其怀诈面欺，杀之不贷，真得御臣之法。

汉官名

汉宫名有不书于《百官表》而因事乃见者。如行冤狱使者，因张敞杀絮舜而见；美俗使者，因何并代严诩而见；河堤使者，因王延世塞决河而见；直指使者，因暴胜之而见。岂非因事置官，事已即罢乎？

歆的儿子刘棻、女儿刘愔都被杀戮。假如天意经常能像这样惩恶扬善，不善良的人恐怕要知道畏惧了吧！

汉法恶诞谩

李广因个人怨恨杀了霸陵尉，上书给皇帝自己表明情况承认罪过。汉武帝回复他说："报复怨恨、剪除祸害，这正是朕对将军你的期望。至于摘帽赤脚、叩头请罪，这难道是朕的意图吗？"张敞杀了絮舜，上书说道："臣下任职京兆尹，絮舜本来是我一向看重的官吏，因为有奏章弹劾我应当免职，接受罢免文书，审查被检举的事实，他对我说'你只能当五天京兆尹了'，拒绝执行命令，这是忘恩负义。我私下认为絮舜的罪过不可用言语描述，违背法律把他杀了。我杀害了没有判罪的人，审定案件当然不正直，死了也没有什么抱憾。"汉宣帝提拔了张敞，授予他刺史之职。汉代的法令，最厌恶虚诞欺诈蒙骗主上。李广、张敞虽然妄自杀人，一番话陈述了真实情况，就被赦免不加追究，这是开辟臣下不敢进行欺君的道路所用的策略。汉武帝对张汤并不是不重用，等到问到鲁谒居的事，认为他心怀诡诈面带欺瞒，杀了他毫不宽恕。这真是掌握了控制臣下的方法了。

汉官名

汉朝有的官名没有记录在《百官表》里，而通过有关事件的记载才可以看到。例如"行冤狱使者"，通过张敞杀絮舜的事可以看到；"美俗使者"，通过何并代理严诩为颍川太守的事可以看到；"河堤使者"，通过王延世堵塞黄河决口的事可以看到；"直指使者"，通过暴胜之的事可以看到。这难道不是由于具

五胡乱华

刘聪乘晋之衰，盗窃中土，身死而嗣灭，男女无少长皆戕于靳准。刘曜承其后，不能十年，身为人禽。石勒尝盛矣，子夺于虎。虎尽有秦、魏、燕、齐、韩、赵之地。死不一年，而后嗣屠戮，无一遗种。慕容儁乘石氏之乱，跨据河山，亦仅终其身，至子而灭。苻坚之兴，又非刘、石比，然不能自免，社稷为墟。慕容垂乘苻氏之乱，尽复燕祚，死未期年，基业倾覆。此七人者，皆夷狄乱华之巨擘也，而不能久如此。今之北虏，为国八十年，传数酋矣，未亡何邪？

石宣为彗

石虎将杀其子宣，佛图澄谏曰："陛下若加慈恕，福祚犹长；若必诛之，宣当为彗星下扫邺宫。"虎不从。明年，虎死；二年，国亡。《晋史》书之以为澄言之验。予谓此乃石氏穷凶极虐，为天所弃。岂一逆子便能上干玄象，起彗孛乎？宣杀其弟韬，又欲行冒顿之事，宁有不问之理？澄言既妄，史氏误信而载之，《资治通鉴》亦失于不删也。

体事务设置官位，事情结束就撤除吗？

五胡乱华

刘聪乘着东晋的衰微，窃取中原，自己死了以后，子嗣就被诛灭，无论男女老幼都被靳准杀害。刘曜接着刘聪之后，不超过十年，自己就被人俘虏。石勒曾经兴盛过，儿子皇位被石虎夺走。石虎完全占有了秦国、魏国、燕国、齐国、韩国、赵国的土地，他死后不到一年，子孙就遭残杀，没有一个留下后代。慕容儁乘着石氏的内乱，占据了江山，也只终了自身，到他的儿子就覆灭了。苻坚的兴盛，又不是刘氏、石氏的能比的，但是也不能免于失败，国家化为丘墟。慕容垂趁着前秦苻氏的动乱，完全恢复了前燕的国统，死后不足一年，帝业倾颓覆亡。这七个人，都是外族祸乱中华的突出人物，可是都像这样的不能长久。当今的金国鞑虏，建立政权八十年，传了好几代首领了，还没有灭亡，这是为什么呢？

石宣为彗

石虎将要杀他的儿子石宣，佛图澄劝谏道："陛下如果加以慈恩宽恕，福分和国统还会长久；如果一定要杀他，石宣会化为彗星，下世扫除邺城皇宫的。"石虎不听。第二年，石虎死去；第三年，国家倾亡。《晋书》记载这件事，认为佛图澄的话应验了。我认为这是石氏极端凶残暴虐，被天厌弃了。难道一个忤逆的儿子就能够上天影响星象，激起彗星感应吗？石宣杀了他的弟弟石韬，又想做冒顿单于做过的杀父之事，哪有不闻不问的道理？佛图澄的话已经是荒诞的了，史官们错误地相信并记载了

三公改它官

国初以来，宰相带三公官居位，及罢去，多有改它官者。范质自司徒、侍中改太子太傅，王溥自司空改太子太保，吕蒙正自司空改太子太师是也。天禧以前唯赵普、王旦乃依旧公师，仍复迁秩。天圣而后，恩典始隆，张士逊致仕，至以兵部尚书得太傅云。

带职致仕

熙宁以前，待制学士致仕者，率迁官而解其职。若有疾就闲者，亦换为集贤院学士。盖不以近职处散地也。带职致仕，方自熙宁中王素始。后改集贤学士为修撰，政和中又改为右文云。

朋友之义

朋友之义甚重。天下之达道五：君臣、父子、兄弟、夫妇而至朋友之交。故天子至于庶人，未有不须友以成者。“天下俗薄，而朋友道绝”见于《诗》；“不信乎朋友，弗获乎上”见于《中庸》《孟子》。“朋友信之”，孔子之志也；“车马衣裘，与朋友共”，子路之志也；“与朋友交而信”，曾子之志也。《周礼》六行，五曰任，谓信于友也。汉、唐以来，犹有它，《资治通鉴》也错在没有删除这段记载。

三公改他官

本朝开国初年以来，宰相带着三公的官职处在相位，等到被免离位，有很多改任其他官职的。范质从司徒、侍中改为太子太傅，王溥从司空改任太子太保，吕蒙正从司空改当太子太师就是例子。真宗天禧年间以前，只有赵普、王旦依旧是国公、太师，同时又迁升官职。仁宗天圣年间以后，恩典才开始隆重，张士逊辞官以后，甚至以兵部尚书的身份得到太傅之位。

带职致仕

神宗熙宁以前，待制学士辞官归居的人，一般都调动官位再解除他们的职务。如果有人患病而改为闲职，也换成集贤院学士。这是不让他们以近侍官职处在闲散的地位。带着职位辞官，从熙宁中王素时才开始。后来把集贤学士改为修撰，徽宗政和中又改成右文殿修撰。

朋友之义

朋友的情义很重要。天下人共同遵循的道有五类：君臣之道、父子之道、兄弟之道、夫妇之道，以至于朋友交往之道。因此从天子到百姓，没有不需要朋友而成事的。“天下的习俗情义淡薄，因而朋友之道断绝”，这话见于《诗经》；“不取信于朋友，就不能获得主上的恩遇”，这话见于《中庸》《孟子》；“朋友信任自己”，这是孔子的志趣；“车驾、马匹、衣裳、皮裘，跟朋友共享”，这是子路的志趣；“跟朋友交往而且守信”，这是曾范张、陈雷、元白、刘柳之徒，始终相与，不以死生贵贱易其心。本朝百年间，此风尚存。呜呼，今亡矣！

高科得人

国朝自太平兴国以来，以科举罗天下士，士之策名前列者，或不十年而至公辅。吕文穆公蒙正、张文定公齐贤之徒是也。及嘉祐以前，亦指日在清显。东坡《送章子平序》，以谓仁宗一朝十有三榜，数其上之三人，凡三十有九，其不至于公卿者，五人而已。盖为士者知其身必达，故自爱重而不肯为非，天下公望亦以鼎贵期之，故相与爱惜成就，以待其用。至嘉祐四年之制，前三名始不为通判，第一人才得评事、签判，代还升通判，又任满，始除馆职。王安石为政，又杀其法，恩数概削，得人亦衰矣。观天圣初榜，宋郑公郊、叶清臣、郑文肃公戬、高文庄公若讷、曾鲁公公亮五人连名，二宰相、二执政、一三司使。第二榜，王文忠公尧臣、韩魏公琦、赵康靖公概连名。第三榜，王宣徽拱辰、刘相沆、孙文懿公抃连名。杨寘榜，寘不幸即死，王岐公珪、韩康公绛、王荆公安石连名。刘煇榜，煇不显，胡右丞宗愈、安门下焘、刘忠肃公挚、章申公惇连名。其盛如此！治平以后，第一人作侍从，盖可数矣。

子的志趣。《周礼》中载有六种良好的品行，第五种是信任，指的是对朋友信任。汉、唐以来，还有范式和张劭、陈重和雷义、元稹和白居易、刘禹锡和柳宗元这些人，始终彼此相好，不因为生死贵贱改变心念。我们宋朝的前一百年间，这种风气还保存着。唉，现在丧失了。

高科得人

本朝自从太宗太平兴国以来，用科举网罗天下的才士，士人的策试名字列在前面的有些人，不出十年官就升到三公或辅相了。文穆公吕蒙正、文定公张齐贤等人就是这样。等到嘉祐年以前，这些人也还可以不用多少时日就处在清高显赫的地位。苏东坡《送章子平序》说，宋仁宗一朝公布了十三次科举文榜，计算其中前三名，其三十九人，这些人中没有升到公卿地位的，只有五个人罢了。因为作为士人的人知道自己一定会显达，所以自爱自重而不肯做非分的事；社会公众的期望也认为他们会极其显贵，所以对他们都爱护尊敬，帮助他们成就功名，等待将来的用场。到嘉祐四年的制度改革，前三名开始时还当不上通判，第一名才能得到个评事、签判，一步步升到通判，又再任职期满，才授予馆阁大臣之职。王安石执掌政务，又把这种制度降了等级，恩惠的数量既然减削了，得到的人才也就衰减了。观察仁宗天圣年的首次科举名榜，郑国公宋郊、叶清臣、文肃公郑戬、文庄公高若讷、鲁国公曾公亮五人名次相连，两人做了宰相，两人参执政事，一人做了三司使。第二次名榜，文忠公王尧臣、魏国公韩琦、康靖公赵概名次相连。第三榜，宣徽使王拱辰、宰相刘沆、文懿公孙抃名次相连。杨寘那一榜，杨寘不幸死去，岐国公

辛庆忌

汉成帝将立赵飞燕为皇后，怒刘辅直谏，囚之掖廷狱。左将军辛庆忌等上书救辅，遂得减死。朱云请斩张禹，上怒，将杀之，庆忌免冠解印绶，叩头殿下曰："此臣素著狂直，臣敢以死争。"叩头流血。上意解，然后得已。庆忌此两事，可与汲黯、王章同科。班史不书于本传，但言其为国虎臣，匈奴、西域敬其威信而已。方争朱云时，公卿在前，曾无一人助之以请，为可羞也。

楚怀王

秦汉之际，楚怀王以牧羊小儿为项氏所立，首尾才三年。以事考之，东坡所谓天下之贤主也。项梁之死，王并吕臣、项羽军，自将之，羽不敢争。见宋义论兵事，即以为上将军，而羽乃为次将。择诸将入关，羽怨秦，奋势愿与沛公西，王以羽慓悍祸贼，不许，独遣沛公，羽不敢违。及秦既亡，羽使人还报王，王曰："如约。"令沛公王关中。此数者，皆能自王珪、康国公韩绛、荆国公王安石连名。刘煇那一榜，刘煇没有显贵，右丞胡宗愈、门下侍郎安焘、忠肃公刘挚、申国公章惇名次相连。人才是这么繁盛！英宗治平以后，第一名当上侍从，大概可以数过来了。

辛庆忌

汉成帝将要立赵飞燕为皇后，对刘辅的直言劝谏非常恼怒，就把他囚禁在掖廷狱中。左将军辛庆忌等人上书营救刘辅，终于获得减免死罪。朱云请求斩杀佞臣张禹，汉成帝恼怒了，打算杀了朱云。辛庆忌取下官帽、解去官印，叩头于大殿之下说："这位大臣素来表现狂放率直，我冒昧地以一死来规谏陛下。"磕头磕出血来，汉成帝的怒意宽解了，于是没有杀朱云。辛庆忌的这两件事，可以跟汲黯、王章相提并论。史官班固没有记载到本传里，只说他是国家的勇武之臣，匈奴、西域都敬畏他的威望信誉而已。当为朱云规劝皇上时，公卿大臣都在跟前，竟然没有一个帮助他来请求，这真值得羞耻。

楚怀王

秦汉之际，楚怀王只是牧羊的小孩儿，被项氏立为王，前后才三年。根据史事来考究，正是苏东坡所说的天下的贤明君主。项梁死了以后，楚怀王合并了吕臣、项羽的军队，自己统领全军，项羽也不敢力争。楚怀王见到宋义谈论军事，就拜他为上将军，而项羽才是次将。楚怀王挑选诸位将领进入关中，项羽怨恨秦朝，激奋作势愿意同刘邦西进，楚怀王认为项羽敏捷骁悍、凶狠残暴，不肯同意，只派遣了刘邦，项羽也不敢违抗。等到秦朝灭制命，非碌碌孱王受令于强臣者，故终不能全于项氏。然遣将救赵灭秦，至于有天下，皆出其手。太史公作《史记》，当为之立本纪，继于秦后，迨其亡，则次以汉高祖可也。而乃立《项羽本纪》，义帝之事特附见焉，是直以羽为代秦也，其失多矣。高祖尝下诏，以秦皇帝、楚隐王亡后，为置守冢，并及魏、齐、赵三王，而义帝乃高祖故君，独缺不问，岂简策脱佚乎？

范增非人杰

世谓范增为人杰，予以为不然。夷考平生，盖出战国从横之余，见利而不知义者也。始劝项氏立怀王，及羽夺王之地，迁王于郴，已而弑之。增不能引君臣大谊，争之以死。怀王与诸将约，先入关中者王之，沛公既先定关中，则当如约，增乃劝羽杀之，又徙之蜀汉。羽之伐赵，杀上将宋义，增为末将，坐而视之。坑秦降卒、杀秦降王、烧秦宫室，增皆亲见之，未尝闻一言也。至于荥阳之役，身遭反间，然后发怒而去。呜呼，疏矣哉！东坡公论此事伟甚，犹未尽也。

亡以后，项羽派人回来报告楚怀王，楚怀王说："按照原来的约定行事。"命令刘邦统治关中。这几个方面，楚怀王都能够自己控制命运，不是庸碌无为地受命于强悍大臣的软弱君主，因此最后被项羽杀了。然而他调遣将领解救赵国消灭秦国，直到获得天下成为义帝，都是他亲手所为。太史公作《史记》，应当为他写个本纪，接在秦朝的后面，写到他灭亡之后，再接着写汉高祖就可以了。可是竟然写了《项羽本纪》，义帝的事只附带着见于其中，这简直是认为项羽取代了秦朝，其中的失误太多了。汉高祖曾经下过诏文，在秦皇帝、楚隐王死后，为他们安排守护坟墓的人，跟魏、齐、赵三王一起提及，而且义帝是高祖原来的君主，偏偏遗漏而没有提到，难道是竹简书册脱漏亡佚了吗?

范增非人杰

世人都认为范增是杰出人物，我认为他不是。考察他的一生，是战国纵横家的残余，是见到好处就不管道义的人。开始时他劝项梁扶立楚怀王，等到项羽夺得了怀王的土地，把怀王迁到郴（今湖南郴县），不久又杀了怀王，范增不能依照君臣的大义以死劝阻。怀王跟几位将领约定，先进入函谷关灭秦的为关中之王，沛公刘邦既然已经先平定了关中，那么就应该遵守约定，范增竟然劝项羽杀了沛公，并使他迁移到蜀郡汉中一带。项羽在征伐赵军的时候，杀了上将军宋义，范增作为属下末将，眼看着而不管。项羽活埋秦朝降兵、杀死秦朝的降王、烧毁秦朝宫室，范增都亲眼见到这些事，却没有听到他说一句话。到了荥阳之战，范增自己受到了敌方的离间，这以后发怒离去。唉！疏失太多了！苏东坡论述这件事深刻得很，但是还不够充分。

翰苑故事

翰苑故事，今废弃无余。唯学士入朝，犹有朱衣院吏双引至朝堂而止，及景灵宫行香，则引至立班处。公文至三省不用申状，但尺纸直书其事，右语云“谘报尚书省伏候裁旨，月日押”，谓之谘报。此两事仅存。

唐扬州之盛

唐世盐铁转运使在扬州，尽斡利权，判官多至数十人，商贾如织。故谚称“扬一益二”，谓天下之盛，扬为一而蜀次之也。杜牧之有“春风十里珠帘”之句。张祜诗云：“十里长街市井连，月明桥上看神仙。人生只合扬州死，禅智山光好墓田。”王建诗云：“夜市千灯照碧云，高楼红袖客纷纷。如今不似时平日，犹自笙歌彻晓闻。”徐凝诗云：“天下三分明月夜，二分无赖是扬州。”其盛可知矣。自毕师铎、孙儒之乱，荡为丘墟。杨行密复葺之，稍成壮藩，又毁于显德。本朝承平百七十年，尚不能及唐之什一，今日真可酸鼻也！

张祜诗

唐开元、天宝之盛，见于传记、歌诗多矣，而张祜所咏尤多，皆它诗人所未尝及者。如《正月十五夜灯》云：“千门开锁万灯明，正月中旬动帝京。三百内人连袖舞，一时天上

翰苑故事

翰林院的传统制度，现今废弃得没有存余了。只有学士进朝时，还有穿红衣的院吏双双引路到达朝堂停下来；到景灵宫举行烧香仪式，就引路到应该站立的地方。公文送到三省（中书省、门下省、尚书省）不用专门上行的文书，只用一尺见方的纸直接写上要申报的事，前面写上“公文上报尚书省，恭敬听候裁定旨意，某月某日押字”，这叫作咨报。只保存了这两件事。

唐扬州之盛

唐代盐铁转运使住在扬州，全面掌管着财政大权，判官多到几十人，商人往来如穿梭。所以民谚说：“扬一益二”，讲的是天下最繁盛的，扬州为第一，而四川益州次于它。杜牧有“春风十里珠帘”的诗句，张祜的诗说：十里长街市井连，月明桥上看神仙。人生只合扬州死，禅智山光好墓田。”王建的诗道：“夜市千灯照碧云，高楼红袖客纷纷。如今不似时平日，犹自笙歌彻晓闻。”徐凝的诗道：“天下三分明月夜，二分无赖是扬州。”当时的盛况就可想而知了。自从毕师铎、孙儒的战乱，扬州被扫荡成为废墟。杨行密重新修复扬州，渐渐成为宏伟的藩镇，却又在后周显德年间被烧毁。本朝太平了一百七十年，还不能赶上唐朝的十分之一，现在真令人鼻子发酸啊！

张祜诗

唐朝开元、天宝年间的兴盛，记录在史书和诗歌中的多了，而张祜所作的诗歌尤其多，都是其他诗人所没有涉及的。例如《正月十五夜灯》写道：“千门开锁万灯明，正月中旬动帝京。

着词声。”《上巳乐》云：“猩猩血染系头标，天上齐声举画桡。却是内人争意切，六宫红袖一时招。”《春莺啭》云：“兴庆池南柳未开，太真先把一枝梅。内人已唱《春莺啭》，花下傞傞软舞来。”又有《大酺乐》《邠王小管》《李谟笛》《宁哥来》《邠娘羯鼓》《退宫人》《耍娘歌》《悖拏儿舞》《阿㬊汤》《雨霖铃》《香囊子》等诗，皆可补开、天遗事，弦之乐府也。

古人无忌讳

古人无忌讳。如季武子成寝，杜氏之葬在西阶之下，请合葬焉，许之。入宫而不敢哭，武子命之哭。曾子与客立于门侧，其徒有父死，将出哭于巷者，曾子曰：“反哭于尔次。”北面而吊焉。伯高死于卫，赴于孔子，孔子曰：“夫由赐也见我，吾哭诸赐氏。”遂哭于子贡寝门之外，命子贡为之主，曰：“为尔哭也，来者拜之。”夫以国卿之寝阶，许外人入哭而葬；己所居室，而令门弟子哭其亲；朋友之丧，而受哭于寝门之外；今人必不然者也。圣贤所行，固为尽礼，季孙宿亦能如是。以古方今，相去何直千万也。

三百内人连袖舞，一时天上着词声。”《上巳乐》写道：“猩猩血染系头标，天上齐声举画桡。却是内人争意切，六宫红袖一时招。”《春莺啭》写道：“兴庆池南柳未开，太真先把一枝梅。内人已唱《春莺啭》，花下傞傞软舞来。”还有《大酺乐》《邠王小管》《李谟笛》《宁哥来》《邠娘羯鼓》《退宫人》《耍娘歌》《悖拏儿舞》《阿㶉汤》《雨霖铃》《香囊子》等歌诗，都可以补充开元、天宝年间遗留下来的事迹，配上音乐成为乐府题材。

古人无忌讳

古代的人没有忌讳。例如季武子建成陵寝，杜氏原来就葬在寝殿西边台阶之下。杜氏后人请求将其先人合葬在季氏寝陵之中，季武子同意了请求。杜氏家人进入寝殿却不敢哭，季武子让他们哭。曾子跟客人站立在大门旁边，他有个弟子父亲死了，想出门到巷中哭悼，曾子说：“回去到你的住处哭吧。”并且面向北悼念他。伯高死在卫国，有人向孔子报丧，孔子说：“这是因为我的学生端木赐（字子贡，卫国人）才来见我，我要对着端木赐哭悼。”于是在子贡的内室门外哭，让子贡作这件事的当事人。说：“这是为你的缘故而哭悼伯高的，来慰问你的人应该拜见他。”身为公卿的人的寝殿阶下，允许外人进来哭悼甚至安葬；自己所住的居室内，能在让门下学生哭悼他的父亲；朋友有丧事的时候，能在内室门外接受哭悼；现在的人一定不会像这样。圣明的贤人所作所为，当然是全都符合礼数，连季孙宿（即季武子）也能这样。用古代来跟当今相比，相差何止千千万万！

宰我不诈

宰我以三年之丧为久，夫子以食稻衣锦问之曰：“于女安乎？”曰：“安。”后人以是讥宰我，谓孔门高第乃如是，殊不知其由衷之言，不为诈隐，所以为孔门高第也。鲁悼公之丧，孟敬子曰：“食粥，天下之达礼也，吾三臣者之不能居公室也，四方莫不闻矣。勉而为瘠，毋乃使人疑夫不以情居瘠者乎哉！我则食食。”乐正子春之母死，五日而不食，曰：“吾悔之，自吾母而不得吾情，吾恶乎用吾情！”谓勉强过礼也。夫不情之恶，贤者所深戒，虽孟敬子之不臣，宁废礼食食，不肯不情而为瘠。盖先王之泽未远，故不肖者亦能及之。

李益卢纶诗

李益、卢纶，皆唐大历十才子之杰者。纶于益为内兄，尝秋夜同宿，益赠纶诗曰：“世故中年别，余生此会同。却将悲与病，独对朗陵翁。”纶和曰：“戚戚一西东，十年今始同。可怜风雨夜，相问两衰翁。”二诗虽绝句，读之使人凄然，皆奇作也。

宰我不诈

宰我认为三年的服丧期太长，孔夫子用在服丧期间吃好米饭穿锦缎衣来问他说：“你心里安不安呢？”宰我说：“安。”后来人们认为这是讥讽宰我，说孔子门下的高徒竟然会这样，根本不知道这是宰我出于内心的话，不作欺诈隐瞒，这正是作为孔子门下高徒的优点。鲁悼公的丧礼期间，孟敬子说：“服丧期间吃稀饭，这是天下通常的礼节。我们三个做臣子的不能效忠于君主的事，四方邻国没有不知道的了。勉强吃粥服丧，就会瘦病，岂不会让人疑心我们是不依据真实感情而处于瘦病之态的人吗？我们就正常饮食吧。”乐正子春的母亲死后，他五天不吃东西，说：“我对此后悔了，自从我母亲死后，就不知道我的真实情感了，我还上哪儿去运用我的情感呢？”这是指后悔勉强超过丧礼三天不吃东西的规定。不运用真实情感的恶行，是贤明的人深深戒忌的，即使像孟敬子这种不守臣道的人，也宁愿放弃礼节而吃正常饮食，不肯违背真情而受瘦病。大概是因为离古代贤明君王的恩泽不远，因此连不贤良的人也能受到影响吧！

李益卢纶诗

李益、卢纶，都是唐代大历年间的十个才子中杰出的诗人。卢纶是李益妻子的哥哥，曾经在秋天夜晚同住一处，李益赠给卢纶一首诗说：“世故中年别，余生此会同。却将愁与病，独对朗陵翁。”卢纶和诗道：“戚戚一西东，十年今始同。可怜风雨夜，相问两衰翁。”两首诗虽然是短小的绝句，读着它们使人感到悲凉凄恻，都是奇异的作品。

卷十（二十则）

杨彪陈群

魏文帝受禅，欲以杨彪为太尉，彪辞曰："彪备汉三公，耄年被病，岂可赞惟新之朝？"乃授光禄大夫。相国华歆以形色忤旨，徙为司徒而不进爵。帝久不怿，以问尚书令陈群曰："我应天受禅，相国及公独不怡，何也？"群对曰："臣与相国，曾臣汉朝，心虽悦喜，犹义形于色。"夫曹氏篡汉，忠臣义士之所宜痛心疾首，纵力不能讨，忍复仕其朝为公卿乎？歆、群为一世之贤，所立不过如是。彪逊词以免祸，亦不敢一言及曹氏之所以得。盖自党锢祸起，天下贤士大夫如李膺、范滂之徒，屠戮殆尽，故所存者如是而已。士风不竞，悲夫！章惇、蔡京为政，欲殄灭元祐善类，正士禁锢者三十年，以致靖康之祸，其不为歆、群者几希矣。

爰盎温峤

赵谈常害爰盎，盎兄子种曰："君与斗，廷辱之，使其毁不用。"文帝出，谈参乘，盎前曰："天子所与共六尺舆者，皆天下豪英，陛下奈何与刀锯余人载？"上笑下谈，谈泣下车。

杨彪陈群

魏文帝曹丕受禅称帝,想让杨彪当太尉,杨彪推辞说"我愧任过汉朝的三公之职,现在年老遭受疾病,怎么可辅佐新的朝代?"魏文帝就授予他光禄大夫。相国华歆因为脸色不高兴违背了圣旨,改为司徒而不提升封爵。魏文帝很长时间不开心,就问尚书令陈群说:"我应天命接受皇位,相国和您偏偏不愉快,这是为什么?"陈群回答说:"我跟相国,曾经作过汉朝的大臣,心中即使喜悦,仍然不免在神色上表现道义来。"那曹氏篡夺汉朝政权,是忠诚的臣子、正义的士人所应该痛心疾首的,即使力量不能够征讨他,难道忍心再在他的朝中做公卿大官吗?华歆、陈群是一代贤良,他们的立身之本却不过如此。杨彪谦恭地推辞以避免灾祸,也不敢有一句话说到曹氏的得失所在。自从宦官迫害士大夫的党锢之祸以后,李膺、范滂之类的忠义士大夫,被屠杀得将要尽绝,因此活下来的人只有这样了。士人的风气不强盛,可悲呀!章惇、蔡京执掌政事,想要杀尽哲宗元祐时的忠良之臣,正义人士被禁锢达三十年,因而导致了靖康年间的祸乱,士人不像华歆、陈群的几乎极少有了。

爰盎温峤

赵谈曾害过爰盎,爰盎哥哥的儿子爰种说"您跟他斗,在朝廷上羞辱他,使他名义被毁而不受重用。"汉文帝外出,赵谈陪坐在车右边,爰盎上前说:"跟天子同坐六尺车舆的人,都是温峤将去王敦，而惧钱凤为之奸谋，因敦饯别，峤起行酒，至凤，击凤帻坠，作色曰："钱凤何人，温太真行酒而敢不饮！"及发后，凤人说敦曰："峤于朝廷甚密，未必可信。"敦曰："太真昨醉，小加声色，岂得以此便相谗贰。"由是凤谋不行。二者之智如此。

日饮亡何

《汉书·爰盎传》："南方卑湿，君能日饮，亡何。"颜师古注云："无何，言更无余事。"而《史记·盎传》作"日饮毋苛"，盖言南方不宜多饮耳。今人多用"亡何"字。

爰盎小人

爰盎真小人，每事皆借公言而报私怨，初非尽忠一意为君上者也。尝为吕禄舍人，故怨周勃。文帝礼下勃，何豫盎事，乃有"非社稷臣"之话，谓勃不能争吕氏之事，适会成功耳。致文帝有轻勃心，既免使就国，遂有廷尉之难。尝谒丞相申屠嘉，嘉弗为礼，则之丞相舍折困之。为赵谈所害，故沮止其参乘。素不好晁错，故因吴反事请诛之。盖盎本安陵群盗，宜其忮心忍戾如此。死于刺客，非不幸也。

天底下的英雄豪杰，陛下怎么跟宦者同坐车中呢？”汉文帝笑着让赵谈下去，赵谈流着泪下了车。温峤（字太真）要离开王敦，但怕钱凤为王敦出奸诈谋略。乘着王敦设宴送别，温峤站起来劝酒，走到钱凤跟前，打落了钱凤的头巾，变了脸色说“钱凤是什么人，温太真劝酒竟胆敢不喝！”等到温峤出发以后，钱凤进来劝说王敦道：“温峤跟朝廷联系非常紧密，不一定可以轻信。”王敦说：“温太真昨天醉了，稍微对你有点不好的声言和神色，怎么能根据这一点就说他坏话制造分裂呢？”因为这件事，钱凤的计谋没有实行。这两个人的智慧就像这样。

日饮亡何

《汉书·爰盎传》说：“南方地势低下潮湿，您能每天喝酒，没有其他事情。”颜师古作解释说：“亡何就是无何，说的是再没有其他事情。”可是《史记·爰盎传》作“日饮毋苛”，大概是说南方不应该多喝酒吧。现在人们多用“亡何”的字样。

爰盎小人

爰盎真正是个小人，每件事都是假借公言来报私人的怨恨，最初并不是竭尽忠诚一心一意地为君上办事的。他曾经做过吕禄的舍人，因此怨恨周勃。汉文帝礼待周勃，跟爰盎有什么相干？竟然说周勃“不是国家的忠臣”的话，说周勃不能为吕氏的事劝诤，正好碰上诛诸吕成功罢了。致使汉文帝有不看重周勃的想法，周勃被免职回到封国之后，于是遭受廷尉审讯之难。爰盎曾经求见丞相申屠嘉，申屠嘉不礼待他，他就到丞相住处去折辱为难他。爰盎被赵谈害过，因此阻止赵谈作为汉文帝车

唐书判

唐铨选择人之法有四：一曰身，谓体貌丰伟；二曰言，言辞辩正；三曰书，楷法遒美；四曰判，文理优长。凡试判登科谓之入等，甚拙者谓之蓝缕，选未满而试文三篇谓之宏辞，试判三条谓之拔萃，中者即授官。既以书为艺，故唐人无不工楷法；以判为贵，故无不习熟。而判语必骈俪，今所传《龙筋凤髓判》及《白乐天集·甲乙判》是也。自朝廷至县邑，莫不皆然，非读书善文不可也。宰臣每启拟一事，亦必偶数十语，今郑畋敕语、堂判犹存。世俗喜道琐细遗事，参以滑稽，目为花判，其实乃如此，非若今人握笔据案，只署一字亦可。国初尚有唐余波，久而革去之。但体貌丰伟，用以取人，未为至论。

古彝器

三代彝器，其存至今者，人皆宝为奇玩。然自春秋以来，固重之矣。经传所记，取郜大鼎于宋，鲁以吴寿梦之鼎右的陪乘。爰盎素来不喜欢晁错，因此趁着吴王造反的事请求杀了晁错。爰盎家本来是安陵的一伙盗匪，难怪他心怀猜忌残忍乖张到这种地步。他被刺客杀死，并不是不幸的事。

唐书判

唐代量才授官，选择人才的原则有四条：第一是身体标准，要求身体相貌丰满伟岸；第二是言谈标准，言语辞令雄辩公正；第三是书写，楷书法式遒劲刚美；第四是判状，文辞条理优美通畅。凡通过吏部考试录取的称为"入等"，非常拙劣的称为"蓝缕"，未通过吏部考选而通过三篇文章的称为"宏辞"，通过判状三条的称为"拔萃"，选中的授予官职。既然靠书法作为艺业，因此唐代人没有不擅长楷书法式的；既然以判状为重要，因此没有不学习熟练的。而判状的语言一定讲究对偶整齐，现在流传的《龙筋凤髓判》以及《白乐天集·甲乙判》就说明这一点。从朝廷到县城，没有不是这样，不读书、不擅长文学就不行。朝廷辅政大臣每逢报告草拟一件事，也一定对偶几十句话，现在郑畋写的敕书、堂判仍然留存着。世俗喜欢谈论琐碎的古代遗事，夹杂着诙谐的话语，被看成"花判"，那事实就是这样，不像现在的人提笔靠着书按，只签署一个字也可以。宋朝初年还有唐代的遗风，经久就改变除去了。只是用身体相貌丰盈高大来取用人才，不能算妥善的评定。

古彝器

夏商周三代的青铜器，留存到现在的，人们都珍视它并作为奇异古玩。然而自《春秋》以来，本来就很重视它们了。根据賄荀偃，晋赐子产莒之二方鼎，齐赂晋以纪甗、玉磬，徐赂齐以甲父之鼎，郑赂晋以襄钟，卫欲以文之舒鼎、定之鞶鉴纳鲁侯，乐毅为燕破齐，祭器设于宁台，大吕陈于元英，故鼎反乎磨室是已。

玉蕊杜鹃

物以希见为珍，不必异种也。长安唐昌观玉蕊，乃今玚花，又名米囊，黄鲁直易为山矾者。润州鹤林寺杜鹃，乃今映山红，又名红踯躅者。二花在江东弥山亘野，殆与榛莽相似。而唐昌所产，至于神女下游，折花而去，以践玉峰之期；鹤林之花，至以为外国僧钵盂中所移，上玄命三女下司之，已逾百年，终归阆苑。是不特土俗罕见，虽神仙亦不识也。王建《宫词》云：“太仪前日暖房来，嘱向昭阳乞药栽。敕赐一窠红踯躅，谢恩未了奏花开。”其重如此，盖宫禁中亦鲜云。

礼寺失职

唐开元中，封孔子为文宣王，颜子为兖公，闵子至子夏为侯，群弟子为伯。本朝祥符中，进封公为国公，侯为郡公，伯为侯。绍兴二十五年，太上皇帝御制赞七十五首。而有司文献记载，把郜国的大鼎取到宋国，鲁国用吴国的寿梦鼎送给荀偃，晋国赏赐给子产莒国的两个方鼎，齐国用纪甗、玉磬馈赠给晋国，徐国把甲父鼎赠给齐国，郑国把襄钟送于晋国，卫国想用文氏的舒鼎、定氏的鞶鉴进纳给鲁侯，乐毅替燕国打败齐国，把祭祀的青铜器安设在宁台，奏乐协律用的青铜器大吕钟陈列在元英殿，原来是鼎器运回到磨室宫中，这些都是证据。

玉蕊杜鹃

事物以少见为珍奇，不一定要奇异的品种。长安的唐昌观中玉蕊花，就是现在的玚花，又名米囊，黄庭坚改称为山矾的那种花。润州的鹤林寺中的杜鹃花，就是现在的映山红，又叫红踯躅的那种花。这两种花在江东满山遍野，几乎跟丛生的野草一样。而唐昌观中所种的玉蕊，甚至神女下凡游赏都折花离去，去赴玉峰仙境的约会；鹤林寺的杜鹃花，人们甚至认为是从外国僧人的钵盂中移来的，上天命令三位仙女主管它已经超过一百年了，最终要回到阆风仙苑。这说明不仅仅民间世俗很少见到，就是神仙也不认识。王建的《宫词》咏道："太仪前日暖房来，嘱向昭阳乞药栽。敕赐一窠红踯躅，谢恩未了奏花开。"对它这样的看重，可见皇宫之中也很稀有。

礼寺失职

唐朝开元年间，封孔子为文宣王，颜子为兖公，闵子到子夏这些孔门贤人为侯，众孔门弟子封为伯。本朝大中祥符年间，又进一步封公为国公，侯为郡公，伯为侯。高宗绍兴二十五年，太但具唐爵，故宸翰所标，皆用开元国邑，其失于考据如此。今当请而正之可也。绍兴末，胡马饮江，既而自毙，诏加封马当、采石、金山三水府。太常寺按籍，系四字王，当加至六字。及降告命至其处，庙令以旧告来，则已八字矣。逐郡为缴回新命，而别易二美名以宠之。礼寺之失职类此。方完颜亮据淮上，予从枢密行府于建康，尝致祷大江：能令虏不得渡者，当奏册为帝。洎事定，朝廷许如约。朱丞相汉章曰："四渎当一体，独帝江神，礼乎？"予曰："惩劝之道，人神一也。彼洪河长淮，受国家祭祀血食，不为不久，当胡骑之来，如行枕席，唯大江滔滔天险，坐遏巨敌之冲，使其百万束手倒戈而退，此其灵德阴功，于河、淮何如？自五岳进册之后，今蒋庙、陈果仁祠亦称之，江神之帝，于是为不忝矣。"朱公终以为不可，亦仅改两字。吁，可惜哉！

徐凝诗

徐凝以"瀑布界破青山"之句，东坡指为恶诗，故不为诗人所称说。予家有凝集，观其余篇，亦自有佳处。今漫纪上皇帝亲自写了七十五首赞词。可是官员们只写唐代的封爵，因此帝王的书迹所标写的，都用唐代开元时的爵位，他们在考证方面疏失到这种地步。现在应该请求改正它们。绍兴末年，金国军队到了长江边，不久自行崩溃，皇上下令加封马当、采石、金山三地的水神。太堂寺考察记录，原来的封爵是四个字的王，加封应当加到六个字。等到皇上的封爵命令传到这三地后，掌管祭庙的官员拿着原来的封爵命令来，却已经有八个字了。各个州郡为交回新的诰命，又另外加两个赞美的名号来表示荣宠。礼祭祠寺的失职都跟这相似。当完颜亮占据淮河流域时，我跟随枢密院到建康办公，曾经向长江致辞祈祷：如果能让金兵不能渡过长江的话，就奏明皇上，封江神为帝。等到战事平定后，朝廷允许履行和江神的盟约。丞相朱汉章说："长江、淮河、黄河、济水四条大河应该是一个整体，只尊长江之神为帝，合乎礼吗？"我说："惩戒奖劝的道理，人和神是一样的。那黄河、淮河享受国家杀牲取血的祭祀不可说不久，当金人骑兵到来，渡河好像在枕上、席上行走，只有长江滔滔天险，挫折阻遏了强大敌人的冲击，使他们百万军队束手无策倒转武器撤退了，这就是长江暗中的灵验功德，跟黄河、淮河有什么关系？自从五岳加了封爵以后，现在蒋庙、陈果仁祠也跟它们相称，因此长江之神被封为帝，就不算是辱没了这样的爵号了。"朱汉章最后还是认为不可以，也只在原封号之上改了两个字。唉！真可惜呀！

徐凝诗

徐凝因为有"瀑布界破青山"的诗句，苏东坡指摘为不好的诗，因此不被诗人们所称道。我家中有徐凝的诗集，看他的其数绝于此。《汉宫曲》云:“水色帘前流玉霜,赵家飞燕侍昭阳。掌中舞罢箫声绝,三十六宫秋夜长。”《忆扬州》云:“萧娘脸下难胜泪,桃叶眉头易得愁。天下三分明月夜,二分无赖是扬州。”《相思林》云:“远客远游新过岭,每逢芳树问芳名。长林遍是相思树,争遣愁人独自行。”《玩花》云:“一树梨花春向暮,雪枝残处怨风来。明朝渐校无多去,看到黄昏不欲回。”《将归江外辞韩侍郎》云:“一生所遇唯元白,天下无人重布衣。欲别朱门泪先尽,白头游子白身归。”皆有情致,宜其见知于微之、乐天也。但俗子妄作乐天诗,缪为赏激,以起东坡之诮耳。

梅花横参

今人梅花诗词多用参横字,盖出柳子厚《龙城录》所载赵师雄事,然此实妄书,或以为刘无言所作也。其语云:“东方已白,月落参横。”且以冬半视之,黄昏时参已见,至丁夜则西没矣,安得将旦而横乎?秦少游诗:“月落参横画角哀,暗香消尽令人老。”承此误也。唯东坡云:“纷纷初疑月挂树,耿耿独与参横昏。”乃为精当。老杜有“城拥朝来客,天横醉后参”之句,以全篇考之,盖初秋所作也。

致仕之失

大夫七十而致事,谓之得谢,美名也。汉韦贤、薛广德、他诗篇，也自有佳妙的地方。现在随意记下几首绝句在此。《汉宫曲》写道：“水色帘前流玉霜，赵家飞燕侍昭阳。掌中舞罢箫声绝，三十六宫秋夜长。”《忆扬州》写道：“萧娘脸上难胜泪，桃叶眉头易得愁。天下三分明月夜，二分无赖是扬州。”《相思林》诗写道：“远客远游新过岭，每逢芳树问芳名。长林遍是相思树，争遣愁人独自行。”《玩花》诗写道：“一树梨花春向暮，雪枝残处怨风来。明朝渐校无多去，看到黄昏不欲回。”《将归江外辞韩侍郎》写道：“一生所遇唯元白，天下无人重布衣。欲别朱门泪先尽，白头游子白身归。”这些诗都有情趣，徐凝受到元稹、白居易的知遇是有道理的。只是世俗学者妄自仿作白居易的诗，错误地受到赏识激励，因此引起苏东坡的责备罢了。

梅花横参

现在人们歌咏梅花的诗词中，有很多用“参横”字样的，这可能是出自柳宗元《龙城录》所记载的赵师雄的事中。然而这实际上是荒诞的书，有人认为是刘无言所写的。其中的话是：“东方已白，月落参横。”再说在冬季过了一半时观察星空，黄昏时参星已经出现，到深夜四更时就在西边落下了，怎么会天快亮时还横在天上呢？秦观的诗句：“月落参横画角哀，暗香消尽令人老。”继续了这种错误，只有苏东坡说：“纷纷初疑月挂树，耿耿独与参横昏。”才是精确允当的。杜甫有“城拥朝来客，天横醉后参”的诗句，根据整个诗篇来考证，大约是初秋所作的。

致仕之失

士大夫七十岁辞官退位，称为“得谢”，这是美好的名声。

疏广、疏受，或县安车以示子孙，卖黄金以侈君赐，为荣多矣。至于龚胜、郑弘辈，亦诏策褒表，郡县存问，合于三代敬老之义。本朝尤重之。大臣告老，必宠以东宫师傅、侍从。耆艾若晁迥、孙奭、李柬之亦然。宣和以前，盖未有既死而方乞致仕者，南渡之后，故实散亡，于是朝奉、武翼郎以上，不以内外高卑，率为此举。其最甚而无理者，虽宰相辅臣考终于位，其家发哀即服，降旨声钟给赙，既已阅日，方且为之告廷出命，纶书之中，不免有亲医药、介寿康之语。如秦太师、万俟丞相、陈鲁公、沈必先、王时亨、郑仲益是已。其在外者，非易箦属纩，不复有请，间千百人中有一二焉，则知与不知，骇惜其死，子弟游官远地，往往饮泣不宁，谒急奔命，故及无事日，不敢为之。绍兴二十九年，予为吏部郎，因轮对，奏言："乞令吏部立法，自今日以往，当得致仁恩泽之人物故者，即以告所在州，州上省部，然后夷考其平生，非有赃私过恶于式有累者，辄官其后人。若真能陈义引年，或辞荣知止者，乞厚其节礼，以厉风俗，贤于率天下为伪也。"太上览奏欣纳曰："朕记得此事之废，方四十年，当如卿语。"既下三省，诸公多以为是，而首相汤岐公独难之，其议遂寝，今不复可正云。

汉朝韦贤、薛广德、疏广、疏受这些人，有的悬挂所坐的马车来向子孙们夸示，有的变卖黄金来显示君主的恩赐之多，表现的荣耀多了。至于龚胜、郑弘这班人，也受到皇上的诏令表彰，郡守、县令给予慰问，符合三代尊敬元老的本义。本朝尤其重视这一点，大臣年老辞官，一定优宠为东宫师傅或侍从。像晁迥、孙奭、李东之这样高寿的人也是这样。徽宗宣和年以前，大概没有死后才辞官的事，南渡以后，可效法的旧事散失亡佚，于是朝奉、武翼郎以上的，不分朝廷内外、地位高低，一律都这样做。其中最严重而又没有道理的是，即使是宰相辅政大臣在职期间老死，他家里发出哀声，穿上丧服，降下旨意敲响钟声，让人补给助丧之资，已过了一天了，正要为他报告朝廷，下诏追封时，皇上的诏书已经到了，里面还不免有亲近医生药物、祝福长寿康健的话。像太师秦桧、丞相万俟卨、鲁国公陈康伯、沈必先（与求）、王时亨（刚中）、郑仲益（闻）就是这样的。那些在京城之外的，若不是临终病重，就不再请求辞职。间或千百人中有一两个辞职的，那么跟他相知和不相知的人，都为他的死而惊骇叹惜。子孙兄弟在远地游学为官的，往往哭泣不安，拼命奔走急于赶回去见面，所以在没有发生什么事时，人们不敢告老辞官。绍兴二十九年，我作为吏部郎，趁着向皇上奏明政事，奏道："请求皇上命令吏部建立制度：从今以后，应当获得辞官待遇的人死去时，应马上报告所在的州，州上报省或部。然后考察他的一生，如果没有贪赃徇私没有过失恶迹，没有在原则上犯毛病的话，就给他的后人封官。如果真能陈述大义告老辞官，或者推辞荣耀而知退知止的话，请加重对他的礼节，好激励风气习俗，这比起整个社会做假来要强得多。"皇上看了奏文后欣然接纳

南班宗室

南班宗室，自来只以本官奉朝请。自隆兴以后，始带宫观使及提举。今嗣濮王、永阳、恩平、安定王以下皆然，非制也。

省郎称谓

除省郎者，初降旨挥，但云“除某部郎官”。盖以知州资序者，当为郎中，不及者为员外郎。及吏部拟告身细衔，则始直书之。其兼权者，初云“权某部郎官”。洎人衔及文书，皆曰“权员外郎”，已是它部郎中，则曰“权郎中”。至绍兴末，冯方以馆职摄吏部，欲为异，则系衔曰“兼权尚书吏部郎官”。予尝扣其说，冯曰：“所被省札只言‘权郎官’，故不敢耳。”予曰：“省札中岂有‘尚书’二字乎？”冯无以对，然讫不肯改。自后相承效之，至今告命及符牒所书，亦云“权郎官”，固已甚野，至于尚左、侍右之名，遂人除目，皆小吏不谙熟故事，驯以致然，书之记注，为不美耳。

说："我记得这件事的废止才四十年，应该依你的建议做。"奏文下发到三省，诸位长官多数认为是对的，唯独宰相岐国公汤思退驳难，这项提议于是被搁置下来。现在不再能够改正了。

南班宗室

南班的皇族宗室，从来只是以本身的官阶加上"奉朝请"的称号。自从孝宗隆兴以来，才开始加上宫观使和提举的头衔。现在的嗣濮王、永阳王、恩平王、安定王等以下都是这样，这不符合典制。

省郎称谓

任命省中郎官的人，原来皇上降下的诏令只写道，"任命为某部郎官"。一般有知州资历的人，应该做郎中，不到这个资历的人做员外郎。等到吏部拟定详细官衔的任职文书时，才直接写上。那些兼职和暂任的，原来写道，"暂任某部郎官"。等到授予具体官衔和文书时，都写道"暂任员外郎"，如果已经是其他部的郎中，就写道"暂任郎中"。到高宗绍兴末年，冯方以馆阁职位代理吏部事务，想要做得不同，就在原职称号外加上"兼权尚书吏部郎官"。我曾经询问其中的理由，冯方说："我所接到的省中文书只说'权郎官'，所以不敢写别的。"我说："省中的文书难道有'尚书'两个字吗？"冯方没有话来回答，但是终究不肯改。自此以后就继承仿效它，到现在皇上的诏令和符牒上写的，也写成"权郎官"，当然已经很不雅了，至于"尚左""侍右"的名号，也就写进了任免名单中，这都是小吏不熟悉原来的事例，顺从现在习惯而造成的。把这些写进记注里，这是不完美的。

水衡都尉二事

龚遂为渤海大守，宣帝召之，议曹王生愿从，遂不忍逆。及引入宫，王生随后呼曰："天子即问君何以治渤海，宜曰：'皆圣主之德，非小臣之力也。'"遂受其言。上果问以治状，遂对如王生言。天子悦其有让，笑曰："君安得长者之言而称之？"遂曰："乃臣议曹教戒臣也。"上拜遂水衡都尉，以王生为丞。予谓遂之治郡，功效著明，宣帝不以为赏，而顾悦其佞词乎！宜其起王成、胶东之伪也。褚先生于《史记》中又载武帝时，召北海太守，有文学卒史王先生自请与太守俱。太守入宫，王先生曰："天子即问君何以治北海令无盗贼君对曰何哉？"守曰："选择贤材，各任之以其能，赏异等，罚不肖。"王先生曰："是自誉自伐功，不可也。愿君对言：'非臣之力，尽陛下神灵威武所变化也。'"太守如其言。武帝大笑曰："安得长者之言而称之，安所受之？"对曰："受之文学卒史。"于是以太守为水衡都尉，王先生为丞。二事不应相类如此，疑即龚遂，而褚误书也。

程婴杵臼

《春秋》于鲁成公八年书晋杀赵同、赵括，于十年书晋

水衡都尉二事

龚遂做渤海太守时，汉宣帝召见他，议曹王生希望跟他同去，龚遂不忍心拒绝。等带进宫后，王生跟在后面大声说："天子如果问您怎样治理渤海郡的，您应该说：'这都是靠圣明君主的恩德，不是靠小臣的能力。'"龚遂接受了他的建议。宣帝果然问到治理的情状，龚遂按王生的话回答了。宣帝对他的谦让感到欣悦，笑着说："您从哪儿听到谦谨自尊的人说的话而且引用它呢？"龚遂说："那是我的议曹教使并劝诫我的。"宣帝就授予龚遂水衡都尉，让王生作为丞。我认为龚遂治理州郡，功绩成效卓著显明，汉宣帝不以此进行奖赏，却反而对他的巧佞言词感到欣悦！难怪这引起了王成和胶东王假报政绩呢！褚少孙先生在补写的《史记》中又载录了汉武帝时，武帝召见北海太守，有个文学卒史王先生请求和太守一起去，太守进宫时，王先生说："皇上要是问您怎么治理北海使得没有盗贼的，您怎么回答呢？"太守说："选择优秀人才，根据他们的能力委任他们，奖赏特别出众的，惩罚不正派的。"王先生说："这就成了自我称誉表功了，不能这样。希望您回答说：'这不是靠我的能力，都是皇上的神德威武所造成的变化。'"太守按他的话做了。汉武帝大笑，说道："你从哪儿听到谦谨有德的人说的话而引用它的，在什么地方学到这些话的？"太守回答说："从文学卒史那儿学到这些的。"于是让太守当了水衡都尉，王先生当水衡丞。这两件事不应该这样相似。我怀疑太守就是龚遂，而褚少孙写错了。

程婴杵臼

《春秋》在鲁成公八年里记载了晋国杀赵同、赵括的事，在景公卒，相去二年。而《史记》乃有屠岸贾欲灭赵氏，程婴、公孙杵臼共匿赵孤，十五年景公复立赵武之说。以年世考之，则自同、括死后景公又卒，厉公立八年而弑，悼公立又五年矣，其乖妄如是。婴、杵臼之事，乃战国侠士刺客所为，春秋时风俗无此也。元丰中，吴处厚以皇嗣未立，上书乞立二人庙，访求其墓，优加封爵。敕令河东路访寻遗迹，得其冢于绛州太平县。诏封婴为成信侯，杵臼为忠智侯，庙食于绛。后又以为韩厥存赵，追封为公。三人皆以春秋祠于祚德庙。且自晋景公至元丰，千六百五十年矣，古先圣帝、明王之墓，尚不可考，区区二士，岂复有兆域所在乎？绛郡以朝命所访，姑指它丘垄为之词以塞责耳。此事之必不然者也。处厚之书进御，即除将作丞，狃于出位陈言以得宠禄，遂有讦蔡新州十诗之事，所获几何，诒笑无极，哀哉！

战国自取亡

秦以关中之地，日夜东猎六国，百有余年，悉禽灭之。虽云得地利，善为兵，故四世有胜，以予考之，实六国自有以致之也。韩、燕弱小，置不足论。彼四国者，魏以惠王而衰，齐以闵王而衰，楚以怀王而衰，赵以孝成王而衰，皆本于好鲁成公十年里记载着晋景公死去。两件事相差两年。而《史记》却有屠岸贾想要灭掉赵氏，程婴、公孙杵臼合作藏匿了赵氏孤儿，过了十五年晋景公又立了赵武的说法。根据年代考察，那么，从赵同、赵括死后，景公又死了，厉公即位八年后被弑，悼公即位又五年了，景公立赵武的说法错乱虚妄到这种地步。程婴、公孙杵臼所做的事，是战国时侠士刺客的行为，春秋时的风尚习惯没有这种人和事。神宗元丰年间，吴处厚因为皇上没有后嗣，上书请求建立程婴、杵臼二人的祠庙，寻访查找他们的墓地，加以优厚的封爵。皇上命令河东路查访寻找遗迹，在绛州太平县找到他们的坟墓。皇帝诏封程婴为成信侯，公孙杵臼为忠智侯，在绛州享受庙祭香火。后来又认为韩厥保护了赵氏，被封为公。这三个人都因是春秋时的人在祚德庙立祠。再说从晋景公到元丰年间，有一千六百五十年了。古代祖先圣明帝王的陵墓，尚且不能够考查，普通的两个士人，哪里还有墓地存在呢？绛州因为是朝廷命令查访的地方，就姑且指定别的坟墓编造托词搪塞职责罢了。这样看来，事情一定不是这样的。吴处厚的奏书进奏给皇上，就被任命为将作丞，他贪图越出本分陈述意见来获得恩宠科禄，于是就有攻击蔡确的十首诗的事，他获得的有多少？却留下无边的笑柄，可哀呀！

战国自取亡

秦国凭着关中的地理优势，不断地向东攻袭六国，经过一百多年，把六个国家全都消灭了。虽然说占着地势的优势，善于用兵，因此百战百胜，但根据我的考察，实际上六国自己也有导致灭亡的内部原因。韩国、燕国弱小，暂且放在一边，不作讨论。

兵贪地之故。魏承文侯、武侯之后，表里山河，大于三晋，诸侯莫能与之争。而惠王数伐韩、赵，志吞邯郸，挫败于齐，军覆子死，卒之为秦所困，国日以蹙，失河西七百里，去安邑而都大梁，数世不振，讫于殄国。闵王承威、宣之后，山东之建国莫强焉。而狃于伐宋之利，南侵楚，西侵三晋，欲并二周为天子，遂为燕所屠。虽赖田单之力，得复亡城，子孙沮气，孑孑自保，终堕秦计，束手为虏。怀王贪商於六百里，受诈张仪，失其名都，丧其甲士，不能取偿，身遭囚辱以死。赵以上党之地，代韩受兵，利令智昏，轻用民死，同日坑于长平者过四十万，几于社稷为墟，幸不即亡，终以不免。此四国之君，苟为保境睦邻，畏天自守，秦虽强大，岂能加我哉！

临敌易将

临敌易将，固兵家之所忌，然事当审其是非，当易而不易，亦非也。秦以白起易王龁而胜赵，以王翦易李信而灭楚，魏公子无忌易晋鄙而胜秦，将岂不可易乎！燕以骑劫易其他四个国家，魏国在惠王时衰亡，齐国在闵王时衰亡，楚国在怀王时衰亡，赵国在孝成王时衰亡，根本原因都是好用战争侵占土地的缘故。魏国承继文侯、武侯之后，以大山黄河作为屏障，在三晋中最强大，各诸侯没有能跟它相争的。而魏惠王多次攻伐韩国、赵国，想要吞并邯郸，结果被齐国挫败，军队覆没，太子身亡，最后被秦国所困扰，国势日益紧迫不安，失去了黄河以西七百里的土地，离开安邑而在大梁建都，几代不能振兴，终于国家灭亡了。齐闵王承接威王、宣王之后，崤山以东的诸侯国没有比它强的。可是齐闵王贪图攻伐宋国的利益，向南侵犯楚国，向西进攻韩、魏、赵，想吞并东周、西周的土地成为天子，结果遭到燕国的屠戮。虽然依赖田单的力量，能够收复失去的城池，但齐的子孙沮丧不振，孤孤零零只求自保，最终中了秦国的计谋，束手就擒。楚怀王贪图商於的六百里土地，遭到张仪的欺诈，失去了著名的都城，丧失了军队士卒，却不能取得这些土地，自己遭到囚禁侮辱而死。赵国因为想得到韩国的上党之地，替韩国接受了战争，利益使理智昏乱，轻率地使人民死于战场，结果一日间在长平被秦军坑杀的人超过四十万，国家几乎成了废墟，幸而没有马上灭亡，最终还是不能幸免。这四个国家的君主，如果能够保护疆域，与邻国友好相处，敬畏天命，自守家园，那么秦国即使强大，又能对他们怎么样呢！

临敌易将

面对敌人而更换将领，当然是军事家所忌讳的。然而事情应该考虑它的正确与否，该更换而不更换，也不对。秦国用白起代替王龁战胜了赵国，用王翦替换李信而消灭了楚国，魏公子乐毅而败，赵以赵括易廉颇而败，以赵葱易李牧而灭，魏使人代信陵君将，亦灭，将岂可易乎？

司空表圣诗

东坡称司空表圣诗文高雅，有承平之遗风，盖尝自列其诗之有得于文字之表者二十四韵，恨当时不识其妙。又云："表圣论其诗，以为得味外味，如'绿树连村暗，黄花人麦稀'，此句最善。又'棋声花院闭，幡影石坛高'，吾尝独人白鹤观，松阴满地，不见一人，惟闻棋声，然后知此句之工，但恨其寒俭有僧态。"予读表圣《一鸣集》，有《与李生论诗》一书，乃正坡公所言者，其余五言句云"人家寒食月，花影午时天"，"雨微吟足思，花落梦无憀"，"坡暖冬生笋，松凉夏健人"，"川明虹照雨，树密鸟冲人"，"夜短猿悲减，风和鹊喜灵"，"马色经寒惨，雕声带晚饥"，"客来当意惬，花发遇歌成"。七言句云"孤屿池痕春涨满，小栏花韵午晴初"，"五更惆怅回孤枕，由自残灯照落花"，皆可称也。

汉丞相

汉丞相或终于位，或免就国，或免为庶人，或致仕，或以罪死，其复召用者，但为光禄大夫或特进，优游散秩，未无忌取代晋鄙战胜了秦国，将领难道不能更换吗？燕国用骑劫代替乐毅而战败，赵国用赵括代替廉颇而战败，用赵葱代替李牧导致赵国灭亡，魏国派人代替信陵君魏无忌为将，也遭到灭亡，将领难道可以更换吗？

司空表圣诗

苏东坡称赞司空表圣的诗歌文章清高典雅，有承平时遗留的风韵，曾要亲自列出他的诗中在语言文字仪范方面有收获的二十四韵，抱憾当时没有看出其中的佳妙。又说："司空表圣谈论自己的诗歌时，认为得到了诗味之外的韵味，例如'绿树连村暗，黄花入麦稀'，这两句最好。又如'棋声花院闭，幡影石坛高'，我曾经独自进到白鹤观中，松树阴影满地，见不到一个人，只听到下棋的声音，这以后才体会到这两句诗的巧妙，只可惜诗意清寒俭薄有僧人意态。"我读司空表圣《一鸣集》，其中有《与李生论诗》一封书信，正是苏坡乐所说的那些话。其余的诗五言诗句有"人家寒食月，花影午时天"，"雨微吟足思，花落梦无憀"，"坡暖冬生笋，松凉夏健人"，"川明虹照雨，树密鸟冲人"，"夜短猿悲减，风和鹊喜灵"，"马色经寒惨，雕声带晚饥"，"客来当意惬，花发遇歌成"。七言诗句有"孤屿池痕春涨满，小栏花韵午晴初"，"五更惆怅回孤枕，由自残灯照落花"，都值得称道。

汉丞相

汉代的丞相，有的在任职期间去世，有的免职回到封地，有的被免职成为平民，有的辞官退位，有的因犯罪而死，其中又尝有除它官者也。御史大夫则间为九卿、将军。至东汉则大不然。始于光武时，王梁罢大司空而为中郎将，其后三公去位，辄复为大夫、列卿。如崔烈历司徒、太尉之后，乃为城门校尉，其体貌大臣之礼亦衰矣。

册礼不讲

唐封拜后妃王公及赠官，皆行册礼。文宗大和四年，以裴度守司徒平章重事，度上表辞册命，其言云："臣此官已三度受册，有靦面目。"从之。然则唐世以为常仪，辞者盖鲜。唯国朝以此礼为重，自皇后、太子之外，虽王公之贵，率一章乞免即止，典礼益以不讲，良为可惜！

被召用的，只是赐以光禄大夫或特进，都是悠闲自由没有固定职守的，没有授予其他官职的人。御史大夫则有的做了九卿、将军。到东汉就不大一样了。开始在光武帝时，王梁罢免大司空后做了中郎将，这以后太尉、司徒、司空（合称三公）离位，则又可当大夫、列卿。例如崔烈历任司徒、太尉以后，仍然当了城门校尉，那种优待大臣的礼节也衰微了。

册礼不讲

唐朝封拜皇后、王妃、王侯公卿以及追封官爵，都要举行册命的仪式。唐文宗大和四年，因为裴度任守司徒平章事的重职，裴度上奏表辞绝册封，他的奏表说："我任这个官职已经三次受到册封了，颜面上很感惭愧。"文宗依从了他。这样看来唐代以册封的礼节为正常仪礼，辞绝册封的人很少。我们宋朝重视这种礼仪，但除了皇后、太子之外，即使是王侯公卿那样显贵，一般也是一次奏章请求免封就作罢，仪式礼节渐渐地不讲究了，真正可惜！

卷十一（十六则）

将帅贪功

以功名为心，贪军旅之寄，此自将帅习气，虽古来贤卿大夫，未有能知止自敛者也。廉颇既老，饭斗米、肉十斤，被甲上马以示可用，致困郭开之口，终不得召。汉武帝大击匈奴，李广数自请行，上以为老，不许。良久乃许之，卒有东道失军之罪。宣帝是，先零羌反，赵充国年七十余，上老之，使丙吉问谁可将，曰："亡逾于老臣者矣。"即驰至金城，图上方略，虽全师制胜，而祸及其子卬。光武时，五溪蛮夷畔，马援请行，帝愍其老，未许。援自请曰："臣尚能被甲上马。"帝令试之，援据鞍顾盼，以示可用。帝笑曰："矍铄哉！是翁也！"遂用为将，果有壶头之厄。李靖为相，以足疾就第，会吐谷浑寇边，即往见房乔曰："吾虽老，尚堪一行。"既平其国，而有高甑生诬罔之事，几于不免。太宗将伐辽，召人谓曰："高丽未服，公亦有意乎？"对曰："今疾虽衰，陛下诚不弃，病且瘳矣。"帝悯其老，不许。郭子仪年八十余，犹为关内副元帅、朔方河中节度，不求退身，竟为德宗册罢。此诸公皆人杰也，犹不免此，况其下者乎！

将帅贪功

把功名放在心上，热心于寄身军队之中，这自然是将帅的习气，即使是古代以来的贤明的卿大夫，也没有能够知道退止和自我收敛的。廉颇老了以后，还每顿吃一斗米、十斤肉，披铠甲上战马，来表示还可以被任用，致使郭开无法说他老了，最终却仍不能被召用。汉武帝大举进击匈奴，李广屡次请求参战，武帝认为他老了，不同意，李广请求了很久才同意，最后却有迷失方向贻误军机的罪过。汉宣帝时，先零羌反叛，赵充国七十多岁了，宣帝认为他太老了，让丙吉问他谁可以当将领，赵充国说："没有谁能胜过我了。"于是奔驰到金城，画出北方的疆界，虽然保全了军队取得了胜利，但却使他的儿子赵印遭到灾祸。汉光武时，五溪的少数民族反叛，马援请求出征，光武帝悯恤他年老，没有同意，马援请求说："我还能够披甲跨马。"光武帝让他试一试，马援跨上马鞍左顾右盼，来表示可被任用。光武帝笑道："这个老者真是勇健啊！"于是用他为将，果然在壶头山遭到厄运。李靖当过宰相，因为脚有毛病辞职，遇上吐谷浑进犯边疆，就去见房乔说："我虽然老了，但还能出征一次。"平定了吐谷浑国，却有遭到高甑生诬陷欺骗的事，几乎不能幸免。唐太宗打算攻打辽东，召他进来对他说："高丽还不臣服，您也有出征的意思吗？"他回答说："现在我有病虽然衰弱，但陛下真的不嫌弃我的话，我的病就快好了。"太宗怜悯他年龄老了，不同意。郭子仪八十多岁，还当着关内副元帅和朔方、河中节度使，

汉二帝治盗

汉武帝末年，盗贼滋起，大群至数千人，小群以百数。上使使者衣绣衣，持节虎符，发兵以兴击，斩首大部或至万余级，于是作“沈命法”，曰：“群盗起不发觉，觉而弗捕满品者，二千石以下至小吏主者皆死。”其后小吏畏诛，虽有盗，弗敢发，恐不能得，坐课累府，府亦使不言。故盗贼寖多，上下相为匿，以避文法焉。光武时，群盗处处并起。遣使者下郡国，听群盗自相纠擿，五人共斩一人者除其罪。吏虽逗留回避故纵者，皆勿问，听从禽讨为效。其牧守令长坐界内有盗贼而不收捕者，及以畏愞捐城委守者，皆不以为负，但取获贼多少为殿最，唯蔽匿者乃罪之。于是更相追捕，贼并解散。此二事均为治盗，而武帝之严，不若光武之宽，其效可睹也。

汉唐封禅

汉光武建武三十年，车驾东巡，群臣上言，即位三十年，宜封禅泰山。诏曰：“即位三十年，百姓怨气满腹，吾谁不想到辞职退居，最后被唐德宗下令罢免。这些人都是人中英杰，还不能免于贪功求名，何况比他们低下的人呢？

汉二帝治盗

汉武帝末年，盗贼越来越多，大的盗匪群多达数千人，小群的也有几百人。武帝派使者穿上绣衣，拿着符节凭证，派军队进行攻击，斩首大的部队有的达一万多首级。于是建立“沈命法”，法律规定：“成群的盗匪出现没有发觉，发觉了而没有捕获到规定的标准的，二千石以下的官员到下级官吏主持这件事的人都判死刑。”这以后下级官吏害怕被杀，即使有盗贼也不敢上报，唯恐不能捕获，违犯规定连累郡府，郡府也让他们不要上报。因此盗贼渐渐增多，上上下下却相互隐瞒，好躲避法令条文的制裁。汉光武帝时，成群的盗贼到处兴起。汉光武帝派遣使者下到各郡，听任盗贼们自己相互纠纷揭发，五个人共同斩杀一人的，免除他们的罪行。官吏们即使停留拖延、回避不前、故意放纵盗贼的，都不加追问，只以捉获讨伐的成效论处。那些郡守、县令犯了管辖区域内有盗贼而不收容捕捉的罪过的，及因为害怕软弱丢弃城池和职守的人，都不看作过失，只根据捕获盗贼的多少来评定优劣，只有包庇隐藏的人才判罪。于是互相追捕，盗贼们都解体逃散。这两件事都是治理盗贼的，而汉武帝的严厉做法不如汉光武帝宽缓，它们的效果不同是很明显的。

汉唐封禅

汉光武帝建武三十年，光武帝到东部巡视，众大臣进言说，皇帝即位三十年了，应该到泰山举行祭天地的典礼。光武帝欺，欺天乎！何事污七十二代之编录！若郡县远遣吏上寿，盛称虚美，必髡令屯田。”从此群臣不敢复言。后二年，上斋，夜读《河图会昌符》，曰“赤刘之九，会命岱宗。”感此文，乃诏梁松等案索《河》《雒》谶文言九世封禅事者，遂奏三十六事。于是求武帝元封故事，以三月行封禅礼。

唐太宗贞观五年，群臣以四夷咸服，表清封禅，诏不许。六年，复请，上曰：“卿辈皆以封禅为帝王盛事，朕意不然。若天下乂安，家给人足，虽不封禅，庸何伤乎？昔秦始皇封禅，而汉文帝不封禅，后世岂以文帝之贤不及始皇邪？且事天，扫地而祭，何必登泰山之颠，封数尺之土，然后可以展其诚敬乎？”已而欲从其请，魏郑公独以为不可，发六难以争之，至以谓崇虚名而受实害。会河南、北大水，遂寝。十年，复使房乔裁定其礼，将以十六年二月，有事于泰山，会星孛太微而罢。

予谓二帝皆不世出盛德之主，灼知封禅之非，形诸诏下诏说：“我即位三十年，老百姓怨气满腹。我欺骗谁？欺骗天吗！为什么要玷污古来封禅泰山的七十二代帝王的记录呢！如果各郡各县从远地派官员来祝寿，以热烈的称誉作出虚假的赞美，一定判以剃发的刑罚，并让他去垦荒种田。”从这以后，大臣们不敢再说封禅的事了。过了两年，光武帝进行斋戒，在晚上读《河图会昌符》，书上说：“赤刘之九，会命岱宗（崇尚红色的刘姓皇帝的第九代，应该到泰山盟会祭报天命）。”光武帝对这段话有所感悟，就下令让梁松等查阅《河图》《洛书》中提到第九代祭天地的文字，于是大臣们上报说有关的谶文有三十六条。于是推出汉武帝元封年间的旧例，在三月举行的封禅之典。

唐太宗贞观五年，大臣们认为四方各族都臣服于唐了，就上表请求皇上祭拜天，太宗不同意。贞观六年，又请求，太宗说：“你们都把祭拜天地的典礼看成是帝王的盛大的事情，我的想法不是这样的。如果全国的社会安定，家家富裕，人人丰足，即使不举行祭天典礼，又有什么妨碍呢？当年秦始皇举行过祭天地的典礼，而汉文帝没有举行过祭天地的典礼，后代难道会认为汉文帝没有秦始皇贤明吗？再说敬奉上天只要清除尘土就可以祭拜了，为什么一定要登上泰山顶峰，筑起几尺高的土坛，这才可以表示对天地的崇敬诚心呢？”不久又想实行大臣们的请求，唯独魏徵认为不可以，他发出六次责难来争辩，甚至说祭祀天地的大典是崇尚虚妄的名声而会造成实际的害处。由于碰上黄河南北发生大水灾，这件事就停止了。贞观十年，太宗又让房乔考虑决定这项典礼，将要在贞观十六年二月在泰山上举行，又碰上彗星出现在太微垣而作罢。

我认为，这两个皇帝都是世上罕有的具有崇高威望的君主，告，可谓著明。然不能几时，自为翻覆。光武惑于谶记，太宗好大喜名，以今观之，盖所以累善政耳。

汉封禅记

应劭《汉官仪》载马第伯《封禅仪记》，正纪建武东封事，每称天子为国家，其叙山势陗崄、登陟劳困之状极工，予喜诵之。其略云："是朝上山，骑行；往往道峻峭，下骑步牵马，乍步乍骑且相半。至中观，留马，仰望天关，如从谷底仰观抗峰。其为高也，如视浮云；其峻也，石壁窅窱，如无道径。遥望其人，端如行朽兀，或为白石，或雪。久之，白者移过树，乃知是人也。殊不可上，四布僵卧石上，亦赖赍酒脯，处处有泉水。复勉强相将行，到天关。自以已至也，问道中人，言尚十余里。其道旁山胁，仰视岩石松树，郁郁苍苍，若在云中。俯视溪谷，碌碌不可见丈尺。直上七里，赖其羊肠逶迤，名曰环道，往往有絙索，可得而登也。两从者扶挟，前人相牵，后人见前人履底，前人见后人顶，如画。初上此道，行十余步一休。稍疲，咽唇燋，五六步一休，牒牒据顿地，不避暗湿，前有燥地，目视而两脚不随。"又云："封毕，诏百官以次下，国家随后。道迫小，步从匍匐邪上，起近炬火，止亦骆驿。步从触击大石，石声正讙，但讙石无相应和者。肠不能已，口不能默。明日，太医令问起居，国家云：'昨清楚地知道封禅是不对的，并记录在他们的诏令之中，可以说英明卓著。然而没有多长时间。自己又做出反复改变决定。汉光武帝是被谶语预言所迷惑，唐太宗则是喜好做大事、成大名。如今看来，这是影响了良好政治的地方。

汉封禅记

东汉应劭的《汉官仪》载录的马第伯《封禅仪记》，正是记录了建武年间到东边祭祀上天的典礼的事，每提到皇帝时就称作国家，文章叙述山势峻峭险要、登攀劳累困难的情状非常精细，我喜欢诵读它。文章大致写道："这天早上上山，骑马而行；常常道路险峭陡峭，就下马步行牵马，一会儿走路、一会儿乘马，基本上各占一半。到了中观，留下马匹。抬头远望天关，好像从山谷底下仰看高峰一样。山的高耸，如同看飘浮的云彩；山的险峻，石壁深远，好似没有道路蹊径。远远地望见山上的人，确实像行走的枯树在摇晃，有的像是白色的石头，有的像是雪。长时间地看着他，白色的物体移动经过树木时，不知道是人。实在上不去时，就四散开来僵直地卧倒在山石的上面，也幸好带着酒和肉干，到处都有泉水。再努力地互相搀扶着行走，到达了天关。我们自认为已经到了，问路上的人，却说还有十多里。在那道路旁边，山的两侧，抬头看岩石上的松树，苍翠茂盛，犹如在浮云之中，低头看山谷中的溪流，石块累累，不能看清它们的尺寸。又直着向上七里路，靠的是那弯曲漫长的羊肠小路，名称叫作环道，常常有绳索，可以用来攀登。两个随从的人在旁边扶着，前边的人拉着向上爬，后边的人可以看见前边的人鞋底，前边的人可以看见后边人的头顶，就像画中那样。刚走上下山，欲行迫前人，欲休则后人所蹈，道峻危险，国家不劳。’”又云：“东山名曰观，鸡一鸣时，见日始欲出，长三丈所。秦观者望见长安，吴观者望见会稽，周观者望见齐。”凡记文之工悉如此，而未尝见称于昔贤；秦、吴、周三观，亦无曾用之者。今应劭书脱略，唯刘昭补注《东汉志》仅有之，亦非全篇也。

杨虞卿

刘禹锡有《寄毗陵杨给事》诗云：“曾主鱼书轻刺史，今朝自请左鱼来。青云直上无多地，却要斜飞取势回。”以其时考之，盖杨虞卿也。案，唐文宗大和七年，以李德裕为相，与之论朋党事。时给事中杨虞卿、萧澣、中书舍人张元夫依附权要，上干执政，下挠有司。上闻而恶之，于是出虞卿为常州刺史，澣为郑州刺史，元夫为汝州刺史。皆李宗闵客上这条路，走十多步歇一次，渐渐疲乏了，喉咙嘴唇干渴，五六步就歇一次。休息时跌跌绊绊地双手支撑一下坐倒在地上，也不管坐在阴潮的湿土上，前面有干燥的地方，眼睁睁地看着，两条腿却迈不动。”文章又写道：“祭完上天以后，皇上命令众官员按顺序下山，皇上跟在后面。道路拥挤窄小，随从爬着斜上山坡，站起来举近火把，停下来时也连接不断。随从敲击大石头，石头的声音真是响亮，但却没有谁敲石头跟他相应相和。肚肠鸣叫不能停止，嘴里也不能沉默而气喘不止。第二天，皇帝的医官询问皇上的身体状况，皇上说：“昨天上山下山，想走就迫近前面的人，想休息就会被后边的人踩上，道路险峻危险。但我不劳累。’”文章还写道：“东面的山叫作日观，鸡一叫时，就看见太阳将要开始出来了，有三丈多长。秦观那地方可以看到长安，吴观那地方可以望见会稽，周观那地方可以望见齐地。”大致记叙文笔的精细都像这样，可是没有被过去的贤人称引；秦、吴、周三观，也没有人曾经提到过。现在应劭的书有脱漏省略，只有刘昭所补注的《后汉志》有这篇文章，也不是全篇了。

杨虞卿

刘禹锡有《寄毗陵杨给事》诗，诗中说：“曾主鱼书轻刺史，今朝自请左鱼来。青云直上无多地，却要斜飞取势回。”根据写诗的时间考证，杨给事可能是指杨虞卿。据考证，唐文宗在大和七年，用李德裕当了宰相，跟他谈论朋党的事。当时任给事中的杨虞卿、萧澣，以及任中书舍人的张元夫依附掌握大权的显贵，向上触犯主管官员，向下干扰下级官吏。文宗听说后，很厌恶他们，于是让杨虞卿离京去做常州刺史，萧澣做郑州刺史，张也。它日，上复言及朋党，宗闵曰："臣素知之，故虞卿辈，臣皆不与美官。"德裕曰："给事中、中书舍人非美官而何？"宗闵失色。然则虞卿之刺毗陵，乃为朝廷所逐耳，禹锡犹以为自请，诗人之言，渠可信哉！

屯蒙二卦

《屯》《蒙》二卦，皆二阳而四阴。《屯》以六二乘初九之刚，《蒙》以六三乘九二之刚。而《屯》之爻曰："女子贞不字，十年乃字"，《蒙》之爻曰："勿用取女，见金，夫不有躬"，其正邪不同如此者。盖《屯》二居中得正，不为初刚所诱，而上从九五，所以为贞。《蒙》三不中不正，见九二之阳，悦而下从之，而舍上九之正应，所以勿用。士之守身居世，而择所从所处，尚监兹哉！

汉诽谤法

汉宣帝诏群臣议武帝庙乐，夏侯胜曰："武帝竭民财力，奢泰亡度，天下虚耗，百姓流离，赤地数千里，亡德泽于民，不宜为立庙乐。"于是丞相、御史劾奏胜非议诏书，毁元夫做汝州刺史。这三个人都是李宗闵的门客。后来有一天，文宗又说到朋党，李宗闵说：“我向来很了解他们；因此像杨虞卿这些人，我都不给他们美官。”李德裕说：“给事中、中书舍人不是美官是什么？”李宗闵相顾失色。这样看来，杨虞卿当毗陵刺史，是被朝廷放逐的，刘禹锡还说成是自己请求，诗人的话难道可以相信吗？

屯蒙二卦

《屯卦》《蒙卦》两卦的卦象，都是两个阳爻四个阴爻。《屯卦》的六二的爻位在初九之上，呈阴柔凌驾阳刚之象；《蒙卦》的六三在九二之上，也呈阴柔凌乘阳刚之象。但是《屯卦》的爻辞说：“女子贞洁，不生育，十年才生育”；《蒙卦》的爻辞却说：“不要娶女子，她见到丈夫的财物，丈夫会没有自身的”；它们的正直和奸邪是这样的不同。《屯卦》的二爻在下卦位里处在中间，得到中正，不受初爻的阳刚诱惑，而且在上卦位里是九五，上下卦位阴阳都处在中间，相互呼应，这就是贞洁的道理。《蒙卦》的三爻不在卦体的正中，见到九二的阳刚之象，就喜悦地向下跟随着它，而舍弃了与上九的正当呼应，这就是不要取用的道理。士人自守信守节、处身处世，选择跟随的对象、处世的方法，还要借鉴于这些道理呀！

汉诽谤法

汉宣帝下令让大臣们讨论汉武帝宗庙的祭乐。夏侯胜说：“汉武帝竭尽百姓的财力，挥霍浪费没有节制，国家空虚耗竭，百姓流离失所，土地荒芜数千里，对人民没有恩惠德泽，不应该先帝，不道，遂下狱，系再更冬，会赦，乃得免。章帝时，孔僖、崔骃游太学，相与论武帝始为天子，崇信圣道，及后恣己，忘其前善。为邻房生告其诽谤先帝，刺讥当世，下吏受讯。僖以书自讼，乃勿问。元帝时，贾捐之论珠厓事曰："武帝籍兵厉马，攘服夷狄，天下断狱万数，寇贼并起，军旅数发，父战死于前，子斗伤于后，女子乘亭障，孤儿号于道，老母寡妇饮泣巷哭，是皆廓地泰大、征伐不休之故也。"考三人所指武帝之失，捐之言最切，而三帝或罪或否，岂非夏侯非议诏书，僖、骃 诽谤，皆汉法所禁，如捐之直指其事，则在所不问乎？

谊向触讳

贾谊上疏文帝曰："生为明帝，没为明神。使顾成之庙，称为太宗，上配太祖，与汉亡极。虽有愚幼不肖之嗣，犹得蒙业而安；植遗腹，朝委裘，而天下不乱。"又云："万年之后，传之老母弱子。"此既于生时谈死事，至云"传之老母"，则是言其当终于太后之前，又目其嗣为"愚幼不肖"，可谓指斥，而帝不以为过，谊不以为疑。

为他设立庙乐。”于是丞相、御史们就上奏皇帝，揭发夏侯胜责难诏书，诋毁先帝，不守臣道。于是打入监狱，监禁了两年，遇到大赦，才得到赦免。汉章帝时，孔僖、崔骃在太学学习，互相讨论到汉武帝，说他刚当皇帝时，崇敬相信圣明之道，等到后来，放纵自己，忘记了他以前的善行。被隔壁房里的太学生听到而告发他们诽谤先帝，指责讥议现在的皇上，被交给狱吏接受审讯。孔僖靠上书自我辩护，才没有问罪。汉元帝时，贾捐之谈论珠厓的事时说：“汉武帝征购马匹磨砺兵器，侵伐征服少数民族，全国被判决的人好几万，外寇内贼都出现了；军队多次出征，父亲先战死，儿子又战伤，女子也登上边塞的堡垒，孤儿在道旁号哭，年老的母亲、丧夫的妻子在街巷中流泪；这些都是过分地扩大地盘、征战没有休止的缘故。”考查三个人所指责的汉武帝的过失，贾捐之的话最激切，而三个皇帝对他们有的问罪有的不问罪，这难道不是夏侯胜责难诏书和孔僖、崔骃诽谤先朝皇帝，都是汉朝法律禁止的，而像贾捐之那样直接地指责事情，就在不问罪之列吗？

谊向触讳

贾谊奏进疏文给汉文帝说：“活着做英明的皇帝，死了做圣明的神灵。如果让顾成庙（汉文帝自立的宗庙）称为太宗，上面可跟太祖相配，那么汉朝兴旺就没有尽头了。即使有愚顽幼小的不成器的后代，仍然可以承蒙您留下的基业而平安。即使扶植未出世的太子，朝拜您留下的衣服，天下也不会动乱。”又说：“您死了以后，传位给老母亲或弱小的太子。”这既是在帝王活着的时候谈他死后的事，甚至说到“传位给老母亲”，就是说皇刘向上书成帝谏王氏事曰："王氏与刘氏，且不并立，陛下为人子孙，守持宗庙，而令国祚移于外亲，降为皂隶，纵不为身，奈宗庙何？"又云："天命所授者博，非独一姓。"此乃于国存时说亡语，而帝不以为过，向不以为疑，至乞援近宗室，几于自售，亦不以为嫌也。

两人皆出于忠精至诚，故尽言触忌讳而不自觉。文帝隆宽待下，圣德固尔；而成帝亦能容之，后世难及也。

小贞大贞

人君居尊位，倒持太阿，政令有所不行，德泽有所不下，身为寄坐，受人指麾，危亡之形，且立至矣。故《易》有"屯其膏，小贞，吉；大贞，凶"之戒，谓当以渐而正之。说者多引鲁昭公、高贵乡公为比，予谓此自系一时国家之隆替，君身之祸福，盖有刚决而得志，隐忍而危亡者，不可一概论也。汉宣帝之诛霍禹，和帝之诛窦宪，威宗之诛梁冀，魏孝庄之诛尔朱荣，刚决而得志者也。鲁昭公之讨季氏，齐简公之谋田常，高贵乡公之讨司马昭，晋元帝之征王敦，唐文宗之谋帝会死在太后的前面，又把他的后代看成是“愚顽不成器”，可以说是指斥责备了，可是汉文帝不认为是罪过，贾谊也不因此而疑虑。

刘向上书给汉成帝进谏王氏的事说：“王氏和刘氏，将不能并立，陛下作为汉室的子孙，守护维持宗庙，却让国家的权位转移到外姓亲戚手中，自己地位下降为奴仆，即使不为自己考虑，对宗庙会怎么样呢？”又说：“天命授给的人很多，不仅仅是一姓的人。”这是在国家还存在的时候说亡国的话，可是汉成帝不以此为罪过，刘向不因此而疑虑。说到请求帮助与自己相近的宗室，几乎是自我举荐，也不认为是涉嫌。

这两个人都是出于忠心的精神、最高的诚意，因此畅所欲言，触犯了忌讳也没有自我觉察。汉文帝以宽厚的态度对得下属，他圣明的德行当然是这样；而汉成帝也能容忍触犯忌讳，这是后代难以企及的。

小贞大贞

君主处在尊贵的地位，把权柄授给他人，自己反受其害，政令不能实行，恩德不能施予，自身寄在客位，受别人的指挥，危急覆亡的情形，就要到了。因此《易经》有“屯积那些恩惠膏泽，稍作纠正，吉祥；大作改正，凶险”的戒言，说的是应当慢慢地改变地位。谈论的人多引用鲁昭公、高贵乡公曹髦作为例子。我认为这即使关系到一个时期国家的兴隆衰替，关系到君王的灾祸福分，却也有刚烈果决而实现志愿的，也有勉强忍耐而遭到危亡的，不能够一概而论。汉宣帝诛杀霍禹，汉和帝诛杀窦宪，汉桓帝诛杀梁冀，北魏孝庄帝诛杀尔朱荣，这都是刚烈果宦者，潞王之徙石敬瑭，汉隐帝之杀郭威，刚决而失者也。若齐郁林王知鸾之异志，欲取之而不能；汉献帝知曹操之不臣，欲图之而不果；唐昭宗知朱温之必篡，欲杀之而不克，皆翻以及亡，虽欲小正之，岂可得也？

唐诗戏语

士人于棋酒间，好称引戏语，以助谭笑，大抵皆唐人诗，后生多不知所从出，漫识所记忆者于此。“公道世间惟白发，贵人头上不曾饶”，杜牧《送隐者》诗也。“因过竹院逢僧话，又得浮生半日闲”，李涉诗也。“只恐为僧僧不了，为僧得了尽输僧”，“啼得血流无用处，不如缄口过残春”，杜荀鹤诗也。“数声风笛离亭晚，君向潇湘我向秦”，郑谷诗也。“今朝有酒今朝醉，明日愁来明日愁”，“劝君不用分明语，语得分明出转难”，“自家飞絮犹无定，争解垂丝绊路人”，“明年更有新条在，挠乱春风卒未休”，“采得百花成蜜后，不知辛苦为谁甜”，罗隐诗也。高骈在西川，筑城御蛮，朝廷疑之，徙镇荆南，作《风筝》诗以见意曰：“昨夜筝声响碧空，宫商信任往来风。依稀似曲才堪听，又被吹将别调中。”今人亦好引此句也。

决而实现志愿的例子。鲁昭公讨伐季氏，齐简公策划对付田常，高贵乡公讨伐司马昭，晋元帝征伐王敦，唐文宗图谋诛除宦官，潞王李从珂让石敬瑭迁徙，汉隐帝杀郭威，这都是刚烈果决却失败了的。像齐郁林王萧昭业知道萧鸾有叛逆之心，想要收取他却不能够；汉献帝知道曹操不守臣道，想要除掉他却不成功；唐昭宗知道朱温一定会篡夺皇位，想要杀了他却做不到；这些人都反而导致了自己的灭亡，虽然想稍作纠正，难道可能吗？

唐诗戏语

士人们在下棋饮酒的时候，喜欢引用一些戏谑的话语，来帮助谈笑。所引的大多都是唐代人的诗句，年轻人多不知道这些诗句是从哪儿来的，我在这里随便记下我所记得的。“公道世间惟白发，贵人头上不曾饶”，这是杜牧《送隐者》诗中的。“因过竹院逢僧话，又得浮生半日闲”，这是李涉的诗句。“只恐为僧僧不了，为僧得了尽输僧”，“啼得血流无用处，不如缄口过残春”，这是杜荀鹤的诗句。“数声风笛离亭晚，君向潇湘我向秦”，这是郑谷的诗。“今朝有酒今朝醉，明日愁来明日愁”，“劝君不用分明语，语得分明出转难”，“自家飞絮犹无定，争解垂丝绊路人”，“明年更有新条在，挠乱春风卒未休”，“采得百花成蜜后，不知辛苦为谁甜”，这些是罗隐的诗。高骈在西川时，筑城墙抵御蛮族，朝廷怀疑他，调他去镇守荆南，他作了《风筝》诗来表露自己的心思，诗歌写道：“昨夜筝声响碧空，宫商信任往来风。依稀似曲才堪听，又被吹将别调中。”现在人们喜欢引用这首诗。

何进高叡

东汉末，何进将诛宦官，白皇太后悉罢中常侍、小黄门，使还里舍。张让子妇，太后之妹也。让向子妇叩头曰：“老臣得罪，当与新妇俱归私门，唯受恩累世，今当远离宫殿，愿复一入直，得暂奉望太后颜色，死不恨矣。”子妇为言之，乃诏诸常侍皆复入直。不数日，进乃为让所杀，董卓随以兵至，让等虽死，汉室亦亡。

北齐和士开在武成帝世，奸蠹败国。及后主嗣立，宰相高叡与娄定远白胡太后，出士开为兖州刺史。后欲留士开过百日，叡守之以死，苦言之。士开载美女珠帘赂定远曰：“蒙王力，用为方伯，今当远出，愿得一辞觐二宫。”定远许之，士开由是得见太后及帝。进说曰：“臣出之后，必有大变，今已得入，复何所虑！”于是出定远为青州而杀叡。后二年，士开虽死，齐室亦亡。

呜呼！奸佞之难去久矣！何进、高叡，不惜陨身破家，为汉、齐社稷计，而张让、士开以谈笑一言，变如反掌，忠良受祸，宗庙为墟。乃知背胁瘭疽，决之不可不速；虎狼在阱，养之则自贻害。可不戒哉！

何进高叡

东汉末年,何进将要诛除宦官,禀告皇太后何氏,罢免所有的中常侍和小黄门,让他们回到私宅去。张让的儿媳妇,是何太后的妹妹。张让向儿媳妇磕头说:“老臣我获罪,应当跟媳妇一起回到私人宅第中去。只是因为好几代受到皇恩,现在要远离皇宫,希望能再进宫服务一次,能够暂时侍奉太后、远远地望见太后的颜面脸色,死了也不遗憾。”儿媳妇替他告诉了太后,于是下令常侍都再进宫侍奉。没几天何进就被张让杀了。董卓随后领兵到来,张让等人虽然死了,汉朝也覆亡了。

北齐的和士开在齐武成帝朝中,奸邪腐败,损害国家。等到后主高纬即位后,宰相高叡跟娄定远禀告胡太后,派和士开离京去任兖州刺史。太后想留和士开过一百天,高叡以死坚持,苦口相劝。和士开用车载着美女珠帘送给娄定远说:“蒙您出力相助,被任用为一方之长。现在该远行外出了,希望能觐见二宫(太后与皇帝)做一次告辞。”娄定远同意了他,和士开因此见到了太后和后主,并且进言说:“我出宫以后,朝内一定会有大的变故,现在已经能够进宫了,又有什么可以忧虑的呢!”于是把娄定远贬为青州刺史,并且杀了高叡。两年后,和士开即使死了,齐朝也灭亡了。

唉!奸邪的坏人很难除掉,这有很久了!何进、高叡,不惜丧失生命,不惜使家庭破碎,而为东汉、北齐的国运考虑,却被张让、和士开用轻而易举的一句话改变了过来,就像翻转手那样容易。忠良的大臣受到灾祸,祖先的江山成为废墟。从这里可以知道,背上肋下的疮疽,不能不及早割除;猛兽陷入陷阱,养着它就会使自身遭受伤害。能够不引以为戒吗?

南乡掾史

金石刻有《晋南乡太守司马整碑》，其阴刻掾史以下姓名，合三百五十一。议曹祭酒十一人，掾二十九人，诸曹掾、史、书佐、循行、干僮三十一人，从掾位者九十六人，从史位者三十一人，部曲督将三十六人，其冗如此。以《晋史》考之，南乡本南阳西界，魏武平荆州，始分为郡。至晋泰始中，所管八县，才二万户耳，而掾史若是之多！掾史既然，吏士又可知矣。民力安得不困哉！整乃宗室安平王孚之孙也。

汉景帝忍杀

汉景帝恭俭爱民，上继文帝，故亦称为贤君。考其天资，则刻戾忍杀之人耳。自在东宫时，因博戏杀吴太子，以起老濞之怨。即位之后，不思罪己，一旦于三郡中而削其二，以速兵端。正信用晁错，付以国事，及爰盎之说行，但请斩错而已，帝令有司劾错以大逆，遂父母妻子同产皆弃市。七国之役，下诏以深入多杀为功，比三百石以上皆杀，无有所置，敢有议诏及不如诏者，皆要斩。周亚夫以功为丞相，坐争封匈奴降将事病免，以恶之，赐食不置箸，叱之使起，昧于敬礼大臣之义，卒以非罪置之死，悲哉！光武遣冯异征赤眉，敕之曰："征伐非必略地屠城，要在平定安集之耳。诸将非不健斗，然好虏掠。卿本能御吏士，念自修敕，无为郡

南乡掾史

金石碑刻中有一通《晋南乡太守司马整碑》，碑的背面刻有掾史以下的官吏姓名，共计三百五十一人。其中议曹祭酒十一人，廷掾二十九人，各曹的掾吏、长史、书佐、循行、干僮有一百三十一人，隶属掾位的九十六人，隶属史位的三十一人，军中督将三十六人，碑的背面名录繁杂到这种地步。根据《晋史》来考察，南乡本是南阳西面的属界，魏武帝平定荆州，才分出来为郡。到晋朝泰始年间，南乡郡所管的八个县，才有二万户人家而已，可是掾史却有这么多！掾史既是这么多，吏员和士人就可想而知了。老百姓的力量哪能不乏困呢！司马整是晋朝宗室，是安平王司马孚的孙子。

汉景帝忍杀

汉景帝谦恭俭约、爱护百姓，上承汉文帝，因此也被称为贤明的君主。考察他禀赋，却是个苛刻凶暴、残忍好杀的人。自从他在东宫当太子时，就因为赌博游戏而杀了吴国太子，因而引起吴王刘濞的怨恨。即位以后，不考虑责备自己，一天把三个郡国削减了两个，因而造成战火争端。当时正相信任用晁错，把国家大事交付给他，但等到爰盎加害晁错的主张实施时，虽然只请求斩杀晁错一个人，汉景帝却命令官员们揭发晁错叛逆，于是连他们父母、妻子、儿女、兄弟们都杀害了。在跟吴、楚等七国的战役中，下命令以深入七国多杀乱军作为功劳，相当于三百石以上的官员都被杀死，没一个放过，如果敢有对命令存有疑议以及不按诏令行事的，都要腰斩。周亚夫因为战功当了丞相，为了给匈奴的降将争得封爵而犯罪，由于生病幸免于难。汉景帝县所苦。”光武此言，视景帝诏书，为不侔矣。

燕昭汉光武之明

乐毅为燕破齐，或谗之昭王曰：“齐不下者两城耳，非其力不能拔，欲久仗兵威以服齐人，南面而王耳。”昭王斩言者，遣使立毅为齐王。毅惶恐不受，以死自誓。

冯异定关中，自以久在外，不自安。人有章言异威权至重，百姓归心，号为“咸阳王”，光武以章示异。异上书谢，诏报曰：“将军之于国家，恩犹父子，何嫌何疑，而有惧意？”及异破隗嚣，诸将欲分其功，玺书诮大司马以下，称异功若丘山。

今人咸知毅、异之为名将，然非二君之明，必困谗口矣。田单复齐国，信陵君败秦兵，陈汤诛郅支，卢植破黄巾，邓艾平蜀，王濬平吴，谢安却苻坚，慕容垂挫桓温，史万岁对他十分厌恶，常赐饮食却不给他安排碗筷，呵斥他让他站起来，对尊敬礼待大臣的道义极不明智，最后以不正当的罪名把周亚夫置于死地，可悲呀！汉光武帝派遣冯异去征讨赤眉军，命令他说："征战讨伐不一定非要掠夺土地屠杀人民，关键在于平定战争安抚百姓。将领们不是不勇健能战，但是太喜欢抢夺杀掠了。你本来善于控制官吏士人，希望你自我修整，不要做人民感到痛苦的事。"汉光武帝的这番话，比起汉景帝的诏令来，是不能相提并论的了。

燕昭汉光武之明

乐毅为燕王打败了齐国，就有人在燕昭王面前说他的坏话："齐国没被攻下的城只有两座了，不是乐毅的力量不能攻下来，而是他想长久地依仗军事威力来使齐国人服他，好让自己称王罢了。"燕昭王斩杀了说坏话的人，派使者立乐毅为齐王。乐毅惊慌害怕不肯接受，以死来发誓不称王。

冯异平定了关中，自己认为长久在外，心里不安。有人上奏章说：冯异威望权力最重，百姓都诚心归顺他，称他为"咸阳王"。汉光武帝把奏章交给冯异看。冯异上书谢罪，光武帝回报诏书说："你对于国家，恩情就如同父子一般，有什么嫌疑，却有恐惧之意呢？"等到冯异打败隗嚣，将领们想分得冯异的战功，光武帝下诏书谴责大司马以下的将领，称赞冯异的功劳如同山岳之大。

现在人们都知道乐毅、冯异是著名的将领，但是如果不是两位君主的英明，他们一定会被说坏话的人坑害的。田单恢复齐国，信陵君打败秦国军队，陈汤攻杀郅支，卢植打败黄巾军，破突厥，李靖灭吐谷浑，郭子仪、李光弼中兴唐室，李晟复京师，皆有大功于社稷，率为谮人所惎，或至杀身。区区庸主不足责，唐太宗亦未能免。营营青蝇，亦可畏哉！

周南召南

《毛诗·序》曰："《关雎》《麟趾》之化，王者为风，故系之周公，南，言化自北而南也。《鹊巢》《驺虞》之德，诸侯之风也，先王之所以教，故系之召公。《周南》《召南》，正始之道。"据文义，"周公""召公"二"公"字，皆合为"南"字，则与上下文相应，盖简策误耳。"王者之风"，恐不当系之周公，而"先王之所以教"，又与"召公"自不相涉也。

易中爻

《易·系辞》云："杂物撰德，辨是与非，则非其中爻不备。"中爻者，谓二三四及三四五也。如《坤》《坎》为《师》，而六五之爻曰："长子帅师"，以正应九二而言，盖指二至四为《震》也。《坤》《艮》为《谦》，而初六之爻曰："用涉大川"，盖自是而上，则六二、九三、六四为坎也。《归妹》之六五曰："帝乙归妹"，以下配九二而言，盖指《震》也。而《泰》之六五亦曰："帝乙归妹"，固亦下配邓艾平定蜀国，王濬平定吴国，谢安击退苻坚，慕容垂挫败桓温，史万岁打败突厥，李靖消灭吐谷浑，郭子仪、李光弼平定安史之乱使唐朝再度兴旺，李晟收复唐朝京师长安，都对国家有巨大功劳，都遭到诬陷者的忌恨，有的甚至被杀害。无足轻重的平庸君主不值得指责，可是连唐太宗也不能免于听信谗言。盘旋往来的绿头苍蝇，太可怕了啊！

周南召南

《毛诗·序》说："《关雎》《麟趾》的教化，是王者的诗歌，因此它们跟周公有关系。南，指的是教化从北向南进行。《鹊巢》《驺虞》的德行，是诸侯的诗歌，是先王的教化所致，因此它们跟召公有关系。《周南》《召南》是整饬治理初始社会的正道。"根据上下文的意义，"周公""召公"两个"公"字，都跟"南"字相合，那样就跟上下文相呼应了，这可能是古书上弄错了。"王者的风范"，恐怕不应该跟周公相联系，而"先王的教化所致"，又跟召公没有什么关系。

易中爻

《易经·系辞》说："杂聚事物，确定道德，辨别是非，那么离开了中爻就不完备。"所谓中爻，指的是二三四爻和三四五爻。如《坤卦》《坎卦》合为《师卦》，《师卦》的六五爻爻辞说"长子帅师"，这是针对六五正好呼应九二而说的，指的是二爻到四爻形成的经卦是《震卦》。《坤卦》和《艮卦》合为《谦卦》，《谦卦》的初六爻爻辞说："用涉大川"，大概指的是从初六爻往上，就是六二、九三、六四，它们合为《坎卦》。《归妹》的六五九二，而九三、六四、六五，盖《震》体云。它皆类此。

爻爻辞说："帝乙归妹"，是针对它下配九二爻而说的，大概指的是《震卦》。而《泰卦》的六爻爻辞也说："帝乙归妹"，本来也是因为下配九二，而九三、六四、六五这三爻，合在经卦《震卦》的卦体，等等。其他都跟这些相似。

卷十二（十八则）

利涉大川

《易》卦辞称“利涉大川”者七，“不利涉”者一。爻辞称“利涉”者二，“用涉”者一，“不可涉”者一。《需》《讼》《未济》，指《坎》体而言。《益》《中孚》，指《巽》体而言。《涣》指《坎》《巽》而言。盖《坎》为水，有大川之象；而《巽》为木，木可为舟楫以济川。故《益》之彖曰“木道乃行”，《中孚》之彖曰“乘木舟虚”，《涣》之彖曰“乘木有功”。又舟楫之利，实取诸《涣》，正合二体以取象也。《谦》《蛊》则中爻有《坎》，《同人》《大畜》则中爻有《巽》。《颐》之反，对《大过》，方有《巽》体，五去之远，所以言“不可涉”，上则变而之对卦，故“利涉”云。

光武弃冯衍

汉室中兴，固皆光武之功，然更始既即天子位，光武受其爵秩，北面为臣矣，及平王郎、定河北，诏令罢兵，辞不受召，于是始贰焉。更始方困于赤眉，而光武杀其将谢躬、苗曾，取洛阳、下河东，翻为腹心之疾。后世以成败论人，故不

利涉大川

《易经》的卦辞说到“利涉大川”的话有七次，“不利涉”的话一次。爻辞说到“利涉”的话有两次，“用涉”的话一次，“不可涉”的话一次。《需卦》《讼卦》《未济卦》中的话，是针对《坎卦》的卦体而说的。《益卦》《中孚卦》是针对《巽卦》的卦体而说的。《涣卦》则针对《坎卦》《巽卦》而说的。《坎卦》的象义是水，有大河的取象；而《巽卦》的象义是木，木可以做成船和桨来渡河。因此《益卦》的彖传说“木道乃行”，《中孚卦》的彖传说“乘木舟虚”，《涣卦》的彖传说“乘木有功”。另外，船和桨的便利。实际上是取象于《涣卦》的，《涣卦》正是合坎（水）、巽（木）两个卦体来取象的。《谦卦》《蛊卦》则是中爻有《坎卦》，《同人卦》《大畜卦》则是中爻有《巽卦》。《颐卦》的阴爻阳爻反过来，就变成对卦《大过卦》，变成《大过卦》才有了《巽卦》的卦体，九五爻离《巽卦》卦体离得太远，所以说“不可涉”，上位的经卦如果阴阳爻互变，就变成对卦《巽卦》了，所以说“利涉”。

光武弃冯衍

汉朝衰微而又复兴，固然都是汉光武帝的功劳，但是更始帝刘玄即天子位之后，光武帝接受了他的封爵官位，面向北边称臣，等到平定了王郎、安定了河北，更始帝命令撤军，但光武帝推辞不奉诏，在这时开始有了二心。正当刘玄被赤眉军围困时，复议。予谓光武知更始不材，必败大业，逆取顺守，尚为有辞。彼鲍永、冯衍，始坚守并州，不肯降下，闻更始已亡，乃罢兵来归，曰："诚惭以其众幸富贵。"其忠义之节，凛然可称。光武不能显而用之，闻其言而不悦。永后以它立功见用，而衍终身摈斥，群臣亦无为之言者，吁！可叹哉！

恭显议萧望之

弘恭、石显议置萧望之于牢狱，汉元帝知其不肯就吏，而讫可其奏。望之果自杀。帝召显等责问以议不详，皆免冠谢，乃已。王氏五侯奢僭，成帝内衔之，一旦赫怒，诏尚书奏诛薄昭故事然特欲恐之，实无意诛也。窦宪恃宫掖声势，夺公主园，章帝切责，有孤雏腐鼠之比，然竟不绳其罪。三君之失政，前史固深讥之矣。司马公谓元帝始疑望之不肯就狱，恭、显以为必无忧，其欺既明，终不能治，可谓易欺而难寤也。予谓师傅大臣进退罪否，人主当决之于心，何为谋及宦者？且望之先时已尝下廷尉矣，使其甘于再辱，忍耻对吏，将遂以恭、显之议为是耶！望之死与不死，不必论也。成帝委政外家，先汉颠覆；章帝仁柔无断，后汉遂衰，皆无足责。

光武帝却杀了他的将领谢躬、苗曾，攻取洛阳、打下河东，反而成了刘玄的腹心之疾。后代根据成功或失败来评论人，因此不再议论。我认为光武帝知道刘玄不成才，一定会败坏大业，因此用武力夺取政权，用文教治理天下，还算可以辩解。那鲍永、冯衍，开始时坚守并州，不肯投降，听到刘玄已死，才停战来归顺汉光武，说道："我实在惭愧带领我的部众来幸得富贵。"他的忠义节操，威严正气，值得称赞。光武帝不能提拔重用他，听到他的言谈就不高兴。鲍永后来因为另外立了功被任用了，而冯衍却终身被摈弃排斥，大臣们也没有谁替他说话的，唉！可叹啊！

恭显议萧望之

弘恭、石显商议把萧望之投置到牢狱之中，汉元帝明知道他不肯接受审判，却终于同意了弘恭他们的奏言。萧望之果然自杀了。汉元帝召觅石显等人，责问他们审议不周到的罪过，石显等人都摘下官帽请罪，竟然完事了。五个王氏诸侯骄奢僭越，成帝心中怀恨，有一天赫然发怒，下令尚书上奏诛杀薄昭的往事，然而这只不过是想让他们害怕，实际上并没有诛杀的意图。窦宪倚仗着皇宫内戚的声望权势，夺取了公主的田园，汉章帝急切地斥责，用了孤雏腐鼠来做比方，可是竟然没有判窦宪的罪。这三个君主的政治昏乱，以前的史官确实深刻地讥刺过了。司马光认为，汉元帝开始时就怀疑萧望之不肯接受囚禁，弘恭、石显却认为一定没有忧患，他们的欺罔既然已明了了，最终却不能够处治，可以说汉元帝是好欺骗却难使他醒悟啊！我认为，太师大臣的任免判罪与否，做君主的应该心中有所决断，怎么去跟宦官商量呢？况且萧望之开始时已经受过廷尉审讯了，让他甘心再受

晁错张汤

晁错为内史，言事辄听，幸倾九卿，及为御史大夫，权任出丞相右。张汤为御史，每朝奏事，国家用日旰，丞相取充位，天下事皆决汤。萧望之为御史，意轻丞相，遇之无礼。三人者，贤否虽不同，然均为非谊，各以它事至死，抑有以致之邪！

逸诗书

逸《书》、逸《诗》，虽篇名或存，既亡其辞，则其义不复可考。而孔安国注《尚书》，杜预注《左传》，必欲强为之说、《书》"汩作"注云"言其治民之功"，"咎单作《明居》"注"咎单，主土地之官。作《明居》，民法"，《左传》"国子赋辔之柔矣"注云"义取宽政以安诸侯，若柔辔之御刚马"，如此之类。予顷教授福州日，林之奇少颖为《书》学谕，讲"帝釐下土"数语曰："知之为知之，《尧典》《舜典》之所以可言也；不知为不知，《九共》《槀饫》略之可也。"其说最纯明可喜，林君有《书解》行于世，而不载此语，故为表出之。

屈辱，忍着羞耻面对狱吏，这不是最终于认为弘恭、石显的决议是对的吗！萧望之死或不死，就不必议论了。汉成帝把政事交给母舅家族，导致了西汉的颠覆；汉章帝仁慈优柔而不果断，导致了东汉的衰微，这都不值得责难。

晁错张汤

晁错当了内史，说的事皇上都听从，宠幸超过了九卿；等到做了御史大夫，权力比丞相还大。张汤做了御史，常常早朝奏事，谈及国家政事到天晚，丞相只处在虚位上，天下的事都由张汤决定。萧望之做了御史，心中轻视丞相，遇到丞相也不行礼。这三个人，贤良与否虽然不同，但都是不符合道义的。他们各自因为其他的事导致死亡，或许有招致这种结局的因素吧！

逸诗书

散失的《尚书》、散失的《诗经》，虽然有些篇名留存着，但既然它的内容亡佚了，那么它的意义就不再能够考证了。可是孔安国注《尚书》、杜预注《左传》，一定要想给它们作出解释。《尚书》的“汩作”，孔安国注释说“这是说他治理百姓功劳”，“咎单作《明居》”，注解说：“咎单，是管理土地的官，写了《明居》，是关于民法的。”《左传》中“国子赋辔之柔矣”，杜预注解道：“它的意义在于，要用宽松的政治来使诸侯安定，就像柔软的缰绳驾驭刚烈的骏马一样。”像这一类的很多。我不久前在福州任儒学教授时，林之奇（字少颖）做了《尚书》学的教谕。在讲“帝釐下土”几句的时候，他说：“知道就是知道，这就是《尧典》《舜典》可以解说的道理；不知道就是不知道，《九

刑罚四卦

《易》六十四卦，而以刑罚之事著于《大象》者凡四焉：《噬嗑》曰“先王以明罚敕法”，《丰》曰“君子以折狱致刑”，《贲》曰“君子以明庶政，无敢折狱”，《旅》曰“君子以明慎用刑而不留狱”。《噬嗑》《旅》上卦为《离》，《丰》《贲》下卦为《离》，离，明也。圣人知刑狱为人司命，故设卦观象，必以文明为主，而后世付之文法俗吏，何邪？

巽为鱼

《易》中所言鱼，皆指《巽》也。《姤卦》《巽》下《乾》上，故九二有鱼，九四无鱼。《井》内卦为《巽》，故二有射鲋之象。《中孚》外卦为《巽》，故曰“豚鱼吉”。《剥卦》五阴而一阳。方一阴自下生，变《乾》为《姤》，其下三爻，乃《巽》体也。二阴生而为《遯》，则六二、九三、九四乃《巽》体。三阴生而为《否》，则六三、九四、九五乃《巽》体。四阴生而为《观》，则上三爻乃《巽》体。至五阴为《剥》，则《巽》始亡。故六五之爻辞曰：“贯鱼”，盖共》《橐饫》略去它也是可以的。”这种观点是最精纯明白值得表彰的。林之奇有《书解》流行在社会上，可是没有写上这几句话，因此我为他发表出来。

刑罚四卦

《易经》六十四卦，把刑罚法律的事写在《象传》的《大象》中的共有四卦：《噬嗑卦》说：“先王靠严明刑罚整顿法纪”，《丰卦》说：“君子靠判案来使刑罚精细”，《贲卦》说：“君子靠说明各种政务来治理，不轻易地判刑断狱。”《旅卦》说：“君子靠明智来治理，谨慎地用刑，而不滞留狱案。”《噬嗑卦》《旅卦》的上位卦是《离卦》，《丰卦》《贲卦》的下位卦是《离卦》。所谓“离”，就是“明”的意思。圣人知道刑罚牢狱关系到人的生命，因此安排卦辞、观察意象，一定以文明为主，可是后代把刑罚牢狱的事交付给舞文弄法的庸俗官吏，这是为什么呢？

巽为鱼

《周易》卦中所说的鱼，都是指的《巽卦》。《姤卦》的卦体是《巽卦》在下、《乾卦》在上，因此它的九二爻的爻辞提到鱼，而九四爻没有鱼。《井卦》的下位卦为《巽卦》，因此第二爻有射猎鲋鱼的卦象。《中孚卦》的上位卦是《巽卦》，因此说“豚鱼吉”。《剥封》有五个阴爻、一个阳爻。当一个阴爻刚从下面生出时，就从《乾卦》变成了《垢卦》，《垢卦》下位卦的三爻，就构成了《巽卦》的卦体。两个阴爻生出，就成了《遁卦》，那么它的六二、九三、九四就构成《巽卦》的卦体。三个阴爻生出，就成了指下四爻皆从《巽》来，如鱼骈头而贯也。或曰：“《说卦》不言‘《巽》为鱼’，今何以知之？”曰：“以类而知之，《说卦》所不该者多矣。如‘长子’‘长女’‘中女’‘少女’见于《震》《巽》《离》《兑》中，而《坎》《艮》之下，不言‘为中男’‘为少男’之类，它可推也。”

三省长官

中书、尚书令在西汉时为少府官属，与大官、汤官、上林诸令品秩略等，侍中但为加官，在东汉亦属少府，而秩稍增。尚书令为千石，然铜印墨绶，虽居几要，而去公卿甚远，至或出为县令。魏、晋以来，浸以华重。唐初遂为三省长官，居真宰相之任，犹列三品，大历中乃升正二品。入国朝，其位益尊，叙班至在太师之上，然只以为亲王及使相兼官，无单拜者。见任宰相带侍中者才五人：范鲁公质、赵韩王普、丁晋公谓、冯魏公拯、韩魏王琦；尚书令又最贵，除宗王外，不以假人。赵韩王、韩魏王始赠真令，韩公官止司徒，及赠尚书令，乃诏自今更不加赠，盖不欲三师之官赘其称也。政和初，蔡京改侍中、中书令为左辅、右弼，而不置尚书令，以为太宗皇帝曾任此官。殊不知乃唐之太宗为之，故郭子仪不敢

《否卦》，那么六三、九四、九五就构成《巽卦》的卦体。四个阴爻生出，那么上位卦的三爻就是《巽卦》卦体。到五个阴爻在下就成了《剥卦》，那么《巽卦》的卦体就没有了。因此《剥卦》的六五爻的爻辞说到“贯鱼”，指的是下面的四爻都是从《巽卦》来的，就像鱼头尾相接依次穿过。有人说：“《说卦传》没有说‘《巽卦》的象义是鱼’，现在怎么会知道它是鱼呢？”我的回答是：“根据类推就可以知道。《说卦传》所没有全面提到的多了。例如‘长子’‘长女’‘中女’‘少女’在《震卦》《巽卦》《离卦》《兑卦》中出现，而《坎卦》《艮卦》等等，却不提‘为中男’‘为少男’之类的话，这是因为其他可以类推的缘故。”

三省长官

中书令、尚书令在西汉时是少府的属官，跟大官令、汤官令、上林苑令等官的品级地位大致相等，侍中只是为增加新职而加上的官号，在东汉时也属于少府，只是品级稍微增高。尚书令的俸禄为千石，但是虽然授予铜印墨绶，身处机要部门，却比公卿差得很远，甚至有的出京为官只作县令。魏、晋以来，地位渐渐显赫重要。唐朝初年就成为三省的长官，担任真宰相的职位，但仍只是三品官。大历年间才升成正二品。到了宋朝，尚书令的地位更加尊贵，等级排列甚至在太师之上，然而只作为亲王以及使相的兼官，没有单独授予的。现在任宰相而带侍中官号的人才有五人：鲁公范质、韩王赵普、晋公丁谓、魏公冯拯、魏王韩琦。尚书令又最显贵，除了宗室王族以外，不授予其他人。韩王赵普、魏王韩琦才开始被予真尚书令，韩琦的官号只是司徒，等到赐予尚书令时，就下令从今往后不再增加官号，这是拜，非本朝也。

王珪李靖

杜子美《送重表侄王评事》诗云："我之曾老姑，尔之高祖母，尔祖未显时，归为尚书妇。隋朝大业末，房、杜俱交友。长者来在门，荒年自糊口。家贫无供给，客位但箕帚。俄顷羞颇珍，寂寥人散后。"云云。"上云天下乱，宜与英俊厚，向窃窥数公，经纶亦俱有。次问最少年，虬髯十八九。子等成大名，皆因此人手。下云风云合，龙虎一吟吼，愿展丈夫雄，得辞儿女丑。秦王时在坐，真气惊户牖。及乎贞观初，尚书践台斗。夫人常肩舆，上殿称万寿。至尊均嫂叔，盛事垂不朽。"观此诗，疑指王珪。珪相唐太宗，赠礼部尚书。然细考其事，大不与史合。蔡絛诗话引《唐书·列女传》云："珪母卢氏，识房、杜必贵。"质之此诗，则珪母乃杜氏也。《桐江诗话》云："不特不姓卢，乃珪之妻，非母也。"予案，《唐列女传》元无此事，珪传末只云："始隐居时，与房玄龄、杜如晦善，二人过其家，母李窥之，知其必贵。"蔡说妄云有传，又误以李为卢，皆不足辨。但唐高祖在位日，太子建成与秦王不睦，以权相倾。珪为太子中允，说建成曰："秦王功盖天下，中外归心，殿下但以长年，位居东宫，无大功以镇服海不想用三师(太师、太傅、太保)的官号赘加在它的称号上。徽宗政和初年,蔡京把侍中、中书令改为左辅、右弼,而不设尚书令,以为宋太宗皇帝曾经任过这个官,却不知道唐朝的太宗曾做过此官,因此郭子仪不敢拜受,这事不是出于本朝。

王珪李靖

杜甫《送重表侄王评事》诗说:“我之曾老姑,尔之高祖母。尔祖未显时,归为尚书妇。隋朝大业末,房、杜俱交友。长者来在门,荒年自糊口。家贫无供给,客位但箕帚。俄倾羞颇珍,寂寥人散后……上云天下乱,宜与英俊厚,向窃窥数公,经纶亦俱有。次问最少年,虬髯十八九。子等成大名,皆因此人手。下云风云合,龙虎一吟吼,愿展丈夫雄,得辞儿女丑。秦王时在坐,真气惊户牖。及乎贞观初,尚书践台斗。夫人常肩舆,上殿称万寿。至尊均嫂叔,盛事垂不朽。”看这首诗,有可能是指王珪。王珪是唐太宗时的宰相,被赠予部尚书。然而仔细考证这件事,历史记载很不相符。蔡絛《西清诗话》引《旧唐书·列女传》的话说:“王珪的母亲卢氏,看出房玄龄、杜如晦一定会富贵。”跟这首诗对证,那么王珪的母亲竟是杜氏。《桐江诗话》说:“不仅不姓卢,还是王珪的妻子,而不是母亲。”我考证,《唐列女传》原来没有这件事,王珪传末尾只说:“当初隐居的时候,跟房玄龄、杜如晦很友好。两个人到他家里,母亲李氏暗中窥看他们,知道他们一定会富贵。”蔡絛的话乱说有传,又把李氏说成卢氏,都不值得分辨。只是唐高祖在位的时候,太子建成与秦王世民不和睦,使权术相互倾轧。王珪当时是太子中允,就劝说太子建成说:“秦王的功劳极大,朝内朝外都心服他,您只内，今刘黑闼散亡之余，宜自击之，以取功名。”建成乃请行。其后杨文幹之事起，高祖责以兄弟不睦，归罪珪等而流之。太宗即位，乃召还任用。久之，宴近臣于丹霄殿，长孙元忌曰：“王硅、魏徵，昔为仇雠，不谓今日得同此宴。”上曰：“珪、徵尽心所事，我故用之。”然则珪与太宗非素交明矣。《唐书》载李氏事，亦采之小说，恐未必然，而杜公称其祖姑事，不应不实。且太宗时宰相，别无姓王者，真不可晓也。

又有杜光庭《虬须客传》云“隋炀帝幸江都，命杨素留守西京，李靖以布衣往谒，窃其一妓，道遇异人，与俱至太原，因刘文静以见州将之子，言其真英主，倾家资与靖，使助创业之举，即太宗也。按，史载唐公击突厥，靖察有非常志，自囚上急变。后高祖定京师，将斩之而止，必无先识太宗之事。而炀帝在江都时，杨素死已十余年矣。此一传，大抵皆妄云。

虎夔藩

黄鲁直《宿舒州太湖观音院》诗云：“汲烹寒泉窟，伐是因为年长，身为太子住在东宫之内，没有大的功勋使天下人信服。现在刘黑闼被打散的余部，您应该自己去攻击他们，好取得功业名望。”建成就请求出征。后来杨文幹的事情发生了，唐高祖责怪他们兄弟不和，归罪于王珪等人并流放了他们。唐太宗李世民即位以后，才召回来任用。很久以后，太宗在丹霄殿为身边的大臣设宴，长孙无忌说：“王珪、魏徵过去是仇家，没想到现在能够一起参加这次宴会。”太宗说：“王珪和魏徵能够对他们所服事的人尽心，所以我任用他们。”从这件事来看，王珪跟唐太宗不是早就认识的就很清楚了。《旧唐书》记载的李氏的事，也是从小说中采摘来的，恐怕不一定对。而杜甫称说他祖姑的事，不应该不是事实，而且唐太宗时的宰相，没有另外是姓王的，真是不能弄明白！

另外，杜先庭《虬髯客传》说，隋炀帝到江都去，命令杨素留守西京，李靖以平民的身份前去拜见杨素，暗中带走了他一名妓女，路上遇见了奇异的高人，异人跟他们一起到太原，通过刘文静见州将的儿子，说他将是真正英明的君主，于是异人把所有的家产资金给了李靖，让他帮助创建国业的大事。州将的儿子就是唐太宗。据考证，历史记载唐公攻打突厥时，李靖察觉他有不同平常的志向，自己拘禁了皇上，发动紧急兵变。后来唐高祖平定京师，打算杀了李靖又没有杀。可见一定没有李靖事先就认识唐太宗的事。再说隋炀帝在江都的时候，杨素已经死了十多年了。这一篇传奇，大概都是虚妄的。

虎夔藩

黄庭坚《宿舒州太湖观音院》诗写道：“汲烹寒泉窟，伐烛烛古松根。相戒莫浪出，月黑虎夔藩。”夔字甚新，其意盖言抵触之义，而莫究所出。惟杜工部《课伐木》诗序云：“课隶人入谷斩阴木，晨征暮返，我有藩篱，是缺是补，旅次于小安。山有虎，知禁。若恃爪牙之利，必昏黑撑突。夔人屋壁，列树白桃，镘焉墙，实以竹，示式遏。为与虎近，混沦乎无良宾客。”其诗句有云：“藉汝跨小篱，乳兽待人肉。虎穴连里闾，久客惧所触。”乃知鲁直用此序中语。然杜公在夔府所作诗，所谓“夔人”者，述其土俗耳，本无抵触之义，鲁直盖误用之。

又《寺斋睡起》绝句云：“人言九事八为律，傥有江船吾欲东。”按，《主父偃传》：“上书言九事，其八事为律令，一事谏伐匈奴。”谓八事为律令而言，则为字当作去声读，今鲁直似以为平声，恐亦误也。

曹操用人

曹操为汉鬼蜮；君子所不道。然知人善任使，实后世之所难及。荀彧、荀攸、郭嘉，皆腹心谋臣，共济大事，无待赞说。其余智效一官，权分一郡，无小无大，卓然皆称其职。恐关中诸将为害，则属司隶校尉钟繇以西事，而马腾、韩遂遣子人侍。当天下乱离，诸军乏食，则以枣祇、任峻建立屯古松根。相戒莫浪出，月黑虎夔藩。”“夔”字非常新奇，它的意思大概是抵触的意义，可是没有人追究它的出处。杜甫《课伐木》诗的诗序说：“督促罪犯到山谷中砍伐山阴的树木，早上出去，晚上回来。我们有篱笆，哪儿缺了就在哪儿补上，居处的地方于是能够稍得安宁。山上有老虎，老虎也知道畏忌。如果它依仗着坚利的爪牙，一定会在天色黑时来冲撞的。夔州人的房屋墙壁，是排列着的白桃枝，涂上泥而成为墙的，当中用竹子填实，用来表示阻遏。因为跟老虎离得近，常把老虎和宾客到来的声音弄混。”这首诗的诗句说：“藉汝跨小篱，乳兽待人肉。虎穴连里闾，久客惧所触。”由此可知黄庭坚是用这首诗的诗序中的话。然而杜甫在夔州府所作的这首诗中，所谓的“夔人”，是记述当地的风土民俗罢了，本来没有抵触的意义，黄鲁直大概是错用了这个字。

另外，《寺斋睡起》这篇绝句说：“人言九事八为律，傥有江船吾欲东。”按，《汉书·主父偃传》原话是“上书说了九件事，其中八件都是谈论律令的，一件事是谏伐匈奴的”，意思是八件事是就律令而说的，那么“为”字应该读成去声，现在黄庭坚似乎是认为该读平声，恐怕也错了。

曹操用人

曹操算是汉朝的阴险的叛逆，是君子所不愿谈及的。然而他了解他人善于任用，实在是后代所难以赶得上的。荀彧、荀攸、郭嘉都是他的心腹谋士，共同成大事，不必称赞评说。其他的人，智慧能授予一个官位的，权变能分掌一个郡的，无论官职大小，都杰出得跟他们的职位相称。曹操担心关中的将领们田，而军饶裕，遂芟群雄。欲复盐官之利，则使卫觊镇抚关中，而诸将服。河东未定，以杜畿为大守，而卫固、范先束手禽戮。并州初平，以梁习为刺史，而边境肃清。扬州陷于孙权，独有九江一郡，付之刘馥而恩化大行。冯翊困于鄜盗，付之郑浑而民安寇灭。代郡三单于恃力骄恣，裴潜单车之郡，而单于詟服。方得汉中，命杜袭督留事，而百姓自乐，出徙于洛、邺者至八万口。方得马超之兵，闻当发徙，惊骇欲变，命赵俨为护军，而相率还降，致于东方者亦二万口。凡此十者，其为利岂不大哉！张辽走孙权于合肥，郭淮拒蜀军于阳平，徐晃却关羽于樊，皆以少制众，分方面忧。操无敌于建安之时，非幸也。

汉士择所从

汉自中平黄巾之乱，天下震扰，士大夫莫不择所从，以为全身远害之计，然非豪杰不能也。荀彧少时，以颍川四战之地，劝父老亟避之，乡人多怀土不能去，彧独率宗族往冀州，袁绍待以上宾之礼。彧度绍终不能定大业，去而从曹操。其乡人留者，多为贼所杀。袁绍遣使迎汝南士大夫，和祸害关中,就让司隶校尉钟繇去主管西边的事务,结果马腾、韩遂派遣儿子到宫中侍候。当天下纷乱,各军队缺乏粮食时,就让枣祗、任峻建立屯田制,结果军队、国家富饶丰裕,于是消灭了群雄。当想恢复盐务管理的利益时,就让卫觊镇守安抚关中,结果将领们都心服。河东没有平定,就派杜畿去当太守,使得卫固、范先束手被擒被杀。并州刚刚平定,就派梁习去当刺史,使得边境平静安泰。扬州被孙权攻陷,只剩有九江一个郡,曹操把权力交给刘馥,结果恩德教化广泛实行。冯翊被邠州盗寇所困,交给郑浑去办理,结果百姓安定盗寇消灭。代郡有匈奴三早于军队,倚仗武力骄横恣肆,裴潜只乘一辆车进入代郡,使得单于心中折服。刚刚得到汉中,任命杜袭负责留守之事,结果百姓自得其乐,从洛阳、邺地迁来的人口达到八万。刚刚得到马超的军队,马超军队听说应当发配他地,都惊恐想要兵变,曹操命令赵俨为护军,结果马超军都互相带领回来归降,送到东方的人口也有两万。以上十件事所产生的好处难道不大吗?张辽在合肥打跑孙权,郭淮在阳平抵御蜀汉军队,徐晃在樊城打退关羽,都是以少数军队打败多数军队,解了一方面的忧患。曹操在建安时期没有敌手,不是侥幸的。

汉士择所从

汉朝自中平年间黄巾军之乱起,天下动荡不宁,士大夫没有人不选择跟随的对象的,以此作为保全自身远避祸害的策略。然而不是英豪俊杰不能做到这一点。荀彧年轻的时候,认为颍川是四面开阔易受攻击的地方,劝乡中父老赶快避开此地,乡里的人多怀念故土不能离去。荀彧独自带领同族的人前往冀州,袁绍洽独往荆州，刘表以上客待之。洽曰："所以不从本初，避争地也。昏世之主，不可黩近，久而不去，谗慝将兴。"遂南之武陵，其留者多为表所害。曹操牧兖州，陈留太守张邈与之亲友。郡士高柔独以为邈必乘间为变，率乡人欲避之，众皆为曹、张相亲，不然其言。柔举宗适河北，邈果叛操。郭嘉初见袁绍，谓其谋臣辛评等曰："智者审于量主，袁公多端寡要，好谋无决，难与共济大难，吾将更举以求主，子盍去乎？"评等曰："袁氏今最强，去将何之？"嘉不复言，遂去依曹操。操召见，与论天下事。出曰："真吾主也。"杜袭、赵俨、繁钦避乱荆州，钦数见奇于表，袭曰："所以俱来者，欲全身以待时耳，子若见能不已，非吾徒也。"及天子都许，俨曰："曹镇东必能济华夏，吾知归矣。"遂诣操。河间邢颙在无终，闻操定冀州，谓田畴曰："闻曹公法令严，民厌乱矣，乱极则平。请以身先。"遂装还乡里。畴曰："颙，天民之先觉者也。"孙策定丹阳，吕范请暂领都督，策曰："子衡已有大众，岂宜复屈小职！"范曰："今舍本土而托将军者，欲济世务也。譬犹同舟涉海，一事不牢，即俱受其败，此亦范计，非但将军也。"策从之。周瑜闻策声问，便推结分好，及策卒权立，瑜谓权可与共成大业，遂委心服事焉。诸葛亮在襄阳，刘表不能起；一见刘备，事之不疑。此诸人识见如是，安得困于乱世哉！

以对待上等宾客的礼节对待他。荀彧思量袁绍最终不能成就大业，就离开他而跟随了曹操。荀彧的同乡人留下来的，多被乱军杀了。袁绍派使者迎接汝南的士大夫，和洽却独自前往荆州，刘表以对待上等宾客那样的礼遇对待他。和洽说："我不跟随袁绍的原因，是为了避开纷争之地。昏乱社会的君主，就能经常接近，长时间不离去，谗言邪念就会兴起。"于是向南到武陵去，那些留下来的人多数被刘表杀害。曹操在兖州为兖州牧时，陈留太守张邈跟他是亲友。郡士高柔却认为张邈一定会趁机会进行叛变，就打算带领乡人避开他，众人都认为曹操和张邈相互亲密，对他的话不以为然。高柔全家到了河北，张邈果然反叛曹操。郭嘉初次见到袁绍，对他的谋臣辛评等人说："聪明的人对衡量他的主人是慎重的，袁绍头绪繁多，不得要领，喜欢图谋，却不能决断，很难跟他一起渡过大难。吾打算再次行动另找主人，你们怎么不离去呢？"辛评等人说："袁氏现在是最强大的，离开他将往哪儿去呢？？郭嘉不再说话，于是离开，依附了曹操。曹操召见了他，跟他谈论天下大事。郭嘉出来后说："这才真正是我的主子。"杜袭、赵俨和繁钦在荆州躲避战乱，繁钦在刘表面前多次显现出奇才，杜袭说："我们一起来的原因，是想保全自身好等待时机而已，您如果不停地表现才能，就不是我们这一类人。"等到天子在许昌定都，赵俨说："曹操一定能成就天下大事，我知道归顺谁了。"于是投奔了曹操。河间的邢颙在无终时听说曹操平定了冀州，对田畴说："听说曹操法令严明。百姓已经厌恶战乱了，乱到极点就会安定。我请求先去投靠他。"于是收拾行装回到故乡。田畴说："邢颙是知道天命的人中的先觉者。"孙策平定了丹阳，吕范请求暂时兼任都督，孙策说："您

刘公荣

王戎诣阮籍，时兖州刺史刘昶字公荣在坐。阮谓王曰：“偶有二斗美酒，当与君共饮。彼公荣者无预焉。”二人交觞酬酢，公荣遂不得一杯，而言语谈戏，三人无异。或有问之者，阮曰：“胜公荣者，不得不与饮酒；不如公荣者，不可不与饮酒；唯公荣可不与饮酒。”此事见戎传，而《世说》为详。又一事云，公荣与人饮酒，杂秽非类，人或讥之，答曰：“胜公荣者，不可不与饮；不如公荣者，亦不可不与饮；是公荣辈者，又不可不与饮，故终日共饮而醉。”二者稍不同。公荣待客如是，费酒多矣，顾不蒙一杯于人乎？东坡诗云：“未许低头拜东野，徒言共饮胜公荣。”盖用前事也。

已经有了大批人马,哪能再让您屈任小职位呢!”吕范说:“我现在舍弃故土而投靠您的原因,是想济助社会。就如同同乘一条船渡海,有一件事不牢靠,就会共同受到它的破坏,这也是我自己的盘算,不仅仅是您的。”孙策听从了他。周瑜听说孙策的名望,就辞绝结交的好友;等到孙策死后孙权即位,周瑜认为孙权是可以跟他共同成就大业的人,就一心为他服务了。诸葛亮在襄阳时,刘表不能够起用他,但他一见到刘备,就毫不迟疑地为他服务。这些人有这样的卓识远见,怎么会在乱世中遭到困厄呢?

刘公荣

王戎到阮籍那儿去,当时兖州刺史刘昶(字公荣)在座。阮籍对王戎说:“偶然有两斗美酒,应当跟您一起喝。那个公荣啊,没有他的事!”两个人就交递劝饮,刘昶最终也没有喝到一杯,却谈笑嬉戏,三个人没有不正常的神色。有人问起这事,阮籍说:“胜过公荣的人,不能不跟他喝酒;不如公荣的人,不可以不跟他喝酒;只有公荣,可以不跟他喝酒。”这件事见于《王戎传》,而《世说新语》更详细。又有一件事,说的是公荣跟一个人喝酒,这个人衣服颜色混杂、肮脏,跟公荣不是一类人,有人就讥笑他。公荣回答说:“胜过我公荣的人,不能不跟他喝酒;不如我公荣的人,也不能不跟他喝酒;跟我公荣是一类人的人,还是不能不跟他喝酒,因此整天跟他一起喝酒一起醉。”两件事略微有点不同。公荣这样对待客人,所费之酒的可就多了!何况他不能从别人那儿得到一杯呢!苏东坡的诗中说:“未许低头拜东野,徒言共饮胜公荣”,大概就是用的上面所说的事。

元丰官制

元丰官制初成，欲以司马公为御史大夫，又将俟建储时，以公及吕申公为保傅。元祐初，起文潞公于既老，议处以侍中、中书令，为言者所攻，乃改平章军国重事。自后习以为制，不复除此等官，以谓前无故事，其实不然也。绍兴二十五年十月，中批右正言张扶除太常卿，执政言自来太常不置卿，遂改宗正；复言之，乃以为国子祭酒。近岁除莫济秘书监，济辞避累日，然后就职。已而李焘、陈骙、郑丙皆为之，均曰："职事官，何不可除之有？"

耳馀袁刘

张耳、陈馀少时为刎颈交，其后争权，相与致死地而不厌，盖势利之极，其穷必然。韩馥举冀州以迎袁绍，而终以惧死。刘璋开门延刘备，坐失益州。翟让提兵授李密，而举族不免。尔朱兆以六镇之众付高欢，而卒毙于欢手。绍、密、欢忘其所自，不足深责。孰谓玄德之长者而忍为此邪！

周汉存国

周之初，诸侯千八百国，至王赧之亡，所存者才八国耳七战国与卫也。然赵、韩、魏分晋而立，齐田氏代姜而兴，其

元丰官制

神宗元丰年间的职官制度刚修改成，想让司马光当御史大夫；又要等到册立太子时，让司马光和吕公著为太保、太傅。元祐初，起用了年纪已老的潞国公文彦博，商议要授予他侍中、中书令之职，受到谏官的反对，才改为平章军国重事。从此以后相沿成为制度，不再授予这等官号，认为以前没有这样的制度，其实际情况不是这样的。高宗绍兴二十五年十月，中批右正言张扶授予太常卿，执政官说从来太常寺不设卿，于是改为宗正；又有人进言，才授予他国子祭酒。近年来，授予莫济秘书监，莫济推辞回避了好几天，然后才就职。不久，李焘、陈骙、郑丙都担任了此职，都说："职事官有什么不可以任命的。"

耳馀袁刘

张耳和陈馀年轻时是生死之交的朋友，后来争权夺利，互相把对方置于死地也不满足。大凡权势利益到了极点，其结果一定会是这样的。韩馥把冀州让给袁绍，而最后却因忧惧而死。刘璋打开城门迎请刘备，却失去益州的地盘。翟让把军队交给李密，而整个家族不能免于被害。尔朱兆把六个镇的军队交付给高欢，而最后败在高欢手下。袁绍、李密、高欢，忘了自己的地位是从哪儿来的，也不值得深切地指责。可谁想到刘备这样的有德望的人却忍心干这种事呢！

周汉存国

周朝初年，诸侯国有一千八百个，到周赧王时周朝灭亡，所留存的诸侯国只有八个了，也就是战国七雄和卫国了。然而赵有土各不及二百年，俱非旧邦。秦始皇乃吕氏子，楚幽王乃黄氏子，所谓嬴、芈之先，当不歆非类。然则惟燕、卫二姬姓存。而卫至胡亥世乃绝，若以为召公、康叔之德，则周公岂不及乎！

汉列侯八百余人，及光武而存者，平阳、建平、富平三侯耳。建平以先降梁王，永夺国。平阳为曹参之后，富平为张安世之后。参犹有创业之功，若安世则汤子也，史称其推贤扬善，固宜有后，然轻重其心，杀人亦多矣，独无余殃乎！汉侯之在王莽朝，皆不夺国，光武乃但许宗室复故，余皆除之，虽酂侯亦不绍封，不知曹、张两侯，何以能独全也？

曹操杀杨修

曹操杀杨修之后，见其父彪，问曰："公何瘦之甚？"对曰："愧无日磾先见之明，犹怀老牛舐犊之爱。"操为之改容。《古文苑》载操与彪书，数修之罪，以为"恃豪父之势，每不与吾同怀，将延足下尊门大累"，便令刑之。且赠彪锦裘二领，八节角桃杖一枝，青牸牛二头，八百里骅骝马一匹，四望通幰七香车一乘，驱使二人。又遗其妻裘、靴，有心青衣二人，钱绢甚厚。卞夫人亦与袁夫人书云："贤郎有盖世国、韩国、魏国分裂晋国而各立政权，齐国田氏取代姜氏而兴起，他们拥有国土不到二百年，都不是旧有的封国。秦始皇是吕氏的儿子，楚幽王是黄氏的儿子，所谓嬴氏、芈氏的祖先，应该不会享受不同支系的人的祭祀。这样的话，那么只有燕国、卫国两个姬姓国留存下来，可是卫国到秦二世胡亥时就灭绝了，如果认为是召公、康叔之德的作用，那么周公难道还不如吗?

汉朝封侯有八百多人，到光武帝时还留存的，只有平阳、建平、富平三个诸侯了。建平侯因为先投降了梁王，被永远剥夺封国。平阳侯是曹参的后代，富平侯是张世安的后代。曹参还有创建汉朝基业的功劳；而张安世是张汤的儿子，史书称他能够推举贤良褒扬善行，当然应该有后代，但他好用心计，杀人也太多了，偏偏没有留下灾殃吗！汉代的诸侯在王莽时，都不剥夺封国，光武帝时才只许皇族恢复原来的侯爵，其余的都废除掉，就是酂侯(萧何的后代)也不再封了，不知曹、张两姓的侯爵为什么能够保全?

曹操杀杨修

曹操杀了杨修以后，见到杨修的父亲杨彪，问他说：“您为什么瘦得这么厉害?”杨彪回答说：“我为没有金日磾那样的先见之明而惭愧，仍然怀着老牛舐犊的爱心。”曹操为此变了脸色。.《古文苑》记载了曹操给杨彪的书信，数落杨修罪状，认为他“倚仗着父亲的势力，常常不跟我同心，这将会使您的家门遭受牵累”，就命令判杨修死刑。曹操还赠给了杨彪锦绣的皮裘两件，入节角桃杖一支，青色的母牛两头，八百里骅骝骏马一匹，四望通幰七香车一辆，奴仆两人。另外又赠送给杨彪妻子皮裘、靴文才，阖门钦敬。明公性急，辄行军法。”以衣服、文绢、房子官锦、香车送之。彪及袁夫人皆答书引愆致谢。是时汉室将亡，政在曹氏，袁公四世宰相，为汉宗臣，固操之所忌，彪之不死其手，幸矣。呜呼，危哉！

古人重国体

古人为邦，以国体为急，初无小大强弱之异也。其所以自待，及以之待人，亦莫不然。故执言修辞，非贤大夫不能尽。楚申舟不假道于宋而聘齐，宋华元止之曰：“过我而不假道，鄙我也。鄙我，亡也。杀其使者，必伐我。伐我，亦亡也。亡一也。”乃杀之。及楚子围宋既急，犹曰：“城下之盟，有以国毙，不能从也。”郑三卿为盗所杀，余盗在宋，郑人纳赂以请之。师慧曰：“以千乘之相，易淫乐之矇，宋无人焉故也。”子罕闻之，固请而归其赂。晋韩宣子有环在郑商，谒诸郑伯，子产弗与，曰：“大国之求，无礼以斥之，何餍之有？吾且为鄙邑，则失位矣。若大国令而共无艺，郑鄙邑也，亦弗为也。”晋合诸侯于平丘，子产争贡赋之次，子大叔咎之，子产曰：“国不竞亦陵，何国之为！”郑驷偃娶于晋，偃卒，郑人舍其子而立其弟。晋人来问，子产对客曰：“若寡君之二三臣，其即世者，晋大夫而专制其位，是晋之县鄙也，何国之为！”楚囚郑印堇父，献于秦，郑以货请之。子产曰：

子，以及有能力的女仆两人，赠送的钱和绢帛都很厚重。卞夫人也给袁夫人写了信，信中说：“您的儿子有盖世的文才，我们家都很钦佩敬重他；曹操性子急躁，擅权对他执行军法。”并且送给袁夫人衣服、纹绢、房子县产的官锦以及香车。杨彪和袁夫人都回信承认罪过表示谢意。这时候汉朝将要灭亡，政权在曹氏手中，袁绍家四代当过宰相，是汉朝的宗臣，当然是曹操所忌恨的；杨彪没有死在曹操手中，已经是幸运了，啊呀，危险啊！

古人重国体

古人治理国家，把国家的体面看得很重，最初是没有大小强弱的差别的；他们怎么对待自己，就用这种态度去对待别人，也是没有哪国不是这样的。因此发表言论斟酌辞句，不是贤明的大夫就不能表达详尽。楚国的申舟不向宋国借路而派使者问候齐国，宋国的华元阻止了他，说：“经过我国而不向我国借路，这是鄙视我国。鄙视我国，我国就要亡了。杀了楚国的使者，楚国一定会攻打我国。攻打我国，我国也是个亡。都是亡国，是一样的。”于是就杀了那个使者。等到楚子围攻宋国已经很危急的时候，宋国华元仍然说：“兵临城下被迫订立的盟约，会使国家灭亡。不能听从。”郑国的三位大卿被盗贼杀了，剩下的盗贼都在宋国。郑国人交纳赠礼来请求抓获他们，郑国的师慧说：“用千乘大国的国相，换一个放纵音乐的瞎子，宋国没有人是肯定的。”宋国的子罕听到后，坚持请求而把郑国的礼物退回去了。晋国的韩宣子有个玉环在郑国商人手中，就谒见郑伯，郑国的子产不给他，说：“大国的要求，没有礼仪而且还呵斥人，哪里会有满足的时候？如果满足他们，我们郑国就将成为他的边远城

“不获。受楚之功而取货于郑，不可谓国，秦不其然。若曰郑国微君之惠，楚师其犹在敝邑之城下。”弗从，秦人不予。更币，从子产而后获之。读此数事，知春秋列国各数百年，其必有道矣。

邑了，郑国国君也会失去君位了。如果大国强令而且不讲法制，郑国也不会做成为别国边邑的事。”晋国在平丘联合诸侯，子产为贡赋的顺序而争，子大叔责备他，子产说：“国家不竞争也就会被人侵陵，那时会成为什么国家！”郑国驷偃在晋国娶了妻，驷偃死后，郑国人不立他的儿子，却立了他的兄弟，晋国派人来问，子产对来人说：“如果我国君主的几个臣子，他们去世的话，晋国大夫就来专权控制他们的职位，那么郑国就成了晋国的县邑边境了，还成为什么国呢！”楚国拘禁了郑国的印堇父，把他献给秦国，郑国用钱财来请求秦国放回印堇父。子产说：“不会有收获的。接受楚国的战功，却从郑国取得钱财，不可以说是国家，秦国肯定不会这样干。如果说郑国有小国君主的好处，那么楚国军队还在我国的城下呢！”郑国没有听从子产的话，结果秦国人果然不肯放人。又遣使者拿着礼物，按照子产的话做，这才获得印堇父。读到这几件事，知道了春秋列国各有几百年历史，一定是有他们的治国之道的。

卷十三（十八则）

谏说之难

韩非作《说难》，而死于说难，盖谏说之难，自古以然。至于知其所欲说，迎而拒之，然卒至于言听而计行者，又为难而可喜者也。秦穆公执晋侯，晋阴饴甥往会盟，其为晋游说无可疑者。秦伯曰："晋国和乎？"对曰："不和。小人曰必报仇，君子曰必报德。"秦伯曰："国谓君何？"曰："小人谓之不免，君子以为必归；以德为怨，秦不其然。"秦遂归晋侯。

秦伐赵，赵求救于齐，齐欲长安君为质。太后不肯，曰："复言者老妇必唾其面。"左师触龙愿见，后盛气而胥之入，知其必用此事来也。左师徐坐，问后体所苦，继乞以少子补黑衣之缺。后曰："丈夫亦爱怜少子乎？"曰："甚于妇人。"然后及其女燕后，乃极论赵王三世之子孙无功而为侯者，祸及其身。后既寤，则言："长安君何以自托于赵？"于是后曰："恣君之所使。"长安遂出质。

谏说之难

韩非作《说难》，却死于劝谏君王而招致的灾难。看来规劝君主反招祸，自古如此。至于国君知道人家所要规劝的内容，接见他却不接纳他的意见，可是终究还是言听计从了，这又是变灾难而成可喜可贺的事了。秦穆公俘虏了晋惠公，晋国的阴饴甥前往秦国参加会盟，他将替晋国游说是毫无疑问的。秦穆公问："晋国和睦吗？"阴饴甥回答说："不和睦。小人说一定要报仇，君子说一定要报答恩德。"秦穆公问："全国认为国君的前途将如何？"阴饴甥答："小人认为他不会被赦免，君子认为他一定会回来；把感恩变成怨恨，秦国是不会这样的吧！"秦国终于让晋惠公回到晋国。

秦国攻打赵国，赵国向齐国请求援救。齐国提出要让赵太后的小儿子长安君作人质，赵太后不肯，说："有再说让长安君作人质的，老妇一定要向他脸上吐唾沫！"左师触龙表示希望晋见太后，太后气呼呼地请他进来，知道他必定是因为这件事而来的。左师从容落座，先询问太后身体有无病痛，接着请求让自己的小儿子当个宫廷黑衣卫士。太后问："男子汉也爱怜自己的小儿子吗？"触龙答："比女人们更爱怜。"后来话题涉到太后的女儿燕后，接着又深入探讨赵王三代以下没有功绩而封侯的子子孙孙，灾祸涉及他们自身的情况。太后省悟之后，触龙就问："长安君凭什么把自己托身在赵国？"在这种情况下，太后说："任凭您支派他吧！"长安君于是被派到齐国去作人质。

范雎见疏于秦，蔡泽入秦，使人宣言感怒雎，曰："燕客蔡泽，天下辩士也。彼一见秦王，必夺君位。"雎曰："百家之说，吾既知之，众口之辩，吾皆摧之，是恶能夺我位乎？"使人召泽，谓之曰："子宣言欲代我相，有之乎？"对曰："然。"即引商君、吴起、大夫种之事。雎知泽欲困己以说，谬曰："杀身成名，何为不可？"泽以身名俱全之说诱之，极之以闳夭、周公之忠圣。今秦王不倍功臣，不若秦孝公、楚越王，雎之功不若三子，劝其归相印以让贤。雎竦然失其宿怒，忘其故辩，敬受命，延入为上客。卒之代为秦相者泽也。

秦始皇迁其母，下令曰："敢以太后事谏者杀之。"死者二十七人矣。茅焦请谏，王召镬将烹之。焦数以桀、纣狂悖之行，言未绝口，王母子如初。

吕甥之言出于义，左师之计伸于爱，蔡泽之说激于理，若茅焦者真所谓劘虎牙者矣。范雎亲困穰侯而夺其位，何遽不如泽哉！彼此一时也。

范雎（雎又作睢）在秦国受到冷落，蔡泽来到秦国，让人公开讲一些激怒范雎的话，说：“燕国来的客卿蔡泽是天下的善辩之士。他只要一见到秦王，一定会使范雎丧失相位。”范雎说：“诸子百家的学说，我全都懂得；众人的论辩，我都挫败过他们，这样还怎么能使我失去相位呢？’让人召来蔡泽，问他说：“您扬言要取代我任相国，有这事吗？”蔡泽答道：“是的。”接着又引据商鞅、吴起、大夫种（越国大夫文种）的事例。范雎知道蔡泽要用游说之词难为自己，故意心口不一地说：“牺牲性命，成就名声，为什么不可以？”蔡泽拿生命、名声都要保全的道理诱导他，以闳夭、周公的忠贞圣明为他树立榜样。忠告他当今秦王并不加倍优遇功臣，不像秦孝公、楚越王那样，你范雎的功劳也比不上商鞅等三人。规劝他归还相印，把相位让给贤者。范雎对蔡泽肃然起敬，抛却了原先的恼怒，失去了原有的辩才，恭恭敬敬听他的意见，把他请到家中待如上宾。最终取代范雎作了秦相的就是蔡泽。

秦始皇（统一前为秦王时，生母曾助人发动叛乱）把母亲放逐出秦都，下令说：“有敢拿太后的事来劝谏的，杀死他！”为这件事而死的人已经二十七人。茅焦请求入宫劝谏，秦王让人抬来大锅准备煮死他。茅焦借夏桀、殷纣狂乱悖理的行为来责备秦王，话还未说完，秦王母子就和好如初了。

吕甥（阴饴甥）的言论出自于正义，左师的计谋发挥于爱心，蔡泽的劝说激发于情理，至于茅焦，真是所谓老虎嘴里拔牙的人了。范雎曾使擅权三十余年的秦昭王的舅父穰侯遭受困厄，从而夺取了他的相位，为什么一下子就不如蔡泽了呢？这就叫此一时彼一时啊！

韩馥刘璋

韩馥以冀州迎袁绍，其僚耿武、闵纯、李历、赵浮、程涣等谏止之，馥不听。绍既至，数人皆见杀。刘璋迎刘备，主薄黄权、王累，名将杨怀、高沛止之，璋逐权，不纳其言，二将后为备所杀。王浚受石勒之诈，督护孙纬及将佐皆欲拒勒，浚怒欲斩之，果为勒所杀。武、纯、怀、沛诸人谓之忠于所事可矣，若云择君，则未也。呜呼！生于乱世，至死不变，可不谓贤矣乎？

萧房知人

汉祖至南郑，韩信亡去，萧何自追之。上骂曰："诸将亡者以十数，公无所追；追信，诈也。"何曰："诸将易得，至如信，国士亡双，必欲争天下，非信无可与计事者。"乃拜信大将，遂成汉业。唐太宗为秦王时，府属多外迁，王患之。房乔曰："去者虽多不足吝，杜如晦王佐才也，王必欲经营四方，舍如晦无共功者。"乃表留幕府，遂为名相。二人之去留，系兴替治乱如此，萧、房之知人，所以为莫及也。樊哙从高祖起丰、沛，劝霸上之还，解鸿门之厄，功亦不细矣，而韩信羞与为伍。唐俭赞太宗建大策，发薄津之谋。定突厥之计，非庸臣也，而李靖以为不足惜。盖以信、靖而视哙、俭，犹熊罴之与狸狌耳。帝王之功，非一士之略，必待将如韩信，相如杜公，而后用之，不亦难乎！惟能置萧、房于帷幄

韩馥刘璋

韩馥把袁绍迎到冀州，他的官佐属吏耿武、闵纯、李历、赵浮、程涣等人规劝制止他，他不听。袁绍到冀州之后，这几个人都被杀害。刘璋迎刘备入蜀，主簿黄权、王累，名将杨怀、高沛等劝止他，他赶走黄权等人，不采纳他们的意见。两位名将后来被刘备杀死。王浚受石勒的欺诈，督护孙纬与将佐们都希望抗拒石勒。王浚大怒，要斩杀他们。这些人终究被石勒所杀。耿武、闵纯、杨怀、高沛等人对于自己所事奉的主子可以说是忠心耿耿的，若要说到善择明君，只怕就未必了。啊！生活在战乱时代，至死忠心不变，能说不是贤人吗？

萧房知人

汉高祖刘邦行军到达南郑，韩信不告而别，萧何亲自去追赶他。高祖骂萧何道："将领们逃跑了几十人，你都没有去追赶，说追赶韩信，是骗我的。"萧何说："将领不难找到，至于像韩信这样的人，是国之奇士，天下无二。您一定想要争夺天下，除了他再没有一起计议天下大事的人了。"于是高祖封授韩信为大将，终于完成汉室大业。唐太宗李世民为秦王时，幕府属吏很多外调任职，秦王为此忧虑。房乔（名玄龄）说："离去的人尽管不少，也不值得可惜，杜如晦是辅佐君王之才，大王想要经营天下大业，舍弃如晦就没有能共事的人了。"于是上疏请将杜如晦留在幕府中，终成一代名相。韩信、杜如晦二人的去留，与兴衰治乱的关系密切到这种程度，萧何、房玄龄二人的善于发现人才，是无人能比得上的，樊哙跟随高祖在丰、沛起兵，攻占咸阳后劝高祖还军霸上，鸿门宴上解除高祖困厄使之脱险，中；拔茅汇进，则珠玉无胫而至矣。

俞似诗

英州之北三十里有金山寺，予尝至其处，见法堂后壁题两绝句。僧云："广州钤辖俞似之妻赵夫人所书。"诗句洒落不凡，而字画径四寸，遒健类薛稷，极可喜。数年后又过之，僧空无人，壁亦隳圮，犹能追忆其语，为纪于此，其一云："莫遣鞲鹰饱一呼，将军谁志灭匈奴？年来万事灰人意，只有看山眼不枯。"其二云："转食胶胶扰扰间，林泉高步未容攀。兴来尚有平生屐，管领东南到处山。"盖似所作也。

吴激小词

先公在燕山 赴北人张总侍御家集。出侍儿佐酒，中有一人，意状摧抑可怜，扣其故，乃宣和殿小宫姬也。坐客翰林直学士吴激赋长短句纪之，闻者挥涕。其词曰："南朝千功劳也不算小了，可是韩信把自己与樊哙身份同等看作是羞辱。唐俭帮助高祖、太宗下决心灭隋建唐，在薄津揭发孤独怀恩发动叛乱的阴谋，帮太宗制定诱降突厥的办法，不能说是平庸之臣，可是李靖认为失去他也不值得惋惜。以韩信和李靖来看樊哙、唐俭，也不过明明拿熊罴去和狸狌比罢了。创建帝王之业，决非个别谋士的谋略可成，一定要等到有了韩信那样的大将，杜如晦那样的贤相，然后才加重用，岂不太难了吗？只要能把萧何、房玄龄一类人安排到帐下，选贤进能，那么，珍珠宝玉般珍贵的人才就可不请自至了。

俞似诗

英州（今广东英德）向北三十里有一座金山寺，我曾到过那里，看见法堂后墙上题有绝句两首，僧人告诉我："这诗是广州钤辖俞似的妻子赵夫人写的。"诗句洒脱不凡，而每字四寸见方，笔力遒健，颇似薛稷书体，十分令人爱惜。几年后又经过这里，僧去寺空，不见人影，墙壁也已损毁倒塌。墙上诗句尚能追忆，把它记在这里。其中一首是："莫遣鞲鹰饱一呼，将军谁志灭匈奴？年来万事灰人意，只有看山眼不枯。"另一首是："转食胶胶扰扰间，林泉高步未容攀。兴来尚有平生屐，管领东南到处山。"看来是俞似的作品。

吴激小词

先父在燕山，到北国人张总侍御家聚会。侍女出来劝酒，其中有一人，强抑悲伤的样子，令人可怜。询问缘故，原来她是流落在外的宣和殿小宫女。坐中宾客翰林直学士吴激吟诵词一古伤心地，还唱《后庭花》。旧时王、谢，堂前燕子，飞向谁家？恍然相遇，仙姿胜雪，宫髻堆鸦。江州司马，青衫湿泪，同是天涯。”激字彦高，米元章婿也。

君子为国

《传》曰：“不有君子，其能国乎？”古之为国，言辞抑扬，率以有人无人占轻重。晋以诈取士会于秦，绕朝曰：“子无谓秦无人，吾谋适不用也。”楚子反曰：“以区区之宋，犹有不欺人之臣，可以楚而无乎？”宋受郑赂，郑师慧曰：“宋必无人。”鲁盟臧纥之罪，纥曰：“国有人焉。”贾谊论匈奴之嫚侮，曰：“倒悬如此，莫之能解，犹谓国有人乎？”后人之不能及此，然知敌之不可犯，犹曰彼有人焉，未可图也。一士重于九鼎，岂不信然？

兑为羊

《兑》为羊，《易》之称羊者凡三卦。《夬》之九四曰“牵羊悔亡”，《归妹》之上六曰“士刲羊，无血”，皆《兑》也。《大壮》内外卦为《震》与《乾》，而三爻皆称羊者，自《复》之一阳推而上之，至二为《临》，则《兑》体已见，故首记下这件事，听众无不挥泪。那首词道："南朝千古伤心地，还唱《后庭花》。旧时王、谢，堂前燕子，飞向谁家？恍然相遇，仙姿胜雪，宫髻堆鸦。江州司马，青衫湿泪，同是天涯。"吴激，字彦高，是米芾（字元章）的女婿。

君子为国

《左传》说："不是拥有君子，难道能治理好国家吗？"古时候治理国家，讲起道理有高下之分，但真正分量轻重全凭有无人才来检验。晋国用诈谋从秦国争取到足智多谋的士会，临行时绕朝对他说："您别说秦国没有人才，我的计谋正好不被使用罢了。"楚国的子反曾说："凭着微不足道的宋国，尚且有不欺人的臣子，可以认为楚国就没有吗？"宋国多次向郑国索取财礼，郑国的师慧说："宋国必定没有贤才。"鲁国季武子采纳孟椒的意见把臧纥的罪行写入盟辞，臧纥听到了，说："国内有人才啊！"贾谊在《治安策》中论及匈奴对汉的欺侮侵略时说："本末颠倒到这地步而不能解救，难道能说国内有明智之人吗？"后代的人达不到这一步，然而明知敌对一方不可侵犯，仍说对方有人才，这是不可图谋的。一个贤士比政权还重要，难道不的确如此吗？

兑为羊

《兑》卦表示"羊"，《易经》中称为"羊"的共有三卦。《夬》卦的九四爻辞是"牵羊悔亡"，《归妹》卦的上六爻辞是"士刲羊，无血"，都是《兑》卦。《大壮》卦的内卦、外卦为"震"为"乾"，而三爻都称为"羊"，都是从《复》卦的一阳往九三曰“羝羊触藩，羸其角”，言三阳为《泰》而消《兑》也。自是而阳上进，至于《乾》而后已。六五“丧羊于易”，谓九三、九四、六五、为《兑》也，上六复触，“藩不能退”，盖阳方《夬》决，岂容上《兑》俨然乎？九四中爻亦本兑，而云“不羸”者，赖《震》阳之壮耳。

晏子杨雄

齐庄公之难，晏子不死不亡，而曰：“君为社稷死则死之，为社稷亡则亡之；若为己死而为己亡，非其私昵，谁敢任之？”及崔杼、庆封盟国人曰：“所不与崔、庆者……”晏子叹曰：“婴所不唯忠于君，利社稷者是与，有如上帝！”晏子此意正与豫子所言众人遇我之义同，特不以身殉庄公耳。至于毅然据正以社稷为辞，非豫子可比也。杨雄仕汉，亲蹈王莽之变，退托其身于列大夫中，不与高位者同其死，抱道没齿，与晏子同科。世儒或以《剧秦美新》贬之；是不然，此雄不得已而作也。夫诵述新莽之德，止能美于暴秦其深意固可知矣。序所言配五帝冠三王，开辟以来未之闻，直以戏莽尔，使雄善为谀佞，撰符命，称功德，以邀爵位，当与国师公同列，岂固穷如是哉？

上推，到二爻为《临》卦，那么《兑》卦就出现了，所以九三爻辞是“羝羊触藩，羸其角”，即是说三阳为《泰》卦而消《兑》卦。从这而阳上进，至于《乾》卦就算完了。六五爻辞是“丧羊于易”，即谓九三、九四、六五三爻组成《兑》卦，上六爻又是“触藩不能退”，因为阳正《夬》卦决，难道能俨然包容上《兑》卦吗？九四中爻也来源于《兑》卦，反而说“不羸”，都是依赖《震》卦的阳过分壮罢了。

晏子杨雄

齐庄公遇难被杀之时，晏子既不死，也不逃亡，而是说：“君主为国家而死，那么就为他而死。为国家而逃亡，就为他而逃亡。如果君主为自己而死，为自己而逃亡，不是他个人宠爱的人，谁敢承担责任？”等到崔杼、庆封和国内的人在太公的宗庙结盟说：“有不亲附崔氏、庆氏的……”晏子叹气说：“我晏婴如果不亲附忠君利国的人，有天帝为证！”晏子这番话正和豫子所说众人待我如何如何那番话意义相同，只是不为庄公献出生命罢了。至于他坚决地据守正义，拿国家利益作理由，不是豫子能比得上的。杨雄在西汉做官，亲身经历王莽篡汉的变乱。退步托身在一般士大夫行列中，不和官位高的人一同去死，终身坚持正道，与晏子同等。社会上有些儒生拿他的《剧秦美新》来贬斥他，其实是不对的。因为这是杨雄迫不得已才写的。颂扬新莽的恩德，结果只能是美化残暴的秦王朝，其中深意不难体会。序中所说新莽与传说中圣明的五帝一样，甚至比夏禹、商汤、周文王、武王还强之类的话，有史以来没有听人说过，这只不过是在戏弄王莽罢了。如果杨雄善于逢迎讨好，杜撰符命，称颂

一以贯之

“一以贯之”之语，圣贤心学也。夫子以告曾子、子贡，而学者犹以为不同。尹彦明曰：“子贡之于学，不及曾子也如此。孔子于曾子，不待其问而告之，曾子复深喻之曰‘唯’。至于子贡，则不足以知之矣，故先发‘多学而识之’之问，果不能知之以为然也，又复疑其不然而请焉，方告之曰‘予一以贯之’。虽闻其言，犹不能如曾子之唯也。”范淳父亦曰：“先攻子贡之失，而后语以至要。”予窃以为二子皆孔门高第也，其闻言而唯，与夫闻而不复问，皆已默识于言意之表矣。世儒所以卑子贡者，为其先然“多学而识之”之旨也，是殆不然。方闻圣言如是，遽应曰“否”，非弟子所以敬师之道也，故对曰“然”，而即继以“非与”之问，岂为不能知乎？或者至以为孔子择而告参、赐，盖非余人所得闻，是又不然。颜氏之子，冉氏之孙，岂不足以语此乎？曾子于一“唯”之后，适门人有问，故发其“忠恕”之言。使子贡是时亦有从而问者，其必有以诏之矣。

功德，以此求取高官厚禄，本应与国师公等同了，怎会一直穷困如此呢？

一以贯之

“我的学说贯穿着一个基本观念”这番话，是圣贤治学的心得，孔子把它告诉曾子、子贡，可是学者们却以为其中有什么不同之处。尹彦明说：“子贡在学习上，赶不上曾子到这种程度。孔子对曾子，不等他发问就告诉他‘贯穿一个基本观念’那番话，曾子再加深刻理解而说‘是的’。至于子贡，就不能直接听懂那意思了。所以孔子先提出我是否‘多多地学习又能记得住’的问题，子贡果然不懂这问话的真义而认为孔子说得对，接着又怀疑恐怕不对而问孔子，孔子这才告诉他‘我用一个道理贯通’。子贡尽管听到这话，仍不能像曾子那样答‘是的’。”范淳父也说：“先否定子贡的失误，然后再把问题的要害告诉他。”我个人认为曾子、子贡都是孔子门下的高足弟子，他们听到孔子的话答“是的”也好，或者听到后再提出疑问也好，其实都已把孔子的言外之意默记于心了。社会上的儒生们贬低子贡的原因，在于他先赞同了“多多学习又能记得住”这句话的含义，这看法恐怕不对。刚刚听到圣人的话这样讲，当即回答说“不对”，并非弟子用来敬重师长的做法，所以先回答说“是的”，然后紧接着用“不是这样吗”的方式提出疑问，难道就是不能听懂那话的意思吗？有人甚至认为孔子经过选择再告诉曾子、子贡，大概不是其他人所能听到的，这看法又不对了。颜氏、冉氏的子孙颜渊、冉求，难道就不可以告诉他们这些话吗？曾子在答应了一声“是的”之后，刚巧有别的学生问他，所以发出“老师的学说只

裴潜陆俟

曹操以裴潜为代郡太守，服乌丸三单于之乱。后召潜还，美其治代之功，潜曰："潜于百姓虽宽，于诸胡为峻。今继者必以潜为治过严，而事加宽惠；彼素骄恣，过宽必驰，既驰又将摄之以法，此怨叛所由生也。以势料之，代必复叛。"于是操深悔还潜之速。后数十日，单于反问果至。元魏以陆俟为怀荒镇将，高车诸莫弗讼俟严急无恩，复请前镇将郎孤。魏使孤代俟，俟既至，言曰："不过期年，郎孤必败，高车必叛。"世祖切责之，明年，诸莫弗果杀孤而叛。帝召俟问曰："何以知其然？"俟曰："高车不知上下之礼，故臣制之以法，使知分限，而诸莫弗讼臣无恩，称孤之美。孤获还镇，悦其称誉，专用宽恕待之，无礼之人，易生骄慢，孤必将复以法裁之，众心怨怼，必生祸乱矣！"帝然之。

裴潜、陆俟，可谓知为治之道矣。郑子产戒子大叔曰："惟有德者能以宽服人，其次莫如猛。"大叔不忍猛而宽，是以致萑苻之盗，故孔子有宽猛相济之说。乌丸、高车不是忠恕两个字”的说法。假使子贡当时也有人紧接着问他，他一定会有什么话告诉他们的。

裴潜陆俟

曹操派裴潜任代郡太守，降服了乌丸三单于的叛乱。后来召裴潜回京，称赞他治理代郡的功劳，裴潜说：“我对百姓虽宽容，对少数民族却严峻。如今接替我的人必定认为我治理过严，而对少数民族更加宽容施恩；少数民族向来骄横任性，政策过宽他们必定骄纵，骄纵之后又要让他们畏惧法律，这就是不满、背叛产生的缘由。据形势估计，代郡必定再次叛乱。”于是曹操十分后悔让裴潜回京太早了。几十天后，乌丸反叛的消息果然传来。北魏世祖拓跋焘任命陆俟为怀荒镇将，高车诸莫弗上告陆俟严酷无情，请求原镇将郎孤再去任职。世祖派郎孤去接替陆俟，陆俟回京后说：“要不了一年，郎孤一定失败，高车必定叛乱。”世祖为此斥责了他。第二年，诸莫弗果然杀死郎孤发动叛乱。世祖召见陆俟问道：“你怎么预料到事情是这样的？”陆俟说：“高车人不懂君臣上下的礼法，所以我用法度控制他们，让他们懂得什么叫本分和限度。可是诸莫弗上告我无情，称赞郎孤的好处。郎孤得以再任镇将，对他们的赞扬感到高兴，只用宽容的政策对待他们，不懂礼法的人，就容易产生骄横、怠慢之心，郎孤必定再用法度制裁他们，众人心怀不满，就必然发生祸乱了。”世祖同意他的看法。

裴潜、陆俟可以说是懂得治理之道的人了。春秋郑国的子产告诫太叔说：“只有品德高尚的人才能以宽服人，否则就不如用严厉的办法。”大叔不忍心用严酷之法而采用宽大政策，因此知礼法，裴、陆先之以威，使其久而服化，必渐施之以宽政矣，后之人读纸上语，专以鹰击毛挚为治，而不思救弊之术，无问华夷，吾见其败也。

拔亡为存

燕乐毅伐齐，下七十余城，所存者唯莒、即墨两城耳，赖田单之力，齐复为齐，尺寸之土无所失。曹操收兖州，州叛迎吕布，郡县八十城皆应之，唯鄄城、范、东阿不动，赖荀彧、程昱之力，卒全三城以待操，州境复安。

古之人拔亡为存，转祸为福，如此多矣。靖康、建炎间，国家不竞，秦、魏、齐、韩之地，名都大邑数百，翦而为戎，越五十年矣。以今准古，岂曰无人乎哉？

孙吴四英将

孙吴奄有江左，亢衡中州，固本于策、权之雄略，然一时英杰，如周瑜、鲁肃、吕蒙、陆逊四人者，真所谓社稷心膂，与国为存亡之臣也。自古将帅，未尝不矜能自贤，疾胜己者，此诸贤则不然。孙权初掌事，肃欲北还，瑜止之，而荐之于权曰："肃才宜佐时，当广求其比，以成功业。"后瑜临终与权笺曰："鲁肃忠烈，临事不苟，若以代瑜，死不朽矣！"

导致萑苻的叛乱，所以孔子有“宽猛相济”的一番话。乌丸、高车不懂礼法，裴潜、陆俟先用威严对待他们，让他们长期适应而驯服，然后必定会逐渐实施宽容政策的。后代人读了书上的话，只用严酷凶悍的办法治理，而不思考解救弊端的办法，无论对汉人或是少数民族，我只见到他们的失败。

拔亡为存

燕国大将乐毅攻打齐国，攻下七十多座城池，余下的只不过莒、即墨两城而已，后来靠田单的努力，齐国得以恢复，一点国土也没有损失。曹操任兖州牧，兖州背叛曹操迎附吕布，全州郡县中八十城都响应，只有鄄城、范、东阿没有动静，靠荀彧、程昱的努力，终于保全三城等待曹操来平定，州境内又安定下来。

古人把丢失变成拥有，把灾难扭转为福佑，像这样的例子多了。靖康、建炎年间，国家不强，黄河流域，几百座名都大邑，全被金人所占，已经五十年了。拿现实比古代，难道说今天就没有那样的人才吗？

孙吴四英将

孙吴拥有江东，与中原抗衡，当然主要靠孙策、孙权的雄才大略。然而，一代英雄豪杰，如周瑜、鲁肃、吕蒙、陆逊四位，真所谓国家得力助手，与国家同存共亡的臣子啊！自古以来，将帅们没有不自以为贤能，妒忌比自己强的。这几位贤者却不然。孙权刚执掌政务时，鲁肃打算返回北方，周瑜劝止他，并把他推荐给孙权说：“鲁肃的才干适宜辅佐时政，应广泛搜求此类人才，来完成一统大业。”后来周瑜临终前给孙权写信说：“鲁肃忠诚肃遂代瑜典兵。吕蒙为寻阳令，肃见之曰："卿今者才略非复吴下阿蒙。"遂拜蒙母，结友而别。蒙遂亦代肃。蒙在陆口，称疾还，权问："谁可代者？"蒙曰："陆逊意思深长，才堪负重，观其规虑，终可大任，无复是过也。"逊遂代蒙。四人相继，居西边三四十年，为威名将，曹操、刘备、关羽皆为所挫，虽更相汲引，而孙权委心听之，吴之所以为吴，非偶然也。

东坡罗浮诗

东坡游罗浮山，作诗示叔党，其末云："负书从我盍归去，群仙正草《新宫铭》。汝应奴隶蔡少霞。我亦季孟山玄卿。"坡自注曰："唐有梦书《新宫铭》者，云紫阳真人山玄卿撰。其略曰：'良常西麓，原泽东泄。新宫宏宏，崇轩轗轗。'又有蔡少霞者，梦人遣书碑铭曰：'公昔乘鱼车，今履瑞云，躅空仰涂，绮辂轮囷。'其末题云：五云书阁吏蔡少霞书。"予案，唐小说薛用弱《集异记》，载蔡少霞梦人召去，令书碑，题云：《苍龙溪新宫铭》，紫阳真人山玄卿撰。其词三十八句，不闻有五云阁吏之说。鱼车瑞云之语，乃《逸史》所载陈幼霞事，云苍龙溪主欧阳某撰。盖坡公误以幼霞为少霞耳。玄卿之文，严整高妙，非神仙中人嵇叔夜、李太白之正直，办事认真，如能让他接替我，我即使死了也如同活着。”鲁肃就接替同瑜执掌了兵权。吕蒙任寻阳令，鲁肃见到他说：“如今您雄才大略，已不再是当年吴地的那个阿蒙了。”于是拜见吕蒙的母亲，与吕蒙结成挚友才分手。吕蒙于是又接替了鲁肃。吕蒙在陆口，声称有病返回吴都，孙权问：“谁能接替你任职？”吕蒙说：“陆逊思想深刻，有胜任重担的才干，观察他对事情的规划谋虑，完全可以担负重任，没有再能超过此人的。”于是陆逊又接替了吕蒙。四个人相互接续，驻守西边三、四十年，成为声威远扬的名将，曹操、刘备、关羽都被他们挫败过。虽轮流彼此引荐，而孙权推心置腹，听取意见，孙吴强盛一时，绝非偶然。

东坡罗浮诗

苏东坡游罗浮山，写诗给其子苏过（字叔党），诗的结尾是：“负书从我盍归去，群仙正草《新宫铭》。汝应奴隶蔡少霞，我亦季孟山玄卿。”东坡自注道：“唐代有人梦见书写《新宫铭》，铭文是紫阳真人山玄卿撰写的。碑铭大意说：‘良常西麓，原泽东泄。新宫宏宏，崇轩巘巘’又有一位名叫蔡少霞的，梦见别人让他书写碑铭：‘公昔乘鱼车，今履瑞云，躅空仰涂，绮辂轮囷。’其末题记说：五云书阁吏蔡少霞书。”我查考，唐代小说薛用弱《集异记》，记载蔡少霞梦见自己被人召去，让书写碑文，题道：《苍龙溪新宫铭》，紫阳真人山玄卿撰。碑铭三十八句，不见有五云阁吏的说法。“鱼车”、“瑞云”这些话，原是《逸史》记载陈幼霞之事，说是苍龙溪主欧阳某人撰的。看来东坡先生把幼霞误以为少霞了。玄卿的诗文，严整高妙，除非神仙流不能作，今纪于此，云："良常西麓，源泽东泄。新宫宏宏，崇轩巘巘。雕珉盘础，镂檀竦楶。碧瓦鳞差，瑶阶肪截。阁凝瑞雾，楼横祥霓。驺虞巡徼，昌明捧闑。珠树规连，玉泉矩泄。灵飚遐集，圣曰俯晰。太上游储，无极便阙。百神守护，诸真班列。仙翁鹄立，道师冰洁。饮玉成浆，馔琼为屑。桂旗不动，兰幄互设。妙乐竞奏，流铃间发。天籁虚徐，风箫泠澈。风歌谐律，鹤舞会节。三变《玄云》，九成《绛雪》。易迁徒语，童初讵说。如毁乾坤，自有日月。清宁二百三十一年四月十二日建。"予顷作广州《三清殿碑》，仿其体为铭诗曰："天池北阯，越领东鹿。银宫旟旟，瑶殿矗矗。陛纳九齿，閶披四目。楯角储清，檐牙衮缛。雕牖䌷間，镂楹熠煜。元尊端拱，泰上秉箓。绣黼周张，神光晬穆。宝帐流黄，温幈结绿。翠凤于旗，紫霓溜褥。星伯振鹭，仙翁立鹄。昌明侍几，眉连捧纛月节下堕，曦轮旁烛。冻雨清尘，矞云散縠，钧籁虚徐，流铃禄续。童初渟潨，勾漏蓄缩。岳君有衡，海帝维儵。中边何护，时节朝宿。飓母沦威，疟妃谢毒。丹厓罢徼，赤子累福。亿龄圣寿，万世宋箓。"凡四十句，读者或许之，然终不近也。

魏明帝容谏

魏明帝时，少府杨阜上疏，欲省宫人诸不见幸者，乃召御府吏问后宫人数。吏守旧令，对曰："禁密，不得宣露。"阜怒，杖吏一百，数之曰："国家不与九卿为密，反与小吏为一般的嵇叔夜、李太白之类的人是写不出的，现在抄录在下面：“良常西麓，源泽东泄。新宫宏宏，崇轩⿰车献⿰车献。雕珉盘础，镂檀竦粢。碧瓦鳞差，瑶阶肪截。阁凝瑞雾，楼横祥霓。驺虞巡徼，昌明捧閴。珠树规连，玉泉矩泄。灵飚遐集，圣曰俯晰。太上游储，无极便阙。百神守护，诸真班列。仙翁鹄立，道师冰洁。饮玉成浆，馔琼为屑。桂旗不动，兰幄互设。妙乐竞奏，流铃间发。天籁虚徐，风箫泠澈。凤歌谐律，鹤舞会节。三变《玄云》，九成《绛雪》。易迁徒语，童初讵说。如毁乾坤，自有日月。清宁二百三十一年四月十二日建。”我不久前作广州《三清殿碑》，仿照《新宫铭》文体写了铭诗：“天池北阯，越领东鹿。银宫旟旟，瑶殿矗矗。陛纳九齿，阊披四目。楯角储清，檐牙衺缛。雕牖⿰谷甘閅，镂楹熠煜。元尊端拱，泰上秉箓。绣黼周张，神光晬穆。宝帐流黄，温幈结绿。翠凤于旗，紫霓溜褥。星伯振鹭，仙翁立鹄。昌明侍几，眉连捧橐月节下堕，曦轮旁烛。冻雨清法，矞云散縠，钧籁虚徐，流铃禄续。童初渟滢，勾漏蓄缩。岳君有衡，海帝维儵。中边何护，时节朝宿。飓母沦威，疟妃谢毒。丹厓罢徼，赤子累福。亿龄圣寿，万世宋箓。”共四十句，读者或许会赞赏它，可是终究与《新宫铭》有距离。

魏明帝容谏

魏明帝曹叡时，少府杨阜上书，希望削减宫女中那些不被宠幸的人，于是召来御府吏询问后宫人数。御府吏墨守陈规，答道：“皇宫秘密，不能暴露。”杨阜大怒，打了御府吏一百棍，斥密乎？”帝愈严惮之。房玄龄、高士廉问少府少监窦德素北门近有何营造，德素以闻。太宗大怒，谓玄龄等曰：“君但知南牙耳，北门小小营造，何预君事耶？”玄龄等拜谢。

夫太宗之与明帝，不待比拟，观所以责玄龄之语，与夫严惮杨阜之事、不逭远矣；贤君一话一言，为后世法。惜哉！《魏史》以谓“群臣直谏之言，帝虽不能尽用，然皆优容之，虽非谊主，亦可谓有君人之量矣。”

汉世谋于众

两汉之世，事无大小，必谋之于众人，予前论之矣，然亦有持以藉口掩众议者。霍光薨后，宣帝出其亲属补吏，张敞言：“朝臣宜有明言霍氏颛制，请罢三侯就第。明诏以恩不听，群臣以义固争而后许之。今明诏自亲其文，非策之得者也。”

哀帝欲封董贤等，王嘉言：“宜延问公卿、大夫、博士、议郎，明正其义，然后乃加爵士；不然，恐大失众心。暴平其事，必有言当封者，在陛下所从；天下虽不说，咎有所分，不独在陛下。前成帝初封淳于长，其事亦议。谷永以长当封，众人归咎于永，先帝不独蒙其讥。”哀帝乃止。

责他说："连国家都不向九卿保密，反倒让你一个小吏来保密吗？"从此，明帝更加尊重、畏惧杨阜。房玄龄、高士廉询问少府少监窦德素，近来羽林将军府在修建什么，窦德素据实告诉了他们。太宗大怒，对房玄龄等人说："你们只知道宰相的事就行了，羽林诸将小小营造，干你们什么事？"房玄龄等人叩拜谢罪。

唐太宗和魏明帝不能相提并论，但看他责备房玄龄的那些话，却和明帝尊重畏惧杨阜的事情差得太远了。贤明君主一言一行，都应是后人楷模。可惜啊！《魏书》因而说："群臣耿直劝谏的言论，明帝虽不能全部施行，可是都和善地接纳下来，尽管算不上深明大义的君主，也还称得上有作君主的度量吧。"

汉世谋于众

西汉时期，无论事情大小，必定跟众人商议，这一点我前边已议论过。然而，也有拿这种方式人微言轻借口堵塞众人意见的情况。霍光死后，宣帝使其在朝中任要职的亲属出任地方官，张敞说："朝臣之中应当有人公开议论霍氏专制朝政，请求罢免他三个封为列侯的子孙的爵位，让他们回家。陛下先降旨为了情义不能听取，群臣用义理坚持诤谏，然后再答应他们。如今陛下自己起草诏书，是失策的啊！"

哀帝打算封授董贤等人官爵，王嘉说："应请教公卿、大夫、博士、议郎，公开议论封授的意义，然后再加封爵位、土地；不然，恐怕大失众望。突然公开评议此事，必定有人说应当封授，陛下即便听从，天下人尽管不高兴，怨恨有人分担，不单在陛下身上。先前成帝刚要加封淳于长时，亦曾评议其事，谷永认为淳于长应当加封，众人把罪责归于谷永，先帝不致独自蒙受是知委曲迁就，使恩出君上，过归于下，汉代多如此也。

国朝会要

国朝会要，自元丰三百卷之后，至崇宁、政和间，复置局修纂。宣和初，王黼秉政，罢修书五十八所。时会要已进一百十卷，余四百卷亦成，但局中欲节次觊赏，故未及上。既有是命，局官以谓若朝廷许立限了毕，不过三两月可以投进。而黼务悉矫蔡京所为，故一切罢之，官吏既散，文书皆为弃物矣。建炎三年，外舅张渊道为太常博士，时礼寺典籍散佚亡几，而京师未陷，公为宰相言："宜遣官往访故府，取见存图籍，悉辇而来，以备掌故。"此若缓而甚急者也。宰相不能用，其后逆豫窃据，鞠为煨烬。吁，可惜哉！

孙膑减灶

孙膑胜庞涓之事，兵家以为奇谋，予独有疑焉，云："齐军入魏地为十万灶，明日为五万灶，又明日为二万灶。"方师行逐利，每夕而兴此役，不知以几何人给之，又必人人各一灶乎？庞涓行三日而大喜曰："齐士卒亡者过半。"则是所过之处必使人枚数之矣，是岂救急赴敌之师乎？又云："度讥议。”哀帝于是暂停封授。

由此可知，委曲迁就，使恩泽出自君王，过失属于臣下，汉代大多如此。

国朝会要

本朝会要，自神宗元丰年间的三百卷之后，直到徽宗崇宁、政和年间，才又设置机构编纂。宣和初年，王黼就任宰相主持政务，撤销五十八所修书机构。当时会要已进呈朝廷一百一十卷，其余四百卷也已完成，但会要所企图多次呈上以求多次得赏，所以没有全部进呈。撤销会要所的命令下达之后，主管官吏又说如果朝廷允许定下期限了结，不超过三两个月便呈献。可是王黼力求全盘纠正蔡京所作之事，所以一切统统撤销。官吏遣散之后，文书全成了丢弃之物。建炎三年，高宗岳父张渊道任太常博士，当时礼寺所存黄册图籍，散佚不多，而且京师尚未陷落，张渊道向宰相建议：“应派专人前往京师藏书旧址寻访，取出现存图书典籍，全部装车运来，以备查询掌故。”这是一件看似平常却又亟待解决的事。宰相不予采纳，后来被伪齐刘豫窃据，多被烧成灰烬。唉，可惜啊！

孙膑减灶

孙膑打败庞涓的战役，军事家们认为是用了出奇制胜的计谋，偏偏我对此有疑问。史书记载：“齐军开进魏国领土挖万个炉灶，第二天五万个，第三天两万个。”当军队前进追逐战果之时，每天晚上都要干这种活，不知要用多少人来供应所需物品，还必须人人各挖一灶吗？庞涓行军三天后大喜道：“齐军减员超过半数了。”这就是说，所过之处必定派人一个个清查炉灶其暮当至马陵，乃斫大树，白而书之，曰：‘庞涓死于此树之下。’遂伏万弩，期日暮见火举而俱发。涓果夜至斫木下，见白书，钻火烛之。读未毕。万弩俱发。”夫军行迟速，既非他人所料，安能必其以暮至，不差晷刻乎？古人坐于车中，既云暮矣，安知树间之有白书？且必举火读之乎？齐弩尚能俱发，而涓读八字未毕。皆深不可信。殆好事者为之，而不精考耳。

虫鸟之智

竹鸡之性，遇其俦必斗。捕之者扫落叶为城，置媒其中，而隐身于后操罔焉。激媒使之鸣，闻者，随声必至，闭目飞入城，直前欲斗，而罔已起，无得脱者，盖目既闭则不复见人。鹧鸪性好洁，猎人于茂林间净扫地，稍散谷于上，禽往来行游，且步且啄，则以䵒竿取之。麂行草莽中，畏人见其迹，但循一径，无问远近也。村民结绳为镮，置其所行处，麂足一絓，则倒悬于枝上，乃生获之。江南多土蜂，人不能识其穴，往往以长纸带黏于肉，蜂见之必衔入穴，乃蹑寻得之，熏取其子。虫鸟之智，自谓周身矣，如人之不仁何？

数目，这难道还像是急救危难而奔赴敌人的军队吗？史书又说：“估计庞涓应当天黑时赶到马陵，于是砍削大树，削掉树皮在上面写道：‘庞涓死于此树之下。’接着埋伏下一万弓弩手，约定天黑时看见火光同时发射。庞涓果然入夜时来到削了皮的树下，看见树干上写的字，取火照亮。没等读完，万张弓弩一起发射。”行军速度，根本不是别人所能预料的，怎能料定人家在日暮时到达，不差分秒呢？古人坐在车中，既然说是天黑了，怎么知道树干上有写的字，而且还非得取火读它呢？齐军弓弩还能同时发射，而且庞涓连八个字都没读完。都是十分令人不可相信的。恐怕是好事的人编造的，而且人们不曾作精密考证罢了。

虫鸟之智

竹鸡的本性，遇到同类必定争斗。捕竹鸡的人寻落叶做围墙，把诱鸟放在里面，自己隐蔽在后边操纵罗网。刺激诱鸟让它鸣叫，听到叫声的竹鸡，必定随声到来，闭着眼睛飞进树叶堆起的围墙，一直向前要争斗一番。可是网已收起，没有能逃脱的。原来眼已经闭上，就不再看得见人了。鹧鸪本性喜欢清洁，猎人在茂密的树林中打扫干净一片地方，多少撒些谷米有上面。鹧鸪来往飞行，边走边食，猎人就用长杆粘取它。麂出没在荒草中，害怕人看到它的足迹，无论远近，只沿着一条小路走。村民把绳结成环套，安放在麂经过的地方，麂足一被绊住，就会倒挂在树枝上，村民就活捉了它。江南多土蜂，人们找不到它的洞穴，往往把长纸带粘在肉上，蜂看见肉必定衔入洞穴，人们就能追踪寻找到它，用火熏取它的幼虫。虫鸟的智慧，自以为遍及全身了，对于人类的不仁，又当如何呢？

卷十四(十七则)

张文潜论诗

前辈议论，有出于率然不致思而于理近碍者。张文潜云："《诗》三百篇，虽云妇人女子小夫贱隶所为，要之非深于文章者不能作，如'七月在野'至'入我床下'，于七月已下，皆不道破，直至十月方言蟋蟀，非深于文章者能为之邪？"予谓三百篇固有所谓女妇小贱所为，若周公、召康公、穆公、卫武公、芮伯、凡伯、尹吉甫、仍叔、家父、苏公、宋襄公、秦康公、史克、公子素，其姓氏明见于大序，可一概论之乎？且七月在野，八月在宇，九月在户，本自言农民出入之时耳，郑康成始并入下句，皆指为蟋蟀，正已不然，今直称此五句为深于文章者，岂其余不能过此乎？以是论《诗》，隘矣。

汉祖三诈

汉高祖用韩信为大将，而三以诈临之：信既定赵，高祖自成皋度河，晨自称汉使驰入信壁，信未起，即其卧，夺其印符，麾召诸将易置之；项羽死，则又袭夺其军；卒之伪游云梦而缚信。夫以豁达大度开基之主，所行乃如是，信之终于谋逆，盖有以启之矣。

张文潜论诗

前辈的议论，也有出于粗疏，思考不周密而情理不通的。张文潜说："《诗经》三百篇，虽说是妇人、女子、小夫、贱隶所作，总之除非对文章精通的人写不了来。如'七月在野'至'入我床下'，以七月以下，都不说破，直到十月才说出蟋蟀，不是对文章精通练达的人，能作出这样的诗句吗？"我以为三百篇中当然有所谓妇人、女子、小夫、贱隶所作的，至于周公、召公、穆公、卫武公、芮伯、凡伯、尹吉甫、仍叔、家父、苏公、宋襄公、秦康公、史克、公子素，姓氏分明出现在《毛诗·关雎》的大序之中，能一概而论吗？再说"七月在野，八月在宇，九月在户"，本当是说农民出入的季节而已，到郑康成才合并入下句，全都是指蟋蟀而言，正已然是错了，如今特意称赞这五句是精通文章之道的，难道其他就没有超过这五句的吗？以此议论《诗经》，未免太偏狭了。

汉祖三诈

汉高祖任用韩信作为大将，却三次用诈术对付他：韩信平定赵地之后，高祖从成皋渡过黄河，一大早自称汉王使节飞马驰入韩信军营，韩信尚未起床，进入他的卧室收取他的印信符节，用大将的旗帜召来将领们，改变了他们的职位；项羽死后，再次用突然袭击的方式收取韩信的军权；最后假托巡游云梦而捉拿了韩信。凭着一个豁达大度的开国君主的身份，所作所为竟

有心避祸

有心于避祸，不若无心于任运，然有不可一概论者。董卓盗执国柄，筑坞于郿，积谷为三十年储，自云："事不成，守此足以毕老。"殊不知一败则扫地，岂容老于坞耶？公孙瓒据幽州，筑京于易地，以铁为门，楼橹千重，积谷三百万斛，以为足以待天下之变，殊不知梯冲舞于楼上，城岂可保邪？曹爽为司马懿所奏，桓范劝使举兵，爽不从，曰："我不失作富家翁。"不知诛灭在旦暮耳，富可复得耶？张华相晋，当贾后之难不能退，少子以中台星坼，劝其逊位，华不从，曰："天道玄远，不如静以待之。"竟为赵王伦所害。方事势不容发，而欲以静待，又可嗤也。他人无足言，华博物有识，亦闇于几事如此哉！

蹇解之险

《蹇》卦《艮》下《坎》上，见险而止，故诸爻皆有蹇难之辞。独六二重言蹇蹇，说者以为六二与九五为正应，如臣之事君，当以身任国家之责，虽蹇之又蹇，亦匪躬以济之，此解释文义之旨也。若寻绎爻画，则有说焉，盖外卦然如此。韩信终于图谋叛乱，看来萌生这种念头是有原因的。

有心避祸

为躲避灾祸大动脑筋，倒不如漫不经心地听凭命运作安排，不过也有不能一概而论的情况。董卓盗掌国务大权，在郿（今陕西眉县东北）修筑号称“万岁坞”的城堡，积储了足用三十年的粮食，自称：“大事不成，守着这座城堡，也完全可以终生到老。”殊不知，一朝中计被杀，财产即刻扫荡净尽，哪里容他老死在郿坞？公孙瓒占据幽州，在易（今河北雄县西北）修筑高丘，人称易京，用铁造门，高台望楼千层，积存粮食三百万斛，以为足以应付天下之变，殊不知袁绍的云梯、冲车舞动在楼前，坚城怎能保守得住呢？曹爽被司马懿弹劾，桓范鼓动他发动兵变，曹爽不听，说：“我即使不行还可做个大富翁嘛。”岂不知满门抄斩就在眼前，富翁还能当得成吗？张华辅佐西晋任司空，当贾后在宫廷发动事变时不能辞官避祸，小儿子张韪因中台星分裂，劝他让出官位，他不听，说：“天象的规律玄奥深远，不如静心等待。”终于被赵王司马伦所害。当情势万分紧迫时，却想静心等待，太可笑了。别人不必说，张华学识渊博，也对机密之事糊涂到这种程度吗？

蹇解之险

《蹇》卦乃是《艮》下《坎》上，见险而止，所以各爻都有蹇难之辞。唯独六二爻说两次“蹇”，解卦的人认为六二爻与九五爻为正应。如臣子侍奉君主，当亲身肩负国家重任，即使难之又难，也应当全力以赴，鞠躬尽瘁，这是解释卦辞的主旨。如一《坎》，诸爻所同，而自六二推之，上承九三、六四，又为《坎》体，是一卦之中已有二《坎》也，故重言之。《解》卦《坎》下《震》上，动而免乎险矣。六三将出险，乃有负乘致寇之咎，岂非上承九四、六五又为《坎》乎？《坎》为舆为盗，既获出险而复蹈焉，宜其可丑而致戎也，是皆中爻之义云。

士之处世

士之处世，视富贵利禄，当如优伶之为参军，方其据几正坐，噫呜诃箠，群优拱而听命，戏罢则亦已矣。见纷华盛丽，当如老人之抚节物，以上元、清明言之，方少年壮盛，昼夜出游，若恐不暇，灯收花暮，辄怅然移日不能忘，老人则不然，未尝置欣戚于胸中也。睹金珠珍玩，当如小儿之弄戏剧，方杂然前陈，疑若可悦，即委之以去，了无恋想。遭横逆机阱，当如醉人之受骂辱，耳无所闻，目无所见，酒醒之后，所以为我者自若也，何所加损哉？

张全义治洛

唐洛阳经黄巢之乱，城无居人，县邑荒圮，仅能筑三果推演爻象，就有另外一种解释，外卦(上卦)为一个《坎》卦，各爻所同，而从六二向上推，上承九三爻、六四爻，又为《坎》卦，这即是一卦之中有两个坎卦，于是说两个“蹇”。《解》卦乃《坎》下《震》上，只要动就可免于险.六三爻表示将脱离险境，又会有外来之“寇”袭击的凶象，此爻上承九四、六五二爻，难道不又是一个《坎》卦吗?《坎》表示“舆”，表示“盗”，即将脱险又陷于险。在极端困难的情况下又出现新的外患也没什么奇怪，这都是中爻所表现出来的含义。

士之处世

读书人为人处世，看待富贵利禄，应像戏剧演员扮演军官。当他身凭几按，正襟危坐，哇哇啦啦发号施令时，众演员拱手而立听从他的命令，一出戏演完，一切也就结束了。见到豪华艳丽的场面，就如同老年人对待应时节的景物。拿上元、清明节来说，正当年轻力壮的人，昼夜出游，似乎唯恐时间不足；彩灯收了，鲜花凋零，就一副懊恼的样子，长时间不能忘怀。老年人则不然，不曾把欣喜、忧戚一直放在心上。而对黄金、珠宝、珍贵器物，应当如同儿童做游戏，当那些东西杂乱摆在面前时，看似喜欢的样子，倘若丢下它走开，一点也不留恋。遇上强暴无理、设计陷害的事，应当如同醉酒之人遭受辱骂，支着耳朵什么也没听到，睁着眼睛什么都没看见，酒醒之后，我还是原来那副老样子，又有什么损害呢?

张全义治洛

唐代洛阳经历黄巢之乱，城内无人居住，周围县城荒废坍小城，又遭李罕之争夺，但遗余堵而已。张全义招怀理葺，复为壮藩，《五代史》于《全义传》书之甚略，《资治通鉴》虽稍详，亦不能尽。辄采张文定公所著《搢绅旧闻记》，芟取其要而载于曰：“厥今荆襄淮沔创痍之余，绵地数千里，长民之官，用守边保障之劳，超阶擢职，不知几何人？其真能仿佛全义所为者，吾未见其人也，岂局于文法讥议，有所制而不得骋乎？全义始至洛，于麾下百人中，选可使者十八人，命之曰屯将，人给一旗一榜。于旧十八县中，令招农户自耕种，流民渐归。又选可使者十八人，命之曰屯副，民之来者绥抚之，除杀人者死，余但加杖，无重刑，无租税，归者渐众。又选谙书计者十八人，命之曰屯判官，不一二年，每屯户至数千，于农隙时，选丁夫，数以弓矢枪剑，为坐作进退之法。行之一二年，得丁夫二万余人，有盗贼即时擒捕。关市之赋，迨于无籍，刑宽事简，远近趋之如市，五年之内，号为富庶，于是奏每县除令簿主之，喜民力耕织者，知某家蚕麦善，必至其家，悉召老幼亲慰劳之，赐以酒食茶彩，遗之布衫裙袴，喜动颜色。见稼田中无草者，必下马观之，召田主赐衣服，若禾下有草，耕地不熟，则集众决责之，或诉以阙牛，则召责其邻伍曰：“此少人牛，何不众助？”自是民以耕桑为务，家家有蓄积，水旱无饥人，在洛四十余年，至今庙食。”呜呼！今之君子，其亦肯以全义之心施诸人乎？

塌，残破砖石只能筑起三座小城，又遭李罕之争夺，只剩下断垣残壁。张全义招抚流民整理修造，又成为强大的军镇。《五代史·张全义传》记载十分简略，《资治通鉴》虽稍微详细些，也不够详尽。我就选取文定公张齐贤所著《洛阳搢绅旧闻记》，节选其中要点记录如下："如今江淮一带遭受战争创伤的土地，绵延数千里，地方官吏因为守边保障的功劳，越级提拔的，不知有多少人。至于真能像张全义所作所为的，我还没有见过。难道编修史书受行文法则局限，讥评议论受限制而不能任情吗？全义刚到洛阳，在部下一百人中，选出十八个有能力的人，称他们叫屯将，每人发给一面旗帜、一张文告。在原有十八县中，让他们招募农民像原先一样种田，流民逐渐回归。再挑选十八个有能力的人，称他们作屯副，安抚那些回归的百姓，除杀人者处死，其余只用杖刑，不用重刑，不交租税，回归的人慢慢多起来。再挑选十八个熟悉写字计算的人，称他们作屯判官。不到一、二年，每屯人口达到数千户。农闲时，选拔青壮年，教他们使用弓箭刀枪，为他们制定前进后退的规矩。实行一、二年，得到壮丁二万多人，有盗贼就及时捉拿。关卡集市的捐税，几乎等于没有征收，刑罚宽容，手续简便，远近百姓前来投奔如同赶集。五年之内，号称富裕，于是奏请每县任命县令，建立文书，进行管理。他喜爱努力耕织的百姓，了解到谁家蚕养得好，麦种得好，必定到这家来，召集全家老小亲自慰劳他们，奖给美酒、食物、茶叶、果品，送给布料、衣衫、裙子、裤子，人人喜笑颜开。见到农田中没有野草的，必定下马观看，招来田主赏给衣服；如果庄稼下面有草，地犁得不透，就当众指责他。有人诉说缺少耕牛，就招来当地邻长、伍长责备说：'这一家缺少耕牛，为什么不发

博古图

政和、宣和间，朝廷置书局以数十计，其荒陋而可笑者莫若《博古图》。予比得汉匜，因取一册读之，发书捧腹之余，聊识数事于此。

父癸匜之铭曰“爵方父癸”。则为之说曰：“周之君臣，其有癸号者，惟齐之四世有癸公，癸公之子曰哀公，然则作是器也，其在哀公之时欤？故铭曰‘父癸’者此也。”夫以十干为号，及称父甲、父丁、父癸之类，夏、商皆然，编图者固知之矣，独于此器表为周物，且以为癸公之子称其父，其可笑一也。

周义母匜之铭曰“仲姞义母作”。则为之说曰：“晋文公杜祁让偪姞而己次之，赵孟云‘母义子贵’，正谓杜祁，则所谓仲姞者自名也，义母者襄公谓杜祁也。”夫周世姞姓女多矣，安知此为偪姞，杜祁但让之在上，岂可便为母哉？既言仲姞自名，又以为襄公为杜祁所作，然则为谁之物哉？其可笑二也。

动众人来帮助？’从此百姓把务农植桑作为主要职业，家家粮食有储积，发生水旱天灾无人挨饿。在任四十多年，至今受到祭祀。”啊，如今的正人君子们，难道也愿拿出全义那样的善心来施于众人吗？

博古图

宋徽宗政和、宣和年间，朝廷没置几十所修书机构，所修书籍中最荒唐粗陋而令人可笑的要数《博古图》了。我接连得到几个汉代的匜，因而取来一册阅读，打开书捧腹大笑之后，姑且记几件可笑的事在这里。

父癸匜的铭文“爵方父癸”。于是对此解释道：“周代君臣，其中封号有癸字的，只有齐的第四代癸公，癸公的儿子是哀公，既然如此，那么制作这个器物，大约是在哀公时期吧？所以铭文为‘父癸’的原因就是这个了。”用十天干为称号以及称父甲、父丁、父癸之类，夏、商两朝都是如此，编图的人原本懂得这些，单单把这件器物的时代标为周朝，并把铭文解释为癸公的儿子称其父，这是书中可笑的一例。

周义母匜的铭文是“仲姞义母作”。于是对此解释说：“晋文公的姬妾杜祁谦让偪姞而把自己的位次排在她后面。赵孟（即赵盾）说‘母义子贵’，说的正是杜祁，那么所谓仲姞，就是杜祁的自称，义母就是襄公对杜祁的称谓。”周代姞姓女子太多了，怎知这里就是偪姞？杜祁只是表示谦让，使她位次排在前边，怎么就成了襄公的母亲了呢？既说仲姞是杜祁自称，又认为此匜是襄公为杜祁制作的，那么究竟是谁的器物呢？这是书中可笑的例子之二。

汉注水匜之铭曰："始建国元年正月癸酉朔日制。"则为之说曰："汉初始元年十二月改为建国，此言元年正月者，当是明年也。"案，《汉书》王莽以初始元年十二月癸酉朔日，窃即真位，遂以其日为始建国元年正月，安有明年却称元年之理？其可笑三也。

楚姬盘之铭曰"齐侯作楚姬宝盘"。则为之说曰："楚与齐从亲，在齐湣王之时，所谓齐侯，则湣王也。周末诸侯自王，而称侯以铭器，尚知止乎礼义也。"夫齐、楚之为国，各数百年，岂必当湣王时从亲乎？且湣王在齐诸王中最为骄暴，尝称东帝，岂有肯自称侯之理？其可笑四也。

汉梁山銗之铭曰"梁山铜造"。则为之说曰："梁山铜者，纪其所贡之地，梁孝王依山鼓铸，为国之富，则铜有自来矣。"夫即山铸钱，乃吴王濞耳，梁山自是山名，属冯翊夏阳县，于梁国何预焉？其可笑五也。观此数说，他可知矣。

士大夫论利害

士大夫论利害，固当先陈其所以利之实，然于利之中而有小害存焉，亦当科别其故，使人主择而处之，乃合毋隐勿欺之谊。赵充国征先零，欲罢骑兵而屯田，宣帝恐虏闻兵罢，且攻扰田者。充国曰："虏小寇盗，时杀人民，其原未可卒禁。诚令兵出而虏绝不为寇，则出兵可也。即今同是，而汉注水匜的铭文是“始建国元年正月癸酉朔日制”。于是对此解释说：“汉代初始元年十二月改年号为建国，这里指元年正月，应当是指第二年。”查考《汉书》，王莽在初始元年十二月初一窃据帝位，于是把那一天定为始建国元年正月，哪有第二年再倒回来称元年的道理？这是可笑处之三。

楚姬盘的铭文是“齐侯作楚姬宝盘”。于是对此解释说：“楚国与齐国合纵相亲，在齐湣王时期，所谓齐侯，就是指湣王。周朝末期诸侯自封为王，而在器物铭文上称侯，是还懂得在礼义方面克制一下。”齐、楚作为诸侯国，都有数百年了，难道一定要在湣王时合纵相亲吗？再说湣王在齐的所有国君中是最骄横强暴的，曾自称东帝，哪有肯自称为侯的道理？这是可笑处之四。

汉梁山銅的铭文是“梁山铜造”。于是对此解释说：“梁山铜，是记此锅进贡的地点。梁孝王靠山冶铜铸钱，使封国富裕，那么铜也就是有来由的了。”靠山铸钱，只是吴王刘濞而已，梁山本是山名，属冯翊夏阳县，跟梁国有何相干？这是可笑处之五。只看这几条解释，其他便可知道了。

士大夫论利害

士大夫分析利害，本当先陈述之所以有利的实情，可是在有利之中同时有小害存在，也当区分情况，让君主选择决断，这才符合对君主不隐不欺的道理。赵充国征伐先零，打算解除战马武器而屯田，汉宣帝担心先零人听说此事，将进攻骚扰农民。赵充国说：“先零是小股寇盗，不时地杀害人民，这情况原本不能彻底禁绝。果真能大军出征而先零人绝对不再作乱，释坐胜之道，非所以视蛮夷也。”班勇乞复置西域校尉，议者难曰：“班将能保北虏不为边害乎？”勇曰：“今置州牧以禁盗贼，若州牧能保盗贼不起者，臣亦愿以要斩保匈奴之不为边害也。今通西域，则虏势必弱，为患微矣。若势归北虏，则中国之费不止十亿。置之诚便。”此二人论事，可谓极尽利害之要，足以为法也。

舒元舆文

舒元舆，唐中叶文士也，今其遗文所存者才二十四篇。既以甘露之祸死，文宗因观牡丹，摘其赋中桀句曰：“向者如迓，背者如诀。拆者如语，含者如咽。府者如怨，仰者如悦。’为之泣下。予最爱其《玉筯篆志》论李斯、李阳冰之书，其词曰：“斯去千年，冰生唐时，冰复去矣，后来者谁！后千年有人，谁能待之？后千年无人，篆止于斯！呜呼主人，为吾宝之！”此铭有不可名言之妙，而世或鲜知之。

绝唱不可和

韦应物在滁州，以酒寄全椒山中道士，作诗曰：“今朝郡斋冷，忽念山中客。涧底束荆薪，归来煮白石。欲持一樽酒，远慰风雨夕。落叶满空山，何处寻行迹！”其为高妙超那么出兵是可以的。如今同是这个结果，而放弃坐等胜利的方式，不是对待少数民族的好办法。”班勇请求重新设置西域校尉，参与讨论的大臣责问道：“班将军能保证匈奴不在这疆为害吗？”班勇答：“现在设置州牧来禁绝盗贼，如果各州牧能保证不出现盗贼的话，我也甘愿拿受腰斩之刑来担保匈奴不在边疆为害。如今跟西域各族交往，匈奴的势力就必定减弱，造成灾祸就小多了。如果西域的形势被匈奴掌握了，那么内地的损失就不止十亿（《后汉书·班勇传》作千亿）。设置西域校尉确实有利。”这二人分析事情，可以说把利害双方的要点全都讲透了，足以供后人效法。

舒元舆文

舒元舆是唐代中叶的文人，现在他遗留的文稿保存下来的才二十四篇。因甘露之变受株连被杀之后，唐文宗因观赏牡丹，摘读他辞赋中杰出的句子：“向者如迓，背者如诀。折者如语，含者如咽。俯者如怨，仰者如悦。”为此流下泪来。我最喜欢他的《玉筋篆志》中论述李斯、李阳冰的书法的部分，他写道：“斯去千年，冰生唐时，冰复去矣，后来者谁！后千年有人，谁能待之？后千年无人，篆止于斯！呜呼主人，为吾宝之！’此铭文有不可言传之奥妙，可是世上很少有人知道它。

绝唱不可和

韦应物在滁州，把酒遥寄全椒山中道士，作诗道：“今朝郡斋冷，忽念山中客。涧底束荆薪，归来煮白石。欲持一樽酒，远慰风雨夕。落叶满空山，何处寻行迹！”诗写得美妙绝伦、造诣诣，固不容夸说，而结尾两句，非复语言思索可到。东坡在惠州，依其韵作诗寄罗浮邓道士曰：“一杯罗浮春，远饷采薇客。遥知独酌罢，醉卧松下石。幽人不可见，清啸闻月夕。聊戏庵中人，空飞本无迹。”刘梦得“山围故国周遭在，潮打空城寂寞回”之句，白乐天以为后之诗人，无复措词。坡公仿之曰：“山围故国城空在，潮打西陵意未平。”坡公天才，出语惊世，如追和陶诗，真与之齐驱，独此二者，比之韦、刘为不侔，岂非绝唱寡和，理自应尔邪！

赠典轻重

国朝未改官制以前，从官丞、郎、直学士以降，身没大氐无赠典，唯尚书、学士有之，然亦甚薄。余襄公、王素自工书得刑书，蔡君谟自端明、礼侍得吏侍耳。元丰以后，待制以上皆有四官之恩，后遂以为常典，而致仕又迁一秩。梁扬祖终宝文学士、宣奉大夫，既以致仕转光禄，遂赠特进、龙图学士，盖以为银青、金紫、特进只三官，故增其职，是从左丞得仆射也。节度使旧制赠侍中或太尉，官制行，多赠开府。秦桧创立检校少保之例，以赠王德、叶梦得、张澄，近岁王彦遂用之，实无所益也。元祐中，王岩叟终于朝奉郎、端明殿学士，以尝签书枢密院，故超赠正议大夫。杨愿终于朝奉郎、资政殿学士，但赠朝请大夫，以执政而赠郎秩，轻重为不侔，皆掌固之失也。

卓越，自不必夸赞，而结尾两句，语言意境不再有人能达到了。苏东坡在惠州，依照那首诗的韵律作诗寄送罗浮山邓道士："一杯罗浮春，远饷采薇客。遥知独醉罢，醉卧松下石。幽人不可见，清啸闻月夕。聊戏庵中人，空飞本无迹。"刘禹锡"山围故国周遭在，潮打空城寂寞回"的诗句，白居易认为有了它后代诗人就无法再措辞了。苏东坡模仿它写道："山围故国城空在，潮打西陵意未平。"坡公天才，出语惊人，如他追随唱和陶渊明的诗，真能与之并驾齐驱。只是此二诗却难与韦应物、刘禹锡原诗等同，难道不是千古绝唱和者必寡，道理本当如此啊！

赠典轻重

宋朝元丰年间改革官制以前，从官丞、郎、直学士以下，死亡一般没有赠典，只尚书、学士有，不过也很微薄。余靖、王素只不过从工部尚书得到刑部尚书，蔡襄从端明殿学士、礼部侍郎得到吏部侍郎罢了。元丰以后，待制以上的官员都可得到升四级官阶的恩惠，后来就把它作为定规，而退休辞官又升迁一级。梁扬祖最终官做到宝文阁学士、宣奉大夫，辞官之后转为光禄大夫，于是赠给特进、龙图阁学士。因为银青光禄大夫、金紫光禄大夫、特进只三个官阶，所以增一级官职，这就是从左丞得到仆射了。节度使按旧规定赠给侍中或太尉，元丰官制实行后，大多赠给开府仪同三司。秦桧创立检校少保的例规，把它赠给王德、叶梦得、张澄，近年来王彦就采用它，实际上没有什么益处。元祐年间，王岩叟官做到朝奉郎、端明殿学士，因为曾任枢密院签书，所以超级赠给正议大夫。杨愿官做到朝奉郎、资政殿学士，只赠给朝请大夫，因为执政而赠给郎官级别，轻重不同

扬之水

《左传》所载列国人语言书讯，其辞旨如出一手。说者遂以为皆左氏所作，予疑其不必然，乃若润色整齐，则有之矣，试以《诗》证之：《扬之水》三篇，一《周诗》，一《郑诗》，一《晋诗》，其二篇皆曰“不流束薪”，“不流束楚”。《邶》之《谷风》曰“习习谷风，以阴以雨”，《雅》之《谷风》曰“习习谷风，维风及雨。”“在南山之阳”，“在南山之下”，“在南山之侧”；“在浚之郊”，“在浚之都”，“在浚之城”；“在河之浒”，“在河之漘”，“在河之涘”；“山有枢，隰有榆”，“山有苞栎，隰有六駮”，“山有蕨薇，隰有杞桋”；“言秣其马”，“言采其蝱”，“言观其旂”，“言韔其弓”。皆杂出于诸诗，而兴致一也。盖先王之泽未远，天下书同文，师无异道，人无异习，出口成言，皆止乎礼义，是以不谋而同尔。

李陵诗

《文选》编李陵、苏武诗，凡七篇，人多疑“俯观江汉流”之语，以为苏武在长安所作，何为乃及江、汉？东坡云“皆后人所拟也。”予观李诗云“独有盈觞酒，与子结绸缪”。盈字正惠帝讳，汉法触讳者有罪，不应陵敢用之，益知坡公之言为可信也。

等,都属于旧制的失误。

扬之水

《左传》所收录各国的语言、记载、陈诉,遣词造句的意旨如出一人之手。解释这种现象的人就以为都是左丘明一人写的,我怀疑不见得如此,至于润色加工那是有的。试以《诗经》证明这一点:国风中《扬之水》有三篇,一在《王风》,一在《郑风》,一在《唐风》,其中两篇都有“不流束薪”,“不流束楚”。《邶风·谷风》有“习习谷风,以阴以雨”,《小雅·谷风》有“习习谷风,维风及雨。”“在南山之阳”,“在南山之下”,“在南山之侧”;“在浚之郊”,“在浚之都”,“在浚之城”;“在河之浒”,“在河之漘”,“在河之涘”;“山有枢,隰有榆”,“山有苞栎,隰有六駮”,“山有蕨薇,隰有杞桋”;“言秣其马”,“言采其蝱”,“言观其旂”,“言韔其弓”。都分别出自各篇,可情致是一样的。原是先王的恩泽为时不远,天下人书写同样的文字,老师没有不同的学说,人们没有不同的风习,出口成章,都受礼义的制约,因此就不谋而合了。

李陵诗

《文选》编入李陵、苏武的诗共七篇,很多人怀疑“俯观江汉流”的诗句,以为苏武在长安作诗,为什么竟写到了长江、汉水?苏东坡说“都是后人模拟的。”我见李陵诗中说“独有盈觞酒,与子结绸缪。”盈字正是惠帝的名讳,汉朝法律触犯避讳的人有罪,李陵不该敢用此字,由此更知苏东坡的意见是可信的。

大曲伊凉

今乐府所传大曲，皆出于唐，而以州名者五，伊、凉、熙、石、渭也。凉州今转为梁州，唐人已多误用，其实从西凉府来也。凡此诸曲，唯伊、凉最著，唐诗词称之极多，聊纪十数联，以资谈助。如："老去将何散旅愁？新教小玉唱《伊州》"，"求守管弦声款逐，侧商调里唱《伊州》"，"钿蝉金雁皆零落，一曲《伊州》泪万行"，"公子邀欢月满楼，双成揭调唱《伊州》"，"赚杀唱歌楼上女，《伊州》误作《石州》声"，"胡部笙歌西部头，梨园弟子和《凉州》"，"唱得《凉州》意外声，旧人空数米嘉荣"，"《霓裳》奏罢唱《梁州》，红袖斜翻翠黛愁"，"行人夜上西城宿，听唱《凉州》双管逐"，"丞相新裁别离曲，声声飞出旧《梁州》"，"只愁拍尽《凉州》杖，画出风雷是拨声"，"一曲《凉州》今不清，边风萧飒动江城"，"满眼由来是旧人，那堪更奏《梁州曲》"，"昨夜蕃军报国仇，沙州都护破梁州"，"边将皆承主恩泽，无人解道取凉州。"皆王建、张祜、刘禹锡、王昌龄、高骈、温庭筠、张籍诸人诗也。

元次山元子

元次山有《文编》十卷，李商隐作序，今九江所刻是也。又有《元子》十卷，李纾作序，予家有之，凡一百五篇，其十四篇已见于《文编》，余者大氐澶漫矫亢。而第八卷中所载喀方国二十国事，最为谲诞，其略云："方国之僧，尽

大曲伊凉

如今乐府诗所流传的大曲，都出自唐代，而以州名为名的有五种，就是伊州、凉州、熙州、石州、渭州。凉州现在变成了梁州，唐代已有许多人搞错了，其实是从西凉府来的。在这些大曲中，只有伊州、凉州最突出，唐代诗词很多都提到它们。姑且记下十几联，以供谈话的资料。如："老去将何散旅愁？新教小玉唱《伊州》"，"求守管弦声款逐，侧商调里唱《伊州》"，"钿蝉金雁皆零落，一曲《伊州》泪万行"，"公子邀欢月满楼，双成揭调唱《伊州》"，"赚杀唱歌楼上女，《伊州》误作《石州》声"，"胡部笙歌西部头，梨园弟子和《凉州》"，"唱得《凉州》意外声，旧人空数米嘉荣"，"《霓裳》奏罢唱《梁州》，红袖斜翻翠黛愁"，"行人夜上西城宿，听唱《凉州》双管逐"，"丞相新裁别离曲，声声飞出旧《梁州》"，"只愁拍尽《凉州》杖，画出风雷是拨声"，"一曲《凉州》今不清，边风萧飒动江城"，"满眼由来是旧人，那堪更奏《梁州曲》"，"昨夜蕃军报国仇，沙州都护破梁州"，"边将承主恩泽，无人解道取凉州。"都出自王建、张祜、刘禹锡、王昌龄、高骈、温庭筠、张籍等人的诗。

元次山元子

元次山（即元结）有《文编》十卷，李商隐作序，即现在九江所刻印的版本。又有《元子》十卷，李纾作序，我家有这本书，共一百零五篇，其中十四篇已收入《文编》，其余大多是纵情任性，故作与众不同的内容。而第八卷中所记䆗方国二十国事，声为怪异荒诞，大意是说："方国的野人，全身各处都是方身皆方，其俗恶圆。设有问者，曰《汝心圆》，则两手破胸露心，曰‘此心圆耶？’圆国则反之。言国之僧，三口三舌。相乳国之僧，口以下直为一窍。无手国足便于手。无足国肤行如风。”其说颇近《山海经》，固已不韪，至云：“恶国之僧，男长大则杀父，女长大则杀母。忍国之僧，父母见子，如臣见君。无鼻之国，兄弟相逢则相害。触国之僧，子孙长大则杀之。”如此之类，皆悖理害教，无事无补。次山《中兴颂》与日月争光，若此书，不作可也，惜哉！

次山谢表

元次山为道州刺史，作《舂陵行》，其序云：“州旧四万余户，经贼以来，不满四千，太半不胜赋税。到官未五十日，承诸使征求符牒二百余封，皆曰‘失期限者罪至贬削’。於戏！若悉应其命，则州县破乱，刺史欲焉逃罪？若不应命，又即获罪戾。吾将静以安人，待罪而已。”其辞甚苦，大略云：“州小经乱亡，遗人实困疲。朝餐是草根，暮食乃木皮。出言气欲绝，意速行步迟。追呼尚不忍，况乃鞭扑之。邮亭传急符，来往迹相追。更无宽大恩，但有迫催期。欲令鬻儿女，言发恐乱随。奈何重驱逐，不使存活为？安人天子命，符节我所持。逋缓违诏令，蒙责固所宜。”又《贼退示官吏》一篇，言贼攻永破邵，不犯此州，盖蒙其伤怜而已，诸使何形的，他们的风俗是厌恶圆形。假如有人问道：“你的心是圆的吧？”他们就用双手扒开胸口露出心，说：“这个心是圆的吗？”圆国则与此相反。言国的野人三个嘴，三根舌头。相乳国的野人，嘴下边只是一个孔。无手国脚比手灵便。无足国用皮肤飞行，像风一样轻快。”这些说法很近似《山海经》，本已是荒谬的了，至于说：“恶国的野人，男的长大就杀父亲，女的长大就杀母亲。忍国的野人，父母见到子女，如同臣子见到国君。无鼻之国，兄弟相逢就相害。触国的野人，子孙长大就杀掉。”像这一类，都是违背情理，有害于教化，没有益处的。元次山的《中兴颂》写得光华灿烂，可与日月争光，至于这部书，真是不可写的，可惜啊！

次山谢表

元次山任道州刺史，作《舂陵行》，序文说：“道州原有人口四万多户，经历战乱之后，还不到四千户，多半承担不起赋税。到任不足五十天，接到上司催交赋税的公文二百多封，都说‘误了期限的降职免官。’啊呀！如果全部接受这些命令，州县就会破乱不堪，当刺史的怎能逃避罪责？如果不接受命令，又当即犯下罪过。我不打算采取什么行动，好让百姓安定下来，自己只不过等着惩罚罢了。”《舂陵行》言词十分凄苦，诗的大意是：“州小经乱亡，遗人实困疲。朝餐是草根，暮食乃木皮。出言气欲绝，意速行步迟。追呼尚不忍，况力鞭扑之。邮亭传急符，来往迹相追。更无宽大恩，但有迫促期。欲令鬻儿女，言发恐乱随。奈何重驱逐，不使存活为？安人天子命，符节我所持。逋缓违诏令，蒙责固所宜。”又有《贼退示官吏》一首，序文说西原为忍苦征敛。其诗云："城小贼不屠，人贫伤可怜。是以陷邻境，此州独见全。使臣将王命，岂不如贼焉？今彼征敛者，迫之如火煎。"二诗忧民惨切如此。故杜老以为："今盗贼未息，知民疾苦，得结辈十数公，落落参错天下为邦伯，天下少安，立可待矣。"遂有"两章对秋月，一字偕华星"之句。

今《次山集》中，载其《谢上表》两通，其一云："今日刺史，若无武略，以制暴乱；若无文才，以救疲弊；若不清廉，以身率下；若不变通，以救时须，则乱将作矣。臣料今日州县堪征税者无几，已破败者实多，百姓恋坟墓者盖少，思流亡者乃众，则刺史宜精选谨择以委任之，固不可拘限官次，得之货贿出之权门者也。"其二云："今四方兵革未宁，赋敛未息，百姓流亡转甚，官吏侵刻日多，实不合使凶庸贪猥之徒，凡弱下愚之类，以货赂权势，而为州县长官。"观次山表语，但因谢上而能极论民穷吏恶，劝天子以精择长吏，有谢表以来，未之见也。世人以杜老褒激之故，或稍诵其诗，以《中兴颂》故诵其文，不闻有称其表者，予是以备录之，以风后之君子。次山临道州，岁在癸卯，唐代宗初元广德也。

少数民族叛军(实为起义军)进攻永州,攻破邵州,却不进犯道州,大概是可怜此州又小又穷吧,长官们怎么忍心苛刻征收呢?诗中说:“城小贼不屠,人贫伤可怜。是以陷邻境,此州独见全。使臣将王命,岂不如贼焉?今彼征敛者,迫之如火煎。”两首诗如此为民忧虑、悲伤恳切。所以杜甫在《同元使君舂陵行》序中说:“今盗贼没有平息,了解民众疾苦,能有像元结这样的十几个人,分散到各地作地方长官,全国逐渐安定的局面,可以很快到来。”于是,诗中有了“两章对秋月,一字偕华星”这样的句子。

现在《次山集》中,收入他的《谢上表》两通,其中一通说:“今天当刺史的,如果没有军事才能来制止暴乱,没有文才来解救疲困,不能清正廉洁给下属做榜样,不会灵活变通来补救当前的急需,那么祸乱就必将发生。臣估计如今各州县负担得起赋税的很少,已经破产败落的太多,百姓依恋祖籍故土的不多,打算流浪他乡的却不少,那么刺史就应该精细认真地挑选和委派,当然不能受本人原有官阶的限制,或只凭得到多少贿赂,是否出自豪门望族。”另一通说:“现在到处战乱尚未止息,赋税征收不止,百姓流离失所日益严重,官吏对百姓欺凌刻薄愈加增多,实在不该让凶残、庸俗、贪婪、卑鄙之辈,平庸懦弱、智能低下这类人,凭着行贿的办法,依仗权势,担任州县的长官。”看次山上表中的话,只是通过向皇上致谢而能透彻论述百姓穷困、官吏凶恶的情况,规劝天子精心选择地方长官,自有谢表以来,还没有见过这种写法。人们因为杜甫表彰的缘故,或许多少读过些元结的诗,因为《中兴颂》的缘故诵读他的文章,却不见有称道他上表的,我因此全抄录下来,拿它感化后代的君子。次山赴道州上任,是癸卯年(公元763年),唐代宗广德元年。

光武仁君

汉光武虽以征伐定天下，而其心未尝不以仁恩招怀为本。隗嚣受官爵而复叛，赐诏告之曰："若束手自诣，保无他也。"公孙述据蜀，大军征之垂灭矣，犹下诏谕之曰："勿以来歙、岑彭受害自疑，今以时自诣，则家族全，诏书手记不可数得，朕不食言。"遣冯异西征，戒以平定安集为急。怒吴汉杀降，责以失斩将吊民之义，可谓仁君矣。萧铣举荆楚降唐，而高祖怒其逐鹿之对，诛之于市，其隘如此，《新史》犹以高祖为圣，岂理也哉？

光武仁君

东汉光武帝虽然靠武力征伐平定天下,可是他的用心总是以仁慈、恩情、招降、安抚为根本。隗嚣接受官爵后再次反叛,光武帝下诏书告诉他:“如果你放弃抵抗主动投降,保证没有其他处分。”公孙述据守蜀地,光武帝派大军征伐他,即将平灭时还下诏告诉他:“不要因为你曾刺杀我的大将来歙、岑彭而心怀疑虑,现在及时归降,就能保全家族。皇帝亲笔诏书不可多得,我说话算数。”派遣冯异西征,告诫他平定地方、安抚百姓是当务之急。因为吴汉纵兵掳掠成都已归降的官吏人民而怒,责备他不合斩杀敌将、吊慰民众的道理,可以说是仁君了。萧铣割据长江中游,兵败降唐,可是唐高祖恼怒他曾跟自己争夺天下,把他杀死在长安的大街上,李渊心地狭隘到这种地步,《新唐书》还把他称为圣贤,难道是合理的吗?

卷十五（十九则）

张文潜哦苏杜诗

“溪回松风长，苍鼠窜古瓦。不知何王殿，遗缔绝壁下。阴房鬼火青，坏道哀湍泻。万籁真笙竽，秋色正萧洒。美人为黄土，况乃粉黛假。当时侍金舆，故物独石马。忧来藉草坐，浩歌泪盈把。冉冉征途间，谁是长年者？”此老杜《玉华宫》诗也。张文潜暮年在宛丘，何大圭方弱冠，往谒之，凡三日，见其吟哦此诗不绝口。大圭请其故，曰：“此章乃《风》《雅》鼓吹，未易为子言。”大圭曰：“先生所赋，何必减此？”曰：“平生极力模写，仅有一篇稍似之，然未可同日语。遂通其《离黄州》诗，偶同此韵，曰：“扁舟发孤城，挥手谢送者，山回地势卷，天豁江面泻，中流望赤壁，石脚插水下。昏昏烟雾岭，历历渔樵舍。居夷实三载，邻里通假借。别之岂无情，老泪为一洒。篙工起鸣鼓，轻橹健于马。聊为过江宿，寂寂樊山夜。”此其音响节奏，固似之矣，读之可默喻也。又好诵东坡《梨花》绝句，所谓梨花淡白柳深青，柳絮飞时花满城，惆怅东栏一株雪，人生看得几清明”者，每吟一过，必击节赏叹不能已，文潜盖有省于此云。

张文潜哦苏杜诗

“溪回松风长，苍鼠窜古瓦。不知何王殿，遗缔绝壁下。阴房鬼火青，坏道哀湍泻。万籁真笙竽，秋色正萧洒。美人为黄土，况乃粉黛假。当时侍金舆，故物独石马。忧来藉草坐，浩歌泪盈把。冉冉征途间，谁是长年者？”这是老杜（敬称杜甫）的《玉华宫》诗。张耒（字文潜）晚年住在宛丘（今河南淮阳）时，何大圭正当二十来岁，前去拜见他，在文潜处共盘桓了几天，看见他老是吟哦这首诗，不绝于口。大圭请问其中缘故，文潜道：“这首诗是像《诗经》的《风》诗、《雅》诗那样的妙歌雅奏，不容易对您说清楚。”大圭说：“先生所创作的诗篇，哪儿会一定比这首差呢？”文潜称：“一辈子极力地模仿它，只有一篇略微与它相似，可是优劣未可同日而语。”接着就背诵他的《离黄州》诗，与这首诗的韵律偶然相同，道：“扁舟发孤城，挥手谢送者。山回地势卷，天豁江面泻。中流望赤壁，石脚插水下。昏昏烟雾岭，历历渔樵舍。居夷实三载，邻里通假借。别之岂无情，老泪为一洒。篙工起鸣鼓，轻橹健于马。聊为过江宿，寂寂樊山夜。”此诗，它的平仄节奏，与杜诗很相似，一读就可知道所言何事。文潜又喜欢吟诵苏东坡的《梨花》绝句，即所谓“梨花淡白柳深青，柳絮飞时花满城，惆怅东栏一株雪，人生看得几清明”的那一首，每当吟哦一遍，一定击节叹赏，不能自已，他大概对于此诗有非常之深盼理解吧。

任安田仁

任安、田仁，皆汉武帝时能臣也，而《汉史》载其事甚略，褚先生曰："两人俱为卫将军舍人，家监使养恶啮马。仁曰："不知人哉！家监也！"安曰："将军尚不知人，何乃家监也！"后有诏募择卫将军舍人以为郎。会贤大夫赵禹来，悉召舍人百余人，以次问之，得田仁、任安，曰："独此两人可耳，余无可用者。"将军上籍以闻。诏召此二人，帝遂用之。仁刺举三河，时河南、河内太守皆杜周子弟，河东太守石丞相子孙，仁已刺三河，皆下吏诛死。"观此事，可见武帝求才不遗微贱，得人之盛，诚非后世所及。然班史言："霍去病既贵，卫青故人门下多去事之，唯任安不肯去。"又言："卫将军进言仁为郎中。"与褚先生所书为不同。《杜周传》云："两子夹河为郡守，治皆酷暴。"亦不书其所终，皆阙文也。

杜延年杜钦

《前汉书》称：杜延年本大将军霍光吏，光持刑罚严，

任安田仁

任安、田仁，都是汉武帝时的才能出众之臣，可是汉代《史记》记载他们的事情甚为简略，褚少孙先生补充说："两人都作卫将军的舍人，卫家总管叫他们去喂养顽劣的咬人之马。田仁说：'总管太没有知人之明了！'任安说：'将军都不能知人善任，更何况总管呢！'后来有诏书要从卫将军的舍人中挑选合适的人作郎官。碰巧由贤明的士大夫赵禹来主持其事，把一百多名舍人全都召集起来，按着次序进行口头考试，得到了田仁、任安，说：'只有这两个人可以，其余的没有可用之人。'卫将军就向朝廷上他们的户籍并使群臣了解此事。武帝下诏书召见这两个人，随即委以重任。田仁作了丞相长史。检举三河地区长官贪残不法。当时河南（治所在雒阳，即今河南洛阳）、河内（治所在怀县，即今河南武陟）二郡的太守都是御史大夫杜周的子弟，河东（治所在安邑，即今山西夏县）太守是丞相石庆的子孙，田仁检举揭发之后，他们都被交法官刑讯、处死。"于此可见，汉武帝寻求贤才并不遗漏地位低贱之人，得到的人才非常之多，实在不是后世君主所可比拟的。可是班固的《汉书》称："霍去病贵幸之后，卫青的老朋友和门下宾客很多离去，去为霍去病服务，只有任安不肯离去。"又说："卫将军推荐田仁作了郎中。"这跟褚先生所写的内容不同。《杜周传》说："杜周的两个儿子在黄河两岸的紧靠着的两个郡作太守，施治都非常严酷残暴。"也没有写他们最终的结果，这些，都是记述遗漏的文字。

杜延年杜钦

班固《汉书》称："杜延年本来是大将军霍光的属吏，霍光延年辅之以宽，论议持平，合和朝廷；杜钦在王凤幕府，救解冯野王、王尊之罪过，当世善政，多出于钦。予谓光以侯史吴之事，一朝杀九卿三人，延年不能谏。王章言王凤之过，天子感寤，欲退凤，钦令凤上疏谢罪。上不忍废凤，凤欲遂退，钦说之而止。章死，众庶冤之，钦复说凤，以为："天下不知章实有罪，而以为坐言事，宜因章事举直言极谏，使天下咸知主上圣明，不以言罪下。若此，则流言消释矣。"凤白行其策。夫新莽盗国。权舆与凤，凤且退而复止，皆钦之谋。若钦者，盖汉之贼也，而谓当世善政出其手，岂不缪哉？

范晔作史

范晔在狱中，与诸甥侄书曰："吾既造《后汉》，详观古今著述及评论，殆少可意者。班氏最有高名，既任情无例，不可甲乙，唯志可推耳。博赡可不及之，整理未必愧也。吾杂传论，皆有精意深旨。至于《循吏》以下及六夷诸序论，笔势纵放，实天下之奇作。其中合者，往往不减《过秦篇》。尝共比方班氏所作，非但不愧之而已。赞自是吾文之杰思，殆无一字空设，奇变不穷，同合异体，乃自不知所以称之。此书主持刑罚很严厉，杜延年用宽仁态度来辅助他，定罪量刑务求公平，使整个朝廷和睦团结；杜钦是大将军王凤的幕僚，曾经拯救冯野王、王尊之，消释了他们的罪过，当时社会的好的施政措施，大多出自杜钦的筹划。我认为霍光根据侯史吴藏匿桑迁之事，一天就杀掉了位居九卿之列的大臣三人，可是杜延年并没能谏止。王章上言论王凤的罪过，天子受到感动有所省寐。想罢免王凤，杜钦叫王凤上疏谢罪。后因皇上又不忍心罢免，可王凤却仍想着借机引退，杜钦劝说他打消了这种念头。劝说王凤，以为："天下之人不了解王章真有罪过，就认为他是由于上言国是的缘故，应该借着王章这件事提拔直言极谏之人，使天下人都知道君主至明，不因为陈述意见治臣下之罪。如果这样做了，那么，流言就会消释了。"王凤把这些话告诉了皇上，按照他的计策行事。新朝的王莽窃国，是从王凤开始的，王凤将要引退却又中止了，都是杜钦在出谋划策。像杜钦这种人，就是汉朝的国贼，《汉书》却说当时天下善政是出自他的手，这难道不荒谬吗？

范晔作史

范晔在狱中时，对他的甥侄辈写信道："我已经写成了《后汉书》，细看古今的著述及有关的评论，很少有符合自己心意的。班固的名望最高，全是随心所欲之作，一无体例，不值得评判其优劣，只是他著书的志向可嘉罢了。在材料的全面和丰富上我可能比不上他，若论材料的整理我却未必感到惭愧。我写的杂传的末尾的议论文字，都有精深的意旨。至于《循吏》以下及至六夷部分的诸篇序论，笔力雄健，尽情挥洒，实在是天下的奇作。其中适当的篇章，往往不低于贾谊的《过秦论》。曾经同行，故应有赏音者。自古体大而思精，未有此也。”晔之高自夸诩如此。至以谓过班固，固岂可过哉？晔所著序论，了无可取，列传如邓禹、窦融、马援、班超、郭泰诸篇者，盖亦有数也，人苦不自知，可发千载一笑。

唐诗人有名不显者

《温公诗话》云：“唐之中叶，文章特盛，其姓名湮没不传于世者甚众，如：河中府鹳雀楼有王之奂、畅诸二诗。二人皆当时所不数，而后人擅诗名者，岂能及之哉？”予观《少陵集》中所载韦迢、郭受诗，少陵酬答，至有“新诗锦不如”、“自得随珠觉夜明”之语，则二人诗名可知矣，然非编之杜集，几于无传焉。又有严恽《惜花》一绝云：“春光冉冉归何处，更向花前把一杯。尽日问花花不语，为谁零落为谁开？”前人多不知谁作，乃见于皮、陆《唱和集》中。大率唐人多工诗，虽小说戏剧，鬼物假托。莫不宛转有思致，不必颛门名家而后可称也。

班氏所作之书放在一起比较，强之多多，并不只是不感到惭愧。赞语的部分自然是我的文章的杰出构思之处，大抵没有一字虚设，行文求变出奇，精彩处一个接一个，就是相同的内容也要用不同的叙述方式，竟然连我自己都不知道怎么称赞它。这部书出现于社会，自然应该有人赏其阳春白雪之音。自古以来结构宏大并且思致精审之作，还没有这样的。”范晔自高自大、自吹自擂居然达到如此地步。至于自称超过了班固，最是不当，班固难道是随便可以超过的？范晔所写的序论，全无可取之处，列传如邓禹、窦融、马援、班超、郭泰诸篇，差强人意，大抵也只有有数的几篇，人最怕没有自知之明，像范晔之流，千载之后也免不了被人耻笑。

唐诗人有名不显者

《温公诗话》说：“唐代中期，文学创作蔚然成风，作家姓名湮没无闻，不传于世的，非常之多。比如：河中府（治所在河中，即今山西永济薄州镇）鹳雀楼题有王之奂、畅诸的两首诗。这两人都是当时数不着的，可是后代具有诗名的一些人，哪儿能比得上他们呢！”我看到《少陵集》中载有韦迢、郭受的诗，杜甫酬答的诗中，以至有“新诗锦不如”。“自得随珠觉夜明”的句子，那么，二人的作诗的名气就可以想见了，可是要不是编到杜甫的文集里面，那就几乎一点也流传不下来了。还有严恽的绝句《惜花》一首：“春光冉冉归何处，更向花前把一杯。尽日问花花不语，为谁零落为谁开？”以前的人大都不知道是谁作的，原来出现在皮日休、陆龟蒙的《唱和集》中。大体上说，唐代人大多工于作诗，但即使创作小说戏剧，假话鬼物影射现实，也无不

苏子由诗

苏子由《南窗》诗云："京城三日雪，雪尽泥方深。闭门谢还往，不闻车马音。西斋书帙乱，南窗朝日升。展转守床榻，欲起复不能。开户失琼玉，满阶松竹阴。故人远方来，疑我何苦心。疏拙自当尔，有酒聊共斟。"此其少年时所作也。东坡好书之，以为人间当有数百本，盖闲淡简远得味外之味云。

呼君为尔汝

东坡云："凡人相与号呼者，贵之则曰公，贤之则曰君，自其下则尔汝之。虽王公之贵，天下貌畏而心不服，则进而君公、退而尔汝者多矣。"予谓此论特后世之俗如是尔，古之人心口一致，事从其真，虽君臣父子之间，出口而言，不复顾忌，观《诗》《书》所载可知矣。箕子陈《洪范》，对武王而汝之。《金縢》策祝，周公所以告大王、王季、文王三世祖考也，而呼之曰尔三王，自称曰予。至云："尔之许我，我其以璧与珪，归俟尔命，尔不许我，我乃屏璧与珪。"殆近乎相质责而邀索也。《天保》报上之诗，曰："天保定尔，俾尔戬穀"，《閟宫》颂君之诗，曰"俾尔富而昌"、"俾尔昌而炽"，及《节南山》《正月》《板荡》《卷阿》《既醉》《瞻卬》诸诗，皆呼王为尔。《大明》曰"上帝临女"，指武王也。《民情节曲折、富于情致，不一定非为专门作家之后才值得称道。

苏子由诗

苏辙（字子由）《南窗》诗写道：“京城三日雪，雪尽泥方深。闭门谢还往，不闻车马音。西斋书帙乱，南窗朝日升。展转守床榻，欲起复不能。开户失琼玉，满阶松竹阴。故人远方来，疑我何苦心。疏拙自当尔，有酒聊共斟。”这是他青年时代所做的。其兄苏轼（字子瞻，号东坡居士）喜欢书写此诗，认为人世间应当有几百本流传，因为它风格闲淡简远，有种超越语言文字的情味。

呼君为尔汝

苏东坡说：“大凡人们在一起互相称呼，认为以方尊贵就称之为公，认为以方贤德就称之为君，对地位在他下边的人就称之为尔、为汝。即使是贵为王公，天下人表面上敬畏可是心里不服，就当面称君、称公，背后称尔称汝，这样的事例是很多的。”我认为这种论断并不全面，只是后代的风气如此罢了，古代的人心口如一，说话做事讲究朴质，即使是君臣父子之间，张口就说，不讲客套，不存在什么顾虑和忌讳，看看《诗经》《尚书》中的记载就可了解了。箕子陈述《洪范》，对武王说话就是称之曰汝。《金縢》是在以简策祝告鬼神，是周公求告大王、王季、文王三代父祖的祝辞，可是称呼他们为尔三王，称呼自己为予。至于说到：“假如尔（你们）答应我的要求，我就拿着璧与珪死去，等待尔（你们）的命令，假若尔（你们）不答应我的要求，那我就要把璧和珪抛掉。”大抵接近于那种做生意讲价钱求赔劳》曰“王欲玉女”，指厉王也。至或称为小子，虽幽、厉之君，亦受之而不怒。呜呼！三代之风俗，可复见乎？晋武公请命乎天子，其大夫赋《无衣》，所谓“不如子之衣”，亦指周王也。

世事不可料

秦始皇并六国，一天下，东游会稽，度浙江，撊然谓子孙帝王万世之固，不知项籍已纵观其旁，刘季起喟然之叹于咸阳矣。曹操芟夷群雄，遂定海内，身为汉相，日夜窥伺龟鼎，不知司马懿已入幕府矣。梁武帝杀东昏侯，覆齐祚，而侯景以是年生于漠北。唐太宗杀建成、元吉，遂登天位，而武后已生于并州。宣宗之世，无故而复河陇，戎狄既衰，藩镇顺命，而朱温生矣，是岂智力谋虑所可为哉？

偿的口吻。《天保》是一篇臣下赞美周王的诗，曰“天保定尔，俾尔戬穀”，《閟宫》是一篇歌颂国君的诗，曰“俾尔富而昌”、“俾尔昌而炽”，至于《节南山》《正月》《板荡》《卷阿》《既醉》《瞻卬》各篇诗作，皆直呼王曰尔。《大明》曰“上帝临女”，“女”指的是武王。《民劳》曰“王欲玉女”，“女”指的是厉王。甚至于有时称之为小子，即使是像幽王、厉王那样的暴君，也坦然接受这种称呼而不生气。哎呀！三代时的纯朴风俗，还能出现于今天吗？晋武公向天子请命，他的大夫赋《无衣》之诗，所言“不如子之衣”，“子”也是指的周王，子为敬称，不同于尔汝，但称王用子后世亦罕见。

世事不可料

秦始皇兼并六国，一统天下，往东巡幸到会稽，渡过了浙江，倨傲地宣称子子孙孙相继作帝王千秋万代绝不会动摇，不知道项籍（项籍，字羽）已经在其旁恣意观看立志取而代之，刘季（刘邦，字季）在咸阳时亦曾为之喟然长叹涎羡“大丈夫当如此”了。曹操扫除群雄，进而平定海内，身为汉相，日夜盘算着篡夺帝位，不知司马懿已经进入其幕府之中了，梁武帝杀掉了东昏侯萧宝卷，倾覆南朝齐的帝统，可是侯景在这一年出生于大漠之北。唐太宗杀掉了建成、元吉，而登上天子之位，可是武后已经降生于并州（今山西太原）了。唐宣宗时代，太平无事而且收复了河州、陇州，少数民族势力衰减，所造成的外部威胁随之减轻，内部的藩镇势力也顺从朝廷领导，可是朱温出生了。这些，难道是凭着智慧谋略所能发觉的吗？

蔡君谟帖语

韩献肃公守成都时，蔡君谟与之书曰："襄启：岁行甫新，鲁钝之资，日益衰老。虽勉就职务，其于精力不堪劳苦。念君之生，相距旬日，如闻年来补治有方，当愈强健，果如何哉？襄于京居，尚留少时，伫君还轸，伸眉一笑，倾怀之极。今因樊都官西行，奉书问动靖，不一一。襄上子华端明阁下。"此帖语简而情厚，初无寒温之问、寝食之祝。讲德之佞也。今风俗日以媮薄，士大夫之獧浮者，于尺牍之间，益出新巧，习惯自然，虽有先达笃实之贤。亦不敢自拔以速嘲骂。每诒书多至十数纸，必系衔，相与之际，悉忘其真，言语不情，诚意扫地。相呼不以字，而云某丈，僭紊官称，无复差等，观此其少愧乎！忆二纪之前，予在馆中，见曾监吉甫与人书，独不作劄子，且以字呼同舍，同舍因相约云："曾公前辈可尊，是宜曰丈，余人自今各以字行，其过误者罚一直。"行之几月，从官郎省，欣然皆欲一变，而有欲败此议者，载酒饮同舍，乞仍旧。于是从约皆解，遂不可复革，可为一叹。

蔡君谟帖语

韩献肃公（韩绛，字子华，谥献肃）作成都知府时，蔡君谟（蔡襄，字君谟）向他写过一封信，信文说：“襄启：天上岁星的远行垒瞳上一个新的星次，光阴荏苒，又是一年，我要来就愚绕，加之一天比一天地衰老，更不如前。尽管勉力从事本职工作，但是由于精力不济，有种难以忍受的劳苦。想起您的出生，和我相差十来天，但是听说您近年来多方保养身体，或进补，或治疗，现在您定当更加强壮健康，真正的情况究竟如何？我住在京城，还要停留一小段时光，等着您受诏还京，那时彼此相见，将开怀大笑，高兴之极。而今趁着樊都官要到西边去，顺便奉上一信问候起居，其他的事不再一一禀告。蔡襄奉上子华、端明殿学士阁下。”这张柬帖写得语言简短可是情意深厚，全然没有那些问候寒暖、祝福寝食、恭惟道德的客套话。现今的风气一天天地浇薄、虚浮的士大夫，在书信中弄出越来越多的新巧花样，且习惯成自然，弄得即使是通达务实的贤人，也不敢自拔于流俗，而招致迅速而至的嘲笑谩骂。每逢给人写信就多达十几张，信中一定写清楚官衔，在这相互交流思想的场合，全都忘了写信的真正目的，说出的话一点也不实在，真诚破坏无余。相互称呼不称字，都称某某丈，超越礼制，使官称错乱失序，不再有等级的差别，这些轻浮之辈看到这封信大概也会有少许惭愧吧！回忆起二十四年之前，我在馆阁任职，看到秘书少监曾吉甫（曾监，字吉甫）给人写信，硬是不用奏事文书的公文形式，并且对其同事称字，同事们因而相互约定，道：“曾公是前辈，宜加尊敬，称呼他应称之为丈，其他的人从今以后都以字相称，那些搞错了的罚他值班一次。”这个方法施行了将近一个月，郎

孔氏野史

世传孔毅甫《野史》一卷，凡四十事，予得其书于清江刘靖之所，载赵清献为青城宰，挈散乐妓以归，为邑尉追还，大恸且怒。又因与妻忿争，由此惑志。文潞公守太原，辟司马温公为通判，夫人生日，温公献小词，为都漕唐子方峻责。欧阳永叔、谢希深、田元均、尹师鲁在河南，携官妓游龙门，半月不返，留守钱思公作简招之，亦不答。范文正与京东人石曼卿、刘潜之类相结以取名，服中上万言书，甚非言不文之义。苏子瞻被命作《储祥宫记》，大貂陈衍幹当宫事，得旨置酒与苏高会，苏阴使人发，御史董敦逸即有章疏，遂堕计中。又云子瞻四六表章不成文字。其它如潞公、范忠宣、吕汲公、吴冲卿、傅献简诸公，皆不免讥议。予谓决非毅甫所作，盖魏泰《碧云騢》之流耳。温公自用庞颍公辟，不与潞公、子方同时，共谬妄不待攻也。靖之乃原甫曾孙，佳士也，而跋是书云："孔氏兄弟曾大父行也，思其人欲闻其言久矣，故录而藏之。"汪圣锡亦书其后，但记上官彦衡一事，岂弗深考云。

署及台省的从属官员，也都高高兴兴地想着一改旧习，可是出现了想取消前约的人，各酒请朋友的客，乞求恢复旧貌。于是一起达成的协议都破坏了，从而再也无法改变，真让人惋惜。

孔氏野史

社会上流传孔毅甫《野史》一卷，共记四十件事，我从清江县的刘靖之那儿得到了这部书。其中记载赵清献（赵抃，谥清献）任青城县令的时候，曾带一名民间的女艺人回家，被县尉追上，夺还给人家，因而大哭大闹，又因而迁怒和妻子闹矛盾。因此迷失了自己志向抱负。文潞公（文彦博，封潞国公）作太原太守时，任用司马温公（司马光，赠温国公）为通判，文夫人生日时，温公曾进献小词祝寿，受到都漕唐子方的严厉斥责。欧阳永叔（欧阳修，字永叔）、谢希深（谢绛，字希深）、田元均（田况，字元均）、尹师鲁（尹洙，字师鲁）诸人在河南府治所洛阳时，曾经携同官妓游览龙门，半个月了还不回来，河南留守官员钱思公写信要他们回来，也不理睬。范仲淹（范仲淹，谥文正）和京东（京东路，辖境东至海、西抵汴、南极淮、北薄于河）人石曼卿（石延年，字曼卿）、刘潜之流互相结交以博取浮名，服丧期间上万言书，很不符合服丧期间出言不要文采的规范。苏轼（子瞻）受命创作《储祥宫记》，大太监陈衍管理宫廷事务，得到皇上的旨意置办酒席同苏轼畅饮，苏轼暗地叫人告发此事，以为不符合礼制，于是御史董敦逸就上了弹劾的奏章，刚好落入陈衍设计好的圈套。还说苏轼用骈文写的表章不成体统。别的如文潞公、范忠宣（范纯仁，谥忠宣）、吕汲公（吕大防，封汲郡公）、吴冲卿（吴充，字冲卿）、傅献简（傅尧俞，谥献简）诸人，也都

有若

《史记·有若传》云:“孔子没，弟子以若状似孔子，立以为师。他日，进问曰:‘昔夫子当行，使弟子持雨具已而果雨。弟子问何以知之，夫子曰:《诗》不云乎？月离于毕，俾滂沱矣。昨暮月不宿毕乎，他日，月宿毕，竟不雨。商瞿年长无子，孔子曰瞿年四十后当有五丈夫子，已而果然。敢问何以知此？’有若无以应。弟子起曰:‘有子避之，此非子之座也！’”予谓此两事殆近于星历卜祝之学，何足以为圣人，而谓孔子言之乎？有若不能知，何所加损，而弟子遽以是斥退之乎？《孟子》称:“子夏、子张、子游，以若似圣人，欲以所事孔子事之，曾子不可”，但言“江、汉秋阳不可尚”而已。未尝深诋也。《论语》记诸善言，以有子之言为第二章，在曾子之前；使有避坐之事，弟子肯如是哉？《檀弓》载有子闻曾子“丧欲速贫，死欲速朽”两语，以为“非君子之言”，又以为不免受其讥弹批评。我认为这绝不是孔毅甫所写的，大抵属于魏泰的《碧云騢》之类的东西。温公自己是因为庞颍公(原籍，封颍国公)的举荐而被征辟入朝，跟潞公、子方并不同时，其荒谬自不攻自破。靖之是原甫(刘敞，字原父)的曾孙，是位品学兼优的读书人，可是为这部书所写的跋语却说："孔氏兄弟和我的曾祖父同辈，怀念他们的为人就想听到言论，已经有很长时间了，所以把它抄录保存。"汪圣锡(汪应辰，字圣锡)也在书的后面写有跋语，只是记录了上官彦衡(上官均，字彦衡)的一件事，难道他们对书的内容没有深入考查吗?

有若

《史记·有若传》说："孔子去世之后，师兄弟们因为有若的形象长得像孔子，就拥立他作老师。其后有一天，进见有若并请教道：'过去有一天咱们老师要出门，叫从行徒弟们拿着雨具，不久真的下了雨。徒弟们就问凭什么知道会下雨，老师说：《诗经》不是说了吗，处暑前后，月亮附着于毕宿，就会使得大雨滂沱。昨天晚上月亮不是逗留在毕宿的位置上了吗?又有一天，月亮逗留于毕宿，却居然没有下雨。商瞿年岁大了但是还没有孩子，孔子说他四十岁以后会生五个男孩子，后来果真如此。冒昧地问一声老师是从哪里知道这些的呢?'有若没有办法回答。师兄弟们就促使有若站起来，说：'请师兄离开老师的座位吧，这里不是您该坐的!'"我认这两件事大抵接近于天文学和占卜学，明白这些哪里值得当圣人，难道孔子只传说这些吗?有若没能了解这些，对他又有什么损害，难道师兄弟们会因此就立刻斥退他吗?《孟子》中称："子夏、子张、子游认为有若像圣

“夫子有为言之”。子游曰：“甚哉！有子之言似夫子也。”则其为门弟子所敬久矣。太史公之书，于是为失矣。且门人所传者道也，岂应以状貌之似而师之邪？世所图《七十二贤画像》，其画有若遂与孔子略等，此又可笑也。

张天觉为人

张天觉为人贤否，士大夫或不详知。方大观、政和间，时名甚著，多以忠直许之，盖其作相适承蔡京之后，京弄国为奸，天下共疾，小变其政，便足以致誉，饥者易为食，故蒙贤者之名，靖康初政，遂与司马公、范文正同被褒典。予以其实考之，彼直奸人之雄尔。其外孙何麒作家传云：“为熙宁御史，则逐于熙宁；为元祐廷臣，则逐于元祐；为绍圣谏官，则逐于绍圣；为崇宁大臣，则逐于崇宁；为大观宰相，则人,想用侍奉孔子的礼节侍奉他,曾子不同意”,也只是说“孔子的道德学问就像在长江、汉水之中洗涤过,没有杂质,就像在盛夏的太阳底下晒过,光明洁白,没有能够赶得上”,如是而已,也没有进行严厉的批评。《论语》是部记录孔门师徒美好的言论的书,把有子的一段话排在第一章的第二段,在曾子的前面,假若真有避坐的事,后学弟子们肯这样排列吗?《礼记·檀弓》记载有子听到曾子转述的“丢失官位、流亡他国之人还是快快穷下来的好,人死了还是快快腐烂了的好”两句话,认为“这不是有道德的人说的话”,又认为“这是老师有所指而发的义愤之辞”。子游了解老师说话的背景,慨叹道:“有子的意见是多么像老师啊!”那么,有子被师兄弟们尊敬亦非一朝一夕之事。太史公司马迁的《史记》,在这件事情上的记述是错的。况且徒弟所传承的是老师的道德学问,哪能因为相貌像孔子就以他为师呢?世人所画《七十二贤画像》,他们画的有若像就跟孔子像大致相同,这又是很可笑的。

张天觉为人

张商英(字天觉)为人贤良与否,士大夫们或许并不详细了解。在徽宗大观、政和年间,名望非常之高,多人称赞他忠直。因为他做宰相刚好在蔡京之后,蔡京操纵国政干尽坏事,天下之人都痛恨,只要稍微变更他的施政措施,就足以获取名誉,就像饥饿的人容易准备饮食,所以得到了贤者的名声,靖康初年政治局面稍变,从而和司马公(即司马光)、范文正(即范仲淹)一起受到朝廷的褒扬封典。我根据他的实际情况来考察他,他只不过是个奸邪小人之特殊者罢了。他的外孙何麒为他逐于政和。”其迹是矣，而实不然。为御史时，以断狱失当，为密院所治，遂摭博州事以报之，三枢密皆乞去，故坐贬。为谏官时，首攻内侍陈衍以摇宣仁，至比之于吕、武；乞追夺司马公、吕申公赠谥，仆碑毁楼；论文潞公背负国恩，吕汲公动摇先烈；辩吕惠卿、蔡确无罪。后以交通颍昌富民盖渐故，又贬。元符末，除中书舍人，谢表历诋元祐诸贤，云：“当元祐之八九年，擢党人之二十辈。”及在相位，乃以与郭天信交结而去耳。平生言行如此，而得美誉，则以蔡京不相能之故。然皆章子厚门下客，其始非不同也。京拜相之词，天觉所作，是以得执政云。

为文论事

为文论事，当反复致志。救首救尾，则事词章著，览者所做的家传说：“神宗熙宁年间作御史，就在熙宁年间被驱逐；元祐年间做廷臣，就在元祐年间被驱逐；绍圣年间作谏官，就在绍圣年间被驱逐；崇宁年间作大臣，就在崇宁年间被驱逐；大观年间做宰相，就在政和年间被驱逐。”他仕履的大致经过是这样的，可是他所以失意的实际原因却不是同权奸抗争使然。作御史的时候，因为判断刑狱不当，被枢密院追查，于是就检取博州（治所在聊城）的另一件事来报复追查他的人，诬陷人家也断狱不当，结果三位枢密院的主管官员都去乞求皇上允许他们离任，所以因此罪被贬官。作谏官的时候，首先攻击内侍陈衍，用以动摇宣仁皇太后的地位，甚至把她比成汉初的吕后和唐代的武则天；要求取消司马公（即司马光）、吕申公（吕公著，卒封申国公）的封赠谥号，把他们墓前的碑楼捣毁；定文潞公的罪是背负国恩，定吕汲公（即吕大防）的罪为动摇先烈的地位；替奸佞小人吕惠卿、蔡确申辩，称其无罪。后来因为勾结颍昌府（治所在河南许昌）财主盖渐诬陷执政的缘故，又被贬官。哲宗元符末年，任命为中书舍人，在答谢皇上的章表中一一诬蔑元祐年间的各位贤臣，说：“在元祐的八九年间，提拔了结党营私之徒二十余人。”等到他忝居相位，竟然又是因为郭天信勾结被罢黜。他平生言行如此之卑劣，却得到了美好的名誉，就因为和蔡京闹矛盾的缘故。然而他们都是章惇（字子厚）的门下客，其根本并非不同。蔡京答谢被任命为宰相的章表的文辞，是天觉写的。因此得到蔡氏的援引才得以进入执政者的行列。

为文论事

写文章论述事情，应当反反复复突出中心思想。使首尾连可以立决。陈汤斩郅支而功未录，刘向上疏论之，首言：“周方叔、吉甫诛猃狁。”次言：“齐桓公有灭项之罪，君子以功覆过。李广利靡亿万之费，捐五万之师；廑获宛王之首，孝武不录其过，封为列侯。”末言：“常惠随欲击之乌孙，郑吉迎自来之日逐，皆裂土受爵。”然后极言：“今康居国强于大宛，郅支之号，重于宛王，杀使者罪甚于留马，而不烦汉士，不费斗粮，比于贰师，功德百之。”又曰：“言威武勤劳则大于方叔、吉甫，列功覆过则优于齐桓、贰师，近事之功则高于安远、长罗，而大功未著，小恶数布，臣窃痛之！”于是天子乃下诏议封。盖其一疏抑扬援证，明白如此，故以丞相匡衡、中书石显，出力沮害，竟不能夺。不然，衡、显之仪，岂区区一故九卿所能亢哉？

贯，这样，就会使得事理明显，词气充沛，看的人马上就可以形成决定性的意见。陈汤斩杀匈奴的郅支骨都单于，可是功劳未被朝廷记录，刘向上奏章论述此事，开头说："周代方叔、尹吉甫诛灭猃狁（匈奴的古称），功成名就。"其次说："齐桓公有伐灭项国之罪，可是有道德的人根据他具有尊周的大功，也就一再消掩他的过错。李广利耗费了亿万的费用，损失了五万军队，只获得了大宛国王的脑袋，汉武帝却不考校他的罪过，封他为列侯。"末了说："常惠只是随着愿意打仗的乌孙兵进击匈奴，郑吉也只是迎来了自愿归附的匈奴的日逐王，然而都被认为有功，封茅裂土，授予爵位，常惠为长罗侯，郑吉为安远侯（按，汉时封侯，并不实有其地，列土之说，只沿袭古来常语）。"然后极力进言："现在康居国比大宛强大，郅支的名号，也比大宛国王的重要，郅支诛杀汉朝使臣的罪过也超过大宛的保留良马汗血马不来进贡，无论从哪方面说前者都是强敌。可是陈汤不用汉军一兵一卒，没有耗费升斗之粮，立此大功，要是和贰师将军李广利相比，功劳则为其百倍。"又说："陈汤这功，要论威武勤劳，则比方叔、尹吉甫的大；要说陈述大功不计小过，则要比齐桓公、贰师将军的贡献大；要谈时间远近，同是近日立功，其功也要高于安远侯和长罗侯。可是，这么大的功，竟未见记录，然而小的过错，却屡次传播，我内心里实在为他感到痛惜。"于是天子才下令要群臣议论该如何封赏。因为他的一封奏章，或抑或扬，多方取证，写得这样的明明白白，所以任凭丞相匡衡、中书令石显之流下力气阻止，终究没能破坏成功。不是这然的话，匡衡、石显的议论，哪里是小小的一个至多做过九卿之一的刘向所能对抗的呢？

连昌宫词

元微之、白乐天，在唐元和、长庆间齐名。其赋咏开宝时事，《连昌宫词》《长恨歌》皆脍炙人口，使读之者情性荡摇，如身生其时，亲见其事，殆未易以优劣论也。然《长恨歌》不过述明皇追怆贵妃始末，无它激扬，不若《连昌词》有监戒规讽之意，如云："姚崇、宋璟作相公，劝谏上皇言语切。长官清平太守好，拣选皆言由相至。开元之末姚、宋死，朝廷渐渐由妃子。禄山宫里养作儿，虢国门前闹如市。弄权宰相不记名，依俙忆得杨与李。庙谟颠倒四海摇，五十年来作疮痏。"其末章及官军讨淮西，乞"庙谟休用兵"之语，盖元和十一、二年间所作，殊得风人之旨。非《长恨》比云。

二士共谈

《维摩诘经》言，文殊从佛所将诣维摩丈室问疾，菩萨随之者以万亿计，曰："二士共谈，必说妙法。"予观杜少陵寄李太白诗云："何时一尊酒，重与细论文。"使二公真践此言，时得洒扫撰杖屦于其侧，所谓不二法门，不传之妙，启聪击蒙，出肤寸之泽以润千里者，可胜道哉！

连昌宫词

元稹（字微之）、白居易（字乐天），在唐代元和、长庆年间以工诗齐名。他们吟咏天宝年间时事的诗作，《连昌宫词》《长恨歌》都脍炙人口，使读它的人思绪激荡，好像身在其时，亲眼见到了当时的事情，大抵不容易评论其优劣。可是，《长恨歌》的内容不过是记述唐玄宗追悼杨贵妃事件的来龙去脉，没有其他的激浊扬清的意思，不如《连昌宫词》戒讽规劝的精神，比如其中说："姚崇、宋璟作相公，劝谏上皇言语切。长官清平太守好，拣选皆言由相至，开元之末姚、宋死，朝廷渐渐由妃子。禄山宫里养作儿，虢国门前闹如市。弄权宰相不记名，依俙忆得杨与李。庙谟颠倒四海摇，五十年来作疮痏。"它的末一节谈到了官军讨淮西的事，有"庙谟休用兵"之语，可知大概作于元和十一、二之间，甚得诗人针砭时弊的旨趣，不是《长恨歌》所能比的。

二士共谈

《维摩诘经》中说，文殊从佛所在的地方将要到维摩诘居士的方丈室探病，跟随他的菩萨数以万亿计，大家说："二位道德高深的人在一起谈话，肯定要谈论义理深奥的佛法。"我看到杜甫（字子美，居杜陵，自称少陵野老）寄给李白（字太白）的诗中说："何时一尊酒，重与细论文。"假使二位大诗人真的实践了这句话，其时大家奉其旁，或洒扫庭除，或撰杖捧履，即可听到他们所谈的为诗为文的不二法门、不传之秘，启迪聪明，打破蒙昧，其得益当非浅显，就像云气出山弥漫千里润泽天下一样，哪能说得尽呢？

张子韶祭文

先公自岭外徙宜春，没于保昌，道出南安，时犹未闻桧相之死。张子韶先生来致祭，其文但云："维某年月日具官某，谨以清酌之奠昭告于某官之灵，呜呼哀哉，伏惟尚飨！"其情旨哀怆乃过于词，前人未有此格也。

京师老吏

京师盛时，诸司老吏，类多识事体，习典故。翰苑有孔目吏，每学士制草出，必据案细读，疑误辄告。刘嗣明尝作《皇子剃胎发文》，用克长克君之语，吏持以请，嗣明曰："此言堪为长堪为君，真善颂也。"吏拱手曰："内中读文书不如是，最以语忌为嫌，既克长又克君，殆不可用也。"嗣明悚然亟易之。靖康岁都城受围，御敌器甲刓弊。或言太常寺有旧祭服数十，闲无所用，可以藉甲。少卿刘珏即具稿欲献于朝，以付书史。史作字楷而敏，平常无错误，珏将上马，立俟之，既至，而结衔脱两字。趣使更写，至于三，其误如初。珏怒责之，逡巡谢曰："非敢误也，某小人窃妄有管见，在《礼》，'祭服敝则焚之'。今国家迫急，诚不宜以常日论，然容台之职，唯当秉礼，少卿固体国，不若俟朝廷来索则纳之，贤于先自背礼而有献也。"珏愧叹而止，后每为人言，嘉赏其意。今之胥徒，虽公府右职，省寺掌故，但能鼓扇猥浮、

张子韶祭文

先父在从岭南调动到宜春去的时候，逝世于保昌（今广东南雄），家人扶柩途经南安（今江西信丰），当时还没听说奸相秦桧已死。张九成（字子韶）先生来吊祭，他的祭文只是说：“某年某月某日具位之官某某，恭谨用祭以清酌的祭奠方式明白地告诉某官的在天之灵，呜呼哀哉，伏惟尚飨！”仅具头尾，中间正文部分，尽在不言中。他的情意极为哀痛，能够超过万语千言，从前的祭文没有这种格式。

京师老吏

原来京都全盛之时，中央机关各署的老胥吏，大多能够懂得事体，熟习典制和掌故。当时翰林院有个作孔目的吏员，每当学士们代拟的制书的草稿写出来，一定伏案仔细研究，有疑误之处就告诉当事者。刘嗣明曾作过一篇《皇子剃胎发文》，用了克长克君的话，孔目吏拿着稿子来请教此话怎讲，嗣明说：“这句话是说能做长能做君的意思，完全是好的颂辞。”孔目吏拱手致谢，说：“大内里面读文书不像这样，最憎恨触犯语言忌讳，克尅同音，很可能被理解成既克长又克君，这句话不能用。”嗣明悚然恐惧，赶快换成了其他的话。靖康那一年都城被敌人包围，御敌器甲都破敝了。有人说太常寺存有旧的祭服数十套，听说没有什么用处了，可以用来衬垫铠甲。太常少卿刘珏就起草奏章想着把它们献给朝廷，把奏章的草稿交给掌管文书的吏员抄写。那位吏员写字工笔楷书。速度又快，平常未曾出错，刘珏就要上马，站着等奏章，送来之后一看，却在签署明官衔方掉了两个字。催促他赶快重写，一直写了三回，其错如故。刘珏发了脾顾赇谢为业，簿书期会之间，乃漫不之晓，求如彼二人，岂可得哉！

曹操唐庄宗

曹操在兖州，引兵东击陶谦于徐，而陈宫潜迎吕布为兖牧，郡县皆叛，赖程昱、荀彧之力，全东阿、鄄、范三城以待操。操还，执昱手曰："微子之力，吾无所归矣。"表为东平相。唐庄宗与梁人相持于河上，梁将王檀乘虚袭晋阳。城中无备，几陷者数四，赖安金全帅子弟击却之于内、石君立引昭义兵破之于外，晋阳获全。而庄宗以策非己出，金全等赏皆不行。操终有天下，庄宗虽能灭梁，旋踵覆亡，考其行事，概可睹矣。

气斥责他，书吏迟疑不决地谢罪道："本来不敢写错，但因小人我内心里有点拘虚之见，根据《礼记》记载，'祭服坏了就把它烧掉'。现在国家处于危急之中，实在不应该以平常时候的老规矩办事，可是礼部官员的职分所关，应当按礼制行事。少卿这样做固然是体谅国家的困难，不如等朝廷来索要再交上去，那样要比自己首先违背礼制去进献的好。"刘珏感到惭愧，慨叹再三，中止了这件事，后来经常同人谈起，嘉许赞赏那位书吏的一片苦心。现在的办事人员，即便是在公卿府中担任高级职位的吏员，了解中央各部机关的掌故，也只能是用来扇动虚浮不实的风气，追求呷人的钱财谢礼，以之为业；至于处理文书、办理公务，竟然全然不懂，再找像上述那两个人，哪能找得到呢！

曹操唐庄宗

曹操率部在兖州驻扎的时候，曾经领兵往东到徐州攻打陶谦，可是陈宫暗地里迎来吕布作了兖州的地方长官，所统辖的郡县也都背叛了曹操，依靠程昱、荀彧的力量，才保全了东阿、城、范县三座县城等待曹操。曹操回来之后，双手捧定程昱的手，说："要是没有您出力，我们就没有地方去了！"上表推荐他为东平国(亦即后世东平郡，治所在无盐，即今山东东平)之相。后唐庄宗和后梁军队在黄河边上互相争战，打得难分难解，后梁大将王檀乘虚袭击晋阳(今山西太原)。城中没有准备，有多次几乎失陷，全仗着安金全率领子弟们在城内击退敌兵、石君立率领昭义节度使派来的军队在城外击破敌人，晋阳城才得以保全。可是后唐庄宗因为计策不是自己制订的，对安金全等人的奖赏都没有施行。曹操终于统一了天下，庄宗尽管所能灭掉后梁，可是

云中守魏尚

《史记》《汉书》所记冯唐救魏尚事，其始云：“魏尚为云中守，与匈奴战，上功莫府，一言不相应，文吏以法绳之，其赏不行。臣以为陛下赏太轻、罚太重。”而又申言之云：“且云中守魏尚，坐上功首虏差六级，陛下下之吏，削其爵，罚作之。”重言云中守及姓名，而文势益遒健有力，今人无此笔也。

转眼灭亡，考查他们平时的行为，就可大概看出端倪了。

云中守魏尚

《史记》和《汉书》所记载的冯唐救魏尚的事是大抵相同，冯唐在开始说："魏尚作云中郡（治云中，即今内蒙古托克托）郡守，和匈奴打仗，向莫府呈报战功，有一句话说错了，执政官吏根据法律条文处分他，对他的奖赏未得施行。我认为陛下奖赏太轻、处罚太重。"并且又申述这件事，道："而且云中郡守魏尚，犯了呈报战功时斩首俘虏的人数中差了六颗人头错误，陛下就把他交由法吏审理，削去了他的官爵，进行了处罚。"重复说到云中郡守及其姓名，文章的气势就更加遒劲有力，现代的人没有这样的笔力。

卷十六（十九则）

文章小伎

“文章一小伎，于道未为尊。”虽杜子美有激而云，然要为失言，不可以训。文章岂小事哉！《易·贲》之彖言：“刚柔交错，天文也；文明以止，人文也。观乎天文，以察时变；观乎人文，以化成天下。”孔子称帝尧焕乎有文章。子贡曰：“夫子之文章，可得而闻。”《诗》美卫武公，亦云有文章。尧、舜、禹、汤、文、武、成、康之圣贤，桀、纣、幽、厉之昏乱，非《诗》《书》以文章载之，何以传？伏羲画八卦，文王重之，非孔子以文章翼之，何以传？孔子至言要道，托《孝经》《论语》之文而传。曾子、子思、孟子传圣人心学，使无《中庸》及七篇之书，后人何所窥门户？老、庄绝灭礼学，忘言去为，而五千言与《内》《外篇》极其文藻。释氏之为禅者，谓语言为累，不知大乘诸经可废乎？然则诋为小伎，其理谬矣！彼后世为词章者，逐其末而忘其本，玩其华而落其实，流宕自远，非文章过也。杜老所云“文章千古事”，“已似爱文章”，“文章日自负”，“文章实致身”，“文章开实奥”，“文章憎命达”，“名岂文章著”，“枚乘文章老”，“文章敢自诬”，“海内文章伯”，“文章曹植波澜阔”，“庾信文章老更成”，“岂有文章惊海内”，“每语见许文章伯”，“文章有神交有道”，如此之类，多指诗而言，所见狭矣！

文章小伎

“文章一小伎，于道未为尊。”这两句诗虽然是杜甫（字子美）有所感而发，但是应该算是失言，不可以为典式。文章难道是小事吗？《易经·贲》的《彖》辞中说：“刚柔互相交错，形成天文，以文明之道立身处事，形成人文。观看天上日月晨辰的运行，用以体察一年四季的时令变化，观察人间诗书礼乐之类的典章制度，据此以教化大治天下。”孔子称赞帝尧的文物制度光明灿烂。子贡说：“老师关于文献方面的学问，可以听到。”《诗经》中赞美卫武公，也称其有文章，能够遵守礼仪规范。唐尧、虞舜、夏禹、商汤、周文王、周武王、周成王、周康王等贤明君主的光辉业绩，夏桀、殷纣王、周幽王、周厉王等昏君的丑恶嘴脸，没有《诗经》《尚书》用文章的形式记载下来，怎么能流传后世呢？伏羲画八卦，文王推演为六十四卦，如果不是孔子用文章的形式作了《十翼》，进行解说，怎么能让后人了解？孔子的高明深刻的道理，是寄托在《考经》《论语》的文字形式中流传。曾子、子思、孟子传授孔圣人的儒家学说，假使没有《礼记》的《中庸》和七篇《孟子》等书，后代的人从哪里窥其门径？老子、庄子主张消灭礼仪制度，狂妄地说什么无为，可是五千言的《道德经》和分内、外篇的《庄子》却又极其文藻之能事。佛门弟子参禅，说语言是累赘，不知道大乘诸经典可不可废弃？既然如此，那么诋毁为小道，其理由是荒谬的！那些后代的做文章的人，只注意它的表面形式却忘了写文章要载道的根本目的，追求文辞

三长月

释氏以正、五、九月为“三长月”，故奉佛者皆茹素。其说云：“天帝释以大宝镜，轮照四天下；寅、午、戌月，正临南赡部洲，故当食素以徼福。官司谓之“断月”，故受驿券有所谓羊肉者，则不支。俗谓之“恶月”，士大夫赴官者，辄避之。或人以谓唐日藩镇涖事，必大享军，屠杀羊豕至多，故不欲以其月上事，今之它官，不当尔也。然此说亦无所经见。予读《晋书·礼志》，穆帝纳后，欲用九月，九月是“忌月”。《北齐书》云高洋谋篡魏，其臣宋景业言：“宜以仲夏受禅。”或曰：“五月不可入官，犯之，终于其位。”景业曰：“王为天子，无复下期，岂得不终于其位乎？”乃知此忌相承，由来已久，竟不能晓其义及出何经典也。

的华美却忽视其内容，形成风气，彼此推波助澜，以至越走越远，这不是文章本身的过错。杜甫所说的“文章千古事”，“已似爱文章”，“文章日自负”，“文章实致身”，“文章开实奥”，“文章憎命达”，“名岂文章著”，“枚乘文章老”，“文章敢自诬”，“海内文章伯”，“文章曹植波澜阔”，“庾信文章老更成”，“岂有文章惊海内”，“每语见许文章伯”，“文章有神交有道”，如此之类，大多是指诗歌而言，识见甚是狭窄。

三长月

佛教以正月、五月、九月为“三长月”，所以信奉佛教的人在这三月都吃素。他们的说法是：上帝和释迦牟尼用大宝镜，轮流照耀天下四方，月建为寅、午、戌的三个月，正照到我们所在的南赡部洲，所以应当以吃素求福。官僚衙门称之为“断月”，所以驿站接受驿券中的领羊肉之券，就不再支付。世俗称之为“恶月”，士大夫为官赴任，总是避开这三个月。有人认为是唐时藩镇到官视事，一定要大肆犒赏军队，屠杀的羊、猪非常之多，所以不愿在这三个月上任，现在上任做其他的官，不应当如此。然而此说也无见记载。我读《晋书·礼志》，其中说穆帝娶皇后，想用九月，可九月是“忌月”。《北齐书》称高洋密谋篡夺东魏政权，他的大臣宋景业说：“应该在仲夏五月接受禅让。”有人说：“五月不能到官上任，违犯了，会终止于那个官位，不得升迁。景业说：“大王做了天子，不再有更大的期望，哪能不终于其位呢？”从而知道这种忌讳世代相承，由来已久，可始终不能理解它的意义及出自何种经典。

兄弟直西垣

《秦少游集》中，有《与鲜于子骏书》云："今中书舍人皆以伯仲继直西垣，前世以来未有其事，诚国家之美，非特衣冠之盛也。除书始下，中外欣然，举酒相属。"予以其时考之，盖元祐二年，谓苏子由，曾子开，刘贡甫也。子由之兄子瞻，子开之兄子固、子宣，贡甫之兄原甫，皆经是职，故少游有此语云。绍兴二十九年，予仲兄始入西省，至隆兴二年，伯兄继之，乾道三年，予又继之，相距首尾九岁。予作谢表云："父子相承，四上銮坡之直，弟兄在望，三陪凤阁之游。"比之前贤，实为遭际，固为门户荣事，然亦以此自愧也。

续树萱录

顷在秘阁抄书，得《续树萱录》一卷，其中载隐君子元撰夜见吴王夫差，与唐诸诗人吟咏事。李翰林诗曰："芙蓉露浓红压枝，幽禽感秋花畔啼。玉人一去未回马，梁间燕子三见归。"张司业曰："绿头鸭儿咂萍藻，采莲女郎笑花老。"杜舍人曰："鼓鼙夜战北窗风，霜叶沿阶贴乱红。"三人皆全篇。杜工部曰："紫领宽袍漉酒巾，江头萧散作闲人。"白少傅曰："不因霜叶辞林去，的当山翁未觉秋。"李贺曰："鱼鳞甃空排嫩碧，露桂梢寒挂团壁。"三人皆未终

兄弟直西垣

《秦少游集》中有《与鲜于子骏书》，其中说："现在中书舍人有许多是亲兄弟，一个接一个相继到中书省上班，前代以来未有此事，实为是国家兴隆的表现，不只是知识阶层人才辈出的缘故。任命的文告刚刚颁下，朝廷内外都欣欣然，举酒相贺。"我根据写信的时间考查，大概在元祐二年，说的是苏辙（字子由）、曾肇（字子开）、刘攽（字贡甫）。苏辙的哥哥苏轼（字子瞻），曾肇的哥哥曾巩（字子固）、曾布（字子宣），刘攽的哥哥刘敞（字原甫），都经历过这种职务，所以秦少游说这样的话。高宗绍兴二十九年，我二哥洪遵开始进入中书省，到隆兴二年，大哥洪适接着又去，乾道三年，我又接去，时间相差只有九年。我作答谢表章中说："父子相继，四次进入翰林院当直，弟兄相望，三次到中书省为官。"和前贤相比，实在是人生际遇之幸，固然是家门的光荣，然而也因此自愧，为官一世，一无建树。

续树萱录

不久前在秘阁抄书，得《续树萱录》一卷，其中记载隐士元撰夜间见到吴王夫差，和唐时诸诗人一起吟咏的事情。李翰林（李白，曾任翰林学士）诗曰："芙蓉露浓红压枝，幽禽感秋花畔啼。玉人一去未回马，梁间燕子三见归。"张司业（张籍，曾任国子监司业）诗曰："绿头鸭儿咂萍藻，采莲女郎笑花老。"杜舍人（杜牧，曾任中书舍人）诗曰："鼓鼙夜战北窗风，霜叶沿阶贴乱红。"三人的诗在书中皆为全篇。杜工部（杜甫，曾被荐为检校工部员外郎）诗曰："紫领宽袍漉酒巾，江头萧散作闲人。"白少傅（白居易，曾任太子少傅）诗曰："不因霜叶辞林去，的当山翁篇。细味其体格语句，往往逼真。后阅《秦少游集》，有《秋兴》九首，皆拟唐人，前所载咸在焉。关子东为秦集序云“拟古数篇，曲尽唐人之体”，正谓是也。何子楚云：“《续萱录》乃王性之所作，而托名它人。”今其书才有三事，其一曰贾博喻，一曰全若虚，一曰元撰，详命名之义，盖取诸子虚，亡是公云。

馆职名存

国朝馆阁之选，皆天下英俊，然必试而后命。一经此职，遂为名流。其高者，曰集贤殿修撰、史馆修撰、直龙图阁、直昭文馆、史馆、集贤院、秘阁。次曰集贤、秘阁校理。官卑者，曰馆阁校勘、史馆检讨，均谓之馆职。记注官缺，必于此取之，非经修注，未有直除知制诰者。官至员外郎则任子，中外皆称为学士。及元丰官制行，凡带职者，皆迁一官而罢之，而置秘书省官，大抵与职事官等，反为留滞。政和以后，增修撰直阁贴职为九等，于是材能治办之吏、贵游乳臭之子，车载斗量，其名益轻。南度以来，初除校书正字，往往召试，虽曰馆职不轻畀，然其迁叙，反不若寺监之径捷。至推排为郎，即失其故步，混然无别矣。

未觉秋。”李贺诗曰：“鱼鳞甃空排嫩碧，露桂梢寒挂团壁。”三个人的诗都未写完。仔细玩味其风格语句，每每感到逼真。后来读《秦少游集》，有《秋兴》九首，都是模拟唐人，前面所记载的都在里面。关子东在给秦少游诗集写的序言中说：“拟古的几篇，婉转细致地表现出唐人诗的体态。”说的正是这些诗。何子楚说：“《续萱录》是王性之作的，可是托名为他人。”现在其书中托名有三个，其一个叫贾博喻，一个叫全若虚，一个叫元撰，详考其命名的意义，大概是从子虚，亡是公变化而来。

馆职名存

我朝馆阁官职的人选，都是天下的贤良之才，但是必须经过考试，中试之后才任命。凡是担任过这种官职的，就成为社会的名流。官位高的，称集贤殿修撰、史馆修撰、直龙图阁、直昭文馆、直史馆、直集贤院、直秘阁；次一等的，称集贤院或秘阁校理；低的，称馆阁校勘、史馆检讨，这些都被称为馆职。修起居注的官员出现空缺，肯定从馆职官员里挑选递补，不经过记注官的阶段，没有直接任命为知制诰的。官阶到了员外郎那一级就可以保举子弟一人为官，朝廷内外都称他为学士。等到神宗元丰年间新官制颁行，凡是兼任其他职事官的，都官升一级但去掉馆职，可是设置秘书省的官员，阶官却大抵与职事官相等，反而呈现出升迁迟滞的局面。徽宗政和之后，增加修撰、直阁的贴职，形成九个等级，贴职是种加恩兼职，并不担任馆阁职务，于是乎有治理之才的官吏、乳臭未干的贵族子弟都染指于此，车载斗量，馆职的名声更加低微。南渡以后，开始任命为校书、正字之官的时候，往往召集起来进行考试，虽说是馆职不

南宫适

南宫适问羿、奡不得其死，禹、稷有天下，言力可贱而德可贵。其义已尽，无所可答，故夫子俟其出而叹其为君子，奖其尚德，至于再言之，圣人之意斯可见矣。然明道先生云："以禹、稷比孔子，故不答。"范淳父以为禹、稷有天下，故夫子不敢答，弗敢当也。杨龟山云："禹、稷之有天下，不止于躬稼而已，孔子未尽然其言，故不答。然而不止之者，不责备于其言，以沮其尚德之志也，与所谓'雍之言然'则异矣。"予窃谓南宫之问，初无以禹、稷比孔子之意，不知二先生何为有是言？若龟山之语，浅之已甚！独谢显道云："南宫适知以躬行为事，是以渭之君子。知言之要，非尚德者不能，在当时发问间，必有目击而道存，首肯之意，非直不答也。"其说最为切当。

能轻易予人，但是他们的以序升迁，反而没有其他寺、监部门升得快。至于递次推举为郎，则失去了原来的步骤，和其他官员混同无别了。

南宫适

南宫适问孔子请教羿、奡不得好死而禹、稷却得到天下的问题，声言武力不值得重视而光明的道德才最为可贵。他的话已经把道理说完了，没有什么可以解答的，所以孔子等他出去之后叹他是位君子，褒奖他崇高美好的道德，以至于说了两次，圣人的意见从这里就可看出来了。可是明道先生（程颢，私谥明道先生）说："把禹、稷同孔子相比，所以不回答。"范淳父（范祖禹，字淳夫。夫、父通）认为禹、稷得到了天下，所以孔子不敢回答，是不敢当的意思。杨龟山（杨时，号龟山）说："禹、稷得到天下，并不只是靠着亲自种庄稼一件事，孔子不认为南宫适的话全对，所以不回答。可是没有纠正他的话，是为了不对他的话求全责备，不阻止他崇高道德的志向，这同其他场合所说的'雍（即冉仲弓）的话正确'之类全然肯定是不同的。我私下以为南宫适的问话，全无拿禹、稷比孔子的意思，不知道二位先生为何说这种话！像杨龟山的意见，浅陋之极！唯有谢显道说："南宫适知道把亲身施行当成大事，因此称他为君子。知道他说话的要点，是说若非崇高道德的人不难做到躬亲身种，在发问的当时，肯定有用眼神示意的情况，表示了首肯的意思，并非只是不回答。"他的说法最为恰当。

吴王殿

汉高祖五年，以长沙、豫章、象郡、桂林、南海立番君吴芮为长沙王。十二年，以三郡封吴王濞，而豫章亦在其中。又赵佗先有南海，后击并桂林、象郡。则芮所有，但长沙一郡耳。按，芮本为秦番阳令，故曰番君。项羽已封为衡山王，都邾，今之黄州也。复侵夺其地。故高祖徙之长沙而都临湘，一年薨，则其去番也久矣。今吾邦犹指郡正听为吴王殿，以谓芮为王时所居。牛僧孺《玄怪录》载，唐元和中，饶州刺史齐推女，因止州宅诞育，为神人击死，后有仙官治其事，云："是西汉鄱阳王吴芮，今刺史宅，是芮昔时所居。"皆非也。

王卫尉

汉高祖怒萧何，谓王卫尉曰："李斯相秦皇帝，有善归主，有恶自予，今相国请吾苑以自媚于民，故系治之。"卫尉曰："秦以不闻其过亡天下，李斯之分过，又何足法哉！"唐太宗疑三品以上轻魏王，责之曰："我见隋家诸王，一品以下皆不免其踬顿，我自不许儿子纵横耳。"魏郑公曰："隋高祖不知礼义，宠纵诸子，使行非礼，寻皆罪黜，不可以为法，亦何足道！"观高祖、太宗一时失言，二臣能因其所言随即

吴王殿

汉高祖五年的时候，用长沙、豫章、象郡、桂林、南海数郡之地册立番君吴芮作长沙王。高祖十二年，用包括豫章在内的其中三郡册封了吴王刘濞。又加上赵佗原先拥有南海，后来又攻占了桂林、象郡。那么，吴芮所占据之地，仅长沙一郡罢了。据查吴芮本来是秦时番阳县县令，所以称番君。项羽已经把他封为衡山王，建都于邾。邾，就是现在的黄州（治所在今黄冈）。后来又侵占夺取了他的土地。所以汉高祖把他迁移到长沙做了长沙王，都于临湘（治所在今湖南长沙市），一年就死了，那么，他离开番阳已经很久了。可是现在我家乡的人还指认郡府官署的正听为吴王殿，把它说成是吴芮为王时所居住的。牛僧孺《玄怪录》记载：唐宪宗元和年间，饶州刺史齐推的女儿，因为宿止在州府官宅里生小孩，被神人击死，后来有道士办理这件事，说：“这是西汉鄱阳王吴芮为祟。现在的刺史官宅，是吴芮过去的居住地。”这都是错的。

王卫尉

汉高祖刘邦对相国萧何感到很恼火，于是对王卫尉说：“李斯辅佐秦朝皇帝，有了好事归国君，有了坏事自己承担，现在相国萧何竟然请求开垦我的上林苑荒地以便自己讨好老百姓，所以我将他收审治罪。”王卫尉说：“秦朝皇帝因为听不到自己的过失而丢了天下，李斯分担失误责任又有什么用处呢？这种做法难道值得后人学习吗？”唐太宗李世民怀疑三品以上官员轻视自己的儿子魏王李泰，便责备他们说：“在隋朝，我看见一品以下官员见到诸王时无不毕恭毕敬地行礼，我当然是不会规正，语意既直，于激切中有婉顺体，可谓得谏争之大义。虽微二帝，其孰不降心以听乎！

前代为监

人臣引古规戒，当近取前代，则事势相接，言之者有证、听之者足以监。《诗》曰："殷监不远，在夏后之世。"《周书》曰："今惟殷坠厥命，我其可不大监！"又曰："我不可不监于有殷。"又曰："有殷受天命，惟有历年，惟不敬厥德，乃早坠厥命。"周公作《无逸》，称殷三宗。汉祖命群臣言吾所以有天下，项氏所以失天下，命陆贾著秦所以失天下。张释之为文帝言秦、汉之间事，秦所以失，汉所以兴。贾山借秦为谕。贾谊请人主引殷、周、秦事而观之。魏郑公上书于太宗云："方隋之未乱，自谓必无乱；方隋之未亡，自谓必无亡。臣愿当今动静以隋为监。"马周云："炀帝笑齐、魏之失国，今之视炀帝，亦犹炀帝之视齐、魏也。"张玄素谏太宗治洛阳宫曰："乾阳毕功，隋人解体，恐陛下之过，甚于炀帝。若此役不息，同归于乱耳！"考《诗》《书》所载及汉、唐诸名臣之论，有国者之龟镜也，议论之臣，宜以为法。

允许皇子们随心所欲，胡作非为的。”魏徵闻听，说道：“隋高祖（文帝）不知礼义，过分地宠爱、放纵自己的儿子，使他们多行非礼，不久诸王就都因罪被罢免，这种做法是不值得学习的，也不值一提！”汉高祖和唐太宗一时失言，王、魏二臣能在听到后随即规正，直截了当，但是在激切中又不失婉转、恭敬，可谓深得谏争之大义。即使不是汉高祖和唐太宗这两位具有雄才大略的明君，其他人谁能不虚心听取、诚恳接受呢？

前代为监

臣僚引述古代的事例规劝君主时，应当选取时代较近的前代史实，这样事势相接，说的人得到了强有力的证据，听的人足引以为戒。《诗经》说：“殷监（同鉴）不远，在夏后之世（即夏朝）。”《尚书》说：“现在商朝已经葬送了自己的江山，我们周朝难道能不深深地引以为鉴吗？”又说：“我们不能不以商朝为借鉴。”又说：“商朝承受天命的年数不少了，因为不敬天命，不修其德，以致过早地亡了国。”周公旦作《无逸》，文中称颂商朝的中宗、高宗和祖甲三位国王。汉高祖命群臣谈论自己为什么能得天下，项羽为什么失天下，又命陆贾撰文论述秦朝之所以灭之的原因。张释之为汉文帝讲解秦、汉之间的历史，以此证明秦朝之所以失败，汉朝之所以成功的根源。贾山借秦朝作比喻，来说明朝代更替的原因。贾谊建议君主阅读有关商朝、周朝和秦朝历史的书籍。魏徵给太宗上书说：“当隋朝尚未乱的时候，自以为必定不会乱；当隋朝尚未亡的时候，自以为必定不会亡。我希望现在的举措应以隋朝为鉴。”马周说：“隋炀帝嘲笑齐、魏亡国，今天看隋炀帝，也如同炀帝看齐、魏。”张玄素谏唐太

治盗法不同

唐崔安潜为西川节度使，到官不诘盗。曰："盗非所由通容，则不能为。"乃出库钱置三市，置榜其上，曰："告捕一盗，赏钱五百缗。侣者告捕，释其罪，赏同平人。"未几，有捕盗而至者。盗不服，曰："汝与我同为盗十七年，赃皆平分，汝安能捕我？"安潜曰："汝既知吾有榜，何不捕彼以来？则彼应死，汝受赏矣。汝既为所先，死复何辞？"立命给捕者钱，使盗视之，然后杀盗于市。于是诸盗与其侣互相疑，无地容足，夜不及旦，散逃出境，境内遂无一人为盗。予每读此事，以为策之上者。及得李公择治齐州事，则又不然。齐素多盗，公择痛治之，殊不止。它日得黠盗，察其可用，刺为兵，使直事铃下。间问以盗发辄得而不衰止之故。曰："此繇富家为之囊。使盗自相推为甲乙，官吏巡捕及门，擒一人以首，则免矣。"公择曰："吾得之矣。"乃令凡得藏盗之家，皆发屋破柱，盗贼遂清。

宗整修洛阳宫说："乾阳宫修成，隋朝瓦解，我担心陛下的过失比隋炀帝更甚。如果这项工程不停，唐朝也将与隋朝一样陷于动乱！"《诗经》和《尚书》所载，以及汉、唐诸名臣的论述，的确是拥有国家之人的借鉴，负责谏议的大臣们也应当深入地学习，用心地体会。

治盗法不同

唐朝的崔安潜被委任为西川节度使，到任后并不审判盗贼，他说："如果没有所经之处人们的通融，盗贼就无法达到目的。"于是，他从公家金库里拨出巨款放到三个市场上，并且张榜宣布："告发和捕捉到一名盗贼，赏钱五百缗（一千文一缗）。如果同伙告捕，则免其罪，赏钱与一般人相同。"不久，有人送来了一盗贼。盗贼很不服气地向捉他的人嚷道；"你和我一同为盗十七年，赃物都平分，你怎么能捉我呢？"崔安潜说："你既然知道我已经出了榜文，为什么不将他捉来？如果你把他捉了来，那么他应当被处死，而你则要受到奖赏。现在你既然已经被人家抢了先，引颈受死还有什么可说的？"随即下令付给捕盗者钱，让盗贼亲眼看见，然后将这个盗贼在街市上处死。于是，盗贼们与其同伙相互猜疑，无地容足，竟在一夜之间纷纷散逃出境，从此境内再无一人为盗。我每读此事，总认为崔安潜的做法的确是治盗的上策。后来，当我读了李公择治理齐州（治今山东济南）的事迹，才知道还有更高明的办法。齐地一向多盗贼，李公择痛加治理，但根本无法禁止。有一次，一名狡猾的惯犯落网，李公择发现他可以利用，便在他脸上刺字编入军队，分在自己帐下听差。得便时，李公择询问齐州盗贼大量被捕却屡禁不予乃知治世间事，不可泥纸上陈迹。如安潜之法可谓善矣，而齐盗反恃此以为沉命之计，则变而通之，可不存乎其人哉！

和诗当和意

古人訓和诗，必答其来意，非若今人为次韵所局也。观《文选》所编何劭、张华、卢谌、刘琨、二陆、三谢诸人赠答，可知已。唐人尤多，不可具载。姑取杜集数篇，略纪于此。高适寄杜公云："媿尔东西南北人。"杜则云："东西南北更堪论。"高又有诗云："草《玄》今已毕，此外更何言？"杜则云："草《玄》吾岂敢，赋或似相如。"严武寄杜云："兴发会能驰骏马，终须重到使君滩。"杜则云："枉沐旌麾出城府，草茅无径欲教锄。"杜公寄严诗云："何路出巴山"，"重岩细菊班，遥知簇鞍马，回首白云间。"严答云："卧向巴山落月时"，"篱外黄花菊对谁，跂马望君非一度。"杜送韦迢云："洞庭无过雁，书疏莫相忘。"迢云："相忆无南雁，何时有报章？"杜又云："虽无南去雁，看取北来鱼。"郭受止的原因，那名原先的盗贼回答说：“这是由于富裕之家为他们作掩护的缘故。假如使盗贼自相推为甲乙，而官吏巡捕上门搜查，捉住一个窝藏犯予以重惩，借此杀一儆百，这样不久之后就可以没有盗贼之患了。”李公择说：“我有办法了！”于是下令凡是窝藏盗贼的人家被发现后，一律拆房破柱。没有过多久，盗贼就绝迹了。

我自上述两件事认识到，对于世上的事情，不可拘泥于书本上的记载。像崔安潜的办法可谓高明了，但齐地的盗贼反而借此作为沉命之计，可见根据具体情况有所变通，能不引起为官之人的重视吗？

和诗当和意

古人酬和诗歌，必定要答其来意，不像当今的人在与人唱和时拘泥于原诗用韵的次序；从《文选》中所编的何劭、张华、卢湛、刘琨、二陆（指陆机、陆云兄弟）、三谢（指南朝的谢灵运、谢惠连、谢朓）等人的赠答诗，就可清楚地看到这一点。唐人的例子尤其多，无法一一具载，这里姑且从杜甫集中选取几首，略纪于此。高适寄给杜甫的诗说：“媿尔东西南北人。”杜则说：“东西南北更堪论。”高又有诗说：“草《玄》今已毕，此外更何言？”杜则说：“草《玄》吾岂敢，赋或似相如。”严武寄给杜甫的诗说：“兴发会能驰骏马，终须重到使君滩。”杜则回答：“枉沐旌麾出城府，草茅无径欲教锄。”杜甫寄给严武的诗说：“何路出巴山”，“重岩细菊斑，遥知簇鞍马，回首白云间。”严的答诗说：“卧向巴山落月时”，“篱外黄花菊对谁，跋马望君非一度”。杜甫送韦迢的诗说：“洞庭无过雁，书疏莫相忘。”韦迢寄杜云："春兴不知凡几首？"杜答云："药裹关心诗总废。"皆如钟磬在簴，叩之则应，往来反复，于是乎有余味矣。

稷有天下

"稷躬稼而有天下"、"泰伯三以天下让"、"文王一怒而安天下之民"，皆以子孙之事追言之。是时，稷始封于邰，古公方邑于梁山之下，文王才有岐周之地，未得云天下也。禹未尝躬稼，因稷而称之。

一世人材

一世人材，自可给一世之用。苟有以致之，无问其取士之门如何也。今之议者，多以科举经义、诗赋为言，以为诗赋浮华无根柢，不能致实学，故其说常右经而左赋。是不然。成周之时，下及列国，皆官人以世，周之刘、单、召、甘，晋之韩、赵、荀、魏，齐之高、国、陈、鲍，卫之孙、甯、孔、石，宋之华、向、皇、乐，郑之罕、驷、国、游，鲁之季、孟、臧、展，楚之斗、蔿、申、屈，皆世不乏贤，与国终毕。汉以经术及察举，魏、晋以州乡中正，东晋、宋、齐以门地，唐及本朝以进士，而参之以任子，皆足以尽一时之才。则所谓科目，特借以为梯阶耳！经义、诗赋，不问可也。

的答诗说："相忆无南雁，何时有报章？"杜甫又说："虽无南去雁，看取北来鱼。"郭受寄给杜甫的诗说："春兴不知凡几首？"杜答说："药裹关心诗总废。"这些诗都铿锵有力，如簴在钟磬之上，叩之则应，往来反复，因而余味无穷。

稷有天下

"周族的祖先后稷亲自耕作因而拥有天下"，"周太王的长子泰伯多次辞让天下"，"周文王一怒而安天下之民"，古书中的这些说法都是以子孙之事追述。当时，后稷刚被封于邰（今陕西武功县），古公亶父（即太王）刚刚在梁山下修筑城邑，周文王刚刚据有岐周（今陕西岐山县）之地，还远远谈不上天下。夏禹不曾亲自耕作，因而通过同时代的后稷而称赞他。

一世人材

一世人才，自然可以满足一世之用。只要能够网罗人才，不必计较取士的途径、方法如何。当今以经义、诗赋取士，有人认为诗赋浮华无根底，不能选拔具有真才实学的士人，因而往往推崇经义而贬低诗赋。其实，这种看法是不正确的。从西周初年直至战国时代，官员都是世卿世禄制，也即世袭制。周朝的刘、单、召、甘、晋国的韩、赵、荀、魏，齐国的高、国、陈、鲍，卫国的孙、甯、孔、石，宋国的华、向、皇、乐，郑国的罕、驷、国、游，鲁国的季、孟、臧、展，楚国的斗、蔿、申、屈等著名家族，都是世代不乏贤才，直至其国覆亡。汉代以经术及察举，魏、晋时代以九品中正制，东晋、南朝以门第，唐朝及本朝以进士取士，而参用任子之法（即因父兄的功绩，得保举授予官职）。这些方

王逢原

王逢原以学术，邢敦夫以文采，有盛名于嘉祐、元丰间。然所为诗文，多怨抑沉愤，哀伤涕泣，若辛苦憔悴不得其平者，故皆不克寿，逢原年二十八，敦夫才二十。天畀其才而啬其寿，吁，可惜哉！

吏文可笑

吏文行移，只用定本，故有绝可笑者。如文官批书印纸，虽宫、观、岳、庙，亦必云不曾请假；或已登科级，见官台省清要，必云不曾应举若试刑法。予在西掖时，汉州申显惠侯神，顷系宣抚司便宜加封昭应公，乞换给制书。礼、寺看详，谓不依元降指挥于一年限内自陈，欲符下汉州，告示本神知委。予白丞相别令勘当，乃得改命。淳熙六年，予以大礼恩泽改奏一岁儿，吏部下饶州，必欲保官状内声说被奏人曾与不曾犯决笞，有无翦刺，及曾与不曾先经补官因罪犯停废，别行改奏；又令供与予系是何服属。父之于子而问何服属，一岁婴儿而问曾与不曾入仕坐罪，岂不大可笑哉！

法都足以取尽一世之才。由此可见，所谓的取士科目，只不过是被用来作为阶梯而已！至于是以经义为主，还是诗赋为主取士，完全可以不必过问。

王逢原

王逢原以学问，邢敦夫以文采，在宋仁宗嘉祐、神宗元丰年间享有盛名。然而，他们所做的诗文，多怨抑沉闷、哀伤含愤，好像是辛苦憔悴却没有得到公正待遇，因而怨气冲天，牢骚满腹，结果这两个人都未得长寿，王逢原活了二十八岁，邢敦夫仅仅活了二十岁。老天赐给他们非凡的才能却舍不得给他们寿命，实在是令人深感痛惜啊！

吏文可笑

由于公文行移只用定本，因而有极为可笑的。如文官批写印纸，即使是提举宫、观、岳、庙等事务的闲散官员，也一定要说“不曾请假”；有些人已经科举及第、现任政府要职，却一定要说不曾应举及考试刑法。我在中书省任职时，汉州（今四川广汉）申奏：本州的显惠侯神以前是由宣抚使司临时加封为昭应公，请求换成皇帝下发的制书。礼部和有关的寺卿审定，说显惠侯神未依原先颁布的诏令在一年的期限内自行申诉，因而准备给汉州下符，告示本神知委。我向丞相建议重新审核，才得以改下制书。宋孝宗淳熙六年，我因为大礼恩泽改奏一岁的儿子为官，吏部却转交给饶州，要求在保官状内必须说明被奏人是否曾被判处笞刑，有无剪刺，及是否在此前已经补官却因罪被免，于是另行改奏；吏部还要求被奏人说明与我是什么亲属关系。

靖康时事

邓艾伐蜀，刘禅既降，又敕姜维使降于钟会，将士咸怒，拔刀斫石。魏围燕于中山既久，城中将士皆思出战，至数千人，相率请于燕主，慕容隆言之尤力，为慕容麟沮之而罢。契丹伐晋连年，晋拒之，每战必胜。其后，杜重威阴谋欲降，命将士出陈于外，士皆踊跃，以为出战，既令解甲，士皆恸哭，声振原野。予顷修《靖康实录》，窃痛一时之祸，以堂堂大邦，中外之兵数十万，曾不能北向发一矢、获一胡，端坐都城，束手就毙！虎旅云屯，不闻有如蜀、燕、晋之愤哭者。近读《朱新仲诗集》，有《记昔行》一篇，正叙此时事。其中云："老种愤死不得战，汝霖疽发何由痊？"乃知忠义之士，世未尝无之，特时运使然耳。

并韶

梁武帝时，有交趾人并韶者，富于词藻，诣选求官，而我们是亲父子而吏部却问我们是何种亲属关系，我的儿子是个一岁的幼婴而吏部却问他是否曾做官犯罪，岂不令人笑破了肚皮？

靖康时事

曹魏大将邓艾攻打蜀汉，后主刘禅投降后命令姜维向魏将钟会投降，将士们无不切齿痛恨，以致拔刀斫石。十六国时期，魏国长期围困燕国的中山郡（今河北定县），城中的将士们都渴望出战，纷纷向燕王请战，慕容隆求战心尤切，结果都被慕容麟所拒绝，只得作罢。五代时，契丹人连年攻打后晋，晋人奋起抵抗，每战必胜。后来，元帅杜重威阴谋降敌，命将士们出营列阵，晋军士气高昂，决心与敌人决一死战，及至杜重威下令放下武器投降，军士皆恸哭不止，声振原野。我在编纂《靖康实录》时，私下里对靖康之难感到万分痛心，大宋朝作为一个堂堂大国，拥兵数十万，竟然不能向北方的金国发一箭，俘获一个敌兵，却只是端坐都城，束手待毙！数十万精兵强将云集京畿，眼巴巴地看着自己的祖国惨遭蹂躏，以致国破家灭，没有谁听说过他们之中有人因此而像蜀、燕、晋的将士那样痛哭流涕的。不久前，我读《朱新仲诗集》时，看到其中《记昔行》一诗，正是叙述此事的。诗中说：“老种（指种师道）愤死不得战，汝霖（宗泽字）疽发何由痊？”乃知忠义之士，并不是没有，只是大宋朝的时运不济罢了。

并韶

南朝梁武帝时，有个名叫并韶的交趾（今越南）人，富于辞吏部尚书蔡撙以并姓无前贤，除广阳门郎。韶耻之，遂还乡里谋作乱。夫用门地族望为选举低昂，乃晋、宋以来弊法，蔡撙贤者也，不能免俗，何哉？

谶纬之学

图谶星纬之学，岂不或中，然要为误人，圣贤所不道也。眭孟睹公孙病已之文，劝汉昭帝求索贤人，禅以帝位，而不知宣帝实应之，孟以此诛。孔熙先知宋文帝祸起骨肉，江州当出天子，故谋立江州刺史彭城王，而不知孝武实应之，熙先以此诛。当涂高之谶，汉光武以诘公孙述，袁术、王浚皆自以姓名或父字应之，以取灭亡，而其兆为曹操之魏。两角犊子之谶，周子谅以劾牛仙客，李德裕以议牛僧孺，而其兆为朱温。隋炀帝谓李氏当有天下，遂诛李金才之族，而唐高祖乃代隋。唐太宗知女武将窃国命，遂滥五娘子之诛，而阿武婆几易姓。武后谓代武者刘，刘无强姓，殆流人也，遂遣六道使悉杀之，而刘幽求佐临淄王平内难，韦、武二族皆殄灭。晋张华、郭璞，魏崔伯深，皆精于天文卜筮，言事如神，而不能免于身诛家族，况其下者乎！

藻，才能非凡。他来到吏部求官，吏部尚书蔡撙鉴于姓并的人没有前贤，因而任命他为广阳门郎。并韶深以为耻，于是回归故里，准备起兵反叛。众所周知，以门第和家族声望的高低来决定选举等级高低，乃是东晋、刘宋以来的弊法，蔡撙是位贤者，却不能摆脱流俗，这是什么原因呢？

谶纬之学

以文字、图画、星相等预卜吉凶祸福的图谶星纬之学，当然也有偶而言中的时候，但是更多的则是使人误入歧途，因而不为圣贤所道。眭孟看到公孙病已之文，劝汉昭帝求索贤人，禅让帝位，却不知此谶宣帝实应之，眭孟因此被诛。孔熙先知道宋文帝将祸起萧墙，江州当出天子，因此谋立江州刺史彭城王刘义康为帝，却不知孝武帝刘骏实应之，孔熙先因此被杀。当涂高之谶，汉光武帝刘秀以此诘问公孙述，袁术、王浚都自以为姓名或父亲的名应之，结果自取灭亡，而其兆实为曹操的魏国。两角犊子之谶，周子谅以此弹劾牛仙客，李德裕以此影射牛僧孺，而其兆实为朱温。隋炀帝听说李氏当有天下，于是诛灭李金才之族，而最终却是唐高祖李渊取代隋朝。唐太宗知女武将篡夺李唐家江山，于是大量地处死姓武的女子，而武则天几乎使李家的江山改换了主人。武则天认为取代武周的乃是刘氏，而刘姓没有强有力的人物，估计大概是流民，于是派六道使者将他们全部杀掉，而最后却是刘幽求帮助临淄王李隆基平定内难，韦、武二族都被诛灭。晋代的张华、郭璞，北魏的崔伯深，都精通天文卜筮，料事如神，却不能保护自己的身家避免被诛灭的命运，更何况是造诣还不如他们的人呢！

真假皆妄

江山登临之美，泉石赏玩之胜，世间佳境也，观者必曰如画。故有“江山如画”，“天开图画即江山”，“身在画图中”之语。至于丹青之妙，好事君子嗟叹之不足者，则又以逼真目之。如老杜“人间又见真乘黄”，“时危安得真致此”，“悄然坐我天姥下”，“斯须九重真龙出”，“凭轩忽若无丹青”，“高堂见生鹘”，“直讶杉松冷”，“兼疑菱荇香”之句是也。以真为假，以假为真，均之为妄境耳。人生万事如是，何特此耶？

真假皆妄

江山登临之美，泉石赏玩之胜，这些都是世间美景，看到的人必定要说其美如画，因此有“江山如画”，“天开图画即江山”，“身在画图中”等句子，至于画作之妙，人们叹服之余，仍觉言犹未尽，于是又说画得很逼真。如杜甫的“人间又见真乘黄”，“时危安得真致此”，“悄然坐我天姥下”，“斯须九重真龙出”，“凭轩忽若无丹青”，“高堂见生鹘”，“直讶杉松冷”，“兼疑菱荇香”等诗句都是这样。以真为假，以假为真，都是虚妄的境界。人生在世，万事如此，哪里是只限于艺术呢?

文 / 白 / 对 / 照

容齋隨筆

续笔

〔宋〕洪　迈　著
王兴亚　主编

团结出版社

目　录

卷一（十八则）

颜鲁公…… 466
戒石铭…… 468
双生子…… 470
李建州…… 470
侍从官…… 472
存亡大计 …… 474
唐人诗不传 …… 478
泰誓四语 …… 480
重阳上巳改日…… 480
田宅契券取直…… 482
公子奚斯 …… 484
唐藩镇幕府 …… 484
文中子门人 …… 486
晋燕用兵 …… 488
李卫公帖 …… 490
王孙赋…… 494
汉郡国诸官 …… 494
汉狱名…… 496

卷二（十八则）

权若讷冯澥 …… 498
岁旦饮酒 …… 500
存殁绝句 …… 502
汤武之事 …… 502
张释之传误 …… 504
张于二廷尉 …… 506
汉唐置邮 …… 506
龙且张步 …… 508

义理之说无穷 …… 510
开元五王 …… 512
巫蛊之祸 …… 512
唐诗无讳避 …… 514
李晟伤国体 …… 518
元和六学士 …… 518
二传误后世 …… 520
卜子夏 …… 520
父子忠邪 …… 522
苏张说六国 …… 524

卷三（十八则）

一定之计 …… 528
秋兴赋 …… 532
太史慈 …… 532
谥法 …… 536
汉文帝受言 …… 536
丹青引 …… 538
诗国风秦中事 …… 540
诗文当句对 …… 540
东坡明正 …… 544
台谏不相见 …… 544
执政四入头 …… 546
无望之祸 …… 548
燕说 …… 548
折槛行 …… 550
朱云陈元达 …… 550
杜老不忘君 …… 552
栽松诗 …… 554
乌鹊鸣 …… 554

卷四（十七则）

淮南守备 …… 558
周世宗 …… 560
窦贞固 …… 562
郑权 …… 562
党锢牵连之贤 …… 564
汉代文书式 …… 566
资治通鉴 …… 568
弱小不量力 …… 572
田横吕布 …… 572
中山宜阳 …… 574

相六畜…… 576
卜筮不同 …… 578
日者 …… 580
柳子厚党叔文…… 580
汉武心术 …… 584
禁天高之称 …… 586
宣和冗官 …… 586

卷五（十三则）

秦隋之恶 …… 590
汉唐二武 …… 598
玉川子…… 600
银青阶…… 602
买马牧马 …… 604
杜诗用字 …… 606
唐虞象刑 …… 608
崔常牛李 …… 610
盗贼怨官吏 …… 612
作诗先赋韵 …… 614
后妃命数 …… 614
公为尊称 …… 618
台城少城 …… 618

卷六（十五则）

严武不杀杜甫…… 622
王嘉荐孔光 …… 624
朱温三事 …… 624
文字润笔 …… 626
汉举贤良 …… 630
戊为武…… 632
怨耦曰仇 …… 632
说文与经传不同 …… 634
周亚夫…… 636
炀王炀帝 …… 638
郑庄公…… 640
百六阳九 …… 644
左传易筮 …… 644
钟繇自劾 …… 646
大义感人 …… 648

卷七（十七则）

田租轻重 …… 654
女子夜绩 …… 656
淮南王 …… 656
薛国久长 …… 658
建除十二辰 …… 660
俗语算数 …… 662
伾文用事 …… 662
五十弦瑟 …… 666
迁固用疑字 …… 666
僭乱的对 …… 670
月不胜火 …… 670
灵台有持 …… 672
董仲舒灾异对 …… 672
李正己献钱 …… 676
宣室 …… 678
昔昔盐 …… 680
将帅当专 …… 680

卷八（十五则）

蓍龟卜筮 …… 684
地名异音 …… 686
韩婴诗 …… 688
五行衰绝字 …… 692
汉表所记事 …… 692
萧何给韩信 …… 696
彭越无罪 …… 696
蜘蛛结网 …… 698
孙权称至尊 …… 700
康山读书 …… 702
列国城门名 …… 704
缁尘素衣 …… 706
去国立后 …… 706
诗词改字 …… 708
姑舅为婚 …… 708

卷九（十四则）

三家七穆 …… 712
贡薛韦匡 …… 712
兒宽张安世 …… 716
深沟高垒 …… 716
生之徒十有三 …… 720
臧氏二龟 …… 720
有扈氏 …… 722
太公丹书 …… 722
汉景帝 …… 728
萧何先见 …… 728
史汉书法 …… 730
薄昭田蚡 …… 732
文字结尾 …… 734
国初古文 …… 736

卷十（十七则）

经传烦简 …… 740
曹参不荐士 …… 740
汉初诸将官 …… 742
汉官名 …… 744
汉唐辅相 …… 744
汉武留意郡守 …… 746
苦荬菜 …… 748
唐诸生束脩 …… 750
范德孺帖 …… 752
民不畏死 …… 754
天下有奇士 …… 756
易卦四德 …… 760
孙坚起兵 …… 762
孙权封兄策 …… 764
逾年改元 …… 764
贼臣迁都 …… 768
舆地道里误 …… 768

卷十一（十五则）

古錞于…… 772
孙玉汝…… 776
唐人避讳 …… 776
高锴取士 …… 778
兵部名存 …… 782
武官名不正 …… 784
名将晚谬 …… 784
唐帝称太上皇…… 788
杨倞注荀子 …… 788
昭宗相朱朴 …… 790
杨国忠诸使 …… 792
祖宗朝宰辅 …… 794
百官避宰相 …… 796
百官见宰相 …… 796
东坡自引所为文 …… 798

卷十二（十二则）

妇人英烈 …… 802
无用之用 …… 808
龙筋凤髓判 …… 810
唐制举科目 …… 814
渊有九名 …… 816
东坡论庄子 …… 818
列子书事 …… 820
天生对偶 …… 822
铜爵灌砚 …… 824
崔斯立…… 826
汉书注冗 …… 828
古迹不可考 …… 830

卷十三（十四则）

科举恩数 …… 834
下第再试 …… 836
试赋用韵 …… 836
贞元制科 …… 838

贻子录……840
金花帖子……842
物之大小……844
郭令公……846
纪年兆祥……848
民俗火葬……850
太史日官……852
汲冢周书……854
曹子建论文……858
雨水清明……862

卷十四（十七则）

尹文子……864
帝王训俭……866
用计臣为相……868
州县牌额……870
卢知猷……872
忌讳讳恶……874
陈涉不可轻……874
士匄韩厥……878
孔墨……878
玉川月蚀诗……880
诗要点检……882
周蜀九经……884
冢宰治内……886
宰相爵邑……888
杨子一毛……890
李长吉诗……890
子夏经学……892

卷十五（十三则）

紫阁山村诗……894
李林甫秦桧……896
注书难……900
书易脱误……904
南陔六诗……908
绍圣废春秋……910
王韶熙河……912
书籍之厄……912
逐贫赋……916
涧松山苗……918

男子运起寅 …………………… 920
宰我作难 …………………… 920
古人占梦 …………………… 924

卷十六（十六则）

高德儒…………………… 926
唐朝士俸微 …………………… 928
计然意林 …………………… 928
思颖诗…………………… 932
刘蕡下第 …………………… 936
酒肆旗望 …………………… 938
贤宰相遭谗 …………………… 940
宋齐丘…………………… 940
咸杬子…………………… 944
月中桂兔 …………………… 944
唐二帝好名 …………………… 946
周礼非周公书…………………… 948
醉尉亭长 …………………… 952
三易之名 …………………… 954
忠臣名不传 …………………… 954
唐人酒令 …………………… 958

容斋续笔

卷一（十八则）

颜鲁公

颜鲁公忠义大节，照映今古。岂唯唐朝人士罕见比伦，自汉以来，殆可屈指也。考其立朝出处，在明皇时，为杨国忠所恶，由殿中侍御史出东都、平原。肃宗时，以论太庙筑坛事，为宰相所恶，由御史大夫出冯翊。为李辅国所恶，由刑部侍郎贬蓬州。代宗时，以言祭器不饬，元载以为诽谤，由刑部尚书贬峡州。德宗时，不容于杨炎，由吏部尚书换东宫散秩。卢杞之擅国也，欲去公，数遣人问方镇所便，公往见之，责其不见容，由是衔恨切骨。是时年七十有五，竟堕杞之诡计而死，议者痛之。呜呼！公既知杞之恶已，盍因其方镇之间，欣然从之。不然，则高举远引，挂冠东去，杞之所其欲也。而乃眷眷京都，终不自为去就，以蹈危机，《春秋》责备贤者，斯为可恨。司空图隐于王官谷，柳璨以诏书召之，图阳为衰野，堕笏失仪，得放还山。璨之奸恶过于杞，图非公比也，卒全身于大乱之世，然则公之委命贼手，岂不大可惜哉！虽然，公因困于淮西，屡折李希烈，卒之捐身徇国，以激四海义烈之气，贞元反正，实为有助焉。岂天欲全畀公以万世之名，故使一时堕于横逆，以成始成终者乎？

颜鲁公

鲁国公颜真卿的忠义节操，光辉照耀今古，不仅唐朝人中很难找出比得上他的，而且从汉朝以来，像他这样的人也是屈指可数。考查一下他在朝廷做官时的经历，在唐明皇时，被杨国忠所厌恶，因而被调到东都（今河南洛阳）和平原（今山东德州）去做地方官。唐肃宗时，又因批评太庙筑坛的事，受到宰相的讨厌，从御史大夫的任上调出到冯翊（今陕西大荔）。又被宦官李辅国所厌恶，由刑部侍郎降职到蓬州（今山东蓬莱）。唐代宗时，又以议论祭器不整齐完备，元载认为他是诽谤，又从刑部尚书的任上贬官到峡州（今湖北宜昌）。德宗时，又受杨炎的排挤，从吏部尚书的任上调到东宫当个有职无权的闲职。奸相卢杞专权的时候。又打算把颜真卿挤出京城去，几次派人去问他想到那个方镇去当长官。颜真卿去见卢杞，责问他为什么不容自己在京城？因此，卢杞更恨颜真卿。这时，颜真卿已经七十五岁了。卢杞用借刀杀人的诡计，派颜真卿当使臣到叛将李希烈那里去招降，结果被李希烈所杀。议论这事的人都为之惋惜。唉！颜真卿既然知道卢杞厌恶自己，为什么不在卢杞派人问他想到那个方镇当长官的时候，高兴地接受，到外地做官呢？再不然干脆远走高飞，辞职东出潼关，这更是卢杞所欢迎的。可是颜真卿却眷恋着京城，始终不肯离开，以致走向危险的深渊。《春秋》上常常责备贤能的人，这种说法最令人痛恨。唐朝的诗人司空图隐居在中条山的王官谷中，奸臣柳璨利用诏书召他到京城做官，司空

戒石铭

“尔俸尔禄，民膏民脂；下民易虐，上天难欺。”太宗皇帝书此以赐郡国，立于厅事之南，谓之《戒石铭》。案，成都人景焕，有《野人闲话》一书，乾德三年所作，其首篇《颁令箴》，载蜀王孟昶为文颁诸邑云：“朕念赤子，旰食宵衣；言之令长，抚养惠绥。政存三异，道在七丝。驱鸡为理，留犊为规。宽猛得所，风俗可移。无令侵削，无使疮痍。下民易虐，上天难欺。赋舆是切，军国是资。朕之赏罚，固不逾时。尔俸尔禄，民膏民脂。为民父母，莫不仁慈。勉尔为戒，体朕深思。”凡二十四句。昶区区爱民之心，在五季诸僭伪之君为可称也，但语言皆不工，唯经表出者，词简理尽，遂成王言，盖诗家所谓夺胎换滑法也。

图假装着年老力衰，故意把笏失手掉到地上，以致失去礼仪，遂没被任命，让他回家了。柳璨的奸恶比卢杞更狠，司空图更没法和颜真卿相比，但司空图终久能保全自身于乱世之中，这样看来，颜真卿死在叛贼手里，不是太可惜吗？不过，鲁公被叛贼囚禁时，屡次大义凛然地痛斥李希烈，最后壮烈牺牲，因而激发了天下义烈正义之气，这对后来德宗贞元年间叛将纷纷反正，实在是一个很大的促进。这或许是上天有意给真卿留下万世之名，所以让他一时中了奸臣的诡计，而促成他光辉义烈的一生吧。

戒石铭

“你们做官得的薪俸，都是人民血汗膏脂；虽然百姓容易虐待，上天却难欺骗。”宋太宗写了这四句，颁发给各地方官员，立碑在公堂南面，称作《戒石铭》。按，过去成都人景焕，著有《野人闲话》一书，是宋太祖乾德三年时作的。第一篇名《颁令箴》，记载了后蜀国主孟昶曾作文颁给各地方长官，说：“寡人十分关心百姓，为他们很晚才吃饭，天不明就起床。所以才给你们讲这番话，望你们要爱护黎民百姓。治理地方要达到蝗虫不入境，鸟兽懂礼仪，儿童有仁心这三种异事出现，而达到圣人之治，关键还在于地方官们如弹琴一样，把政务调理得好。要像驱鸡那样恰到好处，为政清廉的法规决不能荒废。政治要宽猛适当，才能移风易俗扶植正气。不能让百姓利益受到侵害，不能使百姓生活受到破坏。当官的虐待百姓很容易，可是上天却难被你们欺瞒。田赋收入是国家切身要事，军队和政府都是靠百姓养活。寡人对你们的赏罚，是决不会拖延时间的。你们做官所得的薪俸，都是人民的血汗膏脂。凡当百姓父母官的，没有不

双生子

今时人家双生男女，或以后生者为长，谓受胎在前；或以先生者为长，谓先后当有序。然固有经一日或亥、子时生，则弟先兄一日矣；辰时为弟，巳时为兄，则弟乃先兄一时矣。按《春秋公羊传》隐公元年，立适以长不以质，立子以贵不以长，何休注云："子谓左右媵及侄娣之子。质家亲亲先立娣，文家尊尊先立侄，其双生也，质家据见立先生，文家据本意立后生。"乃知长幼之次，自商周以来不同如此。

李建州

建安城东二十里，有梨山庙，相传为唐刺史李公祠，予守郡日，因作祝文曰："亟回哀眷。"书吏持白回字犯相公名，请改之，盖以为李回也。后读《文艺·李频传》，懿宗懂得对百姓仁慈的。希望你们都要以此为戒，要很好体会寡人这个意思。”共写了二十四句。孟昶这一点爱护百姓的心思，在五代十国那些割据地方，称王道霸的君主里面；可以算是比较好的了。但他这篇文章语言不精炼，唯有从中归纳出来的四句，言辞简要，道理尽说，遂成为宋太宗的不朽名言。这种归纳法，就是诗人们常用的脱胎换骨的写作方法呀。

双生子

现在有人家有双生男女的，有的以后生下来为大，理由是后生的受胎在前；又有的以先生的为大，理由是降生先后应有次序。但是也有经过一天或在亥时和子时分别出生的，那弟弟反比哥哥早生了一天。辰时出生的为弟，巳时出生的为兄，那么兄弟又早哥哥一个时辰出生。根据《春秋公羊传》隐公元年记载，立嫡子为君是根据年长而不是根据贤能；立庶子为君，是根据尊贵而不是根据年长。何休注释说：“子，是指妾和侄弟媳的儿子，质朴老实的人重视近亲，所以先立妾生子；文雅多知的人，重视出身高贵，所以先立侄。如果是双生子，质朴老实的人根据看到的次序，以先生下来的为兄长；文雅多治的人又根据受胎先后的本意，以后生下来的为兄长。”从这里可以知道长幼次序，自商、周以来，就有了不同的看法。

李建州

福建建安郡城东二十里，有座梨山庙。相传是唐代一个姓李的刺史的祠庙。我在这里担任太守的时候，曾写了祝文去祭祀他。文中有“亟回哀眷”一句，办事的书吏说这个“回”字犯了时，频为建州刺史，以礼法治下。时朝政乱，盗兴相椎敚，而建赖频以安。卒官下，州为立庙梨山，岁祠之，乃证其为频。继往祷面祝之云，俟获感应，则当刻石纪实。已而得雨，遂为作碑。偶阅唐末人石文德所著《唐朝新纂》一书，正纪频事，云除建州牧，卒于郡。曹松有诗悼之曰："出旌临建水，谢世在公堂。苦集休藏箧，清资罢转郎。瘴中无子奠，岭外一妻孀。恐是浮吟骨，东归就故乡。"其身后事落拓如此。《传》又云："频丧归寿昌，父老相扶柩葬之。天下乱，盗发其冢，县人随加封掩。"则无后可见云。《稽神录》载一事，亦以为回，徐炫失于不审也。

侍从官

自观文殿大学士至待制为侍从官，令文所载也。绍兴三十一年，完颜亮死于广陵，车驾将幸建康，从官列衔上奏，乞同班人对。时汤岐公以大观文为行宫留守，寄声欲联名，李刺史的名讳，请我改一下，这是因为他以为李刺史就是李回。后来，我读了《旧唐书》中的《文艺·李频传》其中记有唐懿宗时李频担任建州刺史，用礼法治理地方的事情。当时朝政混乱，到处有盗贼杀人抢劫，而建州独因有李频在而十分安定。后来李频死在任上，建州百姓为纪念他建庙于梨山，每年都要去祭祀。这就证明了是李频的祭庙。以后我又再次去祀祷并许愿说，如果能得到灵验，一定要刻块石碑把他的事迹记下来。不久，果然下了一场雨，遂给他立了一块碑。后来偶然看到唐末人石文德所著《唐朝新纂》一书，正好记载有李频的事。书上说，李频担任建州太守，死在任上。曹松曾经写了一首诗悼念他说："摆着仪仗到建水做官，却死在任上。辛苦吟成的诗集不要埋没在箧中，清贫无钱从此不必再为升迁发愁。在这烟瘴的地方竟没有一个儿子送终，遥远的岭外只留下一个可怜的遗孀。恐怕你只能怀着苦吟的灵魂，往东去飞回故乡。"他死后的事竟然穷困潦倒到这种地步。他的传记里又说："李频去世后送回故乡寿昌（今浙江建德南）时，是由故乡父老乡亲把他的灵柩安葬入土的。后来天下大乱，有盗墓的把他的坟挖了，县里人又帮助封掩起来。"这样，可见李频确是没有后代的。宋朝的《稽神录》也载了这件事，亦当成了李回。是因其作者徐炫没有很好的考证而造成的错误。

侍从官

自观文殿大学直到待制，都属于侍从官范围，这是国家有明文规定的，宋高宗绍兴三十一年，金国国君完颜亮死在广陵（今江苏扬州），高宗准备到建康（今江苏南京）去巡视，侍从众以名位不同为辞。岐公曰："思退亦侍从也。"然竟不克从。绍熙二年，吏部郑尚书侨上章乞荐士，诏令在内近臣台谏，在外侍从，各举六人堪充朝士者。吏部遍牒，但及内任从官与在外待制以上；而前宰相执政皆不预。安有从官得荐人，而旧弼乃不然，有司之失也。

存亡大计

国家大策，系于安危存亡。方变故交切，幸而有智者陈至当之谋，其听而行之，当如捧漏瓮以沃焦釜。而愚荒之主，暗于事几，且惑于谀佞孱懦者之言，不旋踵而受其祸败，自古非一也。曹操自将征刘备，田丰劝袁绍袭其后，绍辞以子疾不行；操征乌桓，刘备说刘表袭许，表不能用，后皆为操所灭。唐兵征王世充于洛阳，窦建德自河北来救，太宗屯虎牢以扼之，建德不得进，其臣凌敬请悉兵济河，攻取怀州、河阳，逾太行，入上党，徇汾、晋，趣蒲津，蹈无人之境，取胜可以万全，关中骇震，则郑围自解。诸将曰："凌敬书生，何为知战事，其言岂可用？"建德乃谢敬。其妻曹氏，又劝令乘唐国之虚，连营渐进，以取山北，西抄关中，唐必还师自救，郑围何忧不解。建德亦不从，引众合战，身为人官们联名上奏章劝阻，还准备集体向皇帝面奏，当时岐国公汤思退以观文殿大学士的资格担任行宫留守，让人传话说也想参加联名，大家以为不属于同一系列的官员，而拒绝他参加。岐公说："思退也是侍从官也。"他终究未被同意参加。光宗绍熙二年，吏部尚书郑侨上奏皇帝，要求举荐人才，皇帝下诏，让在近臣、台谏各官和在外侍众官们各举荐六名能够充当朝廷官员的人才。于是吏部便发出通知给见任侍从官和在外待制以上的官员，让他们荐人，可是却没有让当过宰相执政的大臣参加。难道有侍从官都可以举荐人才而老宰相却不能荐人的吗？这是吏部官员的失误。

存亡大计

国家重要决策，关系到安危存亡。当各种变故交织在一起时，幸而有聪明的人提出正确的谋略，听从他们的话去实行，好比捧着漏的瓮去浇烧焦的锅一样可救急。而愚昧的君主，看不清全局形势，而且容易被谄媚小人的话迷惑，这样的人必然很快就会垮台，自古以来这样的例子不止一个了。曹操曾亲自领兵去征伐刘备，田丰劝袁绍趁机袭击曹操的后方，袁绍借口儿子有病而不出兵；曹操领兵去攻打北方的乌桓，刘备劝说刘表趁机从南方袭击曹操的后方许都（今河南许昌），刘表没有采纳他的建议，结果袁绍、刘表都先后被曹操所灭。唐朝时唐兵去洛阳攻打郑国的王世充，窦建德从河北出兵来救援，唐太宗李世民把军队屯于虎牢关来阻挡，窦建德攻打不进，他的部下凌敬献计让建德把兵渡过黄河，占领怀州、河阳（今河南沁阳、孟县），再翻过太行山，进入山西上党（今长治）境内，沿汾水晋州（今擒，国随以灭。唐庄宗既取河北，屯兵朝城，梁之君臣，谋数道大举，令董璋引陕、虢、泽、潞之兵趣太原，霍彦威以汝、洛之兵寇镇定，王彦章以禁军攻郓州，段凝以大军当庄宗。庄宗闻之，深以为忧。而段凝不能临机决策，梁主又无断，遂以致亡。石敬瑭以河东叛，耶律德光赴救，败唐兵而围之，废帝问策于群臣。时德光兄赞华。因争国之故，亡归在唐，吏部侍郎龙敏请立为契丹主，令天雄、卢龙二镇分兵送之，自幽州趣西楼，朝廷露檄言之，虏必有内顾之虑，然后选募精锐以击之，此解围一算也，帝深以为然。而执政恐其无成，议竟不决，唐遂以亡。皇家靖康之难，胡骑犯阙，孤军深入，后无重援，亦有出奇计乞用师捣燕者，天未悔祸，噬脐弗及，可胜叹哉！

临汾）直指蒲津关（今永济西），这一段路没有唐兵，必然如入无人之境，是取胜的万全办法，使关中地区（今陕西西安一带）震动，洛阳之围就可以解了。可是，窦建德部下将军们却说："凌敬不过是个书生，懂得什么军事，他的话是不能采用。"窦建德便谢绝了凌敬的建议；窦建德的妻子曹氏，又劝他趁唐国后方空虚，集中兵力，稳扎稳打，夺取山北地方，再向西包抄关中，唐兵必然要回来救援，郑国的包围便自然而解。窦建德仍未听从，而领兵与唐兵进行硬拼，结果被唐兵活捉，他的国家也随之灭亡。五代的后唐庄宗占领河北地方后，屯兵于朝城，后梁君臣商议，决定分兵几路大举进攻，让董璋领陕州、虢州、泽州、潞州（今河南陕县、灵宝，山西晋城、长治）四州之兵攻打太原；霍彦威领汝州和洛阳的兵攻打镇定（今河北石家庄一带），王彦章领禁军攻郓州（今山东郓城），而以招讨使段凝统帅主力去抵挡唐庄宗。庄宗得知这消息，十分担忧，但是由于段凝不能当机决策，后梁国君又优柔寡断，拖延不出兵，结果导致灭亡。后唐的河东节度使石敬瑭叛乱，契丹部落的领袖耶律德光领兵去救援他，打败了来征伐的唐兵，并把唐兵包围起来。后唐废帝听到这消息，向群臣征求对策。当时耶律德光的哥哥耶律赞华，因和德光争夺王位失败，逃亡在后唐，吏部侍郎龙敏便请求策立赞华为契丹国王，让天雄、卢龙两镇（管辖河北大名至北京以北一带）节度使派兵送他回国即位，经幽州（今北京西南）直往西楼（今内蒙古林西），朝廷再出檄文通告这项决定。契丹必然担心国内争位乱起，军心动摇，这时再派精兵去袭击他，这是解围的一个方法，废帝也觉得是个好办法。可是执政的大臣怕没有把握，迟疑不决而失去时机，后唐也因此而亡国了。我们大宋经历

唐人诗不传

韩文公《送李础序》云："李生温然为君子，有诗八百篇，传咏于时。"又卢尉墓志云："君能为诗，自少至老，诗可录传者，在纸凡千余篇。无书不读，然止用以资为诗。任登封尉，尽写所为诗，投留守郑余庆，郑以书荐于宰相。"观此，则李、卢二子之诗多而可传。又裴迪与王维同赋辋川诸绝，载于维集，此外更无存者。杜子美有寄裴十诗云："知君苦思缘诗瘦。"乃迪也。其能诗可知。今考之《唐史·艺文志》，凡别集数百家，无其书，其姓名亦不见于他人文集，诸类诗文中亦无一篇。白乐天作《元宗简集序》云："著格诗一百八十五，律诗五百九。"至悼其死，曰：遗文三十轴，轴轴金玉声。"谓其古常而不鄙，新奇而不怪。今世知其名者寡矣，而况于诗乎！乃知前贤遗稿，湮没非一，真可惜也！

靖康之难，金国的兵侵犯国都东京（今河南开封），这时金兵孤军深入，又无有力的后援，当时亦有人献出奇计，请派精锐兵力趁机直捣金国后方幽燕一带的，大概是老天有意给大宋降下灾祸，而此计没被采用，以致后来后悔也来不及了，真是可叹啊！

唐人诗不传

韩愈《送李础序》中说："李生是个谦和的君子，作有诗八百篇，传诵于当时。"又《卢尉墓志》里说："卢君能写诗，从年青时写到老，值得抄录流传的诗，写在纸上的有一千多首。他无书不读，都用到了写诗上。担任登封尉的时候，抄写了自己的全部诗作，送请留守郑余庆审阅，余庆因此专门写了信，将这个人才推荐给宰相。"从这里来看，李、卢二人写的诗，是有很多可以流传的。又裴迪和王维共同写过描写辋川的很多绝句，这些载在王维的诗集里，此处裴迪便没有别的诗流传了。杜甫有《寄裴十》诗，诗中亦有"知君苦思缘诗瘦"的句子。裴十就是指裴迪，由此可见，他是能写诗的。如今查《旧唐书·艺文志》，共记有诗集的作家数百人，既没有裴迪的诗集，就连裴迪的姓名，在其他人的文集中也查不到，各类诗文中亦没有载他的一篇。白居易作《元宗简集序》说他"著有格诗一百八十五首，律诗五百零九首。"又有悼他去世时的诗说："遗文三十轴，轴轴金玉声。"评价他的诗文说是古老又平易但不鄙俗，新奇而不怪诞。可是现在知道他名字的人也很少了，何况他的诗作呢！由此可以知道，过去文人才子的遗作，湮没失传的绝不止一、两个人，这真是可惜啊！

泰誓四语

孔安国《古文尚书》，自汉以来，不列于学官，故《左氏传》所引者，杜预辄注为逸书。刘向《说苑·臣术篇》一章云："泰誓曰：'附下而罔上者死，附上而罔下者刑；与闻国政而无益于民者退，在上位而不能进贤者逐。'此所以劝善而黜恶也。"汉武帝元朔元年，诏责甲外不兴廉举孝。有司奏议曰："人附下罔上者死，附下罔上者刑；与闻国政面无益于民者斥，在上位而不能进贤者退。此所以劝善黜恶也。"其语与《说苑》所载正同。而诸家注释，至于颜师古，皆不能援以为证。今之《泰誓》，初未尝有此语也。汉宣帝时，河内女子得《泰誓》一篇献之，然年月不与序相应，又不与《左传》《国语》《孟子》众书所引《泰誓》同，马、郑、王肃诸儒皆疑之，今不复可考。

重阳上巳改日

唐文宗开成元年，归融为京兆尹，时两公主出降，府司供帐事繁，又俯近上巳曲江赐宴，奏请改日。上曰："去年重

泰誓四语

汉朝孔安国传释的《古文尚书》，自汉朝以来就没有被列入学生应读的经书中去，所以被《左传》里引用过的，杜预注释《左传》时，都注明引自亡佚的书。汉朝刘向所著的《说苑》一书里《臣术篇》一章里说：“《尚书·泰誓》说：‘迁就下边而蒙蔽上司的要处死，迎合上司而蒙蔽下级的受刑罚；参加管理国家大事的人如果不能对百姓谋福利的都要免职，担任高级职位而不能任用提拔有才能的人就应下台。’这是鼓励人多办好事而减少办坏事的方法。”汉武帝元朔元年，下旨批评内外官员不能提倡廉洁和举荐贤才，有关官员上奏章说：“凡迁就下属而蒙蔽上司的要处死，迎合上司而蒙蔽下级的应该惩罚；凡参加国家政权管理的，如果不能给百姓办好事的都要撤职。在上边的官位上，如不能任用有才能的人都应该免职，用这种方法来鼓励人多办好事，少办坏事。”这话和《说苑》里所载的话正一样。但是，各家在注释《尚书》时，直至唐朝奉旨考订五经的颜师古，都没有援引这些话以作旁证。现今的《泰誓》里，原来并没有这段话的。汉宣帝时，河内（今河南沁阳）有个女子，发现了一篇《泰誓》古文，献给了皇帝，但是文中的年月与次序有出入，又和《左传》《国语》《孟子》等书所引用的《泰誓》原文不同。所以司马迁、郑玄、王肃等学者都怀疑女子所献的书是一篇伪作，现在这些都很难考证了。

重阳上巳改日

唐文宗开成元年，归融担任京兆府尹时，正好有两个公主出生，府里和有关衙门供应物品和庆贺事宜，事情特别多，而时阳取九月十九日，未失重阳之意，今改取十三日可也。”且上巳、重阳，皆有定日，而至展一旬，乃知郑谷所赋《十日菊》诗云“自缘今日人心别，未必秋香一夜衰”，亦为未尽也。唯东坡公有“菊花开时即重阳”之语，故记其在海南艺菊九畹，以十一月望，与客泛酒作重九云。

田宅契券取直

《隋书·志》：“晋自过江，凡货卖奴婢马牛田宅，有文券，率钱一万，输估四百人官，卖者三百，买者一百。无文券者，随物所堪，亦百分收四，名为散估。历宋、齐、梁、陈，如此以为常。以人竞商贩，不为田业，故使均输，欲为惩劝。虽以此为辞，其实利在侵削也。”今之牙契投税，正出于此。田宅所系者大，奉行唯谨，至于奴婢马牛，虽著于令甲，民不复问。然官所取过多，并郡邑导行之费，盖百分用其十五六，又皆买者独输，故为数多者率隐减价直，赊立岁月，坐是招激讦诉。顷尝因奏对，上章乞蠲其半，使民不作伪以息争，则自言者必多，亦以与为取之义。既下有司，而户部引条制沮其说。

又临近三月初三的上巳节，皇帝照例要在这一天去京都郊外的风景区曲江大宴群臣。府尹实在忙不过来，但上奏请求改宴会日期。文宗说：“去年重阳节改为九月十九日，并没失去重九的本意，今年上巳就改为三月十三日吧。”自古以来，上巳、重阳都有固定的日期，但也有可延期到十天的例子。由此可知，唐朝诗人郑谷所作《十日菊》诗说：“自缘今日人心别，未必秋香一夜衰。”也是重阳没有过去的意思。唯有苏东坡有过“菊花开时即重阳”的诗句，是记他在海南做官时种菊花九畦，于十一月十五日与客人饮酒，仍能当作“重九”来过。

田宅契券取直

《隋书·食货志》上说：“自东晋迁都江南以后，凡货卖奴婢、牛马和田宅的，立有文书契约的，每交易一万钱的，要拿出四百钱来交公，卖方交三百，买方一百。没有文书契约的，也收百分之四，称作“散估”。经过南朝的宋、齐、梁、陈几个朝代，都这样征收已成了惯例。这样便引起了百姓们争去做商贩图利，顾不得种田了。所以改为设立均输官员负责，统一征收，买卖和运输货物以调剂各地的供应。目的是对贩运商贩加以惩劝。虽然拿这话当作理由，其实际上侵夺了商贩的不少实利。现在实行的牙税、契税，就来源于此。田地房屋的买卖，利害关系很大，所以执行得比较认真；至于奴婢马牛的交易，虽然明确地写在法令里面，但百姓并不认真执行。不过，官府从交易中抽税过多，而且地方衙门还要另抽导行费，得用百分之十五六，而且又是买方独自拿出，所以很多人常常隐瞒，减少实际交易的钱数，或延期不缴，以致经常引起纠纷诉讼。前些时我曾就这问题上

公子奚斯

《閟宫》诗曰："新庙奕奕，奚斯所作。"其辞只谓奚斯作庙，义理甚明。郑氏之说，亦云作姜嫄庙也。而《杨子法言》，乃曰：正考甫尝睎尹吉甫，公子奚斯睎正考甫。宋咸注文，以谓奚斯慕考甫而作《鲁颂》，盖子云失之于前，而宋又成其过耳。故吴祕又巧为之说曰："正考甫《商颂》盖美禘祀之事，而奚斯能作闵公之庙，亦睎《诗》之教也，而《鲁颂》美之。"于义迂矣。司马温公亦以谓奚斯作《閟宫》之诗。兼正考甫只是得《商颂》于周大师耳，初非自作也。班固、王延寿亦云奚斯颂鲁，后汉曹褒曰："奚斯颂鲁，考甫咏商。"注引薛君《韩诗传》云："是诗公子奚斯所作。"皆相承之误。

唐藩镇幕府

唐世士人初登科或未仕者，多以从诸藩府辟置为重。观韩文公送石洪，温造二处士赴河阳幕府，可见礼节。然其职甚劳苦，故亦或不屑为之。杜子美从剑南节度严武辟为奏给朝廷，写了奏章要求减免一半，使百姓们不再作伪造假，以平息纠纷，这样，自己主动报税的必然会增多，这也是“欲将取之必先与之”的意思。朝廷把这奏章批下给有关衙门研究，而户部则引证历史上的条例和制度，否定了这种改革的主张。

公子奚斯

《诗经·鲁颂·閟宫》篇里说：“新庙高大漂亮，乃是奚斯所作。”这两句意思是说庙是奚斯建造的，它的含义是十分明白的。郑玄注释也说建造的是姜嫄庙。可是杨雄著的《法言》这本书里有“正考甫曾仰慕尹吉甫，公子奚斯又仰慕正考甫。”宋咸在注释《法言》时。又说成奚斯慕考甫，才作《鲁颂》。这是杨雄弄错在前，而宋咸又进一步跟着肯定了这个错误说法。以致后来吴祕又加以虚浮的引申，说：“正考甫作《商颂》是为了赞美祭祀的事，而奚斯能作闵公庙，亦是仰慕《诗经·商颂》，所以作《鲁颂》来赞美。”这距《鲁颂·閟宫》的原义就更远了。司马光也以为《閟宫》这首诗是奚斯所作。另外，正考甫只是从周大师那里得到《商颂》，当初也不是他自己作的。班固、王延寿等人也说奚斯作《鲁颂》，后汉时的曹褒也说：“奚斯颂鲁，考甫咏商。”注释又引用了薛君的《韩诗外传》的注说：“《鲁颂》诗是公子奚斯所作。”这都是互相承袭了错误的说法。

唐藩镇幕府

唐朝时候的读书人刚考中进士或没有登科做官的，大都以能到各藩镇当幕僚为荣。读韩愈写的送石洪、温造二处士赴河阳军幕的两篇序文，可以看出做幕僚的地位之重要。但这种职参谋，作诗二十韵呈严公云："胡为来幕下，只合在舟中！束缚酬知己，蹉跎效小忠。周防期稍稍，太简遂匆匆。晓人朱扉启，昏归画角终。不成寻别业，未敢息微躬。会希全物色，时放倚梧桐。"而其题曰：《遣闷》，意可知矣。韩文公从徐州张建封辟为推官，有书上张公云："受牒之明日，使院小吏持故事节目十余事来，其中不可者，自九月至二月，皆晨入夜归，非有疾病事故，辄不许出，若此者非愈之所能也。若宽假之，使不失其性，寅而入，尽辰而退，申而人，终酉而退，率以为常，亦不废事。苟如此，则死于执事之门无悔也。"杜、韩之旨，大略相似云。

文中子门人

王氏《中说》，所载门人多贞观时知名卿相，而无一人能振师之道者，故议者往往致疑。其最所称高第，曰程、仇、董、薛，考其行事，程元、仇璋、董常无所见，独薛收在《唐史》有列传，踪迹甚为明白。收以父道衡不得死于隋，不肯仕，闻唐高祖兴。将应义举，郡通守尧君素觉之，不得务是十分辛苦的，所以有人并不想去干。杜甫被剑南节度使严武聘为参谋，曾作诗二十韵呈送给严武，诗里说：“为什么我要来任幕僚，还不如在船里钓鱼自在。现在受公务束缚是为酬答知己，消磨光阴也不过是为了贡献一点忠诚。保护自己的身心健康，稍注意点就行，处理公务却不能有一点马虎大意。黎明就得进入衙门大门里去办公，夜晚回来时城头的画角声早已沉寂，没有一点时间回我那草堂探望一下，因为不敢有一点放松自己的职责。希望能成全我疏放的本色，让我过倚着梧桐吟诗的闲散生活。”这首诗的题目叫《遣闷》，他的心情便由此可知了。韩愈被徐州节度使张建封聘为推官，有书信呈张建封说：“我受到聘书的第二天，就有节度使衙门的小职员送来了过去的制度项目十几件来，其中有些是做不到的，比如自九月到二月，都得凌晨进入衙门，夜里才能回家，除非有疾病事故外，一律不许外出，像这样的制度不是我能做得到的。如果能给一些宽松。使我能有点自己的时间，寅时去办公，辰时可以出来，申时再去办公，酉时结束可以告退，长期按这样做，也不会荒废公务的。如果能够这样，那么在这地方干到老死，我也不会后悔的。”杜甫和韩愈的用意，大致都是相似的。

文中子门人

文中子王通著的《中说》一书，记载了他学生的名字，这些学生后来大都成了唐太宗贞观年间的著名大臣，可是却没有一个人能够发扬王通学说的，所以后人议论这事的，往往提出怀疑。王通书中说他最得意学生有程、仇、董、薛四人，经考证他们的生平事迹，程元、仇璋、董常三人都不可考，只有薛收在去。及君素东连王世充，遂挺身归国，正在丁丑、戊寅岁中。丁丑为大业十三年，又为义宁元年，戊寅为武德元年，是年三月炀帝遇害于江都，盖大业十四年也。而杜淹所作《文中子世家》云："十三年江都难作，子有疾，召薛收谓曰：吾梦颜回称孔子归休之命。乃寝疾而终。"殊与收事不合，岁年亦不同，是为大可疑者也。又称李靖受《诗》及问圣人之道，靖既云："丈夫当以功名取富贵，何至作章句儒"，恐必无此也。今《中说》之后，载文中次子福峙所录云："杜淹为御史大夫，与长孙太尉有隙。"予按淹以贞观二年卒，后二十一年，高宗即位，长孙无忌始拜太尉，其不合于史如此。故或者疑为阮逸所作，如所谓薛收《元经传》，亦非也。

晋燕用兵

万事不可执一法，而兵为甚。晋文公围曹，攻门者多死，曹人尸诸城上。晋侯患之，听舆人之谋曰："称舍于墓。"言若将发冢者。师迁焉，曹人凶惧。因其凶而攻之，遂

《唐史》里有他的传记，生平十分清楚。薛收因为父亲道衡被隋炀帝迫害而死，所以不肯在隋朝做官，听到唐高祖李渊起兵反隋，打算前往响应，被河东太守尧君素发觉加以防范，才未能脱身去投李渊。后来尧君素连接在东边的王世充，薛收才有机会投唐，这事是在丁丑、戊寅年当中。丁丑是炀帝大业十三年，又是隋恭帝杨侑义宁元年，戊寅是唐高祖李渊武德元年。这年三月，隋炀帝被杀于江都（今江苏扬州），也就是大业十四年。但是，杜淹所做的《文中子世家》一文中却说："十三年炀帝遇难于江都，文中子有病，把薛收叫来对他说：我梦见颜回来传达孔子让我回归休息的命令。于是便很快病死了。"这段说法和《唐史·薛收传》记载的事不一致，时间上也有不同，这是一个很可疑的地方。又说到李靖从文中子受《诗经》和圣人之道。李靖既然曾说过"大丈夫主要以立功名而取得富贵，何必去做钻研四书五经章句的腐儒！"恐怕也不可能会有向文中子求教四书五经的事。现在《中说》一书后边，载有文中子二儿子福峙的附记，说："杜淹当御史大夫时，和太尉长孙无忌不和。"我说杜淹是唐太宗贞观二年死的。死后二十一年，唐高宗做了皇帝，长孙无忌才被拜为太尉，福峙的记载与历史太不相符了。所以有人怀疑是宋朝人阮逸的伪作，还有薛收的《元经传》，也不真是薛收的著作。

晋燕用兵

世界上各种事情千变万化，都不能固执地采用一种办法处理，而在用兵上更是如此。春秋时晋文公领兵包围了曹国，攻打城门的士兵死了很多，曹国人把这些尸体陈列在城墙上，向晋兵人曹。燕将骑劫攻齐即墨，田单纵反间言，吾惧燕人掘吾城外冢墓。燕军乃尽掘冢墓，烧死人，齐人望见皆涕泣，其欲出战，怒自十倍，已而果败燕军。观晋、燕之所以用计则同，而其成败顿异者何邪？晋但舍于墓，阳为若将发冢，故曹人惧；而燕真为之，以激怒齐人故尔。

李卫公帖

李卫公在朱崖，表弟某侍郎遣人饷以衣物，公有书答谢之，曰："天地穷人，物情所弃。虽有骨肉，亦无音书。平生旧知，无复吊问。阁老至仁念旧，再降专人，兼赐衣服器物茶药至多，开缄发纸，涕咽难胜。大海之中，无人拯恤，资储荡尽，家事一空，百口嗷然，往往绝食。块独穷悴，终日苦饥。唯恨垂没之年，须作馁而之鬼。十月末，伏枕七旬，药物陈裛，又无医人，委命信天，幸而自活。"书后云："闰十一月二十日，从表兄崖州司户参军同正李德裕状侍郎十九弟。"案，德裕以大中二年十月自潮州司马贬崖州，所谓闰十一月，正在三年，盖到崖才十余月尔，而穷困苟生已如是。《唐书》

示威，晋文公十分忧虑。有一个驾车的人献计说："把兵力迁移到曹国人祖先的墓地去，并且宣扬打算挖他们的祖坟。"晋文公听从此计，把兵营移向曹人坟地。曹国人看见后，恐惧得喧嚷骚动起来。晋兵便趁机而出兵突击，马上攻下了曹国都城。战国时期，燕将骑劫攻打齐国的即墨，守将田单派间谍去散布谣言，说他最害怕的是燕国人掘他城外的祖坟。燕军听了，真的去把城外的坟墓都挖开，把死的人尸骨堆起来烧掉。齐国人在城上看见后都哭了起来，纷纷要求出兵，愤怒增加十倍，结果把燕军打得大败。试看晋燕两国所用的计策相同，但成败结果相反，这是为什么呢？因为晋国驻兵于曹国坟地，假装要挖他们的祖坟，所以曹国人担心害怕；而燕国却真的去挖掘坟墓，以致激怒了齐国人的缘故。

李卫公帖

唐朝的宰相卫国公李德裕贬职到朱崖（今海南琼山东南）的时候，他有个担任侍郎的表弟派人给他送去一些衣物接济他。李德裕有书信答谢他，信中说："我这天地间的穷困人，现在受到社会人情的抛弃，虽然还有至亲骨肉存在，也不通音信了。生平的朋友故旧，也不再问候我，现在蒙你这个阁老怀着仁德的心，还记得故旧，又派专人来看，并赐给我衣服器物茶药等很多东西，打开你的来信，不由我忍不住落下涕泪。现在我处于大海之中的岛上，没有人救援和怜恤，手中一点钱也已花光了，家里一贫如洗，百口的家属饿得嗷嗷叫，往往绝食断顿。为孤独和穷苦变得憔悴，整天忍着饥饿，只恨我临到衰年，还得当个饿死鬼。十月末，病倒床上，躺了七十天，到处是药物，又没有良本传云："贬之明年卒。"则是此书既发之后，旋踵下世也。当时是宰相皆其怨仇，故虽骨肉之亲，平生之旧，皆不敢复通音问。而某侍郎至于再遣专使，其为高义绝俗可知，惜乎姓名不可得而考耳。此帖藏禁中，后出付秘阁，今勒石于道山堂西。绍兴中赵忠简公亦谪朱崖，士大夫畏秦氏如虎，无一人敢辄寄声，张渊道为广西帅，屡遣兵校持书及药石、酒面为馈。公尝答书曰："鼎之为己为人，一至于此。"其述酸寒苦厄之状，略与卫公同。既而亦终于彼，手札今尚存于张氏。姚崇曾孙勖为李公厚善，及李谮逐，擿索支党，无敢能劳问。既居海上，家无资，病无汤剂，勖数馈饷候问，不傅时为厚薄，其某侍郎之徒与！

好的医生，只好听天由命，幸而如今还能活着。”书信后边记着：“闰十一月二十日，从表兄崖州司户参军同正李德裕回复报告给侍郎十九弟。”按，李德裕是在唐宣宗大中二年从潮州司马贬到崖州（今琼山），信里说的闰十一月正是大中三年，这距他到崖州才十几个月，而穷困便到了这种地步。《唐书》里他的传记中说他：“贬职的第二年去世。”那么，该在这封信送发后，不多天便病故了。当时当权的宰相都是他的冤家对头，所以虽是骨肉之亲，平生故交，也都不敢和他通信问候，可是这个侍郎却敢派出专人去探望，他的高尚品质和义气，远远超过了世俗人情，是可以明显地看出来的，可惜他的姓名却无法考察了。李德裕写的这封信，原收藏在皇宫大内，后来才移交给管理图书档案的秘阁，现代已刻成石碑，树立在道山堂的西南。宋高宗绍兴年间，忠简公赵鼎亦被贬官到朱崖，大小官员害怕宰相秦桧像怕老虎一样，没有一个人敢向赵鼎传话问候。而在广西当军队统帅的张渊道却屡次派兵和下属军官拿着书信和药物，酒、面去探望他。赵鼎曾经回信说：“我自问一生没有对自己和人家做过亏心事，可是现在竟潦倒到这种地步。”他诉说自己辛酸穷苦的状况大致和李德裕一样。以后也死在崖州，他写的信至今还保存在张家。唐朝宰相姚崇的孙子姚勖，是李德裕较要好的朋友，等到李德裕因谮言被放逐后，还要揭发搜寻他的同党，所以没有人敢向李德裕通信问候。后来李德裕又贬到海南岛上，家里没钱，生病没药，姚勖几次送去粮食药品，并致以问候，不怕时人议论短长，他也是和某侍郎一样的人啊！

王孙赋

王延寿《王孙赋》，载于《古文苑》，其辞有云“颜状类乎老翁，躯体似乎小儿”，谓猴也。乃知杜诗“颜状老翁为”盖出诸此。

汉郡国诸官

西汉盐铁、膳羞、陂湖、工服之属，郡县各有司局斡之，其名甚多，然居之者罕，尝见于史传。今略以《地理志》所载言之，凡铁官三十八，盐官二十九，工官九，皆不暇纪其处。自余若京兆有船司空，为主船官。太原挏马官，主牧马，（元名家马官），辽东有牧师官，交趾有羞官，南郡有发弩官，严道有水官，丹阳有铜官，桂阳有金官，南海有洭浦官，南郡江夏有云梦官，九江有陂官，湖官，朐忌、鱼复有橘官，鄱阳黄金采，主采金，亦有官。在内则奉常之均官、食官；司农之斡官；少府之大官主膳食，汤官主饼饵，导官主择米，如是者盖以百数。

王孙赋

汉朝王延寿作的《王孙赋》，载于《古文苑》这本书里。其中有一句说“面貌形状类似老翁，身体躯干似乎小孩”，形容的是猴，从此可知道杜甫诗“颜状老翁为”的出处就在这里。

汉郡国诸官

西汉时，买卖盐铁，制作饮食，陂湖水利，手工技艺的，各州县都设有专门官吏去管理，名目很多，但真正派有官员到任的却很稀少，这在史传中是可以看到的。现在从《汉书·地理志》中记载的简单说一下。全国共有铁官三十八个，盐官二十九个，工官九个，但都没记载他们设在什么地方。其余的如京兆（今陕西西安）有船司空，是管理船只的官员。太原有挏马官，主管放牧马群（原名家马官），辽东有个牧师官，交趾（今广东、广西一带）有管饮食的羞官，南郡（今湖北江陵）有发弩官，严道（今四川荥经）有水官，丹阳（今安徽当涂）有铜官，桂阳郡（今属湖南）有金官，南海郡（今广东）有洭浦（今广东英德西南，为古水，溱水汇合处）官，南郡江夏（今湖北云梦县东）有云梦官，九江有陂官、湖官、朐忌（今四川云阳西）、鱼复（今四川奉节）有橘官，鄱阳黄金采，主管采金矿，也有官。在朝廷内则在祭祀礼乐的奉常（太常寺衙门的古称）衙门下，设有管乐器的均官，管祭品的食官；司农卿衙门下又设有管粮食贩卖的斡（音管）官；管皇宫日常生活供应的少府衙门下，又设有管皇帝膳食有大官，管糕饼的汤官，管选米的导官，像这样的官职真是数以百计了。

汉狱名

汉以廷尉主刑狱，而中都它狱亦不一。宗正属官有左右都司空。鸿胪有别火令丞，郡邸狱。少府有若卢狱令，考工共工狱。执金吾有寺互、都船狱。又有上林诏狱，水司空掖受秘狱，暴室、请室、居室、徒官之名。《张汤传》苏林曰："《汉仪注》狱二十六所。"《东汉志》云："孝武帝所置，世祖皆省之。"有汉洎唐，虽鞫囚非一处。然不至如是其多。国朝但有大理及台狱，元丰、绍圣间，蔡确、章子厚起同文馆狱之类，非故事也。

汉狱名

汉朝是由廷尉主管刑事和监狱的，但有京城里其他有以审案和监禁犯人的衙门也不止一处。宗正府属官就有管审案和监禁犯的左右司空两员。鸿胪寺衙门有别火令丞和郡邸狱。少府衙门又设有若卢狱令，考工衙门也有共工狱。执金吾使衙门有寺互、都船狱。还有上林诏，水司空掖受秘狱，以及暴室、请室、居室、徒官等监狱名称。《汉书·张汤传》有苏林说："《汉仪注》记载的监狱有二十所。"《后汉书志》里又说："各监狱是西汉武帝时设立的，东汉光武帝把这些监狱都取消了。"从东汉到唐朝，虽然有权审问和囚禁犯人的衙门不止一处，但不至于这样众多。我们宋朝，只有大理寺衙门和台狱管审案和监禁囚犯。至于宋神宗元丰至哲宗绍圣年间，蔡确、章惇曾兴起的同文馆狱之类，那是和历史上的监狱没有承袭关系的。

卷二（十八则）

权若讷冯澥

唐中宗既流杀五王，再复武氏陵庙。右补阙权若讷上疏，以为："天地日月等字，皆则天能事，贼臣敬晖等轻紊前规，削之无益于淳化，存之有光于孝理。又神龙制书一事以上，并依贞观故事，岂可近舍母仪，远尊祖德。"疏奏，手制褒美。钦宗在位，惩王安石、蔡京之误国，政事悉以仁宗为法。左谏议大夫冯澥上言："仁宗皇帝，陛下之高祖也，神宗皇帝，陛下之祖也，子孙之心，宁有厚薄？王安石、司马光皆天下之大贤，其优劣等差，自有公论，愿无作好恶，允执厥中，则是非自明矣。"诏榜朝堂。侍御史李光驳之，不听，复为右正言崔鶠所击。宰相不复问，而迁澥吏部侍郎。按若讷与澥两人，议论操持绝相似，盖澥在崇宁中，首上书乞废元祐皇后，自选人除寺监丞，其始终大节，不论可见。建炎初元，乃超居政地，公议愤之。

权若讷冯澥

唐中宗即位后流放和杀掉五位亲王，又恢复了武氏的陵庙。右补阙权若讷上奏疏说："天地日月等新字体，都是武后所创造的，贼臣敬晖等轻率地混乱从前的制度，如果把这些字废除，并无益于淳厚风俗教化，如果保存下来，还有发扬孝道的表示。又神龙年间所颁布的诏书这件事，一并依据唐太宗贞观时的旧例，怎能舍弃母亲的近亲，而去推崇较远祖先的道德呢？"这份奏疏送到中宗那里，中宗特加了批语表扬他讲得好。宋钦宗在位的时候，谴责了王安石、蔡京等人的误国，所有政策都仿效宋仁宗时的做法。左谏议大夫冯澥上书提议说："仁宗皇帝是陛下的高祖，神宗皇帝，是陛下的祖父，子孙敬祖的心，难道还分厚薄吗？王安石、司马光都是神宗时名闻天下的大贤人，他们的优劣好坏，自有天下人的公论，希望陛下不要先有成见，要公平中肯地客观看问题，那么他们的是非就自然看得明白了。"钦宗见了这件奏章，便下令公布于朝堂内让大臣们议论。侍御史李光驳斥冯澥，冯澥不同意他的说法；后来，右正言崔鶠，对冯澥也进行严厉批评。宰相不去过问这件事，反而把冯澥升任吏部侍郎。权若纳和冯澥这二人，他们的议论和他们的品行十分相似，冯澥在宋徽宗崇宁年间，便首先上书要求废掉元祐皇后孟氏，因而他才从后补官员被任命为寺监丞，他一生大节，不必评论就可看得清楚。宋高宗建炎初年，竟然上升到执政核心地位，社会舆论是十分不平的。

岁旦饮酒

今人元日饮屠酥酒，自小者起，相传已久，然固有来处。后汉李膺、杜密以党人同系狱，值元日，于狱中饮酒，曰：“正旦从小起。”《时镜新书》晋董勋云：“正旦饮酒先从小者，何也？勋曰：‘俗以小者得岁，故先酒贺之，老者失时，故后饮酒。’”《初学记》载《四民月令》云：“正旦进酒次第，当从小起，以年小者先起。”唐刘梦得、白乐天元日举酒赋诗，刘云：“与君同甲子，寿酒让先杯。”白云：“与君同甲子，岁酒合谁先？”白又有《岁假内命酒》一篇云：“岁酒先拈辞不得，被君推作少年人。”顾况云：“不觉老将春共至，更悲携手几人全。还丹寂寞羞明镜，手把屠苏让少年。”裴夷直云：“自知年几偏应少，先把屠苏不让春。倘更数年逢此日，还应惆怅羡他人。”成文干云：“戴星先捧祝尧觞，镜里堪惊两鬓霜。好是灯前偷失笑，屠苏应不得先尝。”方干云：“才酌屠苏定年齿，坐中皆笑鬓毛斑。”然则尚矣。东坡亦云：“但把穷愁博长健，不辞最后饮屠酥。”其义亦然。

岁旦饮酒

现在人于正月元旦都要喝屠酥酒，由年纪小的人先喝，相传已很久了，这是有它的来源的。后汉时李膺、杜密以同属党人被囚禁在监狱中，逢元旦，在狱中喝酒，说：“过元旦要从年小的先喝。”《时镜新书》里记在晋朝时董勋的话：“元旦时饮酒先从年小的开始，这是为什么？董勋说：‘旧时风俗以年纪小的，还有很多年可以过，所以先饮酒，以表示对他的祝贺；老年的，已失去很多岁月，所以后饮酒。’”《初学记》转引的《四民月令》说：“元旦饮酒，当从小起，从年小的人开始先喝。”唐朝刘禹锡、白居易在元旦饮酒吟诗，刘说：“和你年岁相同，寿酒请你先喝。”白居易说：“和你年岁相同，寿酒该谁先喝？”白居易又有《岁假内命酒》一首诗说：“岁酒先喝推辞不掉，是因为被推为年小的人。”顾况诗里说：“不觉年老和春节一齐来到，更伤感的是过去朋友还有几人在世。没有长生仙丹的孤独老人害怕照镜，手里捧着屠苏酒让少年先喝。”裴夷直诗里说：“自知我的年纪最小，先捧起屠苏酒不把青春让别人。假如再停几年逢到今天的日子，又该惆怅地羡慕比自己更年轻的人。”成文干诗里说：“黎明星辰未落时就捧起贺年的酒杯，对着镜子吃惊自己已经两鬓白发。只好在灯前偷偷地一笑，屠苏酒不应该由我先喝了。”方干的诗里说：“刚饮屠苏酒时排定年龄大小，在座的人都笑那两鬓白发的人。”这些诗都以看出元旦饮屠苏酒的风尚。苏东坡诗里亦说：“只管安心受穷愁只要能换得身体健康，又何必怕最后去饮屠酥酒呢？”其意思也是一样的。

存殁绝句

杜子美有《存殁》绝句二首云："席谦不见近弹棋，毕曜仍传旧小诗。玉局他年无限笑，白杨今日几人悲。""郑公粉绘随长夜，曹霸丹青已白头。天下何曾有山水，人间不解重骅骝。"每篇一存一殁。盖席谦、曹霸存，毕、郑殁也。黄鲁直《荆江亭即事》十首，其一云："闭门觅句陈无己，对客挥毫秦少游。正字不知温饱未，西风吹泪古藤州。"乃用此体。时少游殁而无已存也。近岁新安胡仔著《渔隐丛话》，谓鲁直以今时人形入诗句，盖取法于少陵，遂引此句，实失于详究云。

汤武之事

汤、武之事，古人言之多矣。惟汉辕固、黄生争辩最详。黄生曰："汤、武非受命，乃杀也。"固曰："不然，桀、纣荒乱，天下之心皆归汤、武。汤、武因天下之心而诛桀、纣，不得已而立，非受命为何？"黄生曰："冠虽敝必加于首，履虽新必贯于足。今桀、纣虽失道，君上也；汤、武虽圣，臣下也；反因过而诛之，非杀而何？"景帝曰："食肉毋食马肝，未为不知味，言学者毋言汤、武受命，未为愚。"遂罢。颜师古注云："言汤、武为杀，是背经义，故以马肝为喻也。"《东

存殁绝句

杜甫作有《存殁》绝句二首说："近来不见席谦玩弹棋，毕曜的小诗依旧在世上流传。白玉的棋盘他年还会展开笑颜，迎风的白杨今天又响起多少人的悲声。""郑虔的绘画已随着漫长的黑夜去了，曹霸的绘画随着时间已生了满头白发。天下谁的山水画能比得上郑虔，人世上很多人不懂得曹霸画马的宝贵啊。"每篇写一个在世的人一个去世的人。席谦、曹霸仍活着，毕曜、郑虔已经故世了。黄庭坚的《荆江亭即事》诗十首，其一首中说："陈无己是关着房门推敲诗句，秦少游是对着客人挥笔写诗。正字（陈无己官职名）不知道是不是得到温饱，西风吹着悲泪悼念死在古藤州的秦少游。"也是用这种写法。当时少游已死而陈无己还在世。近年来新安（今安徽绩溪）人胡仔著有《苕溪渔隐丛话》，谓黄庭坚是以现代在世人的形象写诗句，是模仿杜甫的手法，才写出这样诗句，其实胡仔未能深入考究以致弄错了。

汤武之事

商汤和周武王的事情，古人议论的已经很多了。唯有汉朝的辕固和黄生二人争辩的观点最详明。黄生说："商汤和周武王不是受命于天当上国君的，而是靠杀了旧君才当上国君的。"辕固说："不然，夏桀和殷纣王是荒淫残暴的国君，当时天下人心已转向商汤和周武，商汤和周武是先获得天下人心才去诛杀桀、纣，这是不得已的事，民心就是天心，这不是受命于天又是什么呢？"黄生说："帽子虽然破旧，仍然得戴在头上；鞋子虽新，只能穿在脚上，如今桀、纣虽然无道，终久仍是君王；商汤和周武虽然是圣人，终久仍是臣子，反因君主有过就把他们杀掉，这坡志林》云："武王非圣人也，昔者孔子盖罪汤、武。伯夷、叔齐不食周粟，而孔子予之，其罪武王也甚矣。至孟轲始乱之，使当时有良史，南巢之事，必以叛书；牧野之事，必以弑书。汤、武仁人也，必将为法受恶。"可谓至论。然予切考孔子之序《书》，明言伊尹相汤伐桀，成汤放桀于南巢；武王伐商，武王胜商杀受，各蔽以一语，而大指皦如，所谓六艺折衷，无待于良史复书也。

张释之传误

《汉书》纪、传、志、表，矛盾不同非一，然唯张释之为甚。本传云"释之为骑郎，事文帝十年不得调，亡所知名，欲免归。中郎将爰盎惜其去，请徙补谒者，后拜为廷尉，逮事景帝，岁余，为淮南相。"而《百官公卿表》所载，文帝即位三年，释之为廷尉，至十年，书廷尉昌、廷尉嘉又二人，凡历十三年，景帝乃立，而张驱为廷尉，则是释之未尝十年不不是杀弑又是什么？”汉景帝说：“吃肉的人不吃有毒的马肝，未必就是不知道肉味；讲究学问的人不说商汤、武王是受天命当君主的，也不一定就愚昧无知。”于是才停止争论。唐朝的颜师古注解这一段话时说：“主张汤、武是杀君的，是违背了经书上本义的，所以才用马肝做比喻。”《东坡志林》里讲：“武王不能算是圣人，过去孔子也是责备商汤和武王的。伯夷、叔齐不愿吃周朝的粟米而饿死，孔子给他们以很高评价，这也等于狠狠责备了周武王。直到孟子的书里，才把这种看法混乱颠倒过来。假如当时有比较好的史官，商汤把夏桀流放到南巢（今安徽巢县南），一定会记成商汤叛乱；周兵大战殷纣王于牧野（今河南淇县南），一定会记成周武王弑君。商汤、武王都是仁德的人，也必然会依据法规接受弑君犯上的恶名。”这一段可以说十分中肯的议论。但是我考查了孔子给《尚书》写的序言，明确地说过，伊尹做成汤的丞相起兵征伐桀，成汤把夏桀流放到南巢；武王征伐殷商，武王获胜而杀纣王，各给他们一句有好有坏的评语，把自己的观点说得十分明白透彻，这就是六艺里讲的折中方法，这样便不需要什么良史重新去评写历史了。

张释之传误

《汉书》内文分纪、传、志、表几种体裁，其中相互矛盾的记载不止一处，其中尤以关于张释之的记载矛盾更多。书里本传记载说：“释之担任骑郎的官，在汉文帝手下，十年没有升迁，他的名字被人淡忘了，所以打算辞职回家。中郎将爰盎惋惜他的离去，上奏章请调升他为谒者的官，后来又升任廷尉；到汉景帝即位一年多，又调任淮南王的丞相。”可是在《百官公卿表》里调，及未尝以廷尉事景帝也。

张于二廷尉

张释之为廷尉，天下无冤民。于定国为廷尉，人自以不冤。此《汉史》所称也。两人在职皆十余年。周勃就国，人上书告勃欲反，下廷尉逮捕，吏稍侵辱之，勃以千金与狱吏，吏使以公主为证，太后亦以为无反事，乃得赦出。释之正为廷尉，不能救，但申理犯跸、盗环一二细事耳。杨恽为人告骄奢不悔过，下廷尉按验，始得所与孙会宗书，定国当恽大逆无道，恽坐要斩。恽之罪何至于是？其徇主之过如此。传所谓决疑平法，务在哀矜者，果何为哉！

汉唐置邮

赵充国在金城，上书言先零、罕羌事，六月戊申奏，七月甲寅玺书报从其计。案，金城至长安一千四百五十里，往反倍之，中间更下公卿议臣，而自上书至得报，首尾才七日。唐所记的，汉文帝即位的第三年，释之就任廷尉，至汉文帝十年，又记载有廷尉昌、廷尉嘉二人的名字，又停十三年，汉景帝才即位，这时任廷尉的是张驱。根据这个表记载，则张释之并没有十年不得调升，更没有在汉景帝时担任过廷尉。

张于二廷尉

张释之担任廷尉时，天下没有受冤狱的百姓。于定国担任廷尉的时候，人们自以为不会受到冤狱。这是《汉书》里所说的话。两人在职都有十几年。绛侯周勃回到自己封地时，有人诬告他谋反，皇帝下诏让廷尉逮捕审问。狱吏对周勃稍加以辱骂虐待，周勃拿了一千两黄金交给狱吏，狱吏便给他出主意，请公主证明他没有谋反的心，后来太后亦以为周勃没有谋反的事，才算释放了来。当时，张释之正担任着廷尉，却不能救援周勃这位大功臣，只是审问处理了犯禁和偷盗二件小案子而已。大臣杨恽被人控告，他在狱中仍然居功自骄毫不悔过，皇帝下诏令让廷尉审查，才获得杨恽给孙会宗的一封信。于定国以为这信中有大逆不道的语言，遂因以判决，腰斩了杨恽。杨恽固然有罪，也不至于重判到这种程度，这完全是因为于定国知道皇帝讨厌杨恽，而迎合了主子的心意。史传上说他们所谓能决断疑按，公平执法，尽量怜恤犯人，又究竟是什么原因呢？

汉唐置邮

汉朝大将赵充国驻防金城（今甘肃兰州西南）时，上书奏告平服先零、罕羌两个少数民族部落的计划，六月戊申日派人往京送奏章，到七月甲寅日便收到了盖有玺印回批，同意他的计开元十年八月己卯夜，权楚璧等作乱，时明皇幸洛阳，相去八里余里。壬午，遣河南尹王怡如京师按问宣慰，首尾才三日。置邮传命，既如此其速，而廷臣共议，盖亦未尝淹久，后世所不及也。

龙且张步

韩信击赵，李左车劝陈馀勿与战，馀曰："今如此避弗击，诸侯谓吾怯，而轻来伐我。"遂与信战，身死国亡。是时，信方为汉将，始攻下魏、代，威声犹未暴白，陈馀易之，尚不足讶。及灭赵服燕，则关东六国，既定其四矣，信伐齐，楚使龙且来救。或言汉兵不可当，龙且曰："吾平生知韩信为人易与耳，不足畏也，何为而止？"一战而没，项随之亡。耿弇讨张步，斩其大将军费邑，走邑之弟敢，进攻西安、临淄，拔其城，又走其弟蓝，势如破竹。先是，弇已破尤来、大枪、延岑、彭宠、富平、获索矣。时步所盗齐地，太半为弇所得。然步犹曰：以尤来、大彤十余万众，吾皆即其营而破之。今弁兵少于彼，又皆疲劳，何足摧乎？"竟出兵大战，兄弟成擒。兵法云："知彼知己，百战不殆。"龙且、张步，岂复识此哉！梁临川王宏伐魏，魏元英御之，宏停军不前。魏人劝英进据洛水，英曰："萧临川虽骏，其下有良将韦、裴之属，未可轻也。宜且观形势，勿与交锋。"宏卒败退，英之识见，非划。按，金城离京师长安共一千四百五十里，往返一趟又要加倍，中间还有发奏章发给大臣们讨论的时间，可是从上书到回报，头尾只有七天时间。唐朝开元十年八月己卯日夜里，权楚璧等在京师发动一次暴乱，当时唐玄宗正在洛阳，壬午日，便派了河南尹王怡来到京师审问暴乱的犯人和慰问平乱官兵，首尾亦只有三天。设立邮驿传达命令信息，不但这么快速，而朝廷大臣共同商议事情，亦没有一点拖延，这是后来各朝代的人所比不上的。

龙且张步

韩信领兵去征讨赵国，李左军劝赵国的主帅代王陈馀不要和韩信打仗。陈馀说："如果逃避不和他交战，诸侯会认为我懦弱害怕，以后都会来攻打我们的。"遂与韩信交战，结果战败被杀，赵国也亡了。这时候，韩信刚当上汉朝大将，开始攻打魏、代的时候，他的威力和声名还没有显示出来，陈馀认为容易对付，这还不足怪。等到灭了赵国、燕国以后，则关东的六国，已被韩信灭掉了四个。后来韩信又去征伐齐国，楚国派了龙且来救援。有人告诉龙且说汉兵是很难于抵挡得住的。龙且说："我平生深知韩信这个人是很容易对付的。不足害怕他，何必按兵不动？"结果打了一仗，全军覆没，楚霸王项羽也在不久后灭亡了。东汉时耿弇去征伐张步，杀了张步的大将费邑，击败了费邑的弟弟费敢，接着进攻西安（今山东益都西）、临淄（今山东益都），占领了这二域，又击败张步的弟弟张蓝，一路势如破竹。先是耿弇已经攻破了尤来、大枪、延岑、彭宠、富平、获索这些山东的地方和部队。这时张步所占领的齐国地方，大部分都已被耿弇占领了。可是张步还说："过去尤来、大肜等地十几万兵前人可比也。然遂进军围钟离，魏邢峦以为不可，魏主召使还，英表称必克，为曹景宗，韦睿所挫，失亡二十余万人。智于前而昧于后，为可恨耳！

义理之说无穷

经典义理之说最为无穷。以故解释传疏，自汉至今，不可概举，至有一字而数说者。姑以《周易·革卦》言之，“已日乃孚，革而信之。”自王辅嗣以降，大抵谓即日不孚，已日乃孚，已字读如矣音，盖其义亦止如是耳。唯朱子发读为戊己之己。予昔与《易》僧昙莹论及此，问之曰：“或读作己（音纪）日如何？”莹曰：“岂唯此也，虽作巳（音似）日亦有义。”乃言曰：“天元十干，自甲至己，然后为庚，庚者革也，故己日乃孚，犹云从此而革也。十二辰自子至巳六阳，数极则变而之马，我都能立刻攻破他们的营寨而击败他们，如今耿弇兵比他们的少，又都连续作战疲劳，我用不了多少力量就可以将其摧毁。”便出兵与耿弇大战，结果张步兄弟二人统统被耿弇活捉。兵法上说：“知彼知己，百战不殆。”龙且、张步岂不能懂得这一点呀！南朝时梁国的临川王萧宏去征伐北魏，北魏派大将元英领兵抵御，萧宏便扎营不前进，准备作战。北魏有人劝元英引兵前进占据洛水，元英说：“萧宏虽然是个愚笨的人，但他手有韦、裴这几员良将，是不能轻视的。宜停兵观察一下形势，现在还不能和他们作战。”结果，萧宏终于败走。元英的见识，是前人所比不上的。但是元英因此而率兵挺进，包围了钟离（今河南泌阳境内），魏国的邢峦以为不可孤军深入，魏国国君也下令召元英回来，元英表示一定能够攻占这城，结果被梁国的曹景宗、韦睿打得大败，损失兵员二十多万人。元英有智谋在前，却又愚昧在后，实在可恨得很！

义理之说无穷

经典著述里讲的道理是深厚无穷的，所以各种注释和讲解的本子，自汉朝到现在，多的不胜枚举，甚至一个字而有好几种不同说法的。拿《周易·革卦》来说，其中“已日乃孚，革而信之”一句话，自三国时王弼（字辅嗣）注释《周易》以来，大体上都把这句话解释成“当日还不能取得诚信，到已日才能孚信于天下万民，已字应读为矣音，因这句话的意思也是这样。唯有朱熹主张读作戊己的己。我过去和研究《易经》的和尚昙莹讨论过这个问题，问他说：“或者读作己（音纪）日行不行？”昙莹说：“岂止只这一种说法？就是读作巳（音似）亦能解释得通。”于阴，于是为午，故巳日乃孚，犹云从此而变也。”用是知好奇者欲穿凿附会，固各有说云。

开元五王

唐明皇兄弟五王，兄申王㧑以开元十二年，宁王宪、邠王守礼以二十九年，弟岐王范以十四年，薛工业以二十二年薨，至天宝时已无存者。杨太真以三载方入宫，而元稹《连昌宫词》云：“百官队仗避岐、薛，杨氏诸姨车斗风。”李商隐诗云：“夜半宴归宫漏永，薛王沉醉寿王醒。”皆失之也。

巫蛊之祸

汉世巫蛊之祸，虽起于江充，然事会之来，盖有不可晓者。武帝居建章宫，亲见一男子带剑人中龙华门，疑其异人，命收之，男子捐剑走，逐之弗获。上怒，斩门侯，闭长安城门，大索十一日，巫蛊始起。又尝昼寝，梦木人数十，持杖欲击己，乃惊寤，因是体不平，遂苦忽忽善忘。此两事可谓异矣。木将腐，蠹实生之。物将坏，虫实生之。是时帝春秋已高，忍而好杀，李陵所谓法令无常，大臣无罪夷灭者数十是他解释说："天元分为十干，从甲至己，己以后是庚，庚就是革，所以说"己日乃孚"，意思就是说从此而开始变革了。十二辰从子到巳共六个数。应该为阳，数到极点就要变，变就成为阴，于是下边就是午，午属阴，所以"巳日乃孚"，可以解释为从这里开始取得诚信了。"这都是好奇的人想穿凿附会，便各有各的说法了。

开元五王

唐玄宗共有弟兄五人封为王爵，哥哥申王李捴在开元十二年，宁王李宪、邠王李守礼在二十九年，弟弟岐王李范在十四年，薛王李业在二十二年便都去世，到唐玄宗天宝年间，已没有一个活在世上。杨贵妃是天宝三年才进皇宫的，而元稹的《连昌宫词》里却说："百官的仪仗纷纷回避岐王、薛王的王驾，而杨家姊妹却毫不在乎地驾车兜风。"李商隐的诗亦说："半夜宴会回来宫里更漏已深，薛王李业沉醉寿王还清醒。"都是不符史实的失误。

巫蛊之祸

汉朝时皇宫内因相信巫术，造成了"巫蛊事件"，很多人遭难，虽然祸首是由于江充的诬告，但还有一些人不知道的原因。汉武帝住在建章宫，亲眼看见一个男子带着宝剑进入中龙华门，武帝觉得可疑，便叫人把这男子抓起来，结果男子扔剑逃走，卫士们追捕他没抓到他。武帝大怒，斩杀了守门官员，又关闭首都长安的城门，在城内搜查了十一天，这件事是引起"巫蛊事件"的一个原因。另外，汉武帝又曾经在白天睡觉时，梦见木头家。由心术既荒，随念招妄，男子、木人之兆，皆迷不复开，则谪见于天，鬼瞰其室。祸之所被，以妻则卫皇后，以子则戾园，以兄子则屈氂，以女则诸邑、阳石公主，以妇则史良娣，以孙则史皇孙。骨肉之酷如此，岂复顾他人哉？且两公主实卫后所生，太子未败数月前，皆已下狱诛死，则其母与兄岂有全理？固不待江充之谮也。

唐诗无讳避

唐人诗歌，其于先世及当时事，直辞咏寄，略无避隐。至宫禁嬖昵，非外间所应知者，皆反复极言，而上之人亦不以为罪。如白乐天《长恨歌》讽谏诸章，无微之《连昌宫词》，始末皆为明皇而发。杜子美尤多，如《兵车行》《前后出塞》《新安吏》《潼关吏》《石壕吏》《新婚别》《垂老别》《无家别》《哀王孙》《悲陈陶》《哀江头》《丽人行》《悲青阪》《公孙舞剑器行》，终篇皆是。其他波及者，五言如："忆昨狼狈初，事与古先别。""不闻夏殷衰，中自诛褒人几十个，都拿着棍子想打自己，忽而惊醒，自此身体不适，遂深为精神恍惚健忘而苦恼。这两件事可以说是异事。木头快烂的时候，一定是生满了蠹虫，一件东西快要坏时，也要生虫。这时汉武帝年纪已经很大了，变得残忍好杀，李陵曾说这时法令变化无常就是指这时候，大臣们无罪被杀的有好几十家。由于汉武帝这时心里已经有些糊涂，便常常产生一些荒唐的想法，男子和木人的预兆，都是因为他心里迷糊，所以上天谴责他，鬼也敢在他宫室里出见。因武帝心已糊涂，受到祸害的，从妻子来讲有卫皇后，从儿子来讲有戾园，哥哥的儿子则有屈氂，从女儿说有诸邑、阳石两位公主，从妾来说有史良娣，从孙子来说有史皇孙。对待骨肉之亲还这么残酷，又何况其他的人呢？另外，两个公主是卫皇后所生，在太子没有被杀前几个月，都已经被送入监狱而杀掉了，那么作为她们的母亲和哥哥，岂能没有一点牵扯而保全自己的道理？所以，不必江充诬告也会受祸的。

唐诗无讳避

唐朝人的诗歌，往往对先世的事和当时的事，能直言写入诗里，没一点隐讳。甚至是皇宫里的一些秘事，不是外边人应该知道的，也反复形容宣扬，而上边的人也不怪罪他们。比如白居易《长恨歌》和进行讽刺劝谏的一些诗篇，元稹的《连昌宫词》，从头到尾都是对唐玄宗而写的。杜甫的诗里说的更多了，如《兵车行》《前后出塞》《新安吏》《潼关吏》《石壕吏》《新婚别》《垂老别》《无家别》《哀王孙》《悲陈陶》《哀江头》《丽人行》《悲青阪》《公孙舞剑器行》等，全篇都是讽刺时政。其他诗里涉及批评朝廷的句子的，在五言诗里有：“忆昨狼狈初，妲。”“是时妃嫔戮，连为粪土丛。”“中宵焚九庙，云汉为之红。”“先帝正好武，寰海未凋枯。”“拓境功未已，元和辞大炉。”“内人红袖泣，王子白衣行。”“毁庙天飞雨，焚宫火彻明。”“南内开元曲，常时弟子传。法歌声变转，满座涕潺湲。”“御气云楼敞，含风彩仗高，仙人张内乐。王母献宫桃。”“须为下殿走，不可好楼居。”“固无牵白马，几至着青衣。“夺马悲公主，登车泣贵嫔。”“兵气凌行在，妖星下直庐。”“落日留王母，微风倚少儿。”“能画毛延寿，投壶郭舍人。”“斗鸡初赐锦，舞马更登床。”“骊山绝望幸，花萼罢登临。”“殿瓦鸳鸯拆，宫帘翡翠虚。”七言如：“关中小儿坏纪纲，张后不乐上为忙。”“天子不在咸阳宫，得不哀痛尘再蒙。”“曾貌先帝照夜白，龙池十日飞霹雳。”“要路何日罢长戟，战自青羌连自白。”“岂谓尽烦回纥马，翻然远救朔方兵。”如此之类，不能悉书。此下如张祜赋《连昌宫》《元日仗》《千秋乐》《大酺乐》《十五夜灯》《热戏乐》《上巳乐》《邠王小管》《李谟笛》《退宫人》《玉环琵琶》《春莺啭》《宁哥来》《容儿钵头》《邠娘羯鼓》《耍娘歌》《悖拿儿舞》《华清官》《长门怨》《集灵台》《阿鶻汤》《马嵬归》《香囊子》《散花楼》《雨霖铃》等十三篇，大抵咏开元、天宝间事。李义山《华清官》《马嵬》《骊山》《龙池》诸诗亦然。今之诗人不敢尔也。

事与古先别。”“不闻夏商衰，中自诛褒妲。”“是时妃嫔戮，连为粪土丛。”“中宵焚九庙，云汉为之红。”“先帝正好武，环海未凋枯。”“拓境功未已，元和辞大炉。”“内人红袖泣，王子白衣行。”“毁庙天飞雨，焚宫火彻明。”“南内开元曲，常时弟子传。法歌声变转，满座涕潺湲。”“御气云楼敞，含风彩仗高，仙人张内乐。王母献宫桃。”“须为下殿走，不可好楼居。”“固无牵白马，几至着青衣。“夺马悲公主，登车泣贵嫔。”“兵气凌行在，妖星下直庐。”“落日留王母，微风倚少儿。”“能画毛延寿，投壶郭舍人。”“斗鸡初赐锦，舞马更登床。”“骊山绝望幸，花萼罢登临。”“殿瓦鸳鸯坼，宫帘翡翠虚。”七言如：“关中小儿坏纪纲，张后不乐上为忙。”“天子不在咸阳宫，得不哀痛尘再蒙。”“曾貌先帝照夜白，龙池十日飞霹雳。”“要路何日罢长戟，战自青羌连自白。”“岂谓尽烦回纥马，翻然远救朔方兵。”像这类的诗句还很多，不能都一一尽记下来。在这以后，张祜写的《连昌宫》《元日仗》《千秋乐》《大酺乐》《十五夜灯》《热戏乐》《上巳乐》《邠王小管》，《李谟笛》《退宫人》《玉环琵琶》《春莺啭》《宁哥来》《容儿钵头》《邠娘羯鼓》《耍娘歌》《悖拿儿舞》《华清宫》《长门怨》《集灵台》《阿䳍汤》《马嵬归》《香囊子》《散花楼》《雨霖铃》等三十篇，大都是说的唐玄宗开元、天宝年间的事。李商隐的《华清宫》《马嵬》《骊山》《龙池》等诗亦是这样内容。今天的诗人就不敢这样去写了。

李晟伤国体

将帅握重兵居阃外，当国家多事时，其奉止承命，尤当以恭顺为主。唐李晟在德宗朝，破朱泚，复长安，功名震耀，盖社稷宗臣也。然尝将神策军戍蜀，及还，以营妓自随，节度使张延赏追而返之，由是有隙。晟既立大功，上召延赏入相，晟表陈其过恶，上重违其意，乃止。后岁余，上命韩滉谕旨于晟使释怨，滉因使晟表荐，延赏遂为相。然则辅相之拜罢，皆大将得制之，其伤国体甚矣。德宗猜忌刻薄，渠能释然！晟之失兵柄，正缘此耳。国学武成王庙，本列晟于十哲，乾道中有旨，退于从祀，寿皇圣意岂非出此乎？

元和六学士

白乐天分司东都，有诗《上李留守相公》，其序言："公见过池上，泛舟举酒，话及翰林旧事，因成四韵。"后两联云："自首故情在，青云往事空。同时六学士，五相一渔翁。"此诗盖与李绛者，其词正纪元和二年至六年事。予以

李晟伤国体

将帅手里掌握重兵驻扎在外地，当国家多事的时候，将帅们对待皇上和接受命令，尤其应当以恭谨顺从为主。唐朝的李晟，在唐德宗年间，平定朱泚叛乱，收得京都长安，功绩是十分显赫光辉的，可称得起国家同姓的大功臣。但是他曾经带领神策军去四川驻防，回来的时候，把四川地方歌妓也带回，四川的节度使张延赏知道，派人把歌妓追了回来，自此李晟便对张延赏怀恨在心。后来李晟立了大功，德宗想把张延赏调回京都当宰相，李晟便上奏章讲了张延赏很多坏话，德宗便改变主意，没有召张延赏进京。又停了一年多，德宗派韩滉传达圣旨给李晟，让李晟和张延赏和好，韩滉劝李晟写奏章推荐张延赏，这样张延赏才当了宰相。根据这事来看，唐朝时宰相和重要大臣的任免，都受着大将的牵制和影响，这对国家的政体制度是个很大伤害。德宗性多猜疑，对人刻薄，李晟这样做法，德宗难道能不计较吗？后来李晟被解除兵权，原因正在这里。在国子监武成王庙里，本来把李晟列到十哲之中配祀于正殿，宋孝宗乾道年间，下旨把李晟从十哲中除名，降为从祀供于偏殿，孝宗这时的想法，大概也是因为李晟曾插手政治，控制宰相任免，有伤国体的原因吧。

元和六学士

白居易到东都洛阳担任分司御史的官，有诗篇名《上李留守相公》，其序言说“李公来湖边我住处拜访，便一同在湖里泛舟饮酒，讲到过去一同在翰林院任职时的一些旧事，因而有感写了这篇四韵的律诗。”这诗的后两联说：“头发白了故旧的情其时考之，所谓五相者，裴垍、王涯、杜元颖、崔群及绛也。绍兴二十八年三月，予入馆，明年八月，除吏部郎官，一时同舍秘书丞虞雍公并甫、著作郎陈魏公应求、秘书郎史魏公直翁、校书郎王鲁公季海，皆至宰相，汪庄敏公明远至枢密使，恩数与宰相等，甚类元和事云。

二传误后世

自左氏载石碏事，有“大义灭亲”之语，后世援以为说，杀子孙害兄弟。如汉章帝废太子庆，魏孝文杀太子恂，唐高宗废太子贤者，不可胜数。《公羊》书鲁隐公、桓公事，有“子以母贵，母以子贵”之语，后世援以为说，废长立少，以妾为后妃。如汉哀帝尊傅昭仪为皇太太后。光武废太子强而立东海王阳；唐高宗废太子忠而立孝敬者，亦不可胜数。

卜子夏

魏文侯以卜子夏为师。按《史记》所书，子夏少孔子四十四岁，孔子卒时，子夏年二十八矣。是时，周敬王四十一年，后一年元王立，历贞定王、考王，至威烈王二十三年，谊仍在，有的青云直上往事如烟一样散去。当年在翰林院共事的六个学士，现在五个当了宰相一个却成了闲散的渔翁。”这首诗里写给东都留守李绛的，内容是记唐宪宗二年到六年间的事。我查考了这一段时间，所谓五个宰相，是指裴垍、王涯、杜元颖、崔群和李绛。宋高宗绍兴二十八年三月，我进入翰林院做官，第二年八月，又调到吏部担任郎官，同时在当郎官的有秘书丞虞允文字并甫，后封雍国公；著作郎陈俊卿字应求，后封魏国公；秘书郎史浩字直翁，后封魏国公；校书郎王淮字季海，后封鲁国公，都官至宰相；还有汪澈字明远，官至枢密使，谥庄敏，地位相当于宰相，这与元和年间事很相似。

二传误后世

自《左传》记载了石碏杀儿子的事后，便有了“大义灭亲”这个成语，后世便根据这句话为理由，随便杀子孙，害兄弟。比如汉章帝废掉太子刘庆，魏孝文帝杀太子元恂，唐高宗废掉太子李贤等，数也数不完。《公羊传》记了鲁隐公、桓公立后嗣的事，有“子以母贵，母以子贵”的话，使后世人便有了借口，或废长立幼，或以妾侍充当皇后、皇妃的。比如汉哀帝把傅昭仪尊为皇太太皇；汉光武帝废掉太子刘强而立年幼的东海王刘阳为太子；唐高宗废掉太子李忠而立李弘为大子，亦是数不清的。

卜子夏

战国时魏文侯聘请卜子夏为老师。根据《史记》记载，子夏比孔子小四十四岁，孔子去世时，子夏年二十八岁。当时是周敬王四十一年，第二年周元王即位，又经周贞定王、周考王，到周魏始为侯，去孔子卒时七十五年。文侯为大夫二十二年而为侯，又十六年而卒，姑以始侯之岁计之，则子夏已百三岁矣，方为诸侯师，岂其然乎？

父子忠邪

汉王氏擅国，王章、梅福尝言之，唯刘向勤勤恳恳，上封事极谏，至云："事势不两大，王氏与刘氏亦且不并立。陛下为人子孙，守持宗庙，而令国祚移于外亲，降为皂隶。为后嗣忧，昭昭甚明。"其言痛切如此。而子歆乃用王莽举为侍中，为莽典文章，倡导在位，褒扬功德，安汉、宰衡之名，皆所共谋，驯致摄篡，卒之身亦不免。魏陈矫事曹氏，三世为之尽忠，明帝忧社稷，问曰："司马懿忠正，可谓社稷之臣乎？"矫曰："朝廷之望，社稷未知也。"懿竟窃国柄。至孙炎篡魏为晋，而矫之子骞乃用佐命勋，位极公辅。晋郗愔忠于王室，而子超党于桓氏，为温建废立之谋。超死，愔哀悼成疾。后见超书一箱，悉与温往反密计，遂大怒曰："小子死恨晚！"更不复哭。《晋史》以为有大义之风。向、矫、愔之忠如是，三子不胜诛矣！

威烈王二十三年，魏才成为侯国，这时离孔子去世已七十五年。魏文侯当了二十年大夫才被立为侯，又十六年去世，暂以他开始做诸侯那一年算，当年子夏已一百零三岁，这时才当诸侯的老师，这个说法究竟可靠吗？

父子忠邪

汉朝时候，王氏家族专权，王章、梅福都曾上书替王氏说话，唯有刘向，勤勤恳恳，上奏章竭力谏劝，说：“各种事物和权势不能二大并存，王氏和刘氏同样不能并立。陛下作为刘家子孙，应当守护刘家的宗庙和天下使其不致亡废，可是现在国家大权都转移到王姓的手里了，陛下地位已下降到成为王姓差役的地步。现在应该为刘氏的延续而担忧，这道理是很明显的。”他的言语这么深刻痛切。但他的儿子刘歆，却被王莽举荐为侍中的官职，专门为王莽管理文书，代笔写作；首先提出要王莽晋升，为王莽歌功颂德，给王莽以“安汉公”“宰衡”这些名号，都是王莽和刘歆共同谋划出来的。他恭顺王莽直到王莽篡位，最后还是被王莽杀掉。三国时魏国的陈矫，三代都为曹氏尽忠，魏明帝担忧国家的治理无人。便问陈矫：“司马懿是个忠心正直的大臣，他能称得上国家栋梁之臣吗？”陈矫说：“他在朝廷中是有威望的，但是否是忠于朝廷，国家栋梁，现在还难以知道的。”后来司马懿竟篡夺了国家大权。到他的孙子司马炎手里，便篡位为晋，而陈矫的儿子陈骞因为帮助司马炎篡位有功，官职升到极品公相。晋朝的郗愔，忠于晋王，而他的儿子郗超却与桓温结党营私，替桓温策划废去晋帝进行篡位的阴谋。后来郗超病死，郗愔因而悲伤成疾。后来整理遗物，发现郗超的一箱

苏张说六国

苏秦、张仪同学于鬼谷，而其从横之辩，如冰炭水火之不同，盖所以设心者异耳。苏欲六国合从以摈秦，故言其强。谓燕地方二千余里，带甲数十万，车六百乘，骑六千匹；谓赵地亦方二千余里，带甲数十万，车千乘，骑万匹；谓韩地方九百里，带甲数十万，天下之强弓劲弩、皆从韩出，韩卒之勇，一人当百；谓魏地方千里，卒七十万；齐地方二千余里，临菑之卒，固已二十一万；楚地方五千里，带甲百万，车千乘，骑万匹。至于张仪，则欲六国为横以事秦，故言其弱。谓梁地方不过千里，卒不过三十万；韩地险恶，卒不过二十万，临菑、即墨非齐之有；断赵右肩；黔、巫非楚有；易水、长城非燕有。然而六王皆耸听敬从，举国而付之，未尝有一语相折难者，彼皆长君，持国之日久，逮其临事，乃顾如桔槔，随人俯仰，得不危亡幸矣哉！且一国之势，犹一家也。今夫主一家之政者，较量生理，名田若干顷，岁收谷粟若干；艺园若干亩，岁收桑麻若干；邸舍若干区，为钱若干；下至牛羊犬鸡，莫不有数，自非重騃孱愚之人，未有不能件析而枚数者，何待于疏远游客为吾借箸而筹哉？苟一以为多，一以为书信，都是与桓温往来策划阴谋的内容，郗愔遂十分愤怒，说：“恨这小子死得太晚了！”从此再不哭儿子。《晋书》以为他很有大义之风。刘向、陈矫、郗愔是这么的忠心，他们的三个儿子真是处于死罪也太便宜了。

苏张说六国

苏秦和张仪，一同求学于鬼谷子，但是他们一个主张连横一个主张合纵，两种主张正和冰与炭、水和火一样各不相容，这是因为他们想达到的目的不一样的原因。苏秦打算把六国合纵起来共同抗秦，所以极称六国力量的强大。说燕国地方二千里，有甲兵几十万人，战车六百辆，军马六千骑；说赵国地方亦有两千里，甲兵几十万，战车一千辆，军马一万匹；说韩国地方九百里，甲兵几十万；齐国的地方二十余里，仅临菑（今山东益都）一个方就有兵卒二十一万了；楚国的地方五千里，甲兵一百万，战车一千辆，军马一万匹。至于张仪，他的目的欲使六连横臣服秦国，所以讲六国国力弱小。说梁地不过千里，兵不过三十万；韩国地方穷山恶水很多，兵不过二十万；临菑、即墨这些地方已经不是齐能控制的地方了；赵国的右臂膀已经被切断；黔、巫（今宜昌西一带）也脱离了楚国；易水、长城也不是燕国所有了。虽然苏、张二人说法相反，而六国君主却都毕恭毕敬地听着，并且把各国政大权都交给他们，没有片言只语提出疑问诘难，这些国家的君王年纪都不小了，治理国家也有好多年，可是遇到这事时，却变得像汲水用的桔槔，被人任意操纵仰俯，这样的国君没有亡国真算是万幸的了。况且一国的事，也好比作一家的事，现在管理一家的家主，计划一家人的生活，家里共有田地多寡，将遂挈挈然举而信之乎？晁错说景帝曰："高帝大封同姓，齐七十余城，楚四十余城，吴五十余城，分天下半。"以汉之广，三国渠能分其半，此错欲削诸侯，故盛言其大尔。胶西王将与吴反，群臣谏曰："诸侯地不能当汉十二，为叛逆非计也。"是时反者即吴、楚、诸齐，此胶西臣欲止王之谋，故盛言其小尔。二者视苏、张之言，疑若相似，而用心则否，听之者惟能知彼知己，则善矣。

少顷，一年能收多少粮食；种园多少亩，一年收桑、麻多少；住房有几处，值多少钱；下至牛羊鸡犬，没有不有个数目的。只要不是小孩或痴呆的人，对自家的家产没有不能一件件数得清楚的，何必等从远方来的陌生游人来替自己算账或谋划呢？如果他们一个说多，一个说少，你能不管长短统统相信他们吗？汉朝的晁错曾对汉景帝说过："高帝时曾经大封同姓，齐王分了七十多座城，楚王分了四十余座城，吴王分了王十多座城，共分去的城市占了天下一半。"拿汉朝时那么广大的疆土来说，三国岂能分去一半，这是晁错打算削去诸侯，所以故意竭力夸大。汉朝的胶西王准备参加吴王发起的叛乱，胶西王的臣子劝谏他说："诸侯的地盘加起来还不够汉国地方十分之一二，参加叛乱，不是好的计谋。"当时举行叛乱的有吴（今江苏南部）、楚（今湖北）和齐（今山东）地的一些诸侯，所以这样讲，是胶西王的臣子想阻止胶西王参加叛乱，所以才竭力说得小一些。这两件事和苏秦、张仪的话，很有点相似，但他们的用心则不一样，听取他们这些议论的人，如果能做到知彼知己，那么就好了。

卷三（十八则）

一定之计

人臣之遇明主，于始见之际，图事揆策，必有一定之计，据以为决，然后终身不易其言，则史策书之，足为不朽。东坡序范正公之文，盖论之矣。伊尹起于有莘，应汤三聘、将使君为尧、舜之君，民为尧、舜之民，卒之相汤伐夏，俾厥后惟尧、舜，格于皇天。傅说在岩野，爰立作相，三篇之书，皎若星日，虽史籍久远，不详纪其行事，而高宗克鬼方，伐荆、楚、嘉靖商邦，礼陟配天，载于《易》之《既济》，《书》之《无逸》，《诗》之《殷武》，商代之君莫盛焉。罔俾阿衡，专美有商，于是为允蹈矣。管仲以其君霸，商君基秦为强，虽圣门羞称，后世所贱，然考其为政，盖未尝一戾于始谋。韩信劝汉祖任天下武勇，以城邑封功臣，以义兵从思东归之士，传檄而定三秦；下魏之后，请北举燕、赵，东击齐、南绝楚粮道，西会荥阳，至于灭楚，无一言不酬。邓禹见光武于河北，知更始无成，说帝延揽英雄，务悦民心，立高祖之业，救万民之命，帝与定计议，终济大业。耿弇与光武同讨王郎，愿归幽州，益发精兵，定彭宠，取张丰，还收富平、获索，东攻张步，以平齐地，帝常以为落落难合，而事竟成。诸葛亮论曹操挟天子令诸侯，难与争锋：孙权据有江东，可与为援而不可图。荆州用武之国，益州沃野千里，劝刘备

一定之计

人臣遇到英明的君主，在最初见面的时候，图谋事情制定策力，必然要提出一定的计划，根据这决定方针步骤，然后一辈子不更变地去求实现，这样就载入史册，足可以使其不朽。苏东坡给范仲淹的文集作序，已经议论得十分透彻。伊尹从有莘（今山东曹县北）这地方出来做官，应允商汤对他的三次聘请，他便决心使汤成为尧、舜之君，使百姓成为尧、舜之民，终于做了商汤的丞相灭掉了夏桀，以使其以后成为尧、舜盛世，这精神确实感动了上天。傅说隐居在傅岩（今山西平陆东）的荒山野谷里，被任命为丞相，著作了《说命三篇》的文章，如同日月星辰一样光芒。虽然时代久远，古书里没能详细记载他的事迹，而商高宗武丁攻克鬼方（古代小国，地点说法不一），征伐荆、楚（今湖北下带），安定了商国，德行比美于上天，这在《易经》的《既济》，《尚书》的《无逸》，《诗经》的《殷武》等篇里都有记载，商代的各朝君王时，没有比这时候更兴盛的了。所以傅说的功绩，绝不让伊尹专美于两朝一代，这才是比较公平的。管仲使他的君主称霸于诸侯，商鞅为秦国强大奠定了基础，虽然儒家们不称赞他们，后世的人亦不重视他们的学说，但是考查他们从政的经历，也是未曾有一件事是违反他们当初制定的谋略的。韩信劝汉高祖刘邦多依靠天下有武勇的人，把城邑分封给功臣，以准备东征去吸引那些盼望回东方故乡的义军将士，这样用一纸文告就可以收服驻在秦国（今陕西）的将士了；后来攻下魏国跨有荆、益，外观时变，则霸业可成，汉室可兴；及南方已定，则表奖率三军，北定中原。已而尽行其说，至于用师未战而身先死，则天也。房乔仗策谒太宗为记室，即收人物致幕府，与诸将密相申结，辅成大勋，至于为相，号令典章，尽出其手，虽数百年犹蒙其功。王朴事周世宗，当五季草创之际，上《平边策》，以为："唐失吴、蜀，晋失幽、并，当知所以平之之术。当今吴易图，可挠之地二千里，攻虚击弱，则所向无前，江北诸州，乃国家之有也。既得江北，江之南亦不难平。得吴则桂、广皆为内臣。岷、蜀可飞书而召之，不至则四面并进，席卷而蜀平矣。吴蜀平，幽可望风而至。唯并必死之寇，候其便则一削以平之。"世宗用其策，功未集而殂。至于国朝，扫平诸方，先后次第，皆不出朴所料。独幽州之举，既至城下，而诸将不能成功。若乃王安石颛国，言听计从，以身任天下之重，而师慕商鞅为人，苟可以取民者，无不尽，遂诒后世之害，则在所不论也。

以后，韩信又请汉王出兵北伐燕、赵，东击齐国，南面截断楚军用粮的道路，西边又在荥阳和楚霸王决战，终于灭掉楚国，没有一句话没实现。东汉时邓禹到河北去见光武帝刘秀，他知道更始帝刘玄不会有成就，就劝说光武帝招揽英雄，安定民心，建立像汉高祖刘邦那样事业，以救全国百姓。光武帝与他认真商定了计划，终于统一了全国。耿弇与光武帝一同领兵去讨伐王郎，提出愿去夺回幽州（今北京一带），光武帝使给他增加精兵，结果平定了彭宠叛乱，还收回富平、获索，东攻张步，平定了齐国地方。光武帝常觉得耿弇性格孤僻，和人合不来，结果竟然成了大功。诸葛亮评论曹操是"挟天子以令诸侯"，很难与他相争；孙权占据江东，只能团结他做后援，而不能够去谋图占领他的地盘。荆州是个有利用兵的地方，益州（今成都）有着千里肥沃的土地，劝刘备占据这两处地方，然后等待时局的变化，那时利用机会可以创立霸业，汉朝的复兴也有希望了，等到南方安定，则对三军加以表彰，率领他们北伐中原。以后，诸葛亮都是按这个策略进行的。至于出兵作战还没成功时就病故了，那是天意呀。房玄龄骑着马去求见唐太宗，太宗任用他当记室，便广泛聘请文士来做幕僚，并与武将们密切合作，终于辅佐唐朝建立大功。以后他当了宰相，各种法令和典章制度，都是他亲手订制的，虽经过了几百年，他订的法令还起着治国的功用。王朴在周世宗手下做官，当时正是五代混乱时候，国家草创，他就献上《平边策》，认为唐朝失去了吴地和蜀地，晋国失去了幽州（今河北）、并州（今山西）的地方，所以应当知道平定这些地方的策略。现在吴国是容易得到的，可以攻击的地方有二千里，要选择他们虚弱的地方出击，一定会所向无敌长驱直入，这样长江北的各州县，

秋兴赋

宋玉《九辩词》云："憭慄兮若在远行，登山临水兮送将归。"潘安仁《秋兴赋》引用其语。继之曰："送归怀慕徒之恋，远行有羁旅之愤。临川感流以叹逝，登山怀远而悼近。彼四戚之疚心，遭一涂而难忍。"盖畅演厥旨，而下语之工拙，较然不侔也。

太史慈

三国当汉、魏之际，英雄虎争，一时豪杰志义之士，礌便可由国家收回了。既得江北，江南的地方亦就不难平定了。得到吴地的疆土，那么广西、广东等地方也就可以臣服，四川一带可是送去檄文招降，如不来降，就可四面并进，席卷全川了。吴、蜀两地平定了，北方的幽州也就会闻风来降。只有并州是必须征伐灭掉的敌人，应当找时机一举把它消灭。”世宗采用了他的计策，可惜还没完成，世宗便病故了。到了宋朝建立，扫平了四方小国，其先后次序，都没有超出王朴的预料。只有征伐幽州一件事，兵已以达城下，可是诸将攻城都未能成功。至于王安石当权的时候，皇上对他十分宠信，言听计从，可是他以担任治理天下的宰相重任，却喜欢仿效商鞅的做法，凡可以从百姓身上取到的东西，没有不取的，以致给后世带来了祸害，这就不是本文议论的范围了。

秋兴赋

宋玉的《九辩词》里说：“凄凉得很呀，好像离家远行的人，登山过水呀送他回家。”晋朝的潘安仁著作了《秋兴赋》，引用了宋玉的原文，又续加说：“送别归去的人时又产生对不能归家的人的同情，远行的人又含有长期滞留他乡的愤慨。到河边伤感流水逝去得快，登到山顶怀念远方又想起近处的悲哀。这四种悲伤痛苦的心情，遇上一条都是令人难以忍受的。”这是根据宋玉的愿意延伸开来的话，但是其词句的优美和拙劣，则是不能相等的。

太史慈

三国时正当汉、魏两朝交替，英雄龙争虎斗，一时有志气的礌落落，皆非后人所能冀，然太史慈者尤为可称。慈少仕东莱本郡为奏曹吏，郡与州有隙，州章劾之，慈以计败其章，而郡得直。孔融在北海为贼所围，慈为求救于平原，突围直出，竟得兵解融之难。后刘繇为杨州刺史，慈往见之，会孙策至，或劝繇以慈为大将军。繇曰："我若用子义，许子将不当笑我邪？"但使慈侦视轻重，独与一骑，卒遇策，便前斗，正与策对，得其兜鍪。及繇奔豫章，慈为策所执，捉其手曰："宁识神亭时邪？"又称其烈义，为天下智士，释缚用之，命抚安繇之子，经理其家。孙权代策，使为建昌都尉，遂委以南方之事，督治海昏。至卒时，才年四十一，葬于新吴，今洪府奉新县也，邑人立庙敬事。乾道中封灵惠侯，予在西掖当制，其词云："神之言状；择二美以建侯，庶几江表之间，尚忆神亭之事。"盖为是也。

豪杰们，磊磊落落，都是后人比不上的，至于太史慈这人，则尤其应当称颂。他年轻时在他故乡东莱郡（今山东半岛一带）担任奏曹吏，郡守和州官有矛盾，州官上奏章弹劾郡守，太史慈用计破坏了他的诬告，郡守的冤屈才获得澄清。孔融在北海（今山东寿光东南）郡当太守时被贼寇包围，太史慈为他到平原（今属山东）求救兵，单身突出包围，终于搬来刘备的兵马，解了孔融的围。后来刘繇当扬州刺史时，太史慈去求见，正好孙策领兵来攻扬州，有人劝刘繇任命太史慈为大将军，抗拒孙策，刘繇觉得太史慈资历太低，便说："我如果用子义（太史慈字）为将，恐怕许子将要笑话我部下无能人。"于是仅派太史慈一人一马去前方考察孙策军队的轻重，在神亭的地方与孙策相遇，双方便打起来，与孙策恶斗一场，夺得孙策的头盔回来。后来刘繇失败逃往豫章（今江西南昌），太史慈被孙策擒获，孙策握着他的手说："还记得咱二人在神亭时那场恶斗吗？"又称赞太史慈忠义勇烈，是当今天下有才能的人，便为太史慈松绑，任用他为将，并让太史慈去安抚刘繇的儿子，安排好刘繇家属的生活。孙权代替孙策在东吴执政后，任使太史慈为建昌（今江西奉新）都尉，遂委派他管理吴国南方的军政事务，设衙门于海昏（今江西永修）。到他去世时，年仅四十一岁，葬他于新吴，这就是现在洪府奉新县，当地的人给他盖了庙来登祀他。宋孝宗乾道年间，皇帝又下诏封太史慈为灵惠侯，被尊敬为神。我当时在朝廷西宫门的办公处担任起草文告的官职，写了祭太史慈庙的祭词，说："今向神报告，用封侯建庙二件美善的事来敬奉，为了使长江流域一带的百姓，都记得在神亭大战的壮烈。"就是这个事。

谥法

“先王谥以尊名，节以壹惠。”语出《表记》。然不云起于何时，今世传《周公谥法》，故自文王、武王以来始有谥。周之政尚文，斯可验矣。如尧、舜、禹、汤皆名，皇甫谧之徒附会为说，至于桀、纣，亦表以四字，皆非也。周王谥以一字，至威烈、贞定益以两。而卫武公曰叡圣武公，见于《楚语》；孔文子曰贞惠文子，见于《檀弓》；各三字，意当时尚多有之。唐诸帝谥，经三次加册，由高祖至明皇皆七字，其后多少不齐。代宗以四字，肃、顺、宪以九字，余以五字，唯宣宗独十八字，曰：元圣至明成武献文睿智章仁神聪懿道大孝。国朝祖宗谥十六字，唯神宗二十字，曰：体元显道法古立宪帝德王功英文烈武钦仁圣孝，盖蔡京所定也。

汉文帝受言

汉文帝即位十三年，齐太仓令淳于意有罪当刑，其女缇萦，年十四，随至长安，上书愿没入为官婢，以赎父刑罪。帝怜悲其意，即下令除肉刑。丞相张苍、御史大夫冯敬议，主定律，当斩右止者反弃市，笞者杖背五百至三百，亦多死，徒有轻刑之名，实为杀人。其三族之罪，又不乘时建明，以负天子德意，苍、敬可谓具臣矣。史称文帝止辇受言，今以一女

谥法

“对逝去的先王给他加上尊贵的谥号，以概括他一生的功德。”这句话出于《礼记·表记》。但是不知道什么时候开始有的。现在流传有《周公谥法》，所以应该是从周文王、周武王时才开始有谥号的，周朝政治比较崇尚文治这也是一个验证。至于尧、舜、禹、汤，则都是名字，皇甫谧等人以为他们都有谥号，只是穿凿附会的说法，至于说桀、纣有四字谥号，都是错的。周朝的国王是给一个字的谥号，到周威烈王、贞定王，才增加到两个字。而卫武公谥号是叡圣武公，这记载在《国语·楚语》里；孔文子谥号是贞惠文子，见于《礼记·檀弓》；各三个字，可以推想当时是崇尚多谥几个字。唐朝皇帝们的谥号，经过三次的加封，所以从唐高祖到唐玄宗，都是谥七个字，在这以后就多少不齐了。唐代宗是四字谥号，唐肃宗、顺宗、宪宗都是谥九个字，其余都是五个字，唯有宣宗竟谥了十八个字，曰：“元圣至明成武献文睿智章仁神聪懿道大孝”皇帝。我们宋朝的皇帝，都是谥十六个字，唯有神宗谥了二十个字，曰：“体元显道法古立宪帝德王功英文烈武钦仁圣孝”皇帝，这是蔡京所制定的。

汉文帝受言

汉文帝即位的第十三年，齐地担任管理接收糟粮的太仓令淳于意，有罪得受刑罚，他的女儿缇萦，才十四岁，随着押淳于意的差役一同到了京城长安，缇萦上书汉文帝，愿自己去充当官婢，以换取免除父亲的刑罚。文帝怜悯她的孝顺，免了她父亲的罪，并下令废除肉刑。丞相张苍和御史大夫冯敬商议，请重新制定刑律，结果，本来应当砍去右脚的，反而改为杀头的死刑，该子上书，躬自省览，即除数千载所行之刑，曾不留难，然则天下事岂复有稽滞不决者哉？所谓集上书囊以为殿帷，盖凡囊封之书，必至前也。

丹青引

杜子美《丹青引赠曹将军霸》云："先帝天马玉花骢，画工如山貌不同。是日牵来赤墀下，迥立阊阖生长风。诏谓将军拂绢素，意匠惨澹经营中。斯须九重真龙出，一洗万古凡马空。玉花却在御榻上，榻上廷前屹相向。至尊含笑催赐金，圉人、太仆皆惆怅。"读者或不晓其旨，以为画马夺真，圉人、太仆所为不乐，是不然。圉人、太仆盖收养官曹及驭者，而黄金之赐，乃画史得之，是以惆怅，杜公之意深矣。又《观曹将军画马图》云："曾貌先帝照夜白，龙池十日飞霹雳。内府殷红玛瑙盘，婕妤传诏才人索。"亦此意也。

定拷打的，要在脊背上打五百或三百了，亦多有被打死的。空有减轻肉刑的名义，实际上反而多杀了人。至于株连三族的大罪，又不趁修订刑律时加以改变确定，结果实在是辜负了皇帝怜恤犯人的好意，张苍和冯敬真可谓是不称职的臣子了。历史书上称汉文帝能停下车听取百官和人民的意见。如今以一个女子上书，能亲自批阅，并因此立即废除沿用了几千年的肉刑，没有一点留难，如像这样地去处理天下的事，还有什么事会拖拉不决的呢？这是所谓如果皇帝要用装意见书的囊袋来做宫殿前的帷幕，那么装有奏书的袋子就会源源不断地收到了。

丹青引

杜甫写的《丹青引赠曹将军霸》一诗中写道："先帝乘坐的御马玉花骢，在画家的大笔下画得确实与众不同。把马牵到殿下的台阶旁，卓然站在殿前四蹄生风。皇帝下诏让将军展开画绢，用心挥笔在绢上惨淡经营，不一会精神抖擞的龙马跃然绢上，一下把世上的凡马都压倒了。画出的玉花骢被捧到御床之上，床上的马和殿下的马相对地屹立着。皇帝含笑催促快赏金银，养马人和管马的官心里都十分惆怅。"读这段诗的人或许不知道其意思，以为画马可以夺真，所以养马人和管马的官心中不高兴，这是不对的。意思是圉人和太仆是养马和管马的人，而却把黄金赏给画马的人，所以他们心里不高兴，杜甫这样说，其中还含有深意。另外杜甫还有《观曹将军画马图》一诗说："曾经给先帝的名马照夜白画过像，使龙池（唐玄宗旧居）十天里都仿佛听到龙马飞腾的蹄声。皇宫里用殷红色的玛瑙盘装上金银，女官们有的传旨有的让快去取出。"亦是赐赏画家的意思。

诗国风秦中事

《周、召》二南、《豳风》皆周文、武、成王时诗，其所陈者秦中事也。所谓沼沚洲涧之水，蘋蘩藻荇之菜，疑非所有。既化行江、汉，故并江之永，汉之广，率皆得言之欤？《摽有梅》之诗，不注释梅，而《秦风·终南》诗："终南何有，有条有梅。"毛氏云："梅，楠也。"笺云："名山高大，宜有茂木。"今之梅与楠异，亦非茂木，盖毛、郑北人，不识梅耳。若《上林赋》所引江蓠、蘼芜、揭车、蘘荷、荪、若、蘋、茅之类，自是侈辞过实，与所谓八川东注太湖者等也。

诗文当句对

唐人诗文，或于一句中自成对偶，谓之当句对。盖起于《楚辞》"蕙烝兰藉""桂酒椒浆""桂棹兰枻""斫冰积雪"。自齐、梁以来，江文通、庾子山诸人亦如此。如王勃《宴滕王阁序》一篇皆然。谓若"襟三江带五湖，控蛮荆引瓯越；龙光牛斗，徐孺陈蕃；腾蛟起凤，紫电青霜；鹤汀凫渚，桂殿兰宫，钟鸣鼎食之家，青雀黄龙之轴；落霞孤鹜，秋水长天；天高地迥，兴尽悲来；宇宙盈虚，丘墟已矣"之辞是也。于公异《破朱泚露布》亦然。如"尧、舜、禹、汤之德，统

诗国风秦中事

《诗经》里的《周南》《召南》以及《豳风》，都是周文王、武王、成王时候的诗篇，内容讲的都是秦中（今陕西）的事，诗里所写的沼、沙、洲、涧这些水的形状，还有蘋、蘩、藻、荇等菜名，有人疑问都不是秦中所有的东西。周朝初期疆域已达到了江、汉一带，所以对汉水的广大，江水的永久长远，都写进诗里去了，大体上是因为这原因才把它们写入诗里的吧。在《摽有梅》这首诗里，后人对梅字没有注释，而《秦风·终南》诗里有："终南有什么，有条有梅。"毛氏注解说："梅，楠也。"郑玄解释又说："名山生得高大，宜有茂盛的林木。"今天的梅和楠不同，亦不是茂木，这是因为毛、郑都是北方人，不认识梅的原因。比如《上林赋》提到的江蓠、蘼芜、揭车、蘘荷、荪、若、蘋、茅等，亦都不是北方所有，不过是文学家形容上的手法，不一定切实，这正和所谓八条大川东流入太湖的夸张写法是相同的。

诗文当句对

唐朝人的诗文，常有在一句当中自成对偶的，这叫作"当句对"。它是起于《楚辞》里的"蕙烝兰藉""桂酒椒浆""桂棹兰枻""斫冰积雪"这些句子。自南北朝以来，诗人江淹（字文通）、庾信（字子山）等人，也是这样。再如唐朝王勃写的《宴滕王阁序》这篇文章中的"当句对"更多。像"襟三江带五湖，控蛮荆引瓯越；龙光牛斗，徐孺陈蕃；腾蛟起凤，紫电青霜；鹤汀凫渚，桂殿兰宫：钟鸣鼎食之家，青雀黄龙之轴；落霞孤鹜，秋水长天；天高地迥，兴尽悲来；宇宙盈虚，丘墟已矣"之辞都是。于公异《破朱泚露布》亦是这样，像"尧舜禹汤之德，统元立极元立极之君；卧鼓偃旗，养威蓄锐；夹川陆而左旋右抽，抵丘陵而浸淫布濩；声塞宇宙，气雄钲鼓；貙兕作威，风云动色；乘其跆藉，取彼鲸鲵；自卯及酉，来拒复攻；山倾河泄，霆斗雷驰；自北徂南，舆尸折首；左武右文，销锋铸镝”之辞是也。杜诗："小院回廊春寂寂，浴凫飞鹭晚悠悠；清江锦石伤心丽，嫩蕊浓花满目斑；书签药裹封蛛网，野店山桥送马蹄；戎马不如归马逸，千家今有百家存；犬羊曾烂漫，宫阙尚萧条；蛟龙引子过，荷芰逐花低；干戈况复尘随眼，鬓发还应雪满头；百万传深入，寰区望匪他。""象床玉手，万草千花；落絮游丝，随风照日；青袍白马，金谷铜驼；竹寒沙碧，菱刺藤梢；长年三老，捩柂开头；门巷荆棘底，君臣豺虎边；养拙干戈，全生麋鹿；舍舟策马，拖玉腰金；高江急峡，翠木苍藤，右庙杉松，岁时伏腊，三分割据，万古云霄，伯仲之间，指挥若定，桃蹊李径，栀子红椒，庾信罗含，春来秋去，枫林橘树，复道重楼"之类，不可胜举。李义山一诗，其题曰《当句有对》云："密迩平阳接上兰，秦楼鸳瓦汉宫盘。池光不定花光乱，日气初涵露气干。但觉游蜂饶舞蝶，岂知孤凤忆离鸾。三星自转三山远，紫府程遥碧落宽。"其他诗句中，如"青女素娥"对"月中霜里"，"黄叶风雨"对"青楼管弦"，"骨肉书题"对"蕙兰蹊径"，"花须柳眼"对"紫蝶黄蜂"，"重吟细把"对"已落犹干"，"急鼓疏钟"对"休灯灭烛"，"江鱼朔雁"对"秦树嵩云"，"万户千门"对"风朝露夜"。如是者甚多。

之君；卧鼓偃旗养威蓄锐；夹川陆而左旋右抽，抵丘陵而浸淫布濩；声塞宇宙，气雄钲鼓，貙兕作威，风云动色；乘其跆藉，取彼鲸鲵；自卯及酉，来拒复攻；山倾河泄，霆斗雷驰；自北徂南，舆尸折首；左武右文，销锋铸镝"等辞都是。杜甫的诗中有"小院回廊春寂寂，浴凫飞鹭晚悠悠；清江锦石伤心丽，嫩蕊浓花满目斑；书签药裹封蛛网，野店山桥送马蹄；戎马不如归马逸，千家今有百家存；犬羊曾烂漫，宫阙尚萧条；蛟龙引子过，荷芰逐花低；干戈况复尘随眼，鬓发还应雪满头；百万传深入，寰区望匪他。象床玉手，万草千花；落絮游丝，随风照日；青袍白马，金谷铜驼；竹寒沙碧，菱刺藤梢；长年三老，捩柂开头；门巷荆棘底，君臣豺虎边；养拙干戈，全生麋鹿；舍舟策马，拖玉腰金；高江急峡，翠木苍藤，右庙杉松，岁时伏腊，三分割据，万古云霄，伯仲之间，指挥若定，桃蹊李径，栀子红椒。庾信罗含，春来秋去，枫林桔树，复道重楼"之类，亦是多的不胜枚举。李商隐写过一首诗，其题目就叫《当句有对》，内言是：密迩平阳接上兰，秦楼鸳瓦汉宫盘。池光不定花光乱，日气初涵露气干。但觉游蜂饶舞蝶，岂知孤凤忆离鸾。三星自转三山远，紫府程遥碧落宽。"在他的其他诗句中，比如"青女素蛾"对"月中霜里"，"黄叶风雨"对"青楼管弦"，"骨肉书题"对"蕙兰蹊径"，"花须柳眼"对"紫蝶黄蜂"，"重吟细把"对"已落犹开"，"急鼓疏钟"对"休灯灭烛"，"江鱼朔雁"对"秦树嵩云"，"万户千门"对"风朝露夜"，等等。这样的句子还有很多。

东坡明正

东坡《明正》一篇送于伋失官东归云："子之失官，有为子悲如子之自悲者乎？有如子之父兄妻子之为子悲者乎？子之所以悲者，惑于得也；父兄妻子之所以悲者，惑于爱也。"案《战国策》齐邹忌谓妻曰："我孰与城北徐公美？"其妻曰："君美甚，徐公何能及公也。"复问其妾与客，皆言"徐公不若君之美。"暮寝而思之，曰："吾妻之美我者私我也，妾之美我者畏我也，客之美我者欲有求于我也。"东坡之斡旋，盖取诸此。然《四菩萨阁记》云："此画乃先君之所嗜，既免丧，以施浮图惟简，曰：'此唐明皇帝之所不能守者，而况于余乎！余惟自度不能长守此也，是以与子。'"而其末云："轼之以是与子者，凡以为先君舍也。"与初辞意益不同，晚学所不晓也。

台谏不相见

嘉祐六年，司马公以修起居注同知谏院，上章乞立宗室为继嗣。对毕，诣中书，略为宰相韩公言其旨。韩公摄飨明堂，殿中侍御史陈洙监祭，公问洙："闻殿院与司马舍人甚熟。"洙答以"顷年曾同为直讲"。又问："近日曾闻其上殿言何事？"洙答以"彼此台谏官不相往来，不知言何事。"此一

东坡明正

苏东坡写了《明正》这篇文章，是送于伋被免官东回故乡的，文章说：“你被免去官职，有没有人因此而为你悲伤像你这自己悲伤一样的人呢？有没有像你父兄妻子一样为你悲伤的人呢？你自己所以悲伤，是被计较得失所迷惑；父兄妻子所以为你悲伤，是因为爱护你。”根据《战国策》里记载，齐国的邹忌曾对妻子说：“我的面貌比城北的徐公，谁长得漂亮？”他的妻子说：“当然是你长得漂亮得很，徐公怎能比得上你呢？”邹忌又问他的侍妾和客人，都说：“徐公不如你长得漂亮。”晚上，邹忌躺在床上想：“妻子说我比徐公漂亮，是因为为爱我；侍妾说我漂亮是因为怕我，客人说我漂亮是因为有事求我帮忙的。”苏东坡所想调解于伋失官的悲伤，就是从这里套来的。但他在《四菩萨阁记》那篇文章里说：“这画是我父亲生前所珍爱的，既然没有失去，便布施给和尚惟简，并且说：‘这是唐玄宗遗物，他不能让子孙永远保存这幅画，那么何况我呢！我自觉不能长期拥有这幅画，所以才取出赠送给你。’”而在这篇文章末尾又说：“我所以把这幅画送给你，都是代替我父亲施舍的。”与文章开头的意思又不相同，这是我无法理解的。

台谏不相见

宋仁宗嘉祐六年，司马光以修起居注官兼任谏院的长官，因为仁宗没有儿子，司马光便上奏章，请求仁宗从宗室中选一个侄子立为继子。奏罢，司马光又到中书省，对宰相韩琦大略讲了下这事。不久，韩琦去祭祀太庙，中殿中侍御史陈洙监祭。韩琦问陈洙说：“听说你与司马光很熟。”陈洙回答说：“过去曾同项温公私记之甚详。然则国朝故实，台谏官元不相见。故赵清献公为御史，论陈恭公，而范蜀公以谏官与之争。元丰中，又不许两省官相往来，鲜于子骏乞罢此禁。元祐中，谏官刘器之，梁况之等论蔡新州，而御史中丞以下，皆以无章疏罢黜。靖康时，谏议大夫冯懈论时政失当，为侍御史李光所驳。今两者合为一府，居同门，出同幕，与故事异，而执政祭祠行事，与监察御史不相见云。

执政四入头

国朝除用执政，多从三司使、翰林学士、知开封府、御史中丞进拜，俗称为“四入头”。固有尽历四职而不用，如张文定公（谓仁、英朝，至神宗初始用）、王宣徽之类者。赵清献公自成都召还知谏院，大臣言故事近臣自成都还，将大用，必更省府（谓三司使，开封府），不为谏官。以是知一朝典章，其严如此。至若以权侍郎方受告即为参枢，如施钜、郑仲熊者，盖秦桧所用云。

时担任直讲官，在一块共事。”又问陈洙说：“近日曾听说过司马光上殿奏事，不知他说的是什么事？”陈洙回答说：“现在我担任行政的台官，他担任监察的谏官，台谏官按制度是不准互相来往的，所以不知道他奏的什么事。”这件事在司马光私人日记中，记得很详细。根据这一点，本朝旧有台谏官不准来往的制度。所以清献公赵抃当御史的时候，曾议论陈恭公，而蜀国公范镇以谏官身份站出来和赵抃争辩。宋神宗元丰年间，又下令不许两省官员来往，鲜于子骏曾上奏章要求免去这个禁令。宋哲宗元祐年间，谏官刘器之、梁况之等又议论蔡新州，而御史中丞以下，都因为没有奏疏而被免职。宋钦宗靖康初年，谏议大夫冯懈评论时政失当，受到侍御史李光的反驳。现在这两个机构已合并成一个，住在一个门里，办公在一个厅里，与过去的制度不同。而执政的宰相、大臣在进行祭礼活动的事情时，则和监察御史不相见面。

执政四入头

本朝在任命执政的宰相时，大都是从担任三司使、翰林学士、开封知府、御史中丞这四种职务的官员中挑选出来拜为宰相的，所以官场的这四种职务俗称成“四入头”。但也有把四种职务都担任过，仍没有当宰相的，比如文定公张齐贤（在仁宗、英宗朝都未能当实相，到神宗时才拜相）、王宣徽等都是。清献公赵抃从成都召回来，担任谏院长官，大臣们说：旧时制度，大臣从成都召回，一定要重用，必须安排到三司使或开封府任职，不能当谏官。由此可知当时黄章制度，是这样严格要求的。至于像刚任代理侍郎就又参加中枢执政，像施钜、郑仲熊这样的人，那是由

无望之祸

自古无望之祸玉石俱焚者，释氏谓之劫数，然固自有幸不幸者。汉武帝以望气者言长安狱中有天子气，于是遣使者分条中都官诏狱系者，亡轻重一切皆杀之，独郡邸狱系者，赖丙吉得生。隋炀帝令嵩山道士潘诞合炼金丹不成，云无石胆石髓，若得童男女胆髓各三斛六斗，可以代之，帝怒斩诞。其后方士言李氏当为天子劝帝尽诛海内李姓。以炀帝之无道嗜杀人，不啻草莽，而二说偶不行。唐太宗以李淳风言女武当王，已在宫中，欲取疑似音者杀之，赖淳风谏而止。以太宗之贤尚如此，岂不云幸不幸哉！

燕说

黄鲁直和张文潜八诗，其二云："谈经用燕说，束弃诸儒传。滥觞虽有罪，末派弥九县。"大意指王氏新经学也。燕说出于《韩非子》，曰："先王有郢书，而后世多燕说。"又引其事曰："郢人有遗燕相国书者，夜书，火不明，谓持烛者曰：'举烛。'已而误书'举烛'二字，非书本意也。燕相受书，曰：'举烛者尚明也。尚明者举贤而用之。''遂以白王，于是秦桧所用私党的原因。

无望之祸

自古以来飞来横祸会玉石俱焚，佛家称之为“劫数”，但是也有有幸或不幸的。汉武帝时有望气的术士，对汉武帝说长安监狱里有天子气，于是汉武帝便派了使臣分头下令给京都里的有关京官，提出各狱犯人，不论罪行轻重，统统处决，只有藩王亲属被关入监狱的，靠廷尉监丙吉的帮忙才得以逃生。隋炀帝让嵩山道士潘诞合炼金丹，一直炼不成，说是缺石胆石髓，如能弄到童男童女的胆、髓各三斛六斗，可以代替，隋炀帝大怒，把潘诞杀了。这以后方士又对隋炀帝说李姓当为天子，劝隋炀帝把全国姓李的统统杀掉。像隋炀帝那样喜欢杀人的无道昏君，与土匪差不多，以上二件事，他偶尔没有实行。唐太宗听李淳风说以后姓武的女性当为天子，并且已进了皇宫，便打算把可疑的宫女都杀掉，幸亏李淳风加以进谏，才算没实行。像唐太宗这样英明皇帝尚且如此，所以说是有幸和有不幸的。

燕说

黄庭坚和张文潜的八首诗，其第二首说：“谈经多采用燕国的说法，而诸儒的解释抛弃到一边去。创始的虽然有罪，可是延续下来的派别却弥漫全国。”这大意是针对王氏新经学而说的。“燕说”的故事出于《韩非子》一书。内容是说是过去的君王有“郢书”，而后世人多奉行“燕说”。又引用其故事来源：“郢（楚国都城，今湖北江陵的纪南城）人有给燕国的相国写信，夜里写这封信时灯火不明，就叫侍从说：“举烛（再点支蜡烛）。”

王大说，国以治，治则治矣，非书意也。’”鲁直以新学多穿凿，故有此句。

折槛行

杜诗《折槛行》云：“千载少似朱云人，至今折槛空嶙峋。娄公不语宋公语，尚忆先皇容直臣。”此篇专为谏争而设，谓娄师德、宋璟也。人多疑娄公既无一语。何得为直臣？钱伸仲云：“朝有阙政，或娄公不语，则宋公语。”但师德乃是武后朝人，璟为相时，其亡久矣。杜有祭房相国文，言“群公间出、魏、杜、娄、宋”，亦并二公称之，诗言先皇，意为明皇帝也，娄氏别无显人有声开元间，为不可晓。

朱云陈元达

朱云见汉成帝，请斩马剑断张禹首。上大怒曰：“罪死不赦。”御史将云下，云攀殿槛，槛折，御史遂将云去。辛庆忌叩头以死争。上意解，然后得已。及后当治槛，上曰：“勿结果把“举烛”两个字误写到信里去了，并不是信里原来的意思。燕相收到书信后，看到有“举烛”二字，便说：‘举烛，就是要求明亮一点，也就要多举荐贤能的人加以使用。’便把这意思报告国王，国王十分高兴，便这样做，结果使燕国大治。虽然这样，实行的却不是那封信里的愿意。”黄庭坚以为新学喜欢穿凿附会，所以才写这样的诗句。

折槛行

杜甫的《折槛行》一诗里说：“千年来很少有像朱云这样的人，至今朱云攀折的栏杆瘦骨嶙峋地立在老地方。娄公不说话，宋公却能说话，至今我还记得先前的皇上能宽容耿直臣子的事。”这一篇是专门为鼓励敢于大胆谏劝皇帝而写的。所谓娄公、宋公，就是指唐朝的宰相娄师德和宋璟。有人怀疑娄师德一言不发，怎样能称得起直臣呢？钱伸仲曾解释说：“朝内政治上有缺点的时候，娄师德不提时宋璟一定会提出。”但是娄师德是武则天当政时人，到宋璟当宰相时，娄师德已死去多年了，这样解释不通。杜甫又写过祭房相国的一篇文章，其中说到“有名的宰相不断出现，有魏、杜、娄、宋”，这里也把娄师德和宋璟一起并称。先皇是指唐玄宗，在玄宗时，并没有姓娄的显赫大臣，所以杜甫这句诗实在令人费解。

朱云陈元达

朱云晋见汉成帝，请求给一把尚方剑，以斩佞臣张禹的头。汉成帝大怒说：“朱云罪该死不赦。”叫御史把朱云拖出去，朱云手攀殿外栏杆，大声极谏，以致把栏杆都攀断了，御史才把朱易。因而辑之，（辑与集同，谓补合之。）以旌直臣。”刘聪为刘后起鹍仪殿，陈元达谏，聪怒，命将出斩之，时在逍遥园李中堂，元达先锁腰而入，即以锁绕堂下树，左右曳之不能动。刘氏闻之，私敕左右停刑，手疏切谏，聪乃解，引元达而谢之，易园为纳贤园，堂为愧贤堂。两人之事甚相类。云之免于死，由庆忌即时急救之故，差易为力。若元达之命在须臾间，聪之争暴且盛怒，何暇延留数刻而容刘氏得以草疏乎？脱便就刎其首，或令武士击杀亦可，何恃以于腰哉？是为可疑也。成帝不易槛以旌云直，而不能命以一官，乃不若聪之待元达也。至今宫殿正中一间横槛，独不施栏循，谓之折槛，盖自汉以来相传如此矣。

杜老不忘君

前辈谓杜少陵当流离颠沛之际，一饭未尝忘君，今略记其数语云：“万方频送喜，无乃圣躬劳。”“至今劳圣主，何以报皇天。”“独使至尊忧社稷，诸君何以答升平。”“天子亦应厌奔走，群公固合思升乎。”如此一类非一。

云拖走。辛庆忌乃向成帝叩头拼死相争，请求不杀朱云，成帝才平息怒气，下令放了朱云。以后，宫内有关官员要修理被朱云攀折的栏杆，成帝说：“不要换，略加补合，留下来以表彰正直敢谏的臣子。”十六国时北汉国君刘聪，为刘皇后盖“䳨仪殿”，陈元达进行谏劝，刘聪大怒，叫人把元达拖出去斩首。当时在逍遥园内的李中堂，元达被铁索把腰锁了起来，他便用铁索绕在堂下的树上，刘聪的侍卫去拖他，却拖不动。皇后刘氏听了后，私下命令侍卫停刑，自己立刻亲书奏疏，向刘聪切实劝谏，刘聪才平下气来，令放了元达，并对他敢于直谏表示谢意，并把园名改为纳贤园，堂名改为愧贤堂。朱云和陈元达两人的事很有点相似，朱云所以免死，在于庆忌的力救，比较容易；至于陈元达的性命已在须臾之间，而且刘聪脾气暴躁且在盛怒之下，怎样还能迟延一会儿让刘氏从容写奏疏来救呢？假如当时就把陈元达砍头，或让武士把陈元达击死亦行，何必只锁腰呢？这是否事实，是很可疑的。成帝能不换栏杆以表彰朱云的直谏，而却不能给朱云升一个官，这一点又不如刘聪对待陈元达了。至今宫殿正中的一排栏杆，顶上不加横木，称作折槛，这是自汉代就传下来的习惯了。

杜老不忘君

前辈人常说唐朝的杜甫，在流离颠沛的环境中，一顿饭也没有忘记君王，现在略记他的一些诗句可证：“万方频送喜信，皇上再不必辛劳。”“至今还劳圣主操心，怎么能报答君王？”“只让皇上为国家操心，诸君怎样报答盛世呢。”“皇上圣驾亦是讨厌奔波的，先生们也应该想着太平。”像这类句子很多。

栽松诗

白乐天《栽松诗》云："小松未盈尺，心爱手自移。苍然润底色，云湿烟霏霏。栽植我年晚，长成君性迟。如何过四十，种引数寸枝？得见成阴否？人生七十稀。"予治圃于乡里，乾道己丑岁，正当四十七矣。自伯兄山居手移稚松数十本，其高仅四五寸，植之云壑石上，拥土以为固，不能保其必活也。过二十年，蔚然成林，皆有干霄之势。偶阅白公集，感而书之。

乌鹊鸣

北人以乌声为喜，鹊声而非；南人闻鹊噪则喜，闻乌声则唾而逐之，至于弦弩挟弹，击使远去。《北齐书》，奚永洛与张子信对坐，有鹊鸣于庭树间，子信曰："鹊言不善，当有口舌事，今夜有唤，必不得往。"子信去后，高俨使召之，且云敕唤，永洛诈称堕马，遂免于难。白乐天在江州，《答元郎中杨员外喜乌见寄》，曰："南宫鸳鸯地，何忽乌来止。故人锦帐郎，闻乌笑相亲。疑乌报消息，望我归乡里。我归应待乌头白，惭愧元郎误欢喜。"然则鹊言固不善，而乌亦能报喜也。又有和元微之《大觜乌》一篇云："老巫生奸计，与乌意潜通。云此非凡鸟，遥见起敬恭。千岁乃一出，喜贺主人翁。此乌所止家，家产日夜丰。上以致寿考，下可宜田农。"

栽松诗

白居易《栽松诗》说："小松树还没有一尺高，我心爱它便亲手移来。苍苍的颜色如同涧底，又如湿润的云烟雾霏霏。栽树时我已年纪很大了，可松的性格却生长得很迟。为什么我年过四十以后，还要种这几寸高的松枝？能不能见到它长大成荫？人生七十古来稀啊！"我建造了一个小园在乡村里，孝宗乾道五年时，年已四十七岁，从堂兄的山居里移来小松树几十棵，都才四五寸高，我把它种到山沟顶上的石旁，再堆土加固，不能保证能不能种活。过了二十年，却已蔚然成林，都有直入霄汉的雄伟姿势。近来偶然读白居易的诗集，见到这首诗，十分感慨，于是就记下。

乌鹊鸣

北方人认为乌鸦叫声是有喜事，喜鹊叫声则不吉；南方人听到喜鹊鸣叫则喜，听到乌鸦叫声就吐唾沫把它赶走，甚至拿着弹弓击它，让它远远飞走。《北齐书》里记载：奚永洛和张子信对坐，有喜鹊在庭院的树上鸣叫，子信说："喜鹊的叫声不善良，应当出现有争执的事，今天夜里如有人唤你去，一定不要前往。"子信走后，高俨派人来叫他，并说是奉皇帝旨意来叫他去的，奚永洛假称从马上跌下受伤，不能前往，结果遂免去一场灾难。白居易在江州（今江西九江）做官时，写了一首《答元郎中杨员外喜乌见寄》的诗，诗说："南宫本是鸳鸯的地方，为什么忽然有乌鸦飞来。当锦衣郎的老朋友，一听到乌鸦声喜笑颜开地去看。怀疑是乌鸦报告消息，说我将会回到故里。我回去时恐怕得等到乌鸦头白的时候，惭愧让元郎一场空喜欢。"像这二个故事，说明按微之所赋云："巫言此乌至，财产日丰宜。主人一心惑，诱引不知疲。转见乌来集，自言家转孳。专听乌喜怒，信受若长离。"今之乌则然也。也有传《阴阳局鸦经》，谓东方朔所著，大略言凡占乌之鸣，先数其声，然后定其方位，假如甲日一声，即为甲声，第二声为乙声，以十干数之，乃辨其急缓，以定吉凶，盖不专于一说也。

喜鹊鸣叫固然不是好事，而乌鸦亦能报喜的。白居易又有唱和元稹《大觜乌》的诗一篇说："老巫师想出一条诡计，说和乌鸦的意念相通。说这乌鸦不是凡间的鸟，远远看见它就显得十分恭敬。说这乌鸦千年才出现一次，来向主人翁贺喜致敬。这乌鸦落到谁家，谁的家产就日夜丰隆。上可以得到长寿，下可以有益田地的耕种。"元稹的原诗是："巫师说这乌鸦到来，财产会一天比一天丰盛。主人心里受到巫师的迷惑，便想法引诱乌鸦来自己家而不知疲倦。后来看到乌鸦果然飞来了，便说自己家要一天天繁荣。每天专听乌鸦的叫声来推测是喜还是凶，把它当成一种名叫长离的神鸟一样来信奉。"现在人对乌鸦也是这样的。世上流传有一种《阴阳局鸦经》，说是汉朝的东方朔所作，这书大略说，凡用乌鸦叫声来测凶吉，先数它叫声，然后看它的方位，假如是甲日叫一声就是甲声，第二声就是乙声，以十个天干数字来顺序定声，再看它叫声轻重缓急，以测定吉凶，这种说法是说乌鸦叫是有吉有凶，而不专一认为乌鸦叫都是好事。

卷四（十七则）

淮南守备

周世宗举中原百郡之兵，南征李景。当是时，周室方强，李氏政乱，以之讨伐，云若易然。而自二年之冬，讫五年之春，首尾四年，至于乘舆三驾，仅得江北。先是河中李守贞叛汉。遣其客朱元来唐求救，遂仕于唐。枢密使查文徽妻之以女。是时，请兵复诸州，即取舒、和。后以恃功偃蹇，唐将夺其兵，元怒而降周。景械其妻，欲戮之。文徽方执政，表乞其命，景批云："只斩朱元妻，不杀查家女。"竟斩于市。郭廷谓不能守濠州，以家在江南，恐为唐所种族，遣使诣金陵禀命，然后出降。则知周师所以久者，景法度犹存，尚能制将帅死命故也。绍兴之季，虏骑犯淮，逾月之间，十四郡悉陷。予亲见沿淮诸郡守，尽扫府库储积，分寓京口，云预被旨许令移治。是乃平时无虞，则受极边之赏，一有缓急，委而去之，寇退则反，了无分毫絓于吏议，岂复肯以固守为心也哉？

淮南守备

五代时，后周世宗柴荣发动了中原倾国的军队，往江南征伐南唐国主李景。这时候周国正处于强盛阶段，而南唐李氏政治却十分混乱，用兵去征讨它，可以说是很容易取胜的。但是，从周世宗显德二年冬天起，直到显德五年的春天，历时四年，并三次御驾亲征，仅占领了长江以北的地方。在这以前，河中（今山西永济一带）节度使李守贞背叛北汉，曾派遣他的客卿朱元来南唐求救，朱元竟留在南唐做了官，又娶了枢密使查文徽的女儿为妻。这时，朱元请求出兵收复南唐失去的土地，并马上攻克了舒州（今安徽潜山）及和州（今安徽和县）这些地方。后来朱元便居功骄傲起来，南唐打算解除他的兵权，朱元一怒之下又投降了周世宗。李景便把它的妻子囚禁起来，准备杀掉。这时查文徽正在南唐政府里当权，便上表乞求保全女儿的性命，李景批示说："只斩朱元妻，不杀查家女。"结果还是把她斩头示众了。南唐的将军郭廷认为自己无法固守濠州（今安徽凤阳），因为他的家在江南，怕家属亲族被南唐杀掉，所以派人到金陵（今南京）报告请示以后，才出城向周兵投降。从这里可以知道，所以周兵征伐南唐花了很长时间，是因为李景的法律制度还在，仍然能控制将帅的生命。宋高宗绍兴年间，金国的军队侵犯江淮一带，不过一个多月时间，十四个郡的地方都被攻陷。我亲眼看到江淮一带的地方官们，带着地方官库的全部财产，逃到江南京口寄居，他们声称是受到皇帝的允许，故敌兵来时可把

周世宗

周世宗英毅雄杰，以衰乱之世，区区五六年间，威武之声，震慑夷夏，可谓一时贤主，而享年不及四十，身没半岁，国随以亡。固天方授宋，使之驱除。然考其行事，失于好杀，用法太严，群臣职事，小有不举，往往置之极刑，虽素有才干声名，无所开宥，此其所短也。薛居正《旧史》纪载翰林医官马道元进状，诉寿州界被贼杀其子，获正贼见在宿州，本州不为勘断。帝大怒，遣窦仪乘驲往按之。乃狱成，坐族死者二十四人。仪奉辞之日，帝旨甚峻，故仪之用刑，伤于深刻，知州赵砺坐除名。此事本只马氏子一人遭杀，何至于族诛二十四家，其他可以类推矣。《太祖实录·窦仪传》有此事，史臣但归咎于仪云。

地方政府临时迁到安全地方去。因此，在平常安定的时候，他们可以受到守边的特殊赏赐，一旦形势危急，就可以舍弃边关而逃离，等敌人退去再返回，没有一点害怕失职的处分，这样还怎么能有固守疆土的决心呢？

周世宗

后周世宗柴荣是个英明果敢的豪杰，处于五代十国的混乱时期，仅用短短的五六年时间，威望和名声便震慑了整个中国，真可是一代贤能的君主，可是他却没活到四十岁，死后不过半年，国家就随之灭亡了。这恐怕是天意属于宋，才让他为宋朝建国扫清了道路。但是考察他一生所做的事，其失策的地方在于他的好杀，动用刑法太严，他手下的官员，稍有一点过错，往往要处以重刑杀掉。所以他虽具富有才干的声望和名声，而不知道宽容，这是他的短处。薛居正主编的《旧五代史》记载有翰林院医官马道元曾进状子给世宗，诉说自己的儿子在寿州（今安徽寿县）境内被贼杀死，现主犯已在宿州（今安徽宿县）被捕，当地州官不认真断理此案。世宗大怒，派大臣窦仪乘驿站快马去处理此案。审理结果，牵连处死了二十四个人及其家属。这是因为窦仪奉命的时候，世宗的旨意十分严厉，所以窦仪用刑，便过于深刻，知州赵砺亦因此被撤职。这件事本来只是马氏的一个儿子遭杀，怎能够连诛二十四家的族人呢？其他事也可类推了。《太祖实录·窦仪传》记载了这件事，但史官却把这件事的过错归罪到窦仪身上。

窦贞固

窦贞固，汉隐帝相也。周世罢政，以司徒就第。后范质用此官在中书，乃归洛阳。常与编户课役，贞固不能堪，诉于留守向拱，拱不听。熙宁初，富韩公为相，神宗尝对大臣称知河南府李中师治状。公以师厚结中人，因对曰："陛下何从知之？"中师衔其沮己，及再尹河南，富公已老，乃籍其户，令出免役钱，与富民等。乃知君子失势之时，小人得易而侮之，如向拱、李中师辈，固不乏也。

郑权

唐穆宗时，以工部尚书郑权为岭南节度使，卿大夫相率为诗送之。韩文公作序，言："权功德可称道。家属百人，无数亩之宅，僦屋以居，可谓贵而能贫，为仁者不富之效也。"《旧唐史》传云："权在京师，以家人数多，奉入不足，求为镇，有中人之助，南海多珍货，权颇积聚以遗之，大为朝士所嗤。"又《薛廷老传》云："郑权因郑注得广州节度，权至镇，尽以公家珍宝赴京师，以酬恩地。廷老以右拾遗上疏，请按权罪，中人由是切齿。"然则其为人，乃贪邪之士尔！韩

窦贞固

窦贞固是五代时后汉隐帝的宰相。后周建立后，免去宰相职务，另任他为三公之一的司徒这种最高荣誉官衔，后来范质占了司徒位置，掌握国家大权，窦贞固便回洛阳闲住，常常受到地方支派差徭赋税的扰乱敲诈，窦贞固因向在洛阳的西京留守向拱诉苦，向拱不理睬他。宋神宗熙宁年间，韩国公富弼担任宰相时，神宗曾对大臣们称赞河南府（今河南洛阳）尹李中师的政绩，富弼知道李中师是送厚礼给宦官，让他们为自己吹嘘的，但不好明说，便问皇帝说："陛下是从那里知道这事呢？"李中师得知这事，心中恨富弼拆自己的台。后来，李中师再次任河南府尹时，富弼已经年老退休，住在洛阳，李中师便把他编入平民户籍，让他出免役钱，与富裕的百姓一样受官府的盘剥敲诈。从这里可以知道，君子在失势的时候，很容易受小人们的欺侮，像向拱、李中师这种小人，是很常见的。

郑权

唐朝穆宗时，把工部尚书郑权外调到岭南任节度使，朝内百官先后写诗为他送行。韩愈作了一篇序说："郑权的功绩和道德可以称得上人的楷模，家属有一百人，却没有一所几亩地大的住宅，只好租赁别人的房子居住，真可以说是身居显贵而又能过贫苦生活，这是那些为富不仁的人应该仿效的。"《旧唐书·郑权传》里说："郑权在京都时，因家里人口大多，薪俸不够家庭开支，求到外地方镇作地方长官，得到掌权太监们的帮助。南海地方有很多珍贵的出产，郑权到任后积累了不少送给太监们，这件事受到朝内官员们的耻笑。"又有《薛廷老传》里说：

公以为仁者何邪?

党锢牵连之贤

汉党锢之祸,知名贤士死者以百数,海内涂炭,其名迹章章者,并载于史。而一时牵连获罪,甘心以受刑诛,皆节义之士,而位行不显,仅能附见者甚多。李膺死,门生故吏并被禁锢。侍御史景毅之子,为膺门徒,未有录牒,不及于谴。毅慨然曰:“本谓膺贤,遣子师之,岂可以漏籍苟安!”遂自表免归。高城人巴肃被收,自载诣县,县令欲解印绶与俱去,肃不可。范滂在征羌,诏下急捕。督邮吴导至县,抱诏书,闭传舍,伏床而泣。滂自诣狱,县令郭揖大惊,出解印绶,引与俱亡。滂曰:“滂死则祸塞,何敢以罪累君!”张俭亡命,困迫遁走,所至,破家相容。其所经历,伏重诛者以十数。复流转东莱,上李笃家。外黄令毛钦操兵到门,笃谓曰:“张俭亡非其罪,纵俭可得,宁忍执之乎?”钦抚笃曰:“蘧伯玉耻独为君子,足下如何自专仁义?”叹息而去。俭得免。后数年,上禄长和海上言:“党人锢及五族,非经常之法。”由是自从祖以下,皆得解释。此数君子之贤如是,东汉尚名节,斯其验欤?

“郑权因有郑注的帮助才得到广州节度使的职务，郑权到任后，把官库里藏的珍宝统统运到京都，用以酬谢郑注。薛廷老当时担任右拾遗的官，因此而上奏疏给皇帝，请把郑权治罪，宦官们非常痛恨薛廷老。”根据这些记载，郑权是个贪婪的赃官，韩愈却又说他仁德，又是为什么呢？

党锢牵连之贤

汉朝时，因党锢之祸被处死的知名人士数以百计，使国内之人陷入很大的灾难，其事迹卓著的知名人士的传记都已被载入史册。可是一时因牵连而获罪、甘心受刑的都是一些有气节的忠义人士，由于他们的职务和知名度不高，因此有许多人只能在史书中列名附见。李膺被处死以后，他的学生和下属被牵连而遭囚禁的人很多。侍御史景毅的儿子，是李膺的学生，因为没有登记在册，所以没有受到追查。景毅感慨地说：“我原以为李膺是个品德学问高尚的人，所以才让儿子拜他为师，现在岂能因为漏载入册而苟安度日呢！”遂自己上表辞职还家。高城（今河北盐山）人巴肃被列入搜捕名单，他便自己到县衙投按，县令打算封了官印，弃职和他 一同逃亡，巴肃没有同意。范滂被免职后住在征羌县（今河南郾城东部）故乡，朝廷又下诏立即逮捕他，所派来的督邮吴导来到县里后，心中不忍，抱着诏书，紧关着客馆的房门，趴在床上哭泣。范滂知道他一定是为了自己，便亲自去监狱投了案。县令郭揖大吃一惊，要抛弃官印和他一同逃亡。范滂说：“我死了这场祸也就平息了，怎能连累你呢！”张俭也是因被追捕而流亡在外的，凡是他去过的地方，主人总是冒家破人亡的危险来收留他。在他住过的人家当中，后被发现而

汉代文书式

汉代文书，臣下奏朝廷，朝廷下郡国，有《汉官典仪》《汉旧仪》等所载，然不若金石刻所著见者为明白。《史晨祠孔庙碑》，前云："建宁二年三月癸卯朔七日己酉，鲁相臣晨长史臣谦顿首死罪上尚书，臣晨顿首、顿首，死罪、死罪。"末云："臣晨诚惶诚恐，顿首、顿首，死罪、死罪上尚书。"副言太傅、太尉、司徒、司空、大司农府。《樊毅复华下民租碑》前后与此同。《无极山碑》："光和四年某月辛卯朔廿二日壬子，太常臣耽、丞敏顿首上尚书。"末云："臣耽愚戆，顿首、顿首上尚书。制曰：可。大尚（读为太常）承书从事，某月十七日丁丑，尚书令忠奏雒阳宫。光和四年八月辛酉朔十七日丁丑，尚书令忠下。"又云："光和四年八月辛酉处以死刑的有十几户。后来张俭又流亡到东莱郡（今山东半岛一带），最后又住到外黄（今河南杞县东）李笃家里。外黄县令毛钦闻讯，领兵包围了李笃家门，李笃走出来对他说："张俭是被迫流亡，并没有什么罪，即使能把他捕获，难道能忍心去把他捕起来吗？"毛钦抚摩着李笃的肩膀说："春秋时的蘧伯玉饱尝羞耻独自当正人君子，先生为什么这样独自讲仁义呢？"说罢，叹息着领兵回去了，张俭才免去被捕。停了几年，担任上禄（今甘肃成县西南）长官的和海上奏疏劝皇帝说："搜捕禁锢党人而牵连五族，捕人太多不是长治久安的办法。"因此，才把党人从祖父以下旁支亲属都释放出来。这几个君子的品德都是这么好，东汉时的人注重名节，这不是个很好的例证吗？

汉代文书式

汉代公文的格式，臣子奏朝廷，朝廷下达地方官的诏书，记载在《汉官典仪》《汉旧议》等书里，但是不如留传下来的碑刻记载得更明白。《史晨祠孔庙碑》载，前边的格式是："建宁二年三月癸卯朔七日己酉，鲁相臣晨、长史臣谦顿首，死罪上尚书，臣晨顿首顿首，死罪死罪。"末尾的格式是："臣晨诚惶诚恐，顿首顿首，死罪死罪上尚书。"并附言副本送太傅、太尉、司徒、司空、大司农府几位长官。《樊毅复华下民租碑》前后格式和这一样。《无极山碑》的格式是："光和四年某月辛卯朔廿二日壬子，太常臣耽、丞敏顿首上尚书。"末尾格式是："臣耽愚戆，顿首顿首上尚书。"次下就皇帝批语："制曰：可。"再下就是承办富的官员和办理日期："大尚（读太常）承书从事，某月十七日丁丑，尚书令忠奏雒阳宫。光和四年八月辛酉朔十廿日丁丑，朔十七日丁丑，太常耽、丞敏下。”《常山相孔庙碑》，前云：“司徒臣雄；司空臣戒稽言。”末云：“臣雄、臣戒愚戆，诚惶诚恐，顿首、顿首，死罪、死罪，臣稽首以闻。制曰：可。元嘉三年三月廿七日壬寅，奏雒阳宫。元嘉三年三月丙子朔廿七日壬寅。司徒雄、司空戒下鲁相。”又云；“永兴元年六月甲辰朔十八辛酉，鲁相平、行长史事卞守长擅，叩头死罪，敢言之司徒、司空府。”末云：“平惶恐叩头，死罪、死罪，上司空府。”此碑有三公奏天子，朝廷下郡国，郡国上公府三式，始末详备。文惠公《隶释》有之。无极山祠事，以丁丑日奏雒阳宫，是日下太常；孔庙事，以壬寅日奏雒阳宫，亦以是日下鲁相，又以见汉世文书之不滞留也。

资治通鉴

司马公修《资治通鉴》，辟范梦得为官属，尝以手帖论缵述之要，大抵欲如《左传》叙事之体。又云：“凡年号皆以后来者为定。如武德元年，则从正月，便为唐高祖，更不称隋义宁二年。梁开平元年正月，便不称唐天祐四年。”故此书用以为法。然究其所穷，颇有窒而不通之处。公意正以《春秋》定公为例，于未即位，即书正月为其元年。然昭公以去年十二月薨，则次年之事，不得复系于昭。故定虽未立，自当追书。兼经文至简，不过一二十字，一览可以了解。

尚书令忠下。”又有:“光和四年八月辛酉十七日丁丑,太常耽、丞敏下。”《常山相孔庙碑》前边格式是:“司徒臣雄、司空臣戒稽前言。”末尾格式是:“臣雄、臣戒愚戆,诚惶诚恐,顿首顿首,死罪死罪,臣稽首以闻。”下为皇帝批语:“制曰:可。”办理此件过程为:“元嘉三年三月廿日壬寅,奏雒阳宫。元嘉三年三月丙子朔廿七日壬寅,司徒雄、司空戒下鲁相。”又记有“永兴元年六月甲辰朔十八日辛酉,鲁相平、行长史事卞守长擅,叩头死罪,敢言之司徒、司空府。”末尾是:“平惶恐叩头,死罪死罪,上司空府。”这碑有三公上奏皇帝,朝廷下达地方官的和地方官上报公府三种格式,公文处理始末记载都十分详明完备,宋朝文惠公洪适编著的《隶释》一书里记载有这些碑文。无极山祠的事情是丁丑日在雒阳宫上奏皇帝的,当天就批下来给太常;孔庙的事,是壬寅日在雒阳宫上奏给皇帝的,亦是当天就批复给鲁相,从这里又可以看到汉代公文处理迅速的情况。

资治通鉴

司马光奉旨编《资治通鉴》,聘请范祖禹参加编辑,常常亲笔写一些手谕给他,讲述编辑要点,大体要求同《左传》一样编年叙事的体例。又说:“凡同一年内的年号,都要用后来延续下去的那个为准。如唐高祖武德元年,同时又是隋恭帝义宁二年,则从正月起便是唐高祖,不称隋义宁二年。五代梁开平元年正月,就不称唐天祐四年。”所以,这部书凡遇到同一年内有两个年号的都采用这种办法。但要仔细研究一下,就觉得有不通的地方。司马光的本意是以《春秋》鲁定公为例,在他没有即位时,就记正月是他的元年。但是,因为昭公死于去年十二月,若《通鉴》则不侔，隋炀帝大业十三年，便以为恭皇帝上，直到下卷之末，恭帝立，始改义宁，后一卷，则为唐高祖。盖凡涉历三卷，而炀帝固存，方书其在江都时事。明皇后卷之首，标为肃宗至德元载，至一卷之半，方书太子即位。代宗下卷云："上方励精求治，不次用人。"乃是德宗也。庄宗同兴四年，便系于天成，以为明宗，而卷内书命李嗣源讨邺，至次卷首，庄宗方殂。潞王清泰三年，便标为晋高祖，而卷内书石敬瑭反。至卷末始为晋天福。凡此之类，殊费分说。此外，如晋，宋诸胡僭国，所封建王公，及除拜卿相，纤悉必书，有至二百字者。又如西秦丞相南川宣公出连乞都卒，魏都坐大官章安侯封懿、天部大人白马文正公崔宏、宜都文成王穆观、镇远将军平舒侯燕凤、平昌宣王和其奴卒，皆无关于社稷治乱。而周勃薨，乃不书。及书汉章帝行幸长安，进幸槐里、岐山，又幸长平，御池阳宫，东至高乾，十二月丁亥还宫；又乙未幸东阿，北登太行山，至天井关，夏四月乙卯还宫。又书魏主七月戊子如鱼池，登青冈原，甲午还宫；八月已亥如弥泽，甲寅登牛头山，甲子还宫。如此行役，无岁无之，皆可省也。

第二年的事，当然不能再放到昭公名下，所以这时定公虽然还没有当国君，自然得把前几个月追记在他的名下。况且《春秋》经文十分简单，不过一二十字，一览可知。但《通鉴》就不能同等看待。比如，隋炀帝大业十三年，便标题为隋恭皇帝上卷，但直至下卷末尾，恭帝即位，才改元义宁；紧接着便是唐高祖武德元年。这里前后共涉及三卷，而这时候隋炀帝还在世，内文说的是他在江都（今江苏扬州）的事；唐玄宗后卷的开头，标明为唐肃宗至德元年，到一卷的一半，才写到太子即位。唐代宗下卷又说："皇上正在振奋精神努力治国，不断破格使用人才。"说的却是唐德宗的事。唐庄宗同光四年，便放到明宗纪年，而卷内却记载皇帝命李嗣源（明宗本名）去征讨邺郡（今河南安阳一带），到下一卷初，庄宗才驾崩。潞王清泰三年，便标题为晋高祖，而卷内记载有石敬瑭（晋高祖本名）叛乱，直到卷末，才有晋天福的年号。像这些东西，解释起来十分费力。此外，还有晋、宋等不属正统，割据一方的少数民族国家，他们封的王公位，以及任命的大臣、宰相，记的十分详尽，有的记到二百字之多。又如西秦丞相南川宣公出连乞都病卒，魏国的章安侯封懿卒，还记有文正公崔宏，文成王穆观、平舒侯燕凤，平昌宣王和他的奴仆等人病故，都是无关国家政权和社会安定的人。而有关汉朝历史变化的周勃之死，却没有记载。还有记载汉章帝出游长安（今陕西西安），并游槐里，岐山，又到长平，住进池阳宫，往东到高陵（以上各地均在今陕西省），十二月丁亥还宫；又乙未游行东阿，北登太行山，到天井关，夏天四月回到宫里。又记有魏国国君七月到鱼池、游览青冈原，甲午回宫；八月又到弥泽、牛头山游览，甲子回宫等。像这些游览情况，每年都有，完全可以省略不

弱小不量力

楚庄王伐萧，萧人囚熊相宜僚及公子丙。王曰：“勿杀，吾退。”萧人杀之，王怒，遂灭萧。楚伐莒，莒人囚楚公子平。楚人曰：“勿杀，吾归而俘。”莒人杀之，莒溃，遂入郓。齐侯伐鲁，围龙，顷公之嬖人卢蒲就魁门焉，龙人囚之。齐侯曰：“勿杀，吾与而盟，无入而封。”弗听，杀而膊诸城上。齐遂取龙。夫以齐、楚之大，而莒一小国，萧一附庸，龙一边邑，方受攻之际，幸能囚制其人，强敌许以勿杀而退师，乃不度德量力，致怨于彼，至于亡灭，可谓失计。传称子产善相小国，使当此时，必有以处之矣。

田横吕布

田横既败，窜居海岛中。高帝遣使诏之，曰：“横来，大者王，小者乃侯耳。”横遂与二客诣雒阳。将至，谓客曰：“横始于汉王俱南面称孤，今汉王为天子，而横乃为亡虏，计的。

弱小不量力

春秋时楚庄王去攻打萧国(今安徽萧县),萧国把熊相宜僚和公子丙囚禁起来,准备杀掉。庄王说:“不要杀他们,我可以退兵。”萧国不听,把二人杀了,庄王大怒,立即灭掉了萧国。楚庄王又征伐莒国(今山东莒县),莒国把楚国的公子平囚禁起来,准备杀掉。楚国人说:“不要杀,我们可以放还你们被俘的兵将。莒人不听,把公子平杀了。楚国军队遂包围了莒国,莒国军队溃败,国君只好逃到郓国(今山东沂水县北)去。齐国去征伐鲁国,包围了鲁国的龙(今山东泰安)地,齐顷公派宠幸的侍臣卢蒲就魁去劝他们投降,龙地的人把卢蒲就魁囚禁起来,齐顷公对他们说:“不要杀他,我与你们讲和结盟。”龙人不听,把卢蒲就魁杀了并吊尸城头,齐国人发怒,遂攻占了龙地。齐、楚是大国,而莒是一个小国,萧是一个更下的附庸国,龙不过是边境的一个小城,在他们受到攻打的时候,幸好能擒获对方的人,强敌许诺不要杀人可以退兵,是保全小国的机会。可是莒国等却不考虑自己的力量,以致结怨敌国,自取灭亡,这是大大的失策。相传子产特别擅长治理小国,如果子产处于这种情况下,一定会有办法妥善地去处理的。

田横吕布

田横兵败以后,领残兵逃到海岛上去。汉高祖刘邦派人去招降他,说:“横来,大的可以封王,小的也可以给个侯爵。”田横随带了两位门客往洛阳。快要到达的时候,田横对门客说:

北面事之，其愧固已甚矣！”即自刭。横不顾王侯之爵，视死如归，故汉祖流涕称其贤，班固以为雄才。韩退之道出其墓下，为文以吊曰：“自古死者非一，夫子至今有耿光。”其英烈凛然，至今犹有生气也。吕布为曹操所缚，将死之际，乃语操曰：“明公之所患，不过于布，今已服矣。令布将骑，明公将步，天下不足定也。”操竟杀之。布之材未必在横下，而欲忍耻事仇。故东坡诗曰：“犹胜白门穷吕布，欲将鞍马事曹瞒。”盖笑之也。刘守光以燕败，为晋王所擒，既知不免，犹乎曰：“王将复唐室以成霸业，使不赦臣使自效？”此又庸奴下才，无足责者。

中山宜阳

战国事杂出于诸书，故有不可考信者。魏文侯使乐羊伐中山，克之，以封其子。故任座云：“君得中山不以封君之弟，而以封君之子。”翟璜云：“中山已拔，无使守之，臣进李克。’而《赵世家》书武灵王以中山负齐之强，侵暴其地，

“我过去和汉王刘邦都是王爵，称孤道寡，现在汉王当了天子，而我却成了逃亡的敌人，要我面北背南地向他叩头称臣，这实在是一件十分羞耻的事！”遂即拔剑自杀。田横不羡慕王侯爵位，视死如归，所以汉高祖听到田横自杀消息后，流着涕泪称赞他的贤良。班固则认为田横是一个“雄才”。唐朝的韩愈路过田横墓的时候，写了一篇文章悼念他说：“自古以来死去的人不是一个了，而先生虽死，耿耿光芒至今还照耀人间。”田横那种英烈凛然的气节，至今还有着强大的生气引人们赞颂。三国时的吕布被曹操活捉，将要被处死的时候，吕布对曹操说：“明公所惧怕的，不过就是我吕布罢了，现在我已愿意降服了。如果能让我领一支骑兵，明公则统领步军，配合起来，天下就不难平定了。”最后曹操还是把他杀了。吕布的勇武未必比田横差，可是他却想忍受耻辱去投降仇敌，所以苏东坡曾有诗说：“犹胜白门穷吕布，欲将鞍马事曹瞒。”这是对吕布的嘲笑。五代时后梁的刘守光自称燕帝，占据了卢龙（今河北北部），后来被晋王石敬瑭击败，并被擒获。刘守光自知不能活命了，还能哀求石敬瑭说：“大王恢复唐朝以成霸业，怎么不能赦去小臣之罪，让我立功自效呢？”这个人是个庸俗无行的小人，又是一个下等蠢材，根本不值得去评论他。

中山宜阳

战国的时候的历史在多种图书里只有零星记载，所以有很多难以考证确实。魏文侯派乐羊去征伐中山（今河北定县），攻克以后，魏文侯把这块地方作为自己儿子的封地。所以他的臣子任座批评他说：“君得到中山，不拿它封给君王的兄弟，却封给锐欲报之，至于变胡服，习骑射，累年乃与齐、燕共灭之，迁其王于肤施。此去魏文侯时已百年，中山不应既亡而复存，且肤施属上郡，本魏地，为秦所取，非赵可得而置它人，诚不可晓。惟《乐毅传》云："魏取中山，后中山复国，赵复灭之。"《史记·六国表》："威烈王十二年，中山武公初立。"徐广曰："周定王之孙，西周桓公之子。"此尤不然。宜阳于韩为大县，显王三十四年，秦伐韩，拔之。故屈宜臼云："前年秦拔宜阳。"正是昭侯时。历宣惠王、襄王，而秦甘茂又拔宜阳，机去几三十年，得非韩尝失此邑，既而复取之乎？

相六畜

《庄子》载徐无鬼见魏武侯，告之以相狗、马。《荀子》论坚白同异云："曾不如好相鸡、狗之可以为名也。"《史记》褚先生于《日者传》后云："黄直，丈夫也，陈君夫，妇人也，以相马立名天下。留长孺以相彘立名。荥阳褚氏以相牛立名。皆有高世绝人之风。"今时相马者间有之，相牛者殆绝，所谓鸡、狗、彘者，不复闻之矣。刘向《七略》《相六畜》

君王的儿子。”另一个臣子翟璜也说：“中山这地方已经占领了，但还没有派人去镇守，臣下特推荐李克去。”而《史记·赵世家》里却说，赵武灵王以中山依靠齐国这个强大靠山，常侵犯赵国的领土，决心要报复，以至穿上胡人的服装，练习骑射，又停了几年，与齐、燕等国，共同灭了中山国，把他的国王迁到肤施（今陕西延安）。这时距离魏文侯时已经有一百年，中山国不应该既被文侯所灭，现在又存在；而且肤施这地方属于上郡，本是魏国地方，现已被秦国取占，不是赵国可以随便把人安置到那里去的，这实不好理解。唯有《史记·乐毅列传》里记有：“魏国占领中山，后中山复国，赵国又灭了中山。”《史记·六国表》：“周威烈王十二年，中山武公初立。”徐广则说武公是：“周定王之孙，西周桓公之子。”这就更矛盾了。宜阳是韩国的一个大县，周显王三十四年，秦国伐燕时占领宜阳，所以屈宜臼说：“前年秦拔宜阳。”这正是韩昭侯时的事，以后又经过韩宣惠王、襄王，秦国的甘茂又占领宜阳，两者相差近三十年，是不是韩国失去这座城后，又曾经收复回来了呢？

相六畜

《庄子》里记载徐无鬼去见魏武侯，告诉他一些相狗相马的方法。《荀子》里论述坚白同异的一段话里也说过：“还不如好相鸡、狗的可以出名的。”《史记·日者列传》后边有褚先生的一段话说：“黄直是个男人，陈君夫，是个妇女，以善于相马而闻名天下。留长孺以善相猪出名。荥阳褚氏以善相牛出名。这些人都有一种高人一等的风范。”到现在，懂得相马的人有时还能见到，而懂得相牛的人，则差不多要绝灭了，至于所谓相鸡、三十八卷，谓骨法之度数，今无一存。

卜筮不同

《洪范七·稽疑》，择建立卜筮人，有“龟从，筮逆”之说。《礼记》：“卜筮不相袭。”谓卜不吉，则又筮，筮不吉，则又卜，以为渎龟筮。《左传》晋献公欲以骊姬为夫人，卜之不吉，筮之吉。公曰：“从筮。”卜人曰：“筮短龟长，不如从长。”鲁穆姜徙居东宫，筮之，遇《艮》之八。史曰：“是谓《艮》之《随》。”杜预注云：“《周礼》大卜掌三《易》，杂用《连山》《归藏》，二《易》皆以七、八为占，故言遇《艮》之八。史疑古《易》遇八为不利，故更以《周易》占，变爻得《随》卦也。”汉武帝时，聚会占家问之，某日可取妇乎？五行家曰：可。堪舆家曰：不可。建除家曰：不吉。丛辰家曰：大凶。历家曰：小凶。天人家曰：小吉。太一家曰：大吉。辩讼不决，以状闻。制曰：避诸死忌，以五行为主。”则历卜诸家，自古盖不同矣。唐吕才作《广济阴阳百忌历》，世多用之。近又有《三历会同集》，搜罗详尽：姑以择日一事论之一年三百六十日，若泥而不通，殆无一日可用也。

相狗、相猪的人，连听都没听见人提起了。汉朝的刘向编的《七略》当中，记载有《相六畜》三十八卷，说是讲究骨法的度数，到现在已经没有一种流传下来。

卜筮不同

《尚书·洪范》九畴第七稽疑里说，选择日子使用卜筮的人，这里有“用龟占卜得到的顺从，用蓍草中筮结果却是相反”的说法。《礼记》说：“卜和筮是不会重复的。”说是占卜不吉，又去占筮；筮不吉，又去占卜，这是对卜筮的一种轻慢。《左传》里说，晋献公打算立骊姬为夫人，占卜得到的是不吉，又占筮，得到的却是吉利。献公说：“就依筮的结果办吧。”占卜的人说：“龟是表现形象的，筮是计数的，事物先有形象，才有数字，所以筮短龟长，龟应在先，不如依据长的。”鲁国的夫人穆姜迁居东宫，用筮占凶吉，得到的结果是艮卦的第八。史书上记载说：“这就是艮卦中的随。”杜预注解这段话时说：“《周礼》中讲过大卜这个职务掌握三种《易》经，常杂用夏朝的《连山易》和商朝的《归藏易》，这两种《易》都是用七、八来占卦的。所以说占得的是艮之八。古人以为古代《易》上称遇八为不吉利，所以后来改用《周易》为占卜依据。变爻得到随卦，所以称之“艮之随”。汉武帝时，把各种流派的占卜家召集到一起，问他们说：某一天可不可以娶妇？”五行家说：“可以。”堪舆家说：“不可。”建除家说：“不吉。”丛辰家说：“大凶。”历汉家说：“小凶。”天人家说：“小吉。”太一家说：“大吉。”结果争论不人，无法决定，只好奏报给汉武帝。武帝说：“避开各种死忌日期，可以依五行为主。”由此可见择日、占卜的各家，自古就存在着不同了。唐朝时

日者

《墨子》书《贵义》篇云："子墨子北之齐，遇日者。日者曰："帝以今日杀黑龙于北方，而先生之色黑，不可以北。"子墨子不听，遂北，至淄水，不遂而返。日者曰："我谓先生不可以北。"子墨子曰："南之人不得北，北之人不得南，其色有黑者，有白者，何故皆不遂也。且帝以甲乙杀青龙于东方，以丙丁杀赤龙于南方，以庚辛杀白龙于西方，以壬癸杀黑龙于北方，若子之言，不可用也。"《史记》作《日者列传》，盖本于此。徐广曰："古人占侯卜筮，通谓之日者。"如以五行所直之日而杀其方龙，不知其旨安在，亦可谓怪矣。

柳子厚党叔文

柳子厚、刘梦得，皆坐王叔交党废黜。刘颇饰非解谤，而柳独不然。其《答许孟容书》云："早岁与负罪者亲善，始奇其能，谓可以共立仁义，裨教化。暴起领事，人所不信，射利求进者，百不一得，一旦快意，更姿怨讟，诋诃万状，尽为候的吕才，著有《广济阴阳百忌历》一书，世上的人有很多人使用这本历书。近来又出现了一种《三历会同集》，搜罗的内容更为详尽。暂且拿选择吉日这一件事来说，一年三百六十天，如果拘泥于历本而不知变通，那么，一年之中，就没有一天可以使用了。

日者

《墨子》的《贵义》篇里说："我往北到齐国去，路上遇见占卜的人，他说：'今日天象是天帝杀黑龙于北方，而先生皮肤色黑，不可往北走。'我没有听他的，继续北行，到达淄水，因渡河受阻只好返回。占卜的说：'我说先生不可以往北走，现在应验了吧？'我说：'淄水那里，南边的人无法过河往北走，北边的人亦不能过河南走，他们皮肤颜色有黑的，有白的，为什么都是不顺利呀。况且天帝以甲乙日杀青龙于东方，以丙丁日杀赤龙于南方，以庚辛日杀白龙于西方，以壬癸杀黑龙于北方，像你说的那话，是不可信的。'"《史记》后写《日者列传》，源流就出自这里。徐广解释说："古人对于占侯卜筮的人，统称之为日者。"如果以五行当值的日期，而杀他那一方的龙，不知道还有什么含义，亦可以说是一件怪事。

柳子厚党叔文

唐朝的柳宗元、刘禹锡，因为参与王叔文的政治改革，被定为王党而废黜降职。刘禹锡颇有点文过饬非地为自己辩解，而柳宗仁却不然。他在《答许孟容书》里说："早年我和有罪的那人（指王叔文）很友善，开始与他交往时，很惊奇他的才能，认为可以与他共同树立道义有益于教育感化百姓。后来突然当敌仇。”及为叔文母刘夫人墓铭，极其称诵，谓：“叔文坚明直亮，有文武之用。待诏禁中，道合储后。献可替否，有康弼调护之勤；訏谟之命，有扶翼经伟之绩。将明出纳，有弥纶通变之劳；内赞谟画，不废其位。利安之道，将施于人。而夫人终于堂，知道之士，为苍生惜焉！”其语如此。梦得自作传云：“顺宗即位时，有寒隽王叔文以善弈棋得通籍博望，因间隙得言及时事，上大奇之。叔文自言猛之后，有远祖风，唯吕温、李景俭、柳宗元以为言。然三子皆与予厚善，日夕过，言其能。叔文实工言治道，能以口辩移人。既得用，其所施为，人不以为当。上素被疾，诏下内禅，宫掖事秘，功归贵臣，于是叔文贬死。”韩退之于两人为执友，至修《顺宗实录》，直书其事云：“叔文密结有当时名欲侥幸而速进者刘禹锡、柳宗元等下数人，定为死交，踪迹诡秘。既得志，刘、柳主谋议唱和，采听外事。及败，其党皆斥逐。”此论切当，虽朋友之义，不能以少蔽也。

政，进行政治改革，得不到人们的信任，到处是追求利禄的人，很难挑出一个能做助手的人来，一旦施展起政治抱负以后，更受到小人们的怨恨诽谤，被诋毁得一无是处，到处都是仇敌。”还有他为王叔文的母亲刘夫人写的墓志，亦是对王叔文竭力称颂。他写道：“叔文坚明直亮，是个文武全才。在皇宫担任待诏的官职，他的主张很受太子的称许。能够直言讲谏，为调理国家政策献尽辛勤。奉命订制重大计划，有辅佐国家治理的赫赫功绩。传达旨意，启奏下情，有弥合沟通上下的劳绩。为皇帝谋划参赞，可以说是十分称职。他准备的举国安民的计划，正打算实施的时候，而他的母亲刘夫人逝世在家中，按规定官员父母去世，都必须辞职回家守孝，了解他的人，没有不为百姓们惋惜的。”他说的话就是这么鲜明。刘禹锡作的自传里说：“顺宗的时候，有个出身微贱而有才的人王叔文，以善于下棋而得和当时同姓豪门认为本家，因此得趁机向皇帝进言时事，皇上十分惊奇他的见识。王叔文自称是前秦宰相王猛的后代，作风很像他的祖宗，这只有吕温、李景俭、柳宗元三个人相信。这三个人都和我交厚，朝夕见面，不断称赞王叔文的才能。叔文确实能讲治国之道，用他善辩的口才来说服别人听从他的意见。后来既被重用，他的种种做法，人入往往认为不妥。皇上有了病，下召禅位给太子，宫中的事十分机密，权力落到宦官手里，于是王叔文被贬，遂又被杀。”韩愈是柳宗元、刘禹锡的好友，后来韩愈奉旨编写《顺宗实录》，秉笔直书这件事说：“王叔文秘密交结当时有名气又想早日升官的刘禹锡、柳宗元等十余人，定为生死之交，行动十分诡秘。被重用以后，刘、柳三人为叔文出主意，一唱一和，探听外边的反映。后来王叔文失败，他们一党都被

汉武心术

《史记·龟策传》："今上即位，博开艺能之路，悉延百端之学，通一技之士咸得自效。数年之间，太卜大集。会上欲击匈奴，西攘大宛，南收百越，卜筮至预见表象，先图其利。及猛将推锋执节，获胜于彼，而蓍龟时日亦有力于此。上尤加意，赏赐至或数千万。如丘子明之属，富溢贵宠，倾于朝廷。至以卜筮射蛊道，巫蛊时或颇中。素有眦睚不快，因公行诛，恣意所伤，以破族灭门者，不可胜数。百僚荡恐，皆曰龟策能言。后事觉奸穷，亦诛三族。"《汉书音义》，以为史迁没后十篇阙，有录无书。元、成之间，褚先生补阙，言辞鄙陋，《日者、龟策列传》在焉。故后人颇薄其书。然此卷首言"今上即位"，则是史迁指武帝，其载巫蛊之冤如是。今之论议者，略不及之。《资治通鉴》亦弃不取，使丘子明之恶，不复著见。此由武帝博采异端，驯致斯祸。倘心求趋于正当，不如是之酷也。

斥退，贬官到外省。”这样说法是恰当的，虽然韩愈和刘禹锡、柳宗元是好友，也不能在大事上替他们掩盖错误的历史。

汉武心术

《史记·龟策列传》里说：“到了汉武帝即位，才大开艺能之路，各行业有学问的人都被延请，只要有一技之长的人，都可以自己投效。不数年，太卜人才大大聚积起来。这时正起点上武帝欲攻匈奴，西边抵御大宛，南边收服百越，卜筮术士们已预先见到表征，先谋得利的方法。等到猛将手挺兵刃，前执符节，在外得胜的时候，而在京城的卜筮的占卜，亦推算出得胜的日期，便亦算出力有功的了。于是皇帝更加满意，赐赏金钱往往达到数千万。像丘子明之流，富过一般人，又贵幸得宠，一时权势压倒百官。甚至拿卜筮去投射过失，有时也颇有点应验。因此对于平常所结怨的人，趁机介以杀戮，任意伤害，以致因此而灭门族诛的，数不胜数。百官为此十分骇怕，都说龟策竟能说话。后来他们干坏事被发觉，奸谋诡计也用光了。于是这些用卜筮害人，亦被诛灭三族。”《汉书音义》一书，以为司马迁死后，《史记》后十篇已经散失，只有目录而没有书了。汉元帝、汉成帝年间，褚先生为其补了缺失的部分，言辞十分鄙陋，《日者列传》《龟策列传》就是其中的一部分。所以后人对这几篇文章十分鄙薄。但是此卷开头说的有“今上即位”，就是司马迁指汉武帝而言的，其所记的巫蛊之祸的事件都是武帝时的事。今天议论《史记》后十篇是否伪作的问题，亦忽略了这一点。《资治通鉴》亦把这些材料抛去不用，以致像丘子明这样可恶的人，很少有人知道。所以产生巫蛊之祸，是由于汉武帝博采种种异端邪说，不分好

禁天高之称

周宣帝自称天元皇帝，不听人有天、高、上、大之称。官名有犯，皆改之。改姓高者为姜，九族称高祖者为长祖。政和中，禁中外不许以龙、天、君、玉、帝、上、圣、皇等为名字。于是毛友龙但名友，叶天将但名将，乐天作但名作，句龙如渊但名句如渊；卫上达赐名仲达，葛君仲改为师仲，方天任为大任，方天若为元若，余圣求为应求；周纲字君举，改曰元举；程振字伯玉，改曰伯起；程瑀亦字伯玉，改曰伯禹，张读字圣行，改曰彦行。盖蔡京当国，遏绝史学，故无有知周事者。宣和七年七月，手诏以昨臣僚建请，士庶名字有犯天、玉、君、圣及主字者悉禁，既非上帝名讳，又无经据，谄佞不根，贻讥后世，罢之。

宣和冗官

宣和元年，蔡京将去相位，臣僚方疏官僚冗滥之敝，大略云："自去年七月对今年三月，迁官论赏者五千余人。如辰州招弓弩手，而枢密院支差房推恩者八十四人；兖州升为府，而三省兵房推恩者三百三十六人。至有人仕才二年，而转十官者。今吏部两选朝奉大夫至朝请大夫六百五十五坏，一概拿来，才养成这祸害。倘若心术正当，决不会产生这么残酷的事。

禁天高之称

南北朝北周的周宣帝自称天元皇帝，不准人用天、高、上、大几个字的称谓。官名当中有犯这几个字的，都进行了更改。又改姓高的改为姓姜，九族里的高祖改称为长祖。本朝徽宗政和年间，曾下令中外，不许用龙、天、君、玉，帝、上、圣、皇等字作名字。于是毛友龙改名毛友，叶天将改名叶将，乐天作改名乐作，句龙如渊改名句如渊；卫上达被赐名为卫仲达，葛君仲改名为葛师仲，方天任改名为方大任，方天若改名为方元若，余圣求改名为余应求；周纲字君举，改成元举；程振字伯玉，改成伯起；程瑀亦字伯玉，改成伯禹；张读字圣行，改成彦行。这是因为蔡京掌权，遏止人学历史，所以人们都不知北周已闹过这种笑话。到宣和七年七月，徽宗才发下手诏说，以前几天臣下曾经提出，官员和百姓名字中有犯天、玉、君、圣和主字的都要禁用，这些字既不是上帝名号，又没有经典可以依据，这是谄媚者的妄言，只能给后世人留下笑柄，所以废除。

宣和冗官

徽宗宣和元年的时候，太师蔡京将要不当宰相了，才有臣下向皇帝上奏疏，提出封官太滥，多余的官员过多的问题。其奏疏大略说："自去年七月到今年三月，升官给赏的人有五千多人。比如辰州（今湖南沅陵）招募弓弩手，而枢密院便委派了负责这件差事的官员八十四人；兖州（今属山东）升为府，中央的三省、员，横行右武大夫至通侍二百二十九员，修武郎至武功大夫六千九百九十一员，小使臣二万三千七百余员，选人一万六千五百余员。吏员猥冗，差注不行。”诏三省枢密院令遵守成法。然此诏以四月庚子下，而明日辛丑以赏西陲诛讨之功，太师蔡京，宰相余深、王黼，知枢密院邓洵武，各与一子官，执政皆迁秩。天子命令如是即日废格之，京之罪恶至矣。

兵房等衙门便趁机封官三百三十六人。甚至有做官才二年，便调升十次的。现在吏部选拔任命了进奉大夫至朝请大夫官阶的人六百五十五人，不合制度地任意任命了右武大夫至通侍官阶的有二百二十九人，修武郎至武功大夫六千九百九十一人，小使臣二万三千七百余人，后补官员一万六千五百余人。官员十分冗杂，委任官职的制度很难正常执行。”皇帝便下诏三省和枢密院，让他们严格遵守过去制度。可是这个诏书在四月庚子日颁下来后，第二天辛丑日，又以犒赏征讨西部边疆有功为名，太师蔡京、宰相余深、王黼，知枢密院事邓洵武等四个大臣，各有一个儿子被赏赐官职，执政的人也都迁升一级。天子的命令竟然这样，当天就被排除不予执行。蔡京的罪恶可说是已到极点了。

卷五（十三则）

秦隋之恶

自三代讫于五季，为天下君而得罪于民，为万世所麾斥者，莫若秦与隋，岂二代之恶浮于桀纣哉？盖秦之后即为汉，隋之后即为唐，皆亨国久长。一时论议之臣，指引前世，必首及之，信而有征，是以其事暴白于方来，弥远弥彰而不可盖也。尝试裒举之。

张耳曰："秦为乱政虐刑，残灭天下，北为长城之役，南有五岭之戍，外内骚动，头会箕敛，重以苛法，使父子不相聊。"张良曰："秦为无道，故沛公得入关，为天下除残去贼。"陆贾曰："秦任刑法不变，卒灭嬴氏。"王卫尉曰："秦以不闻其过亡天下。"张释之曰："秦任刀笔之吏，争以亟疾苛察相高，以故不闻其过，陵夷至于二世，天下土崩。"贾山借秦为喻曰："为宫室之丽，使其后世曾不得聚庐而托处，为驰道之丽，后世不得邪径而托足，为葬薶之丽，后世不得蓬颗而托葬。以千八百国之民自养，力罢不能胜其役，财尽不能胜其求，人与之为怨，家为之为雠，天下已坏而弗自知，身死才数月耳，而宗庙灭绝。"贾谊曰："商君遗礼谊，弃仁恩，并心于进取，行之二岁，秦俗日败，灭四维而不张，

秦隋之恶

从夏、商、周三代到后梁、后唐、后晋、后汉、后周五代，作为统治天下的帝王而对人民犯下大罪，被世世代代所痛斥的，没有比得上秦始皇和隋炀帝的，难道这二个人的罪恶比夏桀王、商纣王还大吗？这大概是因为，秦朝之后的汉朝，隋朝之后的唐朝，国家存在的时间都很长久，汉朝和唐朝的大臣在议论国事，及前朝得失时，必然要首先提及他们，事实真实而又有材料可考证，所以他们的所作所为就暴露的很显著，而且随着时间的推移，亦掩盖不住。兹举例予以说明。

汉初诸侯王张耳说："秦朝政治混乱，刑法残酷，残害毁灭天下人民。北面修筑长城，南边开辟五岭，征调成千上万的百姓服役、戍守，国内动荡不堪，赋税繁重、刑罚严酷，使天下父子不能互相依赖生存。"张良说："秦朝治国无方，所以刘邦得以进关，替天下除去最凶残暴虐的人。"陆贾说："秦朝任意使用严酷的刑法而不改变，最终招致自己灭亡。"王卫尉说："秦朝因为拒绝听取他的过失，而失去天下。"张释之说："秦朝任用舞文弄法的官吏，这些人以审理案件急速苛刻来显示自己能耐高低，所以朝廷听不到自己的过失，到秦二世胡亥时，国家日益衰落，终于土崩瓦解了。"贾山借秦朝做比喻说："为自己构筑华丽的宫殿，却使他的后人连草屋都住不上；为自己修筑宽阔平坦的大道，却使后人连小路都走不成；为自己修造豪华的陵墓，却使后人死无葬身之地。用一千八百个国家的人民来养活君臣乖乱，六亲殃戮，万民离叛，社稷为虚。”又曰：“使赵高传胡亥，而教之狱。今日即位，明日射人，其视杀人若刈草菅然。置天下于法令刑罚，德泽亡一有，而怨毒盈于世，下憎恶之如仇雠。”晁错曰：“秦发卒戍边，有万死之害，而亡铢两极之报。天下明知祸烈及己也，陈胜首倡，天下从之如流水。”又曰：“任不肖而信谗贼，民力罢尽，矜奋自贤，法令烦憯，刑罚暴酷，亲疏皆危，外内感怨，绝祀亡世。”董仲舒曰：“秦重禁文学，不得挟书，弃捐礼谊而恶闻之。其心欲尽灭先圣之道，而颛为自恣苟简之治。自古以来，未尝有以乱济乱，大败天下之民如秦者也。”又曰：“师申、商之法，行韩非之说，憎帝王之道，以贪狼为俗，赋敛亡度，竭民财力，群盗并起，死者相望，而奸不息。”淮南王安曰：“秦仲尉屠睢攻越，凿渠通道，旷日引久，发谪戍以备之，往者莫反，亡逃相从，群为盗贼。于是山东之难始兴。”吾丘寿王曰：“秦废王道，立私议，去仁恩而任刑戮，至于赭衣塞路，群盗满山。”主父偃曰：“秦任战胜之威，功齐三代，务胜不休，暴兵露师，百姓靡敝，孤寡老弱，不能相养，死者相望，天下始叛。”徐乐曰：“秦之末世，民困而主不恤，下怨而上不知，俗已乱而政不修，陈涉之所以为资也。此之谓土崩。”严安曰：“秦一海内之政，坏诸侯之城，为知巧权利者进，笃厚忠正者退。法严令苛，意广以逸。兵祸北结于胡，南挂于越，宿兵于无用之地，进而不得退，天下大畔，灭世绝祀。”司马相如曰：“二世持身不谨，亡国失势，信谗不寤，宗自己，人民精疲力竭也服不完他的劳役，倾家荡产也满足不了他的需求，每人、每家都和他结下怨仇，江山已经毁坏而他还不知道，秦始皇死了才几个月，国家就灭亡了。”贾谊说：“商鞅丢掉礼仪仁爱，一心推行他的政策，追求功名，施行了两年，秦朝风俗日益败落，不讲礼、仪、廉、耻，君主、大臣乖戾、混乱，亲朋之间互相残杀，天下人民纷纷逃离叛乱，国家因此衰弱。”又说：“让赵高辅佐胡亥，却只教他用刑狱统治天下。今即位做皇帝，明天就杀人，把杀人看作像割草一样随便。把国家放置在严酷的法令刑罚统治之下，恩德惠泽一点也没有，而怨恨、仇视却充盈天下，人民憎恨他，把他看作仇敌。”晁错说：“秦朝调征士兵戍守边关，虽九死一生，却没有一点报酬。天下人都很清楚自己遭受的大祸，所以陈胜首先揭竿而起，天下人像流水一样追随他。”又说：“秦始皇任用没有贤能的人，偏信谗言献媚的小人，使人民筋疲力竭，他却自持高大，夸耀自己贤明，而事实上法令繁多苛刻，刑罚暴虐残酷，天下人民、无论和他关系近的还是远的，以及朝廷内外都感到危岌、都很怨恨他，国家因此灭亡了。”董仲舒说：“秦朝严厉禁止礼乐典制和学术文化，严禁私人拥有儒家经典及其他历史书籍，抛弃甚至讨厌听到礼义情谊。其用心是为了完全消灭前世流传下来的圣贤学说，而恣意实行苟且简单的治理国家的方法。自古以来，没有像秦朝这样以乱治理混乱、使天下人民深受其害的。”又说：“效法申不害、商鞅提出的权术，推行韩非子的法治学说，厌恶贤明君主的治国之道，把贪婪凶狠作为习俗，横征暴敛没有法度，人民精力用尽、财力散尽，为生计所迫而闹事的此起彼伏，死亡的人很多，但干扰朝政的邪恶之人却没有停止。”淮南王刘安说：“秦庙灭绝。”伍被曰：“秦为无道，百姓欲为乱者十室而五。使徐福入海，欲为乱者十室而六。使尉佗攻百越，欲为乱者十室而七。作阿房之宫，欲为乱者十室而八。”路温舒曰：“秦有十失，其一尚存，治狱之吏是也。”贾捐之曰：“兴兵远攻，贪外虚内，天下溃畔，祸卒在于二世之末。”刘向曰：“始皇葬于骊山，下锢三泉，多杀宫人，生薶工匠，计以万数，天下苦其役而反之。”梅福曰：“秦为无道，削仲尼之迹，绝周公之轨，社坏乐崩，五道不通，张诽谤之网，以为汉驱除。”谷永曰：“秦所以二世十六年而亡者，养生泰奢，奉终泰厚也。”刘歆曰：“燔经书，杀儒士，设挟书之法，行是古之罪，道术由是遂灭。”凡汉人之论秦恶者如此。

朝派尉屠睢进攻越人，开凿灵渠，修筑官道，旷日持久，又调发大批被罚流放的人戍守边关，做好战略，这些守边之人常常有去无回，逃跑的人一个接一个，结伙成为盗贼，于是崤山以东的战乱开始兴起。”吾丘寿王说：“秦始皇废除先贤治国之道，树立自己的观点，抛弃仁义道德而用刑罚杀人，以致使罪犯充满道路，为生活所迫，盗贼满山遍野。”主父偃说：“秦始皇凭着战胜六国的威力，成绩与夏、商、周三代一样，恋战不止，军队强盛显露，老百姓却疲惫不堪，孤寡老弱不能互相救济生活下去，死亡的人很多，天下人开始背叛他。”徐乐说：“秦朝末期，人民生活贫困，但君主却不给以抚恤，下边怨声载道而上边却不知道，风俗败落而政治却得不到改善，这是陈胜起义的原因啊。这就是所说的土崩瓦解。”严安说：“秦朝统一中国后，毁掉原来各诸侯国的城池，投机取巧、追求功名的得以重用，忠实厚道、耿直仁义之士遭到排斥。法令严峻苛酷、野心勃勃。向北用兵攻打匈奴，向南和越人交战，把军驻守在没有用的地方，一直向前推进而不得后退，天下人都背叛它，因此，国家便灭亡了。”司马相如说：“秦二世胡亥对自己要求不严，丢掉国家，失去权势，偏信谗言而不醒悟，结果招致江山灭亡。”伍被说：“秦朝统治黑暗，老百姓十户里有五户想造反。派徐福东渡日本寻求长生不老之药，老百姓中十户有六户想起来造反。派尉佗进攻东南越人，老百姓中十户有七户想起来造反。修建阿房宫，老百姓中十户有八户想起来造反。”路温舒说：“秦朝有十个人死，如果有一个人活下来，这个人就是管理监狱的人。”贾捐之说：“秦朝兴师远征，对外扩大地盘没完没了，弄得国力日益空虚，江山崩溃，最终在秦二世胡亥时亡国。”刘向说：“秦始皇在骊山为自己修造唐高祖曰："隋氏以主骄臣谄亡天下。"孙伏伽曰："隋以恶闻其过亡天下。"《薛收传》："秦王平洛阳，观隋宫室，叹曰：'断帝无道，殚人力以事夸侈。'收曰：'后主奢虐是矜，死一夫之手，为后世笑。一张元素曰："自古未有如隋乱者，得非君自专、法日乱乎？造乾阳殿，伐木于豫章，一材之费，已数十万工。乾阳毕功，隋人解体。"魏徵曰："炀帝信虞世基，贼遍天下而不得闻。"又曰："隋唯责不献食，或供奉不精，为此无限，而至于亡。方其未乱，自谓必无乱，未亡，自谓必不亡。所以甲兵亟动，徭役不息。"又曰："恃其富强，不虞后患，役万物以自奉养，子女玉帛是求，宫室台榭是饰。外示威重，内行险忌，上下相蒙，人不堪命，以致陨匹夫之手。"又曰："文帝骄其诸子，使至夷灭。"马周曰："贮积者固有国之常，要当人有余力而后收之，岂人劳而强敛之以华丽的墓葬，用熔化的金属堵住墓道缝隙，以明珠作为日月星辰，用水银作为江河湖海，杀戮宫人作为殉葬品，又活活埋进数以万计的修墓工匠，天下老百姓被繁重的徭役害苦了，便起来反抗。”梅福说：“秦朝没有治理国家的良好措施，灭绝孔丘、周公旦这些先贤的学说和治国之道，礼义典乐败坏，统治天下的措施不灵活，不得力，无中生有，诋毁别人，说别人坏话大肆盛行，所以最终被汉朝所取代。”谷永说：“秦朝之所以传了两代皇帝，统治天下十六年就灭亡了。是因为统治者生活过于奢侈，陪葬过于丰厚。”刘歆说：“焚书坑儒，设立禁止私人藏书的法令，这些做法都是自古没有的罪恶，治理国家的方法也就随之失去。”大凡汉朝人就是这样议论秦始皇罪过的。

唐高祖李渊说：“隋朝因为君主自高自大，官吏阿谀奉承而失去天下。”孙伏伽说：“隋朝皇帝因为讨厌听到自己的过错而失去天下。”《新唐书·薛收传》记载：“秦王李世民平定洛阳后，观看隋朝宫殿时，感叹地说：‘隋炀帝不实行德政，竭尽天下人力从事奢侈豪华。’薛收说：“隋炀帝如此奢侈、暴虐、夸耀，最后死于一介武夫之手，被后世耻笑。’”张元素说：“自古以来，没有像隋这么混乱的朝代，这难道不是因为君主专制自恣、法制日益败坏造成的吗？修建乾阳殿，到豫章（今江西南昌）大肆伐砍树木，一根木材要费去数十万工匠的精力。乾阳殿修好了，隋朝也随之灭亡了。”魏徵说：“隋炀帝偏信虞世基，盗贼满天下他却不知道。”又说：“隋炀帝肆意责备不奉献食物或供奉物品不精的人，这样没有节制，直到亡国。当天下没有动乱的时候，自己认为天下一定不会动乱，当天下没有灭亡时，自己认为天下一定不会灭亡。于是频频发动战争，不断地征敛徭役。”又说：

资寇邪？隋贮洛口仓，而李密因之，积布帛东都，而王世充据之；西京府库，亦为国家之用。”陈子昂曰：“炀帝恃四海之富，凿渠决河，疲生人之力，中国之难起，身死人手，宗庙为墟。”杨相如曰：“炀帝自恃其强，不忧时政。言同尧、舜，迹如桀、纣，举天下之大，一掷弃之。”吴兢曰：“炀帝骄矜自负，以为尧、舜莫己若，而讳亡憎谏。乃曰：‘有谏我者，当时不杀，后必杀之。’自是謇谔之士去而不顾，外虽有变，朝臣钳口，帝不知也。”柳宗元曰：“隋氏环四海以为鼎，跨九垠以为炉，爨以毒燎，煽以虐焰，沸涌灼烂，号呼腾陷。”李珏曰：“隋文帝劳于小务，以疑待下，故二世而亡。”凡唐人之论隋晋者如此。

汉唐二武

东坡云：“古之君子，必忧治世而危明主，明主有绝人

“（隋炀帝）自恃国力富强，不考虑后患，役使天下财物为自己享用，追求天下美女钱财，装饰宫殿、楼阁。对外耀武扬威，对内阴险多疑，君臣上下互相欺骗，以致最后丧命于百姓之手。”他还说：“隋文帝使他的儿子们骄逸自大，最终到他儿子统治天下时，国家灭亡。”马周说：“存储粮食本是一个国家很平常的事，但要等到人民有余粮时再收缴，那里有把强行收缴而来的人民的口粮用来资助盗寇的呢？隋朝建洛口仓存储粮食，却被李密得去；在东都洛阳存积布匹丝织品，却被王世充据有；西京长安国库，也被国家用完。”陈子昂说：“隋炀帝自持国家富足，开挖河渠，竭尽老百姓的力量，酿成中国的灾难，自身死于他人之手，江山社稷变为废墟。”杨相如说：“隋炀帝自恃强大，不担忧国家政事。言语像尧、舜的一样美好，所作所为如同夏桀王、商纣王那样残暴，将偌大个国家举手扔丢。”吴兢说：“隋炀帝骄傲自负，以为尧、舜二帝也不如自己，又忌讳人们谈论亡国，拒绝听取大臣们的谏言。甚至说：‘向我进谏言的人，当时不杀他，过后一定要杀他。’于是正直的人都不留恋地离开了他，朝廷之外虽然有叛乱，而朝廷大臣却紧紧闭口不言，隋炀帝根本不知道。”柳宗元说：“隋朝把中国当作一个大鼎炉，用毒火烈焰来烧煮它，鼎炉内沸水涌起，鼎炉外大火熊熊，老百姓在炉中骂叫挣扎。”李珏说：“隋文帝在细小事情上很用心，常常以猜疑之心对待朝廷大臣，所以帝位传了两代就亡国了。”大凡唐朝的人都是这样议论隋朝罪恶的。

汉唐二武

苏东坡说：“古代道德高尚的人，必定为治理天下担忧，为之资，而治世无可畏之防。”美哉斯言！汉之武帝，唐之武后，不可谓不明，而巫蛊之祸，罗织之狱，天下涂炭，后妃公卿，交臂就戮，后世闻二世之名，则憎恶之。蔡确作诗，用郝甑山上元间事，宣仁谓以吾比武后；苏辙用武帝奢侈穷兵虚耗海内为谏疏，哲宗谓至引汉武上方先朝。皆以之得罪。人君之立政，可不监兹！

玉川子

韩退之《寄卢仝》诗云：“玉川先生洛城里，破屋数间而已矣。一奴长须不裹头，一婢赤脚老无齿。昨晚长须来下状，隔墙恶少恶难似。每骑屋山下窥瞰，浑舍惊怕走折趾。立召贼曹呼五百，尽取鼠辈尸诸市。”

夫奸盗固不义，然必有谓而发，非贪慕货财，则挑暴子女。如玉川之贫，至于邻僧乞米，隔墙居者岂不知之？若为色而动，窥见室家之好，是以一赤脚老婢陨命也，恶少可谓枉著一死。予读韩诗至此，不觉失笑。仝集中《有所思》一篇，其略云：“当时我醉美人家，美人颜色娇如花。今日美人弃我去，青楼珠箔天之涯。梦中醉卧巫山云，觉来泪滴湘贤明的君主担心，贤明的君主虽有过人的资质，但治理天下就要有所防备。”这句话说得真好啊！汉朝的汉武帝，唐朝的武则天，不能说不贤明，但是国家仍然有用巫术毒害人的灾难，有网罗编造罪名的现象，人民生活极端困苦，后宫妃子与王公大臣常因一点小事就遭到杀害，后世的人听到汉武帝和武则天的名字，就非常憎恨厌恶他们。蔡确写了一首诗，说是郝甑山正月十五元宵节的事，宣仁太后高氏就认为蔡确把他比作武则天；苏辙用汉武帝奢侈豪华追求享受、用尽全部兵力发动战争、消耗府库使国家衰弱这些事实作为规劝皇帝使之改正错误的奏议，哲宗就认为苏辙引用汉武帝把他与前朝相比。他们两人都因此而被定了罪。君主治理天下，应以此为鉴！

玉川子

韩愈《寄卢仝》一诗说：“玉川先生住在洛阳城里，家产只有几间破房而已。一个长胡子老奴连头也不扎头巾，一个老婢女光着脚老的牙也掉光了。昨天晚上长胡子老奴来陈述说，隔墙居住的恶少爷做了许多坏事。他常常爬到屋山墙上偷偷向下看，满院子人因受惊吓乱跑，甚至把脚折断了。立刻报告官府叫来五百余人的士兵，将恶少全部处死弃市。”

那些盗贼固然不知仁义，但必定有原因才这样做，不是贪婪钱财，就是为了挑逗女人。像玉川这样贫穷，常到邻近的僧人那里去乞讨米粮，隔墙居住的恶少难道不知道？如果是因贪色而这样做，偷看邻居内室美女，这可以说是因为一个光着脚丫子的老妪丧命，那么这个恶少爷死了也实在冤枉。我每次读韩愈这首诗，不自觉地就要发笑。卢仝诗集中有《有所思》一诗，其大江水。湘江两岸花木深，美人不见愁人心。相思一夜梅花发，忽到窗前疑是君。”则其风味殊不浅，韩诗当亦含讥讽乎?

银青阶

唐自肃、代以后，赏人以官爵，久而浸滥。下至州郡胥吏军班校伍，一命便带银青光禄大夫阶，殆与无官者等。明宗长兴二年，诏不得荐银青阶为州县官，贱之至矣。晋天福中，中书舍人李详上疏，以为十年以来，诸道职掌，皆许推恩，藩方荐论，动逾数百，乃至藏典书吏，优伶奴仆，初命则至银青阶，被服皆紫袍象笏，名器僭滥，贵贱不分。请自今节度州听奏大将十人，它州止听奏都押牙、都虞候、孔目官。从之。冯拯之父俊，当周太祖时，补安远镇将，以银青光禄检校太子宾客兼御史大夫。至本朝端拱中，拯登朝，遇郊恩始赠大理评事。予八世从祖师畅，畅子汉卿，卿子膺图，在南唐时，皆得银青阶，至检校尚书、祭酒。然乐平县帖之，全称姓名，其差徭正与里长等。元丰中，李清臣论官制，奏言："国朝踵袭近代因循之弊，牙校有银青光禄大夫阶，卒长开国而有食邑。”盖为此也。今除授蕃官，犹用此制。绍兴二十八年，广西经略司申安化三州蛮蒙全计等三百十八人进奉，乞概内容是说：“当我醉倒在美人家中时，美人容貌像花一样娇艳。现在美人离我而去，青楼上的球玉和竹帘像是在天边。睡梦中醉卧巫山云端，醒来不由泪洒湘江。湘江两岸花草郁郁，树木葱葱，只是不见美人让人心愁。一夜单相思催开了梅花，猛地跑到窗前，疑心是你到来。”这与韩愈之诗风格不同而且并不浅薄，韩愈这首诗当是蕴含着讥笑与讽刺吗？

银青阶

唐朝自肃宗李亨、代宗李豫以来，常常用官爵来奖赏人，时间长了便没有节制，下面州郡的小官吏和军队中职位很低的小官，一旦任命就佩带银青光禄大夫品级的银印青绶，几乎与没有职务一样。到了后唐明宗李嗣源长兴二年，皇帝下令不准推荐银青光禄大夫作州官郡官，官职爵位低下到如此地步。后晋天福年间，中书舍人李详上书皇帝，认为多年以来，各道主管官员，都可以推举人做官，各藩镇所推荐的，动不动就超过几百人，以致使管理藏书的小官吏、艺人佣人，第一次任命就官至银青光禄大夫品级，身穿紫色官服，手拿朝见皇帝用的象牙手板，这些用品虚假而又太滥，尊贵下贱都分不清了。请从现在开始，节度使所在的州可以推荐大将十人，其他各州仅限于都押牙、都虞侯、孔目这些官吏。皇帝听从了他的建议。冯拯的父亲冯俊，在后周周太祖时期，补任安远（今属江西）镇守将军，授以银青光禄大夫、检校太子宾客兼御史大夫。到了宋朝太宗端拱年间，冯拯上朝，在效祭时遇到皇帝的赏识，提拔为大理寺评事。我的八代世祖洪师畅，洪师畅的儿子洪汉卿，洪汉卿的儿子洪膺图，在南唐时期，都得到过银青光禄大夫官阶，后又升至检校尚书、国补官勋，皆三班借差。三班差使，悉带银青祭酒，而等第加勋，文安公在西垣为之命词。

买马牧马

国家买马，南边于邕管，西边于岷、黎，皆置使提督，岁所纲发者盖逾万匹，使臣、将校得迁秩转资。沿道数十州，驿程券食、厩圉薪刍之费，其数不赀，而江、淮之间，本非骑兵所能展奋，又三衙遇暑月，放牧于苏、秀以就水草，亦为逐处之患。因读《五代旧史》云："唐明宗问枢密院使范延光内外马数。对曰：'三万五千匹。'帝叹曰：'太祖在太原，骑军不过七千。先皇自始至终，马才及万。今有铁马如是，而不能使九州混一，是吾养士练将之不至也。'延光奏曰：'国家养马太多，计一骑士之费可赡步军五人，三万五千骑，抵十五万步军，既无所施，虚耗国力。'帝曰：'诚如卿言。肥骑士而瘠吾民，民何负哉？"明宗出于蕃戎，犹能以爱民为念。李克用父子以马上立国制胜，然所蓄只如此。今盖数倍子祭酒。但是家乡乐平（今江西波阳）所贴的告示，全称他们的姓名，他们当时所服的劳役正好和里长相同。宋神宗元丰年间，李清臣评议官吏制度，上书皇帝说："我大宋朝沿袭前几代流传下来的弊端，军队中的小官有银青光禄大夫官阶，管理一百人的卒长因跟随皇帝建立国家而得到封地。"大概说的就是这种情况啊。现在授予这么多的职位，仍然用的这种官制。宋高宗绍兴二十八年，广西经略司陈述安化（今属贵州德江县）等三个州的南方人，有蒙全计等共三百一十八人进奉皇帝，乞求补任职位功，都带三班差役。三班差役，都带银青祭酒，而且按军等加封功勋，文安公在中书省里为他们写任命书。

买马牧马

宋朝为了充实骑兵，在南边的邕管（今广西南宁），西边的岷州（今甘肃岷县）、黎州（今四川汉源）等边远地区购置马匹，并且设有专门的机构与官员，每年成批送往内地的马大概能超过一万匹，管理这一事务的使臣、将校往往因此得以升迁官职。为运送这些马匹，沿途几十个州县，准备驿站，招待官兵，盖马圈、备草料，这些费用无法估量。然而长江、淮河之间的广大地区，本来就不适应骑兵奔驰作战，遇到炎热天气，还得将幼马赶到苏州（今江苏吴县）、秀州（今浙江嘉兴）一带放牧，给各地造成很大损失。据《旧五代史》记载："后唐明宗李嗣源询问枢密使范延光全国的马匹数目。范延光回答说：'有三万五千匹马。'唐明宗叹息道："太祖在太原时，骑兵也不过才七千人。先皇庄宗（李存勖）自始至终，也仅有一万匹马。现在有这么多的军马，却不能统一天下，这是我养兵和训练将帅还做的不够之矣。尺寸之功不建，可不惜哉！且明宗都洛阳，正临中州，尚以为骑士无所施。然则今虽纯用步卒，亦来为失计也。

杜诗用字

律诗用自字、相字、共字、独字、谁字之类，皆是实字，及彼我所称，当以为对，故杜老未尝不然。今略纪其句于此：

“径石相萦带，川云自去留。”“山花相映发，水鸟孤自飞。”“衰颜聊自哂，小吏最相轻。”“高城秋自落，杂树晚相迷。百鸟各相命，孤云无自心。”“胜地初相引，徐行得自娱。”“云里相呼疾，沙边自宿稀。”“暗飞萤自照，水宿鸟相呼。”“猿挂时相学，鸥行炯自如。”“自吟诗送老，相劝酒开颜。”“俱飞蛱蝶无相逐，并蒂芙蓉本自双。”“自去自来堂上燕，相亲相近水中鸥。”“此时对雪遥相忆，送客逢春可自由。”“梅花欲开不自觉，棣萼一别永相望。”“桃花气暖眼自醉，春渚日落梦相牵。”此以自字对相字也。“自须开啊。’范延光上奏说：“国家养的马匹太多了，一个骑兵的开销，可以养活五个步兵，三万五千名骑兵的费用可以抵消十五万步兵的费用，这么多骑兵既不能发挥作用，又白白消耗国家财力。’后唐明宗说：‘确实像你说的那样。厚养骑兵而使人民受苦，人民怎能承受得了？’”可见后唐明宗出身于少数民族家庭，还能想到爱戴老百姓。后唐李克用父子靠骑马打胜仗建立国家，然而所蓄养的马匹却如此之少，后唐明宗所养的马是其祖上的好几倍，但却一点功劳也没有建立，真让人为之可惜啊！况自后唐明宗定都洛阳，面对中原，还以为骑兵无用武之地。所以，现在虽然单纯使用步兵，也未必失策啊。

杜诗用字

律诗常用“自”“相”“共”“独”“谁”这几种字，这都是有实在意义的字，我所说的这些字，可以互相对仗，所以杜甫也是这样认为。现在在这里简单地抄录几句：

“径石相萦带，川云自去留。”“山花相映发，水鸟孤自飞。”“衰颜聊自哂，小吏最相轻。”“高城秋自落，杂树晚相迷。”“百鸟各相命，孤云无自心。”“胜地初相引，徐行得自娱。”“云里相呼疾，沙边自宿稀。”“暗飞萤自照，水宿鸟相呼。”“猿挂时相学，鸥行炯自如。”“自吟诗送老，相劝酒开颜。”“俱飞蛱蝶无相逐，并蒂芙蓉本自双。”“自去自来堂上燕，相亲相近水中鸥。”“此时对雪遥相忆，送客逢春可自由。”“梅花欲开不自觉，棣萼一别永相望。”“桃花气暖眼自醉，春渚日落梦相牵。”这是以“自”字对“相”字。“自须开竹径，谁道避云萝。”“自笑灯前舞，谁怜醉后歌。”“死去凭谁

竹径，谁道避云萝。”“自笑灯前舞，谁怜醉后歌。”“死去凭谁报，归来始自怜。”“哀歌时自短，醉舞为谁醒。”“离别人谁在，经过老自休。”“永夜角声悲自语，中天月色好谁看。”以此自字对谁字也。“野人时独往，云林晓相参。”“正月莺相见，非时鸟共闻。”“江上形容吾独老，天涯风俗人俗病相亲。”“纵饮久判人共弃，懒朝真与世相违。”“此日此时人共得，一谈一笑欲相看。”此以共字、独字对相字也。

唐虞象刑

《虞书》：“象刑惟明。”象者法也。汉文帝诏，始云：“有虞氏之时，画衣冠、异章服以为戮，而民弗犯。”武帝诏亦云：“唐虞画象，而民不犯。”《白虎通》云：“画象者，其衣服象五刑也。犯墨者蒙巾，犯劓者赭著其衣，犯髌者以墨蒙其髌，犯宫者屝。屝，草履也，大辟者布衣无领。”其说虽未必然，杨雄《法言》，“唐、虞象刑惟明”，说者引前诏以证，然则唐、虞之所以齐民，礼义荣辱而已，不专于刑也。秦之末年，赭衣半道，而奸不息。国朝之制，减死一等及胥吏兵卒配徒者，涅其面而刺之，本以示辱，且使人望而识之耳。久而益多，每郡牢城营，其额常溢，殆至十余万，凶盗处之恬然。盖习熟而无所耻也。罗隐《谗书》云：“九人髽冠而一人，则者慕而冠者胜，九人髽而一人冠，则冠者慕而髽者胜。”正谓是欤？《老子》曰：“民常不畏死，奈何以死惧之，若使民常畏死，则为恶者吾得执而杀之，孰敢？”可谓至报，归来始自怜。”“哀歌时自短，醉舞为谁醒。”“离别人谁在，经过老自休。”“永夜角声悲自语，中天月色好谁看。”这是以“自”字对“谁”字。“野人时独往，云林晓相参。”“正月莺相见，非时鸟共闻。”“江上形容吾独老，天涯风俗人俗病相亲。”“纵饮久判人共弃，懒朝真与世相违。”“此日此时人共得，一谈一笑欲相看。”这是以“共”“独”二字对“相”字。

唐虞象刑

《尚书·虞书》记载：“仿照天道以制刑法，公示于众。”象，就是效法的意思。汉文帝的诏书开始说：“有虞氏时候，没有肉刑，只是画一些衣服、帽子和花纹特异的服饰象五刑，以示耻辱，但人民却不犯法。”汉武帝的诏书也说：“唐尧虞舜时代以画衣服、帽和花纹特异的服饰来象征五刑，然而人民不犯法。”《白虎通》一书记载：“以画衣帽和花纹特异的服饰象征刑法，这些衣服象征五种刑法。外以在面部刺墨字这种刑罚的人，用布蒙盖他的面部，处以割去鼻子这种刑罪的人，让他穿绝色的衣服，处以挖去膝盖骨这种刑罚的人，用黑墨涂其膝盖骨，处以阉割幽闭生殖器这种刑罚的人，穿扉，就是草鞋，处以死刑这种刑罚的人，穿的麻布上衣没有领子。”这种说法也不一定对，杨雄《法言》一书认为唐尧虞舜时期采用象征性的刑法，这个说法引用前朝皇帝的诏书作为证据。然后而唐尧虞舜之所以与民相同，是因为懂得礼义光荣耻辱，而不是刻意实行刑罚啊。秦朝末年，刑罚严酷犯人几乎堵满了道路，然而违法犯罪的事却没有停止过。宋朝的法制规定，犯死罪被免死的和充军发配音。荀卿谓象刑为治古不然，亦正论也。

崔常牛李

士大夫一时议论，自各有是非，不当一一校其平生贤否也。常衮为宰相，唐德宗初立，议群臣丧服，衮以为遗诏云："天下吏人三日释服"，古者卿大夫从君而服，皇帝二十七日而除，在朝群臣亦当如之。祐甫以为遗诏无朝臣、庶人之别，凡百执事，孰非吏人？皆应三日释服。相与力争，衮不能堪，奏贬祐甫。已而衮坐期罔贬，祐甫代之，议者以祐甫之贤，远出衮右，故不复评其事。然揆之以理，则衮这言为然。李德裕为西川节度使，吐蕃维州副使悉怛谋请降。德裕遣的人，都要染黑在他们的脸面并刺上字，目的是为了公示于众和羞辱他们，并且让人看到后知道他们犯了罪。时间一长，这些人就多了，各郡囚禁流罪犯的地方，常常超过所规定的囚禁罪犯的名额，恐怕达到了十多万人；但社会上凶犯盗贼却满不在乎。这大概是因为习以为常而不觉得耻辱了吧。罗隐《谗书》上说："如果有九个人戴帽子而有一个人用麻束发，那么用麻束发的人非常羡慕戴帽子的人；戴帽子的人也很自得，如果有九个人用麻束发而只有一个人戴帽子，那么戴帽子的人就非常羡慕用麻束发的人，用麻束发的人民就很得意。"这说明了什么呢？《老子》一书上说："老百姓常常是不怕死的，为何以死刑来使老百姓害怕呢？如果让老百姓经常害怕死，那么我捉到作恶多端的人就杀了他，这样一来，谁还敢犯罪呢？"这可说是至理名言。荀卿认为上古唐虞时代用象征性的刑罚治理国家不对，也是一种正确的论述。

崔常牛李

朝廷大臣参议国是，观点自然是有对有错，不应当与他一生中的贤能相比较并且将他的贤能之处否定掉。常衮做宰相时，唐德宗刚即位，在讨论关于朝廷大臣为先皇帝穿、脱丧服一事时，常衮认为先皇帝遗诏中有"天下小吏百姓三天后即可脱去丧服"，但古代士卿大臣都随从君主穿丧服，皇帝二十七天后才脱去丧服，那么朝廷大臣也应当这样做。崔祐甫却认为对先皇帝的遗诏来说，没有朝廷大臣和平民之分，各部门的专职人员，那个不是小官百姓？所以都应该三日后脱去丧服。两人争执不下，常衮忍受不了，上书皇帝要求贬谪崔祐甫。不久，常衮因犯欺骗兵据其城，具奏其状，欲因是捣西戎腹心。百官议皆请如德裕策。宰相牛僧孺曰："吐蕃之境，四面各万里，失一维州未能损其势。比来修好，约罢戍兵，彼若来负失信，上平凉坂，万骑缀回中，怒气直辞，不三日至咸阳桥。此时西南数千里外得百维州，何所用之？"文宗以为然，诏以城归吐蕃。由是德裕怨僧孺益深。议者亦以德裕贤于僧孺，咸谓牛、李私憾不释，僧孺嫉德裕之功，故沮其事。然以今观之，则僧孺为得，司马温公断之以义利，两人曲直始分。

盗贼怨官吏

陈胜初起兵，诸郡县苦秦吏暴，争杀其长吏以应胜。晋安帝时，孙恩乱东土，所至醢诸县令以食其妻子，不肯食者辄支解之。隋大业末，群盗蜂起，得隋官及士族子弟皆杀之。黄巢陷京师，其徒各出大掠，杀人满街，巢不能禁，尤憎官吏，得者皆杀之。宣和中，方腊为乱，陷数州，凡得官吏，蒙蔽之罪而遭贬官，崔祐甫取而代之，做了宰相。好议论的人认为崔祐甫的才能远远超过了常衮，所以不再评论这件事了。然而用正确道理来衡量他们的对错，则常衮的话是对的。李德裕任四川节度使时，吐蕃维州（今四川理县东北）副使悉怛谋请求投降。李德裕派兵占据了维州。把这里的情况详细上奏皇帝，想借这个机会攻打到西北地区的腹地。朝廷百官参议此事时都请求皇帝采用李德裕这个策略。但宰相牛僧孺却说："吐蕃的领地，向四周各有万余里，非常辽阔，失去一个维州并不能减少他们的势力？现在和他们重归旧好，相约停止用兵，他们若将来失去信约，从平凉（今属甘肃）出兵，强大的骑兵与回中（今陕西陇县西北）联结起来，士气高昂，不几天便打到长安西北门户咸阳桥。这时，西南几千里之外得到一百座维州，又有什么用呢？？唐文宗李昂认为这话很正确，下诏让李德裕把维州归还吐蕃。从这开始，李德裕增加了对牛儒孺的怨恨。商讨这件事的大臣也认为李德裕的才能比牛僧孺高，都说牛、李二人私怨不解，是因为牛僧孺妒嫉李德裕的功劳，所以才阻止这件事。但是现在来看，则是牛僧孺做得对，司马光用品德和国家利益来评判这件事，牛、李二人的曲直是非才分清楚。

盗贼怨官吏

陈胜刚开始起兵造反时，各个郡县的老百姓被秦朝官吏的暴行害苦了，争先恐后地杀死地方官吏，来响应陈胜。晋安帝司马德宗时，孙恩在东部造反，所到之处将各县令剁成肉酱让县令的老婆孩子吃，不肯吃的就把他们的肢体分解。隋炀帝大业末年，各起义成群而起，捉住隋朝官吏及士族及其子弟都杀必断脔支体，探其肺肠，或熬以膏油，丛镝乱射，备尽楚毒，以偿怨心。杭卒陈通为逆，每获一命官，亦即枭斩。岂非贪残者为吏，倚势虐民，比屋抱恨，思一有所出久矣，故乘时肆志，人自为怒乎？

作诗先赋韵

南朝人作诗多先赋韵，如梁武帝华光殿宴饮连句，沈约赋韵，曹景宗不得韵，启求之，乃是竞病两字之类是也。予家有《陈后主文集》十卷，载王师献捷，贺乐文思，预席群僚，各赋一字，仍成韵，上得“盛病柄令横映复并镜庆”十字，宴宣猷堂，得“迮格白赫易夕掷斥坼哑”十字，幸舍人省，得“日谧一瑟毕讫橘质帙实”十字。如此者凡数篇。今人无此格也。

后妃命数

《左传》所载郑文公之子十余人，其母皆贵胄，而子多不得其死，惟贱妾燕姑生穆公，独继父有国，子孙蕃衍盛大，与郑存亡。薄姬入汉王宫，岁余不得幸，其所善管夫掉。唐朝末年黄巢攻陷京都长安，他手下的人到处大肆抢夺财物，杀人的人满街都是，黄巢禁止不了，他们尤其憎恶唐朝官吏，捉到后都杀掉。北宋徽宗宣和年间，方腊起义，攻陷好几个州，凡是捉到的官吏，一定要把他们切成小块、挖出内脏，有的还被熬成油脂，有的用乱箭杀死，让他们受尽痛苦毒害，以偿还怨恨之心。杭州陈通起义，每抓获一个朝廷命官，也当即枭首示众。这难道不是因为那么贪婪残暴的人做官后，倚仗权势残害人民，以致使家家怨恨，早就想起来造反，所以乘这个机会大肆报仇，为之愤怒的原因吗？

作诗先赋韵

南朝的时候，文人作诗大多先制定韵脚，像梁武帝萧衍在华光殿宴筵宾客所作连句诗中，沈约负责限定韵脚，曹景宗没有得到韵脚，向沈约要求，才得到“竞、病”这两个字的韵脚。我家中藏有《陈后主文集》十卷，上面记载，为庆祝军队打胜仗，歌颂皇帝功业、品德，设立酒筵，参加的各个大臣、幕僚，都赋得一个字，都成韵脚，皇上得到“盛病柄令横映敻并镜庆”十个字，在宣猷堂的酒筵上，得到“迮格白赫易夕掷斥坼哑”十个字，皇上到舍人中察看，得到“日谧一瑟毕讫橘质帙实”十字。像这样的文章，有几十篇。现在文人作诗，没有这种条规了。

后妃命数

《左传》中记载，郑文公有十多个儿子，他们的母亲都出身贵族家庭，但这些儿子大多是不得其终而死，只有出身贫贱的燕姑生了穆公，并且继承王位做了郑国国君。薄姬进了汉王刘邦人、赵子儿先幸汉王，为言其故，王即召幸之，岁中生文帝，自有子后希见。及吕后幽诸幸姬不得出宫，而薄氏以希见故，得从子之代，为代太后。终之承汉大业者，文帝也。景帝召程姬，程姬有所避不愿进，而饬侍者唐儿使夜往，上醉不知而幸之，遂有身，生长沙王发。以母微无宠，故王卑湿贫国。汉之宗室十有万人余，而中兴炎祚，成四百年之基者，发之五世孙光武也。元帝为太子，所爱司马良娣死，怒诸娣妾，莫得进见。宣帝令皇后择后宫家人子五人，虞侍太子。后令旁长御问所欲，太子殊无意于五人者，不得已于皇后，强应曰："此中一人可。"乃王政君也。壹幸有身，生成帝，自有子后，希复进见。然历汉四世，为天下母六十余载。观此四后妃者，可谓承恩有限，而光华启佑，与同辈辽绝，政君遂为先汉之祸。天之所命，其亦各有数乎？徽宗皇帝有子三十人，唯高宗皇帝再复大业。显仁皇后在宫掖时，亦不肯与同列争进，甚类薄太后云。

的王宫后，一年多时间不为刘邦所宠爱，和她关系很好的管夫人、赵子儿先得到刘邦的宠爱，在刘邦面前替她美言，于是，她才被召入内宫，一年之内便生了后来的汉文帝刘恒，自从有了儿子，薄姬很少再与刘邦见面。后来，吕后幽禁刘邦所宠爱的妃子，薄姬因为与刘邦很少见面，因而得以跟随儿子到了代国，并做了代国的太后。最后汉文帝继承了汉朝江山大业。汉景帝召程姬入内宫过夜，正遇上程姬身来回避之事，不想进宫，就派自己的侍女唐儿替自己陪皇帝，汉景帝喝醉了酒，不知真相，便与唐儿同房，于是唐儿有了身孕，生下长沙王刘发。由于他母亲唐儿地位低下而且不被景帝宠爱，所以长沙王的封地地势低下潮湿而且物资贫瘠。汉朝的宗室有十余万人，而中兴汉朝，使汉朝基业延继四百多年的，却是刘发的五世孙光武帝刘秀啊。汉元帝还是太子的时候，他所喜欢的妃子司马良娣死了，他就迁怒于其他妃子，谁也不召见。他父亲汉宣帝让皇后从后宫中选择了五个女子，侍候太子。皇后派人问太子的想法，太子本来对这五个女子没有好感，但又不敢违背母后旨意，就勉强回答说："这五个女子中有一个还可以。"这个就是王政君。王政君得到太子一次宠幸便有了身孕，生下了后来的汉成帝刘骜。王政君生了儿子之后，也没有机会得到元帝的宠幸。但王政君却身经汉代四个皇帝即位，作了六十多年天下之母。从这四个后妃的经历看，可以说她们受到的皇帝的宠爱都很有限，但享受的荣华富贵，是其他皇妃所不能比的，而王政君最终成为西汉的祸害。莫非天命也各有其气数吗？宋徽宗赵佶有子女三十人，只有高宗皇帝赵构再次复兴了宋朝。而高宗的母亲显仁皇后在后宫中，也是不愿与其他妃子争着受宠的，很像西汉时的薄姬。

公为尊称

柳子厚《房公铭》阴曰："天子之三公称公，王者之后称公，诸侯之人为王卿士亦曰公，尊其道而师之称曰公。古之人通谓年之长者曰公。而大臣罕能以姓配公者，唐之最著者曰房公。"东坡《墨君亭记》云："凡人相与称呼者，贵之则曰公。"范晔《汉史》："惟三公乃以姓配之，未尝或紊。"如邓禹称邓公，吴汉称吴公，伏公湛、宋公宏、牟公融、袁公安、李公固、陈公宠、桥公玄、刘公宠、崔公烈、胡公广、王公龚、杨公彪、荀公爽、皇甫公嵩、曹公操是也。三国亦是有诸葛公、司马公、顾公、张公之目。其在本朝，唯韩公、富公、范公、欧阳公、司马公、苏公为最著也。

台城少城

晋宋间，谓朝廷禁省为台，故称禁城为台城，官军为台军，使者为台使，卿士为台官，法令为台格。需科则日台有求须，调发则曰台所遣兵。刘梦得赋《金陵五泳》，故有《台城》一篇。今人于他处指言建康为台城，则非也。晋益州刺史治大城，蜀郡太守治少城，皆在成都，犹云大城、小城耳。杜子美在蜀日，赋诗故有"东望少城"之句。今人于它处

公为尊称

柳宗元《房公铭》的刻文中说：“辅佐国君掌握军政大权的三个最高官员称为公，王爵的后代也称公，诸侯晋升为王、卿、士等爵位也称公，尊重他的学问而向他学习的人称为公。古代的人通常把年纪大的长者称为公。除了最有名望的之外，一般大臣很少可以用自己的姓和公一起来称呼的，唐朝最有名望的大臣就叫房公（玄龄）。苏轼《墨君堂记》中说：“人们见了面，互相打招呼时，称地位显贵的为公。”范晔《后汉书》记载：“只有太师、太傅、太保三公以姓氏相配，未曾属有乱。这样做才不曾出现混乱。”例如邓禹称为邓公、吴汉称为吴公，其他如优淇伏公、宋宏宋公、牟融牟公，袁安袁公、李固李公、陈宠陈公、桥玄桥公、刘宠刘公、崔烈崔公、胡广胡公、王龚王公，杨彪杨公、荀爽公、皇甫嵩皇甫公、曹操曹公等都是这样。三国时候也有诸葛公、司马公、顾公、张公这些名称。在宋朝，唯有韩公（琦）、富公（弼）、范公（仲淹）、欧阳公（修），司马公（光）、苏公（轼）最有名望。

台城少城

晋、宋两朝期间，把皇宫禁地称为台，所以又把皇宫称为台城，守卫的军队称为台军，城中工作人员称为台使，城中官吏称为为台官，所颁布的法令称为台格，需要各种东西则叫台城有所需求，调发军队则叫台城派遣军队。所以刘禹锡作赋《金陵五咏》中有一篇叫《台城》。现在的人在别的地方指着建康（今江苏南京）说是台城，这是不对的。晋朝时，益州（治今四川成都）刺史管理的大城，蜀郡太守管理的小城，都在成都，好像说有大城、指成都为少城，则非也。

小城之分。杜甫在四川期间，所作诗歌中有“东望少城”这样的句子。现在的人在别的地方指着成都说是小城，这是不对的。

卷六（十五则）

严武不杀杜甫

《新唐书·严武传》云："房琯以故宰相为巡内刺史，武慢倨不为礼，最厚杜甫，然欲杀甫数矣，李白为《蜀道难》者，为房与杜危之也。"甫传云："武以世旧待甫，甫见之，或时不巾。尝醉登武床，瞪视曰：'严挺之乃有此儿！'武衔之，一日欲杀甫，冠钩于帘三，左右白其母，奔救是止。"《旧史》但云："甫性褊躁，尝凭醉登武床，斥其父名，武不以为忤。"初无所谓欲杀之说，盖唐小说所载，而《新书》以为然。予按李白《蜀道难》，本以讥章仇兼琼，前人尝论之矣。甫集中诗，凡为武作者几三十篇，送其还朝者，曰"江村独归处，寂寞养残生。"喜其再镇蜀，曰"得归茅屋赴成都，直为文翁再剖符"。此犹是武在时语。至《哭其归榇》及《八哀诗》"记室得何逊，韬钤延子荆"，盖以自况，"空余老兵客，身上愧簪缨"，又以自伤。若果有欲杀之怨，必不应眷眷如此。好事者但以武诗有"莫倚善题鹦鹉赋"之句，故用证前说，引黄祖杀祢衡为喻，殆是痴人面前不得说梦也，武肯以黄祖自比乎！

严武不杀杜甫

《新唐书·严武传》中记载：“房琯以前宰相的身份任巡内刺史，严武对他很傲慢，不以礼相待，严武与杜甫的关系深厚，但是却又多次想杀了杜甫，李白《蜀道难》这首诗，就是为房琯和杜甫担忧而作。《新唐书·杜甫传》也说：“严武以世交对待杜甫，杜甫去看望严武，有时连头巾也不戴。杜甫曾经喝醉酒后爬到严武床上，瞪着眼睛看着严武说：‘严挺之竟然有你这样的儿子！’严武对这事耿耿于怀，有一天严武想杀杜甫，把帽子挂在门帘上又取下来，这样反复了三次也没下定决心，他手下的随从把这事告诉了他的母亲，他母亲紧跑过来劝阻，严武没能杀了杜甫。”但《旧唐书》却说：“杜甫心胸狭隘，性子急躁，曾经醉酒后爬到严武床上，大声叫嚷严武父亲的名字，严武并没有在意。”当时并没有所谓严武要杀杜甫这种说法，大概是因为唐朝小说中有所记载，而欧阳修在编纂《新唐书》时便信以为真了。我认为李白作《蜀道难》这首诗，本意是嘲讽章仇兼琼（人名）的，这一点前人也有论述。杜甫文集中诗歌，专门为严武而作的有近三十篇，如写送严武回京的诗句有“江村独归处，寂寞养残生。”当杜甫喜闻严武又要到四川作长官时，还写下了“得归茅屋赴成都，直为文翁再剖符”的诗句。这些还是严武在世时杜甫写下的。严武死后，杜甫又写了《哭其归榇》和《八哀诗》，其中，以“记室得何逊，韬钤延子荆”两句自比，以“空余老宾客，身上愧簪缨”两句表达自己的伤感。如果真的有严武要杀杜

王嘉荐孔光

汉王嘉为丞相，以忠谏忤哀帝。事下将军朝者，光禄大夫孔光等劾嘉迷国罔上不道，请与廷尉杂治。上可其奏。光请谒者召嘉诣廷尉，嘉对吏自言："不能进贤退不肖。"吏问主名，嘉曰："贤，故丞相孔光，不能进。"嘉死后，上览其对，思嘉言，复以光为丞相。按嘉之就狱，由光逢君之恶，而嘉且死，尚称其贤，嘉用忠直陨命，名章一时，然亦可谓不知人矣。光之邪佞，鬼所唾也，奴事董贤，协媚王莽，为汉蟊蜮，尚得为贤也哉？

朱温三事

义理所在，虽盗贼凶悖之人，亦有不能违者。刘仁恭为卢龙节度使，其子守文守沧州，朱全忠引兵攻之，城中食尽，使人说以早降。守文应之曰："仆于幽州，父子也，梁王甫这段恩怨，杜甫一定不会在诗中对严武表示出如此真挚的感情。喜欢多事的人，是因为严武诗中有“莫倚善题《鹦鹉赋》”的句子，就用来证明前面的说法，并引用黄祖杀祢衡的事来比喻严武想杀杜甫，这恐怕是痴人说梦，荒诞不经，严武难道肯把自己与黄祖相比吗？

王嘉荐孔光

汉哀帝时王嘉是丞相，因忠言直谏触怒了汉哀帝，汉哀帝把这事交给将军和朝中官员评议，光禄大夫孔光等人弹劾王嘉迷乱国政，蛊惑皇上，要求与主管刑狱的廷尉共同审问王嘉。汉哀帝同意。孔光派谒者把王嘉抓进监狱，王嘉对狱吏说：“我身为丞相，却不能进荐贤臣，黜退小人。”狱吏问王嘉所说的贤良、小人指谁，王嘉说：“贤臣，就是过去做过丞相的孔光，没有得到重用。”王嘉死后，汉哀帝看了王嘉的奏章，想起王嘉在狱中所说的话，便又重新起用孔光，让他做了丞相。要说王嘉入狱，是由孔光迎合汉哀帝的过错造成的，而王嘉死之前，还称赞孔光有才能，王嘉因为忠诚直言相劝汉哀帝而丢了性命，名声显扬一时，然而可以说他不了解人啊。孔光奸险邪恶，鬼神也为之唾弃，他奴颜婢膝地侍奉董贤，谄媚附合王莽，是危害汉朝江山的坏人，还难说是贤臣吗？

朱温三事

义理无所不在，即使是背叛朝廷的凶恶盗贼，有时也不违背。唐朝末年，刘仁恭任卢龙节度使，他的儿子刘守文驻守沧州（今河北沧州），朱温（赐名全忠）率兵围攻沧州，沧州城中能方以大义服天下，若子叛父而来，将安用之？”全忠愧其辞直，为之缓攻。其后还师，悉焚诸营资粮，在舟中者凿而沉之。守文遗全忠书曰：“城中数万口，不食数月矣，与其焚之为烟，沉之为泥，愿乞其所余以救之。”全忠为之留数囷，沧人赖以济。及篡唐之后，苏循及其子楷，自谓有功于梁，当不次擢用。全忠薄其为人，以其为唐鸱枭，卖国求利，勒循致仕，斥楷归田里。宋州节度使进瑞麦，省之不怿，曰：“宋州今年水灾，百姓不足，何用此为？”遣中使诘责之，县令除名。此三事，在他人为之不足道，于全忠则为可书矣，所谓憎而知其善也。

文字润笔

作文受谢，自晋、宋以来有之，至唐始盛。《李邕传》：“邕尤长碑颂，中朝衣冠及天下寺观，多责持金帛，往求其文。前后所制，凡数百首，受纳馈遗，亦至巨万。时议以为自古鬻文获财，未有如邕者。”故杜诗云：“干谒满其门，碑版照四裔。丰屋珊瑚钩，骐驎织成罽。紫骝随剑几，义取无吃的东西都吃完了，但仍苦苦坚守，朱温派人劝说刘守文早日投降。刘守文回答说："我和刘仁恭是父子关系，梁王你正用正义征服天下，如果当儿子的背叛了父亲而投靠你，你将如何任用他呢？"朱温听了刘守文的正直言辞，感到很惭愧，就减缓了攻势。后来，朱温撤军，准备把各军营中的粮草全部烧掉，河中的粮船也都凿沉在水中。刘守文写信给朱温，说："沧州城中几万军民，已好几个月没东西吃了，你与其把粮草烧成烟灰，沉没在水中烂成泥，不如发点慈悲，把剩余的粮草用来救活沧州城中的军民。"朱温就留了几座粮仓没有烧，沧州城中的军民靠此得以活命。到了朱温篡夺唐朝江山，做了后梁皇帝后，苏循和他的儿子苏楷，自以为对后梁有功，应该被破格提拔重用。而朱温却看不起他父子俩的人品，认为他们是唐朝的罪人，卖国求荣，谋取私利，便勒令苏循辞官回家，苏楷削职为民。宋州（今河南商丘）节度使进奉象征吉祥的多穗麦子，朱温看了很不高兴，说："宋州今年发水灾，老百姓缺食少衣，为什么还要进奉祥瑞征兆？"并派宫中的宦官到宋州责备节度使，还罢免了进献瑞麦的县令。这三件事，对于其他人来说不值得提及，但对朱温来说，却值得大书特书，这就是憎恨一个人也要知道他有好的一面。

文字润笔

替人写文章而接受酬谢，从晋朝和刘宋时期就有了，到唐朝开始盛行。《李邕传》记载："李邕特别擅长写碑铭颂辞，朝中大臣官员和天下各佛寺道观的僧人道士，都携带金银绢帛去请他写颂文。李邕前前后前为别人写了几百首碑铭颂辞，所接受的馈赠，也达好几万。当时的舆论认为，自古以来卖文章发虚岁。”又有《送斛斯六官诗》云：“故人南郡去，去索作碑钱。本卖文为活，翻令室倒县。”盖笑之也。韩愈撰《平淮西碑》，宪宗以石本赐韩宏，宏寄绢五百匹；作王用碑，用男寄鞍马并白玉带。刘义持愈金数斤去，曰：“此谀墓中人得耳，不若与刘君为寿。”愈不能止。刘禹锡祭愈文曰：“公鼎侯碑，志隧表阡，一字之价，辇金如山。”皇甫湜为裴度作《福先寺碑》，度赠以车马缯彩甚厚，湜大怒曰：“碑三千字，字三缣，何遇我薄邪？”度笑酬以绢五千匹。穆宗诏萧俛撰成德王士真碑，俯辞曰：“王承宗事无可书，又撰进之后，倒得贶遗，若黾勉受之，则非平生之志。”帝从其请。文宗时，长安中争为碑志，若市买然。大官卒，其门如市，至有喧竞争致，不由丧家。裴均之子，持万缣诣韦贯之求铭，贯之曰：“吾宁饿死，岂忍为此哉？”白居易《修香山寺记》，曰：“予与元微之，定交于生死之间。微之将薨，以墓志文见托，既而元氏之老，状其臧获、舆马、绫帛、洎银鞍、玉带之物，价当六七十万，为谢文之贽。予念平生分，贽不当纳，往反再三，讫不得已，因施兹寺。凡此利益功德，就归微之。”柳玭善书，自御史大夫贬泸州刺史，东川节度使顾彦晖请书德攻碑。玭曰：“若以润笔为赠，即不敢从命。”本朝此风犹存，唯苏坡公于天下未尝铭墓，独铭五人，皆盛德故，谓富韩公、司马温公、赵清献公、范蜀公、张文定公也。此外赵康靖公、滕元发二铭，乃代文定所为者。在翰林日，诏撰知枢密院赵瞻神道碑，亦辞不作。曾子开与彭器资为执友，彭之财的，没有人比得上李邕。”所以杜甫有诗说：“干谒满其门，碑版照四裔。丰屋珊瑚钩，骐驎织成罽。紫骝随剑几，义取无虚岁。”又有《送斛斯六官诗》云：“故人南郡去，去索作碑钱。本卖文为活，翻令室倒悬。”大概是讥笑他的。韩愈撰写了《平淮西碑》，唐宪宗把石本赐给了韩宏，韩宏便寄了五百匹绢给韩愈，以示谢意；韩愈给王用写碑文颂辞，王用的儿子给韩愈送去了鞍马和白玉带。刘义拿走了韩愈的几斤金子，并说：“这是吹谀坟墓中的人所得到的，不如送给我刘某人作寿礼。”韩愈没法阻止他。刘禹锡给韩愈写的祭文中说：“你韩公有盛名，官位封侯，事迹应记在石碑，现在铭记在墓碑上，一个字的价格，就载运金钱堆成山。”皇甫湜给裴度写了《福先寺碑》文，裴度赠送给皇甫湜许多车马和绸绢，皇甫湜很气愤地说：“碑文有三千字，一个字值三匹细绢，为什么给我这么少的东西？”裴度赶快赔着笑脸又送了五千匹绸绢作为酬谢。唐穆宗下诏书命萧俛为成德的王士真撰写碑文，萧俛推辞说：“王士真的儿子王承宗没有什么事迹可写的。再说写好进呈朝廷之后，按照惯例应得到赐物，如果勉强接受了它，那就不是我平生的志向了。”唐德宗答应了萧俛的请示。唐文宗时，长安（今陕西西安）城中争着为别人写碑文，就好像市场上做买卖一样。如果有大官死了，他家门前就如同市场一样，要求为死者撰写碑文的人争来争去，高声喧闹，这连死者的家人也做不了主。裴钧的儿子，携带一万匹细绢到韦贯之家中索求碑文，韦贯之说：“我宁愿饿死，也不忍心这样做。”白居易在《修香山寺记》中说：“我和元微之是生死之交的朋友，微之临死时托我给他写碑文，事过不久，元家的老人说要将他家的奴婢、车马、绫绢、银鞍、玉带等价值相当于亡，曾公作铭，彭之子以金带缣帛为谢。却之至再，曰："此文本以尽朋友之义，若以货见投，非足下所以事父执之道也。"彭子皇惧而止。此帖今藏其家。

汉举贤良

汉武帝建元元年，诏举贤良方正直言极谏之士。丞相绾奏："所举贤良，或治申、商、韩非、苏秦、张仪之言，乱国政，请皆罢。"奏可。是时，对者百余人，帝独善庄助对，擢为中大夫。后六年，当元光元年，复诏举贤良，于是董仲舒等出焉。《资治通鉴》书仲舒所对为建元，案策问中云："朕亲耕籍田，劝孝弟，崇有德，使者冠盖相望，问勤劳，恤孤独，

六、七十万两白银的东西送给我作为我写碑文报酬。我想起平日和微之的交情，认为这些礼物不应该接受，元氏家前后送来多次，最后不得已而收下，施舍给香山寺。这些利益功德，应当归于元微之。”柳玭的书法很好，他从御史大夫贬为泸州刺史，东川（今四川遂宁）节度使顾彦晖请他给自己书写德政碑碑文。柳玭对他说：“如果赠送给我财物作酬谢，我就不能答应你的请求。”宋朝仍然存在这种风俗，只有苏轼很少给别人写碑文，只给五个人写过，而且还是因为这五人德高望重的缘故，这五个人分别是富弼、司马光、赵抃、范镇、张方平。此外赵康靖、滕元发二人的碑文，还是代张方平写的。苏轼任翰林学士时，皇帝诏令他给同知枢密院赵瞻写碑文，苏轼也推辞不写。曾肇（字子开）与彭器资是挚友，彭器资死后，曾肇给他写了碑文，彭器资的儿子送给他金带绢绸作为酬谢，曾肇推辞再三，说：“这篇碑文乃是尽朋友之情义而写的，如果你送给我钱物，那么这就不是你对待你父亲挚友的方式了。”彭器资的儿子听了很不好意思，赶紧收回了东西。这篇碑文现在还藏在他家中。

汉举贤良

汉武帝建元元年，汉武帝刘彻下诏，命朝廷大臣推举贤能、正直、敢于直言相谏的人士。丞相绾上奏说：“所推举的贤良之才，在回答皇帝问题时，有的引用申不害、商鞅、韩非、苏秦、张仪这些人的话，惑乱朝政，请求皇上都不要重用他们。”汉武帝同意了他的上奏。当时，全国参加考试回答汉武帝所提问题的有一百多人，汉武帝唯独喜爱庄助的回答，就提拔他为中大夫。六年之后，正是汉武帝元光元年，汉武帝又下诏推举良贤人尽思极神。”对策曰：“阴阳错谬，氛气充塞，群生寡遂，黎民未济。”必非即位之始年也。

戊为武

十干“戊”字只与“茂”同音，俗辈呼为“务”，非也。吴中术者，又称为“武”。偶阅《旧五代史》梁开平元年，司天监上言日辰，内“戊”字请改为“武”，乃知亦有所自也。今北人语多曰“武”，朱温父名诚，以“戊”类“成”字，故司天谄之耳。

怨耦曰仇

《左传》师服曰：“嘉耦曰妃，怨耦曰仇，古之命也。”注云：“自古有此言。”按许叔重《说文》，于“逑”字上引《虞书》曰：“方逑孱功。”又曰：“怨匹曰逑。”然则出于《虞书》，今亡矣。以“鸠僝”为“逑孱”，以“耦”为“匹”，以“仇”为“逑”，其不同如此。而“僝”字下所引，乃曰：“旁救僝功。”自有二说。“旻”字下引《虞书》曰：“仁闵覆下，才，于是董仲舒等人脱颖而出，得以重用。《资治通鉴》上说董仲舒是建元元年参加的汉武帝选拔人才的考试。按照汉武帝所出试题中所说："我每年春天都要到田地里看望耕地的百姓，勉励大家孝顺父母，敬爱兄长，尊崇有品德的人，派出许多官员，慰问有功劳的人，抚恤孤寡的人，为此竭尽心思，全力以赴。"董仲舒回答说："阴气与阳气交错，大气团充塞，芸芸众生，少事干，黎民百姓未能得到周济。"可见，这并非是汉武帝即位那一年，即建元元年开始的。

戊为武

在天干中，"戊"字只和"茂"字同音，一般的人把它读成"务"这个音，这不对。吴中术士又读成"武"这个音。我有次偶然阅读《旧五代史》，看到上面说，后梁太祖开平元年间，司天监上书皇帝陈说历法，请求把天干中的"戊"字改用"武"，我才知道"戊"读作"武"是有其原因的。现在北方人大多读"武"这个音，后梁皇帝朱温的父亲名字叫朱诚，"戊"字像"成"字，所以司天监才上书要求把"戊"字改用"武"字，以阿谀奉承皇帝。

怨耦曰仇

《左传》师服说："和睦的夫妻是好夫妻，不和睦的夫妻是仇敌，这是古训。"注释说："自古就有这个说法。"许慎的《说文解字》中，在"逑"这个字下面引用《虞书》说："方逑孱功。"又说："怨匹叫作逑。"然而，这些话出自《虞书》，现在亡佚不存了。以"鸠僝"为"逑孱"，以"耦"为"匹"，以"仇"为"逑"。它们不同之处在于此。而"僝"字下所引，则说"旁救僝功"。自然有则称旻天。”“埶”字下引《虞书》“雉埶”，今皆无此。

说文与经传不同

许叔重在东汉，与马融、郑康成辈不甚相先后，而所著《说文》，引用经传，多与今文不同。聊摭逐书十数条，以示学者，其字异而音同者不载。

所引《周易》“百谷草木丽乎土”为“艸木麗乎地”，“服牛乘马”为“犕牛乘马”，“夕惕若厉”为“若夤”，“其文蔚也”为“斐也”，“乘马班如”为“驙如”，“天地絪缊”为“天地壹壼”，槼“繻有衣袽”为“需有衣絮”。书“晋卦”为“簮”“巽”为“顨”，“艮”为“皀”。

所引《书》“帝乃殂落”为“勋乃殂”，“窜三苗”为“竄(塞也，音倅)三苗”，“勿以憸人”为“譣人”，“在后之侗”为“在夏后之詷”，“尚不忌于凶德”为“上不諅”，“峙乃粮粮”为“餱粮”，“教胄子”为“教育子”，“百工营求”为“敻求”，“至于属妇”为“媰妇”，“有疾弗豫”为“有疾不悆”，“我之弗辟”为“不擗”，“截截谝言”为“戋戋巧言”，又“圛圛升云，半有半无”“豲有爪而不敢以撅”及“以相陵蔑”“维緢有稽”之句，皆云《周书》，今所无也。”

所引《诗》“既伯既祷”为“既禡既禂”，“新台有泚”为“有玼”，“焉得谖草”为“安得藼艸”，“墙有茨”为“有荠”，“棘人栾栾”为“脔脔”，“江之永矣”为“漾矣”，“得两种说法。“旻”字下引《虞书》上的话说：“仁闵覆下，就称作旻天”。“埶”字下引《虞书》的“雉埶”。现在都没有这些。

说文与经传不同

东汉时的许慎与马融、郑玄等人处于同一时代且水平不差上下，他所著《说文解字》一书，引用的经典及解说经典的书籍中的文句，有许多和现在流行的本子不一样。姑且摘取以下十几条，以学者参考，其中，字不同而读音相同的不收。

所引用《周易》一书文句与现在不同的有：“百谷草木丽乎土”为“艸木麗乎地”，“服牛乘马”应为“犕牛乘马”，“夕惕若厉”为“若夤”，“其文蔚也”为“斐也”，“乘马班如”为“驙如”，“天地絪缊”为“天地壹壺”，“繻有衣袽”，为“需有衣絮。”书“晋卦”为“晉”，“巽”为“顨”，“艮”为“㫃”。

所引《尚书》“帝乃殂落”为“勋乃殂”，“窜三苗”为“𥨋（音倅）三苗”，“勿以憸人”为“譣人”，“在后之侗”为“在夏后之詷”，“尚不忌于凶德”为“上不諅”，“峙乃粮粮”为“餱粮”，“教胄子”为“教育子”，“百工营求”为“敻求”，“至于属妇”为“嫟妇”，“有疾弗豫”为“有疾不悆”，“我之弗辟”为“不壁”，“截截谝言”为“戋戋巧言”，又“圛圛升云，半有半无”“猽有爪而不敢以撅”，及“以相陵蔑”“维緇有稽”这些句子，都说是《周书》，现在都没有了。

所引用《诗经》“既伯既祷”为“既杩既禂”，“新台有泚”为“有玼”，“焉得谖草”为“安得藼艸”，“墙有茨”为“有荠”，“棘人栾栾”为“脔脔”，“江之永矣”为“羕矣”，“得此戚施”为“䵶鼀”，“伐木许许”为“所所”，“儦儦俟俟”为“伾伾俟此戚施”为“䲡䳏”，“伐木许许”为“所所”，“儦儦俟俟”为“伾伾俟俟”，“啴啴骆马”为“痑痑”，“赤舄几几”为“己己”，又为“掔掔（音悭）”，“民之方殿屎”为“方念吚”，“混夷駾矣”为“犬夷呬俟”，“陶复陶穴”为“陶寝地（室也）”，“（室）其会如林”为“其旝”，“国步斯频”为“斯矉”，“涤涤山川”为“蔋”。

《论语》“荷蒉”为“荷臾”，“亵裘”为“紶衣”，又有“跢予之足”一句。

《孟子》“源源而来”为“謜謜音愿，徐也”，“接淅”为“滰淅滰，其两切，干渍米也”。

《左传》“龙凉”为“牻凉”，“芟夷”为“癹（音泼）夷”，“圭窦”为“圭窬”，“泽之萑蒲”，为“泽之目篽”（禁苑也），“衷甸两牡”为“中佃一辕”，“楄柎藉幹”，为“楄部荐幹”。

《公羊》“闯然”为“䀹然䀹，失冉切，暂见也”。

《国语》“觥饭不及壶飧”为“侊饭不及一食”。如此者甚多。

周亚夫

汉景帝即位三年，七国同日反，吴王至称东帝，天下震动。周亚夫一出即平之，功亦不细矣，而讫死于非罪。景帝虽未为仁君，然亦非好杀卿大夫者，何独至亚夫而忍为之？

俟”，“啴啴骆马”为“痑痑”，“赤舄几几”为“己己”，又为“掔掔”（音悭），“民之方殿屎”为“方念吚”，“混夷駾矣”为“犬夷呬矣”，“陶复陶穴”为“陶寝地”，（即地室），“其会如林”为“其旝”，“国步斯频”为“斯矉”，“涤涤山川”为“蔋”。

《论语》上说：“荷蒉”为“荷臾”，“亵裘”为“絬衣”，又有“踦予之足”一句。

《孟子》说“源源而来”为“謜謜音愿，徐也”，“接淅”为“滰淅滰，其两切，干渍米也”。

《左传》上“龙凉”为“犍凉”，“芟夷”为“癹（音泼）夷”，“圭窦”为“圭窬”，“泽之萑蒲”为“泽之目篰”（指禁苑），“衷甸两牡”为“中佃一辕”，“楄柎藉幹”为“楄部荐幹”。

《公羊传》“闯然”为“覭然”。

《国语》上“觥饭不及壶飧”为“侊饭不及一食”。像这样的例子很多。

周亚夫

汉景帝刘启即位的第三年，吴、楚、赵、胶东、胶西、济南、淄等七国同时联合发动叛乱，吴王刘濞甚至自称东帝，全国为之震乱，汉景帝派周亚夫率兵平乱，周亚夫出师不久，就平定叛乱，功劳可以说不小，然而最终周亚夫却死于非罪。汉景帝虽然说不上是贤仁的君主，但也并不是喜好杀戮士卿大夫的人，为什么单单忍心杀了周亚夫呢？

切尝原其说，亚夫之为人，班、马虽不明言，然必幸直行行者。方其将屯细柳，只以备胡，且近在长安数十里间，非若出临边塞，与敌对垒，有呼吸不可测知之事。今天子劳军至，不得入，及遣使持节诏之，始开壁门；又使不得驱驰，以军礼见，自言介胄之士不拜。天子改容称谢，然后去。是乃王旅万骑，乘舆黄屋，顾制命于将帅，岂人臣之礼哉！则其傲睨帝尊，习与性成，故赐食不设著，有不平之意。鞅鞅非少主臣，必已见于辞气之间，以是陨命，甚可惜也！

秦王猛伐燕围邺，苻坚自长安赴之。至安阳，猛潜谒坚，坚曰："昔周亚夫不迎汉文帝，今将军临敌而弃军，何也？"猛曰："亚夫前却人主以求名，臣窃少之。"猛之识虑，视亚夫有间矣。

炀王炀帝

金酋完颜亮陨于广陵，葛王褒已自立，于是追废为王，我曾私下探求这件事情的根源。周亚夫的为人，司马迁的《史记》和班固的《汉书》中虽然没有明确记述，但可以知道周亚夫肯定是一个任性倔强的人。当初，汉文帝任命周亚夫为将军，率兵驻守在细柳（今陕西咸阳西南），目的是防备匈奴侵犯，况且细柳与京城长安只有几十里地，不像是驻守边界要塞，与敌人对阵，不可预料的军情瞬间就能发生。但汉文帝到细柳慰劳军队，守军却不让他进入，上到汉文帝派遣持使手持节旄并下诏书，周亚夫才令军士打开军营的边门。但又不许汉文帝一行人在军营中骑马奔跑，周亚夫按军中礼节与汉文帝见面，并且声称作为穿甲戴盔军人，对皇帝就不行跪拜之礼了。汉文帝听了，马上失颜变脸色，回过周亚夫的礼就离去了。由此看来，在千军万马之前，皇帝受制于手下的将帅，这哪里是臣下对待皇帝的礼节啊！可见周亚夫高傲自负、目无君主，习以成性，所以，当汉景帝赏赐给他食物而没有摆设筷子时，周亚夫就流露出不满。周亚夫对皇帝怏怏不满在言辞之中表露出来，得罪了皇帝，才丢了性命，真是可惜啊！

前秦大将王猛率兵攻打前燕，并围困前燕都城邺（今河北临漳），前秦皇帝苻坚从长安（今陕西西安）来到前线。当走到安阳（今江南安阳）时，王猛暗中拜见苻坚，苻坚说："过去周亚夫不迎接汉文帝，现在将军你却临阵丢下军队来拜见我，为什么呢？"王猛说："周亚夫不迎接皇帝是为了求取好的名声，我内心很看不起他。"王猛的见识和思虑和周亚夫不同啊。

炀王炀帝

南宋高宗时，金主海陵王完颜亮在广陵（今江苏扬州）被部而谥曰炀。迈奉使之日，实首闻之。接伴副使秘书少监王补言及此，云北人戏诮之曰："奉敕江南干当公事回。"及归，觐德寿宫奏其事，高宗天颜甚悦，曰："亮去岁南牧，已而死归。人皆以为类苻坚，唯吾独云似隋炀帝，甚死处既同，今得谥又如此，岂非天乎！"此段圣语，当不见于史录，故窃志之。

郑庄公

《左传》载诸国事，于第一卷首出郑庄公，自后纪其所行尤详，然每事必有君子一说，唯诅射颍考叔，以为失政刑，此外率称其善。杜氏注文，又从而奖与之。

案庄公为周卿士，以平王贰于虢而取王子为质，以桓王畀虢公政，而取温之麦，取成周之禾。以王夺不使知政，忿而不朝，拒天子之师，射王中肩。谓天子不能复巡守，以泰山之祊易许田。不胜其母，以害其弟，至有城颍及泉之誓。是其事君、事亲可谓乱君贼子者矣！而曾无一语以贬之。

下乱箭射死，葛王完颜褒做了金国皇帝，于是废除完颜完的皇帝称号，贬为海陵王，并给谥号为“炀”。我奉命出使金国，最先听到这个消息。和我接伴同行的副使者秘书少监王补提到这事时，曾用北方戏弄人的俏皮话说：“奉皇帝的圣旨到江南干公事，事办妥之后要回来。”归国后，在德寿宫朝见皇帝并向他回禀了这件事，高宗听了十分高兴，说：“完颜亮去年南侵我朝，不久就死去而归。人们都把他比做前秦的苻坚，唯独我认为他与隋炀帝很相似，他们死的地方相同，都在扬州，现在得到的谥号也一样，都是‘炀’，这难道不是天意吗？”这段圣语，可能史书没有记载，所以我就记录下来。

郑庄公

《左传》记载了春秋时期各诸侯国的历史大事，在第一卷首先写了郑庄公，从这往后很详细地记述了他的所作所为，而且每件事后必定要以“君子曰”的形式抒发作者的看法和评论，其中只有对他下令军中诅咒射杀颍考叔之人表示微词，说他有失政刑，既无德政，又无威刑，此外一概称颂他的美德。杜预为《左传》做的注释，也接受了这个看法并且赞美他。

按郑庄公本是周天子朝廷中的最高执政大臣，因周平王同时又重用虢公以分郑权，而周平王又矢口否认此事，于是以王子狐到郑国为人质，以示诚意。桓王给予虢公执政权，楚庄公便把温地方的麦子抢走，又把成周（今洛阳）的庄稼取走。因为王剥夺了他的权利，不教他管国家政事，心中便愤恨不满，不去朝见天子，并抗拒天子的大兵，把王的肩头射伤。说天子不能再巡守，用泰山的祊地换取许的田。他不能容忍自己的母亲，杀害自书姜氏母子如初，杜注云："公虽失之于初，而孝心不忘，故考叔感而通之。"

书郑伯以齐人朝王曰："礼也。"杜云："庄公不以虢公得政而背王，故礼之。"

书息侯伐郑曰："不度德。"杜云："郑庄贤。"书取郜与防归于鲁曰："可谓正矣。以王命讨不庭，不贪其土，以劳王爵。"

书使许叔居许东偏曰："于是乎有礼，度德而处，量力而行，相对而动，可谓知礼。"

书周、郑交恶曰："信不由中，质无益也。"是乃天子诸侯混为一区，无复有上下等威之辨。

射王之夜，使祭足劳王，杜云："郑志在苟免，王讨之非也。"此段尤为悖理。

己的弟弟，以至有在城颍(今河南临颍县西北)发出不到黄泉不与母亲相见的誓言。他对君主、对亲人所作所为，可以说是一个叛乱的臣子，狠毒的儿子！而《左传》中却没有一句贬低他的话。

《左传》记载郑庄公与他母亲姜氏和好，关系像当初一样时，杜顶注释说："郑庄公虽然起初有过错，但却没有忘掉孝顺之心，所以能够令颍考叔感化他，使他们母子重归于好。"

《左传》写到郑庄公因为齐国人而拜见周王时，说："这是有礼貌啊！"杜预注释说："郑庄公不因为虢公得到权力而背叛周王，所以仍以礼事之。"

《左传》在记述息国诸侯攻打郑国时说："息国没有揣度衡量自己的品德。"杜预注释说："郑庄公很贤良。"《左传》记述郑庄公把郜国(今山来成武县东南)和防邑(今山东金乡县西南)归还给鲁国(今山东南部一带)时，说："这可以说是正义之战啊。奉周王的命令讨伐不效忠王室的人，得胜后又不贪其土地，以劳王爵。"

《左传》记述郑庄公派许大夫百里奉许叔居于许国(今属河南)东部，说："郑庄公这样做很合乎礼义，揣度自己的品德而安排事情，衡量自己的能力去做，审视时机而行动，可以说了解礼义。"

《左传》记载周王与郑庄公关系不好，相互怀恨在心时，说："双方不能出自真心的信任，交换人质并没有什么好处。"这真是把天子与诸侯混为一体，不再有上、下等级威严的分别了。

郑庄公射伤周王的那个夜晚，派祭足慰劳周王，杜预注释说："郑庄公的心意是想苟且求免，周王讨伐他是不对的。"这唯公羊子于克段下鄢之下，书曰："大郑伯之恶"，为得之。

百六阳九

史传称百六阳九为厄会，以历志考之，其名有八。初入元百六曰阳九，次曰阴九。又有阴七、阳七、阴五、阳五、阴三、阳三，皆谓之灾岁。大率经岁四千五百六十，而灾岁五十七。以数计之，每及八十岁，则值其一。今人但知阳九之厄：云经岁者，常岁也。

左传易筮

《左传》所载《周易》占筮，大抵只一爻之变，未尝有两爻以上者。毕万筮仕，遇《屯》之《比》，初九变也。成季将生，遇《大有》之《乾》，六五变也。晋嫁伯姬，遇《归妹》之《睽》，上六变也。晋文公迎天子，遇《大有》，乃九三变而之《睽》。叔孙庄叔生子豹，遇《明夷》，乃初九变而之《谦》。

段话尤其不合情理。

只有公羊高在“郑庄公在鄢（今河南鄢陵县境内）战胜共叔段”这段下面，写道：“极大程度地写出了郑庄公的罪恶。”这话说得很对。

百六阳九

术数家把四千六百一十七年作为一元，用来纪年。在初入元的一百零六年中，有九年是旱灾之年，并把这叫作“阳九”。所以史书上说初入元一百零六年，内有旱灾九年，这是灾难会聚，用历法来考证它，它还有八个名目。即初入元的一百零六年中，有九年旱灾，往后还有九年水灾，还有七年水灾、七年旱灾、五年水灾、五年旱灾、三年水灾、三年旱灾，这些都可说是灾难之年。从初入元到最后的三年旱灾，正常年景有四千五百六十年，而水灾，旱灾共有五十七年，两者相加共为四千六百一十七年，正好为一元。按平均数计算，每八十年就遇到一年灾年。现在的人仅仅知道初入元的一百零六年内有九年旱灾。这里所说的“经岁”，就是指正常的年景。

左传易筮

《左传》之中所记载的《周易》占筮，大都只有一爻的变化，不曾有两爻以上变化的。毕万占筮仕途，遇《屯》卦之《比》卦，初九爻变化。成季将生，遇《大有》卦之《乾》卦，六五爻变化。晋国嫁伯姬，遇《归妹》卦之《睽》卦，上六爻变化。晋文公迎周天子，遇《大有》卦，乃九三爻变化而至于《睽》卦。叔孙庄叔生子豹，遇《明夷》卦，乃初九爻变化而至于《谦》卦。

崔杼娶妻，遇《困》，乃六三变而之《大过》，南蒯作乱，遇《坤》，乃六五变而之《比》。赵鞅救郑，遇《泰》，乃六五变而之《需》。占者即演而为说。然崔杼“人于其宫，不见其妻”，叔孙“君子于行，三日不食”，殆若专为二子所作也。唯陈厉公生敬仲，遇《观》之《否》。周史曰：“《坤》，土也；《巽》，风也；《乾》天也。风为天，于土上山也。有山之材，而照之以天光，于是乎居土上。”杜氏注云：“自二至四有《艮》象，《艮》为山。”予谓此正是用中爻取义，前书论之详矣。又有相与论事，不假蓍占而引卦以言者，如郑公子曼满欲为卿，王子伯廖曰：“《周易》有之，在《丰》之《离》。”晋先縠违命进师，知庄子曰：“《周易》有之，在《师》之《临》。”楚王汰侈，子大叔曰：“在《复》之《颐》。”但以爻辞合其所行之事耳！至于“为嬴败姬”“代齐则可”等语，自是一时探赜索隐，非后人所可到也。卫襄公生子，孔成子占之，亦遇《屯》之《比》，与毕万同，虽史朝与辛廖之言则异，然皆以“利建侯”为主。

钟繇自劾

汉建安中，曹操以钟繇为司隶校尉，督关申请军。诏召河东太守王邑，而拜杜畿为太守。郡掾诣繇求留邑，繇不听，邑诣许自归。

崔杼娶妻，遇《困》卦，乃六三爻变化而至于《大过》卦。南蒯作乱，遇《坤》卦，乃六五爻变化而至于《比》卦。赵鞅救郑，遇《泰》卦，乃六五爻变化而至于《需》卦。占卜的人就卦推演而解释。然而，崔杼娶妻，有辞“入于其宫，不见其妻。”叔孙庄叔生子豹，有辞“君子于行，三日不食”，大概是专为二人所做的卦辞。只有陈厉公生敬仲，遇到《欢》变为《否》卦。《易经》上说：“《坤》为土，《巽》为风，《乾》为天。风为天，于土上山也，有山之材，而照之以天光，于是乎居土上。”杜氏注解上说：“从二至四爻有《艮》卦象，《艮》为山。”我认为这正是用中爻取义，以前的书论述的已很详细了。又有相互论事，不借助占筮而引用卦词而说的，如郑公子曼满想做卿，王子伯廖说：“《易经》有这种卦象，即《丰》之《离》。”晋先縠违抗命令率军前进，知庄子却说：“《周易》有这种卦象，即《师》卦变化为《临》卦。”楚王荒淫无度，肆意挥霍，子大叔说：“《周易》有这种卦象，即《复》卦变为《颐》卦”，仅仅利用爻辞来附合其所做的事情罢了！”至于“为嬴败姬”“伐齐则可”等语，自是一时探究索隐，并不是后人所可以达到的。卫襄公生子，孔成子占筮，也遇《屯》卦之《比》卦，和毕万筮仕相同，即使史朝和辛廖之言也有差别，然而都以“利建侯”为主。

钟繇自劾

东汉献帝建安年间，曹操任命钟繇为司隶校尉，统帅关中各路军队。后来朝廷下诏书征召河东（今山西夏县）太守王邑回京，另派杜畿为河东太守。河东郡的下属官吏到钟繇那里请求留任王邑，钟繇没有答应，王邑到许昌后就径自回家了。

繇自以威禁失督司之法，乃上书自劾曰：“谨按侍中守司隶校尉东武亭侯钟繇，幸得蒙恩，以斗筲之才，仍见拔擢，显从近密，衔命督使。明知诏书深疾长吏政教宽弱，检下无刑，久病淹滞，众职荒顿。既举文书，操弹失理。轻慢宪度，不与国同心，为臣不忠，大不为敬。臣请法车召诣廷尉治繇罪，大鸿胪削爵土。臣辄以文书付功曹从事，伏须罪诛。”诏不许。

予观近时士大夫自劾者，不过云乞将臣重行窜黜阖门待罪而已，如繇此章，盖与为他人所纠亡异也，岂非身为司隶，职在刺举，故如是乎！

大义感人

理义感人心，其究至于浃肌肤而沦骨髓，不过语言造次之间，初非有怪奇卓诡之事也。

楚昭王遭吴阖庐之祸，国灭出亡，父老送之，王曰：“父老返矣，何患无君”父老曰：“有君如是其贤也！”相与从之，或犇走赴秦，号哭请救，竟以复国。

汉高祖入关，召诸县豪杰曰：“父老苦秦苛法久矣，吾钟繇认为这是自己督察下属无力，自己失职而造成的，就上书朝廷自我弹劾说：“侍中守司隶校尉东武亭侯钟繇，有幸蒙受朝廷的恩泽，虽才识短浅，仍被提拔重用，成为朝廷亲近大臣，奉命统帅关中各军。明明知道朝廷诏书深深痛恨地方长官政治教化松缓不严、检查下属无法，法令长期得不到执行，各项工作处于瘫痪状态。处理文书不当，轻视国家法度，不与朝廷同心，作为臣子却不忠于朝廷，这真是对朝廷极大的不尊重。我请求皇上派司法官审查钟繇的罪行，让大鸿胪削去我的爵位，收回封地。我即刻把文书交付给州郡的属官，伏首听候朝廷的处罚。”朝廷下诏书不同意他的上奏。

我看现在的官吏上书自我弹劾的，不过是说请求皇帝将自己流放外地，闭门待罪罢了，像钟繇这样的自我弹劾的奏章，大致和被别人所弹劾没什么差异，难道是因为钟繇身为掌管刑狱的司隶校尉，职责就是察举不法，所以才这样做的吗！

大义感人

道理和正义的力量可以感动人心，甚至渗入皮肤和骨髓，有的不过是一时仓促之间说的话，或起初并非奇异高深的事，竟也能起到这种作用。

楚昭王遭受了吴王阖庐带来的灾难，国家灭亡，被迫出逃，楚国父老给他送行，楚昭王说：“父老们，请回去吧，不要害怕没有国君”楚国的父老们说：“哪有像你这么贤明的国君啊！”于是就跟着楚昭王出逃，有的人到秦王面前哭着请求援兵相救，楚国最终因此而复兴。

汉高祖刘邦率军进入关中后，召集各县的豪杰说：“大家被当王关中，与父老约法三章耳。凡吾所以来，为父兄除害，非有所侵暴，毋恐！”乃使人与秦吏行至县乡邑，告谕之，秦民大喜。已而项羽所过残灭，民大失望。刘氏四百年基业定于是矣。

唐明皇避禄山乱，至扶风，士卒颇怀去就，流言不逊，召人谕之曰：“朕托任失人，致逆胡乱常，须远避其锋。卿等仓卒从朕，不得别父母妻子，朕甚愧之。今听各还家，朕独与弟入蜀，今日与卿等诀。归见父母及长安父老，为朕致意。”众皆哭曰：“死生从陛下。”自是流言遂息。

贼围张巡于雍丘，大将劝巡降，巡设天子画像，帅将士朝之，人人皆泣。巡引六将于前，责以大义而斩之，士心益劝。

河北四凶称王，李抱真使贾林说王武俊，托为天子之语，曰：“朕前事诚误，朋友失意，尚可谢，况朕为四海之主乎？”武俊即首唱从化。及奉天诏下，武俊遣使谓田悦曰：“天子方在隐忧，以德绥我，何得不悔过而归之？”

秦朝苛酷的刑法所残害已经很长时间了，现在我统治关中，与各位父老们相约定下三条法律。我所以入关，是替父老兄弟们除去祸害，并不是了侵犯和虐待老百姓，请大家不要害怕。”又派人和秦朝官吏一起到各郡县乡邑，向老百姓解释说明，秦朝的百姓都很高兴。不久，项羽又率军入关，所经过的地方老百姓都遭到残害，人民对项羽大失所望。刘邦建立汉朝，四百年江山的基业于是奠定了基础。

唐玄宗李隆基为躲避安禄山的叛乱，逃往四川，走到扶风（今陕西宝鸡东）时，士兵们都很想逃走，而且谣言四起，对唐玄宗出口不逊，唐玄宗召集士兵并对他们说：“我用人不当，招致胡人安禄山叛乱谋反，现在必须到远处避开他的势头。各位仓猝之间跟随我出走，不能与父母、妻儿告别，对此我感到很惭愧，现在任凭大家回家，我和我的子弟要独自前往四川，今天在此和大家诀别。回去见到自己父母和京师长安（今陕西西安）的父老们，替我向他们致意问候。”众将士都哭了，说：“是生是死，我们一定跟随皇帝陛下。”于是谣言便消失了。

安禄山的叛军围困张巡驻守的雍丘城（今河南杞县），城中大将劝张巡投降，张巡在城中设置了皇帝李降基的画像，率领众将士朝拜，将士们在皇帝面前哭泣，张巡把劝他投降的六个大将带到皇帝画像前，用忠孝大义指责他们并把他们斩首，守城将士的抗敌决心得到极大的鼓舞。

唐德宗时，河北有四人叛乱称王，其中王武俊称赵王、田悦称魏王、李纳称齐王、朱滔称冀王。李抱真派贾林劝说王武俊，并假托皇帝的话，说：“我以前的确做错了事情，朋友之间有不同的意见，尚且可以相互道歉，更何况我身为天下君主呢？”王王庭凑盗据成德，韩愈宣慰，庭凑拔刃弦弓以逆。及馆，罗甲士于廷。愈为言安、史以来逆顺福祸之理，庭凑恐众之心动，麾之使出，讫为藩臣。

黄巢伪赦至凤翔，节度使郑畋不出，乐奏，将佐皆哭。巢使者怪之，幕客曰："以相公风痺不能来，故悲耳。"民间闻者无不泣，畋曰："吾固知人心尚未厌唐，贼授首无日矣。"旋起兵率倡诸镇，以复长安。

田悦以魏叛，丧师遁还，亦能以语言动众心，誓同生死。乃知陆贽劝德宗痛自咎悔，以言谢天下，制书所下，虽武人悍卒，无不感动流涕，识者知贼不足平。

凡此数端，皆异代而同符也。国家靖康、建炎之难极矣，不闻有此，何邪？

武俊于是就首先倡议其他称王的人归顺皇帝。等到皇帝在奉天（今陕西乾县）下诏书时，王武俊派人对田悦说：“皇帝正为国家大事担忧，还用恩德安抚我们，我们还有什么原因不悔过自新，归顺朝廷呢？”

王庭凑占据成德（今河北正安）时，韩愈奉命前去安抚。王庭凑剑拔弩张迎接韩愈。到旅馆后，王庭凑又在庭院内布满了全副武装的士兵。韩愈向王庭凑士兵们讲述安史之乱以来背叛和归顺朝廷的利害关系及祸福的道理，王庭凑害怕军心动摇，挥手让士兵出去，最终王庭凑还是做了唐朝的地方长官。

黄巢占领长安后，所发的“伪”赦诏传至凤翔（今陕西凤翔）时，节度使郑畋不出来接受，当音乐奏起时，他手下的将领都哭了。黄巢派来传送赦诏的使者感到很奇怪，郑畋的幕僚说：“这是因为郑畋的风湿病犯了，不能前来受诏：所以他们很悲伤。”凤翔的老百姓听说这件事，没有不流泪的，郑畋说：“我本来就知道老百姓的心中还没有厌恶唐朝，强盗们授首而死没几天了。”旋即率先倡议各藩镇的军队，共同收复了长安。

田悦在魏州（今河北大名）反叛并称魏王，打了败仗逃回魏州，也能用语言打动众人的心，使众人发誓与他同生死。陆贽劝唐德宗沉痛追究自己的过失，并用真诚的言辞向天下谢罪，诏书发出后，即使是武夫悍卒，也无不为之感动得流泪，有识之士由此知道叛乱不难平定。

以上这几件事，都发生在不同的时代，但效果都相同。宋朝在靖康、建炎年间所遭受的灾难惨极了，但却没有听说像上述那样用道理和正义来感化人的事，这是为什么呢？

卷七（十七则）

田租轻重

李悝为魏文侯作尽地力之教，云："一夫治田百亩，岁收粟百五十石，除十一之税十五石，余百三十五石。"盖十一之外，更无他数也。

今时不大然，每当输一石，而义仓省耗别无一斗二升，官仓明言十加六，复于其间用米之精粗为说，分若干甲，有至七八甲者，则数外之取亦如之。庾人执概从而轻重其手，度二石二、三斗乃可给。至于水脚、头子、市例之类，其名不一，合为七八百钱，以中价计之，并僦船负担，又须五斗，殆是一而取三。以予所见，唯会稽为轻，视前所云不能一半也。

董仲舒为武帝言："民一岁力役，三十倍于古，而田租口赋，二十倍于古。"谓一岁之中，失其资产三十及二十倍也。又云："或耕豪民之田，见税十五。"言下户贫民自无田，而耕垦豪富家田，十分之中以五输本田主，今吾乡俗正如此，目

田租轻重

战国时期，李悝给魏文侯提出了“尽地力之教”的建议，即督促农民精耕细作，鼓励农民开垦荒地。他说：“一个农民耕种一百亩田地，每年收粮食一百五十石，除去交纳十分之一的税收十五石粮食，他还剩余一百三十五石粮食。”这说明在十分之一税收之外，便没有其他名目的杂税了。

现在则大不一样，农民每交纳一石粮食的税，义仓就很明了地说因送输、储存中有折损，另外要再加上一斗二升粮食，官仓也明确规定要额外多收六成，在这中间还要根据粮食的精、粗不同，分为若干等级，有的分为七、八等，而额外增收的粮食也和这一样。管理粮仓的人拿着刮平粮食斗斛的器具，下手轻重不同，量二石粮食多出二、三斗也不止。至于水路运送粮食所需费用、租赋以外额加的头子钱、买卖交易时的附加费等，名目不一，加在一起有七、八百钱，以中价计算，另上租赁船只的费用，又需要五斗粮食，这近乎收一石粮食要交纳三石粮食。以我自己所见，只有会稽（今浙江绍兴）一带田租较轻，只有不到前面所说的一半。

董仲舒对汉武帝说：“现在老百姓一年的劳作，比古代要辛苦三十倍，而所要交纳的田租口赋比古代要多二十倍。”意思是说老百姓一年当中，所失去的资产是其收入的三十到二十倍。董仲舒又说：“有的老百姓耕种大富豪的田地，要交纳所收十分之五的税。”说的是贫民自己没有田地，而要租种富豪人家的田为“主客分”云。

女子夜绩

《汉·食货志》云：“冬，民既入，妇人相从夜绩，女工一月得四十五日。”谓一月之中，又得半夜，为四十五日也。必相从者，所以省费燎火，同巧拙而合习俗也。

《战国策》甘茂亡秦出关，遇苏代曰：“江上之贫女，与富人女会绩而无烛，处女相与语，欲去之。女日，妾以无烛故，常先至扫室布席，何爱余明之照四壁者？幸以赐妾。”以是知三代之时，民风和厚勤朴如此，非独女子也，男子亦然。

《豳风》“昼尔于茅，宵尔索绹”，言昼日往取茅归，夜作绹索，以待时用也，夜者日之余，其为益多矣。

淮南王

汉淮南厉王死，民作歌以讽文帝曰：“一尺布，尚可缝，一斗粟，尚可舂，兄弟二人不相容。”此《史》《汉》所书也。高诱作《鸿烈解叙》，及许叔重注文，其辞乃云：“一尺缯，地，所收入的十分之五要交纳给田地的主人，现在我家乡里的习惯也是这样，这个名目叫“主客分”，即占有土地的主户与没有土地的客户之间平均分配所得。

女子夜绩

《汉书·食货志》上说：“到了冬天农闲时，老百姓都待在家中，妇女们聚集在一起，晚上纺麻织布，这样做一个月可做四十五天的活。”就是说，一个月中，每天又多出半夜，这样一个月就相当于四十五天。妇女们所以要聚集在一起，是为了节省灯火，相互取长补短，积久成俗。

《战国策》记载，甘茂逃离秦国，出了关中地区，遇见了苏代，就对苏代说：“江上的一个贫家女子和富家父子一起织布，自己却没有灯烛，一起织布的女子们一起商量，想赶走她。贫家女说：‘我因为没有灯，所以常常先到打扫房屋，铺设座席，你们何必吝啬照在四周墙壁上的余光呢？希望把多余的光亮赐给我。’”从这可以知道夏、商、周三代时期，民风是如此的纯厚、朴素、勤劳。不但妇女如此，男子也是这样。

《诗经·豳风》中说“昼尔于茅，宵尔索绹”，意思是说，白天男子上山采集茅草，晚上把茅草搓成绳子，以备冬日晚上用。夜晚作为白天的延续，它的好处很多啊。

淮南王

西汉文帝的弟弟淮南厉王刘长，因谋图造反，谪徙四川，最后死在途中，民间百姓作了一首诗歌来讽刺汉文帝，诗歌说：“一尺布，尚可缝，一斗粟，尚可舂，兄弟二人不相容。”这首诗好童童，一升粟，饱蓬蓬，兄弟二人不能相容。”殊为不同，后人但引尺布斗粟之喻耳。

厉王子安复为王，招致宾客方术之士，作为《内书》二十一篇，《外书》甚众；又有《中篇》八卷，言神仙黄白之术。《汉书·艺文志·淮南内》二十一篇，《淮南外》三十三篇，列于杂家，今所存者二十一卷，盖《内篇》也。

寿春有八公山，王安所延致客之处，传记不见姓名，而高诱叙以为苏飞、李尚、左吴、田由、雷被、毛被、伍被、晋昌等八人，然唯左吴、雷被、伍被见于史。雷被者，盖为安所斥，而亡之长安上书者，疑不得为宾客之贤也。

薛国久长

《左传》载鲁哀公大夫云：“禹合诸侯于涂山，执玉帛者万国，今其存者无数十焉。”汉公孙卿语武帝云：“黄帝万诸侯，而神灵之封君七千。”

在《史记》《汉书》中有记载。高诱著《鸿烈解叙》一书，许慎为《鸿烈》一书的注释中，这首诗是这样的："一尺缯，好童童，一升粟，饱蓬蓬，兄弟二人不能相容。"两首诗不尽相同，后人只不过是引用一尺布还可以缝衣、一斗粟还可以舂米比喻刘长与其兄汉文帝不能相容罢了。

淮南厉王刘长的儿子刘安继承淮南王位，招致四方宾客方术之士，撰《淮南子》一书，其中《内书》二十一篇，《外书》很多，还有八卷《中篇》，主要说的是道家神仙及炼丹成金银的法术。《汉书·艺文志》著录《淮南子·内篇》二十一篇，《淮南子·外篇》三十三篇，列于杂家之下，现在所传下来的二十一卷，就是《淮南子·内篇》。

寿春（今安徽寿县）有座八公山，这正是刘安邀请他的八位门客的地方，史书传记中没有记载他们的名字，高诱的《鸿烈解叙》（《淮南子》本名《鸿烈》）认为这八个人是苏飞、李尚、左吴、田由、雷被、毛被、伍被、晋昌等八人，但只有左吴、雷被、伍被史书中有记载。雷被，大概就是被刘安斥责后，逃到长安（今陕西西安）上书皇帝告刘安的那个人，刘安怀疑他没有作为门客的德行和才能。

薛国久长

据《左传》记载，鲁哀公的大夫说："夏禹在涂山（其所在说法有三，此处当指今安徽怀远县东南、淮河东岸）与各诸侯会盟，拿着白玉和丝帛的诸侯国有一万个，现在还存在的不到几十个了。"汉代的公孙卿对汉武帝说："上古黄帝时有一万个诸侯，但神明封为君主这个称号的，只有七千。"

按《王制》所纪九州，凡千七百七十有三国，多寡殊不侔。以环移之，一君会朝所将吏卒，姑以百人计之，则万国之众，当为百万，涂山之下，将安所归宿乎？其为躗言，无可疑者。

所谓存者数十，考诸经传，可见者唯薛耳。薛之祖是仲，为夏禹掌车服大夫，自此受封，历商及周末，始为宋偃王所灭，其享国千九百余年，传六十四代，三代诸侯莫之与比。薛壤地偏小，以诗则不列于《国风》，以世家则不列于《史记》，而春秋二百四十二年之间，视同侪郑、杞、滕、鄫，独未尝受大国侵伐，则其为邦，亦自有持守之道矣。

建除十二辰

建除十二辰，《史》《汉》历书皆不载，《日者列传》，但有“建除家以为不吉”一句。唯《淮南鸿烈解·天文训篇》云：“寅为建，卯为除，辰为满，巳为平，主生；午为定，未为执，主陷；申为破，主衡；酉为危，主杓，戌为成，主少德；亥为收，主大德；子为开，主太岁；丑为闭，主太阴。”今《会元按照《礼记·王制》中对上古中国的记载，共有一千七百七十三个诸侯国，与前面所说的数量多少很不相同。换个说法，一个君主参加诸侯会盟，所率领的士兵、官吏姑且以一百个人计算，那么一万个诸侯国，应当有士兵、官吏一百万人，小小的涂山下面，又怎么能住得下呢？因此这是荒谬而又不可信的说法，没什么可以怀疑的。

所谓幸存下来的几十个诸侯国，查考各种经书史传，能见到记载的只有薛国（今山东滕县南）而已。薛国的先祖奚仲，最先造出车子的人，是夏禹掌管车辆和章服的大夫，由此被封于薛地，历经商朝和周朝，直到战国时被宋偃王所灭掉，薛国存在了一千九百多年，传位六十四代，夏、商、周三代各诸侯国没有比得上它的。薛国封地狭小，在《诗经》中的《国风》里没有关于它的诗篇，作为诸侯王其传记也没有在《史记·世家》中列出，但春秋时期二百四十二年间，它却和邾国（今山东邹县一带）、杞国（今河南杞县）、滕国（今山东滕县西南）、鄫国（今山东峄县东）一样，唯独没有受到大国的侵犯，这说明其国君之治理国家，也自有治国、守国之道啊。

建除十二辰

与十二地支：子、丑、寅、卯；辰、巳、戊、未、申、酉、戌、亥相配的建、除、满、平、定、执、破、危、成、收、开、闭十二辰，《史记》《汉书》中都没有记载，《史记·日者列传》中仅有“专门研究建除十二辰的人认为不吉利”这样一句话。只有《淮南鸿烈解·天文训篇》中说：“寅为建，卯为除，辰为满，巳为平，主管生；午为定，未为执，主管陷；申为破，主为衡；酉为危，主管杓；

官历》，每月逢建、平、破、收日，皆不用，以建为月阳，破为月对，平、收随阴阳月递互为魁罡也。《酉阳杂俎·梦篇》云："《周礼》以日月星辰各占六梦，谓日有甲乙，月有建破。"今注无此语。《正义》曰："案《堪舆》，黄帝问天老事云：'四月阳建于巳，破于亥，阴建于未，破于癸，是为阳破阴，阴破阳。'"今不知何出所载，但又以十干为破，未之前闻也。

俗语算数

三如九，三四十二，二八十六，四四十六，三九二十七，四九三十六，六六三十六，五八四十，五九四十五，六九五十四，七九六十三，八九七十二，九九八十一，皆俗语算数，然《淮南子》中有之。三七二十一，苏秦说齐王之辞也。《汉书·律历法》刘歆典领钟律，奏其辞，亦云八八六十四。杜预注《左传》，天子用八，云八八六十四人，又六六三十六人，四四十六人。如淳、孟康、晋灼注《汉志》，亦有二八十六，三四十二，六八四十八，八八六十四等语。

伾文用事

唐顺宗即位，抱疾不能言，王伾、王叔文以东宫旧人用事，政自己出，即日禁宫市之扰民，五坊小儿之暴闾巷，罢盐戌为成，主管少德；亥为收，主管大德；子为开，主管太岁；丑为闭，主管太阴。现在宋朝的《会元官历》中，每月逢见建、平、破、收这几天，都不用它们来与地支相配，用建为月阳，破为月对，平、收随阴阳月次递互为魁罡。《酉阳杂俎·梦篇》上说：“《周礼》用日、月、星、辰各算六梦的吉凶，说日有甲乙，月有建破。”现在的注释没有此话。《正义》上说：“按《堪舆》记载，黄帝向天老问事时说‘四月份阳建于巳，破于亥，阴建于未，破于癸，是指阳破阴，阴破阳’。”现在不知道什么书上有记载，但是，另外又用天干为破，以前没有听说过。

俗语算数

三三得九，三四一十二，二八一十六，四四一十六，三九二十七，四九三十六，六六三十六，五八四十，五九四十五，六九五十四，七九六十三，八九七十二，九九八十一，这些都是人们平时计算时用的口诀，但《淮南子》一书中也有记载。三七二十一，是纵横家苏秦游说齐王说过的话。而在《汉书·律历志》记载刘歆的典领钟律，向皇帝报告的时候，也说过八八六十四。著名学者西晋大臣杜预在给《左传》作注解时也说，天子用八，是说八八六十四人，又云六六三十六人，四四十六人。如淳、孟康、晋灼注释的《汉书艺文志》，也有二八十六，三四十二，六八四十八，八八六十四等语。

伾文用事

唐顺宗李涌即位，患病不能说话，王伾、王叔文凭借曾是唐顺宗作东宫太子时东宫旧人的身份，得以掌握朝权，政令由他们铁使之月进，出教坊女伎六百还其家。以德宗十年不下赦令，左降官虽有名德才望，不复叙用，即追陆贽、郑余庆、韩皋、阳城还京师，起姜公辅为刺史。人情大悦，百姓相聚欢呼。又谋夺宦者兵，既以范希朝及其客韩泰总统京西诸城镇行营兵马，中人尚未悟。会诸将以状来辞，始大怒，令其使归告其将，"无以兵属人"。当是时，此计若成，兵柄归外朝，则定策国老等事，必不至后日之患矣！

所交党与，如陆贽、吕温、李景俭、韩晔、刘禹锡、柳宗元，皆一时豪俊知名之士，惟其居心不正，好谋务速，欲尽据大权，如郑珣瑜、高郢、武元衡稍异己者，皆亟斥徙，以故不旋踵而身陷罪戮。后世盖有居伾、文之地，而但务啸引沾沾小人以为鹰犬者，殆又不足以望其百一云。

白乐天讽谏，元和四年作，其中《卖炭翁》一篇，盖为宫市，然则未尝能绝也。

自己颁发。他们掌权的当天，就禁止了宫中宦官到市场上采办宫廷用品并借此掠夺、讹诈、骚扰百姓的行为，禁止给皇帝饲养猎鹰、狗犬的官吏们借搜捕珍鸟名犬为名勒索、欺压百姓，停止盐铁使按月进奉贡物的制度，放出教坊中六百名女伎人，让她们各自回家。因为唐德宗李适十年内没有颁布过大赦令，所以被贬谪的官员虽然有名望有德才，也没有再得到重新起用，于是就招陆贽、郑余庆、韩皋、阳城等被贬的官员回京师，起用姜公辅为刺史。一时间人心大快，老百姓相聚欢呼不已。王伾、王叔文又谋图夺取宦官控制的兵权，先是让范希朝和他的门客韩泰统领京西各城镇行营的兵马，这些宦官们还没有发觉。恰好各带兵的将领送来陈述军情政事的文书，宦官们才有察觉，并大为愤怒，命令传送文件的使者回去转告人他们的将领，“不要把军权交给别人”。当时如果这个夺兵权的计谋成功了，兵权从宦官手中收归朝廷官员手中，那么制定这些计策的老臣，一定不会有日后的灾祸了！

王伾、王叔文所结交的人，如陆贽、吕温、李景俭、韩晔、刘禹锡、柳宗元等人，都是当时豪杰俊才，知名人士，只是他们二人心怀不正，勤于谋划并务求迅速达成，想掌握全部大权，对于像郑珣瑜、高郢、武元衡等稍微和自己意见不同的人，都赶快把他们排斥出朝廷，以至于没多久就失败遭杀。后世人大概还有身居王伾、王叔文那样地位的人，但只知道专心纠集迎合自己的小人作为自己驱使奔走的爪牙，这恐怕连王伾、王叔文之类的百分之一也不知。

白居易有讽谏诗，作于元和四年，其中有一篇《卖炭翁》，写的是当时宦官借向民间采办宫廷用品为名勒索、掠夺百姓的行

五十弦瑟

李商隐诗云："锦瑟无端五十弦"，说者以为锦瑟者，令孤丞相侍儿小名，此篇皆寓言，而不知五十弦所起。刘昭《释名》，箜篌云："师延所作靡靡之乐，盖空国之侯所作也。"段安节《乐府录》云："箜篌乃郑、卫之音，以其亡国之声，故号空国之侯，亦曰坎侯。"吴兢《解题》云："汉武依琴造坎侯，言坎坎应节也。后讹为箜篌。"予案：《史记·封禅书》云："汉公孙卿为武帝言：'太帝使素女鼓五十弦瑟，悲，帝禁不止，故破其瑟为二十五弦。'于是，武帝益召歌儿，作二十五弦及空侯。"应劭曰："帝令乐人侯调始造此器。"《前汉·郊祀志》备书此事，言"空侯瑟自此起"。颜师古不引劭所注，然则二乐本始，晓然可考，虽刘、吴博洽，亦不深究，且"空"元非国名，其说尤穿凿也。《初学记》《太平御览》编载乐事，亦遗而不书。《庄子》言"鲁遽调瑟，二十五弦皆动"，盖此云。《续汉书》云"灵帝胡服小箜篌"，亦非也。

迁固用疑字

苏东坡作《赵德麟字说》云："汉武帝获白麟，司马迁、班固书曰'获一角兽，盖麟云'，盖之为言，疑之也。"予观径，但是白居易写的这首讽谏诗，并没有使当政者得到启发，宫市也没有绝迹。

五十弦瑟

唐朝大诗人李商隐的诗说："锦瑟无端五十弦"，传说的人认为锦瑟这名字，是唐丞相令狐德棻家郎的小名，这一篇都是指的寓言，而实不知五十弦的来源及根由。刘昭在其所著《释名》上解释箜篌时说：师延所做的乐曲多靡靡之音，都是空国的诸侯所做的。段安节在《乐府录》中说："箜篌是指郑国、卫地的音乐，认为它是亡国之先声，所以称为空国之侯，亦叫作坎侯。"吴兢在《解题》中说："汉武帝有名叫侨素女的，当场鼓五十弦瑟，调太悲，武帝禁不住悲伤，所以改变瑟为二十五弦。"于是，武帝又唤唱歌的人，作二十五弦及空侯。"应劭说："武帝使乐人侯调开始第一次制造这种乐器。"《汉书·郊祀志》对此事记载的很完善，说"空侯瑟自此时才有"。唐代大学者颜师古不引应劭的注解。然而两件乐器本自此才开始有，很明白容易考察清楚，虽然像刘、吴二公那样学问渊博，也不去追究根底，并且为"空"本来不是国名，这种说法更加穿凿附会。《初学记》《太平御览》关于乐是编，也遗漏不写。《庄子》说"鲁遽调瑟，二十五弦都动"，就是指此来说的。《续汉书》也说"汉灵帝胡服作箜篌"，也不对。

迁固用疑字

苏东坡在其所著《赵德麟字说》中指出："汉武帝在打猎的时候，捕获一只白麒麟，司马迁、班固在著作中都写成'捕获

《史》《汉》所纪事，凡致疑者，或曰若，或曰云，或曰焉，或曰盖，其语舒缓，含深意，姑以《封禅书》《郊祀志》考之，漫记于此。“雍州好畤，自古诸神祠皆聚云。盖黄帝时，尝用事，虽晚周亦郊焉。”“三神山，盖尝有至者，诸仙人及不死之药皆在焉。”“未能至，望见之焉。”新垣平望气言：“有神气，成五采，若人冠冕焉。”“权火举而祠，若光辉，然属天焉。”“出长安门，若见五人于道北。”“盖夜致王夫人之貌云，天子自帷中望见焉。”“登中岳太室，从官在山下，闻若有言万岁者云。”“祭封禅祠，其夜若有光”。封栾大诏：“天若遗朕士，而大通焉。”河东迎鼎，“有黄云盖焉。”“见神人东莱山，若云欲见天子。”方士言：“蓬莱诸神苦将可得。”“天子为塞河，兴通天台，若见有光云。”“获若石云于陈仓。”此外，如所谓：“及群臣有言老父，则大以为仙人也。”“可为观，如缑城，神人宜可致。”“天旱，意乾封乎？”“然其效可睹矣。”词旨亦相似。

的是一只独角兽，大概就是所说的白麒麟’，在这里用盖字的意思，就是对事物不十分肯定、难于分明。”我观看《史记》和《汉书》，发现关于事物的描写，凡是容易使人不很分明的地方，多用若、云、焉、盖这类好像、可能、似乎、大概的字眼，这样行文不激烈、不武断，含意也比较深刻。这里权见以《封禅书入》《郊祀志》二文作一小考，将结果随便记录在下边。如：“雍州好畤这个地方，自古许多神庙都建筑在那儿，大概在黄帝的时候，曾经常在这个地方做事情，虽然到了周朝末期，也还有人致祭呢。”“三神山那个地方，大概曾经有人到过那儿，许多仙人，以及长生不老药都还在那里。”“没有走到，可能是看见了吧。”新垣平看见神气后说：“那里有神气，现五色彩云状，好像一顶帽子。”“姑且在庙里点上火把，其亮光像白天一样，自然生成的。”“出长安门，好像看五个人在路北边”。“大概黑夜里，招致王夫人的面貌更加美丽，教皇帝在帷帐中看见了吧？”“上嵩山太室山，随从官吏在山下听见，似乎有人在高呼万岁。”在封禅庙祭祀，那一天晚上好像有光亮发出。晋封栾大的诏书上说：“上天送给我的官吏，其中栾大地位最显达。”河东迎鼎的时候，“有黄色祥云，好像盖子一样。”“见有神仙从东莱山来，好像说想朝见皇帝。”地方上的人士说：“蓬莱诸位神仙，好像有什么能得到的。”“皇帝为堵塞黄河决口，兴筑通天台，像见有光云。”“在陈仓那个地方获得那么多石。”此外，如所谓的“提到群臣，有的提到老父，好像他是一个神仙了。”“可以看到，像缑城，也是神仙适宜去的地方。”“天大旱，抑或要祈神求雨吧？”“然其效果是可以看到的。”这些词的大意也同前边相似。

僭乱的对

王莽穷位称新室，公孙述称成家，袁术称仲家，董卓郿坞，公孙瓒易京、皆自然的对也！

月不胜火

《庄子·外物篇》："利害相摩，生火甚多，众人焚和，月固不胜火，于是乎有焚和而道尽。"注云："大而暗则多累，小而明则知方。"东坡所引，乃曰："郭象以为大而暗，不若小而明。陋哉斯言也！为更之曰，月固不胜烛，言明于大者必晦于小，月能烛天地，而不能烛毫厘，此其所以不胜火也，然卒之火胜月耶？月胜火耶？"予记朱元成《萍洲可谈》所载："王荆公在修撰经义局，因见举烛，言：'佛书有日月灯光明佛，灯光岂足以配日月乎？'吕惠卿曰：'日煜乎昼，月煜乎夜，灯煜乎日月所不及，其用无差别也。公大以为然，盖发言中理，出人意表云。"予妄意《庄子》之旨，谓人心如月，湛然虚静，而为利害所薄，生火炽然，以焚其和，则月不能胜之矣，非论其明暗也！

僭乱的对

西汉末年，外戚专权，元帝皇后的侄子王莽乘机篡位，做了皇帝，改国为新王朝。公孙瓒，公孙述，此时也割据称雄，号成家。袁术是袁绍的弟弟，字公路曾举孝廉，当过虎贲中郎将，据守南阳，号仲家。董卓，字仲颖，甘肃氓县人。废少帝，立献帝，杀何太后，专断朝政。曾挟献帝逃西，自为太师。字伯珪的公孙瓒，河北人。曾当过辽东属国长史。后割据幽州，称雄一方。这些人都自以为然的对呀！

月不胜火

《庄子·外物篇》上说："人们由于不能排除荣辱利害，心中时忧时乐，郁闷烦乱，利与害的念头相互交错，使得内心焦灼不安，如同起了火一样。世俗之人因为驰心于利害之间，所以内心的中和之气都被烧光了。人心本来像月光一般清明，怎能禁得住这种火烧！在这种情况下，他们精神崩溃，生机熄灭。"注解还说："月亮大，不仅昏暗不明，且容易亏欠；火苗虽小，但很明亮，能照见分毫细小的东西。"苏东坡引用时曾说过："郭象认为，月亮虽大但不明亮，照不见分毫的东西，这样看来还不如星火明亮呢，因火能照亮细小的东西。这样的认识显得多么没有学问啊！为此更改之后说：月所赶不上蜡烛明亮，是说明大的东西必定没有小的明亮，如月光能照亮宇宙，不能照亮毫厘强未的东西，这样看来，所以月光赶不上火亮。然而，突然点起一把火，是火比月亮明呢？还是月亮比火明呢？"我记得朱元成的《萍州可谈》上的说："王安石在撰经义局，因看见有人举照明，便说：'佛教的书籍上有日月灯光明佛，灯光那能够配得上同日月相

灵台有持

《庄子·庚桑楚篇》云："灵台者，有持而不知其所持，而不可持者也。"郭象云："有持者，谓不动于物耳，其实非持。若知其所持而持之，持则失也。"陈碧虚云："真宰存焉，随其成心而师之。"予谓是皆置论于言意之表，玄之又玄，复采庄子之语以为说，而于本旨殆不然也，尝记洪庆善云："此一章谓持心有道，苟为不知其所以持之，则不复可持矣。"盖前二人解释者，为两"而"字所惑，故从而为之辞。

董仲舒灾异对

汉武帝建元六年，辽东、高庙、长陵、高园殿灾，董仲舒居家推说其意，草藁未上，主父偃窃其书奏之。上召视诸儒，仲舒弟子吕步舒不知其师书，以为大愚。于是下仲舒吏，比呢？’吕惠卿接上话说：‘太阳照耀白天，月亮照耀夜间，灯光照亮日月所照射不到的地方，三者都是明亮，其作用是没有多大差别的。’王荆公认为他说的有理，是那个样子，大概地的话击中要害，说到理上了。这种看法真是出乎意料。”我胡乱的瞎认为《庄子》的中心思想，是说人心像日月一样的光明磊落，清澈明亮，毫无杂念，远离利害，生火一样的很旺，用来一起烧焚，那么月亮远远起到点不上火的作用，并不是说好哪个明哪个暗。

灵台有持

庄子在其所著《庄子·庚桑楚篇》中说：“心有灵智，能任意坚持的人，有坚持而不知道他坚持的是什么，而不如不坚持。”郭象认为：“有坚持的人，说不被物所打动，其实不是坚持。如果知道他坚持的什么而坚持，这样的坚持则会失去坚持的东西。”陈碧虚也认为：如果上帝存在的话，将成心去效法它。”我说这是都把主张置放于言论的表面，妙而又妙，又采庄子的言论以为自己的主张，而于这个中心意思大概不一样。曾记洪庆善说过：“这一章说的是持心有理，如果不知他坚持的什么，就不如不坚持的好。”大概说的前边两个解释的人，为两个“而”所迷惑的缘故，所以从“而”这个字上这样认为。

董仲舒灾异对

汉武帝建元六年，辽东的高庙、长陵的高园发生灾害，大儒董仲舒居住在家里，推测灾害将预兆发生的事情，将自己的见解写成奏书，还没有呈送给皇帝，大臣主父偃将其偷来上报给当死，诏赦之。仲舒遂不敢复言灾异。此本传所书。而《五行志》载其对曰：“汉当亡秦大敝之后，承其下流。又多兄弟亲戚骨肉之连，骄扬奢侈，恣睢者众，故天灾若语陛下：‘非以太平至公，不能治也。视亲戚贵属在诸侯远正最甚者，忍而诛之，如吾燔辽东高庙乃可；视近臣在国中处旁仄及贵而不正者，忍而诛之，如吾燔高园殿乃可’云尔。在外而不正者，虽贵如高庙，犹灾燔之，况诸侯乎！在内不正者，虽贵如高园殿，犹燔灾之，况大臣乎！此天意也。”其后，淮南、衡山王谋反，上思仲舒前言，使吕步舒持斧钺治淮南狱，以《春秋》谊颛断于外，不请。既还奏事，上皆是之。凡与王谋反列侯二千石豪杰，皆以罪轻重受诛。二狱死者数万人。呜呼！以武帝之嗜杀，时临御方数岁，可与为善，庙殿之灾，岂无他说？而仲舒首劝其杀骨肉大臣，与平生学术大为乖剌，驯致数万人之祸，皆此书启之也。然则下吏几死，盖天所以激步舒云，使其就戮，非不幸也。

皇帝。皇上召见许多读书人，其中有董仲舒的学生吕步舒，他不知道这是他老师的奏疏，认为这种看法太愚蠢了。于是董仲舒受到处分，应当杀死，后来皇帝下令，大赦董仲舒不死。从这以后，董仲舒就不敢再说灾异这回事了。这在董仲舒的本传上有记载。而《五行志》上记载董仲舒的词是："汉朝是在秦亡以后建立起来的，但继承的是秦朝不好的办法，不久又要像秦朝一样的亡了。因为刘氏的好多兄弟、朋友、亲戚，以及有联系的人，仗着势力，骄奢淫逸，飞扬跋扈，暴戾恣睢，所以天灾异祸，好像对皇上说：'不用大平，不用公道，国家是不能治理好的。只有把与刘氏沾亲带故的、居官位最高而又最坏的人，下恨心消灭掉，像辽东高庙就应当焚而烧之；同时把皇上身边的近臣和地位高而又坏的人，下决心灭掉，如把高园殿焚而烧之即可。'在京城以外任职的坏人，虽然像高庙一样显贵，就像消灭灾害一样把他除掉，何况诸侯！在宫廷内的京官胡作非为的人，虽然像高园殿一样显贵，也如梦烧除灾一样，何况大臣们！这却是上帝的意思。"从这以后不久，淮南、衡王图谋反判，皇上才想起董仲舒以前说过的话是对的，便差吕步舒拿着武器带队伍把淮南王治伏并下入大狱，用《春秋》上说的谊颛断于外，不用请示，就可以做主办理。事情办完以后，把经过报行皇帝，皇帝认为都做的对。凡参与衡山王谋反的享俸禄二千石的人，看其罪恶轻重，受到不同程度的惩罚，在两个监狱里处死的人上万计。哎呀！汉武帝杀人这么多，是想防御以后不出乱子，国家好转起来，这样来看，在庙殿生的灾异奇兆，难道没有一定的合意和说法？然而，董仲舒第一个劝皇帝杀死那么多亲骨肉和大臣，这是和他一生研究学术大为悖缪的，招致数万人受这样的大祸，

李正己献钱

唐德宗初即位，淄青节度使李正已，畏上威名，表示献钱三十万缗。上欲受之，恐见欺，却之则无辞。宰相崔祐甫，请遣使慰劳淄青将士，因以正已所献钱赐之，使将士人人戴上恩，诸道和朝廷不重货财。上悦从之。正己大惭服。天下以为太平之治，庶几可望。绍兴三十年，镇江都统制刘宝乞诣阙奏事，朝廷以其方命刻下，罢就散职。宝规取恩宠，扫一府所有，载以自随，巨舟连樯，白金至五舰，他所赍挟皆称是。其始谋盖云此行不以何事，必可力买。既至，趑趄国门，不许人觐，或以谓欲上诸内府。予时为枢密检详，为丞相言："援祐甫所陈，乞以宝所赍等第赐其本军，明降诏书，遣一朝士以宝平生过恶，告谕卒伍，使知明天子惠绥恻怛之意。或宝靳固奄有，仞为己物，则宜因人之言，发命诘问在行之物，本安所出，今安所用？悉取而籍之。就其舟楫，北还充赐，尤可以破其溪壑无厌之谋。"汤岐公当国，不能用也。

都是受他这些言论开始造成的。然而下官几乎死去，大概是上帝激励吕步舒这样干的，叫董仲舒这样的人就地挨杀，不能说是一件不幸的事。

李正己献钱

唐德宗开始就位当皇帝的时候，淄青（今山东淄博、青州等地）节度使李正己，害怕皇帝的威名，表示捐献钱财三十万缗。皇上想接受，又怕其中有诈，但不要又没有不要的理由。宰相崔祐甫向皇上献一计：请皇上派大臣去，用这一笔钱慰劳淄青的驻军将士，叫将士们人人都感戴皇上的恩赐，也向大家都说明白，知晓朝廷不重受财帛金钱。皇上听了这条妙计很喜欢，便答应这样做去。后来，李正已知道了这件事，深感惭愧，并且也深感佩服皇上。天下的老百姓认为皇上这样做，过太平日子差不多是有指望了。宋高宗绍兴三十年，镇江（今属江苏）都统制刘宝，乞求上宫中向皇帝汇报事情，朝廷用他的方法马上下令，降了他的官，给了他一个不重要的职务。刘宝打算取得皇上的宠爱，把管辖地方的财帛搜刮以尽，钱财装满好多船只，仅白银就有五大舰船，他所送的这些东西，都强迫地方上交的，向上交是对的。这件事开始的时候，心里想这一次去京城的行动，不管是什么事，必然都可用钱买通。但已经到了京城，徘徊于宫门以外，不容中宫朝见皇帝，有人说，是想往内府送的。我当时是枢密检详，曾给丞相说："根据崔祐甫的奏折所说的情况，向皇上请求，把刘宝送的金银财宝，根据级别情况，奖赐给刘宝带领的将士们。皇上公开下通告，并派一名京官将刘宝一生的过错，向将士公布，使大家明白，皇上有惠于大家，并爱护大家的心意。

宣室

汉宣室有殿有阁，皆在未央宫殿北，《三辅黄图》以为前殿正室。武帝为窦太主置酒，引内董偃，东方朔曰："宣室者，先帝之正处也；非法度之政不得入焉。"文帝受厘于此，宣帝常斋居以决事。如淳曰："有政教之室也。"然则起于高祖时，萧何所创，为退朝听政之所。而《史记·龟策传》云："武王围纣象郎，自杀宣室。"徐广曰："天子之居，名曰宣室。"《淮南子》云："武王甲卒三千，破纣牧野，杀之宣室。"注曰："商宫名，一曰狱也。"盖商时已有此名，汉偶与之同，《黄图》乃以为"汉取旧名"，非也。

如果有人替刘宝吝惜，包庇覆盖，认为是自己的东西，就根据每个人的说的实际情况，发布命令质问这些东西，从什么地方弄来的，现在还用在什么地方？统统拿没收为公有。这些大舰船上的东西，都还归给国库所有，这样就可以打破他贪得无厌的心。”岐国公汤思退管理国家，是不能使用这样人的。

宣室

汉朝的宣室很大，周围有殿堂楼阁，位置在未央宫大殿北边，但专记载长安古迹的《三辅黄图》这部书上说，是前殿正室。汉武帝刘彻为窦太主设酒，引内董偃，文学家太中大夫东方朔说：“宣室这个大房间，是上代皇帝办公或居住的地方，不是关于国家法律制度的事情，一般不得擅入。”汉文帝刘恒曾在这里治理国家大事，汉宣帝刘询也常在此议决国家大事。如淳说过：“这是皇上宣布国家有关大政方针的地方。”然而这件事开始于汉高祖刘邦那个时候，是萧何丞相创建的，是为了皇帝退朝之后，处理国家政务的地方。而司马迁的《史记·龟策列传》却说：“周武王围困殷纣王的时候，纣王就自杀在宣室里。”南北朝刘宋时徐广注说：“皇帝长住的地方叫作宣室。”《淮南子》上说：“因武王帅领将士三千，在牧野（今河南新乡）打败了殷纣王，并把他杀死在宣室里。”注解说：“宣室是商代的宫名，另一说是监狱。”这大概说明在商代已有宣室这个名称，到了汉代的宣室，偶然巧合与商代的相同，《三辅黄图》上认为是取殷时旧名，其实并不是那个样子。

昔昔盐

薛道衡以“空梁落燕泥”之句，为隋炀帝所嫉。考其诗名《昔昔盐》，凡十韵：“垂柳覆金堤，蘼芜叶复齐。水溢芙蓉沼，花飞桃李蹊。采桑秦氏女，织锦窦家妻。关山别荡子，风月守空闺。常敛千金笑，长垂双玉啼。盘龙随镜隐，彩凤逐帷低。飞魂同夜鹊，倦寝忆晨鸡。暗牖悬蛛网，空梁落燕泥。前年过代北，今岁往辽西。一去无消息，那能惜马蹄！”唐赵嘏广之为二十章，其《燕泥》一章云：“春至今朝燕，花时伴独啼。飞斜珠箔隔；语近画梁低。帷卷闲窥户，床空暗落泥。谁能长对比，双去复双栖。”《乐苑》以为羽调曲。《玄怪录》在“蘧篨三娘工唱《阿鹊盐》”，又有《突厥盐》《黄帝盐》《白鸽盐》《神雀盐》《疏勒盐》《满座盐》《归国盐》。唐诗“媚赖吴娘唱是盐”，“更奏新声刮骨盐”。然则歌诗谓之“盐”者，如吟、行、曲，引之类云。今南岳庙献神乐曲，有《黄帝盐》，而俗传以为“皇帝炎”，《长沙志》从而书之，盖不考也。韦縠编《唐才调诗》，以赵诗为刘长卿，而题为《别宕子怨》，误矣。

将帅当专

《周易·师卦》：“六三，师或舆尸，凶。九五，长子帅师，弟子舆尸，贞凶。”爻意谓用兵当付一帅，苟其俦杂然临之，则凶矣。舆尸者，众主也。安庆绪既败，遁归相州，肃宗

昔昔盐

隋朝的司隶大夫薛道衡，因作诗中有“空梁落燕泥’的句子，被隋炀帝杨广所嫉恨。考究薛道衡的《昔昔盐》诗，共有十韵：“垂柳覆金堤，蘼芜叶又齐。水满荷花池，花飞桃李路。采桑秦氏女，织布窦家妻。关山别荡子，风月守空房。常收千金笑，长落双泪哭。盘龙随镜没，彩凤逐帐低。飞视像夜乌，倦睡忆晨鸡。暗窗挂蛛网，空梁落燕泥。前年过代北，今年去辽西。一走无消息，那能吝马蹄！”唐武宗李炎时进士赵嘏，在他十韵的基础上扩充为二十章，关于《燕泥》一章是这样的：“春天飞来的小燕子，在花间里面啼叫。斜飞穿户就碰着竹帘子，在画梁上筑窝絮语。从卷起的帷中看门户，床上无人仅有燕衔的泥，有谁能够这个样，一起走了又一起睡在上边。”《东苑》一书认为是羽调曲。据《玄怪录》记载：“篷篙三娘工唱《阿鹊盐》”，又有《突厥盐》《黄帝盐》《白鸽盐》《神雀盐》《疏勒盐》《满座盐》《归国盐》。唐诗“媚赖吴娘唱是盐”，“更奏新声刮骨盐”。然而诗歌称为“盐”，就像吟、行、曲、引之类一样。现在的南岳庙献神乐曲，有《黄帝盐》，而俗误传为“皇帝炎”，《长沙志》就是这样写的，这大概却是不加考究的缘故吧。韦縠曾编辑有《唐才调诗》，认为赵嘏的诗是刘长卿的，而题为《别宕子怨》，这是错误的。

将帅当专

《周易·师卦》上说：“六三，大兵抬着死尸回来，这说明不能打仗，不吉利。九五，长子率领军队，弟子抬着死尸回来，表明仗打得内部更不吉利。”爻的意思是说，用兵之道关键在命郭汾阳、李临淮九节度致讨。以二人皆元勋，难相统属，故不置元帅，但以宦者鱼朝恩为观军容宣慰处置使，步骑六十万，为史思明所挫，一战而溃。宪宗讨淮西，命宣武等十六道进军，虽从韩弘为都统，而身未尝至。既无统帅，至四年不克，及裴度一出，才数月即成功。穆宗讨王庭凑、朱克融，时裴度镇河东，亦为都招讨使，群帅如李光颜、乌重胤，皆当时名将。而翰林学士元稹，意图宰相，忌度先进，与知枢密魏简相结，度每奏画军事，辄从中沮坏之，故屯守逾年，竟无成绩。贞元之诛吴少诚，元和之征卢从史，皆此类也。石晋开运中，为契丹所攻，中国兵力寡弱，桑维翰为宰相，一制指挥节度使十五人。虽杜重威、李守正、张彦泽辈，驽材反虏，然重威为主将，阳城之战，三人者尚能以身徇国，大败强胡，耶律德光乘橐它奔窜，仅而获免。由是观之，大将之权，其可不专邪？

于带兵的将帅，如果大家一样，没有头领，仗是一定打不好的，会抬着死尸回来的，这主要是没领导，几个人乱当家的原因，安禄山的儿子安庆绪已经被打败了，逃回到相州（今河南安阳），唐肃宗李亨命令汾阳王郭子仪、李临淮等九个节度使一块打安庆绪。因为郭、李二人都是有功劳的大臣，很难说谁领导谁，所以不设置元帅，但使宦官鱼朝恩为观军容宣慰处置使，领步兵骑兵上十万，被史思明挫伤，一战而败的不堪收拾。唐宪宗李纯征讨淮西，命令宣武等十六路进军，虽用韩弘为都统帅，而人未曾亲到。由于没有都统帅，历时四年时间就没能打下来。等到宰相裴度一出，才几个月就大功告成。唐穆宗李恒征讨王庚凑、朱克融，当时裴度镇守在河东，也是都招讨使，群帅李光颜、乌重嗣，都是当时的名将。而翰林学士元稹，想谋图当宰相，忌恨裴度先进，想和知枢密魏简勾结，裴度每每向皇帝汇报军事情况，就从中作梗破坏，所以尽管屯守超年，也竟无一点成绩。唐德宗李适贞元年间，讨伐吴少城；宪宗李纯元和年间征讨卢从史，都是这类原因。到了石敬瑭建立的后晋，石重贵开运年间，契丹起兵攻打中国，中国的兵力已经很懦弱，当时桑维翰为宰相，一下子他指挥节度使十五人。虽然如杜董威、李守正、张彦泽一类的人物，才干不精，但在反对胡虏的时候，由于杜重威为主将，阳城之战，三个人尚能够齐心协力，以身殉国，打败强胜的胡人。打得耶律德光骑着骆驼奔逃，才免于一死。由此来看，当大将的，一定要有权，他的权怎么能不专断呢？

卷八(十五则)

蓍龟卜筮

古人重卜筮，其究至于通神，龟为卜，蓍为筮，故曰：“假尔泰龟有常，假尔泰筮有常”，“定天下之吉凶，成天下之亹亹”，“所以，使民信时日，敬鬼神，畏法令。”舜之命禹，武王之伐纣，召公相宅，周公营成周，未尝不昆命元龟，袭祥考卜。然筮短龟长，则龟卜犹在《易》筮之上。《汉·艺文志》、刘向所辑《七略》，自《龟书》《夏龟》之属，凡十五家至四百一卷，后世无传焉。今之揲蓍者，率多流入于影象，所谓龟策，惟市井细人始习此艺。其得不过数钱，士大夫未尝过而问也。伎术标榜，所在如织，五星、六壬、衍禽、三命、轨析、太一、洞微、紫微、太素、遁甲，人人自以为君平，家家自以为季主，每况愈下。由是，藉手于达官要人，舟车交错于道路，毁誉纷纭，而术益隐矣。《周礼》：“大卜掌三兆之法，一曰玉兆，二曰瓦兆，三曰原兆。”杜子春云：“玉兆，颛帝之兆；瓦兆，帝尧之兆；原兆，有周之兆。”“经兆之体皆百有二十，其颂皆千有二百。”又“掌《三易》之法，曰《连山》，曰《归藏》，曰《周易》。其经卦皆八，其别皆六十有四”今独《周易》之书存，它不复可见。世谓文王重《易》六爻为六十四卦，然则夏、商之《易》已如是矣。《左氏传》所载懿氏占曰：“凤皇于飞，和鸣锵锵。有妫之后，将育于

蓍龟卜筮

古人注重卜筮，主要是探究与“神”相互沟通，用龟甲占卜称为“卜”，用蓍草占卜称为“筮”，所以说“借助你的神龟预测规律，借助你的神草预测规律”，“决定天下的吉凶祸福，成就天下的世代相演”，“主要用来使百姓相信自然变化，敬奉鬼神，畏惧法令。”舜任命禹，周武王讨伐商纣，召公主持周政，周公营建成周城，没有不命令占卜的人使用元龟，依照吉祥，考究卜筮的。然而，筮短龟长，那么龟卜还在《易经》筮卜之上。《汉书·艺文志》中，刘向所辑录的《七略》，从《龟书》《夏龟》之类算起，共有十五家，达四百零一卷，后世都没有传下来。今天，用蓍草占筮的人，大都流于表面的现象，所说的“龟策”，也只有市井细人才演习此艺，他占卜所得的报酬不过数钱，士大夫，从不过问。以技艺、数术标榜的人，比比皆是，有五星、六壬、衍禽、三命、轨析、太一、洞徽、紫微、太素、遁甲，人们自比为祷算“君平”，家家自称为季主再世，真可谓每况愈下。由此，借助于达官要人之手，舟车交错、络绎不绝，毁誉纷纭，而术数更加深奥。《周礼》上说：“大卜执掌三兆之法，一是主兆，二是瓦兆，三是原兆。”杜子春解释说：“王兆即是颛顼预测帝喾即将就位的征兆；瓦兆即是帝喾预测尧即将就位的征兆；原兆预测周灭商的征兆。”“经过预测应验的事情共有一百二十件，经过预测的卜辞共有一千二百条。”另外，“执掌《三易》之法，即《连山》《归藏》《周易》。经卦都是八个，推演为六十四卦。”

姜。”成季之卜曰：“其名曰友，在公之右。同复于父，敬如君所。”晋献公骊姬之繇曰：“专之渝，攘公之羭。”嫁伯姬繇曰：“车说其輹，火焚其旗。寇张之弧，侄其从姑。”秦伯代晋曰：“千乘三去，三去之余，获其雄狐。”文公纳王，遇黄帝战于阪泉之兆。鄢陵之战，晋侯筮曰：“南国蹙，射其元，王中厥目。”宋伐郑、赵鞅卜救之，遇水适火，史龟曰：“是谓沈阳，可以兴兵，利以伐姜，不利子商。”史墨曰：“盈，水名；子，水位。名位敌，不可干也。”杜氏谓“鞅姓盈，宋姓子”，盖言“嬴”与“盈”同也。史赵曰：“是谓如川之满，不可游也。”卫庄公卜梦，曰：“如鱼窥尾，衡流而方羊裔焉。阖门塞窦，乃自后逾。”此十占皆不可得其说，故杜元觊云：“凡筮者用《周易》，则其象可推。非此而往，则临时占者或取于象，或取于气，或取于时日，王相以成其占，若尽附会以爻象，则架虚而不经。”可为通论，然亦安知非《连山》《归藏》所载乎！

地名异音

郡邑之名有与本字大不同者，颜师古以为土俗各有别称者是也。姑以《汉书·地理志》言之：冯翊之栎阳为“药阳”，莲勺为“輦酌”；太原之虑虒为“庐夷”；上党之沾如今，只有《易经》保存下来，其他不复再见。世人都说周文王重演《易经》六爻为六十四卦，既然这样，那么夏、商之时，《易经》已产生了。据《左传》记载，懿氏占辞是：“凤凰于飞，和鸣锵锵。有妫之后，将育于姜。”成季卜辞是：“其名曰友，在公之右。同复于父，敬如君所。”晋献公骊姬的卜辞说：“专之渝，攘公之羭。”嫁伯姬的卜辞说：“车说其輹，火焚其旗。寇张之弧，侄其从姑。”秦国攻打晋国的卜辞说：“千乘三去，三去之余，获其雄狐。”晋文公保护周王，遇到了黄帝战于阪泉的征兆。鄢陵之战，晋侯卜筮说：“南国蹙，射其元，王中厥目。”宋攻打郑，赵鞅占卜解救它，遇水适火，史龟说：“这就是所说的‘沈阳’，可以兴兵，攻打姜很有利，对于子商没有好处。”史墨却说：“‘盈’是水名，‘子’是泉的方位。名和位相互为敌，不可参与。”杜子春却认为“鞅姓盈，宋姓子”，大盖是说“嬴”与“盈”音同。史赵却说：“这是说如大河水满，不可游啊。”卫庄公占梦，说：“如鱼窥尾，衡流而方羊裔焉。阖门塞窦，乃自后逾。”这段话即使多方解释也不能得到圆满的意思，所以杜预说：“凡是占筮的人事使用《易经》，那么其象可推。除此之外，那么临时占卜的，或取于象，或取于气，或取于时日、王相来完成预测。如果都附会以爻象，那么就是虚具形式而已。”这段话可称为通论，然而又怎么知道不是《连山》《归藏》所记载的呢？

地名异音

郡县的名称有和本字大不相同的，唐代训诂学家颜师古认为，其原因是土人的俗称有区别。权且以《汉书·地理志》的记载来看：冯翊的栎阳为“药阳”，莲勺为“辇酌”；太原之虑虒为为“添”；河内之隆虑为“林庐”，荡阴为“汤阴”；颍川之不羹为“不郎”；南阳之郦为“掷”，堵阳为“者阳”，酂为“赞”；沛之酂为“嵯”，郸为“多”；清河之鄃为“输”；汝南之平舆为“平预”；济阴之宛句为“冤劬”；江夏之沙羡为“沙夷”；九江之橐皋为“拓姑”；庐江之雩娄为“吁闾”；山阳之方与为“房豫”；琅邪之不其为“不基”；东海之承为“证”；长沙之承阳为“蒸阳”；临淮之取虑为“秩庐”；会稽之诸暨为“诸既”，太末为“闼末”；豫章之余汗为“馀干”；梓潼之汁方为“十方”；蜀郡之徙为“斯”；益州之味为“昧”；金城之允吾为“铅牙”，允街为“铅街”；武威之朴劋 为“蒲环”；张掖之番禾为“盘和”；安定之乌氏为“乌支”；上郡之龟兹为“丘慈”；西河之鹄泽为“梏泽”；代郡之狋氏为“权精”；辽西之且虑为“趄庐”，令支为“铃衹”；辽东之番汗为“盘寒”；乐浪之黏蝉为“黏提”；南海之番禺为“潘隅”；苍梧之荔浦为“肄浦”；交趾之羸陵为“莲篓”；九真之都庞为“都聋”；日南之西卷为“西权”；淮阳之阳夏为“阳贾”；鲁国之蕃为“皮”。皆不可求之于义训，字书亦不尽载也。

韩婴诗

《前汉书·儒林传》叙《诗》云：汉兴，申公作《鲁诗》，后苍作《齐诗》，韩婴作《韩诗》。又云：申公为《诗》训故。而齐辕固、燕韩生皆为之传，或取《春秋》，采杂说，咸非其

“庐夷”；上党的沾为“添”；河内的隆虑为“林庐”，荡阴为“汤阴”；颍川的不羹为“不郎”；南阳的郦为“掷”，堵阳为“者阳”，酇为“赞”；沛的酇为“嵯”，郸为“多”；清河之鄃为“输”；汝南的平舆为“平预”；济阴的宛句为“冤劬”；江夏的沙羡为“沙夷”；九江的橐皋为“拓姑”；庐江的雩娄为“吁闾”；山阳之方与为“房豫”；琅琊的不其为“不基”；东海的承为“证”；长沙的承阳为“蒸阳”；临淮的取虑为“秩庐”；会稽的诸暨为“诸既”，太末的“闼末”；豫章的余汗为“馀干”；广汉的汁方为“十方”；蜀郡的徙为“斯”；益州的味为“昧”；金城的允吾为“铅牙”，允街为“铅街”；武威的朴劋为“蒲环”：张掖的番禾为“盘和”；安定的乌氏为“乌支”；上郡的龟兹为“丘慈”；西河的鹄泽为“梏泽”；代郡的狋氏为“权精”；辽西的且虑为“趄庐”，令支为“铃祗”；辽东的番汗为“盘寒”；乐浪的黏蝉为“黏提”；南海的番禺为“潘隅”；苍梧的荔浦为“肄浦”；交趾的羸𨻻为“莲篓”；九真的都庞为“都聋”；日南的西卷为“西权”；淮阳的阳夏为“阳贾”；鲁国的蕃为“皮”。这些都不能说明真正的含义，字书上面也不完全有。

韩婴诗

《前汉书·儒林传》叙述《诗》时说：“汉代强大起来，申公作《鲁诗》，后苍作《齐诗》，韩婴作《韩诗》。又说：申公的《诗》是对古诗中的词句加以解释。而齐国的辕固，燕国的韩生本义与不得已，《鲁》最为近之。婴为文帝博士，景帝时至常山太傅，推诗人之意，作《外传》数万言，其语颇与齐，鲁间殊，然归一也。武帝时，与董仲舒论于上前，精悍分明，仲舒不能难。其后韩氏有王吉、食子公、长孙顺之学。《艺文志》《韩家诗经》二十八卷、《韩故》三十六卷，《内传》四卷，《外传》六卷，《韩说》四十一卷。今惟存《外传》十卷。

庆历中，将作监主簿李用章序之，命工刊刻于杭，其末又题云："蒙文相公改作三千余字。"予家有其书，读首卷第二章，曰："孔子南游适楚，至于阿谷，有处子佩瑱而浣者。孔子曰：'彼妇人其可与言矣乎！'抽觞以授子贡，曰：'善为之辞'。子贡曰："吾将南之楚，逢天暑，愿乞一饮以表我心。'妇人对曰：'阿谷之水流而趋海，欲饮则饮，何问妇人乎？'受子贡觞，迎流而挹之，置之沙上，曰：'礼固不亲授'。孔子抽琴去其轸，子贡往请调其音。妇人曰：'吾五音不知，安能调琴？'孔子抽絺绤五两以授子贡，子贡曰：'吾不敢以当子身，敢置之水浦。'妇人曰："子年甚少，向敢受子？子不早去，今切有狂夫守之者矣。'《诗》曰：'南有乔木，不可休息。汉有游女，不可求思。'此之谓也。"观此章，乃谓也子见处女而教子贡以微词三挑之，以是说《诗》，可乎？其谬戾甚矣，它亦无足言。

都是为诗作传诠，或者采取《春秋》，博取众说，都不是原来的本义，只有鲁诗与本义最为接近。韩婴曾当过汉文帝刘恒的博士官，到景帝刘启的时候，官做到大傅，并揣摩诗人的意思，编著过诗《外传》，文章有好几万字，其中的语句，很多地方和齐诗、鲁诗有区别，然而大体总旨是一样的。到了汉武帝刘彻时候，和今文经学大师董仲舒讨论诗的进步意义，董仲舒见解精悍分明，难不倒董仲舒。从这以后，继承韩婴的有王吉、食子公、长孙顺等学派。当时有《艺文志》，《韩家诗经》二十八卷，《韩故》三十六卷，《内传》四卷，《外传》六卷，《韩说》四十一卷。但这些大都失传了，现在只有《外卷》十卷尚存。

到了宋仁宗赵祯庆历中期，将作监主簿李用章曾作序，并在杭州叫工人刊刻，其后边又题道："承蒙文相公改作三千余字。"我家里藏有这种书，阅读第一卷第二章是这样说的："孔子南游到过楚国（今湖北省），走到阿谷这个地方，有个少女，在河边洗衣服。孔子对子贡说："那位妇女，可以和她说话么？"他拿出一只酒杯交给子贡，并且叮咛道："请你一定要好好说。"子贡说："我们往南边的楚国去，恰遇天气炎热，请允许我敬你一杯水，以表我们的诚心。"那位妇女对他们说："阿谷的水东流到大海，想喝你们就喝吧，何必问一个妇道人家呢？"接过子贡的酒杯，到上游盛了一杯水，放在沙地上，并且说："为了尊重礼节，所以不亲手递给你。"孔子拿出琴，把车轸卸下，子贡又把琴递给那位妇女，请她先调正音，给抚一曲。那位妇女说："我不懂得五音，怎么能够调琴？"孔子又取出粗细葛布五两递给子贡，子贡说：'我们用什么呢。'《诗经》上说："南国有高大的树木，在它底下不可以休息。"汉水有游水的女子，是不

五行衰绝字

木绝于申，故神字之训为木自毙。水土绝于巳，故氾字之训，《说文》以为穷渎，圮字之训为岸圮及覆。火衰于戌，故烕为灭。金衰于丑，故铜为键闭。制字之义昭矣。

汉表所记事

《汉书·功臣表》所记列侯功状，有纪传所轶者。韩信击魏，以木罂缶度军，表云：祝阿侯高邑以将军属淮阴，击魏，罂度军。《史记》作“甀”。盖此计由邑所建也。信谋发兵袭吕后，其舍人得罪信，信囚欲杀之。舍人弟上书变，告信欲反。晋灼注曰：“《楚汉春秋》，云，谢公也。”表有滇阳侯乐说，《史记》作“栾说”，以淮阴舍人告反，侯，盖非谢公也。须昌侯赵衍从汉王起汉中，雍军塞渭上，上计欲还、衍言从它道，道通。中牟侯单右军，始，高始微时，有急，给高祖马，故得侯。邔侯黄极忠以群盗长为临江将，已而为汉击临江王。祁候缯贺从击项籍，汉王败走，贺击楚迫骑。以故不得进，汉王顾谓贺祁王。《史记》作“侯”。颜师古曰：“谓之祁王，盖嘉其功，故宠褒之，许以为王也。”他复有与传小异者。《史记·张良传》，项梁立韩王成，以良为韩申徒。徐可追求到的。就是说这种事。”观看这一章，就是说孔子看见少女，而使徒弟子贡前去用细小高深的话挑逗，用这件事来解释《诗经》，可以吗？这是大错而特错的，其他的也不值一提。

五行衰绝字

木被申金所克，所以“神”字的意思是木自死。水土被巳火所克，所以汜字的解释，《说文》上认为是水尽处，圯字的解释为岸堤和堤面。火被戌制伏，所以威为灭。金被丑战胜，所以钮为键闭。创造字的意义是很明白的。

汉表所记事

在《汉书·功臣表》中所记载的关于侯官的功绩，有的材料纪传给遗漏了。韩信打魏国的时候，用木头和小口大肚、大口小肚的瓦器让军队过河，表上这样说：祝阿侯高邑，认为将军属于淮阴，打魏的时候，用瓦器让军队过河。《史记》上把罂军成“罐”。大概这条计策是由高邑所建议的。韩信打算出兵打吕后，有一位舍人，得罪过韩信，韩信把他囚禁起来，打算杀掉他。但这个亲信的弟弟，给皇后打报告，说韩信想谋反。晋灼注释说：“《楚汉春秋》上指出，是谢公。”表上有关于滇阳侯乐说，《史记》上作“栾说”，因为淮阴舍人告发这件事，这里说的侯，并不是指的谢公。须昌侯赵衍，随从汉王起事于汉中，军队拥塞在渭水之上，皇帝想退兵回去，赵衍说从别的道路前进，道路一定能通过。中牟侯单右军，开始的时候，高祖地位低微，遇到一件急事，把自己的马给高祖刘邦骑，因为这个原因而得了侯爵。邔侯黄极忠乃是盗贼的头目，后来成为临江的大将，不广云："申徒即司徒，语音讹转也。"而汉表，良以韩申都下韩。师古云："韩申都即韩王信也，《楚汉春秋》作'信都'，古'信''申'同字。"案良与韩王信了不相干，颜注误矣。自"司徒"讹为"申徒"，自"申徒"为"申都"，自"申都"为"信都"，展转相传，古书岂复可以字义求也？韩信归汉，为治粟都尉，表以为票客。师古曰："与纪传参错不同，或者以其票疾而宾客礼之，故云票客也。"《史记》作"典客"，《索隐》以为"粟客"。此外又有官名非史所载者。如：孔聚以执盾从；周灶以长铤都尉；郭蒙以户卫；宣虎以重将，重将者，主将领辎重也；郕跖以门尉；棘丘侯襄以执盾队史；郭亭以塞路，塞路者，主遮塞要路以备敌寇也；丁礼以中涓骑；爰类以慎将，谓以谨慎为将也；许盎以骈邻说卫，骈邻者，二马曰骈，谓并两骑为军翼也，说读曰税，税卫者，军行初舍止之时主为卫也；许瘛以赵右林将，林将者，将士林，犹言羽林之将也；清侯以弩将；留肹以客吏；冯解散以代大与，大与，主爵禄之官也，《史记》作"太尉"；靳强以郎中骑千人之类。聊纪于此，以示读史者云。

久，又替汉朝进攻临江王，祁侯缯贺跟着刘邦一块打项羽，汉王刘邦败走，缯贺用骑兵打楚王项羽，阻止项羽的军队前进。于是汉王刘邦提拔缯贺为祁王。《史记》上写为“侯”，颜师古说“是指祁王，都是为他庆功嘉奖的意思，所以宠爱他，说他好，答应将来封他做个王一级的官职。其他又有作的传，少有不同。《史记·张良传》项梁起兵的时候，立韩王成，用张良为韩申徒。徐广说：“申徒就是司徒，是语音讹转造成的。”而汉表上说张良为韩申都下韩。颜师古说：“韩申都就是韩王信，《楚汉春秋》上作‘信都’，古时候‘信’字和‘申’字相同。”我认为：张良同韩信是不相干的，是颜师古注释错了。自从“司徒”讹传为“申徒”，自从“申徒”传为“申都”，自从“申都”传为“给都”，这样多次辗转相传，古书难道是可用字义相考求的吗？韩信后来归到汉朝，任治粟都尉，汉表上认为是票客。颜师古认为：“这和纪传说的有出入，或者是因为他骁勇善战，行动敏捷，而被当作宾客对待，故说他为票客吧。”《史记》上作“典客”，索引上认为是“票客”。除此之外，还有的官名，并不是史书所记载的。如：孔聚是执盾官；周灶是长钰都尉官；郭蒙是户卫官；宣虎是重要将领，重要将领就是主将，管理重要的东西；彨跖是个门尉官；棘丘侯襄是个执盾的史官；郭亭是个堵路官。堵路是说，这要是堵塞道路防止敌人入侵；丁礼是个中涓骑官；爱类以慎将，是说要谨慎小心做官；许盎是个骈邻说卫官，骈邻的意思，是说二马为骈，指并贺两骑为军，说读作税，税卫者，是说兵行初舍上之为的时候主为卫；许瘛以赵右林将官，林将指的就是将士林，犹如羽林的将领官；清侯是管弓箭官；留肹是个客吏；冯解散是个代大与官，大与就管爵位俸禄的官，《史记》上作“太

萧何绐韩信

黥布为其臣贲赫告反，高祖以语萧相国，相国曰：“布不宜有此，恐仇怨妄诬之，请系赫，使人微验淮南。”布遂反。韩信为人告反，吕后欲召，恐其不就，乃与萧相国谋，诈令人称陈豨已破，绐信曰：“虽病强入贺。”信入，即被诛。

信之为大将军，实萧何所荐，今其死也，又出其谋，故俚语有“成也萧何，败也萧何”之语。何尚能救黥布，而翻忍于信如此？岂非以高祖出征，吕后居内、而急变从中起。己为留守，故不得不亟诛之，非如布之事尚在疑似之域也。

彭越无罪

韩信、英布、彭越皆以谋反诛夷。信乘高祖自将征陈豨之时，欲诈赦诸官徒，发兵袭吕后、太子。布见汉使验问，即发兵东取荆，西击楚，对高祖言欲为帝，其为反逆已明。唯越但以称病不亲诣邯郸之故，上即赦以为庶人，而吕后令人尉”；靳强以郎中骑千人之类。姑且记录在这里，以供读史书的人做参考。

萧何给韩信

黥布被他的部下贲赫控告要谋反，汉高祖刘邦把这件事告诉了相国萧何，萧何说：“按说黥布不应当做这种事，恐怕是仇家造谣陷害他，请皇上先把贲赫拘囚起来，然后派人暗中到淮南查访验证。”黥布于是起兵反叛。韩信被人控告说他要谋反，吕后想把他召回京师，又恐怕韩信不就范，就和萧何商量计策，派人诈称陈豨的叛乱已被平定，并欺骗韩信说：“陈豨的叛乱已被平定，你虽然有病，也要勉强进朝祝贺。”韩信来到京师，就被吕后杀死了。

韩信能够做大将军，实际是萧何在刘邦面前推荐的缘故，现在韩信被杀，又是萧何出的计谋，所以俗语中有“成也萧何，败也萧何”的说法。萧何能救黥布，为什么这样对待韩信呢？难道是因为汉高祖刘邦带兵出征，吕后在朝中把持大权，紧急变故突然发生，萧何认为自己身为留守大臣，所以不得不立即杀掉韩信，不像黥布的事情还处于似是而非的境地，可以从长计议。

彭越无罪

韩信、英布、彭越这三个人都是因谋反罪被杀的。韩信是乘着汉高祖刘邦亲自率兵平定陈豨叛乱之时，想假借皇上的命令赦放那些官府的罪人，调发军队袭击吕后和皇太子。英布见汉高祖刘邦派人调查自己是否有谋反之事，就发兵向东直取荆告越复谋反，遂及祸。

三人之事，越独为冤。且扈辄劝越反，越不听，有司以越不诛辄为反形已具，然则贯高欲杀高祖，张敖不从，其事等耳，乃以为不知状，而敖得释，何也？

乐说告信，贲赫告布，皆得封列侯。而梁大仆告越不论赏，岂非汉朝亦知其故耳？栾布为越大夫，使于齐而越死，还奏事越头下，上召骂布，欲烹之，布谓越反形未见，而帝以苛细诛之。上乃释布，拜为都尉。然则高祖于用刑，为有负于越矣，伤哉！

蜘蛛结网

佛经云："蠢动含灵，皆有佛性。"《庄子》云："惟虫能虫，惟虫能天。"盖虽昆虫之微，天机所运，其善巧方便，有非人智虑，技解所可及者。蚕之作茧，蜘蛛之结网，蜂之累房，燕之营巢，蚁之筑垤，螟蛉之祝子之类是已。

地，向西攻打楚地，并对汉高祖刘邦说自己想要称帝，他的反叛行为已经很明显了。只有彭越仅仅因为说自己有病不能亲自到邯郸参加平定陈豨之乱的缘故，汉高祖就将他削籍为平民，而吕后又派人诬告他有谋反之意，于是彭越大祸临头。

韩信、英布、彭越这三个人谋反的事，只有彭越是被冤枉的。扈辄曾煽动鼓越谋反，彭越没有听从，相关部门因为彭越没有杀死劝他谋反的扈辄，就认为彭越谋反的动机已是具备。真的是这样的话，那么就和实想谋杀汉高祖刘邦，而张敖不同意这件事一样，但是张敖却因为自己不知道贯高想谋杀刘邦这回事就被无罪释放，而彭越却被杀掉了，这是为什么呢？

乐说告发韩信，贲赫告发英布都被分封为侯。但梁大仆告发彭越却没有得封赏，这难道不是因为汉朝也知道这其中彭越是被冤的缘由吗？栾布是彭越手下的大夫，奉命出使齐地，回来时彭越已被杀了，但他还是对着彭越的尸首向他汇报出使情况，汉高祖知道了把栾布招来大骂一顿，想把栾布熟煮了，栾布说彭越没有谋反的迹象，但朝廷却苛求细枝末叶把彭越杀死。于是汉高祖释放了栾布，并任命为都尉。可见汉高祖刘邦在用刑上，有负于彭越，真是令人悲伤啊！

蜘蛛结网

佛经说："蠢动含灵，皆有佛性。"《庄子》中也说："惟虫能虫，惟虫能天。"意思是说，虽然昆虫很微小，但也和天机所联系，它们的巧妙便利，有着人类的智慧和技能所比不上的地方。像蚕作茧，蜘蛛织网，蜜蜂垒房，燕子筑巢，蚂蚁构窝时在穴中堆的小土堆，螟蛉所祝儿子等等都是。

虽然，亦各有幸不幸存乎其间。蛛之结网也，布丝引径，捷急上下，其始为甚难。至于纬而织之，转盼可就，疏密分寸，未尝不齐。门槛及花梢竹间，则不终日，必为人与风所败。唯闲屋垝垣，人迹罕至，乃可久久而享其安。故燕巢幕上，季子以为至危。李斯见吏舍厕中鼠食不絜，近人犬，数惊恐之，仓中之鼠食积粟，居大庑之下，不见人犬之忧，叹曰："人之贤不肖，譬如鼠矣，在所自处耳！"岂不信哉？

孙权称至尊

陈寿《三国志》，固多出于一时杂史，然独《吴书》称孙权为至尊，方在汉建安为将军时，已如此，至于诸葛亮、周瑜，见之于文字间亦皆然。

周瑜病困，与权书曰："曹公在北，刘备寄寓，此至尊垂虑之日也。"鲁肃破曹公还，权迎之，肃曰："愿至尊威德加乎四海。"吕蒙遣邓玄之说郝普曰："关羽在南郡，至尊身自临之。"又曰："至尊遣兵，相继于道。"蒙谋取关羽，密陈计策，曰："羽所以未便东向者，以至尊圣明，蒙等尚存也。"陆逊谓蒙曰："下见至尊，宜好为计。"甘宁欲图荆州，曰："刘表虑既不远，儿子又劣，至尊当早规之。"权为张辽掩袭，贺齐曰："至尊人主，常当持重。"权欲以诸葛恪典掌虽然这样，它们之间也有幸与不幸。如蜘蛛织网，布置蛛丝，牵引径线，敏捷急促地上下爬动，开始的时候非常艰难。到了织纬线时，则转眼间就织好了，而且宽窄疏密很有分寸，没有不整齐的。织在门槛和花木，竹林之间的，往往不到一天就必定被人或风破坏了。只有织在没人住的空屋子和残垣断壁之间，没有人迹的地方，才可以长时间的安然无事。所以，燕子在帷幕上筑巢，苏秦认为这样很危险。李斯看见衙门的厕所中老鼠吃不干净的食物，人和狗接近时，常常惊慌害怕，粮仓中的老鼠吃仓中积储的粮食，住在大房子下面，没有人狗接近时的惊恐，李斯由此感叹地说："人贤能或没有才能，就像这老鼠一样，在于它所处的位置不同啊！"难道这话没有道理吗？

孙权称至尊

陈寿编撰的《三国志》，资料本是来源于当时的杂史，但是唯独在《三国志·吴书》中称孙权为"至尊"，当初孙权在汉朝建安年间，作将军时，就是这样了，至于诸葛亮、周瑜二人，见于文字记载也和孙权一样。

周瑜病重时，给孙权写信说："曹操占据北方，刘备借口寄身驻扎荆州，这二人是至尊您日夜思考的事啊。"鲁肃奉命和诸葛亮合兵在赤壁大破曹操，胜利而归，孙权去迎接他，鲁肃说："祝愿至尊您的威望恩德泽被天下。"吕蒙派邓玄之游说郝普时说："关羽统领南郡（今湖北江陵），至尊所在的地方离他很近，就像面临着他，很不安全。"又说："至尊调派了军队，已经相继出发，现在已在路上了。"吕蒙想用计谋攻打关羽，秘密地布置计谋策略。他说："关羽之所以没有很顺利的向东扩展势力，是因'至尊'圣明，我等一千人还在的原因。"陆逊对吕蒙说：

军粮，诸葛亮书与陆逊曰："家兄年老，而悋性疏，粮谷军之要最，足下持为启至尊转之。"逊以白权。

凡此之类，皆非所宜称，若以为陈寿作史虚辞，则魏、蜀不然也。

康山读书

杜子美赠李太白诗："康山读书处，头白好归来。"说者以为即庐山也。

吴曾《能改斋漫录》内《辨误》一卷，正辨是事，引杜田《杜诗补遗》云范传正《李白新墓碑》云："白本宗室子，厥先避仇客蜀，居蜀之彰明，太白生焉。彰明，绵州之属邑，有大、小匡山，白读书于大匡山，有读书堂尚存。其宅在清廉乡，后废为僧房，称陇西院，盖以太白得名。院有太白像。"吴君以是证杜句，知匡山在蜀，非庐山也。

予案当涂所刊《太白集》，其首载《新墓碑》，宣、歙、

“我见到至尊，应当很好地为他出谋划策。”甘宁想夺取荆州，他说：“既然刘表考虑事情不甚长远，他的儿子又弱小不成才，至尊您应当早日谋划。’孙权被曹操的大将张辽偷袭，贺齐说：“至尊您身为主公，应当时常稳重固守。”孙权想让诸葛恪主管掌握军中粮草大权，诸葛亮写信给陆逊说：“我的哥哥诸葛瑾年纪大了，而且他的儿子诸葛恪性情疏散，粮草是军中至关重要的物资，他不宜掌管，特地请您转告至尊，另换他人。”陆逊把这话告诉了孙权。

所有这些，都不是适宜的称呼，如果让陈寿写《三国志》这部史书时，用不真实的言辞，那么魏国、蜀国就会认为不是那回事了。

康山读书

杜甫在一首赠李白的诗中说：“康山读书处，头白好归来。”一些研究者认为诗中的康山就是指庐山。

吴曾在《能改斋漫录》一书的《辨误》一卷中，考证这件事，他引征杜田的《杜诗补遗》一书中范传正写的《李白新墓碑》一文说：“李白本是唐朝李氏宗室的后代，他的祖先为躲避仇家而客居四川，住在四川的彰明（今四川江油），李白就出生于这个地方。彰明是绵州（今四川绵阳）的属地，境人有大匡山和小匡山，李白在大匡山上读书，他当时读书时的书屋还存在。李白家的宅院在清廉乡，后来荒废了，成为僧人住的房子，叫作陇西院，大概是因李白而得名。院中有李白的画像。”吴曾引用这些话来证明杜甫的诗句，认为匡山在四川境内，不是庐山。

我认为：当涂（今属安徽）刊刻的《太白集》一书，当前载池等州观察使范传正撰，凡千五百余字，但云："自国朝已来，编于属籍，神龙初，自碎叶还广汉，因侨为郡人。"初无《补遗》所纪七十余音，岂非好事者伪为此书，如《开元遗事》之类，以附会杜老之诗邪？

欧阳忞《舆地广记》云："彰明有《李白碑》，白生于此县。"盖亦传说之误，当以范碑为正。

列国城门名

郡县及城门名，用一字者为雅驯近古。今独姑苏曰吴郡吴县，有盘门、阊门、葑门、娄门、齐门，它皆不然。

春秋时，列国门名见于《左氏传》者，郑最多，曰渠门、纯门、时门、将门、闺门、皇门、鄟门，又有师之梁、桔秩之门。周曰圉门。鲁曰雩门、雉门、稷门、莱门、鹿门，又有子驹之门。《公羊传》有争门、吏门。宋曰彨门、桐门、卢门、曹门、泽门、扬门、桑林之门。郲曰鱼门、范门。卫曰阅门，盖获之门。齐曰雍门，亦有扬门、鹿门、稷门。吴曰胥门。宋垤泽之门，见《孟子》。

有《李白新墓碑》一文，是宣州（今安徽宣城）、歙州（今安徽歙县）、池州（今安徽贵池）等州的观察使范传正撰写的，共一千五百余字，文中只是说："自宋朝开国以来，编写这类书籍自唐中宗李显神龙初年，李白从碎叶（今吉尔吉斯共和国托克马城附近）返回广汉（今四川广汉），因侨居日久，成为本地人。"可见当初碑文中并没有杜田的《杜诗补遗》一书中所记载的那七十多个字，这难道不是好事的人伪造此事，就像《开元遗事》一类书，以此来附会杜甫的诗吗？

欧阳忞在《舆地广记》一书中说："彰明有《李白碑》，上边说李白出生于这个县。"大概也是以讹传讹的错误，应当认为范传正的碑文是正确的。

列国城门名

郡、县和城门的名字，使用一个字可谓古今温文不俗。现在只有姑苏城叫吴郡、吴县（今江苏苏州），它的城门名字有盘门、阊门、葑门、娄门、齐门，其他郡县和城门则都不是这样。

春秋时期，各诸侯国的城门名字记载于《左传》一书中的，以郑国（今河南新郑一带）最多，有渠门、纯门、时门、将门、闺门、皇门、郹门，还有师之梁门、桔秩之门。周国有圉门。鲁国（今山东南部一带）有雩门、雉门、稷门、莱门、鹿门，还有子驹门。《公羊传》中记载有争门、吏门。宋国（今商丘一带）有郕门、桐门、卢门、曹门、泽门、扬门、桑林门。邾国（今山东邹县一带）有鱼门、范门。卫国（今河北南、河南北一带）有阅门、盖获门。齐国（今山东北部一带）有雍门，也有扬门、鹿门、稷门。吴国（今长当下游一带）有胥门。宋中还有垤泽门，见于《孟子》一书。

缁尘素衣

《陈简斋墨梅》绝句一篇云："粲粲江南万玉妃，别来几度见春归。相逢京洛浑依旧，只恨缁尘染素衣。"语意皆妙绝。晋陆机《为顾荣赠妇》诗云："京洛多风尘，素衣化为缁。"齐谢元晖《酬王晋安》诗云："谁能久京洛，缁尘染素衣。"正用此也。

去国立后

齐高氏食邑于卢，高弱以卢叛齐，闾丘婴围之。弱曰："苟使高氏有后，请致邑。"齐人立高鄰，弱致卢而出奔晋。鲁臧氏食邑于防，臧纥得罪，使来告曰："苟守先祀，敢不辟邑。"乃立臧为。纥致防而奔齐。

案弱、纥二人，据地要君，故孔子曰："臧武仲以防求后于鲁，虽曰不要君，吾不信也。"然齐、鲁之君，竟如其请，不以要君之故而背之，盖当是时先王之泽未熄，非若战国务为诈力权谋之比，所谓杀人之中有礼焉者也。降及末世，遂有带甲约降，既解甲即围而杀之者，不仁孰甚焉！

缁尘素衣

《陈简斋墨梅》中有一首绝句："粲粲江南万玉妃，别来几度见春归。相逢京洛浑依旧，只恨缁尘染素衣。"这首诗的语言、意境都很绝妙。晋朝的陆机在《为顾荣赠妇》一诗中说："京洛多风尘，素衣化为缁。"南朝齐谢朓（字元晖）的《酬王晋安》一诗中有"谁能久京洛，缁尘染素衣。"这些都是引用"相逢京洛浑依旧，只恨缁尘染素衣"二诗。

去国立后

春秋战国时，齐国高姓的封地在卢地（今山东长清西南），高弱以卢地为屏障，背叛了齐国，齐国派阎丘婴围攻他，高弱说："如果能让我高家后继有人，那么就请允许我归还封地。"齐国便让高酀继承王位，高弱就归还了卢地，而逃到了晋国。鲁国臧姓封地在防地（今山东费县东北），臧纥犯了罪，派人对鲁国国君说："如果你能守住先人的祭礼和庙宇，怎么不给你开辟新的领地？"于是鲁国让臧为继承封地，臧纥归还了防地逃到了齐国。

按：高弱、臧纥这两个人，根据自己占的地盘而要官做，所以孔子说："臧武用防这块地盘，为自己准备后路于鲁国，虽然说他不要挟国君，我不相信这是真的。"然而像齐国，鲁国的君主，竟能接受这个样子的请求，不因为他们要挟君主的原因而予以拒绝，而大都是因为那个时候，先王恩泽还未有完，并不像战国时专门一心用诈骗手段，而施展权谋所能相比的，正如所说的把人杀害了，还合乎礼仪。到了后来的末世，就出现了士兵整装投降，等到俘虏们被全部解除武装之后，对方便发动进

诗词改字

王荆公绝句云："京口瓜洲一水间，钟山只隔数重山。春风又绿江南岸，明月何时照我还。"吴中士人家藏其草，初云"又到江南岸"，圈去到字，注曰不好，改为过，复圈去而改为人，旋考为满，凡如是十许字，始定为绿。

黄鲁直诗："归燕略无三月事，高蝉正用一枝鸣。"用字初日抱，又改曰占、曰在、曰带、曰要，至用字始定。予闻于钱伸仲大夫如此。今豫章所刻本，乃作"残蝉犹占一枝鸣"。

向巨原云："元不伐家有鲁直所书东坡《念奴娇》，与今人歌不同者数处，如浪淘尽为浪声沉，周郎赤壁为孙吴赤壁，乱石穿空为崩云，惊涛拍岸为掠岸，多情应笑我早生华发为多情应是笑我生华发，人生如梦为如寄。"不知此本今何在也！

姑舅为婚

姑舅兄弟为婚，在礼法不禁，而世俗不晓。按《刑统·户婚律》云："父母之姑舅、两姨姊妹及姨若堂姨、母之姑、堂姑，己之堂姨及再从姨、堂外甥女、女婿姊妹，并不得为婚攻，将他们全部围杀，这种不讲仁爱的行为，有谁能够超过呢！

诗词改字

荆国公王安石有一首绝句："京口瓜洲一水间，钟山只隔数重山。春风又绿江南岸，明月何时照我还。"吴中（今江苏吴县）有读书人家收藏有他的草稿，从草稿中可以看到，早初"春风又绿江南岸"一句作"春风又到江南岸"；"到"字被圈划掉，并加注文说"不好"，改为用"过"字，但又圈划掉改用"入"字，接着又改用"满"字，这样改了有十几个字，最后才确定用"绿"字。

黄庭坚有二句诗说："归燕略无三月事，高蝉正用一枝鸣。"句中"用"这个字，最初为"抱"字，后又先后改为"占"、"在"、"带"、"要"，直到改为"用"字才确定下来。这是我从钱伸仲大夫那听来的。但现在豫章（今江西南昌）所刻印的版本中却写作"残蝉犹占一枝鸣"。

向巨原说："元不伐家中藏有黄庭坚写的苏轼的《念奴娇》词，和现在人们所传唱的词句有好几处不一样的地方，如'浪淘尽'为'浪声沉'，'周郎赤壁'为'孙吴赤壁'，'乱石穿空'为'乱石崩云'，'惊涛拍岸'为'惊涛掠岸'，'多情应笑我早生华发'为'多情应是笑我生华发'，'人生如梦'为'人生如寄'。"只是不知道这种版本现在在什么地方。

姑舅为婚

姑家的兄弟姐妹同舅家的兄弟姐妹可以互相结婚，这在礼法上是不禁止的，但在社会上一般老百姓是不知道的。按照《刑统·户婚律》上说："父母的姑舅、两姨姐妹、姨及堂姨、母姻。”议曰：“父母姑舅、两姨姊妹，于身无服，乃是父母缌麻，据身是尊，故不合娶。及姨又是父母大功尊；若堂姨虽于父母无服，亦是尊属；母之姑、堂姑，并是母之小功以上尊；己之堂姨及再从姨、堂外甥女亦谓堂姊妹所生者、女婿姊妹，于身虽并无服，据理不可为婚。并为尊卑混乱，人伦失序之故。”然则中表兄弟姊妹正是一等，其于婚娶，了无所妨。

予论政和八年，知汉阳军王大夫申明此项，敕局看详，以为如表叔娶表侄女，从甥女嫁从舅之类，甚为明白。徽州《法司编类续降》有全文，今州县官书判，至有将姑舅兄弟成婚而断离之者，皆失于不能细读律令也。惟西魏文帝时，禁中外及从母兄弟姊妹为婚，周武帝又诏不得娶母同姓以为妻妾，宣帝诏母族绝服外者听婚，皆偏闰之制。漫附于此。

亲的姑、堂姑，自己的堂姨和再从姨，堂外甥女、女婿的妹妹，类似以上这些关系也不能互相结婚的。”发议论的人说：“父亲母亲的姑舅、两姨姐妹，于自身虽然没有人死时，那种按辈分排的斩衰、齐衰、大功和缌麻等五种穿孝服的差异关系，但这是父亲母亲的五服关系，根据自身是应当尊重的，所以不应该相互嫁娶，结为婚姻。说到姨，又是父亲母亲大功尊即三辈关系；像堂姨虽然和父亲没有五服关系，但也是需尊重的关系；母亲的姑姑、堂姑、都是母亲的四辈关系的亲属；自己的堂姨和再从姨、堂外甥女也称堂姐妹所生的，女婿姐妹，从自身说也无五服关系，但根据道理来说，也可以互相结婚。如果那样，尊卑即长辈晚辈的关系就搞乱了，人伦的关系就乱套了。”那么在表兄弟姐妹当中，由于是同辈，他们互相结婚，则没有多大妨害。

我记得宋徽宗政和八年，知汉阳军王大夫特别申明这件事，呈送给上级有关部门详审，认为像表叔娶表侄女，叔伯外甥女嫁叔伯舅之类，写得很明白。徽州（今属安徽）《法司编类续降》有全文，现在州县官书判，甚至有将姑舅兄弟成婚而判断成离婚的，这都是因为不细详通读有关法律的缘故。只有在西魏文帝元宝炬的时候，禁止宫内外和从母兄兄弟姐妹结婚，周武帝的时候，又不通知不准娶与母亲同姓氏的女子为妻妾，汉宣帝的时候，曾下令：虽与母亲同族，一旦在五服以外的，可以随便结婚，这都是附属的制度。现在随便附在这里。

卷九（十四则）

三家七穆

春秋列国卿大夫世家之盛，无越鲁三家，郑七穆者。鲁之公族，如臧氏、展氏、施氏、子叔氏、叔仲氏、东门氏、郈氏之类固多，唯孟孙、叔孙、季孙实出于桓公，其传序累代，皆秉国政，与鲁相为久长。若揆之以理，则桓公弑兄夺国，得罪于天，顾使有后如此。

郑灵公亡，无嗣，国人立穆公之子子良，子良辞以公子坚长。乃立坚，是为襄公。襄公将去穆氏。子良争之，愿与偕亡。乃舍之，皆为大夫。其后位卿、大夫而传世者，罕、驷、丰、印、游、国、良、故曰七穆。然则诸家不逐而获存，子良之力也。至其孙良霄乃先覆族，而六家为卿如故，此又不可解也。

贡薛韦匡

《汉元帝纪赞》云：“贡、薛，韦、匡迭为宰相。”谓贡

三家七穆

春秋列国的时候，卿大夫世代为官最兴盛的人家，没有超过鲁国的三个大家，及郑国的穆姓七家。鲁国的公子，如臧氏、展氏、施氏、子叔氏、叔仲氏、东门氏、郈氏等一类，固然不少，但只有孟孙、叔孙、季孙三家，实际上是鲁桓公的后代。他们一代接一代地传下来，没有间断，都掌管国家的大权，和鲁国同样长久。如果揣度其道理，那就是鲁桓公杀了他们的兄长，夺取了政权，得罪了上天，所以上天特让他们的后代子孙代代相传。

郑灵公死了以后，没有儿子出来继承王位，国人就拥立郑穆公的儿子子良，但子良不肯，主动辞去了王位。他建议让公子坚继承王位。于是公子坚就继承了王位，这就是郑襄公。郑襄公执政后，想除掉穆子良。子良不赞成这样做，便与郑襄公进行辩论，提出你如果一定要除去穆氏，我就同你斗争到底，与你同归于尽；结果，郑襄公作了让步，放弃了除去穆氏的打算。从此，两家言归于好，都为大夫。其后，官居卿、大夫而传于子孙后世的有罕、驷、丰、印、游、国、良、被人们称为七穆。他们之所以不被驱逐而幸存下来，完全靠的是子良的力量。至于说到子良，到他的孙子良宵时就灭族了。而其他六家，仍有世袭的官爵。此事，很令人费解。

贡薛韦匡

《汉书·元帝纪赞》中说：“贡、薛、韦、匡，轮流为宰相。”

禹、薛广德、韦元成、匡衡也。四人皆握娖自好，当优柔不断之朝，无所规救。衡专附石显，最为邪臣；广德但有谏御楼船一事；禹传称在位数言得失，书数十上；玄成传称为相七年，守正持重，不及父贤，而文采过之。皆不著其有过。案《刘向传》："宏恭，石显白逮更生下狱，下太傅韦玄成、谏大夫贡禹与廷尉杂考。劾更生前为九卿，坐与萧望之、周堪谋排许、史，毁离亲戚，欲退去之，而独专权。为臣不忠，幸不伏诛，复蒙恩召用，不悔前过，而教令人言变事，诬罔不道。更生坐免为庶人。"若以汉法论之，更生死有余罪，幸元帝不杀之耳。

《京房传》房欲行考功法，石显及韦丞相皆不欲行。然则韦、贡之所以进用，皆阴附恭、显而得之，《班史》隐而不论，唯于《石显传》云："贡禹明经著节，显使人致意，深自结纳。因荐禹天子，历位九卿，至御史大夫。"正在望之死后也。

这句话意思是说贡禹、薛文德、韦元成、匡衡四人,都心胸狭窄,而且非常自负,听不进任何别的意见。他们当宰相执政时,正值朝廷懦弱,优柔寡断,在事业上没有什么成就。匡衡其人,专门投靠石显,是一个极端阴险奸诈的人。薛广德只有劝谏御楼船一事作的对。贡禹这个人,传说他在做宰相时,曾经几十次给朝廷上书陈述时政的得失利弊。韦元成,传说他任宰相七年,做事持重谨慎,主持正义,可是在人品上不及他的父亲,但在文采方面,远远超过了他的父亲。然而,在《汉书》里都不记载他们的过失。考察《汉书·刘向传》,内载:"宏恭、石显揭发了刘向的过错。因而刘向被捕下狱。下令让太傅韦元成、谏议大夫禹贡和廷尉共同议处。经过查核报称刘向前做九卿时,与萧望之、周堪合谋排斥外戚许氏和史氏,竭力诋毁,离间他们的亲戚,罢免他们二人的官职,从而把朝中大权独揽在自己手中。做臣子有不忠于朝廷,有幸不被屠戮,反而承蒙皇恩召回使用。但他不思悔改前过,还教唆别我散布流言,污蔑皇上不会治理国家。正是因为这样,刘向也获罪被免官降为一般百姓。"如果按照汉朝法律来处理刘向大罪,死有余辜,多亏汉元帝宽大为怀,他才不被处死。

《汉书·京房传》中记载:京房主张在官吏中推行考功法,以加强对官吏治绩的考核。石显和韦元成不赞成。然而,韦元成、贡禹之所以难免在朝做官,都是由于他们暗中投靠宏恭和石显二人才如愿以偿的。对此,班固在《汉书》里回避不写。只是在《石显传》里说:"贡禹在写行述的时候,石显派人前去表示问候,要与贡禹厚结交情。因此,就把贡禹推荐给了朝廷。由是,贡禹官九卿,直至御史大夫。"而这件事,是在萧望之死之后才发生的。

兒宽张安世

《汉史》有当书之事，本传不载者。武帝时，兒宽有重罪系，按道侯韩说谏曰：“前吾丘寿王死，陛下至今恨之：今杀宽，后将复大恨矣！”上感其言，遂贳宽，复用之。

宣帝时，张安世尝不快上，所为不可上意。上欲诛之，赵充国以为安世本持橐簪笔事孝武帝数十年，见谓忠谨，宜全度之。安世用是得免。

二事不书于宽及安世传，而于刘向、充国传中见之。岂非以二人之贤为讳之邪？韩说能以一言救贤臣于垂死，而不于说传书之，以扬其善，为可惜也。

深沟高垒

韩信伐赵，赵陈馀聚兵井陉口御之。李左车说馀曰：“信乘胜而去国远斗，其锋不可当。愿假奇兵从间道绝其辎重，而深沟高垒勿与战。彼前不得斗，退不得还，不至十日，信之头可致麾下。”馀不听，一战成擒。

兒宽张安世

在《汉书》里，有些应当写入的事，不在人物体传里记叙。汉武帝时，兒宽犯重罪被关入牢狱，拟处死刑。按道侯韩说得知后，向武帝进谏说："先前处死了吾丘寿王，陛下至今还后悔不已。现在把兒宽杀掉，恐怕日后会更加后悔。"汉武帝听了，觉得他说得很有道理，于是就决定赦免，并且恢复了他的官职。

汉宣帝时，大臣张安世对于皇上所做的事情不大满意。宣帝听说后，一怒之下，想把他杀掉。就是在这个时候，一个叫赵充国的对宣帝说，张安世久居朝中，作为近侍事幸武帝数十年，对皇上一片忠心。办事谨慎，应当全面看待，怎么轻易就把他杀了呢？宣帝接受了赵充国规劝，从而使张安世免遭杀身之祸。

以上二事，在《汉书》里，《兒宽传》及《张安世传》都没有提及，而分别写入《刘向传》及《赵充国传》。这岂不是因为兒宽、张安世二人是贤臣而为史家有意避讳呢？韩说在关键时刻，力主正义，用一句话来挽救了一个贤臣的性命，像这样的好事，不在本传中述及，以扬其善，可也实在令人惋惜。

深沟高垒

韩信带兵攻打赵国。赵将陈馀屯兵在井陉口(今河北井陉县西北)抵御。在陈馀部下有个叫李左车的分析了作战形势，并且提出了建议。他说："现在韩信的军队，远离本国，乘胜而来，要与我军决战，其势锐不可当。我请求交给我一支精兵，从小道前进，直插交通线上，切断韩军的粮饷运输。然后，动员士兵深挖战壕，高筑壁垒，严密防守，使韩军处于进攻不能靠前，退走无路可还的地步。这样，要不了十天，韩信的头就可以挂在七国反，周亚夫将兵往击，会兵荥阳，邓都尉曰："吴、楚兵锐甚，难与争锋。愿以梁委之，而东北壁昌邑，深沟高垒，使轻兵塞其饟道，以全制其极。"亚夫从之，吴果败亡。

李邓之策一也，而用与不用则异耳。

秦军武安西，以攻阏与。赵奢救之，去邯郸三十里，坚壁，二十八日不行，复益增垒。既乃卷甲而趋之，大破秦军。奢之将略，所谓玩敌于股掌之上，虽未合战而胜形已著矣，前所云邓都尉者，亚夫故父绛侯客也。《晁错传》云："错已死，谒者仆射邓公为校尉，击吴、楚为将。还，上书言军事，拜为城阳中尉。"邓公者，岂非邓都尉乎？亚夫传以为此策乃自请而后行，颜师古疑其不同，然以事料之，必非出于己也。

将军您的战旗之下。”陈馀没有听取这一建议，贸然与韩信进行决战，结果一败涂地，陈馀本人也成了俘虏。

汉景帝即位三年，以吴王刘濞为首的吴、楚七个王国发动叛乱。景帝派周亚夫率兵前往镇压。两军在荥阳（今属河南）相遇。周亚夫部下的邓都尉分析了作战形势，并且提出了对策。他说："吴楚七国的叛军，现在士气正盛，我军与他们展开决战，很难取胜。我建议先把梁国之地让给他们，在昌邑深挖壕沟，高筑壁垒，严阵以待。同时派轻兵迅速控制交通干线，截断他们的粮饷运送，使他们无法施展威力。”周亚夫听后，非常高兴，采纳这一建议，立即作了周密的部署，结果，使叛军大败。

李左车与邓都尉都是在战前为其主将献计献策的，这一点是共同的。但是采用还是不用，其结果则是很不相同的。

战国时期，秦国攻打赵国时，将军队聚集在武安（今属河北）的西面，准备进攻阏与（今山西和顺）。赵国派大将赵奢带兵前往救援。在距邯郸（今属河北）三十里的地方，安营扎寨，构筑工事。一直驻了二十八天，没有出击，并且继续构筑工事，给秦军造成一种不敢出战的错觉。不久，赵军倾巢出动，发动大举进攻，来势凶猛，结果，秦军被打得落花流水。赵奢的用兵韬略，被人们称之为“玩敌于股掌之上”，在未进行交战之前一定取胜的形势就很明确了。前面所说的邓都尉，是周亚夫故父绛侯的门客。《晁错传》中说："晁错死后，谒者仆射邓公担任校尉，在平定吴楚七国之乱中任为将军。叛乱被平定之后，回京，上书述论军事，升为城阳中尉。”这里所说的邓公，岂不是邓都尉吗？周亚夫传中以为这一策略是周亚夫自己提出而后实行的。颜师古对于此说表示怀疑。然而，从当时的实际情况来看，这一

生之徒十有三

《老子》“出生入死”章云：“出生入死。生之徒十有三，死之徒十有三，人之生，动之死地十有三，夫何故？以其生生之厚。”王弼注曰：“十有三，犹云十分有三分取其生道，全生之极，十分有三耳；取死之道，全死之极，十分亦有三耳。而民生生之厚，更之无生之地焉。”其说甚浅，且不解释后一节。唯苏子由以谓：“生死之道，以十言之，三者各居其三矣，岂非生死之道九，而不生不死之道一而已乎？《老子》言其九不言其一，使人自得之，以寄无思无为之妙。”其论可谓尽矣。

臧氏二龟

臧文仲居蔡，孔子以为不智。蔡者，国君之守龟，出蔡地，因以为名焉。《左传》所称“作虚器”，正谓此也。至其孙武仲得罪于鲁，出奔邾，使告其兄贾于铸，且致大蔡焉，曰：“纥之罪不及不祀，子以大蔡纳请，其可？”盖请为先人立后也。贾再拜受龟，使弟为为己请，遂自为也。乃立臧为。为之子曰昭伯，尝如晋，从弟会窃其宝龟偻句（龟所出地名），以卜为信与僭，僭吉（僭，不信也）。会如晋。昭伯问内子与母弟，策略，必定不是出于周亚夫本人。

生之徒十有三

《老子》“出生入死”章说：“始出于世而生，终入于地而死。走向生长的十分有三，走向死亡的十分有三，人的生长，由于活动而置于死地，也十分有三。这是为什么？因为他们追求生活过分强烈呀。”王弼作注说：“十有三，就是说走向生长的道路的只有十分之三；保生命达到终点的，也只有十分之三；走向死亡之道的，加速走向死亡的，也只有十分之三。而那些富贵的人们以优裕的生活条件追求长生，一旦改变了，他们就没有了生存的地方。”王弼解释很浅显，而且没有解释后面一节。只有苏辙（字子由）的解释比较详尽。他说：“生死的道理，如果说有十种，三种情况各占三份，这难道不是说生死之道有九，而不生不死之道只不过有一吗？《老子》只说九不说一，是想让人们自己去琢磨，以寄托无思无为的妙处。”这种解释实在是太精当了。

臧氏二龟

臧文仲在蔡地做官，孔子认为这是不明智的。蔡地之所以叫蔡，是因为国君使用的占卜的龟甲出自于蔡地，所以才命名为蔡。《左传》中所说的“作虚器”，正是说的这个。到了臧文仲的孙子武仲时，因得罪了鲁国，而出逃到邾地，在铸地派人告诉他哥哥臧贾，将要到达蔡地，说：“纥所犯的罪达不到不让蔡祀祖先的程度。你把我接受在蔡地还是可以的吧？”大概是请哥哥为祖先立后的。臧贾二次叩拜接受龟甲，让弟弟臧为为自己占卜，于是就立臧为为接班人。臧为的儿子叫昭伯，有一次去晋国，他皆不对。会之意，欲使昭伯疑其若有它故者。归而察之，皆无之，执而戮之，逸奔郈。及昭伯从昭公孙于齐，季平子立会为臧氏后，会曰：“偻句不余欺也。”臧氏二事，皆以龟故，皆以弟而夺兄位，亦异矣。

有扈氏

《夏书·甘誓》启与有扈大战于甘，以其“威侮五行，怠弃三正，天用剿绝其命”为辞，孔安国传云：“有扈与夏同姓，恃亲而不恭。”其罪如此耳。而《淮南子·齐俗训》曰：“有扈氏为义而亡，知义而不知宜也。”高诱注云：“有扈，夏启之庶兄也。以尧、舜举贤，禹独与子，故伐启。启亡之。”此事不见于他书，不知诱何以知之？传记散轶，其必有以为据矣。庄子以为“禹攻有扈，国为虚厉”非也。

太公丹书

太公《丹书》今罕见于世，黄鲁直于礼书得其诸铭而书之，然不著其本始。予读《大戴礼·武王践阼篇》，载之甚备，故悉记录以遗好古君子云：“武王践阼三日，召士大夫而问焉，曰：‘恶有藏之约，行之行，万世可以为子孙常者弟弟臧会就趁机偷用他的出于偻句的宝龟，来占卜昭伯的继承权是真还是假，结果是假。臧会也到了晋国。昭伯问妻子和自己的弟弟，为什么他们都不回答。臧会的意图，是想让昭伯怀疑自己有什么不正常行为。昭伯回来察看，什么特殊现象也没有，就放心了。臧会趁机想杀了昭伯，昭伯逃到了郈地。到了昭伯跟随昭公来到齐国时，季平子把臧会立为臧氏之后，臧会说："偻句之龟没有欺骗我。"臧氏这两件事，都是因为龟甲的缘故，都是以弟弟的身份篡夺哥哥的地位，也算是稀奇了。

有扈氏

《夏书·甘誓》中记载，启和有扈在甘地打仗，启讨伐有扈的理由是："侮辱了五常，抛弃了三纲，上帝因此要置之于死地。"孔安国解释说："有扈和夏同姓，他恃亲而不恭敬。"其罪恶就是这些。但《淮南子·齐俗训》中说："有扈氏是为仁义而死亡的，他只知道仁义而不知道怎样才合适。"高诱注说："有扈是夏启的兄长，以尧、舜举荐贤人，而禹单单把帝位让给启为借口，要讨伐启，启被灭亡了。"这件事在别的书里见不到，不知道高诱是怎么知道的？传记都散失了，大概是有根据的。庄子认为"禹攻打有扈，国家因而异常空虚"，看来这不是事实。

太公丹书

姜太公的《丹书》如今罕见，黄庭坚从礼书中的各种铭文上抄了下来，但是没注明最原始的来源。我阅读《大戴礼·武王践阼篇》，其中记载的很详细，所以全部记录下来赠给喜好古代文化的人们："周武王刚登极三天，就召集士大夫问他们说：

乎？’皆曰：‘未得闻也。’然后召师尚父而问焉，曰：‘黄帝、颛顼之道可得见与？’师尚父曰：‘在《丹书》。王欲闻之，则斋矣。’王斋三日，尚父端冕奉书，道书之言曰：‘敬胜怠者吉，怠胜敬者灭；义胜欲者从，欲胜义者凶。凡事不强则枉，弗敬则不正，枉者灭废，敬者万世。’藏之约，行之行，可以为子孙恒者，此言之谓也。”又曰：“以仁得之，以仁守之，其量百世；以不仁得之，以仁守之，其量十世；以不仁得之，以不仁守之：必及其世。”王闻《书》之言，惕若恐惧。退而为《戒书》，于席之四端为铭。前左端曰：“安乐必敬。”前右端曰：“无行可悔。”后左端曰：“一反一侧，亦不可以忘。”后右端曰：“所监不远，视尔所代。”机之铭曰：“皇皇惟敬，口生垢，口戕口。”鉴之铭曰：“见尔前，虑尔后。”盥盘之铭曰：“与其溺于人也。宁溺于渊。溺于渊，犹可游也；溺于人，不可救也。”楹之铭曰：“毋曰胡残，其祸将然；毋曰胡害，其祸将大；毋曰胡伤，其祸将长。”杖之铭曰：“恶乎危？於忿懥。恶乎失道？於嗜欲。恶乎相忘？于富贵。”带之铭曰：“火灭修容，慎戒必共，共则寿。”屦之铭曰：“慎之劳，劳则富。”觞豆之铭曰：“食自杖，食自杖，戒之憍，憍则逃。”户之铭曰：“夫名难得而易失。无勤弗志，而日我知之乎？无勤弗及，而日我杖之乎？扰阻以泥之，若风将至，必先摇摇，虽有圣人，不能为谋也。”牖之铭曰：“随天之时，以地之财，敬祀皇天，敬以先时。”剑之铭曰：“带之以为服，动必行德，行德则兴，倍德则崩。”弓之铭曰：“屈申之义，发

‘有没有保存的古代规约，行动之方法，特别是那些可以永远指导子孙后代的呢？’士大夫们都说：‘没听说过。’然后又招来太师姜尚父问道：‘您看见过黄帝、颛顼治国之道吗？’太师姜尚父说：‘在《丹书》上见过。大王要想听讲，就斋戒吧。’武王斋戒了三天，姜尚父端着官冕手捧书本，为武王读书中的话：‘恭敬胜过懈怠的就会吉祥，懈怠胜过恭敬的就会夭亡；仁义胜过欲望的就顺利，欲望胜过仁义的就凶险。凡是办事情的不努力就会出偏差，不恭敬就会导致歪门邪道，偏差歪邪就会毁灭，恭敬认真就会永世长存。’所谓保存的古代规约，行为之方法，可以永远指导子孙后代的东西，就是说的这些。”书中又说：“靠仁义得到国家，靠仁义保护国家，就会有百世不变的江山；靠不仁得到国家，用仁义保护，就会有十世江山；靠不仁得到国家，用不仁不义的东西保护，祸害马上就来了。”武王听了《丹书》中的话，胆战心惊。退朝后就写了《戒书》，贴在座席的四端作为座右铭。左前方的铭为：“处在安乐之中也一定要恭敬谨慎。”右前方的铭言是：“没有让人后悔的行为。”左后方的铭文是：“一点一滴的思考所得，也不应忘记。”右后方的铭文是：“如不能高瞻远瞩，就只能看到眼前。”桌几上的铭文是：“诚惶诚恐只有恭敬，口生耻辱，口能戕害自己。”镜子上的铭文是：“事前要有所预见，事后要有所思考。”盥盘上的铭言是：“与其被人所溺，不如溺于深渊。溺于深渊，还可以游出；而被人所陷害，就不可救了。”门楹上的铭文是：“不要说自己不残忍，那会导致灾祸；不要说自己没为害，那会有大祸；不要说自己没有伤害，那会有长久祸害。”手杖上的铭文是：“什么时间危险？当因挫折而愤怒时；什么时候失去常道？当贪图物欲的之行之，无忘自过。”矛之铭曰：“造矛造矛，少间弗忍，终身之羞，予一人所闻，以戒后世子孙。”凡十七铭，贾谊《政事书》所陈教太子一节千余言，皆此书《保傅篇》之文，然及胡亥、赵高之事，则为汉儒所作可知矣。《汉昭帝纪》“通《保傅传》”，文颖注曰：“贾谊作，在《礼·大戴记》。”其此书乎？荀卿《议兵篇》：“敬胜怠则吉，怠胜敬则灭；计胜欲则从，欲胜计则凶。”盖出诸此。《左传》晋斐豹“著于丹书”，谓以丹书其罪也。其名偶与之同耳。汉祖有丹书铁契以待功臣，盖又不同也。

时候；什么时候互相忘却？当富贵的时候。”带子上的铭文是：“火灭后要维修盛水的容器，谨慎提防一定会平安，平安就会长寿。”履上的铭文是：“谨慎认真劳动，劳动就会富裕。”觞豆上的铭文是：“贪食就自我惩罚，自我惩罚，要提防不得已的喝酒，遇到这种情况就逃避。”门户上的铭文是：“人的美名难得而容易失去。一个人没有勤劳和志气，而能说自己聪明吗？不经常反思自我，而能说自己能自审吗？各种阻碍干扰对人来说，好像风就要来了，一定会先有树的摇摆，有时即使是圣人，也不能深谋熟虑。”窗上的铭文是：“要遵从天时，利用地材，以此来敬祀皇天，敬祀先。”剑上的铭文是：“带上它的时候，行动一定要讲道德，行动合乎道德就会兴旺，违背道德就会崩溃。弓上的铭文是：“屈和申的大义，在于发射和行动、都不要忘记自我反思。”矛上的铭文是：“制造矛制作矛，如有瞬息的不能容忍，就会终身羞愧。我一个人所听到的，告诫后世了孙。”一共十七种铭文。贾谊在《政事书》中所讲的教太子的一段话一千多字，都是出自这本书中的《保傅篇》，然而到了胡亥、赵高的事情，则是由汉代文人所做的。《汉书·昭帝纪》“通《保傅传》”，文颖的注解说：“贾谊所作，在《礼记·大戴记》中。”难道说的是《丹书》吗？荀子《议兵篇》说：“恭敬胜过懈怠就吉祥，懈怠胜过恭敬就灭亡；计谋胜过欲望就顺利，欲望压倒计谋就凶险。”这话大概也是出于《丹书》。《左传》中说晋斐豹“写在丹书里”，说因丹书而获罪。这只不过是偶然的同名书而已。汉高祖有用丹书铁契对待功臣的事情，大概又不同于《丹书》。

汉景帝

汉景帝为人，甚有可议。晁错为内史，门东出，不便更穿一门南出，南出者，太上皇庙堧垣也。丞相申屠嘉闻错穿宗庙垣，为奏请诛错。错恐，夜入宫上谒，自归。上至朝，嘉请诛错。上曰："错所穿非真庙垣，乃外堧垣，且又我使为之，错无罪。"临江王荣以皇太子废为王：坐侵太宗庙堧地为宫，诣中尉府对簿责讯，王遂自杀。两者均为侵宗庙，荣以废黜失宠，至于杀之，错方贵幸，故略不问罪，其不公不慈如此！及用袁盎一言，错即夷族，其寡恩忍杀复如此。

萧何先见

韩信从项梁，居戏下，无所知名。又属羽，数以策干羽，羽弗用，乃亡归汉。陈平事项羽，羽使击降河内，已而汉攻下之。羽怒，将诛定河内者。平惧诛，乃降汉。信与平固能择所从，然不若萧何之先见。何为泗水卒史事，第一。秦御史欲入言召何，何固请，得毋行。则当秦之未亡，已知其不能久矣，不待献策弗用，及惧罪且诛，然后去之也。

汉景帝

汉景帝的为人，大有争议。晁错当内史时，门从东边走，不方便，就另开一门从南边出入，从南门出来，是汉代太上皇的宗庙坟垣。丞相申屠嘉听说这件事后，启奏景帝请求处罚晁错。晁错害怕，当夜入宫谒见皇帝，然后独自回来，皇上临朝，申屠嘉又请求处罚晁错。景帝说："晁错出南门走过的地方并非真的宗庙坟垣，而是外墙，而且又是朕同意他干的，晁错无罪。"临江王刘荣是被废除了的皇太子，他在太宗庙地上造宫殿，景帝便到中尉府指责其行为，临江王忧惧自杀了。这两件事都是侵犯宗庙，刘荣因为被废黜失宠而导致杀身之祸，晁错刚刚显贵受宠，于是就不问罪，这是多么不公平不仁慈啊！到了因为袁盎一句话，把晁错家灭九族，这又是多么寡恩残忍啊！

萧何先见

韩信跟随项梁时，居于低的职位，没有多大知名度。后来又投奔项羽，几次用策略干预项羽，项羽没有采纳，于是他就投奔刘邦。陈平为项羽做事，项羽派兵进攻河内（今河南沁阳）而未取胜，不久刘邦的人马却攻占了河内。项羽大怒，打算诛杀确定攻打河内的谋僚。陈平害怕被杀，就投降汉朝。韩信与陈平固然也算是善于选择何去何从，但都比不上萧何有先见之明。萧何在担任泗水郡卒史的职务时，政绩为第一。秦国的御史打算向上边进言征调萧何，萧何一再辞谢，才没有使上边的恩德推行。这是在秦国还没灭亡时，已经知道它不会长久了，他这是不等献计策不被采纳，到了有罪将要杀头，然后才逃离，可见比韩信、陈平都高明。

史汉书法

《史记》《前汉》所书高祖诸将战功，各为一体。《周勃传》：攻开封，先至城下为多；攻好畤，最；击咸阳，最；攻曲遇，最；破臧荼，所将卒当驰道为多；击胡骑平城下，所将卒当驰道为多。《夏侯婴传》：破李由军，以兵车趣攻战疾；从击章邯，以兵车趣攻战疾；击秦军洛阳东，以兵车趣攻战疾。《灌婴传》：破秦军于杠里，疾斗；攻曲遇，战疾力；战于蓝田，疾力；击项佗军，疾战。又书：击项冠于鲁下，所将卒斩司马、骑将各一人；击破王武军，所将卒斩楼烦将五人；击武别将，所将卒折都尉一人；击齐军于历下，所将卒虏将军，将吏四十六人；击田横，所将卒武骑将一人；从韩信，卒斩龙且（所将之卒），身生得周兰；破薛郡，身虏骑将：击项籍陈下，所将卒斩楼烦将二人；追至东城，所将卒共斩籍；击胡骑晋阳下，所将卒斩白题将一人；攻陈豨，卒斩特将五人；破黥布，身生得左司马一人，所将卒斩小将十人。《傅宽传》：属淮阴，击破历下军；属相国参，残博；属太尉勃，击陈豨。《郦商传》：与钟离昧战，受梁相国印；定上谷，受赵相国印。五人之传，书法不同如此，灌婴事尤为复重，然读之了不觉细琐，史笔超拔高古，范晔以下岂能窥其篱奥哉？又《史记·灌婴传》书：受诏别击楚军后；受诏将郎中骑兵；受诏将车骑别追项籍；受诏别降楼烦以北六县；受诏并将燕、赵车骑；受诏别攻陈豨。凡六书受诏字，《汉书》减其三云。

史汉书法

《史记》《前汉书》中所记载的汉高祖刘邦手下大将的战功，各有不同。《周勃传》中说：“攻打开封时，周勃的士兵争先到达城下的比其他部队多；攻打好畤时，最多；击打咸阳时，也最多；攻打曲遇时，还是最多；攻破臧荼时，他率领的士兵占有快道的为多数；在平城下攻击胡骑时，他所率领的士兵占有快道的也最多。《夏侯婴传》中说：打垮李由的军队，他带领战车疾攻猛战；跟随高祖和章邯的军队作战，他带领战车又是疾攻猛战；在洛阳以东袭击秦军，他又带领战车疾攻猛打。《灌婴传》中说：在杠里打败秦军，他打得勇猛顽强；在曲遇攻打秦军，他又疾攻力战；在蓝田与秦军交战，他还是疾攻猛战；攻打项佗的军队，他同样英勇顽强。又说：在鲁下攻打项冠军队，他带领的士兵杀司马、骑将各一人；打败王武的军队，所率士兵斩了楼烦等五位将领；攻击武别将他领导的士兵杀了一个都尉；在历下打击齐军，他率领的士兵俘虐将军，将吏四十六人；攻击田横时，他的士兵杀了一位骑将；跟随韩信时，他的手下人杀了龙且，又生俘了副将周兰：打败薛郡郡守的军队时，他亲自俘虏骑将一人；在陈下攻打项羽时，他的手下人杀了楼烦的副将二人；追赶到了东城，他部下五位将士一起杀了项羽；在晋阳城下攻打胡骑，部下将领杀了匈奴白题将领一人；攻打反叛的陈豨，部下将士斩杀侯敞和特将五人；攻破黥布时，他又亲自生俘左司马一人，部下将士杀小将十人。《傅宽传》中说：他是淮阴侯的部下，曾打破了历下军；跟随相国曹参时，杀伤了博；跟随太尉周勃时，攻打过陈豨。《郦商传》中说：“与钟离昧交战，汉王授予他梁国相国印；以右丞相身份率兵平定上谷，被授予赵国相国印。这五

薄昭田蚡

周勃为人告欲反，下廷尉，逮搏，吏稍侵辱之。初，勃以诛诸吕功，益封赐金，尽以予太后弟薄昭。及系急，昭为言太后，后以语文帝，乃得释。王恢坐为将军不出击匈奴单于辎重，下廷尉，当斩。恢行千金于丞相田蚡，蚡不敢言上，而言于太后。后以蚡言告上，上竟诛恢。蚡者，王太后同母弟也。汉世母后豫闻政事，故昭、蚡凭之以招权纳贿。其史所不书者，当非一事也。神宗熙宁七年，天下大旱，帝对朝嗟叹，欲尽罢法度之不善者。王安石怫然争之，帝曰："比两宫泣下，忧京师乱起，以为更失人心。"安石曰："两宫有言，乃向经、曹佾所为耳。"是时，安石力行新法，以为民害，向经、曹佾能献忠于母后，可谓贤戚里矣。而安石非沮之，使遇薄昭、田蚡，当如何哉？高遵裕坐西征失律抵罪，宣仁圣烈后临朝，宰相蔡确乞复其官，后曰："遵裕，灵武之役，涂炭百万，得免刑诛幸矣，吾何敢顾私恩而违天下公议！"其圣如此。虽有昭、蚡百辈，何所容其奸乎？

个人的传记，写法不同就是这样。灌婴的事　特别复杂重要，使读后不觉得琐细，史笔超拔高古，从范晔以下哪里还有能窥其堂奥的呢？又如《史记·灌婴传》中写道：受诏率领东骑兵追击项羽；受诏率军降服了楼烦以北的六个县；受诏统领燕、赵等国车骑兵；受诏率兵攻打陈豨。这里共用了六次“受诏”，《汉书》里却减掉三个。

薄昭田蚡

周勃被人诬告有谋反之意，被有关方面逮捕下狱，守监狱的吏卒对他稍有侵犯和侮辱。当初，周勃因诛杀吕氏而有功，被文帝封为右丞相并赐金五千斤。周勃为了保全自己把这些金子全部送给了薄太后的弟弟薄昭。等到周勃被监禁加紧审理的时候，薄昭就把这件事告诉了薄太后，太后也认为周勃不会谋反，就在文帝面前为周勃说好话，于是就赦免了周勃。王恢当将军时不主动进攻匈奴单于的辎重队，被逮捕了，罪当斩首。玉恢把千斤黄金送给丞相田蚡（以求相救），田蚡不敢向皇上请求，就向太后说明了意图。太后把田蚡的话转给了皇上，皇上还是杀了王恢。田蚡是王太后的同母弟弟。汉代的母后们总想参预政事，所以薄昭、田蚡才能凭此来招权受贿，史书上不记载的，当然是很多了。宋神宗熙宁七年，天下大旱，皇帝对着朝廷哀叹，打算把推行当中不合适的新法废除掉。王安石据理力争，神宗皇帝说：“这比东西两宫落泪，京师大乱四起，我认为更能失去人心。”王安石说：“两宫如有言，那就是向经、曹佾所蛊惑的。”当时，王安石全力推行新法，以至于造成民害，向经、曹佾把忠心献给了母后，可以说是贤德的皇族亲戚，而王安石却大加指责，

文字结尾

《老子·道经》“孔德之容”一章，其末云：“吾何以知众甫之然哉？以此。”盖用二字结之。《左传》：“叔孙武叔使郈马正侯犯杀郈宰公若藐，弗能。其圉人曰：‘吾以剑过朝，公若必曰：谁之剑也？吾称子以告，必观之，吾伪固而授之末，则可杀也。’使如之。”《孟子》载：“齐人一妻一妾而处室者，其良人出，必厌酒肉而后反。问所与饮食者，则尽富贵也。妻瞯其所之，乃之东郭墦间之祭者，乞其余。归告其妾曰：‘良人者，所仰望而终身也。今若此！’”此二事反复数十百语，而但以“使如之”及“今若此”各三字结之。《史记·封禅书》载武帝用方士言神祠长陵神君，李少君、谬忌、少翁、游水发根、栾大、公孙卿、史宽舒、丁公、王朔、公玉带、越人勇之之属，所言祠灶，化丹沙，求蓬莱安期生，立太一坛，作甘泉宫台室、柏梁、仙人掌，寿宫神君，斗棋小方，泰帝神鼎，云阳美光，缑氏城仙人迹，太室呼万岁，老父牵狗，白云起封中，德星出，越祠鸡卜，通天台，明堂，昆仑、建假如遇到薄昭、田蚡那样的人，又会怎么样呢？高遵裕主持西征时犯了条律获罪，宣仁圣烈后临朝，宰相蔡确请求恢复高遵裕的官职，太后说："高遵裕在灵武之役中，使百万士兵民众生灵涂炭，没有治他的罪已够幸运了，我怎么能照顾私恩而违背天下民意！"太后神圣如此，虽有像薄昭、田蚡之辈众多，又怎么能容忍奸邪之徒呢？

文字结尾

《老子·道经》"孔德之容"一章的末尾说："我怎么能知道万物始初时的样子呢？根据这个知道。"只用两个字就收了尾。《左传》中说："叔孙武叔指使郈马正侯犯杀害郈宰公若貌，未能成功。他的养马人说：'我拿着剑走过朝廷，公若一定会说：谁的剑？我对他说要告诉他，他一定要观看，我假装把剑尖递给他，就可以趁机杀了他。'侯犯让他按所说的办。"《孟子》中有记载："齐国有个人有一妻一妾，共处一室，丈夫出门，一定要酒足饭饱才返回。问他和谁在一起吃喝，就说都是富贵之士。有一次妻子偷偷看他去的地方，原来是城东郊墓场里的祭者的住处。他向祭者乞求剩余的饭菜。她回家后对妾说：'咱们的官人，是我们敬仰并寄托终身的人，如今却这样！'"这两件事反复有数十上百字，而仅以"使如之"和"今若此"各三字就完结了。《史记·封禅书》中记载汉武帝采用方士的劝告神祠长陵神，李少君、谬忌、少翁、游水发根、栾大、公孙卿、史官宽舒、丁公、王朔、公玉带，越人勇之等陪同，按所说祠灶、化丹沙，乞求蓬莱安期生，设立太一坛，制作甘泉宫台室、柏梁、仙人掌，寿宫神君，斗棋小方，泰帝神鼎，云阳美光，缑氏城仙人章宫，五城十二楼，凡数十事，三千言，而其末云“然其效可睹矣。”则武帝所兴为者，皆堕诞罔中，不待一二论说也。文字结尾之简妙至此。

国初古文

欧阳公书韩文后云：“予少家汉东，有大姓李氏者，其子尧辅颇好学。予游其家，见有敝簏贮故书在壁间，发而视之，得唐《昌黎先生文集》六卷，脱落颠倒无次序，因乞以归读之。是时，天下未有道韩文者，予亦方举进士，以礼部诗赋为事。后官于洛阳，而尹师鲁之徒皆在，遂相与作为古文，因出所藏《昌黎集》而补缀之。其后天下学者亦渐趋于古，韩文遂行于世。”又作《苏子美集序》云：“子美之齿少于予，而予学古文，反在其后。天圣之间，学者务以言语声偶擿裂以相夸尚，子美独与其兄才翁及穆参军伯长作为古歌诗杂文，时人颇共非笑之，而子美不顾也。其后学者稍趋于古。独子美为于举世不为之时，可谓特立之士也。”《柳子厚集》有穆修所作《后叙》云：“予少嗜观韩、柳二家之文，柳不全见于世，韩则虽目其全，至所缺坠，亡字失句，独于集家为甚。凡用力二纪，文始几定，时天圣九年也。”予读《张景集》中《柳开行状》云：“公少诵经籍，天水赵生，老儒也，持韩愈文仅百篇授公曰：‘质而不丽，意若难晓，子迹，太室呼喊万岁，老父牵着狗，白云起自封中，德星出，越祠鸡卜，通天台，明堂，昆仑山，建章宫，共五城十二楼，共几十件事，三千字，而结尾只说“然而其效果可目睹了”。而且汉武帝所兴所为的，都是荒诞虚假带有欺骗性，一点也不值得论说 。但文字结尾竟如此简妙。

国初古文

欧阳修先生写的韩愈文集的后记中说：“我小时候在老家汉东，有一个姓李的大家庭，其儿子尧辅很好学。我到他家玩，看到有个破匣子装着旧书放在墙壁间，打开来看，获得唐代《韩昌黎先生文集》六卷，原书脱落颠倒没有次序，于是请求带回家读。当时，天下还没有称道韩愈先生文章的。我也刚考取进士，在礼部研究诗赋，后来在洛阳做官，而尹师鲁的学生都在，就在一起写作古文，于是就拿出所藏的《昌黎文集》而补证。后来天下的学者也逐渐趋向古文，韩愈的文章便风行于世。”欧阳修又写了《苏舜钦集序》，其中说：“苏舜钦（字子美）的年龄比我小，而我学习古文，却落在他后面。仁宗天圣年间，学者们都在语言的对偶平仄上相炫耀，苏舜钦却和他哥哥苏舜元（字才翁）还有穆修（字伯长）参军一直在作古歌诗杂文，当时人们都觉得可笑，而子美不予理睬。后来学者们逐渐起于尚古。只有子美在举世不为的时候写古文，可以说是卓尔不群的独立之士。”《柳子厚集》中有穆修所做的《后叙》说：“我年轻时喜欢读韩、柳两家的文章，柳宗元的文章不全见于世，而韩愈的文章虽能全见，但缺漏亡字失句很多，在各家文集中是最严重的。共用二十年的精力，文字才基本上确定下来，当时正是宋仁宗天圣九详之，如何？’公一览不能舍，叹曰：‘唐有斯文哉！’因为文章直以韩为宗尚。时韩之道独行于公，遂名肩愈，字绍先。韩之道大行于今，自公始也。”又云：“公生于晋末，长于宋初，扶百世之大教，续韩、孟而助周、孔。兵部侍郎王祐得公书曰：‘子之文出于今世，真古之文章也。’”兵部尚书杨昭俭曰：“子之文章，世无如者已二百年矣。”开以开宝六年登进士第，景作行状时，咸平三年。开序韩文云：“予读先生之文，自年十七至于今，凡七年。”然则在国初开已得《昌黎集》而作古文，去穆伯长时数十年矣，苏、欧阳更出其后，而欧阳略不及之，乃以为天下未有道韩文者，何也？范文正公作《尹师鲁集序》，亦云：“五代文体薄弱，皇朝柳仲涂起而麾之。洎杨大年专事藻饰，谓古道不适于用，废而弗学者久之。师鲁与穆伯长力为古文，欧阳永叔从而振之，由是天下之文一变而古。”其论最为至当。

年。”我读《张景集》中的《柳开行状》中说：“先生年轻时诵读经书典籍，天水有个姓赵的人，是个老儒生，拿着韩愈的只有百十篇文章给了他，说：‘这些文章质朴而不华丽，意义有点难以明白，你仔细地研读一遍，怎么样？’先生一读便放不下了，感叹说：‘只有唐代才有这样的文章！’于是写文章只以韩愈的风格为宗、为尚。当时韩愈的文风只有先生一人效法，于是就把自己改名为肩愈，字绍先。韩愈之文在今天盛行，是从先生开始发起的。”又说：“先生生于后晋末年，长于宋朝初年，扶正了百世的大教，继承了韩、孟而弘扬了周、孔文化。兵部侍郎王祜看到先生的书说：‘先生的文章出自于今日，但确实可以与古代的文章相比。’兵部尚书杨昭俭说：‘先生的文章，社会上已经二百年没人能比了。’柳开在宋太祖开宝六年登进士第，张景为他作行状时，是真宗咸平三年。柳开为韩愈文集作序说：“我读韩先生的文章，从十七岁至现在，共七年。”由此可见，在宋朝之初柳开已得到了《昌黎集》而开始写古文，比穆伯长要早几十年。苏舜钦、欧阳修更晚，而欧阳修比苏舜钦还要差一点，他认为天下没有称道韩文的，这是为什么？文正公范仲淹作《尹师鲁集序》，其中也说：“五代时文体薄弱，本朝柳仲涂独崛起而扛大旗。从杨亿专心于藻饰文风，说古文之道不适用，废古文而不学已经很长时间了。尹师鲁与穆伯长大力倡导古文，欧阳修跟随并发扬光大，从此天下的文章一下子变得崇尚古文。”这个论述是最精当的。

卷十（十七则）

经传烦简

《左传》：蔡声子谓楚子木曰：“善为国者，赏不僭而刑不滥。赏僭则惧及淫人；刑滥则惧及善人。若不幸而过，宁僭无滥，与其失善，宁其利淫。”其语本于《大禹谟》：“罪疑惟轻，功疑惟重，与其杀不辜，宁失不经”也。晋叔向诒郑子产书曰：“先王议事以制，诲之以忠，耸之以行，教之以务，使之以和，临之以敬，莅之以强，断之以刚，犹求圣哲之上，明察之官，忠信之长，慈惠之师。”其语本于《吕刑》“惟良折狱。哲人惟刑”也。旨意则同，而经传颂简为不侔矣。

曹参不荐士

曹参代萧何为汉相国，日夜饮酒不事事，自云：“高皇帝与何安天下，法令既明，遵而勿失，不亦可乎！”是则然矣，然以其时考之，承暴秦之后，高帝创业尚浅，日不暇给，岂无一事可关心者哉？其初相齐，闻胶西盖公善治黄、老言：

经传烦简

《左传·襄公二十六年》记载：蔡国的声子对楚国的令尹子木说：“善于治理国家的人，赏赐不过分而刑罚不滥用。赏赐过分，就怕及于坏人；刑罚滥用，就怕及于好人。如果不幸有了不当之处，宁可赏赐过分，不可刑罚滥用。与其失掉好人，宁可利于坏人。”这段话的根据是《尚书·大禹谟》中的两句话：“定罪一定要轻，赏功一定要重。与其杀害无辜的人，宁可对罪人失于惩罚。”《左传·昭公六年》又记载：晋国的叔向给郑国的执政子产写了一封信说：“先王依据制度来处理事情，对臣民百姓，要用忠诚训诫他们，根据行为奖励他们，用专业知识技艺教导他们，用平和使用他们，用严肃对待他们，用威严监临他们，用坚决的态度判断他们的罪行，还要访求聪明睿智的贤相，明察秋毫的官吏，忠实诚信的乡长，慈祥和蔼的老师。”这段话源本于《尚书·吕刑》的“判断案件一定要实事求是，制服百姓一定要用刑罚。”上述两则，经文和传文旨意相同，而详略却无法相比。

曹参不荐士

曹参继萧何之后担任汉惠帝的丞相，可是上任后日夜饮酒，无所事事，而且还为自己辩解说：“高祖刘邦与萧何丞相平定了天下，已经制订出严明周密的法令，我完全遵照执行，不出差错，难道不行吗？”这话当然没错，但是考察他所处的时代，当时正值残暴的秦朝灭亡后不久，高祖皇帝创下基业的时间还使人厚币请之。盖公为言治道贵清净而民自定。参于是避正堂以舍之，其治要用黄、老术。故相齐九年，齐国安集。然入相汉时，未尝引盖公为助也。齐处士东郭先生、梁石君隐居深山，蒯彻为参客，或谓彻曰："先生之于曹相国，拾遗举过，显贤进能，二人者，世俗所不及，何不进之于相国乎？"彻以告参，参皆以为上宾。彻善齐人安其生，尝干项羽，羽不能用其策。羽欲封此两人，两人卒不受。凡此数贤，参皆不之用，若非史策失其传，则参不荐士之过多矣。

汉初诸将官

汉初诸将所领官，多为丞相。如韩信初拜大将军，后为左丞相击魏，又拜相国击齐。周勃以将军迁太尉，后以相国代樊哙击燕。樊哙以将军攻韩王信，迁为左丞相，以相国击燕。郦商为将军，以右丞相击陈豨，以丞相击黥布。尹恢以右丞相备守淮阳。陈涓以丞相定齐地。然《百官公卿表》皆不载，盖萧何已居相位，诸人者，未尝在朝廷，特使假其名不长，百废待兴，令人日不暇给，难道会没有一件事情值得丞相大人关心吗？曹参当初在任齐国相时，听说胶西（今山东高密西南）的盖公精通黄、老之术，便派人以厚礼邀请。盖公对他说，治国之道，最重要的是要清静无为，不多生事端，这样老百姓自然会安居乐业，没有异心。曹参深表赞赏，当即腾出正房供盖公居住，并且实实在在地以黄、老学说为指导思想治理国家。所以他任齐国相九年，齐国平安无事。不过，曹参就任西汉王朝的丞相时，并没有带盖公为助手。齐国的东郭先生和梁石君是两位世外的高人，隐居在深山老林之中。有人对曹参的宾客蒯彻（即蒯通）说："先生与曹相国关系莫逆，能够为他指出思虑欠周之处及所犯的过失，并能荐举才德优异之人，这两位隐士都是普通世人所无法比拟的人物，您为什么不把他们推荐给曹相国呢？"蒯彻向曹参推荐后，曹参把他们都待为上宾。蒯彻与齐国的安其生关系很好，他们曾经向楚霸王项羽献计献策，但项羽不予采纳。项羽想给他们两个封官授爵，二人始终坚决不接受。连这几位大贤，曹参都不能重用，如果史书记载无误的话，曹参不能荐举士人的过错可就太严重了。

汉初诸将官

西汉初年诸将所戴的头衔，多为丞相，如韩信起初被拜为大将军，后来以左丞相的身份攻打魏王豹，又被拜为相国（即丞相）攻打齐王田广。周勃以将军升任太尉，后来又以相国的身份取代樊哙攻打燕王。樊哙以将军的身份攻打韩王信，后来升迁为左丞相，以相国的身份攻打燕王。郦商是位将军，以右丞相的身份攻打陈豨，以丞相的身份攻打黥布。尹恢以右丞相的身份为重耳。后世使相之官，本诸此也。

汉官名

汉官名既古雅，故书于史者，皆可诵味。如“朝臣断断不可光禄勋”，“谁可以为御史大夫者”，“御史大夫言可听”，“郎中令善愧人”，“丞相议不可用”，“太尉不足与计”，“大将军尊贵诚重”，“大将军有揖客”，“京兆尹可立得”，“大夫乘私车来邪”，“天官丞日晏不来”，“谢田大夫晓大司农”，“大司马欲用是忿恨”，“后将军数画军册”，“光禄大夫、大中大夫耆艾二人以老病罢”，“驸马都尉安所受此语”之类。又如所书路中大夫、韩御史大夫、叔孙太傅、郑尚书、鲍司隶、赵将军、张廷尉，亦烨然有法。《后汉书》“执金吾击郾”，“大司马当击宛”，“大司马用步骑”等语，尚有前史余味。

汉唐辅相

前汉宰相四十五人，自萧、曹、魏、丙之外，如陈平、王陵、周勃、灌婴、张苍、申屠嘉以高帝故臣，陶青、刘舍、许昌、薛泽、庄青翟、赵周以功臣侯子孙，窦婴、田蚡、公孙驻守淮阳。陈涓以丞相的身份平定齐地。然而，《汉书·百官公卿表》对这些都没有记载，大概是因为萧何已经高高地占据着丞相的位置，上述诸将都没有在朝廷就职，皇帝只不过是让他们假借丞相的名义以示重视而已。后代的“使相”一职，就是由此发端的。

汉官名

汉代的官名非常的古朴典雅，因而从史书中所看到的，都值得诵读玩味。例如：“朝臣激烈辩论，不同意光禄勋的意见”，“谁可以为御史大夫”，“御史大夫之言可听”，“郎中令善于使人羞愧”，“丞相的意见不可用”，“太尉不足与计谋”，“大将军尊贵诚重”，“大将军有揖客”，“京兆尹可以立即得到”，“大夫乘私车来吗”，“天官丞（即吏部丞）日晏不来”，“谢田大夫告诉大司农”，“大司马将因此忿恨”，“后将军数画军册”，“光禄大夫、大中大夫耆、艾两人因年老多病被罢职”，“驸马都尉从哪儿听到这样的话”；等等。又如史书中所记的路中大夫、韩御史大夫、叔孙太傅、郑尚书、鲍司隶、赵将军、张廷尉，也写得光彩照人，极有章法。范晔的《后汉书》中“执金吾攻鄗”，“大司马应当攻打宛（今河南南阳）”，“大司马善于使用步兵和骑兵”等话，还保留有前汉史的余韵。

汉唐辅相

西汉一代前后共有宰相四十五位，除了萧何、曹参、魏相、丙吉之外，像陈平、王陵、周勃、灌婴、张苍，申屠嘉等人拜相是因为他们乃高祖刘邦的老臣，陶青、刘舍、许昌、薛泽、庄青贺、刘屈氂以宗戚，卫绾、李蔡以士伍，唯王陵，申屠嘉及周亚夫、王商、王嘉有刚直之节，薛宣、翟方进有材，其余皆容身保位，无所建明。至于御史大夫，名为亚相，尤录录不足数。刘向所谓御史大夫未有如兒宽者，盖以余人可称者少也。若唐宰相三百余人，自房、杜、姚、宋之外，如魏徵、王珪、褚遂良、狄仁杰、魏元忠、韩休、张九龄、杨绾、崔祐甫、陆贽、杜黄裳、裴垍、李绛、李藩、裴度、崔群、韦处厚、李德裕、郑畋，皆为一时名宰，考其行事，非汉诸人可比也。

汉武留意郡守

汉武帝天资高明，政自己出，故辅相之任，不甚择人，若但使之奉行文书而已。其于除用郡守，尤所留意。庄助为会稽太守，数年不闻问，赐书曰："君厌承明之庐，怀故土，出为郡吏。间者，阔焉久不闻问。"吾丘寿王为东郡都尉，上以寿王为都尉，不复置太守，诏赐玺书曰："子在朕前之时，知略辐凑，及至连十余城之守，任四千石之重，职事并废，盗贼从横，甚不称在前时，何也？"汲黯拜淮阳太守，不受印绶，上曰："君薄淮阳邪？吾今召君矣，顾淮阳吏民不相得，吾徒得君重，卧而治之。"观此三者，则知郡国之事无细大，未尝不深知之，为长吏者常若亲临其上，又安有不尽力者乎？惜其为征伐、奢侈所移，使民间不见德泽，为可恨耳！

翟、赵周等人因为是功臣列侯的子孙，窦婴、田蚡、公孙贺、刘屈氂等人因为是宗室外戚，卫绾，李蔡等人因为是读书人，只有王陵、申屠嘉及周亚夫、王商、王嘉等人有刚直的气节，薛宣、翟方进等人有才干，其他的人都明哲保身，贪恋富贵，不敢犯颜直谏，因而没有多大的建树。至于御史大夫，尤其庸碌无为，不值一提。刘向曾说御史大夫没有像兒宽这样的，大概是因为其余的人中值得称道的太少了。唐朝的宰相前后有三百余人，除了房玄龄、杜如晦、姚崇、宋璟之外，像魏徵、王珪、褚遂良、狄仁杰、魏元忠、韩休、张九龄、杨绾、崔祐甫、陆贽、杜黄裳、裴垍、李绛、李藩、裴度、崔群、韦处厚、李德裕、郑畋等人，都是一时名相，考察他们的所作所为，绝非汉代诸相所能比拟的。

汉武留意郡守

汉武帝天资聪明过人，他亲自处理国家政事，一切自己说了算，因而对辅政的宰相人选，不太重视，似乎只是让他们奉行成命而已。但是，对于任用郡守一级的高级地方官员，汉武帝却十分留心。辞赋家庄助（即严助，因避汉明帝讳而改姓严）任会稽（今浙江绍兴）太守后汉武帝数年没有得到他的问候，于是给庄助写了一封信说："你厌倦了京师豪华的住宅，怀恋故乡绍兴的山水，因而出任会稽郡守。转眼间，我已经很久没有得到你的问候了。"吾丘寿王任东郡（今河南濮阳西南）都尉，武帝鉴于有寿王任都尉，就未再设置郡太守，后来又写了一封盖御玺的书信说："你在我面前的时候，足智多谋，有很多建树，可是现在到地方上治理十几个城池，肩负着郡太守和郡都尉（品级都是两千石）两项重任，却荒废了所有的政事，使得盗贼横行，民不聊生，

苦荬菜

吴归命侯天纪三年八月，有鬼目菜生工人黄耇家，有荬菜生工人吴平家，高四尺，厚三分，如枇杷形，上广尺八寸，下茎广五寸，两边生叶绿色。东观按图，名鬼目作芝草，荬菜作平虑草。以耇为侍芝郎，平为平虑郎，皆银印青绶。《唐·五行志》，中宗景龙二年，岐州郿县民王上宾家有苦荬菜，高三尺余，上广尺余，厚二分。说者以为草妖。予案荬菜即苦荬，今俗呼为苦蕒者是也。天纪、景龙之事甚相类，归命次年亡国，中宗后二年遇害，虽事非此致，亦可谓妖矣。平虑草不知何状，扬雄《甘泉赋》“并闾”注，如淳曰：“并闾，其叶随时政，政平则平，政不平则倾也。”颜师古曰：“如氏所说自是平虑耳。”然则亦异草也。鬼目，见《尔雅》，郭璞云：“今江东有鬼目草，茎似葛，叶员而毛如耳珰也，赤色丛生。”《广志》曰：“鬼目似梅，南人以饮酒。”《南方草木状》曰：“鬼目树，大者如木子，小者如鸭子，七这样的表现与在我面前时很不相称，究竟是什么缘故？”汲黯被任命为淮阳太守，却不接受印绶，汉武帝说：“莫非你看不起淮阳？我现在召命你，是因为看到淮阳的官民关系很不融洽，所以特意借重你的威名，卧而治之。”从这三件事可以看出，诸侯国和郡中之事，无论大小，汉武帝都十分熟悉，做地方官的常常感到皇帝好像就在自己的面前，又怎能不尽心尽力呢？可惜，这位具有雄才大略的帝王后来被对外征战和奢侈腐化迷住了心窍，使得老百姓看不到他的恩泽，实在是可恨之极！

苦荬菜

东吴归命侯孙皓天纪三年八月，手工业者黄耇家生了一棵鬼目菜，吴平家生了一棵荬菜，菜高四尺，冠厚三分，形如枇杷，冠的直径达一尺八寸，下边的茎直径有五寸，两边长着绿色的叶子。史官查阅古代的图书后，把鬼目菜叫作灵芝草，把荬菜叫作平虑草。因为进献瑞草有功，黄耇被任命为侍芝郎，吴平被任命为平虑郎，都佩戴银印青绶。《新唐书·五行志》记载：唐中宗景龙二年，陕西鄠县百姓王上宾家发现了一棵苦荬菜，高有三尺多，冠的直径有一尺多，厚二分。时人议论纷纷，多认为是草妖。我认为荬菜即苦荬，也就是现在人们所说“苦苣”。天纪和景龙年间的事情非常相似，归命侯孙皓于次年亡国，唐中宗李显两年后被毒死，事情虽然并不是由苦荬菜引起的，但称它为“妖”是完全可以的。平虑草的形状不知是什么样子，在西汉著名文学家扬雄《甘泉赋》“并闾”一词的注文中，如淳说：“并闾，它的叶子随现实政治的变化而变化，政平则叶平，政不平则叶子倾斜。”颜师古说：“如淳所说的当然是平虑草。”如果真是这样，那么月、八月熟，色黄，味酸，以蜜煮之，滋味柔嘉，交趾诸郡有之。”《交州记》曰：“高大如木瓜而小，倾邪不周正。”《本草》曰：“鬼目，一名东方宿，一名连虫陆，一名羊蹄。”

唐诸生束脩

《唐六典》：“国子生初人，置束帛一篚、酒一壶、脩一案，为束脩之礼。太学、四门、律学、书学、算学皆如国子之法。其习经有暇者，命习隶书，并《国语》《说文》《字林》《三苍》《尔雅》，每旬前一日，则试其所习业。”乃知唐世士人多攻书，盖在六馆时，以为常习。其《说文》《字林》《苍》《雅》诸书，亦欲责以结字合于古义，不特铨选之时，方取楷法遒美者也。束脩之礼，乃于此见之。《开元礼》载皇子束脩，束帛一篚五匹，酒一壶二斗，脩一案三脡。皇子服学生之服，至学门外，陈三物于西南，少进曰：“某方受业于先生，敢请见。”执篚者以篚授皇子，皇子跪，奠篚，再拜，博士答再拜，皇子还避，遂进跪取篚，博士受币，皇子拜讫，乃出。其仪如此，州县学生亦然。

平虑草也可以说是一种奇异的草了。鬼目草，见于《尔雅》，郭璞说："现在江东地区有鬼目草，其茎如葛藤，叶子是圆形的，上面的毛就像耳朵上的饰物一样，颜色是红的，丛生。"《广志》中记载："鬼目草像梅花，南方人用它来下酒。"《南方草木状》说："鬼目树，其大的如杨桃（即猕猴桃），小的如鸭蛋，七、八月份成熟，色黄，味酸，用蜂蜜煮透后，味道非常柔和甘美，交趾（今越南）各郡都有。"《交州记》说："（鬼目树）高大如木瓜而稍小，枝叶倾斜不周正。"《本草》说："鬼目菜，又叫东方宿、连虫陆、羊蹄。"

唐诸生束脩

《唐六典》载："国子生始入学时，需要置办束帛（即五匹）一竹箱，酒一壶，干肉一按，这就是酬谢老师的束脩之礼。太学、四门学、律学、书学、算学等学生也都依照国子学的办法进行。那些在攻读经学之外还有余暇时间的学员，奉命学习隶书，以及《国语》《说文》《字林》《三苍》《尔雅》等书，教师们于每旬的前一天考核学生所修的功课。"由此可知，唐代的读书人多钻研书法，大约在国子、太学、四门等六馆学习时，练习书法已是经常性的功课。教师们要求学生学习《说文》《字林》《三苍》《尔雅》等书，也是为了让他们在安排字的间架结构时能够符合古义，并非只是科举考试时，才选拔楷书刚劲优美的人。束脩之礼的作用，从这里就可以看出来了。《开元礼》中记载了皇子的束脩礼，内容是：束帛一箱五匹，酒一壶二斗，干肉一案三脡。皇子穿着学生的服装，来到学校门外，将三样东西陈列在西南方位，然后前行几步说："我刚刚受业于先生，现在冒昧来求

范德孺帖

范德孺有一帖，云："纯粹忝冒固多，尤是家兄北归，遂解倒悬之念，庆快安幸，此外何求？四月末雇舟离均，借人至邓，本待家兄之来。今家兄虽得归颍昌，而尚未闻来耗。已累遣人禀问所行路及相见之期，人尚未还，未知果能如约否。盖恐太原接人非久到此，法留半月，则须北去也。"予以其时考之，元符三年四月，德孺除知太原，是月二十一日，忠宣公自邓州公司，复故秩，许归颍昌府，则此帖当在五月间，忠宣犹未离永州也。德孺自均州守擢帅河东，至于雇舟借人以行，又云接人法留半月，过此则须北去，虽欲待其兄，亦不可得。今世为长吏，虽居蕞尔小垒，而欲送还兵士，唯意所须。若接人之来，视其私计办否为迟速耳，未尝顾法以自儆策。使申固要束，稍整摄之，置士大夫于无过之地，亦所以善风俗也。

见您。”于是，提箱子的人把箱子交给皇子，皇子跪下，放好箱子，拜两拜，博士也回报以两拜，皇子必须回避，随后跪着上前取箱子进献，博士接受礼物，皇子再次恭拜，然后才能离去。这就是皇子拜师的礼仪，州县学生也照此执行。

范德孺帖

范仲淹的儿子范纯粹（字德孺）有一篇文章说：“我才疏德薄，而所得到的恩典却太多，尤其是家兄纯仁要从南方返回，我的一颗悬着的才放下来一点，随之日夜祈祷他能够尽快平安回来，此外我还求什么呢？四月底，我雇船离开均州（今湖北丹江市西北），临行向官府借了几个人帮助来到邓州，准备在这里等待哥哥到来。当时哥哥虽然已经获准回到颍昌（今河南许昌），但是我还没有得到他到来的准确消息。我已经多次派人去探听他北返的路线及兄弟相见的日期，人还没有回来，也不知我们弟兄能否如约相会？我担心太原府派来迎接我赴任的人不久就要抵达，依照法令他们只能等候半个月，届时我便不得不北上了。”我查考当时的历史，宋哲宗元符三年四月，范德孺被委任为太原知府，同月二十一日，忠宣公范纯仁自邓州分司，恢复过去的品级，获准可以回到颍昌府，由此看来，这篇文章应当是在五月间写的，当时范纯仁还没有离开贬所永州（今湖南零陵）。范德孺由均州知州任上被提拔到河东地区为父母官，赴任时竟然雇船借人帮忙而行，又说太原派来迎接他的人依照法律只能逗留半个月，过了半个月就必须北上，即使想等候他的哥哥来相见也不可能。而现在的官员，即使是居于一个微不足道的小军营中，要他们归还士兵，也只能悉听尊便。至于迎接新官的人何

民不畏死

老子曰：“民常不畏死，奈何以死惧之？若使人常畏死，则为奇者吾得执而杀之，孰敢？”读者至此，多以为老氏好杀。夫老氏岂好杀者哉！旨意盖以戒时君、世主视民为至愚、至贱，轻尽其命，若刈草菅，使之知民情状，人人能与我为敌国，懔乎常有朽索驭六马之惧。故继之曰：“常有司杀者杀。夫代司杀者杀，是代大匠斲。夫代大匠斲，希有不伤其手矣。”下篇又曰：“人之轻死，以其生生之厚，是以轻死。”且人情莫不欲寿，虽衰贫至骨，濒于饿隶，其与受僇而死有间矣，乌有不畏者哉？自古以来，时运俶扰，至于空天下而为盗贼，及夷考其故，乱之始生，民未尝有不靖之心也。秦、汉、隋、唐之末，土崩鱼烂，比屋可诛。然凶暴如王仙芝、黄巢，不过侥觊一官而已，使君相御之得其道，岂复有滔天之患哉！龚遂之清渤海，冯异之定关中，高仁厚之平蜀盗，王先成之说王宗侃，民情可见。世之君子，能深味老氏之训，思过半矣。

时返回，则完全取决于官员私事办理速度的快慢，没有谁会顾忌法令从而鞭策自己。假若政府能够重申并且完善各项法令，逐步加以整顿，使士大夫们都能奉公守法，恪尽职守，这也是净化社会风气的一条重要途径。

民不畏死

老子说："老百姓经常不怕死，用死来吓唬他们有什么用呢？如果真能使人们都怕死，那么对于极少数胆敢作奸犯科、不顾身家性命的人，我就可以把他们抓起来统统处死，这样谁还敢违法取死呢？"读到这里，多数人都会认为老子是个好杀之人。实际上，老子哪里是什么好杀之人呢？他的本意只不过是想告诫那些高高在上的统治者，千万不要把老百姓视为最愚蠢、最卑贱之人，随心所欲地处死他们就如同铲除小草一样。老子希望君主们能全面了解老百姓的真实情况，明白每一个人都可能像敌对国家一样对自己构成严重的威胁，因而时刻提心吊胆，高度警惕，犹如用腐朽的绳索套着六匹马拉的一辆破车。所以他接着说道："经常有专管杀人的人去杀。代替专管杀人的人去杀，就如同代替木匠砍木头。代替木匠砍木头，很少有不砍伤自己手指的。"老子在下一篇中又说道："老百姓之所以轻率地不惜生命去冒险，是因为统治者拼命地想使自己生活得更加舒适，以致逼得百姓不惜生命去冒险。"况且希望长寿是人之常情，即使是穷困潦倒到了极点的人，其处境已与饥寒交迫的奴隶相似，但是和受戮而死仍然是大不相同的，难道会有人不怕吗？自古以来，时运多变，甚至于普天之下的人都揭竿而起，铤而走险，可是仔细地探究事变发生的原因后就会发现，事变初

天下有奇士

天下未尝无魁奇智略之士，当乱离之际，虽一旅之聚，数城之地，必有策策知名者出其间，史传所书，尚可考也。郑烛之武、弦高从容立计，以存其国。后世至不可胜纪，在唐尤多，姑摭其小小者数人载于此。

武德初，北海贼帅綦公顺攻郡城，为郡兵所败，后得刘兰成以为谋主，才用数十百人，出奇再奋，北海即降。海州臧君相帅众五万来争，兰成以敢死士二十人夜袭之，扫空其众。

徐圆朗据海岱，或说之曰："有刘世彻者，才略不世出，名高东夏，若迎而奉之，天下指挥可定。"圆朗使迎之。世起时，老百姓并没有不安分之心。秦、汉、隋、唐末期，形势犹如土崩瓦解、鱼腐肉烂，几乎家家有罪，人人可杀，可是像王仙芝、黄巢这样的“罪魁祸首”，所觊觎的只不过是一官半职而已。如果国君和宰相御下有方，难道会造成无法收拾的局面吗？从西汉龚遂之肃清渤海郡（今河北南皮北），东汉冯异之平定关中，高仁厚之镇压蜀盗，王先成之劝说王宗侃等事，可以清楚地看出民情，只要能够活下去，他们并不愿意犯上作乱。世上的君子，如果能够仔细地玩味老子的这番话，就可以少犯很多错误。

天下有奇士

天下并不缺乏具有雄才大略的智识之士，每当社会动荡不安之时，即使只有数百人聚在一起，或者在只有数城之地的范围内，也必定会涌现出能够出奇谋划异策的高人，这从史书的记载中可以轻易地查到。比如在先秦时期，郑国的烛之武和弦高，沉着冷静地定计，最终保全了自己的国家。后代的此类事例举不胜举，在唐朝尤其多，这里姑且选几位名不见经传的小人物为例。

唐高祖武德初年，北海（治今山东益都）郡义军首领綦公顺到处攻城掠地，在攻打郡城时却被郡兵所败，后来得到刘兰成作为谋士，仅用了数千人，出奇兵抖擞精神再战，北海郡便宣布投降。海州（今江苏连云港市西南）的臧君相率领五万人马来争夺北海，刘兰成派遣二十名敢死队员趁夜色发动突然袭击，一举击溃了敌兵。

徐圆朗占据今山东、江苏一带，有人劝告他说：“有个叫刘世彻的人，才智超群，举世罕见，在东部地区声名卓著，如果能彻至，已有众数千，圆朗使徇谯、杞，东人素闻其名，所向皆下。

裘甫乱浙东，朝廷遣王式往讨，其党刘睢劝甫引兵取越，凭城郭，据府库，循浙江筑垒以拒之，得间则长驱进取浙西，过大江，掠扬州，还修石头城而守之，宣歙、江西必有响应者，别以万人循海而南，袭取福、建，则国家贡赋之地，尽入于我矣。甫不能用。

高骈之将毕师铎攻骈，乞师于宣州秦彦，彦兵至，遂下扬州。师铎遣使趣彦过江，将奉以为主。或说之曰："仆射顺众心为一方去害，宜复奉高公而佐之，总其兵权，谁敢不服？且秦司空为节度使，庐州、寿州其肯为之下乎？切恐功名成败未可知也。不若亟止秦司空勿使过江，彼若粗识安危，必未敢轻进，就使他日责我以负约，犹不失为高氏忠臣也。"师铎不以为然，明日，以告郑汉章，汉章曰："此智士也。"求之，弗获。

把他请出来并且奉之为主，那么天下可以唾手而得。”徐圆朗接受了建议，马上派人去迎请刘世彻。当刘世彻到来时，帐下已有数千名愿意听从号令的人。徐圆朗派他去攻取谯（今安徽亳县）、杞（今河南杞县）一带，由于东方的人早就听说过他的大名，因而刘世彻所到之处，无不望风披靡。

裘甫在浙东地区起事，朝廷派遣王式前去讨伐。裘甫的副手刘暀劝他率兵攻取越（今浙江绍兴一带）州，凭借那里高大的城墙，利用那充实的仓库，并且沿浙江构筑防御工事以抵抗官军，如果有机会就长驱进取浙西，且渡过长江，占领扬州，然后掉回头整修、加固石头城（今南京）的防御设施，准备在这里坚守，宣（今安徽宣城）、歙（今安徽歙县）一带及江西一带必有人起来响应，我们再分出一万人马沿海南下，袭取福州和建州（今属福建）一带，这样，国家财赋的主要供应他，就全部归入咱们的版图了。然而，裘甫拒不接受刘暀的计策。

淮南节度使高骈的部将毕师铎进攻高骈，因为兵力不足，便向宣州的秦彦借兵，秦彦应援而至，从而攻克了高骈所坐镇的扬州。毕师铎派人催促秦彦及早过江，准备推他为主。有人劝告毕师铎说：“假若您想顺应民心为一方减少灾难，就应当重新奉高骈为主。在外人看来，您仍然在辅佐高骈，而实际上，您掌握着他的全部兵权，谁敢不服？况且秦彦任节度使，庐州（今安徽合肥）、寿州的人难道能服气吗？我实在担心功名成败难以预料。方今之计，不如立即派人制止秦彦渡江，他如果稍有头脑，懂得进退安危之势，就必定不敢贸然前来，即使他将来指责咱们不守信用，您仍然不失为高骈的忠臣。”毕师铎很不以为然，次日，他将此事告诉了郑汉章，郑汉章说：“这是位有识之王建镇成都，攻杨晟于彭州，久不下，民皆窜匿山谷，诸寨日出抄掠之。王先成往说其将王宗侃曰：“民入山谷，以俟招安，今乃从而掠之，与盗贼无异。且出淘虏，薄暮乃返，曾无守备之意，万一城中有智者为之画策，使乘虚奔突，先伏精兵于门内，望淘虏者稍远，出弓弩手炮各百人，攻寨之一面，又于三面各出耀兵，诸寨咸自备御，无暇相救，如此能无败乎？”宗侃矍然。先成为条列七事为状，以白王建，建即施行之。榜至三日，山中之民，竞出如归市，浸还故业。

观此五者，则其他姓名不传，与草木俱腐者，盖不可胜计矣。

易卦四德

《易》元、亨、利、贞，谓之四德，唯《乾》《坤》为能尽之。若《屯》《随》二卦，但大亨贞。《临》《无妄》《革》三卦，皆大亨以正而已。有享、利、贞者十一，《蒙》《同人》《离》《咸》《兑》《恒》《遯》《萃》《涣》《小过》《既济》也。元、亨、利者一，《蛊》也。利、贞者八，《大畜》《大壮》

士。”他们再派人去寻那人，可惜已经无影无踪了。

王建镇守成都，大举进攻盘踞在彭州（今四川彭县）的杨晟，可是久攻不下，老百姓多逃入山谷之中藏身。于是，王建手下的各寨士兵每天都四出掳掠他们。王先成见此情形，便前去劝说王建的部将王宗侃道：“老百姓逃入山谷，就是为了等候国家招安，现在你们追踪掳掠他们，这种行径与强盗没有什么不同。你们一大早出去搜捕抢掠，直到天快黑时才返回营寨，根本没有防敌之意，万一城内有智识之士为他们出谋划策，让他们乘虚反击，先把精兵埋伏在城门内，当望见外出搜捕抢掠的军队渐渐走远，然后出动弓弩手和炮手各百人，攻打军营的一面，并在其余三面都设有疑兵，使得各寨的士兵都全力忙于自保，无暇救援其他军寨，这样你们能不吃败仗吗？”王宗侃闻听大惊，幡然醒悟。王先成为此列举了七条写成状子，以便提交给王建，向他提出建议。王建当即采纳，并付诸行动。公告贴出去才三天，藏在山中的百姓争先恐后地出来，就如同回归市场一样，都逐渐地恢复了原来的职业。

读了这五条记载，我不禁想到，其他姓名不传，与草木同化为土灰的人，必定数不胜数。

易卦四德

在《周易》中，元亨利贞被称为“四德”，这只有《乾》《坤》二卦能够占全。像《屯》《随》二卦，只是大亨贞而已。《临》《无妄》《革》三卦，都是大亨以正而已。占有亨利贞三德的有十一卦，即：《蒙》《同人》《离》《咸》《兑》《恒》《遯》《萃》《涣》《小过》《既济》。占有元亨利三德的只有一卦，即《蛊》。占有

《明夷》《家人》《中孚》《蹇》《损》《渐》也。亨、贞者三，《需》《困》《旅》也。元、亨者三，《大有》《升》《鼎》也。亨、利者五，《贲》《复》《大过》《巽》《噬嗑》也。亨者九，如《小畜》《履》《泰》《谦》《节》《坎》《震》《丰》《未济》也。利者五，《讼》《豫》《解》《益》《夬》也。贞者四，《师》《比》《否》《颐》也。唯八卦皆无之，《观》《剥》《晋》《睽》《姤》《归妹》《井》《艮》也。若以卦象索之，如《剥》《睽》《姤》犹可强为之辞，它则不复容拟议矣。

孙坚起兵

董卓盗国柄，天下共兴义兵讨之，惟孙坚以长沙太守先至，为卓所惮，独为有功。故裴松之谓其最有忠烈之称。然长沙为荆州属部，受督于刺史王叡。叡先与坚共击零、桂贼，以坚武官，言颇轻之。及叡举兵欲讨卓，坚乃承案行使者，诈檄杀之，以偿曩忿。南阳太守张咨，邻郡二千石也，以军资不具之故，又收斩之。是以区区一郡将，乘一时兵威，辄害方伯、邻守，岂得为勤王乎？刘表在荆州，乃心王室，袁术志于逆乱，坚乃奉其命而攻之，自速其死，皆可议也。

利贞二德的有八卦，即：《大畜》《大壮》《明夷》《家人》《中孚》《蹇》《损》《渐》。占有亨贞二德的有三卦，即《需》《困》《旅》。占有元亨二德的有三卦，即：《大有》《升》《鼎》。占有亨利二德的有五卦，即：《贲》《复》《大过》《巽》《噬嗑》。唯有亨德的有九卦，即：《小畜》《履》《泰》《谦》《节》《坎》《震》《丰》《未济》。只有利德的有五卦，即：《讼》《豫》《解》《益》《央》。只有贞德的有四卦，即：《师》《比》《否》《颐》。连一德也不具备的仅有八卦，即：《观》《剥》《晋》《睽》《姤》《归妹》《井》《艮》。如果从卦象上探究，《剥》《睽》《姤》三卦尚可勉强与四德扯上关系，至于其他五卦就毫无可能了。

孙坚起兵

东汉末年，董卓窃取了国家政权，全国各地纷纷起义兵讨伐他，其中只有孙坚以长沙太守的身份先于众人赶到，为董卓所忌惮，从而为国家立下了不朽的功勋。所以，《三国志注》的作者裴松之称赞他最有忠烈之心。然而，长沙是荆州的属郡，理应接受刺史王叡的领导。王叡先前曾与孙坚一同镇压零陵（今湖南永州）、桂阳（今湖南郴州）一带的农民起义军，他认为孙坚只是一介武夫而已，因而在言语上对他十分轻视，孙坚怀恨在心。及至王叡举兵准备讨伐董卓时，孙坚便假托案行使者的手令，用巧计将他杀死，以泄旧愤。南阳太守张咨，乃是邻郡的二千石官，因为没有为他供应军用物资，结果竟被孙坚斩首示众。孙坚身为一名小小的郡将，凭着一时的兵威，竟动不动就杀害最高地方长官和邻郡的太守，这难道能够称为勤王吗？荆州牧刘表对皇室忠心耿耿，而淮南的袁术则一心想犯上作乱，孙坚却奉袁术之命

孙权封兄策

孙权即帝位，追尊兄策为长沙王，封其子为吴侯。案孙氏奄有江、汉，皆策之功，权特承之耳，而报之之礼不相宜称。故陈寿评云："割据江东，策之基兆也，而权尊崇未至，子止侯爵，于义俭矣。"而孙盛乃云："权远思盈虚之数，正本定名，防微于未兆，可谓为之于未有，治之于未乱。"其说迂谬如此。汉室中兴，出于伯升，光武感其功业之不终，建武二年，首封其二子为王，而帝子之封，乃在一年之后。司马昭继兄师秉魏政，以次子攸为师后，常云："天下者景王之天下。"欲以大业归攸。以孙权视之，不可同日论也。

逾年改元

自汉武帝建元纪年之后，嗣君绍统，必逾年乃改元。虽安帝继殇帝，亦终延平而为永初。桓帝继质帝，亦终本初而为建和。唐宣宗以叔继侄，亦终会昌六年，而改大中。独本朝太祖以开宝九年十月二十日上仙，太宗嗣位，是年十二月前去攻打刘表,真是自取灭亡。所有这些,都值得进一步商讨。

孙权封兄策

孙权称帝后,追尊哥哥孙策为长沙王,封孙策的儿子为吴侯。实际上,孙家之所以能占据长江、汉水流域大片地区,基本上都是因为孙策的功劳,孙权只不过是继承哥哥所创下的基业而已,可是报答他的礼节却很不相称。所以《三国志》的作者陈寿发表评论说:“孙家割据江东,乃是孙策所奠定的基础,而孙权对他的尊崇却很不够,孙策的儿子仅仅被封为侯爵,从情理上说是太薄了。”而史学家孙盛却说:“孙权深谋远虑,熟知事物盈虚转化的规律,因而正本定名,防微于苗头尚未出现之时,可谓是未雨绸缪,治乱于未乱了。”没想到孙盛的论点竟迂腐到这种程度。汉王朝的中兴,实际上是始于刘秀的长兄刘縯(字伯升),光武帝刘秀对哥哥的事业尚未完成就被刘玄所杀感到非常遗憾,因而于建武二年首先封刘縯的两个儿子为王,而自己亲儿子受封乃是在一年之后。司马昭继哥哥司马师之后掌握了曹魏的政权后,将自己的次子司马攸过寄给司马师为后,并且常说:“天下乃是景王(司马师)的天下”,计划把江山传给司马攸。孙权与他们相比,实在是不可同日而语。

逾年改元

自从汉武帝使用“建元”的年号纪年(此为追定之年号,年号真正开始使用是在25年之后)后,后世继承君位的人登基后必定要等到次年才改新元。就连汉安帝继承年仅一岁就夭折的殇帝,也是等到延平元年结束之后才改为永初元年。汉桓帝继二十二日改为太平兴国元年，去新岁才八日耳。意当时星辰历象考卜兆祥，必有其说，而国史传记皆失传。窃计岭、蜀之远，制书到时已是二年之春。是时，宰相薛居正、沈伦、卢多逊失于不考引故实，致行之弗审，使人君即位而无元年，尤为不可也。若唐顺宗以贞元二十一年正月嗣位，至八月辛丑，改元永贞。盖已称太上皇，嫌于独无纪年，故亟更之耳。刘禅、孙亮、石宏、苻生、李璟未逾年而改，此不足责。晋惠帝改武帝太熙为永熙，而以为欲长奉先皇之制，亦非也。唐中宗仍武后神龙，梁末帝追承太祖乾化，孟昶仍父知祥明德，汉刘知远追用晋天福，隐帝仍父乾祐，周世宗仍太祖显德，皆非礼之正，无足议者。唐哀帝仍昭宗天祐，盖畏朱温而不敢云。

承质帝，也是等到本初元年过完之后才改为建和元年。唐宣宗以皇太叔的身份继承侄儿的帝位，也是等到会昌六年结束后才改为大中元年。只是本朝太祖皇帝赵匡胤于开宝九年十月二十日仙逝，太宗光义继位，同年十二月二十二日改元为太平兴国元年，此时距新的一年仅仅只有八天。估计当时必定有人观测天象，推算历法，占卜祥瑞、证明此举确有道理，只有史书中都缺乏记载而已。我计算了一下岭南和巴蜀地区距离京师的遥远里程，当朝廷关于改元的诏书到达时，这里已是太平兴国二年的春天。当时的宰相薛居正、沈伦、卢多逊失于不仔细地查考已有的先例，以致轻率地进行改元，使得新君继位后竟无元年，实在是说不过去。唐顺宗李诵于贞元二十一年正月继位，到八月辛丑日改元为永贞。这大概是因为顺宗此时已经被迫退位，改称太上皇，他对唯有自己没有年号感到十分遗憾，所以急忙更改年号。刘禅、孙亮、石宏、苻生、李璟等人继位后未到次年就改元，这对于这类人来说，也没有什么值得大加指责的。晋惠帝继位的当年，把武帝司马炎的年号“太熙”改为永熙，并认为此举乃是要长奉先皇之制，这实际上也是很不可取的。唐中宗沿用武则天的年号“神龙”，梁末帝追承太祖的年号“乾化”，孟昶沿用父亲知祥的年号“明德”，后汉刘知远追承晋高祖石敬瑭的年号“天福”，后汉隐帝沿用父亲的年号“乾祐”，后周世宗柴荣沿用太祖郭威的年号“显德”，所有这些都不符合正统的礼仪，没有什么可取之处。唐哀帝沿用昭宗的年号“天祐”，大概是因为畏惧朱温不敢更改年号。

贼臣迁都

自汉以来，贼臣窃国命，将欲移鼎，必先迁都以自便。董卓以山东兵起，谋徙都长安，驱民数百万口，更相蹈藉，悉烧宫庙、官府、居家，二百里内无复鸡犬。高欢自洛阳迁魏于邺，四十万户狼狈就道。朱全忠自长安迁唐于洛，驱徙士民，毁宫室百司，及民间庐舍，长安自是丘墟。卓不旋踵而死，曹操迎天子都许，卒覆刘氏。魏、唐之祚，竟为高、朱所倾。凶盗设心积虑，由来一揆也。

舆地道里误

古今舆地图志所记某州至某州若干里，多有差误。偶阅《元祐九域志》，姑以吾乡饶州证之，饶西至洪州三百八十里，而《志》云："西至州界一百七十里，自界首至洪五百六十八里。"于洪州书至饶，又衍二十里，是为七百六十里也。饶至信州三百七十里，而《志》云："东南至本州界二百九十里，自界首至信州三百五十里。"是为六百四十里也。饶至池州四百八十里，而《志》云："北至州界一百九十

贼臣迁都

自从汉朝以后，奸臣们窃取国家政权，准备改朝换代时，必定要先行迁都以避开敌对势力，更有把握地实现自己的狼子野心。董卓看到东部各州都纷纷起兵讨伐自己，于是决定把东汉的都城从洛阳迁到长安（今陕西西安）。一时间，数百万居民被驱起程入关，沿路之上，人马相杂，相互践踏，死亡无数。董卓把洛阳的宫庙、官府、居家全部付之一炬，以致二百里内屋室荡尽，无有人烟。高欢把东魏的都城从洛阳迁到邺城（今河北临漳西南），令下三日即动身，四十万户居民狼狈上路。朱全忠（即朱温）把唐朝的都城从长安迁到洛阳，强迫士民上路东迁，并且拆毁了长安的宫殿、百官衙门以及民间的房屋，长安自此成为废墟。董卓迁都后不久就被杀死，曹操迎汉献帝都许，最终覆灭了刘氏的江山。东魏和唐朝的政权，最终也被高氏父子和朱全忠所倾覆。凶恶的奸贼处心积虑地要达到自己的个人目的，为此可以不顾一切，自古就是这样。

舆地道里误

古今的疆域地理图书所记载的某州至某州若干里，多有误差。我随手翻阅了一下《元祐九域志》，这里姑且就以我的家乡饶州（今江西波阳）为例加以证明。由饶州向西至洪州（今江西南昌）的实际距离为三百八十里，而该书却说："向西至本州的边界一百七十里，从边界至洪州五百六十八里。"在记载从洪州到饶州的距离时，又多出二十里，这就是七百六十里。从饶州至信州（今江西上饶）的实际距离为三百七十里，而该书却说："从饶州向东南到本州边界二百九十里，从边界至信州三百五十里。"

里，自界首至池州三百八十里。”是为五百七十里也。唐贾耽《皇华四达记》所纪中都至外国，尤为详备，其书虔州西南一百十里至潭口驿，又百里至南康县。然今虔至潭口才四十里，又五十里即至南康，比之所载不及半也。以所经行处验之，知其他不然者多矣。

这样就成了六百四十里。从饶州到池州（今安徽贵池）的实际距离为四百八十里，而该书却说："饶州向北至本州边界一百九十里，从边界至池州三百八十里。"这就成了五百七十里。唐朝贾耽的《皇华四达记》中所记载的京师到外国的里程，特别详细。它说从虔州（今江西赣州）向西南行一百一十里到潭口驿，再行一百里到达南康县（今江西星子）。可是今天从虔州到潭口才四十里，再行五十里即到南康，这与贾耽所记载的里程相比，还不到一半。以我亲身所走过之处的里程加以验证，可以看出，其他记载有误的地方还有很多。

卷十一（十五则）

古錞于

周礼："鼓人掌教六鼓四金之音声，以节声乐。"四金者，錞、镯、铙、铎也。"以金錞和鼓"，郑氏注云："錞，錞于也，圜如碓头，大上小下，乐作鸣之，与鼓相和。"贾公彦疏云："錞于之名，出于汉之《大予乐》官。"南齐始兴王鉴为益州刺史，广汉什邡民段祚以錞于献鉴，古礼器也，高三尺六十六分，围二尺四寸，圆如筒，铜色黑如漆，甚薄，上有铜马，以绳县马，令去地尺余，灌之以水，又以器盛水于下，以芒茎当心跪注錞于，以手振芒，则其声如雷，清响良久乃绝，古所以节乐也。周斛斯征精《三礼》，为太常卿。自魏孝武西迁，雅乐废缺，乐有錞于者，近代绝无此器，或有自蜀得之，皆莫之识。征曰："此錞于也。"众弗之信，遂依干宝《周礼注》以芒筒捋之，其声极清，乃取以合乐焉。《宣和博古图说》云"其制中虚，椎首而杀其下"，王黼亦引段祚所献为证云。今乐府金錞，就击于地，灌水之制，不复考矣。是时，有虎龙錞一，山纹錞一，圜花錞一，絷马錞一，龟鱼錞一，鱼錞一，凤錞一，虎錞七。其最大者重五十一斤，小者七斤。淳熙十四年，澧州慈利县周赧王墓旁五里山摧，盖古冢也，其中藏器物甚多。予甥余玠宰是邑，得一錞，高一尺三寸，上径长九寸五分，阔八寸，下口长径五寸八分，阔五寸，虎

古錞于

《周礼》说："鼓人（官名）掌教六鼓四金之音乐，以节制声乐。"四金是指錞、镯、铙、铎四种金属乐器。在"又金錞和鼓"下，郑玄的注说："錞，即錞于，圆形，与舂米所用的碓头相似，上大下小，当演奏乐曲时击之发声，可以与鼓声相和。"贾公彦又进一步补充说："錞于一名，出自于汉代《治大予乐》官。"南朝齐始兴王萧鉴任益州（今四川成都）刺史时，广汉郡什邡县的百姓段祚向他进献了一枚錞于。这枚錞于乃是古代的礼器，高三尺六寸六分，粗处周长二尺四寸，圆如筒，铜色黑如漆，非常薄，上面有一匹铜马，用绳子悬着，离地面有一尺多，给它灌上水，再在它下面用容器盛水，然后用芒草茎当心跪注于錞于，以手振动芒草茎，就会发出雷鸣般的声响，其清脆的声音萦绕很久才完全消失，古代就是用这种乐器来节制音乐节奏的。北周的斛斯征精通《三礼》（即《周礼》《礼记》《仪礼》），在政府中担任太常卿之职。自从北魏孝武帝西迁关中以后，雅乐被废弃失传，尽管有使用錞于的乐曲，但近世根本没有这种乐器。有人从四川得到了它，却没有人认识。斛斯征看了以后说："这是錞于。"大家都不相信，于是他就依照干宝《周礼注》所说的用芒筒摩擦它，发出的声音十分清扬，所以他就利用这种乐器来合奏乐曲。《宣和博古图说》记载："錞于的构造是中空，上部像椎头，较粗，而下部较细"，该书的作者之一王黼也以段祚所献的錞于为证。现在乐府的金錞，只是放在地上敲打发声，灌水之制钮高一寸二分，阔寸一分，并尾长五寸五分，重十三斤。绍熙三年，予仲子签书峡州判官，于长杨县又得其一，甚大，高二尺，上径长一尺六分，阔一尺四寸二分，下口长径九寸五分，阔八寸，虎钮高二寸五分，足阔三寸四分，并尾长一尺，重三十五斤。皆虎錞也。予家蓄古彝器百种，此遂为之冠。小錞无损缺，扣之，其声清越以长。大者破处五寸许，声不能浑全，然亦可考击也。后复得一枚，与大者无小异，自峡来，置诸箬笼中，取者不谨，断其钮，匠以药銲而棚之，遂两两相对。若《三礼图》《景祐大乐图》所画，形制皆非。《东坡志林》记始兴王鉴一节，云："记者能道其尺寸之详如此，而拙于遣词，使古器形制不可复得其仿佛，甚可恨也。"正为此云。

已不复存在了，事实上也搞不清楚。当时所保存的振于有龙虎錞一枚，山纹錞一枚，圆花錞一枚，縶马錞一枚，龟鱼錞一枚，鱼錞一枚，凤錞一枚，虎錞七枚。其中最大的重达五十一斤，小的也有七斤。宋孝宗淳熙十四年，澧州（今湖南澧县）慈利县周赧王墓旁五里山发生山崩，从而使古墓暴露在世人面前，墓中所藏的器物很多。正巧我的外甥余玠在这里做官，他得到了一錞，高一尺三寸，上径长九寸五分，宽八寸，下口长径五寸八分，宽五寸，虎钮高一寸二分，宽一寸一分，加上尾巴长五寸五分，整体重十三斤。宋光宗绍熙三年，我的次子被委任为签书峡州（今湖北宜昌）判官，他在长杨县又得到一枚，体积很大，高达二尺，上径长一尺六分，宽一尺四寸二分，下口长径九寸五分，宽八寸，虎钮高二寸五分，足宽三寸四分，加上尾巴长达一尺，整体重三十五斤。这两枚都是虎錞。我家收藏的古代礼器有百种之多，其中最珍贵的就是錞于。那枚小錞毫无损伤，叩击之后发出的声音清越悠长。那枚大的有伤，破口约有五寸，因而发出的声音无法达到浑全的效果，但是仍然可以敲击。后来我又得到一枚，与原有的那枚大的没有什么区别，是从峡州运来的，放置在一个竹笼之中，不料取錞的人一不小心弄断了钮，工匠把它焊结起来并加以保护措施，于是几枚錞于两两相对。至于《三礼图》《景祐大乐图》所画的錞于图按，形制都不对。苏轼的《东坡志林》中提到始兴王萧鉴得到錞于一事时说：“记载此事的人能把錞于的尺寸说得如此详细，却拙于遣词造句，准确描绘，以致今天对古器的形制无法再搞清楚，实在是可恨之极。”苏东坡生气，正是由此引起。

孙玉汝

韩庄敏公缜字玉汝，盖取君子以玉比德，缜密以栗，及王欲玉汝之义，前人未尝用，最为古雅。案唐《登科记》，会昌四年及第进士有孙玉汝。李景让为御史大夫，劾罢侍御史孙玉汝。会稽《大庆寺碑》，咸通十一年所立，云衢州刺史孙玉汝记。荣王宗绰书目，有《南北史选练》十八卷，云孙玉汝撰。盖其人也。

唐人避讳

唐人避家讳甚严，固有出于礼律之外者。李贺应进士举，忌之者斥其父名晋肃，以晋与进字同音，贺遂不敢试。韩文公作《讳辩》，论之至切，不能解众惑也。《旧唐史》至谓韩公此文，为文章之纰缪者，则一时横议可知矣。杜子美有《送李二十九弟晋肃入蜀》诗，盖其人云。裴德融讳“皋”，高锴以礼部侍郎典贡举，德融入试，锴曰：“伊讳‘皋’，向某下就试，与及第，困一生事。”后除屯田员外郎，与同除郎官一人，同参右丞卢简求。到宅，卢先屈前一人入，前人启云：“某与新除屯田裴员外同祗侯。”卢使驱使官传语曰：“员外是何人下及第？偶有事，不得奉见。”裴苍遽出门去。观此事，尤为乖刺。锴、简求皆当世名流，而所见如此。《语林》载崔殷梦知举，吏部尚书归仁晦托弟仁泽，殷梦唯唯而已。无何，仁晦复诣托之，至于三四。殷梦敛色端笏，曰：“某见

孙玉汝

韩庄敏公缜字玉汝，大概是取君子以玉比德，缜密坚实，以及王欲玉汝(即以汝为玉)之意，前人未曾用过，最古雅不过。按：唐代的《登科记》记载，在唐武宗会昌四年及第的进士中有个叫孙玉汝的。李景让任御史大夫时，曾劾免了侍御史孙玉汝。会稽(今浙江绍兴)的《大庆寺碑》是唐懿宗咸通十一年所立，碑文的落款是衢州刺史孙玉汝撰。荣王李宗绰的书目中有《南北史选练》十八卷，说是孙玉汝所撰。所有这些地方出现的，大约都是一个人。

唐人避讳

唐朝人避家讳是非常严的，甚至有不少已经远远超出了礼律的范畴。才华横溢的诗人李贺考进士时，嫉贤妒能的人指责他不避父亲晋肃的讳，因为“晋”与“进”同音，李贺竟不敢参加考试。韩愈曾写了一篇《讳辩》，情真意切地深刻论述这个问题，却无法把鬼迷心窍的众人说服。《旧唐书》甚至说韩愈的文章是一篇错误的文章，由此可以想见，当时社会舆论对韩愈是一片反驳之声。杜甫(字子美)的《送李二十九弟晋肃入蜀》诗，大概写的就是李贺的父亲。裴德融因父亲名叫“皋”而讳此字，当高锴以礼部侍郎的身份主持科举考试时，裴德融正巧参加了考试，高锴说：“他讳‘皋’字，又在我主持时参加考试，如果考取了，终生都要因此受困。”裴德融后来被委任为屯田员外郎，便与另一位新受命的郎官一起去拜见右丞卢简求。到达卢府门前后，卢简求让裴的同伴先入，那人禀告说：“我与刚刚被委任为屯田的裴员外一起敬候您的接见。”卢简求命驱使官到门口传话进表让此官矣。”仁晦始悟己姓，殷梦讳也。按《宰相世系表》，其父名龟从，此又与高相类。且父名晋肃，子不得举进士，父名皋，子不得于主司姓高下登科，父名龟从，子不列姓归人于科籍，揆之礼律，果安在哉？后唐天成初，卢文纪为工部尚书，新除郎中于邺公参，文纪以父名嗣业，与同音，竟不见。邺忧畏太过，一夕雉经于室。文纪坐谪石州司马。此又可怪也。

高锴取士

高锴为礼部侍郎，知贡举，阅三岁，颇得才实。始，岁取四十人，才益少，诏减十人犹不能满。此《新唐书》所载也。按《登科记》，开成元年，中书门下奏：“进士元额二十五人，请加至四十人。”奉敕依奏。是年及二年、三年，锴在礼部，每举所放，各四十人。至四年，始令每年放三十人为定，说：“员外是何人门下考中的？我突然有事要办，无法接见。”裴德融知道右丞对自己不避父讳感到不满，慌忙出门而去。我觉得，这件事实在是荒唐之极。高锴和卢简求都是当时的名流，而见解却如此迂腐。《语林》记载，崔殷梦主持科举考试时，吏部尚书归仁晦托他关照自己的弟弟归仁泽，崔殷梦只是恭敬地含糊其词，不置可否。不久，归仁晦又去找崔殷梦相托，前后达三、四次。崔殷梦于是神情庄重地拿出笏板说：“我现在就上表辞去此职。”归仁晦这时才醒悟过来，原来自己的姓正是崔殷梦的家讳。查考《宰相世系表》可知，崔殷梦的父亲名叫龟从，“龟”字与“归”字同音，这“高”“皋”同音的情形是一样的。父亲名叫晋肃，儿子就不能考进士，父亲名叫皋，儿子不能在姓高的主考官下登科，父亲名叫龟从，儿子主持科举就不能录取姓归的人，这种规矩，从礼律上看，道理何在呢？后唐明宗天成初，卢文纪任工部尚书，新任命的郎中于邺参与处理公务，卢文纪因为父亲名叫嗣业，与于邺的名字同音，所以始终不愿看到于邺。于邺忧惧过头，竟在一天夜里自缢身亡于家中。结果，卢文纪也因此被贬为石州（今山西离石）司马。这真是一件更加令人不可思议的怪事。

高锴取士

高锴任礼部侍郎，主持科考达三年之久，选拔了很多具有真才实学的士人。起初，每年录取四十人，可是有才学的人更少，皇帝下诏削减十个名额仍无法取足。上述情况是《新唐书》所记载的。而《登科记》记载，唐文宗开成元年，中书门下省上奏：“进士原来的名额是二十五人，请求增加到四十人。”文宗则《唐书》所云误矣。《摭言》载锴第一牓裴思谦以仇士良关节取状头，锴庭谴之。思谦回顾厉声曰："明年打脊取状头。"第二年，锴知举，诫门下不得受书题。思谦自携士良一缄入贡院，既而易紫衣趋至阶下，白曰："军容有状荐裴思谦秀才。"锴接之，书中与求巍峨。锴曰："状元已有人，此外可副军容意旨。"思谦曰："卑吏奉军容处分：'裴秀才非状元请侍郎不放。'"锴俯首良久，曰："然则略要见裴学士。"思谦曰："卑吏便是也。"锴不得已，遂从之。思谦及第后宿平康里，赋诗云："银釭斜背解明珰，小语低声贺玉郎。从此不知兰麝贵，夜来新惹桂枝香。"然则思谦亦疏俊不羁之士耳。锴徇凶珰之意，以为举首，史谓颇得才，实恐未尽然。先是，大和三年，锴为考功员外郎，取士有不当，监察御史姚中立奏停考功别头试，六年，侍郎贾餗又奏复之，事见《选举志》。

批准了这一请求。这一年及随后的两年，高锴在礼部任侍郎，主持科考，每年所录取的进士各为四十人。到开成四年，文宗才下令每年录取三十人作为定额。由此可见，《新唐书》所记是错误的。《摭言》记载，在高锴放第一榜时，裴思谦因为权阉仇士良的关系想被取为状元，高锴当场予以拒绝，并严词谴责。裴思谦回头厉声叫道："明年我非得鞭打你的脊梁，拿到状元不可！"第二年，高锴仍然主持科考，他告诫手下人不得接受别人的条子。裴思谦亲自带着仇士良的一封信进入贡院，然后身穿紫色的官服来到高锴的阶下，说道："观军容使仇士良有一封信举荐裴思谦有优异之才。"高锴接过书信一看，知道仇士良在信中为裴思谦求状元，便说："状元已经有人了，此外的尽可以满足军容使的要求。"裴思谦说："卑职奉军容使的指令：'裴秀才若非状元请侍郎不要放榜。'"高锴低头思索良久，说"如果这样，我要见见裴学士"裴思谦说："卑职就是裴思谦。"高锴没有办法，只得从命。裴思谦及第后住在平康里，曾赋诗一首说："银釭斜背解明珰，小语低声贺玉郎。从此不知兰麝贵，夜来新惹桂枝香。"由此可见，裴思谦也是个放荡不羁之士。高锴屈从奸宦的意旨，把裴思谦取为状元，史书还称赞他为国家选拔了有用之才，实际上恐怕并不尽然。起初，在唐文宗大和三年，高锴任考功员外郎，取士有不当之处，监察御史姚中立上奏停止他所主持的考功别头试（即为与主持进士科考试的礼部侍郎有亲戚故旧关系的应试者所单独举办的考试，由考功员外郎主试），到大和六年，侍郎贾餗又奏请恢复别头试，此事见于《选举志》。

兵部名存

唐因隋制，尚书置六曹。吏部、兵部分掌铨选，文属吏部，武属兵部。自三品以上官册授，五品以上制授，六品以下敕授，皆委尚书省奏拟。两部各列三铨：曰尚书铨，尚书主之；曰东铨，曰西铨，侍郎二人主之。吏居左，兵居右，是为前行。故兵部班级在户、刑、礼之上。睿宗初政，以宋璟为吏部尚书，李乂、卢从愿为侍郎；姚元之为兵部尚书，陆象先、卢怀慎为侍郎。六人皆名臣，二选称治。其后用人不能悉得贤，然兵部为甚。其变而为三班流外铨，不知自何时。元丰官制行，一切更改，凡选事，无论文武，悉以付吏部。苏东坡当元祐中拜兵书，谢表云："恭惟先帝复六卿之名，本欲后人识三代之旧，古今殊制，闲剧异宜，武选隶于天官，兵政总于枢辅，故司马之职，独省文书。"盖纪其实也。今本曹所掌，惟诸州厢军名籍，及每大礼，则书写蕃官加恩告。虽有所辖司局，如金吾街仗司、骐骥车辂象院、法物库、仪鸾司，不过每季郎官一往耳。名存实亡，一至于是！

兵部名存

唐朝沿袭隋朝的制度，在尚书省设置六曹，吏部和兵部分掌铨选，文职属吏部，武职属兵部。三品以上的官员实行册封，五品以上的制封，六品以下的敕封，文武官员都由尚书省奏批。两部各设三铨，即：尚书铨，东铨，西铨。尚书铨由尚书主管，东西铨各由一名侍郎负责。吏部居左，兵部居右，这就是朝班的前行。所以，兵部的班次在户部、刑部、礼部之上。睿宗刚开始执政时，任命宋璟为吏部尚书，李义、卢从愿为吏部侍郎；任命姚元之(即姚崇)为兵部尚书，陆象先、卢怀慎为兵部侍郎。这六个人都是一代名臣，因而文、武二选的事务都被处理得妥妥帖帖，有条有理，得到了广大士民的普遍赞扬。此后所用的人并不全是德才兼备的人，尤其是兵部。不知从什么时候开始，这种制度变成了三班流外铨。宋神宗元丰年间全面改革官制，一切都改，有关选举之事，无论文武，全由吏部负责。苏东坡在哲宗元祐年间被委任为兵部尚书，他上给皇帝谢恩表说："先帝恢复六卿之名，本来是想让后人了解夏、商、周三代的旧制，明白古今制度不同，宽猛因时而异，现在将武选划归天官(即吏部)负责，兵政由枢密院总领，因而司马(指兵部尚书)之职，仅仅是省览文书而已。"苏轼所说的的确是当时的实际情况。今天兵部所主管的事务，只是各州厢军的花名册，以及每当有重大庆典时，负责拟写蕃官的加恩告。即使是兵部所辖的司局，如金吾街仗司、骐骥车辂象院、法物库、仪鸾司等，也只不过是由郎官每季前去转一圈而已。名存实亡，竟至如此程度！

武官名不正

文官郎、大夫，武官将军、校尉，自秦、汉以来有之。至于阶秩品著，则由晋、魏至唐始定。唐文散阶二十九，自开府、特进之下，为大夫者十一，为郎者十六。武散阶四十五，为将军者十二，为校尉者十六。此外怀化、归德大将军，讫于司戈、执戟，皆以待蕃戎之君长臣仆。本朝因之。元丰正官制，废文散阶，而易旧省部寺监名，称为郎、大夫，曰寄禄官。政和中，改选人七阶亦为郎，欲以将军、校尉易横行以下诸使至三班借职，而西班用事者嫌其途辙太殊，亦请改为郎、大夫，于是以卒伍厮圉玷污此名，又以节度使至刺史专为武臣正任。且郎、大夫，汉以处名流，观察使在唐为方伯，刺史在汉为监司，在唐为郡守，岂介胄恩幸所得处哉？此其名尤不正者也。

名将晚谬

自古威名之将，立盖世之勋，而晚谬不克终者，多失于恃功矜能而轻敌也。关羽手杀袁绍二将颜良、文丑于万众之中。及攻曹仁于樊，于禁等七军皆没，羽威震华夏，曹操议徙许都以避其锐，其功名盛矣。而不悟吕蒙、陆逊之诈，竟堕孙权计中，父子成禽，以败大事。西魏王思政镇守玉壁，高欢连营四十里攻围之，饥冻而退。及思政徙荆州，举韦孝

武官名不正

文官郎、大夫，武官将军、校尉，从秦汉以后一直都有。至于官吏的品级、俸禄和衣饰，则从晋朝、北魏到唐朝才逐渐确定下来。在唐朝，文散阶有二十九级，自开府、特进以下，大夫有十一级，郎有十六级。武散阶有四十五级，其中将军十二级，校尉十六级。此外，从怀化、归德大将军至司戈、执戟，都是专门授给少数民族的酋长以及臣仆的。我们大宋朝继续沿用这种制度。元丰年间改革官制时，废除了文散阶，而改为过去的省、部、寺、监名，称郎，大夫等，这就是所谓的寄禄官，仅表示官吏的品级，而无实掌。宋徽宗政和年间，将选人七阶也改为郎，计划用将军、校尉等名称取代横行以下诸使至三班借职，可是西班的当权者嫌两种仕途悬殊太大，也请求将本系统的官名改为郎、大夫，于是以军人、杂役等玷污这些官名，又以节度使至刺史专门作为武臣的正任。况且，郎、大夫之职在汉代是用来安置名流的，观察使在唐代是一方最高长官，刺史在汉代是监察官，在唐代是郡守，哪里是武夫和受宠的小人所能充任的？这是武官中名实尤其不符的。

名将晚谬

自古以来，威名赫赫、功高盖世的将领，在晚年出现失误以致不能善终的，大多数是失于居功自傲、大意轻敌。蜀汉的关羽，在万马千军之中手杀袁绍帐下的名将颜良、文丑，如同探囊取物。在攻打樊城（今湖北襄樊）的曹仁时，又大破于禁等七军，威震华夏，竟使得曹操准备迁都许昌以避其锋，其威名可谓鼎盛之极了。可是，高傲的关羽竟没有识破吕蒙、陆逊的欺诈，宽代己，欢举山东之众来攻，凡五十日，复以败归，皆思政功也。其后欲以长社为行台治所，致书于崔猷，猷曰："襄城控带京洛，当今要地，如其动静，易相应接。颍川邻寇境，又无山川之固，莫若顿兵襄城，而遣良将守颍川，则表里胶固，人心易安，纵有不虞，岂足为患？"宇文泰令依猷策，思政固请，且约：贼水攻期年、陆攻三年之内，朝廷不烦赴救。已而陷于高澄，身为俘虏。慕容绍宗挫败侯景，一时将帅皆莫及，而攻围颍川，不知进退，赴水而死。吴明彻当陈国衰削之余，北伐高齐，将略人才，公卿以为举首，师之所至，前无坚城，数月之间，尽复江北之地。然其后攻周彭城，为王轨所困，欲遏归路。萧摩诃请击之，明彻不听，曰："搴旗陷陈，将军事也，长算远略，老夫事也。"一旬之间，水路遂断。摩诃又请潜军突围，复不许，遂为周人所执，将士三万皆没焉。此四人之过，如出一辙。

冷不防中陷入了孙权的圈套，以致父子同时被擒，不仅自己身败名裂，而且也坏了蜀汉的大事。西魏的王思政镇守玉壁（今山西稷山西南）时，高欢连营四十里围攻他，最终因天气寒冷、粮草缺乏而被迫退兵。当王思政移镇荆州（今湖北江陵）时，举荐韦孝宽接替自己守卫玉壁城，高欢乘机率领东魏重兵大举围攻玉壁，经过五十天的激战，东魏损兵折将、大败而归，这也是王思政的功劳。后来，王思政想以长社县（今河南长葛）为行台治所，特意给崔猷写了一封信，崔猷回答说："襄城郡控带京师和洛阳，是当今的战略要地，如有特殊情况，便于相互接应。颍川郡（治今河南许昌）临近敌境，又无山川之险以为屏障，不如重兵驻守襄城，同时派遣良将守卫颍川，这样表里俱固，人心易安，即使有出乎意料的事件发生，又有什么可担心的？"西魏丞相宇文泰命令依照崔猷的策略行事，可是王思政再三坚决请求。而且保证：敌人水攻一年、陆攻三年之内，不麻烦朝廷发兵救援。不久，颍川郡被东魏大将军高澄攻破，王思政自己也做了俘虏。东魏将领慕容绍宗曾击败侯景，当时的将帅都无法与之相比，但是在进攻颍川时，却不知进退，最终因战败投水而死。吴明彻在陈国已经相当衰弱的情况下，率领陈兵大举北伐高齐（即北齐）。吴明彻的将略和才学，被公卿们认为是一时之冠，他的军队所到之处，攻无不克，战无不胜，数月之间就完全收复了江北之地。然而，后来在进攻北周的彭城（今江苏徐州）时，被王轨所困。王轨计划切断陈军的归路，萧摩诃请求发兵击退王轨，可吴明彻不听，并且傲慢地说："冲锋陷阵，勇夺敌旗，是将军你的事，而深谋远虑、运筹帷幄，则是老夫我的事。"还不到十天，陈兵的水上归路便被切断。萧摩诃又请求悄悄突围，可吴

唐帝称太上皇

唐诸帝称太上皇者，高祖、睿宗、明皇、顺宗凡四君。顺宗以病废之故，不能临政；高祖以秦王杀建成、元吉；明皇幸蜀，为太子所夺；唯睿宗上畏天戒，发于诚心，为史册所表。然以事考之，睿宗以先天元年八月传位于皇太子，犹五日一受朝，三品以上除授，及大刑政皆自决之。故皇帝之子嗣直、嗣谦、嗣升封王，皆以上皇诰而出命。又遣皇帝巡边。二年七月甲子，太平公主诛，明日乙丑，即归政。然则犹有不获已也。若夫与尧、舜合其德，则我高宗皇帝、至尊寿皇圣帝为然。

杨倞注荀子

唐杨倞注《荀子》，乃元和十三年。然《臣道篇》所引："《书》曰：'从命而不拂，微谏而不倦。为上则明，为下则逊。'"注以为《伊训篇》，今元无此语。《致士篇》所引曰："义刑义杀，勿庸以即，汝惟曰未有顺事。"注以为《康诰》，而不言其有不同者。

明彻仍然不答应。结果，陈军大败，吴明彻与将士三万人都做了周军的俘虏。不难看出，上述四人所犯的错误如出一辙，都是因为居功自傲、大意轻敌所致。

唐帝称太上皇

在唐朝诸帝中称太上皇的，共有高祖、睿宗、玄宗、顺宗四位。其中唐顺宗因为患病失音、无法处理朝政；高祖因为秦王李世民杀死了太子建成、齐王元吉，不得不让位；玄宗因为安史之乱逃往四川，以致被太子李亨夺去了帝位；只有睿宗皇帝是因为害怕上天的儆戒，出于至诚，因而受到了史书的赞扬。然而，当我查考当时的历史事实时发现，睿宗于先天元年八月传位给皇太子后，仍然五日一受朝理政，三品以上官员的任用及大刑政皆由自己决定。所以，皇帝的儿子嗣直、嗣谦、嗣升等被封为王时，都是用太上皇的诰命加封的。而且，太上皇还派皇帝外出巡边。到先天二年七月甲子日，太平公主被赐死，次日即乙丑日，太上皇就归政于玄宗皇帝。由此可见，唐睿宗退位是出于迫不得已，而非自愿。至于能够与唐尧、虞舜的禅让美德相匹敌的君主，则只有我大宋朝的高宗皇帝和至尊寿皇圣帝（即孝宗）。

杨倞注荀子

唐朝的杨倞为《荀子》一书作注，乃是宪宗元和十三年的事。但是，《荀子·臣道篇》所引的“《书》曰：‘从命而不拂，微谏而不倦。为上则明，为下则逊。’”杨注以为出于《尚书·伊训篇》，可现在所见的《尚书》中却没有这两句话。《致士篇》所引的“义刑义杀，勿庸以即，汝惟曰未有顺事。”杨注以为乃出于

昭宗相朱朴

唐昭宗出幸华州，方强藩悍镇，远近为梗，思得特起奇士任之，以成中兴之业。水部郎中何迎，表荐国子博士朱朴才如谢安，朴所善方士许岩士得幸，出入禁中，亦言朴有经济才。上连日召对，朴有口辩，上悦之，曰："朕虽非太宗，得卿如魏徵矣。"上愤天下之乱，朴自言得为宰相，月余可致太平。遂拜为相，制出，中外大惊。《唐制诏》有制词，学士韩仪所撰，曰："梦傅岩而得真相，则商道中兴；猎渭滨而载献臣，则周朝致理。朕自逢多难，渴竚英贤，暗祷鬼神，明祈日月，果得哲辅，契予勤求。朱朴学业优深，识用精敏，久徊翔而不振，弥贞吉从自多。朕知其才，遂召与语。理乱立分于言下，闻所未闻；兵农皆在于术中，得所未得。不觉前席，为之改容；须委化权，用昌衰运。自我拔奇，宁拘品秩；百废群伦，俟尔康济。"其美如此。仪者，偓之兄，所谓"暗祷鬼神，明祈日月"之语，必当时所授旨意也。朴为相才半年而罢。后贬郴州司户参军，制云："不为自审之谋，苟窃相援之力，实因奸幸，潜致显荣。亦谓术可弭兵，学能活国，冒半岁容身之赞，无一朝辅政之功。唯辱中台，颇兴群论。"呜呼！昭宗当王室艰危之际，无知人之明，拔朴于庶僚中，位诸公衮，以今观之，适足诒后人讥笑。《新史》赞谓："捽豚臑而拒貙牙，趣亡而已。"悲夫！

《尚书·康诰》篇，却不说二者并非完全相同。

昭宗相朱朴

唐昭宗李晔为叛将李茂贞的兵势所迫，仓皇出京投奔华州。当时藩镇割据，处处作梗，他一心想求得绝世奇才委以重任，从而成就中兴大业。这时，水部郎中何迎上表举荐国子博士朱朴才能优异，可与东晋名相谢安相比。朱朴所结交的方士许岩士深得昭宗宠信，他出入宫中时也向皇帝说朱朴颇有经邦济世之才。昭宗接连数天召见朱朴，与之谈话，发现朱朴口才伶俐，非常欣赏，说道："我虽然不能与太宗皇帝相比，但得到你也如同太宗得到魏徵一样。"昭宗对天下动乱不休感到极为忧虑、痛恨，朱朴便自告奋勇地说，如果自己能够做宰相，一个月后就可以使得天下太平。唐昭宗深信不疑，马上拜朱朴为相，诏命下达之时，中外震惊。《唐制诏》一书中收有这次拜相的制词，是学士韩仪所写的，内容是："商王武丁梦见傅岩而得到了良相傅说，结果使得商朝中兴；周文王在渭滨狩猎而得到了奇才姜尚，结果使得周朝建立了八百年的基业。朕遭逢多灾多难的乱世，渴望得到大量的济世英才，因而暗祷鬼神，明祈日月，祈求上苍保佑。现在果真得到了杰出的相才，实现了我长期以来梦寐以求的愿望。朱朴学识渊博，见解深刻，反应敏捷，却被长期地埋没难以发挥出来，他就趁此机会更加勤奋地攻读以充实、提高自己。我知道他有才能，于是就召他来谈话。他对国家的兴盛和败亡之道都了若指掌，其见解是我从未听说的；他对富国和强兵之道都有一套独特的办法，使我学到了许多从未学过的知识。我被他的学识所倾倒，不知不觉中探身倾听，以至为之而改容，

杨国忠诸使

杨国忠为度支郎，领十五余使。至宰相，凡领四十余使。第署一字不能尽，胥吏因是恣为奸欺。新、旧《唐史》皆不详载其职。按其拜相制前衔云："御史大夫判度支，权知太府卿事，兼蜀郡长史，剑南节度支度、营田等副大使，本道兼山南西道采访处置使，两京太府、司农、出纳、监仓、祠祭、米炭、宫市、长春九成宫等使，关内道及京畿采访处置失去了常态，所以决心委之以大权，以期重振朝纲，挽救大唐帝国正在衰落的命运。我为国家重用出类拔萃的人才，哪里能拘泥于品级，论资排辈？大胆地干吧，亿万民众正翘首以待，等待您前去解救！”诏书竟把朱朴说得如此优秀。韩仪是韩偓的哥哥，制词中所说的“暗祷鬼神，明祈日月”之句，必定是当时皇帝所授的旨意。朱朴任宰相仅半年就被罢免，后来被贬为郴州司户参军，皇帝所下的制词说：“朱朴不客观地思量自己的才学，只是假借同伙相互勾结引荐之力，实际上是通过奸邪的手段骗取信任，以至被任命为百官之长的宰相，名显一时。他自称有消除战乱之术，挽救国家之才，身居相位沽名钓誉达半年之久，却无一日辅政之功。朱朴白白地玷污了神圣的相位，引得各方面议论纷纷，颇有怨言。”唉！在唐王朝危机重重、处境很难的形势下，唐昭宗没有知人之明，竟将朱朴由一名普通的官员破格提拔为宰相，今天看来，正好是给后人留下了千古笑柄。《新唐书·朱朴传》后的“赞”说：“任命朱朴等为相，无异于拿着猪腿去抵挡饿狼的利齿，只不过是自取速亡而已。”实在是可悲啊！

杨国忠诸使

杨国忠任度支郎时，身兼十五使职，权倾内外。到了任宰相时，共兼领四十余使。他的府第和官署甚多，处理公文时，根本无法顾过来，于是各府的官吏们就乘机营私舞弊，为所欲为。新、旧《唐书》都没有详载杨国忠所兼任的职务。查考拜杨国忠为相的制书，可以知道，此前他所戴的头衔有：御史大夫判度支，权知太府卿事，兼蜀郡长史，剑南同节度支度、营田等副大使，本道兼山南西道采访处置使，两京太府、司农、出纳、监仓、使，拜右相兼吏部尚书、集贤殿崇文馆学士、修国史、太清太微宫使。”自余所领，又有管当租庸、铸钱等使。以是观之，概可见矣。宫市之事，咸谓起于德宗贞元，不知天宝中已有此名，且用宰臣充使也。韩文公作《顺宗实录》，但云：“旧事，宫中有要市外物，令官吏主之，与人为市，随给其直，贞元末以宦者为使。”亦不及天宝时已有之也。

祖宗朝宰辅

祖宗朝，宰辅名为礼绝百僚，虽枢密副使，亦在太师一品之上。然至其罢免归班，则与庶位等。李崇矩自枢密使罢为镇国军节度使，旋改左卫大将军，遂为广南西道都巡检使，未几遣使赍诏徙海南四州都巡检使，皆非降黜。在南累年，人判金吾街仗司而卒，犹赠太尉。赵安仁尝参知政事，而判登闻鼓院。张镕尝知枢密院，而监诸司库务。曾孝宽以签书枢密，服阕，而判司农寺。张宏、李惟清皆自见任枢密副使徙御史中丞。其他以前执政而为三司使、中丞者数人。官制既行，犹多除六曹尚书。自崇宁以来，乃始不然。

祠祭、米炭、宫市、长春及九成宫等使，关内道及京畿采访处置使。拜右相后兼任吏部尚书，集贤殿、崇文殿学士、修国史、太清太微宫使。此外，他还兼任管当租庸和铸钱等使。杨国忠所兼职务之多，由此可见大概了。宫市之事，大家都认为是开始于唐德宗贞元年间，却不知道早在唐玄宗天宝年间已有此名，而且是用宰相充任宫市使的。韩愈所写的《顺宗实录》只是说："按照以前的旧例，皇宫中需要从外面买东西时，就派官吏具体负责这件事。这些官吏在买东西时，只是随意象征性地给点钱或东西。在贞元末期改为以宦官充当宫市使。"韩愈也没有提到天宝年间已有宫市存在。

祖宗朝宰辅

在祖宗朝，宰相被称为是百官中地位最高的，即使是枢密副使（副使相），其地位也在一品太师以上。但是，到他们被免相归班后，其地位又与一般官员相等。李崇矩由枢密副使被罢为镇国军节度使，不久又改任左卫大将军、广南西道都巡检使，没有过多长时间，朝廷又遣使持诏调任他为海南四州都巡检使。这几次调动无一属于降职使用。李崇矩在南方任职多年后，被调回京城任判金吾街仗司，直至死于此任上。李崇矩死后，朝廷追赠他太尉之职。赵安仁曾任参知政事（即副宰相），后来改任判登闻鼓院。张镕曾任知枢密院，而后来又改任监诸司库务。曾孝宽本是签书枢密院事，待亲人的丧服期满后改任判司农寺。张宏和李惟清都是由现任枢密副使改任御史中丞的。其他以前任执政而后来改为三司使、中丞的还有数人。元丰改制后，还有不少宰执大臣改任六曹尚书。从徽宗崇宁年间以后，才改变了这

百官避宰相

刘器之以待制为枢密都承旨，道遇执政出尚书省，相从归府第，刘去席帽凉衫，敛马遣人传语，相揖而过。左相吕汲公归，呼门下省法吏，问从官道逢宰相如何？吏检条，但有尚书省官避令仆，两省官各避其官长，而无两制避宰相之法，汲公乃止，而心甚不乐。刘以此语人，以为有所据。然以事体揆之，侍从不避宰相，恐为不然，亦无所谓只避官长法，刘公盖饰说耳。按《天圣编敕》，诸文武官与宰相相遇于路皆退避，见枢密使、副参知政事，避路同宰相，其文甚明，不应元祐时不行用也。

百官见宰相

《天圣编敕》载文武百官见宰相仪。文明殿学士至龙图阁直学士，列班于都堂阶上，堂吏赞云："请，不拜，班首前致词，讫，退，归位，列拜。宰相答拜。"两省官相次同学士之仪。上将军、大将军、将军、御史台官，及南班文武百僚，序班于中书门外，应节度使至刺史，并缀本班，中丞揖种做法。

百官避宰相

宋哲宗时，刘器之以待制的身份任枢密都承旨，有一天他在路上碰到几位宰相从尚书省出来一同回家，便脱去斗笠凉衫，勒马避到路边，然后派人前去问候，双方相互打揖而过。左相吕汲公（即吕大防）回到家中后，马上叫来门下省的司法官员，询问下级官员如果在半道上碰见宰相应当怎么办？官吏查阅律条后发现，只有尚书省官员回避尚书令与仆射，其他两省的官员各自回避本省长官的规定，却没有内外两制官员回避宰相的条文，吕大防这才作罢，只是心中仍然十分不悦。刘器之把此事告诉别人，认为自己的做法是有根据的。然而从事体上揆度，侍从官员不回避宰相恐怕是不合适的，而且也不存在所谓只回避本部门长官的规定，刘器之大概是在掩饰什么。按照《天圣编敕》的有关规定，各文武官员如果在路上遇到宰相都必须退避，如果碰上枢密使、副参知政事，也必须同样避路。这些规定是非常明确的，在元祐年间不应当不继续施行。

百官见宰相

《天圣编敕》一书中记载了文武百官拜见宰相的礼仪。在拜见时，文明殿学士至龙图阁直学士列班于都堂（宰相办公处）的台阶上，司礼的堂吏高声喊道：“请安，而不拜。班首上前致辞。致辞完毕，退归原位。诸位列拜。宰相答礼。’两省官员拜见的礼仪与学士相同。上将军、大将军、将军、御史台官，及南班文武百官，都序班于中书门外，节度使至刺史，也缀于本班之讫，入。宰相降阶，南向立于位，乃称班，文东武西，并北上，台官南行，北向东上。赞云："百僚拜，宰相答拜，讫，退。"内客省使至閤门使见宰相、枢密使，并阶上列行拜，不答拜；见参知政事、枢密副使、宣徽使，客礼展拜；皇城使以下诸司使、横行副使见宰相、枢密使，并阶下连姓称职展拜，不答拜；见参政副枢，并列行拜。若诸司副使、閤门祗侯见参枢，亦不答拜。国朝上下等威，其严如此。已而浸废。文潞公、富韩公至和中自外镇拜相，诏百官班迎于门，言者乃谓隆之以虚礼。元丰定官制，王禹玉、蔡持正为仆射，上日，始用此礼。其后复不行。乾道初，魏仲昌以枢密吏寅缘得副承旨，每谒公府，与侍从同席升车而去。叶子昂为相，独抑之，使与卿监旅进，送之于右序，不索马。及王抃以国信所典仪吏为都承旨，且正任观察使，礼遂均从官矣。

东坡自引所为文

东坡为文潞公作《德威堂铭》，云："元祐之初，起公以平章军国重事，期年，乃求去，诏曰：'昔西伯善养老，而太公自至。鲁穆公无人子思之侧，则长者去之。公自为谋则善列，待中丞打揖完毕后，众人依次进门。宰相走下台阶，面向南方站在自己的位置上，众官员开始对称地分为东西两班，文官在东，武官在西，全都面向北方而立，台官南行，面向北方从东边上。司礼的官员喊道："百官拜。宰相答拜。诸位退下。"内客省使至阁门使见宰相、枢密使，都是在台阶下列队而拜，被拜者无须答拜；见参知政事、枢密副使、宣徽使，皆以客礼恭拜。皇城使以下诸司使、横行副使见宰相、枢密使，都是在阶下连姓称职恭拜，被拜者不答拜；见参知政事和枢密副使，皆列队而拜。如果是诸司副使、阁门祗侯见参知政事和枢密使，受拜者也不答拜。大宋朝上下等级森严，由此可见。后来，这种制度被逐渐废弃。宋仁宗至和年间，潞国公文彦博和韩国公富弼从外地被调入京师任宰相，皇帝下诏命百官列班到城门外迎接，有人竟说这是临时用虚礼来表明朝廷对文、富二人的格外尊重。元丰年间确定新的官制后，王禹玉（即王珪）和蔡确（字持正）任仆射（即宰相），就职之日，重新开始使用这种礼仪。此后又停止执行。宋孝宗乾道初年，魏仲昌以枢密吏一跃而成为枢密副承旨，每当赴公府拜谒时，总是要与诸侍从官同席，然后一起乘车而去。叶子昂任宰相时，单单抑制魏仲昌，使他列入右班，与诸卿监们同进同退，不得骑马。到王抃由国信所典仪吏被提升为都承旨，同时正任观察使时，其礼仪才与诸侍从官相等同。

东坡自引所为文

苏东坡为文彦博所做的《德威堂铭》说："哲宗元祐初年，潞国公被起用为平章军国重事，一年后就请求离职，皇帝下诏说：'昔日周文王善于养老，而姜太公主动来投奔。鲁穆公没有矣，独不为朝廷惜乎！’又曰：‘唐太宗以干戈之事，尚能起李靖于既老，而穆宗、文宗以燕安之际，不能用裴度于未病。治乱之效，于斯可见。’公读诏耸然，不敢言去。”案此二诏，盖元祐二年三月潞公乞致仕不允批答，皆坡所行也。又，《缴还乞罢青苗状》云：“近日谪降吕惠卿告词云：‘首建青苗，次行助役。’”亦坡所作。《张文定公墓志》载尝论次其文凡三百二十字，结之云：“世以轼为知言。”又述谏用兵云：“老臣且死，见先帝地下，有以藉口矣。”亦其所作也。并引责吕惠卿词亦然。乾道中，迈直翰苑，答陈敏步帅诏云：“亚夫持重，小棘门、霸上之将军；不识将屯，冠长乐、未央之卫尉。”后为敏作神道碑，亦引之，正以公为法也。

派人在学者子思身边侍奉，于是老人们纷纷离他而去。您辞去职务对自己当然是很有利的，可是难道您就不为朝廷和国家着想吗？’诏书还说：‘唐太宗为了战争之事，尚能起用已经老迈年高的名将李靖，而唐穆宗与文宗在和平安定的时期，也不能重用身体还很健康的良相裴度。国家治理得好与坏，从这里就可以看出端倪了。’潞国公读诏以后深受感动，从此不敢再提辞职之事。”按：这两封诏书大约是元祐二年三月，朝廷拒绝文彦博辞职请求的批语，都是苏东坡所撰写的。苏东坡的《缴还乞罢青苗状》中有“不久前贬斥吕惠卿的诰词说：‘吕惠卿首先倡议青苗法，接着又推行助役法’。”这篇诰词也是苏东坡撰写的。《张文定公墓志铭》中载有他曾论述其文章，共有三百二十字，结尾说：“世人认为苏轼能够听其言而知其真实想法。”在记述其劝谏用兵时又说：“老臣我已不久于人世了，将来如果在地下见到先帝，就能够有话可说了。”这些也都是苏轼自己所写的。他所引用的斥责吕惠卿的话也同样是自己写的。孝宗乾道年间，我任翰林院直学士，在答步帅陈敏的诏书中说：“周亚夫老成持重，使得棘门和霸上的众将相形见绌；程不识率兵屯戍，在长乐、未央诸卫尉中为第一。”后来，我为陈敏撰写神道碑，也引用这两句话，此举正是以苏东坡为榜样的。

卷十二（十二则）

妇人英烈

妇人女子，婉娈闺房，以柔顺静专为德，其遇哀而悲，临事而惑，蹈死而惧，盖所当然尔。至于能以义断恩，以智决策，斡旋大事，视死如归，则几于烈丈夫矣。

齐滑王失国，王孙贾从王，失王之处。其母曰："汝朝出而晚来，则吾倚门而望；汝暮出而不还，则吾倚闾而望。汝今事王，不知王处，汝尚何归？"贾乃入市，呼市人攻杀淖齿，而齐亡臣相与求王子立之，卒以复国。

马超叛汉，杀刺史、太守。凉州参军杨阜出见姜叙于历城，与议讨贼。叙母曰："韦使君遇难，亦汝之负，但当速发，勿复顾我。"叙与乃赵昂合谋。超取昂子月为质，昂谓妻异曰："当奈月何？"异曰："雪君父之大耻，丧元不足为重，况一子哉！"超袭历城，得叙母，母骂之曰："汝背父杀君，天地岂久容汝，敢以面目视人乎？"超杀之，月亦死。

妇人英烈

妇人小姐们以柔顺静专为美德，总是在闺房里将自己打扮得漂漂亮亮、美丽动人。她们遇到不顺心就潸然泪下，碰上大事就茫然失措，面对死亡就魂飞魄散，这似乎是天经地义、自然而然的。如果她们能够不徇私情，以智决策，斡旋大事，视死如归，那差不多就可以与伟男子相比了。

齐湣王在国家被攻破后出逃于外，王孙贾追随着他，不料却与湣王走散，无法找到他的下落。王孙贾的母亲说对女儿说：“你早上出去而晚点回来，我就急得倚着家门眺望；你傍晚出去而不回来，我就急得倚着里门眺望。你现在侍奉国王，却不知道王流落何处，你还要回到哪儿去呢？”王孙贾听罢，就冲进市场，号召人们攻杀置湣王于死地的楚将淖齿，而流亡在外的齐国大臣们也纷纷寻求并辅佐湣王的后代，最终又重新恢复了齐国。

马超背叛汉朝，杀死了刺史、太守等官。凉州（今甘肃张家川回族彼治县）参军杨阜马上前往历城去见姜叙，共同商议讨伐马超之事。姜叙的母亲对儿子说：“韦刺史被害，你也有责任。现在，你应尽快行动，不要再顾虑我的安危。”姜叙这才决定与赵昂合谋行动。为了报复，马超扣留了赵昂的儿子赵月作为人质。赵昂对妻子异说：“孩子怎么办呢？”异说：“为了给君父雪此奇耻大辱，身死家灭也算不了什么，何况一个孩子呢？”马超攻取历城，捉住了姜叙的母亲，姜母大义凛然地骂道：“你背父杀君，伤天害理，天地岂能容你久留人世？你还有何面目见世晋卞壶拒苏峻，战死，二子随父后，亦赴敌而亡。其母拊尸哭曰："父为忠臣，子为孝子，夫何恨乎！"秦苻坚将伐晋，所幸张夫人引禹、稷、汤、武事以谏曰："朝野之人，皆言晋不可代，陛下独决意行之？"坚不听，曰："军旅之事，非妇人所当预也。"

刘裕起兵讨逆，同谋孟昶谓妻周氏曰："我决当作贼，幸早离绝。"周氏曰："君父母在堂，欲建非常之谋，岂妇人所能谏。事之不成，当于奚官中奉养大家，义无归志也。"昶起，周氏追昶坐，曰："观君举措，非谋及妇人者，不过欲得财物耳。"指怀中儿示之曰"此而可卖，亦当不惜！"遂倾赀以给之。何无忌夜草檄文，其母，刘牢之姊也，登橙密窥之，泣曰："汝能如此，吾复何恨！"问所与同谋者，曰："刘裕。"母尤喜，因为言举事必有成之理以劝之。

窦建德救王世充，唐拒之于虎牢。建德妻曹氏劝使乘唐国之虚，西抄关中，唐必还师自救。建德曰："此非女子所知。"

人呢?”马超气急败坏地杀害了她,赵月也随之被杀。

东晋的卞壸为了抵御反叛朝廷的苏峻而战死,他的两个儿子随父征战,也阵亡于疆场。他的母亲抚尸痛哭说:“父亲是忠臣,儿子是孝子,我还有什么可以怨恨的?”前秦的苻坚准备进攻东晋时,他所宠幸的张夫人举夏禹、后稷、商汤、周武王的故事劝谏说:“朝廷内外的人都说东晋不可伐,陛下为什么一意孤行,非要伐晋不可呢?”苻坚不听,并且说:“军中的事,不是妇人所应当过问的。”

刘裕起兵讨伐叛逆,同谋的孟昶对妻子周氏说:“我决心去做贼,咱们最好早点分手,断绝关系。”周氏说:“你的父母尚健在,眼下你想参加宏伟的秘密计划,哪里是我这妇道人家所能劝谏的?万一你的计划不成功,我即使做了奴仆也要尽力奉养老人,决不后悔。”孟昶起身欲走,周氏追上去拉他坐下,说:“我观察你的举措,似乎并不是要与妇人商量什么,只不过是想得到财产罢了。”说着,她指着怀抱中的婴儿说:“如果这个孩子能卖钱我也在所不惜!”于是,她把所有的资财都送给孟昶使用。何无忌也是刘裕的同谋者,他的母亲是名将刘牢之的姐姐。有一天夜里,他正在起草讨伐敌人的檄文,母亲悄悄地踩在一个凳子上窥探了这一切,她哭着说:“你能这样,我还有什么可恨的!”她又询问谁是同谋者,儿子回答说是刘裕,母亲更加高兴,并且向他讲解举大事一定要成功的道理以资鼓励。

窦建德援救王世充,唐兵在虎牢关(今河南荥阳西北)拦截他。建德的妻子曹氏劝他乘唐国内部空虚,发兵向西抄小路攻入关中,唐兵必然要回师自救。窦建德说:“这不是女人所能懂得的。”

李克用困于上源驿，左右先脱归者，以汴人为变告其妻刘氏，刘神色不动，立斩之，阴召大将约束，谋保军以还。克用归，欲勒兵攻汴，刘氏曰："公当诉之朝廷，若擅举兵相攻，天下孰能辨其曲直？"克用乃止。

黄巢死，时溥献其姬妾。僖宗宣问曰："汝曹皆勋贵子女，何为从贼？"其居首者对曰："狂贼凶逆，国家以百万之众，失守宗祧。今陛下以不能拒贼，责一女子，置公卿将帅于何地乎？"上不复问，戮之于市。余人皆悲怖昏醉，独不饮不泣，至于就刑，神色肃然。

唐庄宗临斩刘守光，守光悲泣哀祈不已，其二妻李氏、祝氏谯之曰："事已如此，生复何益？妾请先死。"即伸颈就戮。

刘仁赡守寿春，幼子崇谏夜泛舟渡淮北，仁赡命斩之。监军使求救于夫人，夫人曰："妾于崇谏，非不爱也，然军法不可私，若贷之，则刘氏为不忠之门矣。"趣命斩之，然后成丧。

王师围金陵，李后主以刘澄为润州节度使，澄开门降唐朝末年，李克用被朱温困于汴州（今河南开封）的上源驿，身边先逃回去的人对他的妻子刘氏说：汴兵生变，要加害李克用。刘氏不动声色，立即处死了报信人，然后秘密地召集大将开会，要他们约束部下，设法全军撤回。李克用逃回来后，准备率兵攻打汴州，刘氏说：“您应当先向朝廷申诉，如果自己贸然发兵进攻，天下谁还能分辨出是非曲直呢？”李克用于是未采取军事行动。

唐末农民起义领袖黄巢死后，时溥把他的妻妾进献给朝廷。唐僖宗见她们都是名门闺秀，就奇怪地问道：“你们都是勋贵家的千金小姐，为什么要追随贼人呢？”妻妾中为首的一个回答说：“贼人非常凶狂，朝廷以百万大军也无法抵抗，以致京师失守，宗庙不保。现在，陛下以不能拒贼为由来责备一个文弱女子，那么您将置公卿将帅于何地呢？’唐僖宗便不再发问，下令将她处死于市。其余的人都悲惧昏醉，只是不吃不喝也不哭泣，直到受刑之时，仍旧神色肃然。

后唐庄宗在处斩刘守光时，刘守光不停地悲泣哀求，他的两个妻子李氏和祝氏责备他说：“事已至此，活着还有什么用？我请求先死。”说着，伸颈就戮。

刘仁赡驻守寿春（今安徽寿县）时，他的幼子刘崇谏趁夜色驾船渡到淮北，违犯了军令，刘仁赡下令将儿子处斩。监军使急忙请刘夫人出面求情，以营救儿子。夫人说：“我并非不爱崇谏，可是军法是不能徇私情的，如果现在饶恕了崇谏，那么刘家就不是忠良之门了。”她催促丈夫立即行刑，刘崇谏就这样被处死了。

宋军围攻金陵（今江苏南京）时，南唐后主李煜任命刘澄为越。后主诛其家，澄女许嫁未适，欲活之。女曰："叛逆之余，义不求生。"遂就死。

此十余人者，义风英气，尚凛凛有生意也。虽载于史策，聊表出之。至于唐高祖起兵太原，女平阳公主在长安，其夫柴绍曰："尊公将以兵清京师，我欲往，恐不能偕，奈何？"主曰："公往矣！我自为计。"即奔鄠，发家赀招南山亡命，谕降群盗，申法誓众，勒兵七万，威振关中，与秦王会渭北，分定京师。此其伟烈，又非它人比也。

无用之用

庄子云："人皆知有用之用，而莫知无用之用。"又云："知无用，而始可与言用矣。夫地非不广且大也，人之所用，容足耳。然则厕足而垫之致黄泉……所谓无用之为用也亦明矣。"此义本起于《老子》："三十幅共一毂，当其无，有车之用"一章。《学记》："鼓无当于五声，五声弗得不备；水无当于五色，五色弗得不章。"其理一也。今夫飞者以翼为用，絷其足，则不能飞。走者以足为用，缚其手，则不润州（今江苏镇江）节度使，不想刘澄开城向吴越投降。李后主非常生气，下令将其全家处斩。刘澄有个女儿已经定亲但还没有出嫁，李后主不忍心处死她，有意保其性命。刘澄的女儿却说："我是叛逆之臣的女儿，于义不应再活下去。"于是主动受死。

以上所说的这十几个人都是女性中的佼佼者，其义风英气至今仍然十分感人。尽管她们的事迹在史书中都有记载，我在这里仍想提一笔。至于唐高祖李渊在太原起兵时，他的女儿平阳公主正在长安（今陕西西安），她的丈夫柴绍说"令尊准备用武力肃清京师，我想去参加他的军队，帮助他建功立业，可是我恐怕你无法与我同行，怎么办呢？"公主说："你自己尽管去吧！我自有办法。'她随即奔往鄠县（今陕西户县），用家财招募南山的亡命之徒为军队，又劝降群盗，然后加以整顿并严申军纪。她的军队很快就发展到七万余人，威震关中，后来与秦王李世民会师于渭北，分定京师。像平阳公主这样的人，实乃女性中的伟丈夫，当然不是其他人所能比拟的。

无用之用

庄子说："人们都知道有用的作用，却没有人知道无用的作用。"又说："知道无用，然后才可以与你谈论有用。土地不是不广大啊，可是人所使用的地方只不过是立足之地而已。既然只有这一小块立足之地有用，那么，把此外无用的土地都挖掉，一直挖到黄泉，这时人所站立的这一块小块立足之地难道还有用处吗？由此看来，所谓无用的用处也就很明显了。"这种说法起源于《老子》一书中"三十根辐条集中到一个车毂上，有了车毂中间的空洞，才有了车的作用。"《初学记》中说"鼓声虽然不能走。举场较艺，所务者才也，而拙钝者亦为之用。战阵角胜，所先者勇也，而老怯者亦为之用。则有用、无用，若之何而可分别哉？故为国者，其勿以无用待天之下士，则善矣！

龙筋凤髓判

唐史称张鷟早慧绝伦，以文章瑞朝廷，属文下笔辄成，八应制举，皆甲科。今其书传于世者，《朝野佥载》《龙筋凤髓判》也。《佥载》纪事，皆琐尾擿裂，且多媟语。百判纯是当时文格，全类俳体，但知堆垛故事，而于蔽罪议法处不能深切，殆是无一篇可读，一联可味。如白乐天《甲乙判》则读之愈多，使人不厌。聊载数端于此：

“甲去妻，后妻犯罪，请用子荫赎罪，甲不许。判云：‘不安尔室，尽孝犹慰母心；薄送我畿，赎罪宁辞子荫？纵下山之有怨，曷陟屺之无情？’”

在五声（即宫、商、角、徵、羽）之列，但是如果没有它，五声就不完美；水色虽然不在五色（指青、黄、赤、白、黑）之列，可是如果没有它，五色就难以明现。”其道理是一样的。现在，那些会飞的动物是使用翅膀飞的，可是如果捆住它们的腿，它们就飞不起来。人们走路是用脚的，可是如果捆住双手，他们就跑不快。在科场上比试技艺，所注重的是真才实学，而才智平常的人也有用处。在战场上克敌制胜，需要的是勇力，而年老胆怯的人也有用处。如此，有用和无用，怎么能一概而分呢？所以，治国的人如果能不以“无用”来看待天下的士人，事情就好办了！

龙筋凤髓判

《唐书》称张鷟自幼聪慧绝伦，凭文章名显朝廷。他写作速度奇快，落笔即成，八次应科举考试，都得甲科。现在，他的著作仍然流传于世的，有《朝野佥载》和《龙筋凤髓判》等。《朝野佥载》一书所记的都是唐代轶事，琐碎零乱，而且多有猥亵之词。《龙筋凤髓判》一书所记的全是当时判决书的格式，文风戏谑诙谐。不过，该书只是一味地堆砌过去的案例，而对蔽罪议法之处却不能深究，因而几乎没有一篇可读，一联值得玩味、根本无法与白居易（号乐天）的《甲乙判》相比。《甲乙判》越读越有味，令人百读不厌，这里随意举几个例子：

“某甲抛弃了自己的妻子，后来妻子犯了罪，请求用子荫（功臣子孙做官或读书的特权）赎罪，甲坚决不答应。判决词说：‘你的家庭不和睦，如果是为了尽孝尚可慰藉母心；勉强送我到大门口，为了替她赎罪难道还舍不得子荫？为何对儿子如此照顾，而对妻子如此无情？’”

“辛夫遇盗而死，求杀盗者，而为之妻。或责其失节，不伏。判云：‘夫仇不报，未足为非；妇道有亏，诚宜自耻。《诗》著靡它之誓，百代可知；《礼》垂不嫁之文，一言以蔽。’”

“丙居丧，年老毁瘠，或非其过礼，曰：‘哀情所钟。’判云：‘况血气之既衰，老夫耄矣；纵哀情之罔极，吾子忍之。”

“丙妻有丧，丙于妻侧奏乐，妻责之，不伏。判云：‘俨衰麻之在躬，是吾忧也；调丝竹以盈耳，于汝安乎？’”

“甲夜行所由执之，辞云：‘有公事，欲早趋朝。’所由以犯禁不听。判云：‘非巫马为政，焉用出以戴星？同宣子俟朝，胡不退而假寐？’”

“乙贵达，有故人至，坐之堂下，进以仆妾之食，曰：‘故辱而激之。’判云：‘安实败名，重耳竟惭于臼犯；感而成事，张仪终谢于苏秦。’”

“丙娶妻，无子，父母将出之，辞曰：‘归无所从。’判

“辛的丈夫在遇上强盗时惨遭杀害，她为了报仇，就公开宣称：谁如果能杀死那个强盗，她就嫁给谁。有人指责她失节，她不服。判决词说：‘丈夫的仇不报，不算是你的过错；而不守妇道，才是真正应当感到耻辱的事。《诗经》中强调靡它之誓，百代可知；《仪礼》中留下了好女不再嫁的话，足可一言以蔽之。”

“丙在居丧期间，因年老，又过于悲伤，以致身体极度虚弱，有人责难他守礼太过，他说：‘这是我的哀情所钟。’判决词说：‘你的年纪太大了，何况精力也已经严重衰减；即使你无限哀伤，也应该努力忍耐，尽量节哀。’”

“丙在有丧服在身的妻子旁边奏乐，妻子责备他，他不服。判决词说：‘妻子有丧服在身，这是她的伤心事；而你兴高采烈地在她身旁弹奏音乐，于心何忍？’”

“甲深夜尚在外行走，被当地的所由官捉住后，他解释说：‘我有公事，想早点上朝。’所由官坚持说他违犯了宵禁令，根本不听他的解释。判决词说：‘现在又不是巫马执掌政权，你哪里用得着披星戴月去上朝？如果像晋国的赵盾那样等候上朝，为什么不坐在家中假寐片刻？’”

“乙飞黄腾达后，有位老朋友前来探望。他让朋友坐在堂下，进献的是仆妾的饭菜，并且说这是为了用‘故意羞辱他的办法来激励他。’。判决词说：‘贪图安逸的确会败坏名声，影响建功立业，所以晋文公重耳最终愧对强迫他流亡的舅舅狐偃（字子犯）；受到强烈刺激以后下定决心成大事，战国纵横家张仪最终感激自己的对手苏秦。’”

“丙的妻子婚后一直不育，父母准备休掉她，她哀求说：

云："虽配无生育，诚合比于断弦；而归靡适从，度可同于束缊。'"

"乙为三品，见本州刺史不拜，或非之，称：'品同'。判云：'或商、周不敌，敢不尽礼事君？今晋、郑同侪，安得降阶卑我？'"

若此之类，不背人情，合于法意，援经引史，比喻甚明，非"青钱学士"所能及也。元微之有百余判，亦不能工。余襄公集中，亦有判两卷，粲然可观。张鷟，字文成，史云："调露中，登进士第，考功员外郎骞味道见所对，称天下无双。"案《登科记》，乃上元二年，去调露尚六岁。是年，进士四十五人，鷟名在二十九，既以为无双，而不列高第？神龙元年，中才膺管乐科，于九人中为第五。景云二年，中贤良方正科，于二十人中为第三。所谓制举八中甲科者，亦不然也。

唐制举科目

唐世制举，科目猥多，徒异其名尔，其实与诸科等也。张九龄以道侔伊、吕策高第，以《登科记》及《会要》考之，盖先天元年九月，明皇初即位，宣劳使所举诸科九人，经邦治国、材可经国、才堪刺史、贤良方正与此科各一人，藻思

‘回娘家后没有人会再娶我，我无法生活下去。’判决词说：‘虽然婚后不育，确实可以比作是断弦，而被休后无所适从，则可等同于一大堆乱麻，实在值得同情’”

“乙的级别是三品，见本州刺史时不拜，有人指责他失礼，他声称‘因为我们的品级相同’。判决词说：‘即使在商与周力量悬殊的时候，三分天下有其二的周敢不尽礼侍奉商王？当晋、郑地位等同的时候，谁肯降低身份待我？’”

诸如此类的判例，既不背人情，又合乎法律，而且援经引史，比喻甚明，绝非“青钱学士”所能及。唐朝著名诗人元稹（字微之）有百余判例，也不够严谨。余襄公（靖）的文集中也有判例两卷，文采与法理都很可观。张鷟，字文成，史书说他“在唐高宗调露年间考中进士，考功员外郎骞味道看到他的策文后，连称天下无双。”据《登科记》记载，张鷟乃是唐高宗上元二年进士及第的，距调露年间还有六年。这一年，共取进士四十五名，张鷟名列第二十九，既然其诗文天下无双，为什么不名列前茅？武则天神龙元年，张鷟考中“才膺管（管仲）、乐（乐毅）科”，在考中的九人中排名第五。唐睿宗景云二年，张鷟考中贤良方正科，在上榜的二十人中位居第三。所谓的应制举八次皆中甲科，看来也并非事实。

唐制举科目

在唐代的科举中，临时开考的科目名目繁多，其实质与其他各科并没有多大区别，只不过是名称不同罢了。名相张九龄以“道侔伊（指伊尹）、吕（指吕尚，也即姜尚）科”高中，参阅《登科记》和《唐会要》可知，这大概是唐玄宗先天元年九月清华、兴化变俗科各二人。其道侔伊、吕策问殊平平，但云：“兴化致理，必俟得人；求贤审官，莫先任举。欲远循汉、魏之规，复存州郡之选，虑牧守之明，不能必鉴。”次及“越骑佽飞，皆出畿甸，欲均井田于要服，遵丘赋于革车”，并安人重谷，编户农桑之事，殊不及为天下国家之要道。则其所以待伊、吕者亦狭矣。九龄于神龙二年中材堪经邦科，本传不书，计亦此类耳。

渊有九名

《庄子》载壶子见季咸事云：“鲵旋之潘为渊，止水之潘为渊，流水之潘为渊，渊有九名，此处三焉。”其详见于《列子·黄帝篇》，尽载其目，曰：“鲵旋之潘为渊，止水之潘为渊，流水之潘为渊，滥水之潘为渊，沃水之潘为渊，沈水之潘为渊，雍水之潘为渊，沂水之潘为渊，肥水之潘为渊，是为九渊。”按《尔雅》云“滥水正出，即槛泉也。”沃泉下出，氿泉穴出，灉者反人，汧者出不流。”又“水决之泽为汧，肥者出同而归异。”皆禹所名也。《尔雅》之书，非周公所作，盖是训释三百《诗》篇所用字，不知列子之时，已有此书否？细碎虫鱼之文，列子决不肯留意，得非偶相同邪？《淮南子》有九琁之渊，许叔重云：“至深也。”贾谊《吊屈的事。当时，唐玄宗刚即位，宣劳使所举诸科共取九人，其中经邦治国、材可经国、才堪刺史、贤良方正以及道侔伊、吕等科各一人，藻思清华、兴化变俗科各二人。实际上，道侔伊、吕策所涉及的问题十分平常，只是说："兴化治国，必须得到人才；求贤审官，莫先于任子、察举。要想远循汉、魏之制，恢复州、郡选拔官吏的做法，又恐怕州牧、郡守的能力无法明鉴一切。"又说到"越骑、佽飞等禁军，都出京师很远活动，准备在全国各主要地区平均井田，使兵农合一"，以及安民重农，百姓农桑之事，根本称不上是治国平天下的要旨。由此看来，政府等待伊尹、姜尚这样的贤才去做的，也是很狭隘的。张九龄于唐中宗神龙二年考中材堪经邦科，而正史的本传中没有记载，估计也与此相类似。

渊有九名

《庄子》记载壶丘子见季咸的事说："大鱼在水中盘旋所引起的回流为渊，不流动之水的回流为渊，流动之水的回流也为渊，渊有九名，这里所说的只是其中的三种。"此事详见于《列子·黄帝篇》，该篇记壶子说："大鱼在水中盘旋所引起的回流为渊，不流动之水的回流为渊，流动之水的回流为渊，滥水（即涌出之水）的回流为渊，沃水（即自上冲下之水）的回流为渊，氿水（即决入沼泽之水）的回流为渊，雍水（即壅塞之水）的回流为渊，汧水（即傍出之水）的回流为渊，肥水（即同出异归或异出同归）之水的回流为渊，这就是所谓的九渊。"按：《尔雅》说："滥水正出"，即槛泉；"沃泉下出，氿泉穴出，灉水决出复归，汧水决出而不流。"又说："水决入沼泽为沂，同源而异归为肥。"这些都是大禹所定的名称。《尔雅》一书并非周公所作，而赋》："袭九渊之神龙。"颜师古曰："九渊，九旋之川，言至深也。"与此不同。

东坡论庄子

东坡先生作《庄子祠堂记》，辨其不诋訾孔子。"尝疑《盗跖》《渔父》则真若诋孔子者，至于《让王》《说剑》，皆浅陋不入于道。反复观之，得其《寓言》之终曰：'阳子居西游于秦，遇老子。其往也，舍者将迎其家，公执席，妻执巾栉，舍者避席，炀者避灶。其反也，与之争席矣。'去其《让王》《说剑》《渔父》《盗跖》四篇，以合于《列御寇》之篇，曰：'列御寇之齐，中道而反，'曰：'吾惊焉，吾食于十浆，而五浆先馈'。"然后悟而笑曰：是固一章也。庄子之言未终，而昧者剿之，以入其言尔。"东坡之识见至矣、尽矣。故其《祭徐君猷文》云："争席满前，无复十浆而五馈。"用为一事。今之庄周书《寓言》第二十七：继之以《让王》《盗跖》《说剑》《渔父》，乃至《列御寇》为第三十二篇，读之者可以涣然冰释也。

是为了训释《诗经》三百篇中所用的字才编写的，不知在列子之时，是否已经有了此书？为什么两书所说的渊名完全相同呢？细碎的鸟兽虫鱼名称，列子绝不会留意，莫非是偶然相同吗？《淮南子》中提到九琁之渊，许慎解释说："最深的渊。"贾谊的《吊屈原赋》中有"袭九渊之神龙。"颜师古注释说："九渊，即九旋之川，也就是说是最深的。"许、颜的说法与《列子》《庄子》不同。

东坡论庄子

苏东坡先生曾写了一篇《庄子祠堂记》，极力论证庄子并不诋毁孔子。他说："我曾怀疑《盗跖》与《渔父》二篇的确像是诋毁孔子的，至于《让王》《说剑》二篇则结构松散，文辞浅陋，其思想与庄子的道家思想格格不入，显系伪作。我经过反复的阅读、揣摩，发现《寓言》篇的结尾说：'阳子居（即杨朱，字子居）向西游历秦国，半道上遇见老子。……当他到达沛城的时候，舍的客人出来迎接他到客舍，男主人拿着席子侍候他坐下休息，女主人则送来梳洗用品，毕恭毕敬；有的客人连忙离席而去，烤火的人也离开灶台悄悄溜走。当阳子居从沛地返回时，馆的客人们都同他随意争席而坐，不分彼此了。'下面如果去掉《让王》《说剑》《渔父》《盗跖》四篇，直接与《列御寇》的首段相接，文意是非常通顺的。《列御寇》的第一段说：'列御寇前往齐国，半道就返回来了'，说：'我碰到了令人惊异的事情，我曾在十家茶馆喝饮料，竟有五家争先把饮品送上来。一经过揣摩，我恍然大悟，不禁说道：这本来就是同一篇的内容。庄子的话还没有说完，蒙昧无知的人就将它强行割裂开来，以便插入自己的予案，《列子》书第二篇内首载御寇馈浆事数百言，即缀以杨朱争席一节，正与东坡之旨异世同符，而坡公记不及此，岂非作文时偶忘之乎？

陆德明释文："郭子玄云，一曲之才，妄窜奇说，若《阏弈》《意修》之首，《危言》《游凫》《子胥》之篇，凡诸巧杂，十分有三。《汉·艺文志》《庄子》五十二篇，即司马彪、孟氏所注是也，言多诡诞，或似《山海经》，或类占梦书，故注者以意去取，其内篇众家并同。"予参以此说，坡公所谓昧者，其然乎？《阏弈》《游凫》诸篇，今无复存矣。

列子书事

《列子》书事，简劲玄妙，多出《庄子》之右，其言惠盎作品。’”苏东坡的见解实在是太高明，太周全了。所以他的《祭徐君猷文》说：“人人争先恐后地抢占座位，不再有到十家吃饭而五家抢先上菜的情景。”将杨朱和列御寇的事用作一件事。今天看到的《庄子》中，《寓言》为第二十七篇，接着是《让王》《盗跖》《说剑》《渔父》四篇，《列御寇》被列为第三十二篇，阅读时隔过中间四篇，将《寓言》与《列御寇》两篇直接连在一起读，就会感到许多疑点都涣然冰释，不复存在。

我认为，在《列子》第二篇中，先记载了列御寇被店家先行馈饷饮品的事，竟用了数百字，紧接着便记述杨朱争席一事，正好与苏东坡的意思完全相同，尽管两人的时代相差一千余年。不过，在苏东坡的文章中只字未提《列子》的记载，莫非是写文章时偶然忘记了吗？

陆德明的《经典释文》载：“郭象（字子玄）说：个别有点歪才的学者，不知天高地厚，竟然在《庄子》中大量掺假，如《阏弈》《意修》二篇的开头，和《危言》《游凫》《子胥》等篇中，被巧妙地掺入的伪作，竟有十分之三以上。《汉书·艺文志》说《庄子》有五十二篇，也就是司马彪和孟氏所注的那个本子，语言多有诡诞之处，有些像是《山海经》，有些像是占梦书，因此，作注的人根据自己的见解随意取舍，只有《庄子》的内篇，各家都是一样的。”我参考了这种说法，苏东坡先生所说的愚昧无知之人，莫非指的就是这些人？《阏弈》《游凫》等篇，今天已经不复存在了。

列子书事

《列子》记事，简洁明快，气势磅礴，结构宏妙，多胜过《庄见宋康王，王曰："寡人之所说者，勇有力也，客将何以教寡人？"盎曰："臣有道于此，使人虽勇，刺之不入，虽有力，击之弗中。"王曰："善，此寡人之所欲闻也。"盎曰："夫刺之不入，击之不中，此犹辱也。臣有道于此，使人虽有勇弗敢刺，虽有力弗敢击。夫弗敢，非无其志也。臣有道于此，使人本无其志也。夫无其志也，未有爱利之心也。臣有道于此，使天下丈夫女子莫不欢然皆欲爱利之，此其贤于勇有力也，四累之上也。"观此一段语，宛转四反，非数百言曲而畅之不能了，而洁净粹白如此，后人笔力，渠复可到耶！三不欺之义，正与此合。不入不中者，不能欺也；弗敢刺击者，不敢欺也；无其志者，不忍欺也。魏文帝论三者优劣，斯言足以蔽之。

天生对偶

旧说以红生白熟、脚色手纹、宽焦薄脆之属，为天生偶对。触类而索之，得相传名句数端，亦有经前人纪载者，聊疏于此，以广多闻。如"三川太守，四目老翁"，"相公公相子，人主主人翁"，"泥肥禾尚瘦，昼短夜差长"，"断送一生惟有，破除万事无过"，"北斗七星三四点，南山万寿十千子》。它记载惠盎见宋康王，宋康王说："我所喜欢的是勇而有力的人，不喜欢仁义道德，你准备教导我什么呢？"惠盎回答说："我这里有'道'，使人虽勇，刺他不进；虽有力，击他不中。"康王说："好，这才是我想听的。"惠盎说："虽然刺他不进，击他不中，这仍然是一件耻辱。我这里有道，可以使人虽有勇却不敢刺，虽有力却不敢击。然而，不敢，并非没有那份心思。我这里有道，可以使人原本就没有想刺想击的意思。但是，没有那份心思，并不等于有助他一臂之力的愿望。我这里有道，可以使天下的男女老幼无不渴望早日为他效力。这显然要比大王所说的勇而有力之人强得多，也在前面所说的四个层次（即勇而有力；刺不中、击不中；不敢刺、不敢击；本无击刺之心）之上。"这段话辗转递进四层，层层深入，常人没有数百字是无法将它说清楚的，但《列子》论得干脆利落，言简意赅，绝无拖泥带水之感，后人谁的笔力能够达到如此境界呢？《列子》的这段论述，正巧与三不欺之义相合：刺不进、击不中，乃不能欺；不敢击不敢刺，乃不敢欺；本无击刺之心，乃不忍心欺。魏文帝曹丕曾论证这三者的优劣，其实这段话足以概括了。

天生对偶

接传统的说法都认为"红生白熟""脚色手纹""宽焦薄脆"之类，乃是天生的对偶。依此类推，我又搜集到一些传世的名句，也有经前人记载的，一并摘录在此，以广见闻。如："三川太守，四目老翁"，"相公公相子，人主主人翁"，"泥肥禾尚瘦，昼短夜差长"，"断送一生唯有，破除万事无过"，"北斗七星三四点，南山万寿十千年"，"迅雷风烈风雷雨，绝地天通天年”，“迅雷风烈风雷雨，绝地天通天地人”，“筵上枇杷，本是无声之乐；草间蚱蜢，还同不系之舟”，皆绝工者。又有用书语两句而证以俗谚者，如“尧之子不肖，舜之子亦不肖”，谚曰“外甥多似舅”，“吾力足以举百钧，而不足以举一羽”，谚曰“便重不便轻”之类是也。

铜爵灌砚

相州，古邺都，魏太祖铜雀台在其处，今遗址仿佛尚存。瓦绝大，艾城王文叔得其一，以为砚，饷黄鲁直，东坡所为作铭者也。其后复归王氏。砚之长几三尺，阔半之。先公自燕还，亦得二砚，大者长尺半寸，阔八寸，中为瓢形，背有隐起六隶字，甚清劲，曰“建安十五年造”。魏祖以建安九年领冀州牧，治邺，始作此台云。小者规范全不逮，而其腹亦有六篆字，曰“大魏兴和年造”，中皆作小簇花团。兴和乃东魏孝静帝纪年，是时，正都邺，与建安相距三百年，其至于今，亦六百余年矣。二者皆藏侄孙偘处。予为铭建安者曰：“邺瓦所范，嘻其是邪？几九百年，来随汉槎。淬尔笔锋，肆其滂葩。偘实宝此，以昌我家。”

铭兴和者曰：

地人”，“筵上枇杷，本是无声之乐；草间蚱蜢，还同不系之舟”等，都是绝对工整的。还有用两句书面语，后面再证以一句俗谚的，如“尧之子不肖，舜之子亦不肖”，谚语是“外甥多似舅”，“吾力足以举百钧，而不足以举一羽”，谚语是“便重不便轻”之类都是这样。

铜爵灌砚

相州（今河南安阳），也就是古代的邺都，乃是魏太祖曹操铜雀台的所在地，其遗址至今仍依稀可辨。这里出土的古瓦极大，艾城的王文叔曾得到一块，制成砚后赠送给了黄鲁直（即书法家黄庭坚），也就是苏东坡曾为之作铭的那块。后来，这块砚又重归王文叔。砚长近三尺，宽一尺半。我的先父从燕京（今北京西南）回来时，也得到两块砚，大的长一尺半寸，宽八寸，中为瓢形，背面有六个苍劲有力的隶体字：“建安十五年造。”魏太祖于汉献帝建安九年任冀州牧，治所设在邺城，随之便开始建造铜雀台。那块小砚的规格无法与大的相比，其腹部也有六个篆体字：“大魏兴和年造”，中部都是小簇的花团。兴和乃是东魏孝静帝的年号，当时的确建都于邺，上距建安时代已有三百余年，下迄今日（南宋），也有六百余年了。这两块砚都收藏在我的侄孙洪僩处。我为建安年间的那块作铭说：“烧制这块瓦，难道是为了做砚台吗？从汉末修建铜雀台至今已将近九百年了，铜雀台早已毁灭而这块古瓦又重见天日，为人所用。它供你研墨、淬笔锋，然后任意挥毫，尽情书写。洪僩一定要把这块砚台视为至宝，以便使咱们洪家兴旺昌盛。”

我为兴和年间的那块所做的铭文是：

“魏元之东，狗脚于邺。吁其瓦存，亦禅千劫。上林得雁，获贮归笈。玩而铭之，衰泪栖睫。”

赣州雩都县，故有灌婴庙，今不复存。相传左地尝为池，耕人往往于其中耕出古瓦，可窾为砚。予向来守郡日所得者，刓缺两角，犹重十斤，沈墨如发硎，其光沛然，色正黄，考德仪年，又非铜雀比，亦尝刻铭于上曰：“范土作瓦，既埴既已。何断制于火，而卒以囿水？庙于汉侯，今千几年？何址蹙祀歇，而此独也存？县赣之雩，曰若灌池。研为我得，而铭以章之。”盖纪实也。

崔斯立

崔立之，字斯立，在唐不登显仕，它亦无传，而韩文公推奖之备至。其《蓝田丞壁记》云：“种学绩文，以蓄其有，泓函演迤，日大以肆。”其《赠崔评事》诗云：“崔侯文章苦捷敏，高浪驾天输不尽。顷从关外来上都，随身卷轴车连轸。朝为百赋犹郁怒，暮作千诗转遒紧。才豪气猛易语言，往往蛟螭杂蝼蚓。”其《寄崔二十六》诗云：“西城员外丞，心迹两崛奇。往岁战词赋，不将势力随。傲兀坐试席，深丛见孤罴。文如翻水成，初不用意为。四坐各低面，不敢捩眼

“元魏东迁后，又在邺城苟延残喘十几年。可叹东魏时期的瓦尚可见到，而东魏灭亡已经六、七百年了。上林得雁，获贮归笈。我仔细地反复观看这块砚台，并为它作铭，禁不住浮想联翩，老泪横流。”

赣州雩都县过去有座灌婴庙，现在已经不复存在。相传庙的左边以前曾是个水池，农夫们在这里耕种时经常发现古瓦，可以制成砚。我当初在江西做地方官时所得的一块，被削去两角，还有十几斤重。研墨如在磨刀石上磨刀，砚台颜色正黄，富有光泽，在考证时代，弄清史实方面，它又无法与铜雀台的古瓦相比。我曾在此砚上刻铭文说：“范土作瓦，利用黏土很快就可以制成。何故以火烧制而成，最终却用以囿水？此庙建于汉初颍阴侯灌婴之时，至今已有一千几百年？为什么庙塌祀绝而此瓦独存呢？这是因为赣州雩都县的灌池保存了它。此瓦制成砚台后为我所得，因而特作铭文以记之。”这里所记的都是事实。

崔斯立

崔立之，字斯立，在唐代没有做过高官，因而史书中也没有为他立传，可是著名文学家韩愈却对他推奖备至。韩愈的《蓝田丞壁记》说：崔斯立“日夜苦读，笔耕不辍，兼容并蓄，学以致用，因而学问越来越大，能力越来越强。”他的《赠崔评事》诗说：“崔侯文章苦捷敏，高浪驾天输不尽。倾从关外来上都，随身卷轴车连轸。朝为百赋犹郁怒，暮作千诗转遒紧。才豪气猛易语言，往往蛟螭杂蝼蚓。”韩愈的《寄崔二十六》诗说：“西城员外丞，心迹两崛奇。往岁战词赋，不将势力随。傲兀坐试席，深丛见孤罴。文如翻水成，初不用意为。四坐各低面，不敢捩眼窥。佳句喧众口，考官敢瑕疵？连年收科第，若摘颔底髭。”其美之如是。但记云“贞元初，挟其能，战艺于京师，再进再屈于人”，而诗以为“连年收科第”，何其自为异也？予按杭本韩文，作“再屈千人”，蜀本作“再进屈千人”，《文苑》亦然。盖它本误以千字为于也。又《登科记》“立之以贞元三年第进士，七年，中宏词科”，正与诗合。观韩公所言，崔作诗之多可知矣，而无一篇传于今，岂非蝼蚓之杂，惟敏速而不能工邪？

汉书注冗

颜师古注《汉书》，评较诸家之是非，最为精尽，然有失之赘冗及不烦音释者。其始遇字之假借，从而释之。既云“他皆类此”，则自是以降，固不烦申言。然于“循行”字下，必云“行音下更反”；于“给复”字下，必云“复音方目反”。至如说读曰悦，繇读曰徭，乡读曰向，解读曰懈，与读曰豫，又读曰欤，雍读曰壅，道读曰导，畜读曰蓄，视读曰示，艾读曰乂，竟读曰境，饬与敕同，繇与由同，敺与驱同，晻与暗同，娄古屡字，墬古地字，镶古饷字，犇古奔字之类，各以百数。解三代曰夏、商、周，中都官曰京师诸官府，失职者失其常业，其重复亦然。贷曰假也，休曰美也，烈曰业也，称曰副窥。佳句喧众口，考官敢瑕疵？连年收科第，若摘颔底髭。”大文豪韩愈竟如此赞许崔斯立。但是，他的《蓝田丞壁记》中说崔斯立“在唐德宗贞元初年，凭借自己非凡的才能，在京师与诸文人一争高低，结果再进再屈于人”，而《寄崔二十六》诗中却说崔斯立“连年收科第”，为什么会出现如此自相矛盾的说法呢？我查阅杭州本韩文，作“再屈千人”，蜀本作“再进屈千人”，《文苑》也是这样。大概是其他的版本误以“千”字为“于”字，以致造成这种自相矛盾的情形。而且，《登科记》说：崔立之于贞元三年考中进士，贞元七年又考中博学宏词科”，与韩诗的说法正好相吻合。从韩愈所说的情况看来，崔斯立的作品之多是显而易见的，然而却没有一篇流传至今，莫非是因为他粗制滥造，只求数量而不重视质量吗？

汉书注冗

唐朝的颜师古注释《汉书》，评较各家注本的是非优劣，最为精深、全面，然而有不少失之赘冗以及不需注音而注音的地方。在各假借字首先出现的地方，颜师古必定予以注释，并且说“其他地方与此相同。”既然这样，那么从此处开始，该字再次出现时完全没有必要再费笔墨注释。可是，在该书的“循行”字下，颜师古必定要说“行音下更反”；在“给复”字下，必定要说“复音方目反”。至于说读作悦，繇读作徭，乡读作向，解读作懈，与读作豫，又读作欤，雍读作壅，道读作导，畜读作蓄，视读作示，艾读作义，竟读作境，饬读作敕，繇与由同，敺与驱同，晻与暗同，娄古屡字，墬古地字，镶古饷字，犇古奔字之类，各以百计。解释三代即夏、商、周，中都官即京师各官府，失职即失去也，靡曰无也，滋曰益也，蕃曰多也，图曰谋也，耗曰减也，卒曰终也，悉曰尽也，给曰足也，浸曰渐也，则曰法也，风曰化也，永曰长也，省曰视也，仍曰频也，疾曰速也，比曰频也，诸字义不深秘，既为之辞，而又数出，至同在一板内再见者，此类繁多，不可胜载。

其豁、仇、恢、坐、郏、陕、治、脱、攘、蓺、坦、绾、鼬、擅、酣、侔、重、禺、俞、选等字，亦用切脚，皆为可省。志中所注，尤为烦芜。项羽一传，伯读曰霸，至于四言之。若相国何，相国参，太尉勃，太尉亚夫，丞相平，丞相吉，亦注为萧何、曹参……桓、文、颜、闵必注为齐桓、晋文、颜渊、闵子骞之类，读是书者，要非童蒙小儿，夫岂不晓，何烦于屡注哉？颜自著《叙例》云“至如常用可知，不涉疑昧者，众所共晓，无烦翰墨”，殆是与今书相矛盾也。

古迹不可考

郡县山川之古迹，朝代变更，陵谷推迁，盖已不可复识。如尧山、历山，所在多有之，皆指为尧、舜时事，编之图经。会稽禹墓，尚云居高丘之颠，至于禹穴，则强名一罅，不能容指，不知司马子长若之何可探也？舜都蒲坂，实今之河中所谓舜城者，宜历世奉之唯谨。案张芸叟《河中五废其固定的职业，其重复的情形也与此相似。颜师古所注的贷即假借，休即美好，烈即业，称即副，靡即无，滋即益，蕃即多，图即谋，耗即减，卒即终，悉即尽，给即足，浸即渐，则即法，风即化，永即长，省即视，仍即频，疾即速，比即频，等等，其实，这些字的字义并不深奥，根本没有必需解释，而颜师古不仅为之作注，而且还不厌其烦地重复作注，以至有时一个字在同一页中竟然两次被注释。这种情况是非常多的，举不胜举。

在颜师古的注中，豁、仇、恢、坐、郫、陕、治、脱、攘、蓺、坦、绾、龂、擅、酣、侔、重、禺、俞、选等字，也用反切注音，实际上这些都是可以省略的；颜师古对《汉书》各志的注释，尤为繁杂。仅在《项羽传》中，“伯读作霸”竟出现了四次。像相国何，相国参，太尉勃，太尉亚夫。丞相平，丞相吉等，也都注为萧何、曹参……桓、文、颜、闵等一定要注为齐桓公、晋文公、颜渊、闵子骞之类。读《汉书》的人，大概都不是初学的小孩子，难道能不懂得这些基础知识，以至非要注释家屡屡作注不可吗？颜师古在自己所写的《叙例》中说：“至于比较常见而又不存在歧义、疑义的地方，因属众所周知，便不再多费笔墨”，但现在所看到的《汉书》注本，与这个原则是相矛盾的。

古迹不可考

全国各地的名胜古迹，由于朝代更替，地形地貌巨变，以致很大一部分已遭到破坏，无法见其梗概。如尧山、历山，许多地方都有，都说是尧、舜曾活动过的地方，而且无一不编入地理书中。会稽的禹墓，据说尚在高丘之顶，至于禹穴，则是强行命名一个裂缝，这个裂缝小得连手指也容不下，不知司马迁当年是记》云："蒲之西门所由而出者，两门之间，即舜城也，庙居其中，唐张宏靖守蒲，尝修饰之。至熙宁之初，坦墉尚固。曾不五年，而为埏陶者尽矣。舜城自是遂废。又河之中泠一洲岛，名曰中潬，所以限桥。不知其所起，或云汾阳王所为。以铁为基，上有河伯祠，水环四周，乔木蔚然。嘉祐八年秋，大水冯襄，了无遗迹。中潬自此遂废。"显显者若此，它可知矣。

东坡在凤翔，作《凌虚台记》云："尝试登台而望其东，则秦穆之祈年、橐泉，其南则汉武之长杨、五柞，其北则隋之仁寿、唐之九成也。计其一时之盛，宏杰诡丽，坚固而不可动。然数世之后，欲求其仿佛，而破瓦颓坦，无复存者。"谓物之废兴成毁，皆不可得而知，则区区泥于陈迹，而必欲求其是，盖无此理也。《汉书·地理志》，扶风雍县有橐泉宫，秦孝公起。祈年宫，惠公起，不以为穆公。

如何下探禹穴的？舜的都城蒲坂，实际上就是今天河中府（今山西永济西）所谓的舜城，本应当世世代代毕恭毕敬地奉祀，然而据张芸叟的《河中五废记》记载："蒲州城两个西门之间的地方，就是古舜城的遗址，舜庙位居中间，唐朝的张宏靖在这里做官时，曾对它进行了修葺。到宋神宗熙宁初年，城墙还相当坚固。可是还不到五年时间，就被烧制陶器的挖光了。舜城从此消失。另外，在黄河之中矗立着一个小岛，名叫中潬，是用来固定桥梁的。不知道从何时开始有，有人说是汾阳王郭子仪主持建造的。小岛以铁柱为基，上有河神庙，四面环水，还有一些茂盛的树木花草。宋仁宗嘉祐八年秋，黄河泛滥，小岛被冲得无影无踪。从此以后，谁也没有再看到过。"著名的古迹命运如此，其他的也可想而知。

苏东坡在凤翔府时，曾作《凌虚台记》说："我登台向东眺望，看到的是秦穆公祈年宫、橐泉宫的旧址，其南则是汉武帝长杨宫、五柞宫的遗址，其北则是隋朝仁寿宫、唐朝九成宫的旧址。这些建筑在当初都是盛极一时的，规模宏伟，结构精巧，而且坚不可摧。但是，在数代之后，别说想看其轮廓，就是破瓦残垣，也难得一见。"人们对事物兴衰成败的规律尚知之甚少，而要拘泥于区区的古迹，非精确地求得真实面貌不可，这几乎是不可能的。《汉书·地理志》说扶风郡雍县（今陕西凤翔）有橐泉宫，是秦孝公所建的。又有祈年宫，是秦惠公年建的。该书并不认为这两个宫殿是秦穆公时修建的。

卷十三(十四则)

科举恩数

国朝科举取士，自太平兴国以来，恩典始重。然各出一时制旨，未尝辄同，士子随所得而受之，初不以官之大小有所祈诉也。太平之二年，进士一百九人，吕蒙正以下四人得将作丞，余皆大理评事，充诸州通判。三年，七十四人，胡旦以下四人将作丞，余并为评事，充通判及监当。五年，一百二十一人，苏易简以下二十三人皆将作丞、通判。八年，二百三十九人，自王世则以下十八人，以评事知县，余授判司簿尉。未几，世则等移通判，簿尉改知令录。明年，并迁守评事。雍熙二年，二百五十八人，自梁颢以下二十一人，才得节察推官。端拱元年，二十八人，自程宿以下，但权知诸县簿尉。二年，一百八十六人，陈尧叟、曾会至得光禄丞直史馆，而第三人姚揆，但防御推官。淳化三年，三百五十三人，孙何以下，二人将作丞，二人评事，第五人以下，皆吏部注拟。

咸平元年，孙仅但得防推。三年，孙暨以下，但免选注官。盖此两榜，真宗在谅闇，礼部所放，故杀其礼。及三年，陈尧咨登第，然后六人将作丞，四十二人评事；第二甲一百三十四人，节度推官、军事判官，第三甲八十人，防团军事推官。

下第再试

太宗雍熙二年，已放进士百七十九人，或云："下第中甚有可取者。"乃令复试，又得洪湛等七十六人，而以湛文采遒丽，特升正榜第三。端拱元年，礼部所放程宿等二十八人，进士叶齐打鼓论榜，遂再试，复放三十一人，而诸科因此得官者至于七百。一时待士可谓至矣。然太平兴国末，孟州进士张两光，以试不合格，纵酒大骂于街衢中，言涉指斥，上怒斩之，同保九辈永不得赴举；恩威并行，至于如此。

试赋用韵

唐以赋取士，而韵数多寡，平侧次叙，元无定格。故有三韵者，《花萼楼赋》以题为韵是也。有四韵者，《蓂荚赋》以"吴瑞圣朝"，《舞马赋》以"奏之天廷"，《丹甑赋》以"国有丰年"，《泰阶六符赋》以"元亨利贞"为韵是也。有五韵者，《金茎赋》以"日华川上动"为韵是也。有六韵者，《止水》《魍魉》《人镜》《三统指归》《信及豚鱼》《洪钟待撞》《君子听音》《东郊朝日》《蜡日祈天》《宗乐德》

科举恩数

大宋朝以科举取士，从太宗太平兴国以后，恩典越来越受到重视。然而，这些恩典都是出于皇帝一时的谕旨，从没有一成不变的。起初，士人们考中后政府授予什么官职，他们就接受什么官职，并不计较官位的高低。太平兴国二年，取恩科进士一百零九人，吕蒙正以下的四人被授为将作丞，其余的人都被授予大理评事，充任诸州通判。太平兴国三年，取进士七十四人，胡旦以下四人授将作丞，其余的人都授大理评事，充各州通判及监当。太平兴国五年，取一百二十一人，苏易简以下二十三人都授将作丞、通判。太平兴国八年，取二百三十九人，从王世则以下的十八人都以评事的身份任知县，其余的人都授判司簿尉。不久，王世则等升任通判，司簿尉改为知令录。次年，知令录们都被破格提升为守评事。雍熙二年，取二百五十八人，自梁颢以下二十一人，仅被授为节察推官。端拱元年，取二十八人，从程宿以下，都仅被授为权知诸县簿尉。端拱二年，取一百八十六人，名列前茅的陈尧叟、曾会竟被授为光禄丞直史馆，而第三名姚揆仅被授为防御推官。淳化三年，取进士三百五十三人，孙何以下，有两人授将作丞，二人授评事，从第五名以后，都由吏部负责登记，俟后安排。

宋真宗咸平元年，孙仅作为第一名仅被授为防御推官。咸平二年，从孙暨以下，仅得免选入官而已。大概当时真宗尚未亲政，这两榜是由礼部所放，因而大大降低其规格。到了咸平三年，陈尧咨登第，在他之后有六人授将作丞，四十二人授评事；第二甲一百三十四人，都授节度推官、军事判官；第三甲八十人，都授防团军事推官。

下第再试

宋太宗雍熙二年，已放榜公布新进士一百七十九人，有人说："在落选的士人中还有很多有用之才。"于是，太宗下令再考一次，结果又得到洪湛等七十六人。由于洪湛文采遒丽，太宗特意将他升为正榜第三名。端拱元年，礼部已放榜公布程宿等二十八人为进士，可进士叶齐又击鼓论榜，于是朝廷下令再考一场，结果又得到三十一人，而诸科因此而得官的有七百余人。朝廷对士人的重视可谓登峰造极，鼎盛一时了。然而在太平兴国末期，孟州(今河南孟县)进士张两光因为没有通过复试，在闹市区纵酒大骂，指责朝廷，太宗一怒之下将他处斩，同保之人九代永不得参加科举考试。国家对士人恩威并用，竟达到这种程度。

试赋用韵

唐朝以赋取士，而对韵数的多少，平仄的次序，最初并没有规定。所以有三韵的，如《花萼楼赋》以题为韵。有四韵的，例如《蓂荚赋》以"呈瑞圣朝"为韵，《舞马赋》以"奏之天廷"为韵，《丹甑赋》以"国有丰年"为韵，《泰阶六符赋》以"元亨利贞"为韵等。有五韵的，例如《金茎赋》以"日华川上动"为韵。有六韵的，例如《止水》《魍魉》《人镜》《三统指归》《信及豚鱼》《洪钟待撞》《君子听音》《东郊朝日》《蜡日祈天》《宗乐德》《训胄子》等篇都是。有七韵的，例如《日再中》《射己之

《训胄子》诸篇是也。有七韵者,《日再中》《射己之鹄》《观紫极舞》《五声听政》诸篇是也。八韵有二平六侧者,《六瑞赋》以“俭故能广,被褐怀玉”,《日五色赋》以“日丽九华,圣符土德”,《径寸珠赋》以“泽浸四荒,非宝远物”为韵是也。有三平五侧者,《宣耀门观试举人》以“君圣臣肃,谨择多士”,《县法象魏》以“正月之吉,悬法象魏”,《玄酒》以“荐天明德,有古遗味”,《五色土》以“王子毕封,依以建社”,《通天台》以“洪台独出,浮景在下”,《幽兰》以“远芳袭人,悠久不绝”,《日月合璧》以“两曜相合,候之不差”,《金柅》以“直而能一,斯可制动”为韵是也。有五平三侧者,《金用砺》以“商高宗命傅说之官”为韵是也。有六平二侧者,《旗赋》以“风日云舒,军容清肃”为韵是也。自大和以后,始以八韵为常。唐庄宗时尝覆试进士,翰林学士承旨卢质,以《后从谏则圣》为赋题,以“尧、舜、禹、汤倾心求过”为韵。旧例,赋韵四平四侧,质所出韵乃五平三侧,大为识者所诮,岂非是时,已有定格乎?国朝太平兴国三年九月,始诏自今广文馆及诸州府、礼部试进士律赋,并以平侧次用韵,其后又有不依次者,至今循之。

贞元制科

唐德宗贞元十年,贤良方正科十六人。裴垍为举首,王播次之,隔一名而裴度、崔群、皇甫镈继之。六名之中,连得五相,可谓盛矣!而邪正敻不侔。度、群同为元和宰相。而镈鹄》《观紫极舞》《五声听政》等篇都是。八韵有二平六仄的，例如《六瑞赋》以“俭故能广，被褐怀玉”为韵，《日五色赋》以“日丽九华，圣符土德”为韵，《径寸珠赋》以“泽浸四荒，非宝远物”为韵等。有.三平五仄的，例如《宣耀门观试举人》以“君圣臣肃，谨择多士”为韵，《县法象魏》以“正月之吉，悬法象魏”为韵，《玄酒》以“荐天明德，有古遗味”为韵，《五色土》以“王子毕封，依以建社”为韵，《通天台》以“洪台独出，浮景在下”为韵，《幽兰》以“远芳袭人，悠久不绝”为韵，《日月合璧》以“两曜相合，候之不差”为韵，《金柅》以“直而能一，斯可制动”为韵等。有五平三仄等，例如《金用砺》以“商高宗命傅说之官”为韵等。有六平二仄的，例如《旗赋》以“风日云舒，军容清肃”为韵等。自从唐文宗大和年间以后，才开始以八韵为常。后唐庄宗时曾复试进士，翰林学士承旨卢质以《后从谏则圣》为赋题，以“尧、舜、禹、汤倾心求过”为韵。依照旧例，赋韵为四平四仄，卢质所出的韵乃是五平三仄，因此颇受行家们的讥笑，莫非那时候已经有了固定的格式？大宋朝太平兴国三年九月，太宗皇帝才下诏规定：从今以后，广文馆及诸州府、礼部考试进士律赋，都以平仄的次序用韵。后来又出现了不依平仄次序的情形，至今仍然沿袭这种做法。

贞元制科

唐德宗贞元十年，考中贤良方正科的有十六人，其中裴垍为第一名，王播次之，裴度、崔群、皇甫镈分别居第四、第五、第六位。在前六名中，竟然有五人先后担任宰相，可谓是古今罕见的以聚敛贿赂亦居之，度、群极陈其不可，度耻其同列，表求自退，两人竟为铸所毁而去。且三相同时登科，不可谓无事分，而玉石杂糅，薰莸同器，若默默充位，则是固宠患失，以私妨公、裴、崔之贤，谊难以处也。本朝韩康公、王岐公、王荆公亦同年联名，熙宁间，康公、荆公为相，岐公参政，故有“一时同榜用三人”之语，颇类此云。

贻子录

先公自燕归，得龙图阁书一策，曰《贻子录》，有“御书”两印存，不言撰人姓名，而序云：“愚叟受知南平王，政宽事简。”意必高从诲擅荆渚时，宾僚如孙光宪辈者所编，皆训儆童蒙。其《修进》一章云，咸通年中，卢子期著《初举子》一卷，细大无遗。就试三场，避国讳、宰相讳、、主文讳。士人家小子弟，忌用熨斗时把帛，虑有拽白之嫌。烛下写试无误笔，即题其后云“并无揩改涂乙注”，如有，即言字数，其下小书名。同年小录是双只先辈各一人分写。宴上长少分双只相向而坐，元以东为上，僦以西为首，给、舍、员外、遗、补，多来突宴，东先辈不迁，而西先辈避位。及吏盛事，而五人的忠奸正邪却不可同日而语。裴度、崔群同在宪宗元和年间任宰相，而皇甫镈凭借横征暴敛和贿赂也被任命为宰相，裴、崔二人极力向皇帝劝说此人不可重用，却没有被接受。裴度耻于同皇甫镈共事，因而上表请求辞职，最后两人因为受到皇甫镈的诋毁而离开相位。裴度、崔群、皇甫镈三位宰相同时登科，不可谓没有情分，然而玉石杂糅，薰莸同器，如果默默地徒居其位无所建树，则是贪恋富贵，明哲保身，为私害公，以裴、崔之贤，是不可能这样做的。大宋朝的韩康公（即韩绛）、王岐公（即王珪）、王荆公（即王安石）三人也是同年登科的，神宗熙宁年间，韩康公、王荆公任宰相，王岐公任参知政事，因此当时有“一时同榜用三人”的说法，这种情况与唐宪宗元和年间的事非常相似。

贻子录

先父洪皓从金国的燕京回来时，得到一本龙图阁藏书，名叫《贻子录》，“御书”二字的印迹尚清晰可辨，却没有署撰写人的姓名，只是在序言中说：“愚叟受知于南平王，政宽事简。”肯定是五代南平王高从诲占据荆南（治今湖北江陵）时，其幕僚如孙光宪等人所编写的，内容都是训诫、教育儿童方面的。该书的《修进》一章说：唐懿宗咸通年间，卢子期著《初举子》一卷，事无巨细，没有不涉及的。如士人参加三场科举考试时，要避国讳、宰相讳和主考官的名讳。士人家在用熨斗熨帛时，忌讳小孩抓扯帛，以免有“拽白（即交白卷）”之嫌。士人夜间在灯下练习应试的诗文时，如果没有误笔，就在后面批道：“并无揩、改、涂、乙（做记号）、注”，如果有误笔，说明字数，然后在下面小部给春关牒，便称前乡贡进士，大略有与今制同者，独避宰相、主文讳，不复讲双只，先辈之名，它无所见。其《林园》一章谓茄为酪酥，亦甚新。

金花帖子

唐进士登科，有金花帖子，相传已久，而世不多见。予家藏咸平元年孙仅榜盛京所得小录，犹用唐制，以素绫为轴，贴以金花，先列主司四人衔，曰：翰林学士给事中杨，兵部郎中知制诰李，右司谏直史馆梁，秘书丞直史馆朱，皆押字。次书四人甲子，年若干，某月某日生，祖讳某，父讳某，私忌某日。然后书状元孙仅，其所纪与今正同。别用高四寸绫，阔二寸，书“盛京”二字，四主司花书于下，粘于卷首，其规范如此，不知以何年而废也。但此榜五十人，自第一至十四人，惟第九名刘烨为河南人，余皆贯开封府，其下又二十五人亦然。不应都人士中选若是之多，疑亦外方人寄名托籍，以为进取之便耳。四主司乃杨砺、李若拙、梁颢、朱台符，皆只为同知举。

字写上名字。同年小录是双只先辈各一人分写。在宴席上，长幼分双只相向而坐，元以东为上，傶以西为首，给事中、舍人、员外郎、拾遗、补阙等官员，时常不请而自来参加宴会。这时，东座的先辈不动，而西座的先辈让位。及至吏部颁发春关牒，则称前乡贡进士，大略与现在的制度有相同之处，只有避宰相、主考官讳，不再讲双只先辈之名，其他书中未见记载。该书的《林园》一章中把茄子称为酪酥，也很新奇。

金花帖子

在唐朝，进士登科后都要得到一本精美的金花帖子，此制相传已久，而当今世上却很少能够看到原件。我家收藏有宋真宗咸平元年，孙仅在盛京（指北宋东京开封）考中时所得的小录，它仍然使用唐制，以白绫为轴，上贴金花，先列四位主考官的头衔，即：翰林学士给事中杨，兵部郎中知制诰李，右司谏直史馆梁，秘书丞直史馆朱，每个人都签署自己的名字。接着写的是四位主考官的年龄，某月某日生，祖父名字，父亲名字，私忌某日。然后写状元孙仅，所记的内容与现在的完全相同。另外，又用一张长四寸，宽二寸的绫子，上写“盛京”两个大字，下面是四位主考的花书，然后将它粘贴在帖子的卷首。金花帖子的规范就是这样，不知从哪一年开始被废除了。但是，此榜的五十个人中，从第一到第十四名，除第九名刘烨是河南府（今河南洛阳）人之外，其余的籍贯都是东京开封府。从第十五名以后，又有二十五人的籍贯是开封府。京师士人考中的竟如此之多，显而易见是不合情理的，估计有不少外地士人寄名托籍，假称是京城人，以便于在仕途上的发展。帖子上的四位主考官是：杨砺、李

物之大小

列御寇、庄周大言小言，皆出于物理之外。《列子》所载“夏革曰：渤海之东几亿万里，有大壑焉，实惟无底之谷。中有五山，高下周旋三万里，山之中间相去七万里，而五山之根无所连著。帝使巨鳌十五举首而戴之，叠为三番，六万岁一交焉。而龙伯之国有大人，举足不盈数千（数千：据《太平御览》《事文类聚》等书所引，当作“数十步”。）而暨山所，一钓而连六鳌，合负而趣归其国。于是岱舆、员峤二山，沈于大海。”张湛注云：“以高下周围三万里山，而一鳌头之所戴，而六鳌复为一钓之所引，龙伯之人能并而负之。计此人之形当百余万里，鲲鹏方之，犹蚊蚋蚤虱耳。太虚之所受，亦奚所不容哉！”《庄子·逍遥游》，首著鲲鹏事云：“北溟有鱼，其名为鲲。鲲之大，不知其几千里也；化而为鸟，其名为鹏。鹏之徙于南冥，水击三千里，抟扶摇而上者九万里。”二子之语大若此。

至于小言，则《庄子》谓：“有国于蜗之左角，曰触氏，右角曰蛮氏，相与争地而战，伏尸数万，逐北旬有五日而后反。”《列子》曰：“江浦之间生幺虫，其名日焦螟。群飞而集于蚊睫，弗相触也，栖宿去来，蚊弗觉也。黄帝与容成子同斋三月，徐以神视，块然见之，若嵩山之阿，徐以气听，砰然若拙、梁颢、朱台符，当时都任同知举。

物之大小

列御寇和庄子所说的“大”与“小”，都出于事物的常理之外。《列子》载夏革对商汤说：“渤海之东不知其几亿里的地方，有个大沟，实际上就是一个无底之谷。谷中有五座山，高低方圆各有三万里，每座山之间相距七万里，这五座大山的根基都无所依托。天帝派十五只巨龟举首顶戴五山。这些龟分为三班轮流托山，每六年一换班。而龙伯之国有个巨人，抬脚不到数十步就来到五大山的所在地，下一次钩竟钓起六只巨龟，然后将它们拢在一起扛回本国。于是五大山中的岱舆、员峤二山从此沉入大海。”张湛注释说：“一座高低方圆达三万里的大山，竟被一只巨龟用头轻而易举的顶托着，而力能托山的六只巨龟却又被一钩钓出，然后并在一起扛走。由此估算，龙伯之国巨人的身材当有一百余万里，鲲鹏与之相比，简直就像蚊蚋蚤虱一样。看来太虚（指深玄之理）之所受，也可谓是无所不容啦！”《庄子·逍遥游》记述鲲鹏的事说：“北方的海中有一种大鱼，它的名字叫鲲。鲲之大，不知道有几千里；变为鸟后，名叫鹏。当鹏向南海迁徙时，翅膀扇动，击水达三千余里，然后盘旋而上，离地达九万里。”列子和庄子所说的“大”，竟有如此之大。

至于说“小”，则《庄子》称：“在蜗牛壳的左角有个小国，名叫触氏，在右角也有个小国名叫蛮氏，两国为了争夺地盘而爆发战争，以致伏尸数万。得胜的一方穷追猛打，长驱直入，深入敌境半个月后才撤兵回返。”《列子》说：“江浦之间有一种小虫，它的名字叫焦螟。大群的焦螟落脚于蚊子的一根眼睫毛上，闻之，若电霆之声。”二子之语小如此。释氏维摩诘长者居丈室而容九百万菩萨并师子座，一芥子之细而能纳须弥。皆一理也。张湛不悟其寓言，而窃窃然以太虚无所不容为说，亦隘矣！若吾儒《中庸》之书，但云：“天地之大也，人犹有所憾，故君子语大，天下莫能载焉；语小，天下莫能破焉。”则明白洞达，归于至当，非二氏之学一偏所及也。

郭令公

唐人功名富贵之盛，未有出郭汾阳之右者。然至其女孙为宪宗正妃，历五朝，母天下，终以不得志于宣宗而死，自是支胄不复振。及本朝庆历四年，访求厥后，仅得裔孙元亨于布衣中，以为永兴军助教。欧阳公知制诰，行其词曰：“继绝世，褒有功，非惟推恩以及远，所以劝天下之为人臣者焉。况尔先王，名载旧史，勋德之厚，宜其流泽于无穷，而其后裔不可以废。往服新命，以荣厥家！”且以二十四考中书令之门，而需一助教以为荣，吁，亦浅矣！乃知世禄不朽，如谁也不会碰着谁。它们飞来飞去，在蚊子的睫毛上休息、过夜，蚊子也毫无感觉。黄帝和容成子一起斋戒三个月，然后平心静气地凝神观瞧，清晰地看见了焦螟，就像是嵩山下的大丘陵一样；他们又平心静气地凝神倾听，听到了焦螟发出的“砰、砰”之声，就像是震耳欲聋的霹雷一样。”庄子和列子所说的“小”，竟小到这种程度。佛教徒维摩诘长者自居斗室却可容纳九百万尊菩萨及其狮子座，一粒芥子那样小的地方竟能容纳须弥那样的高山，其道理都是一样的。张湛不明白列子的寓言中所包含的深刻哲理，却喋喋不休地说什么太虚无所不容，真是太狭隘，太没有见识了！至于我们儒家经典《中庸》一书中只是说：“天地是最为广阔的，但是人们还是感到不满意，因此君子所谈论的‘大’，大得天下根本无法容纳；君子所谈论的‘小’，小得天下没有任何东西可以进得去。”这话说得明白透彻，恰如其分，绝不是列子和庄子的偏颇学说所能比拟的。

郭令公

在唐朝，功名富贵之盛，没有谁能超过汾阳郡王郭子仪的。然而，到了第三代，他的孙女虽然贵为唐宪宗的正妃，而且亲历宪宗、穆宗、敬宗、文宗、武宗五朝，最终却在宣宗时因郁郁不得志而死，郭家从此一蹶不振。到了大宋朝仁宗庆历四年，政府访求郭子仪的后代，费了好长时间才找到一个已沦为普通平民的郭元亨，便把他任命为永兴军（治今陕西西安）助教。当时，欧阳修任知制诰，他所撰写的制词说：“使濒于断绝的家族得以延续，使有功之人的后代得到褒奖，并非只是为了广布恩泽以及远，而是为了以此勉励天下那些做人臣的人。况且你的祖上春秋诸国，至数百年者，后代不易得也。

纪年兆祥

自汉武建元以来，千余年间，改元数百，其附会离合为之辞者，不可胜书，固亦有晓然而易见者。如晋元帝永昌，郭璞以为有二日之象，果至冬而亡。亘灵宝大亨，识者以为一人二月了，果以仲春败。萧栋、武陵王纪，同岁窃位，皆为天正，以为二人一年而止，其后皆然。齐文宣天保，为一大人只十，果十年而终。然梁明帝萧岿亦用此，而尽二十三年。或又云，岿蕞尔一邦，故非机祥所系。齐后主隆化，为降死；安德王延宗德昌，为得二日。周武帝宣政，为宇文亡曰；宣帝大象（宣帝大象，当为静帝大象。宣帝继位之次年，传位于太子阐，即静帝，静帝改元大象），为天子冢。萧琮、晋出帝广运，为军走。隋炀帝大业，为大苦末。唐僖宗广明，为唐去丑口而著黄家日月，以兆巢贼之祸。钦宗靖康，为立卜二月康，果在位满岁，而高宗由康邸建中兴之业。熙宁之末将改元，近臣撰三名以进，曰“平成”，曰“美成”，曰“丰亨”，神宗曰：“成字负戈，美成者，犬羊负戈。亨字为子不成，不若去名垂青史，功德盖世，本应当流泽于无穷，所以他的后代是不可被埋没不用的。为了荣耀郭氏家族，你赶快奉命上任去吧！”曾任中书令（其他位高于宰相）达二十四年，并被唐德宗尊为“尚父”的大将郭子仪，大概无论如何也不会想到，自己的后代竟需要用一个小小的助教职务来荣耀门庭，唉，这也实在是太惨了！由此可知，世袭爵禄，要想像春秋时代各国那样延续数百年，在后代是非常困难的。

纪年兆祥

自从汉武帝使用建元的年号以后，一千多年来，改元的次数有好几百，其间采用拆开、组合的方法牵强附会地对这些年号进行解释的人，不可胜数，当然也不乏显而易见的。例如：晋元帝司马睿改元永昌，郭璞认为有二日（即二王）之象，果然到了冬天司马睿就忧愤而死。东晋的桓灵宝（即桓玄）以“大亨”为年号，懂得的人认为这两个字拆开后就是“一人二月了”，结果桓玄果然在仲春之时兵败被杀。南朝梁豫章王萧栋和武陵王萧纪同年窃取国家政权，而且都用“天正”为年号，人们认为这乃是二人一年而止，后来的事实果然是这样。北齐文宣帝以“天保”为年号，乃是一大人只十，果然十年而终。但是，南朝后梁明帝萧岿也用此年号，却是在二十三年以后才死的。有人又解释说：萧岿偏安一隅，弹丸之地，因而不足以反映吉凶祸福。北齐后主高纬的年号“隆化”，乃是降死。安德王延宗的年号“德昌”，乃是得二日。北周武帝的年号“宣政”，乃是宇文亡日；周静帝的年号“大象”，乃是天子家。南朝后梁的萧琮和五代晋出帝石重贵的年号“广运”，乃是军走（指繁体字运）。隋炀帝的年亨而加元。”遂为元丰。若隆兴则取建隆、绍兴各一字，与唐贞元取贞观、开元之义同。已而嫌与颜亮贞隆相近，故二年即改乾道。及甲午改纯熙，既已布告天下，予时守赣，贺表云：“天永命而开中兴，方茂卜年之统；时纯熙而用大介，载新纪号之文。”迨诏至，乃为淳熙，盖以出处有“告成《大武》”之语，故不欲用。

民俗火葬

自释氏火化之说起，于是死而焚尸者，所在皆然。固有炎暑之际，畏其秽泄，敛不终日，肉尚未寒而就爇者矣。鲁夏父弗忌献逆祀之议，展禽曰：“必有殃，虽寿而没，不为无殃。”既其葬也，焚烟彻于上，谓已葬而火焚其棺椁也。吴伐楚，其师居麇，楚司马子期将焚之，令尹子西曰：“父兄号“大业”，乃是大苦末。唐僖宗的年号“广明”，乃是唐字去掉丑口而加上黄家日月(广的繁体字是广下加黄)，预示着黄巢起义这场大灾难。北宋钦宗的年号“靖康”，乃是立十二月康，果然他继位满一年后被金军所俘，而康王赵构(即宋高宗)建立中兴之业。宋神宗熙宁末年准备改元，近臣们拟写了三个年号名供皇帝选择，这就是：平成，美成，丰亨。神宗说：“成字负戈，美成是羊犬负戈，亨字为子不成，不如去亨而加元。”于是定新年号为“元丰”。至于宋孝宗的年号“隆兴”，则是从建隆、绍兴两个年号中各取一个字，与唐德宗的年号“贞元”乃是得名于贞观、开元这两个盛世年号的含义完全相同。不久，宋孝宗嫌“隆兴”这个年号金国完颜亮的年号“贞隆”相近，因而仅两年就改元为乾道。到了甲午年孝宗改元为纯熙，已经布告天下。当时我在赣州任知州，特意写了一篇贺表说：“天欲使大宋朝国运长久因而助其完成中兴大业，现在我们的国家正繁荣昌盛，蒸蒸日上；眼下又改元纯熙而且任用忠良，我们的国家再次迎来了一个新纪元。”等到诏书下达，才知道新年号是“淳熙”，而不是纯熙，大概是因为其出处有“告成《大武》”的话，所以孝宗不乐意使用。

民俗火葬

自从佛教火化之俗传入后，于是死后焚尸的，到处都是。固然有暑热之时，恐怕尸体腐败，因而装殓还不到一天，尸骨未寒就付之一炬的。春秋时期，鲁国的夏父弗忌献颠倒祭祀次序之议，展禽(即柳下惠)说：“肯定会有灾祸的，即使寿终正寝，也不会无灾祸。”到其下葬之后，有浓烟直冲霄汉，显然下葬之后其棺椁又被大火所焚。吴国攻打楚国时，驻军于麇(河边的有水亲暴骨焉，不能收，又焚之，不可。”谓前年楚人与吴战，多死麇中，不可并焚也。卫人掘褚师定子之墓，焚之于平庄之上。燕骑劫围齐即墨，掘人冢墓，烧死人，齐人望见涕泣，怒自十倍。王莽作焚如之刑，烧陈良等。则是古人以焚尸为大僇也。列子曰：“楚之南有炎人之国，其亲戚死，㱙肉而弃之，然后埋其骨；秦之西有仪渠之国，其亲戚死，聚柴积而焚之，熏则烟上，谓之登遐，然后成为孝子。此上以为政，下以为俗，而未足为异也。”盖是时其风未行于中国，故列子以仪渠为异，至与㱙肉者同言之。㱙音寡。

太史日官

《周礼》春官之属曰：“太史掌建邦之六典，以逆邦国之治。正岁年以序事，颁之于官府及都鄙，颁告朔于邦国。”“小史掌邦国之志，奠系世，辨昭穆。”郑氏注云：“太史，日官也。”引《左传》“天子有日官，诸侯有日御”为说。

草处），楚国的司马（掌管军队的官员）子期准备火烧麇地，令尹（相当于宰相）子西说："我们父老兄弟的尸骨也丢弃在那里，无法收殓，现在再将他们同吴军一起烧掉，这是不合适的。"子西指的是，前年楚国与吴国交战，楚军士兵多死于麇中，不可把他们同吴军一并付之一炬。卫国人掘了褚师定子的坟墓，并且在平庄将他的骸骨一把火烧掉。燕国的骑劫围攻齐国的即墨城（今山东平度东南）时，在城外掘了齐国人的许多坟墓，并且放火焚烧死人，齐国人在城墙上远地望见，无不痛哭流涕，同时对燕军的仇恨也陡增十倍，甚至百倍。王莽制订了烧人的刑罚，烧死了陈良等。由此看来，古人把焚尸看作是一种大戮之刑。列子说："在楚国之南有个炎人之国，该国人的亲戚死后，他们便把死者的肉剔下来扔掉，然后把骨骼埋入地下。在秦国的西边有个仪渠国，该国人死后，其亲属们便把死者放在一大堆木柴上烧掉，当火烧到尸体时黑烟直上，这就是所谓的'登遐'，只有这样，死者的子女们才能成为孝子。由此可知，火葬在上已被统治者作为治国的手段，在下已被老百姓视为风俗习惯，丝毫没有什么值得惊奇的。"大概当时火化的习俗尚未风行于中国，所以列子觉得仪渠国的风俗十分奇异，以至于将它同剔肉埋骨的炎人之国相提并论。

太史日官

《周礼》春官之属说："太史主管建立国家的各种典章制度，以满足治理国家的需要。还要负责调整历法以便安排各项事务，其结果要公布于官府及京师内外，每个月还要向全国预告下月的朔日（即初一）。""小史掌管国家的史志，确定王侯的世志，谓记也。史官主书，《国语》所谓《郑书》及《帝系》《世本》之属是也，小史主定之。然则周之史官、日官，同一职耳。故司马谈为汉太史令，而子长以为“文史星历近乎卜祝之间，固主上所戏弄，倡优畜之，流俗之所轻也。”今太史局正是星历卜祝辈所聚，其长曰太史局令，而隶秘书省，有太史案主之，盖其源流有自来矣。

汲冢周书

《汲冢周书》今七十篇，殊与《尚书》体不相类，所载事物亦多过实。其《克商解》云“武王先入，适纣所在，射之三发，而后下车，击之以轻吕（剑名），斩之以黄钺，县诸大白。商二女既缢，又射之三发，击之以轻吕，斩之以玄钺，县诸小白。”越六日，朝至于周，以三首先馘，入燎于周庙，又用纣于南郊。夫武王之伐纣，应天顺人，不过杀之而已。纣既死，何至枭戮俘馘，且用之以祭乎？其不然者也。

又言武王狩事，尤为淫侈，至于擒虎二十有二，猫系和宗庙的次序。”郑玄的注说:“太史,即日官。”他还引《左传》“天子有日官,诸侯有日御”的话为证。志,即记。史官负责编写史书,《国语》所说的《郑书》及《帝系》《世本》之类都是,小史则负责审定工作。由此看来,周代的史官和日官乃是同一职务。所以,司马谈任汉朝的太史令,而他的儿子司马迁(字子长)认为“文史星历与,卜祝之人身份接近,本来就受君主们的戏弄,君主们视他们就如同供人取乐的艺人一样,整个社会对他们也相当轻视。”现在的太史局正是星、历、卜、祝之人的荟萃之地,其长官叫太史局令,隶属于秘书省,由该省的太史案具体负责,这种做法是有其根源的。

汲冢周书

《汲冢周书》现有七十篇,其体例与《尚书》很不相同,所载的事物也多言过其实。比如《克殷解》说:“周武王先入,来到商纣王的住处,连射三箭,然后下车,用轻吕宝剑直刺纣王(的尸体),接着用黄色的大铜斧砍下纣王的首级,悬挂在大白旗上示众。纣王的两个宠妾已经自缢身亡,武王又连发三箭,然后用轻吕剑击刺她们的尸体,用黑色的大铜斧砍下她们的脑袋,悬挂在小白旗杆上示众。”六天后,周武王一大早就班师回到周国(今陕西西安一带),先下令割取三颗首级上的左耳,带到周的太庙里祭告祖先,又用商纣王的首级到南郊祭天。众所周知,武王伐纣,是上承天意,下顺民心的义举,只不过是杀死他而已。既然商纣王已经死了,武王又何至于将他剑刺斧砍、枭首示众,又割取左耳,并且用以祭祀呢?这显然是不符合事实的。

《汲冢周书》又记载周武王的狩猎活动特别淫侈,以至二，麋五千二百三十五，犀十有三，牦七百二十有一，熊百五十一，罴百十八，豕三百五十有二，猪十有八，麀十有六，麝五十，鹿三千五百有二。遂征四方，凡憝国九十有九国，馘磨亿有十万七千七百七十有九，其多如是，虽注家亦云武王以不杀为仁，无缘所馘如此，盖大言也。

《王会篇》皆大会诸侯及四夷事，云："唐叔、荀叔、周公在左，太公在右。堂下之右，唐公、虞公南面立焉，堂下之左，商公、夏公立焉。"四公者，尧、舜、禹、汤后，商、夏即杞、宋也。又言：俘商宝玉亿有百万。所纪四夷国名，颇古奥，兽畜亦奇崛，以肃慎为稷真，薉人为秽人，乐浪之夷为良夷，姑蔑为姑妹，东瓯为且瓯，渠搜为渠叟，高句丽为高夷。所叙："秽人前兒，若弥猴，立行，声似小儿。良夷在子（兽名），蟞身人首，脂其腹，炙之藿则鸣。扬州禺禺鱼、人鹿。青丘狐九尾。东南夷白民乘黄，乘黄者似骐，背有两角。东越海盒、海阳、盈车、大蟹。西南戎曰央林，以酋耳，酋耳者，身若虎豹。渠叟有鼩犬，鼩犬者，露犬也，能飞，食虎豹。区阳戎以鳖封，鳖封者，若彘，前后有首。蜀人以文翰，文翰者，若皋鸡。康民以桴苡，其实如李，食之宜子。北狄州靡费费，其形人身枝踵，自笑，笑则上唇翕其目，食人。都郭（亦北狄）生生，若黄狗，人面，能言。奇幹（亦北狄）善芳，头若雄鸡，佩之令人不眯。正东高夷嗛羊，嗛羊者，羊而四于擒虎二十二只，猫二只，麋鹿五千二百三十五只，犀牛十三头，牦牛七百二十一头，熊一百五十一头，罴一百一十八头，野猪三百五十二头，猪十八头，麂子十六只，香獐五十只，鹿三千五百零二只。他又征讨四方，共征服九十九国，俘获一亿零十万七千七百七十九人，其数目如此巨大，即使推崇该书的注释家也说武王以不杀为仁，没有理由像这样大规模地杀伐。《汲冢周书》大概是过分夸大其词了。

《汲冢周书》的《王会篇》所记载的都是周朝大会诸侯及四方少数民族的事，文中说："唐叔、荀叔、周公在左，姜太公在右。在堂下的右边，唐公、虞公南面而立；在堂下的左边，商公、夏公南向而立。"四公，乃是唐尧、虞舜、夏禹、商汤的后人，商公和夏公也就是杞国和宋国的国君。文中又说周武王从商纣王那里所缴获的宝玉多达一亿零一百万。该篇所记的四方名民族的国名非常古奥，野兽也很奇特，比如以肃慎为稷真，濊人为秽人，乐浪夷为良夷，姑蔑为姑妹，东欧为且欧，渠搜为渠叟，高句丽为高夷。《王会篇》中说："秽人有一种动物名叫前兒，其形状就像猕猴一样，直立行走，所发出的声音如同婴儿。良夷有一种动物名叫在子，弊身人首，以其腹为油脂点燃藿香草后，他就会发出叫声。扬州有禺禺鱼、人鹿。青丘（传说中的海外国名）的狐狸有九条尾巴。东南夷的白民之国有一种奇兽名叫乘黄，状如有青黑色纹理的骐马，背上有两只角。东越（今闽、浙一带）有海盒、海阳、盈车、大蟹等珍奇动物。西南戎的央林国有一种怪兽名叫酋耳，其体形像虎豹，尾巴比身体长三倍，专食虎豹。渠叟国（在葱岭以西的中亚一带）有一种动物名叫鼩犬，也就是露犬，能飞，能吃掉虎豹。区阳戎有一种动物名叫鳖封，其形体像角。西方之戎曰独鹿，邛邛距虚。犬戎文马，而赤鬣缟身，目若黄金，名古皇之乘。白州北闾，北闾者，其华若羽，以其木为车，终行不败。”篇末引伊尹《朝献商书》云：“汤问伊尹，使为四方献令。伊尹请令正东以鱼皮之鞞、鲗酱、蛟瞂、利剑；正南以珠玑、玳瑁、象齿、文犀；正西以丹青、白旄、江历（珠名）、龙角；正北以橐驼、駒駼、駃騠、良弓为献。汤曰：善。”凡此皆无所质信，姑录之以贻博雅者。唐太宗时，远方诸国来朝贡者甚众，服装诡异，颜师古请图以示后，作《王会图》，盖取诸此。《汉书》所引：“天予不取，反受其咎，毋为权首，将受其咎。”以为《逸周书》，此亦无之，然则非全书也。

曹子建论文

曹子建《与杨德祖书》云：“世人著述，不能无病，仆常猪，而前后都有头。蜀人有一种动物名叫文翰，其形体像皋鸡。康民有一种植物名叫稃苡，其果实与李子相似，吃了以后有利于人生养孩子。北狄州靡国有一种动物名叫费费，其身体像人而脚如棍，常自己发笑，笑时嘴唇向上翻而双眼紧闭，能吃人。北狄的都郭有一种动物名叫生生，状如黄狗，脸像人，会说话。北狄奇幹有一种鸟名叫善芳，头像公鸡，佩带之可以使人眼不昏花。正东方的高夷有一种动物名叫嗛羊，实际上就是一种有四只角的羊。西戎的独鹿国有一种动物名叫邛邛距虚（一说邛邛与距虚为两种野兽，形体相近），非常善于奔跑。犬戎（今陕西彬县、岐山一带）的文马，红鬣白身，眼睛闪闪发光，如同黄金，据说是古时帝王所乘骑的。白州有一种树木名叫北间，它光彩斑斓就如鸟类的羽毛，同这种木材做车，可保永不腐朽。”篇末又引用伊尹的《朝献商书》说：“商汤王命伊尹担任四方献令，负责各地向商王朝的进贡工作。伊尹请求商王下令让正东方贡鱼皮刀鞘，鲗酱、蛟楯、利剑；正南方贡珠玑、玳瑁、象齿、文犀；正西方贡丹青、白旄、江历、龙角；正北方贡骆驼、騊駼、駃騠、良弓。商汤王说：好。”所有这些都无法确证，姑且抄录下来以待知识渊博的专家。唐太宗时，前来朝贡的远方国家甚多，各国人员服饰怪异，各不相同，著名学者颜师古请求画下来留给后人，于是获准作《王会图》，其动机大概起源于此。《汉书》中所引的“天予不取，反受其咎，毋为权首，将受其咎。”一句，作者认为是引自于《逸周书》，而《汲冢周书》中却找不到，可见它并不是全书。

曹子建论文

三国时期的著名文学家曹植（字子建）在致杨德祖的信中

好人讥弹其文，有不善，应时改定。昔丁敬礼常作小文，使仆润饰之，仆自以才不过若人，辞不为也。敬礼谓仆：‘卿何所疑难，文之佳丽，吾自得之，后世谁相知定吾文者邪？’吾常叹此达言，以为美谈。”子建之论善矣。任昉为王俭主簿，俭出自作文，令昉点正，昉因定数字，俭叹曰：“后世谁知子定吾文？”正用此语。

今世俗相承，所作文或为人诋诃，虽未形之于辞色，及退而怫然者，皆是也。欧阳公作《尹师鲁铭》文，不深辩其获罪之冤，但称其为文章简而有法。或以为不尽，公怒，至诒书他人，深数责之曰：“简而有法，惟《春秋》可当之，修于师鲁之文不薄矣。又述其学曰‘通知古今’，此语若必求其可当者，惟孔、孟也。而世之无识者乃云云。此文所以慰吾亡友尔，岂恤小子辈哉！”王荆公为钱公辅铭母夫人蒋氏墓，不称公辅甲科，但云：“子宫于朝，丰显矣，里巷之士以为太君荣。”后云：“孙七人皆幼。”不书其名。公辅意不满，以书言之，公复书曰：“比蒙以铭文见属，辄为之而不辞。不图乃犹未副所欲，欲有所增损。鄙文自有意义，不可改也。宜以见还，而求能如足下意者为之。如得甲科为通判，何足以为太夫人之荣？一甲科通判，苟粗知为辞赋，虽市井小人，皆可以得之，何足道哉？故铭以谓闾巷之士，以为太夫人说："世人写作，不可能没有毛病，我常喜欢听人们对我的作品评头品足，如果有不好的地方，我当即改定。过去丁敬礼曾写了一篇小文章，让我加以润色，我自知才能不及他，因而极力推辞。丁敬礼对我说：'您有什么可以为难的，文章改得好，是我受益，人们都以为我写得好；万一改得不好也没关系，后世又有谁会知道究竟是哪一位替我改定了文稿？'我时常感慨敬礼这番虚怀若谷、通达事理的话语，以为美谈。"曹植的论述真是太好了。南朝梁著名学者任昉担任王俭的主簿，有一次，王俭拿出自己所写的文章让任昉修改，任昉便改动了几个字，王俭感叹说："后人谁会知道我的文章是您修改的？"用的正这是个典故。

当今的文人，早已形成了一种老传统，所做到的文章如果受到了别人的指责，即使他当时没有怒形于色，反唇相讥，而到退回家中后怒气冲天的人，比比皆是。欧阳修撰《尹师鲁铭》，不深辩其无辜获罪的冤屈，只是称赞他写文章简而有法。有人认为写得不够全面，欧阳修勃然大怒，以至于给别人写信，严厉地责备说他坏话的人："简而有法，只有儒家经典《春秋》可以当之无愧，我以此称赞尹师鲁的文章，评价可谓不低了。我又称他的学问'通知古今'，如果要找一个真正符合此要求的人，那只有孔子和孟子两位圣人才行。然而，世间的无知狂徒却还要说三道四，妄加评论。我写这篇铭文也为了告慰亡友的在天之灵，岂恤无知小字辈？"荆国公王安石为钱公辅的母亲蒋老夫人撰写墓志铭，铭文中不提公辅参加科举高中甲科，只是说："她的儿子在朝中做官，地位尊贵，家资殷实，里巷之人都认为这是老夫人的光荣。"结尾又说："她的七个孙子年龄都很小。"却没列举他们的名字。钱公辅心中不满意，因而给王安石写了一之荣，明天下有识者不以置荣辱也。至于诸孙，亦不足列，孰有五子而无七孙者乎？”二公不喜人之议其文亦如此。

雨水清明

历家以雨水为正月中气，惊蛰为二月节，清明为三月节，谷雨为三月中气。而汉世之初，仍周、秦所用，惊蛰在雨水之前，谷雨在清明之前，至于太初，始正之云。

封信说明自己的想法，王安石复信说："前者承蒙厚爱，嘱托我为老夫人撰写墓志铭，我慨然应允、毫不推辞。没想到我写的铭文竟然不合你的心意，因而想有所增减。拙文自有其道理，是不可更改的。希望你将它送还，然后另求能合你心意的人重新撰写。至于强调你高中甲科得任通判，又何足为老夫人的荣耀？一个区区的甲科通判，如果略知作辞赋之道，即使是一个市井小人，也可以轻易得到，何足挂齿？所以，我的铭文中说你在朝中做大官，乡里之士认为这乃是老夫人的光荣，以此表明天下的有识之士不会以一个小小的甲科通判为荣辱。至于诸孙，也没有必要罗列其名字，谁有五个儿子却没有七个孙子呢？"由此看来，欧阳修和王安石二人也很不喜欢别人对自己的作品提出异议。

雨水清明

历学家把雨水作为正月的中气，以惊蛰为二月的节气，清明为三月的节气，谷雨为三月的中气。但是在西汉初年，仍然沿用周朝和秦朝所使用的历法，惊蛰被定在雨水之前，谷雨被定在清明之前，到了汉武太初年间才更正过来。

卷十四（十七则）

尹文子

《汉·艺文志》名家内有《尹文子》一篇，云："说齐宣王。先公孙龙。"刘歆云："其学本于黄、老，居稷下，与宋钘、彭蒙、田骈等同学于公孙龙。"今其书分为上下两卷，盖汉末仲长统所铨次也。其文仅五千言，议论亦非纯本黄、老者。《大道篇》曰："道不足以治则用法，法不足以治则用术，术不足以治则用权，权不足以治则用势，势不足则反权。权用则反术，术用则反法，法用则反道，道用则无为而自治。"又曰："为善使人不能得从，此独善也；为巧使人不能得为，此独巧也，未尽善巧之理。为善与众行之，为巧与众能之，此善之善者，巧之巧者也。故所贵圣人之治，不贵其独治，贵其能与众共治；贵工倕之巧，不贵其独巧，贵其能与众共巧也。今世之人，行欲独贤，事欲独能，辩欲出群，勇欲绝众。独行之贤，不足以成化；独能之事，不足以周务；出群之辩，不可为户说；绝众之勇，不可与正陈。凡此四者，乱之所由生。圣人任道、立法，使贤愚不相弃，能鄙不相遗，此至治之术也。"详味其言，颇流而入于兼爱。《庄子》末章，叙天下之治方术者，曰："不累于俗，不饰于物，不苟于人，不忮于众。愿天下之安宁以活民命，人我之养，皆足而止。以此白心，古之道术有在于是者。宋钘、尹文闻其风而

尹文子

班固的《汉书·艺文志》名家类内有《尹文子》一篇,并且说他曾“说齐宣王。生活时代早于公孙龙。”西汉末年的著名学者刘歆说:“尹文子的学说渊源于黄、老之道,他居住在稷下(今山东淄博市东北临淄北),与宋钘、彭蒙、田骈等共同拜公孙龙为师。”现在他的书分为上下两卷,大概是东汉末年仲长统所编排的。全书仅五千余字,所发的议论也并非完全本着黄、老之言。其《大道篇》说:“道不足以治则用法,法不足以治则用术,术不足以治则用权,权不足以治则用势,势不足则转向权。权用则转向术,术用则转向法,法用则转向道,道用则无为而国自治。”又说:“所做的善事使得别人无法仿效,这叫独善;所做的巧活使得别人无法学会,这叫独巧。这些都是因为不精通中善巧之道的缘故。做善事与别人同做,做巧活让别人也能做,这才是善中最善的,巧中最巧的。人们推崇圣人的治国之道,并不是推崇其独裁专制,而是推崇其能与众人共同治理国家;人们推崇任的手巧,并不是推崇他的令人望尘莫及的独巧,而是推崇他能与众人共同做巧活。现在的人,品行希望独贤,做事希望独能,辩才希望出众,勇力希望超群。独行之贤,不足以教化天下;独能之事,不足以益及众事;出众的辩才,不可能对家家讲;超群的勇力,不可参与正阵。这四个方面,乃是变乱产生的根源。圣人任道、立法,使天下的贤才和愚人都能各得其所,友好相处,这才是达到国家大治的根本方法。”仔细地玩味这段话,觉说之，作为华山之冠以自表。……虽天下不取，强聒而不舍者也。其为人太多，其自为太少。”益亦尽其学云。荀卿《非十二子》有宋钘，而文不预。又别一书曰《尹子》，五卷，共十九篇，其言论肤浅，多及释氏，盖晋、宋时细人所作，非此之谓也。

帝王训俭

帝王创业垂统，规以节俭，贻训子孙，必其继世象贤，而后可以循其教，不然，正足取侮笑耳。宋孝武大治宫室，坏高祖所居阴室，于其处起玉烛殿，与群臣观之，床头上有土障，上挂葛灯笼、麻蝇拂。侍中袁顗因盛称高祖俭素之德，上不答，独曰：“田舍公得此，已为过矣！”唐高力士于太宗陵寝宫，见梳箱一、柞木梳一、黑角篦一、草根刷子一，叹曰：“先帝亲正皇极，以致升平，随身服用，唯留此物。将欲传示子孙，永存节俭。”具以奏闻。明皇诣陵，至寝宫，问所留示者何在？力士捧跪上，上跪奉，肃敬如不可得它与墨家的兼爱思想颇为相合。《庄子》的最后一章即《天下篇》,记述了天下研究学术、追求真理的人,文中说道:“不受世俗牵累,不借外物矫饰,不苛求别人,不违背众意,只希望天下和平安定以便老百姓能够活下去,使别人和自己都具备养生的条件,便知足而止。以此剖白心迹,说明别无奢望,古代的道术有属于这方面的,宋钘、尹文子听说了它的要旨后非常赞赏,不仅大力阐发,而且制作了一顶像华山一样上下均平的帽子来表明心迹。……即使天下的人都不赞同、不接受其学说,他们仍然要不屈不挠地聒噪而不肯舍弃,他们为别人考虑得太多,而为自己考虑得太少。”《庄子》所说的大概也都是尹文子的学说。荀子的《非十二子》中有宋钘,却没有提到尹文子。另外还有一本书名叫《尹子》,共五卷十九篇,其言论颇为肤浅,且多涉及佛教,大概是晋、宋时期的小人所著,而不是先秦时期的《尹文子》。

帝王训俭

帝王创立基业后,为了使江山牢固,世代相传,总要规劝子孙们过节俭的生活,体恤民情。然而,只有他们的后人比较贤明时,才会遵从前辈的教诲,否则的话,正好是自取侮辱和嘲笑而已。南朝宋孝武帝刘骏大兴土木,建造宫殿。他毁坏了宋高祖刘裕曾居住过的阴室(即私室。南朝皇帝死后,以其所居殿为阴室,藏生前衣着等日用物品),准备在这里新建玉烛殿。当他与群臣一起去观看时,只见高祖的床头有一道土障,上面挂的是葛条编的灯笼和用麻做的驱蝇掸子。侍中袁顗于是盛赞高祖的俭朴之德,孝武帝并不答话,只是淡淡地说:“种田的老头用这些东西,已经太过分了!”唐朝宦官高力士在太宗陵的寝宫中胜，曰："夜光之珍，垂棘之璧，将何以愈此？"即使史官书之典册。是时，明皇履位未久，厉精为治，故见太宗故物而惕然有感。及侈心一动，穷天下之力不足以副其求，尚何有于此哉？宋孝武不足责也，若齐高帝、周武帝、陈高祖、隋文帝，皆有俭德，而东昏、天元、叔宝、炀帝之淫侈，浮于桀、纣，又不可以语此云。

用计臣为相

唐自贞观定制，以省台寺监理天下之务，官修其方，未之或改。明皇因时极盛，好大喜功，于财利之事尤切，故宇文融、韦坚、杨慎矜、王鉷，皆以聚敛刻剥进，然其职不出户部也。杨国忠得志，乃以御史大夫判度支，权知太府卿及两京司农太府出纳，是时，犹未立判使之名也。肃宗以后，兵看到梳箱一只、柞木梳子一把、黑角篦子一把、草根刷子一把，感叹地说：“太宗皇帝亲手匡正了为帝王的准则，使得天下呈现出一派歌舞升平的景象，而他自己随身所穿所用的，却只留下这些。他是想以此传示子孙，告诫他们永保节俭之德。”高力士将这件事一五一十地向玄宗皇帝做了汇报。唐玄宗闻报，马上亲赴太宗陵，到寝宫问太宗所留示的东西在哪儿？高力士手捧这些东西跪着献给玄宗，玄宗跪拜接受，肃敬到了无以复加的程度，并且说：“珍奇的夜光宝珠，垂棘（春秋时期晋国的产宝玉之地）的稀世美玉，又怎能比这些更好？”玄宗当即命令史官记载于典册。当时，唐玄宗刚继位不久，雄心勃勃，励精图治，因而见到太宗的遗物后感触良深。及至他的奢侈心一动，即使竭尽天下之财力人力也无法满足其要求，哪里还有一丁点儿对太宗遗物的印象？宋孝武不值得指责，至于像南齐高帝萧道成、北周武帝宇文邕、陈高祖陈霸先、隋文帝杨坚等，都有节俭的美德，可是他们的后代东昏侯萧宝卷、天元皇帝宇文赟，陈后主陈叔宝、隋炀帝杨广等人的骄奢淫逸，穷奢极欲，其程度超过了夏桀、商纣，对他们就更加无从提什么节俭之德了。

用计臣为相

唐朝从太宗贞观年间确定官制，以省、台、寺、监等机构处理天下的各项事务，政府制订了具体方按，此后没有修改过。唐玄宗时期国家极盛，他自己又好大喜功，因而对钱财之事尤为关切，于是，宇文融、韦坚、杨慎矜、王鉷等都凭聚财刻薄而得以重用，然而其职责范围都没有超出户部。杨国忠得志，乃以御史大夫的身份判度支，权知太府卿及两京司农太府出纳，不过当兴费广，第五琦、刘晏始以户部侍郎判诸使，因之拜相，于是盐铁有使，度支有判。元琇、班宏、裴延龄、李巽之徒踵相蹑，遂浸浸以他官主之，权任益重。宪宗季年，皇甫镈由判度支，程异由卫尉卿盐铁使，并命为相，公论沸腾，不恤也。逮于宣宗，率由此途大用，马植、裴休、夏侯孜以盐铁，卢商、崔元式、周墀、崔龟从、萧邺、刘瑑以度支，魏扶、魏謩、崔慎由、蒋伸以户部，自是计相不可胜书矣。惟裴度判度支，上言调兵食非宰相事，请以归有司，其识量宏正，不可同日语也。

州县牌额

州县牌额，率系于吉凶，以故不敢轻为改易。严州分水县故额，草书“分”字，县令有作聪明者，谓字体非宜，自真书三字，刻而立之。是年，邑境恶民持刃杀人者众，益“分”字为“八刀”也。徽州之山水清远，素无火灾，绍熙元年，添差通判卢瑢，悉以所作隶字，换郡下扁榜，自谯楼、仪门，凡亭榭、台观之类，一切趋新，郡人以为字多燥笔，而于州牌尤为不严重，私切忧之。次年四月，火起于郡库，经一日两夕乃止，官舍民庐一空。

时还没有立判使之名。唐肃宗以后，由于战争连绵，费用浩繁，第五琦、刘晏才开始以户部侍郎判诸使，接着又被拜为宰相，从此盐铁有使，度支有判。元琇、班宏、裴延龄、李巽等人又相继步其后尘，于是逐渐用其他的官员来主管财赋之事，权势越来越重。宪宗末年，皇甫镈以判度支，程异由卫尉卿盐秩使，同时被任命为宰相，引起舆论大哗，但皇帝不予理会，一意孤行。到了唐宣宗时期，宰相全由此途而得，马植、裴休、夏侯孜是以盐铁使，卢商、崔元式、周墀、崔龟从、萧邺、刘瑑是以判度支，魏扶、魏謩、崔慎由、蒋伸是以户部长官，从此以后计相不可胜数。只有裴度判度支时，对皇帝说调军粮并非宰相的分内事，请求把职权归还给有关部门。裴度的正直与远见卓识，其他众人与之相比，真是不可同日而语。

州县牌额

各州各县的牌额，都系于吉凶，因而不敢轻率更改。严州（今浙江建德东北）分水县的旧匾额上是个草体的“分”字，有个自作聪明的县令认为字体不合适，便亲自动手写了三个楷体字，经镌刻后挂起来。不料，当年县内的持刀杀人案急剧增加，这时人们才明白过来，原来正楷体“分”字乃是由“八刀”二字组成的。徽州（今安徽歙县）地区山清水秀，向来没有火灾，宋光宗绍熙元年，添差通判卢瑢用自己手书的隶体字，更换本州所有的牌匾，诸如城门上的谯楼、仪门，以及亭榭、台观之类，无不改用新匾额。徽州的士人们认为卢瑢的字多燥笔，他所写的州牌尤其不庄重，私下里都很忧虑。次年四月，州里的仓库发生大火，而且迅速蔓延开来，经两夜一天才被扑灭，被烧为灰烬的

卢知猷

唐之末世，王纲绝纽，学士大夫逃难解散，畏死之不暇。非有扶颠持危之计，能支大厦于将倾者，出力以佐时，则当委身山栖，往而不反，为门户性命虑可也。白马之祸，岂李振、柳璨数凶子所能害哉？亦裴、崔、独孤诸公有以自取耳。偶读《司空表圣集·太子太师卢知猷神道碑》，见其仕于僖、昭，更历荣级，至尚书右仆射，以一品致仕，可以归矣。然由间关跋履，从昭宗播迁，自华幸洛，天祐二年九月乃终，享年八十有六，其得没于牖下，亦云幸也。《新唐书》有传，附于父后，甚略，云：“昭宗为刘季述所幽，感愤而卒。”案昭宗以光化三年遭季述之祸，天复元年反正，至知猷亡时，相去五年。《传》云；“子文度，亦贵显。”而碑载嗣子刑部侍郎膺，亦不同。表圣乃卢幕客，当时作志，必不误矣。《昭宗实录》：“光化四年三月，华州奏，太子太师卢知猷卒。以刘季述之变，感愤成疾，卒年七十五。”正与《新唐·传》同。盖唐武、宣以后诸录，乃宋敏求补撰，简牍当有散脱者，皆当以司空之碑为正。又按是年四月改元天复，《旧唐·纪》：“十一月，车驾幸凤翔。朱全忠趋长安，文武百寮太子太师卢知猷已下出迎。”又为可证。《宰相世系表》：“知猷生文度，而同族曰渥，渥之子膺，刑部侍郎。”二者矛盾如此。

官舍和民居不计其数。

卢知猷

唐朝末年，天下大乱，无复秩序，学士大夫纷纷四散逃难，唯恐随时随地会遭遇不测。那些没有计策挽救国家危亡、无力支撑起将倾之大厦的人，委身山林、隐居不出，为自己的身家性命着想，这是无可指责的。朱温贬大批朝官，并且在白马驿（今河南滑县）杀害三十余名朝官，投尸于黄河，这起惨案难道真是李振、柳璨等凶徒唆使的结果？其实，这也是宰相裴枢、崔远、独孤损等人姑息养奸，自取其祸的结果，我偶读《司空表圣集·太子太师卢知猷神道碑》，看到他在僖宗、昭宗时期做官，通过逐级荣升，直至尚书右仆射（即宰相），这时以一品宰相的身份退休，是名正言顺的，而且是十足的衣锦荣归。然而，他却以衰老的身体，长途跋涉，随从昭宗逃亡避难，先奔华州，接着又赴洛阳，最终于昭宣帝天祐二年（公元905年）逝世，亨年八十六岁。他能够死于室内，也属万幸。《新唐书》有卢知猷的传，是附在其父的传记之后，非常简略，传中说“昭宗被左右军中尉宦官刘季述所废，卢知猷又气又恨，以致发病身亡。”按：唐昭宗于光化三年（公元900年）遭刘季述之祸被废，次年也即天复元年重新复位，此变发生时距卢知猷之死尚有五年。卢的传记中说：“他的儿子文度，官职也很尊贵。”而碑文中说他的儿子是刑部侍郎卢膺，也不一样。表圣乃是卢知猷的幕僚，他作为同一时代的人所做的碑文必然不会弄错。《昭宗实录》记载：“光化四年三月，华州报告太子太师卢知猷死。他是因为刘季述之变悲愤交加，以致发病而死，终年七十五岁。”与《新唐书》卢

忌讳讳恶

《周礼·春官》："小史诏王之忌讳。"郑氏曰："先王死日为忌，名为讳。"《礼记·王制》："太史典礼，执简记，奉讳恶。"注云："讳者先王名，恶者忌日，若子卯。恶，乌路反"《左传》："叔弓如滕，子服椒为介。及郊，遇懿伯之忌，叔弓不入。"懿伯，椒之叔父；忌，怨也。"椒曰：公事有公利无私忌，椒请先入。"观此乃知忌讳之明文。汉人表疏，如东方朔有"不知忌讳"之类，皆戾本旨。今世俗语言多云"无忌讳"及"不识忌讳"，盖非也。

陈涉不可轻

杨子《法言》："或问陈胜吴广，曰：'乱。'曰：'不若是则秦不亡。'曰：'亡秦乎？恐秦未亡而先亡矣。'"李轨以知猷的传中所载相同。唐武宗、宣宗以后的各朝实录，乃是宋朝的宋敏求补写的，当时的简牍资料难免有散脱遗失的，因此都应当以司空表圣的碑文为准。又按：光化四年四月改元为天复，《旧唐书》的昭宗本纪中说："十一月，皇帝的车驾来到凤翔。朱全忠（即朱温）率兵直奔京师保驾，文武百官从太子太师卢知猷以下都出城迎接。"也可证明碑文是正确的。《宰相世系表》说："卢知猷的儿子文度，被同族人叫作渥，卢渥的儿子卢膺，官任刑部侍郎。"与碑文和传记的说法都不同。

忌讳讳恶

《周礼·春官》说："小史诏告周王的忌讳。"郑玄注释说："先王的死日为忌，名字为讳。"《礼记·王制》说："太史主掌礼仪，编写史书，奉行讳恶。"注释说："讳是先王的名号，恶是先王的忌日，如同子卯这样的不吉利日子。"《左传》载："叔公赴滕国（今山东滕县），子服椒为其副手。到了滕城郊区，正遇懿伯的忌日，叔弓因而不入城。"懿伯是子服椒的叔父，"忌"是怨恨的意思。《左传》接着说"子服椒说：公事只讲公利而不论私忌，我请求先入城。"由此看来，显然当时已懂得忌讳。汉代人，如东方朔等人所写的表疏中常有"不知忌讳"之类的话，都与其本意相违。当今的世俗语言中经常说"无忌讳"及"不识忌讳"，也都是不正确的。

陈涉不可轻

西汉著名文学家扬雄的《法言》中说："有人问陈胜（字涉）、吴广是什么样的人，我的回答是：'乱臣。'对方又说：'如为："轻用其身，而要乎非命之运，不足为福先，适足以为祸始。"予谓不然。秦以无道毒天下，六王皆万乘之国，相踵灭亡，岂无孝子慈孙、故家遗俗？皆奉头鼠伏。自张良狙击之外，更无一人敢西向窥其锋者。陈胜出于戍卒，一旦奋发不顾，海内豪杰之士，乃始云合响应，并起而诛之。数月之间，一战失利，不幸陨命于御者之手，身虽已死，其所置遣侯王将相竟亡秦。项氏之起江东，亦矫称陈王之令而度江。秦之社稷为墟，谁之力也？且其称王之初，万事草创，能从陈馀之言，迎孔子之孙鲋为博士，至尊为太师，所与谋议，皆非庸人崛起者可及，此其志岂小小者哉！汉高帝为之置守冢于砀，血食二百年乃绝。子云指以为乱，何邪？若乃杀吴广，诛故人，寡恩忘旧，无帝王之度，此其所以败也。

果他们不起事，那么残暴的秦朝就不会灭亡。’我说：‘灭亡秦朝吗？恐怕秦朝未灭而他们自己却先死了。’”隋朝的李轨认为：“陈胜和吴广在时机尚未成熟的情况下，轻举妄动，铤而走险，不仅不能为人民带来幸福，相反却造成了沉重的灾难。”我的看法与杨雄、李轨不同。无道的秦朝残害天下，涂炭生灵，原来的齐、楚、燕、韩、赵、魏等六国也都是实力雄厚的大国，却接踵被暴秦所灭，难道这些国家的人都没有孝子贤孙和家族传统吗？为什么都恭恭敬敬地拜伏在秦人的脚下，任其宰割呢？除了韩国的张良曾狙击过秦始皇之外，竟没有一个人敢于向秦王朝挑战。陈胜只是一个普普通通的老百姓，微不足道的小戍卒，一旦奋不顾身地揭竿而起，天下的英雄豪杰才开始云集响应，共同伐秦。数月之间，因一战失利，陈胜不幸被车夫庄贾所杀。陈胜虽然死了，但是他所任命和派出的王侯将相最终推翻了秦朝。项梁和项羽在江东起兵后，也是假借陈王的命令而渡过长江的。秦朝的残暴统治被推翻，是谁的功劳呢？难道不主要是陈胜吴广吗？而且，陈胜称王建国之初，万事草创，忙得焦头烂额，却能听从陈馀的建议，迎立孔子的孙子孔鲋为博士，以至尊奉他为太师，他们在一起所商议的事情，绝非平庸之辈崛起后所能想到和做到的，由此难道能说陈胜的志向不大吗？汉高祖刘邦为他在砀县（今河南永城东北）设置守冢户，使他享用祭祀达二百年才告断绝。杨雄（字子云）指斥陈胜为乱臣，不知是什么缘故？至于杀吴广、诛故友，寡恩少义，缺乏帝王的度量，这才是陈胜之所以失败的真正原因。

士匄韩厥

晋厉公既杀郤氏三卿，群臣疑惧。栾书、荀偃执公，召士匄，匄辞不往，召韩厥，厥辞曰："古人有言曰'杀老牛莫之敢尸。'而况君乎？二三子不能事君，焉用厥也？"二子竟弑公，而不敢以匄、厥为罪，岂非畏敬其忠正乎？唐武德之季，秦王与建成、元吉相忌害，长孙无忌、高士廉、侯君集、尉迟敬德等，日夜劝王诛之，王犹豫未决。问于李靖，靖辞，问于李世勣，世勣辞，王由是重二人。乃至登天位，皆任为将相，知其有所守也。晋、唐四贤之识见略等，而无有称述者，唐史至不书其事，殆非所谓发潜德之幽光也。萧道成将革命，欲引时贤参赞大业，夜召谢朏，屏人与语，朏竟无一言。及王俭、褚渊之谋既定，道成必欲引朏参佐命，朏亦不肯从，遂不仕齐世，其亦贤矣。

孔墨

墨翟以兼爱无父之故，孟子辞而辟之，至比于禽兽，然

士匄韩厥

春秋时期,晋厉公派人杀死郤錡、郤至、郤等郤氏三卿后,栾书和荀偃囚禁了晋厉公,召士匄,士匄推辞不来,又召韩厥,韩厥推辞说:“古人说‘没有谁会乐意去杀一头老牛’,更何况是一国之君呢?你们这些人不能事奉国君,找我干什么?”栾书和荀偃二人最终杀了晋厉公,却不敢怪罪士匄与韩厥,这难道不是因为敬畏他们的忠诚与正直吗?唐高祖武德末期,秦王李世民与太子建成、齐王元吉相互争斗,势不两立。长孙无忌、高士廉、侯君集、尉迟敬德等人日夜劝秦王抢先下手,消灭政敌,可秦王一直犹豫不决。他向名将李靖问计,李靖拒绝表态,他又征求大将李世勣的意见,李世勣同样拒绝表态,秦王由此更加器重这两位大将。李世民登基做皇帝后,把李靖和李世勣二人都委任为将相,因为知道他们能够站稳立场,不见风使舵。晋国和唐朝的这四位贤人所见略同,而历史上却没有人重视并高度评价这两件事,唐代的史书甚至没有记载二李的这件事,大概不能算是所谓的“发潜德之幽光”吧?南朝齐高帝萧道成准备代宋自立,因而想极力拉拢当时的名流贤才,来帮助他建立大业。有一天夜里,已经很晚了,他却传令召见谢朏,并且屏退身边的所有人员,准备与他深谈,可谢朏却始终一言不发。等到王俭、褚渊等人尊奉萧道成为帝的计谋已定,萧道成仍然坚持非要谢朏出面辅佐不可,而谢朏毫不动摇,并且发誓不做萧齐的官。谢朏可谓是一个贤人了。

孔墨

因为墨翟提倡兼爱,主张爱无差等,不分厚薄亲疏,所以一时之论。迨于汉世，往往以配孔子。《列子》载惠盎见宋康王曰：“孔丘、墨翟，无地而为君，无官而为长，天下丈夫女子，莫不延颈举踵而愿安利之。”邹阳上书于梁孝王曰：“鲁听季孙之说逐孔子，宋任子冉之计囚墨翟，以孔、墨之辩，不能自免于谗谀。”贾谊《过秦》云：“非有仲尼、墨翟之知。”徐乐云：“非有孔、曾、墨子之贤。”是皆以孔、墨为一等，列、邹之书不足议，而谊亦如此。韩文公最为发明孟子之学，以为功不在禹下者，正以辟杨，墨耳。而著《读墨子》一篇云：“儒、墨同是尧、舜，同非桀，纣。同修身正心以治天下国家，孔子必用墨子，墨子必用孔子。不相用，不足为孔、墨。”此又何也？魏郑公《南史·梁论》，亦有“抑扬孔、墨”之语。

玉川月蚀诗

卢仝《月蚀诗》，唐史以谓讥切元和逆党，考韩文公效仝所作，云元和庚寅岁十一月。是年为元和五年，去宪宗遇孟子拒绝见到墨子的门徒，并且有意识地回避他们，甚至还把墨子比作禽兽，不过，这种观点只是一时之论。到了汉代，人们往往以墨子配圣人孔子。《列子》中记载惠盎见宋康王说：“孔丘和墨翟，虽然没有国土却与国君无异，虽然没有官职却与官员无异，天下的男女老少，无不翘首以待，时刻准备着为他们贡献自己的力量。”邹阳给梁孝王上书说：“鲁国听从季孙氏的建议驱逐了孔子，宋国按照子冉的计策囚禁了墨子，以孔子和墨子的超群辩才，尚不能使自己免受谗谀之人的陷害。”贾谊的《过秦论》说“并没有像孔丘（字仲尼）、墨翟那样的智慧。”徐乐说：“没有孔子、曾子（名参）、墨子那样的贤德。”这些都是把孔子和墨子视为同一等级的人物，就算列子和邹阳的书不足为凭，而著名的政论家、文学家贾谊也是这样说的。唐朝的韩愈对孟子的学说造诣论家、文学家贾谊也是这样说的。唐朝的韩愈对孟子的学说造诣最深，往往能阐幽发微，见人之所未见。他认为孟子的功绩之所以不在大禹之下，正是因为他不赞同杨朱和墨子的主张。然而，韩愈在自己所写的《读墨子》一文中说：“儒家和墨家都称赞唐尧、虞舜，都指责夏桀、商纣，都主张修身正心以治国平天下。如果真有治理国家的那一天，孔子必用墨子，墨子必用孔子；如果双方不能相互重用，那就称不上是孔子和墨子。”这又是为什么呢？郑国公魏徵的《南史·梁论》中也有“抑扬孔、墨”的话。

玉川月蚀诗

卢仝的《月蚀诗》，唐朝的正史认为它是讥讽元和乱党，这一年也就是元和五年，距宪宗遇害还有十年。卢仝的诗中说：

害时尚十载。仝云："岁星主福德，官爵奉董、秦。"说者谓"董秦"即李忠臣，尝为将相而臣朱泚，至于亡身，故仝鄙之。东坡以为："当秦之镇淮西日，代宗避吐蕃之难出狩，追诸道兵，莫有至者。秦方在鞠场，趣命治行，诸将请择日，秦曰：'父母有急难，而欲择日乎？'即倍道以进。虽末节不终，似非无功而食禄者。"近世有严有翼者，著《艺苑雌黄》，谓坡之言非也，秦守节不终，受泚伪官，为贼居守，何功之足云？诗讥刺当时，故言及此。坡乃谓非无功而食禄，谬矣！有翼之论，一何轻发至诋坡公为非为谬哉！予按是时秦之死二十七年矣，何为而追刺之？使仝欲讥逆党，则应首及禄山与泚矣。窃意元和之世，吐突承璀用事，仝以为嬖幸擅位，故用董贤、秦宫辈喻之，本无预李忠臣事也。记前人似亦有此说，而不能省忆其详。

诗要点检

作诗至百韵，词意既多，故有失于点检者。如杜老《夔府咏怀》，前云：满坐涕潺湲"，后又云"伏腊涕涟涟"。白公

“岁星主福德,官爵奉董、秦。”持讥讽元和乱党看法的人们认为“董秦”即李忠臣,他曾做过将相而后来却向叛臣朱泚称臣,以致身败名裂,所以卢仝鄙视他。东坡认为:“当李忠臣镇守淮西之时,唐代宗为避吐蕃之难而出逃,奉命护驾的各路人马没有一支赶到。当时,李忠臣正在球场踢球,听到消息后大惊失色,当即下令以最快的速度起程保驾,众将们请求择良辰、选吉日出发,李忠臣说:‘父母有急难,你们还顾得上选择吉日吗?’于是率兵倍道兼行,不分昼夜。虽然不守晚节,但他似乎并非无功而受禄的人。”近代有个叫严有翼的人,写了一本《艺苑雌黄》,认为苏东坡的看法不正确。他说:李忠臣不守晚节,接受了朱泚伪政府的官职,又为贼人保守城池,实在是罪恶深重,哪里还有什么功劳值得一提?卢诗是讥刺当时政治的,所以涉及此事,而苏东坡却说李忠臣并非无功而受禄的人,真是大错而特错了!我感到奇怪,严有翼的议论怎么能如此轻率,以至诋毁苏东坡先生大特而特错呢?而且,当该诗创作时,李忠臣已经死去二十七年了,卢仝为什么要旧账重算,讥讽李忠臣呢?假如他真要讥刺乱党,那么应当首先把矛头指向安禄山和朱泚。我的看法是,在元和时期,宦官吐突承璀受重用,卢仝认为这乃是奸邪的小人擅权,因而将他比喻为西汉的董贤、秦宫之流,其诗与李忠臣根本没有关系。记得前人也有这样的说法,只可惜想不起其详细情况了,一时也无法查到。

诗要点检

作诗的韵部有一百余种,再加上字词的意项又极多,因而经常有人失于点检。如杜甫的《夔府咏怀》,前边说“满坐涕潺

《寄元微之》，既云："无杯不共持"，又云"笑劝迂辛酒"，"华樽逐胜移"，"觥飞白玉卮"，"饮讶《卷波》迟"，"归鞍酩酊驰，酡颜乌帽侧，醉袖玉鞭垂"，"白醪充夜酌"，"嫌醒自啜醨"，"不饮长如醉"，一篇之中，说酒者十一句。东坡赋中隐堂五诗各四韵，亦有"坡垂似伏鳌"，"崩崖露伏龟"之语，近于意重。

周蜀九经

唐贞观中，魏徵、虞世南、颜师古继为秘书监，请募天下书，选五品以上子孙工书者，为书手缮写。予家有旧监本《周礼》，其末云，大周广顺三年癸丑五月，雕造九经书毕，前乡贡三礼郭嵠书。列宰相李谷、范质、判监田敏等衔于后。《经典释文》末云，显德六年己未三月，太庙室长朱延熙书，宰相范质、王溥如前，而田敏以工部尚书为详勘官。此书字画端严有楷法，更无舛误。《旧五代史》：汉隐帝时，国子监奏《周礼》《仪礼》《公羊》《穀梁》四经未有印板，欲集学官考校雕造。从之。正尚武之时，而能如是，盖至此年而成也。成都石本诸经，《毛诗》《仪礼》《礼记》，皆秘书省秘书郎张绍文书。《周礼》者，秘书省校书郎孙朋古书。《周易》者，国子博士孙逢吉书。《尚书》者，校书郎周德政书。《尔雅》者，简州平泉令张德昭书。题云，广政十四年，盖孟昶时所镌，其字体亦皆精谨。两者并用土人笔札，犹有贞观遗风，故不庸俗，可以传远。唯《三传》至皇祐元年方毕工，湲”，后面又说“伏腊涕涟涟”。白居易的《寄元微之》，既说“无杯不共持”，又说“笑劝迂辛酒”，“华樽逐胜移”，“觥飞白玉卮”，“饮讶《卷波》迟”，“归鞍酩酊驰，酡颜乌帽侧，醉袖玉鞭垂”，“白醪充夜酌”，“嫌醒自啜醨”，“不饮长如醉”，在一首诗中说酒的竟有十一句。苏东坡所写的中隐堂五诗各有四韵，其中也有“坡垂似伏鳌”，“崩崖露伏龟”之句，在意义上几乎是重复的。

周蜀九经

唐太宗贞观年间，魏徵、虞世南、颜师古相继担任秘书监，他们请求政府广泛地收集天下的好书，选拔五品以上官员善于书法的子孙作书手缮写。我家藏有旧监本《周礼》，书后有一段话说：“大周（指后周）太祖广顺三年五月，刻印九经的工作结束，前乡贡三礼郭嵠书。接着，列宰相李谷、范质、判监田敏等人的官衔于后。《经典释文》的后记说：后周世宗显德六年三月，太庙室长朱延熙书，后面列宰相范质、王溥名衔如《周礼》，而田敏改为以工部尚书的身份任详勘官。这两本书的字迹端正秀丽，颇有楷法，而且绝少舛误。《旧五代史》载：汉隐帝时，国子监奏《周礼》《仪礼》《公羊传》《穀梁传》等四经没有印版，希望召集学官考校雕印。皇帝批准了这项提案。当时正值战争年代，军事至上，而后汉政府却能如此重文，莫非这项工作早已开始，只是于此年完成？成都的石本诸经中，《毛诗》《仪礼》《礼记》都是秘书省的秘书郎张绍文所抄。《周礼》是秘书省校书郎孙朋古所抄。《周易》是国子博士孙逢吉所抄。《尚书》是校书郎周德政所抄。《尔雅》是简州（今四川简阳西北）平泉县殊不逮前。

绍兴中，分命两淮、江东转运司刻三史板，其两《汉书》内，凡钦宗讳，并小书四字，曰“渊圣御名”，或径易为“威”字，而它庙讳皆只缺画，愚而自用，为可笑也。蜀《三传》后，列知益州、枢密直学士、右谏议大夫田况衔，大书为三行，而转运使直史馆曹颍叔，提点刑狱、屯田员外郎孙长卿，各细字一行，又差低于况。今虽执政作牧，监司亦与之雁行也。

冢宰治内

《周礼·天官·冢宰》，其属有宫正，实掌王宫之戒令纠禁。内宰以阴礼教六宫，以阴礼教九嫔。益宫中官之长也。故自后、夫人之外，九嫔、世妇、女御以下，无不列于属中。后世宫掖之事，非上宰可得而闻也。《礼记·内则》篇记男女事父母、舅姑，细琐毕载，而首句云：“后王命冢宰，降德于众兆民。”则以其治内故也。

县令张德昭所抄。这些经书都题为广德十四年,大概是后蜀孟昶时期所刻的,字都写得非常工整、认真,颇见功力。后周和后蜀的这些书都用士人抄写,只有《春秋三传》(即《左传》《穀梁传》《公羊传》)至仁宗皇祐元年才完工,而且质量远不如前。

宋高宗绍兴年间,朝廷分命两淮和江东转运使司刻印“三史”(即《史记》《汉书》《后汉书》),其前、后《汉书》中,凡遇宋钦宗的名讳,都写四个小字:“渊圣御前”,或者径直改为“威”字,而遇宋朝其他皇帝的名讳时却只是故意使字缺少笔画以示敬意,愚昧无知,而又刚愎自用,真是可笑之至。蜀版的《三传》之后,列着知益州、枢密直学士、右谏议大夫田况的头衔,是用大字写成三行,而转运使直史馆曹颍叔,提点刑狱、屯田员外郎孙长卿的名衔都是用一行小字写成,且略低于田况。今天,即使执政官(即宰相)邻衔编书,转运使和提点刑狱也与之依次排列,如群雁飞行之有序,没字体大小及高低的区别。

冢宰治内

《周礼·天官·冢宰》载其属官有官正,实掌王宫的禁令和纠察。内宰以妇人之礼教化六宫,以妇人之礼教育九嫔,大约相当于宫中官的首脑。所以,在后宫,除了王后、夫人之外,九嫔、世妇、女御以下,无不把内宰列入自己的属官之中。后代的宫内之事,都不是宰相所能过问的。《礼记·内则篇》记载子女侍奉父母、公婆的条文,包罗万象,即使最细微处也不漏掉,而该篇的第一句说:“王和王后命冢宰降德于亿万民众。”因为当时以宰相治理后宫,所以此处才这样说。

宰相爵邑

国朝宰相初不用爵邑为轻重，然亦尝以代升黜。王文康曾任司空，后为太子太师，经太宗登极恩，但封祁国公。吕文穆自司徒谢事为太子太师，经东封西祀恩，不复再得三公，但封徐国、许国公而已。寇忠愍罢相，学士钱惟演以太子太傅处之，真宗令更与些恩数，惟演但乞封国公。王冀公钦若食邑已过万户，及谪为司农卿，于衔内尽除去，后再拜相，乃悉还之。汤岐公以大观文免相，因御史言落职镌爵。赵卫公坐举官犯赃，见为使相，但降封益川郡公，削二千户。今周益公亦然，皆故实所无也。

王夔相元封冀，嫌其与钦若同，屡欲改，适有进国史赏，予为拟进韩国制词，用“有此冀方，莫如韩乐”。既播告矣，而删定官冯震武以为真宗故封，不许用，遂贴麻为鲁，虽著于司封格，冯盖不知富韩公已用之矣。是时，夔相以食邑过二万户为辞，寿皇遣中使至迈所居宣示，令具前此有无体例，及合如何施行事理，拟定闻奏。遂以邑户无止法复命，乃竟行下。

宰相爵邑

大宋朝的宰相起初并不以爵邑的高低多少为轻重，但是也曾以此来显示升降。王文康曾任司空，后任太子太师，经过太宗登极恩典，只是被封为祁国公而已。文穆公吕蒙正辞去司徒职务后任太子太师，经东封泰山、西祀后土等恩典，不能再任三公，只是被封为徐国、许国公而已。寇忠愍公（即寇准）被免去宰相职务后，学士钱惟演以太子太傅充任宰相，宋真宗下令多给些恩惠，但钱惟演只请求封为国公。冀国公王钦若的食邑已超过一万户，到被贬为司农卿时，国家依其新品级将食邑全部收回。后来，王钦若又重新担任宰相职务，国家又将食邑尽数归还给他。岐国公汤思退以观文殿大学士的身份从宰相位上退下来，他是因为御史的弹劾而被免职削爵的。赵卫公因为所荐举的官员贪赃枉法而获罪，但所受的惩罚只是由使相（即枢密使）降为益川郡公，削减食邑二千户。现在的益国公周必大也是如此，所有这些，都是史无前例的。

王嵍相原来被封为冀国公，自嫌封号与王钦若相同，多次想重换一个，正巧因为进献国史有赏，我草拟了进封他为韩国公的制词，其中有“有此冀方，莫如韩乐”的句子。制词已经公布了，而删定官冯震武认为宋真宗曾被封为韩国公，其他人再用此封号是不合适的，于是改为鲁国公，虽然著于司封格，但冯震武大约不知道北宋时期的韩国公富弼已经用过这一封号了。当时，王嵍相以食邑已过二万户为由进行推辞，寿皇（即孝宗）派遣中使到我所住的地方说明原委，指令我查找以前有无此种例子，然后拟出应当如何处理的方案上报朝廷。于是，我以食邑户数无止法复命，这样，封王嵍相为鲁国公的制书终于颁布了。

杨子一毛

孟子曰："杨子取为我，拔一毛而利天下不为也。"杨朱之书，不传于今，其语无所考。惟《列子》所载："杨朱曰：'伯成子高不以一毫利物，舍国而隐耕。古之人损一毫利天下，不与也，人人不损一毫，不利天下，天下治矣。'禽子问杨朱曰：'去子体之一毛以济一世，汝为之乎？'杨子曰：'世固非一毛之所济。'禽子曰：'假济，为之乎？'杨子弗应。禽子出语孟孙阳，阳曰：'有侵若肌肤获万金者，若为之乎？'曰'为之。'曰："有断若一节得一国，子为之乎？'禽子默然。阳曰：'积一毛以成肌肤，积肌肤以成一节，一毛固一体万分中之一物，奈何轻之？'"观此，则孟氏之言可证矣。

李长吉诗

李长吉有《罗浮山人诗》云："欲剪湘中一尺天，吴娥莫道吴刀涩。"正用杜老《题王宰画山水图歌》，"焉得并州快剪刀，剪取吴松半江水"之句。长吉非蹈袭人后者，疑亦偶同，不失自为好语也。

杨子一毛

孟子说：“杨朱主张利己，即使拔一根毫毛而利及天下也不愿做。”杨朱的著作，没有流传到今天，因而无从考证他的话。只有《列子》记载：“杨朱说：‘伯成子高不愿拔一根毫毛以造福万事万物，因此舍国而隐耕。古代的人损一毫以利天下也不干，如果每个人都不损一毫，不造福天下，天下也就大治了。’禽子问杨朱说：‘从你身上拔一根毫毛以救助全体世人，你愿意做吗？’杨朱说：‘世界本来就不是一根毫毛所能救的。’禽子说：‘假如能救，你干吗？’杨朱沉默不答。禽子出来后将此事说给孟孙阳听，孟孙阳说：‘如果有人愿以一万两黄金的代价摸一下你的肌肤，你干吗？’璃子回答说：‘干。’孟孙阳又问：‘如果有人要斩断你一节却给你一个国家，你干吗？’禽子沉默不语。孟孙阳说：‘一根根毛发积累起来就构成了肌肤，一块块肌肤积累起来就构成了身体的一节，一根毛发本来就是整个人体万分之一的组成部分，怎么能够轻视它呢？’”看到《列子》的这段记载，则孟子的话可以证实了。

李长吉诗

李长吉（即李贺）的《罗浮山人诗》说：“欲剪湘中一尺天，吴娥莫道吴刀涩。”用的正是杜甫《题王宰画山水图歌》中“焉得并州快剪刀，剪取吴松半江水”两句。李长吉并不是那种喜欢抄袭的人，我怀疑他的诗句是凑巧与杜甫的相似，实在不失为自己创作的妙句。

子夏经学

孔子弟子惟子夏于诸经独有书，虽传记杂言未可尽信，然要为与它人不同矣。于《易》则有传，于《诗》则有序。而《毛诗》之学，一云，子夏授高行子，四传而至小毛公；一云，子夏传曾申，五传而至大毛公。于《礼》则有《仪礼·丧服》一篇，马融、王肃诸儒多为之训说。于《春秋》，所云“不能赞一辞”，盖亦尝从事于斯矣。公羊高实受之于子夏；穀梁赤者，《风俗通》亦云子夏门人。于《论语》，则郑康成以为仲弓、子夏等所撰定也。后汉徐防上疏曰：“《诗》《书》《礼》《乐》，定自孔子，发明章句，始于子夏。”斯其证云。

子夏经学

孔子的众多弟子中，只有子夏在诸经中有自己的作品，即使传记杂言不可尽信，但是也至少可以说明他与众不同。对于《易经》，他作有易传；对于《诗经》，他作有诗序。而《毛诗》这门学问，一说子夏传给高行子，又经四传而至于小毛公；一说子夏传给曾申，再经五传而至大毛公。对于《礼》，则子夏所做的《仪礼·丧服》一篇，马融、王肃等著名学者都为它做注释、训诂。对于《春秋》，子夏说自己“不能赞一辞”，可见他也曾从事于此书的研究。《春秋公羊传》的作者公羊高实际上是受业于子夏；《穀梁传》的作者穀梁赤，《风俗通》一书也说他是子夏的门徒。对于《论语》，东汉大学者郑玄（字康成）认为它乃是仲弓、子夏等人所撰定的。后汉的徐防给皇帝上疏说：“《诗经》《尚书》《周礼》《乐经》等书，定于孔子，而阐发章句则始于子夏。”这也是证据之一。

卷十五（十三则）

紫阁山村诗

宣和间，朱勔挟花石进奉之名，以固宠规利。东南部使者郡守多出其门，如徐铸、应安道、王仲闳辈济其恶，豪夺渔取，士民家一石一木稍堪玩，即领健卒直入其家，用黄封表志，而未即取，护视微不谨，则被以大不恭罪，及发行，必撤屋决墙而出。人有一物小异，共指为不祥，唯恐芟夷之不速。杨戬、李彦创汝州西城所，任辉彦、李士涣、王浒、毛孝立之徒，亦助之发物供奉，大抵类勔，而又有甚焉者。徽宗患其扰，屡禁之，然覆出为恶，不能绝也。偶读白乐天《紫阁山北村》诗，乃知唐世固有是事。漫录于此：

"晨游紫阁峰，暮宿山下村。村老见予喜，为予开一樽。举杯未及饮，暴卒来入门。紫衣挟刀斧，草草十余人。夺我席上酒，掣我盘中飧。主人退后立，敛手反如宾。中庭有奇树，种来三十春。主人惜不得，持斧断其根。口称采造家，身属神策军。主人切勿语，中尉正承恩。"盖贞元、元和间也。

紫阁山村诗

宋徽宗宣和年间，朱勔以向皇帝进奉花石为名，巩固自己的恩宠，谋取血腥的暴利。东南地区的使者与郡守大多数出于朱勔之门，如徐铸、应安道、王仲闳之流。他们助桀为虐，巧取豪夺，不择手段，只要看到士民家中一石一木稍微能玩，马上就率领如狼似虎的士兵直扑其家，贴上黄纸封条作为标记。因为不能及时运走，主人必须尽心看护，稍有不慎，就会被加上对皇帝大不敬的罪名；等到装运时必定要拆房破墙而出。如果谁家里有一件东西略为与众不同，大家就会异口同声地说它是不祥之物，唯恐毁之不急。杨戬、李彦创设汝州(今属河南)西城所，任辉彦、李士渙、王浒、毛孝立之流也帮助他们搜集珍异之物供奉朝廷，其所作所为基本上与朱勔差不多，甚至有过之而无不及。宋徽宗担心他们扰民太甚，屡次下令禁止，但是他们仍然变着法子作恶，根本无法禁绝。我偶然阅读唐朝著名诗人白居易(号乐天)的《紫阁山北村》诗，才知道唐代早已有这种事情。白居易诗的内容是：

“晨游紫阁峰，暮宿山下村。村老见予喜，为予开一樽。举杯未及饮，暴卒来入门。紫衣挟刀斧，草草十余人。夺我席上酒，掣我盘中飧。主人退后立，敛手反如宾。中庭有奇树，种来三十春。主人惜不得，持斧断其根。口称采造家，身属神策军。主人切勿语，中尉正承恩。”大概是唐代德宗贞元、宪宗元和年间所发生的事情。

李林甫秦桧

李林甫为宰相，妒贤嫉能，以裴耀卿、张九龄在己上，以李适之争权，设诡计去之。若其所引用，如牛仙客至终于位，陈希烈及见其死，皆共政六七年。虽两人伴食谄事，所以能久，然林甫以忮心贼害，亦不朝愠暮喜，尚能容之。秦桧则不然，其始也，见其能助我，自冗散小官，不三二年至执政。史才由御史检法官超右正言，迁谏议大夫，遂签书枢密。施钜由中书检正、郑仲熊由正言，同除权吏部侍郎。方受告正谢，施即参知政事，郑为签枢。宋朴为殿中侍御史，欲骤用之，令台中申称本台缺检法主簿，须长贰乃可辟。即就状奏除侍御史，许荐举，遽拜中丞，谢日除签枢，其捷如此。然数人者不能数月而罢。

杨愿最善佞，至饮食动作悉效之。秦尝因食，喷嚏失笑，愿于仓卒间，亦阳喷饭而笑，左右侍者哂焉。秦察其奉己，愈喜。既历岁亦厌之，讽御史排击而预告之，愿涕泪交

李林甫秦桧

唐朝的李林甫任宰相，妒贤嫉能，口蜜腹剑，因为宰相裴耀卿和张九龄的资历在己之上，左相李适与己争权，所以他设诡计把这些人都挤离相位。至于李林甫自己所荐用的官员，如牛仙客最终死于任上，陈希烈直到李林甫死时仍在做官，他们都与李林甫共事达六七年之久。虽然牛、陈二人时常陪吃献媚，曲意逢迎，所以能久保禄位，然而在另一方面，这也是由于李林甫虽然以嫉妒之心残害贤能，却并不朝三暮四，喜怒无常，因而尚能长期容忍他们。宋代秦桧则不然，一开始，他如果发现谁可以为己卖命，不出三二年的工夫，就可以将此人从一个微不足道的闲散小官，越级提拔为执政大臣。如史才由御史检法官跳过右正言一级升任谏议大夫，接着顺理成章地就任签书枢密院事。施钜由中书检正、郑仲熊由正言，一同被破格提拔为权吏部侍郎。正当他们受命谢恩时，施钜被任命为参知政事（副宰相），郑仲熊被任命为签书枢密院事。宋朴本是殿中侍御史，秦桧想尽快提拔他，便授意御史台提出申请，说本台缺少检法主簿，只有本台的正副长官才可以推荐人选。秦桧随即趁御史台的申请呈上之机，向皇帝建议任命宋朴为侍御史，宋朴所荐举的人选也被顺利通过。很快，宋朴又被任命为御史中丞，谢恩之日又被委任为签书枢密院事。在极短的时间内，宋朴竟连升数级，其速度之快，着实令世人惊讶不止。然而，这些人没过几个月就被秦桧罢免。

杨愿最善于巧言献媚，曲意逢迎，以至于饮食、动作都仿效秦桧。有一次，秦桧在吃饭时因为打了一个喷嚏而哑然失笑，杨愿在猝不及防间也假装喷饭而笑，在场的侍者无不报以轻蔑的颐。秦曰“士大夫出处常事耳，何至是？”愿对曰：“愿起贱微，致身此地，已不啻足，但受太师生成恩，过于父母，一旦别去，何时复望车尘马足邪？是所以悲也。”秦益怜之，使以本职奉祠，仅三月起知宣州。

李若谷罢参政，或曰：“胡不效杨原仲之泣？”李河北人，有直气，笑曰：“便打杀我，亦撰眼泪不出。”秦闻而大怒，遂有江州居住之命。

秦尝以病谒告，政府独有余尧弼，因奏对，高宗访以机务，一二不能答。秦病愈人见，上曰：“余尧弼既参大政，朝廷事亦宜使之与闻。”秦退，扣余曰：“比日榻前所询何事？”余具以告。秦呼省吏取公牍阅视，皆已书押。责之曰：“君既书押了，安得言弗知？是故欲相卖耳！”余离席辩析，不复应。明日台评交章。

段拂为人愦愦，一日，秦在前开陈颇久，遂俯首瞌睡，微笑。秦桧看到杨愿有意追随自己，心中更加高兴。但是，一年以后，秦桧也开始感到厌烦，于是授意御史官加以弹劾，而另一方面却在事先把消息透露给杨愿，杨愿闻讯痛哭流涕。秦桧说："士大夫升降乃常事，何至如此？"杨愿回答说"我杨愿出身微贱，能有今天的一切，早已心满意足，去留本无所谓，只是我深受太师您的生成之恩，对我的恩情超过了父母，一旦分别，何时才能再看到您的车尘马足呢？这才是我之所以伤心的原因。"秦桧听了，更加喜欢他，让他以本职任宫观使之类的闲职，仅仅三个月之后，杨愿又被起用为知宣州(今安徽宣城)。

李若谷被罢免参知政事职务后，有人说："你为什么不学杨愿(字原仲)大哭一场，以祈求丞相开恩呢？"李若谷是河北人，有正直的气节，他听了以后笑着说："即便打死我，我也流不出一滴眼泪来。"秦桧听说此事后勃然大怒，随即将李若谷贬到江州(今江西九江市)安置。

秦桧曾因病告假，宰相处理政务的政事堂里只剩下余尧弼一人，在讨论政事时，宋高宗询问一些机密大事，但余尧弼十有八九不能作答。秦桧病愈后入宫拜谒，高宗说："余尧弼既然已经参决大政，朝廷的事也应该让他知道。"秦桧回去后，招来余尧弼说："前几天皇帝在床前所问的是什么事？"余尧弼如实禀告。秦桧命令省吏取来公文验视，只见每份文件上都有余尧弼所签的字。于是，秦桧责备说："你既然已经签字了，怎么能说不知道？这是在故意出卖我！"余尧弼离座辩解，说那些字的确不是自己签的，但秦桧毫不理会。次日，由于秦桧指使御史弹劾，朝廷决定免去余尧弼的职务。

段拂为人浑浑噩噩，庸碌无能，一天，秦桧在前面发表长秦退始觉，殊窘怖，上犹慰拊之，且询其乡里。少顷，还殿廊幕中。秦闭目诵佛，典客赞揖至三，乃答。归政事堂，穷诘其语，无以对，旋遭劾，至于责居。

汤思退在枢府，上偶回顾，有所问。秦是日所奏，微不合。即云“陛下不以臣言为然，乞问汤思退。”上曰：“此事朕岂不晓，何用问他汤思退？”秦还省见汤，已不乐，谋去之。会其病，迨于亡，遂免。考其所为，盖出偃月堂之上也。

注书难

注书至难，虽孔安国、马融、郑康成、王弼之解经，杜元凯之解《左传》，颜师古之注《汉书》，亦不能无失。王荆公《诗新经》，“八月剥枣”解云：“剥者，剥其皮而进之，所以养老也。”毛公本注云：“剥，击也。”陆德明音普卜反。公皆不用。后从蒋山郊步至民家，问其翁安在？曰：“去扑枣。”始悟前非。即具奏乞除去十三字，故今本无之。

篇大论，而段拂竟渐渐沉入梦乡，直到秦桧走后才惊醒过来，他又窘又怕，不禁出了一身冷汗，宋高宗见状，不断地安慰他，并且询问其家乡在何处。不久，段拂退回殿廊幕中，秦桧闭目诵佛，典客官作揖请示了多次，秦桧才有所表示。回到宰相办公的政事堂后，秦桧问段拂自己刚才讲的是什么，段拂无话可答，因而不久就受到弹劾，以至被责离职家居。

汤思退在枢密院时，宋高宗无意中回头看见了他，于是询问了一些事情。而这一天秦桧所奏的，与汤思退的说法略有不同，高宗表示不相信。秦桧说道："陛下如果觉得我说的不对，请您问一下汤思退。"高宗说："这事我岂能不知道，何必问他汤思退？"秦桧回到相府看见汤思退，心中已经很不高兴，准备挤走他，不想正在这时自己身患重病，生命垂危，这才不得不放过汤思退。综观秦桧的所作所为，可以看出，他的恶毒程度远在偃月堂主李林甫之上。

注书难

为前人的书籍作注释是很难的事，即使像孔安国、马融、郑玄、王弼这样的巨儒解释经书，杜预（字元凯）解《左传》，颜师古注释《汉书》，也不能避免差错。在荆国公王安石所做的《诗新经》中，"八月剥枣"一句中的"剥"字被解释为："剥，是剥掉枣皮然后进献，其目的是为了敬养老人。"而毛公本《诗经》的注释说："剥，即击打。"陆德明的《经典释文》说："剥，音普卜反，即读作"pū"，而不读bō。但是，王安石对这些说法都弃之不用。后来有一天，他随蒋山到郊外散步时，路过一户民家，见男主人不在家，便询问他到哪儿去了？回答说："去扑枣洪庆善注《楚辞·九歌·东君》篇："緪瑟兮交鼓，箫钟兮瑶簴。"引《仪礼·乡饮酒》章"间歌《鱼丽》，笙《由庚》。歌《南有嘉鱼》，笙《崇丘》"为比，云："箫钟者，取二乐声之相应者互奏之。"既镂板，置于坟庵，一蜀客过而见之，曰："一本箫作𢷾，《广韵》训为击也。盖是击钟，正与緪瑟为对耳。"庆善谢而亟改之。

政和初，蔡京禁苏氏学，蕲春一士独杜门注其诗，不与人往还。钱伸仲为黄冈尉，因考校上舍，往来其乡，三进谒然后得见。首请借阅其书，士人指案侧巨编数十，使随意抽读，适得《和杨公济梅花》十绝："月地云阶漫一尊，玉奴终不负东昏。临春结绮荒荆棘，谁信幽香是返魂。"注云："玉奴，齐东昏侯潘妃小字。临春、结绮者，陈后主三阁之名也。"伸仲曰："所引止于此耳？"曰："然。"伸仲曰："唐牛僧孺所作《周秦行纪》，记入薄太后庙，见古后妃辈，所谓月地云阶见洞仙，东昏以玉儿故，身死国除，不拟负他，乃是此篇所用。先生何为没而不书？"士人怃然失色，不复一语，顾其子然纸炬悉焚之。伸仲劝使姑留之，竟不可。曰："吾枉用工夫十年，非君几贻士林嗤笑。"伸仲每谈其事，以戒后生。但玉奴乃杨贵妃自称，潘妃则名玉儿也。剥枣之说，得于吴说、傅朋，箫钟则庆善自言也。绍兴初，又了。”王安石这才意识到此前自己搞错了,于是上奏朝廷,请求删去自己所解释的那十三个字,所以现在的版本没有这句话。

洪庆善为《楚辞·九歌·东君》篇“縆瑟兮交鼓,萧钟兮瑶簴”一句作注时,引用《仪礼·乡饮酒》一章中“其间歌唱《鱼丽》,笙奏《由庚》。演唱《南有嘉鱼》,笙奏《崇丘》。”两句作比,说:“箫钟,就是从这两种乐器中选取两件声音和谐的,合作演奏乐曲。”版刻好后,放置在坟庵,有一位路过的蜀地客人看见后说:“有一种版本‘箫’字作‘撨’,《广韵》解释此字的意思是击。‘撨钟’也就是击钟,正好与‘縆’对仗。”洪庆善非常感激,当即更正过来。

宋徽宗政和初年,奸臣蔡京下令禁绝苏轼的著作,不许人们传习,可是蕲春却有一位学者闭门谢客,专心致志地注释苏轼的诗,几乎不与任何人往来。钱伸仲任黄冈县尉时,因为考试上舍生,多次往来于其乡,先后拜访了三次才见到那位学者。黄伸仲首先请求借阅其所注的书,学者指着案边的数十大本书稿,让他随意抽读,黄伸仲正好抽得《和杨公济梅花》十绝,其中“月地云阶漫一尊,玉奴终不负东昏。临春结绮荒荆棘,谁信幽香是返魂。”几句的注释说:“玉奴,乃南朝齐东昏侯萧宝卷潘妃的小名。临春和结绮,是南朝陈后主三阁的名称。”钱伸仲问:“您所引用的资料只有这些吗?”学者回答说“是的。”钱伸仲说“唐朝牛僧孺所著的《周秦行记》记载他进入西汉的薄太后庙,看到了古代后妃们栩栩如生的形象,也就是所谓‘月地云阶(指天上)拜洞仙’,东昏侯因玉儿的缘故,身死国灭,玉儿由此暗下决心绝不背叛他,这才是此诗所用的典故。先生为什么埋没不写呢?”学者闻听怅然失色,一句话也不说,只是用头示意儿子将有傅洪秀才注坡词，镂板钱塘，至于“不知天上宫阙，今夕是何年”，不能引“共道人间惆怅事，不知今夕是何年”之句。“笑怕蔷薇罥”，“学画鸦黄未就”，不能引《南部烟花录》，如此甚多。

书易脱误

经典曹秦火之余，脱亡散落，其仅存于今者，相传千岁，虽有错误，无由复改。《汉·艺文志》载：“刘向以中古文《易经》校施、孟、梁丘经，或脱去‘无咎’、‘悔亡’，唯费氏经与古文同。以《尚书》校欧阳、夏侯三家经文，《酒诰》脱简一，《召诰》脱简二。率简二十五字者，脱亦二十五字，简二十二字者，脱亦二十二字。”今世所存者，独孔氏古文，故不见二篇脱处。

《周易·杂卦》自《乾》《坤》以至《需》《讼》，皆以两两相从，而明相反之义，若《大过》至《夬》八卦则否。盖传者之失也。东坡始正之。元本云：“《大过》，颠也。《姤》，书稿付之一炬。钱伸仲极力劝说将书稿暂且留下，但学者坚决不听，并且说：“我白下了十年功夫，如果不是遇见你，我几乎要给天下的读书人留下笑柄。”钱伸仲经常提起此事，以教育后人。但是，也许他也不知道，玉奴乃是唐朝杨贵妃的自称，玉儿则是东昏侯潘妃的名字。剥枣的说法，得于吴说、傅朋，箫钟则是洪庆善自己的“创见”。宋高宗绍兴初年，又有一位名叫傅洪的秀才为苏东坡的词作注，最后在钱塘（今浙江杭州）刻版印刷，注释者甚至在“不知天上宫阙，今夕是何年”下，不能引用“共道人间惆怅事，不知今夕是何年”两句；在“笑怕蔷薇罥，学画雅黄未就”下，不知引用《南部烟花录》，像这样的例子举不胜举。

书易脱误

经典著作经历了秦始皇的焚书之灾后，侥幸保存下来的也多有散落脱漏，再经过一千多年的风风雨雨，至今仍然幸存的即使有错误，也无法改正。《汉书·艺文志》记载：“西汉末年，刘向以皇室所藏的古文《易经》校施氏、孟氏和梁丘氏所传的《易经》，发现有不少地方漏掉‘无咎’、‘悔亡’等字，只有费氏所传的与古文经相同。又用《尚书》校欧阳、大小夏侯三家所传的经文，发现《酒诰》篇脱漏竹简一片，《召诰》篇脱漏两片。大致简上有二十五个字的，漏掉的也是二十五个字；简上有二十二个字的，漏掉的也是二十二个字。”今天所流传的，只有孔氏的古文《尚书》，因而看不到这两篇的脱漏之处。

《周易·杂卦》中所排列的六十四卦卦序，从《乾》《坤》以至《需》《讼》，都是两两相随，以显示正反相互转化之义，可是从《大过》至《夬》的八卦就不是这样，大概是传授的人遇也，柔遇刚也。《渐》，女归待男行也。《颐》，养正也。《既济》，定也。《归妹》，女之终也。《未济》，男子穷也。《夬》，决也，刚决柔也，君子道长，小人道忧也。”坡改云：“《颐》，养正也。《大过》，颠也。《姤》，遇也，柔遇刚也。《夬》，决也，刚决柔也，君子道长，小人道忧也。《渐》，女归待男行也。《归妹》，女之终也。《既济》，定也。《未济》，男之穷也。”谓如此而相从之次，相反之义，焕然若合符节矣。《尚书·洪范》“四，五纪：一曰岁，二曰月，三曰日，四曰星辰，五曰历数”，便合继之以“王省惟岁，卿士惟月，师尹惟日”。至于“月之从星，则以风雨”一章，乃接“五，皇极”，亦以简编脱误，故失其先后之次。“五，皇极”之中，盖亦有杂“五，五福”之文者。如“敛时五福，用敷锡厥庶民”，“凡厥正人，既富方谷，汝弗能使有好于而家，时人斯其辜，于其无好德，汝虽锡之福，其作汝用咎”，及上文“而康而色，曰：‘予攸好德’，汝则锡之福”是也。《康诰》自“惟三月，哉生魄”至“乃洪《大诰》治”四十八字，乃是《洛诰》，合在篇首“周公拜手”之前。《武成》一篇，王荆公始正之。自“王朝步自周，于征伐商”，即继以“底商之罪，告于皇天后土”至“一戎衣，天下大定”，乃继以“厥四月，哉生明”至“予小子其承厥志”，然后及“乃反商政”，以讫终篇，则首尾亦粲然不紊。

搞错了。直到北宋时期，苏东坡才将它纠正过来。原来的本子说：“《大过》，即过头。《姤》，即遭遇，柔遇上刚。《渐》，即女子将要出嫁，正等候男方来迎接。《颐》，即养正，守正道。《既济》，即安定。《归妹》，即出嫁的女子被休回娘家，这乃是女子的末日。《未济》，即男子处于困境。《夬》，即决断，以刚决断柔，君子道长，小人道忧。”苏东坡将其次序改为：“《颐》，即养正，守正道。《大过》，即过头。《姤》，即遭遇，柔遇上刚。《夬》，即决断，以刚决断柔，君子道长，小人道忧。《渐》，即女子出嫁，正等候男方来迎接。《归妹》，即出嫁的女子被休回娘家，这乃是女子的末日。《既济》，即安定。《未济》，即男子处于困境。”这种两两相随的排列次序，使得正反两方面相互转化之理一目了然，其珠联璧合正如符节吻合那样天衣无缝。《尚书·洪范》说：“第四、五种记时的方法：一是年，二是月，三是日，四是星辰，五是历法。”其下应当接“天子有了过失，就会影响一年；卿士有了过失，就会影响一月；官吏有了过失，就会影响一天”。至于“假如月亮离开太阳而追随星辰，就会出现多风或多雨的天气”一章，应当接在“五，皇极”一段之后，现在因为简编脱误而搞乱了先后的次序。而在“五，皇极”一章中，大约也混杂有“九，五福”一章中的句子。如“把这五种幸福集中起来，一并赏给臣民”，“凡是做官的人，都应当给他们以丰厚的待遇，使他们既富且贵。如果你不能让你的臣民为王室做出贡献，这样就会使臣民走上邪路。对于那些不尊重道德规范的人，你即使赏赐给他许多好处，他也会反过来给你造成危害”，以及上文中的“如果有人和颜悦色，态度谦恭地对你说：‘我特别喜爱你所建立的道德规范’，那么你就应当赏赐给他一些

南陔六诗

《南陔》《白华》《华黍》《由庚》《崇邱》《由仪》六诗，毛公为《诗诂训传》，各置其名，述其义，而亡其辞。《乡饮酒》《燕礼》云“笙人堂下，磬南北面立。乐奏《南陔》《白华》《华黍》”，“乃间歌《鱼丽》，笙《由庚》；歌《南有嘉鱼》，笙《崇丘》；歌《南山有台》，笙《由仪》；乃合乐，《周南·关雎》《葛覃》《卷耳》，《召南·鹊巢》《采蘋》《采蘩》。”切详文意，所谓歌者，有其辞所以可歌，如《鱼丽》《嘉鱼》《关雎》以下是也；亡其辞者不可歌，故以笙吹之，《南陔》至于《由仪》是也。有其义者，谓“孝子相戒以养”、“万物得由其道”之义；亡其辞者，元未尝有辞也。郑康成始以为及秦之世而亡之。又引《燕礼》“升歌《鹿鸣》，下管《新宫》”为比，谓《新宫》之诗亦亡。按《左传》宋公享叔孙昭子，赋《新宫》。杜注为逸诗，则亦有辞，非诸篇比也。陆德明《音义》云：“此六篇盖武王之诗，周公制礼，用好处”等等都是。在《康诰》篇中,从“惟三月,哉生魄”至“乃洪《大诰》治”的四十八个字,乃是《洛诰》篇的内容,应放在篇首“周公拜手(即行礼)”之前。《武成》篇中的错误,乃是王安石首先纠正过来的。从“武王一大早就从周出发,去讨伐商朝”一句开始,下面直接连接“底商之罪,告于皇天后土”至“一戎衣,天下大定”,下面再接以“厥四月,哉生明”至“予小子其承厥志”,然后再接“乃反商政”,以至结束。这种新排定的次序,首尾呼应,语气连贯,丝毫没有紊乱之感。

南陔六诗

《南陔》《白华》《华黍》《由庚》《崇邱》《由仪》等六首诗,在毛公所做的《诗诂训传》中,只列其名,述其义,却没有记具体的内容。《仪礼·乡饮酒》《燕礼》说:“笙入堂下,磬南北面立。所奏的乐曲是《南陔》《白华》《华黍》”,“于是其间演唱《鱼丽》,笙奏《由庚》,演唱《南有嘉鱼》,笙奏《崇丘》,演唱《南山有台》,笙奏《由仪》;然后声乐和器乐联合演奏《诗经·周南》中的《关雎》《葛覃》《卷耳》,《召南》中的《鹊巢》《采蘋》《采蘩》等。”我仔细地揣摩这段话的意思,觉得所谓的“歌”,必定是本来有词可供歌唱,如《鱼丽》《嘉鱼》《关雎》以下都是;没有歌词的自然无法演唱,因而用笙吹奏,如《南陔》《白华》以至《由仪》都是。其中有含义的,指的是“孝子相互鼓励以赡养老人”“万事万物都按自己的规律存在发展”等;没有歌词的,原本不曾有过。郑玄率先提出这些诗的具体内容是在秦朝失传的,又引《燕礼》“升歌《鹿鸣》下管《新宫》”作比较,认为《新宫》一诗的内容也失传了。按:《左传》记载:宋公为乐章，吹笙以播其曲。孔子删定在三百一十一篇内。及秦而亡。”盖祖郑说耳。且古《诗》经删及逸不存者多矣，何独列此六名于大序中乎？束皙《补亡》六篇，不作可也。《左传》叔孙豹如晋，晋侯享之，金奏《肆夏》《韶夏》《纳夏》，工歌《文王》《大明》《緜》《鹿鸣》《四牡》《皇皇者华》。三《夏》者乐曲名，击钟而奏，亦以乐曲无辞，故以金奏，若六诗则工歌之矣，尤可证也。

绍圣废春秋

五声本于五行，而徵音废。四渎源于四方，而济水绝。《周官》六典所以布治，而司空之书亡。是固出于无可奈何，非人力所能为也。乃若《六经》载道。而王安石欲废《春秋》。绍圣中，章子厚作相，蔡卞执政，遂明下诏罢此经，诚万世之罪人也。

招待叔孙昭子时，命人诵《新宫》助兴。杜预的注释说《新宫》是一首已经失传的诗，可见《新宫》原来也有词，与《南陔》《白华》等篇是不同的。唐代陆德明的《毛诗音义》说：“这六首诗大约是周武王时期的诗歌，周公制礼作乐，建立典章制度，并以这六首诗为乐章，用笙吹奏以使其广为传播。孔子删定《诗经》时，这六首诗保留在三百一十一篇之内，直到秦朝时才亡逸。”这大概是沿袭郑玄的说法。况且，古代的诗歌被孔子删掉及亡逸失传的太多了，为什么只有这六首的篇名保留在《诗经》的大序中呢？束皙所做的《补亡》六篇，是毫无必要的。《左传》记载叔孙豹到晋国，晋国的国君设宴招待，其间有金属乐器演奏《肆夏》《韶夏》《纳夏》，有乐工演唱《文王》《大明》《緜》《鹿鸣》《四牡》《皇皇者华》等。《肆夏》《韶夏》等“三夏”乃是乐曲名，击钟而奏，这也是因为乐曲没有词，所以用金属乐器演奏。至于《文王》《大明》等六首诗则因为有词，当然可供乐工演唱，这是显而易见的，足以作为更有力的证据。

绍圣废春秋

宫、商、角、徵、羽“五声”源本于金、木、水、火、土“五行”，而徵音已被废弃。长江、黄河、淮河、济水等“四渎”发源于四方，而济水早已枯竭。《周礼》所记的冢宰、司徒、宗伯、司马、司寇、司空等六官是为了治理国家而设置的，但有关司空的内容早已亡逸。这些固然都是出于无可奈何，非人力所能改变。至于《诗》《书》《乐》《易》《春秋》等“六经”是记载为人处世及治国安邦之道的，可是王安石却想废掉《春秋》。宋哲宗绍圣年间，章惇（字子厚）任宰相，蔡京的胞弟蔡卞任执政，于是促

王韶熙河

王韶取熙河，国史以为尝游陕西，采访边事，遂诣阙上书。偶读《晁以道集·与熙河钱经略书》，云：“熙河一道，曹南院弃而不城者也。其后夏英公喜功名，欲城之，其如韩、范之论何？又其后有一王长官韶者，薄游阳翟，偶见《英公神道碑》所载云云，遂穴以为策以干丞相。时丞相是谓韩公，视王长官者稚而狂之。若河外数州，则又王长官弃而不城者也。彼木征之志不浅，鬼章之睥睨尤近而著也，陇拶似若无能，颇闻有子存，实有不可不俱者。”此书盖是元祐初年，然则韶之本指乃如此。予修史时未得其说也。《英公碑》，王岐公所作，但云尝上十策。若通啃斯罗之属羌。当时施用之，余皆不书，不知晁公所指为何也？

书籍之厄

梁元帝在江陵，蓄古今图书十四万卷，将亡之夕尽焚之。隋嘉则殿有书三十七万卷，唐平王世充，得其旧书于东都，浮舟泝河，尽覆于砥柱。贞观、开元募借缮写，两都各成朝廷正式下诏罢除《春秋》经，实在是千古罪人。

王韶熙河

王韶在宋神宗时期攻取熙州（今甘肃临洮）、河州（今甘肃临夏西南）一带，《宋史》说他曾游历陕西，实地考察、了解边事，然后入京上书，说取西夏必先复河湟。我偶然读到《晁以道集·与熙河钱经略书》，文中说："熙河一带，是宣徽南院使曹玮弃而不守的地方。后来，英国公夏竦急功近利，沽名钓誉，一心想在此处筑城坚守，但是他又将怎样对待韩琦和范仲淹的不同意见呢？此后，有一个名叫王韶的官员在阳翟（今河南禹州）游览时，无意间见到了《夏英公神道碑》，知道夏竦曾有取熙河以抵御西夏之意，于是将它抄下来写成时事策呈送给当时的宰相韩琦，韩琦认为王韶过于幼稚而又狂妄。至于黄河以西的几州，则又是王韶弃而不守的。羌人的部族首领木征志向远大，鬼章更是虎视眈眈，陇拶似乎没有什么才能，但是听说他有不少儿子，不能不令人感到十分忧虑。"这篇碑文大概是写于宋哲宗元祐初年，从中可以看出王韶的本意原来如此。我编写史书时没有看到这种说法。《夏英公神道碑》是岐国公王珪所作，只提到他曾向朝廷献十条计策，其中联合羌族的唃厮罗一策，当时就施行了，其余几策的详情没有记载，不知晁以道所指的是什么？

书籍之厄

南朝梁元帝萧绎在江陵收集古今图书十四万卷，当江陵城被魏军攻陷前夕，他将藏书一把火焚为灰烬。隋朝的嘉则殿有藏书三十七万卷，唐政府击败王世充后，在东都洛阳获得了隋朝的聚书四部。禄山之乱，尺简不藏。代宗、文宗时，复行搜采，分藏于十二库。黄巢之乱，存者盖尠。昭宗又于诸道求访，及徙洛阳，荡然无遗。今人观汉、隋、唐《经籍》《艺文志》，未尝不茫然太息也。

晁以道记本朝王文康初相周世宗，多有唐旧书，今其子孙不知何在。李文正所藏既富，而且辟学馆以延学士大夫，不待见主人，而下马直入读书。供牢饩以给其日力，与众共利之。今其家仅有败屋数楹，而书不知何在也！宋宣献家兼有毕文简、杨文庄二家之书，其富盖有王府不及者。元符中，一夕灾为灰烬。以道自谓家五世于兹，虽不敢与宋氏争多，而校雠是正，未肯自逊。政和甲午之冬，火亦告谴。唯刘壮舆家于庐山之阳，自其祖凝之以来，遗子孙唯图书也，其书与七泽俱富矣。于是为作记。今刘氏之在庐山者不闻其人，则所谓藏书殆亦羽化。乃知自古到今，神物亦于斯文为靳靳也。宣和殿、太清楼、龙图阁御府所储，靖康荡析之余，尽归于燕，置之秘书省，乃有幸而得存者焉。

旧藏书，不料在用船只溯黄河运往长安（今西安）的途中，全部倾覆于三门峡一带。贞观、开元年间，唐朝政府在全国范围内号召士民献书，对于不愿捐献的，则由官府出面向主人借阅，待抄写完毕后再完璧归赵，结果得到了大量的珍贵书籍，全部按经、史、子、集四部分藏于长安和洛阳两都。然而，在安史之乱中，这些书籍灰飞烟灭，片纸不留。在唐代宗、唐文宗时期，唐政府又大规模地搜求典籍，分藏于十二库之中。经过黄巢领导的唐末农民战争，这些书籍所剩无几。唐昭宗又在全国访求书籍，成绩斐然，但到迁都洛阳时，这些书籍再告毁灭，荡然无存。今天，人们读《汉书》《隋书》《唐书》的《经籍志》或《艺文志》时，面对比比皆是的有名无实的书籍，没有不十分痛心，深深叹息的。

晁以道说本朝的王文康早年曾任周世宗的宰相，家中藏有大量的唐朝旧书，只是不知他的子孙现在已经流落到何方了。李文正家的藏书非常丰富，于是他自己开办图书馆以便广大士大夫学习，来人下马径直入馆读书，不必拜见主人。不仅如此，主人还免费为读者提供饭菜以节约其时间，他希望与众人共同利用自己的藏书。然而，时至今日，他家仅剩下几间破房，众多的藏书已片纸无存、去向不明了！宣献公宋绶接管了毕文简和杨文庄两家的藏书，其收藏之丰富大概王府也无法相比。但是，在宋哲宗元符年间，这些藏书也在一夜之间被烧成灰烬。晁以道自称其家五代致力于此，虽然藏书数量不能与宋家相比，但校勘整理，绝不比别人逊色。宋徽宗政和四年冬天，晁家不幸发生火灾，书籍损失惨重。只有庐山南麓的刘庄舆，其家从祖上刘凝之以来，世代留给子孙的唯有图书而已，以至家藏的书籍之多得就像云梦、洞庭等七大湖的水一样。因此，我特意写文章以表彰他家

逐贫赋

韩文公《送穷文》，柳子厚《乞巧文》，皆拟杨子云《逐贫赋》。韩公《进学解》拟东方朔《客难》，柳子《晋问》篇拟枚乘《七发》、《贞府》拟《剧秦美新》，黄鲁直《跛奚移文》拟王子渊《僮约》，皆极文章之妙。《逐贫》一赋几五百言，《文选》不收，《初学记》所载才百余字，今人盖有未之见者，辄录于此，云：

“杨子遁世，离俗独处。左邻崇山，右接旷野。邻坦乞儿，终贫且窭。礼薄义弊，相与群聚。惆怅失志，呼贫与语：‘汝在六极，投弃荒遐。好为庸卒，刑戮是加。匪惟幼稚，嬉戏土沙。居非近邻，接屋连家。恩轻毛羽，义薄轻罗。进不由德，退不受诃。久为滞客，其意若何？人皆文绣，余褐不全。人皆稻粱，我独藜食。贫无宝玩，何以接欢。宗室之宴，为乐不槃。徒行负赁，出处易衣。身服百役，手足胼胝。或耘或耔，霑体露肌。朋友道绝，进官凌迟。厥咎安在，职汝之的传统。今天，不曾听说过刘家还有人仍然在庐山居住，如果真是这样，那么刘家的所谓藏书大概也随之烟消云散，化为乌有了。由此可见，从古至今，神物对于文人也是够吝啬的。大宋朝宣和殿、太清楼、龙图阁等皇家书库的藏书，经过钦宗靖康之役战火的荡洗之后，剩下的被全部运往金国的首都燕京（今北京），收藏在秘书省里，这乃是有幸得以保存下来的珍贵图书。

逐贫赋

韩愈的《送穷文》，柳宗元（字子厚）的《乞巧文》，都是仿照西汉杨雄（字子云）的《逐贫赋》而作。韩愈仿东方朔的《客难》作《进学解》，柳宗元仿枚乘的《七发》作《晋问》，仿《剧秦美新》作《贞符》，黄庭坚（字鲁直）仿王子渊的《僮约》作《跛奚移文》，都是精妙绝伦的好文章。杨雄的《逐贫赋》全文将近五百字，《昭明文选》没有收入，《初学记》所载的才一百余字，估计今天有很多人从未见过这篇赋的原文，所以此处全文抄录如下：

“杨雄遁世，离俗独居。左邻高山，右接旷野。隔墙乞丐，又贫又穷。摒弃礼义，和平共处。我心郁闷，叫来贫人说道：‘你生活在人世间悠闲自在，为何来此荒无人烟的僻壤？你本可做一个好的庸工、士卒，为何来此冒刑戮加身的危险？这是性命攸关的大事，绝非稚童玩土沙游戏。咱们本非近邻，接屋连家，恩轻如羽，义薄如纱。你来不是因为我有德，去不会受谁指责。然而长期滞留，意欲何为？别人都穿陵罗与绸缎，我却连粗布衣也不全。别人都吃美味与佳肴，我却唯有野菜以果腹。我家穷得叮当响，哪有财宝讨人欢？宗室宴虽盛，有人早已腻。我则安步为。舍女远窜，昆仑之颠。尔复我随，翰飞戾天。舍尔登山，岩穴隐藏。尔复我随，陟彼高冈。舍尔入海，泛彼柏舟。尔复我随，载沉载浮。我行尔动，我静尔休。岂无他人，从我何求？今汝去矣，勿复久留！贫曰：‘唯唯，主人见逐，多言益嗤。心有所怀，愿得尽辞，昔我乃祖，崇其明德。克佐帝尧，誓为典则。土阶茅茨，匪雕匪饰。爰及季世，纵其昏惑。饕餮之群，贪富苟得。鄙我先人，乃傲乃骄。瑶台琼室，华屋崇高。流酒为池，积肉为峤。是用鹊逝，不践其朝。三省吾身，谓予无諐。处君之家，福禄如山。忘我大德，思我小怨。堪寒能暑，少而习焉。寒暑不忒，等寿神仙。桀跖不顾，贪类不干。人皆重蔽，子独露居。人皆怵惕，子独无虞。”言辞既罄，色厉目张。摄齐而兴，降阶下堂。誓将去汝，适彼首阳。孤竹之子，与我连行。余乃避席，辞谢不直：‘请不贰过，闻义则服。长与尔居，终无厌极。’贫遂下去，与我游息。”

唐宣宗时，有文士王振自称“紫罗山人”，有《送穷辞》一篇，引韩吏部为说，其文意亦工。

涧松山苗

诗文当有所本，若用古人语意，别出机杼，曲而畅之，自足以传示来世。左太冲《咏史》诗曰：“郁郁涧底松，离离山上苗。以彼径寸茎，荫此百尺条。世胄蹑高位，英俊沉下僚。

以代车，举债强度日。家门内与外，衣着迥相异。无奈做苦力，手脚落老茧。整年耕又锄，挥汗体外露。朋友断来往，仕途绝希望。穷人有何错，过此穷生活？富人太刻薄，何曾有愧疚？我舍你远行，登上那巍峨的昆仑极顶。你又随我而来，出没于云雾缭绕的半空里。我舍你登山，隐居岩穴。你又随我而来，登上那高高的山冈。我舍你入海，驾舟远航。你又随我而来，又沉又浮。我行你动，我停你止。岂无他人，从我何求？你快点走吧，不要再久留！'贫人说：'好，好。主人撵我，多说无益。我心中有话，一吐为快。我家祖先，德高望重。曾佐帝尧，言为法典。时君朴素，宫室简陋。及至后世，昏庸无道。贪婪之徒，见利忘义。辱我先人，既骄且傲。亭台楼阁，高大豪华。流酒为池，积肉成山。荒淫奢侈，无以复加。仙鸟飞去，不落其朝。三省吾身，我自无错。处君之家，福禄如山。忘我大德，思我小怨。抗寒耐暑，自幼习惯。寒暑不差，等寿神仙。昏君不理，强盗不顾。人皆深居，唯你露处。人皆慌恐，唯你无忧。'贫人说完，愤然作色。提襟而起，降阶下堂。'誓将离你，前往首阳(山名)。伯夷叔齐，乃我同伴。'我赶忙离席，致歉不止：'自知有罪，今后必改。听君高论，心悦诚服。愿与你处，永不厌倦。'于是贫人留下，与我游息。"

在唐宣宗时期，有个名叫王振的文人自称"紫罗山人"，曾作了一篇《送穷辞》，文章引用韩愈的话为证，写得相当出色。

涧松山苗

作诗写文章应当有所依据，如果使用古人的话语，别出心裁，阐幽发微，自然能够流传后世。左思(字太冲，又字泰冲)的《咏史》诗说："郁郁涧底松，离离山上苗。以彼径寸茎，荫此百地势使之然，由来非一朝。”白乐天《续古》一篇，全用之，曰：“雨露长纤草，山苗高入云。风雪折劲木，涧松摧为薪。风摧此何意，雨长彼何因？百尺涧底死，寸茎山上春。”语意皆出太冲，然其含蓄顿挫，则不逮也。

男子运起寅

今之五行家学，凡男子小运起于寅，女子小运起于申，莫知何书所载？《淮南子·汜论训》篇云：“礼三十而娶。”许叔重注曰：“三十而娶者，阴阳未分时俱生于子，男从子数左行三十年立于巳，女从子数右行二十年亦立于巳，合夫妇，故圣人因是制礼，使男子三十而娶，女二十而嫁。其男子自巳数左行十得寅，故人十月而生于寅，故男子数从寅起；女自巳数右行得申，亦十月而生于申，故女子数从申起。”此说正为起运也。

宰我作难

《史记》称宰我为齐临淄大夫，与田常作难，以夷其族，孔子耻之。苏子由作《古史》，精为辩之，以为子我者阚止也，与田常争齐政，为常所杀，以其字亦曰子我，故《战国》之书误以为宰予。此论既出，圣门高第，得免非义之谤。东坡又引李斯《谏书》，谓曰：“田常阴取齐国，杀宰予于尺条。世胄蹑高位,英俊沉下僚。地势使之然,由来非一朝。”白居易的《续古》诗完全利用这首诗,诗的内容是:“雨露长纤草,山苗高入云。风雪折劲木,涧松摧为薪。风摧此何意,雨长彼何因?百尺涧底死,寸茎山上春。”语言和意境都超过左太冲,然而其含蓄顿挫,却比不上左太冲。

男子运起寅

按照现在五行家的说法,男子的小运流年(即一年的吉凶)起于寅,女子的小运流年起于申,不知是什么书所载的?《淮南子·汜论训》篇说“遵照礼制,男子三十岁娶妻。”东汉的许慎注释说:“三十岁娶妻是指在阴阳未分的时候,男女一同生于子年,男子从子年向左数三十年就到了而立之年的巳年,女子从子年向右数二十年也到了巳年,即二十岁,这是正宜夫妇合婚,所以,圣人据此制订礼制,让男子三十岁娶妻,女子二十岁出嫁。男子从巳向左数十即到寅,因此人经过十个月怀胎便生于寅月,也正由于此,男子的运数应从寅起;女子从巳向右数十为申,因而也是经十个月而生于申月,所以女子的运数应从申起。”许慎此话正是针对男女小运流年的起始而言的。

宰我作难

《史记》说宰我为齐国临淄大夫,因为与擅权的田常为难,被夷灭家族,孔子深以为耻。苏辙(字子由)所写的《古史》,对这件事作了深刻、透彻的辨析,认为子我乃是阚止,因为与田常争夺齐国的政权,而被田常所杀。由于他的字也叫子我,因而《战国策》等书误以为是孔子的弟子宰予。这种观点出来后,庭。”是其不从田常，故为所杀也。予有考之，子路之死，孔子曰：“由也死矣。”又曰：“天祝予！”哭于中庭，使人覆醢，其悲之如是，不应宰我遇祸，略无一言。《孟子》所载三子论圣人贤于尧、舜等语，疑是夫子没后所谈，不然，师在而各出意见议之，无复质正，恐非也。然则宰我不死于田常，更可证矣。

而《淮南子》又有一说云：“将相摄威擅势，私门成党，而使道不行。故使陈成、田常、鸱夷子皮得成其难，使吕氏绝祀。”子皮谓范蠡也，蠡浮海变姓名游齐，时简公之难已十余年矣。《说范》亦云：“田常与宰我争，宰我将攻之，鸱夷子皮告田常，遂残宰我。”此说尤为无稽，是以蠡为助田氏为齐祸，其不分贤逆如此。

孔门的高徒才不再蒙受不义的恶名。苏东坡又引证李斯的《谏书》说:“田常阴谋夺取齐国的政权,为此在庭院中杀害了碍手碍脚的宰予。”这是由于他不顺从田常,因而被杀害。我对这件事情也进行了考证,发现子路死时,孔子说:“仲由(子路名)死了!”又说:“老天要断送我的性命!”孔子悲从心起,不禁在中庭痛哭失声,并且命人把肉汤倒掉,以免使人联想起被卫国人剁成肉酱的子路。孔子对子路的死伤心到这种程度,不应当对宰我遇害一事无动于衷,一言不发。然而,在《论语》等书中找不到孔子对宰我之死的看法。在《孟子》一书中记载有宰我等三人议论说,自己的老师孔子比尧、舜更贤,我怀疑这些话是在孔子死后所谈的,否则的话,老师健在而弟子们各抒己见,纷纷对他进行评论,并且没有人出来为他们判定是非曲直,恐怕是不大可能的。如果真是这样的,那么宰我并未死于田常之手,就更加可以证实了。

《淮南子》一书又有一种不同的说法:“将相专擅朝政,作威作福,私门成党,以致大道不行。所以,陈成、田常、鸱夷子皮等人篡权成功,最终使得吕氏齐国寿终正寝,永远退出了历史舞台。”鸱夷子皮即范蠡,助越王勾践灭吴后,功成身退,驾一叶小舟浮海出走,隐姓埋名,来到齐国,这是距齐简公被田常所杀已经十几年了。《说苑》也说:“田常与宰我争权,宰我准备进攻对手,而鸱夷子皮将消息透露给田常,于是田常先下手处死了宰我。”这种说法尤其荒诞不稽,聪明的范蠡怎么能如此不识好歹、去助田氏祸乱齐国呢?

古人占梦

《汉·艺文志》《七略》杂占十八家，以《黄帝长柳占梦》十一卷，《甘德长柳占梦》二十卷为首，其说曰："杂占者，纪百家之象，候善恶之证。众占非一，而梦为大，故周有其官。"《周礼》："太卜，掌三梦之法，一曰致梦，二曰觭梦，三曰咸陟。"郑氏以为致梦夏后氏所作，觭梦商人所作，咸陟者言梦之皆得，周人作焉。而占梦专为一官，以日月星辰占六梦之吉凶，其别：曰正、曰噩、曰思、曰寤、曰喜、曰惧。季冬，聘王梦，献吉梦于王，王拜而受之。乃舍萌于四方，以赠恶梦。舍萌者，犹释采也。赠者，送之也。《诗》《书》《礼》经所载，高宗梦得说；周文王梦帝与九龄；武王伐纣，梦叶朕卜；宣王考牧，牧人有熊罴虺蛇之梦，召彼故老，讯之占梦。《左传》所书尤多。孔子梦坐奠于楹。然则古之圣贤，未尝不以梦为大，是以见于《七略》者如此。魏、晋方技，犹时时或有之。今人不复留意此卜，虽市井妄术，所在如林，亦无一个以占梦自名者，其学殆绝矣。

古人占梦

《汉书·艺文志》和《七略》都记载杂占类十八家，以《黄帝长柳占梦》十一卷，《甘德长柳占梦》二十卷两书为首。作者还解释说“：杂占，即记录各种各样的现象，观测善恶吉凶的验证。占卜的种类有很多，而占梦最重要，因此周代有专职的占梦官。”《周礼》说：“太卜，掌管三梦之法，即：致梦，觭梦，咸陟三梦。”郑玄认为致梦乃是夏代人所作，觭梦乃是商代人所作，咸陟的意思是梦的集大成者，乃是周代人所作。占梦有专职的官员，以日月星辰占六梦的吉凶，这六梦是：正梦、噩梦、思梦、寤梦、喜梦、惧梦。季冬之时，聘王（天子）梦，向周王献吉梦，周王恭拜后予以接受，然后舍萌于四方，以赠恶梦。“舍萌”的意思与“释采”差不多，释采，即在开学之初，用蔬菜祭祀先师或送给老师。赠，即送出去。《诗经》《尚书》《周礼》等经书记载：商高宗武丁梦得贤相傅说；周文王梦见上帝给九龄；周武王伐纣，梦叶朕卜；周宣王考问牧人，牧人说自己梦见了许多蝗虫、鱼类和旗帜，这与梦见熊罴虺蛇一样是吉祥的梦。宣王于是招来元老们，询问占梦方面的事情。《左传》所记的梦例特别多。如孔子梦见自己坐在堂屋前部两根柱子之间祭奠。可见，古代的圣贤也从来不曾轻视过梦。因此，刘歆《七略》中记述了几本占梦专著。魏晋时期的医卜星相之士，还常常有精于此道的。今天，人们不再重视此卜，虽然在城乡集镇上相面算卦的人随处可见，数不胜数，但是却没有一个挂牌占梦的，占梦这门学问差不多已经绝灭了。

卷十六（十六则）

高德儒

唐高祖起兵太原，使子建成、世民将兵击西河郡，执郡丞高德儒，世民数之曰：“汝指野鸟为鸾，以欺人主取高官，吾兴义兵，正为诛佞人耳。”遂斩之，自余不戮一人，读史不熟者，但以为史氏虚设此语，以与指鹿为马作对耳。案隋大业十一年，有二孔雀飞集宝城朝堂前，亲卫校尉高德儒等十余人见之，奏以为鸾，时孔雀已飞去，无可得验。诏以德儒诚心冥会，肇见嘉祥，擢拜朝散大夫，余人皆赐束帛；仍于其地造仪鸾殿，距此时财二年余。盖唐温大雅所著《创业起居注》载之，不追书前事故也。《新唐书·太宗纪》，但书云：“率兵徇西河，斩其郡丞高德儒。”尤为简略，赖《通鉴》尽纪其详。范氏《唐鉴》只论其被诛一节云。

高德儒

唐高祖李渊在太原起兵后，就派儿子李建成、李世民率兵进攻西河郡（今山西临汾），攻克之后，抓获了郡丞高德儒。李世民一一列举高德儒之罪说："你指野鸟为鸾，靠欺瞒隋帝获取高官，我们兴义兵的目的，正是为了除掉像你这种欺上瞒下的奸佞小人！"于是就将高德儒斩首，除此之外概不杀戮一人。后世不熟悉唐史人，只认为是修史者虚构了这段故事，是为了和秦赵高的指鹿为马相对照罢了。然而事实确系如此。隋炀帝大业十一年，有一天，有两只孔雀飞落在宫城朝堂前，亲卫校尉高德儒等十余人见到这一景观，高德儒趁机上奏隋炀帝，声称有两只鸾鸟飞落朝堂前，是吉祥之兆。此时孔雀已飞走了，高德儒的话也无从验证。隋炀帝没弄清事实真相，就下诏褒扬高德儒对隋朝的一片诚心和预知吉祥的才能，并擢拔他为朝散大夫，其余的人也都被赐予丝织品，还在所谓二鸾鸟飞落的朝堂前建造了一座仪鸾殿。此事距李世民杀高德儒仅有两年多。人们之所以认为此事是虚构，大概是唐人温大雅所著的《创业起居注》只记述了李世民杀高德儒之事，而没有追述高德儒指孔雀为鸾鸟的事的缘故。《新唐书·太宗纪》中只写道："李建成、李世民率军攻克西河郡，将郡丞高德儒斩首。"更为简略。幸亏《资治通鉴》将此事作了详尽地记述。而北宋范祖禹写的《唐鉴》也记载了高德儒被杀一事。

唐朝士俸微

唐朝士俸钱至微，除一项之外，更无所谓料券、添给之类者。自乐天为校书郎，作诗曰："幸逢太平代，天子好文儒。小才难大用，典校在秘书。俸钱万六千，月给亦有余。遂使少年心，日日常晏如。"及为翰林学士，当迁官，援姜公辅故事，但乞兼京兆府户曹参军，既除此职，喜而言志。至云："诏授户曹掾，捧诏感君恩。弟兄俱簪笏，新妇俨衣巾。罗列高堂下，拜庆正纷纷。喧喧车马来，贺客满我门。置酒延贺客，不复忧空樽。"而其所得者，亦俸钱四五万，廪禄二百石而已。今之主簿、尉，占优饫处，固有倍蓰于此者矣，亦未尝以为足，古今异宜不可一概论也。杨文公在真宗朝为翰林学士，而云："虚忝甘泉之从臣，终作若敖之馁鬼。"盖是时尚为鲜薄，非后来比也。

计然意林

《汉书·货殖传》："越王勾践困于会稽之上，乃用范蠡、计然，遂报强吴。"孟康注曰："姓计名然，越臣也。"蔡谟曰："'计然'者，范蠡所著书篇名耳，非人也。谓之计然者，所计而然也。群书所称勾践之贤佐，种、蠡为首，岂复闻

唐朝士俸微

唐代朝官的俸钱非常低，除俸钱一项之外，更没有所谓料券（唐宋时，职官于俸禄外，有时另给食料，或准予折钱）、添给（也是唐宋时，官吏俸禄之外的补贴）之类的额外收入。白居易担任校书郎之职，曾作诗谈到他的俸禄情况，他写道："幸逢太平代，天子好文儒。小才难大用，典校在秘书。俸钱万六千，月给亦有余。遂使少年心，日日常晏如。"到他担任翰林学士之职时，在升此官前，援引姜公辅以朝官兼任外官故事，只向皇上请求兼任京兆府（今陕西西安市）户曹参军一职，以增加自己的收入。皇帝同意他担任此职后，他非常高兴。写诗言志道："诏授户曹掾，捧诏感君恩。弟兄俱簪笏，新妇俨衣巾。罗列高堂下，拜庆正纷纷。喧喧车马来，贺客满我门。置酒延贺客，不复忧空樽。"然而，他每年增加的收入，也不过四五万俸钱，二百石禄米而已。今天县一级的小官主簿、县尉，只要地处优裕之所，他们的收入都会数倍于白居易的俸禄，但他们仍然不满足于此。由此可见，古今官吏俸禄制度不同，不可一概而论。宋真宗时，文公杨亿（字大年）曾担任翰林学士之职，他曾说过："虚忝甘泉之从臣，终作若敖之馁鬼。"大概当时崇尚鲜薄，不是后来可与之比拟的。

计然意林

《汉书·货殖传》中记载："春秋时期，越王勾践被吴国军队围困于会稽山上，在这种情况下，他听从范蠡、计然之计，假装投降，其后卧薪尝胆，东山再起，终于打败强吴，报了一箭之仇。"孟康注中说："计然，就是姓计名然，是越国的大臣。"蔡有姓计名然者乎？若有此人，越但用半策，便以致霸，是功重于范蠡，而书籍不见其名，史迁不述其事乎？”颜师古曰：“蔡说谬矣。《古今人表》，计然列在第四等，一名计研。班固《宾戏》：‘研、桑心计于无垠。’即谓此耳。计然者，濮上人也，尝南游越，范蠡卑身事之，其书则有《万物录》，事见《皇览》及《晋中经簿》。又《吴越春秋》及《越绝书》，并作计倪。此则倪、研及然，声皆相近，实一人耳。何云书籍不见哉？”

予按唐贞元中，马总所述《意林》一书，抄类诸子百余家，有《范子》十二卷，云：“计然者，葵丘濮上人，姓辛，字文子，其先晋国之公子也，为人有内无外，状貌似不及人，少而明，学阴阳，见微知著，其志沉沉，不肯自显，天下莫知，故称曰‘计然’。时遨游海泽，号曰‘渔父’。范蠡请其见越王，计然曰：‘越王为人鸟喙，不可与同利也。’”据此则计然姓名出处，皎然可见，裴骃注《史记》，亦知引《范子》。《北史》萧大圜云：“留侯追踪于松子，陶朱成术于辛文。”正用此事。曹子建表引《文子》，李善注，以为计然，谟认为他说的不对，说："计然'，是范蠡所著的书的名字，不是人名。之所以称之为计然，就是越王用了范蠡的计策才导致打败吴国的结果。各种史书中所记载越王勾践的贤良辅佐者中，都把文中，范蠡列在首位，难道还听说过有姓计名然的人吗？如果确有其人，越王只要用其计策的一半，便可称天下霸主，他功劳也肯定比范蠡高。既然这样，为什么各种书籍都没有见到他的名字，司马迁在《史记》中也没有为他立传呢？"唐人颜师古反驳蔡谟说："蔡谟的说法是错误的。在《古今人表》中，计然的名列在第四等，他的另一名字叫计研。班固在《宾戏》中说：'研、桑的计谋简直令人难以琢磨。'就是说的计然。计然其人，是濮上（今河南濮阳）人，曾去南方，到越国游览，范蠡曾卑身以礼待之，他写的书有《万物录》，此事可见于《皇览》和《晋中经簿》。还有，在《吴越春秋》和《越绝书》中，计然的名字都被写作计倪。这是因为倪、研和然三个字，读音都很相近，实际上他们是一个人。怎么能说书籍中不见记载呢？"

唐德宗贞元年间，马总所编《意林》一书中，摘编了诸子百余家的著作，其中就有《范子》十二卷，记载道："计然，是葵丘濮上人，姓辛字文子，其祖先是晋国的公子。计然为人有内无外，身材瘦小，相貌平平，年幼时就很聪明，学习阴阳，演化八卦，能见微知著。他志向高远，但藏而不露，天下都不知道他，所以称他为'计然'。当时，他游四海，号称为'渔父'。范蠡请他去见越王，他说：'越王长着一张像鸟一样的尖嘴，这种人不可与之同利。'"根据这段记载，计然姓名的出处，再清楚不过了。南朝宋人裴骃在注释《史记》时，亦知道引用《范子》一书。《北史》中萧大圜说道："张良受惠于赤松子，范蠡成术于计然。"正师古盖未能尽也。而《文子》十二卷，李暹注，其序以谓《范子》所称计然。但其书一切以老子为宗，略无与范蠡谋议之事，《意林》所编《文子》正与此同，所谓《范子》，乃别是一书，亦十二卷。马总只载其叙计然及它三事，云："余并阴阳历数，故不取。"则与《文子》了不同，李暹之说误也。《唐书·艺文志》，《范子》《计然》十五卷，注云："范蠡问，计然答。"列于农家，其是矣，而今不存。唐世未知尊孟氏，故《意林》亦列其书，而有差不同者，如伊尹不以一衣与人，亦不取一衣于人之类。其他所引书。如《胡非子》、《随巢子》、《缠子》、《王孙子》、《公孙尼子》、阮子《正部》、姚信《士纬》、殷兴《通语》、《牟子》、《周生烈子》、《秦菁子》、《梅子》、《任弈子》、《魏朗子》、《唐滂子》、《邹子》、孙氏《成败志》、《蒋子》、《谯子》、《钟子》、张俨《默记》、《裴氏新言》、袁淮《正书》、袁子《正论》、《苏子》、《陆子》、张显《析言》、《于子》、《顾子》、《诸葛子》、《陈子要言》、《符子》诸书今皆不传于世，亦有不知其名者。

思颍诗

士大夫发迹垄亩，贵为公卿，谓父祖旧庐为不可居，而更新其宅者多矣。复以医药弗便，饮膳难得，自村疃而迁于是采用这种说法。三国时，曹植作表曾引用《文子》之语，李善作注认为，《文子》就是计然，这大概是颜师古没有发现的材料。《文子》一书有十二卷，李暹作注认为，文子就是《范子》中所称的计然。但这本书的一切内容都是以老子李耳为宗，与范蠡谋议之事没有一点相同的地方。《意林》中所编的《文子》一书正与此书相同。所谓《范子》，则是另外一本书，也是十二卷，马总只记载了它叙述计然和其他三件事，说道："我归并阴阳历数，所以不收编在内。"这就与《文子》完全不同，看来李暹的说法是错误的。《新唐书·艺文志》中记载了《范子计然》十五卷，注中说："这是范蠡问，计然答的一个问答集。"把它列入到农家，这是正确的，可惜今天已经佚失。唐代人还不知道尊崇孟子，所以《意林》中也收编了《孟子》一书。有所不同的，就像是商人伊尹既不给别人一点东西，也不从别人处拿一点东西一样。所引用的其他书籍还有《胡非子》、《巢子》、《缠子》、《王孙子》、《公孙尼子》、阮子的《正部》、姚信的《士纬》、殷兴的《通语》、《牟子》、《周生烈子》、《秦菁子》、《梅子》、《任弈了》、《魏朗子》、《唐滂子》《邹子》、孙氏的《成败志》、《蒋子》、《谯子》、《钟子》、张俨的《默记》、《裴氏新言》、袁淮的《正书》、袁子的《正论》、《苏子》、《陆子》、张显的《析言》、《于子》、《顾子》、《诸葛子》、《陈子要言》、《符子》等书，这些书都没有流传到今天，甚至还有人根本不知道这些书名的。

思颍诗

发迹于垄亩的士大夫一旦飞黄腾达，做了公卿之类的高官以后，总认为祖辈的旧房不能住，重新建造新宅的人很多。又因邑，自邑而迁于郡者亦多矣。唯翩然委而去之，或远在数百千里之外，自非有大不得已，则举动为不宜轻。若夫以为得计，又从而咏歌夸诩之，著于诗文，是其一时思虑，诚为不审，虽名公钜人，未能或之免也。欧阳公，吉州陵人，其父崇公，葬于其里之泷冈，公自为《阡表》，纪其生平。而公中年乃欲居颍，其《思颍诗序》云："予自广陵得请来颍，爱其民淳讼简，土厚水甘，慨然有终焉之志。尔来思颍之念，未尝少忘于心，而意之所存，亦时时见于文字。乃发旧稿，得南京以后诗十余篇，皆思颍之作，以见予拳拳于颍者，非一日也。"又《续诗序》云："自丁家难，服除，入翰林为学士，忽忽八年间，归颍之志虽未遂，然未尝一日少忘焉。至于今，年六十有四，免并得蔡，蔡、颍连疆，因得以为归老之渐。又得在亳及青十有七篇，附之，时熙宁三年也。"公次年致仕，又一年而薨，其逍遥于颍，盖无几时，惜无一语及于松楸之思。崇公惟一子耳，公生四子，皆为颍人，泷冈之上，遂无复有子孙临之，是因一代贵达，而坟墓乃隔为它壤。予每读二序，辄为太息。嗟乎！此文不作可也。若东坡之居宜兴，乃因免汝州居住而至，其后自海外北还，无以为归，复暂至常州，已而捐馆。文定公虽居许，而治命反葬于眉山云。

为居于乡里看病吃药不太方便，生活饮食难以满足需要，因而从乡里迁到小镇，从小镇迁到城市的人也很多。只是毫不在意地把旧家产抛弃于家乡，那些远在数百里或数千里之外做官的人，如果不是万不得已，是轻易不这样做的。至于说那些认为这样做很合算的人，又是写诗，又是作文对此夸耀一番。其实，这都是他们一时思考问题出现偏差之作，确实不够慎重。这样的事，即使是很有地位的人，也在所难免。欧阳修先生是吉州庐陵（今江西吉安）人，他的父亲欧阳崇先生去世以后，被埋葬在他的故乡的泷冈，欧阳修亲自为他的父亲写了一篇《泷冈阡表》，记述其一生的生平事迹。而欧阳修先生中年以后不思返归故里，却一心想迁居颍州（今安徽阜阳），他在其《思颍诗序》中写道："我从广陵（今江苏江都）来颍州做官以后，非常喜爱这里人民的淳朴、正直、不爱斗讼，这里的土壤肥沃，水质甘美，既而又有了在这里安度晚年的想法。从那时起，对颍州的思念之情，每每萦绕于心，而这种心情，也时常流露在我的诗文里。于是，我就翻阅以前的文稿，找到离开南京（今河南商丘）以后所做的十余首诗，发现都是为思念颍州而作。可见我对颍州真心诚意地思念，不是一天两天的了。"另外，他在其《续诗序》中写道："自从家父去世，服丧其满，入朝任翰林学士以来，一晃已有八年了。八年间，重回颍州的愿望虽然没有能实现，但对颍州却一天也不曾忘怀。今年我已经六十四岁了，近来从并州（今山西太原）转到蔡州（今河南汝南）任职，而蔡州和颍州地界相连，因此以后会慢慢告老返回颍州。近来我又得到在亳州（今安徽亳县）和青州（今山东青州）所做的十七首诗，附在《思颍诗》之后。这一年是宋神宗熙宁三年。"第二年，欧阳修先生就退休了，又过了一年便去世了。他在颍州逍遥自得的生活，大

刘蕡下第

唐文宗大和二年三月，亲策制举人贤良言正，刘蕡对策，极言宦官之祸。既而裴休、李郃等二十二人中第，皆除官。考官左散骑常侍冯宿、太常少卿贾餗，库部郎中庞严，见蕡策，皆叹服，而畏宦官，不敢取，诏下，物论嚣然称屈。谏官、御史欲论奏执政抑之。李郃曰："刘蕡下第，我辈登科，能无厚颜！"乃上疏，以为"蕡所对策，汉，魏以来无与为比。今有司以蕡指切左右，不敢以闻，恐忠良道穷，纲纪遂绝。臣所对不及蕡远甚，乞回臣所授以旌蕡直。"不报。予案是时宰相乃裴度、韦处厚、窦易直，易直不足言，裴、韦之贤，顾独失此，至于抑言者使勿论奏，岂不有愧于心乎？

概也没有多长时间。可他对颍州的思念之切，他所做的那些《思颍诗》就是明证。遗憾的是，在他的所有诗文中却从未提及对故乡思念。欧阳崇先生只有欧阳修一个儿子，欧阳修先生有四个儿子，他们都住在颍州，是颍州人。而他的故乡泷冈，自此之后再无子孙光临。因为一代人做官显贵，而祖坟被抛弃在故乡。我每次读到上面两篇序言，就会长叹不已。唉！像欧阳修先生的这种诗文实在不应当写。像苏轼居住在宜兴（今江苏宜兴），就是因为他被罢知汝州（今河南汝州）的职务后才去的，后来他从琼州（今海南海口）被赦免北还大陆后，无处归身，就又暂时到常州（今江苏常州）居住，不久就病死于此。他的弟弟文定公苏辙虽然居住在许州（今河南许昌），但临终前他遗命子孙将自己归葬于故乡眉山（今四川眉山）。

刘蕡下第

唐文宗太和二年三月，皇帝亲自策问制举，选拔贤良方正之人，刘蕡针对皇帝的策问提出了对策，在对策中，他极言宦官对国家的危害。不久，裴休、李郃等二十二人在制举中中第，并都被授予一定的官职。当时的考官左散骑常侍冯宿、太常寺少卿贾餗、库部郎中庞严三人，看了刘蕡的对策后，非常佩服他的勇气，但由于他们害怕宦官的势力，而不敢录取刘蕡。刘蕡未被录取的消息传出以后，舆论哗然，都为刘蕡打抱不平。谏官、御史也准备就此事上书皇帝，弹劾考官失职，但宰相却阻止了他们。李郃愤愤不平地说：“刘蕡落第，我辈登科，能不感到惭愧吗！”于是，他就上疏皇帝，认为：“刘蕡所做的对策，汉魏以来没有人可以与之相比，现在主考官因为刘蕡抨击了陛下身边蕡既由此不得仕于朝，而李郃亦不显，盖无敢用之也。令狐楚、牛僧孺，乃能表蕡人幕府，待以师礼，竟为宦人所嫉诬，贬柳州司户。李商隐赠不诗曰："汉廷急诏谁先入，楚路高歌自欲翻。万里相逢欢复泣，凤巢西隔九重门。"及蕡卒，复以二诗器之，曰："一叫千回首，天高不为闻。"又曰："已为秦逐客，复作楚冤魂。并将添恨泪，一洒问乾坤！"其悲之至矣。甘露之事，相去才七年，未知蕡及见之事乎？

酒肆旗望

今都城与郡县酒务，及凡鬻酒之肆，皆揭大帘于外，以青白布数幅为之，微者随其高卑小大，村店或挂瓶瓢，标帚秆，唐人多咏于诗。然其制盖自古以然矣，《韩非子》云："宋人有酤酒者，斗概甚平，遇客甚谨，为酒甚美，悬帜甚高，而酒不售，遂至于酸。"所谓悬帜者此也。

的宦官，就不敢把此事告知陛下，我担心将来朝中会无忠良直言之人，朝中纲纪也会不复存在。我的对策远不如刘蕡对答得好，恳请把授予我的荣誉收回，改授给刘蕡，以表彰刘蕡的正直无私。”然而这份奏疏并没有得到皇帝的答复。我需要指出的是：当时的宰相裴度、韦处厚、窦易直三人，窦易直其人不足一提，像裴度、韦处厚这样的贤相，反而在此事上不能主持公道，而且还制止谏官、御史上书皇帝，他们这样做，难道于心无愧吗？刘蕡既因此而不能在朝中做官，而李郃也因此不被重用，这大概是没有人敢任用他。只有令狐楚、牛僧孺敢于表皇帝要求将刘蕡聘请到自己幕府中，并以师礼待之。后来，刘蕡竟被宦官嫉恨诬陷，被贬为柳州（今广西柳州市）司户。诗人李商隐既佩服刘蕡的勇气又同情他的遭遇，曾写了一首诗赠给刘蕡，诗中写道：“汉廷急诏谁先入，楚路高歌自欲翻。万里相逢欢复泣，凤巢西隔九重门。”刘蕡死后，李商隐又写了二首诗哭吊他，诗中定道：“一叫千回首，天高不为闻。”又有：“已为秦逐客，复作楚冤魂。并将添恨泪，一洒问乾坤！”其悲伤之情达到极点。其后七年，曾发生了朝官欲诛宦官而反被宦官所诛的“甘露之变”，不知刘蕡可曾知晓此事？

酒肆旗望

现今在都城和郡县的酒务，以及凡是卖酒的店铺，都要一面大帘高插在门外，大帘由数幅青布或白布做成，小店的幌子可以或大或小或高或低，乡村小酒店有挂酒瓶的、有挂酒瓢的，还有用扫帚秆作标志的，唐代人的诗文对此多有咏载。然而，这种规矩大概自古以来就是如此，《韩非子》中说“宋国（今河南

贤宰相遭谗

一代宗臣，当代天理物之任，君上委国而听之，固为社稷之福，然必不使邪人参其间乃可，不然必为所胜，姑以唐世及本朝之事显显者言之，若褚遂良、长孙无忌之遭李义府、许敬宗，张九龄之遭李林甫是已。裴晋公相宪宗，立淮、蔡、青、郓之功，唐之威令纪纲，既坏而复振，可谓名宰矣。皇甫镈一共政，则去不旋踵，迨穆、敬、文三宗、主既不明，而元稹、李逢吉、宗闵更撼之，使不得一日安厥位，赵韩王以佐命元勋，而为卢多逊所胜，寇莱公为丁谓所胜，杜祁公、韩、范为陈执中、贾昌朝所胜，富韩公为王介甫所胜，范中宣为章子厚所胜，赵忠简为秦会之所胜，大抵皆然也。

宋齐丘

自用兵以来，令民间以见钱纽纳税直，既为不堪，然于其中所谓和买折帛，尤为名不正而敛最重。偶阅大中祥符商丘）人卖酒时，酒具中盛得很满，对待客人也很殷勤，造的酒非常甘美，门外的旗帜挂得也很高，他们这样做主要是怕酒卖不出去而坏掉。”其中所说的悬挂旗帜，正如我们今天的一样。

贤宰相遭谗

作为一朝有名望的大臣，应当以天下为己任，君主也应当把治理国家的重任委托给大臣并给予他充分的信任。如果能够这样，便是国家的福分，但是，君主在任用贤臣时，还必须严禁奸佞小人参与朝政才行，否则，忠臣必然会被奸佞之臣所排挤，有才能也得不到施展。我们姑且以唐朝和宋朝的几个典型事件为例来说明。像唐代的名臣褚遂良、长孙无忌曾遭到奸臣李义府、许敬宗的陷害就是这样；张九龄曾遭到口蜜腹剑的李林甫的陷害也是如此。晋国公裴度，曾是唐宪宗时的宰相，对收复被藩镇势力控制的淮、蔡、青、郓等地，立下了汗马功劳，使安史之乱后遭到破坏的政令纲纪得以重振，真可以称得上是一代名相。但皇甫镈参议朝政后，裴度很快就被排挤出朝廷。到了穆宗、敬宗和文宗时，君主既昏庸，元稹、李逢吉、李宗闵等人又屡进谗言，使得裴度一日也不得安宁。本朝（宋朝）这类事也不少，如开国元勋韩王赵普遭卢多逊谗言；寇准遭丁谓的陷害，杜衍、韩琦、范仲淹遭陈执中、贾昌朝的谗言，富弼遭王安石的排挤，范纯正遭章惇的排挤，赵鼎遭秦桧的陷害等等，大概都是如此。

宋齐丘

自国家用兵以来，就命令老百姓以现钱来交纳税收，老百姓对此已经难以负担，然而，在征收赋税时又有所谓和买（宋间，太常博士许载著《吴唐拾遗录》，所载多诸书未有者。其《劝农桑》一篇正云："吴顺义年中，差官兴版簿，定租税，厥田上上者，每一顷税钱二贯一百文，中田一顷税钱一贯八百，下田一顷千五百，皆足陌见钱，如见钱不足，许依市价折以金银。并计丁口课调，亦科钱，宋齐丘时为员外郎，上策乞虚抬时价，而折绸、绵、绢本色，曰："江淮之地，唐季已来，战争之所。今兵革乍息，黎甿始安，而必率以见钱，折以金银，此非民耕凿可得也，无兴贩以求之，是为教民弃本逐末耳。"是时，绢每匹市价五百文，绸六百文，绵每两十五文，齐丘请绢每匹抬为一贯七百，绸为二贯四百，绵为四十文，皆足钱，丁口课调，亦请蠲除，朝议喧然沮之，谓亏损官钱，万数不少。齐丘致书于徐知诰曰：'明公总百官，理大国，督民见钱与金银，求国富庶，所谓拥彗救火，挠水求清，欲火灭水清可得乎？'知诰得书，曰：'此劝农上策也。'即行之。自是不十年间，野无闲田，桑无隙地，自吴变唐，自唐归宋，民到于今受其赐。"齐丘之事美矣。徐知诰亟听而行之，可谓贤辅相。而《九国志·齐丘传》中略不书，《资治通鉴》亦佚此事。今之君子为国，唯知浚民以益利，岂不有靦于偏闰之臣乎？齐丘平生，在所不论也。

制，在春季青黄不接之时，官府向百姓发放贷款，夏秋时令其输绢于官，偿还贷款）和折帛（由和买发展而来，官府不贷钱，而责令百姓按每匹帛的价钱纳钱若干），这更是变着法子加重百姓的负担。近来，我偶尔翻阅宋真宗大中祥符年间，太常寺博士许载所著的《吴唐拾遗录》一书，其中的有些内容许多书都不曾记载。其中的一篇叫《劝农桑》写道："五代十国时期的吴国顺义年间征收赋税的官员整理户口，编定户口册，又根据每户土地的多少厚薄，规定租税的征收标准，定为上上田的，每一顷纳税钱二贯一百文，中等田者每一顷纳税钱一贯八百，下等田者，一顷纳税一千五百文，都是足陌现钱（古代制钱每贯十足为一百枚，称为足陌钱），如果现钱不足，允许依照市场价格折合金银，根据成丁之数征收的调（一种征收绢绵等丝织品的户税）；也折合现钱征收。时为员外郎的宋齐丘，上书请求虚抬当时的市场价，从而折合绸、绵、绢本色（唐以后称交纳实物为本色），在上奏文中写道：'江淮地区，从唐末以来，战争连绵不断。现在战争刚刚平息，老百姓也过上安定的日子，而征收赋税一定要有现钱折合成金银，这不是百姓可以耕田种地能收获的，不通买卖交易是难以将实物换成现钱金银，假如让百姓都这样去做，这是唆使百姓弃本逐末。'当时，绢每匹市场价五百文，绸每匹六百文，绵每两市场价十五文，宋齐丘请求把每匹绢的价格抬高到一贯七百文，绸每匹的价格抬高到二贯四百文，绵每两的价格抬高到四十文，都以足钱征收，成丁应交纳的调，也请求予以免除。宋齐丘的建议提出，朝廷议论哗然，大臣纷纷指责他，说他这样做会损国家钱财数以万计。宋齐丘看到这种情况就写信给宰相徐知诰（即李昪）说："明公您总领百官，治理国家，想

咸杬子

《玉篇》《唐韵》释杬字云："木名，出豫章，煎汁，藏果及卵不坏。"《异物志》云："杬子，音元，盐鸭子也。"以其用杬木皮汁和盐渍之。今吾乡处处有此，乃如苍耳、益母，茎干不纯是木。小人争斗者，取其叶挼擦皮肤，辄作赤肿，如被伤，以诬赖其敌。至藏鸭卵，则又以染其外，使若赭色云。

月中桂兔

《酉阳杂俎·天咫篇》，载月星神异数事。其命名之义，向百姓征收现钱和金银，认为这样国家就富裕了，这种政策可以说是拿着扫帚去救火，搅着水以求其清澈，想使火灭水清，能行吗？”徐知诰看完信后说：‘这是鼓励发展农业的上策。’于是就采纳了宋齐丘的建议，立即在全国推行新的政策。自那时起不到十年，荒芜的田地被开垦，空隙的地上种栽了桑树，从吴到南唐，从南唐又到大宋，当地百姓至今仍然受惠于此项政策。”宋齐丘的建议真是太好了。而徐知诰能很快接受宋齐丘的建议，并推而行之，也可以称得上是贤明宰相。然而，《九国志·宋齐丘传》中，将此事略而不提。司马光编《资治通鉴》时也将此事略去。现在一些官员治国。只知道榨取民脂民膏以增加国家财富，他们面对偏安一隅的小国之臣宋齐丘，难道不感到惭愧吗？宋齐丘的平生之事，在这里我就不说了。

咸杬子

《玉篇》《唐韵》中解释“杬”字说：“树名，生长在豫章（今江西南昌市）一带，熬煎出的汁，用来收藏水果和各种禽蛋时不会坏。”《异物志》中说：“杬子，音读元，就是咸鸭蛋。”其做法是取木皮，斫碎煮汁，趁热加盐，冷却后，以浸鸭蛋，蛋咸即可煮食。现今我的家乡处处都有此种树木，就像苍耳、益母一样多，其茎干不纯粹是木。有人争吵打架的摘其叶子挼皱后擦在皮肤了，皮肤马上就会红肿，就像被打伤一样，以此来诬陷对方。到浸鸭蛋时，就又用它染蛋壳，使之呈红褐色。

月中桂兔

《酉阳杂俎·天咫篇》中记载了一些有关日月星辰的神话故

取《国语》楚灵王曰“是知天咫，安知民则”之说。其纪月中蟾桂，引释氏书，言须弥山南面有阎扶树，月过树，影入月中。或言月中蟾桂，地影也；空处，水影也。予记东坡公《鉴空阁诗》云：“明月本自明，无心孰为境。挂空如水鉴，写此山河影。我观大瀛海，巨浸与天永。九州居其间，无异蛇盘镜。空水两无质，相照但耿耿。妄云桂兔蟆，俗说皆可屏。”正用此说。其诗在集中，题为《和黄秀才》。顷予游南海，西归之日，泊舟金利山下，登崇福寺，有阁枕江流，标曰“鉴空”，正见诗牌揭其上，盖当进临赋处也。

唐二帝好名

唐贞观中，忽有白鹊营巢于寝殿前槐树上，其巢合欢如腰鼓。左右拜舞称贺，太宗曰：“我常笑隋炀帝好祥瑞。瑞在得贤，此何足贺？”乃命毁其巢，放鹊于野外。明皇初即位，以风俗奢靡，制乘舆服御金银器玩，令有司销毁。以供军国之用，其珠玉锦绣焚于殿前，天下毋得复采织，罢两京织锦坊。予谓二帝，皆唐之明主，所言所行，足以垂训于后，然大要出于好名，鹊巢这异，左右从而献谀，叱而去之可也，何必毁其巢？珠玉锦绣，勿珍而尚之可也，何必焚之殿前，明以示外，使家至户晓哉！治道贵于执中，是二者惧不事。“天咫”之名的来历，是采用《国语》中楚灵王的话：“是知天咫，安知民则。”此文中所记载的月亮中的蟾蜍和桂树，是引用佛教的说法，说是须弥山南边有棵阎扶树，月亮从这棵树上空经过时，树影映入月中。有的人认为，月中的蟾蜍和桂树，是陆地的影子；空白的地方，是水的影子。我记得苏轼先生在其《鉴空阁诗》中写道：“明月本自明，无心孰为境。挂空如水鉴，写此山河影。我观大瀛海，巨浸与天永。九州居其间，无异蛇盘镜。空水两无质，相照但耿耿。妄云桂兔蟆，俗说皆可屏。”这首诗正是采用的这种说法。本诗在他的文集中，题为《和黄秀才》。不久前，我到南海（今广东番禺）游览，返回的时候，把船停泊在金利山下，登上崇福寺观览，发现寺内有一阁凌空架在江流之上，此阁题名为“鉴空”，并且看到苏轼的这首诗刻在亭前石碑上，大概这里正是当时苏轼登临赋诗的地方。

唐二帝好名

唐太宗贞观年间，一天，忽然有只白鹊飞到太宗后宫寝殿前的槐树上筑巢，所筑的巢四周合抱，犹如腰鼓一般。太宗左右的大臣见状纷纷向太宗朝拜祝贺，认为这是吉祥之兆。唐太宗说：“我常常嘲笑隋炀帝迷信所谓祥瑞之兆，真正的吉祥应当是得到贤士的辅佐，像白鹊筑巢之类的区区小事有什么值得称贺的呢？”于是就命人将鹊巢捣毁，让白鹊飞到野外去了。唐玄宗初即位时，社会上奢靡之风很盛，王公贵族竞相购制豪华的马车、华丽的服饰，以及金银器和手工艺品，唐玄宗对此现象深恶痛绝，命令有关部门搜金银器玩，将其销毁，以充国库，作为军队和国家开支的费用，而收集到的珠玉丝绸则在宫殿前当可以为法。其后杨贵妃有宠，织绣之工，专供妃院者七百人，中外争献器服珍玩。岭南经略使张九皋、广陵长史王翼，以所献精靡，九皋加三品，翼人为户部侍郎，天下从风面靡，明皇之始终，一何不同如此哉！

周礼非周公书

《周礼》一书，世谓周公所作，而非也，昔贤以为战国阴谋之书，考其实，盖出子刘歆之手。《汉书·儒林传》，尽载诸经专门师授，此独无传。至王莽时，歆为国师，始建立《周官经》以为《周礼》，且置博士。而河南杜子春受业于歆，还家以教门徒，好学之士郑兴，及其子众往师之，此书遂行。歆之处心积虑，用以济莽之恶，莽据以毒痡四海，如五均、六莞、市官、赊贷，诸所兴为，皆是也。故当其时，公众销毁,并号令天下以后不得再织丝绸,还关闭了长安、洛阳两京的官营丝织作坊,以此表明他想扭转奢靡之风的决心。我认为,唐代这二位皇帝,都称得上是明君英主,其所言所行,也足以为后世树立起好的楷模。然而,从上述两件事看,他们的本质是出于沽名钓誉才这样做的。白鹊在殿前树上筑巢,虽说有些不同一般,群臣们借此献媚皇上,太宗若真的不相信他们的话,斥退他们就可以了,何必一定要捣毁鹊巢,赶走白鹊呢?珠玉锦乡,不珍视、推崇就可以了,何必一定要在殿前焚烧掉并且使天下家喻户晓呢?处理事情贵在适中,不偏不倚,像太宗、玄宗这样处理这二件事,恐怕不足为后人效法。唐玄宗末年,杨贵妃专宠,专供杨贵妃用的织绣工匠就有七百人之多。唐朝上下以及与唐有交往的周边国家竞相贡献各种礼器服饰和珍贵的手工艺品。岭南(今广东广州市)经略使张九皋、广陵(今江苏扬州市)长史王翼,因为所献的贡品精致,张九皋加官至三品,王翼也被擢为户部侍郎。自此以后,天下各级官吏更是争相进献,风靡一时。同是一个唐玄宗,为何前后的表现竟有如此的不同!

周礼非周公书

《周礼》一书,世人都认为是周公姬旦所作,实则并非如此;先贤认为它是战国时期专论阴谋之类的书,经过详细地考证后证实,它是出自西汉末年刘歆之手。《汉书·儒林传》中,详尽地记载了各门儒家经专门师承传授的情况,唯独没有记载《周礼》的传授情况。至于王莽统治时期,刘歆身为国师,开始建立《周官经》,后来发展成为《周礼》,并且在太常寺所属的太学中设置研究《周礼》的博士。当时,河南郡(今河南洛阳市)人孙禄既已斥歆颠倒《六经》毁师法矣。历代以来，唯宇文周依六典以建官，至于治民发政，亦未尝循故辙。王安石欲变乱祖宗法度，乃尊崇其言，至与《诗》《书》均匹，以作《三经新义》，其序略曰："其人足以任官，其官足以行法，莫盛乎成周之时；其法可施于后世，其文有见于载籍，莫具乎《周官》之书。自周之衰，以至于今，太平之遗迹，扫荡几尽，学者所见无复全经。于是时也，乃欲训而发之，臣知其难也。以训而发之之难，则又以知夫立政造事追而复之之为难。"则安石所学所行实于此乎出。遂谓："一部之书，理财居其半。"又谓："泉府，凡国之财用取具焉，岁终，则会其出入而纳其余，则非特摧兼并，救贫厄，因以足国事之财用。夫然故虽有不庭不虞，民不加赋，而国无乏事。"其后吕嘉问法之而置市易，由中及外，害遍生灵。呜呼！二王托《周官》之名以为政，其归于祸民一也。

杜子春跟从刘歆专学《周礼》，学成回家以后，又以《周礼》教授门徒，有好学之士郑兴和他的儿子郑众拜他为师，学习《周礼》，这本书就流行于世。刘歆处心积虑地以《周礼》传播来帮助王莽为非作歹，王莽则根据《周礼》的一些内容祸害天下，像当时王莽实行的五均、六莞、市官、赊贷等政策，以及其他的改制措施，都是根据这本书而制定的。所以，当时人公孙禄就已痛斥刘歆颠倒了《六经》（指《诗》《书》《礼》《乐》《易》《春秋》六部儒家经典）的主次关系，毁乱师法关系。历代以来，只有宇文氏建立的北周政权按照《周礼》中的六典（即治典、礼典、教典、政典、刑典、事典）来建官设职，至于说施政管理百民，也并非全按六典去做。王安石想变乱祖宗所立的法度，就尊崇《周礼》言论，以至于将它和《诗》《书》相提并论，并且又作《三经新义》，以宣扬其主张，他在这本书的序文中写道："其人足以任官，其民足以行法，没有哪个朝代比西周时更兴盛；其法度可以推选到后代，其文章可以见诸史籍，没有哪本书比《周官》更具备这个条件了。自西周衰亡以来，以至到今天，天下一直动荡不安，大平之世成了可望不可即的幻想，学者们再也见不到全部的儒家经典。在这和情况下，要想解释它，发展它是很困难的。因为解释发展它很困难，则进一步又知道施政管理要恢复到它所讲的内容就更难。"由此可见，王安石所学所行的基础完全出自《周礼》。所以他又说："一部《周礼》这样的书，就可以做理财工作的一半。"他又说："泉府（周礼》地官的属官，掌管国家税收、收购市上的滞货物等）之官，凡是国家的财用之物全部由它来管理，每年年底，就权衡收入和支出，把节余的财物纳入国库，如果没有抑制兼并，救助贫困等特殊之事，就可以

醉尉亭长

李广免将军为庶人，屏居蓝田，尝夜从一骑出，从人田间饮，还至亭，霸陵尉醉呵止广。后广拜右北平太守，请尉与俱，至军而斩之，上书自陈谢罪，武帝报曰："报忿除害，朕之所图于将军也。"王莽窃位，尤备大臣抑夺下权，大司空士夜过奉常亭，亭长苛之，告以官名，亭长醉曰："宁有符传邪！"士以马箠击亭长，亭长斩士，亡，郡县逐之。家上书，莽曰："亭长奉公，勿逐。"大司空王邑斥士以谢。予观此两亭尉长，其醉等耳。霸陵尉但呵止李广，而广杀之，武帝不问，奉常亭长杀宰士，而王莽反以奉公免之，亦可笑也。

满足国家有大事时的财政开支。如果这样，那么虽有地方不交纳税收，或其他难以预料的事情发生，不用加重百姓的负担，而国家财政也不会感到困难。”后来，吕嘉问就效法它而制定市场交易的措施，并且由中央扩及地方，害遍了百姓。唉！王莽、王安石二人都是假托《周官》之名来推行其改革措施，其结果都是以祸害百姓而告终。

醉尉亭长

西汉名将李广因与匈奴交战失利上，被贬为庶人，隐居在蓝田（今陕西蓝田县）。曾有一天夜里，他和一名随从骑马外出，与别人在田间饮酒。返回路上，到霸陵（今陕西长安东）亭时，霸陵亭尉因喝醉了酒而大声呵斥李广，禁止他们通行。后来，李广被起用为右北平（今内蒙赤峰南）太守，他就邀请那个亭尉与自己一道去右北平。到军中后，李广马上命人将其斩首。事后，他上书皇帝说明情况并请求治罪，而武帝批复却说：“报怨除害，正是我任用你的目的！”西汉末年，王莽篡位，建立新朝，他害怕大权旁落，因而对大臣严加防备。一天晚上，大司空王邑手下的一个人路过奉常亭时，亭长大声呵斥他。这人虽然说明了自己的身份，喝醉了的亭长还是蛮横地问：“你有证件吗？”这人恼羞成怒。拿起鞭子就抽打亭长，亭长拔刀相敌，杀死这人，然后逃之夭夭。郡守县令得知后，命人到处追捕。亭长家人上书王莽说明情况，王莽批复说：“亭长是执行公务，赦免其罪，不要追捕了。”大司空王邑还就此事训斥了他手下的其他人，并向亭长道歉。我看这两位亭尉长，都处在酩酊大醉之中。霸陵亭尉仅呵斥阻止了李广，李广便杀了他，而汉武帝竟不怪罪他。奉常亭长杀了

三易之名

《三易》之名，一曰《连山》，二曰《归藏》，三曰《周易》，皆以两字为义。今人但称《周易》曰《易》，非也。夏曰《连山》，其卦以纯《艮》为首，《艮》为山，山上山下，是名《连山》。云气出内于山，故名《易》为《连山》。商曰《归藏》，以纯《坤》为首，《坤》为地，万物莫不归而藏于中，故名为《归藏》。周曰《周易》，以纯《乾》为首，《乾》为天，天能周币于四时，故名《易》为周也。太簇为人统，寅为人正。夏以十三月为正，人统，人无为卦首之理，《艮》渐正月，故以《艮》为首。林钟为地统，未之冲丑，故为地正，商以十二月为正，地统，故以《坤》为首。黄钟为天统，子为天正，周以十一月为正，天统，故以《乾》为首。此本出唐贾公彦《周礼正义》之说，予整齐而纪之。所谓十三月者，承十二月而言，即正月耳。后汉陈宠论之甚详，本出《尚书大传》。

忠臣名不传

古今忠臣义士，其名载于史策者，万世不朽，然有不幸大司空手下的人，而王莽却以其执行公务为借口而免其无罪。他们这样做也太可笑了！

三易之名

《三易》之名，指的是《连山》《归藏》和《周易》，他们都是以两个字命名的。现代人只把《周易》称作《易》，这是错误的。夏代的《易》名叫《连山》，其卦是以《艮》卦为开头，《艮》卦之形像山，山上山下相连，这就是《连山》的意思。云气又出纳于山中，所以夏朝人称《易》为《连山》。商代的《易》名叫《归藏》，其卦是以《坤》卦为开头，《坤》卦之形像地，天下万物的归回与收藏都离不开地，所以商朝人称《易》为《归藏》。周代的《易》名叫《周易》，其卦以《乾》卦为开始，《乾》卦之形像天，天体周而复始的变演绎出四季来，所以周代人称《易》为《周易》。太簇为人统，寅为人正。夏朝以十三月为农历正月，是人统，因为没有人为卦首之理，而《艮》接近正月，所以就以《艮》为首。林钟为地统，未之冲丑，所以是地正，商朝以十二月为农历正月，是地统，所以就以《坤》为卦首。黄钟为天统，子为天正，周朝以每年十一月为农历正月，是天统，所以就以《乾》为卦首。这些都是出自唐人贾公彦所著的《周礼正义》，我把它们整理后记录下来而已。所谓十三月，就是上承十二月面言，就是正月罢了。东汉人陈宠对此事论述得很详细。它本来出自《尚书大传》。

忠臣名不传

古往今来，凡是忠臣义士，只要其名载入史册，就可以名而泯没无传者。南唐后主，淫于浮图氏，二人继踵而谏，一获徒，一获流。歙人汪焕为第三谏，极言请死，云："梁武事佛，刺血写佛经，散发与僧践，舍身为佛奴，屈膝礼和尚，及其终也。饿死于台城。今陛下事佛，未见刺血、践发、舍身、屈膝。臣恐它日犹不得如梁武之事。"后主览书，赦而官之。又有淮人李雄，当王师吊伐。出守西偏，不遇其敌。雄以国城重围，不忍端坐，遂东下以救之，阵于溧阳，与王师遇，父子俱没，诸子不从行者亦死他所，死者凡八人。李氏讫亡，不沾褒赠，其事仅见于《吴唐拾遗录》。顷尝有旨合九朝国史为一书，他日史官为列之于《李煜传》，庶足以慰二人于泉下。欧阳公作《吴某墓志》云："李煜时，为鼓泽主簿，曹彬破池阳，遣使者招降郡县，其令欲以城降，某曰：'吾能为李氏死尔。'乃杀使者，为煜守。煜已降，某为游兵执送军中，主将责以杀使者，曰：'固当如是。'主将义而释之。"其事虽粗见，而集中只云"讳某"，为可惜也。如靖康之难，朱昭等数人死于震武城之类，予得朱弁所作《忠义录》于其子栐，乃为作传于四朝史中，盖惜其无传也。

传万世永垂不朽了。然而，不幸的是也有一些忠臣义士因其名字没有载入史册而被埋没，致使后人对其事迹知之甚少。南唐后主李煜，特别迷信佛教，有两位大臣相继进谏，结果一人被处以徒刑，一人被以流刑，流放到边地。歙州(今安徽歙县)人汪焕是第三位进谏者。他在进谏前说道，等自己把要说的话说完后，死也心甘情愿，他说："南朝梁武帝萧衍崇信佛教，他曾刺指流血来抄写佛经，让僧人为自己剪去头发，舍身出家作佛家的奴仆，以屈膝礼拜见高级和尚，然而他并没有因此有一个好归宿，而是被侯景围困台城时，饿死在宫中。今天陛下崇信佛教，没有像梁武帝那样刺血写经、让僧剪发、舍身出家、屈膝礼和尚，我想，恐怕以后您的下场还不如梁武帝。"李后主看完上书，很佩服他的勇气，就赦免了他的不敬之罪并任命他做官。又有淮地人名叫李雄，当我大宋朝军队讨伐南唐时，他出守南唐西部边境，在那他能征善战，所向无敌。他听说国都遭到重围后，不忍看京师将士浴血奋斗而自己坐以待毙，于是就率兵东下救援，列阵于溧阳(今江苏省溧阳)，与宋军决战，结果父子都战死疆场，没有与他一起东下的其他几个儿子也都死于其他地方，全家共死了八口人。李氏家人全死之后，也并没有因此而受到褒奖封赠，他的事迹也只能从《吴唐拾遗录》中了解一点。不久前，皇帝曾有诏旨，准备把九朝的国史合编成一本史书，假如将来有一天史官把他们的名字附于《李煜传》之后，对他们二人九泉之下的亡魂也算是个安慰。欧阳修先生作的《吴某墓铭》中说"南唐后主李煜时，吴某曾担彭泽县(今江西湖口)主簿，曹彬率军攻下池阳后，派使者到各郡县招降，彭泽县令想开城投降，吴某说：'你们投降吧，我能为保护李氏的江山而死！'

唐人酒令

白乐天游："鞍马呼教住，骰盘喝遣输。长驱波卷白，连掷采成卢。"注云："骰盘、卷白波、莫走鞍马，皆当时酒令。予按皇甫松所著《醉乡日月》三卷，载骰子令云：聚十只骰子齐掷，自出手六人，依采饮焉。堂印，本采人劝合席，碧油，劝掷外三人。骰子聚于一处，谓之酒星，依采聚散。骰子令中，改易不过三章，次改鞍马令，不过一章。又有旗幡令、闪擎令，抛打令。今人不复晓其法矣，唯优伶家，犹用手打令以为戏云。

于是就杀掉来使，为李煜坚守彭泽，李煜投降后，吴某被游兵抓获送到军中，军中主将追究其杀使者这条罪，吴某回答说：‘各为其主，固当如此。’主将因为他的仗义而放了他。”他的事迹虽然由此可以了解一些，但文集中提到其名字的地方只说“讳某”，这真是太可惜了！又如靖康之难(北宋钦宗元年金灭北宋的历史事件)时，朱昭等人都战死在震武城也是如此。我从朱弁的儿子朱林那里找到一本朱弁写的《忠义传》，本书特意在四朝史中为朱昭等人立了传，大概是对他们的事迹没有广为流传感到很痛惜，所以才这么做的。

唐人酒令

唐代诗人白居易的一首诗写道：“鞍马呼教住，骰盘喝遣输。长驱波卷白，连掷采成卢。”注释中说：骰盘、卷白波、莫走鞍马，都是当时的酒令。皇甫松著《醉乡日月》三卷，记载其中的骰子令说：拿十只骰子一齐掷出，自出手六人，依次采饮。当骰子掷出堂印(骰子掷双重四)时，本是采人劝合席；掷出碧油时，劝掷外三人。骰子全聚集一处时，称之为酒星，依照采的先后聚散。骰子令中，改易不得超过三次，接着改为鞍马令，改易不得超过一次。还有旗幡令、闪擘令、抛打令。现代人对这些酒令已不知道它的玩法，只有一些优伶(古代的演员)家，还有用手打令，做饮酒游戏的。

文/白/对/照

容齋随筆

三笔

〔宋〕洪 迈 著
王兴亚 主编

团结出版社

目　录

卷一（十四则）

晁景迂经说 …… 962
邳彤郦商 …… 970
武成之书 …… 972
象载瑜 …… 974
管晏之言 …… 974
共工氏 …… 976
汉志之误 …… 978
汉将军在御史上 …… 984
上元张灯 …… 984
七夕用六日 …… 986
宰相参政员数 …… 986
朱崖迁客 …… 988
张士贵宋璟 …… 990
韩欧文语 …… 992

卷二（十六则）

汉宣帝不用儒 …… 994
国家府库 …… 994
刘项成败 …… 996
占术致祸 …… 998
绛侯莱公 …… 1000
无名杀臣下 …… 1002
平天冠 …… 1004
介推寒食 …… 1006
进士诉黜落 …… 1008
后汉书载班固文 …… 1010
赵充国马援 …… 1010
汉人希姓 …… 1012

绛灌 …… 1014
题咏绝唱 …… 1016
秀才之名 …… 1020
魏收作史 …… 1022

卷三（十九则）

兔葵燕麦 …… 1024
北狄俘虏之苦 …… 1024
太守刺史赠吏民官 …… 1026
李元亮诗启 …… 1028
元魏改功臣姓氏 …… 1030
东坡和陶诗 …… 1030
孔戣郑穆 …… 1032
陈季常 …… 1034
文用谥字 …… 1034
高唐神女赋 …… 1036
其言明且清 …… 1038
侍从转官 …… 1040
曹子建七启 …… 1042
奸鬼为人祸 …… 1044
监司待巡检 …… 1044
十二分野 …… 1046
公孙五楼 …… 1048
荐士称字著年 …… 1050
兄弟邪正 …… 1052

卷四（十五则）

三竖子 …… 1054
枢密称呼 …… 1056
从官事体 …… 1058
九朝国史 …… 1062
银牌使者 …… 1064
省钱百陌 …… 1066
旧官衔冗赘 …… 1068
吏胥侮洗文书 …… 1068
宣告错误 …… 1070
军中抵名为官 …… 1072
祸福有命 …… 1074
真宗北征 …… 1076
宰相不次补 …… 1076
外制之难 …… 1078

文臣换武使 …… 1080

卷五（十七则）

舜事瞽叟 …… 1082
孔子正名 …… 1084
潜火字误 …… 1086
永兴天书 …… 1086
王裒嵇绍 …… 1088
张咏传 …… 1088
绯紫假服 …… 1090
枢密名称更易 …… 1094
过称官品 …… 1094
仁宗立嗣 …… 1096
郎官员数 …… 1098
东坡慕乐天 …… 1100
缚鸡行 …… 1102
油污衣诗 …… 1102
北虏诛宗王 …… 1104
州郡书院 …… 1106
何韩同姓 …… 1106

卷六（十五则）

贤士隐居者 …… 1110
张籍陈无已诗 …… 1112
杜诗误字 …… 1114
东坡诗用老字 …… 1116
杜诗命意 …… 1118
择福莫若重 …… 1118
用人文字之失 …… 1120
李卫公辋川图跋 …… 1122
白公夜闻歌者 …… 1124
谢朏志节 …… 1126
琵琶亭诗 …… 1128
减损入官人 …… 1128
韩苏文章譬喻 …… 1130
唐昭宗赠谏臣官 …… 1130
蕨萁养人 …… 1132

卷七（十四则）

执政辞转官……1136
宗室补官……1138
孙宣公谏封禅等……1140
赦恩为害……1144
代宗崇尚释氏……1144
光武苻坚……1146
周武帝宣帝……1148
唐观察使……1148
冗滥除官……1150
节度使称太尉……1152
五代滥刑……1152
太一推算……1154
赵丞相除拜……1154
唐昭宗恤录儒士……1158

卷八（五则）

徽宗荐严疏文……1160
忠宣公谢表……1160
四六名对……1164
吾家四六……1170
唐贤启状……1182

卷九（十六则）

枢密两长官……1186
赦放债负……1186
冯道王溥……1188
周玄豹相……1190
钴鉧沧浪……1190
司封失典故……1192
老人该恩官封……1194
学士中丞……1194
汉高祖父母姓名……1196
君臣事迹屏风……1198
僧道科目……1198
射佃逃田……1200

周世宗好杀……1202
孟字义训……1202
向巨原诗……1204
叶晦叔诗……1206

卷十（十七则）

词学科目……1210
唐夜试进士……1212
纳细绢尺度……1214
朱梁轻赋……1214
坎离阴阳……1216
前执政为尚书……1216
河伯娶妻……1218
六经用字……1220
鄂州兴唐寺钟……1220
祢衡轻曹操……1222
禁中文书……1224
老子之言……1226
孔丛子……1226
小星诗……1228
桃源行……1230
司封赠典之失……1232
辰巳之巳……1232

卷十一（十六则）

碑志不书名……1234
汉文帝不用兵……1234
帝王讳名……1236
家讳中字……1238
记张元事……1240
宫室土木……1242
岁月日风雷雄雌……1246
东坡三诗……1246
天文七政……1248
符读书城南……1248
致仕官上寿……1250
五经字义相反……1250
镇星为福……1250
东坡引用史传……1252
两莫愁……1254
何公桥诗……1254

卷十二（十六则）

盼泰秋娘三女……1258
颜鲁公祠堂诗……1260
闵子不名……1262
曾晳待子不慈……1262
具圆复诗……1264
人当知足……1264
渊明孤松……1266
饶州刺史……1266
紫极观钟……1268
兼中书令……1270
作文字要点检……1272
侍从两制……1274
片言解祸……1276
忠言嘉谟……1278
免直学士院……1278
大贤之后……1280

卷十三（十三则）

钟鼎铭识……1282
牺尊象尊……1284
再书博古图……1286
碌碌七字……1292
占测天星……1292
政和宫室……1294
僧官试卿……1296
大观算学……1296
十八鼎……1298
四朝史志……1300
宗室参选……1302
元丰库……1302
五俗字……1304

卷十四（十七则）

三教论衡……1306
夫兄为公……1308
政和文忌……1308
瞬息须臾……1310

神宗待文武臣……1310
绿竹王刍……1312
亲除谏官……1314
检放灾伤……1314
檀弓注文……1316
左传有害理处……1318
夫人宗女请受……1320
蜀茶法……1322
判府知府……1324
歌扇舞衣……1324
官会折阅……1326
飞邻望邻……1328
衙参之礼……1328

卷十五（十八则）

内职命词……1332
蔡京除吏……1332
题先圣庙诗……1336
季文子魏献子……1338
尊崇圣字……1338
媵字训……1340
周礼奇字……1340
大禹之书……1342
随巢胡非子……1342
别国方言……1344
纵臾……1346
总持寺唐敕牒……1346
禁旅迁补……1348
六言诗难工……1350
杯水救车薪……1352
诎一人之下……1352
秦汉重县令客……1354
之字训变……1354

卷十六（二十则）

蹇氏父子……1356
神臂弓……1356
敕令格式……1358
颜鲁公戏吟……1358
纪年用先代名……1360
中舍……1360

多赦长恶 …………………… 1362
奏谳疑狱 …………………… 1362
医职冗滥 …………………… 1364
切脚语……………………… 1366
唐世辟寮佐有词 ………… 1366
高子允谒刺 ……………… 1368
蔡君谟书碑 ……………… 1370
杨涉父子 …………………… 1370
佛胸卍字 …………………… 1372
苏涣诗……………………… 1374
岁后八日 …………………… 1376
门焉闺焉 …………………… 1376
郡县主婿官 ……………… 1378
乐府诗引喻 ……………… 1378

容斋三笔

卷一（十四则）

晁景迂经说

景迂子晁以道留意六经之学，各著一书，发明其旨，故有《易规》《书传》《诗序论》《中庸》《洪范传》《三传说》。其说多与世儒异。

谓《易》之学者所谓应、所谓位、所谓承乘、所谓主，皆非是。大抵云，《系辞》言卦爻象数刚柔变通之类非一，未尝及初应四、二应五、三应六也。以阳居阳、以阴居阴为得位，得位者吉。以阳居阴、以阴居阳为失位，失位者凶。然则九五、九三、六二、六四俱善乎？六五、六三、九二、九四俱不善乎？既为有应无应、得位不得位之说，而求之或不通，则又为承乘之说。谓阴承阳则顺，阳承阴则逆，阳乘柔则吉，阴乘刚则凶，其不思亦甚矣。又必以位而论中正，如六二、九五为中且正，则六五、九二俱不善乎？初、上、三、四永不得用中乎？卦各有主，而一概主之于五，亦非也。

其论《书》曰：予于《尧典》，见天文矣，而言四时者不知中星。《禹贡》敷土治水，而言九州者不知经水。《洪范》性命之原，而言九畴者不知数。舜于四凶，以尧庭之旧而流放窜殛之。穆王将善其祥刑，而先丑其耄荒。汤之伐桀，出不意而夺农时。文王受命为僭王，召公之不说，类乎无上。

晁景迁经说

晁景迁留心研习六经这门学问，针对六经各著一部书，阐发显明六经的宏旨，所以有《易规》《书传》《诗序论》《中庸》《洪范传》《三传说》问世。他的学说多与当世的儒生不同。

他以为研究《易经》的学者所说的应、位、承乘、主等卦象都不对。大意是说，《系辞》上所谈的卦爻象数刚柔变通的分类不统一，未曾涉及初应四、二应五、三应六等卦。以阳居阳、以阴居阴算作是得位，得位则吉利。以阳居阴、以阴居阳算是失位，失位则不吉利。然而九五、九三、六二、六四等卦象都好吗？六五、六三、九二、九四的卦象都不好吗？既然持有应无应、得位不得位之说，而以此说问卦有时讲不通时，就又持承乘之说。即以为阴承接阳则顺利，阳承接阴则不顺利，阳乘载柔则吉利，阴乘载刚则不吉利。这种不善思考也太厉害了。谈《易经》又必定以位来论中正，如六二、九五为中而且正，那么六五、九二都不好吗？初、上、三、四卦永远不得用中吗？卦各有主，而一概以五为主卦，也是不对的吧。

晁景迁论《尚书》说：我对于《尧典》，懂得天文了，但是谈论四时的人却不知道中星。《禹贡》是讲施土治水的，可是谈论九州的人却不知道经水。《洪范》是阐述生命本原的，而谈论治理天下大法——九畴的人却不懂气数。因鲧、共工、驩兜、三苗等四害是尧宫中的旧臣，所以被舜放逐或诛戮了。周穆王拟将改善他的刑法时，先羞辱他的老臣。商汤讨伐夏桀时，先出其不太甲以不顺伊尹而放，群叔才有流言而诛，启行孥戮之刑以誓不用命，盘庚行劓殄之刑而迁国，周人饮酒而死，鲁人不板干而屋诛。先时不及时而杀无赦。威不可讫，老不足敬，祸不足畏，凶德不足忌之类。惟此经遭秦火煨烬之后，孔壁朽折之余，孔安国初以隶篆推科斗。既而古今文字错出东京，乃取正于杜林。传至唐，弥不能一，明皇帝诏卫包悉以今文易之，其去本几何其远矣！今之学者尽信不疑，殆如手授于洙、泗间，不亦惑乎？论《尧典》中星云，于春分日而南方井、鬼七宿合，昏毕见者，孔氏之误也。岂有七宿百九度，而于一夕闻毕见者哉？此实春分之一时正位之中星，非常夜昏见之中星也。于夏至而东方角、亢七宿合，昏毕见者，孔氏之误也。岂有七宿七十七度，而于一夕间毕见者哉？此夏至一时之中星，非常夜昏见者也。秋分、冬至之说皆然。凡此以上，皆晁氏之说。所辩圣典，非所敢知。但验之天文，不以四时，其同在天者常有十余宿。自昏至旦，除太阳所舍外，余出者过三之二，安得言七宿不能于一夕间毕见哉？盖晁不识星故云尔。

意地侵夺他的农时。周文王受命于天而自号为周王，召公因与周公旦分陕而治而不高兴，这和目中无上是一类。商王太甲因不顺从伊尹而被放逐，管叔、蔡叔、霍叔因制造谣言而被杀害。夏启用推行一人犯罪累杀子孙的酷刑来警告不听从命令的人，盘庚用施行割鼻灭绝人性的酷刑来强迫臣民搬迁国都。周朝人饮酒则处死刑，鲁国人不用板干造房就杀头。执行公务比规定的时间提前或晚于规定的时间都诛杀不赦免。可见威严不可以放弃，老臣不值得敬重，灾祸不值得害怕，落个凶残无德的名声也不值得顾忌。只是《尚书》这部经典在遭受了秦始皇的大火焚烧和在孔子住宅的墙壁中腐朽折损以后，孔安国才最初用隶书篆书推理辨认科斗文字。这以后古文今文两种文字的《尚书》混杂出现在东都洛阳，于是通过杜林进行了统一订正。传到唐代以后，内容更加以难以统一了，唐玄宗便诏卫包干脆全部用今文取代了，至此，这部书距它本来的面目已不知相差多远。可是现在研习六经的人竟对《尚书》尽信不疑，几乎好像是原作者亲手传授给他于洙水、泗水之间（此二水相距很近并合流）似的，这不是受了蒙骗吗？晁景迂论《尧典》中星说，在春分这一天南方的井、鬼等七颗星宿相会合，傍晚全部出现的说法，是孔老夫子搞错了。哪有七颗星宿一百零九度在一夜之间全部出现的呢？这实际是指春分的一个时辰处在正位上的那颗中星，并不是平常夜间傍晚时出现的中星。在夏至这一天，东方的角星、亢星等七颗星宿会合，傍晚全部出现的说法，也是孔夫子搞错了。哪有七颗星宿七十七度而在一夜之间全部出现的道理呢？这是夏至一个时辰的中星，不是平常夜间傍晚时出现的中星。秋分、冬至的说法也是这样。凡此以上，都是晁氏的说法。他所辨析的圣其论《诗序》云，作诗者不必有序。今之说者日，《序》与《诗》同作，无乃惑欤？且逸诗之传者，岐下之石鼓也，又安睹《序》邪？谓晋武公盗立，秦仲者石勒之流，秦襄公取周地，皆不应美。《文王有声》为继伐，是文王以伐纣为志，武王以伐纣为功。《庭燎》《沔水》《鹤鸣》《白驹》，箴、规、诲、刺于宣王，则《云汉》《韩奕》《崧高》《烝民》之作妄也。未有《小雅》之恶如此，而《大雅》之善如彼者也。谓《子衿》《候人》《采绿》之《序》骈蔓无益，《樛木》《日月》之《序》为自戾，《定之方中》《木瓜》之《序》为不纯。孟子、荀卿、左氏、贾谊、刘向汉诸儒，论说及《诗》多矣，未尝有一言以《诗序》为议者，则《序》之所作晚矣。晁所论是否，亦未敢辄言。但其中有云，秦康公隳穆公之业，日称兵于母家，自丧服以寻干弋，终身战不知已，而序《渭阳》，称其"我见舅氏，如母存焉"，是果纯孝欤？陈厉公弑佗代立，而序《墓门》责佗"无良师傅"，失其类矣。予谓康公《渭阳》之诗，乃赠送晋文公人晋时所作，去其即位十六年。衰服用兵，盖晋襄公耳，《传》云"子墨衰至"者也。康公送公子雍于晋，盖徇其请。晋背约而与之战，康公何罪哉？责典，不是笔者所敢知道的。但是把他的观点用天文现象来验证，不论四季的哪个季节，同在天上的星宿常常有十余宿。从傍晚到天亮，除了太阳所占居的位置以外，其余出现的超过了三分之二，怎么能说七颗星宿不能在同一晚上全部出现呢？大概晁景迂不认识星宿所以这样说的吧。

晁景迂论《毛诗序》说：作诗的人不一定非要作序。而现在谈诗的人却说，《毛诗序》和《诗经》是同时作的，岂不是迷惑不懂吗？就拿逸诗来说，它的流传是因岐山下刻有石鼓文的缘故，又哪里见到过序文呢？晁景迂认为，晋武公是窃取权位而立国，秦仲是石勒之流的人物，秦襄公是靠辅佐平王东迁而取得了周朝封地，这些人都不应当赞美。《文王有声》的诗篇是宣扬征伐的，这是表明周文王以讨伐殷纣王为志向，周武王以讨伐殷纣王显示功德。《庭燎》《沔水》《鹤鸣》《白驹》等诗篇，是对周宣王进行箴贬、规劝、训诲、讽刺的，而《云汉》《韩奕》《崧高》《烝民》却是妄作之篇。还没有诗篇像《小雅》的篇子一样坏到这种程度，也没有诗篇像《大雅》的篇子一样好到那种程度的。他认为《子衿》《候人》《采绿》等篇的序文骈丽散蔓而且无益于世，《樛木》《日月》等篇的序文为自罪之作，《定之方中》《木瓜》等篇的序文则不纯正。在孟子、荀卿、左丘明、贾谊、刘向及汉朝诸儒生的言论中，谈及《诗经》的地方很多，但还不曾有一句话以《毛诗序》为议题的，说明《毛诗序》所做的时间是很晚的。晁景迂所议论的对不对，笔者不敢肆意妄言。但其中有地方说，秦康公葬送了秦穆公的霸业，整日向他母亲的娘家（晋国）举兵发动战争，亲自穿丧服以示血战到底来制造战乱，终身打仗不知道停止，而诗篇《渭阳》的序文，却称他“我其称兵于母家，则不可。陈佗杀威公太子而代之，故蔡人杀佗而立厉公，非厉公罪也。晁诋厉以申佗，亦为不可。

其论《三传》，谓杜预以左氏之耳目，夺夫子之笔削。公羊家失之舛杂，而何休者，又特负于公羊。惟《穀梁》晚出，监二氏之违畔而正之，然或与之同恶，至其精深远大者，真得子夏之所传。范宁又因诸儒而博辩之，申《穀梁》之志，其于是非亦少公矣，非若杜征南一切申《传》，汲汲然不敢异同也。此论最善。

然则晁公之于群经，可谓自信笃而不诡随者矣。

看见舅父，就好像看见母亲还活着一样”，这果真是表达纯正的孝情吗？陈厉公弑陈佗并代佗而自立，但《墓门》诗序却责怪陈佗“没有好师傅”，失去了诗序应有的作用。笔者认为，秦康公所做的《渭阳》诗篇，是赠送晋文公重耳入晋时所作，离他登位还有十六年时间。穿丧服发动战争的事，是晋襄公，就是《左传》上所说的“他穿黑色丧服披麻绳”那件事。秦康公曾送公子雍到晋国，正是为了向晋国徇私情发展友好关系，而晋国却违背盟约和秦国打仗，秦康公有什么罪过呢？责备他向母亲的娘家发动战争，是不应该的。陈佗杀陈威公太子并代太子而自立，所以蔡国人杀陈佗而拥立了厉公，这并不是厉公的罪过。晁景迂诋毁陈厉公来为陈佗伸冤，也是不应该的。

晁景迂论《春秋三传》，认为杜预将《左传》和《春秋》合编在一起，是以左丘明的耳目淹没孔老夫子对《春秋》的修订之功。《公羊传》则舛讹繁杂，而何休又对《公羊传》特别推崇。只有《穀梁传》产生的晚，是他的作者（穀梁赤）对《左传》《公羊传》的错谬进行鉴别纠正的基础上撰写而成的，然而有的地方又和这二传有共同的毛病，至于这部书的精深远大之处，则恰恰是子夏所传的那些部分。范宁又借助于诸儒的研究成果对它进行了广泛的辨析，申明阐发了《穀梁传》的意旨，但他对是非的评价也很少有公允之处。不像杜征南一切为《左传》伸辨，决然不敢提出不同意见。笔者以为，晁景迂这段议论最好。

尽管晁景迂关于六经的议论有很多值得商榷的地方，然而他对群经的研习，可算得上是自信笃诚而又不诡变盲从的了。

邳彤郦商

汉光武讨王郎时，河北皆叛，独钜鹿、信都坚守，议者谓可因二郡兵自送，还长安。惟邳彤不可，以为若行此策，岂徒空失河北，必更惊动三辅。公既西，则邯郸之兵，不肯背城主而千里送公，其离散逃亡可必也。光武感其言而止。东坡曰："此东汉兴亡之决，邳彤亦可谓汉之元臣也。"彤在云台诸将之中，不为人所标异，至此论出，识者始知其然。汉高祖没，吕后与审食其谋曰："诸将故与帝为编户民，今乃事少主，非尽族是，天下不安。"以故不发丧。郦商见食其曰："诚如此，天下危矣。陈平、灌婴将十万守荥阳，樊哙、周勃将二十万定燕、代，此闻帝崩，诸将皆诛，必连兵还乡以攻关中，亡可跷足待也。"食其入言之，乃发丧。然则是时汉室之危，几于不保，郦商笑谈间，廓廓无事，其功岂不大哉？然无有表而出之者。迨吕后之亡，吕禄据北军，商子寄给之出游，使周勃得人。则郦氏父子之于汉，谓之社稷臣可也。寄与刘揭同说吕禄解将印，及文帝论功，揭封侯赐金，而寄不录，平、勃亦不为之一言，此又不可晓者。其后寄嗣父为侯，又以罪免，惜哉！

邳彤郦商

东汉光武帝刘秀当初讨伐王郎的时候,河北的军民都背叛王郎投奔了刘秀,唯有钜鹿(今河北平乡西南)、信都(今河北杜冀县)两城的守敌坚守不降,议事的人认为,可以先还师长安(今陕西西安),让这两个郡的守敌自己投降送上门来。只有邳彤反对这样做,他认为,如果实行这一策略,不仅要白白地丢掉河北,必定还要惊动三辅大地(辖今陕西中部地区)。刘秀大军西撤以后,邯郸(今属河北)的士兵是不肯背弃自己的城主而随驾到千里之外的,他们在途中离散逃亡是不可避免的。光武帝听信了他的话而没有西还。苏东坡说:“这是东汉兴亡的关键,邳彤也算得上是东汉的开国元勋了。”邳彤在东汉南宫云台二十八将中不被人们所重视,等到苏东坡这一评论一流传,观看南宫云台二十八将图像的人才开始理解邳彤列在里面的原因。汉高祖死后,吕后和审食其密谋说:“各个将领过去和皇上同为编入户籍的平民,现在却辅佐少主(惠帝),不全部诛杀他们,天下则无法安宁。”因此密不发丧。郦商谒见审食其说:“若真的这样做,天下就危险了。陈平、灌婴率领十万人守卫着荥阳(今属河南),樊哙、周勃率领着二十万大军驻守燕(今北京一带)、代(今河北蔚县东北),等到听说皇上驾崩,各位将领全部被诛杀的消息,他们必定把军队连接起来返回京城攻打关中,国家灭亡的日子可翘足等待了。”审食其入宫把郦商的话对吕后讲了,于是就发了丧。这时汉室的危机几乎到了难以保全的地步,而在郦商的谈笑当中,却变得平安无事了,他的功劳难道不大吗?然而却没有人为他进言使他出人头地。等到吕后死了,吕禄据守北军,郦商的儿子郦寄诱编他出去游猎,使周勃得以趁

武成之书

孔子言："周之德，其可谓至德也已矣。三分天下有其二，以服事殷。"所谓服事者，美其能于纣之世尽臣道也。而《史记·周本纪》云："西伯盖受命之年称王，而断虞、芮之讼，其后改法度，制正朔，追尊古公、公季为王。"是说之非，自唐梁肃至于欧阳、东坡公、孙明复皆尝著论，然其失自《武成》始也。孟子曰："吾于《武成》，取二三策而已矣。"今考其书，云"大王肇基王迹，文王诞膺天命，以抚方夏"，及武王自称曰"周王发"，皆纣尚在位之辞。且大王居邠，犹为狄所追逐，安有"肇基王迹"之事？文王但称西伯，焉得言"诞膺天命"乎？武王未代商，已称周王，可乎？则《武成》之书不可尽信，非止"血流漂杵"一端也。至编简舛误，特其小小者云。

机攻入北军。郦氏父子对于汉朝，称他们是国家的功臣是完全应该的。郦寄和刘揭共同劝说吕禄解下将印，等到汉文帝论功行赏时，刘揭被封侯赐金，可郦寄却没有被记功，陈平、周勃也没有替他说一句话，这又是无法让人理解的。后来，郦寄世袭他父亲的官爵而封侯，又因获罚被削夺了，可惜呀！

武成之书

孔子说："周朝的道德，可说是最高的道德境界了。三分天下拥有了其中的两分，还来服事殷朝。"这里所说的"服事"，是赞美周能在殷纣王统治时期尽做到臣子的道义。而《史记·周本纪》却说："西伯在禀受天命那年就已称王，并开始掌握裁断虞国、芮国诉讼的大权，接着修改法律、制度、制定历法，追尊古公亶父、公季为先王。"这种说法的错误，从唐朝梁肃到宋代欧阳修、苏东坡、孙明复都曾著文指出过。然而它的失实是从《武成》这部书开始的。孟子说："我对于《武成》这部书，只取用其中的十分之二三罢了。"现在考察这部书，其中："大王开始奠定王业的根基，文王诞生禀受天命，来安抚华夏四方"，以及武王自称说："周武王姬发"等，都是殷纣王尚且还在位时的话。而且大王古公亶父定居在邠（今陕西彬县）的时候，还常常被戎狄胁迫追逐，哪有"开始奠定王业根基"的事呢？周文王当时只称西伯，怎么能说"诞生禀受天命"呢？周武王还未取代商朝就已经称周王，这可能吗？所以《武成》这部书不可全信，还不只是像"血流漂杵"这种失真记载一个地方。至于该书编纂的错乱，倒是属于小问题了。

象载瑜

《汉·郊祀歌·象载瑜》章云："象载瑜，白集西。"颜师古曰："象载，象舆也。山出象舆，瑞应车也。"《赤蛟》章云"象舆轙"即此也。而《景星》章云："象载昭庭。"师古曰："象谓县象也。县象秘事，昭显于庭也。"二字同出一处，而自为两说。按乐章词意，正指瑞应车，言昭列于庭下耳。三刘《汉释》之说亦得之，而谓"白集西"为西雍之麟，此则不然。盖歌诗凡十九章，皆书其名于后，《象载瑜》前一行云"行幸雍获白麟作"，自为前篇"朝陇首，览西垠"之章，不应又于下篇赘出之也。

管晏之言

《孟子》所书："齐景公问于晏子曰：'吾欲观于转附、朝儛，遵海而南，放于琅邪，吾何修而可以比于先王观也？'晏子对曰：'天子诸侯，无非事者。春省耕而补不足，秋省敛而助不给。今也不然。师行而粮食。从流下而忘反谓之流。从流上而忘反谓之连。从兽无厌谓之荒。乐酒无厌谓之亡。先王无流连之乐，荒亡之行。'景公说，大戒于国。"《管子·内言·戒》篇曰："威公将东游，问于管仲曰：'我游

象载瑜

《汉·郊祀歌·象载瑜》章说："象载白玉色的光芒，白色云集西方。"颜师古说："象载，就是象车。象车从山中出现，是吉祥的征兆车。"《赤蛟》章说的"象车的穿绳大环"就是这个"象载"。而《景星》章说："象载显明庭院。"颜师古说："象是悬象的意思。悬象秘事，昭明显扬在庭堂上。"这两个字在同一处出现，而颜师古自己却做了两种不同的解释。按照乐章的词意看，当是指吉祥的征兆车，是说这些车显扬排列在庭堂的下面。三刘的《汉》对这个词的解释也正确，但它把"白集西"解释为西郊雍水（源出陕西凤翔西北）里的麒麟，这就不对了。《汉郊祀歌》共十九章，都把篇名写在诗章后面，《象载瑜》这篇篇名前面一行写道"为汉武帝驾车巡幸到雍水获得一只白麒麟而作"，自称前面一篇是"朝拜陇首（今甘肃六盘山以西黄河以东地区），览赏西部边陲"的篇章，不应该又在下篇累赘出现这种篇章。

管晏之言

《孟子·梁惠王章句下》写道："齐景公问晏子说：'我想到转附（今山东芝罘山）、朝舞（今山东召石山）两个山上去巡游，然后沿着海岸向南行，一直到琅琊（山名，在今山东诸城），我该怎样办才能够和过去的圣贤之君的巡游相比拟呢？'晏子答道：'天子和诸侯出巡，没有不和工作相结合的。春天里巡视耕种情况，对贫穷农户加以补助；秋天里考察收获情况，对缺粮户加以补助。现在可不这样了，国王一出巡，兴师动众，到处筹粮运米。由上游向下游的游玩乐而忘归叫作流，由下游向上犹轴转斛，南至琅邪。司马日，亦先王之游已。何谓也？’对曰：‘先王之游也，春出原农事之不本者，谓之游。秋出补人之不足者，谓之夕。夫师行而粮食其民者，谓之亡。从乐而不反者，谓之荒。先王有游夕之业于民，无荒亡之行于身。’威公退再拜，命日宝法。”观管、晏二子之语，一何相似，岂非传记所载容有相犯乎？管氏既自为一书，必不误，当更考之《晏子春秋》也。

共工氏

《礼记·祭法》《汉书·郊祀志》，皆言共工氏霸九州，以其无录而王，故谓之霸。《历志》则云：“虽有水德，在火木之间，非其序也。任知刑以强，故伯而不王。周人迁其行序，故《易》不载。”注言：“以其非次故去之。”《史记·律书》：“颛帝有共工之陈，以平水害。”文颖曰：“共工，主水官也。少昊氏衰，秉政作虐，故颛帝伐之。本主水官，因为水行也。”然《左传》郯子所叙黄帝、炎帝五代所名官，共工氏以水纪，故为水师而水名。杜预云：“共工氏以诸侯伯有九游的游玩乐而忘归叫作连，无厌倦地打猎叫作荒，不知节制地喝酒叫作亡。过去的圣贤之君都没有这种流连的游乐和荒亡的行为。’齐景公大为高兴，在都城内大规模做好救济穷人的准备。”《管子·内言·戒》篇说：“齐威公将要到东部去巡游，问管仲说：‘我拟巡游的路线是从轴山到斛山，再向南到琅琊。司马说，这也是过去的圣贤之君的巡游呀。为什么这样说呢？’管仲回答说：‘过去的圣贤之君的巡游，春天出巡考察农事不保本的，叫作游。秋天出巡补助缺粮的农户的，叫作夕。出巡兴师动众，筹措搬运老百姓的粮米的，叫作亡。游玩乐而忘返的，叫作荒。过去的贤圣之君对百姓有游夕的职责，对自身没有荒亡的权力。’齐威王退堂后又一次礼拜管仲，下命令称管仲的意见为宝法。”读管仲、晏子二人的话，是何等的相似！难道不是传记所记载的内容相冲突吗？既然《管子》一书是管仲自己撰写的，一定没有误载他的话，这就应当重新考证一下《晏子春秋》这部书了。

共工氏

《礼记·祭法》和《汉书·郊祀志》两部书上都说共工氏霸占了九州大地，因为他没有禀受天意的任命而自己称王统治九州，所以称他为“霸”。《历志》则说：“共工虽然有水德，但他的水德在火德和木德的中间，不符合五行的正常次序。共工治九州只懂得用严酷的刑法来显示自己的强大，不懂得为政以德，所以他只能做到伯的爵位，没能称王。因周朝人变动了共工在五行中的次序，所以《周易》所载诸帝中没有他的名字。”《历志》的注文说：“因为共工不符合五行的次序，所以《周易》去掉了他。”《史记·律书》说：“颛顼帝因为有了水官共工的陈述，州者，在神农之前，太昊之后，亦受水瑞，以水名官。”盖其与炎、黄诸帝，均受五行之瑞，无所低昂，是亦为王明矣。其子曰后土，能平九州，至今祀以为社。前所纪谓“周人去其行序”，恐非也。至于怒触不周之山，天倾西北，地不满东南，此说尤为诞罔。洪氏出于此，本曰“共”，《左传》所书晋左行共华、鲁共刘，皆其裔也。后又推本水德之绪加水于左而为“洪”云。《尧典》所称“共工方鸠僝功”，即舜所流者，非此也。时以名官，故舜命垂为之。

汉志之误

昔人谓颜师古为班氏忠臣，以其注释纪传，虽有舛误，才去治理水害的。”文颖则说：“共工是主管水利的官。少昊氏衰败以后，他掌握政权作恶肆虐，所以颛顼帝便兴师讨伐他。他本来是掌管水利的，因此是五行中的水行。”然而《左传》中郯子所叙述的黄帝、炎帝等五帝时代上天所命名的官名中，共工氏因以水治理天下，所以被任命为水师并以水名做官名。杜预说：“共工氏是以诸侯中伯位的身份拥有九州的，次序在神农之前，太昊之后，他也禀受了五行中水的祥瑞吉兆，所以用水的名字做他的官职名。”可见，共工和炎帝、黄帝都禀受过五行的吉兆，没有高下之分，这说明他做过王是很清楚的了。共工的儿子叫后土，曾平定过九州，到现在人们还把他作为社神来供奉祭祀。前面《历志》上所说的“周朝人去掉了共工在五行中的排列次序”，恐怕是不对的。至于说共工曾为争夺九州而愤怒地用头去撞不周山，使天向西北倾斜，大地覆盖不住了东南方，这种说法就更是荒诞无稽了。“洪”这个姓氏就来源于共工氏，这个姓本来叫作“共”，《左传》中所记载的晋国的左行共华、鲁国的共刘，都是共工氏的后裔。后来人们又推演探究出“共”字的水德本源，便在共字左边添了个“水”字而成为“洪”了。《尚书·尧典》所称颂的“共工在他所统治过的每一个地方，都能集善事以显示他的功德”，也就是虞舜时所流行的说法，这种说法指的不是前面所谈的共工氏是否禀受过五行吉兆的问题。因舜时实行的是对官员的任命制，不再是天授官职了，所以舜任命垂治理地方。

汉志之误

过去人们都称颜师古是班固的忠臣，是因为他注释班固的必委曲为之辨故也。如《五行志》中最多，其最显显者，与《尚书》及《春秋》乖戾为甚。桑谷共生于朝。刘向以为商道既衰，高宗乘敝而起，既获显荣，怠于政事，国将危亡，故桑谷之异见。武丁恐骇，谋于忠贤。颜注曰："桑谷自太戊时生，而此云高宗时，其说与《尚书·大传》不同，未详其义，或者伏生差谬。"按《艺文志》自云："桑谷共生，太戊以兴，鸣雉登鼎，武丁为宗。"乃是本书所言，岂不可为明证，而翻以伏生为谬，何也？僖公二十九年，大雨雹。刘向以为信用公子遂，遂专权自恣，僖公不寤，后二年，杀子赤，立宣公。又载文公十六年，蛇自泉宫出。刘向以为其后公子遂杀二子而立宣公。此是文公末年事，而刘向既书之，又误以为僖。颜无所辨。隐公三年，日有食之。刘向以为其后郑获鲁隐。注引"狐壤之战，隐公获焉。"此自是隐为公子时事耳，《左传》记之甚明。宣公十五年，王札子杀召伯、毛伯。董仲舒以为成公时。其他如言楚庄始称王，晋灭江之类，颜虽随事敷演，皆云未详其说，终不肯正诋其疵也。《地理志》中沛郡公丘县曰："故滕国，周懿王子叔绣所封。"颜引《左传》"郜、雍、曹、滕，文之昭也"为证，亦云未详其义。真定之肥累、菑川之剧，泰山之肥城，皆以为肥子国，而辽西之肥如，又云"肥子奔燕，燕封于此。"魏郡元城县云"魏公子元食邑于此，因而遂氏焉。"常山元氏县云："赵公子元之封邑，故曰元氏。"不应两邑命名相似如此。正文及《志》五引虖池河，皆注云："虖音呼，池音徒河反。"又"五伯迭兴"注

《汉书》，即使书中有错乱之处，也必定曲意求全为班固辨解的缘故。《汉书·五行志》错乱最多，其中最明显的是和《尚书》以及《春秋》的记载很不吻合。例如，桑和谷同时在朝堂上生长出来这条记载。刘向认为这是因为殷商的国运开始衰微，高宗借此而奋起，等国势得以繁荣以后，他却怠于政事，使国家发展到了面临灭亡的地步，所以出现了桑谷同时生长在朝堂上的异常现象。武丁见到这种情况便恐惧惊骇，为了挽救国家，他随即向忠贤之臣寻求治国良策。颜师古对此注释说："桑谷是在太戊统治时期生长在朝堂之上的，而刘向这里却说是高宗时期，他的说法和《尚书·大传》不一样，不清楚他的意思，或许是刘向搞错了。"按《汉书·艺文志》班固自己的说法是："桑谷共生朝堂上，太戊（即武丁）借机振兴国运，鸣叫的雉鸟落在方鼎上，武丁称为高宗。"这是《汉书》上说的，难道还不可以作为明证吗？而反以为刘向的说法是荒谬的，这是为什么呢？再如，关于鲁僖公二十九年，天降大雨和冰雹这条记载。刘向认为出现这一自然现象的原因是：鲁僖公信用公子遂，而公子遂专权霸道自我放纵，鲁僖公却不省悟，两年后，公子遂杀害了僖公的儿子赤而另立了宣公。《汉书·五行志》又记载说：鲁文公十六年，蛇从泉宫中爬出。刘向以为，这之后公子遂杀害了僖公的两个儿子而另立了宣公。蛇出泉宫本来是文公时的事，刘向把它书写出来了，可又把文公误作为僖公了。颜师古对这一条记载却没有什么辨析。关于鲁隐公三年，有日食现象出现这一条记载，刘向认为它的感应是，这之后郑国俘获了鲁隐公。而颜师古的注则引了《左传》"狐壤之战中，鲁隐公被俘获"这句话作为刘向说法的佐证。其实狐壤之战中被俘虏，是鲁隐公做公子时的事，《左传》

云："此五伯谓齐恒、宋襄、晋文、秦穆、楚庄也。"而《诸侯王表》"五伯扶其弱"注云："谓齐恒、宋襄、晋文、秦穆、吴夫差也。"《异姓诸侯王表》"适戍强于五伯"注云："谓昆吾、大彭、豕韦、齐威、晋文也。"均出一书，皆师古注辞，而异同如此。

对这件事记载得很清楚。鲁宣公十五年,王札子杀害召伯、毛伯这件事,董仲舒以为发生在成公时。其他如说楚庄王开始称王,晋国消灭江国之类事件的发生时间,颜师古在注中即使随事敷演,也都声称不清楚具体情况,终究不肯正面指出《汉书》一点小毛病。《汉书·地理志》中记沛郡(治今安徽濉溪县西北)的公丘县(今属江苏)说:"指过去的滕国(今山东滕县),是周懿王的儿子叔绣分封的地方。"颜师古引《左传》"郜国(今山东城武)、雍国(今陕西凤翔)、曹国(今山东定陶)、滕国,都是晋文公所显扬威德的地方"为证,也声称不清楚这句话的具体含义。真定(今河北正定)的肥累(在今河北正定境内),淄川(治今山东寿光)的剧(即今寿光),泰山的肥城(今属山东),都被当作肥子国,而说到辽西的肥如(今河北卢龙),《汉书》却又称是"肥子逃奔到燕国(今北京一带)后,燕国把他封到这个地方(因此而得名的)"。记魏郡(治今河北临漳)的元城(今河北临漳)说:"魏国公子元的食邑在这里,因此就以元的名字定为县名了。"记常山郡(治今河北元县)的元氏则说"赵国公子元的封邑在这里,所以叫作元氏。"按常理,不应当同时将两个封邑的名字起得这样相似。《汉书》的正文及《地理志》第五卷引虖池河,颜师古都仅仅注释说:"虖音呼,池音徒河反。"又像"五伯重迭兴起"一句,颜氏注释为:"这五伯是指齐威王、宋襄公、晋文公、秦穆公、楚庄王。"而《诸侯王表》中"五伯扶助那些弱小的国家"一句后面,颜氏则注释为:"五伯是指齐威王、宋襄公、晋文公、秦穆公、吴王夫差。"还是《汉书》的《异姓诸侯王表》中的话:"如果他们的边防防御力量比五伯强大的话",颜师古却又注为:"五伯指昆吾王、大彭王、豕韦王、齐威王、晋文

汉将军在御史上

《汉书·百官公卿表》，御史大夫掌副丞相，位上卿，银印青绶，前后左右将军亦位上卿，而金印紫绶。故《霍光传》所载群臣连名奏曰：丞相敞、大将军光、车骑将军安世、度辽将军明友、前将军增、后将军充国、御史大夫谊。且云群臣以次上殿。然则凡杂将军，皆在御史大夫上，不必前后左右也。

上元张灯

上元张灯，《太平御览》所载《史记·乐书》曰："汉家祀太一，以昏时祠到明。"今人正月望日夜游观灯，是其遗事，而今《史记》无此文。唐韦述《两京新记》曰："正月十五日夜，敕金吾弛禁，前后各一日以看灯。"本朝京师增为五夜，俗言钱忠懿纳土，进钱买两夜，如前史所谓买宴之比。初用十二、十三夜，至崇宁初，以两日皆国忌，遂展至十七、十八夜。予按国史，乾德五年正月，诏以朝廷无事，区宇乂安，令开封府更增十七、十八两夕。然则俗云因钱氏及崇宁之展日，皆非也。太平兴国五年十月下元，京城始张灯如上元之夕，至淳化元年六月，始罢中元、下元张灯。

公。”这几句话出于同一部《汉书》，又都是颜师古注释的，差别却如此之大。

汉将军在御史上

班固的《汉书·百官公卿表》称，御史大夫执掌副丞相职权，品位为上卿，持银印，印系青色丝带，前、后、左、右各路将军品位也是上卿，但持金印且印系紫色丝带。所以《汉书·霍光传》上记载的群臣联名折的名字排列次序为，丞相杨敞、大将军霍光、车骑将军张安世、度辽将军范明友、前将军韩增、后将军赵充国、御史大夫蔡谊。而且说各位大臣按品第高低顺序上朝。然而凡是有将军职衔的，都排在御史大夫的上面，不必分前将军、后将军、左将军、右将军。

上元张灯

正月十五是上元节，《太平御览》所引录的《史记·乐书》说：“汉朝祭祀东皇太一——太阳神，从头天傍晚祭祀到第二天天亮。”现在的人每年正月十五日夜晚漫游观彩灯，就是汉代祭祀太阳神的遗风，而今天所看到的《史记》版本中已经见不到那段有关祭祀太阳神的文字了。唐朝韦述的《两京新记》说：“每年正月十五晚上，圣旨令首都督巡治安的长官——执金吾解除禁令，前后各一天让人们在京城内看灯。”宋朝京城增加为五个晚上，民间流行的说法是这是钱忠懿招纳贤士，捐钱买下的两夜灯展，和前史上所说的花钱买酒宴相类似。最初用正月十二、十三两晚上，至北宋徽宗初年，因这两天都是国忌日，于是就调换延伸到十七、十八两个晚上。我查阅国史得出的确

七夕用六日

太平兴国三年七月，诏：“七夕嘉辰，著于甲令。今之习俗，多用六日，非旧制也，宜复用七日。”且名为七夕而用六，不知自何时始。然唐世无此说，必出于五代耳。

宰相参政员数

太祖登极，仍用周朝范质、王溥、魏仁浦三宰相，四年，皆罢，赵普独相。越三月，始创参知政事之名，而以命薛居正、吕余庆，后益以刘熙古，是为一相三参。及普罢去，以居正及沈义伦为相，卢多逊参政。太宗即位，多逊亦拜相。凡六年，三相而无一参。自后颇以二相二参为率。至和二年，文彦博为昭文相，刘沆为史馆相，富弼为集贤相，但用程戡一参。惟至道三年吕端以右仆射独相，而户部侍郎温仲舒、礼部侍郎王化基、工部尚书李至、礼部侍郎李沆四参政，前后未之有也。

切结论是，宋太祖赵匡胤乾德五年正月，皇上下诏宣布朝廷无事，国内平安，令开封府再增加正月十七、十八两天为观灯日。显然通常所流传的因钱氏捐钱买灯展日以及徽宗初年改灯展日的说法都是不对的。宋太宗太平兴国五年十月十五日下元节，京城开封开始和上元节的晚上一样悬挂花灯，到宋太宗淳化元年六月，开始取消了中元（七月十五日）节、下元节悬挂花灯的习惯。

七夕用六日

北宋太宗太平兴国三年七月，皇上下诏说："每年七月初七的七夕节，是美好的时辰，应确定著录在典册中。现在的习俗，多采用七月初六，这不符合原来的礼制，应当恢复用七月初七。"名义上是七夕却采用初六，不知道这是从什么时候开始的。然而唐朝没有这种说法，此种说法必定是从五代开始的。

宰相参政员数

宋太祖赵匡胤登极以后，仍然任用后周时期的旧相范质、王溥、魏仁浦三人为宰相，建隆四年，这三人全被罢免，只有赵普一人单独任宰相。过了三月份，开始创制了参知政事这个官名，并用来任命了薛居正、吕余庆，后来又增添了刘熙古，被称为一相三参，一位宰相三位参知政事。等到赵普被罢相以后，又任命薛居正及沈义伦为宰相，卢多逊为参知政事。宋太宗即位以后，卢多逊也升迁为宰相。这六年时间内，朝中有三位宰相而无一位参知政事。从这以后多以两位宰相两位参知政事为标准。到宋仁宗至和二年开始，文彦博任昭文相，刘沆任史馆相，富弼任集贤相，只任用了程戡一位参知政事。只有在这之前宋太宗

朱崖迁客

唐韦执谊自宰相贬崖州司户，刺史命摄军事衙推，牒词云：“前件官久在朝廷，颇谙公事，幸期佐理，勿惮麋贤。”当时传以为笑，然犹未至于挫抑也。卢多逊罢相流崖州，知州乃牙校，为子求昏，多逊不许，遂侵辱之，将加害，不得已，卒与为昏。绍兴中，胡邦衡窜新州，再徙吉阳，吉阳即朱崖也。军守张生，亦一右列指使，遇之亡状，每旬呈，必令囚首诣廷下。邦衡尽礼事之，至作五十韵诗，为其生日寿，性命之忧，朝不谋夕。是时，黎酋闻邦衡名，遣子就学，其居去城三十里，尝邀致入山，见军守者，荷枷絣西庑下，酋指而语曰：“此人贪虐已甚，吾将杀之，先生以为何如？”邦衡曰：“其死有余罪，果若此，足以洗一邦怨心。然既蒙垂问，切有献焉。贤郎所以相从者，为何事哉？当先知君臣上下之名分。此人固亡状，要之为一州主，所谓邦君也。欲诉其过，合以告海南安抚司，次至广西经略司，俟其不行，然后讼于枢密院，今不应擅杀人也。酋悟，遽释之，令自书一纸引咎，乃再拜而出。明日，邦衡归，张诣门悔谢，殊感再生之恩，自此待为上客。邦衡以隆兴初在侍从，录所作《生日诗》示仲兄文安公，且备言昔日事。乃知去天万里，身陷九渊，日与死至道三年时，吕端以右仆射的身份单独任宰相，而户部侍郎温仲舒、礼部侍郎王化基、工部尚书李至、礼部侍郎李沆四人任参知政事，这是在这之前之后都没有过的现象。

朱崖迁客

唐朝韦执谊从宰相的位置贬为崖州（今海南省琼山）司户，崖州刺史命他为掌管军事的衙推，任命的公文说："前面这个官长期在朝廷里做事，颇熟悉公事，有幸辅佐本刺史处理事务，不要畏惧，以免束缚自己的才能。"这份任命书当时曾被传为笑谈，然而还未发展到侮辱压制韦氏的地步。宋朝卢多逊罢相后也被流放到崖州，当时的知州是下层军官出身，他为自己的儿子向卢多逊求婚，卢多逊不答应，这个知州于是就开始侵扰侮辱他，并将要加害于他，卢多逊不得已，最终还是和知州结为婚姻将女儿嫁给了他的儿子。南宋高宗绍兴年间，胡邦衡被流放到新州（疑为新市，今湖北京山县），又从新州移到吉阳，吉阳就是朱崖（亦作珠崖即崖州）。当时的军守叫张生，也是一位下层军吏出身，见到胡邦衡时很无礼，每旬向他呈报情况时，必定命令胡邦衡像囚犯一样恭立在廷堂下接受训斥。胡邦衡尽全力以礼事奉他，以至于作五十韵诗歌为自己的生日祝寿，诗中可见，胡氏对性命的忧虑到了朝不保夕的地步。这时候，当地一个黎族的少数民族首领，久闻胡邦衡的大名，就带自己的儿子向他拜师求学，这个首领住的地方离朱崖城三十里路，一天他邀请胡邦衡来到山里，胡氏发现那个张军守，正身带木枷被绳子捆着立在院内的廊屋下。首领指着他对胡邦衡说："这个人贪婪暴虐实在太过分了，我准备杀掉他，胡先生您以为怎么样？"胡邦衡迫，古今一辙也。

张士贵宋璟

唐太宗自临治兵，以部陈不整，命大将军张士贵杖中郎将等，怒其杖轻，下士贵吏。魏征谏曰：“将军之职，为国爪牙，使之执杖，已非后法，况以杖轻下吏乎？”上亟释之。明皇开元三年，御史大夫宋璟坐监朝堂杖人杖轻，贬睦州刺史，姚崇为宰相，弗能止，卢怀慎亦为相，疾亟，表言璟明时重器，所坐者小，望垂矜录，上深纳之。太宗、明皇，有唐贤君也，而以杖人轻之故，加罪大将军、御史大夫，可谓失政说：“他死有余罪，如果真能把他杀掉的话，就足可以洗清这一方老百姓的怨愤之心了。但既然承蒙您征求我的意见，我确实有点想法想献给您。您的贤子之所以要从我学习，为的是什么呢？为的是先弄明白君臣上下的名分。这个人固然无礼，但总的来说他毕竟是朱崖的一州之主，也就是通常所说的一方君主。如果想控诉他的罪行，应当先告到海南安抚司，再告到广西经略司，等到这两个地方果真不予处理时，然后再诉讼到中央枢密院，今天不应该擅自做主杀人。”那个少数民族首领醒悟了，立即释放了张军守，命他写了一张告示责备自己的罪责，军守对胡氏拜了又拜后才离去。第二天，胡邦衡回到城里流放所，张军守亲自登门悔罪谢恩，特别感激胡邦衡的再生之恩，从此以后待胡氏为上等嘉宾。南宋孝宗隆兴初年胡邦衡任侍从官——大学士至待制，录下自己在流放朱崖时所做的《生日诗》拿给哥哥文安公看，并细述了过去的磨难。人们才知道遭流放的人离京万里，身家性命陷于九渊，每天与死亡为邻，古往今来是一样的。

张士贵宋璟

唐太宗李世民亲自驾临部队营地监督练兵，因部队阵列不够整齐，他便命令大将军张士贵杖打中郎将等，他又因嫌张士贵对中郎打得太轻而发怒，便把张士贵投进了监狱。魏征进谏说：“将军的职责，是充当国家的爪牙，让他拿着木棒去打人，本来就已经不是后人所应效法的了，更何况因为打人打得轻而被投进监狱呢？”皇上听了之后立即把张士贵释放了。唐明皇李隆基开元三年，御史大夫宋璟因监督朝堂木棒打人打得轻受到处罚，被贬为睦州（今浙江建德）刺史，当时姚崇任宰相，没能阻刑矣。

韩欧文语

《盘谷序》云:“坐茂林以终日,濯清泉以自洁。采于山,美可茹;钓于水,鲜可食。”《醉翁亭记》云:“野花发而幽香,佳木秀而繁阴。临溪而渔,溪深而鱼肥;酿泉为酒,泉香而酒洌。山肴野蔌,杂然而前陈。”欧公文势,大抵化韩语也。然“钓于水,鲜可食”与“临溪而渔,溪深而渔肥”“采于山”与“山肴前陈”之句,烦简工夫则有不侔矣。

止住唐明皇对宋璟的处治，卢怀慎当时也任宰相，急忙为宋璟求情，他上表称宋璟能够明察时势胜任大事，对他治罪的事由太小，恳望能慎重对待，皇上认真考虑，采纳了他的建议。唐太宗、唐明皇，都是有唐一代的贤明君主，但因为打人打得轻的缘故，而加罪于大将军、御史大夫，可算得上是失政的刑法了。

韩欧文语

韩愈的《盘谷序》写道："静坐在茂密的森林里陶醉中送走一天光阴，用那清澈的泉水沐浴洗涤以显我洁身自好。从山上采集来野果野菜，味美可吃；在水中垂钓的鱼儿，鲜美可食。"欧阳修的《醉翁亭记》中写道："野花盛开散发出阵阵幽香，树木秀美呈现出片片浓荫。来到清澈的溪流边垂钓，水深而鲜鱼肥美；取出清清的泉水酿造美酒，泉水醇香而美酒清澈。山肴野菜，错杂地摆放在眼前的饭桌上。"比较这两段文字可以发现，欧阳修的文章风格大抵是化用了韩愈的语句。然而"在水中垂钓的鱼儿，鲜美可食"和"来到清澈的溪流边垂钓，水深而鲜鱼肥美""从山上采集来野果野菜"和"山中佳肴摆桌前"的句子，其烦简工夫，却是有不同之处的。

卷二（十六则）

汉宣帝不用儒

汉宣帝不好儒，至云俗儒不达时宜，好是古非今，使人眩于名实，不知所守，何足委任。匡衡为平原文学，学者多上书荐衡经明，当世少双，不宜在远方。事下萧望之、梁丘贺。望之奏衡经学精习，说有师道，可观览。宣帝不甚用儒，遣衡归故宫。司马温公谓俗儒诚不可与为治，独不可求真儒而用之乎？且是古非今之说，秦始皇、李斯所禁也，何为而效之邪？既不用儒生而专委中书宦官，弘恭、石显因以擅政事，卒为后世之祸，人主心术，可不戒哉！

国家府库

真宗嗣位之初，有司所上天下每岁赋入大数，是时，至道三年也，凡收谷二千一百七十万硕，钱四百六十五万贯，绢、绸一百九十万匹，丝、绵六百五十八万两，茶四十九万斤，黄蜡三十万斤。自后多寡不常，然大略具此。方国家全

汉宣帝不用儒

汉宣帝刘询不喜欢儒学，以至于说俗儒不通达人情事理，喜欢颂古非今，使人们在虚名与务实问题上造成迷乱，不知道信守什么，怎么值得对他们委以重任呢？匡衡当时是平原（今属山东）郡的教官，学者们多上书推荐他称其通经明世，在当世很少再有第二个，不适合留在远离首都的山东。宣帝把匡衡放到萧望之、梁丘贺手下帮助做事。萧望之上奏称匡衡对经学很精通，其学说有师道来历，值得参阅。因汉宣帝不大采用儒学，最终还是将匡衡追回平原郡担任原来的职务去了。司马温公曾说俗儒确实不可以和他谈论治理天下，难道不可以寻求真正的儒者而任用他们吗？况且颂古非今的提法，是秦始皇、李斯对儒生的蔑称并严厉禁止的，为什么要效法秦始皇呢？既然不任用儒生而专门委任中书令宦官，所以弘恭、石显因此擅权国事，最终为汉朝后世酿成大祸，做为人之主的皇帝，在考虑治国的方针时，不应该以此为鉴戒吗？

国家府库

宋真宗赵恒继位初期，有关部门所上报的全国每年赋税收入的大概数字如下，我记录下的这一年，是宋太宗至道三年的数字，共收谷子二千一百七十万石，钱四百六十五万贯，绢、绸一百九十万匹，丝、棉六百五十八万两，茶四十九万斤，黄蜡三十万斤。从这一年以后多少没有定数，但大略具有这个数目。

盛，民力充足，故于征输未能为害。今之事力，与昔者不可同日而语，所谓缗钱之入，殆过十倍。民日削月朘，未知救弊之术，为可虑耳。黄蜡一项，今不闻有此数。

刘项成败

汉高帝、项羽起兵之始，相与北面共事怀王。及入关破秦，子婴出降，诸将或言诛秦王。高帝曰："始怀王遣我，固以能宽容，且人已服降，杀之不祥。"乃以属吏。至羽则不然，既杀子婴，屠咸阳，使人致命于怀王。王使如初约，先入关者王其地。羽乃曰："怀王者，吾家武信君所立耳，非有功伐，可以得颛主约？今定天下，皆将相诸君与籍力也，怀王亡功，固当分其地而王之。"于是阳尊王为义帝，卒至杀之。观此二事，高帝既成功，犹敬佩王之戒，羽背主约，其末至于如此，成败之端，不待智者而后知也。高帝微时，尝繇咸阳，纵观秦皇帝，喟然太息曰："大丈夫当如此矣！"至羽观始皇，则曰："彼可取而代也。"虽史家所载，容有文饰，然其大旨，固可见云。

当时正是国家全盛时期，人民财力充足，所以在征收赋税方面还没有造成祸害。如今百姓的实力，和过去已经不可同日而语了，通常所说的国库缗钱的收入，恐怕要超过那时的十倍。人民的收入每日每月都在削弱减少，而统治者还不知道采取一些救弊措施，实在令人忧虑。仅黄蜡一项的征收，现在早已没有听说过三十万斤这个数目了。

刘项成败

汉高祖刘邦、西楚霸王项羽当初起兵的时候，曾相约面向北共同事奉楚怀王熊心。等到刘邦进入关中（今陕西西安一带）击破了秦军，秦王子婴出来投降，将领中有人建议杀掉秦王。刘邦说："开始怀王就教导我，做人从来要宽厚容人，并且人家已经归服投降，杀了则不吉利。"于是就把子婴当作属吏。等到项羽入关后则不是这样，他先杀了子婴以后，又屠戮咸阳城，最后才向怀王禀报受命。怀王让他遵守当初的盟约，先进入关中的统治这块京畿之地。项羽却说："楚怀王，是我的叔父武信君项梁所拥立的，没有任何攻伐之功，凭什么得以擅权专断主持盟约呢？今天天下被平定，都是靠的各位将领和我项羽的力量，怀王没有功劳，本来就应该把他的地盘瓜分开来统治。"于是表面上尊怀王为义帝，最终还是杀害了他。观察分析刘邦、项这两件事，汉高祖已经破秦成功了，还恭敬地信守怀王的告诫，而项羽却违背盟约，后来竟发展到这种地步，成功失败的苗头，是不用等待聪明的人最后才看清楚的。汉高祖微贱的时候，曾经到咸阳服徭役，从远处望到秦始皇，感慨地叹息说："大丈夫就应当这样啊！"等到项羽看见秦始皇，却说："这个人我可以取代

占术致祸

吉凶祸福之事，盖未尝不先见其祥。然固有知之信之，而翻取杀身亡族之害者。汉昭帝时，昌邑石自立，上林僵柳复起，虫食叶曰："公孙病已立。"眭孟上书，言当有从匹夫为天子者，劝帝索贤人而禪位，孟坐妖言诛，而其应乃在孝宣，正名病已。哀帝时，夏贺良以为汉历中衰，当更受命，遂有陈圣刘太平皇帝之事，贺良坐不道诛。及王莽篡窃，自谓陈后，而光武实应之。宋文帝时，孔熙先以天文图谶；知帝必以非道晏驾，由骨肉相残，江州当出天子，遂谋大逆，欲奉江州刺史、彭城王义康。熙先既诛，义康亦被害，而帝竟有子祸，孝武帝乃以江州起兵面即尊位。薄姬在魏王豹宫，许负相之当生天子，豹闻言心喜，因背汉，致夷灭，而其应乃在汉文帝。唐李锜据润州反，有相者言，丹阳郑氏女当生天子，锜闻之，纳为侍人。锜败，没入掖庭，得幸宪宗而生宣宗。五代李守贞为河中节度使，有术者善听人声，闻其子妇符氏声，惊曰："此天下之母也。"守贞曰："吾妇犹为天下母，吾取天下，复何疑哉？"于是决反，已而覆亡，而符氏乃为周世宗后。

他。”这虽然是史家的记载，或许有文字修饰夸张，然而它的主要意思，姑且还是可以发现的。

占术致祸

吉凶祸福一类的事情，大凡开始的时候未尝不先呈现出吉祥的征兆。然而必有懂得这种吉兆又相信它，最终反招致杀身亡族之祸的人。西汉昭帝刘弗陵的时候，昌邑县（今山东巨野）的一块大石自己立了起来，京城西务附近，皇上游猎的上林苑中的一棵干枯的柳树又起死回生了，虫吃树叶被称为：“王公的后代病已应当确立。”眭孟懂得这个预兆而上书说，当有从平民百姓中成为天子的人出现，他劝昭帝到民间去搜寻贤人而将皇位禅让给他，眭孟被以妖言惑众的罪名除死了，而这件事却应验在汉宣帝刘询身上，他幼时流落民间后，曾改名叫刘病已。汉哀帝刘欣时，阴阳家夏贺良推算认为，汉朝国运到汉哀帝时中衰，要有新的人物出现禀受天命，于是就发生了私立陈圣刘太平皇帝的事件，夏贺良以大逆不道的罪名被处死。等到王莽篡位，他自称是陈姓的后代，而实际上东汉光武帝刘秀应验了这个陈取代刘而平安的说法。南朝宋文帝刘义隆的时候，孔熙先因分析天文图谶，知道文帝必定要非正常死亡，要死于骨肉相残，江州（今江西九江市）应当出天子，于是就谋划大举反叛刘宋朝廷，想拥立江州刺史、彭城（今徐州）王义康为帝。孔熙先被杀以后，义康也被杀害，而宋文帝最终真的遭受子祸而亡，孝武帝刘骏却从江州起兵登上皇帝宝座。西汉初年，薄姬在西魏王魏豹宫中，许负为她看相说她当生一个天子，魏豹听了这话心里很高兴，因此就背叛汉朝而自立，最终招致了夷灭九族的灾祸，这个

绛侯莱公

汉周勃诛诸吕，立文帝以安刘氏，及为丞相，朝罢趋出，意得甚。上礼之恭，常目送之。爰盎进曰：“丞相何如人也？”上曰：“社稷臣。”盎曰：“绛侯所谓功臣，非社稷臣。社稷臣，主在与在，主亡与亡。方吕后时，诸吕用事，擅相王，绛侯为太尉，本兵柄，弗能正，吕后崩，大臣相与共诛诸吕，太尉主兵，适会其成功，所谓功臣，非社稷臣。丞相如有骄主色，陛下谦逊，臣主失礼，窃为陛下弗取也。”后朝，上益庄，丞相益畏。久之，勃遂有逮系廷尉之祸，几于不免。寇莱公决澶渊之策，真宗待之极厚，王钦若深害之。一日会朝，准先退，钦若进曰：“陛下敬畏寇准，为其有社稷功邪？”上曰：“然。”钦若曰：“臣不意陛下出此言！澶洲之役，不以为耻，而谓准有社稷功，何也？”上愕然曰：“何故？”对预言却在汉文帝身上应验了(薄姬生了汉文帝刘恒)。唐朝的李锜割据润州(治今江苏镇江市)而反唐,有看相的人对他说,丹阳(今安徽当涂县)的郑氏女应当生天子,李锜听了这话,便把丹阳郑氏女子纳为侍人。李锜失败后,郑氏女被没籍收入唐朝皇宫,得以受到唐宪宗李纯的宠爱而生下了唐宣宗李忱。五代时李守贞任河中(今山西永济)节度使,有懂阴阳术的人善于听人的声音,听到李守贞儿媳妇符氏的声音,惊奇地说:“这个人是天子的母亲。’李守贞说:“我的儿媳是天子的母亲,我夺取天下还有什么可怀疑的呢?”于是他下决心反叛,不久全军覆灭,而符氏却做了周世宗的皇后。

绛侯莱公

西汉时大将军周勃诛杀了各位吕姓成员,迎立汉文帝刘恒并安抚了刘氏家族,等到他出任宰相后,上朝结束退出去的时候,表现出一副很得意的样子。汉文帝对他很恭敬,常用目光送他出朝。爰盎进言说:“丞相是什么人?”文帝说:“是国家的重臣。”爰盎说:“绛侯(周勃爵位)可称为有功之臣,不是国家重臣。国家重臣,君主在则和君主同在,君主不在了则和君主一起去死。在吕后执政的时候,各位吕姓成员控制权力,擅自专断相王大权,而周勃身为太尉,掌管兵术,却不敢匡正这种现象,吕后死了以后,大臣们都相互策划着共同诛杀各位吕氏,太尉周勃主握兵权,恰巧逢上事情成功了,所以说他是功臣,不是国家重臣。丞相如今在君主面前有骄横的气色,而陛下您却表示谦逊,这在君臣关系上是失礼的行为,我私下以为您不应当这样做。”以后上朝,皇上增添了庄严,丞相增添了畏惧。后来,就发曰："城下之盟，虽春秋时小国犹耻之。今以万乘之贵，而为此举，是盟于城下也，其何耻如之！"上愀然不能答。由是顾准稍衰，旋即罢相，终海康之贬。呜呼！绛侯、莱公之功，揭若日月，而盎与钦若以从容一言，移两明主意，讫致二人于罪斥，谗言罔极，吁可畏哉！

无名杀臣下

《传》曰："欲加之罪，其无辞乎？"古者置人于死地，必求其所以死。然固有无罪杀之，而必为之名者。张汤为汉武造白鹿皮币，大农颜异以为本末不相称，天子不悦。汤又与异有隙。异与客语初令下有不便者，异不应，微反唇。汤奏当异九卿，见令不便，不入言而腹非，论死。自是后有腹非之法。曹操始用崔琰，后为人所谮，罚为徒隶，使人视之，词生了捕杀廷尉的灾祸，周勃几乎不免于死。北宋寇准曾谋划了与辽订立“澶渊（今河南濮阳）之盟”的国策，宋真宗赵恒对他极为器重，王钦若非常忌恨寇准。有一天上朝，寇准先退朝走了，王钦若趁机进言说：“陛下您敬畏寇准，为的是他有挽救国家的功勋吗？”真宗说：“是的。”王钦若说：“我没想到陛下您竟能说出这样的话！澶渊这场战争的结局，不以此为耻辱，反而说寇准有安抚社稷的功劳，这是为什么？”宋真宗对他的话震惊道：“什么缘故？”王钦若回答说：“兵临城下而结盟，即使在春秋时期的弱小国家还以此为耻辱。今天我大宋帝国以万辆战车的尊贵地位，反而做出这种举动，在兵临城下缔结盟约，难道还有什么比这更耻辱的吗？”皇上脸色变得凄凉难堪回答不出来。从此对寇准的顾念开始减弱，后旋即罢免了他的宰相职务，最终老死在海康（今属广东）贬所。哎！降侯周勃、莱公寇准的功勋，像天上的太阳月亮一样明亮清楚，而爰盎和王钦若从容地用一句谗言，就改变了两位英明君主的原意，最终导致两位功臣获罪遭贬斥，谗言没有标准和原则，实在可怕呀！

无名杀臣下

《左传》说：“想要加害一个人，难道还怕找不到借口吗？”古人要把人置于死地，必定要寻求一个让他这样死的理由。然而也时有本来无罪而遭杀害，又必定为被杀者罗织罪名的现象。张汤为汉武帝制造白鹿皮币，大司农颜异以为这种钱和实际价值不相称，汉武帝就不高兴了。又加上张汤与颜异有矛盾，颜异曾与客人谈道，刚拟颁布的食货令有不大合适的地方，颜异没有逢场迎合，与张汤稍有顶嘴。张汤便上奏朝廷判颜异色不挠。操令曰："琰虽见刑，面对宾客，虬须直视，若有所嗔。"遂赐琰死。隋炀帝杀高炯之后，议新令，久不决。薛道衡谓朝士曰："向使高颍不死，会决当久行。"有人奏之，帝怒，付执法者推之。裴蕴奏："道衡有无君之心，推恶于国，妄造祸端。论其罪名，似如隐昧，原其情意，深为悖逆。"帝曰："公论其逆，妙体本心。"遂令自尽。冤哉，此三臣之死也！

平天冠

祭服之冕，自天子至于下士执事者毕服之，特以梁数及旒之多少为别。俗呼为平天冠，盖指言至尊乃得用。范纯礼知开封府，中旨鞫淳泽村民谋逆事。审其故，乃尝入戏场观优，归涂见匠者作桶，取而戴于首，曰："与刘先主如何？"遂为匠擒。明日人对，徽宗问何以处。对曰："愚人村野无所知，若以叛逆蔽罪，恐辜好生之德，以不应为杖之，足矣。"按《后汉·舆服志》蔡邕注"冕冠"曰："鄙人不识，谓之平天冠。"然则其名之传久矣。

说：见诏令不大合适，不表态却在内心非议，罪当处死。从此以后便有了“腹非”的法律条文。曹操开始重用崔琰，后来崔琰被人谗毁，处罚做了徒隶，曹操派人去监视他，崔琰没有说谦恭的话。曹操便下令说：“崔琰虽然服刑，但面对宾客，满脸卷曲的络腮胡子正眼直视，好像愤怒的样子。”于是就赐崔琰自杀。隋炀帝杀害了高炯之后，议论新的法令，长期不能决断。薛道衡对大臣说：“假如高炯不死的话，法令早就决断执行了。”有人把这话上奏给了隋炀帝，炀帝大怒，将薛道衡交付给执法官推想罪名。裴蕴上奏说：“薛道衡有无君之心，诬蔑国家，妄想制造祸乱挑起事端。定他的罪名，似乎好像隐蔽不明确，但推究他的本意，实在是属于大逆不道。”炀帝说：“公定他叛逆之罪，绝妙地体现了我的本意。”立刻赐薛道衡自尽。冤枉啊！这三位大臣之死。

平天冠

祭祀礼服中的冠冕，从天子到下面主持祭祀的人都戴，特别从冠梁和冠冕前后悬挂的玉串多少区别等级。通常称它为平天冠，大意是指最尊贵的人才能戴。范纯礼任开封府尹，奉旨审讯淳泽一个村民谋逆造反的事。审问事情缘故，原来是这个村民到戏场去看倡优表演（表演的许是有关刘备的故事），回家途中看见一个工匠造水桶，他便拿起水桶戴在头上，问道：“我与刘先主刘备比怎么样？”于是就被工匠抓住了。第二天范纯礼上朝向皇上禀报审理情况，宋徽宗问怎么处理。范纯礼回答说：“愚民山村野夫什么都不懂，如果以叛逆定罪的话，恐怕有损于皇上乐于救助生命的美德，不如用木棒打他几下，足够

介推寒食

《左传》晋文公反国，赏从亡者，介之推不言禄，禄亦弗及，推遂与母偕隐而死。晋侯求之不获，以绵上为之田，曰："以志吾过。"绵上者，西河界休县地也。其事始末只如此。《史记》则曰："子推从者书宫门，有'一蛇独怨'之语。文公见其书，使人召之，则亡。闻其人绵上山中，于是环山封之，名曰介山。"虽与《左传》稍异，而大略亦同。至刘向《新序》始云："子推怨于无爵齿，去而之介山之上，文公待之，不肯出。以谓焚其山宜出，遂不出而焚死。'是后杂传记，如《汝南先贤传》则云："太原旧俗，以介子推焚骸，一月寒食。"《邺中记》云："并州俗，冬至后一百五日，为子推断火冷食三日。魏武帝以太原、上党、西河、雁门皆冻寒之地，令人不得寒食，亦为冬至后百有五日也。"按《后汉·周举传》云："太原一郡，旧俗以介子推焚骸，有龙忌之禁。至其亡月，咸言神灵不乐举火，由是士民每冬中辄一月寒食，莫敢烟爨。举为并州刺史，乃作吊书置子推庙，言盛冬去火，残损民命，非贤者之意，宣示愚民，使还温食。于是众惑稍解，风俗颇革。"然则所谓寒食，乃是冬中，非今二三月间也。

了。”按:《后汉书·舆服志》蔡邕注冕冠道:“鄙人不认识,称它做平天冠。”可见平天冠的名字流传很久了。

介推寒食

《左传》上记载,晋文公重耳流亡返回国内以后,封赏随从他流亡的人,介之推没要求俸禄,所以禄位没有恩及他,介子推便和他老母亲一起隐居而死了。晋文公寻求他而没有找到,便把绵上(今山西省介休东南)这个地方作为介之推的田产,说:“用来标志我的过错。”绵上就是西河(南北走向的黄河西)介休县(今属山西)的地盘。这件事的前后经过仅仅如此。《史记》则说:“介子推的随从写在宫门上,其中有‘只有一条蛇怨恨’的话。晋文公看见这份上书,便派人诏介子推,他就逃走了。听说他进入到了绵上的山中,晋文公于是就下令把山围着封起来了,起名叫作介山。《史记》虽然与《左传》的记载稍有不同,但大略也一致。到了汉朝刘向的《新序》则开始说:“介子推怨恨没有封到爵邑和排上官次,便离开宫廷来到介山,晋文公期待他出来,他不肯出来。他以为放火烧山可能就会出来,于是介之推没出来就被烧死了。”这之后便杂乱流传和记载,如《汝南先贤传》则说:“太原的风俗,因为介子推焚烧了尸体,为了纪念他,一月份吃冷食。”《邺中记》说:“并州(治今山西太原)风俗,冬至后的第一百零五天,为介子推断火吃三天冷食。北魏太武帝拓跋焘因为太原、上党(治今山西长治)、西河、雁门(治今山西右玉)全是严寒冰冻之地,命令人们不得吃冷食,时间也是指冬至后第一百零五天。”按《后汉书·周举传》上的记载是:“太原一郡,旧风俗是因介子推焚烧了尸骸,有龙忌之禁。

进士诉黜落

天禧三年，京西转运使胡则言滑州进士杨世质等诉本州黜落，即取元试卷，付许州通判崔立看详，立以为世质等所试，不至纰缪，已牒滑州依例解发。诏转运司具析不先奏裁直令解发缘由以闻，其诚卷仰本州缴进。世质等仍未得解发。及取到试卷，诏贡院定夺，乃言词理低次，不合充荐，复黜之，而劾胡则、崔立之罪。盖是时贡举条制犹未坚定，故有被黜而来诉其枉者。至于省试亦然，如叶齐之类，由此登第。后来无此风矣。

每到介子推死的一月份，都说神灵不喜欢点火，因此百姓每年冬天即吃一个月的冷食，没有人敢生火做饭。周举任并州刺史后，就作凭吊介子推的告示张贴在子推庙前，称严寒冬天不生火，残害损折老百姓的性命，这不是介子推这个贤人的本意，向老百姓宣布，让他们恢复吃温食的习惯。从此，当地民众的迷乱稍有缓解，寒食的风俗颇有革除。”可见所谓寒食节，是在严冬中，不像现在的寒食节在二、三月间。

进士诉出落

北宋真宗天禧三年，京西路（今河南洛阳）转运史胡则说滑州（今河南滑县）应考进士杨世质等诉讼滑州将他们的试卷刷掉落选了，他便取出原试卷拿给许州（今河南许昌）通判崔立详细过目，崔立以为杨世质等人的答卷还不至于有错误，胡已自作主张通知滑州按照有关规定将杨氏等的试卷解发到中央。真宗便下诏责成胡则具体解释清楚不先上奏朝廷而直接让滑州解发试卷的原因，试卷可等待滑州缴进。虽有胡则的通知，但杨世质等的试卷仍迟迟没有得到滑州的解发。等到朝廷取到滑州缴进来的杨氏试卷后，便立刻令贡院定夺，最后认定的结论是，杨世质等的试卷言词低劣，地方不应该滥竽充数推荐，重新刷掉。贡院并弹谥胡则、崔立越职妄加推荐之罪。这个时候的贡举条例还不完善固定，所以有被刷落选而来上诉冤枉的现象出现，省试也有这种现象，如叶齐这类人就是靠钻贡举条例不完善的空子上诉冤枉而登高第的。后来，就没有这种风气了。

《后汉书》载班固文

班固著《汉书》，制作之工，如《英》《茎》《咸》《韶》，音节超诣，后之为史者，莫能及其仿佛，可谓尽善矣。然至《后汉》中所载固之文章，断然如出两手。观《谢夷吾传》云，第五伦为司徒，使固作奏荐之，其辞至有“才兼四科，行包九德”之语。其他比喻，引稷、契、咎繇、傅说、伊、吕、周、召、管、晏，以为一人之身，而唐、虞、商、周圣贤之盛者，皆无以过。而夷吾乃在《方术传》中，所学者风角占候而已，固之言，一何太过欤？

赵充国马援

前汉先零羌犯塞，赵充国平之，初置金城属国，以处降羌，西边遂定。成帝命扬雄颂其图画，至比周之方、虎。后汉光武时，西羌人居塞内，来歙奏言，陇西侵残，非马援莫能定。乃拜援太守，追讨之。羌来和亲，于是陇右清静。而自永平以后，讫于灵帝，十世之间，羌患未尝少息。故范晔著论，以为“二汉御戎之方，为失其本。先零侵境，赵充国迁之内地；当煎作寇，马文渊徙之三辅。贪其暂安之势，信其驯服之情，计日用之权宜，忘经世之远略，岂夫识微者之为乎？”援徙当煎于三辅，不见其事。《西羌传》云，援破降

《后汉书》载班固文

班固修撰的《汉书》,其制作的精工,就好像《英》《茎》《咸》《韶》等音乐一样,音节达到了高超造诣的境界,后代撰修历史的人,没有能够与他相仿的,可算得上是尽善了。然而到了《后汉书》中所载的班固的文章,干脆就像是出自两个人的手笔。观《谢夷吾传》记载,第五伦担任司徒,让班固作篇奏文推荐谢夷吾,班固这篇奏文的句子中竟然有"才能兼通四科,品行包容九德"的话。其他地方的比喻,竟然引后稷、契、咎繇、傅说、伊尹、吕尚、周公、召公、管仲、晏婴等十位先贤的德行,来美化谢夷吾一人之身,而唐、虞、商、周几个朝代的圣贤中的最优秀者,全都没有一个能超过他的。实际上谢夷吾被列在《方术传》中,他所学的只不过是观看风水占卜征候罢了,班固对他的赞美,不是太过分了吗?

赵充国马援

西汉时先零羌进犯汉的西部边塞,赵充国讨伐平定了他们,开始在金城(今甘肃永靖)设置属国,以便在那里使西羌归降,西部边疆遂即安定下来。汉成帝刘骜曾经命扬雄作赋歌颂赵充国的这一英明的安边策略,以至于把他比作周朝时期的安国大臣方叔、召伯虎。东汉光武帝刘秀的时候,西羌侵入并居住到边塞以内,来歙上奏称,陇西(今甘肃临兆)被羌人侵扰摧残,没有马援出兵就不可能平定。于是拜马援为陇西太守,追逐讨伐西羌。西羌终于前来和亲,从此陇右(泛指今六盘山以西黄河以东地区)清平安宁无事。但自从东汉明帝刘庄永平年间以后,一直到灵帝刘宏时期,十代皇帝中间,羌族的侵扰之患从先零，徙置天水、陇西、扶风三郡？事已具《援传》。然援本传盖无其语，唯段纪明与张奂争讨东羌奏疏，正谓赵、马之失，至今为梗。充国、文渊，为名臣，段贬之如此，故晔据而用之，岂其然乎？

汉人希姓

两《汉书》所载人姓氏，有后世不著见者甚多，漫纪于此，以助氏族书之脱遗。复姓如公上不害、合付胡害、室中同、昭涉掉尾、单父右军、阳城延、息夫躬、游水发根、吾丘寿王、落下闳、梁丘贺、五鹿充宗、公户满意、堂溪惠、申章昌、浩星赐、阙门庆忌、安国少季、马适建、都尉朝、毋将隆、红阳长仲、乌氏嬴、周阳由、胜屠公、毋盐氏、欧侯氏、士孙喜、索卢恢、屠门少、瓜田仪、工师喜、马少伯、公乘未有过短暂的平息。所以南朝范晔著文评论，他认为："两汉抵御西部少数民族的方略，过失主要在于没有治本。先零侵扰边境的时候，赵充国则把他们迁到了内地；当煎作乱的时候，马援又把他们迁到了三辅大地(今陕西西安一带)。贪图暂时安宁的国势，相信驯服同化少数民族的感情力量，只懂得不断采用权宜之计，却忘记了经世安邦的长远谋略。治国安边这样的大事难道是从小处看问题的人所能胜任的吗?"而实际情况是，所谓马援把当煎迁到三辅大地，史书上见不到关于这件事的记载。《西羌传》说："马援击破并招降了先零，把他们迁到了天水(今甘肃通渭)、陇西、扶风(今陕西兴平东南)三郡?其事已全部在《马援传》中。"然而读《马援传》全没有这些话，只有段纪明和张奂争论计划东羌的奏疏时，正面批评了赵充国、马援的安抚西羌过失，称至今仍是国家的祸害。赵充国、马援，是汉朝的名臣，段纪明对他们贬抑到这种地步，所以范晔就把它作为依据而采用了，难道实际情况是这样吗?

汉人希姓

《汉书》和《后汉书》上面所记载的人名的姓氏，有很多后世都见不到了，我随手录记在这里，以便对氏族一类书的脱遗有所补助。复姓公上不害、合付胡害、室中同、昭涉掉尾、单父右军、阳城延、息夫躬、游水发根、吾丘寿王、落下闳、梁丘贺、五鹿充宗、公户满意、堂溪惠、申章昌、浩星赐、阙门庆忌、安国少季、马适建、都尉朝、毋将隆、红阳长仲、乌氏嬴、周阳由、胜屠公、毋盐氏、欧侯氏、士孙喜、索卢恢、屠门少、瓜田仪、工师喜、马少伯、公乘歙、鲑阳鸿、弓里游、公沙穆、胡母班、周生

歙、鲑阳鸿、弓里游、公沙穆、胡母班、周生丰、友通期、公绪恭、公族进阶、水丘岑、叔先雄。单姓如缯贺、虫达、灵常、贲赫、其石、旅卿、秘鼓祖、革朱、纠乐、冷丰、冥都、滱中翁、蒯彻、直不疑、闳孺、使乐成、柘育、制氏、猗顿、义纵、隽不疑、疏广、云敞、枚乘、终军、卤公孺、食子公、馯臂、倗宗、衡胡、乘宏、简卿、炔钦、所忠、假仓、眭孟、豐恽、涂恽、射姓、后仓、姓伟、如氏、苴氏、百政、免公、发福、质氏、浊贤、稽发、万章、闲氏、佗羽、琇君宾、漕中叔、栩丹、帛敞、迟昭平、汝臣、驹几、称忠、逯普、台崇、沐茂、匽氏、劳丙、抗徐、阙宣、沮俊、卑整、编䜣、亶诵、寻穆、夜龙、弓林、行巡、设讽、角闳、芳丹、坚镡、锡光、谣伟、重异、力子都、维汜、诗索、繇延、夷长公、防广、镡显、移良、缑玉、蕃向、渠穆、临孝存、脂习、笮融、茨充、处兴、兴渠、具瑗、谅辅、腾是、卿仲辽、谒焕、矫慎、晃华、洼丹、祢衡。

绛灌

《汉书·陈平传》，“绛、灌等谗平。”颜师古注云：“旧说云，绛，绛侯周勃也，灌，灌婴也。而《楚汉春秋》，高祖之臣，别有绛灌，疑昧之文，不可据也。”《贾谊传》，“绛、灌、东阳侯之属尽害之。”注亦以为勃、婴。案，《史记·陈平世家》曰：“绛侯、灌婴等咸谗平”，则其为两人明甚。师古不必为疑辞也。《楚汉春秋》陆贾所作，皆书当时事，而所言多与史不合。师古盖屡辨之矣。《史》《汉》《外戚》《窦丰、友通期、公绪恭、公族进阶、水丘岑、叔先雄。单姓如缯贺、虫达、灵常、贲赫、其石、旅卿、秘鼓祖、革朱、纠乐、冷丰、冥都、滱中翁，蒯彻、直不疑、闳孺、使乐成、柘育、制氏、猗顿、义纵、隽不疑、疏广、云敞、枚乘、终军、卤公孺、食子公、骈臂、倗宗、衡胡、乘宏、简卿、炔钦、所忠、假仓、眭孟、蓬恽、涂恽、射姓、后仓、姓伟、如氏、苴氏、百政、免公、发福、质氏、浊贤、稽发、万章、闲氏、佗羽、绣君宾，漕中叔、栩丹、帛敞、迟昭平、汝臣、驹几、称忠、逯普、台崇、沐茂、匽氏、劳丙、抗徐、阙宣、沮俊、卑整、编䜣、亶诵、寻穆、夜龙、弓林、行巡、设讽、角闳、芳丹、坚镡、锡光、谣伟、重异、力子都、维汜、诗索、繇延、夷长公、防广、镡显、移良，缑玉、蕃向、渠穆、临孝存、脂习、笮融、茨充、处兴、兴渠、具瑗、谅辅、腾是、卿仲辽、谒焕、矫慎、晁华、洼丹、祢衡。

绛灌

《汉书·陈平传》记载，“绛、灌等人进谗言诬告陈平”。颜师古注释这句话说：“旧说认为，绛，指绛侯周勃，灌，指灌婴。而《楚汉春秋》上则说，汉高祖刘邦的大臣中，另有一个名叫绛灌的人，我怀疑《楚汉春秋》属无知之文，不可以作为依据。”《汉书贾谊传》有“绛、灌、东阳侯一派的人全都陷害贾谊。”的话，颜师古也把绛、灌注为周勃、灌婴。按《史记·陈平世家》上说的：“绛侯、灌婴等都谗毁陈平”，则他们指两个人是非常清楚的。颜师古没必要用“疑”这个词。《楚汉春秋》是陆贾所皇后传》，实书绛侯、灌将军此最的证也。夏侯婴为腾令，故称腾公。而《史》并灌婴书为腾、灌，贾谊所称亦然，甚与绛、灌相类。《楚汉春秋》一书，今不复见，李善注《文选》刘歆《移博士书》云：“《楚汉春秋》曰：汉已定天下，论群臣破敌禽将，活死不衰，绛灌、樊哙是也。功成名立，臣为爪牙，世世相属，百出无邪，绛侯周勃是也。”然则绛灌自一人，非绛侯与灌婴。师古所谓疑昧之文者此耳。张耳归汉，即立为赵王，子敖废为侯，敖子偃尝为鲁王，文帝封为南宫侯，而《楚汉春秋》有“南宫侯张耳”。淮阴舍人告韩信反，《史记·表》云栾说，《汉·表》云乐说，而《楚汉》以为谢公。其误可见。

题咏绝唱

钱伸仲大夫于锡山所居漆塘村作四亭，自其先入，已有卜筑之意而不克就，故名曰“遂初”；先垄在其上，名曰“望云”；种桃数百千株，名曰‘芳美’；凿地涌泉，或以为与惠山泉同味，名曰“通惠”。求诗于一时名流，自葛鲁卿、汪彦章、孙仲益既各极其妙，而母舅蔡载天任四绝独擅场。《遂著的，全部写的是当时的事情，但他所说的很多都与史实不相符合。颜师古曾多次对它进行辨析。《史记》《汉书》中的《外戚传》和《窦皇后传》，实际书写为绛侯、灌将军，这是最标准的证据。夏侯婴曾担任腾县(今属山东)县令，所以被称为腾公。而《史记》把腾公夏侯婴和灌英合并书写为滕、灌，对贾谊的称呼也是这样，和对绛、灌的称呼很相似。《楚汉春秋》一书，现在已经见不到了，李善注释《昭明文选》中刘歆的《移博士书》这篇文章时写道:“《楚汉春秋》说，汉朝平定天下以后，评论功臣时认为，击破强敌擒拿敌将，不论面对生存还是面对死亡都能够不减士气，这指的是绛灌、樊哙。功成名就，做国君的重臣爪牙，世世代代相传，做各种事情都无奸邪之心，指的是绛侯周勃。”可见绛灌自然是指一个人，不是绛侯与灌婴。颜师古所说的怀疑属于无知之文的，就是这段文字。张耳归顺汉朝后，即被封为赵王，他的儿子张敖后来被废为侯，张敖的儿子张偃曾封做鲁王，汉文帝以前曾被封为南宫侯，但《楚汉春秋》上却有“南宫侯张耳”的话。淮阴侯韩信的门客曾告发韩信造反，《史记·表》上记载说这个人是栾说，《汉书·表》上说是乐说，但《楚汉春秋》则以为是谢公。由此它的误记可见一斑。

题咏绝唱

南宋钱伸仲大夫在锡山(在江苏无锡市西郊)他所居住的漆塘村附近建造了四座亭子，自从他先进到一座亭子里面观赏，就产生了在里面居住的念头，但未能如愿，所以就为这座亭子起名叫作“遂初”；钱氏先辈的墓葬都在另一座亭子上方，他便给这座亭子起名为“望云”；因亭子旁栽种有上千棵桃树，所以初亭》曰："结庐傍林泉，偶与初心期。佳处时自领，未应鱼鸟知。"《望云亭》曰："白云来何时，英英冠山椒。西风莫吹去，使我心摇摇。"《芳美亭》曰："高人不惜地，自种无边春。莫随流水去，恐污世间尘。"《通惠亭》曰："水行天地间，万派同一指。胡为穿石来？要洗巢由耳。"四篇既出，诸公皆自以为弗及也。吴傅朋游丝书，赋诗者以百数，汪彦章五言数十句，多用翰墨故事，固已超拔，而刘子翚颜冲古风一篇，盖为绝唱、其辞云："圆清无暇二三月，时见游丝转空阔。谁人写此一段奇，著纸春风吹不脱。纷纭纠结疑非书，安得龙蛇如许癯。神踪政喜萦不断，老眼只愁看若无。定知苗裔出飞白，古人妙处君潜得。勿轻漠漠一缕浮，力遒可挂千钧石。眷予弟兄情不忘，轴之远寄悠然堂。谢公遗髯凛若活，卫后落鬓摇人光。翻思长安夜飞盖，醉哦声落南山外。乱离契阔四十秋，笔意与人俱老大。政成著脚明河津，外家风流今绝伦。文章固自有机杼，戏事岂足劳心神？"此章尤为驰骋痛快，且卒章含讥讽，正中傅朋之癖。予少时见二公所作，殊敬爱之，至今五十年尚能记忆，惧其益久而不传，故纪于此。

他就为第三座亭子起名叫作“芳美”；凿开土层便有清澈的泉水涌出，有人以为这里的水与惠山（锡山西之主峰）的泉水一样甘甜，他便为这里的第四座亭子起名为“通惠”。四座亭子命名后，钱大夫便向当时的名流觅求题诗，从葛鲁卿、汪彦章到孙仲益等名流的题诗都各极其妙，然而笔者的舅父蔡天任先生的四首绝句则更独专诗场。他题《遂初亭》说：“结庐傍林泉，偶与初心期。佳处时自领，末应鱼鸟知。”题《望云亭》说：“白云来何时，英英冠山椒。西风莫吹去，使我心摇摇。”题《芳美亭》说：“高人不惜地，自种无边春，莫随流水去，恐污世间尘。”题《通惠亭》说：“水行天地间，万派同一指。胡为穿石来？要洗巢由耳。”这四篇题诗出来以后，各位先生都自以为赶不上。同时的吴傅朋用游丝制作了书法挂轴，赋诗吟诵他这一工艺品的人数以百计，汪彦章先生的五言诗数十句，多化用翰墨故事，本来已经超群拔萃，而刘子翚的古风诗一篇，恐怕更应称为绝唱了。他的诗句是：“圆清无瑕二三月，时见游丝转空阔。谁人写此一段奇，著纸春风吹不脱。纷纭纠结疑非书，安得龙蛇如许癯。神踪政喜萦不断，老眼只愁看若无。定知苗裔出飞白，古人妙处君潜得。勿轻漠漠一缕浮，力道可挂千钧石。眷予弟兄情不忘，轴之远寄悠然堂。谢公遗髯凛若活，卫后落鬒摇人光。翻思长安夜飞盖，醉哦声落南山外。乱离契阔四十秋，笔意与人俱老大。政成著脚明河津，外家风流今绝伦。文章固自有机杼，戏事岂足劳心神？”这一章尤其驰骋痛快，而且最后一句蕴含讥讽之意，正切中吴傅朋的癖病。我小时候看到蔡天任、刘子翚二公的这几首诗，特别地敬仰喜爱它，到现在已经五十年了还能够记忆吟诵出来，我怕它时间更久了不能流传下去，所以就把这些诗记录

秀才之名

秀才之名，自宋、魏以后，实为贡举科目之最，而今人恬于习玩，每闻以此称之，辄指为轻己。因阅《北史·杜正玄传》载一事云：“隋开皇十五年，举秀才，试策高第，曹司以策过左仆射杨素，素怒曰：‘周、孔更生，尚不得为秀才，刺史何忽妄举此人！’乃以策抵地不视。时海内唯正玄一人应秀才，曹司重以启素，素志在试退正玄，乃使拟相如《上林赋》、王褒《圣主得贤臣颂》、班固《燕然山铭》、张载《剑阁铭》《白鹦鹉赋》，曰：‘我不能为君住宿，可至未时令就。’正玄及时并了。素读数遍，大惊曰：‘诚好秀才！’命曹司录奏。”盖其重如此。又，正玄弟正藏，次年举秀才，时苏威监选，试拟贾谊《过秦论》《尚书·汤誓》《匠人箴》《连理树赋》《几赋》《弓铭》，亦应时并就，文无点窜。然则可谓难矣。《唐书·杜正伦传》云：“隋世重举秀才，天下不十人，而正伦一门三秀才，皆高第。”乃此也。

在这里。

秀才之名

秀才这个名称，自打南朝的宋、北朝的北魏以后，实际是贡举科目中的最高品级，而现在的人却对这个称呼淡于玩味，每当听到有人用这个词称呼自己时，便即刻指责对方轻视自己。因此我想起了阅读《北史·杜正玄传》时上面记载的一件事，上面写道："隋文帝杨坚开皇十五年，由地方推举秀才人选，朝廷经过考试策问方能登高第，主管考试的曹司把写有考题的策拿给左仆射杨素看，杨素发怒说：'即便是周公旦、孔老夫子重新出生，还尚且不能成为秀才，刺史不知为何妄加推荐这个人！'便把策投在地上不予理睬。当时因为全国只有正玄一个人应考秀才，曹司只好又重新拾起藻拿给杨素，杨素目的在于测试刷掉正玄，便让他分别模拟司马相如的《上林赋》、王褒的《圣主得贤臣颂》、班固的《燕然山铭》、张载的《剑阁铭》《白鹦鹉赋》写出五篇赋来，并说：'我不能为你安排住宿，可到下午三时前写毕。'正玄及时将几篇赋一齐完成了。杨素一连读了好几遍，大为吃惊地说：'确实是一个好秀才！'命曹司马上录取上奏。"那时对秀才重视到像这种程度。又如正玄的弟弟正藏，第二年应考秀才，当时是苏威监督选试，正藏模拟贾谊的《过秦论》《尚书·汤誓》《匠人箴》《连理树赋》《几赋》《弓铭》作文，也及时一并完成了，文章没有一点毛病。这可算得上高难度的。《唐书·杜正伦传》说："隋朝重视秀才选拔，全国录取不到十人，而杜正伦一家却出了三位秀才，全都登上了高第。"就是指的这事。

魏收作史

魏收作元魏一朝史，修史诸人，多被书录，饰以美言，夙有怨者，多没其善。每言：“何物小子，敢共魏收作色，举之则使上天，案之当使入地。”故众口喧然，称为“秽史”。诸家子孙，前后投诉，云遗其家世职位，或云不见记录，或云妄有非毁，至于坐谤史而获罪编配，因以致死者。其书今存，视南北八史中，最为冗谬。其自序云：“汉初，魏无知封高良侯，子均，均子恢，恢子彦，彦子歆，歆子悦，悦子子建，子建子收。”无知于收，为七代祖，而世之相去七百余年。其妄如是，则其述他人世系与夫事业，可知矣！

魏收作史

南北朝时期北齐的魏收奉旨修撰北魏一朝的历史——《魏书》，参与修史的人，多被录进书中，并用赞美的语言加以修饰美化，对和他有旧怨的人，则多在书中埋没他们的善行。他每每说道：“什么东西，敢与我魏收作对，抬举你则可以让你上天，贬低你会让你入地。”所以众人对魏收这种卑劣做法议论纷纷，称《魏书》是一部“秽史”。各家子孙，前后不断有人投诉，有的说书中遗漏了他们的家世职位，有的说他们先辈的事迹不见记录，有的说书中对他们的家人妄加诽谤、诋毁，以至于有不少人因《魏书》这部谤史而获罪遭发配，甚至有因此而致死的。这部书现在还存有，观南北八史当中，它最为杂乱荒谬。魏收在《魏书》自序中说：“汉朝初年，魏无知被封为高良侯，他的儿子叫魏均，魏均的儿子叫魏恢，魏恢的儿子叫魏彦，魏彦的儿子叫魏歆，魏歆的儿子叫魏悦，魏悦的儿子叫魏建，魏建的儿子叫魏收。”魏无知对于魏收来说，是他的七代祖，但时间却相差了七百多年。对自己的家世尚且胡乱撰写到这种地步，那么他叙述其他人的世系和事业乱到什么程度，就可想而知了。

卷三（十九则）

兔葵燕麦

刘禹锡《再游玄都观诗序》云："唯兔葵燕麦，动摇春风耳。"今人多引用之。予读《北史·邢邵传》载邵一书云："国子虽有学官之名，而无教授之实，何异兔丝燕麦，南箕北斗哉？"然则此语由来久矣。《尔雅》曰："莃，兔葵。蘥，雀麦。"郭璞注曰："颇似葵而叶小，状如藜；雀麦即燕麦，有毛。"《广志》曰："菟葵，烧之可食"古歌曰："田中菟丝，何尝可络？道边燕麦，何尝可获？"皆见于《太平御览》。《上林赋》："咸析苞荔。"张揖注曰："析，似燕麦，音斯。"叶庭珪《海录碎事》云："兔葵，苗如龙芮，花白茎紫。燕麦草似麦，亦曰雀麦。"但未详出于何书。

北狄俘虏之苦

元魏破江陵，尽以所俘士民为奴，无问贵贱，盖北方夷俗皆然也。自靖康之后，陷于金虏者，帝子王孙，宦门仕族之家，尽没为奴婢，使供作务。每人一月支稗子五斗，令自舂为米，得一斗八升，用为餱粮。岁支麻五把，令缉为裘，此外更无一钱一帛之入。男子不能缉者，则终岁裸体，虏或哀

兔葵燕麦

唐代诗人刘禹锡的《再游玄都观诗序》说：“只有那兔葵燕麦，摇动着春风。”现在的人多引用这句话。我读《北史·邢邵传》，上面记载邢邵所著的某部书说：“国子虽然极学官的名称，却没有教授的实际水平，这和兔丝燕麦、南箕北斗有什么差别呢？”可见“兔丝燕麦”这句话由来已久了。《尔雅》上说：“莃，指兔葵。籥，指雀麦。”郭璞注释说：“（兔葵），很像葵但叶小，形状像藜；雀麦，就是燕麦，有毛。”《广志》说：“菟葵，烧着可以吃。”古歌谣说：“田野中的菟丝，何时曾缠绕？道路边的燕麦，何时曾收获？”这首歌谣见于《大平御览》。西汉司马相如的《上林赋》有：“咸析苞荔。”张揖注释说：“析像燕麦，音斯。”叶庭硅《海录碎事》说：“兔葵，苗如龙芮，花是白色的茎是紫色的。燕麦草像麦，也叫雀麦。”但这段话不清楚原来出自哪本书。

北狄俘虏之苦

北魏攻破江陵（今属湖北）后，全部把所俘虏的将士百姓没为奴隶，不论高贵还是低贱，大概北方少数民族的习俗都是这样。自从北宋钦宗赵桓靖康之变以后，凡被金朝俘虏的人，不论是帝子王孙，还是官门仕族之家，全部被没为奴婢，让他们供奉统治者做杂务。每人每月支给五斗稗子，让他们自己舂成米，得到一斗另八升，用来当作一个月的干粮。每年支给每个之，则使执火，虽时负火得暖气，然才出外取柴归，再坐火边，皮肉即脱落，不日辄死。惟喜有手艺，如医人、绣工之类，寻常只团坐地上，以败席或芦藉衬之，遇客至开筵，引能乐者使奏技，酒阑客散，各复其初，依旧环坐刺绣，任其生死，视如草芥。先公在英州，为摄守蔡俊言之，蔡书于《甲戌日记》，后其子大器录有以相示，此《松漠记闻》所遗也。

太守刺史赠吏民官

汉薛宣为左冯翊，池阳令举廉吏狱掾王立，未及召，立妻受因家钱，惭恐自杀。宣移书池阳曰："其以府决曹掾书立之柩，以显其魂。"颜师古注云："以此职追赠也。"后魏并卅刺史以部民吴悉达兄弟行著乡里，板赠其父渤海太守。此二者皆以太守、刺史而擅赠吏民官职，不以为过，后世不敢然也。

人五把麻，让自己纺绩做衣服，这之外再也没有一分钱一丝帛的收入。男人当中不会纺绩的，就整年裸体，金人中有可怜他们的，就让他们烧火煮饭，这样虽然可以一时靠近火得点暖气，然而刚刚到外面取柴回来，再坐到火旁，皮肉就开始脱落，不几日即悲惨死去。唯一可庆幸的是有手艺的人，如医生、刺绣工一类，她们平常只团坐在地上，用破席或者荒草衬在下面。金人遇到客人来了开办筵席，就从这些刺绣工中把通音乐的领去让他们表演技艺，等酒尽客散了，再让她们各自回到原来的位子上，依旧围坐成一圈刺绣，任随她们活着或死去，像对待草芥一样看待她们。我家先公在英州（今广东英德市）时，对英州摄守蔡谈了这些事，蔡摄守把它写在了《甲戌日记》中，后来他的儿子蔡大器过录下来拿给我看了，这是《松漠记闻》中所遗漏未记的。

太守刺史赠吏民官

汉朝薛宣任左冯翊时，池阳（今陕西泾阳西北）太守举荐廉吏狱掾王立，还未来得及召见，王立的妻子收受了囚犯家人的钱财，王立因羞惭恐惧而自杀。薛宣则向池阳发移文说：“把府决曹掾这个官职书写在王立的灵柩上，以显扬他的灵魂。”颜师古注释说：“这是用府决曹掾这个官职追赠王立。”南北朝时北魏并州（今山西太原）刺史因为平民吴悉达兄弟几人品行显著于乡里，便追赠他们死去的父亲为渤海（黑龙江宁安县东城镇）太守。这两件事都是以太守、刺史的身份擅自追赠官吏平民官职，不能算是过错，但后世不敢这样做。

李元亮诗启

建昌县士人李元亮，山房公择尚书族子也，抱材尚气，不以辞色假人。崇宁中在大学，蔡嶷为学录，元亮恶其人，不以所事前廓之礼事之。蔡擢第魁多士，元亮失意归乡。大观二年冬，复诣学，道过和州。蔡解褐即超用，才二年，至给事中，出补外，正临此邦。元亮不肯人谒。蔡自到官，即戒津吏门卒，凡士大夫往来，无问官高卑，必飞报，虽布衣亦然。既知其来，便命驾先造所馆。元亮惊喜出迎，谢曰："所以来，颛为门下之故。方修贽见之礼，须明旦扣典客，不意给事先生卑躬下贱如此，前贽不可复用，当别撰一通，然后敬谒。"蔡退，元亮旋营一启，旦而往焉，其警策曰："定馆而见长者，古所不然；轻身以先匹夫，今无此事。"蔡摘读嗟激，留宴连夕，饷以五十万钱，且致书延誉于诸公间，遂登三年贡士科。元亮亦工诗，如"人闲知昼永，花落见春深"，"朝雨未休还暮雨，腊寒才过又春寒"，皆佳句也。

李元亮诗启

建昌县（今江西南城县）士人李元亮，是李公择尚书的同族子孙，恃才尚气，从来不以言辞脸色让人。北宋徽宗年间在大学就读，蔡嶷担任太学学录，李元亮厌恶这个人，就不以事奉学官的礼节对待他。很多学子都被蔡荐拔登上高第，而李元亮则失意还乡。徽宗大观二年冬天，他又重赴大学求学，路过和州（今安徽和县）。这时蔡嶷已被重用，才二年时间，已官至给事中，出补外任，正巧到此地。李元亮不肯前去拜谒他。蔡嶷自从到和州上任时，就告诫津吏和门卒，凡是士大夫前来求见的，不论官位高低，一定飞快禀报，即使是没有官职的布衣之士也同样。蔡嶷得知李元亮来到和州，便命驾车先到李氏居住的旅馆拜访。见到蔡氏前来，李元亮惊喜地慌忙出外迎接，并感谢说："学生到这里来的目的，就是为了专门拜谒先生。正在准备进见的礼物，容明天前去打扰您，没想到给事先生卑恭、谦和到这种地步，先前的礼物不能再用了，应当另外撰写一通，然后再恭敬地拜谒您。"蔡返回后，李元亮立即书写了一篇启，天一亮就到蔡府去了，启中警策地写道："确定好住处，就去拜谒长官大人，自古遭到人非议；放下官架子主动看望匹夫寒士，当今从无这种事。"蔡嶷摘读了这两句话嗟叹感激，挽留设宴一直到傍晚，又赠送给李元亮五十万钱，并且向各位主考大人写信举荐赞誉他，李元亮随即登上了大观三年的贡士科。李元亮的诗歌也很精工，如"人闲知昼永，花落见春深"，"朝雨未休还暮雨，腊寒才过又春寒"，都是佳句。

元魏改功臣姓氏

魏孝文自代迁洛，欲大革胡俗，既自改拓跋为元氏，而诸功臣旧族自代来者，以姓或重复，皆改之。于是拔拔氏为长孙氏，达奚氏为奚氏，乙旃氏为叔孙氏，丘穆陵氏为穆氏，步六孤氏为陆氏，贺赖氏为贺氏，独孤氏为刘氏，贺楼氏为楼氏，勿忸于氏为于氏，尉迟氏为尉氏，其用夏变夷之意如此。然至于其孙恭帝，翻以中原故家，易赐蕃姓，如李弼为徒河氏，赵肃、赵贵为乙弗氏，刘亮为侯莫陈氏，杨忠为普六茹氏，王雄为可频氏，李虎、阎庆为大野氏，辛威为普毛氏，田宏为纥干氏，耿豪为和稽氏，王勇为库汗氏，杨绍为叱利氏，侯植为侯伏侯氏，窦炽为纥豆陵氏，李穆为搶拔氏，陆通为步六孤氏，杨纂为莫胡卢氏，寇儁为若口引氏，段永为尔绵氏，韩褒为侯吕陵氏，裴文举为贺兰氏，王轨为乌丸氏，陈忻为尉迟氏，樊深为万纽于氏，一何其不循乃祖彝宪也！是时盖宇文泰颛国，此事皆出其手，遂复国姓为拓跋，而九十九姓改为单者，皆复其旧。泰方以时俗文敝，命苏绰仿《周书》作《大诰》，又悉改官名，复周六卿之制，顾乃如是，殆不可晓也。

东坡和陶诗

《陶渊明集·归园田居》六诗，其末“种苗在东臬”一

元魏改功臣姓氏

北魏孝文帝元宏把首都从代（山西大同市北）迁到洛阳后，想大力革除胡人风俗，他把自己的国姓拓跋氏改为元氏，各个功臣旧族凡从代迁到洛阳的，只要是复姓，全改动。于是拔拔氏改为长孙氏，达奚氏改为奚氏，乙旃氏改为叔孙氏，丘穆陵氏改为穆氏，步六孤氏改为陆氏，贺赖氏改为贺氏，独孤氏改为刘氏，贺楼氏改为楼氏，勿忸氏改为于氏，尉迟氏改为尉氏，他用汉族风俗改变少数民族风俗的决心是这样的坚决。然而到了元宏的孙子魏恭帝时，反而把居住在中原的老住户改为少数民族的姓，如李弼改为徒河氏，赵肃、赵贵改为乙弗氏，刘亮改为侯莫陈氏，杨忠改为普六茹氏，王雄改为可频氏，李虎、阎庆改为大野氏，辛威改为普毛氏，田宏改为纥干氏，耿豪改为和稽氏，王勇改为厍汗氏，杨绍改为叱利氏，侯植改为侯伏侯氏，窦炽改为纥豆陵氏，李穆改为擒拔氏，陆通改为步六孤氏，杨纂改为莫胡卢氏，寇俊改为若口引氏，段永改为尔绵氏，韩褒改为侯吕陵氏，裴文举改为贺兰氏，王轨改为乌丸氏，陈忻改为尉迟氏，樊深改为万纽于氏，这是完全不遵循他祖宗的遗则呀！这个时候是宇文泰把持朝政，这种改姓事全出于他的主意，随即恢复国姓为拓跋氏，而且原来九十九个改为单姓的复姓，也全部恢复了旧姓。宇文泰还因嫌当时流行的骈体文有流弊，而命令苏绰模仿《周书》作《大诰》，又全部改称官名，恢复周朝的六卿制。像宇文泰这样乱改一通，几乎不明白是为什么。

东坡和陶诗

《陶渊明集》中《归园田居》共六首诗，其中最后“种苗在篇，乃江文通杂体三十篇之一，明言学陶征君《田居》，盖陶之三章云；“种豆南山下，草盛豆苗稀。晨兴理荒秽，带月荷锄归。”故文通云：“虽有荷锄倦，浊酒聊自适。”正拟其意也。今陶集误编入，东坡据而和之。又《东方有一士》诗十六句，复重载于《拟古》九篇中，坡公遂亦两和之，皆随意即成，不复细考耳。陶之首章云；“荣荣窗下兰，密密堂前柳。初与君别时，不谓行当久。出门万里客，中道逢嘉友。未言心先醉，不在接杯酒。兰枯柳亦衰，遂令此言负。”坡和云：“有客扣我门，系马庭前柳。庭空鸟雀噪，门闭客立久。主人枕书卧，梦我平生友。忽闻剥啄声，惊散一杯酒。倒裳起谢客，梦觉两愧负。”二者金石合奏，如出一手，何止子由所谓遂与“比辙”者哉！

孔戣郑穆

唐孔戣在穆宗时为尚书左丞，上书去官，天子以为礼部尚书致仕，吏部侍郎韩愈奏曰：“戣为人守节清苦，议论正平，年才七十，筋力耳目，未觉衰老，忧国忘家，用意至到。如戣辈，在朝不过三数人，陛下不宜苟顺其求，不留自助也。”不报。明年正月，戣薨。国朝郑穆在元祐中以宝文阁待制兼国子祭酒请老，提举洞霄宫，给事中范祖禹言：“穆虽年出七十，精力尚强，古者大夫七十而致仕，有不得谢，则赐之几杖，祭酒居师资之地，正宜处老成，愿毋轻听其东皋”一篇，是江淹的杂体诗三十篇中的一篇，江淹明确地说这首诗是学陶征君《归园田君》的，陶渊明这组诗第三章说：“种豆南山下，草盛豆苗稀。晨兴理荒秽，带月荷锄归。”所以江文通诗说：“虽有荷锄倦，浊酒聊自适。”正是模拟陶诗诗意。现在的《陶渊明集》把这首诗误编进去了，而苏东坡以陶集为依据和了这首诗。又如《东方有一士》诗十六句，又重复载在《拟古》诗九篇当中，苏东坡也就在两个地方写了和诗，全是随意写成，没有细心考订。陶渊明《归园田居》首章写道：“荣荣窗下兰，密密堂前柳。初与君别时，不谓行当久，出门万里客，中道逢嘉友。未言心先醉，不在接杯酒。兰枯柳亦衰，遂令此言负。”东坡和道：“有客扣我门，系马庭前柳。庭空鸟雀噪，门闭客立久。主人枕书卧，梦我平生友。忽闻剥啄声，惊散一杯酒。倒裳起谢客，梦觉两愧负。”这两首诗可算得上是金石合奏，好像出自一个人的手笔，哪像东坡之弟苏子由所说的仅仅止于和辙同韵而已呢！

孔戣郑穆

唐代孔戣在穆宗李恒时任尚书左丞，他上书请求辞官退休，穆宗以为礼部尚书辞官，征求掌管全国官员任命大权的吏部的意见，吏部侍郎韩愈奏疏说：“孔戣为人坚守节操廉洁清苦，议事公正平和，年龄才七十岁，筋骨精力和耳朵眼睛，都未感到衰老，忧国忘家，用心最勤。像孔戣这种人，在朝廷中的也不过几个人，陛下不宜轻率地顺从他的要求，不留下自己的辅佐力量。”孔戣的辞官请求没被批准。第二年正月，孔戣死了。北宋哲宗赵煦元祐年间郑穆以宝文阁待制兼国子祭酒身份请求辞官告老，提举洞霄宫、给事中范祖禹上书说：“郑穆虽然年龄超过去。”亦不报。然穆亦至明年卒。二事绝相类。

陈季常

陈慥字季常，公弼之子，居于黄州之岐亭，自称“龙丘先生”，又曰“方山子”。好宾客，喜畜声妓，然其妻柳氏绝凶妒，故东坡有诗云：“龙丘居士亦可怜，谈空说有夜不眠。忽闻河东师子吼，拄杖落手心茫然。”河东师子，指柳氏也。坡又尝醉中与季常书云：“一绝乞秀英君。”想是其妾小字。黄鲁直元祐中有与季常简曰：“审柳夫人时须医药，今已安平否？公墓年来想渐求清净之乐，姬媵无新进矣，柳夫人比何所念以致疾邪？”又一贴云：‘承谕老境情味，法当如此，听若既不妨游观山川，自可损药石，调护起居饮食而已。河东夫人亦能哀怜老大，一任放不解事邪？”则柳氏之妒名，固彰著于外，是以二公皆言之云。

文用谥字

先王谥以尊名，节以壹惠。故谓为易名。然则谥之为了七十岁，但精力尚旺盛，古代大夫七十岁辞官，不但不批准，还赐给打他几木棒，国子祭酒这个官职身处为人效法鉴戒的重要地位，正需要处事老成的人，希望不要轻易地听任他离去。”郑穆的告老请求也没被批准。然而郑穆也到第二年就死了。这两件事非常相似。

陈季常

陈慥，字季常，是陈公弼的儿子，隐居在黄州（今湖北黄冈）的岐亭山，自称是“龙丘先生”，又起名叫“方山子”。喜欢结交宾客，爱好畜养乐妓，然而他的妻子柳氏非常凶妒，所以苏东坡有诗说：“龙丘居士亦可怜，谈空说有夜不眠。忽闻河东狮子吼，拄杖落手心茫然。”河东狮子，指的就是柳氏。苏东坡又曾在醉中给陈季常写信说：“寄一首绝句求得到秀英君。”想来秀英君可能是陈季常妾的小字。黄庭坚在北宋哲宗元祐年间有写给陈季常的书简，说：“详知柳夫人不断用药，现在已安康平复了吗？您晚年想逐渐寻求清静的生活乐趣，美妾没有新的增加，那么柳夫人还有什么烦恼以至于生病呢？”又有一贴写道：“承蒙您告诉您老境的情趣，做法应当像您说的那样，苦闷时不妨游览一下山川风光，自然可以起到减少药石，调护起居饮食的作用。河东夫人也还能够哀怜您年龄老大，任随您放浪不通世故吗？”可见柳氏的妒名，早就彰著于外了，所以苏轼、黄庭坚二公都谈到了这事。

文用谥字

先王死后谥一个尊贵的名字，多节省用一个字而实惠，所以义，正训名也。司马长卿《谕蜀文》曰："身死无名，谥为至愚。"颜注云："终以愚死，后叶传称，故谓之谥。"卿子厚《招海贾文》曰："君不返兮谥为愚。"二人所用，其意则同。唯王子渊《箫赋》曰："幸得谥为洞箫兮，蒙圣主之渥恩。"李善谓："谥者号也，言得谥为箫而常施用之。"以器物名为谥，其语可谓奇矣。

高唐神女赋

宋玉《高唐》《神女》二赋，其为寓言托兴甚明。予尝其词而味其旨，盖所谓发乎情，止乎礼义，真得诗人风化之本。前赋云："楚襄王望高唐之上有云气，问玉曰：'此何气也？'对曰：'所谓朝云者也。昔者先王尝游高唐，梦见一妇人，曰，妾巫山之女也，愿荐枕席。王因幸之。'"后赋云："襄王既使玉赋高唐之事，其夜王寝，梦与神女遇，复命玉赋之。"若如所言，则是王父子皆与此女荒淫，殆近于聚鹿之丑矣。然其赋虽篇首极道神女之美丽，至其中则云："澹清静其愔嫕兮，性沉详而不烦。意似近而若远兮，若将来而复旋。褰余帱而请御兮，愿尽心之惓惓。怀贞亮之洁清兮，卒与我乎相难。頩薄怒以自持兮，曾不可乎犯干。欢情未接，将辞而去。迁延引身，不可亲附。愿假须臾，神女称遽。暗然而冥，忽不知处。"然则神女但与怀王交御，虽见梦于襄，称作换名。可见‘谥’作为一个词的词义，是起名的意思。汉司马相如的《谕蜀文》说：“到死也没有出名，死后便起名叫作‘至愚’。”颜师古注释说：“到死都很愚笨，后世便这样传着称呼他，所以也就是起名了。”唐柳宗元《招海贾文》说：“君一去不返死在那里，给你起名叫‘至愚’。”这里两个人所用“谥”字的意思相同。只有王子渊的《箫赋》说：“有幸起名叫‘洞箫’，承蒙圣主优渥的恩泽。”李善说：“谥，就是号的意思，是说死后起名为洞箫而经常使用它。”用器物的名字做“谥号”，这话可算是很奇了。

高唐神女赋

战国作家宋玉的《高唐赋》和《神女赋》，很清楚是两篇有所寄托的寓言。我曾读里面的词句玩味作者的意图，可以说作品既从写男女之情出发，又不越过礼教的界限，宋玉真正领会了《诗经》作者有益“风化”的精髓。前一篇赋写道：“楚襄王望见云梦高唐台上面有云气，就问宋玉说：‘这是什么气呀？，宋玉回答说：‘这就是人们所说的朝云。过去先王（指襄王父怀王）曾经巡游高唐，梦见了一位美女子，女子说，我是巫山（在今四川巫山县）上的神女，愿意和您共度枕席之欢。先王于是就宠幸了那个女子。’”后一篇则写道：“楚襄王命宋玉赋了高唐的浪漫故事，当晚他就寝后，便在梦中与那位神女相遇了，梦后又命宋玉赋这件事。”若真像上面所说的那样，则说明楚怀王和楚襄王父子二人都和这位女子淫乱了，这几乎和群兽交配一样丑陋。然而赋的开头虽然极力描写神女的美丽，但到了中间却写道：“（这女子）恬淡清静而和善，性情沉静安详而不躁。她而未尝及乱也。玉之意可谓正矣。今人诗词，顾以襄王藉口，考其实则非是。頩，音匹零反，敛容怒色也。柳子厚《谪龙说》有“奇女頩尔怒”之语，正用此也。

其言明且清

《礼记·缁衣》篇：“诗云，昔吾有先正，其言明且清。国家以宁，都邑以成，庶民以生。谁能秉国成？不自为正，卒劳百姓。”郑氏注不言何诗。今《毛诗·节南山》章但有下三句而微不同。《经典释文》云：“从第一句至‘庶民以生’五句，今诗皆无此语，或皆逸诗也。”予按《文选》张华《答何劭》诗曰：“周任有遗规，其言明且清。”然则周任所作也。而李善注曰：“《子思子》诗云，昔吾有先正，其言明且清。”世之所存《子思子》亦无之，不知善何所据？意当时或有此书，善必不妄也，特不及周任遗规之义，又不可晓。

好像离我很近又好像很遥远，好像是要翩翩到来却又忽然转回。她用纤手撩开我的车帷请求共载，我多想向她奉献真诚的心怀。她怀有贤贞明亮的纯洁节操，终究与我相为难。她收敛笑容微露怒色自保尊严，曾使得我不可能对她有所冒犯。欢情未能接合，她却要告辞离去。我退却避开，不敢亲昵偎依。但心中唯愿留住这短暂的美好时光，神女却声称骤然离开。忽然眼前一片黑暗，倏忽不知她已飘向何处。”可见神女只与楚怀王进行了交媾，虽然也在梦境中见到楚襄王，却未尝涉及淫乱。宋玉表达的意旨可算是很纯正了。现在人的诗词，反以楚襄王的事为借口，考察宋玉作品的意图而非议它的不纯。頩，音疋零反，收敛笑容表现怒色的意思。唐代柳宗元的《谪龙说》中有“奇特的女子收敛笑容怒视你”的话，正是用的这个词。

其言明且清

《礼记·缁衣》篇说：“有一首诗说：‘昔吾有先正，其言明且清。国家以宁，都邑以成，庶民以生。谁能秉国成？不自为正，卒老百姓。’”汉代郑玄的注释没说这是一首什么诗。现在的《毛诗·节南山》这首诗中有上面那首诗的最后三句且稍微不同。《经典释文》说：“从第一句到庶民以生五句，现在的诗中全没有这些话，很可能全部是逸诗。”（洪迈）按：《昭明文选》中张华《答何劭》诗说：“周任有遗规，其言明且清。”可见上面那首诗是古代史官周任作的。而李善注释张华这首诗说：“《子思子》诗说：‘昔吾有先正，其言明且清。’”现在世上所保存的《子思子》这部作品中也没有李善说的这两句诗，不知道李善所根据的是什么？我想当时也许有这本书，李善肯定不会胡乱

侍从转官

元丰未改官制以前，用职事官寄禄。自谏议大夫转给事中（学士转中书舍人），历三侍郎（学士转左曹礼、户、吏部，余人转右曹工、刑、兵部）、左右丞（吏侍转左，兵侍转右），然后转六尚书，各为一官。尚书转仆射，非曾任宰相者不许转，今之特进是也。故侍从止于吏书，由谏议至此凡十一转。其庶僚久于卿列者，则自光禄卿转秘书监，继历太子宾客，遂得工部侍郎。盖以不带侍制以上职，不许入两省，给、谏耳。元丰改谏议为太中大夫，给、舍为通议，六侍郎同为正议，左右丞为光禄。兵、户、刑、礼、工书同为银青，吏书金紫。但六转，视旧法损其五。元祐中以为太简，增正议、光禄、银青为左右，然亦才九资。大观二年，置通奉以易右正议，正奉以易右光禄，宣奉以易左光禄，以右银青为光禄，而至银青者去其左字，今皆仍之。比仿旧制，今之通奉，乃工、礼侍郎，正议乃刑、户，正奉乃兵、吏，宣奉乃左右丞，三光禄乃六尚书也。凡侍从序迁至金紫无止法，建炎以前多有之。绍兴以来，阶官到此绝少，唯梁扬祖、葛胜仲致仕得之。近岁有司不能探赜典故，予以宣奉当磨勘，又该覃霈，颜师鲁在天官，径给回授一据，而不明言其所由。比程叔达由宣奉纳禄不迁官，而于待制阁名升二等。程大昌亦然，以龙图直学士径升本学士，尤非也。予任中书舍人日，已阶太中，及以集英修撰注释，他唯独没有涉及“周任遗规”的含义，我们又不能明白。

侍从转官

北宋仁宗赵祯元丰年间没有改革官制以前，按职事官位的高低发放俸禄。从谏议大夫转给事中（大学士转中书舍人），需经历三部侍郎（大学士转左曹的礼部、户部、吏部，其余的人转右曹的工部、刑部、兵部）、左右丞（吏部侍郎转左丞，兵部侍郎转右丞），这之后转六部的尚书，各自任六部中某一部的一个官职。尚书转仆射，没有曾担任过宰相职务的不许转，现在的特进就是指的仆射这种官职。所以侍从转到吏部尚书就到头了，从谏议大夫到此共有十一转。一般官僚长期在中央任职的，则从光禄卿转秘书监，继而经历太子宾客，最后可得到工部侍郎的职位。凡没有任过待制以上官职的，不允许在尚书省、中书省两者中任给事中、谏议大夫的职务。元丰年间改谏议大夫为太中大夫，给事中、中书舍人改为通议大夫，六部侍郎共同称为正议大夫，左右丞改为光禄大夫。兵部、户部、刑部、礼部、工部各尚书左右丞都改为银青，吏部尚书左右丞改为金紫。这样只有六转，把旧法减去了五转。哲宗赵煦元祐年间认为六转太简单了，又把正议大夫、光禄大夫、银青增加为左右正议大夫、左右光禄大夫、左右银青，然而这也才有九转。徽宗大观二年，设置通奉大夫以改换右正议大夫，设正奉大夫以更换右光禄大夫，设宣奉大夫来替换左光禄大夫。以右银青为光禄大夫，而官位做到银青的去掉左字，现在仍沿用。和旧制比较，现在的通奉大夫，相当于过去的工部、礼部侍郎，正议大夫相当于过去的刑部、户部侍郎，正奉大夫相当于过去的兵部、吏部侍郎，宣奉大出外，吏部不复为理年劳，凡十八年，始以待制得通议，殊可笑。盖台省之中，无复有老吏矣。

曹子建七启

“原头火烧净兀兀，野雉畏鹰出复没。将军欲以巧伏人，盘马弯弓惜不发。地形渐窄观者多，雉惊弓满劲箭加。冲人决起百余尺，红翎白镞随倾斜。将军仰笑军吏贺，五色离披马前堕。”此韩昌黎《雉带箭》诗，东坡尝大字书之，以为绝妙。予读曹子建《七启》论羽猎之美云：“人稠网密，地逼势胁。”乃知韩公用意所来处。《七启》又云：“名秽我身，位累我躬。”与佛氏《八大人觉经》所书“心是恶源，形为罪薮”，皆修己正心之要语也。

夫相当于过去的左右丞，三种光禄大夫相当过去的六部尚书。凡是侍从按次序升迁金紫左右丞的没有限制条文，南宋高宗赵构建炎以前已有了。高宗绍兴以来，阶官达到金紫地步的极少，只有梁扬祖、葛胜中辞官离休以后才得到这个官阶。近年有关部门不熟悉典章，我以宣奉大夫的职位当磨勘，又受家恩，颜师鲁任天官，径直加授一官阶，又不说明加官阶的理由。程叔达任宣奉大夫领俸禄却不升官阶，而在待制阁中的品名又升二等。程大昌也是这样，以龙图阁直学士的阁官径直升为龙图阁学士，尤其不对。我任中书舍人时，官阶已达到太中大夫，等到以集英殿修撰的阁官身份外任时，吏部不再考虑我的工作年限，我共任职十八年，才以待制阁学士的身份得到个通议大夫的官职，特别可笑。台省当中，没有像我这样的老官了。

曹子建七启

“原头火烧净兀兀，野雉畏鹰出复没。将军欲以巧伏人，盘马弯弓惜不发。地形渐窄观者多，雉惊弓满劲箭加。冲人决起百余尺，红翎白镞随倾斜。将军仰笑军吏贺，五色离披马前堕。”这是唐代诗人韩愈的《雉带箭》诗，苏东坡曾经用大字把它书写了出来，以为它是绝妙的诗篇。我读三国曹植的《七启》赋，上面形容射猎场面的壮美道：“围观的人越聚越多，捕捉的网越拉越密；地形越逼越窄，地势渐渐敛缩。”才知道韩公诗意的出处。《七启》又说：“名誉玷污了我的身体，地位拖累了我的身体。”这和佛教的《八大人觉经》所写的“心是罪恶的根源，形体是罪恶渊薮”一样，都是修己正心的名言。

奸鬼为人祸

晋景公疾病，求医于秦，秦伯使医缓为之，未至，公梦疾为二孺子，曰：“彼良医也，惧伤我，焉逃之？”其一曰：“居肓之上，膏之下，若我何？”医至，曰：“疾不可为也。”隋文帝以子秦孝王俊有疾，驰召名医许智藏，俊梦亡妃崔氏泣曰：“本来相迎，如闻许智藏将至，其人当必相苦，奈何！”明夜复梦，曰：“吾得计矣，当入灵府中以避之。”及智藏至，诊俊脉，曰：“疾已入心，不可救也。”二奸鬼之害人，如出一辙。近世许叔微家一妇人，梦二苍头，前者云：“到也未？”后者应云：“到也。”以手中物击一下，遂魇。觉后心痛不可忍，叔微以神精丹饵之，痛止而愈。此事迹与上二者相似。

监司待巡检

今监司巡历郡邑，巡检、尉必迎于本界首，公裳危立，使者从车内遣谒吏谢之，即揖而退，未尝以客礼延之也。至有倨横之人，责桥道不整，驱之车前，使徒步与卒伍齿者。予记张文定公所著《缙绅旧闻》中一事云：“余为江西转运使，往虔州，巡检殿直（今保义成中郎）康怀琪，乘舟于三十里相接，又欲送至大庾县，遂于偕行。及至县驿，驿正厅东西

奸鬼为人祸

春秋时晋景公得了重病，向秦国求医，秦伯便派名医缓为他医治，还未赶到，晋景公梦见疾病是两个小孩，一个说："那缓是名医，害怕他伤害了咱们，怎么逃避他呢？"其中一个说："藏在晋景公肓的上面，膏的下面，他还能把我们怎么样？"缓赶到后，诊治说："病已经无法治了。"隋文帝杨坚的儿子秦孝王杨俊生病，急忙召名医许智藏诊治，杨俊梦见亡妃崔氏哭着对他说："本来我是来迎接你的，如今听说许智藏将要到来，这个人必定要摧残我，怎么办呢！"第二天杨俊又梦见崔氏，她说："我想出办法了，应当藏到你的心脏中来逃避他。"等到智藏赶到，诊断杨俊的脉相，说："病已进入内心，没有办法救了。"两个奸鬼的害人方法，如出一辙。近世许叔微家中的一个妇女，梦见两个苍头兵，走在前面的那个问："到了没有？"后面那个答道："到了。"他们便用手中拿的东西向这位女人心窝刺了一下，这女人立刻在噩梦中惊叫。醒来后心脏疼痛无法忍受，许叔微用神精丹让她服用，疼痛于是止住且痊愈了。这件事也和上面的两件事相似。

监司待巡检

现在的监司到各郡邑去巡历，当地的巡检、巡尉必定到本郡邑的边界上去迎候，监司乘坐的车子前公差随从肃立两旁，监司从车内叫进见的地方官吏拜谢他，拜见后便作揖而退回，从没有以客人之间的礼节邀请进见者的。更有高傲专横的监司，因责怪桥梁道路不平整，便把地方官吏驱赶到车子前，让他们步行加入到卒兵公差的队列当中以示惩罚。我记得张文定公所各有一房，予居其左，康处于右。日晚，命之同食，起行数百步，逼暮而退。夜闻康暴得疾，余亟趋至康所，康已具舟将归虔，须臾数人扶翼而下，余策杖随。”观之，则是使者与巡检同驿而处，同席而食，至于步行送之登舟，今代未之见也。

十二分野

十二国分野，上属二十八宿，其为义多不然，前辈固有论之者矣。其甚不可磽者，莫如《晋·天文志》谓：“自危至奎为娵訾，于辰在亥，卫之分野也，属并州。”且卫本受封于河内商虚，后徙楚丘。河内乃冀州所部，汉属司隶，其他邑皆在东郡，属兖州，于并州了不相干，而并州之下所列郡名，乃安定、天水、陇西、酒泉、张掖诸郡，自系凉州耳。又谓：“自毕至东井为实沈，于辰在申，魏之分野也，属益州。”且魏分晋地，得河内、河东数十县，于益州亦不相干，而雍州为秦，其下乃列云中、定襄、雁门、代、太原、上党诸郡，盖又自属并州及幽州耳。谬乱如此，而出于李淳风之手，岂非著的《缙绅旧闻》中有一件事说："我任江西转运史时，曾巡历虔州（今江西赣州市），巡检殿直（保义成忠郎）康杯琪，乘船赶到三十里外迎接，离虔时，他又想把我送到大庾县（今江西大余县），于是我们就一同出发。等来到大庾县的驿馆，见驿馆的正厅东西两侧各有一栋客房，我就住进左面那一栋里，康怀琪住在右面。天晚了，我就让他和我同席进餐，吃过饭我们一起散步，走了数百步，天快黑了才返回。半夜听说康怀琪突然得了急病，急忙起床来到康的住室，他们已准备好了船要返回虔州去，一会儿几个人就搀扶遮护着康怀琪上到船里，我拄着拐杖把他们送到船上。"观看这段记载，可见使者和巡检同在一个驿馆住宿，同在一张桌上吃饭，至于使者步行送巡检上船，现在更是没有这种事呀。

十二分野

周朝时十二个国家的分界，在天上配属于二十八座星宿，但星名和地名表述的意思多有不相吻合之处，前人本来就对这一问题有过讨论。最不能让人明白的，莫过于《晋书·天文志》的一段记载了，书上说："从危星到奎星叫作訾，这些星宿在辰时处在亥时的位置上，配属卫，卫国属于并州（治今山西太原，辖今陕西北部及河套地区）。但卫国本来被周朝分封在河内（春秋时黄河以北）的商虚（今陕西商县），后来迁到了楚丘（今河南滑县东）。河内则是冀州（治今河北柏乡又移临漳，辖今河北中南、山东西端及河南北端）的辖区，汉朝时属于司隶校尉（掌管京师及附近各郡事务）管辖，河内的其他城邑在东郡（治今河南濮阳），属于兖州（治所在今山东金乡后屡迁，辖今山东西南部，蔽于天而不知地乎！

公孙五楼

南燕慕容超嗣位之后，悉以国事付公孙五楼，燕业为衰。晋刘裕伐之，或曰："燕人若塞大岘之险，坚壁清野，大军深入，将不能自归。"裕曰："鲜卑贪婪，不知远计，谓我不能持久，不过地据临朐，退守广固，必不能守险清野。"超闻有晋师，引群臣会议，五楼曰："吴兵轻果，利在速战，河南省东部），和并州毫不相干。而书中并州名下所列的郡名，却是安定（今宁夏固原）、天水（今甘肃通渭西北）、陇西（今甘肃临洮）、酒泉（今属甘肃）、张掖（治今甘肃张掖）各郡，而这些地方实际是凉州（汉置，治今甘肃张家川回族自治县，辖今甘肃、宁夏全境及青海、陕西、内蒙部分地区）的地盘。书中又说："从毕星到东井星称为实沈，这些星宿在辰时处在申的位置上，配属魏国，魏国属于益州（治今广汉北，后移成都，辖今贵州大部、四川、云南、甘肃、陕西一部）。战国时魏国瓜分了晋国的地盘，得到了河内、河东（今山西省西南部）数十个县，和益州也没有任何关系，而书中又说雍州（汉置分凉州河西四郡而置，后辖秦岭北，治今陕西西安）是秦国地盘，在雍州名下列了云中（治今内蒙托克托）、定襄（西汉治今内蒙和林格尔，东汉移今山西右玉县南）、雁门（治今山西右玉县南）、代（治今河北蔚县东北）、太原、上党（治今山西长治市）各郡，实际以上各郡又都属于并州及幽州（治在今北京市西南，辖今北京、河北北部、山西小部、辽宁大部、天津市海河及朝鲜大同江流域）。史书记载错谬混乱到这种地步，却出自唐朝李淳风的手笔，难道不是对天文地理蒙蔽混沌一无所知吗？

公孙五楼

东晋十六国时南燕的慕容超继承帝位以后，把国家大事全部交给公孙五楼掌管，南燕皇业逐渐衰败。东晋大将刘裕讨伐南燕，有人提醒他说"燕国的人如果依仗地面广大据守大岘山（在今山东益都南）天险，坚壁清野，那么大部队深入进去后，将不能回来了。"刘裕说："鲜卑人贪婪，不懂得从长远考虑，认不可争锋，宜据大岘，使不得入。各命守宰，依险自固，焚荡资储，芟除禾苗，使敌无所资。彼侨军无食，可以坐制。若纵使入岘，出城逆战，此下策也。”超不听，裕过大岘，燕兵不出，喜形于色，遂一举灭燕。观五楼之计，正裕之所惮也。超平生信用五楼，独于此不然，盖天意也。五楼亦可谓智士，足与李左车比肩。后世奸妄擅国，以误大事者多矣，无所谓五楼之智也。

荐士称字著年

汉、魏以来诸公上表荐士，必首及本郡名，次著其年，又称其字。如汉孔融《荐祢衡表》云：“处士平原祢衡，年二十四，字正平”，齐任昉为萧扬州作荐士表云：“秘书丞琅邪王暕，年二十一，字思晦”，“前侯官令东海王僧孺，年三十五。字僧孺”是也。唐以来乃无此式。

为我们的军队不能长期坚持战斗，他们只不过会进军据守临朐（今山东益都县南），退守首都广固（今山东益都）而已，必定不会坚守大岘天险并清除四野。”慕容超听说东晋军队来攻伐，便召集群臣合议作战方略，公孙五楼说：“吴兵轻便，他们的优势在于速战速决，不可以和他们争胜。应该据守大岘天险，使他们无法深入。命各路守军，依照险要地势加固防御工事，焚烧荡毁贮备，清除禾苗庄稼，使敌人没什么可依赖。东晋的远征部队没东西可吃，我们就可以静坐制服他们了。如果放纵他们进入大岘山以内，我们出城迎战，则是下策。”慕容超不听公孙五楼的话。刘裕率大军穿过大岘山，没有遇到南燕部队在此拦截，高兴的心情挂在脸上，便一举消灭了南燕国。观察分析公孙五楼的救国策略，它正是刘裕所担心害怕的地方。慕容超平生信任重用公孙五楼，唯独这一次不听他的话，这大概是天意吧。公孙五楼也算得上是智谋之士了，足可以和李左车并肩。后世奸佞擅权把持国政，贻误大事的多得很，绝没有像上面所说的公孙五楼这样的智谋。

荐士称字著年

汉、魏以来各位王公大臣上表举荐名士时，必定先提及该名士所在的郡名，其次写明他的年龄，接着再称呼他的字。如东汉末年孔融作的《荐祢衡表》说：“处士平原（今属山东）人祢衡，年龄二十四岁，字正平”，南朝齐代任昉替萧扬州作的荐士表说：“秘书丞琅琊（今山东临沂）人王暕，年龄二十一岁，字思晦”，“前任侯官（今福建福州市）县令东海（今江苏镇江）人王僧孺，年龄三十五岁，字僧孺”都是这种格式。唐朝以后就没有

兄弟邪正

王安石引用小人，造作新法，而弟安国力非之。韩绛附会安石制置三司条例以得宰相，而弟维力争之。曾布当元符、靖国之间，阴祸善类，而弟肇移书力劝之。兄弟邪正之不同如此。

这种格式了。

兄弟邪正

北宋王安石任用小人，编造新法，而他的弟弟王安国却极力反对他这种做法。韩绛因和同王安石制定布置三司的改革条例而得到了宰相的职位，但他的弟弟韩维却极力与他抗争。曾布在北宋哲宗赵煦元符和徽宗赵佶靖国年间，阴谋陷害忠良，而他的弟弟曾肇却写信极力劝阻他。哥哥与弟弟一邪恶一正义的不同竟然差别这样大。

卷四（十五则）

三竖子

赵为秦所围，使平原君求救于楚，楚王未肯定从。毛遂曰："白起，小竖子耳！兴师以与楚战，举鄢、郢，烧夷陵，辱王之先人，此百世之怨也。"是时，起已数立大功，且胜于长平矣。人告韩信反，汉祖以问诸将，皆曰："亟发兵坑竖子耳！"帝默然。唯陈平以为兵不如楚精，诸将用兵不能及信。英布反，书闻，上召诸将问计，又曰："发兵击之，坑竖子耳！"夫白起、信、布之为人，材能不可掩，从此三人为竖子，是天下无复有壮士也。毛遂之言，只欲激怒楚王，使之知合纵之利害，故不得不以起为懦夫。至如高帝诸将，不过周勃、樊哙之俦。韩信因执而归，栖栖然处长安为列侯，盖一匹夫也，而哙喜其过己，趋拜送迎，言称臣，况于据有全楚万乘之地，事力强弱，安可同日而语？英布固尝言："诸将独患淮阴、彭越，今皆已死，余不足畏。"则竖子之对，可谓勇而无谋，殆与张仪诋苏秦为反覆之人相似。高帝默然，顾深知其非也。至于陈平，则不然矣。若乃韩信谓魏将柏直为竖子，则诚然。柏直庸庸无所知名，汉王亦称其口尚乳臭，直一竖子也。阮籍登广武，叹曰："时无英雄，使竖子成名。"盖叹是时无英雄如昔人者。俗士不达，以为籍讥汉祖，虽李太白亦有是言，失之矣。

三竖子

战国时赵国被秦国包围，赵国国王派平原君赵胜向楚国求救，楚王确定不下来出兵与否。平原君的食客毛遂说："秦将白起，臭小子而已！曾发兵与楚作战，攻取了楚国的鄢（今河南鄢陵）、首都郢（今湖北江陵）两城，在夷陵（今湖北宜昌市东）焚烧了楚国先王墓，侮辱您的先王，这是百世难解的宿怨。"这时候，白起已多次立下战功，而且在与赵国的长平（今山西高平西北）之战中已大获全胜。有人告发韩信谋反，汉高祖刘邦就此事向各位将领询问解决办法，都说："急速发兵活埋这个臭小子！"高祖默默无语。只有陈平认为汉朝军队没韩信的楚军精干，各位将领用兵的本领赶不上韩信。英布谋反，文书传递给汉高祖，高祖召见各位将领询问计策，将领们又回答说："发兵攻打他，活埋这个臭小子！"白起、韩信、英布三位将领，才能决不可掩盖，把这三个人当作臭小子，这天下就再也没有壮士了。毛遂的话，只是想激怒楚王，让他明白合纵抗秦的好处，所以不得不把白起当作懦夫。至于像汉高祖的各位将领，都不过是周勃、樊哙一类的水平。当初韩信因萧何追赶而回归刘邦手下，在不安中处为长安列侯，那时他仅仅是一介匹夫，而樊哙惊喜他的才能超过自己，趋奉拜谒高送远迎，说话必称臣，更何况现在占据全楚万辆战车的地盘，其实力的强弱，今昔怎么能同日而语！英布本来就曾说过："在各位将领中，我只害怕淮阴侯韩信、梁王彭越，现在他二人全都已经被杀死了，剩下的没有值得

枢密称呼

枢密使之名起于唐，本以宦者为之，盖内诸司之贵者耳。五代始以士大夫居其职，遂与宰相等。自此接于本朝，又有副使、知院事、同知院事、签书、同签书之别，虽品秩有高下，然均称为枢密。明道中，王沂公自故相召为检校太师、枢密使，李文定公为集贤相，以书迎之于国门，称曰："枢密太师相公"，予家藏此贴。绍兴五年，高宗车驾幸平江，过秀州，执政从行者四人，在前者传呼"宰相"，赵忠简也，次呼"枢密"，张魏公也，时为知院事，次呼"参政"，沈必先也，最后又呼"枢密"，则签书权朝美云。予为检详时，叶审言、黄继道为长贰，亦同一称。而二三十年以来，遂有知院、同知之目，初出于典谒、街卒之口，久而朝士亦然，名不雅古，莫此为甚。

害怕的了。”用“臭小子”这个称呼回答问题，可算得上是有勇无谋，几乎和张仪诋毁苏秦为反复无常的小人差不多。汉高祖默然无语，是深知他们说的不对。至于陈平，则不像其他将领那样。如果是韩信称魏将柏直为臭小子，则确实是这样。柏直庸庸碌碌没有什么知名之处，汉王也称他为口中尚含乳臭，真正的一个臭小子。三魏国作家阮籍登广武（在今河南荥阳）山，感叹说：“时代没有英雄，使臭小子成就功名！’这是感叹他那个时代没有产生像古代那样的英雄。世俗之士不通晓事理，以为这是阮籍讥讽汉高祖。即使李太白也有这样的说法，这话说错了。

枢密称呼

枢密使的名称起源于唐代，本来是由宦官充任的，其意思是宫内各有关部门中尊贵的人。五代开始由士大夫担任这一官职，地位随即和宰相相等。从五代连接到宋代，又有了枢密副使、枢密知院事、枢密同知院事、枢密签书、枢密同签书的区别，虽然品秩有高下之分，然而都称为枢密。北宋仁宗赵祯明道年间，王沂公从前任宰相被召出任检校太师、枢密使，李文定公任集贤相，用书贴到国门外去迎接他上任，称呼：“枢密太师相公”，我家珍藏着这份书帖。南宋高宗绍兴五年，宋高宗赵构巡幸平江（今江苏苏州），路过秀州（今浙江嘉兴市），主持国政的人当中随从巡行的有四人，走在最前面的传呼“宰相”，指赵忠简，下一个呼“枢密”，指张魏公，当时他担任知院事，第三个呼“参政”，是沈必先，最后一个又呼“枢密”，是指枢密签书权朝美。我任检详的时候，叶审言、黄继道一任长官一任副长官，也是同一个称呼——枢密。但近二三十年以来，逐渐对“枢密”

从官事体

国朝优待侍从，故事体名分多与庶僚不同，然有处之合宜及肆意者。如任知州申发诸司公状不系衔，与安抚监司序官往还用大状不书年，引接用朱衣，通判入都厅之类，皆杂著于令式。其明载国史者尚可考。大中祥符五年六月，诏："尚书丞郎、两省给谏知州府，而本部郎中、员外郎及两省六品以下官充本路转运使副者，承前例须申报。虽职当统摄，方委于事权，而官有等差，宜明于品级。自今知制诰、观察使以上知州府处所申转运司状，并止签案检，令通判以下具衔供申。"张咏以礼部尚书知昇州，上言："臣官忝六曹，祠部乃本行司局，而例申公状，似未合宜。望自今尚书丞郎知州者，除申省外，其本行曹局，止签案检。"从之。绍兴中，范同以前执政知太平州，官系中大夫不带职，申诸司状系衔。提刑张绚封还之，范竟不改。次年转太中，再任，始去之。刘焞为江西运判，移牒属郡知、通云："请联衔具报。"迈时以太中守赣，以于式不可，乃作公劄，同通判签书。刘邦翰曾任权侍郎，以朝议大夫、集英修撰知饶州。赵烨以承议郎提点刑狱，欲居其上，刘不校，赵又不畏人议己，于是遇朝拜国忌日，先后行香。王十朋自侍御史徙权吏部侍郎，有了知院、同知的别名，最初出现在拜谒的名片上、街巷平民口中，时间长了朝中的士大夫也这样叫了，名称的不古朴不典雅，没有比这更厉害的了。

从官事体

宋代优待侍从(宋代称大学士至待制为侍从，非一般所指侍奉帝后或官员的人)，所以有关他们的事体和名分则和一般官员不同，不过有的处理得合适有的不合适。如委任知州下发到各有关部门的委任状不写明官衔，与安抚监司序官公文来往过程中用大状却不写年份，侍从到外地赴任用穿朱衣的引马，通判进入议事厅等等，关于这一类事情的资料都零散杂存在一些召令公文中。其中明确记载到国史中的还可以作为研究官制的参考。北宋真宗赵恒大中祥符五年六月，诏书说："尚书左右丞及侍郎，尚书、中书两省的给事中及谏议大夫，可以出任知州知府，而这两省的郎中、员外郎以及六品以下的官员要充任本路转运使或转运副使的，依照先例必须向中央申报。即使能力胜任应当委任的，也要暂委任代理职务，官职有等级差别，也应在品级上明确体现(品级与官职要相应)。从现在开始，知制诰、观察使以上的人要在知州知府的处所申报转运使状纸，并签字画押，令通判以下的人都签名供事。"张咏礼部尚书的身份出任升州(今江苏南京市)知州，他上书说："我的官职在六部，祠部是吏部所属的部门，若按常例申报状纸，似不大合适。希望现在尚书左右丞、侍郎身份任知州的人申报转运使，除了向中书省申报外，有各自所在的部门签字就行了。"中央答应了他。南宋高宗赵构绍兴年间，范同以前任宰相的身份出任太平州(治今安徽不拜，除集撰。知饶州，自处如庶官。林大中亦自侍御史改吏侍，不曾供职，除直宝文阁，知赣州，金衔犹带权知兼劝农事借紫，而尽用从官礼数。黄涣为通判，入都厅，为之不平。郑汝谐除权侍郎，为东省所缴，不得供职，而以秘撰知池州，公状至提刑司，不系衔，为邓驲牒问。唐瑑以司农少卿，王佐以中书检正，皆暂兼权户侍，及出知湖、饶二州，悉用朱衣双引。此数君皆失于讨问典章，非故为尊大也。陈居仁以大中、集撰知鄂州，只用一朱衣，盖在法，学士乃双引，人以得体。迈顷守赣、建，官职与居仁等，而误用两朱，殊以自悔。又如监司见前执政，虽本路，并客位下马。伯氏以故相带观文学士帅越，提举宋藻穿戟门诃殿，云浙东监司如何不得穿绍兴府门，将至厅事，始若勉就客位者。主人亟令掖以还。

当涂）知州，品级是太中大夫不带官职，他向各有关部门申报状纸时写上了官衔，提刑点狱张绚退还了他，范同竟没纠正过来。第二年便让他转任太中大夫，再次赴任知州时，他开始把官衔去掉了。刘焞任江西转运使，他下令文给所属各郡的知州、通判说："请把我的官衔全报上。"我当时以太吕大夫的身份出任赣州（今江西赣州市）知州，认为他这种公文形式不合规定，就写了公札，和通判签名发出。刘邦翰曾任代理侍郎，以朝议大夫、集英殿修撰的阁阶任饶州（今江西波阳）知州。赵烨以承议郎身份任提点刑狱，想处在刘邦翰之上，刘不服气，赵又怕别人议论自己，这时恰遇到朝拜国忌日，赵烨便走在刘邦翰后面进香。王十朋从侍御史调任为代理吏部侍郎，没及上任，又升为集英殿修撰，出任饶州知州后，他始终像一个一般官吏一样自处。林大中也是从侍御史改任吏部侍郎，不曾上任，又升为宝文阁直学士的，他出任赣州知州后，全部官衔好像是代理赣州知州兼任劝农事使暂借紫光禄大夫，可他却全用从官礼数抬高自己。黄涣任赣州通判，走进议事厅，对林大中的行为愤愤不平。郑汝谐任代理侍郎，又被中书省收回了委任书，没能在尚书省任职，他以秘书阁修撰的阁阶出任池州（今安徽秋浦）知州，公文发到提刑司，上面没有写明他的官衔，竟受到提刑点狱邓驲的审问。唐瑑以司农少卿的身份，王佐以中书省检正官的身份，同时二人以暂时兼任代理户部侍郎的身份，分别到湖州（今浙江吴兴）和饶州赴任知州时，全用两人穿朱衣引马。这是他二人对典章制度缺乏研究，不是故意做自我尊大的事。陈居仁以太中大夫、集英殿修撰的身份出任鄂州（今湖北武昌市）知州，只用了一个朱衣引马，在法定条例上，大学士应用两人朱衣引马，人们以为他

九朝国史

本朝国史凡三书，太祖、太宗、真宗曰《三朝》，仁宗、英宗曰《两朝》，神宗、哲宗、徽宗、钦宗曰《四朝》。虽各自纪事，至于诸志若天文、地理、五行之类，不免烦复。元丰中，《三朝》已就，《两朝》且成，神宗专以付曾巩使合之。巩奏言："五朝旧史，皆累世公卿、道德文学、朝廷宗工所共准裁，既已勒成大典，岂宜辄议损益。"诏不许，始谋纂定，会以忧去，不克成。其后神、哲，各自为一史，绍兴初，以其是非褒贬皆失实，废不用。淳熙乙巳，迈承乏修史，丙午之冬，成书进御，遂请合九朝为一，寿皇即为见属。尝奏云："臣所为区区有请者，盖以二百年间典章文物之盛，分见三书，仓卒讨究，不相贯属。乃累代臣僚，名声相继，当如前史以子系父之体，类聚归一。若夫制作之事，则已经先正名臣之手，是非褒贬，皆有据依，不容妄加笔削。乞以此奏下之史院，俾后来史官，知所以编纂之意，无或辄将成书擅行删这样做很得体。我前不久出任赣州，建州(今福建建瓯)知州时，官职和陈居仁相等，却误用了两个朱衣引接，很感惭悔。又如提刑点狱司见到前任宰相，虽然是在本路地盘上，也应和客人一同下马行礼。我伯父曾以前任宰相并观文殿学士的身份出任越州(今浙江绍兴)，提点刑狱宋藻竟穿过府门在殿堂上大叫大嚷，并说，他身为浙东监刑狱司怎么不可以穿过绍兴府的府门，将来到厅中议事时，才勉强不情愿地坐在客人的位子上。我伯父急忙令随从把他送走了。

九朝国史

北宋朝的国史共有三部书，记载太祖赵匡胤、太宗赵匡义、真宗赵恒三朝史实的一部名叫《三朝》，记载仁宗赵祯、英宗赵曙两朝史实的一部叫作《两朝》，记载神宗赵顼、哲宗赵煦、徽宗赵佶、钦宗赵桓四朝史实的一部名叫《四朝》。这三部国史虽然各自记载本朝的事，但写到各个《志》的部分如《天文志》，《地理志》《五行志》之类，就难以避免重复了。神宗元丰年间，《三朝》已经完成了，《两朝》也即将修纂完结，神宗则专门把这两部书交给曾巩让他把二书合成一部。曾巩奏请说："五朝旧史中的史实，都是经过历代公卿、道德文学、朝廷宗工共同准许记载的，既然已经刻成大典了，怎么能肆意地删除或增补呢?"对他的请求诏书没有批准，曾巩便开始着手准备修撰工作，恰巧遇父丧回家守丧，合而为一的修史计划终没能完成。这之后神宗、哲宗时期又各自修撰了一部本朝史，南宋高宗赵构绍兴初年，认为这两部史书对历史事件和历史人物的是非褒贬不符合实际，便废除不用了。南宋孝宗淳熙十二年，我奉旨填补改。”上曰：“如有本未稳处，改削无害。”迈既奉诏开院，亦修成三十余卷矣，而有永思攒宫才役，才归即去国，尤袤以《高宗皇帝实录》为辞，请权罢史院，于是遂已。祥符中，王旦亦曾修撰两朝史，今不传。

银牌使者

金国每遣使出外，贵者佩金牌，次佩银牌，俗呼为金牌、银牌郎君。北人以为契丹时如此，牌上若篆字六七，或云阿骨打花押也。殊不知此本中国之制，五代以来，庶事草创，凡乘置奉使于外，但给枢密院牒。国朝太平兴国三年，因李飞雄矫乘厩马，诈称使者，欲作乱，既捕诛之，乃诏自今乘驿者，皆给银牌，国史云“始复旧制”，然则非起于虏神宗、哲宗、徽宗、钦宗时期国史空缺而修撰《四朝》史，第二年冬天，书稿完成奉交皇上时，便请求把九朝的三部国史合编为一部，皇上恩准了我的请求。我曾上奏说："臣之所以诚恳请求这样做，是因为二百年来繁盛的典章文物，分见在三部书中，仓促翻阅，互相贯串不起来。历代大臣僚属的功名声望是相互继承的，所以应当采用以前正史将儿子承接在父亲后面的体例，按类别归聚到一块上下贯通连成一体。至于原书中所记载的史实，因已经过先代名臣之手订正过了，是非褒贬，也全部有据可依，不容我们妄加修改。乞请皇上能把我这份奏疏快下发到史院，以便后来的史官明白我重新编纂九朝国史的用意，不是肆意将现在的史书擅自删改。"皇上说："原史书中如有不稳妥的地方，修改增删也没有妨害。"我便奉诏在史院开设修撰九朝史专门机构，书稿完成了三十余卷，而编纂者中攒宫才役王永思参加不久就死了，尤袤以《高宗皇帝实录》记载失实为理由，奏请解散了史院，到此，这部史书的编纂工作便停止了。真宗大中祥符年间，王旦也曾修撰过太祖、太宗两朝史，现在不传了。

银牌使者

金朝每次派遣使者出使国外，尊贵的佩带金牌，次一等的佩带银牌，通常被人们称呼为金牌郎君、银牌郎君。北方人以为契丹统治时期是这样，金银牌上好像篆刻有六七个字，有人说可能是他们的先君阿骨打的花押。殊不知这本来是承袭的我们汉人的典制，五代以来，大宋国万事都刚刚开始，凡是要派遣出使国外的使者，只给枢密院下公文。北宋太宗太平兴国三年，因为李飞雄骗取了车辆马匹，诈称是外出回国的使者，想入宫作也。端拱二年复诏："先是驰驿使臣给篆书银牌，自今宜罢之，复给枢密院牒。"

省钱百陌

用钱为币，本皆足陌。梁武帝时，以铁钱之故，商贾浸以奸诈自破，岭以东，八十为百，名曰"东钱"；江、郢以上，七十为百，名曰"西钱"；京师以九十为百，名曰"长钱"。大同元年，诏通用足陌，诏下而人不从，钱陌益少，至于末年，遂以三十五为百。唐之盛际，纯用足钱。天祐中，以兵乱窘乏，始令以八十五为百。后唐天成，又减其五。汉乾祐中，王章为三司使，复减三。皇朝因汉制，其输官者，亦用八十，或八十五，然诸州私用，犹有随俗至于四十八钱。太平兴国二年，始诏民间缗钱；定以七十七为百。自是以来，天下承用，公私出纳皆然，故名"省钱"。但数十年来，有所谓"头子钱"，每贯五十六，除中都及军兵俸料外，自余州县官民所当得，其出者每百才得七十一钱四分，其人者每百为八十二钱四分，元无所谓七十七矣。民间所用，多寡又益不均云。

乱，他被捕获诛杀以后，宫廷就下诏说，从现在开始凡是出使在外的使节，全部发给银牌，国史上称这是宋朝开始恢复前代的旧典制。可见金牌、银牌使者的规定不是起源于少数民族。太宗端拱二年又下诏说："以前规定出外使节发给刻有篆书的银牌，从现在开始应取消不用，恢复给枢密院下公文。"

省钱百陌

用铜钱做货币流通，本来都足够一百文。南朝梁武帝的时候，因铜钱改为铁钱的缘故，商贾便私下作奸行诈自行破坏了一百文的规矩，在萌渚岭（在今湖南江华）以东，以八十文为一百文，起名叫"东钱"；长江、郢（今湖北江陵）以西，以七十文为一百文，起名叫"西钱"；京师（今江苏南京）以九十文为一百文，起名叫"长钱"。梁武帝大同元年，下诏统一用足数的百文流通，但虽然下了诏书，而人们并不实行，钱陌越来越少，到了大同末年，最终以三十五文为一百。唐朝兴盛时期，全部通行足一百文的钱。唐哀帝天祐年间因战乱而经济困乏，国家开始允许以八十五文为一百文。后唐明宗祐天成年间又减去了其中五文（以八十文为一百文）。五代时后汉高祖刘嵩乾祐年间，王章任三司使，又减去了三文（以七十七文为一百文）。宋朝沿袭后汉的制度，其中输官的人，也以八十或八十五文（为一百文），然而各州私下使用，还有随当地习俗达到以四十八文为一百文的。宋太宗太平兴国二年，开始下诏书规定民间用绳子穿的缗钱，全部以七十七文为百文。从这时开始，全国承袭沿用，国家和个人支出或收回都使用这个数，所以起名叫"省钱"。但几十年来，有所说的"头子钱"，每贯五十六文，除了首都以及军队中的士兵

旧官衔冗赘

国朝官制，沿晚唐、五代余习，故阶衔失之冗赘，予固已数书之。比得皇祐中李端愿所书“雪窦山”三大字，其左云：“镇潼军节度观察留后、金紫光禄大夫、检校刑部尚书、使持节华州诸军事、华州刺史兼御史大夫、上柱国。’凡四十一字。自元丰以后，更使名，罢文散阶、检校官、持节、宪衔、勋官，只云“镇潼军承宣使”六字，比旧省去三十五。可谓简要。会稽禹庙有唐天复年越王钱镠所立碑，其全衔九十五字，尤为冗也。

吏胥侮洗文书

郡县胥吏，揩易簿案，乡司尤甚。民已输租税，朱批于户下矣，有所求不遂，复洗去之，邑官不能察，而又督理。比其持赤钞为证，则追逮横费，为害已深。此特小小者耳，台省亦然，予除韩林日，所被告命后拟云：“可特授依前正奉大夫充翰林学士”，盖初书黄时全文，故宫告院据以为式，其制当尔。而告身全衔亦云“告正奉大夫充翰林学士”，予以领军饷以外，剩余各州县的官吏和百姓应当得到的是，支出的每百文才得七十一钱四分，收回的每百文得八十二钱四分，本来就没有所说七十七文（为一百文）。民间所用的数目，多少就更不均匀了。

旧官衔冗赘

宋朝的官制，沿袭晚唐、五代的余习，所以官阶、官衔的弊病在于多余、累赘，我本来已多次写到过。比如北宋仁宗赵祯皇祐年间，李端愿所书写的"雪窦山"三个大字，字的左面题签是"镇潼军节度观察留后、金紫光禄大夫、检校刑部尚书、使持节华州（今陕西华县）诸军事、华州刺史、兼御史大夫、上柱国"，共四十一个字。从神宗赵顼元丰年间以后，改革使用官名，废除了文散阶、检校官、持节、宪衔、勋官等，只用"镇潼军承宣使"六个字，比旧称呼省去了三十五个字，可算是简要了。会稽（今浙江绍兴）大禹庙有唐朝昭宗李晔天复年间越王钱镠所立的碑，碑文落款王氏的全衔共九十五个字，尤其累赘多余。

吏胥侮洗文书

郡县里办理文书的小吏，涂改簿册案卷，乡司尤其厉害。老百姓本来已经缴纳了租税，在户主名下也用朱笔勾画过了，如果这小吏对户主有什么要求没能如愿，便会又把朱批的颜色洗掉，县官看不出来，又要督促这户人家缴租。等到户主持赤钞为证，要求追回被横加多收的资费时，小吏为害已深。这还是很小很小的事，中央六部竟也是这样子，我升为翰林学士的时候，被告知的委任状后面写有："可特授依前正奉充翰林学士"字样，语吏部萧照邻尚书曰："如此则学士系衔在官下，于故事有戾，今欲书谢表，当如何？"萧悚然。旋遣部主事与告院书吏至，乞借元告以去，明日持来，则已改正，移职居官上，但减一"充"字，于行内徽觉疏，其外印文，浓淡了无异，其妙至此。

宣告错误

士大夫告命，间有错误，如文官，则犹能自言，书铺亦不敢大有邀索。独右列为可怜，而军伍中出身者尤甚。予检详密院诸房日，有泾原副都军头乞换授，而所持宣内添注"副"字，为房吏所沮，都头者不能自明。两枢密以事见付，予视所添字与正文一体，以白两枢曰："使诉者为奸，当妄增品级，不应肯以都头而自降为副，其为写宣房之失，无可疑也。"枢以为然，乃为改正。武翼郎李青当磨勘，尚左验其文书，其始为"大李青"，吏以为罔冒，青无词以答。周藏振权尚书，阅其告命十余通，其一告前云"大李青"，而告身误去"大"字，故后者相承，只云"李青"，即日放行迁秩，且给公据付之。两人者几困于吏手，幸而获直。用是以知枉郁不委任状最初是把全文写在黄纸上，所以官告院依据最初的状纸签发，这样体制格式是对的。但在告知我的全部官衔时也写为“告正奉大夫充翰林学士”，我因此告诉吏部尚书萧照邻说：“若按这种写法，学士的职衔就到了官衔的下面，这与有关条例是相违背的，现在我想上奏一份谢恩表，您看表上怎样签署我的官衔呢？”萧照邻听后很害怕，立即派吏部主事和官告院书吏到我这里，乞求把原来的状纸借了回去，第二天又拿了回来，委任状则已改正过了，把学士职衔移到了官衔上面只减去了一个“充”字，在行文内稍微感到减去字的地方稀疏了一点，它封面上的印文，各字间的疏密程度没有一点差别，涂改的绝妙到了这种程度。

宣告错误

士大夫的请求报告中，时常出现一些错误，如果是文官，则还能自我辨明，中书省、吏部的房吏也还不敢与他有大为难。唯独武官可怜，下层武夫出身的武官尤其可怜。我任职于检详密院诸房的时候，有一个泾原(今甘肃平凉)副都军头请求调换官职，而他的请求报告中添注了一个“副”字，被详密院的房吏卡住了，都头自己解释不明白。两位枢密史就这件事向我请教，我看到添加的字与正文是同一种字体，就对两位枢密史说：“如果是申请人作弊，应该是乱增加品级，不可能把都头自己降为副都头，这是起草报告的办公室人员的失误，没什么可怀疑的。”枢密史认为我的判断正确，便为都头纠正调换了官职。武翼郎李青符合磨勘(宋代晋级规定许多条件和年限，优者可提前升级，务都则延缓升级，这种规定称为磨勘)升级，尚书左丞验伸者多矣!

军中抵名为官

绍兴以来，兵革务烦，军中将校除官者，大帅尽藏其告命，只语以所居官，其有事故亡没者，亦不关申省部除籍，或径以付他人，至或从自身便为郎、大夫者。杨和王为殿帅，罢一统领使归部，而申枢密院云:“此人元姓名曰许超，只是校尉，偶有修武郎李立告，使之鼎名，因得冒转，续为战功积累，今为武显大夫，既已离军，自合依本姓名及元职位。”超诣院诉，而不能为之词。予检详兵房，为言曰:“一时冒与，自是主将之命。修武以前，固非此人当得。若武翼之后，皆用军功，使其战死于阵，则性命须要超承当。今但当刬除不应得九官，而理还其余资，庶合人情，于理为顺。”两枢密甚然予说，即奏行之。

收他的请求文书时，发现文书开始称“大李青”，房吏认为李青是冒名顶替，李青回答不上来。申请文书便压了下来，周茂振代理吏部尚书，阅读他的请求报告十多篇，其中第一篇前面称“大李青”，而报告正文笔误丢掉了“大”字，所以以后各篇都沿袭下来，只称“李青”，当天就放行为李青升迁了俸禄，而且把周茂振的证据附在升迁公文中。泾原都头和李青两人都差一点困在房吏手中，侥幸获得了伸直解决。由此可见冤枉不被伸直解决的该有多少！

军中抵名为官

南宋高宗赵构绍兴以来，军事事务繁杂，军队中将校被升迁任军职的，大帅全部把委任状扣压下来，只告诉当事人被委任的官职，因各种事故死亡的，也不向中书省申报除掉死者官籍，有的径直把死者的官职转替给别人，甚至出现了从一个无功的平民便成为郎、大夫的现象。杨和王做军中殿帅时，他罢免了一位统领让其归回旧部，向枢密院申报说：“这个人原来的姓名叫许超，只是一个校尉，偶尔有一位修武郎名叫李立的请求，让许超顶替他的名字，因此许超得以冒名由校尉转为修武郎，后来因为积累战功屡屡升迁，现任武显大夫，既然已经离开现在的军职，自然应该恢复原来的姓名和职位。”许超到枢密院申诉，又不能为自己讲明道理。我到枢密院兵房，为许超说：“许超一时冒名顶替，这是主将的命令。修武郎以前的官职，本不是他应该得到的。而修武郎以后所升迁的官职，都是因为他立了军功，假如战死在阵地上了，那么性命须要许超承当而不是原修武郎李立去死。现在应当扣除他不应得的九种官职，而按

祸福有命

秦氏颛国得志，益厉刑辟，以箝制士大夫，一言语之过差，一文词之可议，必起大狱，窜之岭海，于是晋子之无俚者，恃告讦以进。赵超然以“君子之泽，五世而斩”责汀州，吴仲宝以《夏二子传》流容州，张渊道以《张和公生日诗》几责柳而幸脱，皆是也。予教授福州日，因访何大圭，忽问：“君识天星乎？”答曰：“未之学。”曰：“岂不能认南中夏所见列宿乎？”曰：“此却粗识一二。”大圭曰：“君今夕试仰观荧惑何在？”是时正见于南斗之西。后月余再相见，时连旬多阴，所谓火曜，已至斗魁之东矣。大圭曰：“使此星人南斗，自有故事。”予闻其语，固已竦然，明日来相访，曰：“吾曹元不洞晓天文，昨晚叶子廉见顾，言及于此，蹙頞云：‘是名魏星，无人能识，非荧惑也。’”予曰：“十二国星，只在牛、女之下，经星不动，安得转移？”圭曰：“乾象欲示变，何所不可？子廉云，‘后汉建安二十五年亦曾出。’”盖秦正封魏国公，圭意比之曹操。予大骇，不复敢酬应。他日，与谢景思、叶晦叔言之，且曰：“使迈为小人告讦之举，有所不能，万一此段彰露，为之奈何？”谢、叶曰：“可以言命矣！与是人相识，便是不幸，不如静以待之。”时岁在乙巳，又六年，秦亡，予知免祸，乃始不恐。

理应归还他其余的官职，这才合乎人情，顺乎情理。’两位枢密史很赞同我的说法，立即奏请执行了。

祸福有命

秦桧把持国政得志以后，更加实行严刑苛法，来控制士大夫，一句稍有偏差的话，一句可以挑出点毛病的文辞，就必定兴起大狱，被流放到岭海（泛指广东岭南地区），于是一些恶子无聊之辈，凭着诬告而升官。赵超然因“君子的恩泽，五世而断绝”一句话，被贬到汀州（今福建长汀县），吴仲宝因作了《夏二子传》被流放到容州（今四川成都市），张渊道因作了《张和公生日诗》几乎被贬到柳州（今广西柳州市），侥幸逃脱，都是这种情况。我在福州（今福建福州市）任教授时，曾拜访何大圭，他忽然问我：“您会观天象吗？”我回答说：“没学过。”他说：“你难道不能辨认南方仲夏所出现的一列星宿吗？”我说：“这却粗略认识一二颗。”大圭说：“您今天晚上试着仰视观察一下灾惑在哪里？”这天那颗星宿正出现在南斗星的西南。以后一个多月再看，当时连续几旬是阴天，所说的火曜，已经移到斗魁星的东面了。大圭说：“如果这颗星进入南斗中间，自然要有事情发生。”我听到这话，本来就已经很恐惧，第二天何大圭来访，他说：“我原来不懂得天文，昨晚叶子廉看我，话题谈到这里，叶子廉皱眉蹙鼻说：‘这颗星名叫魏星，没有人能认识，不是灾惑。’”我说：“十二国星，只在牛郎星、织女星的下面，经星不动，怎么会转移呢？”何大圭说：“天象要想显示变化，有什么不可变的呢？叶子廉说：‘后汉建安二十五年也曾出现过这颗星。一当时秦桧正封魏国公，何大圭含义是将秦桧比曹操。我大为

真宗北征

真宗亲征契丹，幸澶渊，以成却知之功，是时景德元年甲辰，决此计者，寇莱公也。然前五岁，当咸平二年已亥，契丹寇北边，上自将御之，至澶州、大名府，闻范廷召破虏于莫州北，乃还京。时张文定公、李文靖公为相，不知何人赞此决，而后来不传，用是以知真宗非宴安鸩毒而有所畏者，故寇公易以进言。

宰相不次补

景德元年七月，宰相李沆薨，时无它相，中书有参知政事王旦、王钦若，不次补。寇准为三司使，真宗欲相之，患其素刚，难独任，乃先以翰林侍读学士毕士安为参政，才一月，并命士安、准为相，而士安居上。旦、钦若各迁官而已。准在太宗朝已两为执政，今士安乃由侍从超用，惟辟作福，图任大臣，盖不应循循历阶而升也。

惊骇，不再敢接他的话。又一天，我和谢景思、叶晦叔谈到这件事，并且说：“假使我洪迈被小人诬告，又告不倒的话，万一这件事彰露出去，该怎么办呢？”谢景思、叶晦叔说：“可以说是命中注定的！和这个人相识，便是不幸，不如冷静地对待它。”这一年在高宗赵构绍兴十九年，又过六年，秦桧死了，我知道灾祸免除了，才开始不恐惧。

真宗北征

北宋真宗赵恒亲自征伐契丹，来到澶渊（今河南濮阳），以促成击退敌人的大功，这一年是真宗景德元年甲辰，定下这一策略的是寇准。然而五年前，即真宗咸平二年己亥，契丹进犯我国北部边疆，翼宗亲自帅军征讨，来到澶州、大名府（今属河北），听说范廷召在莫州（今河北保定）击破了敌人，于是就返回京城开封了。那时候张文定公，李文靖公任宰相，不知道是谁定下的让真宗御驾亲征的计策，后来没流传下来。由此可知宋真宗并不是贪图安乐狠毒而害怕敌人的人，所以寇准才容易向他进关于御驾亲征的衷言。

宰相不次补

北宋真宗赵恒景德元年七月，宰相李沆死了，当时没有其他宰相，中书省有参知政事王旦、王钦若，不按官位次序增补。寇准当时任三司使，宋真宗想任他为宰相，又担心他性情刚烈，难以独自胜任，就先以翰林侍读学士毕士安为参知政事，才过一个月，同时任命毕士安、寇准共同为宰相，且毕士安居在寇准上面。王旦、王钦若各自升迁调换了一下职务而已。寇准在太宗赵

外制之难

中书舍人所承受词头，自唐至本朝，皆只就省中起草付吏，逮于告命之成，皆未尝越日，故其职为难。其以敏捷称者，如韦承庆下笔辄成，未尝起草，陆扆初无思虑，挥翰如飞，颜荛草制数十，无妨谈笑，郑畋动无滞思，同僚阁笔，刘敞临出局，倚马一挥九制，皆见书于中策。其迟钝窘扰者，如陆余庆至晚不能裁一言，和幪闭户精思，遍讨群籍，与夫“斫窗舍人”“紫微失却张君房”之类，盖以必欲速成故也。周广顺初，中书舍人刘涛责授少府少监，分司西京，坐遣男顼代草制词也。顼时为监察御史，亦责复州司户。自南渡以来，典故散失，每除书之下，先以省劄授之，而续给告，以是迁延稽滞。段拂居官时，才还家即掩关谢客，畏其促词命也。先公使虏归，除徽猷阁直学士，时刘才邵当制，日于漏舍嘱之，至先公出知饶州，几将一月，犹未受告。其他倩诿朋旧，俾之假手者多矣。故膺此选者，不觉其难，殊与昔异。

灵时期已两次任宰相，现在毕士安却由侍从的身份被破格任用，惟辟作福，图任大臣，不应当遵循一层一层的官阶而逐步升迁。

外制之难

中书舍人所承受的词头，从唐朝到宋朝，全都是在中书省中起草文诰的小吏，起草完成文诰，都不能超过当天，所以担任中书舍人的职务是很作难的。这些人当中以敏捷著称的，如韦承庆下笔即成，从不打草稿，陆扆开始不假思索，却能挥笔如飞，颜荛一连起草几十份文诰，却并不影响他谈笑风生，郑畋动笔时文思畅通没有任何阻滞，同僚们自叹不如而搁笔，刘敞临出办公地点，倚俯在马背上一挥而完成九篇。这些趣事都见于史册记载。中书舍人中因迟钝而为难的，如陆余庆从早上开始到晚上还不能写出一句，和幪关门精思，寻找遍各种典籍，和“斫窗舍人”“紫微失却张君房”之类，是因为一定想快速写成的缘故。五代时候周太祖郭威广顺初年，中书舍人刘涛被授任少府少监分管西京（今河南洛阳），竟让他的儿子顼代替他起草诰词。刘顼当时任监察御史，也担任复州（今湖北沔阳）司户。自从南渡以来，因典章制度的资料散失，每次任命尚书以下官职，都先按中书省的文札形式任命，然后再接着发文诰，因此拖延滞留时间很长。段拂做这个官职时，刚回到家里就闭门谢客，害怕催促索要文诰词。我父亲出使金朝回来，升任徽猷阁直学士，当时刘才邵主管起草文诰，当天就在家里嘱他起草委任文诰，等到我父亲赴任饶州（今江西波阳）知州，几乎一个月过去了，还没有见到被任命的文诰。其他像起草文诰请朋友故旧帮忙，借助别人手笔的多得是。所以担任中书舍人这个职务的，已不感觉

文臣换武使

祖宗之世，文臣换授武使，皆不越级。钱若水自枢密副使罢守工部侍郎，后除帅并州，乃换邓州观察使。王嗣宗以中丞、侍郎，李士衡以三司使，李维以尚书，王素以端明左丞，亦皆观察。庆历初，以陕西四帅方御夏、羌，欲优其俸赐，故韩琦、范仲淹、王沿、庞籍皆以枢密、龙图直学士换为廉车。自南渡以来，始大不然。张澄以端明学士，杨倓以敷文学士，便为节度。近者赵师夔、吴琚以待制而换承宣使，不数月间遇恩，即建节钺。师揆、师垂以秘阁修撰换观察使，皆度越彝宪，诚异恩也。

作难了，因和以前靠自己的能力大不一样了。

文臣换武使

北宋各朝，文臣调任任为武官时，一般都不提升级别。钱若水从枢密副使调任工部侍郎，后来出任并州（今山西太原）知州，改换担任武官为邓州（今河南邓县）观察使。王嗣宗以中书省右丞、侍郎的身份，李士衡以三司使的身份，李维以尚书身份，王素以端明殿左丞身份，也都调任武官为观察使。仁宋赵祯庆历初年，因为陕西四位元帅防御夏、羌有功，皇上想优待他们的俸禄，所以韩琦、范仲淹、王沿、庞籍都以枢密使、龙图阁直学士的身份改任武职为廉车。自从南渡以来，开始大不一样了。张澄以端明学士的身份，杨倓以敷文学士的身份，便调任武官为节度使。近的像赵师夔、吴琚以待制的身份改换出任承宣使，没过几个月遇到皇恩，荣建节钺。师揆、师垂以秘书阁修撰的身份调任为观察使，全都是超越正常法则，确实是承蒙了特殊恩泽。

卷五（十七则）

舜事瞽叟

《孟子》之书，上配《论语》，唯记舜事多误，故自国朝以来，司马公、李泰伯及吕南公皆有疑非之说。其最大者，证万章涂廪、浚井、象入舜宫之问以为然也。《孟子》既云尧使九男事之，二女女焉，百官牛羊仓廪备，以事舜于畎亩之中。则井、廪贱役，岂不能使一夫任其事？尧为天子，象一民耳，处心积虑杀兄而据其妻，是为公朝无复有纪纲法制矣！六艺折中于天子，四岳之荐舜，固曰："瞽子。父顽、母嚚，象傲，克谐以孝，烝烝乂，不格奸。"然则尧试舜之时，顽傲者皆已格乂矣。舜履位之后，命禹征有苗，益曰："帝初于历山，往于田，日号泣于旻天，于父母，负罪引慝，祗载见瞽叟，夔夔斋慄，瞽亦允若。"既言允若，岂得复有杀之之意乎？司马公亦引九男、百官之语，烝烝之对，而不及益赞禹之辞，故详叙之以示子侄辈。若司马迁《史记》、刘向《列女传》所载，盖相承而不察耳。至于桃应有瞽叟杀人之问，虽曰设疑似而请，然亦可谓无稽之言。孟子拒而不答可也，顾再三为之辞，宜其起后学之惑。

舜事瞽叟

《孟子》一书，上可以和《论语》相陪衬，只有记载虞舜的事情多有缺误，因此自宋朝以来，司马光、李觏、以及吕南公都有怀疑非难的说法。其中最主要的是，孟子证明他的弟子万章说舜曾经涂抹过粮仓、修浚过井、舜的异母弟弟象曾进入舜的宫中问过舜的事情以为是真有其事。《孟子》既然亲自说过尧曾经使自己的九个儿子来服事舜，把二个女儿嫁给舜，百官牛羊仓廪也都具备了，用来服事舜于田地之间。舜既然亲自做挖井，修理粮仓这样的下贱劳动，怎么就不能使用一位农夫去做这样的事呢？尧当天子时，象不过是一个百姓，他千方百计要杀死哥哥舜而占据他的妻子，真是公庭之上没有纲纪法制了！《诗》《书》《礼》《易》《春秋》六艺的道义是孔子判断是非的准则，四方部落首领推荐舜，本来《尚书·尧典》就说："舜是瞽叟的儿子。他的父亲很愚蠢，母亲很奸诈，弟弟象很傲狠，舜能克制自己调和矛盾以尽孝道，达到了蒸蒸日上太平安定的地步，又不限制邪恶。"那么尧试用舜的时候，舜的父亲和弟弟象已经得到处理了。舜即帝位以后，命令禹去征伐有苗，益说："帝舜当初在历山时，到田地里去，每日对天号啕痛哭，求救于父母，他父母负罪隐藏起来，舜恭敬地再去见他父亲瞽叟，对此表示非常恐惧敬谨，瞽叟也表示允诺。"既然说出允诺的话，怎么还会有再杀舜的意思呢？司马光也引用了九男、百官的语言，淳厚的对答，却不如益赞美禹的话，所以详细加以叙述以给子侄这辈人看。如司

孔子正名

子路曰："卫君待子而为政，子将奚先？"子曰："必也正名乎！"子路曰："子之迂也！奚其正？"夫子责数之以为"野"。盖是时夫子在卫，当辄为君之际，留连最久，以其拒父而窃位，故欲正之，此意明白。然子欲适晋，闻其杀鸣犊，临河而还，谓其无罪而杀士也。里名胜母，曾子不入，邑称朝歌，墨子回车，邑里之名不善，两贤去之，安有命世圣人，而肯居无父之国，事不孝之君哉？是可知已！夫子所过者化，不令而行，不言而信，卫辄待以为政，当非下愚而不移者。苟其用我，必将异之以天理，而趣反其真，所谓命驾虚左而迎其父不难也。则其有补于名义，岂不大哉！为是故不忍亟去以须之。既不吾用，于是慨然反鲁。则辄之冥顽悖乱，无所逃于天地之间矣！子路曾不能详味圣言，执迷不悟，竟于身死其难。惜哉！

马迁的《史记》、刘向的《列女传》所记载舜的事，大概都是承袭《孟子》的话而没有详审吧。至于桃应有瞽叟杀人的问话，虽然说是他假设的疑问而请孟子回答，诚然也可以说是无稽之谈。孟子拒绝回答他的问题是可以的，却再三为他辩解，这样大概就会引起后辈学生的感触了。

孔子正名

子路对孔子说："假如卫出公辄等着您去治理国政，您准备首先干什么事情？"孔子道："那一定是纠正名分上不当的现象嘛！"子路道："您竟迂阔到如此地步了！这有什么纠正的必要呢？"孔夫子责备数落子路认为他太"鲁莽"。那时孔夫子在卫国，当辄为卫国国君之时，留恋在卫国最久，因为辄抗拒其父蒯聩而窃取王位，所以孔夫子想纠正这种名分不当的现象，这里的意思是很明白的。但是孔子想到晋国去，听说晋国的赵简子杀死了窦鸣犊，到了黄河边就返回来了，声称晋国杀死了无罪的贤大夫。里名有叫胜母的，因其名不顺，曾参拒不进入该里，邑名又叫朝歌(今河南淇县)的，因为不适时宜，墨翟坐着车又回来了，因为邑里的名字不美，两位贤人都不去那里，为何会有闻名于世的圣人，竟肯居住在没有父亲的国家里，服事不孝的国君呢？这是可以知道的了！孔夫子所经过的地方，那里的百姓都得到了感化，没有命令就可以执行，不用言语就可以得到信任，卫出公辄等待孔子执政，应该不是上智下愚不可改变的。假如卫出公辄用我的话，我必将用天理启发他们，用行动反其本真，命人驾车空着左边的位置前往迎接他父亲蒯聩并不是难事。如果这样做就可以挽回自己的名义，岂不受到尊重吗！为此所以不

潜火字误

今人所用潜火字，如潜火军兵，潜火器具，其义为防。然以书传考之，乃当为熸。《左传》襄二十六年，楚师大败。王夷师熸。昭二十三年，子瑕卒，楚师熸。杜预皆注曰："吴、楚之间谓火灭为熸。"《释文》音子潜反，火灭也，《礼部韵》将廉反，皆读如歼音。则知当曰熸火。

永兴天书

大中祥符天书之事，起于佞臣，固无足言。而寇莱公在永兴军，信朱能之诈，亦为此举，以得召人，再登相位，驯致雷州之祸，风德之衰，实为可惜！而《天禧实录》所载云："周怀政与妖人朱能辈伪造灵命，冀图龙思，且日进药饵。宰相王钦若屡言其妄，复密陈规谏。怀政惧得罪，因共诬谮，言：'捕获道士谯文易，蓄禁书，有神术，钦若素识之。' 故罢相也。"朱能之事，钦若欲以沮寇公之入则有之，谓其陈规谏，当大不然。傥非出于寇，则钦若已攘臂其忍心急切离去等待着。既然不用我，于是再慷慨离开卫国返回鲁国。而卫出公辄愚昧无知狂悖忤逆，他是不能逃脱天地之间的惩罚！子路曾经不能详细玩味孔夫子的圣言，执迷不悟，竟然在卫国以身殉难。可惜呀！

潜火字误

现在的人所用潜火字，如潜火军兵、潜火器具，它的释义应该是防御的意思。然而用书传加以考证，就应当是熸字。《左传》鲁襄公二十六年，楚国的军队和晋国的军队大战于鄢陵时，楚军大败，楚共王的眼睛被晋军射伤，楚军士气不振。鲁昭公二十三年，楚军与吴军战于州来时，楚军主帅令尹子暇死，楚军士气低落。杜预都加以注释说："吴国、楚国之间称火灭为熸。"《释文》音子潜反切，就是火灭的意思，《礼部韵》是将廉反切，都读如歼音。就知道当说成熸火。

永兴天书

宋真宗大中祥符年间，所谓上天下诏书的事，起始于用花言巧语谄媚的臣子，本来不足以称道。而寇准在永兴军做官时，听信朱能的欺骗，也参加了此事，因此得以被召入京师，再次登上宰相的位置，驯服地导致了他被贬雷州（今广东海康县）的灾祸，德行名望的衰败，实在为他可惜！而《天禧实录》所记载说："周怀政与邪恶之人朱能辈伪造了这个灵命，希图得到皇帝的恩宠，并且每天向皇上进献药物。宰相王钦若屡次向皇上进言说他们胡作乱为，又秘密陈述自己的劝诫。周怀政怕因此事而获罪，因而和朱能共同诬蔑进献谗言，说：'捕获道士谯文易，间矣。《实录》盖钦若提举日所进，是以溢美，岂能弭后人公议哉！

王裒嵇绍

舜之罪也殛鲧，其举也兴禹。鲧之罪足以死，舜徇天下之公议以诛之，故禹不敢怨，而终治水之功，以盖父之恶。魏王裒、嵇绍，其父死于非命。裒之父仪，犹以为司马昭安东司马之故，因语言受害，裒为之终身不西向而坐。绍之父康以魏臣，钟会谮之于昭，昭方谋篡魏，阴忌之，以故而及诛。绍乃仕于晋武之世，至为惠帝尽节而死。绍之事亲，视王裒远矣！温公《通鉴》，犹取其荡阴之患，盖不足道也。

张咏传

张忠定公咏，为一代伟人，而治蜀之绩尤为超卓，然《实录》所载，了不及之，但云“出知益州，就加兵部郎中，入为户部。后马知节自益徙延，难其代。朝廷以咏前在蜀，寇攘之后，安集有劳，为政明肃，远民便之，故特命再任”而蓄藏禁书，有灵验法术的，王钦若素来就有这方面的见识。’因此王钦若被罢去相位。”朱能的事，王钦若想借他阻止寇准入相则是有的，称他向皇上陈述劝谏，就大大不是这样了。倘或不是出于寇准的原因，那么王钦若就发怒于朝中了。《实录》大概是王钦若被提拔为宰相时所进献的，是为溢美之词，怎能消除后人的公议呢！

王裒嵇绍

舜的罪过是杀死鲧，他的举动又兴起了禹的事业。鲧的罪过足够构成死罪，舜曲从天下的公议来杀死鲧，所以禹不敢怨恨，禹终因治水有功，用来掩盖他父亲的罪恶。魏国的王裒、嵇绍，他们的父亲都死于意外的灾祸。王裒的父亲王仪，就因为做了司马昭的安东司马‘’‘’‘’‘’‘’‘的缘故，因为说话不慎而受到杀害，王裒为此终身不做官。嵇绍的父亲嵇康为魏国的臣子，钟会进谗言于司马昭，司马昭当时正谋划篡夺魏国，暗地里忌恨他，因此借故而杀了他。嵇绍却在晋武帝的时候做了官，甚至为晋惠帝尽到臣子的节操而死。嵇绍侍奉他父亲，比王裒差远了！司马光作《通鉴》时，只取嵇绍在汤阴的忠节，是不足称道的。

张咏传

张忠定公张咏，是一代伟大人物，而治理蜀地的政绩更为卓越。但《实录》所记载的，全然没有涉及他的事迹，仅说：“由京师外迁主持益州（治今四川成都）事务，随即加官兵部郎中，入京为户部官员。后来马知节自益州调往延州（今陕西延安），已。国史本传略同，而增书促招安使上官正出兵一事。皆诋其知陈州营产业，且与周渭、梁鼎辈五人同传，殊失之也。韩魏公作公神道碑云："公以魁奇豪杰之才，逢时自奋，智略神出，勋业赫赫，震暴当世，诚一世伟人。"道州所刻贴，有公与潭牧书一纸，王荆公跋其后云："忠定公殁久矣，而士大夫至今称之，岂不以刚毅正直有劳于世若公者少欤？"文潞公云："予尝守蜀，睹忠定之像，遗爱在民，服已甚。"黄诰云："公风烈如此，而不至于宰相，然有忠定之才，而无宰相之位，于公何损？有宰相之位，而无忠定之才，于宰相何益？公虽老死，安肯以此易彼哉！"观四人之言，史氏发潜德之幽光，为有负矣。

绯紫假服

唐宣宗重惜服章，牛丛自司勋员外郎为睦州刺史，上赐给紫，丛既谢，前言曰："臣所服绯，刺史所借也。"上遽曰："且赐绯。"然则唐制借服色得于君前服之，国朝之制，到阙则不许。乾道二年，予以起居舍人侍立，见浙西提刑姚宪入对，紫袍金鱼。既退，一阁门吏踵其后嗫嚅。后两日，宪难得他代理马知节的职务。朝廷认为张咏以前曾在蜀地任职，贼寇侵犯之后，安定集聚那里的人民有功劳，当政贤明肃敬，远方百姓很安适，所以特别命令他再次连任”罢了。宋史本传和《实录》所记载的大致相同，而增写了促使招安使上官正出兵一事。都诬蔑他主持陈州(今河南淮阳)事务时私营产业，并且把他和周渭、梁鼎辈五人合传，特别失去了真实性。韩琦在作张咏神道碑时说：“张咏杰出的才能，遇着时机自我发奋，智谋胆略神出鬼没变化莫测，功业显耀，震惊当世，真是一代伟大人物。”道州(今湖南道县)所刻文告，有张咏与潭牧写的书，王安石题跋其后说：“张咏已经死很久了，而士大夫至今都称赞他，岂不是因为像他这样刚毅正直而又有功劳一世的人太少了吗？”文彦博说：“我曾经出守过蜀地，目睹过张咏的像，遗留下来的仁爱还在民间，钦佩极了。”黄诰说：“张咏教化与功业如此显赫，而没有达到宰相的位置，但是有张咏的才能，而没有宰相的位置，对张咏来说又有什么损失呢？如果有宰相的地位，而没有像张咏那样的才能，对宰相来说又有什么益处呢？张咏虽然老死，怎肯用才能来换取宰相呀！”纵观这四人的言论，写历史的人如不发挥隐藏美中的光辉，就有背于自己的职责了。

绯紫假服

唐宣宗很重视珍惜按身份等级不同所规定的服饰制度，牛丛自司勋员外郎外调为睦州(治今浙江淳安)刺史时，皇上赐给他一套紫服，牛丛已经谢过皇上了，又向前对皇上说：“臣所穿的大红色的朝服，是刺史臣所借。”皇上急忙说：“姑且把这件大红色朝服也赐给你。”那么按照唐代服饰制度，借服色必须在皇上面前穿上它，宋朝的服制，到了空缺的官位之后就不许穿辞归平江，乃绯袍。予疑焉，以问知阁曾觌曰："闻临安守与本路监司皆许服所借，而宪昨紫今绯，何也"？觌曰："监司惟置司在辇上则许服，漕臣是也；若外郡则否，前日姚误紫，而谒吏不告，已申其罚，且备牒使知之，故今日只本色以入。"姚盖失于审也，然考功格令既不颁于外，亦自难晓。文惠公知徽州日，借紫，及除江东提举常平，告身不借。予闻尝借者当如旧，与郎官薛良朋言之，于是给公据改借。后于江西见转运判官张坚衣绯，张尝知泉州，紫袍矣，予举前说，张欣然即以申考功，已而部符下不许，扣其故，曰："唯知州借紫而就除本路，虽运判、提举皆得如初，若它路则不可。"竟不知法如何该说也。若曾因知州府借紫，而后知军州，则其服亦借，不以本路它路也。近吴镒以知郴州。除提举湖南茶盐，遂仍借紫，正用前比云。

了。宋孝宗乾道二年，我被用为起居舍人侍立在皇上一边，看见浙西路提点刑狱姚宪入朝问对，穿着绣有金鱼的紫袍朝服。退朝之后，官署门吏都跟着他窃窃私语。过了两天，姚宪辞别皇上回归平江（今属湖南），却穿着大红色朝袍。我产生了疑问，就问主持官署的曾觌说："听说临安知府和本路监察州县的地方长官都允许穿所借的朝服，而姚宪昨天穿紫袍今天穿大红色的袍子，是什么原因呢？"曾觌回答说："监察州县的地方长官仅设置机关在京都的就允许穿，漕运大臣就是这样；如果在外郡就不能穿，前天姚宪误穿紫服，而引见臣下传达使命的谒吏没有告诉他，已经表明要处罚他，况且备好公文使官员知道，所以今天姚宪只穿他本来的大红色朝服进入朝堂。"姚宪大概有失于审慎，然而考察官吏功过的标准既不颁布于外面，自己也难以知晓。洪适出知徽州时，向朝廷借了紫色朝服，到了他任命江西路提举常平官时，只授给任命状而不借给朝服。我听说曾经借服的人当和以往一样，我与郎官薛良朋谈过这件事，于是给他凭据改借。后来我于江西路看见转运判官张坚穿着大红色朝服，张坚曾经做过泉州知州，那时他穿的是紫袍，我与他列举以前的说法，张坚欣然同意立即申报他的功绩，旋即主管部门下了命令不加批准，推敲其原因，说："除知州借紫服而任命为本路的，虽然是转运判官、提举官都得和以前一样，如果任命为其他路官员就不可了。"这样竟然不知道服制该怎么说才算对了。如果曾经因为知州、知府借紫服，而（治今湖南郴县）后知军、州时，他的朝服也可以借，就不应该分本路他路了。近来吴镒知郴州又任命为提举湖南茶盐的官，于是仍然可以借紫服，正是按照以前的归例说的。

枢密名称更易

国朝枢密之名，其长为使，则其贰为副使；其长为知院，则其贰为同知院。如柴禹锡知院，向敏同同知，及曹彬为使，则敏中改副使，王继英知院，王旦同知，继冯拯、陈尧叟亦同知，及继英为使，拯、尧叟乃改签书院事，而恩例同副使。王钦若、陈尧叟知院，马知节签书，及王、陈为使，知节迁副使，其后知节知院，则任中正、周起同知。惟熙宁初，文彦博、吕公弼已为使，而陈升之过阙，留，王安石以升之曾再入枢府，遂除知院。知院与使并置，非故事也，安石之意以沮彦博耳。绍兴以来，唯韩世忠、张俊为使，岳飞为副使。此后除使固多，而其贰只为同知，亦非故事也。又使班视宰相，而乾道职制杂压，令副使反在同知院之下，尤为未然。

过称官品

士大夫僭妄相尊，日以益甚。予向昔所记文官学士、武官大夫之谚，今又不然。《天圣》职制：内外文武官不得容人过称官品，诸节度、观察，虽检佼官未至太傅者，许称太傅；防御使至横行使，许称太保；诸司使许称司徒；幕职官等称本官；录事参军称都曹；县令称长官；判司、簿、尉许称评事。其太傅、太保、司徒皆一时本等检校所带之官也。自后

枢密名称更易

宋朝枢密的名字，它的长官称枢密使，它的副职称为枢密副使；它的官署称枢密院，长官为知院，副长官称同知院。如柴禹锡做过枢密院知院的官，向敏中做过同知的官，到曹彬为枢密使时，白敏中就改为枢密副使。王继英为知院时，王旦为同知，继而冯拯、陈尧叟也为同知，到王继英为枢密使时，冯拯、陈尧叟就改签书院事，而它的待遇和枢密副使相同。王钦若、陈尧叟知院，马知节签书，到了王钦若、陈尧叟为枢密使时，马知节改为副使，其后马知节做了知院的官，任中正、周起就任命为同知。仅宋神宗熙宁初年，文彦博、吕公弼已经为枢密使，而陈升之因为超过缺数，加以滞留，王安石因为陈升之的滞留曾经再次进入枢密府，于是任命为知院。知院和枢密使同时设置，并不是成例，王安石的意思是阻止文彦博进入枢密院。宋高宗绍兴以来，只有韩世忠、张俊为枢密使，岳飞为枢密副使。从此以后任命为枢密使的固然很多，而其副职只有同知，也不是成例。又枢密使的位置被视为宰相，而孝宗乾道时期官职制度杂乱崩坏，使枢密副使反而在同知院之下，更是没有听说过。

过称官品

士大夫超越本分妄自相尊，日益过分。我过去所写的文官学士、武官大夫的谚语，今天又不是这样了。宋仁宗《天圣》关于官职的制度是：内外文武官员不得容人过分称呼官品，诸如节度使、观察使，虽然是察核官员的而未到太傅的人，允许称为太傅；防御使到横行使的官，允许称为太保；诸司使的官员允许称为司徒；地方军政大吏幕府中的官员等可称本官；录事参军可法令不复有此一项，以是其风愈炽，不容整革矣。

仁宗立嗣

东坡作《范蜀公墓志》，云："仁宗即位三十五年，未有继嗣，嘉祐初得疾，中外危恐。公独上疏乞择宗室贤者，异其礼物，以系天下心。"凡章十九上。至元祐初，韩维上言，谓其首开建储之议，其后大臣乃继有论奏。《司马温公行状》云："至和三年，仁宗始不豫，国嗣未立，天下寒心而不敢言，惟谏官范镇首发其议，光时为并州通判，闻而继之。"按至和三年九月，改为嘉祐元年，岁在丁酉。而前此皇祐五年甲午，有建州人太常博士张述者，以继嗣未立，上疏曰："陛下春秋四十四，宗庙社稷之继，未有托焉。以嫌疑而不决，非孝也；群臣以讳避而不言，非忠也。愿择宗亲才而贤者，异其礼秩，试以职务，俾内外知圣心有所属。"至和二年丙申，复言之。前后凡七疏，最后语尤激切。盖述所论乃在两公之前，而当时及后来莫有知之者，为可惜也！

称都曹；县令可称长官；判司、簿、尉允许称评事。其中太傅、太保、司徒都是一时本等级检校官员所带领的官。自此以后法令不再有此一项制度。所以此风愈来愈盛，就不容许整改了。

仁宗立嗣

苏东坡在作《范蜀公墓志》时，说："宋仁宗即位三十五年以来，没有子嗣继位，嘉祐初年得了疾病，中外士人都很危惧恐慌。范镇独自上疏皇上乞请选择宗室中的贤人，用特殊的礼仪物品来扶助他，用来联结天下人心。"他先后共上了十九次奏章。到宋仁宗元祐初年，韩维向皇上进言，称赞范镇第一次开创了建立储君的议论，此后大臣才继续有所论奏。《司马温公行状》说："仁宗至和三年，宋仁宗开始感到身体不适，当时国家储君没有确立，天下恐惧而又不敢言语，仅有谏官范镇第一次阐发他的议论，光当时为并州通判，闻后继而再次上疏。"按仁宗至和三年九月，就改为嘉祐元年了，岁在丁酉年。而以前仁宗皇五年甲午，就有建州（今福建建瓯）人太常博士张述，因皇嗣没有确立，就上疏说："陛下年纪四十四岁了，国家继承人的问题，并没有寄托。因嫌疑而犹豫不决，这不是孝道；群臣因忌讳避而不谈这个问题，这不是忠臣。请在皇室宗亲中选择有才能和贤良的人，特殊给以礼仪品秩，给以职务来试用他，使内外士人知道皇上的心思有所归属。"仁宗至和二年丙午，张述就立储群问题再次上言。前后共七次上疏。最后一次上疏言词更为激烈。推究张述的议论却在范镇、司马光二人之前，而当时以及后来都没有人知道他的上疏，是很可惜呀！

郎官员数

绍熙四年冬，客从中都来，持所抄《班朝录》一编相示，盖朝士官职姓名也。读至尚书郎，才有正员四人，其他权摄者亦只六七人耳。因记绍兴二十九年，予为吏、礼部时，同舍郎二十人，皆正官。今既限以曾历监司、郡守，故任馆职及寺监、丞者不可进步，其自外召用者，资级已高，曾不数月，必序迁卿、少，以是居之者益少。政和末，郎员冗溢，至于五十有五，侍御史张朴上殿，徽宗谕使论列，退而奏疏，劾十有六人，大略云："才品甚下，趋操卑污，有如汪师心者；性资茸阘，柔佞取容，有如黄愿、汪希旦者；浅浮躁妄、为胥辈所轻，有如李庄者；轻侻喧嚣，漫不省职，有如李扬者；粗冗不才，褊忿轻发，有如成禔者；人才碌碌，初无可取，有如张高者；志气衰落，难与任事，有如常环者；大言无当，诞诡不情，有如梁子诲者；资望太轻，士论不厌，有如叶椿、唐作求、吴直夫、章芹、李与权、王良钦、强休甫者。乞行罢斥。"从之。考一时标榜，未必尽当，然十六人者后皆不显，视今日员数，多寡不侔如是。秦桧居相位久，不欲士大夫在朝，末年尤甚。二十四司独刑部有孙敏修一员，余皆兼摄，吏部七司至全付主管告院张云，兵、工八司，并于一寺主簿。又可怪也！

郎官员数

宋光宗绍熙四年冬天，有客人从中都来找我，带着所抄写的《班朝录》一编给我看，原来是朝中官员的姓名。当我读到尚书郎时，才有正员四人，其他有权摄取这一职务的也只有六七人。因此记得高宗绍兴二十九年，我做吏部、礼部官员时，同一个宿舍的郎官有二十人，都是正职。现在的郎官既然限制必须曾经历过监司、郡守的人，所以任馆职以及寺监、丞的官员不能做郎官，当自京师外召入的人，因资历级别已经很高，曾经不到数月的时间，必然迁升为卿、少卿，因此做郎官的很少。宋徽宗政和末年，郎官官员繁多，达到五十五人。侍御史张朴上殿奏疏，宋徽宗指示他论列郎官，他退朝后加以奏疏，弹劾郎官十六人，奏疏上大略说："才能品德很低下，情操卑鄙污浊，有如汪师心这样的人；性资卑鄙，以温柔谄媚来取悦于人，有如黄愿、汪希旦这样的人；浮浅急躁狂妄，为长辈所轻视，有如李庄这样的人；轻侻喧嚣，对自己的职务漫不经心，有发如李扬这样的人；粗杂没有才能，狭隘愤恨轻惚发作，有如成褆这样的人；人才碌碌无为，毫无可取之处，有如张高这样的人；士气衰落，难于做事，有如常环这样的人；大言不当，欺骗诈伪不合情理，有如梁子诲这样的人；资历名望太轻，士人议论不服，有如叶椿、唐作求、吴直夫、章芹、李与权、王良钦、强休甫这样的人。请求给予罢斥。"皇上听从这一奏疏。考察他们一时的品评，未必都妥当，但这十六个人后来都没有显达，再看看今天的郎官员数，多少不等如此。秦桧当宰相年久，不想让士大夫在朝中，他晚年更是这样。二十四司仅刑部有孙敏修一人，其余的都是兼职，吏部七司甚至全部交给主管告院的张云，兵、工部八司并归一寺

东坡慕乐天

苏公责居黄州，始自称东坡居士。详考其意，盖专慕白乐天而然。白公有《东坡种花》二诗云：“持钱买花树，城东坡上栽。”又云：“东坡春向暮，树木今如何？”又有《步东坡》诗云：“朝上东坡步，夕上东坡步。东坡何所爱？爱此新成树。”又有《别东坡花树》诗云：“何处殷勤重回首？东坡桃李种新成。”皆为忠州刺史时所作也。苏公在黄，正与白公忠州相似，因忆苏诗，如《赠写真李道士》云：“他时要指集贤人，知是香山老居士。”《赠善相程杰》云：“我似乐天君记取，华颠赏遍洛阳春。”《送程懿叔》云：“我甚似乐天，但无素与蛮。”《入侍迩英》云：“定似香山老居士，世缘终浅道根深。”而跋曰：“乐天自江州司马除忠州刺史，旋以主客郎中知制诰，遂拜中书舍人。某虽不敢自比，然谪居黄州，起知文登，召为仪曹，遂忝侍从。出处老少，大略相似，庶几复享晚节闲适之乐。”《去杭州》云：“出处依稀似乐天，敢将衰朽较前贤。”序曰：“平生自觉老少粗似乐天。”则公之所景仰者，不止一再言之，非东坡之名偶尔暗合也。

主簿管理。又好怪呀！

东坡慕乐天

苏东坡被谴责居住在黄州，开始自称东坡居士。详细考察它的意思，大概是专门羡慕白居易而起的号。白居易有《东坡种花》二诗说：“拿钱买花树，城东坡上栽。”又说：“东坡春向慕，树木今如何？又有《步东坡》诗说：“朝上东坡步，夕上东坡步。，东坡何所爱？爱此新成树。”又有《别东坡花树》诗说：“何处殷勤重回首，东坡桃李种新成。”都是白居易做忠州（治今四川忠县）刺史时所作的诗。苏东坡在黄州，正与白居易在忠州相似，因此回忆苏东坡的诗，如《赠写真李道士》说：“他时要指集贤人，知是香山老居士。”《赠善相程杰》说：“我似乐天君记取，华颠赏遍洛阳春。”《送程懿叔》诗说：“我甚似乐天，但无素（即樊素）与蛮（即蛮子，二人都歌伎）。”《入侍迩英》诗说：“定似香山老居士，世缘终浅道根深。”而苏东坡题跋中说：“白居易自江州（治今江西九江市）司马任忠州刺史，旋即以主客郎中知制诰，遂即官拜中书舍人。我虽不敢自比白居易，然而谪居黄州，起自文登知县，又召为仪曹，就有愧于侍从了。我与白居易出处老少，大略相似，也许可以再享晚节闲适的快乐了。”《去杭州》诗说：“出处依稀似乐天，敢将衰朽较前贤。”序中又说：“我平生自己觉得出处老少粗略和白居易相似。”那么苏东坡之所以景仰白居易，不止一再说到他，并非东坡的名字偶尔和白居易的诗相合。

缚鸡行

老杜《缚鸡行》一篇云："小奴缚鸡向市卖，鸡被缚急相喧争。家中厌鸡食虫蚁，不知鸡卖还遭烹。虫鸡于人何厚薄？吾叱奴儿解其缚。鸡虫得失无了时，注目寒江倚山阁。"此诗自是一段好议论，至结句之妙，非他人所能跂及也。予友李德远尝赋《东西船行》，全拟其意。举以相示云："东船得风帆席高，千里瞬息轻鸿毛。西船见笑苦迟钝，汗流撑折百张篙。明日风翻波浪异，西笑东船却如此。东西相笑无已时，我但行藏任天理。"是时，德远诵至三过，颇自喜，予曰："语意绝工。几于得夺脱法，只恐'行藏任理'与'注目寒江'之句，似不可同日语。"德远以为知言，锐欲易之，终不能满意也。

油污衣诗

予甫十岁时，过衢州白沙渡，见岸上酒店败壁间，有题诗两绝，其名曰《犬落水》《油污衣》。《犬落水》诗太俗不足传，独后一篇殊有理致。其词云："一点清油污白衣，斑斑驳驳使人疑。纵饶洗遍千江水，争似当初不污时。"是时甚爱其语，今六十余年，尚历历不忘，漫志于此。

缚鸡行

杜甫《缚鸡行》一篇诗说："小奴缚鸡向市卖，鸡被缚急相喧争。家中厌鸡食虫蚁，不知鸡卖还遭烹。虫鸡与人何厚薄？吾叱奴儿解其缚。鸡虫得失无了时，注目寒江倚山阁。这首诗自然是一段很好的议论，至于结构上的巧妙，并非是他人所能达到的。我的朋友李德远曾经写过《东西船行》的诗，完全是模仿《缚鸡行》的意思而作的。拿出来给人看看，说："东船得风帆席高，千里瞬息轻鸿毛。西船见笑苦迟钝，汉流撑折百张篙。明日风翻波浪异，西笑东船却如此。东西相笑无已时，我但行藏（行止）任天理。"当时，李德远朗诵了三遍，很自我欣赏，我说："语意绝对工巧，几乎达到了夺胎换骨的境地，只恐怕你的'行藏任理'之句与杜甫的'注目寒江'之句，似不能相提并论。"李德远认为此话很有见识。迅速想改换这句话，终究不能达到满意。

油污衣诗

我才十岁时，经过衢州（今浙江衢县）白沙渡口，看见岸上酒店破壁之间，有题诗两首绝句，诗的名字称《犬落水》《油污衣》。《犬落水》一诗写得太俗气了不足流传下来，唯独后一篇《油污衣》的诗写得特别有道理意致。诗的原话说："一点清油污白衣，斑斑驳驳使人疑。纵饶洗遍千江水，争似当初不污时。"当时我很喜爱这首诗，到现在六十多年了，尚且分明不忘，随意记在这里。

北虏诛宗王

绍兴庚申，虏主诛宗室七十二王，韩昉作诏，略云："周行管叔之诛，汉致燕王之辟，兹惟无赦，古不为非。不图骨肉之间，有怀蜂虿之毒。皇伯太师宋国王宗磐谓为先帝之元子，常蓄无君之祸心；皇叔太傅兖国王宗俊、虞王宗英、滕王宗伟等，逞躁欲以无厌，助逆谋之妄作。欲申三宥，公议岂容？不烦一兵，群凶悉殄。已各伏辜，并除属籍讫。"绍熙癸丑，今虏主诛其叔郑王，诏曰："朕早以嫡孙，钦承先绪。皇叔定武军节度使郑王允蹈，属处诸父，任当重藩，潜引凶徒，共为反计，自以元妃之长子、异于他母之诸王，冀幸国灾，窥伺神器。其妹泽国公主长乐牵同产之爱，驸马都尉唐括蒲剌睹狃连姻之私，预闻其谋，相济以恶。欲宽燕邸之戮，姑致郭邻之囚，询诸群言，用示大戒。允蹈及其妻卞玉与男按春、阿辛并公主皆赐自尽，令有司以礼收葬，仍为辍朝。"二事甚相类，盖其视宗族至亲与涂之人无异也。是年冬，倪正父奉使，馆于中山，正其诛戮处，相去一月，犹血腥触人，枯骸塞井，为之终岁不安寝云。

北虏诛宗王

宋高宗绍兴十年，金主完颜诛杀宗室七十二王，韩昉作诏书，大略说：“周朝有诛杀管叔的事，汉朝有诛杀燕王刘泽、刘旦的刑辟，这些虽然不能赦免，自古就没有非议的。不图谋骨肉至亲之间，或怀蜂虿害人之心。皇伯太师宋国王完颜宗磐是为金太宗长子，时常蓄怀谋反的祸心；皇叔太傅兖国王完颜宗俊、虞王完颜宗英、滕王完颜宗伟等人，放任急躁妄想贪得无厌，就助逆谋反。想申明赦免不加刑罚，公理岂能容许？不劳一兵一卒，这些反叛的群凶就遭到杀戮。已经各自服罪，并除去他们的权力。”光宗绍熙四年，现在的金朝主章宗完颜又诛杀他的叔父郑王完颜允蹈，诏书说：“我早就以嫡孙的名义，钦定为承继先祖大业。皇叔定武军节度使完颜允蹈。隶属于诸位叔父之下，可以胜任地方重镇的职务，但他暗中勾引凶徒，共同策划谋反的计划，自以为他是皇上长妃的长子，有别于其他母亲所生诸王，希望有意外的幸运就是国家发生灾难，借机窥探夺取国家大权。他的妹妹泽国公主长乐因牵挂一母同胞的爱心，驸马都尉唐括薄剌睹因贪于联姻的私情，预先听到他的阴谋，还帮助他作恶。想放宽像过去在燕京诛杀完颜宗磐那样，姑且导致郭邻的被囚禁，询问群下的意见，用以告示警戒。完颜允蹈及其妻卞玉与他的儿子按春、阿辛和公主都赐给自尽而死，命令有关官员依照礼节加以收葬，仍然停止朝会。”金朝的这两件事情很相似，推究它的原因是把宗族至亲看成是路人一亲疏远。这年冬天，倪正父奉命出使金国，住在中山县（今河北定县），正是完颜允蹈等人被杀的地方，已经过去一月了，还血腥味触人，枯骸塞满了水井，为此倪文父终夜不能安睡。

州郡书院

太平兴国五年，以江州白鹿洞主明起为褒信主簿。洞在庐山之阳，尝聚生徒数百人。李煜有国时，割善田数十顷，取其租廪给之；选太学之通经者，俾领洞事，日为诸生讲诵。于是起建议以其田入官，故爵命之。白鹿洞由是渐废。大中祥符二年，应天府民曹诚，即楚丘戚同文旧居造舍百五十间，聚书数千卷，博延生徒，讲习甚盛。府奏其事、诏赐额曰应天府书院，命奉礼郎戚舜宾主之，仍令本府幕职官提举，以诚为府助教。宋兴，天下州府有学自此始。其后潭州又有岳麓书院。及庆历中，诏诸路州郡皆立学，设官教授，则所谓书院者常合而为一。今岳麓、白鹿复营之，各自养士，其所廪给礼貌乃过于郡庠。近者巴州亦创置，是为一邦而两学矣。大学、辟雍并置，尚且不可，是于义为不然也。

何韩同姓

韩文公《送何坚序》云："何与韩同姓为近。"尝疑其说无所从出，后读《史记. 周本纪》，应劭曰："《氏姓注》云，以何姓为韩后。"邓名世《姓氏书辩证》云："何氏出自姬姓，食采韩原，为韩氏。韩王建为秦所灭，子孙散居陈、楚、

州郡书院

宋太宗太平兴国五年，以江州（今江西九江）白鹿洞主明起作褒信县主簿。洞在庐山的南面，曾聚集生员数百人。李煜在南唐做皇帝的时候，曾取好田数十顷，收取田租仓米供给书院生员；又从太学中挑选能精通经书的人，使他领导白鹿洞事，天天为生员讲诵经书。于是明起建议把这些田地入官，因此用爵禄来任命他。白鹿洞由此逐渐衰废。宋真宗大中祥符二年，应天府（治今河南商丘）民曹诚，即在楚丘（今山东曹县东北）戚同文旧居的地方建造校舍一百五十间，聚集图书数千卷，广泛延请生员，讲习经书很盛。应天府将曹诚的事迹上奏皇上，皇上下诏赐给匾额叫应天府书院，命礼部司郎戚舜宾主持其事，仍然命令应天府幕僚官员加以管理，用曹诚为应天府助教。宋朝兴盛以来，天下州府有学校就从此才开始。在这以后潭州（今湖南长沙）又有了岳麓书院。到了宋仁宗庆历年间，就下诏各路州郡都设立学校，设置官员教授生员，所谓书院就合二为一了。现在岳麓、白鹿书院还再加以营建，各自培养学士，他们的待遇和礼貌却超过州郡学校。近来巴州也加以创置书院，这就是一个地方而有两种学校了。大学、预备学校同时设置，尚且不可，这正是于义理不合了。

何韩同姓

韩愈在《送何坚序》中说：“何与韩同姓为近。”我曾怀疑这个说法没有出处，后来读《史记·周本纪》时，应劭说：“《氏姓注》说，以为何姓为韩国的后代。”邓名世《姓氏书辩证》中说：“何氏出自姬姓，俸禄来源于韩原采邑，是为韩氏。韩国国江、淮间，以韩为何，随声变为何氏，然不能详所出也。”韩王之失国者名安，此云建，乃齐王之名，邓笔误耳。予后读孙愐《唐韵》云：“韩灭，子孙分散江、淮间，音以韩为何，字随音变，遂为何氏。”乃知名世用此。

王建被秦国所灭，他的子孙散居在陈国、楚国、长江、淮河之间，念韩为何音，随着那里声音的变化而为何氏，但是不能详细考察它的来源了。”韩国被秦国灭亡的是韩王安，邓名世说是韩王建，建乃是齐王的名字，这是邓名世的笔误。我后来读到孙愐《唐韵》说：“韩国灭亡以后，子孙分散到长江、淮河之间，那里的声音以韩为何，字随音而变，于是称为何氏。”这才知道邓名世所说的出于《唐韵》。

卷六（十五则）

贤士隐居者

士子修己笃学，独善其身，不求知于人，人亦莫能知者，所至或有之，予每惜其无传。比得上虞李孟传录示四事，故谨书之。

其一曰，慈溪蒋季庄，当宣和间，鄙王氏之学，不事科举，闭门穷经，不妄与人接。高抑崇居明州城中，率一岁四五访其庐。季庄闻其至，必倒屣出迎，相对小室，极意讲论，自昼竞夜，殆忘寝食。告去则送之数里，相得欢甚。或问抑崇曰："蒋君不多与人周旋，而独厚于公，公亦惓惓于彼，愿闻其故？"抑崇曰："阅终岁读书，凡有疑而未判，与所缺而未知者，每积至数十，辄一扣之，无不迎刃而解。"而蒋之所长，他人未必能知之。世之所谓知己其是乎？

其二曰，王茂刚，居明之林村，在岩壑深处，有弟不甚学问，使颛专治生以糊口，而刻意读书，足迹未尝妄出，尤邃于《周易》。沈焕通判州事，尝访之。其见趣绝出于传注之外云。气象严重，窥其所得，盖进而未已也。

贤士隐居者

学子提高自己的品德专心治学，唯独维护自己的名誉，不求助于别人，别人也不能了解他，能达到这样的是有其人的，我时常痛惜他们没有记载。比拟上虞（今属浙江）李孟传录告四件事，因此谨慎书写他们的事迹。

其一说，慈溪（今浙江宁波）人蒋季庄，当宋徽宗宣和年间，鄙视王安石的学问，不参加科举考试，闭门考究经书，不轻易和人接触。高抑崇居住在明州（今浙江宁波）城中，通常一年四五次到他家去拜访。蒋季庄听说高抑崇到了，由于急于迎客把鞋子都穿倒了，二人相对坐在小屋，尽情讲论，自白天一直达到夜里，废寝忘食。高抑崇告辞时必送出数里之外，二人相得甚欢。有人问高抑崇说："蒋季庄不多与别人交际，而单独看重你，你也诚恳对待他，愿听其中的缘由？"高抑崇说："我终年读书，或有疑问而不能决定的，与自己所缺少而不知道的，每次都积累数十条，即一次拜访他，没有不迎刃而解的。"而蒋季庄的长处，其他的人未必能知道他。世上所称道的知己就是这样的吗?

其二说，王茂刚，居住在明州的林村，在山涧深处，他有个弟弟不善学问，使他经商用以糊口，而自己则用尽心思读书，脚迹未曾乱去，更精深于《周易》一书。沈焕为明州通判时，曾拜访过他。说他的见识旨趣绝对超出于有传注的那些人之外。气质谨严持重，看他所得道的知识，大概是进而未止了。

其三曰，顾主簿，不知何许人，南渡后寓于慈溪。廉介有常，安于贫贱，不蕲人之知。至于践履间，虽细事不苟也。平旦起，俟卖菜者过门，问菜把直几何，随所言酬之。他饮食布帛亦然。久之人皆信服，不忍欺。苟一日之用足，则玩心坟典，不事交游。里中有不安其分、武断强忮者，相与讥之，曰："汝岂顾主簿耶？"

其四曰，周日章，信州永丰人。操行介洁，为邑人所敬。开门授徒，仅有以自给，非其义一毫不取。家至贫，常终日绝食，邻里或以薄少致馈。时时不继，宁与妻子忍饿，卒不以求人。隆寒披纸裘，客有就访，亦欣然延纳。望其容貌，听其论议，莫不耸然。县尉谢生遗以袭衣，曰："无生未尝有求，吾自欲致其勤耳，受之无伤也。"日章笑答曰："一衣与万钟等耳，傥无名受之，是不辨礼义也。"卒辞之。汪圣锡亦知其贤，以为近于古之所谓独行者。

是四君子，真可书史策云。

张籍陈无己诗

张籍在他镇幕府，郓帅李师古又以书币辟之，籍却而不纳，而作《节妇吟》一章寄之，曰："君知妾有夫，赠妾双明珠。感君缠绵意，系在红罗襦。妾家高楼连苑起，良人执其三说，顾主簿，不知道是哪里人士，宋高宗南渡之后他也南渡寓居于慈溪。保持廉洁的操行，安于贫贱，不祈求别人知道他。甚至他穿鞋子时，虽是小事也一丝不苟。天明即起，等卖菜的过门时，问了菜价多少钱，随他所说而付给菜钱。他的饮食穿的布帛也是这样。时间一长人们都信服他了，不忍心欺骗他。假如东西够一天足用了，他就专心研究典籍，不好交游。里中有不安分守己、武断刚愎的人，相互讥笑他，说："你难道是顾主簿吗？"

其四说，周日章，是信州永丰县人。操行廉洁，为县里的人所尊敬。他开门教授生徒，自己仅仅够自给的，不义之财一毫不取。家中很贫穷，经常终日断吃的，邻里就用微薄的东西相馈送。家中时时上顿不接下顿，宁愿和妻子忍饥挨饿，也终不求人。隆冬寒天披着纸一样的薄裘，有客人来访，也高兴地延请接纳。观察他的容貌，聆听他的论议，无不使人尊敬。县尉谢生给他一套衣服，说："先生未曾有求于我，是我自己献的殷勤，接受它没有什么伤害。"周日章笑着回答说："一套衣服和万钟（量器）粮食一样，如若没有名义就接受它，是我不能分辨礼仪的大事。"最终还是推辞掉了。汪圣锡也知道他贤能，认为是近于古代的有独特操守的人。

这四位君子，真可以写进史书里。

张籍陈无己诗

张籍在他方军镇幕府时，郓州（今山东郓城）将帅李师古又用书信币帛征辟张籍到他那做官，张籍将书信币帛退回而不收，并做了《节妇吟》一章寄给他，说："君知妾有夫，赠妾双明戟明光里。知君用心如日月，事夫誓拟同生死。还君明珠双泪垂，何不相逢未嫁时？”陈无已为颍州教授，东坡领郡，而陈赋《妾薄命》篇，言为曾南丰作，其首章云：“主家十二楼，一身当三千。古来妾薄命，事主不尽年。起舞为主寿，相送南阳阡。忍著主衣裳，为人作春妍？有声当彻天，有泪当彻泉。死者恐无知，妾身长自怜。”全用籍意。或谓无已轻坡公，是不然。前此，无已官于彭城，坡公由翰林出守杭，无已越境见之于宋都，坐是免归，故其诗云：“一代不数人，百年能几见？昔为马首衔，今为禁门键。一雨五月凉，中宵大江满。风帆目力短，江空岁年晚。”其尊敬之尽矣。薄命拟况，盖不忍师死而遂倍之，忠厚之至也！

杜诗误字

李适之在明皇朝为左相，为李林甫所挤去位，作诗曰：“避贤初罢相，乐圣且衔杯。为问门前客，今朝几个来？”故杜子美《饮中八仙歌》云：“左相日兴费万钱，饮如长鲸吸百川，衔杯乐圣称避贤。”正咏适之也。而今所行本误以“避贤”为“世贤”，绝无意义，兼“世”字是太宗讳，岂敢用哉？《秦州雨晴》诗云：“天永秋云薄，从西万里风。”谓秋天辽永，风从万里而来，可谓广大。而集中作“天水”，此乃秦珠。感君缠绵意，系在红罗襦。妾家高楼连苑起，良人执戟明光里。知君用心如日月，事夫誓拟同生死。还君明珠双泪垂，何不相逢未嫁时？”陈无己当颍州教授时，苏东坡是知府，而陈无己做诗《妾薄命》篇，他说是为曾巩作的，其第一章说：“主家十二楼，一身当三千。古来妾薄命，事主不尽年。起舞为主寿，相送南阳阡。忍着主衣裳，为人作春妍？有声当彻天，有泪当彻泉。死者恐无知，妾身常自怜。”他的诗完全用的是张籍诗中的意思。有人称陈无己轻视苏东坡，不是这样。在此之前陈无己曾做官于彭城（今江苏徐州），苏东坡由翰林院出镇杭州知府，陈无己曾越着自己治理的地方会见苏东坡于宋都，因罪被免官归家，所以他的诗说：“一代不数人，百年能几见？昔为马首衔，今为禁门键。一雨五月凉，中宵大江满。风帆目力短，江空岁晚年。”从诗中可以看出他对苏东坡尊敬到极点了。薄命是陈无己比拟自己的状况，大概是不忍心苏东坡死后而于是背弃他，可见陈无己忠厚到极点了。

杜诗误字

李适之在唐玄宗时期为正宰相，被李林甫所排挤而去位，他作诗说：“避贤初罢相，乐圣且衔杯。为问门前客，今朝几个来？”所以杜甫在《饮中八仙歌》中说：“左相日兴费万钱，饮如长鲸吸百川，衔杯乐圣称避贤。”正是歌颂李适之的。而现在所通行的版本误认为“避贤”为“世贤”，这样一错就绝对没有意义了，兼顾“世”字是唐太宗李世民所避讳的字，怎敢用呢？他的《秦州雨晴》诗说：“天永秋云薄，从西万里风。”是说秋天辽阔远大，风从万里而来，可称是广大。而诗集中却作“天水。，州郡名，若用之入此篇，其志思浅矣。《和李表丈早春作》云：“力疾坐清晓，来诗悲早春。”正答其意。而集中作“来时”，殊失所谓和篇本旨。

东坡诗用老字

东坡赋诗，用人姓名，多以老字足成句。如《寿州龙潭》云“观鱼并记老庄周”，《病不赴会》云“空对亲春老孟光”，《看潮》云“犹似浮江老阿童”，《赠黄山人》云“说禅长笑老浮屠”，《元长老衲裙》云“乞与佯狂老万回”，《东轩》云“挂冠知有老萧郎”，《侍立迩英》云“定似香山老居士”，《赠李道士》云“知是香山老居士”，《蒜山亭》云“奇逸多闻老敬通”，《汶公东堂》云“一贴空存老遂良”，《次韵韶守》云“华发萧萧老遂良”，《游罗浮》云“还须略报老同叔”，《赠辩才》云“中有老法师”，《寄子由》云“青山老从事”，《赠眼医》云“忘言老尊宿”“妙高台中老比丘”，《谢惠酒》云“青州老从事”，《谢饷鱼》云“谁似老方朔”，《赠吴子野扇》云“得之老月师”，《次韵李端叔》云“此是老牛戬”。是皆以为助语，非真谓其老也，大抵七言则于第五字用之，五言则于第三字用之。若其他错出，如“再说走老瞒”“故人余老庞”“老濞宫妆传父祖”“便腹从人笑老韶”“老可能为竹写真”“不知老奘几时归”之类，皆随语势而然。白乐天云“每被老元偷格律”，盖亦有自来矣。

“天水”乃是秦州（今甘肃天水）的郡治名字，如用“天水”入此篇，它的情趣意思就浅薄了。《和李表丈早春作》说：“力疾坐清晓，来诗悲早春。”答的正是这个意思。而诗集中作“来时”，极失这首唱和诗的原意了。

东坡诗用老字

苏东坡作诗，用别人的姓名，多以老字完备成句。如《寿州龙潭》诗说“观鱼并记老庄周”，《病不赴会》诗说“空对亲春老孟光”，《看潮》一诗说“犹似浮江老阿童”，《赠黄山人》诗说“说禅长笑老浮屠”，《元长老衲裙》说“乞与佯狂老万回”，《东轩》诗说“挂冠知有老萧郎”，《侍立迩英》诗说“定似香山老居士”，《赠李道士》诗说“知是香山老居士”，《蒜山亭》诗说“奇逸多闻老敬通”，《汶公东堂》诗说“一贴空存老遂良”，《次韵韶守》诗说“华发萧萧老遂良”，《游罗浮》诗说“还须略报老同叔”，《赠辩才》诗说“中有老法师”，《寄子由》诗说“青山老从事”，《赠眼医》诗说“妄言老尊宿”“妙高台中老比丘”，《谢惠酒》诗说“青州老从事”，《谢饷鱼》诗说“谁似老方朔”，《赠吴子野扇》诗说“得之老月师”，《次韵李端叔》诗说“此是老牛戬”。老字都作助语，并非真正称他们老，大概七言诗则于第五字用“老”字，五言诗则于第三字用“老”字。如其他诗也有错出位的，如“再说走老瞒”“故人余老庞”“老濞宫妆传父祖”“便腹从人笑老韶”“老可能为竹写真”“不知老奘几时归”之类的诗，都随着气势而用“老”字。白居易说“每被老元偷格律”，大概也有自己的来源了。

杜诗命意

杜公诗命意用事，旨趣深远，若随口一读，往往不能晓解，姑纪一二篇以示好事者。如："能画毛延寿，投壶郭舍人。每蒙天一笑，复似物皆春。政化平如水，皇恩断若神。时时用抵戏，亦未杂风尘。"第三联意味颇与前语不相联贯，读者或以为疑。按杜之旨，本谓技艺倡优，不应蒙人主顾眄赏接，然使政化如水，皇恩若神，为治大要既无可损，则时时用此辈，亦亡害也。又如："乱后碧井废，时清瑶殿深。铜瓶未失水，百丈有哀音。侧想美人意，应悲寒甃沉。蛟龙半缺落，犹得折黄金。"此篇盖见故宫井内汲者得铜瓶而作，首句便说废井，则下文翻覆铺叙为难，而曲折宛转如是，他人毕一生模写不能到也。又一篇云："斗鸡初赐锦，舞马既登床，帘下宫人出，楼前御柳长。仙游终一閟，女乐久无香。寂寞骊山道，清秋草木黄。"先忠宣公在北方，得唐人画《骊山宫殿图》一轴，华清宫居山颠，殿外垂帘，宫人无数，穴帘隙而窥，一时伶官戏剧，品类杂沓，皆列于下。杜一诗真所谓亲见之也。

择福莫若重

《国语》载范文子曰："择福莫若重，择祸莫若轻。"且士君子乐天知命，全身远害，避祸就福，安有迨于祸至择而处之之理哉？韦昭注云："有两福择取其重，有两祸择取其轻。"盖以不幸而与祸会，势不容但已，则权其轻重，顺

杜诗命意

杜甫的诗构思和所用典故，宗旨深远，如随口一读，往往不能通解，姑且记一二篇以告示于好事情的人。如“能画毛延寿，投壶郭舍人。每蒙天(子)一笑，复似物皆春。政化平如水，皇恩断若神。时时用抵戏，亦未杂风尘。”该诗第三联的意味略微与前面不相连贯，读的人或者会产生疑惑。按杜甫的宗旨，本来是说乐舞戏谑的艺人，不应当承蒙皇上回视赏接，但使政教风化平静如水，皇恩如神，是治国要旨既不可缺少，则时时任用此辈之人，也没有什么害处。又如：“乱后碧井废，时清瑶殿深。铜瓶未失水，百丈有哀音。侧想美人意，应悲寒甃沉。蛟龙半缺落，犹得折黄金。”这篇大概是杜甫见到旧宫殿内汲水的人得到铜瓶而作的诗，但头一句便说废井，就下文反复铺叙实在很难，而曲折宛转如此，是别人用毕生精力模仿也是不能做到的。又有一篇说：“斗鸡初赐锦，舞马既登床。帘下宫人出，楼前御柳长。仙游终一閟，女乐久无香。寂寞骊山道，清秋草木黄。”早先洪皓在北方时，得到唐人画《骊山宫殿图》一轴，华清宫在山顶，殿外垂着帘子，宫人无数，从帘缝中往里窥视，一时乐官戏剧，品种众多杂乱，都排列于殿下。杜甫的这一首诗真和他亲眼见到的一样。

择福莫若重

《国语》记载范士燮说：“选择福不如重，选择祸不如轻。”况且这些士大夫君子们能顺应天道的安排，懂得性命的限度，保全自己的身体，远离祸害之地，避免灾祸归之福地，怎么会有等到天灾祸降临时再选择轻重而处理的道理呢？韦昭在受其一焉。《庄子·养生主》篇云：“为善无近名，为恶无近刑。”夫孳孳为善，君子之所固然，何至于纵意为恶，而特以不丽于刑为得计哉？是又有说矣，其所谓恶者，盖与善相对之辞，虽于德为愆义，非若小人以身试祸自速百殃之比也。故下文云：“可以全生，可以保身，可以尽年。”其旨昭矣。

用人文字之失

士人为文，或采已用语言，当深究其旨意，苟失之不考，则必诒论议。绍兴七年，赵忠简公重修《哲录》，书成，转特进，制词云：“惟宣仁之诬谤未明，致哲庙之忧勤不显。”此盖用范忠宣《遗表》中语，两句但易两字，而甚不然，范之辞云：“致保佑之忧勤不显。”专指母后以言，正得其实。今以保佐为哲庙，则了非本意矣。绍兴十九年，予为福州教授，为府作《谢历日表》，颂德一联云：“神祇祖考，既安乐于太平；岁月日时，又明章于庶证。”至乾道中，有外郡亦上表谢历，蒙其采取用之，读者以为骈丽精切，予笑谓之曰：“此大有利害，今光尧在德寿，所谓“考”者何哉？”坐客皆缩颈，信乎不可不审也。

注解《国语》时说："同时有两种福要选择其中的大者，有同时两种祸要选择其中的轻者。"推究起来因不幸而与灾祸相遇，形势不容许自己选择，就权衡轻重，顺受其一种灾祸呢。《庄子·养生主》篇说："做善事没有求名之心，作恶事没有求刑的想法。"努力不懈做好事，这是君子应当作的，何必恣意作恶，而又特别因为不系于刑罚为得计呢？这又有其他的说法了，所谓恶这种事，与善是相对而言，虽然对德来说是过失之义，不是像小人拿性命去触犯灾难自速遭殃可以相比的。所以《庄子·养生主》下文说："可以保全生命，可以保全自身，可以终结人的一生。"这里的宗旨是很明白的。

用人文字之失

文人作文，或采用已用过的语言，应当深入推究它的宗旨，如失误不加考察，就必然遗留给大家议论。高宗绍兴七年，赵鼎重修《哲录》，书成之后，转迁为特进的官，他在制词中说："唯有宣仁高皇后诬陷大臣之事没有弄清，致使哲宗祖庙忧愁和勤劳得不到显达。"这里用范纯仁《遗表》中的语言，两句仅改了两个字，就深不以为然了，范纯仁的词说："致保佑之忧勤不显。""保佑"是专指皇帝的母亲后妃而说的，正符合实际情况。现在把"保佑"改为"哲庙"，就显然不是本来的意思了。高宗绍兴十九年，我任福州府教授时，为知府作《谢历日表》，歌功歌德一联说："神祇祖考（指死去的父亲），既安乐于太平；岁月日时，又彰明于众庶的证明。"到孝宗乾道年间，有外郡也上表谢历，承蒙他采用我的语言，读的人认为对偶华丽精切，我看了笑着对他们说："这里面利害关系重大，现在赵光尧还在德

李卫公辋川图跋

《辋川图》一轴，李赵公题其末云：“蓝田县鹿苑寺主僧子良贽于予，且曰：‘鹿苑即王右丞辋川之第也。右丞笃志奉佛，妻死不再娶，洁居逾三十载。母夫人卒，表宅为寺。今冢墓在寺之西南隅，其图实右丞之亲笔。’予阅玩珍重，永为家藏。”弘宪题其前一行云：“元和四年八月十三日弘宪题。”弘宪者，吉甫字也。其后卫公又跋云：“乘闲阅箧书中，得先公相国所收王右丞画《辋川图》，实家世之宝也。先公凡更三十六镇，故所藏书画多用方镇印记。太和二年戊申正月四日，浙江西道观察等使、检校礼部尚书兼润州刺史李德裕恭题。”又一行云：“开成二年秋七月望日，文饶记。”前后五印：曰淮南节度使印、浙江西道观察处置等使之印、剑南西川节度使印、山南西道节度使印、郑滑节度使印，并赞皇二字。又内合同印、建业文房之印，集贤院藏书印，此三者南唐李氏所用，故后一行曰：“升元二年十一月三日。”虽今所传为临本，然正自超妙。但卫公所志，殊为可疑。《唐书·李吉甫传》云：“德宗以来，姑息藩镇，有终身不易地者。吉甫为相岁余，凡易三十六镇。”吉甫平生只为淮南节度耳，今乃言身更三十六镇，诚大不然。所用印记，如浙西、西川、山西、郑滑，皆卫公所历也；且书其父手泽，不言第几寿宫，所称“考”者是什么意思呢？”在座的客人都缩着脖子，确实不可不加以审察。

李卫公辋川图跋

《辋川图》一轴，李吉甫在轴卷之末题词说：“蓝田县鹿苑寺主持僧子良送给我的，并且说：‘鹿苑就是王维在辋川的宅第。王维笃信佛教，他的妻子死后就没有再娶妻，独自居住超过三十年。他母亲死后，将宅第捐为寺院。现在他的坟墓就在鹿苑寺西南角，这幅图是王维亲笔所画。’我赏玩后十分珍重它，永远藏在家里。”弘宪又题记其前一行说：“唐宪宗元和四年八月十三日弘宪题。”弘宪是李吉甫的字。后来李德裕也题跋其后说：“乘闲暇时阅览柜中书，得先公宰相李吉甫所收藏王维画的《辋川图》，实为家世中的珍宝。先公曾经历三十六镇，所以他所藏的画多用方镇印记。唐文宗太和二年正月初四日，浙江西道观察等使、检校礼部尚书兼润州（今江苏镇江）刺史李德裕恭题。”又有一行说：“文宗开成二年秋七月十五日，文饶记。”前后共有五印：淮南节度使印、浙江西道观察处置等使之印、剑南西川节度使印、山南西道节度使印、郑滑节度使印，并有赞皇（今属河北）二字。又内有合同印，建业文房之印，集贤院藏书印，这三颗印是南唐李氏所用的印，所以后一行说：“南唐李昪升元二年十一月三日。”虽然现在所流传的是临摹本，和正本一样高超巧妙。但李德裕所题的字，特为可疑。《新唐书·李吉甫传》说：“唐德宗以来，姑息纵容藩镇割据，有的军镇将领终身不改变他所在的军镇。李吉甫做宰相一年多，共变动了三十六个军镇。”李吉甫一生只做过淮南节度使，现在说他自身更换了子，而有李字；又自标其字，皆非是，盖好事者妄为之。白乐天诗所说清源寺，即辋川云。洪庆善作《丹阳洪氏家谱序》云："丹阳之洪本姓弘，避唐讳改。有弘宪者，元和四年跋《辋川图》。"亦大错也。

白公夜闻歌者

白乐天《琵琶行》，盖在浔阳江上为商人妇所作。而商乃买茶于浮梁，妇对客奏曲，乐天移船，夜登其舟与饮，了无所忌，岂非以其长安故倡女，不以为嫌耶？集中又有一篇题云《夜闻歌者》，时自京城谪浔阳，宿于鄂州，又在《琵琶》之前。其词曰："夜泊鹦鹉洲，秋江月登澈。邻船有歌者，发调堪愁绝！歌罢继以泣，泣声通复咽。寻声见其人，有妇颜如雪。独倚帆樯立，娉婷十七八。夜泪似真珠，双双堕明月。借问谁家妇，歌泣何凄切？一问一沾襟，低眉终不说。"陈鸿《长恨传序》云："乐天深于诗，多于情者也，故所遇必寄之吟咏，非有意于渔色。"然鄂州所见，亦一女子独处，夫不在焉，瓜田李下之疑，唐人不讥也。今诗人罕谈此章。聊复表出。

三十六镇，实在大不以为然。画卷中所用印记，如浙西、西川、山西、郑滑，都是李德裕历次任官的地方；并且书写他父亲的遗迹，不说是第几个儿子，只有李字；又自标他的字号，都不应该这样做，这大概是好事情的人妄自所为。白居易的诗所说的清源寺，就是辋川。洪庆善作《丹阳洪氏家谱序》说："丹阳（今属江苏）的洪姓本姓弘，是避唐代忌讳而改的。有弘宪这人，唐宪宗元和四年曾题跋过《辋川图》。"弘宪是李吉甫的字，这也大错特错了。

白公夜闻歌者

白居易《琵琶行》，推究起来是在浔阳江上为商人妻所做的。而商人却买茶于浮梁，他的妻子对着客人弹曲子，白居易就移动小船，夜登妇舟与她饮酒，全然没有什么么忌讳，岂不是以为她是在长安白居易所熟悉的倡伎的女儿，不认为这是嫌疑吗？他的诗集中又有一篇题为《夜闻歌者》的诗，当时白居易自京城长安贬谪于浔阳，途中夜宿鄂州（今湖北武汉），又在《琵琶行》之前所作。这首诗说："夜泊鹦鹉洲，秋江月澄澈。邻船有歌者，发调堪愁绝！歌罢继以泣，泣声通复咽。寻声见其人，有妇颜如雪。独倚帆樯立，娉婷十七八。夜泪似真珠，双双堕明月。借问谁家妇，歌泣何凄切？一问一沾襟，低眉终不说。"陈鸿在《长恨传序》中说："白居易精于诗，多于用情感所写，所以他所遇到的事情必然寄以情感加以吟咏，并非有意猎取美色。"但他在鄂州所见的，也是一个女子独自处在那里，丈夫又不在，未免会使人产生瓜田提鞋李树下整顿帽子的嫌疑，而唐代人并不讥笑他。现在诗人很少谈到这首诗，姑且再表明出来。

谢朏志节

荀彧佐魏武帝，刘穆之佐宋高祖，高德政佐齐文宣，高颎佐隋文帝，刘文静佐唐高祖，终之篡汉、晋、魏、周及取隋，其功不细矣。或以不言伏后事与劝止九锡，饮鸩而死。穆之居守丹阳，宋祖北伐，而九锡之旨从北来，愧惧而卒。德政以精神凌逼，为杨朏所谮，颎以为相蓄妾，为独孤后所谮，文静以妾弟告变，为裴寂所谮，皆不免于诛。萧道成谋篡宋，欲引谢朏参赞大业，屏人与之语，朏无言。道成必欲引参佐命，以为左长史，从容间道石苞事讽之，朏讫不顺指。及受宋禅，方为侍中，不肯解玺绶，引枕而卧，步出府门，道成之子赜欲杀之，道成畏得罪于公议，曰："杀之适成其名，正当容之度外耳！"遂废于家。海陵王之世复为侍中，宣城王鸾谋继大统，多引朝廷名士，朏心不愿，乃求出为吴兴太守。其弟瀹为吏部尚书，朏致酒与之，曰："可力饮此，无预人事！"其心盖恶鸾而末如之何也？朏之志节行义，凛凛如此，司马温公犹以为讥，斯亦可恕也已！《二笔》于士匄、韩厥下略及之，故复详论于此。

谢朏志节

荀彧辅佐魏武帝曹操，刘穆之辅佐宋高祖刘裕，高德政辅佐齐文宣帝高洋，高颎辅佐堕文帝杨坚，刘文静辅佐唐高祖李渊，终于篡夺汉、晋、魏、北周以及取代隋朝，他们的功劳不小了。荀彧因不劝伏皇后和劝曹操停止篡汉，饮毒酒而死。刘穆之镇守丹阳，宋高祖刘裕北伐，而篡夺东晋政权的宗旨从北方传来，惭愧恐惧而死。高德政用精神凌逼高洋篡位，被杨朏题所谮毁，高颎因当上宰相而纳妾、被独孤皇后所谮毁，刘文静因不满裴寂被他内弟所告发，被裴寂所谮毁，这些人都不免于被杀的结局。萧道成谋划篡夺刘宋政权，想引用谢朏参谋赞助这一大业，屏去旁人与谢朏单独密谈此事，谢不发一言。萧道成一定让他这样做，就任命他为左长史，谢朏就从容绕小道用晋人石苞的事委婉地劝止他。谢朏竟不顺从萧道成。到萧齐取代刘宋政权时，谢朏正做侍中，他不肯解下侍中的印绶，就枕着枕头睡在那里，后又快步走出府门，萧道成的儿子萧赜想杀死谢朏，萧道成怕得罪于官员的议论，就说："杀了他恰恰成就了他的名声，应当宽容他于法度之外！"于是就放黜他回家。海陵王萧昭文当皇帝时，谢朏再次被任命为侍中，宣城王萧鸾阴谋继承帝位，招引许多朝中名士，谢朏不愿这样，就请求放出做吴兴太守。谢朏的弟弟谢瀹当时任吏部尚书，谢朏为弟弟瀹上酒，说："可尽力饮完这杯酒，不要参预人事！"他的心思推究起来是厌恶萧鸾而不知如何做才好？谢朏的志向节操行义，可敬之处就是如此，司马光尚且讥笑他，这也可以宽恕了！《二笔》在士匄、韩厥下已略加提到，所以再详细论述于这里。

琵琶亭诗

江州琵琶亭，下临江津，国朝以来，往来者多题咏，其工者辄为人所传。淳熙己亥岁，蜀士郭明复以中元日至亭，赋《吉风》一章，其前云："白乐天流落溃溢，作《琵琶行》，其放怀适意。视忧患死生福得丧为何物，非深于道者能之乎？贾傅谪长沙，抑郁致死；陆相窜南宾，屏绝人事，至从狗窦中度食饮，两公犹有累乎世，未能如乐天逍遥自得也。予过九江，维舟瑟琶亭下，为赋此章。""香山居士头欲白，秋风吹作湓城客。眼看世事等虚空，云梦胸中无一物。举觞独醉天为家，诗成万象遭梳爬。不管时人皆欲杀，夜深江上听琵琶。贾胡老妇儿女语，泪湿青衫如著雨。此公岂作少狂梦？与世浮沉聊尔汝。我来后公三百年，浔阳至今无管弦。（公诗有"浔阳地僻无管弦"之句。）长安不见遗音寂，依旧匡庐翠扫天。"郭君，成都人，隆兴癸未登科，仕不甚达。但贾谊自长沙召还，后为梁王傅乃卒，前所云少误矣。吾州余干县东干越亭有瑟琶洲在下，唐刘长卿、张祜辈，皆留题。绍兴中，王洋元勃一绝句云："塞外峰烟能记否，天涯沦落自心知。眼中风物参差是，只欠江州司马诗。"真佳句也！

减损入官人

唐开元十七年，国子祭酒杨玚上言："省司奏限天下明

琵琶亭诗

江州（今江西九江）琵琶亭，下面紧临大江，往来这里的游客多有题咏琵琶亭的，其中的巧妙之作即被传下来。宋孝宗淳熙六年，蜀地人士郭明复因七月十五日到达琵琶亭，作《古风》一章，在前言中说："白居易流落渍溢时，曾作《琵琶行》一诗，他尽情畅意，视忧患生死祸福得失于一边，不是深刻领会人生道理的人能做到这些吗？贾谊贬谪长沙后，因压抑自己郁闷而死；陆相南逃南宾，隔绝人事，甚至从狗洞爬出来寻找饮食。这两位人物还牵累于世，不能和白居易一样逍遥自在。我过九江时，系舟于琵琶亭下，因作这篇《古风》。"诗中说："香山居士头欲白，秋风吹作湓城客。眼看事世等虚空，云梦胸中无一物。举觞独醉天为家，诗成万象（宇宙间的一切事物或现象）遭梳爬。不管时人皆欲杀，夜深江上听琵琶。贾胡老妇儿女语，泪湿青衫如著雨。此公岂作少狂梦？与世浮沉聊尔汝。我来后公三百年，浔阳至今无管弦。（白居易《琵琶行》有"浔阳地僻无音乐"之句）长安不见遗音寂，依旧匡庐翠扫天。"郭明，是成都人士，孝宗隆兴元年考中进士，做官不很通达。但贾谊自长沙被召回以后，又为梁怀王刘楫的太傅而死，与他的序言所说稍有错误。我所居住饶州余干县东干越亭的琵琶洲在其下面，唐人刘长卿、张祜辈，都有留字。高宗绍兴时期，王洋元勃有一绝句说："塞外烽烟能记否，天涯沦落自心知。眼中风物参差是，只欠江州司马诗。"真是美好的诗句呀！

减损入官人

唐玄宗开元十七年，国子祭酒杨玚上书说："省司官员上奏经、进士及第，每年不过百人，窃见流外出身，每岁二千余人，而明经、进士，不能居其什一，则是服勤道业之士，不如胥吏之得仕也。若以出身人太多，则应诸色裁损，不应独抑明经、进士。”当时以其言为然。淳熙九年，大减任子员数，是时，吏部四选开具以三年为率，文班进士大约三四百人，任子文武亦如之。而恩幸流外，盖过二千之数，甚与开元类也。

韩苏文章譬喻

韩、苏两公为文章，用譬喻处，重复联贯，至有七八转者。韩公《送石洪序》云：“论人高下，事后当成败，若河决下流东注，若驷马驾轻车就熟路，而王良、造父为之先后也，若烛照数计而龟卜也。”《盛山诗序》云：“儒者之于患难，其拒而不受于怀也，若筑河堤以障屋霤；其容而消之也，若水之于海，冰之于夏日；其玩而忘之以文辞也，若奏金石以破蟋蟀之鸣、虫飞之声。”苏公《百步洪》诗云：“长洪斗落生跳波，轻舟南下如投梭。水师绝叫凫雁起，乱石一线争磋磨。有如兔走鹰隼落，骏马下注千丈坡。断弦离柱箭脱手,飞电过隙珠翻荷”之类是也。

唐昭宗赠谏臣官

唐僖宗幸蜀，政事悉出内侍田令孜之手。左拾遗孟昭要限制天下科举考试明经、进士两科考中人数，每年不超过一百人，我私自见到不入九品职官出身的士子，每年有二千多人，而明经、进士两科，不能达到它的十分之一，就是说勤苦于学业的士子，还不如办理文书的小吏升官快呢。如果认为这类出身的人太多，就应该各种人员都应裁减，不应单独压抑明经、进士两科。”当时都认为他说的对。孝宗淳熙九年，大减由父任而得官的人员数字，当时，吏部科考以三年为限，文班进士大约三四百人，由父任而得官的人员数字也是这样。而私惠于不入九品官员出身的士子，大概超过二千之数，极和唐玄宗开元时期相似。

韩苏文章譬喻

韩愈、苏东坡两人做文章，需要用比喻的地方，重复连贯，甚至有七八次转换。韩愈《送石洪序》说：“论述人的高低，事后应该看其成败，如河决下流东淌，如驷马驾着轻车随着熟路，而善驾车的王良、造父使他们在马前车后，就和察看计算然后再占卜一样。”《盛山诗序》说：“儒家对于患难，当拒绝而不接受，如修筑河堤用来阻塞屋檐一样；当容纳而消化它，如水流于大海，冰放到夏天一样；当研习而忘记文辞时，如敲击金石用以撤除蟋蟀的叫声、虫飞的鸣声。”苏东坡《百步洪》诗说：“长洪斗落生跳波，轻舟南下如投梭。水师绝叫凫雁起，乱石一线争磋磨。有如兔走鹰隼落，骏马下注千丈坡。断弦离柱箭脱手，飞电过隙珠翻荷”之类，就是这样的比喻。

唐昭宗赠谏臣官

唐僖宗驾幸蜀地时，政事都出于宦官田令孜一人之手。左图、右补阙常濬上疏论事，昭图坐贬，令孜遣人沉之于蟆颐津，赐濬死。《资治通鉴》记其事。予读《昭宗实录》，即位之初，赠昭图起居郎，濬礼部员外郎，以其直谏被戮，故褒之。方时艰危，救亡不暇，而初政及此，《通鉴》失书之，亦可惜也！

蕨萁养人

自古凶年饥岁，民无以食，往往随所值以为命，如范蠡谓吴人就蒲蠃于东海之滨；苏子卿掘野鼠所去草实，及啮雪与旃毛并咽之；王莽教民煮木为酪；南方人饥饿，群人野泽掘凫茈；邓禹军士食藻菜；建安中，咸阳人拔取酸枣、藜藿以给食；晋郗鉴在邹山，兖州百姓掘野鼠、蛰燕；幽州人以桑椹为粮，魏道武亦以供军；岷蜀食芋。如此而已。吾州外邑，嵘崌山在乐平、德兴境，李罗万斛山在浮梁、乐平、鄱阳境，皆绵亘百余里，山出蕨萁。乾道辛卯，绍熙癸丑岁旱，村民无食，争往取其根。率以昧旦荷锄往掘，深至四五尺，壮者日可得六十斤。持归捣取粉，水澄细者煮食之，如粔妆状，每根二斤，可充一夫一日之食。冬晴且暖，田野间无不出者，或不远数十里，多至数千人。自九月至二月终，蕨抽拳则根无力，于是始上。盖救饿羸者半年，天之生物，为世人之利至矣！古人不知用之，传记亦不载，岂他邦不产此乎？

拾遗孟昭图、右补阙常濬上书论事，孟昭图因罪被贬官，因令孜派人将他沉于蟆颐津江水中，常濬被赐死。《资治通鉴》记载了这件事。我读《昭宗实录》，昭宗即位之初，赠孟昭图为起居郎，常濬礼部员外郎，因为他们二人直言敢谏而被田令孜杀死，所以要褒奖他二人。当时形势极为难难危险，救死存亡之事目不暇接，而昭宗初当政时能顾及此事，《通鉴》对这件事却失于记载，也可惜呀！

蕨萁养人

自古以来荒年饥岁，百姓没有粮食吃，往往随便着什么就吃以保存生命，如范蠡称吴国人吃蒲草、海螺于东海的边上；汉代的苏武在匈奴时掘野鼠去掉草实，连咬雪与毡皮一块咽下去；王莽教给百姓煮木为奶酪；南方人饥饿时，成群结队进入野泽之中挖掘荸荠吃；邓禹的军士吃藻菜；汉献帝建安时期，咸阳人摘取酸枣、藜藿用作粮食；晋朝人郗鉴在邹山时，兖州百姓掘野鼠、蛰燕吃；幽州人用桑葚为粮食，北魏道武帝也用桑葚供给军队吃；岷山、蜀地百姓吃芋头。如此了吧。我州外的县邑，崌山在乐平（今属江西）、德兴（今属江西）境，李罗万斛山在浮梁、乐平、鄱阳（今江西波阳）境，这两座山都延绵一百多里，山中出蕨萁。孝宗乾道七年、光宗绍熙四年发生旱灾，村民没有粮食吃，争着前往山中取蕨萁的根。大概未明以前便扛锄去掘，根深四五尺，一个壮劳力一天可掘得六十斤，回去之后捣烂取出粉，用水加以过滤，细粉可以煮吃，形状和细粉条一样，每根二斤，可供一个男子一天吃的。冬晴暖和时，田野间到处都是找蕨萁的人，或远至数十里，多者达到数千人。自九月至二月

末，蕨萁抽拳而根无力，于是停止挖掘。大概可以救人饥饿半年，天所生的东西，为世人之利太大了！古人不知道利用它，传记也没有记载，怎能是别的地方不出产蕨萁吗？

卷七（十四则）

执政辞转官

真宗天禧元年，合祭天地，礼毕，推恩百僚，宰相以下迁官一等。时参知政事三人，陈彭年自刑部侍郎迁兵部，王曾自左谏议大夫迁给事中，张知白自给事中迁工部侍郎。而知白独恳辞数四，上敷谕，终不能夺。王曾闻之，亦乞寝恩命。上曰："知白无他意，但以卿为谏议大夫，班在上，己为给事中，在下，所以固辞，欲品秩有序尔。"于是从知白所请，而优加名数，进阶紫金光禄大夫，并赐功臣爵邑。元祐三年四月，宰执七人，自文彦博仍前太师外，右仆射吕公著除司空，同平章军国事，中书侍郎吕大防除左仆射，同知枢密院范纯仁除右仆射，尚书左丞刘挚除中书侍郎，右丞王存除左丞，唯知枢密院安焘不迁，乃自正议大夫特转右光禄。焘上章辞，令学士院降诏不允。学士苏轼以为："朝廷岂以执政六人，五人进用，故加迁秩以慰其心？既无授受之名，仅似姑息之政，欲奉命草诏，不知所以为词，伏望从其所请。"御宝批："可。且用一意度作不许诏书进入。"焘竟辞，始免。绍兴三十一年，陈康伯自右相拜左相，朱倬自参政拜右相，时叶义问知枢密院，元居倬上，不得迁，朝论谓宜进为使。学士何溥面受草制之旨，曾以为言，高宗不许。绍熙五年七月，主上登基，拜知枢密院赵汝愚为右相，参政陈骙除知院，同

执政辞转官

宋真宗天禧元年，合祭天地，礼毕以后，皇上将己之所爱推及百官，自宰相以下迁官一个等级。当时宰相三人，陈彭年自刑部侍郎迁官兵部，王曾自左谏议大夫迁官给事中，张知白自给事中迁官工部侍郎。张知白独自恳请辞谢数回，皇上陈述谕旨，但终究不能改变他的志向。王曾听说后，也乞求停止恩命。皇上说："张知白没有其他的意思，但用你为谏议大夫，等级在上，张知白为给事中，等级在下，所以他推辞，想品级有所区分排列。"于是听从张知白的请求，又优加名数，晋升他为紫金光禄大夫，并赐给功臣爵位封地。宋哲宗元祐三年四月，宰相七人，自文彦博仍是以前太师外，右仆射吕公著任司空、同平章军国事，中书侍郎吕大防任左仆射，同知枢密密院范纯仁任右仆射，尚书左丞刘挚任中书侍郎，右丞王存任左丞。唯有知枢密院安焘没有升官，只自正议大夫特转为右光禄。安焘上奏章辞谢，皇上令学士院下诏书不许。学士苏轼认为："朝廷岂能以执政的六人，五个人升官，对其中一人只加变动秩列来安慰他的心情呢？既因没有接受的名义，仅给姑息迁就的政令，想奉命起草诏书，不知如何用词，希望听从他的请求。"用御玺批道："可暂用一意制作不许诏书进入。"安焘始终推辞，才免于转官。高宗绍兴三十一年，陈康伯自右丞相官拜左丞相、朱倬自参政任右丞相，当时叶义问知枢密院，原居于朱倬之上，不得升官，朝中议论应该晋升为使。学士何溥皇上当面授予他起草诏书的旨意，他曾为知院事余端礼除参政，而左丞相留正以小保进少傅，乃系特迁，且非覃恩，正固辞，乃止。

宗室补官

寿皇圣帝登极赦恩，几宗子不以服属远近，人数多少，其曾获文解两次者，并直赴殿试；略通文墨者，所在州量试，即补承信郎。由是入仕者过千人以上。淳熙十六年二月、绍熙五年七月，二赦皆然，故皇族得官不可以数计。偶阅《唐昭宗实录》载一事云："宗正少卿李克助奏：'准去年十一月赦书，皇三等以上亲无官者，每父下放一人出身；皇五等以上亲未有出身陪位者，与出身。寺司起请承前旧例，九庙子孙陪位者，每父下放一人出身，共放三百八十人。其诸房宗室等，各赴陪位纳到文状，共一千二十七人。除元不赴陪位，及不纳到状，及违寺司条疏，不取宗室充系落下外，系三百八十人，合放出身。'敕准赦书处分。"予案，昭宗以文德元年即位，次年十一月南郊礼毕肆赦，其文略云："皇三等以上亲，委中书门下各择有才行者量与改官，无官者，每父下放一人出身；皇五等以上亲未有出身陪位者，与出身。"然则亦有三等五等亲、陪位与不陪位之差别也。

叶义问讲情，高宗不允许。理宗绍熙五年七月，皇上登基，任知枢密院赵汝愚为右丞相，参政陈骙任知院，同知院事余端礼任参政，而左丞相留正以少保进转为少傅，也是特升，况且不是广布恩泽，留正坚辞不受，于是停止他进转少傅的事。

宗室补官

高宗皇帝即位赦恩时，凡是宗室子弟不论服属远近，人数多少，其中文凭解送两次的，可以直接赴殿试；略通文墨的人，由所在州县经过量试，即可补为承信郎。由此做官的超过千人以上。宋孝宗淳熙十六年二月、光宗绍熙五年七月，二次赦恩都是这样，所以皇族子弟得官的人不可用数字计算。偶然阅读《唐昭宗实录》记载一事说："宗正少卿李克助奏道：'按照去年十一月赦恩的诏书，皇上三服以上的亲戚没有做官的人，每父下可以放出一人做官；皇上五服以上亲戚没有考中录取的，给与官职。寺司官员起请继承以前旧例，皇帝祖先九庙子孙陪位的人，每位父下放出一人做官，共放出三百八十人。其他诸房宗室等，各到陪位交纳文凭，共一千二十七人。除去原不去陪位，及不交纳文凭，以及违反寺司条例，不取宗室充系亲属的以外，是三百八十人，符合放出做官条件。'宣敕按照赦恩诏书处理。"我按照昭宗因文德元年即位，第二年十一月在南部举行祭祀的礼仪结束后发布赦恩的，其中文告大略说："皇上三等以上亲戚，委托中书门下各自选择有才能的人酌量给以改变官衔，没有官职的人，每位父下放出一人做官；皇上五等以上亲戚没有做官陪位的人，给以官职。"则也有三等五等亲、陪位与不陪位的差别。

孙宣公谏封禅等

景德、祥符之间，北戎结好，宇内乂宁，一时邪谀之臣，唱为瑞应祺祥，以罔明主，王钦若、陈彭年辈实主张之。天书既降，于是东封、西祀、太清之行，以次丕讲。满朝耆老方正之士，鲜有肯启昌言以遏其奸焰，虽寇莱公亦为之。而孙宣公奭独上疏争救，于再于三，《真录》出于钦若提纲，故不能尽载，以故后人罕称之。予略摘其大概纪于此。

一章论西祀，曰："汾阴后土，事不经见。汉都雍，去汾阴至近，河东者，唐王业所起之地，且又都雍，故武帝、明皇行之。今陛下经重关，越险阻，远离京师根本之固，其为不可甚矣。古者圣王先成民而后致力于神，今土木之功，累年未息，水旱作沴，饥馑居多，乃欲劳民事神，神其享之乎！明皇嬖宠害政，奸佞当涂，以至身播国屯。今议者引开元故事以为成烈，臣切不取。今之奸臣，以先帝诏停封禅，故赞陛下，以为继承先志。且先帝欲北平幽朔，西取继迁，则未尝献一谋、画一策，以佐陛下。而乃卑辞重币，求和于契丹，蹙国縻爵，姑息于保吉。谓主辱臣死为空言，以诬下罔下上为己任，撰造祥瑞，假托鬼神，才毕东封，便议西幸。以祖宗艰难之业，为佞邪侥幸之资，臣所以长叹而痛哭也！"

孙宣公谏封禅等

宋真宗景德、大中祥符之间，辽国结好于宋，天下安宁，一时奸邪阿谀之臣，倡导瑞应吉祥的征兆，用来欺骗英明的君主，王钦若、陈彭年等确实是这一主张的倡导人。皇上下的天书既已降下，于是东封泰山、西祀汾阴，太清官祭祀老子之行，以次大讲起来。满朝老臣端平方正之士，很少有肯启齿直言不讳地加以遏制这种奸邪的势焰。虽是寇准这样的人也主张祥瑞封禅。而孙奭独自上书争先挽救此事，一而再再而三这样做，《真录》出于王钦若的提纲，所以不能详尽记载这件事，因为这个缘故后人很少知道它。我略摘其中的大概情况记载于这里。

第一章论述西祀汾阴的事，说："汾阴祭祀地神，事情并不经常见到。西汉建都长安，去汾阴很近；河东这个地方，是唐代帝业所兴起的地方，况且又建都长安，所以汉武帝、唐玄宗到汾阴祭祀过后土祠。现在陛下经过重重关口翻越险阻，远离京师根本的坚固地方，很不应当这样做。古代圣明君主都是先成就百姓然后再致力于神，现在大兴土木之功，屡年不止，水旱作害，灾荒很多，只想劳民以事奉神，神能享受吗！唐玄宗宠爱女色危害政治，奸佞大臣当道，以至于以身流亡，国家屯兵艰难。现在议论封禅的人引用玄宗开元时期旧事认为轰轰烈烈，臣私自不敢采取这种说法。现在的奸臣，认为先帝下诏停止封禅，因而来赞扬陛下，以为能继承先帝意志。况且先帝想北面平定幽朔边远地区，西取西夏，他们不曾进献过一谋一策，来辅佐陛下。而只用卑下的语言，赏赐大量货币，求和于契丹，收缩国土束缚爵位，迁就姑息于辽国。可称主辱臣死为一句空话，以诬陷下面欺骗皇上为自己的职责，制造祥瑞，假托鬼神，东封泰山才二章论争言符瑞，曰："今野雕山鹿，并形奏简，秋旱冬雷，率皆称贺。将以欺上天，则上天不可欺；将以愚下民，则下愚不可愚；将以惑后世，则后世必不信。腹非窃笑，有识尽然。"

三章论将幸亳州，曰："国家近日多效唐明皇所为。且明皇非令德之君，观其祸败，足为深戒，而陛下反希慕之！近臣知而不谏，得非奸佞乎？明皇奔至马嵬，杨国忠既诛，乃谕军士曰："朕识理不明，寄任失所，近已觉寤。'然则已晚矣，陛下宜早觉寤，斥远邪佞，不袭危乱之迹，社稷之福也！"

四章论朱能天书，曰："奸俭小人，妄言符瑞，而陛下崇信之，屈至尊以迎拜，归秘殿以奉安。百僚黎庶，痛心疾首，反唇腹非，不敢直言。臣不避死亡之诛，听之罪之，惟在圣断。昔汉文成、五利，妄言不雠，汉武诛之。先帝时，侯莫、陈利用方术奸发，诛于郑州。唐明皇得灵符宝券，皆王珙、田同秀等所为，不能显戮，今日见老君于阁上，明日见老君于山中，大臣尸禄以将迎，瑞士畏威而缄默。及禄山兆乱，辅国劫迁，大命既倾，前功并弃。今朱能所为是已。愿远思汉武之雄材，近法先帝之英断，中鉴明皇之召祸，庶几灾害不生，祸乱不作。"

完，便议论向西巡幸。用祖宗艰难的大业，为谄媚取宠官员的资本，臣所以长叹而痛哭！”

第二章论述直言天降符瑞附和人事的事，说：“现在野雕山鹿，都可以奏明皇上，秋天发生旱灾，冬天雷声隆隆，都加以称贺。将用它欺骗上天，上天是不可欺辱的；将用它愚弄下民，而下民是不可愚弄的；将用它迷惑后代，而后代的人必然不相信这些说法。心里不说私下好笑，有识之士都是这样。

第三章论述将行幸亳州，说：“国家近来多仿效唐玄宗所作所为。况且唐玄宗并非美德的君主。观察他的灾祸和失败，足以深戒，而陛下反而仰慕他！近臣明知这样而不加谏阻，怎能不是奸佞之臣呢？唐玄宗逃到马嵬坡，杨国忠被杀，于是告谕军士说：‘我理解道理不明白，寄任大臣有失所望，近来也觉悟了。’然而已经晚了，陛下应早觉悟，斥逐远离奸佞大臣，不因袭危亡败乱的事迹，这是国家的大福呀！”

第四章论述朱能所制造的天书，说：“奸佞小人，乱言符瑞，而陛下却相信它，弯曲极尊重的身体用来迎拜它，回到秘殿用来供奉它。百官黎民，痛恨到了极点，口和心都反对这样做，而不敢直言相劝。臣不躲避被杀的危险，听凭其发展而不过问自己的罪过，只在皇上做出决断。过去汉朝文成将军少翁、五利将军栾大，乱言符瑞而不应，汉武帝杀死他们。在先帝时候，侯莫陈利用因有方术其邪恶被发觉，杀于郑州。唐玄宗得到的灵符宝券，都是王珙、田同秀等人所作所为，不能明正典刑，当众处决，今天朝见老君于阁上，明天朝见老君于山中，大臣受禄山而将迎老君，信士因害怕威严都默不作声。至安禄山叛乱时，李辅国威逼迁都，帝王的命令既然倾衰，前功尽弃。现在朱能所作元奭之论谏，虽魏郑公、陆宣公不能过也。

赦恩为害

赦过宥罪，自古不废，然行之太频，则惠奸长恶，引小人于大谴之域，其为害固不胜言矣。唐庄宗同光二年大赦，前云："罪无轻重，常赦所不原者，咸赦除之。"而又曰："十恶五逆、屠牛、铸钱、故杀人、合造毒药、持仗行劫、官典犯赃，不在此限。"此制正得其中，当乱离之朝，乃能如是，亦可取也，而今时或不然。

代宗崇尚释氏

唐代宗好祠祀，未甚重佛。元载、王缙、杜鸿渐为相，三人皆好佛。上尝问以"佛言极应，果为有无"。载等奏："国家运祚灵长，非宿植福业，何以致之？福业已定，虽时有小灾，终不能为害，所以安、史有子祸，仆固病死，回纥、吐蕃不战而退，此皆非人力所及。"上由是深信之，常于禁中饭僧，有寇至则令僧讲《仁王经》以禳之，寇去则厚加赏赐。胡僧不空，官至卿、监，爵为国公，出入禁闼，势移权正是这样。愿陛下远思汉武帝的雄才大略，就近效法先帝的英明决断，中间借鉴唐明皇招来的祸害，也许可以灾害不生，祸乱不发作。”

孙奭的论争，虽然是魏征、陆贽也不能超过他。

赦恩为害

赦免过错宽宥罪行，自古没有废除过，但实行的太频繁，就会仁慈奸人助长邪恶，引导小人于责备的地方，这种危害固然不能一个一个地说出来。唐庄宗同光二年大赦，前面说：“罪过不论轻重，常赦许不加追究，都赦免它。”而又说：“谋反、谋叛、谋恶逆、不道、大不敬、不孝、不义等十恶五逆、屠杀耕牛、私自铸钱、故意杀人、合造毒药、持仗抢劫、官吏贪赃犯法，不在大赦之内。”这一诏书正适合大赦的宗旨。唐庄宗在紊乱离散的朝代，尚且能如此这样，也有可取之处，而现在或者就不是这样了。

代宗崇尚释氏

唐代宗好祭祀神祠，不甚重视佛教。元载、王缙、杜鸿渐当宰相时，三人都是虔诚的佛教信徒。皇上曾问以为“佛言因果报应，果然有无此事”。元载等人奏道：“国家世运绵延长久，不是平常树立福业，怎么达到呢？福业已定，虽然时常有小的灾害，终究不能造成祸害，所以安禄山、史思明有子杀父之祸，仆固怀恩进军长安时中途突然病死，回纥、吐蕃士卒大举深入不战而退，这些都不是人的力量所能达到的。”唐代宗由此深信不疑，常在宫中招待僧人饭食，如有敌寇入侵就令僧讲解《仁王贵，此唐史所载也。予家有严郢撰《三藏和尚碑》，徐季海书，乃不空也，云：“西域人，氏族不闻于中夏，玄、肃、代三朝皆为国师。代守初以特进、大鸿胪褒表之。及示疾，又就卧内加开府仪同三司、肃国公。既亡，废朝三日，赠司空。”其恩礼之宠如此。同时又有僧大济，为帝常修功德，至殿中监。赠其父惠恭兖州刺史，官为营办葬事，有敕葬碑，今存。时兵革未尽息，元勋宿将，赏功赋职，不过以此处之，顾施之一僧，缪滥甚矣！

光武苻坚

汉光武建武三十年，群臣请封禅泰山。诏曰：“即位三十年，百姓怨气满腹，吾谁欺，欺天乎？若郡县远遣吏上寿，盛称虚美，必髡，令屯田。”于是群臣不敢复言，其英断如此。然才二年间，乃因读《河图会昌符》，诏索《河洛》《雒》谶文言九世当封禅者，遂为东封之举，可谓自相矛盾矣。苻坚禁图谶之学，尚书郎王佩读谶，坚杀之，学谶者遂绝。及季年，为慕容氏所困，于长安自读谶书，云：“帝出五将久长得。”乃出奔五将山，甫至而为姚苌所执。始禁人为谶学，终乃以此丧身亡国。“久长得”之兆，岂非言久当为姚苌所得乎？又姚与遥同，亦久也。光武与坚非可同日语，特经》用以祈求保佑，敌寇退去时就大加赏赐僧人。外国僧人不空，官至卿、监，爵位是国公，出入宫廷，势倾朝野，这些都是唐史上所记载的。我家有严郢所写的《三藏和尚碑》，是徐季海书写于石碑的，就是不空僧人，说："不空，西域人，氏姓不听说于中国，唐玄宗、肃宗、代宗三个朝代都任命他为国师。代宗即位初年用特进、大鸿胪的官职来表彰他。当不空得病时，就在他卧室内加封为开府仪同三司、肃国公。他死后，代宗废朝三日，又赠他为司空。"他受到的恩宠就是这样。同时又有僧人大济，为代宗常修明功德，官至殿中监。又赠大济的父亲惠恭为兖州刺史，官员为他父亲经办丧事，有皇上敕葬的碑文，至今还存在。当时战乱还尚未完全平息，赏功给官，不过是一二僧人，错误无节制太过分了！

光武苻坚

汉光武光帝建武三十年，群臣请光武帝祭祀泰山。光武帝下诏书说："我即位三十年来，百姓怨气满腹，我欺骗谁呢，欺骗天吗？如果郡县从远方派遣官吏前来为我上寿，我必然剃去他的头发，命他到边地屯田去。"于是群臣不敢再说封禅的事了，光武帝英明决断就是这样。然而才二年的时间，只因读《河图会昌符》，下诏索要《河洛》关于吉凶应验的文字所说九世应当封禅的话，于是进行东封的举动，可称是自相矛盾了。前秦皇帝苻坚禁止迷信的谶书学习，尚书郎王佩读谶书时，苻坚将他杀死，学习谶书的就断绝了。到苻坚晚年，被慕容充围困于长安，他在长安自己也谈谶书，谶书说："帝出五将久长得。"就出奔五将山，刚到就被羌族首领姚苌拿获。开始时禁止别人学谶书，其事偶可议云。

周武帝宣帝

周武帝平齐，中原尽入舆地，陈国不足平也，而雅志节俭，至是愈笃。后宫唯置妃二人，世妇三人，御妻三人，则其下保林、良使辈，度不过数十耳。一传而至宣帝，奢淫酣纵，自比于天，广搜美女，以实后宫，仪同以上女不许辄嫁，遂同时立五皇后。父子之贤否不同，一至于此！

唐观察使

唐世于诸道置按察使，后改为采访处置使，治于所部之大郡。既又改为观察，其有戎旅之地，即置节度使。分天下为四十余道，大者十余州，小者二、三州，但令访察善恶，举其大纲。然兵甲、财赋、民俗之事，无所不领，谓之都府，权势不胜其重，能生杀人，或专私其所领州，而虐视支郡。元结为道州刺史，作《春陵行》，以为“诸使诛求符牒二百余通”，又作《贼退示官吏》一篇，以为“忍苦裒敛”。阳城守道州，赋税不时，观察使数诮责，又遣判官督赋，城自囚于狱。判官去，复遣官来按举。韩愈《送许郢州序》云：“为刺史者常私于其民，民以实应乎府，为观察使者常急于其最后就因此丧身亡国。“久长得”的预兆，怎能不是说久当为姚苌所得吗？又姚与遥同音，遥也是久的意思。光武帝与苻坚并非同时可以相比，唯独其事偶尔可以论说。

周武帝宣帝

北周武帝宇文邕灭掉北齐后，中原地区都成了他的领土，地处江南的陈国就容易平定了，而他素志节俭，到这时就意志更加专一。后宫仅设置妃子二人，世妇三人，御妻三人，保林、良使等女官，制度不过数十人。传到他儿子宣帝宇文赟时，就奢侈荒淫醉酒放纵，自比于天，广泛搜索美女，用来充实后宫，仪同三司官员以上的女儿不许出嫁，于是同时立有五个皇后。他们父子贤和恶的不同，一至于这样呢！

唐观察使

唐代于各道设置按察使，后来改为采访处置使，治于各道的大郡。既而又改为观察使，有军队的地方，即设置节度使。唐代划分全国为四十多道，大的管辖十多个州，小的管辖二、三个州，仅命令他访察善恶，动问一道的大事。但是他们连兵甲、财赋、民俗的事无所不管，当称为都府，权势极重，有生杀大权，或专门偏私他所在的州，而侵害其他各州。元结任道州（治今湖南道县）刺史时，曾作有《舂陵行》一篇，认为“各使索要传达命令的凭证有二百多道”，又作《贼退示官吏》一篇，认为观察使“忍心百姓痛苦加以聚敛”。阳城为道州刺使时，官府对赋税不定时加以征收，观察使数次加以责问，又派遣判官亲自监督收税，阳城没有办法，只好自己把自己囚禁于狱中。判官走了以后，又赋，不以情信乎州，财已竭而敛不休，人已穷而赋愈急。”韩皋为浙西观察使，封杖决安吉令孙澥至死，一时所行大抵类此，然每道不过一使临之耳。今之州郡控制按刺者，率五六人，而台省不预，毁誉善否，随其意好，又非唐日一观察使比也。

冗滥除官

自汉以来，官曹冗滥之极者，如更始“灶下养，中郎将，烂羊头，关内侯”，晋赵王伦“貂不足，狗尾续”，北史周世“员外常侍，道上比肩”，唐武后“补阙连车，拾遗平斗”之谚，皆显显著见者。中叶以后，尤为泛滥，张巡在雍丘，才领一县千兵，而大将六人，官皆开府特进，然则大将军告身博一醉，诚有之矣。德宗避难奉天，浑瑊之童奴曰黄芩，力战，即封渤海郡王。至于僖、昭之世，遂有“捉船郭使君”，“看马李仆射”。周行逢据湖湘，境内有“漫天司空、遍地太保”之讥。李贞茂在凤翔，内外持管籥者，亦呼为司空、太保。韦庄《浣花集》有《赠仆者杨金》诗云：“半年勤苦葺荒居，不独单寒腹亦虚。努力且为田舍客，他年为尔觅金鱼。”是时，人奴腰金曳紫者，盖不难致也。

派遣官吏来审察他。韩愈《送许郢州序》说：“任刺史的人常常偏私于本州百姓，不以实情报于府，任观察使的人常常急于收取赋税，不以实情对待州府，财力已经枯竭而赋敛不止，人民已经贫穷而税收更加紧急。”韩皋为浙西观察使时，用大杖将安吉县令孙澥打死。一时所为大致如此，但当时每道不过一个观察使。现在的州郡控按使、制置使、按察使、刺史的人通常是五六人，而台省官吏不加干预，诽谤也好称赞也好，随他们的情趣，又不是唐代一个观察使可以相比的。

冗滥除官

自汉朝以来，官员繁嫌泛滥到了极点，如新莽末年更始刘玄做皇帝时，有“灶下养，中郎将，烂羊头，关内侯”，西晋赵王伦时有“貂尾不够，用狗尾来接续”，北周时有“员外常侍，道路上肩挨着肩”，唐武则天时有“补阙连车，拾遗平斗”的谚语，都明显可以看到。唐中期以后官员就更加泛滥，张巡在雍丘（今河南杞县）时，才率领一县一千多兵马而大将就有六人，官阶都是开府特进之类，但是大将军的凭证只能换取一次醉酒的钱，显然是有的。唐德宗避难奉天，浑瑊的家童叫黄芩，因为大力战斗，立即封为渤海郡王。至于僖宗、昭宗时，于是有“捉船郭使君，看马李仆射”。周行逢占据湖湘一带时，他的境内有“漫天司空，遍地太保”的谚语。李茂贞在凤翔（今属陕西）时，内外掌握钥匙的人，也都为司空、大保。韦庄《浣花集》有《赠仆者杨金》诗说：“半年勤苦葺荒居，不独单寒腹亦虚。努力且为田舍客，他年为尔觅金鱼。”这时，人们的家奴要做官的，大概不难达到。

节度使称太尉

唐节度使带检校官，其初只左右散骑常侍，如李愬在唐、邓时所称者也。后乃转尚书及仆射、司空、司徒，能至此者盖少。僖、昭以降，藩镇盛强，武夫得志，才建节钺，其资级已高，于是复升太保、太傅，太尉，其上惟有太师，故将帅悉称太尉。元丰定官制，尚如旧贯。崇宁中，改三公为少师、少傅、少保，而以太尉为武阶之冠，以是凡管军者，犹悉称之。绍兴间，叶梦得自观文殿学士，张澄自端明殿学士，皆拜节度。叶尝任执政，以暮年拥旄，为儒者之荣，自称叶太尉。张微时有邓洵武给使恩出身，羞为武职，但称尚书如故，其相反如此。

五代滥刑

五代之际，时君以杀为嬉，视人命如草芥，唐明宗颇有仁心，独能斟酌援救。天成三年，京师巡检军使浑公儿口奏：有百姓二人，以竹竿习战斗之事。帝即传宣令付石敬瑭处置，敬瑭杀之。次日枢密使安重诲敷奏，方知悉是幼童为戏。下诏自咎，以为失刑，减常膳十日。以谢幽冤；罚敬瑭一月俸；浑公儿削官、杖脊、配流登州；小儿骨肉，赐绢五十匹，粟麦各百硕，便令如法埋葬。仍戒诸道州府，凡有极刑，并须仔细裁遗。此事见《旧五代史》《新书》去之。

节度使称太尉

唐代节度使兼带检校官，最初只左右散骑常侍，如李愬在唐（今河南唐河）、邓（今河南邓州）所称谓的那样，后来就转任尚书及仆射、司空、司徒，能达到这一步的人大概很少。僖宗、昭宗以来，藩镇势力强盛，镇将武夫得志，才建立符节和斧钺，他的资历级别很高，于是再升为太保、太傅、太尉，在他之上只有太师了，所以将帅都称太尉。宋神宗元丰时期制定官制，尚和以前旧例一样。宋徽宗崇宁年间，改三公为少师、少傅、少保，而以太尉为武将的最高官阶。因此凡是管理军队的，仍都称太尉。高宗绍兴年间，叶梦得自观文殿学士，张澄自端明殿学士，都被任命为节度使。叶梦得曾以节度使而执政，因晚年拥有军队，为文人之荣，自称叶太尉。张微贱时曾用邓洵武给以使恩才做官，羞愧为武职，和以前一样仍称尚书而不称太尉，他二人竟如此相反。

五代滥刑

后梁、后唐、后晋、后汉、后周之际，当时君主用杀人作玩耍，看待人命和草芥一样轻微，后唐明宗李嗣源很有仁爱之心，唯独他能考虑援救他人。明宗天成三年，京城巡检军使浑公儿向皇上亲口奏说，有百姓二人，用竹竿演习战斗的事。皇上立即传令让石敬瑭处理这件事，石敬瑭将二人杀死。第二天枢密使安重诲陈述奏言，才知全是幼儿游戏。后唐明宗于是下诏自己谴责自己的罪过，因为有失于刑罚，减少自己膳食十天，用来谢罪于阴间冤魂；扣罚石敬瑭一个月的俸禄；浑公儿被削去官职，用棍子打他的脊背，流配到登州（今山东蓬莱）去；对这两个小儿的骨肉，赐绢五十匹，粟米和麦各一百石，即令遵照法律埋葬。

太一推算

熙宁六年，司天中官正周琮言：“据《太一经》推算，熙宁七年甲寅岁，太一阳九、百六之数，至是年复元之初，故《经》言太岁有阳九之灾，太一有百六之厄，皆在人元之终或复元之初。阳九、百六当癸丑、甲寅之岁，为灾厄之会，而得五福太一移入中都，可以消灾为祥。窃详五福太一自雍熙甲申岁入东南巽宫，故修东太一宫于苏村，天圣巳巳岁入西南坤位，故修西太一宫于八角镇。望稽详故事，崇建宫宇。”诏度地于集禧观之东，于是为中太一宫。时王安石檀国，尽变乱祖宗法度，为宗社之祸，盖自此始，虽太一照临，亦不能救也。绍熙四年癸丑、五年甲寅，朝廷之间殊为多事，寿皇圣帝厌代，泰安以久疾退处，人情业业，皆有忧葵恤纬之虑。时无星官历翁考步推赜，庸讵知非入元、复元之际乎？

赵丞相除拜

绍熙五年七月十六日宣麻制，以太中大夫、知枢密院事赵汝愚为特进、右丞相，议者或谓国朝无宗室宰相，且转官九级非故实。赵上章力辞，不肯入都堂莅职。越六日，诏改仍然告诫各道州府，凡有死刑，并须仔细裁决。这件事见于《旧五代史》，《新五代史》将这件事去掉了。

太一推算

宋神宗熙宁六年，司天中官正周琮说："根据《太一经》推算，明年甲寅年，初入元气一百零六岁，外有灾岁九，到此年复入元气为初，所以《太一经》说有干支初入元气的灾难，初入元气一百零六岁的灾难，都有入元最后一年或再入元的初年。灾难应当在癸丑、甲寅这两年，为灾难交会之年，而得到寿、富、康宁、德、善终五种福气，元气就移入中都，可以消灾为吉祥。我私自详查五福元气自宋太宗雍熙元年就进入东南巽宫(八卦之一)，所以要修东太一宫于京城东南的苏村，宋仁宗天圣七年进入西南坤位(八卦之一)，所以要修西太一宫于京城西部的八角镇。希望陛下考查以往旧例，高建宫宇。"皇上下诏丈量土地于集禧观以东，于是为中太一宫。当时王安石掌握国家大权，完全改变祖宗法制，为宗庙社稷的祸害，大概从此开始，虽然元气照临，也不能得到挽救。宋光宗绍熙四年、五年，朝廷之间特别多事，高宗皇帝不愿让位，泰安因久病退处，人心惶惶，都有忧国忘家的考虑，当时并没有星官历翁考究星体的运行和推算那些幽深玄妙的元气，怎么知道入元、复元之间的界限呢?

赵丞相除拜

宋光宗绍熙五年七月十六日宣读皇上用黄白麻纸下的诏书，以太中大夫、知枢密院事赵汝愚任特进、右丞相，议政官员认为宋朝没有宗室宰相，况且又转官九级并不是以前旧例。赵汝愚上奏章竭力辞去，不肯进入尚书省总办公处任职。过了六除枢密使，依宰臣超三官。又二日，制除正议大夫、枢密使，迈考按故事，宣和二年，王黼自通议大夫、中书侍郎拜特进、少宰，凡迁八官，黼受之。靖康元年，吴敏自中大夫、知枢密院，拜银青光禄大夫、少宰，亦迁八官，敏辞之。但以通议就职。秦桧当国，以其子熺为中大夫、知枢密院，已而除观文殿学士，恩数如右仆射，遂暗转通奉大夫，逾年，加大学士，径超七秩为特进，熺处之不疑。舍此三人外，盖未之有。若自宰相改枢密使，唯夏竦一人。是时以陈执中为昭文相，竦为集贤相，御史言："竦向在陕西，与执中议论不协，不可同寅政地。"于是贴麻改命，而初制不出。今汝愚先报相麻，后报枢制，乃是径日已久，因固辞以然。又按国史，明道二年，宰臣张士逊、枢密使杨崇勋同日罢，士逊以左仆射判河南府，崇勋以节度使、平章事判许州，明日入谢，崇勋班居上。仁宗问之，士逊奏曰："崇勋系使相，臣官只仆射，当在下。"即再锁院，以士逊为使相。是时，学士盛度当制，犹用士逊作相衔，论者非之，谓应用仆射、河南为前衔也。乾道二年，叶颙以前参知政事召还为知枢密院，未受告而拜左相，迈当制，以新除知枢密院结衔。今汝愚拜相宣麻，已阅八日，故称新除特进、右丞相。二者皆是也。

天，又下诏改任枢密使，仍依宰臣超过太尉、司徒、司空三官。又经过两日，下诏任正议大夫、枢密使。我考按以往实情，宋徽宗宣和二年，王黼自通议大夫、中书侍郎任特进、少宰，共升迁八官，王黼接受了。宋钦宗靖康元年，吴敏中自中大夫、知枢密院，任银青光禄大夫、少宰，也迁升八官，吴敏辞去，仅以通议就职。秦桧当权时，用他的儿子秦熺为中大夫、知枢密院，不久任观文殿学士，恩惠和右仆射一样，于是又暗中转任通奉大夫，超过一年，又加大学士，直超七官为特进，秦熺居位而不怀疑。除这三人外，大概没有了。如自宰相改任枢密使，只夏竦一人。当时因陈执中为昭文相，竦为集贤相，御史说："夏竦以往在陕西时，与陈执中意见不合，不可同日主管一地。"于是加以更改，而最初的诏书没有出来。现在赵汝愚先接到任命宰相的诏书，后接到任命枢密院的诏书，如此已经时间很久了，因而坚辞如此。又按照宋史，宋仁宗明道二年，宰相张士逊、枢密使杨崇勋同日被罢免，士逊以左仆射判河南府，杨崇勋以节度使、平章事判许州，第二天入宫谢皇上时，杨崇勋班次居上。仁宗问张士逊，张士逊奏说："杨崇勋是出使的宰相，臣的官只是仆射，应当在下。"即再次锁闭院门，用张士逊为使相。当时，学士盛度当起草制书还用张士逊作相衔，议论的人都认为不应该这样，应该称用仆射、河南为以前官衔。宋孝宗乾道二年，叶颙以前参知政事召还回京，任知枢密院，还没有授给凭证而就任命为左相，当时我应起草制书，用新任知枢密院来总结他的官衔。现在赵汝愚任相宣告黄白麻纸诏书，已过了八日，所以应该称新任特进、右丞相。二者都应该是这样。

唐昭宗恤录儒士

唐昭宗光化三年十二月，左补阙韦庄奏："词人才子，时有遗贤，不沾一命于圣明，没作千年之恨骨。据臣所知，则有李贺、皇甫松、李群玉、陆龟蒙、赵光远、温庭筠、刘德仁、陆逵、傅锡、平曾、贾岛、刘稚珪、罗邺、方干，俱无显过，皆有奇才，丽句清词，遍在词人之口，衔冤报恨，竟为冥路之尘。伏望追赐进士及第，各赠补阙、拾遗。见存唯罗隐一人，亦乞特赐科名，录升三署。"敕奖庄而令中书门下详酌处分。次年天复元年赦文，又令中书门下选择新及第进士中，有久在名场，才沾科级，年齿已高者，不拘常例，各授一官。于是礼部侍郎杜德祥奏：拣到新及第进士陈光问年六十九，曹松年五十四，王希羽年七十三，刘象年七十，柯崇年六十四，郑希颜年五十九。诏光问、松、希羽可秘书省正字；象、崇、希颜可太子校书。案《登科记》，是年进士二十六人，光问第四，松第八，希羽第十二，崇、象、希颜居末级。昭宗当斯时，离乱极矣，尚能眷眷于寒儒、其可书也。《摭言》云："上新平内难，闻放新进士，喜甚，特受官，制词曰：'念尔登科之际，当予反正之年，宜降异恩，各膺宠命。'时谓此举为五老榜。"

唐昭宗恤录儒士

唐昭宗光化三年十二月，左补阙韦庄奏说：“诗人才子，经常有遗漏掉的贤人，不沾污一生于圣明之世，死后作了千年怨恨枯骨。根据臣所了解的，就有李贺、皇甫松、李群玉、陆龟蒙、赵光远、温庭筠、刘德仁、陆逵、傅锡、平曾、贾岛、刘稚珪、罗邺、方干，都没有显达，但他们都有奇才，美句清词，遍存于诗人之口，含冤抱恨，竟成为阴间道路上的尘土。还望追赐给他们进士及第，各赐给他们补阙、拾遗的官。现在只存在罗隐一人，也希望赐给科别名称，录升为三署做官。”敕令嘉奖韦庄而令中书门下详细酌情处理。第二年天复元年下达赦文，又命中书门下选择在新及第的进士中，有久在考场，才登科的，年岁已经很高的，不拘束于常例，各授给他们一官。于是礼部侍郎杜德详奏道：挑选到新及第进士陈光问年六十九，曹松年五十四，王希羽年七十三，刘象年七十，柯崇年六十四，郑希颜年五十九。下诏陈光问、曹松、王希羽可任秘书省正字；刘象、柯崇、郑希颜可任太子校书。按登科所载的，这年进士二十六人，陈光问第四名，柯松第八名，王希羽第十二名，柯崇、刘象、郑希颜排在末等。昭宗当时正逢极为离乱之时，尚能关心寒酸的读书人，当可书之史册。《唐摭言》说：“昭宗新近平定内乱，听说新科进士放榜，甚为高兴，特别下诏书授给官职，诏书说：“惦念你等登科之际，正是我平乱反正之年，应降给你等特殊的恩惠，各受荣耀的命令。’当时称这一举措为五老榜。”

卷八（五则）

徽宗荐严疏文

徽宗以绍兴乙卯岁升遐。时忠宣公奉使未反命，滞留冷山，遣使臣沈珍往燕山，建道场于开泰寺，作《功德疏》曰：“千岁厌世，莫遂乘云之仙，四海遏音，同深丧考之戚。况故宫为禾黍，改馆徒馈于秦牢，新庙游衣冠，招魂漫歌于楚些。虽置河东之赋，莫止江南之哀，遗民失望而痛心，孤臣久絷惟呕血。伏愿盛德之祀，传百世以弥昌，在天之灵，继三后而不朽。”北人读之亦堕泪，争相传诵，其后梓宫南还，公已徙燕，率故臣之不忘国恩者，出迎于城北，搏膺大恸，虏俗最重忠义，不以为罪也。

忠宣公谢表

建炎三年，先忠宣公衔命使北方，以淮甸贼蜂起，除兼淮南、京东等路抚谕使，俾李成以兵护至南京。公遣书抵成，成方与耿坚围楚州，答书曰：“汴涸，虹有红巾，非五千骑不可往。军食绝，不克唯命。”公阴遣客说坚，坚强成敛兵。公行未至泗，谍云：“有迎骑甲而来。”副使龚璹惮之，送兵亦不肯前，遂反旆。即上疏言：“李成以馈饷稽缓，有引

徽宗荐严疏文

宋徽宗被金国俘虏后于绍兴五年死去。当时洪皓正奉使命还没有返回复命，停留在冷山，派遣使臣沈珍前往燕山，修建诵经的道场于开泰寺，作《功德疏》说：“年久去世，谋划通达于乘云的仙路，天下止音，和死去自己的父亲一样哀痛。再加上旧宫已成为禾黍生长的地方，改变住地徒步求食到金国的牢狱，新庙中游荡着您的衣冠，招魂漫歌于江南。虽设置有河东地方的赋税，也止不住江南的哀痛，遗民失望而痛心，孤臣久被拘囚独自吐血。伏愿盛德的祭礼，能传至百代更加昌盛，在天之灵，继续夏、商、周三代而不朽。”金国的人读后也都为之流泪，争着互相传诵。后来徽宗的灵柩南还，时洪皓也已经到了燕地，就率领没有忘记国家恩惠的旧臣，出城迎接徽宗灵柩，捶胸恸哭，金国风俗最重视忠义，也不认为是犯罪。

忠宣公谢表

宋高宗建炎三年，先是洪皓奉命出使金国，因淮河一带盗贼蜂起，任兼淮南、京都等路抚谕使，使李成用兵护卫到南京（今河南商丘）。洪皓先发送书信到李成那里，当时李成与耿坚正围攻楚州，答书说：“汴河已经干涸，虹（今安徽泗县）地有红巾军，除非有五千兵马不可往那里去。军队绝粮，不能胜任此命。”洪皓就暗中派遣说客说服耿坚，让他强迫李成收兵。当洪皓行走到泗州，刺探敌情人员说：“有骑兵往这迎面而来。”

众纳命建康之语。今靳赛、薛庆方横，万一三叛连衡，何以待之？方含垢养晦之时，宜选辩士谕意，优加抚纳。”疏奏，高宗即遣使抚谕成，给米五万斛。初，公戒所遣持奏吏，须疏从中出，乃诣政事堂白副封。时方禁直达，忤宰辅意，以托事滞留为罪，特贬两秩，而许出滁阳路。绍兴十三年使回，始复元官。时已出知饶州，命予作谢表，直叙其故，曰：“论事见从，犹获稽留之戾。出疆滋久，屡沾旷荡之恩。始拜明纶，得仍旧秩。伏念臣顷繇使，不敢辞难。值三盗之连衡，阻两淮而荐食，深虞猖獗之患，或起呼吸之间，辄露便宜，冀加勤恤。虽玺书赐报，乐闻充国之建言，而吏议不容，见谓陈汤之生事。亏除宦簿，绵历岁时，敢自意于来归，遂悉还于所夺。兹盖忘人之过，与天同功。念臣昔丽于微文，蔽罪本无于他意，故从数赦，俾获自新。”书印既毕，父兄复共议，秦桧方擅国，见此表语言，未必不怒，乃别草一通引咎曰：“使指稽留，宜速亏除之戾。圣恩深厚，卒从技拭之科。仰服矜怜，唯知感戴。伏念臣早繇乏使。遂俾行成，值巨寇之临冲，欲搏人而肆毒，仗节宜图于报称，引车何事于逡巡。徐偃出疆，既失受辞之体，申舟假道，初无必死之心。虽蒙贬秩以小惩，尚许立功而自赎。徒行万里，无补一毫，敢妄冀于隆宽，乃悉还于旧贯。兹盖忘人之过，抚下以仁。阳为德而阴为刑，未尝私意，赏有功而赦有罪，皆本好生，坐使孤臣，尽湔宿负”云云。前后奉使，无有不转官者。先公以朝散郎被命，不沾恩凡十五年，而归仅复所贬，而合磨勘副使龚璹很害怕，护送的士兵也不肯前进，于是返回。立即上书高宗说：“李成因军饷迟缓，有领军交命建康的话，现在靳赛、薛庆正横行一时，万一他们三股叛军联合起来，如何对待他们？”正忍受耻辱隐藏待起之时，应选择舌辩之士以晓喻皇上的意思，给以优厚待遇抚慰收纳他们。”高宗接到奏疏后，即派遣使臣安抚李成，给米五万斛。当初，洪皓命令所派遣的送书官吏，奏疏必须从省中出，才能前往正事堂交出副件。当时正禁止奏疏直达皇上，违背宰相心意，宰相就认为以推托有事停留的罪名，特此贬官两级，才许出任滁阳路官员。高宗绍兴十三年出使金国的使臣才回国，才恢复他的原来官职。当时洪皓已经出任为饶州知府，命我作感谢的表章，我直叙其中的原因，说：“议论之事被迫服从，仍然获得了托事停留的罪名。出使金国日久，屡次获得宏大的恩惠。开始任显官时，得到的仍然是旧俸禄。考虑臣顷刻之间被任命为无能的使节，又不敢推辞畏难。当时正值李成等三股盗贼联合之时，阻隔淮北、淮南而不断侵略土地，深感忧虑猖狂的祸患，或起于一瞬之间。依靠道路方便，希望勤加抚恤。虽然皇上下诏书加以赏赐，乐于听从像汉代赵充国平定武都氐人反叛那样的建议，而官吏议论不容许时，会有陈汤那样的事情发生。枉任朝臣，延续岁月，敢于自愿归来，于是全部归还所夺去的官秩。这大概是朝廷忘记了别人的过错，和天有同样的功劳。思念臣过去系于小文，遮盖自己的罪过本来没有其他的意思，所以听从数次赦免，使我改过自新。”书写盖印既已完毕，父兄共同商议，秦桧正专擅国政，见此上表中的语言，未必不发怒，就另外起草一通引罪自责的上表，说：“命令指责停留，应速改变枉任的罪名。皇恩深厚，终于擦拭眼泪。

五官，刑部皆不引用，秦志也。遂终于此阶。

四六名对

四六骈俪，于文章家为至浅，然上自朝廷命令、诏册，下而缙绅之间笺书、祝疏，无所不用。则属辞比事，固宜警策精切，使人读之激印，讽味不厌，乃为得体。姑摭前辈及近时缀缉工致者十数联，以诒同志。

王元之《拟李靖平突厥露布》，其叙颉利求降且复谋窜曰："穽中饿虎，暂为掉尾之求；韝上饥鹰，终有背人之意。"《蕲州谢上表》曰："宣室鬼神之问，敢望生还；茂陵封禅之书，已期身后。"

范文正公微时，尝冒姓朱，及后归本宗，作启曰："志在敬服怜悯之心，仅知感恩戴德。念臣早年被任命为无能的使节，于是使我出使求和。当时正值贼寇攻城略地，想杀人而残害无辜，拿着凭证应图报于朝廷，牵引车辆怎么会迟疑不决？徐偃王走出自己的疆土，既失去国家又受到人们的指责、楚国的申舟借道于宋，最初并没有必死的决心。虽然承蒙朝廷贬官给以小的惩处，尚允许立功赎罪。徒步行程万里，对国家没有丝毫补益，竟敢妄自希望于宽恕，于是朝廷归还于原官。这大概是忘记别人过错，安抚下面以仁德。阳是德阴是刑，不曾有私心，奖赏有功者赦免有罪者，人本性都是喜好生存的，将使孤臣，尽洗平时忧虑”如此如此。前后奉使的人，没有不升调官职的。先父以朝散郎被任命为出使官员以来，不沾皇恩共十五年，而回来后仅恢复所贬的官职，而正合反复磨炼的意思，五官和刑部，都不引用，这是秦桧的意志。于是死于此官。

四六名对

四六对偶，对于文章家来说是很浅易的事，但上自朝廷命令、诏书册封，下至官宦之间书信、祝颂之词，没有不用它的。撰文记事，固然应当扼要精切，使人读到它能振奋昂扬，讽诵玩味不厌，就称得上得体。姑且摘取前辈以及近时的作品编辑工巧精致的数联，用来赠送给志同道合的人。

王元之《拟李靖平突厥露布》，他叙述突厥首领颉利求降于唐朝并且再谋划逃窜的事说：“阱中饿虎，暂为掉尾之求；鞲套上饥鹰，终有背叛人之意。”他在《蕲州谢上表》说：“宫殿鬼神之问，敢望生还；茂陵封禅之书，已期于身后。”

范仲淹微贱的时候，曾冒名姓朱，到后来回归本族，作书逃秦，入境遂称于张禄；名非霸越，乘舟偶效于陶朱。”用范睢、范蠡，皆当家故事。

邓润甫《行贵妃制》曰：“《关雎》之得淑女，无险诐私谒之心；《鸡鸣》之思贤妃，有警戒相成之道。”

绍圣中，《百僚请御正殿表》曰：“皇矣上帝，必临下而观四方；大哉乾元，当统天而始万物。”

东坡《坤城节疏》曰：“至哉坤元，德既超于载籍；养以天下，福宜冠于古今。”《慰国哀表》曰：“大哉孔子之仁，泫然流涕；至矣显宗之孝，梦若平生。”《谢赐带马表》曰：“枯羸之质，匪伊垂之而带有余；敛退之心，非敢后也而马不进。”

王履道《大燕乐语》曰：“五百里采，五百里卫，外包有截之区；八千岁春，八千岁秋，上祝无疆之寿。”《除少宰余深制》曰：“盖四方其训，以无竞维人；必三后协心，而同底于道。”时并蔡京为三相也。《执政以边功转官词》曰：“惟皇天付予，庶其在此；率宁人有指，敢弗于从。”

翟公巽行《外国王加恩制》曰：“宗祀明堂，所以教诸侯之孝；大赉四海，不敢遣小国之臣。”知越州日，以擅发常平仓米救荒降官，谢表曰：“敢效秦人，坐视越人之瘠；既安刘氏，理知晁氏之危。”

孙仲益试词科日，《代高丽国王谢赐燕乐表》曰：“玉帛札说："志在逃秦国，入秦国，于是称于张禄（即范雎）；名非霸越（名义上不是使越国称霸），乘舟偶效（效法）于陶朱（即范蠡）。"他用范雎、范蠡改姓，来说明自己改姓的旧例。

邓润甫做《贵妃制》说："《关雎》（《诗经》中的篇名，之得淑女（美好的女子），无险诐（邪恶不正）私谒之心；《鸡鸣》（《诗经》中的篇名）之思贤妃，有警戒相成之道。"

宋哲宗绍圣年间，《百僚请御正殿表》说："皇矣上帝，必临下而观四方；大哉乾元（即天），当统天而始万物。"

苏东坡《坤成节疏》说："至哉坤元，德既超于载籍；养以天下，福宜冠于古今。"《慰国哀表》说："大哉孔子之仁，泫然（伤心流泪）流涕；至矣显宗（宋英宗）之孝，梦若平生。"《谢赐带马表》说："枯羸（瘦弱）之质，匪伊垂之（低下）而带有余；敛（收敛）退之心，非敢后也而马不进。"

王履道《大燕乐语》说："周王城二千里以外为采服，五百里为卫服，外包有海外之区；八千岁春，八千岁秋，上祝无疆之寿。"《除少宰余深制》说："盖四方其训（教诲），以无竞维人；必三后协心，而同底于道。"当时连蔡京在内共有三相，所以称三后。《执政以边功转官词》说："惟皇天付予，庶其在此，率宁人有指，敢弗于从。"

翟公巽作《外国王加恩制》说："在宗庙中祭祀明堂，所以教诸侯之孝；大赉四海，不敢遗小国之臣。"他做越州知府时，以擅自发放常平仓的米来救荒而被降官，他做谢表时说："敢效秦人，坐视越人之瘠；既安刘氏，理知晁错之危。"

孙仲益在应试词科之日，做《代高丽国王谢赐燕乐表》说：

万国，干舞已格于七旬；箫韶九成，肉味遽忘于三月。”又曰：“荡荡乎无能名，虽莫见宫墙之美；欣欣然有喜色，咸豫闻管籥之音。”自中书舍人知和州，既压境，见任者拒不纳，以启答郡僚曰：“虽文书衔袖，大人不以为疑；然君命在门，将军为之不受。”邻郡不发上供钱米，受旨推究，为平亭其事，邻守驰启来谢，答之曰：“包茅不入，敢加问楚之师；辅车相依，自作全虞之计。”

汪彦章作《靖康册康王文》曰：“汉家之厄十世，宜光武中兴；献公之子九人，惟重耳之尚在。”为中书舍人试潭州，进士何烈卷子内称臣及圣，问不举觉，坐罢职，谢表曰：“谓子路使门人为臣，虽诚悖理；而徐邈云酒中有圣，初亦何心？”又曰：“书马者与尾而五，常负谴忧；网禽而去面之三，永衔生赐。”宋齐愈坐于金虏立诸臣状中，辄书“张邦昌”字，送御史台，责词曰：“义重于生，虽匹夫不可夺志；士失其守，或一言几于丧邦。”又曰：“眭孟五行之说，岂所宜言？袁宏九锡之文，兹焉安忍？”责张邦昌词曰：“虽天夺其衷，坐愚至此；然君异于器，代匮可乎？”知徽州，其乡郡也，谢启曰：“城郭重来，疑千载去家之鹤；交游半在，或一时同队之鱼。”

何抡除秘书少监，未几，以口语出守邛，谢启曰：“云外三山，风引舟而莫近；海滨八月，槎犯斗以空还。”

“玉帛万国，干舞已格七旬；箫韶（舜的乐名）九成（九章），肉味遽忘于三月（即用孔子听韶乐三月不知肉味的典故。”又说：“荡荡乎无能名，虽莫见宫墙之美；欣欣然有喜色，咸豫闻管籥（两种乐器名）之音。”孙仲益自中书舍人到和州任知府，当他走近和州边界，现任的官员拒绝他入境，用书函答郡僚说：“虽文书藏在袖子里，大人不以为疑；然君命在门，将军为之不受。”邻郡不发给上供的钱米，应该接受旨意追究其责，为研究斟酌此事，邻郡长官奔驰来函谢罪，孙仲益回答说：“包茅（滤酒的草）不入（不供给），敢回问楚之师；辅车相依，自作全虞之计。”

汪彦章作《靖康册康王文》说：“汉家之厄十世，宜光武之中兴；晋献公之子九人，惟重耳之尚在。”他由中书舍人试任潭州时，进士何烈卷子中称臣和圣，问他时全不知道，坐罪罢去官职，他谢表说：“谓子路使门人为臣，虽诚悖理；而徐邈云酒中有圣，初亦何心？”又说：“书马字与尾共五点，常负谴忧；网禽而去面之三，永衔生赐。”宋齐愈获罪于金人，所立诸臣传状中，即写“张邦昌”字，送给御史台官员时，谴责说：“义重于生，虽匹夫不可夺志；士失其守，或一言几于丧邦。”又说：“眭孟金木水火土五行之说，岂（怎）所应言？袁宏九锡之文，兹（此）焉安（如何）忍？”斥责张邦昌词说：“虽天夺其衷（忠），坐（徒然）愚（愚蠢）至此；然君异于器（器物），代柜可乎？”出任徽州知府，这是他的家乡，谢书说：“城郭重来，疑千载去家之鹤；交游半在，或一时同队之鱼。”

何抡任秘书少监，不久，因口语放出京城到邛州做官，谢书说：“云外三山，风引舟而不能近；海滨八月，竹编木筏犯星斗以空还。”

杨政除太尉，汤岐公草制曰："远览汉京，传杨氏者四世；近稽唐室，书系表者七人。"谓杨震子秉、秉子赐、赐子彪，四世为太尉。李德裕辞太尉云："国朝重惜此官，二百年间才七人。"其用事精确如此。

蒋子礼拜右相，王洞贺启曰："早登黄阁，独见明公之妙年；今得旧儒，何忧左辅之虚位？"皆用杜诗语"扈圣登黄阁，明公独妙年"，"左辖频虚位，今年得旧儒"，亦可称。

吾家四六

乾道初年，张魏公以右相都督江淮。议者谓两淮保障不可恃，公亲往视之。会诏归朝，未至而免相。文惠公当制，其词曰："棘门如儿戏耳，庸谨秋防；衮衣以公归兮，庶闻辰告。"所谓儿戏者、指边将也，而读者乃以为诋魏公。其尾句曰："《春秋》责备贤者，慨功业之惟艰；天子加礼大臣，固始终之不替。"所以怅惜之意至矣。《王大宝致仕词》曰："闵劳以事，圣王隆待下之仁；归絜其身，君子尽遗荣之美。"大宝有遗泄之疾，或又谓有所讥，而实不然。罢相后，起帅浙东，谢表曰："上丞相之印，方事退藏；怀会稽之章，遽叨进用。"《谢生曰诗词启》曰："五十当贵，适买臣治越之年；八千为秋，辱庄子大椿之誉。"时正五十岁也。

杨政任太尉，汤思退起草制书说："远览汉京，传杨氏者四世；近稽唐室，写世表才七人。"这里指杨震的儿子杨秉、杨秉的儿子杨赐，杨赐的儿子杨彪，四代都做汉朝的太尉。李德裕辞太尉说："唐朝重视珍惜太尉的官职，二百年期间有七人做过太尉的官。"可见汤岐公写制书时用事是很精确的。

蒋子礼官拜右相，王洞写贺书说："早登黄阁（指宰相三公官署厅门用黄色），独见明公（指蒋子礼）之妙年（少壮之年）；今得旧儒，何忧左辅之虚位？"都是用杜甫诗中的语言，他的诗有"扈圣登黄阁，明公独妙年"，"左辖频虚位，今年得旧儒"，也可以称道。

吾家四六

宋孝宗乾道初年，张浚以副宰相都督江淮军事。议论的人称两淮屏障不可依靠，张浚亲自前往视察。适逢下诏归朝，未到京师临安就被免去宰相的官职。洪适当起草制书，制词说："棘门如儿戏，庸谨秋防，兖衣以公（张浚）归兮，庶闻辰（早晨）告。"所谓儿戏的事，指边将而言，可是读的人就以为是诬蔑张浚。而制词的末句说："《春秋》责备贤者，慨功业之惟艰；天子加礼（更加礼遇）大臣，固始终之不替。"所以懊恼惋惜的意思最明显了。《王大宝致仕词》说："闵劳以事，圣王隆（盛）待下之仁；归洁其身，君子尽遗荣（留下荣誉）之美。"王大宝有遗精的疾病，读的人又认为有所讥讽，而实际上不是这样。罢去宰相之后，重新起用统帅浙东军事，谢表说："上丞相之印，方事退藏（隐居）；怀会稽之章，遽叨进用。"《谢生日诗词启》说："五十当贵，适买臣（即汉朝朱买臣）治越之年；八千为秋，辱庄绍兴壬戌词科《代枢密使谢赐玉带表》，文安公曰："有璞于此必使琢，恍惊制作之工；匪伊垂之则有余，允谓便藩之赐。"主司喜焉，擢为第一。

乙丑年，代谢赐御书《周易》《尚书》表，予曰："八卦之说谓之索，奉以周旋，百篇之义莫得闻，坦然明白。"尾句曰："但惊奎璧之辉，从天而下；莫测龟龙之秘，行地无疆。"亦忝此选。《代福州谢历日表》曰："神祇祖考，既安乐于太平；岁月日时，又明章于庶征。"正用《诗·凫鹥序》"太平之君子，能持盈守成，神祇祖考安乐之也"，《洪范》庶征"岁月日时无易，百谷用成，义用明，俊民用章，皆上下联文，未尝辄增一字。渊圣《乾龙节疏》曰："应天而行，早得尊于《大有》；象日之动，偶蒙难于《明夷》。"《易·大有》卦"柔得尊位""应乎天而时行"，《左传》叔孙豹筮遇《明夷》，"象日之动，故曰君子于行"，《彖辞》云"内文明而外柔顺，以蒙大难"，亦纯用本文。

乾道丁亥《南郊赦文》曰："皇天后土，监于成命之诗，艺祖太宗，昭我《思文》之配。"读者以为壮。后语曰："天地设位而圣人成能，既扑温纷之况；雷雨作解而君子赦过，式流汪涉之恩。"此文先三日锁院所作，冬至日适有雷雪之子大椿（指男寿的祝词）之誉。”当时洪适正好五十岁。

宋高宗绍兴十二年词科作《代枢密使谢赐玉带表》一文，洪遵说：“有璞（未雕琢的玉）于此必使琢，恍惊制作之工；匪（非）伊（你）垂之则有余；允（诚信）谓便蕃（到郡）之赐。”主试官很高兴，选拔为第一名。

绍兴十五年，《代谢赐御书周易尚书表》，我说：“八卦之说谓之求索，奉以周旋；百篇之义莫不得闻，开朗明白。”末句说：“但惊奎璧（圆的玉器）之辉（光辉），从天而下；莫测龟龙之秘：行地无疆。”也有愧于这次词科选拔。《代福州谢历日表》说：“神祇（恭敬）祖考（死去的父亲），既安乐于太平；岁月时日，又明章（彰）于庶征（某种事情发生前的各种迹象。”正用的是《诗·凫鹥序》所说的“安宁和平的君子，能戒勉富贵保持已有的成就和业绩，神灵祖先都能得到安乐”，《洪范》庶征说：“岁月日时不变，各种谷物得以成熟，治理开明，贤能的人才能显用”，都是上下联文，不曾增加一个字。《渊圣乾龙节疏》说：“应（顺）天而行，早得尊奉《大有》的卦词；象日（观天）而动，偶蒙难（遭难）于《明夷》（易卦之一）。”《易·大有》卦有“温和能得到尊贵的地位”，“感动于天才能行动”，《左传》说叔孙豹占卜时遇到《明夷》卦，有“观看天象而动，所以说君子才行动”，《彖辞》说“内部文明而外表柔顺，因此要蒙受大难”，也纯粹用它的本文。

宋孝宗乾道三年《南郊赦文》说：“皇天后土神灵，借鉴于既定天命的诗；宋太祖、宋太宗，显杨我《思文》配天之心。”读的人认为很壮丽。最后结语说：“天地设立君位而圣人能成，已经扑击混乱的状况；雷雨停止而君子赦其过错，揩去积流污秽异，殆成文谶云。

叶子昂参知政事，为谏议大夫林安宅所击罢去，林遂副枢密。已而置狱治其言，皆无实，林责居筠，叶召拜左揆。予草制曰：“既从有北之投，亟下居东之召。有欲为王留者，孰明去就之忠？无以我公归兮，太慰瞻仪之望。”本意用“公归”之句，指邦人而言也，故云“瞻仪”。而御史单时疑之，谓人君而称臣为我公，彼盖不祥味词理耳。子昂坐冬雷罢相，予又当制，曰：“调阴阳而遂万物，所嗟论道之非；因灾异而劾三公，实负应天之愧。”盖因有讽谏也。

《嗣濮王加恩制》曰：“天神明而照知四方，既下临于精意；王孙子而本支百世，兹载锡于蕃厘。”又曰：“春秋享祀，独冠周家之宗盟；老成典刑，蔚为刘氏之祭酒。”《士衎制》曰：“克羞馈祀，事其先而万国欢心；肃倡和声，行于郊而百神受职。”《赐宰臣辞免提举圣政书成转官诏》曰：“为天子父尊之至，永惟传序之恩；问圣人德何以加，莫越重华之孝。”《赐叶资政辞召命诏》曰：“见晛曰消，顾何伤于日月，得时则驾，宜亟会于风云。”《赐史大观文以新蜀帅改越辞免诏》曰：“王阳为孝子，敢烦益部之行；庄助留侍中，如奉会稽之计。”吴璘在兴元、修塞两县决坏渠为田，奖谕诏曰：“刻石立作三犀牛，重见离堆之利；复陂谁云两黄鹄，的恩情。”这篇文章考试锁院三日前作的，冬至那天恰巧有雷雪的异常天气，几乎成了预言。

叶子昂参知政事，被谏议大夫林安宅所攻击罢去参知政事的官职，林安宅于是做了副枢密。不久设狱治理林安宅的言论，结果并无其事，叶子昂被召还官拜宰相。我起草制书说：“已经有北投敌人的嫌疑，急迫召为宰相。有想被皇上保留他，谁明白他是去还是留的忠心？国人认为叶子昂还会回来的，大慰百姓瞻望他仪容的心情。”本意用“公归”的句子，是指国人而言，所以用“瞻仪”一词。而御史单时怀疑这篇用词，说人君而称臣为我公，洪迈大概没有详细玩味这词的意思。叶子昂因冬天打雷而罢去宰相，我又当起草制书，说：“调和阴阳而成功万物，所叹论道不公；因灾异而弹劾三公官员，确实有愧于天人感应之说。”大概是因为有所劝谏吧。

《嗣濮王加思制》说：“天神明亮而照知四方，已经下临于神意；帝王子孙而本来就可以支持百代，则开始赐予治理蕃地。”又说：“春秋享受祭祀，独冠于周朝宗族的盟约；持重于典刑，聚集为汉应刘氏的学官。”《士衎制》说：“胜任献食祭祀，事其先祖而万国欢心；恭敬倡和的声音，实行于郊祀而众神各受其职位。”《赐宰臣辞免提举圣政书成转官诏》说：“以天子为父尊敬至极，永远思念传序的恩德；问圣人德怎样增加，不要超越舜的孝道。”《赐叶资政辞召命诏》说：“见太阳的热气谓消失，但怎能伤害于日月；得到时机则乘驾，应适时急切会际遇。”《赐史大观文以新蜀帅改越辞免诏》说：“王阳是孝子，不敢烦劳益部的行动；庄助留于侍中，姑且奉行强兵的计划。”吴强兵在兴元、修塞两县把破坏的水渠改为耕地，嘉奖晓谕说：

讵烦鸿却之谣。”用老杜《石犀行》云“秦时蜀太守，刻石立作三犀牛”，及翟方进坏鸿却陂，童谣云“反乎覆，陂当复。谁云者？两黄鹄”等语也。刘共甫自潭帅除翰林学士，答诏曰：“不见贾生，兹趣长沙之召；既还陆贽，宜膺内相之除。”《批执政辞经修哲宗宝训转官》曰：“念叠矩重规，当贤圣之君七作；而立经陈纪，在谟训之文百篇。”哲庙正为第七主。而《宝训》百卷也。《答蒋丞相辞免》曰：“永惟万事之统，知非艰而行惟艰；有不二心之臣，帅以正则罔不正。”礼部为宰臣以显仁皇后小祥请吉服，奏曰：“练而慨然，礼应顺便；期可已矣，惧或过中。”又曰：“汉中天二百而兴，益隆大业；舜至孝五十而慕，独耀前徽。”时高宗圣寿五十四也。《辛巳亲征诏》曰：“惟天惟祖宗，方共扶于基绪；有民有社稷，敢自佚于宴安。”又曰：“岁星临于吴分，定成肥水之勋；斗士倍于晋师，可决韩原之胜。”是时，岁星在楚，故云。檄书曰：“为刘氏左袒，饱闻思汉之忠；徯汤后东征，必慰戴商之望。”又曰：“侯王宁有种乎？人皆可致；富贵是所欲也，时不再来。”《紫宸大宴致语》曰：“庙谟先定，百官修辅而厥后惟明；黼坐端临，五帝神圣而甚臣莫及。”《修圣政转官词》曰：“念五马浮江之后，光启中兴；述六龙御天以来，式时猷训。”又曰：“荐于天而天是受，永言覆焘之恩；问诸朝而朝不知，讵测形容之妙。”《汪观文复官词》曰：“作雷雨之解而宥罪，在法当原；如日月之食而及更，于明何损？”《步帅陈敏制》曰：“亚夫持重，小棘门、霸上之将军；不识

“刻石立为三个犀牛，重现李冰开凿都江堰的水利；恢复鸿却陂水利谁说是两黄鹄，曾烦劳鸿却的童谣。”这是用杜甫《石犀行》的诗，诗说：“秦时蜀郡太守李冰，刻石做了三个犀牛”，及汉人翟方进毁坏鸿却陂水利工程，童谣说：“反反复复，陂应当恢复。谁说的，两个黄鹄”等语言。刘共甫从潭州节度使任命为翰林学士，答复诏书说：“不见汉朝的贾谊，则有急促从长沙召还的诏书；既然召还陆贽，应推荐为翰林的任职。”《批执政辞经修哲宗宝训转官》说：“恩重情深，当贤圣的君主第七次兴起；而设立经传陈述记载，在于谋略训教的文字百篇。”宋哲宗正是第七代君主，而《宝训》恰好百篇。《答蒋丞相辞免》说：“永思万事的头绪，看来并非艰难而行动起来就很艰难；有忠心的臣子，带领的端正就没有不端正的。”礼部为宰臣因显仁皇后高氏死后一周年请穿上吉服，奏道：“穿着洁白的服装而感叹，礼节应该顺变，期限已经过去，恐遭过失。”又说：“汉朝极盛二百年而又兴起，更重大业；舜极孝五十年而受人羡慕，是单独光耀于以前的标志。”当时宋高宗圣寿五十四岁。《辛巳亲征诏》说：“只有天只有祖宗，方能共同辅助基业；有百姓有国家，不敢自我安逸宴乐。”又说：“岁星位临吴地分野，定能成就淝水之战的功勋；斗士几倍于晋朝的军队，可决定韩原的胜利。”当时，岁星在楚地，所以这样说。讨伐的书信说：“为汉朝刘氏天下脱光左肩，饱闻思念汉朝的忠心；等待商汤的东征，必能抚慰商代的厚望。”又说：“侯王难道就有种吗？人人都可做侯王；富贵是人们的欲望，时不再来。”《紫宸大燕致语》说：“庙堂的谋略先前已经确定，由百官的辅佐而后独明；帝坐端临，五帝神圣而他的臣子也赶不上。”《修圣政转官词》说：“思五马渡江之后，光开中兴之路；述说六龙驾御天子以来，格式将屯，冠长乐、未央之卫尉。”《吴挺兴州制》曰：“能得士心，吴起固西河之守；差强人意，广平开东汉之兴。”《起复知金州制》曰：“惟天不吊，坏万里之长城；有子而贤，作三军之元帅。”《萧鹧巴词》曰：“随会在秦，晋国起六卿之惧；日磾仕汉，秺侯传七叶之芳。”《姚仲复官制》曰：“李广数奇，应恨封侯之相；孟明一眚，终酬拜赐之师。”《追封皇第四子邵王词》曰：“举汉武三王之策，方茂徽章；念周文十子之宗，独留遗恨。”时已封建三王也。《赵忠简谥制》曰：“见夷吾于江左，共知晋室之何忧；还德裕于崖州，岂待令狐之复梦？”《王颜赠官词》曰：“申带砺以丹书之誓，方休甲第之功臣；挂衣冠于神虎之门，竟失戊营之校尉。”《向起赠官词》曰：“驰至金城郡，方思充国之忠；生入玉门关，竟负班超之望。”《李师颜赠官制》曰：“青天上蜀道，久严分阃之权；黑水惟梁州，怆失安边之杰。”《襄帅王宣赠官词》曰：“黄河如带，莫申刘氏之盟；汉水为池，空堕羊公之泪。”王沦以太常少卿朔祭太庙，忘设象尊、牺尊，降官词曰：“牺象不设，已废司彝之供；饩羊空存，殊乖告朔之礼。”《潼川神加封词》曰：“驾飞龙兮灵之旋，具严涣命；驱厉鬼分山之左，终相此邦。”《青城山蚕丛氏封侯词》曰：“想青神侯国之封，自今以始；虽白帝公孙之盛，于我何加？”《阳山龙母词》曰：“居然生子，乘云气以为龙；惟尔有神，时雨肠而利物。”《魏丞相赠父词》曰：“大名之后必大，非此其身；和戎如乐之和，幸哉有子。”魏盖以使虏定和是时时加以谋划训导。”又说：“献享于天天必接受，永记恢复神帐的恩情；问朝廷而朝廷不知，怎测形容的巧妙。”《汪观文复官词》说：“作雷雨的解释而赦罪，虽在法律条文而应当原谅；如日月之食而再复原，对光明来说又有什么损害呢？”《步帅陈敏制》说：“汉朝的周亚夫很谨慎稳重，不要小看棘门、霸上的一个将军；隽不识率将屯兵，冠于长乐、未央卫尉之上。”《吴挺兴州制》说：“能得将士的心，吴起能固守西河；吴汉比较使人满意，于是开创东汉的建立。”《起复知金州制》说：“唯独天不善，毁坏万里长城；有子而贤，作三军的元帅。”《萧鹧巴词》说：“士会在秦国，晋国六卿开始惧怕；金日磾在汉朝做官，他流传下七世的美名。”《姚仲复官制》说：“李广命运不顺当，应恨那些封侯的将相；孟明一目生疾，终于酬劳拜任他率师出征。”《追封皇第四子邵王词》说：“汉武帝削弱三王的策略，开始留下美好的诗篇；思念周文王十子的宗支，独自留下遗恨。”当时已经封建了三个王子。《赵忠简谥制》说：“见晋惠公夷吾于江东，都知晋国没有什么忧息；如果召还李德裕于崖州，难道还会等待令狐綯梦见他吗？”《王彦赠官词》说：“一再磨砺用从接受诏书，正吉庆考中第一的功臣；挂冠归隐于神虎门，竟失去戊营校尉的官职。”《向起赠官词》说：“奔驰到金城郡，才思念赵充国的忠心；生入玉门关，竟然辜负班超的希望。”《李师颜曾官制》说：“蜀道直上青天，将帅在外统兵有节制之权；黑水地处梁州，痛失可以安定边疆的豪杰。”《襄帅王宣赠官词》说：“黄河像一条带子，不要陈述汉朝刘氏的盟约；用汉水为池，空堕羊祜的泪水。”王沧因太常少卿在初一祭祀太庙时，忘记摆设象尊、牺尊等礼器，因而被降官，降官词说：“牺象酒议，旋致大用。《赠母词》曰：“藏盟府之国功，不殊魏绛，成外家之宅相，重见阳元。”《封妻姜氏词》曰：“筮仕于晋曰魏，方开门户之祥；取妻必齐之姜，孰盛闺闱之美？”《虞丞相赠父词》曰：“活千人有封，非其身者在其子；德百世必祀，畸于人才侔于天。”又《周仁赠父词》曰：“有子能贤，高举而集吴地；受予显服，会同而朝汉京。”用东方朔《非有先生传》“高举远引，来集吴地”，及《两京赋》“春王三朝，会同汉京”也。《奖谕吴挺诏》曰：“阃外制将军，方有成于东乡；舟中皆敌国，应无虑于西河。”《梁丞相醴泉使兼侍读制》曰：“珍台闲馆，独冠臯、伊之伦魁；广厦细旃，尚论唐、虞之盛际。”又答诏曰：“一言可以兴邦，念为臣之不易；三宿而后出昼，勉为王而留行。”《王丞相进玉牒加恩制》曰：“载籍之传五三，壮太祖、太宗之立极；圣贤之君六七，耀永昭、永厚之诒谋。”《批以旱得雨请御殿》曰：“念七月之间则旱，咎惩已深；虽三日已往为霖，忧端未贳。”

器不摆设，已经废掉了掌管青铜礼器的供职；活羊空存，很违背告庙听政的礼节。”《潼川神加封词》说：“驾飞龙啊神灵浮游，都尊敬大命；驱除恶鬼于山的左面，终于辅佐此国。”《青城山蚕丛氏封侯词》说：“想青神侯国的封爵，自今开始，虽然白帝公孙述的强盛，于我来说又有什么好处呢？”《阳山龙母词》说：“竟然能生儿子，乘云气因而为龙；念你有神灵，时雨时晴而利万物。”《魏丞相赠父词》说：“大名人的后代必有大人物出现，这不在其本身；和戎族维持和平的关系就像调和音乐一样；荣幸啊有你这样的人。”魏杞使金和谈促成“隆兴和议”，旋即招引大用。《赠母词》说：“身出管理盟约官员的大功，和魏绛没有两样；成舅宅当出贵甥的相法，和晋朝的魏舒（字阳元）一样。”《封妻姜氏词》说：“占卜的结果做官于晋朝的叫魏舒，正好开创了门户的吉祥；娶妻必然是齐国的姜氏，谁能达到你这闺房的美德？”《虞丞相赠父词》说：“能使千人活着应该有封赏，不是他自身而是他的儿子；美德能达到百代的应该祭祀他，不同于一般的人才能和天一样齐。”又《周仁赠父词》说：“有子能使他贤明，高飞而聚集在吴地；授给我高贵的服装，朝见天子于京师。”这是用东方朔《非有先生传》所说的“高飞远去，来集于吴地”，以及《两京赋》“春天正月初一，朝见天子于汉代京师”。《奖谕吴挺诏》说：“门楔外受制于将军，才会成功于东方；舟中都是敌国，不应考虑西河的安危。”《梁丞相醴泉使兼侍读制》说：“珍贵的楼台闲逸的馆阁，独自称冠于咎繇、伊尹的宫室粗大壮伟；大厦细毡，超过唐尧、虞之时盛况。”又回答诏书说：“一句话可以使国家兴盛，思念作臣子的不容易；停留已久然后出任于昼，尽力为国而滞流。”《王丞相进玉牒加恩制》说：“史余不胜书。唯记从兄在泉幕，淮东使者，其友婿也，发京状荐之。为作谢启曰“：襟袂相连，夙愧末亲之孤陋；云泥悬望，分无通贵之哀怜。”皆用杜诗，其下句人人知之，上句乃《赠李十五丈》云：“孤陋忝末亲，等级敢比肩。人生意气合，相与襟袂连。”此事适著题，而与前《送韦书记》诗句，偶可整齐用之，故并记于此。但以传示子孙甥侄而已，不足为外人道也。

唐贤启状

故书中有《唐贤启状》一册，皆泛泛缄题。其间标为独孤常州及、刘信州太真、陆中丞长源、吕衡州温者，各数十篇，亦无可传诵。时人以其名士，故流行至今。独孤有《与第五相公书》云：“垂示《送丘郎中》两诗，词清兴深，常情所不及。‘阴天闻断雁，夜浦送归人。’醲丽闲远之外，文句窈窕凄恻，比顷来所示者，才又加等。但吟诵叹咏，大谈于吴中文人耳。”又云：“昨见《送梁侍御》六韵，清丽妍雅，妙绝今时，掩映风骚，吟讽不足。”案，第五琦乃聚敛之臣，不以文称，而独孤奖重之如此。观表出十字，诚为佳句，乃知籍传自一帝三王，以宏大太祖、太宗树立的纲纪；圣贤的君主六、七位，光耀永远昭明、永远醇厚的遗谋。”《批以旱得雨请御殿》说：“思念七月之间则旱，灾难的迹象已深；虽三日已往下了雨，忧愁究竟未有赦免。”

其余的不胜书写。仅记堂兄在做泉州幕僚时，淮东使者，和他是两婿之间的亲戚，从京城发状纸推荐他，他答谢说：“衣襟和袖子相连，素愧小亲的孤陋；云和泥相牵挂，甘愿没有常贵的哀怜。”都是用的杜甫的诗句。其中的下句人人都知道，上句乃是杜甫《赠李十五丈》诗，诗中说：“孤陋辱没末亲，等级敢和比肩一样多。人生意气相合，相交往和襟袂相连一样。”此事正适合此文的题目，而与前面《送韦书记》诗句，偶尔可以整齐用它，所以一并记载在这里。但用来传示给子孙甥侄看罢了，不足和外人称道它。

唐贤启状

旧书中有《唐贤启状》一册，都是不深入地扣住了题目。其中标有独孤常州及、刘信州太真、陆中丞长源、吕衡州温的题目，各数十篇，也不可传诵。当时的人认为他们是名士，所以流行今天。独孤及有《与第五相公书》说：“俯示《送丘郎中》两首诗，文辞清新比兴深刻，一般常情是不能达到的。‘阴天闻断雁，夜浦送归人。’除了醇浓艳丽闲情逸致之外，文句美好凄惨，比向来所看到的，文才又有增加。特吟诵叹咏，与吴地文人大谈起这首诗来。”又说：“昨天见到《送梁侍御》六韵，清新艳丽美雅，妙语绝伦今时，隐约映衬《诗经》和《楚辞》，吟诵不足。”按唐人第五琦乃是搜刮民脂民膏的臣子，诗文并不被人们唐人工诗者多，不必专门名家而后可称也。

称道，而独孤及却如此褒奖他。看他《送丘郎中》诗中仅十字，诚然是佳句，就知唐人善于作诗的人太多了，不必是专门名家，在他们之后也有可以称道的。

卷九（十六则）

枢密两长官

赵汝愚初拜相，陈骙自参知政事除知枢密院，赵辞不受相印，乃改枢密使，而陈已供职累日，朝论谓两枢长，又名称不同，为无典故。案，熙宁元年观文殿学士、新知大名府陈升之过阙，留知枢密院。故事，枢密使与知院事不并置。时文彦博、吕公弼既为使，神宗以升之三辅政，欲稍异其礼，且王安石意在抑彦博，故特命之，然则自有故事也。

赦放债负

淳熙十六年二月《登极赦》："凡民间所欠债负，不以久近多少，一切除放。"遂有方出钱旬日，未得一息，而并本尽失之者，人不以为便。何澹为谏大夫、尝论其事，遂令只偿本钱，小人无义，几至喧噪。绍熙五年七月覃赦，乃只为蠲三年以前者。案，晋高祖天福六年八月，赦云："私下债负取利及一倍者并放。"此最为得。又云："天福五年终以前，残税并放。"而今时所放官物，常是以前二年为断，则民已输纳，无及于惠矣。唯民间房赁欠负，则从一年以前皆免。比之区区五代，翻有所不若也。

枢密两长官

赵汝愚开始官拜宰相时，陈睽自参知政事升任知枢密院，赵汝愚坚辞不接受相印，仍改为枢密使，而陈骙已经任职几天了，朝中议论称为两枢长，又名称不同而已，认为没有出处。按照宋神宗熙宁元年观文殿学士新任大名府知府陈升之因为超过缺数，留任知枢密院。旧例，枢密使与知枢密院事不能同时设置。当时文彦博、吕公弼既然为枢密使，宋神宗因陈升之曾经三次辅政，想与其枢密使稍加区别，况且王安石有意在压抑文彦博，所以特命陈升之知枢密院。既然如此那么自有旧例了。

赦放债负

宋孝宗淳熙十六年二月《登极赦》说："凡是民间所欠国债，不因年代远近数量多少，一切加以免除。"于是有刚借出去的钱还不到十天，没得到一点利息，而连本都失去了，人们不认为是方便。何澹任谏议大夫，曾经议论过这件事，于是又下令只偿还本钱，一些小人贪利无义，几乎达到喧闹的地步。光宗绍熙五年七月皇上对百姓进行赦免，但只是赦免三年以前所欠的债。按晋高祖天福六年八月，赦令说："私人欠债以及已经收取利息一倍的都加以免除。"此赦令最为得体。又说："天福五年十二月以前，过去残留的赋税一并免除。"而今天所放官物，常是以前二年为限，而百姓已经交纳给官府，百姓没有得到实惠。仅民间租赁房子所欠债，则从一年以前都加以赦免，今天和小

冯道王溥

冯道为宰相历数朝，当汉隐帝时，著《长乐老自叙》，云："余先自燕亡归河东，事庄宗、明宗、愍帝、清泰帝、晋高祖、少帝、契丹主、汉高祖、今上，三世赠至师傅，阶自将仕郎至开府仪同三司，职由幽州巡官至武胜军节度使，官自试大理评事至兼中书令，正官自中书舍人至戎太傅、汉太师，爵自开国男至齐国公，孝于家，忠于国，口无不道之言，门无不义之货，下不欺于地，中不欺于人，上不欺于天。其不足者，不能为大君致一统，定八方，诚有愧于历官，何以答乾坤之施？老而自乐，何乐如之？"道此文载于范质《五代通录》，欧阳公、司马瘟公尝试诋诮之，以为无廉耻矣。王溥自周太祖之末为相，至国朝乾德二年罢，尝作《自问诗》，述其践历，其序云："予年二十有五，举进士甲科，从周祖征河中，改太常丞，登朝时同生尚未释褐，不日作相。在郎庙凡十有一年，历事四朝，去春恩制改太子太保。每思菲陋，当此荣遇，十五年间遂跻极品，儒者之幸，殆无以过。今行年四十三岁，自朝请之暇，但宴居读佛书，歌咏承平，因作《自问诗》十五章，以志本末。"此序见《三朝史》本传，而计不传，颇与《长乐叙》相类，亦可议也。

小的五代相比，反而有所不如。

冯道王溥

五代时期的冯道做宰相经历了几个朝代，在后汉隐帝时，著作了《长乐老自叙》一文，说："我先自幽州逃归河东（治今山西晋源），服事后唐庄宗、明宗、愍帝、清泰帝、后晋高祖、少帝、契丹主、后汉高祖、后汉隐帝，三代就赠官至师傅，级别由将仕郎升到开府仪同三司，武职务由幽州巡官升到武胜军节度使，官衔由试大理评事升到兼中书令，正官由中书舍人升至戎太傅、后汉太师，爵位由开国男升到齐国公。孝于家，忠于国，口不说不道德的话，家门之中没有不义之财，下不欺骗地，中不欺骗人，上不欺骗天。我不足的地方是，不能为帝王一统天下，安定四面八方，诚然有愧于我所做的历代官职，怎样报答天地的施予？老了而自乐，怎么样快乐呢？"冯道的这篇文章记载在范质的《五代通录》一书里，欧阳修、司马光曾经辱骂讥嘲过他，认为他没有廉耻。王溥从周太祖末年开始做宰相，至宋朝太祖乾德二年罢相，曾作《自问诗》，叙述他的经历，在序中说："我二十五岁时，考取进士甲科，跟随后周太祖征伐过河中（治今山西永济），改任太常丞，在朝中做官时同年的考生还没有脱去布衣换上官服，不几日就做了宰相。在朝中共十一年，经历了四个朝代，去年春天皇上恩制改任太子太保。每思自己微薄浅陋，当此荣遇，十五年间于是升为宰相，是学儒人的幸运。大概没有能超过这样的。现在我经历过四十三年，自己有朝见外的闲暇时间，仅乐居读佛经，歌咏太平，因此作《自问诗》十五章，因此记载我的始末详情。"此序见于《三朝史》他本人的传，而诗没有流传下

周玄豹相

唐庄宗时，术士周玄豹以相法言人事，多中。时明宗为内衙指挥使，安重诲使他人易服而坐，召玄豹相之。玄豹曰："内衙，贵将也，此不足当之。"乃指明宗于下坐，曰："此是也。"因为明宗言其后贵不可言。明宗即位，思玄豹以为神。将召至京师，宰相赵凤谏，乃止。观此事，则玄豹之方术可知。然冯道初自燕归太原，监军使张承业辟为本院巡官，甚重之。玄豹谓承业曰：冯生无前程，不可过用。"书记卢质曰："我曾见杜黄裳写真图，道之状貌酷类焉，将来必副大用，玄豹之言不足信也。"承业于是荐道为霸府从事。其后位极人臣，考终牖下，五代诸臣皆莫能及，则玄豹未得擅唐、许之眷也。道在晋天福中为上相，诏赐生辰器币。道以幼属乱离，早丧父母，不记生日，恳辞不受。然则道终身不可问命，独有形状可相，而善工亦失如此。

钴鉧沧浪

柳子厚《钴鉧潭西小丘记》云："丘之小不能一亩。问其主。曰：'唐氏之弃地，货而不售。'问其价，曰：'止四百。'予怜而售之。以兹丘之胜，致之沣水、鄠、杜，则贵游之士来，深和《长乐叙》相类似，也可以加以议论。

周玄豹相

后唐庄宗时期，道术之士周玄豹用相面的方法来预言人事，很多被猜中的。当时明宗还是内衙指挥使，安重诲使他人改变服装而坐在那里，召周玄豹来为他相面。周玄豹说："内衙是贵将，此人不能当此重任。"于是指着下位的明宗说："这个人可当此重任。"因为明宗听说他后来富贵不可说出来。明宗即位后，想周玄豹相面如神。即将召他到京师来，宰相赵凤加以谏阻，就停止召他来。观察此事，周玄豹的方术是出名的。但冯道当初自幽州投归太原时，监军使张承业辟任他本院巡官，很重视他。周玄豹对张承业说："冯道没有什么前程，不可过于信用。"书记卢质说："我曾经见过唐人杜黄裳的画像，冯道的相貌和他十分相似，将来必能辅佐人君得到大用，周玄豹的言论不足以相信。"张承业于是推荐冯道任幕府从事。其后位居宰相，寿老于家中，五代时期各位大臣都不能超过他，则周玄豹不得专擅术士名誉。冯道在后晋天福年间任上相，皇上下诏赐给他生辰器物币帛。冯道因幼年遭丧乱，父母早死、不记自己生日，诚恳推辞不受。那么冯道终身不可寻向命运，只有形状可以观察，而善画像的也失掉了机会。

钴鉧沧浪

柳宗元《钴鉧潭西小丘记》说："土丘之小不到一亩。问它的主人。主人说：'姓唐的人不要的地方，买而不出售。问它的价钱，说：'仅要四百钱。我怜惜出售它。因这个小丘有名胜，到争买者，日增千金而愈不可得。今弃是州也，农夫渔夫过而陋之，贾四百，连岁不能售。”苏子美《沧浪亭记》云：“予游吴中，过郡学东，顾草树郁然，崇阜广水，不类乎城中。并水得微径于杂花修竹之间，东趋数百步，有弃地，三向皆水，旁无民居，左右皆林木相亏蔽。予爱而裴回，遂以钱四万得之。”予谓二境之胜绝如此，至于人弃不售，安知其后卒为名人赏践？如沧浪亭者，今为韩蕲王家所有，价值数百万矣，但钴鉧复埋没不可识。士之处世，遇与不遇，其亦如是哉！

司封失典故

南渡之后，台省胥吏旧人多不存，后生习学，加以省记，不复谙悉典章。而司封以闲曹之故，尤为不谨。旧法，大卿、监以上赠父至太尉止，余官至吏部尚书止。今司封法，余官至金紫光禄大夫，盖昔之吏书也，而中散以上赠父至少师止。案，政和以前，太尉在太傅上，其上唯有太师，故凡称摄太尉者，皆为摄太傅，则赠者亦应如此。不应但许至少师也。生为执政，其身后但有子升朝，则累赠可至极品大国公。欧阳公位参知政事、太子少师，后以诸子恩至太师、兖国公，而其子棐亦不过朝大夫耳，见于苏公祭文及黄门所撰神道碑。比年汪庄敏公任枢密使，以子赠太师，当封国公，了澧水姓鄂、姓杜的人家手里，则无官职的人士争着买它，一天就增价千金而更不能得到它。到了今天成了废弃的州了，农夫渔夫经过这里都鄙视之，价钱四百，连年都不能出售。苏舜钦《沧浪亭记》说："我游览吴地，经过郡中设立的学校的东面，回过头来看草木茂盛，高丘广水，不似城中。傍水有小径通于杂花长竹之间，东走数百步，有一片废弃的地方，三面临水，旁边没有居民，左右都是林木相遮蔽。我喜爱它徘徊忘返，于是用钱四万买得到了这块地方。"我认为这两处风景决然相同，至于当时的人放弃它而不出售，怎么会知道后来终有名人来欣赏它呢？如沧浪亭就是这样。现在为韩世忠家所有，价值数百钱。但钴鉧潭就埋没不可认识了。士人处在世上，有机遇和没有机遇，也是这样呀！

司封失典故

宋朝南渡过江以后，台省小吏老人很多已经不存在了。后辈们虽然学习，加以省记，也不再熟悉这些典章制度。而主管封爵、赠官的吏部司封官员因是闲职的原因，更加不谨慎。按旧法，大卿、监以上官员赠封他的父亲最高官职至太尉就停止，其余官职最高到礼部尚书就停止了。而现在，其余官职最高可以到金紫光禄大夫，相当于以前的吏书，而中散以上的官员赠奉他的父亲最高官职至少师而就停止了。按宋徽宗政和以前，太尉在太傅之上，太尉之上仅有太师所以凡是称代理太尉的，都是代理太傅，则赠封时也应该是这样，不应该仅许官至少师。生前是执政，他死后但有儿子升朝，则可以接连赠封到最高的官品大国公。欧阳修官位参知政事、太子少师，后来用他的几个儿子恩而司封以为须一子为侍从乃可，竟不肯施行，不知其说载于何法也？朱汉章却以子赠至大国公。旧少卿、监遇恩，封开国男。食邑三百户，自后再该加封，则每次增加百户，无止法。今一封即止。旧学士待制，食邑千五百户以上，每遇恩则加实封，若虚邑五百者，其实封加二百，虚邑三百、二百者，实封加一百。今复不然。虽前执政亦只加虚邑三百耳，故侍从官多至实封百户即止，尤可笑也。

老人该恩官封

晁无咎作《积善堂记》云："大观元年大赦天下，民百岁男子官，妇人封；仕而父母年九十，官封如民百岁。于是故漳州军事判官晁仲康之母黄氏年九十一矣，其第四子仲询走京师状其事，省中为漳州请，漳州虽没，赦令初不异往者，丞相以为可而上之，封寿光县太君。"今自乾道以来，庆典屡下，仕者之父母年七十、八十即得官封，而子已没者、其家未尝陈理，为可惜也。

学士中丞

淳熙十四年九月，予以杂学士除翰林学士，蒋世修以谏议大夫除御史中丞，时施圣与现在政府，语同列云："此二官不常置，今咄咄逼人，吾辈当自检点。"盖谓其必大用也，至太师、兖国公，而他的孙子也不过是朝大夫。这件事见于苏轼的祭文以及官署所撰写的记载死者事迹的石碑。近年汪澈正任职枢密使，他的儿子赠官太师、当封为国公，而主管赠封的官员以为须要他一个儿子为侍从才可以，竟不肯封为国公，不知这一说法记载于哪一条律令？朱汉章却以其子赠封到大国公。旧少卿、监官员遇有恩荫，封为开国男，食禄的封邑一千五百户以上。每次遇到恩荫再加实封，按所封的户数，由各郡取其租税，如虚邑五百户，其实封二百户，虚邑是三百户、二百户的，再实封一百户。现在就不是这样了，虽然以前执政官员也加虚邑三百户，所以侍从官员最多达到实封百户就停止加封了，更是可笑。

老人该恩官封

晁无咎作《积善堂记》说："宋徽宗大观元年大赦天下，百姓一百岁的男子给官，妇人给以封赏；做官的父母年九十岁，官封和百姓百岁一样。于是原漳州军事判官晁仲康的母亲黄氏年纪九十一岁，她的第四个儿子晁仲询去京师告诉他母亲的事，宫中为晁仲康请求此事，赦晁仲廉虽死，令当初和过去一样，丞相认为可以而加以上报，封为寿光县（今属山东）太君。"现在自宋孝宗乾道年间以来，官员的父母年七十、八十岁即能得到官家封赏，而儿子已经死去，他的家人不曾陈述理由，是可惜了。

学士中丞

宋孝宗淳熙十四年九月，我以杂学士任命为翰林学士，蒋世修以谏议大夫任命为御史中丞，当时施圣与在机关中，对同僚说："这两个官职不经常设置，现在形势逼人，我辈应当自我已而皆不然。因考绍兴中所除者，不暇缕述，姑从寿皇圣帝以后，至于绍熙五年，枚数之，为学士者九人，仲兄文安公、史魏公、伯兄文惠公、刘忠肃、王日严、王鲁公、周益公及予，其后李献之也。二兄、史、刘、王、周皆擢执政，日严以耆老拜端明致仕，唯予出补郡，献之遂踵武。为中丞者六人，辛企李、姚令则、黄德润、蒋世修、谢昌国、何自然也。辛、姚、黄皆执政，唯蒋补郡，昌国徙权尚书，即去国，自然以本生母忧持服云。

汉高祖父母姓名

汉高祖父曰太公，母日媪，见于史者如是而已。皇甫谧、王符始撰为奇语，云太公名执嘉，又名煓，媪姓王氏。唐弘文馆学士司马贞作《史记索隐》云："母温氏。是时，打得班固泗水亭长古石碑文其字分明作"温"，云"母温氏"。与贾膺复、徐彦伯、魏奉古等执对反复，深叹古人未闻，聊记异见。"予窃谓固果有此明证，何不载之于《汉纪》，疑亦后世好事者，如皇甫之徒所增加耳。又尝在岭外，见康州龙媪庙碑，亦云姓温氏，则指媪为温者不一也。唐小说《纂异记》载三史王生醉人高祖庙，见高祖云："朕之中外，《泗州亭长碑》昭然具载外族温氏。"盖不根诞妄之说。

检查约束。”大概是说他必将受到大用，不久都不是这样。因此考查宋高宗绍兴时期所任此官的人，没有时间详尽叙述，姑且从高宗以后，到光宗绍熙五年，一一列举，任学士的共有九人，二哥洪遵、史皓、大哥洪适、刘忠肃、王日严、王十朋、周必大和我，其后有李献之。两位哥哥、史皓、刘忠肃、王日严、周必大都提拔为主持政务的大臣，王日严因年老拜端明殿学士而做朝官，只有我放出补为地方官，李献之于是继承前人的事业。任中丞的有六人，辛企李、姚令则、黄德润、蒋世修、谢昌国、何自然。辛企李、姚令则、黄德润都主持过政务，唯独蒋世修补为地方官，谢昌国徒迁代理尚书，离开了他所任官的地方，何自然因生母死居丧守孝。

汉高祖父母姓名

汉高祖刘邦的父亲叫太公，母亲叫媪，见于史书仅仅如此而已。皇甫谧、王符开始撰写奇文，说太公名字叫执嘉，又名煓，媪姓王氏。唐弘文馆学士司马贞作《史记索隐》说：“刘邦的母亲温氏。当时，自得到班固泗水（今江苏沛县）亭长古石碑文，其字分明作‘温’，说‘母温氏’。与贾膺复、徐彦伯、魏奉古等反复质对，深深感叹古人没有听说过，姑且记载这一不同见解。”我私下称班固如果真有这一证明，为什么不记载于《汉纪》，我怀疑也是后代好事情的人所做的，为皇甫谧之徒所增加的。我又曾在岭南，看见康州（今广东德庆）龙媪庙碑，也说姓温氏，则指媪为温的事不止一处。唐代小说《纂异记》记载三史科王生喝醉酒进入汉高祖庙，见高祖说：“我的中外亲族中，有《泗州亭长碑》明白记载外家温氏。”推究起来也是无根据的荒诞

君臣事迹屏风

唐宪宗元和二年，制《君臣事迹》。上以天下无事，留意典坟，每览前代兴亡得失之事，皆三复其言。遂采《尚书》《春秋后传》《史记》《汉书》《三国志》《晏子春秋》《吴越春秋》《新序》《说苑》等书君臣行事可为龟鉴者，集成十四篇，自制其序，写于屏风，列之御座之右，书屏风六扇于中，宣示宰臣。李藩等皆进表称贺，白居易翰林制诏有批李夷简及百僚严绶等贺表，其略云："取而作鉴，书以为屏。与其散在图书，心存而景慕，不若列之绘素，目睹而躬行，庶将为后事之师，不独观古人之象。"又云："森然在目，如见其人。论列是非，既庶几为坐隅之戒；发挥献纳，亦足以开臣下之心。"居易代言，可谓详尽。又以见唐世人主作一事而中外至于表贺，又答诏勤渠如此，亦几于丛脞矣。宪宗此书，有《辨邪正》《去奢泰》两篇，而末年用皇甫镈而去裴度，荒于游宴，死于宦侍之手，屏风本意，果安在哉？

僧道科目

唐末帝清泰二年二月，功德使奏："每年诞节，诸州府奏荐僧道，其僧尼欲立讲论科、讲经科、表白科、文章应制之谈。

君臣事迹屏风

唐宪宗元和二年，制作了《君臣事迹》。皇上因为天下无事，留心于典籍，每次阅览前朝兴亡得失的事，都再三重复这些言论。于是采集《尚书》《春秋后传》《史记》《汉书》《三国志》《晏子春秋》《吴越春秋》《新序》《说苑》等书君臣做事可以借鉴的，收集成十四篇，皇上自己制作序言，写在屏风上，排列在他的座位右方，写屏风六扇于中央，宣告宰相大臣。李藩等大臣都上表祝贺，白居易翰林为皇上制作诏书回答李夷简以及百官严绶等人贺表，诏书大略说："取而作为借鉴，书写成为屏风。与它散见于图书典籍，心中存在着而加以羡慕，还不如列于洁白的绘帛，用眼睛看着它而亲身加以实行，希望将成为后来人所效法，不单单是看看古代人的形象。"又说："森严在目，如见其人。论列是非，不久以后将成为座右铭了；如果将它加以发挥采纳，也足以开阔臣下的忠心。"白居易代替宪宗所说的话，可以说太详尽了。从中可见唐代皇帝做一件事受到中外士人的祝贺，答谢的诏书也殷勤如此，也将近于细碎了。宪宗的这些书，有《辨邪正》《去奢泰》两篇，而他晚年则有皇甫镈这样的奸臣而排挤忠臣裴度，荒废于游玩宴乐之中，死在宦官的手中，书写屏风的本来意愿，结果又如何呢？

僧道科目

后唐末帝李从珂清泰二年二月，功德使奏道："每年佛道节日，各州府奏报推荐僧道徒，僧尼想设立讲论科、讲经科、表科、持念科、禅科、声赞科，道士经法科、讲论科、文章应制科、表白科、声赞科、焚修科，以试其能否。”从之，此事见《旧五代史记》，不知曾行与否，至何时而罢也。盖是时犹未粥卖祠部度牒耳。周世宗废并寺院，有诏约束云：“男年十五以上，念得经文一百纸，或读得五百纸，女年十三以上，念得经文七十纸，或读得三百纸者，经本府陈状，乞剃头，委录事参军、本判官试验。两京、大名、京兆府、青州各起置戒坛，候受戒时，两京委司部差官引试，其三处祗委判官，逐处闻奏。候敕下委祠部给付凭由，方得剃头受戒。”其防禁之详如此，非若今时只纳钱于官，便可出家也。念经、读经之异，疑为背诵与对本云。

射佃逃田

汉之法制，大抵因秦，而随宜损益，不害其为炎汉。唐之法制，大抵因隋，而小加振饰，不害其为盛唐。国家当五季衰乱之后，其究不下秦、隋，然一时设施，固亦有可采取。按周世宗显德二年，诏：“应逃户庄田，并许人请射承佃，供纳税租。如三周年内本户来归者，其桑田不计荒熟，并交还一半。五周年内归业者，三分交还一分。如五周年外，除本户坟茔外，不在交付之限。其近北诸州陷蕃人户来白科、文章应制科、持念科、禅（正审思虑）科、声赞科，道士经法科、讲论科、文章应制科、表白科、声赞科、焚修（焚烧修行）科，以考试他们的能与不能。”皇上表示听从这道奏书。这件事见于《旧五代史记》，不知道实行没有实行，到什么时候又停止了。大概当时还未有出卖司部所制的准许出家的证明文件吧。后周世宗柴荣废掉合并一些寺院，有诏书加以约束说：“男子十五岁以上，能背诵经文一百张，或对本能读五百张，女的十三岁以上，能背诵经文七十张，或对本能读五百张的，经过地官府陈述状况，可求剃头，委托录事参军、本判官试用。两京、大名、京兆府、青州各处建造受戒的坛台，等候受戒的时候，两京委托司部派遣官吏引导受戒，其他三处只委派判官，逐处加以听奏。等候皇上敕书下达后委托祠部给以凭证，才得剃头受戒。”诏书条文对防止一般人进入僧道行列如此详细，并不是今天只要交纳钱于官府，就可以出家了。念经、读经有区别，我怀疑是背诵和对本读经的差别。

射佃逃田

汉朝的法制大概因袭秦朝制度，随着适应的程度而增加和减少，这样也不损害它汉朝的名声。唐代的法制，大概因袭隋朝的制度，而稍加整顿，也不损害它称为盛唐。宋朝在五代衰乱以后，如追究它的法制也不会超过秦代和隋代，但一时的措施，固然也有可取之处。按周世宗显德二年，曾下诏书说：“凡是逃亡户的庄田，并允许别人愿意承继耕种的，给国家供交税租。如果三年内逃户归来的，他种的桑田不论是荒地还是熟地，得交还一半给逃户。五年内回归本业的，三份交还一份。如归业者，五周年内三分交还二分，十周年内还一半，十五周年内三分还一。此外者，不在交还之限。”其旨明白，人人可晓，非若今之令式文书，盈于几阁，为猾吏舞文之具，故有舍去物业三五十年，妄人诈称逃户子孙，以钱买吏而夺见佃者，为可叹也。

周世宗好杀

史称周世宗用法太严，群臣职事，小有不举，往往置之极刑，予既书于《续笔》矣。薛居正《旧史》记载其事甚备，而欧阳公多芟去。今略记于此。樊爱能、何徽以用兵先溃，军法当诛，无可言者。其他如宋州巡检供奉官竹奉磷以捕盗不获，左羽林大将军孟汉卿以监纳取耗，刑部员外郎陈渥以检田失实，济州马军都指挥使康俨以桥道不谨，内供奉官孙延希以督修永福殿而役夫有就瓦中啖饭者，密州防御副使侯希进以不奉使者命检视夏苗，左藏库使符令光以造军士袍襦不办，楚州防御史张顺以隐落税钱，皆抵极刑，而其罪有不至死者。

孟字义训

一字数义，固有之矣。若孟字，只是最长最先之称，五年以上归来的，除了本户坟地之外，一律不在交还的限制内。当邻近北部边境各州陷入少数民族的人户归来时，五年内三份交还归来户二份，十年内归来的还给一半，十五年内归来的三份归还一份。除此之外，不在归还的界限之内。”这个诏书的宗旨很明白，人人都可知晓，并非像现在的格式文书，堆满几案楼阁，成为狡猾的官吏舞弄文墨的用具，所以才有舍去房屋土地三五十年，一些无知妄作的人诈骗自称逃户子孙，用钱买通官吏而夺去现耕人的土地，实在可叹。

周世宗好杀

史籍称周世宗用法太严厉，群臣官吏，举动稍有不慎，往往处以被杀罪行，我既已写在《续笔》中了。薛居正的《旧史》记载这件事很完备，而欧阳修多删除掉了。现在简略记载在这里。樊爱能、何徽因用兵最先溃退下来，按军法当斩，没有什么可以说的。其他如宋州（治今河南商丘）巡检供奉官竹奉磷因为没有捕捉住盗贼，左羽林大将军孟汉卿因为监督纳税而领取损耗，刑部员外郎陈渥因丈量田地失实，济州马军都指挥使康俨因为修理桥道不小心谨慎，内供奉官孙延希因为督修永福殿而工人有用瓦吃饭的，密州防御副使侯希进因不听从使者命令去检查夏苗生长情况，左藏库使符令光因为没有办理制造军士长袍短袄，楚州（治今江苏淮安）防御使张顺因为隐瞒税钱，都处以死刑，而他们所犯的罪有的不应至于死刑。

孟字义训

一个字有几个意思，本来就有的。如孟字，只是最长最先的如所谓孟侯、孟孙、元妃孟子、孟春、孟夏之类是也。《国语》："优施谓里克妻曰：主孟啗我。"注云："大夫之妻称主，从夫称也。"而谓孟为里克妻字则非矣。又云："孟一作盍。"《史记．吕后本纪》注中引此句，而司马贞《索隐》乃云："孟者，且也，言且啗我物。"其说无所据。班固《幽通赋》："盍孟晋以迨群。"李善乃注孟为勉。蜀王衍书其臣徐延琼宅壁为孟言，蜀语谓孟为弱，故以戏之。其后孟知祥得蜀，馆于徐第，以为已识，此意义为无稽也。东坡与欧阳叔弼诗云："主孟当啗我，玉鳞金鲤鱼。"正用优施语。鲁之宝刀曰孟劳。不详其义。

向巨原诗

亡友向巨原，自少时能作诗。予初识之梁宏夫坐上，未深知之也。是日，偕二友从吴傅朋游芝山，登五老亭，以"驾言出游"分韵赋诗。巨原得驾字，其语云："兹山何巍巍，气欲等嵩华。从公二三子，胜日饱闲暇。跻攀谢车舆，自办两不借。扪萝觅幽登，行椒得孤榭。侧送夕阳移，俯视高鸟下。登临记曩昔，岁月惊代谢。却数一周星，复命千里驾。身从泛梗流，事与浮云化。揭来共一尊，似为天所赦。明发还问涂，合离足悲咤。"诗成，观者皆服。傅朋游丝诗卷数百篇，称谓，如所说的孟侯就是大侯、孟孙就是长孙、元妃孟子就长妃长子、孟春就是初春、孟夏就是初夏之类的事。《国语》："优施谓里克妻曰：主孟啗我（引诱我）。"韦昭在注释中说："大夫的妻子称为主，那是服从她丈夫的称谓。"而称孟是里克妻子的字就不是这样了。又说："孟也作盍（合）讲。"《史记·吕后本纪》注释中曾引用这句话，而司马贞《索隐》于是说："孟这个字，是且的意思，说是尚且吃我的东西。"这种说法没有根据。班固《幽通赋》说："什么原因初次提升而就赶上朋辈。"李善却注释孟是勉的意思。前蜀王衍在他的臣子徐延琼的墙壁上写了："孟言"二字，蜀地语言称孟是弱的意思，所以用来戏弄他。后来孟知祥取得蜀国政权后，住宿于徐延琼的家里，认为已经解开了这个谜，这个意思又是无稽之谈。苏东坡给欧阳叔弼的诗说："主孟当啗我，玉鳞金鲤鱼。"正是用的《国语》上优施的话。鲁地的宝刀叫孟劳，不知道是什么意思。

向巨原诗

已经死去的朋友向巨源，自少年时期就能作诗。我最初认识他时是在梁宏夫家坐上，当时对他了解并不深。当日，从二位朋友同吴傅朋游芝山，登上五老亭，用"驾言出游"分韵作诗，向巨原得用"驾"，他说道："兹山何巍巍（高大），气欲等嵩华（指嵩山华山）。从公二三子，胜日饱闲暇。跻攀谢车舆，自办（理）两不借。扪萝觅幽登，行椒（山顶）得孤榭（台榭）。侧送夕阳移，俯视高鸟下。登临记曩昔，岁月惊代谢。却数一周星，复命千里驾。身从泛梗流，事与浮云化。竭来共一尊，似为天所赦。明发还问涂，合离足悲咤。"诗作成后，观看的人都很佩服他。吴巨原独不深叹美之，颇记其数句曰："先生著名节，百世追延陵。我评先生贤，不以能书称。功成磨苍崖，盛德颂日升。勿书陵云榜，华颠踏高层。"句格超峻，其旨皆有规讽，与前纪刘彦冲古风相类也。后裒其平生所作数千篇，目为《葵斋杂稿》，倩予为序。时予在章贡，及序成持寄之，则已卧病，仅能于枕上一读而已。巨原初见韩子苍，得一诗，曰："老子真祠地，居来觅纸题。文如士衡俊，年与正平齐。闻说锺陵郡，官居章水西。涪翁诗律在，佳处可时携。"而韩集佚不收，但见序中耳。

叶晦叔诗

亡友叶黯晦叔，尝除敕令所删定官。绍兴十九年，为福建帅属，予尝因春补诸生，白于府主，邀与同考校，锁宿贡院两旬。予作长句云："沉沉广厦清如水，市声人声不到耳。一闲十日岂天赐？惭愧纷纷白袍子。相逢更得金玉人，久矣眼中无此士。连床夜语不成寐，往往鸡声忽惊起。是中差乐真难名，昔者相过安得此？但怜时节不相谋，正堕清明寒食里。梨花已空海棠谢，外间物色知余几。只恐雨风摧折之，负此一春吾过矣。谢公寻山饱闲暇，应笑腐儒粘故纸。锦囊得句应已多，万一相思频寄似。"时谢景思为在议官，故卒章简之。晦叔和篇云："文章万言抵杯水，世上虚名徒尔耳。我常自笑一生痴，那更将痴笑群子。大屋沉沉余百年，傅朋游丝诗有数百篇，独向巨原并不深加赞美它，略记其中数句说："先生著名节（气节），百世追延陵（指眨陵季札）。我评先生贤，不以能书称（写作见称）。功成磨苍崖，盛德颂日升。勿书陵云榜，华颠踏高层。"句子格式卓异特出，他的宗旨都有所规功讽谏，与我以前所记叙的刘彦冲古风诗歌相类似。后来就聚集他平生所作诗文数千篇，题为《葵斋杂稿》，请我为它作序。当时我正在章贡，到序言作好后寄给他时，向巨原已经卧病在床，仅能于枕上谈它罢了。向巨原当初见韩驹时，得一诗，说："老子真祠地，君来觅纸题。文章如士衡（张君平）俊，年纪与正平一样大。闻说钟陵郡，官居章水西。涪翁诗律在，佳处可时携。"而韩子苍的集子里没有收这首诗，仅见于序言中。

叶晦叔诗

我的死去的朋友叶黯字晦叔，曾任敕令所删定官。宋高宗绍兴十九年，他为福建帅府属官，我曾因为春天补考入太学的子弟，告知府帅，邀叶黯与我同去考试，锁住在贡院二十天。我作一首文长句说："沉沉广厦清如水，市声人声不到耳。一闲十日岂天赐？惭愧纷纷白袍子。相逢更得金玉人，久矣眼中无此士。连床夜语不成寐，往往鸡声忽惊起。是中差乐真难名，昔者相过安得此？但怜时节不相谋，正堕清明寒食里。梨花已空海棠谢，外间物色知余几（还剩下多少）。只恐雨风摧折之，负此一春吾过矣。谢公（指谢景思）寻山饱闲暇，应笑腐儒粘故纸。锦囊得句（得到一句好的词句即投入囊中）应已多，万一相思频寄似。"当时谢景思是参议官，所以终结那一章就简略了。叶黯唱和篇说："文章万言抵杯水，世上虚名徒尔耳。我常自笑一生痴，到今所阅知几士？看渠得失自偶然，其间悲喜从何起？君闻我言亦大笑为说万事总如此。(缺两句)急须了却公家事，门外不知春有几？(缺三句)飞雨时闻打窗纸。他年乃一复相从，未必从容今日似。”其语意超新，惜不能尽忆。又尝云：“五十六言，大氐多引韵起，若以侧句入，尤峻健。如老杜‘幽栖地僻经过少，老病人扶再拜难’是也。然此犹是作对，若以散句起又佳。如‘苦忆荆州醉司马，谪官樽俎定常开’是也。故予自福泮满归，晦叔以二诗送别，正用此体。一章云：“一门伯仲知谁似？四海文章正数君。何事与予如旧识，由来于世两相闻。闲官各喜光阴剩，胜地空多物色分。忽复翩然从此去，便应变化上青云。“二章云：“此地相从惊岁晚，登临况是客归时。却将襟抱向谁可？正尔艰难唯子知。情到中年工作恶，别于生世易为悲。梅花尽醉清江上，黯澹西风冻雨垂。”可谓奇作。然相别不两年即下世，每诵味其语，辄为凄然。因刻所作《容斋记》，尝识于末。

那更将痴笑群子。大屋沉沉余百年，到今所阅知几士？看渠得失自偶然，其间悲喜从何起？君闻我言亦大笑，为说万事总如此。（缺两句）急须了却公家事，门外不知春有几？（缺三句）飞雨时闻打窗纸。他年乃一复相从，未必人容今日似。”诗中语意超然新颖，可惜的是我不能全部回忆起来。又曾经说：“五十六言诗，大概多是从序开始，如果用旁句入韵，就更高大强健。如杜甫‘幽栖地经过少，老病人扶再拜难’就是这样。但这尚且可以配对，如用散句起韵就更好。如‘苦忆荆州醉司马，谪官（贬官）樽俎（指宴席）定常开’就是这样。所以我从福州职任期已满回来时，叶黯就有两首诗与我送别，正是这样的体裁。一章说：“一门伯仲（指兄弟）知谁似？四海文章正数君。何事与予如归识，由来于世两相闻。闲官各喜光阴剩，胜地空多物色分。忽复翩然从此去，便应变化上青云（指升官）。”二章说：“此地相从惊岁晚，登临况是客归时。却将襟抱（胸怀）向谁可？正尔艰难惟子（指洪迈）知。情到中年工作恶，别于生世易为悲。梅花尽醉清江上，黯澹西风冻雨垂。”可以称得是奇妙的作品了。但相离别不到两年叶黯就去世了，每次诵读玩味他诗中语言，即为他悲伤。因此刻版我的作品《容斋记》，曾记于本书之后。

卷十（十七则）

词学科目

熙宁罢诗赋，元祐复之，至绍圣又罢，于是学者不复习为应用之文。绍圣二年，始立宏词科，除诏、诰、制、敕不试外，其章表、露布、檄书、颂、箴、铭、序、记、诫谕凡九种，以四题作两场引试，唯进士得预，而专用国朝及时事为题，每取不得过五人。大观四年，改立词学兼茂科，增试制诰，内二篇以历代史故事，每岁一试，所取不得过三人。绍兴三年，工部侍郎李擢又乞取两科裁订，别立一科，遂增为十二体：曰制、曰诰、曰诏、曰表、曰露布、曰檄、曰箴、曰铭、曰记、曰赞、曰颂、曰序。凡三场，试六篇，每场一古一今，而许卿大夫之任子亦就试，为博学宏词科，所取不得过五人。任子中选者，赐进士第。虽用唐时科目，而所试文则非也。自乙卯至于绍熙癸丑，二十榜，或三人，或二人，或一人，并之三十三人，而绍熙庚戌阙不取。其以任子进者，汤岐公至宰相，王日严至翰林承旨，李献之学士，陈子象兵部侍郎，汤朝美右史，陈岘方进用，而予兄弟居其间，文惠公至宰相，文安公至执政，予冒处翰苑。此外皆系已登科人，然擢用者，唯周益公至宰相，周茂振执政，沈德和、莫子齐、倪正父、莫仲谦、赵大本、傅景仁至侍从，叶伯益、季元衡至左右史，余多碌碌。而见存未显者，陈宗召也。然则吾家所蒙，亦去过矣。

词学科目

宋神宗熙宁年间科举考试中取消了诗赋，哲宗元祐年间又恢复了，到哲宗绍圣年间又取消了。于是学子们不再学习训练诗赋这类应用文体了。宋哲宗绍圣二年，开始设立宏词科考试。除诏、诰、制、敕等几种文体不考试外，其余章表、露布，檄书、颂、箴、铭、序、记、诫谕共九种文体，以四个题目作两场引体考试。只有进士能参加考试，而且专用当代时事为题，每次录取不得超过五人。宋徽宗大观四年，改设立词学兼茂科目，增试制诰文体，其中二篇以历代历史故事为题，每年考一次，所录取的不得超过三人。宋孝宗绍兴三年，工部侍郎李擢又请求用两科裁定，另立一科，于是就增加为十二种文体：即制、诰、诏、表、露布、檄、箴、铭、记、赞、颂、序。共三场考试，六篇文章，每场一古题一今题，而且允许因父兄功绩被授予官职的人（即任子）参加考试，叫作博学宏词科，所录取的不得超过五人。任子参考被选上的，赐予进士的科第。考试虽是用唐代时的科目，但所考的文章就大不同了。从高宗绍兴五年到光宗绍熙四年，共发二十榜，有的一榜三人，有的一榜二人，还有的一人，合起来共三十三人，而光宗绍熙元年则空缺未取一人。那些以任子的身份进士的人，汤岐公官至宰相，王日严官至翰林承旨，李献之至大学士，陈子象至兵部侍郎，汤朝美至右史，陈岘正要进用时，因我的兄弟占据其位而作罢，文惠公官至宰相，文安公官至执政，而我本人冒昧地处在翰林学士的位置上。此外都是些已

唐夜试进士

唐进士入举场得用烛，故或者以为自平旦至通宵。刘虚白有“二十年前此夜中，一般灯烛一般风”之句，及三条烛尽之说。按《旧五代史·选举志》云：“长兴二年，礼部贡院奏当司奉堂帖夜试进士，有何条格者。敕旨：‘秋来赴举，备有常程，夜后为文，曾无旧制。王道以明规是设，公事须白昼显行，其进士并令排门齐入就试，至闭门时试毕，内有先了者，上历画时，旋令先出，其入策亦须昼试，应诸科对策，并依此例。’”则昼试进士，非前例也。清泰二年，贡院又请进士试杂文，并点门入省，经宿就试。至晋开运元年，又因礼部尚书知贡举窦贞固奏，自前考试进士，皆以三条烛为限，并诸色举人有怀藏书册不令就试。未知于何时复有更革。白乐天集中奏状云：“进士许用书册，兼得通宵。”但不明言入试朝暮也。

登科的人，但被提拔任用的，只有周益公官至宰相，周茂振至执政，沈德和、莫子齐、倪正父、莫仲谦、赵大本、傅景仁等人官至侍从，叶伯益、季元衡官至左右史，其余大多碌碌而无为。而榜上有名却未显贵的，仅陈宗召一人。即使如此但我家所蒙受的皇恩，也可以说有点过头了。

唐夜试进士

唐朝进士入考场得用蜡烛，因而有人以为要从天刚亮考到第二天通宵。刘虚白有“二十年前此夜中，一般灯烛一般风”的诗句，又有三只蜡烛燃尽为限之说。《旧五代史·选举志》中说：“后唐明宗长兴二年，礼部贡院奏当司奉宰相下的文件（堂帖）夜间考试进士，专门有人拿着文件的条款。皇帝的诏令说：‘秋天来参加考试，准备有一般规程，入夜后才写文章，不曾有旧的制度。王道都是按明白的常规设立的，公事必须在白昼公开进行，参加考试的人都要服从命令在门外排好次序一齐进入考场，到关门时考试结束，其中如有先考完的人，记好他的时间，就令他先出去，他们入策也须要白天考试，应试各科对策，并仍照此例。’”白天考试进士，不是以前的惯例。后唐末帝清泰二年，贡院又请进士考试杂文，并且指定进入特别官署部门，过一夜晚就参加考试。到了后晋出帝开运元年，又因为礼部尚书知贡推举窦贞固的奏折，以前考试进士，都以三只蜡烛的时间为限，并且各种举人有怀藏书本的就不让他参加考试。不知道到什么时候再有革新。白居易集中奏状说：“进士允许参考书册，并且得通宵达旦。”但没有说明白入试的时间是清早还是晚上。

纳紬绢尺度

周显德三年。敕，旧制织造紬絁、绢布、绫罗、锦绮、沙縠等，幅阔二尺起，来年后并须及二尺五分。宜令诸道州府，来年所纳官绢，每匹须及一十二两，其絁紬只要夹密停匀，不定斤两。其纳官紬绢，依旧长四十二尺。乃知今之税绢，尺度长短阔狭，斤两经重，颇本于此。

朱梁轻赋

朱梁之恶，最为欧阳公《五代史记》所斥詈。然轻赋一事，《旧史》取之，而《新书》不为拈出。其语云：“梁祖之开国也，属黄巢大乱之余，以夷门一镇，外严烽候，内辟污莱，厉以耕桑，薄其租赋，士虽苦战，民则乐输，二纪之间，俄成霸业。及末帝与庄宗对垒于河上，河南之民，虽困于辇运，亦未至流亡。其义无他，盖赋敛轻而丘园可恋故也。及庄宗平定梁室，任吏人孔谦为租庸使，峻法以剥下，厚敛以奉上，民产虽竭，军食尚亏，加之以兵革，因之以饥馑，不四三年，以致颠陨。其义无他，盖赋役重而寰区失望故也。”予以事考之，此议诚然，有国有家者之龟鉴也。《资治通鉴》亦不载此一节。

纳绌绢尺度

后周太祖显德三年。皇帝下诏，按旧方法织造的粗绸、绢布、绫罗、锦缎，绉纱等，幅宽二尺以上，来年后并一定要达到宽二尺五分。命令各道、州、府，来年缴纳给官府的绢，每匹必须达到十二两重，粗绸只要稀密均匀，不定斤两。缴纳给官府的抽绢，依旧长四十二尺。于是才知道如今纳税的绸绢，尺寸长短宽窄，斤两轻重，都根源于此。

朱梁轻赋

朱梁的罪恶，最为欧阳修先生在《五代史记》中所斥责。然而朱梁主张减轻赋税一事，旧的史书上有记载，而新的史书却没有注意这一点。朱梁说："梁朝的先祖开国的时候，正是黄巢起义大乱将要结束之时，先祖凭借夷门一个城镇，对外严密注视烽火台防止外敌入侵，对内要避免自然灾害和盗贼，严格要求农民努力耕种，而减少他们的赋税，士兵虽然饱尝战争之苦，百姓们却乐于为之输送给养，二十四年间很快就成了霸业。到了末帝与后唐庄宗两军对垒于黄河上时，黄河以南的民众，虽然被运送军物搞得疲惫不堪，也没有逃亡的。民众思想上没别的，都因为赋税轻而且家乡故土值得留恋的缘故。到了庄宗平定梁朝王室时，任用官吏孔谦为租庸使，严格法度来盘剥民众，厚征暴敛来奉献皇上，民众的物产虽被轧取干净，可军队的食品还不够用，再加上战事频繁，又因为饥荒严重，不到三四年，国家就面临崩溃的边缘。造成这种局面没有别的原因，全是赋税劳役惨重而广大人民失望的缘故。"我用历史事实考证，这一论点真实可信，这是拥有国家的人应当借鉴的。《资治通鉴》也没记

坎离阴阳

坎位正北，当幽阴肃杀之地，其象于《易》为水为月。董仲舒所谓“阴常居大冬，而积于空虚不用之处”，然而谓之阳。离位正南，当文明赫赫之地，于《易》为日为火。仲舒所谓“阳常居大厦，而以生育长养为事”，然而谓之阴。岂非以阴生于午，阳生于子故邪？司马贞云：“天是阳，而南是阳位，故木亦是阳，所以木正为南正也。火是地正，亦称北正者，火数二，二地数，地阴，主北方，故火正亦北正。”究其极挚，颇似难晓，圣人无所云，古先名儒以至于今，亦未有论之者。

前执政为尚书

祖宗朝，曾为执政，其后入朝为他官者甚多。自元丰改官制后，但为尚书。曾孝宽自签书枢密去位，复拜吏部尚书。韩忠彦自知枢密院出藩，以吏书召。李清臣、蒲宗孟、王存，皆尝为左丞，而清臣、存复拜吏书，宗孟兵书。先是元祐六年，清臣除目下，为给事中范祖禹封还，朝廷未决，继又进拟宗孟兵部右丞。苏辙言：“不如且止。”左仆射吕大防于帘前奏：“诸部久阙尚书，见在人皆资浅，未可用，又不可阙官，须至用前执政。”辙曰：“尚书阙官已数年，何尝载这一点。

坎离阴阳

八卦中的坎位在正北，正好是幽阴肃杀的地方，其表象在《易经》上是水和月。汉代大儒董仲舒曾说“阴常处于严冬，积聚在空虚不用的地方”，然而这叫作阳。离位在正南，正好是文明赫赫的地方，在《易经》中是日是火。董仲舒所说“阳常处于盛夏，而且以生育长养为主要内容”，然而这叫作阴。难道是认为阴生于十二地支中的午，阳生于子的缘故吗？司马贞说：“天是阳，而南方是阳的位置，所以木也是阳，所以木正就是南正。火是地正，也可叫北正，火数二，二地数，地是阴，主要指北方，所以火正也称北正。”考究这句话的真义，很难弄明白，圣人们没有说过，先前的著名学者甚至当今的名儒，也没有对此有什么论述。

前执政为尚书

大宋开国之初，曾经设立执政这一官职，后来入朝做别的官的人很多。自宋神宗元丰年间改革官职制度以后，只设尚书之职。曾孝宽从签书枢密的职务上离开，又官拜吏部尚书。韩忠彦从知枢密院的位置上离开到边疆任职，又以吏书之职召回。李清臣、蒲宗孟、王存等人，都曾任左丞相之职，而李清臣、王存又官拜吏书，薄宗孟官拜兵书。先是在宋哲宗元祐六年，李清臣即将被贬官，被给事中范祖禹封还，朝廷尚未决定，接着又提出想让蒲宗孟任兵部右丞相。苏辙进言：“不如暂且停下。”左仆射吕大防在皇上面前启奏：“各部长朝空缺尚书，现在有关的人阙事?”遂已。胡宗愈尝为右丞,召拜礼书、吏书。自崇宁已来,乃不复然。

河伯娶妻

《史记》褚先生所书魏文侯时西门豹为邺令,问民所疾苦。长老曰:“吾为河伯娶妇,以故贫。”豹问其故,对曰:“邺三老、廷掾常岁赋敛百姓钱,得数百万,用其二三十万为河伯娶妇,与祝巫分其余钱持归。巫行视小家女好者,即聘娶,为治斋宫河上,粉饰女,浮之河中而没。其人家有好女者,多持女远逃亡,以故城中益空无人。”豹曰:“至娶妇时,吾亦往送。”遂投大巫妪及三弟子并三老于河,乃罢去。从是以后,不敢复言为河伯娶妇。予按,此事概出于一时杂传记,疑未必有实。而《六国表》秦灵公八年,“初以君甥妻河。”言初者,自此年而始,不知止于何时,注家无说。司马贞《史记索隐》乃云,初以君主妻河“谓初以此年取他女为君主,君主犹公主也。妻河,谓嫁之河伯,故魏俗犹为河伯娶妇,盖其遗风。”然则此事秦、魏皆有之矣。

都资历很浅，不可用，但又不可缺官职，以任用前执政为好。”苏辙说：“尚书之职空缺已有数年，但何曾耽误了大事？”于是就作罢。胡宗愈曾任右丞相，后召拜礼书、吏书。自宋徽宗崇宁年间以来，就不在重提尚书一事了。

河伯娶妻

《史记》褚少孙所补写的文章中记载，魏文侯时西门豹任邺县县令，询问民众的疾苦。长老回答说：“我们每年要为河伯娶妻，所以贫穷。”西门豹问其原因，回答说：“邺县的三老、廷掾常年搜刮百姓的钱财，得总数几百万，用其中的二三十万为河伯娶妻，其余的与祝巫分享，装进自己腰包。祝巫在巡视中发现穷人家有美貌的女儿，就要聘娶。他们在漳河边上修造斋宫，把少女打扮一番，扔到河里，先是漂浮，然后就沉入水底。老百姓家有美貌姑娘的，大多都带着女儿逃走了，所以城中的人越来越少。”西门豹说：“到为河伯娶妻的时候，我也来送行。”（到了那一天，西门豹）就命令把大巫妪及三个弟子和三老扔到河里，就离开了。从此以后，再也不敢提为河伯娶妻了。我考证此事，大概出于一时的杂传故事，怀疑未必真有其事。而《六国表》秦灵公八年中说，“初以君主妻河。”这里所说的初，是指从这一年开始，而不知何时停止，注释家们也没有说明。司马贞《史记索隐》则说，初以君主妻河是“说开始从此年娶别人的女儿为君主，君主也就是公主。妻河，是说嫁给河伯，所以魏国的风俗就是为何伯娶妻，大概是古老的遗风。”然而这种事秦国、魏国都有。

六经用字

《六经》之道同归，旨意未尝不一，而用字则有不同。如佑、祐、右三字一也，而在《书》为佑，在《易》为祐，在《诗》为右。惟、维、唯一也，而在《书》为惟，在《诗》为维，在《易》为唯，《左传》亦然。又如《易》之无字，《周礼》之灋、眡、蕘、鱻、齍、皐、𢾅、㮚、斞、繝、簭等字，他经皆不然。今人书无咎、无妄，多作无，失之矣。孝宗初登极，以潜邸为佑圣观，令玉册官篆牌。奏云："篆法佑字无立人，只单作右字。"道士力争，以为观名去人，恐不可安迹。有旨特增之。

鄂州兴唐寺钟

鄂州城北凤凰山之阴，有佛刹，曰兴唐寺。其小阁有钟，题志云："大唐天祐二年三月十五日新铸。"勒官阶姓名者两人，一曰金紫光禄大、检校尚书左仆射兼御史大陈知新；一曰银青光禄大、检校尚书右仆射兼御史大杨琮。大字之下，皆当有夫字，而悉削去，观者莫能晓。五代"新旧史"、《九国志》并无其说，唯刘道原《十国纪年》，载杨行密之父名怤，怤与夫同音。是时，行密据淮南，方破杜洪于鄂，而有其他，矿将佐为讳之。行密之子渭，建国之后，改文散诸大夫为大卿，御史大夫为御史大宪，更可证也。鄱阳浮洲寺

六经用字

《六经》从基本道理上是相同的，旨意也未尝不同，而在用字上却有不同的地方。例如佑、祐、右三个字是一个字，而在《尚书》里写作“佑”，在《易经》里写成“祐”，在《诗经》里则写成“右”。惟、维、唯三个字也是一个字，而在《尚书》里用“惟”，在《诗经》里用“维”，在《易经》里用“唯”，《左传》也是如此。又如《易经》中的“无字”，《周礼》中的灋、眡、蘢、𪓐、䵹、皐、獻、槀、斞、䋽、簭等字，其他经书都有不同写法。现在的人写无咎、无妄，多写成“无”，这是错了。宋孝宗初登极时，把潜邸作为佑圣观，命令玉册官篆刻牌子。篆者启奏说：“篆体‘佑’字无立人，只单写作‘右’字。”道士们力争，认为观名去掉立人，恐怕会出现不安不祥的迹象。于是孝宗降旨又专门加上了立人。

鄂州兴唐寺钟

鄂州城北凤凰山的北面，有一座古刹，名叫兴唐寺寺里的小阁里有一座钟，上面题着：“大唐天祐二年三月十五日新铸。”还刻有两个人的官阶姓名，一个是金紫光禄大、检校尚书左仆射、兼御史大陈知新，一个银青光禄大、检校尚书右仆射，兼御史大杨琮。大字下面，都应当有“夫”字，可全都削去，观看的人都不知道。五代《新旧史》《九国志》并无这样说，只有刘道原在《十国纪年》中，记载杨行密的父亲名怤，怤与夫读音相同。这时候，杨行密占据淮南，刚刚在鄂州打败了杜洪，而占了他的地盘，所以为了避讳命人将钟上的“夫”字删去。杨行密的儿子杨渭，吴国建国之后，把文散诸大夫政为大卿，把御史大夫政有吴武义二年铜钟，安国寺有顺义三年钟，皆刺史吕师造。题官称曰：“光禄大卿、检校太保兼御史大卿。”然则亦非大宪也。王得臣《麈史》尝辨此事，而云：“行密遣刘存破鄂州，知新、琮不预。志传皆略而不书。”予又按杨溥时，刘存以鄂岳观察使为都招讨使，知新以岳州刺史为团练使，同将兵击楚，为所执杀，则知新乃存偏裨，非不预也。

祢衡轻曹操

孔融荐祢衡，以为“淑质贞亮，英才卓跞，志怀霜雪，疾恶若仇，任座、史鱼，殆无以过，若衡等辈，不可多得。”数称述于曹操。操欲见之，衡素相轻疾，不肯往，而数有恣言，操怀忿，因召之击鼓，裸身辱之。融为见操，说其狂疾，求得自谢。操喜，敕门者有客便通，待之极宴。衡乃坐于营门，言语悖逆，操怒，送与刘表。衡为融所荐，东坡谓融视操，特鬼蜮之雄，其势决不两立，非融诛操，则操害融。而衡平生唯善融及杨修，常称曰：“大儿孔文举，小儿杨德祖。”融、修皆死于操手，衡无由得全。《汉史》言其尚气刚傲，矫时慢物，此盖不知其鄙贱曹操，故陷身危机，所谓言语狂悖者，必诵斥其有僭篡之志耳。刘表复不能容，与以黄祖。观其所著《鹦鹉赋》，专以自况，一篇之中，三致意焉。如云：“嬉游高峻，栖峙幽深。飞不妄集，翔必择林。虽周旋为御史大宪，更可以证明是为了避讳。鄱阳浮洲寺有一座吴国武义二年铸的铜钟，安国寺有吴国顺义三年的钟，都是刺史吕师制造的。上面题写的官称是："光禄大卿、检校太保、兼御史大卿。"但是也不是大宪。王得臣在《麈史》中曾考辨这件事，他说："杨行密派刘存去攻破鄂州，陈知新、杨琮都未参预，志传书都略而无记载。"我本人又考证，杨溥的时候，刘存以鄂岳观察使的身份任都招讨使，陈知新以岳州刺史的身份任团练使，共同率兵攻打楚地，带兵打仗，而陈知新是刘存的副手，并不是没有参预。

祢衡轻曹操

孔融（向曹操）举荐祢衡，认为他"品质光明磊落，英才超绝，志怀纯洁，疾恶如仇，他比任座、史鱼有过之而无不及，像祢衡这样的人，实不可多得。"这样数次在曹操面前称赞祢衡。曹操打算见祢衡，祢衡平常就轻视厌恶曹操，不肯前往，而且数次说不恭敬的话。曹操很气愤，就召他击鼓，祢衡赤身裸体表示污辱。孔融因而又见曹操，说祢衡有疯狂病，现在愿登门谢罪。曹操高兴了，就告诉守门人有来客就让进，用上等宴席招待。祢衡来后就坐在营门口，说话极不礼貌，曹操大怒，把祢衡送给了刘表。祢衡被孔融所举荐，苏东坡说在孔融看来，曹操只不过是鬼蜮之雄，他们二人势不两立，不是孔融杀掉曹操，就是曹操害了孔融。祢衡平生只与孔融和杨修友好，他常常称道："我的大儿子是孔融，小儿子是杨修。"孔融、杨修都是死于曹操之手，祢衡并没有办法保全他们。汉代史书上说祢衡志气高傲，卓尔不群，这大概是不知他看不起曹操，所以才陷身危于羽毛，固殊智而异心。配鸾皇而等美，焉比翼于众禽？”又云：“彼贤哲之逢患，犹栖迟以羁旅。矧禽鸟之微物，能驯扰以安处。”又云：“嗟禄命之衰薄，奚遭时以崄巇。岂言语以阶乱，将不密以致危。”又云：“顾六翮之残毁，虽奋迅其焉如。心怀归而弗果，徒怨毒于一隅。”卒章云：“苟竭心于所事，敢背惠以忘初。其守死以报德，甘尽辞以效愚。”予每三复其文而悲伤之。李太白诗云：“魏帝营八极，蚁观一祢衡。黄祖斗筲人，杀之受恶名，吴江赋鹦鹉，落笔超群英。锵锵振金石，句句欲飞鸣。挚鹗啄孤凤，千春伤我情！”此论最为精当也。

禁中文书

韩魏公为相，密与仁宗议定立嗣，公曰：“事若行，不可中止，陛下断自不疑。乞内中批出。”帝意不欲宫人知，曰：“只中书行足矣。”淳熙十四年十月二十二日，寿皇圣帝自德寿持丧还宫，二十五日有旨召对，与吏部尚书萧燧同引。中使先谕旨曰：“教内翰留身。”既对，乃旋于东华门内行廊机。所谓语言狂放不羁的人，一定会被斥责为有篡夺大权的野心。刘表也不能容祢衡，又把他给了黄祖。读祢衡所写的《鹦鹉赋》，看来是专门写自己的，一篇赋里，三番五次表达了自己的意志。如说："嬉游于高山峻岭，栖息在幽林深山。飞行不盲目集结，翱翔定选择树林。虽然都是用羽毛飞翔，可本来就殊志异心。要与鸾凰相匹共美，怎能与众禽比翼齐飞？"又说："看那些圣哲遭遇祸患，还是暂时休养生息。况且禽鸟这些小东西，怎能在驯扰中平安处世。"又说："可叹那爵禄之命运多么衰微薄弱，为什么会遭到这么艰难的道路。哪里是言语造成的祸乱，完全是不靠近权贵才带来的危险。"又说："看到翅膀已经残毁，虽然想奋飞又不知向何处。内心想归去又没有结果，躲在一隅怨恨又有什么用。"文章结尾时又说："即使想尽心竭力于所干的事业，又怎能违背良心忘掉初衷。只有等待用死来报答恩德，甘愿把话说完来尽力而为。"我每次读都要反复吟诵这些文字，而且为之悲伤不已。李白的诗说："魏帝营八极，蚁观一祢衡。黄祖斗筲人，杀之受恶名。吴江赋鹦鹉，落笔超群英。锵锵振金石，句句欲飞鸣。挚鹗啄孤凤，千春伤我情！"李白这里对祢衡的论述最为精当。

禁中文书

韩魏公任丞相时，秘密地与仁宗商议确定立太子的事。韩丞相说："此事如果开始进行，不可中途停止，陛下应断定不疑。请求暗中批文。"仁宗的意思不想让宫中的人知道，说："只让中书省去办就可以了。"宋孝宗淳熙十四年十月二十二日，寿皇圣帝从德寿持丧回到宫中，二十五日皇帝有旨召对，与吏部尚下夹一素幄御榻后出一纸，录唐贞观中太子承乾监国事以相示。萧先退，上与迈言，欲令皇太子参决万几，使条具合行事宜。仍戒云："进入文字须是密。"迈奏言："当亲自书写实封，诣通进司。"上曰："也只剪开，不如分付近上一个内臣。"迈又言："臣无由可与内臣相闻知，惟御药是学士院承受文字，寻常只是公家文书传达，今则不可，欲俟检索典故了日，却再乞对面纳。"上曰："极好。"于是七日间三得从容。乃知禁廷机事，深畏漏泄如此。（其详见于所记见闻事实。）

老子之言

《老子》之言，大抵以无为、无名为本，至于绝圣弃智。然所云："将欲歙之，必固张之；将欲弱之，必固强之；将欲废之，必固兴之；将欲夺之，必固与之。"乃似于用机械而有心者。微言渊奥，固莫探其旨也。

孔丛子

前汉枚乘与吴王濞书曰："夫以一缕之任，系千钧之重，上悬无极之高，下垂不测之渊，虽甚愚之人，犹知哀其将绝也。马方骇，鼓而惊之；系方绝，又重镇之。系绝于天，不可复结。坠入深渊，难以复出。"《孔丛子·嘉言》篇，载子贡之言曰："夫以一缕之任，系千钧之重，上悬之于无极之书萧燧一同引见。中使首先宣读圣旨："教翰林留下来。"对应已毕，就立即从东华门的内走廊下夹一白色帷帐，从御榻后出来一张纸，上面写着唐代贞观年间中太子承乾监理国事的事实让看。萧燧先退下去了，皇上与我（指作者洪迈——译者注）谈话，想让皇太子参预决策事情，使其符合条条框框办事合适。仍然告诫说："写到文字里一定要保密。"我启奏说："臣当亲自书写并密封，送到通进司。"皇上说："到那儿也得剪开，不如吩咐给一个内臣。"我又说："臣没有理由可以和内臣接触，只有御药是从学士院承受文字，不过平常只是公文书信传达，如今则不可，我想等检索典故完了之日，再请对面交纳。"皇上说"很好。"于是七天内三次行动，才知道禁宫中的机密大事，非常害怕泄漏出去。

老子之言

《老子》的言论，大多以无为、无名为根本，以至于绝圣弃智。但是他所说的："想要收缩它，必先扩张它；想要削弱它，必先加强它；想要废除它，必先振兴它；想要夺取它，必先给予它。"却像是用机械和用心机相结合的方法谈君主如何控制臣下。语言深奥难懂，根本无法探明其真意。

孔丛子

前汉的枚乘在给吴王濞的信中说："用一缕细线，系住千钧的重物，上边悬挂在无限的高处，下边垂在不可测量的深渊，即使是非常愚蠢的人，也知道对将要断绝的细线感到悲哀。马正要惊骇，却击鼓而进行警告；线要断了，又加重所系的东西。线的断是出于天理，不可能再结起来。所坠的东西掉到深渊里，就难以再拿出来。"《孔丛子·嘉言》篇中，载有子贡的言论："用高，下垂之于不测之深，旁人皆哀其绝，而造之者不知其危，马方骇，鼓而警之；系方绝，重而镇之。系绝于高，坠入于深，其危必矣。”枚叔全用此语。《汉书》注诸家皆不引证，唯李善注《文选》有之。予按《孔丛子》一书，《汉·艺文志》不载，盖刘向父子所未见。但于儒家有太常蓼侯《孔臧》十篇，今此书之末，有《连丛子》上下二卷，云孔臧著书十篇，疑即是已。然所谓《丛子》者，本陈涉博士孔鲋子鱼所论集，凡二十一篇，为六卷。唐以前不为人所称，至嘉祐四年，宋咸始为注释以进，遂传于世。今读其文，略无楚、汉间气骨，岂非齐、梁以来好事者所作乎?《孔子家语》着录于《汉志》，二十七卷，颜师古云:“非今所有《家语》也。”

小星诗

《诗序》不知何人所作，或是或非，前人论之多矣。唯《小星》一篇，显为可议。《大序》云:“惠及下也。”而继之曰:“夫人惠及贱妾，进御于君。”故毛、郑从而为之辞，而郑《笺》为甚，其释“肃肃宵征，抱衾与裯”两句，谓“诸妾肃肃然而行，或早或夜，抱被与床帐待进御”。又云:“裯者，床帐也，谓诸妾夜行，抱被与床帐待进御。”且诸侯有一国，其宫中嫔妾虽云至下，固非闾阎贱微之比，何至于抱衾而一缕细线，系住千钧的重物，上边悬挂在无限的高处，下边垂在不可测量的深渊，旁边的人都为其将要断绝感到悲哀，而制造的人却不知道危险。马正要惊骇，却击鼓而进行警告；线要断了，又加重所系的东西。线从高处断下来，坠入深渊之中，一定是很危险的。”枚乘的话全出于此语。注《汉书》的各家都没有对此进行引证，只有李善在《文选》注中有引证。我考证《孔丛子》一书，《汉书·艺文志》没有收录，大概是刘向父子没有见过。但在儒家方面有《太常蓼侯孔臧》十篇，如今这本书末尾有《连丛子》上下二卷，说孔臧撰写十篇文章，我怀疑就是这些。但是所谓《丛子》，原来是陈涉博士孔鲋、子鱼的言论集，共二十一篇，分为六卷。唐代以前没有受到人们的重视，一直到宋仁宗嘉祐四年，宋咸才开始对此书注释，于是就流传于世。如今读这些文字，感到似乎缺乏楚汉时期的气魄风骨，难道说是齐、梁以来好事的人所撰写的吗？《孔子家语》收录于《汉书·艺文志》，二十七卷，颜师古说：“不是现在所保存的《家语》。”

小星诗

《诗序》不知道是谁写的，或是或非，前人对此的论述多了。只有《小星》一篇，明显地值得议论。《诗大序》中说：“惠及下也。”而接着又说：“夫人惠及贱妾，进御于君。”所以毛、郑两家注者都据此立论，而郑玄的校笺更是这样，他解释“肃肃宵征，抱衾与裯”两句，意思是“诸位妃妾诚惶诚恐地行走，有的是早上有的是夜间，在君主居住的处所，按次序受君主的宠幸。”又说：“就是床帐，说的是诸妃妾间行走时，抱着被子和床帐去见君主。”况且有一国诸侯，君主宫中的嫔妾虽说能比行？况于床帐，势非一己之力所能致者，其说可谓陋矣。此诗本是咏使者远适，夙夜征行，不敢慢君命之意，与《殷其雷》之指同。

桃源行

陶渊明作《桃源记》云："源中人自言，先世避秦时乱，率妻子邑人来此绝境，不复出焉，乃不知有汉，无论魏、晋。"系之以诗曰："嬴氏乱天纪，贤者避其世。黄、绮之商山、伊人亦云逝。愿言蹑轻风，高举寻吾契。"自是之后，诗人多赋《桃源行》，不过称赞仙家之乐。唯韩公云："神仙有无何渺茫，桃源之说诚荒唐。世俗那知伪为真，至今传者武陵人。"亦不及渊明所以作记之意。按《宋书》本传云："潜自以曾祖晋世宰辅，耻复屈身后代。自宋高祖王业渐隆，不复肯仕。所著文章，皆题其年月。义熙以前，则书晋氏年号，自永初以来，唯云甲子而已。"故五臣注《文选》用其语。又继之云："意者耻事二姓，故以异之。"此说虽经前辈所诋，然予窃意《桃源》之事，以避秦为言。至云"无论魏、晋"，乃寓意于刘裕，托之于秦，借以为喻耳。近时胡宏仁仲一诗，屈折有奇味。大略云："靖节先生绝世人，奈何记伪不考真？先生高步窘末代，雅志不肯为秦民。故作斯文写幽意，要似寰海离风尘。"其说得之矣。

的，怎么能让她们抱着被子与床帐去见君主？况且那些被子床帐，也不是一个女人的力量所能抱动的。这种解释可以说漏洞很多。我认为这首诗本来是吟咏出使的人锭行，日夜兼程，不敢耽误君主之命令，与《殷其雷》的主旨相同。

桃源行

陶渊明作《桃花源记》说："源中人自己说，先代人为躲避秦时战乱，率妻子儿女和乡亲来到这个绝境，不再出来，于是不知有汉代，也不知道魏、晋。"与此有关的诗说："秦始皇乱了天理，贤者逃避乱世。绮里季、夏黄公等人来到商山，他们也说是逃避。他们希望乘驾清风，高飞去寻找志意相合的人和环境。"从此以后，诗人们写《桃源行》的很多，大都不过是称赞仙家的欢乐。只有韩愈有诗说："有没有神仙是多么渺茫，桃花源的说法也实在荒唐。一般人哪里知道这是把假当真，至今还在传说武陵人。"这也没有接近陶渊明所以作《桃花源记》的原意。《宋书》本传上说："陶渊明因曾祖是晋代宰辅，以后代屈身为耻辱。自宋高祖以来帝王的事业逐渐兴隆，也就不再去走仕途。所写的文章，都写明年月。东晋安帝义熙以前，就写晋代的年号。自南朝武帝永初以来，只写干支而已。"所以五臣注《文选》时用这样的语。又接着说："意在耻于为两个姓氏的帝王做事，所以有不同。"这种说法虽然受到前辈的批评，但我私下认为《桃花源》之事，以逃避秦时战乱为主旨。至于说"无论魏晋"，那是寓言在南朝武帝刘裕，寄托在秦世，借此来讽喻罢了。近代人胡宏（字仁仲）有一首诗，倒是曲折有韵味。大概是："陶渊明先生是绝世高人，怎么能记伪不考真？陶先生志高困窘于末代，

司封赠典之失

前所书司封失典故，偶复忆一事，尤为可笑。绍兴二十八年，郊祀赦恩，资政殿学士楼照，父已赠少师，乞加赠，司封以资政殿学士系只封赠一代，父既至少师，不合加赠，独改封其母范氏、欧阳氏为秦国、魏国夫人。盖楼公虽尝为执政，而见居官职须大学士，乃恩及二代，故但用侍从常格。资政殿学士施钜父仲说，已赠太子太保，加为宫傅，亦不及祖也。乾道六年，仲兄以端明殿学士知太平州。是年郊赦，伯兄已赠祖为太保，而转运司移牒太平州，云准吏部牒，取会本路曾任执政官合封赠二代者。仲兄既具以报，又再行下时，祖母及父母已至极品，于是以祖为言，遂复赠太傅，命词给告，殊非端殿所当得。不知省部一时何所据也？

辰巳之巳

《律书》释十母十二子之义，大略与今所言同，唯至四月，云其于十二子为巳，巳者，言阳气之已尽也。据此，则辰巳之巳，乃为矣音。其他引二十八宿，谓柳为注，毕为浊，昴为留，亦见于《毛诗》注及《左氏传》，如《诗》谓营室为定星也。

坚决不肯做秦朝臣民。所以写这篇文章表达深意，要追求世外桃源脱离风尘。”他这种说法可以说深得陶氏本意。

司封赠典之失

前边所写的司封失典故，偶然又使我想起一件事，特别可笑。宋高宗绍兴二十八年，在郊外祭祀赦恩，资政殿学士楼照，其父已赠少师之职，又请求加赠。司封从资政殿学士只能封赠一代官职的关系考虑，其父既然已经是少师，不能再加赠，只得改封他母亲范氏、欧阳氏分别为秦国夫人和魏国夫人。大概楼公虽然曾是执政，而看到居官职必须是大学士就会恩及两代人，所以只好按侍从之常规。资政殿学士施钜的父亲施仲说，已被封为太子太保，又加封为宫傅，也比不上其祖先。宋孝宗乾道六年，我二哥以端明殿学士身份任太平州知州。这一年郊祀大赦，我大哥已被封为祖为太保，而转运司把文件转给太平州，说已批准吏部的文件，因其曾任执政官准备加封二代。二哥已经把情况报上，又准备再行下降的时候，祖母及父母的官职已经达到最高品，于是以祖先为理由，就再封太傅，写成文字给予公告，完全不同于端殿所应得到的。不知道省部一时根据什么？

辰巳之巳

《律书》上解释十母十二子的意义，大概和今天的语言相同，只有到了四月，说十二子为巳，所谓巳，就是说阳气已经枯竭了。根据这一点，那么辰巳中的巳，就是读“矣”的声音。其他人引用二十八宿，说柳是注，毕是浊，昴是留，也都见于《毛诗》注以及《左氏传》，如《诗经》中说营室为定星。

卷十一（十六则）

碑志不书名

碑志之作，本孝子慈孙欲以称扬其父祖之功德，播之当时，而垂之后世，当直存其名字，无所避隐。然东汉诸铭，载其先代，多只书官。如《淳于长夏承碑》云，“东莱府君之孙，太尉掾之中子，右中郎将之弟”，《李翊碑》云，“牱太守曾孙，从事君元子”之类是也。自唐及本朝，名人文集所志，往往只称君讳某字某，至于记序之文，亦然。王荆公为多，殆与求文扬名之旨为不相契。东坡先生《送路都曹》诗，首言：“乖崖公在蜀，有录事参军老病废事，公责之，遂求去，以诗留别，所谓‘秋光都似宦情薄，山色不如归意浓’者。公惊谢之曰：‘吾过矣。同僚有诗人而吾不知。”因留而慰荐之。坡幼时闻父老言，恨不问其姓名。及守颖州，而都曹路君，以小疾求致仕，诵此语，留之不可，乃采前人意作诗送之。”其诗大略云：“结发空百战，市人看先封。谁能搔白首，抱关望夕烽。”则路君之贤而不遇可知矣。然不书其名，使之少获表见，又为可惜也！

汉文帝不用兵

《史记》律书云：“高祖厌苦军事，偃武休息。孝文即

碑志不书名

墓志铭之类的文章，本来是孝子慈孙为了称扬他们的父辈祖辈功德，在当时传播，而且流传后世的，应当直接写上名字，不需要有什么避讳。但是东汉的各种墓志铭，记载他们的先代人，大多只写官职。例如《淳于长夏承碑》是："东莱府君之孙，太尉掾之中子，右中郎将之弟"，《李翊碑》为："牱太守曾孙，从事君元子"之类等等。从唐朝到宋朝，名人的文集所记载的，往往只称呼君讳某字某，至于记序之类的文章，也是如此。王安石写的很多，大概与求文扬名的意图不相符合。苏东坡先生有《送路都曹》诗，诗前的序言就说："乖崖公在蜀地时，有一个录事参军年老体弱耽误公事，乖崖公批评他，于是就请求辞职，写了首诗留作告别，所谓'秋光都似宦情薄，山色不如归意浓'就是。乖崖公吃惊地道歉说：'我错了。同事中有诗人我竟然不知道。'因而就挽留并举荐他。东坡年幼时听父老说过，后悔没问那老者的姓名。到了守颍州时，都曹路君，因小病求官，诵读了这句诗，留他不行，就采用前人笔意作诗送给他。"其诗大概是："结发空百战，市人看先封。谁能搔白首，抱关望夕烽。"那么路君的贤良而怀才不遇就清楚了。但是也没写姓名，使之很少能被表现，又是多么可惜呀！

汉文帝不用兵

《史记·律书》中说："汉高祖厌恶打仗，停止战斗休息。

位，将军陈武等议曰：'南越、朝鲜、拥兵阻扼，选蠕观望。宜及士民乐用，征讨逆党，以一封疆。'孝文曰：'朕能任衣冠，念不到此。会吕氏之乱，误居正位，常战战慄慄，恐事之不终。且兵凶器，虽克所愿，动亦耗病，谓百姓远方何？今匈奴内侵，边吏无功，边民父子荷兵日久，朕常为动心伤痛，无日忘之。愿且坚边设侯，结和通使，休宁北陲，为功多矣。且无议军。'故百姓无内外之徭，得息肩于田亩，天下富盛，粟至十余钱。"予谓孝文之仁德如此，与武帝黩武穷兵，为霄壤不侔矣。然班史略不及此事。《资治通鉴》亦不编入，使其事不堪暴白，惜哉！

帝王讳名

帝王讳名，自周世始有此制，然只避之于本庙中耳。"克昌厥后，骏发尔私。"成王时所作诗。昌、发不为文、武讳也。宣王名诵而"吉甫作诵"之句，正在其时。历王名胡，而"胡为虺蜴""胡然厉矣"之句，在其孙幽王时。小国曰胡，亦自若也。襄王名郑，而郑不改封。至于出居其国，使者告于秦、晋曰："鄙在郑地。"受晋文公朝，而郑伯傅王。唯秦始皇以父庄襄王名楚，称楚曰荆，其名曰政，自避其嫌，以正月为一月。盖已非周礼矣。汉代所谓邦之字曰国，盈之字曰满，彻之字曰通，虽但讳本字，而吏民犯者有刑。唐太孝文帝即位后，将军陈武等人提议说：‘南越、朝鲜，拥重兵把守险地，选择时机观望。应当调动兵马，征讨叛贼，以平安边疆。’孝文帝说：‘朕能胜任皇上的衣冠，但想不到这一点。碰到吕氏之乱，误坐皇位，经常战战栗栗，恐怕大事没有结果。况且动用兵器，虽能克敌如愿，但打仗也会损伤自身，想到百姓的长远利益该如何？如今匈奴侵入内地，守边的官吏无功，边疆的百姓打仗已久，朕常常为他们感到伤心不安，没有一天能忘记。我希望一边巩固边防，一边派使节讲和，使北方边境安宁，这才是大的功德。暂不要谈论用兵。’因而百姓消除了内外的徭役，得以休养生息，积极农耕，天下富强繁盛，粮食非常便宜。’我想孝文帝如此仁德，和汉武帝穷兵黩武，真是天壤之别啊！然而班固的史书却对此事略而不记。《资治通鉴》也未编入，使这件事不能很好地传播天下，真是可惜。

帝王讳名

对帝王的名字要避讳，从周朝开始便有了，然而只是在本宗庙中避讳罢了。“克昌厥后，骏发尔私。”这是周成王时所做的诗。昌、发并不被文王（名姬昌）、武王（名姬发）避讳。周宣王名字叫诵而当时就有“吉甫作诵”的诗句，正在宣王时代。周厉王名字叫胡，然而“胡为虺蜴”“胡然厉矣”的句子，是在其孙周幽王的时代。小国叫胡，也是自此时而起。周襄王名字叫郑，而郑地不改封呈。至于出国在外，使者对秦国、晋国说：“鄙人在郑地。”接受晋文公朝拜时，郑伯任傅王。只有到了秦始皇时因其父庄襄王名字叫楚，才称楚地为荆。秦始皇自己的名字叫政，为了自避其嫌，才改正月为一月。这大概已经不是周朝的宗名世民，在位之日不偏讳。故戴胄、唐俭为民部尚书，虞世南、李世勣在朝。至于高宗、始改民部为户部，世勣但为勣。韩公《讳辨》云：“今上书及诏，不闻讳浒、势、秉、机。惟宦官宫妾，乃不敢言喻及机，以为触犯。”此数者皆其先世嫌名也。本朝尚文之习大盛，故礼官讨论，每欲其多，庙讳遂有五十字者。举场试卷，小涉疑似，士人辄不敢用，一或犯之，往往暗行黜落。方州科举尤甚，此风殆不可革。然太祖讳下字内有从木从匀者，《广韵》于进字中亦收。张魏公以名其子，而音为进。太宗讳字内有从耳从火者，又有梗音，今为人姓如故。高宗讳内从勹从口者亦然。真宗讳从心从亘，音胡登切。若缺其一画，则为恒，遂并恒字不敢用，而易为常矣。

家讳中字

士大夫除官，于官称及州府曹局名犯家讳者听回避，此常行之法也。李焘仁甫之父名中，当赠中奉大夫，仁甫请于朝，谓当告家庙，与自身不同，乞用元丰以前官制，赠光禄卿。丞相颇欲许之。予在西垣闻其说，为诸公言，今一变成式，则他日赠中大夫，必为秘书监，赠太中大夫，必为谏议矣，决不可行。遂止。李愿为江东提刑，以父名中，所部遂呼礼节了。汉代所谓邦字叫国，盈字叫满，彻字叫通，虽只避讳本字，而官吏百姓违犯了就要判刑。唐太宗名叫世民，他在位期间不搞避讳。所以戴胄、唐俭为民部尚书，虞世南、李世勣在朝做官。到了唐高宗时，开始把民部改为户部，把李世勣改为李勣。韩愈在《讳辨》中说："如今下级官员上书以及皇上诏书，没有听说有对浒、势、秉、机的避讳。只有宦官宫妾，才不敢说喻和机等字，以免犯了避讳。"这几个字都是唐代皇室先辈的名字中的字或音。宋朝崇尚文章的风俗大盛，所以礼官讨论，每次都想多些，避讳的字就有五十个。科举考场的试卷，只要有稍微涉及避讳的字，士人们就不敢用，一旦有人触犯，往往会被偷偷取消资格。国内科举制度更为加强了，这种避讳风大概不可能革掉。然而宋太祖名字内有从木从匀的字需要避讳，《广韵》中在进字中收入了。张魏公给儿子起名，音为进。宋太宗讳字内有从耳从火的字，又有梗音，现在成为人的姓氏就是这个缘故。宋高宗的名字讳从勺从口的字也是这样。宋真宗的名字讳从心从亘的字，读者为胡登切。恒字如少一画就成了恒，于是恒字也不必再用，而改为常字。

家讳中字

士大夫被封了官，在官称以及州府曹局名字中有独犯家讳者要回避，这是经常实行的法规。李焘字仁甫，他父亲的名叫中，应当封李焘为中奉大夫，仁甫请求朝廷，说应当告慰家庙，与自身不同，请求用宋神宗元丰年代以前的官制，封为光禄卿。丞相很想答应这件事。我当时在西垣听说此事，对诸公说，如今一改变既成的制度，那么他日封中大夫，必须是秘书监，封太中为通议，盖近世率妄称太中也。李自称只以本秩曰朝散。黄通老资政之子为临安通判，府中亦称为通议，而受之自如。

记张元事

自古夷狄之臣来入中国者，必为人用。由余入秦，穆公以霸，金日磾仕汉，脱武帝五柞之厄。唐世尤多，执失思力、阿史那社尔、李临淮、高仙芝、浑瑊、李怀光、跌跌光颜、朱邪克用，皆立大功名，不可殚纪。然亦在朝廷所以御之，否则为郭乐师矣。倘使中国英俊，翻致力于异域，忌壮士以资敌国者，固亦多有。贾季在狄，晋六卿以为难日至；桓温不能留王猛，使为苻坚用；唐庄宗不能知韩延徽，使为阿保机用；皆是也。西夏曩霄之叛，其谋皆出于华州士人张元与吴昊，而其事本末，国史不书。比得田昼承君集，实纪其事云："张元、吴昊、姚嗣宗，皆关中人，负气倜傥，有纵横才，相与友善。尝蒲游塞上，观觇山川风俗，有经略西鄙意。姚题诗崆峒山寺壁，在两界间，云：'南粤干戈未息肩，五原金鼓又轰天。崆峒山叟笑无语，饱听松声春昼眠。'范文正公巡边。见之大惊。又有'踏破贺兰石，扫清西海尘'之句。张为《鹦鹉诗》，卒章曰：'好著金笼收拾取，莫教飞去别人家。'吴亦有诗。诗谒韩、范二帅，耻自屈，不肯往，乃砻大大夫，一定是谏议了，此事决不可行。于是就制止了这件事。李愿任江东提刑，因他父亲名叫中，他的部下就称他为通议，大概因为近世把提刑叫作太中了。李愿自称只按本秩叫朝散。黄通老资政的儿子任临安通判，府中的人也称为通议，而黄通老的儿子却接受自如，并不避讳。

记张元事

自古以来北方外族的大臣投奔中国的，一定会被皇上任用。由余进入秦国，秦穆公因之而称霸；金日磾在汉朝当官，帮汉武帝解脱了五柞的危险，唐朝这种事特别多，执失思力、阿史那社尔、李临淮、高仙芝、浑瑊、李怀光、跌跌光颜、朱邪克用等人，都立下了卓著的功名，不可磨灭。然而也在于朝廷能够恰当任用他们，否则就会成为郭乐师之类的人了。倘若使中国的英才俊杰，反过来致力于异国，帮助敌国建功立业的，也大有人在。贾季在北方，晋国六卿认为难以接近；桓温不能挽留王猛，使之被苻坚所用；唐庄宗未能任用韩延徽，结果使之被阿保机重用，这都是明证。西夏国曩霄背叛一事，完全是由于华州士人张元和吴昊的计谋，而这件事的始末，国史上没有记载。在田昼（字承君）的文集中，有对此事的真实记载："张元、吴昊、姚嗣宗三人，都是关中人，志高倜傥，有纵横游说之才，相互间很友好。他们曾经游历塞上，观赏山川风俗，便产生了经略西夏的意图。姚嗣宗曾题诗于崆峒山寺的墙壁上，而此山正在两国边界上，其诗为：'南粤干戈未息肩，五原金鼓又轰天。崆峒山叟笑无语，饱听松声春昼眠。'范文正在巡视国疆时，见了大为惊奇。又有了'踏破贺兰石，扫清西海尘'的诗句。张元写了《鹦鹉石，刻诗其上，使壮夫拽之于通衢，三人从后哭之，欲以鼓动二帅。既而果召与相见，踌躇未用间，张、吴径走西夏。范公以急骑追之，不及，乃表姚入幕府。张、吴既至夏国，夏人倚为谋主，以抗朝廷，连兵十余年，西方至为疲弊，职此二人为之。时二人家属羁縻随州，间使谍者矫中国诏释之，人未有知者。后乃闻西人临境，作乐迎此二家而去，自是边帅始待士矣。姚又有《述怀》诗曰：'大开双白眼，只见一青天。'张有《雪》诗曰：'五丁仗剑决云霓，直取银河下帝畿。战死玉龙三十万，败鳞风卷满天飞。'吴诗独不传。观此数联，可想见其人非池中物也。"承君所记如此。予谓张、吴在夏国，然后举事，不应韩、范作帅日尚犹在关中，岂非记其岁时先后不审乎？姚、张时，笔谈诸书，颇亦记载。张、吴之名，正与羌酋二字同，盖非偶然也。

宫室土木

秦始皇作阿房宫，写蜀、荆地材至关中，役徒七十万人。隋炀帝营宫室，近山无大木，皆致之远方，二千人曳一柱，以木为轮，则戛摩火出，乃铸铁为毂，行一二里，毂辄破，诗》，结尾两句是：‘好著金笼收拾取，莫教飞去别人家。’吴昊也有诗。他们准备拜见韩、范二位大帅。又有点耻于自我屈服，不肯前往，于是就削平一块大石头，把诗刻在上面，让强壮的人拉到交通要道上，三人跟在后面大哭，想用这种办法鼓动二位大帅，不久二位大帅果然要召见他们，犹豫不定期间，张元、吴昊逃往西夏。范公用快马追赶，未能赶上，就任用了姚嗣宗。张、吴二人入西夏国之后，夏人重用为出谋划策的主要人物，以用来对抗朝廷，连续用兵打仗十几年，我国西部边防极为疲惫，仅仅靠这两个人在指挥。当时二人的家属被扣留在随州，中间西夏曾派间谍用计谋使中国释放了他们，人们都不知道。后来才听说西夏军队靠近边境，鸣炮奏乐把他二人的家属接走了，从这件事之后，边塞的元帅开始重视好好对待下属了。姚嗣宗又有《述怀》诗说‘大开双白眼，只见一青天。’张元有《雪》诗说：‘五丁仗剑决云霓，直取银河下帝畿。战死玉龙三十万，败鳞风卷满天飞。’吴昊的诗却没有传下来。观看这几联诗，便可以想见这几个人都不是一般的平庸之人。”田昼所记载的就是这样。我想，张、吴二人在西夏国，然后举事对抗朝廷，与韩、范作为边帅的日期不相符合，而那时二帅还在关中，这难道不是记载时间先后不准确吗？姚、张的诗，各种笔谈之类的书，也大都有记载、张、吴的名字，正好和羌酋二字相同，大概也不是偶然的。

宫室土木

秦始皇造阿房宫，倾尽蜀、荆地方的各种建材运到关中，做劳役的人有七十万。隋炀帝营造宫室时，附近山上没有大木，都是从远方运来，二千人才拉一根大木头，以木头为轮子，一摩擦使数百人赍毂，随而易之，尽日不过行二三十里，计一柱之费，已用数十万功。大中祥符间，奸佞之臣，罔真宗以符瑞，大兴土木之役，以为道宫。玉清昭应之建，丁谓为修宫使，凡役工日至三四万，所用有秦、陇、岐、同之松、岚、石、汾、阴之柏，潭、衡、道、永、鼎、吉之梌、柟、槠，温、台、衢、吉之梼，永、丰、处之槻、樟，潭、柳、明、越之杉，郑、淄之青石，衡州之碧石，莱州之白石，绛州之斑石，吴越之奇石，洛水之石卵，宜圣库之银朱，桂州之丹砂，河南之赭土，衢州之朱土，梓、信之石青、石绿，磁、相之黛，秦、阶之雌黄，广州之藤黄，孟、泽之槐华，虢州之铅丹，信州之土黄，河南之胡粉，卫州之白垩，郓州之蚌粉、兖、泽之墨，归、歙之漆，莱芜、兴国之铁。其木石皆遣所在官部兵民入山谷伐取。又于京师置局，化铜为鍮、冶金薄、锻铁以给用。凡东西三百一十步，南北百四十三步。地多黑土疏恶，于京东北取良土易之，自三尺至一丈有六等。起二年四月，至七年十一月宫成，总二千六百一十区。不及二十年，天火一夕焚燕，但存一殿。是时，役遍天下，而至尊无穷兵黩武、声色苑囿、严刑峻法之举，故民间乐从，无一违命，视秦、隋二代，万万不侔矣。然一时贤识之士，犹为盛世惜之。国史志载其事，欲以为夸，然不若掩之之为愈也。沈括《梦溪笔谈》云："温州雁荡山，前世人所不见。故谢灵运为太守，未尝游历。因昭应宫采木，深入穷山，此境始露于外。"他可知矣。

就生火，于是就铸铁造成毂，走一二里，毂就破裂了，只好另派数百人抱着备用的铁毂，随时更换，一天也不过走二三十里，合计一根柱子的费用，就要用几十万个工。宋真宗大中祥符年间，大臣中的奸邪之徒，用吉祥的占卜符号来欺骗真宗，大兴土木之工，用来建造道宫。玉清昭应宫的建造，丁谓任修宫使，动用劳工每天达三、四万，所用的材料有秦、陇、岐、同四山的松树，岚、石、汾、阴四地的柏树，潭、衡、道、永、鼎、吉等地的梌树、柟树和梼树，温、台、衢、吉等地的梼树，永、沣、处地的槻树、樟树，潭、柳、明、越等地的杉村，有郑、淄的青石，衡州的碧石，莱州的白石，绛州的斑石，吴越的奇石，洛水的卵石，有宜圣库的银朱，桂州的丹砂，河南的赭土，衢州的朱土，梓、信之地的石青、石绿，磁、相等地的黛，秦、阶的雌黄，广州的藤黄，孟、泽的槐华，虢州的铅丹，信州的土黄，河南的胡粉，卫州的白垩，郓州的蚌粉，有兖、泽等地造的墨，归、歙等地的漆，莱芜、兴国冶的铁。这些木石都是指使所在地的官督促兵民进山谷伐取的。又从京师置局化铜为鍮、冶成金薄、锻造成铁以供给使用。造的宫东西共三百一十步长，南北共一百四十三步长。当地大多是又黑又臭的土，于是从京城东北取来好土换上，厚薄从三尺到一丈六不等。从大中祥符二年四月开始建造，到七年十一月建成，总共有二千六百一十区。不到二十年，被一场天火一夜间焚毁，仅有一殿幸存。这时候，劳役遍于天下，但至尊皇上没有穷兵黩武，没有沉醉于声色田猎，没有严峻刑法的举措，所以民间乐于服从，没有一个违抗命令的，再看秦、隋两代，万万没有相似之处。然而一时贤识的人士，仍然为盛世感到可惜。国修的史志记载这件事时，还想夸奖，但不如掩盖起来为好。沈括

岁月日风雷雄雌

虞喜天文论汉《太初历》十一月甲子夜半冬至云："岁雄在阏逢，雌在摄提格，月雄在毕，雌在觜，日雄在子。"又云："甲，岁雄也；毕，月雄也；陬，月雌也。"大抵以十干为岁阳，故谓之雄，十二支为岁阴，故谓之雌，但毕、觜为月雄雌不可晓。今之言阴阳者，未尝用雄雌二字也。《郎顗传》引《易雌雄秘历》，今亡此书。宋玉《风赋》有雄风雌风之说。沈约有"雌霓连蜷"之句。《春秋元命包》曰："阴阳合而为雷。"《师旷占》曰："春雷始起，其音格格，其霹雳者，所谓雄雷，旱气也。其鸣依依，音不大霹雳者，所谓雌雷，水气也。"见《法范珠林》。予家有故书一种，日《孝经雌雄图》，云出京房《易传》，亦日星占相书也。

东坡三诗

东坡初赴惠州，过峡山寺，不值主人，故其诗云："山僧本幽独，乞食况未还。云碓水自舂，松门风为关。石泉解娱客，琴筑鸣空山。"既至惠州，残腊独出，至栖禅寺，亦不逢一僧，故其诗云："江边有微行，诘曲背城市。平湖春草合，步到栖禅寺。堂空不见人，老稚掩关睡。所营在一食，食已

《梦溪笔谈》中说："温州的雁荡山，前代的人还不知道。所以谢灵运任太守，也未曾游历。因为昭应宫采伐木材，深入穷山，这一风景区才开始为外人知道。"其他方面也有类似的情况。

岁月日风雷雄雌

虞喜的天文论汉代《太初历》十一月甲子夜半冬至说："岁之雄在阏逢，岁之雌在摄提格，月雄在毕，月雌在觜，日雄在子时。"又说："甲是岁雄，毕是月雄，陬是月雌。"大概是以十个天干为岁阳，所以叫作雄岁，十二地支为岁阴，所以叫作雌岁，但以毕、觜叫月的雄雌却搞不明白。现在人们称为阴阳的，未曾用雄雌两个字。《郎顗传》中引用过《易雌雄秘历》，可此书如今已经亡佚了。宋玉在《风赋》中有雄风雌风的说法。沈约也有"雌霓连蜷"的句子。《春秋元命包》中说："阴阳相结合而形成雷。"《师旷占》中说："春雷开始响的时候，声音格格，并有霹雳闪电，就是所说的雄雷，这是干旱之气。如果声音依依，声音不大而有霹雳闪电的，就是所说的雌雷，这是水湿之气。"这段话见于《法苑珠林》。我家有旧书一本，叫《孝经雌雄图》，说是出自京房的《易传》，也是日星占相之类的书。

东坡三诗

苏东坡初次去惠州时，路过峡山寺，没有见到主人，所以写诗为："山僧本幽独，乞食况未还。云碓水自舂，松门风为关。石泉解娱客，琴筑鸣空山。"到了惠州之后，腊月将过之时独自出游，来到栖禅寺，也没遇到一个僧人，所以写诗说："江边有微行，诘曲背城市。平湖春草合，步到栖禅寺。堂空不见人，老稚宁复事。客行岂无得？施子净扫地。风松独不静，送我作鼓吹。”后在儋耳作《观棋》诗，记游庐山白鹤观，观中人皆阖户昼寝，独闻棋声，云：“五老峰前，白鹤遗址。长松荫庭，风日清美。我时独游，不逢一士。谁欤棋者？户外屦二。不闻人声，时闻落子。”其寂寞冷落之味，可以想见，句语之妙，一至于此。

天文七政

《尚书·舜典》：“以齐七政。”孔安国本注谓“日月五星也。”而马融云：“七政者，北斗七星，各有所主。第一主日；第二主月；第三曰命火，谓荧惑也；第四曰煞土，谓填星也；第五曰代水，谓辰星也；第六曰危木，谓岁星也；第七曰剽金，谓太白也。日月五星各异，故曰七政。”《尚书大传》一说又以为：“七政者，谓春、秋、冬、夏、天文、地理、人道，所以为政也，人道正而万事顺成。”三说不同，然不若孔氏之明白也。

符读书城南

《符读书城南》一章，韩文公以训其子，使之腹有《诗》《书》，致力于学，其意美矣。然所谓“一为公与相，潭潭府中居，不见公与相，起身自犁锄”等语，乃是觊觎富贵，为可议也。杜牧之《寄小侄阿宜》诗亦云：“朝廷用文治，大开官职场。愿尔出门去，取官如驱羊。”其意与韩类也。予向为陈掩关睡。所营在一食，食已宁复事。客行岂无得？施子净扫地。风松独不静，送我作鼓吹。”后来在儋耳又写了《观棋》诗，记载游庐山白鹤观时，观中人都闭门在白天睡觉，只听到下棋的声音，诗如下：“五老峰前，白鹤遗址。长松荫庭，风日清美。我时独游，不逢一士。谁欤棋者？户外屦二。不闻人声，时闻落子。”诗中写的寂寞冷落的情景，完全可以想见，语句之美妙，也达到了极高的境界。

天文七政

《尚书·舜典》中说：“以齐七政。”孔安国注本认为，这是说的“日月五星。”而马融认为：“七政就是指的北斗七星，它们各有自己所主管的。第一个主管日，第二个主管月；和三个就是命火，叫作荧惑；第四个就是煞土，叫作填星；第五个就是代水，叫作辰星；第六个就是危木，叫作岁星；第七个就是剽金，叫作太白。日月五星各有不同，所以叫作七政。”《尚书大传》又有一种说法，认为：“七政，就是春、秋、冬、夏、天文、地理、人道，之所以叫作政，是说人道正确就万事顺利成功。”三种说法各有不相同，我看还是孔安国的说法最为明白。

符读书城南

《符读书城南》一章，是韩愈先生为教训儿子所作，使他饱读《诗》《书》，致力于学问，其意图是美好的。但是所谓“一为公与相，潭潭府中居，不见公与相，起身自犁锄”等句，则具有觊觎富贵的意思，似乎值得商议。杜牧的《寄小侄阿宜》诗也说：“朝廷用文治，大开官职场，愿尔出门去，取官如驱羊。”其铸作《城南堂记》亦及此意云。

致仕官上寿

范蜀公自翰林学士，以本官户部侍郎致仕，仍居京师，同天节乞随班上寿，许之，遂著为令。韩康公元祐二年以司空致仕，太皇太后受册，乞随班称贺，而降诏免赴，二者不同如此。

五经字义相反

治之与乱，顺之与扰，定之与荒，香之与臭，遂之与溃，皆美恶相对之字。然《五经》用之或相反，如乱臣十人，乱越我家，惟以乱民，乱为四方新辟，乱为四辅，厥乱明我新造邦，丕乃俾乱之类，以乱训治也。安扰邦国，扰而毅，扰龙，六扰之类，以扰训顺也。荒度土功，遂荒大东，大王荒之，葛藟荒之之类，以荒训定也。无声无臭，胡臭亶时，其臭膻，臭阴达于渊泉之类，以臭训香也。是用不溃于成，草不溃茂之类，以溃训遂也。郑康成笺《毛诗》溃成，与毛公皆释为遂，至于溃茂，则以为溃当作汇，汇，茂貌也。自为异同如此。

镇星为福

世之伎术，以五星论命者，大率以火、土为恶，故有昼意思和韩愈的相似。我曾经为陈铸写过《城南堂记》，也差不多是这个意思。

致仕官上寿

范蜀公从翰林学士的职位退下来，以本官户部侍郎的身份辞官退居，仍然居住在京师，皇帝寿辰时请求随众臣一起上朝拜寿，皇上答应了。马上就写了文件。韩康公，在宋哲宗元祐二年时以司空之职退居，太皇太后接受册封时，他请求随众臣前去称贺，而皇上下诏书免于前往，二人的不同就是这样。

五经字义相反

治和乱，顺与扰，定与荒，香与臭，遂与溃，都是美与恶相对的字。然而《五经》中的用法有的则相反。如乱臣十人，乱越我家，惟以乱民，乱为四方新辟，乱为四辅，厥乱明我新造邦，丕乃俾乱之类的话，都是用乱来解释治的。安扰邦国，扰而毅，扰龙，六扰之类的话，都是用扰来解释顺的。荒度土功，遂荒大东，大王荒之，葛藟荒之之类的话，都是用荒来解释安定的。无声无臭，胡臭亶时，其臭膻，臭阴达于渊泉之类的话，都是用臭解释香的。是用不溃于成，草不溃茂之类，都是用溃来解释遂的。郑康成注解《毛诗》中的溃成，和毛公一样都解释为遂（成功）。至于溃茂，认为溃字应当是汇，汇，就是茂盛之貌。我自以为异同如此。

镇星为福

世上的伎俩、方术，用金、木、水、火、土五星算命的，大忌火星夜忌土之语。土，镇星也，行迟，每至一宫，则二岁四月乃去，以故为灾最久。然以国家论之则不然，苻坚欲南伐，岁镇守斗，识者以为不利。《史记·天官书》云："五潢，五帝居舍。火人，旱；金，兵；水，水。"宋均曰："不言木、土者，德星不为害也。"又云："五星犯北落，军起。火、金、水尤甚。木、土，军吉。"又云："镇星所居国吉。未当居而居，已去而复，还居之，其国得土。若当居而不居，既已居之，又西东去，其国失土。其居久，其国福厚；其居易（轻速也），福薄。"如此则镇星乃为大福德，与木亡异，岂非国家休祥所系，非民庶可得侔邪？

东坡引用史传

东坡先生作文，引用史传，必详述本末，有至百余字者，盖欲使读者一览而得之，不待复寻绎书策也。如《勤上人诗集叙》引翟公罢廷尉宾客反覆事，《晁君成诗集叙》引李郃汉中以星知二使者事，《上富丞相书》引左史倚相美卫武公事，《答李琮书》引李固论发兵讨交趾事，《与朱鄂州书》引王濬活巴人生子事，《盖公堂记》引曹参治齐事，《滕县公堂记》引徐公事，《温公碑》引慕容绍宗、李勣事，《密州通判题名记》引羊叔子、邹湛事，《荔枝叹》诗引唐羌言荔枝都把火、土二星当作恶兆，所以就有了白昼火星夜晚忌土星的说法。土，就是镇星，运行比较迟缓，每至一宫，就停留两年零四个月才离去，因此制灾最长。但是如果用来论国家却不是这样，苻坚打算率兵南征，当时镇星守斗，观星行家认为不吉利。《史记·天官书》中说："五潢星，是五帝的车舍。火入，就旱；金，就兴兵；水，就发大水。"宋均说："不讲木和土的原因，是因为德星不会带来灾害。"又说："五星犯北落，就要兴兵打仗。火、金、水更严重。木、土时，军事大吉。"又说："镇星所停留的地方国家吉利。不该停的而停，已经离开了又返回，又停留下来，这个国家就会获得国土。如果该停留而不停留，或已经停留了，又东西而去，这个国家就要丧失国土。镇星停留时间长，这个国家就福厚；停留的时间短，就福薄。"这样看来镇星就是大福大德的象征，与木星没什么不同，难道不是关系到国家平安吉祥，而老百姓又怎么与之相同呢？

东坡引用史传

苏东坡先生写文章，引用史传时，一定是详细叙述本末，有的引文达一百多字，大概是为了使读者一目了然，免得再去查找核对原书原文。如《勤上人诗集叙》引用翟公辞去廷尉之职宾客反覆的事，《晁君成诗集叙》引用李郃在汉中因星象而知道二位使者的事，《上富丞相书》引用左史倚相赞美卫武公的事，《答李琮书》引李固论发兵讨伐交趾的事，《与朱鄂州书》引王濬使巴人活下来并生子的事，《盖公堂记》引曹参治理齐国的事，《滕县公堂记》引徐公的事，《温公碑》引慕容绍宗、李勣的事，《密州通判题名记》引羊叔子、邹湛的事，《荔枝叹》诗引唐羌事是也。

两莫愁

莫愁者，郢州石城人，今郢有莫愁村。画工传其貌，好事者多写寄四远。《唐书·乐志》曰："《莫愁乐》者，出于《石城乐》，石城有女子名莫愁，善歌谣。"古词曰"莫愁在何处？莫愁石城西，艇子打两桨，催送莫愁来"者是也。李义山诗曰："海外徒闻更九州，他生未卜此生休。空传虎旅鸣宵柝，无复鸡人送晓筹。此日六军同驻马，他时七夕笑牵牛。如何四纪为天子，不及卢家有莫愁。"此莫愁者，洛阳人。梁武帝《河中之歌》曰"河东之水向东流，洛阳女儿名莫愁。莫愁十三能织绮，十四采桑南陌头，十五嫁为卢家妇，十六生儿似阿侯。卢家兰室桂为梁，中有郁金苏合香，头上金钗十二行，足下丝履五文章，珊瑚挂镜烂生光，平头奴子擎履箱，人生富贵何所望？恨不早嫁东家王"者是也。卢氏之盛如此，所云"不早嫁东家王"，莫详其义。近世周美成乐府《西河》一阕，专咏金陵，所云"莫愁艇子曾系"之语，岂非误指石头城为石城乎？

何公桥诗

英州小市，江水贯其中，旧架木作桥，每不过数年，辄为湍潦所坏。郡守建安何智甫，始叠石为之，方成而东坡还自海外，何求文以纪。坡作四言诗一首，凡五十六句。今载于后集第八卷，所谓"天壤之间，水居其多。人之往来，如鹈谈荔枝的事都是如此。

两莫愁

莫愁是郢州（今湖北江陵一带）石城人，现在郢州有莫愁村。画家把她的面貌记录下来了，好事的人多有描摹寄给四面八方的。《唐书·乐志》中说："莫愁乐曲，出自石城乐曲，石城有个女子名叫莫愁，擅长于唱歌谣。"有一首古词"莫愁在何处？莫愁石城西，艇子打两桨，催送莫愁来"，也是说的莫愁。李商隐有诗说："海外徒闻更九州，他生未卜此生休。空传虎旅鸣宵柝，无复鸡人送晓筹。此日六军同驻马，他时七夕笑牵牛。如何四纪为天子，不及卢家有莫愁？"这个莫愁是洛阳人，梁武帝《河中之歌》说："河中之水向东流，洛阳女儿名莫愁。莫愁十三能织绮，十四采桑南陌头，十五嫁为卢家妇，十六生儿似阿侯。卢家兰室桂为梁，中有郁金苏合香，头上金钗十二行，足下丝履五文章，珊瑚挂镜烂生光，平头奴子擎履箱，人生富贵何所望？恨不早嫁东家王。"卢氏如此富有繁盛，所说"不早嫁东家王"，不知道是什么意思。近代周美成的乐府诗《西河》，专门吟咏金陵（今南京），其中所说"莫愁艇子曾系"一句，难道不是误把石头城（南京的别称）和石城混淆了吗？

何公桥诗

英州是个小城市，江水从城中穿过，过去用木头架成桥，每一次不过几年，就会被湍急的江水冲坏。郡守建安（今福建建瓯）人何智甫当政时，开始砌石头桥，刚刚建成时苏东坡从海外归来路过此地，何郡守求苏东坡写文章作纪念。东坡先生作了在河”是也。予侍亲居英，与僧希赐游南山，步过桥上，读诗碑，希赐云：“真本藏于何氏，此有石刻，经党禁亦不存。”今以板刻之，乃希赐所书也。赐因言，何公初请记，坡为赋此诗，既大书矣。而未遣送，郡侯兵执役者见之，以告何，何又来谒，坡曰：“轼未到桥所，难以想象落笔。”何即命具食，拉坡偕往。坡曰：“使君是地主，宜先升车。”何谢不敢，乃并轿而行。既至，坡曰：“正堪作诗，晚当奉戒。”抵暮送与之。盖诗中云：“我来与公，同载而出。欢呼填道，抱其马足。”故欲同行，以印此语耳。坡公作诗时，建中靖国元年辛巳。予闻希赐语时，绍兴十七年丁卯，相去四十六年。今追忆前事，乃绍熙五年。甲寅，又四十七年矣。

一首四言诗，共五十六句。载于本书后集第八卷，所谓“天壤之间，水居其多。人之往来，如鹈在河”就是。我曾经因侍候亲人而居住过英州，与僧希赐同游南山，路过桥上，诵读诗碑。希赐对我说：“苏先生的真迹藏在何氏那里，原来这里有石刻，尽管乡党一再禁止还是不知去向了。”现在用板刻，是希赐书写的。希赐就告诉我，何氏一开始请苏先生写时，苏先生就答应了。已经书写好了。可没有送过去，郡守的侍卫兵来见苏先生以为没写，回去告诉了何氏。何氏又来拜见，东坡说：“苏轼未到桥上去看看，很难靠想象下笔。”何氏立即下令准备食品，然后拉着苏东坡一同前往看桥。东坡说“您是东道主，应当您先行。”何氏谢绝，于是就与东坡并轿而行。到了桥边，东坡说：“正好作诗，晚上就奉送给您。”到天黑时就送给了何郡守。诗中有这样的句子：“我来与公，同载而出。欢呼填道，抱其马足。”所以想与何郡守同行，是为了印证诗中的这两句。东坡作此诗时，是宋徽宗建中靖国元年辛巳。我听希赐讲时，是高宗绍兴十七年丁卯，离那时已有四十六年了。如今追已往事，是在光宗绍熙五年甲寅，又过了四十七年了。

卷十二（十六则）

盼泰秋娘三女

白乐天《燕子楼》诗序云："徐州故张尚书，有爱妓曰盼盼，善歌舞，雅多风态。尚书既殁，彭城有旧第，第中有小楼名燕子。盼盼念旧爱而不嫁，居是楼十余年，幽独块然。"白公赏识之，感旧游，作二绝句，首章云："满窗明月满廉霜，被冷灯残拂卧床。燕子楼中霜月苦，秋来只为一人长。"末章云："今春有客洛阳回，曾到尚书冢上来。见说白杨堪作柱，争教红粉不成灰。"读者伤恻。刘梦得《泰娘歌》云："泰娘本韦尚书家主讴者，尚书为吴郡，得之，诲以琵琶，使之歌且舞，携归京师。尚书薨，出居民间，为蕲州刺史张愻所得。愻谪居武陵而卒，泰娘无所归。地荒且远，无有能知其容与艺者，故日抱乐器而哭。"刘公为歌其事云："繁华一旦有消歇，题剑无光履声绝。蕲州刺史张公子，白马新到铜驼里。自言买笑掷黄金，月堕云中从此始。山城少人江水碧，断雁哀弦风雨夕。朱弦已绝为知音，去鬓未秋私自惜。举目风烟非旧时，梦寻归路多参差。如何将此千行泪，更洒湘江斑竹枝！"杜牧之《张好好诗》云："牧佐故吏部沈公在江西幕，好好年十三，以善歌来乐籍中，随公移置宣城，后为沈著作所纳。见之于洛阳东城，感旧伤怀，题诗以赠曰：君为豫章姝，十三才有余。主公再三叹，谓言天下无。自此每相

眄泰秋娘三女

白居易的《燕子楼》序诗说：“徐州府已故的张尚书，原来有个爱妓名叫眄眄，能歌善舞，风态高雅。张尚书死了以后，在徐州有座旧宅，宅中有小楼名叫燕子楼。眄眄怀念旧日恩爱而不改嫁，在这个楼里住了十多年，受尽孤独忧伤。”白居易曾经认识眄眄，感怀旧日游历，写了二首绝句。第一首是：“满窗明月满廉霜，被冷灯残拂卧床。燕子楼中霜月苦，秋来只为一人长。”第二首是：“今春有客洛阳回，曾到尚书家上来。见说白杨堪作柱，争教红粉不成灰。”读这二首诗不禁让人伤感。刘禹锡的《泰娘歌》说：“泰娘本是韦尚书家中的主要歌唱者，尚书在吴郡当官时得到了她，教会了她弹琵琶，使她能歌善舞，带回了京师。尚书死了以后，泰娘从尚书家出来住到了民间，后被蕲州（今湖北蕲春县一带）刺史张愻收留。后来张愻被贬到武陵（今湖南常德一带）死去，泰娘就无家可归。田地荒芜而且偏远，没有人能知道她的容貌和艺技，所以每日抱琵琶而哭。”刘禹锡为此作诗道：“繁华一旦有消歇，题剑无光履声绝。蕲州刺史张公子，白马新到铜驼里。自言买笑掷黄金，月堕云中从此始。山城少人江水碧，断雁哀弦风雨夕。朱弦已绝为知音，云鬓未秋私自惜。举目风烟非旧时，梦寻归路多参差。如何将此千行泪，更洒湘江斑竹枝！”杜牧的《张好好诗》序说：“我辅佐已故吏部沈公在江西任职，好好十三岁时，因能歌善舞来到府中，后随沈公迁移到宣城（今属安徽），后来被沈公纳为妾。我在洛阳东城见，三日已为疏。身外任尘土，尊前极欢娱。飘然集仙客，载以紫云车。尔来未几岁，散尽高阳徒。洛城重相见，绰绰为当垆。朋游今在否，落拓更能无？门馆恸哭后，水云秋景初。洒尽满襟泪，短歌聊一书。”予谓妇人女子，华落色衰，至于失主无依，如此多矣。是三人者，特见纪于英辞鸿笔，故名传到今。况于士君子终身不遇而与草木俱腐者，可胜叹哉！然盼盼节义，非泰娘、好好可及也。

颜鲁公祠堂诗

予家藏《云林绘监》册，有颜鲁公画像，徐师川题诗曰：“公生开元间，壮及天宝乱。捐驱范阳胡，竟死蔡州叛。其贤似魏征，天下非贞观。四帝数十年，一身逢百难。少时读史书，此事心已断。老来鬓发衰，慨叹功名晚。嗟哉忠义途，捷去不可缓。初无当年悲，只令后世叹。一朝绝霖雨，南亩常亢旱。小夫计虽得，斯民盖涂炭。长歌咏君节，千载勇夫愞。敬书子张绅，庶几古人半。”师川以诗鸣江西，然此篇不为工。尝记李德无举似童敏德游湖州题公祠堂长句曰：“挂帆一纵疾于鸟，长兴夜发吴兴晓。杖藜上访鲁公祠，一见目明心皎皎。未说邦人怀使君，且为前古惜忠臣。德宗更用卢杞相，出当斯位诚艰辛。生逆龙鳞死虎口，要与乃兄同不朽。狂童希烈何足罪，奸邪嫉忠假渠手。乃知成仁或杀身，保身不必皆哲人。此公安得世复有，洗空凡马须骐驎”童之见过她，感旧伤怀，写诗赠给她：君为豫章姝，十三才有余。主公再三叹，谓言天下无。自此每相见，三日已为疏。身外任尘土，尊前极欢娱。飘然集仙客，载以紫云车。尔来未几岁，散尽高阳徒。洛城重相见，绰绰为当垆。朋游今在否，落拓更能无？门馆恸哭后，水云秋景初。洒尽满襟泪，短歌聊一书。”我觉得妇人女子，华减色衰，再加上失主无依靠，这种情况多了。这三个女人，都被记载于文豪的英辞鸿笔之中，所以才名传至今。再加上士君子终身不遇知音而与草木俱腐的情况，真是太可叹了！然而眄眄的节义，却是泰娘、好好所比不上的。

颜鲁公祠堂诗

我家藏书中有一本《云林绘监》，其中有颜鲁公的画像，徐师川在上面题诗说：“颜公生在开元间，壮年正遇天宝乱。捐驱战在范阳胡，竟然死于蔡州叛。公之贤德似魏征，可惜天下非贞观。侍奉帝王数十年，一身百难真可怜。少时饱读经史书，可叹此事心已断。老来鬓白毛发衰，慨叹功名已为晚。壮志誓走忠义途，直截了当不可缓。开始并无当年悲，只令后人倍感叹。一朝断绝甘霖雨，南亩农田常干旱。小小官吏计难得，平民百姓生涂炭。长歌咏诵君之节，可叫千载勇夫软。世人反复歌颂您，几乎就是古人半。”徐师川因诗才出名江西，但这首诗并不是上乘之作。我曾记得李德举荐童敏德出游湖州时题公祠堂的一首长句，其中说：“挂帆一纵疾于鸟，长兴夜发吴兴晓，杖藜上访鲁公祠，一见目明心皎皎。未说邦人怀使君，且为前古惜忠臣。德宗更用卢杞相，出当斯位诚艰辛。生逆龙鳞死虎口，要与乃兄同不朽。狂童希烈何足罪，奸邪嫉忠假渠手。乃知成仁或杀身，保诗，语意皆超拔，亦临川人，而终身不得仕，为可惜也！

闵子不名

《论语》所记孔子与人语及门弟子并对其人问答，皆斥其名，未有称字者，虽颜、冉高第，亦曰回，曰雍，唯至闵子，独云子骞，终此书无损名。昔贤谓《论语》出于曾子、有子之门人，予意亦出于闵氏。观所言闵子侍侧之辞，与冉有、子贡、子路不同，则可见矣。

曾晳待子不慈

传记所载曾晳待其子参不慈，至云因锄菜误伤瓜，以大杖击之仆地。孔子谓参不能如虞舜小杖则受，大杖则避，以为陷父于不义，戒门人曰："参来，勿内。"予窃疑无此事，殆战国时学者妄为之辞。且曾晳与子路、冉有、公西华侍坐，有"浴乎沂，风乎舞雩"之言，涵泳圣教，有超然独见之妙，于四人之中，独蒙"吾与"之褒，则其为人之贤可知矣。有子如此，而几置之死地，庸人且犹不忍，而谓晳为之乎？孟子称曾子养曾晳酒肉养志，未尝有此等语也。

身不必皆哲人。此公安得世复有，洗空凡马须骐驎。”童敏德的这首诗，语言和意义都是超凡脱俗的，他亦是江西临川人，可是终身没有做官，真是有点可惜。

闵子不名

《论语》中所记载的孔子和人们的谈话以及门下弟子对他提出问题的回答，都是直称其名，没有称字的，即使是颜回、冉雍之类的高徒，也叫回，叫雍。只有到了闵子，才称为子骞，直到这部书结束都没有称他的名。昔时的贤士说《论语》是曾子、有子的门徒所作，我觉得也出自闵子。阅读《论语》中所说的闵子侍侧时说的话，和冉有、子贡、子路不同，就可以看出来了。

曾皙待子不慈

传记中记载，曾皙对待儿子曾参很不慈爱，以至于因为锄菜地误把瓜给碰伤了，就用大杖子打得他爬在地下不能动。孔子听说后说，曾参怎么不像虞舜那样，小杖就忍受，大杖打就躲避，这是害得他父亲落了个无情无义的名声，并告诫守门人说：“曾参来了不让他进。”我私下里怀疑这件事，很可能是战国时代的学者胡编乱造的。《论语》中有关于曾皙和子路、冉有、公西华侍坐的记载，还有“沐浴于沂，在风中跳祈雨的舞姿”的话，可见曾皙受神圣教育，涵养很深，有卓然不群，见解独到之才。在这四个人中，只有曾皙承蒙孔夫子“吾与”之褒奖，那么他的为人的贤德就可知了。有这样的儿子，几乎把他置于死地，平庸的人尚且不忍心，更何况曾皙呢？孟子讲曾子养曾皙是酒肉养志，我认为未曾有这等语言。

具圆复诗

吴僧法具，字圆复，有能诗声，予乃纪之于《夷坚志》中，殊为不类。比于福州僧知恢处，见其诗稿一纸，字体效王荆公。其《送僧》一篇云："滩声嘈嘈杂雨声，舍北舍南春水平。拄杖穿花出门去，五湖风浪白鸥轻。"《送翁士特》云："朝入羊肠暮鹿头，十三官驿是荆州。具车秣马晓将发，寒烛烧残语未休。"《竹轩》云："老竹排檐谁手种，山日未斜寒翠重。六月散发叶底眠，冷雨斜风频入梦。冬凋峰木雪缟庐，落眼青青却笑渠。花时吹笋排林上，吴州还见《竹溪图》。"《和子苍三马图》云："从来画马称神妙，至今只说江都王。将军曹霸实季仲，沙苑丞相犹诸郎。龙眠居士善画马，独与二子遥相望。两马骈立真骕骦，一马脱去仍腾骧。浣花老人今已亡，呜呼三马谁平章！饱知画肉亦画骨，妙处不减黄无双。"又一篇云："烧灯过了客思家，独立衡门数暝鸦。燕子未归梅落尽，小窗明月属梨花。"皆可咀嚼也。吴门憎惟茂，住天台山禅刹，喜其旦幕见山，作绝句曰："四面峰峦翠人云，一溪流水漱山根。老僧只恐山移去，日午先教掩寺门。"甚有诗家风旨，而或者谓山若欲去，岂容人掩住？盖吴人痴呆习气也，其说可谓不知音。

人当知足

予年过七十，法当致仕，绍熙之末，以新天子临御，未敢遂有请，故玉隆满秩，只以本官职居里。乡究赵子直不忍

具圆复诗

吴地有个僧叫法具，字圆复，有点诗乐才能，我就把他记载于《夷坚志》中，显得特别不伦不类。正好在福州僧知恢的处所，发现圆复的一些诗稿，字体仿效王安石的。其中《送僧》一篇是："滩声嘈嘈杂雨声，舍北舍南春水平。拄杖穿花出门去，五湖风浪白鸥轻。"《送翁士特》诗："朝入羊肠暮鹿头，十三官驿是荆州。具车秣马晓将发，寒烛烧残语未休。"《竹轩》诗说："老竹排檐谁手种，山日未斜寒翠重。六月散发叶底眠，冷雨斜风频入梦。冬凋峰木雪缟庐，落眼青青却笑渠。花时吹笋排林上，吴州还见《竹溪图》。"《和子苍三马图》诗："从来画马称神妙，至今只说江都王。将军曹霸实季仲，沙苑丞相犹诸郎。龙眠居士善画马，独与二子遥相望。两马骈立真骕骦，一马脱去仍腾骧。浣花老人今已亡，呜呼三马谁平章！饱知画肉亦画骨，妙处不减黄无双。"又一篇是："烧灯过了客思家，独立衡门数暝鸦。燕子未归梅落尽，小窗明月属梨花。"这些诗都是很有滋味的。吴门僧惟茂，住在天台山的一座禅寺里，喜好早晚看山，作了一首绝句："四面峰峦翠入云，一溪流水漱山根。老僧只恐山移去，日午先教掩寺门。"这首诗很有诗家风旨，而有人却说山若想移去，难到能掩得住吗？这大概是吴人痴愚的习气。这种理解可以说是不知音。

人当知足

我年过七十岁时，按说该退居了，可是在宋光宗绍熙末年，因新天子刚刚要登极，不敢就请求告退，所以到新帝登极就绪使绝禄粟，俾之，因任，方用赘食太仓为愧，而亲朋谓予爵位不逮二兄，以为耿耿。予诵白乐天《初授拾遗》诗以语之曰："奉诏登左掖，束带参朝议。何言初命卑，且脱风尘吏。杜甫、陈子昂，才名括天地。当时非不遇，尚无过斯位。"其安分知足之意，终身不渝。因略考国朝以来，名卿伟人负一时重望而不贿大用者，如王黄州禹偁，杨文公亿，李章武宗谔，张乖崖咏，孙宣公奭，晁少保迥，刘子仪筠，宋景文祁，范蜀公镇，郑毅夫獬，滕元发甫，东坡先生，范淳父祖禹，曾子开肇，彭器资汝砺，刘原甫敞，蔡君谟襄，孙莘老觉，近世汪彦章藻，孙仲益觌，诸公皆不过尚书学士，或中年即世，或迁谪留落，或无田以食，或无宅以居，况若我忠宣公者，尚忍言之！则予之忝窃亦已多矣。

渊明孤松

渊明诗文率皆纪实，虽寓兴花竹间亦然。《归去来辞》云："景翳翳以将入，抚孤松而（盘）〔旋〕。"其《饮酒诗》二十首中一篇云："青松在东园，众草没其姿。凝霜殄异类，卓然见高枝。连林人不觉，独树众乃奇。"所谓孤松者是已，此意盖以自况也。

饶州刺史

饶州良牧守，自吴至今，以政绩著者有九贤，郡圃立祠以事，此外知名者盖鲜。《白乐天集》有《吴府君碑》云：

之后，才以本来的官职退居乡里。乡绅赵子直不忍心让我断绝俸禄粮饷，可怜我的处境，认为靠太仓之粮供有愧于我，而亲朋好友也说我爵位赶不上二位兄长，因而耿耿于怀。我就用朗诵白居易《初授拾遗》诗的办法来回答他们："奉诏登左掖，束带参朝议。何言初命卑，且脱风尘吏。杜甫、陈子昂，才名括天地。当时非不遇，尚无过斯位。"白居易的安分知足之意，终身不改。于是我大略考查了宋朝以来的历史，有许多名卿伟人负一时众望而并未能跻身要职，受到重用，如王禹偁、杨亿、李宗谔、张咏，孙奭、晁迥、刘筠、宋祁、范镇、郑獬、滕甫、苏东坡、范祖禹、曾肇、彭汝砺、刘敞、蔡襄、孙觉，近来还有汪藻、孙觌，以上诸位都没有超过尚书学士之职，有的中年就退位，有的被迁地贬官，有的没有田地连吃饭都成问题，有的没有房子可住，他们还比不上我的生活待遇，还是忍耐不要说了！我的享受已经够多了。

渊明孤松

陶渊明的诗文大都是纪实之作，即使寄寓于花竹之中也不例外。如《归去来辞》中说："景翳翳以将入，抚孤松而盘旋。"《饮酒诗》二十首中有一首说："青松在东园，众草没其姿。凝霜殄异类，卓然见高枝。连林人不觉，独树众乃奇。"这些都是写孤松的，也都是用孤松来写自己的。

饶州刺史

饶州的清正廉洁郡守，自三国时吴国至今，因政绩突出而著名的有九位，在郡的圃园立祠堂记录下来了，此外知名的就很

“君讳丹，字真存，以进士第入官。读书数千卷，著文数万言。生四五岁，所作戏辄象道家法事。既冠，喜道书，奉直箓，每专气入静，不粒食者数岁，飘然有出世心。既壮，在家为长属，有三幼弟、八稚侄，不忍见其饥寒，慨然有干禄意。求名得名，家无长物，澹乎自处，与天和始终。享寿命八十二岁，无家室累，无子孙忧，终于饶州。”官次大略如此。吴君在饶，虽无遗事可纪，以其邦君之故，姑志于书。吴人清净恬寂，所谓达士，然年过八十尚领郡符，又非为妻子计者，良不可晓。唐之治不播弃黎老，故其居职不自以为过云。

紫极观钟

饶州紫极观有唐钟一口，形制清坚，非近世工铸可比。刻铭其上曰：“天宝九载，岁次庚寅，二月庚申朔，十五日癸酉造，通直郎、前监察御史贬乐平员外尉李逢年铭，前乡贡进士薛颜伟述序，给事郎、行参军赵从一书，中大夫、使持节鄱阳郡诸军事、检校鄱阳郡太守、天水郡开国公上官经野妻扶风郡君韦氏奉为开元天地大宝圣文神武应道皇帝敬造洪钟一口。”其后列录事参军、司功、司法、司士参军各一少了。《白乐天集》中有一篇《吴府君碑》中说："吴府君名讳丹，字真存，从进士的等级上做了官。他饱读诗书数千卷，撰写文章几万字。四五岁的时候，所写的戏就像道家的法事。长大以后，喜欢看道家著作，信奉道士为驱鬼神所画的符，能专心静气地入静打坐，可以几年不吃一粒粮食，有飘然世外之愿望。壮年以后，由于在家是长子，有三个弟弟、八个小侄，不忍心看到他们饥寒交迫，就产生了入世做官的念头。于是求名得名，但家里没有什么财产，淡泊自处，从始到终与自然和谐相处。吴府君享年八十二岁，没有家室的拖累，也没有子孙的忧扰，死于饶州（今江西波阳一带）。"吴府君的情况大致如此。吴府君在饶州时，虽然没有遗事可以记载，但由于是一邦之官的缘故，就姑且记在书中。吴府君为人清静恬寂，可以说是所谓的达士，但年已过八十还领郡守的职务，又不是为自己的什么妻子儿女考虑，实在不知道是为什么。唐代的统治制度是不抛弃黎老，所以他在这个职位上并不认为自己有过错。

紫极观钟

饶州紫极观里有一口唐代的钟，造型坚固，声音清脆，制造技艺之精良远远超过现今的水平。钟上铭刻着这样的文字："天宝九年，农历庚寅年，二月庚申朔，十五日癸酉造。通直郎、前监察御史贬乐平员外尉李逢年撰铭文，前乡贡进士薛彦伟作序，给事郎、行参军赵从一书写，中大夫、使持节鄱阳郡（今属江西）诸军事、检校鄱阳郡太守、天水郡（今属甘肃）开国公上官经野之妻扶风郡君韦奉为开元天地大宝圣文神武应道皇帝敬造洪钟一口。"接着在后面列录事参军、司功、司法、司士参军各一人，人，司户参军二人，参军二人，录事一人，鄱阳县令一人、尉二人，又专检校官、鄱阳县丞宋守静，专检校内供奉道士王朝隐，又道士七人。铭文亦雅洁，字画不俗，但月朔庚申，则癸酉日当十四日，镌之金石而误如此。浮洲开福院亦有吴武义年一钟，然非此比也。

兼中书令

绍熙五年十二月二十二日，宣麻制除嗣秀王伯圭兼中书令。此官久不除，学士、大夫多不知本末，至或疑为当入都堂治事。邸报至外郡，尤所不晓。迈考之典故，侍中、中书令为两省长官，自唐以来，居真宰相之位，而中令在侍中上。肃宗以后，始以处大将，故郭子仪，仆固怀恩、朱泚、李晟、韩弘皆为之，其在京则入政事堂，然不顾国事。懿、僖、昭之时，员浸多，率由平章事迁兼侍中，继兼中书令，又迁守中书令，三者均称使相，皆大敕系衔而下书使字。五代尤多。国朝创业之初，尚仍旧贯，于是吴越国王钱俶、天雄节度符彦卿、雄武王景、武宁郭从义、保大武行德、成德郭崇、昭义李筠、淮南李重进、永兴李洪义、凤翔王彦超、定难李彝兴、荆南高保融、武平周行逢、武宁王晏、武胜侯章、归义曹元忠十五人同时兼中书令。太宗朝，唯除石守信，而赵普以故相拜。真宗但以处亲王。嘉祐末，除宗室东平王允弼、襄阳王允良；元丰中，除曹佾，与允弼、允良相去十七八年，爵秩固存。沈括《笔谈》谓有司以佾新命，言自来不曾有活司户参军二人，参军二人，录事一人，鄱阳县令一人，尉二人，还有专检校官、鄱阳县丞宋守静，专检校内供奉道士王朝隐，还有道士七人。铭文写得也很高雅简洁，字画超凡脱俗，但是月朔庚申，癸酉日应当是十四日而不是十五日，大概是刻在钟上时笔下所误。浮洲开福院亦有吴国武义年间的一口钟，但不能与此钟相比。

兼中书令

宋光宗绍熙五年十二月二十二日，皇上宣布封嗣秀王伯圭兼任中书令。这个官职好久不封了，学士、大夫们大多不知道其来龙去脉，甚至有人怀疑为是应当进入都堂治事的官。特别是用邸报传送到外地州郡，下边的人更不清楚。洪迈作了些考证，侍中、中书令是两省长官，从唐代以来，相当于真宰相之职位，而中书令在侍中之上。唐肃宗以后，开始处在大将的职位，所以郭子仪、仆固怀恩、朱泚、李晟、韩弘等人都任过中书令，中书令如在京就可入政事堂，但是不参预国事的商议。唐懿宗、僖宗、昭宗的时候，官员很多，大概由平章事迁升为侍中，继而兼中书令，又迁升为守中书令，三种官职都称使相，都是大敕系衔而且下边写上使字。五代时更多。宋朝创业初期，仍然保持旧的惯例，于是吴越国王钱俶、天雄节度使符彦卿、雄武的王景、武宁的郭从义、保大的武行德、成德的郭崇、昭义的李筠、淮南的李重进，永兴的李洪义、凤翔的王彦超、定难的李彝兴、荆南的高保融、武平的周行逢、武宁的王晏、武胜的侯章、归义的曹元忠等十五人同时兼中书令。宋太宗时，仅封了一个石守信为中书令，而赵普是因为原来为相才拜封为中书令的。宋真宗只把此职封中书令请俸则例。盖妄也。官制行，改三使相并为开府仪同三司。元祐以后不复有之，虽崇、观、政、宣轻用名器，且改为左辅、右弼，然蔡京三为公相，亦不敢居。乾道中，诏于录黄及告命内除去侍中、中书令，遂度此官。今当先降指挥复置，则中事体尤惬当也。嗣王终不敢当，于是寝前命，而赐赞拜不名。

作文字要点检

作文字不问工拙小大，要之不可不着意点检，若一失事体，虽遣词超卓，亦云未然。前辈宗工，亦有所不免。欧阳修作《仁宗御书飞白记》云："予将赴亳，假道于汝阴，因得阅书于子履之室。而云章烂然，辉映日月，为之正冠肃容再拜而后敢仰视，盖仁宗皇帝之御飞白也。曰，'此宝文阁之所藏也，胡为乎子之室乎？'曰，'曩者天子燕从臣于群玉，而赐以飞白，予幸得预赐焉。'"乌有记君上宸翰而彼此称"予"，且呼陆经之字？又《登贞观御书阁记》，言太宗飞白，亦自称"予"。《外制集序》，历道庆历更用大臣，称吕夷简、夏竦、韩琦、范仲淹、富弼，皆斥姓名，而曰"顾予何人，亦与其选"，又曰"予时掌诰命"，又曰"予方与修祖宗故给亲王。宋仁宗嘉祐末年，封宗室东平王允弼、襄阳王允良为中书令。神宗元丰年间，又封曹佾，与允弼、允良相距十七八年，可见那个爵位一直保留着。沈括在《梦溪笔谈》中说官吏因曹佾任新职，说从来不曾有活中书令请俸的例子，这大概是沈括搞错了。官制的推行，把三使相一起改为开府仪同三司。哲宗元年以后不再有中书令了，虽然徽宗崇宁、大观、政和、宣和年间比较轻用名器，就改为左辅、右弼，即使蔡京次任公相之职，也不敢居中书令。宋孝宗乾道年间，下诏在录黄和告命内除去侍中、中书令，于是这一官职就此废除。如今设此官职，应当先文件声明重新设置，就比较合情合理了。嗣王终究不敢当此任，于是就中止原来的任命，而又赐封什么就不知道了。

作文字要点检

做文章不管高下长短，最重要的是不可不注意文字的检点，如果文字用词失体，即使遣词多么超众卓越，也可以说是没有写好。前辈文人写文章崇尚工巧，但也有难免之错误。欧阳修写的《仁宗御书飞白记》一文中说："予将赴亳州，从汝阴路过，因而能够在子履之室欣赏仁宗的书法。这书法可以说光辉灿烂，辉映日月，只有在整冠肃容再三叩拜之后才敢仰视，这就是仁宗皇帝的书法啊。"又说"这本是宝文阁所珍藏的，为什么却放在了子之室？"还说："曩者天子燕从臣于群玉，而赐以飞白，予幸得预赐焉。"忘记了写的是皇上天子而彼此称"予"，更何况还呼六经的字？又如《登贞观御书阁记》，说太宗的书法，也自称"予"。《外制集序》中，历数仁宗庆历年间更用的大臣，对吕夷简、夏竦、韩琦、范仲淹、富弼等人，都直称姓名，而还事”，凡称“予”者七。东坡则不然，为王诲亦作此记，其语云“故太子少傅、安简王公讳举正，臣不及见其人矣”云云，是之谓知体。

侍从两制

国朝官称，谓大学士至待制为“侍从”，谓翰林学士、中书舍人为“两制”，言其掌行内、外制也。舍人官未至者，则云“知制诰”，故称美之为三字。谓尚书侍郎为“六部长贰”，谓散骑常侍，给事谏议为“大两省”。其名称如此。今尽以在京职事官自尚书至权侍郎及学士、待制均为“侍从”，盖相承不深考耳。予家藏王讼《春秋通义》一书，至和元年，邓州缴进，二年有旨送两制看详，于是具奏者十二人皆列名衔：学士七人，曰学士承旨、礼部侍郎杨察，翰林学士、中书舍人赵概、杨伟，刑部郎中胡宿，吏部郎中欧阳修，起居舍人吕溱，礼部郎中王洙；知制诰五人，曰起居舍人王珪，右司谏贾黯，兵部员外郎韩绛，起居舍人吴奎，右正言刘敞。而他官弗预，此可见也。翰林本以六员为额，刘沆作相，典领温成后丧事，以王洙同其越礼建明，于是员外用之，尝为一时言者所论，正此时云。

说“顾予何人，也参预了这次挑选”，又说“予时掌诰命”，又说“予方与修祖宗故事”，称自己为“予”的共有七处。苏东坡先生则不是这样，他为王诲也写这一篇这样的文章，其中说“过去的太子少傅、安简人氏王公讳字举正，臣没能赶上亲见其人”等等。苏轼这种自称“臣”，才可以说是得体的。

侍从两制

宋朝的官职称呼，把大学士至待制叫作“侍从”，把翰林学士、中书舍人叫作“两制”，是说他们掌握行施内、外两方面的制度。舍人官还没有达到高位的，就称为“知制诰”，所以用三个字来美称。把尚书侍郎称为“六部长贰”，把散骑常侍、给事谏议称为“大两省”。官职名称大概如此。现在把在京的职事官从尚书到权侍郎及学士、待制都统统称为“侍从”，可能是承袭了旧制并未认真考穷。我家藏有一本王讼著的《春秋通义》，其中记载：宋仁宗至和元年，邓州（今属河南）向朝廷缴纳进贡，至和二年皇上有旨让送两制详看，于是参奏的十二人都列着名衔：学士七人，他们是学士承旨、礼部侍郎杨察，翰林学士、中书舍人赵概、杨伟，刑部郎中胡宿，吏部郎中欧阳修，起居舍人吕溱，礼部郎中王洙；知制诰五人，他们是起居舍人王珪，右司谏贾黯，兵部员外郎韩绛，起居舍人吴奎，右正言刘敞。其他官没有参预，由此可以看出。翰林本来应有六个名额，刘沆作丞相时，主持操办温成后的丧事，因王洙与他共同越礼建明，就额外以翰林的身份用他，这件事曾被当时的舆论所议论，正好就在当时。

片言解祸

自古将相大臣，遭罹谮毁，触君之怒，坠身于危棘将死之域，而以一人片言，转祸为福，盖投机中的，使闻之者晓然易寤，然非遭值明主，不能也。萧何为民请上林苑中空地，高祖大怒，以为多受贾人财物，下何廷尉，械系之。王卫尉曰："陛下距楚数岁，陈豨、黥布反，时相国守关中，不以此时为利，乃利贾人之金乎？"上不怿，即日赦出何。绛侯周勃免相就国，人上书告勃欲反，廷尉逮捕勃治之。薄太后谓文帝曰："绛侯绾皇帝玺，将兵于北军，不以此时反，今居一小县，顾欲反邪？"帝即赦勃。此二者，可谓至危不容救，而于立谈间见效如此。萧望之受遗辅政，为许、史、恭、显所嫉，奏望之与周堪、刘更生朋党，请"召致廷尉"，元帝不省为下狱也，可其奏。已而悟其非，令出视事。史高言："上新即位，未以德化闻于天下，而先验师傅，既下九卿大夫狱，宜因决免。"于是免为庶人。高祖、文帝之明而受言，元帝之昏而遂非，于是可见。

片言解祸

自古以来将相大臣，遭遇灾难或诬陷，触怒君主皇上，陷身于危机丛生即将死难的境地，而某个人用只言片语，就会使他转祸为福。这些话往往是投机中的，十分得当，使听到的人恍然大悟。但是若遇不到圣君明主，也是不可能的。萧何因为替老百姓请求上林苑中的空地，使汉高祖刘邦大怒，认为他是受了商人们的大量贿赂，因而把萧何抓进监狱，绳捆锁绑。王卫尉对高祖说："当年陛下抵抗楚军几年，陈豨黥布反，那时萧相国正把守关中，但他不在当时谋取个人利益，现在还哪里会接受商贾的金银呢？"高祖听了不大高兴，但还是即日就赦免了萧何。汉文帝时绛侯周勃被免于了丞相之职；有人上书皇上诬告周勃有谋反之意，廷尉逮捕了周勃要治罪。薄太后对文帝说："绛侯当年手持皇帝赠的玉玺，领兵在北方边境打仗，那时候他都没有谋反，如今居住在一个小小的县城，难道还会谋反吗？"文帝听后就赦免了周勃。这两件事，都可以说是极其危险不容赦免的，但在短短的谈话中就取得如此的效果。汉元帝时，萧望之受先帝命辅佐朝政，被许、史、恭、显四大家族所嫉妒，他们上奏皇上说萧望之和周堪、刘更生是朋党，请求把他抓起来，元帝没弄明白是要把萧望之抓进狱牢，就答应他们的启奏。事后又知道是错了，下令让萧望之出来做事。史高说："皇上新即位，还没来得及以德化闻名于天下，而先照顾自己的师傅，既然已经把九卿大夫萧望之抓进了大狱，就不该再让他出来任职，而以免为平民为合适。"于是元帝就把萧望之免为平民。汉高祖、文帝因英明而采纳谏言，汉元帝昏庸而不辨是非，从这里可以看出来。

忠言嘉谟

《扬子法言》："或问忠言嘉谟，曰言合稷、契谓之忠，谟合皋陶谓之嘉。"如子云之说，则言之与谟，忠之与嘉，分而为二，传注者皆未尝为之辞，然则稷、契不能嘉谟、皋陶不能忠言乎？三圣贤遗语可传于后世者，唯《虞书》存，五篇之中，皋陶矢谟多矣，稷与契初无一话一言可考，不知子云何以立此论乎？不若魏郑公但云"良臣稷、契、皋陶"，乃为通论。

免直学士院

庆元元年正月一日，郑湜以起居郎直学士院。二月二十三日，赵汝愚罢相，制乃湜所草，议者指为褒词太过。二十五日，有旨免兼直院，或以为故事所无。按熙宁初，王益柔以知制诰兼直学士院，尝奉中书熟状加董毡阶官之误，宰相怒其不申堂，用他事罢其兼直，已而迁龙图阁直学士。湜亦以罢直求去，不许，越三月而迁权刑部侍郎，甚相类也。

忠言嘉谟

《扬子法言》中说：“有人问什么是忠言嘉谟，可以说语言符合稷、契就叫作忠，谟（谋略）符合皋陶就叫作嘉。”按照扬雄的说法，那么语言与谟、忠与嘉，就分为两种事物了。后世解释《扬子》的学者都没有对此提出疑问，但是真的稷、契不能嘉谟，皋陶不能忠言吗？上古三位圣贤所说的话能够流传于后世的，只有《虞书》还存在，在这本书的五篇文章中，皋陶矢谟的地方很多，稷与契开始就没有一字一句可以考证的，不知道扬雄是根据什么来确立自己的论点的。我看他说的不如魏郑公只说“良臣稷、契、皋陶”（也就是说稷、契、皋陶是指的三位良臣，他们的言论和谋略可称为忠言嘉谟），这才是能说得通的解释。

免直学士院

宋宁宗庆元元年正月一日，郑湜从起居郎的官职提拔为直学士院。二月二十三日，赵汝愚被罢除丞相职务，文件是由郑湜起草的，评议的人指责文中褒扬词语太多。二十五日，皇上下旨免去郑湜兼任的直学士院的职务，有人认为这纯属偶然，按旧制惯例并没先例。据我考证，宋神宗熙宁初年，王益柔以知制诰的职务兼任直学士院，曾经有过奏中书熟状增加董毡官阶的错误，宰相责怪他不公开在朝廷申明，因其他事免除了他兼任的直学士院的职务，不久又让他迁任龙图阁直学士。郑湜也想辞去直学士院之职而请求离开，皇上不允许，过了三个月就让他迁任刑部侍郎，跟上述王益柔之事很相似。

大贤之后

杜诗云："大贤之后竟陵迟，荡荡古今同一体。"乃赠狄梁公曾孙者，至云"飘泊岷汉，干谒王侯"，则其衰微可知矣。近见余干寓客李氏子云，本朝三李相，文正公昉、文靖公沆、文定公迪皆一时名宰，子孙亦相继达宦。然数世之后益为萧条，又经南渡之厄，今三裔并居余干，无一人在仕版。文定濮洲之族，今有居越者，虽曰不显，犹簪缨仅传，而文正、文靖无闻，可为太息！

大贤之后

杜甫有一诗中说："大贤之后竟陵迟，荡荡古今同一体。"这是赠给狄梁公曾孙的诗。至于说到"飘泊岷汉，干谒王侯"，则可以从中看出作者的衰微。最近在余干的寓所会见客人李氏的时候听他说，宋朝有三位李姓宰相，这就是文正公李昉、文靖公李沆、文定公李迪，他们都是一时的著名宰相，他们的子孙也相继成为达官贵臣。但是几代之后就更为萧条了，又经过宋朝南渡的厄运，如今三家的后裔都居住在余干，无一人在当官之列。文定公李迪在濮洲的后代，如今有居住在越的，虽然说不上显耀，但还是有位居官职的，而文正公、文靖公两家的后代则默默无闻，真令人感慨！

卷十三（十三则）

钟鼎铭识

三代钟鼎彝器存于今者，其间款识，唯“眉寿万年”，“子子孙孙永宝用”之语，差可辨认，余皆茫昧不可读，谈者以为古文质朴固如此，予窃有疑焉。商、周文章、见于《诗》《书》《三盘》五《诰》，虽诘曲聱牙，尚可精求其义，他皆坦然明白，如与人言。自武王《丹书》诸铭外，其见于经传者，如汤之盘铭曰：“苟日新，日日新，又日新。”谗鼎之铭曰：“昧旦丕显，后世犹怠。”正考父鼎铭曰：“一命而偻，再命而伛，三命而俯，循墙而走，亦莫余敢侮。饘于是，鬻于是，以糊余口。”桌氏量铭曰：“时文思索，允臻其极。嘉量既成，以观四国。永启厥后，兹器维则。”祭射侯辞曰：“惟若宁侯，毋或若女不宁侯，不属于王所，故抗而射女。”卫礼至铭曰：“余掖杀国子，莫余敢止。”孔悝鼎铭曰：“六月丁亥，公假于太庙。公曰叔舅，乃祖庄叔，左右成公，成公乃命庄叔，随难于汉阳，既宫于宗周，奔走无射，启右献公，献公乃命成叔，纂乃祖服。乃考文叔，兴旧嗜欲，作率庆士，躬恤卫国，其勤公家，夙夜不解，民咸曰休哉！公曰叔舅，予女铭，若纂乃考服。悝拜稽首曰：对扬以辟之勤大命，施于烝彝鼎。”扶风美阳鼎铭曰：“王命尸臣，官此栒邑，赐尔旂鸾，黼黻雕戈。尸臣拜手稽首曰：敢对扬天子丕显休命。”此诸

钟鼎铭识

夏、商、周三代的钟鼎彝器保存至今的，上面落款文字，只有“眉寿万年”，“子子孙孙永宝用”之类的话，差不多可以辨认出来，其余的都字形古怪无法辨认了，有人认为古文质朴本来就是如此，我私下里却有些怀疑。商、周代的文章，从《诗经》《尚书》中见到的，像三《盘》五《诰》，虽然诘屈聱牙，但是还可以用心捉摸其意义，其他文章大都坦然明白，就像与一般人谈话一样。除周武王的《丹书》诸铭外，见于经传的铭文，如汤代的盘铭说：“如果每天有新的，就会日日新，又日新。”谗鼎上的铭文说：“日夜有大的显贵，后世还会懈怠。”正考父的鼎铭说：“听一命令就低头，两道命令就弯腰，三道命令趴在地上，然后顺着墙走，也就没有人敢侮辱我了。吃的靠这，卖的也靠这，以此来养家糊口。”氏量铭说：“经常慎重思索，就会达到极点。美好的心胸已经养成，就可以观察周围国家。永远启迪后代，只有这种办法。”祭射侯辞说：“只有像宁侯那样，不要像你而不像宁侯，不属于王的处所，所以抵抗你攻击你。”卫礼至铭说：“我想杀国子，没人敢制止。”孔悝鼎铭曰：“六月丁亥，公在太庙举行祭祀。公畔叔舅，其祖宗是庄叔，在庄叔左右的是成公，成公就命令庄叔，跟随其赴难到汉阳，就安宫在宗周，奔走而无射，启告右献公，献公就命令成叔，穿上祖宗的衣服。就考文叔，振兴旧时的嗜好，为庆士作表率，为卫国鞠躬尽瘁，为公家勤劳，昼夜不停，民众都说休息吧！公叫叔舅，我要铭记铭未尝不粲然，何为传于今者，艰涩无绪乃尔。汉去周未远，武、宣以来，郡国每获一鼎，至于荐告宗庙，群臣上寿。窦宪出征，南单于遗以古鼎，容五斗，其名曰："仲山甫鼎，其万年子子孙孙永保用。"宪乃上之，盖以其难得故也。今世去汉千年，而器宝之出不可胜计，又为不可晓已。武帝获汾阴脽上鼎，无款识，而备礼迎享。宣帝获美阳鼎，下群臣议，张敞乃以有款识之故绌之，又何也？

牺尊象尊

《周礼》司尊彝："祼用鸡彝、鸟彝，其朝献用两献尊，其再献用两象尊。"汉儒注曰："鸡彝，鸟彝，谓刻而画之为鸡、凤凰之形。献读为牺，牺尊饰以翡翠，象尊以象凤凰。或曰：以象骨饰尊。又云：献音娑，有婆娑之义。"惟王肃云："牺、象二尊，并全牛、象之形，而凿背为尊。"陆德明释《周礼》献尊之献，音素何反。而于《左氏传》"牺象不出门"，释牺为许宜反，又素何反。予按今世所存故物，《宣和博古图》所写，牺尊纯为牛形，象尊纯为象形，而尊在背，正合王肃之说。然而"牺"字只当读如本音，郑司农诸人所云，你，就像穿着您的衣服。孔悝头再拜说：“为了发扬光大您的精神，特制成烝彝鼎。”扶风县的美阳鼎铭说：“君王命令臣下，在此构邑做官，赐给你旗鸾，还有雕刻着黼矛的戈。臣下低头叩拜说：敢于发扬天子的精神不断宏大显贵。”以上各种铭文未尝不灿烂，为什么传到今天，不过是因为它们艰涩杂乱罢了。汉代离周朝不远，汉武帝、宣帝以来，各郡国每获得一鼎，都要推荐告慰于宗庙，群臣上寿。窦宪出征时，南单于国送给一口古鼎，有五斗大的容量，上面有铭文说：“仲山甫鼎，其万年子子孙孙永保用。”窦宪就把它献给皇上，大概是因为它太难得的缘故。如今离汉代已有千年，而宝器收藏的不可计数，这也是很多铭文不可知晓的原因。汉武帝获得汾阴脽上鼎，上面没有落款文字，还准备了大礼迎享。汉宣帝获得美阳鼎，让下边群臣评议如何，张敞就因为上面有落款文字的原因提议把它扔掉，这又是为什么呢？

牺尊象尊

《周礼》司尊彝上说：“祭祀时往地上洒酒要用刻有鸡形和鸟形的酒器，早晨祭祀要用两个饰有翡翠的酒杯，再一次祭祀要用两个形状像凤凰的酒杯。”汉代的大学问家注释说：“鸡彝、鸟彝，就是酒器上刻画有鸡和凤凰的形状。献应读作牺，牺酒杯用翡翠装饰，像酒杯形状像凤凰。有人说：象尊就是用象骨装饰的酒杯。还有人说：献音娑，有婆娑的意思。”只有王肃说：“牺、象二种尊，全是形状像牛和大象，而在背上凿洞制成酒杯。”陆德明释《周礼》的献尊的献，读音是素何切（即suō）。而对《左传》中的“牺象不出门”的牺解释为许宜切（即xī），又是素何切（即sūo）。我认为现今所保存的古物，根据《宣和博殊与古制不类。则知目所未睹而臆为之说者，何止此哉！又今所用爵，除太常礼器之外，郡县至以木刻一雀，别置杯于背以承酒，不复有两柱、三足、只耳、侈口之状，向在福州见之，尤为可笑也。

再书博古图

予昔年因得汉匜，读《博古图》，尝载其序述可笑者数事于《随笔》，近复尽观之，其谬妄不可殚举。当政和、宣和间，蔡京为政，禁士大夫不得读史，而《春秋三传》，真束高阁，故其所引用，绝为乖盾。今一切记之于下，以示好事君子与我同志者。商之癸鼎，只一"癸"字，释之曰："汤之父主癸也。"父癸尊之说亦然。至父癸匜，则又以为齐癸公之子。乙鼎铭有"乙毛"两字，释之曰："商有天乙、祖乙、小乙、武乙、太丁之子乙，今铭'乙'，则太丁之子也。"父己鼎曰："父己者，雍己也。继雍己者乃其弟太戊，岂非继其后者乃为之子邪？"至父己尊，则直云，"雍己之子太戊为其父作。"予按以十干为名，商人无贵贱皆同，而必以为君，所谓"癸"即父癸，"己"即雍己，是六七百年中更无一人同之者矣。商公非鼎铭只一定曰"非"，释之曰："据《史记》有非子者，为周孝王主马，其去商远甚。惟公刘五世孙曰公非，考其时当为公非也。"夫以一"非"字。而必强推之古人以证古图》中的记载，牺尊全是牛形，象尊纯为象形，而且盛酒的地方在背部，正好与王肃的解释一致。然而牺字只应当读作本音（xī），郑司农等人所说，与古人的惯例很不相同。那么就可以知道没有亲眼看到而靠主观臆断，又何止这些呢！又如现在所使用的爵，除了特别用的礼器之外，郡县里用的是用木刻成一种雀状，另外在背上安上酒杯，不再有两根注，三只足，一只耳朵，张口的形状，过去我在福州见过，特别可笑。

再书博古图

我前些年因为得到一只汉代的匜（yí舀水器具），就去阅读《博古图》，曾经把其序述中的几件可笑事记载于《随笔》之中，最近又全部观看，其中的错误之处不可胜数。当时正是宋徽宗政和、宣和年间，蔡京执政，禁止士大夫读史书，因而《春秋三传》，真的就束之高阁了，因而所引用的材料，绝大多数有错误。现在把一切都写在下边，以便于有兴趣的先生和我本人共同记取。商代的癸鼎，只有一个“癸”字，《博古图》解释说：“汤的父叫主癸。”父癸尊的说法也是可以的。至于父癸匜，就又认为是齐癸公的儿子。乙鼎铭上有“乙毛”二字，解释说“商代有天乙、祖乙、小乙、武乙、太丁的儿子乙，如今铭文中的‘乙’，就是太丁的儿子。”对父己鼎却说：“父己，就是雍己。继承雍己的是他的弟弟太戊，难道继承的人不该是他儿子吗？”到了父己尊，则直接说：“是雍己的儿子太戊为纪念他的父亲所制作的。”我认为用十天干的字起名，商代的人不论贵贱都是一样，而一定认为是君主，说所谓的“癸”就是父癸，“己”就是雍己，这六七百年中却无一人看法与之相同。商代公非铭上只有一字之，可谓无理。周益鼎曰："《春秋》文公六年有梁氏益，昭公六年有文公益，未知孰是？"予按《左传》文八年所纪，乃梁益耳，而杞文公名益姑。周丝驹父鼎曰："《左传》有驹伯，为郤克军佐，驹其姓也。此曰驹父，其同驹伯为姓邪"？予按《左传》，驹伯者，郤锜也，郤锜乃克之子。是时郤氏三卿，锜曰驹伯，犨曰苦成叔，至曰温季，皆其食采邑名耳，岂得以为姓哉？叔液鼎曰："考诸前代，叔液之名不见于经传，惟周八士有叔夜，岂有族欤？"夫伯仲叔季，为兄弟之称，古人皆然，而必指为叔夜之族，是以"叔"为氏也。周州卣曰："'州'出于来国，后以'州'为氏。在晋则大夫州绰，在卫则大夫州吁，其为氏则一耳。"予按来国之名无所著见，而州吁乃卫公子，正不读《春秋》，岂不知《卫诗·国风》乎？遂以为氏，尤为可哂也。周高克尊曰："高克者，不见于他传，惟周末卫文公时，有高克将兵，疑克者乃斯人，盖卫物也。"予按元铭文但云"伯克"，初元"高"字，高克《郑·清人》之诗，儿童能诵之，乃以为卫文公时，又言周末，此书局学士，盖不曾读《毛诗》也。周毁敦曰："铭云伯和父，和者卫武公也。武公平戎有功，故周平王命之为公。"予按一时列国，虽子男之微，未有不称公者，安得平王独命卫武之事？周慧季鬲曰："慧与惠通，《春秋》有惠伯、惠叔，虢姜敦有惠仲，而此鬲名之为惠季，岂非惠为氏，而伯仲叔季者乃其序邪？"予案，惠伯、惠叔，正与庄伯、戴伯、平仲、敬仲、武叔、穆叔、成季相类，皆上为谥而下为字，乌得以为氏哉？齐就是“非”，解释说：“据《史记》介绍有个人叫非子，是周孝王的主马官，这离商代已很远了。只有公刘的五世孙叫公非，考证他生活的时代应当是公非。”一个“非”字，而一定要勉强推出古人来证明，可以说没有道理。对周朝的益鼎解释说：“《春秋》中文公六年记载，有个姓梁的人名益，昭公六年中有个文公益，不知哪一个是？”我根据《左传》文公八年的记载，认为益鼎的益就是梁益耳，而杞文公的名字叫益姑。关于周代丝驹父鼎的解释说：“《左传》上有个叫驹伯的人，是郤克的军佐，驹就是他的姓。这里说的驹父，其姓与驹伯相同，也许是一个人吧？”我考证了《左传》，上面的驹伯就是郤锜，郤锜是郤克的儿子。当时郤氏家族有三个卿，锜叫驹伯，犨叫苦成叔，至叫温季，都是作为名字的，难道会是姓吗？关于叔液鼎的解释是：“考查前代，史书上没有叔液这个人名，只有周代八士中有个叫叔夜的，难道他们是同一宗族吗？”大家都知道，伯仲叔季，是兄弟按大小的称呼，古代人都是这样，而一定要说是叔夜的族人，是把“叔”当作姓氏了。对周代州(酒器)的解释是：“‘州’产生于来国，后来以‘州’为姓氏。在晋国就有大夫州绰，在卫国有大夫州吁，看来它们都是一样做姓氏的。”我考查来国的名称在书上找不到，而州吁就是卫公子，不读《春秋》，难道就不知道《卫诗·国风》了吗？而把“州”作为姓氏，特别可笑。对周代高克尊的解释：“高克这个人，在其他传记中找不到，只有周末卫文公时，有个叫高克的领兵将军、高克尊上的克是不是就是这个人，那这个尊也就是卫国的产物了。”我发现元铭文上只说“伯克”，开始没有“高字”，高克本是《郑风·清人》的一首诗，连儿童都能背诵，却认为是卫文公时的人，又说是周代末年，这位侯镈钟铭云："咸有九州，处禹之都。"释之曰："齐之封域，有临淄、东莱、北海、高密、胶东、泰山、乐安、济南、平原，盖九州也。"予按铭语正谓禹九州耳，今所指言郡名，周世未有，岂得便以为州乎？宋公䜌钟铭曰："宋公成之䜌钟。"释之曰："宋自微子有国二十世，而有公共固成，又一世而有平公成，又七世而有剔公成，未知孰是？"予按宋共公名，《史记》以为瑕，《春秋》以为固，初无曰"固成"者。且父既名"成"，而其子复名可乎？剔成君为弟偃所逐，亦非名"成"也。周云雷磬曰："《春秋》鲁饥，臧文仲以玉磬告籴于齐。"按经所书，但云"臧孙辰告籴于齐"，《左传》亦无玉磬之说。汉定陶鼎曰："汉初有天下，以定陶之地封彭越为梁王，越既叛命，乃以封高祖之子恢，是为定陶共王。"予按恢正封梁王，后徙赵。所谓定陶共王者，元帝之子、哀帝之父名康者也。

博学先生，大概没有读过《毛诗》吧！对周代毁敦（古代盛黍稷的器具）的解释说：“上面的铭文说到伯和父，和就是卫武公。卫武公平敌有功，所以周平王赐封为公。”我考查了春秋列国，虽然有子、男的爵位比较低，但没有不称公的，哪有平王单单任命卫武这样的事？对周代的慧季鬲（lì古代样子像鼎的炊具）的解释说：“慧字和惠字通用，《春秋》上有惠伯、惠叔，虢姜敦有惠仲，而这个鬲名字叫作惠季，难道惠就是姓氏，而伯仲叔季就是排行顺序吗？”我认为惠伯、惠叔，正好和庄伯、戴伯、平仲、敬仲、武叔、穆叔、成季之类的名字相似，都是上一个字是谥号，下一个字是字号，哪里会是什么姓氏呢？齐侯的镈（bó，古代乐器）钟铭说：“共有九州，处在禹州之都。”而解释为：“齐侯的封地，有临淄、东莱、北海、高密、胶东，泰山、乐安、济南、平原，这大概就是所说的九州。”我认为铭文中正是说的包括禹州在内的九州，现在所指的郡名，周朝末年还没有，难道会成为州名吗？宋公䛠钟铭说：“宋成公的钟。”而解释为：“宋国从微子以来已经有二十代了，前面有共公固成，又一代就在了平公成，又过了七代又有剔公成，不知道是指的哪一位公成？”我考证了宋共公的名字，《史记》上写作瑕，《春秋》上是固，开始没有叫“固成”的。况且既然父亲名叫“成”，那么他的儿子再叫这个名字还行吗？剔成君被弟弟偃所驱逐，亦不叫“成”。对周代云雷磬（qìng古代打击乐器）的解释是：“春秋时鲁国饥荒，臧文仲用敲击玉磬的办法告诉人们到齐国籴（dí）食粮。”按经书上所说，只说“臧孙辰告籴于齐”，《左传》上也没有玉磬的说法。对汉代定陶鼎的解释说：“汉朝刚立国时，把定陶这个地方封给彭越称为梁王，彭越不接受以后，就把它封给了汉高祖的儿子恢，

碌碌七字

今人用碌碌字，本出《老子》云："不欲碌碌如玉，落落如石。"孙愐《唐韵》引此句及王弼别本以为琭琭，然又为录录、娽娽、鹿鹿、陆陆、禄禄，凡七字。《史记》："毛遂云：'公等录录，因人成事。'《唐韵》以为娽娽。《汉书·萧何赞》云："录录未有奇节。"颜师古注："录录犹鹿鹿，言在凡庶之中也。"《马援传》："今更共陆陆。"《庄子·渔父篇》禄禄而受变于俗。"后生或不尽知。

占测天星

国朝星官历翁之伎，殊愧汉、唐，故其占测荒茫，几乎可笑。偶读《四朝史·天文志》云："元祐八年十月戊申，星出东壁西，慢流至羽林军没。主擢用文士，贤臣在位。""绍圣元年二月丙午，星出壁东，慢流入浊没。主天下文章士登用，贤臣在位。""元符元年六月癸巳，星出室，至壁东没。主文士入国，贤臣用。""二年二月癸卯，星出灵台，北行至轩辕没。主贤臣在位，天子有子孙之喜。"按是时宣仁上仙，国是丕变，一时正人以次窜斥，章子厚在相位，蔡卞辅之，所谓四星之占，岂不可笑也！子孙之说，盖阴谄刘后云。

这就是定陶共王。”我考证发现恢正式封为梁王，后来迁到赵地。所说的定陶共王实际上是汉元帝的儿子，汉哀帝的父亲康。

碌碌七字

现在人们所用的碌碌二字，本来出自《老子》中的话：“不欲碌碌如玉，落落如石。”孙愐在《唐韵》中引这句话以及王弼和别的版本分别作为琭琭，又写作录录、娽娽、鹿鹿、陆陆、禄禄共七种写法。《史记》中说：“毛遂说：‘公等录录，因人成事。”《唐韵》中为娽娽。《汉书·萧何赞》中说：“录录未有奇节。”颜师古注：“录录就是鹿鹿，说的是在平凡之中。《马援传》说：“今更共陆陆。”《庄子·渔父篇》说：“禄禄而受变于俗。”后来的学者有的并不全知道。

占测天星

宋朝掌管星象和日历的官员的技术水平，与汉代、唐代差得太远了，所以占卜测算之术荒废，差不多是可笑的。偶然阅读《四朝史·天文志》中说：哲宗元祐八年十月戊申，星从东壁之西出来，慢慢地运行到羽林军所在地方就消失了。预示着要提拔文士，贤臣在位。”“哲宗绍圣元年二月丙午，星从壁东出，慢行至浊没。预示着天下的饱学之士被重用，贤臣在位。”“哲宗元符元年六月癸巳，星从室出，到壁东消灭。预示着文士入国，贤臣被用。”“哲宗元符二年二月癸卯，星从灵台方向出来，向北行到轩辕就消失了。预示着贤臣在位，皇上有子孙之喜。”据考，实际这时宣仁上仙，国是大变，一时间正人君子被以次排斥，章子厚在相位，蔡卞辅佐，所谓四星的占卜，难道不是很可笑的吗？

政和宫室

自汉以来，宫室土木之盛，如汉武之甘泉、建章，陈后主之临春、结绮，隋炀帝之洛阳、江都，唐明皇之华清、连昌，已载史册。国朝祥符中，奸臣导谀，为玉清昭应、会灵、祥源诸宫，议者固以崇侈劳费为戒，然未有若政和蔡京所为也。京既固位，窃国政，招大珰童贯、杨戬、贾详、兰从熙、何䜣五人，分任其事。于是始作延福宫，有穆清、成平、会宁、睿谟、凝和、昆玉、群玉七殿，东边有蕙馥、报琼、蟠桃、春锦、叠琼、芬芳、丽玉、寒香、拂云、偃盖、翠葆、铅英、云锦、兰薰、摘金十五阁，西边有繁英、雪香、披芳、铅华、琼华、文绮、绛萼、秾华、绿绮、瑶碧、清音、秋香、丛玉、扶玉、绛云，亦十五阁。又叠石为山，建明春阁，其高十一丈，宴春阁，广十二丈。凿圆池为海，横四百尺，纵二百六十七尺，鹤庄、鹿砦、孔翠诸栅、蹄尾以数千计。五人者各自为制度，不相沿袭，争以华靡相夸胜，故名“延福五位”。其后复营万岁山、艮岳山，周十余里，最高一峰九十尺，亭堂楼馆，不可殚记。徽宗初亦喜之，已而悟其过，有厌恶语，由是力役稍息。靖康遭变，诏取山禽水鸟十余万投诸汴渠，拆屋为薪，剪石为炮，伐竹为笓篱，大鹿数千头，悉杀之以啗卫士。

子孙之说，大概是私下诬陷刘后的。

政和宫室

自汉代以来，皇帝就大兴土木造宫殿，屡盛不衰，如汉武帝有甘泉、建章宫，陈后主临春、结绮宫，隋炀帝有洛阳、江都宫，唐明皇有华清、连昌宫，这些宫殿都已载入史册。宋真宗大中祥符年间，奸臣当道，阿谀奉承，修建了玉清昭应、会灵、祥源等宫殿，不少人提议要以奢侈浪费为戒，但是还是挡不住政和年间蔡京的所作所为。京都已经确定，皇上窃取了国家政权，皇上招大宦官童贯、杨戬、贾详、兰从熙、何诉五人，让他们分头负责。于是开始修建延福宫，还有穆清、成平、会宁、睿谟、凝和、昆玉、群玉七殿，东边修有蕙馥、报琼、蟠桃、春锦、叠琼、芬芳、丽玉、寒香、拂云、偃盖、翠葆、铅英、云锦、兰薰、摘金等十五阁，西修有繁英、雪香、披芳、铅华、琼华、文绮、绛萼、秾华、绿绮、瑶碧、清音、秋香、丛玉、扶玉、绛云等，也十五阁，又堆砌石头为山，建了明春阁，高十一丈，宴春阁宽十二丈。凿圆池为湖，横四百尺，纵二百六十七尺，还有鹤庄、鹿砦，孔翠等栅栏，其中的动物蹄尾有数千个。这五个人各行其是，各有自己的制度，不互相沿袭，争着以繁华奢侈相夸耀，所以人们称他们为“延福五位。”然后又修造万岁山、艮岳山，周围有十多里长，最高峰有九十尺，山上修的亭堂楼馆不可计数。宋徽宗开始时也很喜欢这些，后来省悟到这是一种错过，说了些厌恶的话，从此修造的人们稍有休息。钦宗靖康年间外敌入侵，皇上下诏捕猎山禽水鸟十多万投入汴渠，拆掉房屋当柴烧，碎石造炮火，砍伐竹子修篱笆，有几千头大鹿，全被杀掉犒劳卫士了。

僧官试卿

唐代宗以胡僧不空为鸿胪卿、开府仪同三司，予已论之矣。自其后习以为常，至本朝尚尔。元丰三年，详定官制所言，译经僧官，有授试光禄鸿胪卿、少卿者，请自今试卿者，改赐三藏大法师，试少卿者，赐三藏法师。诏试卿改赐六字法师，少卿四字，并冠以译经三藏。久之复罢。

大观算学

大观中，置算学如庠序之制，三年三月，诏以文宣王为先师，兖、邹、荆三国公配飨，十哲从祀，而列自昔著名算数之人，绘像于两郎，加赐五等之爵。于是中书舍人张邦昌定其名，风后、大桡、隶首、容成、箕子、商高、常仪、鬼臾区、巫咸九人封公，史苏、卜徒父、卜偃、梓慎、卜楚丘、史赵、史墨、裨灶、荣方、甘德、石申、鲜于妄人、耿寿昌、夏侯胜、京房、翼奉、李寻、张衡、周兴、单飏、樊英、郭璞、何承天、宋景业、萧吉、临孝恭、张曾元、王朴二十八人封伯，邓平、刘洪、管辂、赵达、祖冲之、殷绍、信都芳、许遵、耿询、刘焯、刘炫、傅仁均、王孝通、瞿昙罗、李淳风、王希明、李鼎祚、边冈、郎顗、襄楷二十人封子，司马季主、洛下闳、严君平、刘徽、姜岌、张立建、夏侯阳、甄鸾、卢太翼九人封男。考其所条具，固有于传记无闻者，而高下等差，殊为乖谬。如司马季主、严君平止于男爵，鲜于妄人、洛下闳同定《太初

僧官试卿

唐代宗任命胡人僧不空为鸿胪卿、开府仪之职，同三司一样，我已经在前面论述过了。从此以后习以为常，到宋朝还是如此。神宗元丰三年，根据详定官制的规定，译经的僧官，有授命考试光禄鸿胪卿、少卿的，请求从现在开始考试卿官的，改为赐给三藏法大师之职，考试少卿的，赐给三藏法师之职。皇上下诏把试卿改为赐给六字法师，少卿，前面要冠以译经三藏。时间长了就又免除了。

大观算学

宋徽宗大观年间，把数学列入学校的制度里，大观三年三月，皇上下诏把文宣王当作先师，兖、邹、荆三国公为配飨，十个哲人随从祭祀，而把古代以来的著名数学家罗列出来，绘出画像挂在两边走廊上，再加赐五等有爵位。于是中书舍人张邦昌确定把风后、大桡、隶首、容成、箕子、商高、常仪、鬼臾区、巫咸等九人封为公爵，把史苏、卜徒父、卜偃、梓慎、卜楚丘、史超、史墨、裨灶、荣方、甘德、石申、鲜于妄人、耿寿昌、夏侯胜、京房、翼奉、李寻、张衡、周兴、单飏、樊英、郭璞、何承天、宋景业、萧吉、临孝恭、张曾元、王朴等二十八人封为伯爵，把邓平、刘洪、管辂、赵达、祖冲之、殷绍、信都芳、许遵、耿询、刘焯、刘炫、傅仁均、王孝通、瞿昙罗、李淳风、王希明、李鼎祚、边冈、郎顗、襄楷等二十人封为子爵，把司马季主、洛下闳、严君平、刘徽、姜岌、张立建、夏侯阳、甄鸾、卢太翼等九人封为男爵。考查以上诸位，有的只在传记中才能找到并不出名，而且他们的水平高低差得很远。如司马季主、严君平只封为男爵，鲜于历》，而妄人封伯，下闵封男，尤可笑也。十一月又改以黄帝为先师云。

十八鼎

夏禹铸九鼎，唯见于《左传》王孙满对楚子，及灵王欲求鼎之言，其后《史记》乃有鼎震及沦入于泗水之说。且以秦之强暴，视衰周如机上肉，何所畏而不敢？周亦何辞以却？赧王之亡，尽以宝器入秦，而独遗此，以神器如是之重，史无沦没之理。泗水不在周境内，使何人般舁而往，宁无一人知之以告秦邪？始皇使人没水求之不获，盖亦为传闻所误。《三礼》经所载钟彝名数详矣，独未尝一及之。《诗》《易》所书，固亦可考，以予揣之，未必有是物也。唐武后始复置于通天宫，不知何时而毁。国朝崇宁三年，用方士魏汉津言铸鼎，四年三月成，于中太一宫之南为殿，名曰九成宫。中央曰帝鼎，北方曰宝鼎，东北曰牡鼎，东方曰苍鼎，东南曰罔鼎，南方曰彤鼎，西南曰阜鼎，西方曰晶鼎，西北曰魁鼎。奉安之曰，以蔡京为定鼎礼仪使。大观三年，又以铸鼎之地作宝成宫。政和六年，复用方士王仔昔议，建阁于天章阁西，徙鼎奉安。改帝鼎为隆鼎，余八鼎皆改焉，名阁曰圆象徽调阁。七年，又铸神霄九鼎，一曰太极飞云洞劫之鼎，二曰苍壶祀天贮醇之鼎，三曰山岳五神之鼎，四曰精明洞渊之鼎，五曰天地阴阳之鼎，六曰混沌之鼎，七曰浮光洞天之妄人和洛下闳两人共同制定了《太初历》，可鲜于妄人封了伯爵，而洛下闳才封为男爵，特别可笑。到十一月时，又改为以黄帝为先师了。

十八鼎

夏朝时禹铸九鼎的传说，只能从《左传》中王孙满对楚子一文看到，涉及灵王想找到鼎的问题，在这之后的《史记》中才有了鼎落入泗水河的说法。况且以秦国的强大暴虐，可以把衰弱周朝看作口边的肉，有什么可畏惧的而不夺过来？周朝又有什么借口拒绝不给？周赧王灭亡以后，周朝的宝器都归为秦国，可单单没有九鼎，这么宝贵的神器，绝无沦没河中之理。泗水河又不在周朝境内，他们派什么人搬抬到了泗水，难道就没有一个人知道而告诉秦国吗？秦始皇命人潜入水底寻找而没找到，大概也是传闻的错误。《三礼》中记载的钟彝名称很详细，偏偏没有涉及九鼎。《诗经》《易经》中所写的，本来是可信的，据我看来，不一定有九鼎这个东西。唐代武则天开始又把鼎放置在通天宫中，不知道什么时候被毁坏。宋朝徽宗崇宁三年，依方士魏汉津之言铸鼎，第二年三月铸成，在中太一宫南边修造一殿，起名叫九成宫。中间的叫帝鼎，正北边的叫宝鼎，东北方的叫牡鼎，东方的叫苍鼎，东南方的叫罔鼎，正南方的叫彤鼎，西南方的叫阜鼎，西方的叫晶鼎，西北方的叫魁鼎。安置完毕那天，让蔡京任定鼎礼仪使。徽宗大观三年，又在铸鼎的地方建造了宝成宫。徽宗政和六年，又采用方士王仔昔的建议，在天章阁西边又建一阁，把九成宫中的九鼎迁移到这里。把帝鼎改为隆鼎，其余八个鼎都改了名，阁的名字叫圆象徽调阁。政和七年，又铸神霄九鼎，八曰灵光晃曜练神之鼎，九曰苍龟大蛇虫鱼金轮之鼎。明年鼎成，置于上清宝篆宫神霄殿，遂为十八鼎。继又诏罢九鼎新名，悉复其旧。今人但知有九鼎，而十八之数，唯朱忠靖公《秀水闲居录》略纪之，故详载于此。

四朝史志

《四朝国史》本纪，皆迈为编修官日所作，至于淳熙乙巳、丙午，又成列传百三十五卷。惟志二百卷，多出李焘之手，其汇次整理，殊为有功，然亦时有失点检处。盖文书广博，于理固然。《职官志》云；“使相以待勋贤故老，及宰相久次罢政者，惟赵普得之。明道末，虽夷简罢，始复加使相，其后王钦若罢日亦除，遂以为例。”案，赵普之后，寇准、陈尧叟、王钦若，皆祥符间自枢密使罢而得之。钦若以天圣初再入相，终于位，夷简乃在其后十余年。今言钦若用夷简故事，则非也。因记《新唐书》所载：“李泌相德宗，国崇文馆大学士。泌建言，学士加大。始中宗时，及张说为之，固辞。乃以学士知院事。至崔圆复为大学士，亦引泌为让而止。”案，崔圆乃肃宗朝宰相，泌之相也，相去三十年，反以为圆引泌为让，甚类前失也。

鼎，第一个叫太极飞云洞劫之鼎，第二个叫苍壶祀天贮醇之鼎，第三个叫山岳五神之鼎，第四个叫精明洞渊之鼎，第五个叫天地阴阳之鼎，第六个叫混沌之鼎，第七个叫浮光洞天之鼎，第八个叫灵光晃曜炼神之鼎，第九个叫苍龟大蛇虫鱼金轮之鼎。第二年鼎铸成，安放在上清宝宫神霄殿，于是就有十八个鼎。接着又下诏废除原九鼎新名，全恢复了旧名字。现在的人只知道有九鼎，而十有八九，只是朱忠靖公在《秀水闲居录》中略纪的，所以在这里详细记载。

四朝史志

《四朝国史》的本经，都是我洪迈为了编修官府日记所写的，到了孝宗淳熙十二、十三年，又写成列传一百三十五卷。只有志二百卷，大多是出于李焘之手，他在汇集整理方面，有很大功劳，但也难免有校点失误之处。大概由于文章广博，从情理上本来是这样。《职官志》中说："有功勋的贤相故老，官至宰相还要被免去职务的，只有赵普一人，后来又得了官。仁宗明道末年，吕夷简离了职，开始又给加上使相之衔，后来王钦若离职时也加以使相之衔，于是就成了惯例。"据我考证，赵普以后，寇准、陈尧叟、王钦若，都是在真宗大中祥符年间从枢密使职位上离开而又得官职。王钦若在仁宗天圣初年再次入相，直到逝世，吕夷简是在王钦若之后的十几年。如今说王钦若在吕夷简之后，是不对的。因而我想起《新唐书》中的记载："李泌在唐德宗时为相，并加封崇文馆大学士。李泌建议说，学士前加上大，从唐中宗时开始，到张说时加了，所以坚决请求去掉大字。于是就封为学士知院事。到了崔圆又任大学士，也引李泌为例辞让

宗室参选

吏部员多阙少，今为益甚，而选人当注职官薄尉，辄为宗室所夺，盖以尽压已到部人之故。案，宣和七年八月，臣僚论：“祖宗时宗室参选法，到崇宁初，大启侥幸，遂使任意出官，又优为之法，参选一日，即在门选名次之上。以天支之贵，其间不为无人，而膏粱之习，贪淫纵恣，出为民害者不少。议者颇欲惩革，罢百十人之私恩，为亿万人之公利，诚为至当。若以亲爱未忍，姑乞与在部人通理名称。”从之。靖康元年八月，又奏云：“祖宗时，未有宗室参部之法，神宗时，始选择差注一二。崇宁初，立法太优，宗室参选之日，在本部名次之上，既压年月深远、劳效显著之人，复占名州大县，优便丰厚之处。议者颇欲惩革，不注郡守、县令，与在部人通理名次。”有旨从之。此二段元未尝冲改，不知何时复紊也。

元丰库

神宗常愤北狄倔强，慨然有恢复幽燕之志，于内帑置库，自制四言诗曰：“五季失图，猃狁孔炽。艺祖造邦，思拒绝。”据考，崔圆是唐肃宗时的宰相，李泌任宰相时，比他晚三十年，反而说崔圆以李泌为榜样，这种失误与前边很相似。

宗室参选

吏部官员很多而空缺很少，如今更严重，而且在选用人员时都注明职官簿尉，大都被宗室夺走，大概都是把已经到了某个部的人都压下来了的缘故。宋徽宗宣和七年八月，大臣同僚们议论：“宋太祖、太宗时宗室没有参预选官的做法，到徽宗崇宁初年，开始参预，于是宗室亲眷任意出官，又特别制定了办法，参选一日，就在总选名单之上。当然以他们天支的贵体，其中不乏有德才的人，但是富贵的生活习惯，贪淫纵欲，残害民众的也不少。议论的人们都想让惩治一下，免去百余人的私恩，全为亿万民众的公利，实在是非常正确。如果因宗室亲爱而不忍心惩治，那就暂且让他们在部门通理的名次之中。”皇上听从了大臣们的建议。宋钦宗元年八月，又有人启奏说：“太祖太宗的时候，没有宗室参部的做法，神宗时，才开始选择一二。徽宗崇宁初年，办法确立得太优惠了，宗室亲眷参选之日，在本部名次之上，既压下了年龄较大、功劳显著的人才，又占据了有名的州县、优便丰厚的位置。我们很想提议整治改革，不要再给宗室亲眷专门注上郡守、县令，让他们在部里通理名次之中。”皇上下旨执行这一建议。这两段时间未曾改元，不知什么时候又乱了。

元丰库

宋神宗经常愤恨入侵的北方狄族，有了光复北方幽燕领土的志气，于是积蓄国库的资财，自己写了一首四言诗：“五季有惩艾。爰设内府，基以募士。曾孙保之，敢忘厥志！”凡三十二库，每库以一字揭之，储积皆满。又别置库，赋诗二十字，分揭于上曰：“每虔夕惕心，妄意遵遗业。顾予不武资，何日成戎捷。”其用志如此，国家帑藏之富可知。熙宁元年，以奉宸库珠子付河北缘边，于四榷场鬻钱银，准备买马，其数至于二千三百四十三万颗。乾道以来，有封椿，南库所贮金银椿券，合为四千万缗，孝宗尤所垂意。入绍熙以来，颇供好赐之用，供闻日减于旧云。

五俗字

书字有俗体，一律不可复改者，如冲、凉、况、减、决五字，悉以水为冫（笔陵切，与“冰”同），虽士人札翰亦然。《玉篇》正收入于水部中，而冫部之末亦存之，而皆注云“俗”，乃知由来久矣。唐张参《五经文字》，亦以为讹。

失图，猃狁孔炽。艺祖造邦，思有惩艾。爰设内府，基以募士。曾孙保之，敢忘厥志！”共三十二个仓库，每个仓库上贴上一个字，库内储积都满了。又另外建了仓库，赋了首二十字的诗，分别贴在上面：“每虔夕惕心，妄意遵遗业。顾予不武资，何日成戎捷。”有了这样的雄心大志，国库的资财储藏之富就不难知道了。神宗熙宁元年，皇上下令把奉宸库藏的珍珠付给河北边缘，让他们换成钱银，准备买马，总数达到二千三百四十三万颗。孝宗乾道以来，共有库存封银四千万缗，孝宗特别关心。进入光宗绍熙年以来，全用来恩赐和享受了，好像听说一天比一天少。

五俗字

书写字的时候有俗写体，一律不可再改的，如冲、凉、况、减、决五字，都把三点水（水部）写为二点水（冫部）。即使是文人信札也不例外。《玉篇》都把它们收入水部中，而冫部末尾也存有，而且都注上“俗”，看来这种俗写由来已久了。唐代张参的《五经文字》一书，也弄错了。

卷十四（十七则）

三教论衡

唐德宗以诞日岁岁诏佛、老者大论麟德殿，并召给事中徐岱及赵需、许孟容、韦渠牟讲说。始三家若矛盾，然卒而同归于善，帝大悦，赉予有差。此《新书》列传所载也。白乐天集有《三教论衡》一篇，云："太和元年十月，皇帝降诞日，奉敕召入麟德殿内道场，对御三教谈论，略录大端。第一座：秘书监白居易，安国寺引驾沙门义林，太清宫道士杨弘元。"其序曰："谈论之先，多陈三教，赞扬演说，以启谈端。臣学浅才微，猥登讲座。窃以义林法师明大小乘，通内外学，于大众中能狮子吼。臣稽先王典籍，假陛下威灵，发问既来，敢不响答。"然予观义林所问，首以《毛诗》称六义，《论语》列四科，请备陈名数而已。居易对以孔门之徒三千，其贤者列为四科。《毛诗》之篇三百，其要者分为六义。然后言六义之数，四科之目，十哲之名。复引佛法比方，以六义可比十二部经书，四科可比六度，以十哲可以比十大弟子。僧难云："曾参至孝，百行之先，何故不列于四科？"居易又为辨析，乃曰："儒求奥义，既已讨论，释典微言，亦宜发问。"然所问者不过芥子纳须弥山一节而已。后问道士《黄庭经》中养气存神长生久视之道，道士却问敬一人而千万人悦。观其问答旨意，初非幽深微妙，不可测知，唐帝

三教论衡

唐德宗每年的诞辰日都要诏佛教徒、老者在麟德殿展开辩论，并召来给事中徐岱以及赵需、许孟容、韦渠牟参加。开始时三家有些矛盾，但最终而同归于善，皇帝十分高兴，赏赐有关人员。这是《新唐书》列传中所记载的。白居易文集中有一篇文章叫《三教论衡》，其中说："唐文宗太和元年十月，皇帝诞生日，奉皇帝旨意召入麟德殿内道场对着皇帝三教开始辩论。这里大概记录。第一座秘书监白居易，安国寺引驾沙门义林，太清宫道士杨弘元。"这篇文章在序中说："在谈论之前，大多先陈述三教，赞扬演说，为的是启发谈话开始。我白居易才疏学浅，不自量地登上讲座。我私下里认为义林法师能阐明大小乘，精通内外学，在大众中能发生像狮子吼一样的响亮声音。于是我就考证先王典籍，假借陛下的威灵，面对提出的问题，认真回答。"然而我观察义林提出的问题，开始从《毛诗》里引出六义，又从《论语》列出四科，让对方把它们一一陈述出来。白居易回答是孔门有学生三千，其中的贤者可分为四科；《毛诗》有三百篇，其中主要的分为六义。接着说六义都是什么，四科都是什么，还有十位哲人的名字。然后又引用佛法做比方，说六义可比为十二部经书，四科可比为六度，十哲可相当于十大弟子。老僧又提问发难说："孔子的学生曾参最孝顺，各种品行也最优，为什么却不被列入四科之中？"白居易又进行了辨析。他说："儒家著作的深刻意义，已经讨论过了，解释经典的一些地方，也可岁以此为诞月上仪，殊为可省。国朝命僧升座祝圣，盖本于此。

夫兄为公

妇人呼夫之兄为伯，于书无所载。予顷使金国时，辟景孙弟辅行，弟妇在家，许斋醮及还家赛愿。予为作青词云：“顷因兄伯出使，夫胥从行。”虽借用《陈平传》“兄伯”之语，而自不以为然。偶忆《尔雅·释亲篇》曰：“妇称夫之兄为兄公，夫之弟为叔。”于是改“兄伯”字为“兄公”，视前所用，大为不侔矣。《玉篇》“妐”字音钟，注云：“夫之兄也。”然于义训不若前语。

政和文忌

蔡京颛国，以学校科举箝制多士，而为之鹰犬者，又从而羽翼之。士子程文，一言一字，稍涉疑忌，必暗黜之。有鲍辉卿者言：“今州县学考试，未校文学精弱，先问时忌有无，苟语涉时忌，虽堪工不敢取。若曰：‘休兵以自己，节用以丰财，罢不急之役，清入仕之流。’诸如此语，熙、丰、绍圣间，试者共用，不以为忌，今悉绌之，所宜禁止。”诏可。政和三年，臣僚又言：“比者试文，有以圣经之言辄为时忌而避以提出问题。”然而所问的不过是芥子纳须弥山一节罢了。后来又问道士《黄庭经》中养气存神的长生久视之道为何，道士却问尊敬一人就会使千万人高兴。综观他们问答的情况，开始时并不是多么幽深微妙，不可测知，唐德宗皇帝每年把这当作诞辰庆典上的重要仪式，特别能引起人们的思考。宋朝让僧人上朝祝圣，大概也是从这里学来的。

夫兄为公

妇人称自己丈夫的兄长为伯，这在史书上并无记载。我当初刚刚要出使金国时，景孙弟随行，弟媳在家，许下斋醮及还家的心愿。我为此写青词说：“顷因兄伯出使，夫胥从行。”虽然是借用《陈平传》中“兄伯”一词，而自己却不以为然。偶然又回忆起《尔雅·释亲篇》中说：“妇人称自己丈夫的兄为兄公，称丈夫的弟为叔。”于是又把兄伯的伯字改为公，再看前面的用词，真是有点不伦不类。《玉篇》㚤字读音为钟，注释说：“㚤，指的是丈夫的兄。”然从义训上讲不如前面《尔雅·释亲篇》的解释。

政和文忌

蔡京把持国家大权时，通过学校科举制度可以控制很多士人，而那些当了他们鹰犬的人，又必须服从他们并在他们的羽翼之下。士子们考试时写文章，一字一句都不敢大意，如果稍涉疑忌，就一定会被暗中废除录用资格。有一个叫鲍辉卿的谏言说：“如今的州县学考试，还没有考察文学水平的精弱高下，倒先看有无时忌，假如语言中涉及时下忌讳，即使文章写得特别好也不敢录取。如果在文章中说：‘休兵以息民，节用以丰财，罢之者，如曰‘大哉尧之为君’，‘君哉舜也’，与夫‘制治于未乱，保邦于未危’，‘吉凶悔吝生乎动’，‘吉凶与民同患’。以为‘哉’音与‘灾’同，而危乱凶悔非人乐闻，皆避。今当不讳之朝，岂宜有此？”诏禁之。以二者之言考之，知当时试文无辜而坐黜者多矣，其事载于《四朝志》。

瞬息须臾

瞬息、须臾、顷刻，皆不久之词，与释氏“一弹指间”，“一刹那顷”之义同，而释书分别甚备。《新婆沙论》云：“百二十刹那，成一怛刹那，六十怛刹那，成一腊缚，二十腊缚，成一牟呼麦多，三十牟乎麦多，成一昼夜。”又《毗昙论》云：“一刹那者翻为一念，一怛刹翻为一瞬，六十怛刹那为一息，一息为一罗婆，三十罗婆为一摩睺罗，翻为一须臾。”又《僧祇律》云：“二十念为一瞬，二十瞬名一弹指，二十弹指名一罗预，二十罗预名一须臾，一日一夜者三十须臾。”

神宗待文武臣

元丰三年，诏知州军不应举京官职官者，许通封举之。盖诸州守臣有以小使臣为之，而通判官入京朝，故许之荐不急之役，清入仕之流。’诸如这样的话，在熙宁、元丰和绍圣年间，考试的人可以共用不必忌讳，如今却全都禁止使用。”皇上下诏认可了他的意见。徽宗政和三年，臣僚们又进言说：“考试者写文章，有用圣经之言但又是时下忌讳的字，如说‘大哉尧之为君’，‘君哉舜也’，以及‘制治于未乱，保邦于未危’，‘吉凶悔吝生乎动’，‘吉凶与民同患。’认为‘哉’读音和‘灾’相同，而危机混乱凶残侮辱都不是人们乐于听到的，都避讳了。如今正当不忌讳的朝代，难道还适宜有这些吗？”皇上下诏禁止避讳。根据这两段话考证，知道当时考试文章无辜而被取消录取资格的人多了，这些事记载在《四朝志》中。

瞬息须臾

瞬息、须臾、顷刻，都是表示不久的词，与佛家的“一弹指间”“一刹那顷”的意思相同，但佛教典籍对这些词的区分又很详细。《新婆沙论》中说：“一百二十个刹那组成一怛刹那，六十怛刹那组成一腊缚，二十腊缚组成一牟乎麦多，三十个牟乎麦多组成一昼夜。”还有《毗昙论》中说：“一刹那就是一念，一怛刹那就是一瞬，六十怛刹那就是一息，一息就是一罗婆，三十罗婆就是一摩睺罗，也就一须臾。”另外《僧祇律》中说：“二十念是一瞬，二十瞬叫一弹指，二十弹指叫一罗预，二十罗预叫一须臾，一日一夜有三十须臾。”

神宗待文武臣

宋神宗元丰三年，下诏让那些知州军不应举京官职位的人，可以由通判举荐。大概各州的守臣有的以小使臣的身份充举。今以小使臣守沿边小郡，而公然荐人改官，盖有司不举行故事也。神宗初即位，以刑部郎中刘述（今朝散大夫），久不磨勘，特命为吏部郎中（今朝请大夫）。枢密院言："左藏库副使陈昉恬静，久应磨勘，不肯自言。"帝曰："右职若效朝士养名，而奖进之，则将习以为高，非便也。"翌目，以兵部员外郎张问（今朝请郎），十年不磨勘，特迁礼部郎中（今朝奉大夫）。其旌赏贺御，各自有宜，此所以为综核名实之善政。（见四朝志。）

绿竹王刍

《三笔》中载："毛公释绿竹王刍，以为北人不见竹，故分绿竹为二物，以绿为王刍。"熙宁初，右赞善大夫吴安度试舍人院，已入等。有司以安度所赋《绿竹诗》，背王刍古说，而直以为竹，遂黜不取。富韩公为相，言："《史记》叙载淇园之竹，正卫产也，安度语有据。"遂赐进士出身。予以记前贤所纪，仁宗时，贾边试《当仁不避于师论》，以师为众，谓其背先儒训释，特黜之。盖是时士风淳厚，论者皆不喜新奇之说，非若王氏之学也。

当，而能判官可以进入京朝，所以让他们举荐。如今以小使臣驻守沿边小郡，而且还可以公开举荐改官，大概是因为有关当局不进行的缘故。神宗刚刚即位，因为刑部郎中刘述，长时间未受政绩考评（未晋升），特任命为吏部郎中（相当于现在的请大夫——原作者注）。枢密院进言说："左藏库副使陈昉为人恬静安分，久未提拔，自己又不肯说。"皇上说："右职如果效法朝士养命，而又受到奖励晋升，则将培养人们爬高的恶习，不便。"第二天因兵部员外郎张问十年不曾提拔，特迁升为礼部郎中（如今的奉大夫）。这种表彰奖励，各自有其合适之处，这就叫作能综核名实的善政。

绿竹王刍

《三笔》中记载："毛公解释绿竹王刍，认为北方人看不见竹子，所以把绿竹分为二种东西，以为绿就是王刍。"神宗熙宁初年，右赞善大夫吴安度在舍人院就试，已经进入等待录用阶段。主管人员以为吴安度所赋的《绿竹诗》，和王刍的古说法相矛盾，而直接认为王刍就是竹，于是就取消其录取资格。富韩公任宰相，向皇上进言说："《史记》中记载淇园之竹，产于卫国，所以说吴安度言之有据。"于是就赐给他进士出身。我又想起前代圣贤的记载，宋仁宗时，贾边考试，文章题目是《当仁不避于师论》，文中把师当作众，有人说这有悖于先代儒者的训释，就取消其录取资格。大概当时士风淳厚，论者都不喜欢新奇的说法，并不像王氏的学问。

亲除谏官

仁宗庆历三年，用欧阳修、余靖、王素为谏官，当时名士作诗，有“御笔亲除三谏官”之句。元丰八年，诏范纯仁为谏议大夫，唐淑问、苏辙为司谏，朱光庭，范祖禹为正言。宣仁后问宰执，此五人者如何？佥曰：“外望惟允。”章子厚独曰：“故事，谏官皆荐诸侍从，然后大臣禀奏。今诏除出中，得无有近习援引乎？此门寝不可启。”后曰：“大臣实皆言之，非左右也。”子厚曰：“大臣当明扬，何为密荐？”由是有以亲嫌自言者，吕公著以范祖禹，韩缜、司马光以范纯仁。子厚曰：“台谏所以纠大臣之越法者，故事，执政初除，苟有亲戚及尝被荐引者，见为台臣，则皆他徙。今天子右冲、太皇同听万岁，故事不可违。”光曰：“纯仁、祖禹实宜在谏列，不可以臣故妨贤，宁臣避位。”子厚曰：“缜、光、公著必不私，他日有怀奸当国者，例此而引其亲党，恐非国之福。”后改除纯仁待制，祖禹著作佐郎，然此制亦不能常常恪守也。

检放灾伤

水旱灾伤，农民陈诉，郡县不能体朝廷德意。或虑减放苗米，则额外加耗之人为之有亏，故往往从窄。比年以来，但有因赈济虚数而冒赏者，至于蠲租失实，于民不便者，

亲除谏官

宋仁宗庆历三年，皇上任用欧阳修、余靖、王素三人为谏官，当时名士所做的诗中，有“御笔新除三谏官”的句子。神宗元丰八年，皇上又下诏任命范纯仁为谏议大夫，唐淑问、苏辙为司谏，朱光庭、范祖禹为正言。宣伯后询问执宰们这五个人怎么样？大多数回答说：“外面的威望还可以。”章子厚却说：“从前，谏官都是推荐给侍从，然后再由大臣禀奏。如今下诏提拔，难道是有近习之人援引吗？这种风气不可开。”宣仁后说：“大臣们确实都说了，不是左右近习主人引见的。”章子厚又说：“大臣们应当公开提出，为什么要秘密举荐？”从此便有自己举荐亲戚的大臣，吕公著举荐了范祖禹，韩缜、司马光举荐了范纯仁。章子厚说：“台谏是用来纠正大臣们的越轨行为的，从前，执政官初步提议，如果其中有亲戚或曾被引荐的人，便公开评议，然后再改任其他官职。如今天子年幼，太皇与之同听万岁，以前的制度不可违背。”司马光说：“范纯仁、范祖禹实在适合出任谏官，不应该因我的原因影响贤人，否则我宁可避位。”章子厚说：“韩缜、司马光、吕公著三位肯定没有私心，但他日如果有怀奸把持国政的人，人们就会以这事来说举荐亲戚的害处，这恐怕不是国家福气。”后来把范纯仁改任命为待制，范祖禹任著作佐郎，然而这种制度也不能常常恪守不变。

检放灾伤

一遇水旱灾害，农民总要向上陈诉，郡县多不能体现朝廷的恩德意志。有的考虑减放苗米，那么额外增加耗费的人觉得有亏损，于是往往走向狭窄。近年以来，就有因赈济虚数而冒领未尝小惩。宣和之世，执政不能尽贤，而其所施行，盖犹慰人心。京西运判李祐奏："房州民数百人，陈言灾伤。知州李悝，取其为首者，杖而徇之城市，以戒妄诉，用此其州蠲税不及一厘。"诏："李悝除名，签书官皆勒停。"祐又奏："唐、邓州蠲灾赈乏，悉如法令，均、房州不尽减税，致有盗贼。"诏："均、房州守令悉罢，唐、邓守贰各增一官秩。"百姓见忧，出于徽宗圣意，而大臣能将顺也。

檀弓注文

《檀弓》上下篇，皆孔门高第弟子在战国之前所论次。其文章雄健精上，虽楚、汉间诸人不能及也。而郑康成所注，又特为简当，旨意出于言外，今载其两章以示同志。"卫司寇惠子之丧，子游为之麻衰，牡麻绖。"注云："惠子废嫡立庶，为之重服以讥之。""文子辞曰：子辱与弥牟之弟游，又辱为之服，敢辞。子游曰：礼也。文子退反哭。"注："子游名习礼，文子亦以为当然，未觉其所讥。""子游趋而就诸臣之位。"注："深讥之。""文子又辞曰：子辱与弥牟之弟游，又辱为之服，又辱临其丧，敢辞。子游曰：固以请。文子退，扶嫡子南面而立曰：子辱与弥牟之弟游，又辱为之服，又辱临其丧，虎也敢不复位。"注："觉所讥也。""子游趋而就客位。"注："所讥行。"案，此一事，傥非注文明言，殆奖赏的人，以至于所减免的租额失实，对民众不便的，未曾受到小的惩罚。徽宗宣和时期，执政的人不能尽力显示贤德，而他们所施行的，大概单单为了安慰人心。京西运判李祐启奏；“房州民众数百人，陈言他们所受灾害。知州李悝，抓住其中为首的，毒打并游行示众，以警告那些随便上诉的人，因此这个州的免税额还不及百分之一。”皇上下诏说“把李悝除名，所有签书官都停职。”李祐又启奏说：“唐州、邓州减灾赈济，全按法令，而均州、房州不都减税，以至于盗贼四起。”皇上又下诏：“均州、房州守令全部罢官，唐州、邓州郡守各增一官阶。”百姓们显出忧虑，出于对皇上的圣意，大臣能将们都顺从了。

檀弓注文

《檀弓》上下篇，都是孔门官职比较高的弟子在战国之前所写的。这些文章雄健精工，即使是楚、汉时的文人也赶不上。而且郑康成的注释，又特别简当，旨意出自言外，现摘其中两章示于同仁。“卫国司寇惠子发丧时，子游给他披麻戴孝，丧服上的带子是牡麻。”注释说“惠子废了嫡子而立了庶子，为他重孝是为了讥讽他。”“文子推辞说：‘您屈辱地和弥牟的弟弟同游，又屈辱地为他发丧，怎么不拒绝。子游说：这是出于礼节。文子退下来就哭了。”注释说：“子游说是为了礼节，文子也认为是理所当然的，并没感觉到是讥讽。”“子游快步走向诸臣的位置。”注释说：“这是更深刻的讥讽。”“文子又劝说道：‘您不顾屈辱和弥牟之弟出游，又屈辱地为惠子发丧，又屈居臣位，您应当辞退。子游说：您还是请回吧！文子退下，扶着嫡子面南而立说：您不顾屈辱与弥牟之弟同游，又不顾屈辱穿上丧服，还不不可晓。今用五“讯”字，词意涣然，至最后“觉所讯”“所讯行”六字，尤为透彻也。“季孙之母死，哀公吊焉。曾子与子贡吊焉，阍人为君在，弗内也。曾子与子贡入于其厩而修容焉。子贡先入，阍人曰：乡者已告矣。”注：既不敢止，以言下之。”“曾子后入，阍人辟之。”注：“见两贤相随，弥益恭也。”今人读此段，真如亲立季氏之庭，亲见当时之事，注文尤得其要领云。

左传有害理处

《左传》议论遣辞，颇有害理者，以文章富艳之故，后人一切不复言，今略疏数端，以箴其失。《传》云：“郑武公、庄公，为平王卿士，王贰于虢。”杜氏谓：“不复专任郑伯也。”“周公阅与王孙苏争政，王叛王孙苏。”杜氏曰：“叛者，不与也。”夫以君之于臣，而言贰于叛，岂理也哉！“晋平戎于王，单襄公如晋拜成。刘康公徼戎，将遂伐之。叔服曰：背盟而欺大国，不义。”晋范吉射、赵鞅交兵。“刘氏、范氏世为昏姻，苌弘事刘文公，故周与范氏。赵鞅以为讨。”夫以天子之使出聘侯国，而言拜成。谓周于晋为欺大国。诸侯之卿跋扈于天子而言讨。皆于名分为不正。其他如晋邢侯顾屈辱临下位而发丧，我哪里敢不回到原位上。”注释说：“这是发觉他的讥讽之意了。”“子游快步走向客人的位置。”注释说：“这是讥讽的行为。”考察这件事，假若不是注文明言，大概就无法理解。这里用了五个“讥”字，词义明确，到最后“觉所讥”“所讥行”六个字，特别透彻。“季孙的母亲死了，哀公前去吊丧。曾子与子贡也去吊唁，看门人因为君主在，不敢让他们进去。曾子和子贡进入马棚去化装。然后子贡先进，看门说：乡下人已经报告过了。”注释说：“既然不敢阻止，就用语言应付。”“曾子后来进，看门人就避开了。”注释说：“看见两位贤相随，更加恭敬了。”现在的人读这段文字，真的就像亲自立在季氏的庭院里，亲眼看见当时的情景，注释性的文字特别要得其要领。

左传有害理处

《左传》中议论的遣辞，有很多不合常理的地方，因为文章写得富丽明艳，后人一切都不再说了，现在大略指出几处，以改正其过失。《左传》中说：“郑武公、庄公，都是周平王的卿士，但平王却有贰心和虢国交好。”杜氏说：“说的是平王不再专门任用郑武公了。”“周公阅和王孙苏争权夺利，国王背叛了王孙苏。”杜氏说：“叛，就是不友好了。”拿君主和大臣，却说什么贰和叛，这难道符合常理吗？“晋国为周王朝平定了军事战乱，单襄公去晋国拜谢。刘康公又挑起军事，将率兵讨伐。叔服说：背叛联盟而欺负大国，这是不讲仁义。”晋国的范吉射和赵鞅率兵迎战。“刘、范两氏几代都有婚姻，苌弘给刘文公做事，所以周朝和范氏友好。赵鞅认为这是讨伐。”以天子的使者的身杀叔鱼，叔鱼兄叔向数其恶而尸诸市。其于兄弟之谊为弗笃矣，而托仲尼之语云："杀亲益荣。"杜氏又谓："荣名益已。"以弟陈尸为兄荣，尤为失也。

夫人宗女请受

戚里宗妇封郡国夫人，宗女封郡县主，皆有月俸钱米，春冬绢锦，其数甚多，《嘉祐禄令》所不备载。顷见张抡娶仲偏女，封遂安县主，月入近百千，内人请给，除粮料院帮勘、左藏库所支之外，内帑又有添给，外庭不复得知。因记熙宁初，神宗与王安石言，今财富非不多，但用不节，何由给足？宫中一私身之奉，有及八十贯者，嫁一公主，至用七十万缗，沈贵妃料钱月八百贯。闻太宗时，宫人惟系皂䌷襜，元德皇后尝以金线缘襜而怒其奢。仁宗初定公主俸料，以问献穆大主，再三始言，其初仅得五贯耳。异时，中官月在止七百钱者。礼与其奢宁俭，自是美事也。一时旨意如此，不闻奉行。以今度之，何止十百倍也。

份出聘诸侯国，却说是去拜谢。说对周和晋是欺负大国。诸侯卿相在天子面前飞扬跋扈，而说是讨伐。这些从名分上都说不通。其他像晋邢侯杀了叔鱼，叔鱼的哥哥叔向罗列弟弟的罪恶而暴尸于街头。这不是不讲兄弟情谊了吗？而且还借孔子的话说："杀亲益荣"（杀害自己的亲人更光荣）。杜氏又说："光荣的名声对自己有好处。"用把弟弟陈尸街头的方法使兄长光荣，这特别让人感到是失误。

夫人宗女请受

皇帝亲戚的宗妇被封为郡国夫人，宗女封郡县公主，都是有月俸钱米，春冬绢绵，数量很多，《嘉祐禄令》记载的不够完备详尽。不久前看到张抡娶了仲偪的女儿，被封为遂安县公主，每月收入近十万，内人的供给，除了粮食草料帮工开支、左藏库开支之外，国家内库还有添给，至于外庭有无添加就不知道了。因而想起神宗熙宁初年，神宗对王安石说，如今财富并不是不丰富，但使用却不够节约，这样怎么能供给充足呢？宫中一个私身的俸禄，有达八十贯的，嫁一个公主，费用就达七十万贯，沈贵妃料理的钱每月有八百贯。听说太宗时，宫中的人只穿皂色粗绸短便衣，即使如此元德皇后还常因为有人穿金线的衣服而怒斥其奢侈。仁宗初定了公主的俸禄，开始问献穆大公主，问了几遍才说了个数，当时仅有五贯。过去，中等官员的月奉有七百钱的。从礼节上说与其奢侈毋宁俭朴，这是美德好事。一时皇上旨意如此，没有多少人看重俸禄。拿今天相比，超过从前何止十倍百倍啊！

蜀茶法

蜀道诸司，唯茶马一台，最为富盛，茶之课利多寡，与夫民间利疚，他邦无由可知。予记《东坡集》有《送周朝议守汉州》诗云："茶为西南病，甿俗记二李。何人折其锋，矫矫六君子。"注："二李，杞与稷也。六君子，谓思道与侄正孺、张永徽、吴醇翁、吕元钧、宋文辅也。"初，熙宁七年，遣词干当公事李杞经画买茶，以蒲宗闵同领其事。蜀之茶园不殖五俗，惟宜种茶，赋税一例折输，钱三百折绢一匹，三百二十折绸一匹，十钱折绵一两，二钱折草一围，凡税额总三十万。杞创设官场，岁增息为四十万。其输受之际，往往压其斤重，侵其加直。杞以疾去，都官郎中刘佐体量，多其条画。于是宗闵乃议民茶息收十之三，尽卖于官场，蜀茶尽榷，民始病矣。知彭州吕陶言："天下茶法既通，蜀中独行禁榷。况川峡四路所出茶货，比方东南诸处，十不及一。诸路既许通商，两川却为禁地，亏损治体，莫甚于斯。且尽榷民茶，随买随卖，或今日买十千，明日即十三千卖之，比至岁终，不可胜算，岂止三分而已。佐、杞、宗闵作为敝法，以困西南生聚。"佐坐罢去，以国子博士李稷代之，陶亦得罪。侍御史周尹复极论榷茶为害，罢为湖北提点刑狱。利路漕臣张宗谔、张升卿，复建议废茶场司，依旧通商。稷劾其疏谬，皆坐贬秩。茶场司行札子督绵州彰明县，知县宋大章缴奏，以为非所当用。稷又诋其卖直钓奇，坐冲替。一岁之间，通课利及息耗至七十六万缗有奇，诏录李杞前劳而官其子。后稷死

蜀茶法

管理蜀地的各种机关,唯有茶马一台(负责茶叶收购的部门)最为富盛,茶叶方面得利多寡,和民众的利害密切相关,其内情外地大都不知道。我记得《东坡集》中有《送周朝议守汉州》诗,诗中说:“茶为西南病,甿俗记二李。何人折其锋,矫矫六君子。”下面的注解是:“二李,指的是李杞和李稷。六君子,指的是思道与其侄正孺,还有张永徽、吴醇翁、吕元钧、宋文辅等六人。”开始时,在神宗熙宁七年,派遣三司干当公事李杞负责买茶事宜,并让蒲宗闵共同负责。蜀地的茶园不生长五谷,只适宜种茶,赋税一律折合成钱,三百钱折合一匹绢,三百二十钱折绸一匹,十钱折绵一两,二钱折草一捆,税额总共达三十万。李杞创设了官场,每年增息为四十万。在收购税赋时,往往压斤两,从中渔利。李杞因疾病离任,都官郎中刘佐假装体量下情,定了许多具体措施。于是蒲宗闵就提议民众茶叶的十分之三,全部卖给官场,蜀地产的茶叶全部由官场专卖,老百姓更为难以承受。彭州知州吕陶进言:“天下的茶法已经通行,可蜀中单独实行专卖。况且川峡四路所产的茶叶,与东南各地相比,还不及十分之一。其他地方已经允许通商,两川之地却仍为禁地,伤害国家和民众,没有比这再严重的了。况且全部专卖民众的茶叶,随买随卖,有的今天买十千,明天就以十三千的价格卖出,到了年终,利息就算不清,岂止是三分利。刘佐、李杞、蒲宗闵的所作所为是违法的,严重困扰了西南民众的生计。”于是刘佐被罢免了职务,让国子博士李稷接替其职,但吕陶也被治罪。侍御史周尹又大力论述专卖茶叶的害处,被贬为湖北提点刑狱。利路漕臣张宗谔和张升卿二人,又建议废除专门管茶的部门,依旧于永乐城，其代陆师闵言其治茶五年，获净息四百二十八万缗，诏赐田十顷。凡上所书，皆见于国史。坡公所称思道乃周尹，永徽乃二张之一，元钧乃吕陶，文辅乃大章也，正孺、醇翁之事不著。

判府知府

国朝著令，仆射、宣徽使，使相知州府者为判，其后改仆射为特进，官称如昔时。唯章子厚罢相守越，制词结尾云："依前特进知越州。"虽曰黜典，亦学士院之误。同时执政蒋颖叔以手简与之，犹呼云判府，而章质夫只云知府，盖从其实，予所藏名公法书册有之。吾乡彭公器资有遗墨一贴，不知与何人？其辞曰："某顿首，知郡相公阁下。"是必知州者，故亦不以府字借称。今世蕞尔小垒，区区一朝官承乏作守，吏民称为判府，彼固偃然居之不疑。风俗淳浇之异，一至于此！

歌扇舞衣

唐李义〔府〕有诗云："镂月为歌扇，裁云作舞衣。"同恢复茶叶通商。李稷弹劾他们疏忽荒谬，结果二人都被贬官。茶场司行公文督促绵州彰明县，知县宋大章启奏，认为实行专卖不当。李稷又诬蔑陷害李大章言辞猎奇，使之受到惩处。一岁之间，在专卖茶叶方面获利七十六万串，李稷可谓有奇功，皇上下诏记录李杞的前功并为他的儿子封官。后来李稷死在永乐城，代替他的陆师闵上奏说他治茶五年，共上缴净利四百二十八万串，皇上下诏赐田地十顷。以上所写的事实，在宋史中都可以看到。东坡先生所说的思道是指周尹，永徽是指二张之一，元钧就是吕陶，文辅就是宋文章，正孺、醇翁二人的事情就不清楚了。

判府知府

宋朝的法令规定，仆射、宣徽使、使相知州府的官同为判，后来把仆射改为特进，官称与以前相同。唯有章子厚罢去相职郡守越地，任命书的结尾说："依照旧的办法特进越州知州。"虽然说用错典籍，也是学院的失误。同时的执政蒋颖叔用手简的方式任命，嘴里还是称呼判府，而章质夫只说知府，大概根据实际需要，我所保存的名公法书册上就有。我的同乡彭器资有遗留的墨宝一帖，不知是写给了何人。上边写道："某顿首，知郡相公阁下。"这一定是知州，所以也不用府字借称。如今很小的一个地方，区区一个朝官承乏作守，官吏和民众要称为判府，他们也就心安理得地接受。世风日下，与以前相比的堕落，竟到了这等地步！

歌扇舞衣

唐代李商隐有诗为："镂月为歌扇，裁云作舞衣。"与他同时人张怀庆窃为已作，各增两字云：“生情镂月为歌扇，出性裁云作舞衣。”致有生吞活剥之诮。予又见刘希夷《代闺人春日》一联云：“池月怜歌扇，山云爱舞衣。”绝相似。杜老亦云：“江清歌扇底，野旷舞衣前。”储光羲云：“竹吹留歌扇，莲香入舞衣。”然则唐诗人好以歌扇、舞衣为对也。

官会折阅

官会子之作，始于绍兴三十年，钱端礼为户部侍郎，委徽州创样撩造纸五十万，边幅皆不剪裁。初以分数给朝士俸，而于市肆要闹处置五场，辇见钱收换，每一千别输钱十，以为吏卒用。商贾入纳，外郡纲运，悉同见钱。无欠数陪偿及脚乘之费，公私便之。既而印造益多，而实钱浸少，至于十而损一，未及十年，不胜其弊。寿皇念其弗便，出库银二百万两售于市，以钱易楮，焚弃之，仅解一时之急，时乾道三年也。淳熙十二年，迈自婺召还，见临安人揭小贴，以七百五十钱兑一楮，因入对言之，喜其复行。天语云：“此事唯卿知之，朕以会子之故，几乎十年睡不着。”然是后曩弊又生，且伪造者所在有之。及其败获，又未尝正治其诛，故行用愈轻。迨庆元乙卯，多换六百二十，朝廷以为忧，诏江、浙诸道必以七百七十钱买楮币一道。此意固善，而不深思，用钱易纸，非有微利，谁肯为之？因记崇宁四年有旨，在京市户市商人交子，凡一千许损至九百五十，外路九百七十，得贸鬻如法，毋得辄损，愿增价者听。盖有所赢缩，则可通行，时期的张怀庆私下里当作自己的作品，各增加了两个字：“生情镂月为歌扇，出性裁云作舞衣。”真是有生吞活剥式的诮皮。我又看到刘希夷《代闺人春日》诗中有一联“池月怜歌扇，山云爱舞衣。”非常相似。杜甫也有诗为：“江清歌扇底，野旷舞衣前。”储光羲的诗说：“竹吹留歌扇，莲香入舞衣。”看来唐代诗人好用歌扇、舞衣来作对句。

官会折阅

官方纸币的制作，开始于宋高宗绍兴三十年。钱端礼任户部侍郎，委托徽州设计样式并造纸币五十万，边幅都不剪裁。开始以一定数额发给朝内官吏作为俸禄，而且在市内热闹处设置五个场所，把纸币装在官方车上，见钱就收换，每一千另加十钱，以为吏卒费用。商人们的收入，外地郡的纲运，都和原来的钱一样。没有欠钱加倍偿还及脚乘的费用，公私都很方便。接着印造的越来越多，而实际的钱就少了，以至于损失十分之一，不到十年，各种弊端都来了。皇上考虑到不便，就从内库拨出二百万两银子销售给市场，将钱换来的纸币焚烧掉，仅仅能缓解一时危机，这时已是孝宗乾道三年了。孝宗淳熙十二年，我洪迈从婺地召还，看到杭州人挂着小贴，用七百五十钱兑换一张纸币，就进入朝廷对皇上讲，为纸币再用感到高兴。皇上说：“这件事只有你知道，朕因纸币的缘故，几乎十年睡不着觉。”但是此后旧的弊端出现了，而且伪造纸币的人的处所都有。到了被抓获时，又没有严厉惩处，所以法律的威慑作用更小了。到了宁宗庆元元年，最多六百二十钱就可换一道纸币，朝廷更为担忧，下诏命令江浙道一定要用七百七十钱才买一道纸币。这样做此理固易晓也。

飞邻望邻

自古所谓四邻，盖指东南西北四者而言耳。盖贪虐害民者，一切肆其私心。元丰以后，州县榷卖坊场，而收净息以募役，行之浸久，弊从而生。往往鬻其抵产，抑配四邻，四邻贫乏，则散及飞邻、望邻之家，不复问远近，必得偿乃止。飞邻、望邻之说，诚所未闻。元祐元年，殿中侍御史吕陶奏疏论之，虽尝暂革，至绍圣又复然。

衙参之礼

今监司、郡守初上事，既受官吏参谒，至晡时，僚属复伺于客次，胥吏以立廷下通刺曰衙，以听进退之命，如是者三日。如主人免此礼，则翌旦又通谢刺。此礼之起，不知何时。唐岑参为虢州上佐，有一诗，题为《衙郡守还》，其辞曰："世事何反覆，一身难可料。头白翻折腰，还家私自笑。所嗟无产业，妻子嫌不调。五斗米留人，东溪忆垂钓。"然则由用心是好的，但没有深思，用钱换纸，又没有多大利息，有谁肯干？因此想起徽宗崇宁四年有圣旨，在京城市场上商人可以交换纸币，一千可减少为九百五十，外地可九百七十，想进行贸易就按这个方法，不然就有损失，愿意增加价格的听便。大概只要有所赢利，就可实行，这个道理本来是很容易明白的。

飞邻望邻

自古以来所谓四邻，都是指的东南西北四个方向的邻居。但是那些残忍贪心为害百姓的人，却一切都为了满足自己的私心。神宗元丰以后，州县都设立专卖坊场，牟取利息以便招募兵役，这办法时间一长，弊端也就产生了。贪官污吏往往卖自己的固定资产，又强迫四邻给自己钱财，如果四邻贫穷，就扩散到飞邻、望邻，不再问远近，一定得到补偿才罢休。飞邻、望邻的说法，实在是闻所未闻。哲宗元祐元年，殿中侍御史吕陶奏疏议论这个问题，虽然曾经在短时间内被整顿了一下，但到了绍圣年间又死灰复燃。

衙参之礼

现在的监司、郡守们初上任当政时，总是先接受地方官吏的参拜谒见，到了午后三时，属僚们才在下榻的宾馆伺候，胥吏们列队站立在廷下按次序拜访，由门人通报，进退完全听从命令，这样进行三天。如果主人要免去这种礼节，那么第二天还要送来谢贴。这种礼节不知兴于什么时候。唐代岑参任虢州上佐时，有一首诗题为《衙郡守还》，诗写道："世事何反覆，一身难可料。头白翻折腰，还家私自笑。所嗟无产业，妻子嫌不调。五来久矣。韩诗曰：“如今便别官长去，直到新年衙日来。”疑是谓月二日也。

斗米留人，东溪忆垂钓。”可见这种礼节由来已久。韩愈也有诗说：“如今便别官长去，直到新年衙日来。”这可能是指的正月初二日。

卷十五（十八则）

内职命词

内庭妇职迁叙，皆出中旨，至中书命词。如尚书内省官，固知其为长年习事，如司字、典字、掌字，知其为主守之微者。至于红紫霞帔郡国夫人，则其年龄之长少，爵列之崇卑，无由可以测度。绍兴二十八年九月，仲兄以佐史直前奏事，时兼权中书舍人，高宗圣训云："有一事待与卿说，昨有宫人宫正者封夫人，乃宫中管事人，六十余岁，非是嫔御，恐御不知。"兄奏去："系王刚中行词，刚中除蜀帅，系臣书黄，容臣别撰入。"上颔首。后四日，经筵留事奏事，奏言："前日而蒙宣谕，永嘉郡张夫人告词，既得圣旨，即时传旨三省，欲别撰进。昨日宰臣传圣旨，令不须别撰。"上曰："乃皇后中老管事人，今六十六岁，宫正乃执事者，昨日宰执奏欲换告，亦无妨碍，不须别进。今已年老多病，但欲得称呼耳。"盖昨训词中称其容色云。

蔡京除吏

唐天宝之季，杨国忠以右相兼吏部尚书，大集选人注拟于私第。故事，注官讫，过门下侍中、给事中，国忠呼左相

内职命词

宫廷内部妇女职位的迁升，都是出于皇上的旨意，到中书写成文字。如尚书内省官，本来就知道他是长年办事，如司字、典字、掌字，就知道他是为皇上保守精妙的。至于说到红紫霞帔的郡国夫人，那么她们年龄的长少、爵位的崇卑，没有办法可以测度出来。宋高宗绍兴二十八年九月，我二哥以左史的身份向皇上启奏事情，当时他也兼任中书舍人之职，高宗圣训说："有一件事我和卿说一下，昨天有个宫人是官正管事人要封夫人，六十多岁，不是嫔妃，恐怕卿不一定知道。"我二哥启奏说："这件事由王刚中写词，刚中曾被封为蜀帅，这可是臣的疏忽大意，容臣再撰写进去。"皇上点了点头。四天后，圣宴后我二哥留在皇上身边议事，又启奏："前几天臣当面蒙皇上宣谕，永嘉郡张夫人的告词，得到圣旨以后，马上就传旨给三省，打算另外撰进去。昨天宰臣传下圣旨，令不须再另外撰写了。"皇上说："这人是皇后屋里的老管事人，今年六十六岁，宫正就是宫中执事的人，昨天宰执奏打算换告词，也没什么妨碍，不须再特别撰进了。这人已是年老多病，仅仅是想得一个称呼罢了。"大概昨天的训词中提到了容貌姿色问题。

蔡京除吏

唐玄宗天宝年间，杨国忠为右丞相兼吏部尚书，大量选择人才结党营私。按先例，官员登记完后，要见门下侍中、给事中，陈希烈于座隅（时改侍中为左相）。给事中在列，曰："既对注矣，过门下了矣。"吏部侍郎二人与郎官同咨事，趋走于前，国忠夸诸妹曰："两个紫袍主事如何？"史策书此，以见国忠颛政舞权也。然犹令待中、给事同坐，以明非矫。若蔡京之盗弄威权，则又过之。政和中，以太师领三省事，得治事于家。弟卞以开府在经宴，尝挟所亲将仕郎吴说往见，坐于便室，设一桌，陈笔砚，置玉版纸阔三寸者数十片于上。卞言常州教授某人之淹滞，曰："自初登科作教官，今已朝奉郎，尚未脱故职。"京问："何以处之？"卞曰："须与一提学。"京取一纸，书其姓名及提举学事字而缺其路分，顾曰："要何处？"卞曰："其家极贫，非得俸人犹厚处不可。"于是书"河北西路"字，付老兵持出。俄别有一兵赍一双缄及紫匣来，乃福建转运判官直龙图阁郑可简，以新茶献，即就可漏上书"秘撰运副"四字授之。卞方语及吴说曰："是安中司谏之子，颇能自立。"且王逢原外孙，与舒王夫人姻眷，其母老，欲求一见阙省局。"京问："吴曾踏逐得未？"对曰："打套局适阙。"又书一纸付出。少顷，卞目吴使先退。吴之从姊嫁门下侍郎薛昂，因馆其家，才还舍，具以告昂，叹所见除目之迅速。昂曰："此三者已节次书黄矣。"始知国忠犹落第二义也。

杨国忠把左丞相陈希烈叫到家中，给事中也在座，说："已经核对注册了，过门下算了。"两位吏部侍郎和郎官共同咨询事情，急步走到跟前，杨国忠对其妹夸口说："两个紫袍主事怎么样？"史册上对此有记载，可见杨国忠专权营私的行为。但还要命令侍中、给事同坐，以表明自己并不矫横。如果谈到蔡京的盗弄权威，那就更过分了。徽宗政和年间，蔡京以太师的身份统领三省事务，能够在家里治理事情。他弟弟蔡卞以开府的身份在经宴，曾经带自己的亲朋仕郎吴说去见蔡京，坐在便室里，设有一张桌子，放着笔砚，还放着三寸宽的玉版纸几十片。蔡卞说到常州教授某人长期未受提拔，他说："从初登科就作教官，如今已经是朝奉郎了，还没有换掉原来的职务。"蔡京问："怎么安排他呢？"蔡卞说："须给他一个提学的职务。"蔡京取一张纸，把那人的姓名和提拔为举学的事写上而没写在何地任职，又说："要在什么地方任职？"蔡卞说："他家里很穷，非得到比较优厚的地方不可。"于是就在条子上加上"河北西路"四字，交给老兵拿出。不久有一个士兵抱着一对紫匣子和一封信来见，原来是福建转运判官直龙图阁的郑可送来信和两盒新茶，于是立即就在条字上写另封郑可为"秘撰运副"交给来人。这时蔡卞才提到吴说，说："他是安中司谏的儿子，很有自立的能力。而且也是王逢原的外孙，和舒王夫人是亲眷，他母亲老了，想谋求一个空缺的省局官职。"蔡京问："吴曾经打听过哪有空缺吗？"回答说："打套局正好缺官职。"于是蔡京又写一张纸交给下人拿出。停了一会儿，蔡卞目示吴说让他选退下去。吴说的姐姐嫁给了蔡京的门下侍郎薛昂，他姐回家刚返回，就把吴说的情况告诉了薛昂，她感叹所看到的晋升非常迅速。薛昂说："这三个人已

题先圣庙诗

兖州先圣庙壁，尝有题诗者云："灵光殿古生秋草，曲阜城荒散晚鸦。惟有孔林残照日，至今犹属仲尼家。"不显姓名，颇为士大夫传诵。予顷在福州，于吕虚己处，见邵武上官校书诗一册，内一篇题为《州西行》，州西者，蔡京说所居处也。注云："靖康元年作。时京谪湖湘，子孙分窜外郡，所居第摧毁，索寞殆无人迹，故为古调以伤之。"凡三十余韵，今但记其末联云："君不见乔木参天独乐园，至今犹是温公宅。"其意甚与前相类。绍兴二十五年冬，秦桧死，空其赐宅，明年，开河，役夫辇泥土堆于墙下。天台士人左君作诗云："格天阁在人何在？偃月堂深恨亦深。不见洛阳图白发，但知郿坞积黄金。直言动便遭罗织，举目宁知有照临。炙手附炎俱不见，可怜尼滓满墙阴。"语虽纪实，然太露筋骨，不若前两章浑成也。左颇有才，最善谑，二十八年，杨和王之子契，除权工部侍郎，时张循王之子子颜、子正，皆带集英修撰，且进待制矣。会叶审言自侍御史、杨元老自给事中，徙为吏、兵侍郎，盖以缴论之故。左用歇后语作绝句曰："木易已为工部侍，弓长肯作集英修。如今台省无杨、叶，猪犬超升卒未休。"左君西湖上，好事请竭，人或畏其口，后竟终于布衣。

经连续被封为不同官职了。”这才知道杨国忠与蔡京比，还是落了个第二。

题先圣庙诗

兖州先圣庙的墙壁上，曾经有人题诗说：“灵光殿古生秋草，曲阜城荒散晚鸦。惟有孔林残照日，至今犹属仲尼家。”这首诗没作者姓名，但颇为文人士大夫传诵。我不久前在福州的吕虚己住处，见到有邵武人上官校书的一本诗，其中有一篇题目是《州西行》，所谓州西，就是蔡京居住的地方。这首诗的注说：“钦宗靖康元年作。此时蔡京被贬到湖湘，其子孙分别逃窜到外郡，他原来居住的房子被拆毁，冷冷清清无人问津，所以写一首古调抒发感伤之情。”这首诗共有三十多韵，如今只记得最后一联是：“君不见乔木参天独乐园，至今仍是温公宅。”其表达的意味和前面的那首诗很相似。高宗绍兴二十五年冬天，秦桧死去，他住的地方变成了空宅，第二年挖河时，民工把泥土用车子推到秦宅墙下。天台文人左君为此作诗说：“格天阁在人何在？偃月堂深恨亦深。不见洛阳图白发，但知郿坞积黄金。直言动便遭罗织，举目宁知有照临。炙手附炎俱不见，可怜泥滓满墙阴。”语言虽然侧重纪实，但太露筋骨，不如前面提到的两首寓意深刻。左君颇有才气，最擅长戏谑，绍兴二十八年，杨和王的儿子杨契，被提拔为权工部侍郎，这时张循王的儿子张子颜、张子正，都带集英修撰的头衔，而且就要提拔为待制。正好叶审言从侍御史、杨元老从给事中，升迁为吏部和兵部侍郎，大盖都是由于缴论。左君用歇后语作了一首绝句：“木易已为工部侍，弓长肯作集英修。如今台省无杨叶，猎犬超升卒未休。”左君居住

季文子魏献子

拟人必于其伦，后世之说也，古人则不然。鲁季文子出一莒仆，而历引舜举十六相去四凶，曰：“舜有大功二十为天子，今行父虽未获一吉人，去一凶矣，于舜之功二十之一也。”晋魏献子为政，以其子戊为梗阳大夫，谓成鱄曰：“吾与戊也，县人其以我为党乎？”鱄诵《大雅·文王》克明克类、克长克君、克顺克比、比于文王之句，而以为九德不愆。勤施无私曰类，择善而从之曰比。言：“主之举也，近文德矣。”且季孙行父之视舜，魏舒之视文王，何啻天壤之不侔！而行父以自比，舒受人之谀不以为嫌，乃知孟子所谓：“颜渊曰：‘舜何人也？予何人也？有为者亦若是’”非过论也。

尊崇圣字

自孔子赞《易》、孟子论善信之前，未甚以圣为尊崇，虽《诗》《书》《礼》经所载亦然也。《书》称尧、舜之德，但曰：“聪明文思”“钦明文思”“濬哲文明”“温恭允塞。”至益之对舜，始有“乃圣乃神”之语。《洪范》“睿作圣”与“恭作肃，从作乂，明作哲，聪作谋”，同列于五事，其究但曰“圣时风若”，咎征至以蒙为对。“惟圣罔念作狂，惟狂克念作在西湖上，好事者请他谒见权贵，有人畏惧他的言辞，后来竟终生都是平民布衣。

季文子魏献子

与人相比一定要有可以比的地方，这是后代人的说法，古代人则不然。鲁国的季文子除掉一个为害的莒地仆人，就引舜举荐十六相而除去四凶，他说："舜立了二十件大功而当了天子，而今我行父虽然没有获得一个吉人，却去掉一个凶恶，但也是舜的功劳的二十分之一。"晋国魏献子当政，让他的儿子戊当梗阳大夫，对成鱄说："我和儿子戊都做官，县里不会认为我在结党营私吧？"鱄朗诵了《大雅·文王》中克明克类、克长克君、克顺克比、比于文王等句子，认为九种德行都不弘扬了。勤奋无私叫作类，择善而从叫作比。又说："主子的举动，接近文王的德行。"季文子与舜、魏献子与文王，何止是天壤之别！但季文子以舜自比，魏献子受人阿谀奉承而不自谦，由此才知道孟子所说："颜渊说：'舜是何等的人？我又是何等的人？有作为的人也应当这样比。'"这种论述是正确的。

尊崇圣字

在孔子赞扬《易经》、孟子论善信之前，还不太以圣人为尊崇的对象，即使是《诗经》《尚书》《周礼》诸经中所记载的也是如此。《尚书》中称赞尧、舜的德行，只说"聪明文思""钦明文思""濬哲文明""温恭允塞"。到了益对舜时，才有了"乃圣乃神"之类的语言。《洪范》中"睿作圣"和"恭作肃、从作乂，明作哲、聪作谋"，同列为五事，其考究只说"圣时风若"，过失的圣”，则之狂与圣为善恶之对也。《诗》曰：“国虽靡止，或圣或否。”则以圣与否为对也。下文“或哲或谋，或肃或义”盖与五事略同。人之齐圣，不过“饮酒温克”而已。《左传》八恺，齐、圣、广、渊、明、允、笃、诚，《周官》六德，知、仁、圣、义、忠、和，皆混于诸字中，了无所异。以故鲁以臧武仲为圣人，伯夷、伊尹、柳下惠皆日圣，而孟子以为否。

媵字训

“媵”之义为送，《春秋》所书，晋人卫人来媵，皆送女也。《楚辞·九章》云：‘波滔滔兮来迎，鱼鳞鳞兮媵予。”其义亦同。《周易·咸》卦象曰：“咸其辅颊舌，滕口说也。”《释文》云：“滕，达也。九家皆作“乘”，而郑康成、虞翻作“媵”，而亦训为送云。

周礼奇字

《六经》用字，固亦间有奇古者，然唯《周礼》一书独多。予谓前贤以为此书出于刘歆，歆常从扬子云学作奇字，故用以入经。如法为灋、柄为枋、邪为衺、美为媺、呼为嘑、拜为擽、韶为磬、怪为傀、暴为虣、揭为措、风为飌、鲜为鱻、槁为薧、螺为嬴、脾为齏、鱼为獻、埋为貍、吹为歈、陔为祴、藁为籒、柝为檬、探为撢、趣为趧、摘为哲、骇为駴、迹象用蒙为对。“只有圣不能读作狂，只有狂不能读作圣”，这就是把狂和圣分别作为与善和恶相对立的。《诗经》中说：“国虽靡止，或圣或否”。这是用圣和否相对。下文的“或哲或谋，或肃或义”，大概与前面的五事差不多。人和圣人相比较，不过是“饮酒温克”罢了。《左传》中的八恺（八种快乐）指的是齐圣广渊，明允笃诚，《周官》中的六德，指的是知、仁、圣、义、忠、和，都是混在各种字之中，并没有什么不同。所以鲁国人把臧武仲当作圣人，不少人把伯夷、伊尹、柳下惠都当作圣人，可孟子认为不对。

媵字训

媵字的意思是送，《春秋》中写到，晋人卫人来媵，都是说的送女。《楚辞·九章》中说：“波滔滔兮来迎，鱼鳞鳞兮媵予。”这里媵字的意思也是送。《周易·咸》卦象说：“咸其辅颊舌，口说也。”《周易释文》说：滕，达也。九家注释都是乘，而郑康成、虞翻都认为滕就是媵，而且也解释为送。

周礼奇字

《六经》的用字，本来也偶尔有用奇字和古怪字的，然而只有《周礼》一书特别多。我同意前代贤人的观点认为这本书出自刘歆，刘歆常常跟着扬雄学习稀奇古怪的字，所以就写到经书里去了。例如，把法写作灋、柄写作枋、邪写作为衺、美写作媺、呼写作为嘑、拜写作擽、韶写作为磬、怪写作傀、暴写作虣、揭写作措、风写作飌、鲜写作鱻、槁写作薧、螺写作蠃、脾写作蠯、鱼写作馭，埋写作貍、吹写作歈、陔写作祴、臆写作齸、击为鼜、辜为橭、掬为蓻、羃为榠、藻为薻、昊为昃、叩为敂、艰为囏、魅为彪，与夫庮、皫、胖、鱐、䵞、眂、剢、酏、橐、欂、鬻、箈、鬻、柶、綌、軥、舆、槊之类，皆他经鲜用，予前已书之而不详悉。若《考工记》之字，又不可胜载也。

大禹之书

《夏书·五子之歌》，述大禹之戒，其前三章是也。禹之谟训，舍《虞》《夏》二书外，他无所载。《汉·艺文志》杂家者流，有《大命》三十七篇，云："传言禹所作，其文似后世语。"

命，古禹字也，意必依仿而作之者，然亦周、汉间人所为，今寂而无传，亦可惜也。

随巢胡非子

《汉·艺文志》，墨家者流，有《随巢子》六篇，《胡非子》三篇，皆云墨翟弟子也。二书今不复存，马总《意林》所述，各有一卷，随巢之言曰："大圣之行，兼爱万民，疏而不绝，贤者欣之，不肖者怜之。贤而不欣，是贱德也，不肖不怜，是忍人也。"又有"鬼神贤于圣人"之论，其于兼爱、明鬼，为墨之徒可知。胡非之言曰："勇有五等：负长剑，赴榛薄，折兕豹，搏熊罴，此猎徒之勇也；负长剑，赴深渊、斩蛟析写作櫜、探写作撢、趣写作趧、摘写作擿、骇写作駴、击写作毄、辜写作橭、掬写作萟、幂写作榠、藻写作藻、昊写作昃、叩写作敂、艰写作囏、魅写作彪，与夫庴、軈、胖、鱐、盨、眂、剢、酏、槀、鬻、鬻、箈、鬻、栖、緆、鬴、甖、騋之类的字，都是别的经书中很少用的，我前边已经写了但还不详尽。如说到《考工记》中的字，那就更不可胜数了。

大禹之书

《夏书·五子之歌》讲大禹的训诫，只有前三章才是。大禹的策略训诫，除了《虞》《夏》两书之外，其他书上没有记载。《汉书·艺文志》杂家类的文章中，有《大命》三十七篇，作者说：“相传这三十七篇是大禹作，但其文辞很像后世的风格。”

命，就是上古的禹字，如果真是模仿性的文章，也应该是周代至汉代之间的人所仿作的，如今很少有人知道，也怪可惜的。

随巢胡非子

《汉书·艺文志》中，记载墨家的有《随巢子》六篇，《胡非子》三篇，都说是墨翟的弟子。这两部书如今都不存在了，马总在《意林》中各叙述了一卷，随巢的语言有：“圣人的行为，兼爱万民，即使稀疏也不会断绝，贤人欣喜，不肖之人也会产生怜悯之心。贤人若不欣喜，这就是低贱的品德，不肖之人也不起怜悯之心，这是残忍的人。”还有“鬼神贤于圣人”的说法，这里说的兼爱、明鬼，可见是墨家弟子所作。胡非的话：“勇敢有五个等级：手持长剑，奔赴草丛，斩虎豹，与熊罴搏斗，这是猎龙，搏鼋鼍，此渔人之勇也；登高危之上，鹄立四望，颜色不变，此陶岳之勇也；剽必刺，视必杀，此五刑之勇也；齐威公以鲁为南境，鲁忧之。曹刿匹夫之士，一怒而劫万乘之师，存千乘之国，此君子之勇也。”其说亦卑陋无过人处。

别国方言

今世所传扬子云《輶轩使者绝代语释别国方言》，凡十三卷，郭璞序而解之。其末又有汉成帝时刘子骏与雄书，从取《方言》，及雄答书。以予考之，殆非也。雄自序所为文，《汉史》本传但云：“经莫大于《易》，故作《太玄》；传莫大于《论语》，作《法言》；史篇莫善于《苍颉》，作《训纂》；箴莫善于《虞箴》，作《州箴》；赋莫深于《离骚》，反而广之；辞莫丽于相如，作四赋。”雄平生所为文尽于是矣，初无所谓《方言》。《汉·艺文志》小学有《训纂》一篇。儒家有雄所序三十八篇，注云：“《太玄》十九，《法言》十三，乐四，箴二。”杂赋有雄赋十二篇，亦不载《方言》。观其答刘子骏书，称“蜀人严君平”，按君平本姓庄，汉显帝讳庄，始改曰“严”。《法言》所称“蜀庄沈冥，蜀庄之才之珍，吾珍庄也”，皆是本字，何独至此书而曰“严”。又子骏只从之求书，而答云：“必欲胁之以威，陵之以武，则缢死以从命也！”何至是哉？既云成帝时子骏与雄书，而其中乃云孝成皇帝，反复抵牾。又书称“汝、颍之间”，先汉人无此语也，人的勇敢；背长剑，奔赴深渊，斩蛟龙，斗鼋鼍，这是渔人的勇敢；登上高峰危崖，极目四望，面不改色心不跳，这是陶岳的勇敢；掠夺就一定拼刺，看见就一定杀害，这是五刑的勇敢；齐威公以鲁国为齐国南边的边境，鲁国对此担忧。曹刿作为一个士兵，一怒而劫封万乘之师，而保存了自己的千乘小国，这才是君子的勇敢。”这种说法并无高明过人之处。

别国方言

现在传下来的扬雄的《輶轩使者绝代语释别国方言》一书，共有十三卷，郭璞作序并注解。后边还附有汉成帝时刘子骏写给扬雄的信，信中索求《方言》，以及扬雄的回信。按我的考证，大概不是，扬雄自序的文字，《汉史》本传中只说：“经书没有比《易经》更高明的了，所以作《太玄》；传论没有比《论语》更精当的了，所以作《法言》；历史类的文章没有比《仓颉》更好的了，所以作《训纂》；箴言没有比《虞箴》更深刻的了，所以作《州箴》；赋没有比《离骚》更精深的了，所以就传播它；辞赋没有比司马相加的更华丽的了，所以才作四赋。”扬雄一生所写的文章在这里都有了，开始并没有所说的《方言》《汉书·艺文志》小学里有《训纂》一篇。在儒家中有扬雄的序文三十八篇，注释说：“《太玄》十九篇，《法言》十三篇，乐四篇、箴两篇。”杂赋有扬雄的十二篇，在《方言》中也找不到。阅读扬雄给刘子骏的回信，其中称“蜀人严君平”，据考证君平本来姓庄，因为汉显帝的讳字是庄，所以从那时改为“严”。《法言》中所说“蜀人庄沈冥，蜀庄这个人才很珍贵，我也很珍视庄”，这里都是本来的“庄”字，为什么偏偏到了这封信里就变成了“严”呢？再说刘必汉、魏之际，好事者为之云。

纵臾

《史记·衡山王传》："日夜从容王密谋反事。"《汉书》传云："日夜纵臾王谋反事。"如淳曰："臾读曰勇，纵臾，犹言勉强也。"颜师古曰："纵，音子勇反。纵臾，谓奖劝也。"扬雄《方言》云："食阎、怂恿，劝也。南楚凡己不欲喜，而旁人说之，不欲怒，而旁人怒之，谓之食阎，亦谓之怂恿。"今《礼部韵略》收入，《汉》注皆不引用。

总持寺唐敕牒

唐世符贴文书，今存者亦少，隆兴府城内总持寺有一碑，其前一纸，乾符三年，洪州都督府牒僧仲暹；次一纸，中和五年，监军使贴僧神遏；第三纸，光启三年十一月，中书门下牒江西观察使。其后列衔者二十四人，曰：中书侍郎兼兵部尚书平章事杜逊能，门下侍郎兼吏部尚书平章事孔纬，此后检校左仆射一人，检校司空二人，检校司徒八人，检校太保三人，检校太傅一人，检校太尉三人，检校太师一人，子骏只是索要《方言》一书，而回信中却说："一定要以威武相胁迫，以武力相侵犯，就是缢死也要从命！"为什么要说这话呢？既然说是汉成帝时刘子骏写给扬雄的信，而信中却说孝成皇帝，前后矛盾。信中还说"汝、颍之间"，西汉的人没有这种说法，一定是汉魏之际，好事的文人所作。

纵臾

《史记·衡山王传》中说："日夜从容王密谋反事。"《汉书》中却说："日夜纵臾王谋反事。"如淳解释说："臾读作勇，纵臾，就是勉强的意思。"颜师古解释说："纵，音是子勇切（zòng）。纵臾，就是奖劝的意思。"扬雄在《方言》里说："食阎、怂恿（读音同前）都是劝的意思。楚地南的人凡是自己不想欢喜，而通过别人的影响自己喜欢了，自己不想发怒，而在别的影响下发怒，这叫作食阎，也就是怂恿。"现在的《礼部韵略》收入了这段话，《汉书》注解都没引用。

总持寺唐敕牒

唐代的各种符贴文件，保存至今的也很少，隆兴府城内的总持寺里有一座碑，碑前有一张纸，是唐僖宗乾符三年洪州都督府写给仲暹僧的；另一张纸，是僖宗中和五年，监军使写给神遇僧的贴子；还有一张纸，是僖宗光启三年十一月，中书门下写给江西观察使的牒子。后面列着官衔的人有二十四个，他们是：中书侍郎兼兵部尚书平章事杜逊能，门下侍郎兼吏部尚书平章事孔纬，这后面是检校左仆射一人，检校司空二人，检校司徒八人，检校太保三人，检校太傅一人，检校太尉三人，检校皆带平章事著姓，太保兼侍中昭度不书韦字，检太师兼侍中一人，太师兼中书令一人，皆不著姓，舍杜、孔、韦三正相之外，余皆小书使字，盖使相也。后又有节度使钟传两牒，字画端劲有法，如士人札翰，今时台省吏文不能及也。嘉祐二年，雒阳人职方员外郎李上交来豫章东湖，见所藏真迹，为辨之云：二十一人者，乃张濬、朱玫、李福、李可举、李罕之、陈敬瑄、王处存、王徽、曹诚、李匡威、李茂贞、王重荣、杨守亮、王镕、乐彦祯、朱全忠、张全义、拓跋思恭、时溥、王铎、高骈也。而注云："见《僖宗纪》及《实录》。"以予考之，自三相及拓跋、乐颜祯、时溥、张濬、朱全忠、李茂贞诸人外，如李克用、朱瑄、王行瑜皆是时使相，不应缺，而朱玫、王铎、王重荣、李福皆已死，所谓太师中书令者，史策不载，唯陈敬瑄检院此官而兼中令，最后者其是欤？他皆不复可究质矣。

禁旅迁补

国朝宿卫禁旅迁补之制，以岁月功次而递进者，谓之排连。大礼后，次年殿庭较艺，乘舆临轩，日"推垛子"。其岁满当去者，随其本资，高者以正任团练使、刺史补外州总管、钤辖，小者得州都监，当留者于军职内升补，谓之转员。唯推垛之日，以疾不趁赴者，为害其重。绍兴三十二年四月，予以右史午对，时将有使事，与上介张才甫同饭于皇城司。

太师一人，都带着平章事三字并写着姓，太保兼侍中昭度不写韦字，检校太师兼侍中一人，太师兼中书令一人，都没有写姓，除了杜、孔、韦三位正相之外，其他人的官衔名字都用小字写着“使”字，大概是指的使相。后边又有节度使钟传的两张牒文，字体端正有力，书法娴熟，很像文人的信札，是当今台省官吏的文书比不上的。宋仁宗嘉祐二年，有个名叫李上交的洛阳人，官职是职方员外郎，他来到豫章东湖，看到了所珍藏的唐代文书真迹，就考辨了一番。他认为，这二十一人应该是：张濬、朱玫、李福、李可举、李罕之、陈敬瑄、王处存、王徽、曹诚、李匡威、李茂贞、王重荣、杨守亮、王镕、乐彦祯、朱全忠、张全义、拓跋思恭、时溥、王铎、高骈。而且还注明了出处：“见《僖宗纪》及《实录》。根据我的考证，除杜逊能、孔纬、韦昭度三位正相以及拓跋思恭、乐颜祯、时溥、张濬、朱全忠、李茂贞等人以外，如李克用、朱瑄、王行瑜等都是当时的使相，不应当空缺，而朱玫、王铎、王重荣、李福等人都已经死了，所说的太师中书令，史书上没有记载，只有陈敬瑄是检校兼中书令，难道最后一个人就是他吗？其他人都不可能再搞清楚了。

禁旅迁补

宋朝宿卫禁旅迁补的制度，主要根据岁月长短和功劳大小而决定递进，这就是所说的排连。举行了大的典礼之后，第二年开始在殿庭比较练习武艺，一个个乘车临轩，叫作“推垛子”。其年限已满应当离开的，武艺高超的任命为正使团练使、刺史补外州总管、钤辖，武艺低的任命为州都监，应当留下的在军职内升补，这叫作转员。只有在“推垛子”那天，因疾病不能有一老兵，幞头执黑杖子，拜辞皇城干办官刘知阁，泣涕哽噎，刘亦为恻然。予问其故，兵以杖相示，满其上皆揭记士卒姓名营屯事件。云身是天武第一军都指挥使，曾立战功，积官至遥郡团练使，今年满当出职，若御前呈试了，便得正任使名，而为近郡总管。不幸小疾，遂遭汰，只可降移外藩将校，在身官位一切除落，方伏事州都监听管营部辖。三十年勤劳，一旦如扫，薄命不偶，至于如是。坐者同叹息怜之。案，崇宁四年有诏，诸班直尝备宿卫，病告满尚可闻者，殿前指挥使补外牢城指挥使，盖旧法也。

六言诗难工

唐张继诗，今人所传者唯《枫桥夜泊》一篇，荆公《诗选》亦但别诗两首，乐府有《塞孤》一篇。而《皇甫冉集》中，载其所寄六言曰："京口情人别久，扬州估客来疏。潮至浔阳回去，相思无处通书。"冉酬之，而序言："懿孙，予之旧好，只役武昌，有六言诗见忆，今以七言裁答，盖拙于事者繁而费。"冉之意，以六言为难工，故衍六为七，然自有三章曰："江上年年春早，津头日日人行。借问山阴远处，犹闻薄参加的人，受害很重。宋高宗三十二年四月，我因为右史在午对时将有任务，和上介张才甫在皇城司一起吃饭。有一个老兵，裹着头巾手持黑色杖子，前来向皇城干办官刘知阁辞谢，说话时痛哭流涕，刘知阁也深为悲痛。我询问其中的原因，那老兵把黑杖子拿给我看，上面都是刻的士卒的姓名和兵营里的事情。他说自己曾是天武第一军都指挥使，屡立战功，因此而曾当上了遥郡团练使。今年本来年限已满该出去任职，如果在御前比试了，就会得到正任使的职位，从而做近郡总管。不幸的是因为生了一场小病，误了“推垛子”，于是就被淘汰了，只能降职转为外藩将校，而且现在身上的一切官职全部免去，归州都监听管营部管辖。三十年的辛勤劳苦，一日之间一扫而光，真是命薄倒霉，以至于走到这等地步。在座的人听了无不为之同情叹息。据考证徽宗崇宁四年皇上有诏，说各班直尝备宿卫，因病年限已满有病还可以治疗的，殿前指挥史可补为外牢城指挥使，这大概是旧的制度和方法。

六言诗难工

唐代张继的诗，现在为人们所传颂的只有《枫桥夜泊》一首，王安石的《诗选》里也只有另外二首，乐府诗有《塞孤》一首。可《皇甫冉集》中，却有张继的一首六言诗：“京口情人别久，扬州估客来疏。潮至浔阳回去，相思无处通书。”皇甫冉作了一首酬答诗，在小序中说：“张继（字懿孙），是我的好友，游历武昌，作了一首六言诗，现在用七言诗作答，本人笨拙，恐词繁而意费。”皇甫冉的意思很清楚，认为六言诗难写好，所以才把六言说成七言，全诗有如下三首：“江上年年春早，津头日日人暮钟声。”“水流绝涧终日，草长深山暮云。犬吠鸡鸣几处，条桑种杏何人？”“门外水流何处，天边树绕谁家。山绝东西多少，朝朝几度云遮。”皆清绝可画，非拙而不能也。予编唐人绝句，得七言七千五百首，五言二千五百首，合为万首。而六言不满四十，信乎其难也。

杯水救车薪

孟子曰：“仁之胜不仁也，如水胜火，今之为仁者，犹以一杯水救一车薪之火也，不熄，则谓之水不胜火。”予读《文子》，其书有云：“水之势胜火，一勺不能救一车之薪；金之势胜木，一刃不能残一林；土之势胜水，一块不能塞一河。”文子周平王时人，孟氏之言盖本于此。

诎一人之下

萧何谏高祖受汉王之封，曰：“夫能诎于一人之下，而信于万乘之上者，汤、武是也。”《六韬》云：“文王在岐，召太公曰：‘吾地小。’太公曰：‘天下有粟，贤者食之，天下有民，贤者牧之。屈于一人之下，则申于万人之上，唯圣人能为之。’”然则萧何之言，其出于此，而《汉书》注释诸家，皆不曾引证。

行。借问山阴远近，犹闻薄暮钟声。”“水流绝涧终日，草长深山暮云。犬吠鸡鸣几处，条桑种杏何人？”“门外水流何处，天边树绕谁家。山绝东西多少，朝朝几度云遮。”这三首诗都是清新自然，形象如画，并非拙作而是上乘好诗。我编辑唐代诗人的绝句，共收集七言绝句七千五百首，五言绝句二千五百首，一共一万首。而收集的六言诗还不到四十首，我坚信六言诗是难写好的。

杯水救车薪

孟子说过：“仁义战胜不仁不义，就像水战胜火，如今讲仁义的人，就像用一杯水去救一车柴火燃烧的火一样，火之所以不熄灭，是因为水太少，这就叫作水不能战胜火。”我读《文子》时，其中有一段说：“虽然水能战胜火，但一勺水无论如何不能解救一车柴火燃烧的火；金可以战胜木，但一把刀无法砍掉一座树林；土可以战胜水，但一块土无法堵塞一条河。”文子是周朝周平王时的人，孟子的话大概是从文子那里来的。

诎一人之下

萧何劝谏汉高祖刘邦接受被封汉为王时说：“能够屈居一个人之下，而取信于万乘之国之上的人，只有商汤、周武王。”《六韬》中也说：“文王在岐地时，召来姜太公说：‘我们的地盘太小了。’姜太公说：‘天下有粮食，贤德的人就可以吃，天下有老百姓，贤德的人不可以统治他们。屈就于一人之下，就能高居于万人之上，这只有圣人能够做到。’”可见萧何的话，是从这里引用来的，而给《汉书》作注释的各家，都没有引证。

秦汉重县令客

秦、汉之时，郡守县令之权极重，虽一令之微，能生死人，故为之宾客者，邑人不敢不敬。单父人吕公善沛令，辟仇从之客，沛中豪杰吏闻令有重客，皆往贺。谓以礼物相庆也。司马相如游梁归蜀，素与临邛令王吉相善，来过之，舍于都亭。临邛富人卓王孙、程郑相谓曰："令有贵客，为具召之，并召令。"相如窃王孙女归成都，以贫困复如临邛，王孙杜门不出。昆弟诸公更谓王孙曰："长卿人材足依，且又令客，奈何相辱如此！"注云："言县令之客，不可以辱也。"是时为令客者如此。今士大夫为守令故人，往见者虽未必皆贤，岂复蒙此礼敬。稍或戾于法制，微有干托，其累主人必矣！

之字训变

汉高祖讳邦，荀悦云；"之字曰国。惠帝讳盈，之字曰满。"谓臣下所避以相代也。盖"之"字之义训变。《左传》："周史以《周易》见陈侯者，陈侯使筮之，遇《观》之《否》。"谓《观》六四变而为《否》也。他皆仿此。

秦汉重县令客

秦、汉的时候，郡守、县令的权力很大，虽然是一个小小的县令，却能掌握人们的生杀大权，所以连县令的宾客亲朋，人们也不敢不敬。单父人吕公当沛县的县令很得手，避开仇人而热情待客，沛县的英雄豪杰官吏只要听说县令有重要客人，都要前去祝贺。这叫作用礼物来庆贺。司马相如游历梁地回到蜀地，平时和临邛县令王吉很要好，从这里过的时候，住在客馆。临邛的富人卓王孙和程郑在一起说："如今县令有贵客，咱们把他叫来设宴招待，把县令也请来。"司马相如在卓王孙家认识了他女儿卓文君，就带她私奔回到成都，因为家里贫困又回到临邛，卓王孙闭门不见，以表愤怒。他的兄弟便对他说："司马相如一表人才，又有才华，足可以把女儿托付给他，况且他还是县令的客人，怎么能以不礼貌的方式污辱他呢？"这就是说："县令的客人，是不能污辱的。"当时作为县令客人的人便是受到这样的敬重。现在士大夫们作为县令的客人，去看望县令的人虽然不一定都是贤者，但怎么也不可能受到这样的礼遇。客人们稍有违法犯纪之行为，即使县令说情，也只能连累主人。

之字训变

汉高祖名讳邦，荀悦说："之字叫作国。汉惠帝讳字为盈，之字就叫满。"这里的"之"字，就是臣下为避讳"邦"字、"盈"字所用的代替字。大概是"之"字的义训变化。《左传》中说："周史把《周易》供献给陈侯时，陈侯让人占卜，遇到《观》就变为《否》。"大概是说《观》六四变而成为《否》。其他都是仿效这里的。

卷十六(二十则)

蹇氏父子

蹇周辅立江西、福建茶法，以害两路。其子序辰，在绍圣中，乞编类《元祐章疏案牍》，人为一帙，置在二府。由是缙绅之祸，无一得脱。此犹未足言，及居元符遏密中，肆音乐自娱。后守苏州，以天宁节与其父忌日同，辄于前一日设宴，及节日不张乐。其无人臣之义如是，盖举世未闻也。

神臂弓

神臂弓出于弩遗法，古未有也。熙宁元年，民李宏始献之入内，副都知张若水方受旨料简弓弩，取以进。其法以檿木为身，檀为铁为蹬子枪头，铜为马面牙发，麻绳札丝为弦，弓之身三尺有二寸，弦长二尺有五寸，箭木羽长数寸，射二百四十余步，入榆木半笴。神宗阅试，甚善之。于是行用，而他弓矢弗能及。绍兴五年，韩世忠又侈大其制，更名"克敌弓"，以与虏金战，大获胜捷。十二年词科试日，主司出《克敌弓铭》为题云。

蹇氏父子

蹇周辅建立了江西、福建的茶法，目的是危害这两个地方。他的儿子蹇序辰，在哲宗绍圣年间，请求编纂《元祐章疏案牍》，每个人编一帙，放置在二府中。从此官吏的祸害，就没有一个能够逃脱。这还不够满足，到了哲宗元符年间当上遏密中时，更是纵情用音乐来自我欢娱。后来又守苏州，因为天宁节和他父亲的忌日是同一天，就在前一天大摆宴席，到了节日那天就不再奏乐庆贺。这个人是多么没有做人臣的仁义，大概世界上再也不会听说有这类事。

神臂弓

神臂弓来自于弓弩的遗留下来的方法，在古代是没有的。宋神宗熙宁元年，百姓李宏最早把这一方法贡献给朝廷，副都知张若水于是就接受圣旨准备材料制造弓弩，并不断取得进展。这种所谓神臂弓的制造方法是用山桑木作弓身，用檀木作弓的两端，用铁做蹬子枪头，用铜制作马面牙发，用麻绳札上丝当弓弦，弓身长大约有三尺二寸，弦长有二尺五寸，箭木的羽毛长数寸，射程能达到二百四十多步，能把箭射入榆木半箭杆深。宋神宗亲自观看试验后，非常高兴。于是就开始使用，是其他任何弓箭都比不上的。高宗绍兴五年，韩世忠又进一步在制作方法上有所改进，用料更为讲究，并把名字改为“克敌弓”，并用这种弓和金兵作战，结果大获全胜。到了绍兴十二年宏词科考试的时

敕令格式

法令之书，其别有四，敕、令、格、式是也。神宗圣训曰：“禁于未然之谓敕；禁于已然之谓令；设于此以待彼之至，谓之格；设于此使彼效之，谓之式。”凡人笞杖徒流死，自例以下至断狱十有二门，丽刑名轻重者，皆为敕；自品官以下至断狱三十五门，约束禁止者，皆为令；命官庶人之等，倍全分厘之给，有等级高下者，皆为格；表奏、帐籍、关牒、符檄之类，有体制模楷者，皆为式。《元丰编敕》用此，后来虽数有修定，然大体悉循用之。今假宁一门，实载于格，而公私文书行移，并名为式假，则非也。

颜鲁公戏吟

陶渊明作《闲情赋》，寄意女色。萧统以为白玉微瑕。宋广平作《梅花赋》，皮日休以为铁心石肠人，而亦风流艳冶如此。《颜鲁公集》有七言联句四绝，其目曰：《大言》《乐语》《嚵语》《醉语》。于《乐语》云：“苦河既济其僧喜，新知满坐笑相视。戍客归来见妻子，学生放假偷向市。”《嚵语》云：“拈𫗧舐指不知休，欲炙侍立涎交流。过屠大候,主管人员出的题目竟是《克敌弓铭》。

敕令格式

法令方面的文章书写格式,共有四个类别,这就是常说的敕、令、格、式四种文体。宋神宗有圣训说:“禁止那些违法乱纪行为在未发生之前的文章叫作敕;对已经发生的坏行为进行制裁的文章叫作令;制定一些具体规定以防止类似事情的发生的文章叫作格;设置一些做法让人们仿效的文章叫作式。”从用木杖打到死刑,从例以下到断狱共有十二种,不管刑名轻重的,都属于敕;从品官以下到断狱有三十五种,凡是约束禁止的,都是令;命令官吏和平民划清等级,分清哪怕一分一厘的不同供给,凡有等级高下的,都属于格;表奏、帐籍、关牒、符檄之类的文章,凡是有体制楷模的,都叫作式。《元丰编敕》的分类就是根据以上要求,后来虽然有凡次修订,但是大体上全是袭用这些。如今假宁一类,实际上本来是属于格的,由于公私文书太多了,并命名为式假,那就是错的了。

颜鲁公戏吟

陶渊明曾作过一篇《闲情赋》,表达了对女色的兴趣和追求。萧统认为这对陶渊明来说是白玉微瑕。宋广平作过一篇《梅花赋》,而皮日休认为即使是铁石心肠的人,也有这样的风流艳遇。《颜鲁公集》中有七言联句四首七绝,四首的题目是:《大言》《乐语》《馋语》《醉语》。其中《乐语》一首是:“苦河既济真僧喜,新知满座笑相视。戍客归来见妻子,学生放假偷向市。”《馋语》说:“拈鎚舐指不知休,欲炙侍立涎交流。

嚼肯知羞，食店门外强淹留。”《醉语》云：“逢糟遇曲便酩酊，覆车坠马皆不醒。倒著接䍦发垂领，狂心乱语无人并。”以公之刚介守正，而作是诗，岂非以文滑稽乎？然语意平常，无可咀嚼，予疑非公诗也。

纪年用先代名

唐德宗以建中、兴元之乱，思太宗贞观、明皇开元为不可跂及，故改年为贞元，各取一字以法象之。高宗建炎之元，欲法建隆而下字无所本。孝宗以来，始一切用贞元故事。隆兴以建隆、绍兴，乾道以乾德、至道，淳熙以淳化、雍熙，绍熙以绍兴、淳熙，庆元以庆历，元祐也。

中舍

官制未改之前，初升朝官，有出身人为太子中允，无出身人为太子中舍，皆今通直郎也。近时士大夫或不能晓，乃称中书舍人为中舍，殊可笑矣。苏子美在进奏院，会馆职，有中舍者，欲预席。子美曰：“乐中既无筝、琶、筚、笛，坐上安有国、舍、虞、比。”国谓国子博士，舍谓中舍，虞谓虞部，比谓比部员外、郎中，皆任子官也。

过屠大嚼肯知羞,食店门外强淹留。”《醉语》一首是:“逢糟遇曲便酩酊,覆车坠马皆不醒。倒著接䍦发垂领。狂人乱语无人并。”以颜鲁公的为人,刚介守正,却作出这种诗,难道不是用做诗的方式搞滑稽吗?而且语意平常,没有多少韵味,我怀疑这些诗不一定是颜鲁公作的。

纪年用先代名

唐德宗因为建中、兴元年间发生了内乱,常思考太宗贞观和明皇开元年间繁荣兴旺是不可企及的,但还是要努力追求,于是把年号又改为贞元,各取贞观、开元年号中的一个字以表示效法。宋高宗建炎的年号,是想效法宋太祖建隆年号所以用了一个建字,但下面这个炎字却没有出处。宋孝宗以来,开始一切都效法贞元的制度和做法。所以,孝宗隆兴的年号来自于宋太祖的建隆和宋高宗的绍兴年号,孝宗的乾道年号来自于宋太祖的乾德和太宗的至道年号,孝宗的淳熙年号来自于太宗的淳化和雍熙年号,光宗的绍熙年号来自于高宗的绍兴和孝宗的淳熙年号,宁宗的庆元年号来自于仁宗的庆历和哲宗的元祐年号。

中舍

在官制设有改革之前,刚刚升入朝官的人,有门第出身的人就是太子中允,无门第出身的平民就是太子中舍,都相当于现在的通直郎。近些年士大夫中有的不太清楚,就把中书舍人称为中舍,这实在太可笑了。苏舜钦(字子美)在进奏院,任会馆职,有一个中舍,想入席。苏舜钦说:“乐队中既然没有筝、琶、筚、笛等乐器,座席上哪能有国、舍、虞、比之类的官员。”这里的国

多赦长恶

熙宁七年旱，神宗欲降赦，时已两赦矣。王安石曰："汤旱，以六事自责，曰政不节与？若一岁三赦，是政不节，非所以弭灾也。"乃止。安石平生持论务与众异，独此说为至公。近者六年之间，再行覃霈。婺州富人卢助教，以刻核起家，因至田仆之居，为仆父子四人所执，投置杵臼内，捣碎其躯为肉泥，既鞠治成狱，而遇己酉赦恩获免。至复登卢氏之门，笑侮之曰："助教何不下庄收谷？"兹事可为冤愤，而州郡失于奏论。绍熙甲寅岁至于四赦，凶盗杀人一切不死，惠奸长恶，何补于治哉？

奏谳疑狱

州郡疑狱许奏谳，盖朝廷之仁恩。然不问所犯重轻及情理蠹害，一切纵之，则为坏法。耿延年提点江东刑狱，专务全活死囚，其用心固善。然南康妇人，谋杀其夫甚明，曲贷其命，累勘官翻以失人被罪。予守赣，一将兵逃至外邑，杀村民于深林，民兄后知之，畏申官之费，即焚其尸，事发是指的国子博士，舍是指的中舍，虞说的是虞部，比说的是比部员外、郎中，都是些因父辈而当了官的任子宫。

多赦长恶

宋神宗熙宁七年天遇大旱，神宗打算降旨大赦，这一年里已经有两次大赦了。王安石建议："商汤时遇到旱灾，汤王用六件事情没办好而自责，不是说执政不够得当吗？现在如果一年三次大赦也是执政不够得当，这不是用来消灭或减少灾害的办法。"于是神宗就放弃了这种打算。王安石平生主张的理论和观点都是力求与众不同，只有这一观点特别公允。最近六年之间，两次遇到大雨。婺州有个富人叫卢助教，靠刻核起家，因为到了掌管皇上田猎车马的人的家里，被父子四人所控制，把他投进大的石臼内，将他捣成了肉泥，已经把父子四人定罪下狱了，因遇到己酉年的大赦而获得释放。于是他们再次登卢家之门，嘲笑侮辱说："卢助教为什么不到村庄里去收谷子呢？"这件事实在是太可恶了，可是州郡的官员没有奏论。光宗绍熙甲寅年竟达到一年四次大赦，凶恶的盗贼和杀人犯全都没有判死罪，这只能是对奸贼和凶恶之徒有好处，对治理国家有什么好处呢？

奏谳疑狱

州郡官员对下狱的某人某案有怀疑，便允许他们重新定罪，这大概就是朝廷的大恩大德。但是不管所犯罪行轻重和合不合情理，一切都放纵，就会危害法制。耿延年掌管江东刑狱时，专门用心保全救活死囚犯，这种用心本来是善良的。但是南康有一位妇女，谋杀了自己的丈夫，证据确凿，耿延年却想办法系狱，以杀时无证，尸不经验，奏裁刑寺辄定为断配。予持敕不下，复奏论之，未下而此兵死于狱。因记元丰中，宣州民叶元，以同居兄乱其妻而杀之，又杀兄子，而强其父与嫂约契，不讼于官。邻里发其事。州以情理可悯，为上请。审刑院奏欲贷，神宗曰："罪人已前死。奸乱之事，特出于叶元之口，不足以定罪，且下民虽为无知，抵冒法禁，固宜哀矜。然以妻子之爱，既杀其兄，仍戕其侄，又罔其父，背逆天理，伤败人伦，宜以殴兄至死律论。"此旨可谓至明矣。

医职冗滥

神宗董正治官，立医官，额止于四员。及宣和中，自和安大夫至翰林医官，凡一百十七人，直局至祗候，凡九百七十九人，冗滥如此。三年五月始诏大夫以二十员，郎以三十员，医效至祗候，以三百人为额，而额外人免改正，但不许作官户，见带遥郡人并依元丰旧制，然竟不能循守也。乾道三年正月，随龙医官、平和大夫、阶州团练使潘攸差判免了她的死罪，反过来还把负责此案的官员定罪下狱。我任赣州郡守时，有一个士兵逃到外地，在树林中杀死一个村民，这位被害者的哥哥后来知道了这件事，害怕报官方处理要花钱，就焚烧了弟弟了尸体，事发后被抓进监狱，因为杀人时没有证据，又无法验尸。因而经审理把杀人的士兵和焚尸的哥哥都定罪下狱。我拿着判决书没有下达，主张再次审理，重新审理还没有结果时，那个士兵就死在监狱里了。因此我想起了神宗元丰年间，宣州有一平民叫叶元，因为在一起居住的兄长奸污了自己的妻子而杀了兄长，又把兄长的儿子也杀了，又强迫自己的父亲和嫂子立下契约，不向官方诉讼。街坊邻居发现这件事之后，就向官方告发。州官因情理可以同情，向上请求免罪。审刑院启奏皇上打算免罪，神宗说：“有罪的人已经死在前面了，所谓奸乱的事，只是从叶元口中说出来的，无法定死去那人的罪，而且下边的民众也很难知情。反正他已被害，也算是抵了罪，本来也令人哀矜。然而出于对妻和子和爱心，既然已经杀了自己的哥哥，还杀了无辜的侄子，又逼迫自己的父亲，违背天理，败坏人伦，应该以殴打兄长至死罪来处治。”神宗的这一圣旨可以说是很英明的。

医职冗滥

宋神宗很善于监督管理官职制度，专门设立了医官职务，名额只限四个。到了徽宗宣和年间，从和安大夫到翰林医官一共有一百一十七人，从直局到祗候，共有九百七十九人，可以说十分庞大繁多。徽宗宣和三年五月才下诏定大夫二十名，郎官三十名，医效到祗候，共三百名为限额，额外的人员免去，但不允许留作官户，而见带遥郡人根据元丰年间的旧制度，竟然不遵守新制太医局，请给依能诚例支破。迈时在西掖，取会能诚全支本色，因依诚系和安大夫、潭州观察使，月请米麦百余硕，钱数百千，春冬绵绢之属，比他人十倍，因上章极论之，乞将攸合得请给，令户部照条支破。孝宗圣谕云："岂惟潘攸不合得，并能诚亦合住了。"即日御笔批依，仍改正能诚已得真俸之旨，旋又罢医官局。

切脚语

世人语音有以切脚而称者，亦间见之于书史中，如以蓬为勃笼，槃为勃阑，铎为突落，叵为不可，团为突栾，钲为丁宁，顶为滴顊，角为矻落，蒲为勃卢，精为即零，螳为突郎、诸为之乎，旁为步廊，茨为蒺藜，圈为屈挛，锢为骨露，窠为窟驼是也。

唐世辟寮佐有词

唐世节度、观察诸使，辟置寮佐以至州郡差掾属，牒语皆用四六，大略如告词。李商隐《樊南甲乙集》、顾云《编稿》、罗隐《湘南杂稿》，皆有之。故韩文公《送石洪赴河阳幕府序》云："撰书辞，具马币。"李肇《国史补》，载崖州差故相韦执谊摄军事衙推，亦有其文，非若今时只以吏牍度。孝宗乾道三年正月，随龙医官、平和大夫、阶州团练使潘攸指示太医局，请求按能诚的惯例突破交出金额。洪迈我当时正在西掖，正好了解能诚全部支出的情况，就按能诚的情况及和安大夫、潭州观察使的情况，每月请给米面一百多硕，钱的数额十万，至于春冬丝绸绢绵之类的东西，更是比其他人多十倍，于是就上奏章提议，请求将潘攸的要求给予满足，命令户部照章支付。孝宗圣谕说："难道只有潘攸不合算，能诚也差不多了。"当天皇御笔批准，仍然改正能诚已经得到的真实俸禄，立即又罢了他的医官。

切脚语

人们的语音方法中有一种叫切脚(反切)的很流行，在史书中也偶然可以见到，例如蓬的发音为勃笼，槃的读音为勃阑，铎的读音为突落，叵的读音为不可，团的读音为突栾，钲的读音为丁宁，顶的读音为滴顛，角的读音为矻落，蒲的读音为勃卢，精的读音为即零，螳的读音为突郎，诸的读音为之乎，旁的读音为步廊，茨的读音为蒺藜，圈的读音为屈挛，锢的读音为骨露，窠的读音为窟驼等等都是例证。

唐世辟寮佐有词

唐代的节度、观察诸使，从辟置寮佐以至于州郡差掾属，听写的官方文书语言上都是用四六句，大概和告词差不多。李商隐的《樊南甲乙集》、顾云的《编稿》、罗隐的《湘南杂稿》，其中都有不少四六文。所以韩愈先生的《送石洪赴河阳幕府序》中说："撰写文书所用的文辞，都是用汉代的四六之句。"李肇的行遣也。钱武肃在镇牒钟廷翰摄安吉主簿云："敕淮南、镇海、镇东等军节度使，牒将仕郎试秘书省校书郎钟廷翰，牒奉处分，前件官儒素修身，早升官绪，寓居霅水，累历星霜，克循廉谨之规，备显温恭之道。今者愿求录用，特议抡材，安吉属城印曹阙吏，俾期差摄，勉效公方，倘闻佐理之能，岂悋超升之奖？事须差摄安吉县主薄牒举者，故牒。贞明二年三月日。"牒后衔去："使、尚父、守尚书令、吴越王押。"此牒今藏于王顺伯家，其字画端严有法，其文则掌书记所撰，殊为不工，但印主不存矣。谓主簿为印曹，亦佳。

高子允谒刺

王顺伯藏昔贤墨帖至多，其一曰高子允诸公谒刺，凡十六人，时公美、徐振甫、余中、龚深父、元耆宁、秦少游、黄鲁直、张文潜、晁无咎、司马公休、李成季、叶致远、黄道夫、廖明略、彭器资、陈祥道，皆元祐四年朝士，唯器资为中书舍人，余皆馆职。其刺字或书官职，或书郡里，或称姓名，或只称名，既手书之，又斥主人之字，且有同舍、尊兄之目，风流气味，宛然可端拜，非若后之士大夫一付笔吏也。蔡忠惠公帖亦有其二：一曰，襄奉候子石兄起居，朔旦谨谒；一

《国史补》中，记载崖州差故相韦执谊统摄军事事务时，也有这样的文章，并不是像现在这样只以吏牍的方式行文遣词。钱武肃在镇牒钟廷翰摄安吉主簿中说：“警告淮南、镇海、镇东等军节度使，现有仕郎试秘书省校书郎钟廷翰，从前以文官素养涵养自身，早就有了升官的想法，但寓居霅水之畔，经历了岁月的风霜，严格遵循廉洁谨慎的行为规范，充分显示出追求温良恭俭的愿望。现在想请求录用，特请诸位考虑量才任能，安吉县下属的城印曹缺官吏，希望能让他补此差使，全力为公方效劳，倘若能听到他在辅佐料理方面的才能，难道还会吝啬超拔提升的奖励吗？这件事须麻烦安吉县主簿由文件推举，所以特写此牒。贞明二年三月某日。”文章后面还写有官衔署名：“使、尚父、守尚书令、吴越王押。”写得端严有法，文章由掌书记撰写，特别不够精练工巧，但是印证已经不存在了。把主簿说成印曹，也算不错。

高子允谒刺

王顺伯所珍藏的先代贤人墨客的墨帖很多，其中有一幅说是高子允诸位先贤的拜谒签名，一共十六个人，他们是时公美、徐振甫、余中、龚深父、元耆宁，秦少游、黄鲁直、张文潜、晁无咎、司马公休、李成季、叶致远、黄道夫、廖明略、彭器资、陈祥道，他们都是哲宗元祐四年的朝士，只有彭器资一人是中书舍人，其余都是馆职。他们的签名有的写的是官职，有的写的是家乡故里的名字，有的是姓名，有的只写名字而无姓，各人手书完以后，还有主人的签字，而且有同学、尊兄等名目，才子风流的气味，跃然纸上，令人肃然起敬，与后代的士大夫们一律写上官曰，襄别洪州少卿学士。盖又在前帖三十年之先也。

蔡君谟书碑

欧阳公作《蔡君谟墓志》云："公工于书画，颇自惜，不妄与人书。仁宗尤爱称之，御制《元舅陇西王碑文》，诏公书之。其后命学士撰《温成皇后碑文》，又敕公书，则辞不肯，曰：'此待诏职也。'"国史传所载，盖用其语。比见蔡与欧阳一帖云："曩者得侍陛下清光，时有天旨，令写御撰碑文、宫寺题榜。至有勋德之家，干请朝廷出敕令书。襄谓近世书写碑志，则有资利，若朝廷之命，则有司存焉，待诏其职也。今与待诏争利其可乎？力辞乃已。"盖辞其可辞，其不可辞者不辞也。然后知蔡公之旨意如此。虽勋德之家，请于朝出敕令书者，亦辞之，不止一《温成碑》而已。其清介有守，后世或未知之，故载于此。

杨涉父子

唐杨涉为人和厚恭谨。哀帝时，自吏部侍郎拜相。时朱全忠擅国，涉闻当为相，与家人相泣，谓其子凝式曰："此吾吏职务等大为不同。蔡忠惠先生的墨帖也有两张，一张帖子上写着：襄奉候子石兄起居，朔旦谨谒；另一张帖子上写着：襄别洪州少卿学士。大概时间在前帖的三十年之前。

蔡君谟书碑

欧阳修先生所做的《蔡君谟墓志》中说：“蔡公在书画方面颇为见长，但从不随便给人写字画画。宋仁宗特别喜欢他的书画，御制的《元舅陇西王碑文》，仁宗专门指示让蔡公书写。不久以后又命令学士撰写了《温成皇后碑文》，又下指示请蔡公书写，可他坚辞不肯，说：‘这是待诏职的任务。’”宋史传中所记载的，大概用的就是欧阳修先生的话。不久前看到蔡君送给欧阳修先生的一副帖子中说：“从前得以受到皇帝陛下垂爱，经常有圣旨，命令我写御撰碑文、宫寺题榜，至于有功勋和仁德的家庭，就请朝廷下批令让我写字。蔡襄我感到近来书写碑志，就会有资利；若奉朝廷之命写，就有专门机关保存，那是待诏的职责。如今让我和待诏争名夺利能行吗？所以我就坚决谢绝。”大概蔡公推辞的都是可以推辞的，而那些无法推辞的他也就不推辞了。从而我们就知道了蔡先生的想法就是这样。虽然是有功劳有仁德的大家族，请朝廷下指令让蔡先生写的，也可以拒绝，不止一个《温成碑》。蔡先生的清正耿介，刚直不阿，后代的人不一定知道，所以记载在这里。

杨涉父子

唐代的杨涉为人和蔼厚道，恭敬谨慎。唐哀帝的时候，他从吏部侍郎的职位上被提升为宰相。当时正是朱全忠把持朝家之不幸也，必为汝累。”后二年全忠篡逆，涉为押传国宝使，凝式曰：“大人为唐宰相，而国家至此，不可谓之无过，况手持天子玺绶与人，虽保富贵，奈千载何，盍辞之？”涉大骇，曰：“汝灭吾族！”神色为之不宁者数日。此一杨涉也，方其且相，则对其子有不幸之语，及持国宝与逆贼，则骇其子劝止之请，一何前后之不相侔也？鄙夫患失，又惩白马之祸，丧其良心，甘入“六臣”之列，其可羞也甚矣！疑式病其父失节，托于心疾，历五代十二君，佯狂不仕，亦贤乎哉！

佛胸卍字

《法苑珠林》叙佛之初生云：“开卍字于胸前，蹑千轮于足下。”又《占相部》云：“如来至真，常于胸前自然卍字，大人相者乃往古世蠲除秽浊不善行故。”予于《夷坚丁志》中载蔡京胸字，言“京死后四十二年迁葬，皮肉消化已尽，独心胸上隐起一卍字，高二分许，如镌刻所就。”正与此同。以大奸误国之人，而有此祥，诚不可晓也。岂非天崩地坼，造化定数，故产地异物，以为宗社之祸邪！

政，专权擅国的时候，杨涉听说让自己当宰相时，和家里人一起痛哭流涕，对他儿子杨凝式说："这是我们家的大不幸，一定会连累你们。"二年后，朱全权篡权反唐，杨涉又任押传国宝使，他儿子杨凝式说："您老本来是唐朝宰相，国家到了这个地步，您不能说没有错过，况且您把手中保管的天子玉玺交给了别人，这样虽然保全了富贵，可对后代如何交代，您何不去辞去职务？"杨涉听了心惊肉跳，说："你这是要灭我们家族啊！"因此神色不安，心慌意乱了好几天。这里同一个杨涉，当他将坐宰相时，就对自己儿子有不幸的话，而到了他把国宝交给逆贼朱全忠后，则又被自己儿子劝说之词吓破了胆，为什么前后这么不同呢？卑鄙的人担心自己失去富贵，又参与惩治白马之祸，丧失了自己的良心，甘心情愿加入"六臣"之列，实在是太卑鄙无耻了！杨凝式对自己父亲的失节痛心疾首，成了一块大大的心病，他经历了五代时期的十二个君主，但都佯装疯狂而不去做官，这不也是很贤明的吗？

佛胸卍字

《法苑珠林》里叙述佛的初生时说："在胸开个卍字，脚下就像踩着千只车轮。"《占相部》中又说："如来佛是至高真人，常在胸前自然而然地画上卍字，如果是大人物胸前画上卍就意味着消除污秽、邪恶等不善良的行为。"我在《夷坚丁志》中记载蔡京胸前的字，说"蔡京死后四十二年，他的墓被迁徙，皮肉早就消化得无踪影了，只有心胸上肉未消化并隐约显现出一个卍字，高二分多，就像用刀刻成的一样。"这正好与《占相部》中所说相同。以蔡京这样一个大奸贼，一个祸国殃民的人，却有

苏涣诗

杜子美《赠苏涣诗序》云："苏大侍御涣，静者也，旅寓江侧，凡是不交州府之客，人事都绝久矣。肩舆江浦，忽访老夫，请诵近诗，肯吟数首，才力素壮，词句动人，涌思雷出，书箧几杖之外，殷殷留金石声。赋八韵记异，亦记老夫倾倒于苏至矣。"诗有"再闻诵新作，突过黄初时"之语。又有一篇《寄裴道州并呈苏涣侍御》云："附书与裴因示苏，此生已愧须人扶。致君尧舜付公等，早据要路思捐躯。"其褒重之如此。《唐·艺文志》，有涣诗一卷，云："涣少喜剽盗，善用白弩，巴蜀商人苦之，称'白跖'，以比庄蹻。后折节读书，进士及第。湖南崔瓘武器辟从事，继走交、广，与哥舒晃反，伏诛。"然则非所谓静隐者也。涣在广州作变律诗十九首，上广府帅，其一曰："养蚕为素丝，叶尽蚕不老。顷筐对空床，此意向谁道。一女不得织，万夫受其寒。一夫不得意，四海行路难。祸亦不在大，福亦不在先。世路险孟门，吾徒当勉旃。"其二曰："毒蜂一巢成，高挂恶木枝。行人百步外，目断魂为飞。长安大道边，挟弹谁家儿？手持黄金丸，引满无所疑。一中纷下来，势若风雨随。身如万箭攒，宛转送所之。徒有疾恶心，奈何不知几！"读此二诗，可以知这样的吉祥之兆，实在是让人无法理解。难道说是天崩地裂，造化定数，才产生了这样一个异物，用来为宗社国家制造灾祸的吗？

苏涣诗

杜甫有一首赠给苏涣的诗，诗前的小序说："苏涣大侍御，是个爱清静的人，他旅居江畔时，凡是州府之客人一概不与结交，长期断绝与官府打交道。一次偶然在江浦碰面，他忽然来访老夫，我请求他朗诵近来的诗作，他答应为我吟诵了几首，他的诗才气颇高，词句动人，思路敏捷，且声音洪亮有力，可传至几丈之外，殷殷留有金石之声。现特赋八韵记载意外收获，也表达老夫对苏涣的倾倒敬慕之情。"诗中有"再闻诵新作，突过黄初诗"的句子。杜甫还有一篇题目是《寄裴道州并呈苏涣侍御》，诗中说："附书与裴因示苏，此生已愧须人扶。致君尧舜付公等，早据要路思捐躯。"其中对苏涣的褒奖敬重溢于言表。《唐书·艺文志》中有苏涣的诗一卷，对苏涣的介绍是："苏涣小时候喜欢剽窃偷盗，擅长使用白弩，巴蜀一带的商人都很怕他，称他是'白跖'，把他比作是庄蹻。后来洗手不干专心读书，终于进士及第。跟随湖南崔瓘做事，先后到交州、广州，后来与哥舒晃谋反，事败后被诛死。"看来苏涣并不是一个清静寡欲的隐者。苏涣在广州时曾创作变律诗十九首，上献给广州府帅，其一是："养蚕为素丝，叶尽蚕不老。倾筐对空床，此意向谁道。一女不得织，万夫受其寒。一夫不得意，四海行路难。祸亦不在大，福亦不在先。世路险孟门，吾徒当勉旃。"其二是："毒蜂一巢成，高挂恶木枝。行人百步外，目断魂为飞。长安大道边，挟弹谁家其人矣。杜赠涣诗，名为记异，语意不与他等，厥有旨哉！

岁后八日

《东方朔占书》，岁后八日，一为鸡，二为犬，三为豕，四为羊，五为牛，六为马，七为人，八为谷，谓其日晴，则所主之物育，阴则灾。杜诗云："元日到人日，未有不阴时。"用此也。八日为谷，所系尤重，而人罕知者，故书之。

门焉闺焉

《左氏传》好用"门焉"字，如"晋侯围曹，门焉"，"齐侯围龙，卢蒲就魁门焉"，"吴伐巢，吴子门焉"，"偪阳人启门，诸侯之士门焉。"及"蔡公孙翩以两矢门之"，"门于师之梁"，"门于阳州"之类，皆奇葩之语也。然《公羊传》云："入其大门，则无人门焉者；入其闺，则无人闺焉者；上其堂，则无人焉。"又杰出有味。何休注"堂无人焉"之下曰："但言焉，绝语辞，堂不设守视人，故不言焉者。"休之学可谓精切，能尽立言之深意。

儿？手持黄金丸，引满无所疑。一中纷下来，势若风雨随。身如万箭攒，宛转送所之。徒有疾恶心，奈何不知几？”读了这两首诗，就可以了解苏涣其人了。杜甫赠苏涣的诗名为记异，语意与别的诗不同，这里边恐怕有更深的意义！

岁后八日

《东方朔占书》中说，新年后的八天，第一天是代表鸡，第二天是犬，第三天是猪，第四天是羊，第五天是牛，第六天是马，第七天是人，第八天是谷。还说哪一天天气晴朗，那么它所代表的生物就会繁荣兴旺，哪一天天气阴暗，它所代表的生物就会遇到灾难。杜甫的诗歌中说：“元日到人日，未有不阴时。”大概就是从这里来的。第八天是代表谷物的，它的关系尤其重大，但人们很少知道，所以写在这里。

门焉闺焉

《左传》里边好用“门焉”二字，如“晋侯率兵围曹国，门焉”，“齐侯率兵包围龙地，卢薄就魁门焉”，“吴军讨代巢地，吴子门焉”，偪阳人攻打城门，诸侯的兵士们门焉。”这里所有的“门焉”都是“围住城门”“守住城门”的意思。还有“蔡国的公孙翩用两支箭门之”，“门于师之梁”，“门于阳州”之类，都是“门”字当动词使用有“射门”“围困”等意，都是“门”字的奇特用法，可以说是语言中的奇葩。然而《公羊传》中说：“进入他们的大门，可是没有人门焉者；进入他们的闺门，也没有人闺焉者；登上他们的殿堂，就没有人了。”这里的“门焉者”相当于“夺门”或“守在门边”；而“闺焉者”的意思是“守闺门”，对

郡县主婿官

本朝宗室祖免亲女出嫁，如婿系白身人，得文解者为将仕郎，否则承节，承信郎，妻虽死，夫为官如故。按唐贞元中，故怀泽县主婿检校赞善大夫窦克绍状言："臣顷以国亲，超授宠禄，及县主薨逝，臣官遂停。臣陪位出身，未授检校官，自有本官，伏乞宣付所司，许取前衔婺州司户参军随例调集。"诏："许赴集，仍委所司比类前任正员官依资注拟。自今已后，郡县主婿除丁忧外，有曾任正员官检校官俸料后者，准此处分。"乃知婿官不停者，恩厚于唐世多矣。绍兴中，高士轰尚伪福国长公主，至观察使。及公主事发诛死，犹得故官，可谓优渥。

乐府诗引喻

自齐、梁以来，诗人作乐府《子夜四时歌》之类，每以前句比兴引喻，而后句实言以证之。至唐张祜、李商隐、温庭筠、陆龟蒙，亦多此体，或四句皆然。今略书十数联于策。其四句者，如"高山种芙蓉，复经黄檗坞。果得一莲时，流

“门”字的用法可以说杰出有味。何休在“堂无人焉”下面加注说：“如只说‘焉’字是结语词，堂前没有安排看护人，所以不说焉。”何休的学问可以说很精当，能够把语言的深意全部揭示出来。

郡县主婿官

凡宋朝宗室同一高祖的兄弟的亲女儿出嫁，如女婿是没有官职出身的人，有较高文化的任命为将仕郎，否则就是承节，承信郎，即使妻子死了，丈夫的官职也依然如故。据考证在唐代贞元年间，原来的怀泽县主婿检校赞善大夫窦克绍有状子说：“臣我不久前才成为国戚，受到皇上的恩宠并有俸禄，到了县公主去世以后，我的官职马上就被停了。我是陪位出身，没有被授予检校官，只有一个官位，还请有关部门，答应我按原来的官衔婺州司户参军随时服从调集。”皇上诏说：“允许赴集，仍然按原来的官职对待。从今以后，郡县主婿除了父母已经双亡者之外，有曾经担任正员官而停了他们的检校官俸禄的，按此办理。”因此才知道婿官如不被停止的人，在唐代享受皇上厚恩的多啦。高宗绍兴年间，高士轰娶了假的福国长公主，他自己官至观察使。到了公主事情败露被诛死后，他仍然有原来的官职，可以说待遇丰厚。

乐府诗引喻

从齐、梁以来，诗人们作乐府诗《子夜四时歌》之类的很多，大都是用前句来比兴或引喻，而用后句言实而证明。一直到唐代的张祜、李商隐、温庭筠、陆龟蒙，也都多有这种体式，或者四句都是这样。现在大略书写十几联。四句的如“高山种芙离婴辛苦。”“窗外山魈立，知渠脚不多。三更机底下，摸着是谁梭。”“淮上能无雨，回头总是情。薄帆浑未织，争得一欢成。”其两句者，如“风吹荷叶动，无夜不摇莲。”“空织无经纬，求匹理自难。”“围棋烧败袄，著子故依然。”“理丝入残机，何悟不成匹。”“摘门不安横，无复相关意。”“黄檗向春生，苦心日日长。”“明灯照空局，悠然未有期。”“玉作弹棋局，中心最不平。”“剪刀横眼底，方觉泪难裁。”“中擘庭前枣，教郎见赤心。”“千寻葶苈枝，争奈长长苦。”“愁见蜘蛛织，寻思直到明。”“双灯俱暗尽，奈许两无由。”“三更书石阙，忆子夜啼悲。”“芙蓉腹里萎，怜汝从心起。”“朝看暮牛迹，知是宿啼痕。”“梳头入黄泉，分作两死计。”“石阙生口中，衔悲不能语。”“桑蚕不作茧，昼夜长悬丝。”皆是也。龟蒙又有《风人诗》四首云：“十万全师出，遥知正忆君。一心如瑞麦，长作两歧分。”“破檗供朝爨，须知是苦辛。晓天窥落宿，谁识独醒人。”“旦日思双屦，明时愿早谐。丹青传四渎，难写是秋怀。”“闻道更新帜，多应废旧期。征衣无伴捣，独处自然悲。”皮日休和其三章云：“刻石书离恨，因成别后悲。莫言春茧薄，犹有万重思。”“镂出容刀饰，亲逢巧笑难。目中骚客佩，争奈即阑干。”“江上秋声起，从来浪得名。逆风犹挂席，苦不会凡情。”刘采春所唱云：“不是厨中串，争知炙里心。井边银钏落，展转恨还深。”“簳蜡为红烛，情知不自由。细丝斜结网，争奈眼相钩。”尤为明白。七言亦间有之，如“东边日蓉，复经黄檗坞。果得一莲时，流离婴辛苦。”“窗外山魈立，知渠脚不多。三更机底下，摸着是谁梭。”“淮上能无雨，回头总是情。蒲帆浑未织，争得一欢成。”两句的如“风吹荷叶动，无夜不摇莲。”“空织无经纬，求匹理自难。”“围棋烧败袄，著子故依然。”“理丝入残机，何悟不成匹。”“撬门不安横，无复相关意。”“黄檗向春生，苦心日日长。”“明灯照空局，悠然未有期。”“玉作弹棋局，中心最不平。”“剪刀横眼底，方觉泪难裁。”“中擘庭前枣，教郎见赤心。”“千寻葶苈枝，争奈长长苦。”“愁见蜘蛛织，寻思直到明。”“双灯俱暗尽，奈许两无由。”“三更书石阙，忆子夜啼悲。”“芙蓉腹里萎，怜汝从心起。”“朝看暮牛迹，知是宿啼痕。”“梳头入黄泉，分作两死计。”“石阙生口中，衔悲不能语。”“桑蚕不作茧，昼夜长悬丝。”这些都是上句比兴引喻，下句实言证明。陆龟蒙还有《风人诗》四首：“十万全师出，遥知正忆君。一心如瑞麦，长作两歧分。”“破檗供朝爨，须知是苦辛。晓天窥落宿，谁识独醒人。”“旦日思双屦，明时愿早谐。丹青传四渎，难写是秋怀。”“闻道更新帜，多应废旧期。征衣无伴捣，独处自然悲。”皮日休和陆龟蒙诗有三首：“刻石书离恨，因成别后悲。莫言春茧薄，犹有万重思。”“镂出容刀饰，新逢巧笑难。目中骚客佩，争奈即阑干。”“江上秋声起，从来浪得名。逆风犹挂席，苦不会凡情。”刘采春也有诗：“不是厨中串，争知炙里心。井边银钏落，展转恨还深。”“簳蜡为红烛，情知不自由。细丝斜结网，争奈眼相钩。”写得特别明白。七言乐府诗偶然也有，如“东边日出西边雨，道是无情又有情。”“玲珑骰子安红豆，入骨相思知也无？”“合欢桃核真堪恨，里许元来别有人”等都是。近代的出西边雨，道是无情又有情。”“玲珑骰子安红豆，入骨相思知也无？”“合欢桃核真堪恨，里许元来别有人。”是也。近世鄙词，如《一落索》数阕，盖效此格，语意亦新工，恨太俗耳，然非才士不能为。世传东坡一绝句云：“莲子擘开须见薏，楸枰著尽更无棋，破衫却有重缝处，一饭何曾忘却匙。”盖是文与意并见一句中，又非前比也。集中不载。

一些低级趣味的词，如《一落索》数阕，大概都是效仿这种格式写成的。语言倒也新奇工巧，遗憾的是太俗了，但又不是一般人所能写出来的，非有文才不可。人们传诵着东坡先生的一首绝句："莲子擘开须见薏，楸枰著尽更无棋。破衫却有重缝处，一饭何曾忘却匙。"这全是文和意同时存在于一句之中，又不是前边的诗所能比的。但东坡诗集中却没有刊载。

文 / 白 / 对 / 照

容齋隨筆

四笔

〔宋〕洪　迈　著
王兴亚 主编

团结出版社

目　录

卷一（十九则）

孔庙位次 …………………… 1386
周三公不特置 ……………… 1386
周公作金縢 ………………… 1388
云梦泽 ……………………… 1388
关雎不同 …………………… 1390
迷痴厥拨 …………………… 1392
三馆秘阁 …………………… 1392
亭榭立名 …………………… 1394
十十钱 ……………………… 1396
犀舟 ………………………… 1396
毕仲游二书 ………………… 1398
列子与佛经相参 …………… 1402
韦孟诗乖疏 ………………… 1404
匡衡守正 …………………… 1404
西极化人 …………………… 1408
诏令不可轻出 ……………… 1408
战国策 ……………………… 1410
范晔汉志 …………………… 1410
缮修犯土 …………………… 1412

卷二（二十则）

诸家经学兴废 ……………… 1414
汉人姓名 …………………… 1418
轻浮称谓 …………………… 1418
鬼谷子书 …………………… 1420
有美堂诗 …………………… 1422
张天觉小简 ………………… 1422

城狐社鼠 …………………… 1424
用兵为臣下利…………………… 1424
志文不可冗 …………………… 1426
赵杀鸣犊 …………………… 1428
五帝官天下 …………………… 1428
黄帝李法 …………………… 1430
抄传文书之误…………………… 1432
二十八宿 …………………… 1434
大观元夕诗 …………………… 1434
颜鲁公帖 …………………… 1436
文潞公奏除改官制 ………… 1436
待制知制诰 …………………… 1438
裴行俭景阳 …………………… 1440
北人重甘蔗 …………………… 1440

卷三（十六则）

韩退之张籍书…………………… 1444
韩公称李杜 …………………… 1446
此日足可惜 …………………… 1448
粉白黛黑 …………………… 1448
李杜往来诗 …………………… 1450
李太白怖州佐…………………… 1450
祝不胜诅 …………………… 1454
吕子论学 …………………… 1454
曾太皇太后 …………………… 1456
中天之台 …………………… 1456
实年官年 …………………… 1458
雷公炮炙论 …………………… 1460
治药捷法 …………………… 1462
陈翠说燕后 …………………… 1464
燕非强国 …………………… 1466
水旱祈祷 …………………… 1470

卷四（十五则）

今日官冗 …………………… 1472
栾城和张安道诗 ……………… 1474
和范杜苏四公…………………… 1476
外台秘要 …………………… 1478
六枳关…………………… 1478
王荆公上书并诗 ……………… 1480
左黄州表 …………………… 1482
李郭诏书 …………………… 1484

两道出师 …… 1486
杜韩用歇后语 …… 1488
唐明皇赐二相物 …… 1490
一百五日 …… 1490
老杜寒山诗 …… 1492
礜石之毒 …… 1492
会合联句 …… 1494

卷五（十四则）

土木偶人 …… 1500
饶州风俗 …… 1500
禽畜菜茄色不同 …… 1502
伏龙肝 …… 1504
勇怯无常 …… 1504
赵德甫金石录 …… 1506
韩文公荐士 …… 1512
王勃文章 …… 1518
吕览引诗书 …… 1520
蓝田丞壁记 …… 1520
钱武肃三改元 …… 1522
黄庭换鹅 …… 1526
宋桑林 …… 1528
冯夷姓字 …… 1528

卷六（十五则）

韩文公逸诗 …… 1532
窦叔向诗不存 …… 1532
用柰花事 …… 1536
王廖儿良 …… 1536
徙木偾表 …… 1538
建武中元续书 …… 1540
草驹聋虫 …… 1542
记李履中二事 …… 1542
乾宁覆试进士 …… 1546
临海蟹图 …… 1550
东坡作碑铭 …… 1554
洗儿金钱 …… 1556
告命失故事 …… 1558
扁字二义 …… 1560
娑罗树 …… 1560

卷七（十四则）

天咫……1566
县尉为少仙……1566
杜诗用受觉二字……1568
西太一宫六言……1570
由与犹同……1572
人焉廋哉……1572
久而俱化……1576
黄文江赋……1578
沈季长进言……1580
繁遏渠……1584
替戾冈……1586
文潞公平章重事……1586
考课之法废……1590
小官受俸……1594

卷八（十七则）

库路真……1598
得意失意诗……1598
狄监卢尹……1598
项韩兵书……1600
承天塔记……1602
穆护歌……1604
省试取人额……1604
通印子鱼……1606
寿亭侯印……1608
茸附治疽漏……1610
莆田荔枝……1610
双陆不胜……1612
华元入楚师……1614
公羊用叠语……1616
文书误一字……1616
历代史本末……1618
贤者一言解疑谮……1624

卷九（十六则）

蒋魏公逸史 …………………… 1628
沈庆之曹景宗诗 ……………… 1632
蓝尾酒…………………………… 1634
欧阳公辞官 …………………… 1636
南北语音不同………………… 1638
南舟北帐 ……………………… 1640
魏冉罪大 ……………………… 1642
辩秦少游义倡………………… 1644
姓源韵谱 ……………………… 1646
誉人过实 ……………………… 1648
作文句法 ……………………… 1648
书简循习 ……………………… 1650
健讼之误 ……………………… 1652
用史语之失 …………………… 1656
文字书简谨日………………… 1658
更衣 …………………………… 1660

卷十（十七则）

过所 …………………………… 1662
露布 …………………………… 1664
东坡题潭帖 …………………… 1666
山公启事 ……………………… 1668
亲王回庶官书………………… 1670
责降考试官 …………………… 1670
青莲居士 ……………………… 1672
闽俗诡秘杀人………………… 1674
富从迁官 ……………………… 1676
唐藩镇行墨敕………………… 1676
吏部循资格 …………………… 1678
五行纳音 ……………………… 1682
五行化真 ……………………… 1684
钱忠懿判语 …………………… 1684
王逸少为艺所累 ……………… 1686
鄂州南楼磨崖………………… 1690
赏鱼袋出处 …………………… 1692

卷十一（十八则）

京丞相转官……1694
熙宁司农牟利……1696
文与可乐府……1698
讥议迁史……1700
常何……1702
李密诗……1704
寺监主簿……1704
温大雅兄弟名字……1706
册府元龟……1708
汉高帝祖称丰公……1712
枢密行香……1714
船名三翼……1714
东坡诲葛延之……1716
用书云之误……1718
张鷟讥武后滥官……1720
唐王府官猥下……1722
御史风闻……1724
唐御史迁转定限……1724

卷十二（十三则）

小学不讲……1728
主臣……1734
景华御苑……1734
州升府而不为镇……1736
汉唐三君知子……1738
当官营缮……1738
治历明时……1742
仕宦捷疾……1744
词臣益轻……1748
夏英公好处……1748
祖宗用人……1750
至道九老……1752
李文正两罢相……1754

卷十三（二十四则）

科举之弊不可革 ……………… 1758
宰执子弟廷试……………………… 1760
国初救弊 ………………………… 1760
房玄龄名字 ……………………… 1762
二朱诗词 ………………………… 1764
金刚经四句偈…………………… 1764
四莲花之名 ……………………… 1766
黑法白法 ………………………… 1766
多心经偈 ………………………… 1768
天宫宝树 ………………………… 1768
白分黑分 ………………………… 1768
月双闰双 ………………………… 1770
逾缮那一由旬…………………… 1770
七极微尘 ………………………… 1770
宰相赠本生父母官 …………… 1770
执政赠三代不同 ……………… 1772
唐孙处约事 ……………………… 1772
夏侯胜京房两传 ……………… 1776
汉人坐语言获罪 ……………… 1776
枢密书史 ………………………… 1778
知州转运使为通判 …………… 1778
范正辞治饶州…………………… 1780
荣王藏书 ………………………… 1782
秦杜八六子 ……………………… 1782

卷十四（十四则）

祖宗亲小事 ……………………… 1786
王居正封驳 ……………………… 1788
王元之论官冗…………………… 1790
梁状元八十二岁 ……………… 1792
太宗恤民 ………………………… 1794
潘游洪沈 ………………………… 1794
舞鸥游蜻 ………………………… 1796
郎中用资序 ……………………… 1796
台谏分职 ………………………… 1798
贞元朝士 ………………………… 1800
表章用两臣字对 ……………… 1802
刘梦得谢上表…………………… 1804
陈简斋葆真诗…………………… 1810
仙传图志荒唐…………………… 1810

卷十五（十五则）

徽庙朝宰辅……1814
教官掌笺奏……1816
经句全文对……1816
北郊议论……1818
讨论滥赏词……1820
尺八……1824
三给事相攻……1824
朱藏一诗……1826
蔡京轻用官职……1826
节度使改东宫环卫官……1828
宰相任怨……1830
四李杜……1830
浑脱队……1832
岁阳岁名……1832
官称别名……1836

卷十六（十二则）

汉重苏子卿……1840
昔贤为卒伍……1842
兵家贵于备预……1844
渠阳蛮俗……1844
寄资官……1848
亲王带将仕郎……1850
郡县用阴阳字……1850
杜畿李泌董晋……1854
严有翼诋坡公……1858
曹马能收人心……1860
取蜀将帅不利……1862
李峤杨再思……1864

容斋四笔

卷一（十九则）

孔庙位次

自唐以来，相传以孔门高弟颜渊至子夏为十哲，故坐祀于庙堂上。其后升颜子配享，则进曾子于堂，居子夏之次以补其阙。然颜子之父路、曾子之父点，乃在庑下从祀之列，子处父上，神灵有知，何以自安？所谓子虽齐圣，不先父食，正谓是也。又孟子配食与颜子并，而其师子思、子思之师曾子亦在下。此两者于礼、于义，实为未然，特相承既久，莫之敢议耳。

周三公不特置

周成王董正治官，立太师、太傅、太保，兹惟三公，而云："官不必备，惟其人。"以书传考之，皆兼领六卿，未尝特置也。周公既为师，然犹位冢宰。《尚书》所载召公以太保领冢宰，芮伯为司徒，彤伯为宗伯，毕公以太师领司马，卫侯为司寇，毛公以太傅领司空是已。其所次第惟以六卿为先后，而师傅之尊乃居太保下也。

孔庙位次

自唐朝以来，相传以孔门的高徒从颜渊到子夏共十人为十哲，所以排列祭祀于孔庙的正堂之上。后来升颜子为孔子配享，于是又增补曾子坐祀正堂，位居子夏之下。然而颜子之父颜路、曾子之父曾点，却排列在正堂周围的廊房从祀，儿子位居父亲之上，若神灵有知，怎么可以自安呢？所说的儿子虽在圣人之列，不先于父用食，就是这个道理。再者，孟子配享与颜子并列，而孟子的老师子思、子思的老师曾子，也位居颜子之下。以上两种情况，实际上与礼、与义都是相违背的，只不过是相传承袭的时间长了，没有谁敢提出异议罢了。

周三公不特置

周成王厘正官制，设立太师、太傅、太保官，即谓三公，并认为："官不一定齐备，只要有得力的人才就可以了。"以经书传疏考之，三公都兼领六卿职务，未曾特别设置。周公为太师时，还位居冢宰（宰相）职。《尚书》中记载召公以太保兼领冢宰职，芮伯为司徒，彤伯为宗伯，毕公为太师兼领司马，卫侯为司寇，毛公以太傅兼领司空，都是这类情况。他们所排列的品位次第，也只以六卿的高下为准，而三公中太师、太傅的位次又居于太保之下。

周公作金縢

《尚书》孔氏所传五十九篇皆有序，其出于史官者不言某人作，如《虞书》五篇，纪一时君臣吁谟都俞及识其政事。如《说命》《武成》《顾命》《康王之诰》《召诰》自“惟二月既望”至“越自乃御事”，《洛诰》自“戊辰王在新邑”至篇终，《蔡仲之命》自“惟周公位冢宰”至“邦之蔡”皆然。如指言某人所作，则伊尹作《伊训》《太甲》《咸有一德》，《盘庚》三篇，周公作《大诰》《康诰》《酒诰》《梓材》《多士》《无逸》《君奭》《多方》《立政》是也。惟《金縢》之篇，首尾皆叙事，而直以为周公作。案，此篇除册祝三王外，余皆《周史》之词，如“公乃自以为功”“公归纳册”“公将不利于孺子”“公乃为诗以贻王”“王亦未敢诮公”“公命我勿敢言”“天动威以彰周公之德”“公勤劳王家”之语。“出郊”“反风”之异，决非周公所自为，今不复可质究矣。

云梦泽

云梦，楚泽薮也，列于《周礼·职方氏》。郑氏曰：“在华容。”《汉志》有云梦官。然其实云也、梦也，各为一处。《禹贡》所书：“云土梦作乂。”注云：“在江南。”惟《左传》得其详，如郧夫夫人弃子文于梦中。注云：“梦，泽名，在江夏安陆县城东南。”楚子田江南之梦。注云：“楚之云、梦跨江南北。”楚子济江入于云中。注：“入云泽中，所谓江南之梦。”然则，云在江之北，梦在其南也。《上林赋》：“楚有七

周公作金縢

《尚书》中由孔氏所传下的五十九篇文章都有序言，出于史官所做的篇目，不讲是某人所作，如《虞书》五篇，记述当时的君臣对话辩论及政治事务。《说命》《武成》《顾命》《康王之诰》《召诰》自“惟二月既望”至“越自乃御事”，《洛诰》自“戊辰王在新邑”至篇末，《蔡仲之命》中自“惟周公位冢宰”至“邦之蔡”，都是这样。如有的明确指出为某人所作，有伊尹作《伊训》《太甲》《咸有一德》，《盘庚》中三篇，周公作《大诰》《康诰》《酒诰》《梓材》《多士》《无逸》《君奭》《多方》《立政》之类。只有《金縢》一篇，首尾都叙述事情，而直接标明为周公所作。按此篇中除了册命祝告三王的文书外，其余都是《周书》中的词句，如“公乃自以为功”“公归纳册”“公将不利于孺子”“公乃为诗以贻王”“王亦未敢诮公”“公命我勿敢言”“天动威以彰周公之德”“公勤劳王家”等语。其中“出郊”“反风”的异常记述，决非周公自己所作，现在已不可能再细究了。

云梦泽

云梦（大致包括今湖北江汉平原及附近部分丘陵山峦地区），是楚国的一处沼泽地，在《周礼·职方氏》中有记载。郑氏说：“在华容（今湖北潜江县西南）境内。”《汉书·地理志》中记有云梦地区的官。其实“云”和“梦”各是一个地方。《禹贡》记载：“云土梦作乂。”其注释说：“在长江以南。”只有《左传》记载详细，如夫人遗弃子文于梦地。注释说：“梦，沼泽名，位于江夏安陆县（今属湖北）城的东南。”又记录了楚子打猎于江南的梦地。注释说：“楚国的云、梦两地，横跨长江南北。”楚子泽，尝见其一，名曰云梦，特其小小者耳，方九百里。”此乃司马长卿夸言。今为县，隶德安。询诸彼人，已不能的指疆域。《职方氏》以“梦”为“瞢”。《前汉·叙传》：子文投于瞢中，音皆同。

关雎不同

《关雎》为《国风》首，毛氏列之于三百篇之前。《大序》云：“后妃之德也。”而《鲁诗》云：“后夫人鸡鸣佩玉去君所，周康王后不然，故诗人叹而伤之。”《后汉·皇后纪序》：“康王晏朝，《关雎》作讽。”盖用此也。显宗永平八年诏云：“昔应门失守，《关雎》刺世。”注引《春秋说题辞》曰：“人主不正，应门失守，故歌《关雎》以感之。”宋均云：“应门，听政之处也。言不以政事为务，则有宣淫之心。《关雎》乐而不淫，思得贤人与之共化，修应门之政者也。”薛氏《韩诗章句》曰：“诗人言雎鸠贞絜敬匹，以声相求，隐蔽于无人之处。故人君退朝，入于私宫，后妃御见有度。应门击柝，鼓人上堂，退反燕处，体安志明。今时大人内倾于色，贤人见其萌，故咏《关雎》之说淑女正容仪以刺时。”三说不同如此。《黍离》之诗列于王国风之首，周大夫所作也，而《齐诗》以为卫宣公之子寿，闵其兄伋之且见害，作忧思之诗，《黍离》之诗是也。此说尤为可议。

渡江才到云地。注释说：“进入云地沼泽中，这就是所谓江南的梦地。”然而，云地在长江以北，梦地在长江以南。《上林赋》中记载：“楚地有七处沼泽地，曾经见到一处，称为云梦，不过是小小的一处而已，方圆九百里。”这是司马长卿的虚夸之说。现在云梦为县，隶属于德安（治今湖北安陆）。我询访当地的人，他们已不能明确说出当时云梦的范围。《职方氏》中将“梦”写作“瞢”。《前汉书·叙传》中有子文投于瞢地中，两字读音相同。

关雎不同

《关雎》为《国风》的首篇，毛氏将其列于三百篇之前。《大序》中称：“后妃之德也。”然而《鲁诗》中则说：“后妃夫人鸡鸣而起，佩戴玉器前往周康王所住，康王后心怀不满，因而诗人叹息而伤感，就作了这篇诗文。”《后汉书·皇后纪序》中说：“周康王好色晚起，就作《关雎》以讽刺他。”大概是这个原因。显宗（“显宗”，疑为“明帝”之误。下文有“永平八年”，当为东汉明帝“永平”年号。）永平八年的诏书中说：“过去宫门失于守护，曾有作《关雎》以讥时政。”注释引用《春秋说题辞》说：“国家的君主不正，导致宫门守卫不严，所以咏作《关雎》以抒发感慨。”宋均说：“应门，是处理国家政事的地方。这里是说君主不精心处理政事，而有好色纵欲之心。《关雎》之作，有乐意而无邪淫，期望能有贤才辅佐君主共同实行教化，整治宫廷之政。”薛氏《韩诗章句》中说：“诗人诗中是说，雎鸠这种鸟贞洁而敬肃孤独，往往以叫声求偶，隐蔽在无人的地方。所以国家的君主退下朝堂之后，进入自己的居室，后妃与君主的会面有一定节制。宫门守卫打击梆子，鼓人敲响上朝的鼓，从休息处返回朝廷，身体

迷痴厥拨

柔词谄笑，专取容悦，世俗谓之“迷痴”，亦曰“迷嬉”。中心有愧见诸颜面者，谓之“缅靦”。举措脱落，触事乖忤者，谓之“厥拨”。虽为俚言，然其说皆有所本。《列子》云：“墨杘、单至、啴咺、憋懯，四人相与游于世。”又云：“眠娗、諈诿、勇敢、怯疑，四人亦相与游。”张湛注云：“墨音眉，杘敕夷反，《方言》：江淮之间谓之无赖；眠音缅，娗音殄，《方言》：欺谩之语也。郭璞云：谓以言相轻嗤弄也。”所释虽不同，然大略具是矣。《曲礼》：“衣毋拨，足毋蹶。”郑氏注云：“拨，发扬貌。蹶，行遽貌。”大抵亦指其荒率也。

三馆秘阁

国朝儒馆仍唐制，有四：曰昭文馆，曰史馆，曰集贤院，曰秘阁。率以上相领昭文大学士，其次监修国史，其次领集贤。若只两相，则首厅兼国史。唯秘阁最低，故但以两制判安泰，神志清醒。而当时人君大人内倾于女色，贤能的人得不到举用，因而吟作诗词《关雎》以淑女端正容貌仪举事来讥刺当时的做法。”以上三种说法竟然如此不同。《黍离》诗被列为王国风的首篇，为东周大夫官所作，而《齐诗》中认为，是卫宣公的儿子寿，伤感其兄伋被人陷害，乃做出表示忧思的诗句，这就是《黍离》诗。这种说法很值得商榷。

迷痴厥拨

说柔顺的话作讨好笑容，专门让别人高兴愉快，世俗称之为“迷痴”，也称“迷嬉”。心中有羞愧之感而表现于面容者，称为“缅觍”。行为举止拖拉，办事乖违者，称为“厥拨”。虽然这些说法是通俗的语言，但都有它的本源。《列子》中说：“墨屎、单至、啴咺、憋懯，四人相互交往游玩于世。”又说：“眠娗、諈诿、勇敢、怯疑，四人也相互游玩。”张湛作注说：“墨音眉，屎音敕夷反切，《方言》中说这在江淮地区称为无赖；眠间缅，娗音殄，《方言》解释为欺谩之意。郭璞释为以语言互相轻蔑捉弄的意思。”他们的解释虽然有所差别，但大概的意思都是这样的。《曲礼》中有：“衣毋拨，足毋蹶。”郑氏注释说：“拨，掀动、扬起的样子。蹶，行走快的样子。”大抵也指放荡轻率的意思。

三馆秘阁

宋代馆阁制度仍沿用唐制，设立昭文馆、史馆、集贤院和秘阁四局机构。大率以宰相兼领昭文大学士，次监修国史，再次领集贤官。若只有两相，则以首相兼国史官。秘阁地位最低，因之。四局各置直官，均谓之“馆职”，皆称学士。其下则为校理、检讨、校勘，地望清切，非名流不得处。范景仁为馆阁校勘，当迁校理，宰相庞籍言：“范镇有异才，恬于进取。”乃除直秘阁。司马公作诗贺之曰：“延阁屹中天，积书云汉连。神宗重其选，谓太宗也。国士比为仙。玉槛钩陈上，丹梯北斗边。帝容瞻日角，宸翰照星躔。职秩曾无贵，光华在得贤。”其重如此。自熙宁以来，或颇用赏劳。元丰官制行，不置昭文、集贤，以史馆入著作局，而直秘阁只为贴职。至崇宁、政、宣以处大臣子弟姻戚，其滥及于钱谷文俗吏，士大夫不复贵重。然除此职者必诣馆下拜阁，乃具盛筵，邀见在三馆者宴集。秋曰暴书宴，皆得预席，若余日则不许至。《随笔》有《馆职名存》一则云。

亭榭立名

立亭榭名最易蹈袭，既不可近俗，而务为奇涩亦非是。东坡见一客云近看《晋书》，问之曰：“曾寻得好亭子名否？”盖谓其难也。秦楚材在宣城，于城外并江作亭，目之曰“知有”。用杜诗“已知出郭少尘事，更有澄江消客愁”之句也。王仲衡在会稽，于后山作亭，目之曰“白凉”。亦用杜诗“越女天下白，鉴湖五月凉”之句。二者可谓甚新，然要为而仅以两制官判领。以上四局各设直官，通称为“馆职”，都称学士。其下还有校理、检讨、校勘，地位清贵，非名流人物不得充任。范镇（字景仁）曾为馆阁校勘，应当晋升为校理时，宰相庞籍说：“范镇有与众不同的才能，而不在乎官位的升迁。”于是除授他直秘阁官。司马光为此作诗称贺道：“延阁屹中天，积书云汉连。神宗重其选（神宗指宋太宗），国士比为仙。玉槛钩陈上，丹梯北斗边。帝容瞻日角，宸翰照星躔。职秩曾无贵，光华在得贤。”达到了如此重要的程度。自神宗熙宁以来，这些官也经常用来作为奖励授给有劳绩的人。元丰年间实行新官制，不再设昭文、集贤两局，将史馆并入著作局，而直秘阁官只作为贴职官用。到徽宗崇宁、政和、宣和时期，这些官安排给由婚姻关系而结成亲戚的大臣子弟充任，后来泛滥以至安排给掌管钱谷文书杂事的小吏，士大夫们不再以这些官为清贵崇重之职。然而，被委任这些官职者一定要到馆舍前面去拜谒，要举行盛大的酒席宴会，并邀请当时在三馆的人参加。每年秋天举行一次书展宴会，都要到席，其他时间则不许进入馆舍。《随笔》中列有《馆职名存》一则。

亭榭立名

建亭立榭所取的名称最容易蹈袭旧说，虽说这类称谓不可以取近似俗气之名，但务必要取奇特、生硬难读的名称也未必恰当。苏东坡曾见到一位客人，听说他近来阅读《晋书》，就问他说：“曾经看到过好的亭子名称没有？”这就是说要给亭子取个好名称是比较难的。秦楚材在宣城（今属安徽）时，在城外沿长江建造个亭子，取名为“知有”。这是取用杜甫诗中“已知未当。庐山一寺中有亭颇幽胜，或标之曰：“不更归”，取韩诗末句，亦可笑也。

十十钱

市肆间交易论钱陌者，云十十钱。言其足数满百无蹺减也。其语至俗，然亦有所本。《后汉书·襄楷传》引宫崇所献神书，其《太平经·兴帝王篇》云：“开其玉户，施种于中，比若春种于地也，十十相应和而生。其施不以其时，比若十月种物于地也，十十尽死，固无生者。”其书不传于今，唐章怀太子注释之时，尚犹存也。此所谓十十，盖言十种十生无一失耳，其尽死之义亦然，与钱陌之事殊，然其字则同也。

犀舟

张衡《应间》云：“犀舟劲楫。”《后汉》注引《前书》：“羌戎弓矛之兵，器不犀利。”《音义》曰：“今俗谓刀兵利为犀。犀，坚也。”“犀舟”，甚新奇，然为文者，未尝用，亦虑予所见之不博也。

出郭少尘事，更有澄江消客愁”之句所起的名称。王仲衡在会稽（今浙江绍兴市）时，在后面山上建立亭子，取名为“白凉”，也是选用杜甫诗中“越女天下白，鉴湖五月凉”的诗句。二者取名可谓新颖别致，然而总的看来也并不妥当。庐山的一个寺庙中有一亭子，地处幽静秀丽的环境中，有的标其名为“不更归”，是取用韩愈诗中的末句，也很可笑。

十十钱

市中店铺间相互交易谈到满百钱时，往往称十十钱。就是说每贯钱十足支付一千文，不多也不少。这种说法很通俗，然而也有它的本源。《后汉书·襄楷传》中引录有宫崇所献纳的神书，其中《太平经·兴帝王篇》记载：“开其玉户，施种于中，好比春天在地里下种，下十枚种子，十枚种子都能顺应气候发芽生长；如果下种不按它的时间，好比在十月间向地里播种，下十枚种子十枚种子全部都死掉，没有一枚发芽生长。”这部书现在已经没有流传了，唐代章怀太子李贤作注时，还曾存有这本书。这里的所谓十十，即指种十生十，无一不成者。十十尽死也是这个意思。虽与钱陌所说的内容不同，但“十十”两字都一样。

犀舟

张衡在《应间》中说：“犀舟劲楫。”意思是犀利的船，强劲的楫。《后汉书》注释中引录《前汉书》说：“羌戎有弓矛之类的兵器，并不犀利。”《音义》中也说：“今习惯称兵器锐利为犀。犀，坚的意思。”“犀舟”一词，十分新奇，然而做文章者未尝采用，这或许也是我的见闻不广博的缘故吧！

毕仲游二书

元祐初，司马温公当国，尽改王荆公所行政事。士大夫言利害者以千百数，闻朝廷更化，莫不欢然相贺，唯毕仲游一书，究尽本末。其略云："昔安石以兴作之说动先帝，而患财之不足也，故凡政之可以得民财者无不用。盖散青苗、置市易、敛役钱、变盐法者，事也。而欲兴作患不足者，情也。苟未能杜其兴作之情，而徒欲禁其散敛变置之事，是以百说而百不行。今遂欲废青苗、罢市易、蠲役钱、去盐法，凡号为财利而伤民者，一扫而更之，则向来用事于新法者，必不喜矣。不喜之人，必不但曰青苗不可废，市易不可罢，役钱不可蠲，盐法不可去，必探不足之情，言不足之事，以动上意，虽致石人而使听之，犹将动也。如是则废者可复散，罢者可复置，蠲者可复敛，去者可复存矣。则不足之情可不预治哉！为今之策，当大举天下之计，深明出入之数，以诸路所积之钱粟，一归地官，使经费可支二十年之用。数年之间，又将十倍于今日。使天子晓然知天下之余于财也，则不足之论不得陈于前，然后所谓新法者，始可永罢而不复行矣。昔安石之居位也，中外莫非其人，故其法能行。今欲救前日之敝，而左右侍从职司使者，十有七八皆安石之徒，虽起二三旧臣，用六七君子，然累百之中存其十数，乌在其势之可为也！势未可为而欲为之，则青苗虽废将复散，况未废乎！市易虽罢且复置，况未罢乎！役钱，盐法亦莫不然。以此救前日之敝，如人久病而少间，其父兄子弟喜见颜色，而未敢贺者，

毕仲游二书

宋哲宗元祐初年，司马光执政，尽废王安石所行新法。士大夫们讨论新法利害关系的人数以千计，当听说朝廷更改法度时，无不喜庆祝贺，唯有毕仲游在其上书中，对新法的前后利弊作了详尽的分析。他上言中大致这样说道："过去王安石以振兴改作的语言打动了神宗皇帝，由于担心国家财政不足，所以凡可以获得民财的政策法令无不采用。散发青苗钱、建立市易法、收敛役钱、变更盐法，就是具体的事。而要振兴改作又担心财政不足，是出于他个人的忧国之情。如果不能消除他振兴改作的私情，而一味地要禁止他推行青苗、市易、役钱、盐法等方面的变法，即使用一百种说法劝说也是不能收效的。现在要废除青苗法，罢去市易法，蠲免役钱法，消除盐法，把过去聚敛财利而有害于民的新法，一概废除，那么向来倾心于推行新法的人一定心怀不满。这些反对者，不仅要说青苗不可废，市易不可罢，役钱不可蠲，盐法不可变，而且还要探怀财政不足之情，申辩财政不足之事，以此来打动皇上的心，即使石头人倾听了这些论说之词，也会为之感动。如果真是这样的话，废去的也可以再实行，罢除的可以再设置，蠲免的可以再收敛，消去的可以再保持。这样看来，怎么能够不考虑预先消除他们的财政不足之私情呢？当今之大策，应当统一整顿天下之财计，深入详细地了解财政收入和支出情况，清理各路所剩余积压的钱粮之账，所有财物归由负责土地和人民的官司掌管，以保证国家经费可以支付二十年之用。这样几年之间，财政增长又将十倍于今日。假使天子能确切知道天下财物有大量余剩，那么，财政不足的议论就不会纷纷上奏朝廷，这样过去所行新法可永久废除而不再反意其病之在也。”

先是东坡公在馆阁，颇因言语文章规切时政，仲游忧其及祸，贻书戒之曰：“孟轲不得已而后辩，孔子欲无言。古人所以精谋极虑，固功业而养寿命者，未尝不出乎此。君自立朝以来，祸福利害系身者未尝言，顾直惜其言尔。夫言语之累，不特出口者为言，其形于诗歌、赞于赋颂、托于碑铭、著于序记者，亦言也。今知畏于口而未畏于文，是其所是，则见是者喜。非其所非，则蒙非者怨。喜者未能济君之谋，而怨者或已败君之事矣！天下论君之文，如孙膑之用兵、扁鹊之医疾，固所指名者矣，虽无是非之言，犹有是非之疑。又况其有耶？官非谏臣，职非御史，而非人所未非，是人所未是。危身触讳以游其间，殆由抱石而救溺也。”

复。王安石执政时，朝野上下没有不是他的支持者，所以他所制定的新法能够推行。现在要惩改前日的弊端，而皇帝左右的侍从、职司使之类的官，十有七八是王安石的党徒，即使起用二三个旧臣僚，录用六七个德高的人，在数百官僚之中也才仅占十几人，在这种形势下怎么可以废除新法呢！在形势不允许的情况下执意要这样做，那么青苗法虽废去也可再实行，何况现在还没有废除呢！市易法虽罢去也还会再设立，何况现在还没有罢去呢！役钱法、盐法也没有不是这种情况。以这种方式去革除前日新政之弊，就像人患了长时间的病而稍稍好了一些时，他的父兄子弟虽可以喜形于色，但并不敢为此祝贺，因为觉得他的病仍然在身。”

在这之前，苏东坡在馆阁任职时，经常利用言语文章规诫、切论时政得失，毕仲游担心他会因此惹祸烧身，就致书告诫他说：“孟轲在不得已的情况下申辩，孔子想说而没有说。古人之所以精心谋划、细致考虑，以保固功业成就，延长寿命，未尝不是采取这种明哲保身的做法。您自入朝做官以来，关系到你自己的祸福利害未曾说过，不过一直是吝惜你的语言而已。大凡由于语言而受牵累的，不只是出于口的语言，其他表现于诗歌、赋颂、碑铭、序记的也是语言。现在你只知道担心出自于口的语言，而不担心形诸于文的语言。文章言论中你认为对的就是对的，表现出高兴。你认为错的就是错的，表现出怨愤。你感到高兴的事无补于你的想法，而你感到怨愤的事或许已经败坏了你的事情。天下人议论你的文章，就像议论孙膑用兵、扁鹊行医一样。其中指名道姓者，尽管没有评议是非的言论，也有述说是非的嫌疑。又何况有的直接评论是非呢！你官非谏臣，职非御史，二公得书耸然，竟如其虑。予顷修史时，因得其集，读二书思欲为之表见，故官虽不显，亦为之立传云。

列子与佛经相参

张湛序《列子》云：“其书大略明群有以至虚为宗，万品以终灭为验，神惠以凝寂常全，想念以著物自丧，生觉与梦化等情。所明往往与佛经相参。”予读《天瑞篇》载林类答子贡之言曰：“死之与生，一往一反。故死于是者，安知不生于彼？故吾知其不相若矣，吾又安知吾今之死不愈昔之生乎？”此一节所谓与佛经相参者也。又云：“商太宰问孔子：‘三王、五帝、三皇圣者欤？’孔子皆曰：‘弗知。’太宰曰：‘然则孰者为圣？’孔子曰：‘西方之人有圣者焉，不治而不乱，不言而自信，不化而自行，荡荡乎民无能名焉，丘疑其为圣。弗知真为圣欤？真不圣欤？’”其后论者以为《列子》所言，乃佛也，寄于孔子云。

而非议别人未曾非议的东西，赞同别人未曾赞同的东西。你使自己处于危险境地，去触犯忌讳的问题，这样生活下去，大概就像抱着石头去营救溺水的人一样。”

司马光、苏东坡分别得到以上两篇文书之后，不禁有惊恐之感。其结果也最终应验了毕仲游的预见。我不久前编修国史时，看到了毕仲游的文集，阅读这两篇文章时，想着要把它在国史中表现出来。因此，毕仲游官位虽不显贵，也为他单独立了传记。

列子与佛经相参

张湛为《列子》一书作序说：“这部书大致是说明众人都要以至高无上的虚幻崇拜为尊奉的对象，任何事物都要以终穷灭亡为应验，神灵惠爱都要以凝结寂静的形式而长期存在，思念之情都要因牵累于某种事情而自行消失。活着时的感觉与死了之后梦幻中的感觉是一样的。这部书中所讲述的道理往往与佛经中的内容相类似。”我阅读《天瑞篇》，其中记载林类回答子贡的话说：“死和生之间，往返轮回。所以死在这个地方，怎么能知道不生于那个地方呢？尽管我知道不一定就是这样，但我又怎么能够知道我今天的死不胜过昔日的再生呢？”这一段就与佛经所说可相参证。他的书中又说：“商代太宰官询问孔子：‘三王、五帝、三皇是圣人吗？’孔子都回答说：‘不知道。’太宰又问：‘那么谁可以称得上圣人呢？’孔子答道：‘西方的人中有圣人，这些地方不治而不乱，不劝言而自守信用，不教化而自行教化，宽阔广大的世界里，人民不能说出这个国家的名称，我怀疑这就是圣人的作为。却不知道真的是圣人呢，还是真的

韦孟诗乖疏

《汉书·韦贤传》载韦孟诗二篇及其孙玄成诗一篇，皆深有三百篇风致，但韦孟讽谏云：“肃肃我祖，国自豕韦。总齐群邦，以翼大商。至于有周，历世会同。王赧听谮，实绝我邦。我邦既绝，厥政斯逸。赏罚之行，非繇王室。庶尹群后，靡扶靡卫。五服崩离，宗周以队。”应劭曰：“王赧听谗受谮，绝豕韦氏。自是政教逸漏，不由王者。”观孟之自叙乃祖，而乖疏如是，周至赧王仅存七邑，救亡不暇，岂能绝侯邦乎？周之积微久矣，非因绝豕韦一国，然后五服崩离也。其妄固不待攻，而应劭又从而实之，尤为可笑。《左传》书范宣子之言曰：“匄之祖在商为豕韦氏，在周为唐杜氏。”杜预曰：“豕韦国于东郡白马县，殷末国于唐，周成王灭之。”此最可证，惜颜师古之不引用也。

匡衡守正

汉元帝时，贡禹奏言：“天子七庙，亲尽之庙宜毁，及郡国庙不应古礼，宜正定。”天子下其议，未及施行而禹卒。后乃下诏先罢郡国庙，其亲尽寝园，皆无复修。已而上寝不是圣人。'"后来人们认为《列子》中所论述的，即是指神佛，不过是寄托于孔子名下而已。

韦孟诗乖疏

《汉书·韦贤传》记载，韦孟的两篇诗和他的孙子玄成的一篇诗，其风致精深的程度可达到三百篇诗文的水平。然而韦孟的劝谏诗中说："肃肃我祖，国自豕韦。总齐群邦，以翼大商。至于有周，历世会同。王赧听谮，实绝我邦。我邦既绝，厥政斯逸。赏罚之行，非繇王室。庶尹群后，靡扶靡卫。五服崩离，宗周以队。"应劭解释说："周郝王听信谗言，与豕韦氏绝交。自此以后周室政教废弛，王命得不到执行。"这里韦孟诉说他祖宗的事情，竟然如此乖违粗陋。东周到赧王时仅剩下七处城邑，挽救灭亡还来不及，怎么可能与侯邦国家绝交呢？导致周朝灭亡因素的出现已经很长时间了，并不是因为与豕韦一国绝交，才导致五服范围内分崩离析。其荒诞之论本来就不攻自破，而应劭又加以补充说明，尤为可笑。《左传》记载范宣子的话说："我范匄部的祖宗在商代为豕韦氏，在周代为唐杜氏。"杜预解释说："豕韦建国都于东郡的白马县（今河南滑县旧城东），商朝末期建国都于唐（今山西境内）地，周成王时派兵消灭了它。"这一段话最可以证明豕韦氏的兴亡情况，可惜颜师古没有引用。

匡衡守正

汉元帝时，贡禹上奏说：天子的七庙中，亲缘关系已经断绝的庙宗应该毁掉，地方郡国的庙宇中也不应该再行古传礼制，都应当厘正改定。"汉元帝把他的建议交由臣下商议，还没有来疾，梦祖宗谴罢郡国庙。诏问丞相匡衡，议欲复之。衡深言不可。上疾久不平，衡皇恐，祷高祖、孝文、孝武庙曰："亲庙宜一居京师，今皇帝有疾不豫，乃梦祖宗见戒以庙，皇帝悼惧，即诏臣衡复修立。如诚非礼义之中，违祖宗之心，咎尽在臣衡，当受其殃。"又告谢毁庙曰："迁庙合祭，久长之策。今皇帝乃有疾，愿复修立承祀。臣衡等咸以为礼不得，如不合诸帝后之意，罪尽在臣衡等，当受其咎。今诏中朝臣具复毁庙之文，臣衡以为天子之祀，义有所断，无所依缘，以作其文。事如失措，罪乃在臣衡。"

予案衡平生佞谀，专附石显以取大位，而此一节独据经守礼，其祷庙之文，殆与《金縢》之册祝相似，而不为后世所称述，《汉史》又不书于本传，憎而知其善可也。《郊祀志》：南山巫祠秦中。秦中者，二世皇帝也。以其强死，魂魄为厉，故祠之。成帝时，匡衡奏罢之，亦可书。

得及实行而贡禹已死。后来皇帝下令先废罢各郡国庙宇，与皇上亲缘断绝的寝庙和园陵，都不要再修筑。不久皇上患病，卧床不起，曾梦见祖宗指责他罢去郡国庙宇。为此他下诏询问丞相匡衡，讨论准备恢复郡国庙宇。匡衡极力上言认为不可以恢复。皇上的病久不愈治，匡衡惶恐不安，于是到高祖、孝文、孝武庙祈祷说："皇上亲缘的庙宇应该统一在京师建置，现今皇上有病不愈而不能快乐，又梦见祖宗告诫毁庙的事，致使皇上悲伤恐惧，于是诏令我考虑再度修复事宜。如果这事真的是不符合礼义的要求，有违祖宗的心愿，那么错误全在我一人身上，我应当受到这种灾难性的惩罚。"同时他又向被毁的庙宇神灵祷告说："各地族系的庙灵共享祭祀，这是长久之策。现今皇帝患病，情愿再度修复庙宇举行祭祀。臣匡衡等我们都认为若再度修复庙宇在礼仪上并不妥当，如若不符合各位先帝后的意愿，罪责都在我们的身上，我们应当受到惩罚。现在皇帝诏令朝臣就建立或毁罢庙宇之事上奏陈述意见。我自己认为天子的祭祀，亲缘关系已经断绝的，祭祀就已没有可依凭照遵循的东西，所以作了此文表述我的意见。事情如有不当之处，罪责由我一人承担。"

据我所知，匡衡平常巧言谄媚，一味附会石显企图谋取高官重职，然而唯独从这一段话中可以看出他遵循原则，谨守礼义。他的祷告庙灵之文，差不多与《金縢》中册命祝告的文书相似。但是没有为后人所称道、记述，《汉书》也没有把它写进他的传记里。人们憎恶他，但应该同时知道他的好的方面，这样才合乎事理。《郊祀志》中说，南山的巫人立祠堂祭祀秦中，秦中就是秦朝第二代皇帝胡亥。他由于是被逼迫而死，魂魄变成了恶鬼，所以立祠祭祀他。汉成帝时，匡衡上奏废除了秦中祠，这

西极化人

《列子》载周穆王时，西极之国有化人来，王敬之若神。化人谒王同游，王执化人之袪，腾而上者中天乃止，暨及化人之宫，自以，居数十年，不思其国。复谒王同游，意迷精丧，请化人求还。既寤，所坐犹向者之处，侍御犹向者之人。视其前，则酒未清，肴未昲。王问所从来，左右曰："王默存耳。"穆王自失者三月。复问化人，化人曰："吾与王神游也，形奚动哉？"予然后知唐人所著《南柯太守》《黄粱梦》《樱桃》《青衣》之类，皆本乎此。

诏令不可轻出

人君一话一言不宜轻发，况于诏令形播告者哉！汉光武初即位，既立郭氏为皇后矣，时阴丽华为贵人，帝欲崇以尊位。后固辞，以郭氏有子，终不肯当。建武九年，遂下诏曰："吾以贵人有母仪之美，宜立为后，而固辞不敢当，列于媵妾。朕嘉其义让，许封诸弟。"乃追爵其父及弟为侯，皆前世妃嫔所未有。至十七年，竟废郭后及太子强，而立贵人为件事也可写进历史书中。

西极化人

《列子》中记载，西周穆王时，最西边国家有个具有幻术的化人来到这里，穆王对他像神一样敬仰。化人邀请穆王同他一起游玩，当穆王拉着他的袖口时，化人猛然向上飞腾，一直到半天空才停止，之后到了化人的宫殿，他自己认为已经在这里停留居住了几十年，而不想着返回他的国家。后来他又请穆王一起游玩，穆王神志迷乱，不知所在，就请求化人让他返回故地。穆王苏醒之后，发现所坐的仍是刚才的地方，旁边伺候的还是刚才的人。看看面前的桌上，酒还没有澄清，菜肴还没有干燥。穆王问旁边的人他们从何而来，左右的人说："穆王您默默地等着。"穆王静默不语等待了三个月之后又问化人哪里去了，化人回答说："我与穆王您一起在神宫游玩，我的原形怎么能显现出来呢？"我由此方知道唐朝人所著的《南柯太守》《黄粱梦》《樱桃》《青衣》之类的东西，原来都是来源于这里。

诏令不可轻出

君主的每一句话都不应该轻易说出，何况以下达诏令形式传播于四方的文书呢！汉代光武帝刚即位时，已册立郭氏为皇后。当时阴丽华为贵人，光武帝想把她推到尊崇的地位。后来她坚决推辞，又因郭氏已有了儿子，终究不愿升崇。建武九年，光武帝又下诏书说："我认为贵人阴丽华有作母的典范，应该立她为皇后，但她坚决推辞，不敢升居皇后位，而安于姬妾之列。我奖赏她的谦让，准许册封她的所有弟弟为官。"于是追赠她的后。盖九年之诏既行，主意移夺，已见之矣。郭后岂得安其位乎？

战国策

刘向序《战国策》，言其书错乱相揉，莒本字多误脱为半字，以“赵”为“肖”，以“齐”为“立”，如此类者多。予案今传于世者，大抵不可读，其《韩非子》《新序》《说苑》《韩诗外传》《高士传》《史记索隐》《太平御览》《北堂书钞》《艺文类聚》诸书所引用者，多今本所无。向博极群书，但择焉不精，不止于文字脱误而已。惟太史公《史记》所采之事九十有三，则明白光艳，悉可稽考，视向为有间矣！

范晔汉志

沈约作《宋书·谢俨传》曰：“范晔所撰十志，一皆托俨。搜撰随毕，遇晔败，悉蜡以覆车。宋文帝令丹阳尹徐湛之就俨寻求，已不复得，一代以为恨。其志今阙。”晔本传载晔在《狱中与诸生侄书》曰：“既造《后汉》，欲遍作诸志，《前汉》所有者悉令备。虽事不必多，且使见文得尽。又欲因事就卷内发论，以正一代得失，意复不果。”此说与俨传父亲和弟弟为侯爵，这都是前世嫔妃亲属中所没有的。但到了建武十七年，竟然废去了郭皇后和太子强，而册立贵人阴丽华为皇后。那么，建武九年诏令既已实行，而光武帝又立贵人为后，他的主意轻易改变，从这里可以看清楚了。郭皇后怎么能够安居于皇后之位呢？

战国策

刘向在为《战国策》所做的序中认为，这部书错乱相杂，莒本《战国策》中许多字误脱成了半个字，如以“赵”为“肖”，以“齐”为“立”等，如此之类不胜枚举。我自己认为，现今传世的《战国策》本子，大多都不可阅读。其他《韩非子》《新序》《说苑》《韩诗外传》《高士传》《史记索隐》《太平御览》《北堂书钞》《艺文类聚》诸书所引用的《战国策》内容，大多为现今流行本所没有。刘向博览群书，但校证《战国策》并不细致，这部书中不仅仅存在文字脱误问题。仅以司马迁《史记》所载为例，他的书中采用有《战国策》的事例九十三条，而意思明明白白，语言流畅有文采，都可资以考证。刘向的学问与司马迁相比，差得远了。

范晔汉志

沈约《宋书·谢俨传》记载：“范晔所撰《后汉书》中的《十志》，都是托付给谢俨写的。当他修撰即将完毕的时候，适逢范晔因罪被杀，他就把书稿全部整理后装车运走。宋文帝得知后令丹阳长官徐湛之前往谢俨处索求，但已不能再得到，一代人为之遗憾。现今《后汉书》中没有《十志》。”范晔本人的传记里记载他在《狱中与诸生侄书》中说：“既然编著《后汉书》，就不同，然俨传所云乃《范纪》第十卷公主注中引之，今《宋书》却无，殊不可晓。刘昭注《补志》三十卷，至本朝乾兴元年，判国子监孙奭始奏以备前史之阙。故淳化五年监中所刊《后汉书》凡九十卷，惟帝后纪十卷，列传八十卷，而无志云。《新唐书·艺文志》："刘昭补注《后汉书》五十八卷。"不知昭为何代人。所谓《志》三十卷，当在其中也。

缮修犯土

今世俗营建宅舍，或小遭疾厄，皆云犯土。故道家有谢土司章醮之文。按《后汉书·来历传》所载："安帝时皇太子惊病不安，避幸乳母野王君王圣舍。太子厨监邴吉以为圣舍新缮修，犯土禁，不可久御。"然则古有其说矣。

要把各志的内容编写进去，使《前汉书》所有的篇目，在《后汉书》中也都俱全。尽管叙述的事情不必太多，还要使所表达的问题尽量清楚详尽。同时每卷中又要针对所述事情发表议论，以评定这一代的得失是非问题。但是，这一愿望没能实现。”这里说的与谢俨传记载不同，然而俨传所记乃是范晔原书《本纪》第十卷中有关公主部分注解的内容。现今流行的《宋书》中，却没有前面谢俨传中的一段，真不可理解。刘昭注释《后汉书》时，曾作《补志》三十卷，到宋朝真宗乾兴元年，判国子监孙奭才奏呈此《补志》，以此来弥补以前《后汉书》的缺失。因此，在这以前太宗淳化五年国子监刊行的《后汉书》共九十卷，只有帝后本纪十卷，列传八十卷，而无志的内容。《新唐书·艺文志》中说：“刘昭对《后汉书》增补和注释共五十八卷。”不知道刘昭是哪个朝代人。前面所说的《补志》三十卷，是应当在《后汉书》之中的。

缮修犯土

现今世间习俗，凡是营建宅舍，如果稍遭厄运，都认为是冒犯了土神。所以，道学家祭祀时有告谢土司章醮的文章。根据《后汉书·来历传》记载：“汉安帝时，有一次皇太子感到惊恐不安，就逃避到他的乳母野王君王圣的家里。当时太子厨监邴吉认为，王圣的房舍是新近修缮而成，冒犯了土神的禁制，皇太子不可久留。”然而，在古代也有这种说法。

卷二（二十则）

诸家经学兴废

稚子问汉儒所传授诸经，各名其家，而今或存或不存，请书其本末为《四笔》一则。乃为采摭班史及陆德明《经典释文》并他书，删取纲要，详载于此。

《周易》传自商瞿始。至汉初，田何以之颛门。其后为施仇、孟喜、梁丘贺之学，又有京房、费直、高相三家。至后汉，高氏已微。晋永嘉之乱，梁丘之《易》亡。孟、京、费氏人无传者，唯郑康成、王弼所注行于世。江左中兴，欲置郑《易》博士，不果立，而弼犹为世所重。韩康伯等十人并注《系辞》，今唯韩传。

《尚书》自汉文帝时伏生得二十九篇，其后为大小夏侯之学。古文者，武帝时出于孔壁，凡五十九篇，诏孔安国作传，遭巫蛊事，不获以闻，遂不列于学官，其本殆绝，是以马、郑、杜预之徒皆谓之《逸书》。王肃尝为注解。至晋元帝时，《孔传》始出，而亡《舜典》一篇，乃取肃所注《尧典》，分以续之，学徒遂盛。及唐以来，马、郑、王注遂废，今以孔氏为正云。

诸家经学兴废

我的幼子向我询问说，汉代儒家所传授的诸多经籍，每家都有每家的传名，而现在有的保留下来，有的却已散失，他建议我叙述其源流本末，作为《四笔》中的一则。于是，我采择班固《汉书》、陆德明《经典释文》以及其他的史书，提纲挈领，具体叙述于此。

《周易》始传于春秋时鲁国人商瞿。至汉初，因田何单独传授而自成一家。其后为施仇、孟喜、梁丘贺传学，又有京房、费直、高相三家。到了东汉，高氏一家已衰微。晋代永嘉之乱时，梁丘贺所传《周易》散失。孟、京、费氏三家无人下传，只有郑玄、王弼所做的注释行于世。江东地区统治振兴之后，准备设置郑玄《易》学博士官，但未能实现，而王弼《易》学更为世人所重。韩康伯等十人曾注释《系辞》，今唯有韩注传于世。

《今文尚书》从汉文帝时伏生传授的二十九篇开始，其后有夏侯胜开创的“大夏侯学”和夏侯建开创的“小夏侯学”。《古文尚书》是汉武帝时从孔子住宅壁中发现的，共五十九篇，曾诏孔安国作注释，后因遭巫术毒害事，其注传没能见到，因而也不列于官学，他的注本大概已经绝传，所以马融、郑玄、杜预等人都称《古文尚书》为《逸书》。王肃也曾为之作过注解。到晋元帝时，《孔传》开始出现，而散失一篇《舜典》。《舜典》是由《尧典》的下半篇分出，并附加了二十八字，于是又摘取王肃所注《尧典》中的部分作补。这样，传习者逐渐多起来。自唐以来，马融、

《诗》自子夏之后，至汉兴，分而为四，鲁申公曰《鲁诗》，齐辕固生曰《齐诗》，燕韩婴曰《韩诗》，皆列博士。《毛诗》者出于河间人大毛公，为之故训，以授小毛公，为献王博士，以不在汉朝，不列于学。郑众、贾逵、马融皆作《诗》注，及郑康成作笺，三家遂废。《齐诗》久亡，《鲁诗》不过江东，《韩诗》虽在，人无传者，唯《毛诗》郑笺独立国学，今所遵用。

汉高堂生传《士礼》十七篇，即今之《仪礼》也。《古礼经》五十六篇，后苍传十七篇，曰《后氏曲台记》，所余三十九篇名为《逸礼》。戴德删《古礼》二百四篇为八十五篇，谓之《大戴礼》。戴圣又删为四十九篇，谓之《小戴礼》。马融、卢植考诸家异同，附戴圣篇章，去其烦重及所缺略而行于世，即今之《礼记》也。王莽时，刘歆始建立《周官经》，以为《周礼》，在《三礼》中最为晚出。

左氏为《春秋传》，又有公羊、穀梁、邹氏、夹氏。邹氏无师，夹氏无书。《公羊》兴于景帝时，《穀梁》盛于宣帝时，而《左氏》终西汉不显。迨章帝乃令贾逵作训诂。自是《左氏》大兴，二传渐微矣。

《古文孝经》二十二章，世不复行，只用郑注十八章本。

郑玄、王肃所注废而不用，现在以孔氏本为正本传习。

《诗经》从子夏以后，到汉朝建立，传者分为四家：鲁国申公传的称《鲁诗》，齐国辕固生传的称《齐诗》，燕国韩婴传的称《韩诗》，西汉时都设立博士官。《毛诗》出于河间人大毛公之传，他对其中的词句作了解释，传授给小毛公，作献王博士，因时间不在汉朝，故不列于官学。郑众、贾逵、马融都曾作《诗经》注解，到郑康成作了笺注了之后，他们三家之注废而不用。《齐诗》早已散失，《鲁诗》没有流传到江东地区，《韩诗》虽流于世，但无传授的人，只有《毛诗》郑康成笺注独立为京师国学定本，沿用至今。

汉代高堂生传下《士礼》十七篇，就是今天的《仪礼》。《古礼经》共五十六篇，后苍传下十七篇，称为《后氏曲台记》，其余的三十九篇，名为《逸礼》。戴德曾将二百零四篇《古礼》删繁就简，改编为八十五篇，称为《大戴礼》。戴圣又删编为四十九篇，称为《小戴礼》。而后马融、卢植又考证诸家记述之异，附入戴圣所做的篇章，删去烦琐、重复以及缺略的部分，流行于世间，这就是现今的《礼记》。西汉王莽执政时，刘歆开始创立《周官经》学，作为《周礼》，它在《三礼》中出现最晚。

左丘明作《春秋传》，又有公羊、穀梁、邹氏、夹氏几家。邹氏无师传，夹氏没有书籍留世。《公羊》学兴起于汉景帝时期，《穀梁》学盛行于汉宣帝时期，而《左氏》学一直到西汉末也没有显扬于世。到东汉章帝时，乃令贾逵为之作注解，于是从此以后《左氏》学大兴，而《公羊》《穀梁》之学逐渐衰微。

《古文孝经》二十二章本，世间不复流行，只有郑玄注释的十八章本传习。

《论语》三家：《鲁论语》者，鲁人所传，即今所行篇次是也；《齐论语》者，齐人所传，凡二十二篇；《古论语》者，出自孔壁，凡二十一篇，各有章句。魏何晏集诸家之说为《集解》，今盛行于世。

汉人姓名

西汉名人如公孙弘、董仲舒、朱买臣、丙吉、王褒、贡禹，皆有异世与之同姓名者。《战国策》及《吕氏春秋》：齐有公孙弘，与秦王、孟尝君言者。明帝时，又有幽州从事公孙弘，交通楚王英，见于《虞延传》。高祖时，又有谒者贡禹。梁元帝时，有武昌太守朱买臣、尚书左仆射王褒。后汉安帝时，有太子厨监邴吉。南齐武帝之子巴东王子响为荆州刺史，要直阁将军董蛮与同行，蛮曰："殿下癫如雷，敢相随耶？"子响曰："君敢出此语，亦复奇癫。"上闻而不悦曰："人名'蛮'，复何容得酝藉。"乃改为"仲舒"。谓曰："今日仲舒，何如昔日仲舒？"答曰："昔日仲舒，出自私庭。今日仲舒，降自先帝。以此言之，胜昔远矣。"然此人后不复见。

轻浮称谓

南齐陆慧晓立身清肃，为诸王长史行事，僚佐以下造诣，必起迎之。或曰："长史贵重，不宜妄自谦屈。"答曰：

《论语》共三家：《鲁论语》是鲁人所传授的，就是现在所通行的本子；《齐论语》是齐人所传授的，共二十二篇；《古论语》出自孔子住宅的壁中，共二十一篇。以上三家各有分章析句的解释，三国魏时何晏汇集诸家之说撰为《集解》，现今盛行于世。

汉人姓名

西汉的著名人物如公孙弘、董仲舒、朱买臣、丙吉、王褒、贡禹，其他时代都有与这些人同姓名的。《战国策》和《吕氏春秋》所记齐国有个人叫公孙弘，曾与秦王、孟尝君谈过话。东汉明帝时，又有个幽州（今北京城西南）从事官叫公孙弘，曾与楚王刘英来往，事见《虞延传》。汉高祖时，有个来拜谒者名叫贡禹。南梁元帝时，有武昌（今属湖北）太守朱买臣、尚书左仆射王褒。东汉安帝时，有太子厨监官邴吉。南齐武帝之子巴东王子响上任荆州（今湖北江陵）刺史时，邀请直阁将军董蛮伴其同行，董蛮说："殿下您疯癫如雷，我敢相随吗？"子响回答说："你敢说出这样的话，也说明你也是一个特别疯癫的人。"武帝听说后不高兴地说："人的名字叫'蛮'，又怎么能够含蓄文雅呢？"于是改称"仲舒"。有人说："今日仲舒与昔日仲舒相比怎么样呢？"回答说："昔日仲舒之名，出自自家所定。今日的仲舒是由先帝下令所定。由此说来，今日仲舒远胜于昔日仲舒。"然而，今日仲舒之人后来再没有出现过。

轻浮称谓

南齐陆慧晓为人处世清廉恭敬，任诸王长史行事官时，僚佐下人员登门拜访，必起而相迎。有人说："长史官地位高贵而

“我性恶人无礼，不容不以礼处人。”未尝卿士大夫，或问其故，慧晓曰：“贵人不可卿，而贱者乃可卿，人生何容立轻重于怀抱！”终身常呼人位。今世俗浮薄少年，或身为卑官，而与尊者言话，称其侪流，必曰“某丈”。谈其所事牧伯监司亦然。至于当他人父兄尊长之前，语及其子孙甥婿，亦云“某丈”。或妄称宰相执政贵人之字。皆大不识事分者，习惯以然，元非简傲也。予常以戒儿辈云。

鬼谷子书

鬼谷子与苏秦、张仪书曰：“二足下功名赫赫，但春华至秋，不得久茂。今二子好朝露之荣，忽长久之功。轻乔、松之永延，贵一旦之浮爵。夫女爱不极席，男欢不毕轮。痛哉夫君！”《战国策》楚江乙谓安陵君曰：“以财交者，财尽而交绝；以色交者，华落而爱渝。是以嬖女不敝席，宠臣不敝轩。”吕不韦说华阳夫人曰：“以色事人者，色衰而爱弛。”《诗·氓》之序曰：“华落色衰，复相弃背。”是诸说大氐意同，皆以色而为喻。士之嗜进而不知自反者，尚监兹哉！

重要，不应该随便自谦自屈。”他回答说：“我生性厌恶人不讲礼貌，也不容许自己无礼对待别人。”他没有任过卿士大夫官，有人问其原因，慧晓说：“清贵的人不可以担任卿官，而卑贱的人乃可充任，人生何必要以位居轻重的官位追求作为抱负呢？”他一生经常谈论人的职位高低问题。现今世俗中高傲轻薄的青年人，有的身为卑下小官，而与尊长说话时，说起同辈人，必称“某丈”。谈到他们所供职的牧伯监司官时也是这样称谓。以至于在他人父兄尊长面前提起对方的孙子、外甥、女婿时，也称“某丈”。还有的妄自直呼宰相执政这些显官贵人的名字。这都是不懂事体名分的做法。由于习惯而成了自然，其实这些称谓原本并没有怠慢、轻蔑之意。我常常以此告诫儿子们。

鬼谷子书

鬼谷子在给苏秦、张仪的信中说：“你们两位有赫赫功名，但春花到了秋天，不可能久盛不衰。现在你们两位喜欢于朝廷惠宠之荣耀，忽略了建立长久功业的打算。轻视乔、松声名之永垂，崇尚一时之虚位。大凡男女相爱，女子不得列坐宴席，男子不得越此求彼。我真为你们感到悲伤啊！”《战国策》中楚国江乙曾对安陵君说：“以钱财缘故交往者，财尽而交情断绝；以美色缘故交往者，容色退则爱情灭。所以受宠的女子不破坏席宴车乘的规定，得宠的臣僚不破坏等级高下的规定。”吕不韦也劝勉华阳夫人说：“以美色奉事人者，容色衰退则爱情消失。”《诗·氓》的序言中又说：“女子华容衰退，又心相背而遭遗弃。”这诸多说法的意思大抵相同，都是以美色事作比喻来告诫人们该怎样去做。士大夫们喜欢追求晋升高位而不知道反省自

有美堂诗

东坡在杭州作《有美堂会客诗》，颔联云："天外黑风吹海立，浙东飞雨过江来。"读者疑海不能立，黄鲁直曰：盖是为老杜所误，因举《三大礼赋·朝献太清宫》云"九天之云下垂，四海之水皆立"以告之。二者皆句语雄峻，前无古人。坡和陶《停云》诗有"云屯九河，雪立三江"之句，亦用此也。

张天觉小简

张天觉熙宁中为渝州南川宰。章子厚经制夔夷，狎侮州县吏，无人敢与共语。部使者念独张可亢之，檄至夔。子厚询人才，使者以告，即呼入同食，张着道士服，长揖就坐。子厚肆意大言，张随机折之，落落出其上，子厚大喜，延为上客。归而荐诸王介甫，遂得召用。政和六年，张在荆南，与子厚之子致平一贴云："老夫行年七十有四，日阅佛书四五卷，早晚食米一升、面五两、肉八两，鱼、酒佐之，以此为常，亦不服暖药，唯以呼吸气昼夜合天度而已。数数梦见先相公，语论如平生，岂其人在天仙间，而老夫定中神游或遇之乎？嗟乎，安得奇男子如先相公者，一快吾胸中哉！"此贴藏致平家，其曾孙简刻诸石。予今年亦七十四岁，侄孙偲于长兴得墨本以相示，聊记之云。

己，还没有以此为鉴啊！

有美堂诗

苏东坡在杭州作《有美堂会客诗》，这首诗的第三、四句是："天外黑风吹海立，浙东飞雨过江来。"读者怀疑海不可能立着，黄鲁直认为这大概是对老杜诗的误解。于是举出《三大礼赋·朝献太清宫》中的"九天之云下垂，四海之水皆立"，以这句诗去告诉怀疑者。以上两联诗句雄伟气魄，前无古人。苏东坡唱和陶渊明《停云诗》中有"云屯九河，雪立三江"之句，也是采用这种写法。

张天觉小简

张天觉（张商英）在神宗熙宁年间任渝州（今四川重庆市）南川县县令。当时章子厚（章惇）负责管理夔州（今四川奉节）边区民族事务，他轻蔑、欺侮州县官吏，没有人敢去同他谈话。官署里的人都想到唯有张天觉可以与章子厚抗言说劝，于是下文书征召他到夔州。章子厚寻求有才能的人，使者引荐了张天觉，章子厚喊他进入一起用餐。张天觉身着道士服饰，拱手高举行礼后就座。章子厚大发议论，张天觉随机应变，句句都压住了他的话，思辨能力明显高出一筹，章子厚大为喜悦，把他作为宾宴上客招待。回去后又把他引荐给王安石，于是被召录用为官。政和六年，张天觉在荆南（今湖北江陵）时，在给子厚儿子章致平的一封书信中说："老夫我已经是将近七十四岁的人了，每天阅读佛教经典四五卷，早晚吃饭用米一升、面五两、肉八两，另外还配以鱼和酒，习以为常，也不服药养身，只是这样顺乎自然，

城狐社鼠

“城狐不灌，社鼠不熏。”谓其所栖穴者得所凭依。此古语也，故议论者率指人君左右近习为城狐社鼠。予读《说苑》所载孟尝君之客曰：“狐者人之所攻也，鼠者人之所熏也。臣未尝见稷狐见攻，社鼠见熏，何则？所托者然也。“稷狐”之字，甚奇且新。

用兵为臣下利

富公奉使契丹，虏主言欲举兵。公曰：“北朝与中国通好，则人主专其利，而臣下无所获。若用兵则利归臣下，而人主任其祸。故北朝群臣争劝举兵者，此皆其自谋，非国计也。胜负未可知，就使其胜，所亡士马，群臣当之欤？抑人主当之欤？”是时，语录传于四方，苏明允读至此，曰：“此一平常度日而已。我晚上经常梦见你父亲，他言谈笑语如同活着一样，难道他在阴间的天仙世界里，而老夫我一定要神游那里与他会面不可？真是啊，哪里可以找得到像你父亲那样的奇伟男子而能使我心中感到愉快呢！”这封书信藏在章致平的家中，章子厚的曾孙章简把它铭刻在石头上。我今年也已七十四岁了，我侄子的孙子洪偲在长兴（今属浙江）得到了这封书信的墨本，拿来让我看，这里姑且记述一则。

城狐社鼠

“城狐不灌，社鼠不熏。”就是说狐、鼠它们栖居的穴室有所依靠凭借。这是远古语句，所以议论得失的人们大多指君王左右的亲信为城狐社鼠。我读《说苑》时，看到当中记载孟尝君的门客说：“狐是人们所攻打的东西，鼠是人们所讨厌的东西。而臣我未尝见到过稷狐被围攻，（“稷”，以及下文“社鼠”的“社”，原指古代祭祀的谷种和土神。“社稷”合称，旧时用作国家的代称，这里即暗指这个意思。稷狐社鼠比喻依势为奸的人。）社鼠被讨打，为什么呢？就在于它们各自有所倚恃的原因。”“稷狐”的“稷”字，用得十分奇特、新颖。

用兵为臣下利

富弼公奉命出使契丹（辽朝），契丹皇帝声称要发兵南下攻宋。富弼说：“你们北边辽朝与宋朝相互通好，君王可以独享由此所带来的利益好处，而大臣们则得不到什么。若对宋用兵则好处归臣下所有，而君王要承担战争的责任。所以贵朝大臣们纷纷要求出兵，都是他们出于自身利益的考虑，并非为你们国家段议论，古人有之否？”东坡年未十岁，在傍对曰：“记得严安上书云：‘今徇南夷，朝夜郎，降羌僰，略薉州，建城邑，深入匈奴，燔其龙城，议者美之，此人臣之利，非天下之长策也。’正是此意。”明允以为然。予又记魏太武时，南边诸将表称宋人大严，将入寇，请先其未发逆击之。魏公卿皆以为当。崔伯深曰：“朝廷群臣及西北守将，从陛下征伐，西平赫连，北破蠕蠕，多获美女珍宝。南边诸将闻而慕之，亦欲南钞以取资财。皆营私计，为国生事，不可从也。”魏主乃止。其论亦然。

志文不可冗

东坡为张文定公作墓志铭，有答其子厚之一书云：“志文路中已作得大半，到此百冗未绝笔，计得十日半月乃成。然书大事略小节，已有六千余字。若纤悉尽书，万字不了，古无此例也。知之知之。”盖当时恕之意但欲务多耳。又一贴云：“志文谒告数日方写得了，谨遣持纳。衰病眼眩，辞翰皆不佳，不知可用否？”今志文正本凡七千一百字，铭诗百六十着想。现在双方胜负还未可预知，即使你们胜了，那么战争损失士兵、马匹的责任，是臣下承担呢？还是君王承担呢？”当时，富弼的话被记录下来传到四方各地。苏洵（字明允）看到这段话时说：“有关这段议论，古人中有没有说过？”不到十岁的苏东坡在旁边回答道：“我记得严安曾上书说：‘今日带兵巡行占领南夷地区，使夜郎朝见，降服羌僰，攻掠薉州，建置城邑，深入匈奴地区，焚烧其龙城（匈奴祭天、大会诸部的地方。在今蒙古人民共和国境内）。人们以此为自豪，这能给臣下带来好处，却并不是统治天下的长久之策。’这里正是这个意思。”苏洵认为他说得对。我又记得北魏太武帝时，南部边防的将领们上表声称刘宋人严阵以待，准备入侵，请求先发制人，主动攻击。北魏的公卿大臣都认为应当这样做。只有崔伯深上言道：“朝廷群臣和西北边区的镇守将领，曾跟随陛下向外征伐，西边占领赫连，北边攻破柔然，他们由此掠夺了许多美女和珍宝。南边诸将听到后十分羡慕，也要向南进攻以掠取资财。这些都是为了贪图私利，给国家制造事端，不可听从他们的意见。”于是，北魏君主取消了攻宋计划。这里立论的中心也同前面一样。

志文不可冗

苏东坡在为张文定公作《墓志铭》时，有回答其儿子张厚之的一段文字说：“墓志铭文我在路途中已作了大半，到了这里拖拖拉拉还没有作完，估计再用十天半月功夫可以做成。这里叙述大事，简略小节，已有六千余字。如果细小的事都叙述进去，一万字也完不了，古代也没有这种例子。知心人知道就可以了。”大概当时张厚之有只想让多写的意思。又一段说：“志文请字云。予乡士作一列大夫小郡守行状九千言，衢州士人诣阙上书二万言，使读之者岂不厌倦，作文者宜戒之。坡帖藏梁氏竹斋，赵晋臣镌石于湖南宪司楚观。

赵杀鸣犊

《汉书·刘辅传》："谷永等上书曰：'赵简子杀其大夫鸣犊，孔子临河而还。'"张晏注曰："简子欲分晋国，故先杀鸣犊，又聘孔子。孔子闻其死，至河而还也。"颜师古曰："《战国策》说二人姓名云：鸣犊、铎犨。而《史记》及《古今人表》并以为鸣犊、窦犨。盖'铎'、'犊'及'窦'，其声相近，故有不同耳。今永等指鸣犊一人，不论窦犨也。"韩退之《将归操》亦云："孔子之赵，闻杀鸣犊作。"予案今本《史记·孔子世家》，乃以为窦鸣犊、舜华。《说苑·权谋篇》云："晋有泽鸣、犊犨。"其不同如此。

五帝官天下

汉盖宽饶奏封事，引《韩氏易传》言："五帝官天下，三王家天下，家以传子，官以传贤，若四时之运，成功者去。"坐指意欲求禅而死。故或云自后称天子为"官家"，盖出于了几天假才写成，现在派人送上，请你收纳。我体弱多病，眼眩目花，所作文辞不佳，不知道是否可用。”现在墓志铭文的正本共七千一百字，铭诗一百六十字。我的同乡有人为一个列大夫级小郡长官作行状，就有九千字，而衢州（今浙江衢县）的士大夫到朝廷上书达二万字，这使读此类文章的人难道不厌倦吗？做文章者应以此为戒。苏东坡之文收藏于梁氏的竹斋，赵晋臣镌刻于湖南提点刑狱司的楚观内。

赵杀鸣犊

《汉书·刘辅传》载：“谷永等人上书说：‘赵简子杀了他的大夫官鸣犊，孔子走到黄河边又返回来了。’”张晏注释说：“简子想要分割晋国，所以先杀了鸣犊，又邀请孔子探问。孔子听到鸣犊已死，走到黄河边又回来了。”颜师古说：“《战国策》记载鸣犊、铎犨两个人的姓名，而《史记》和《古今人表》两书都作鸣犊、窦犨。大概‘铎’、‘犊’和‘窦’三字读音相近，所以过去的记载有所不同。这里谷永等人上书只提到鸣犊一人，而没有说到窦犨。”韩退之在《将归操》中也说：“孔子前往赵国，路途中听说杀鸣犊的事情发生。”我查找现今流行本《史记·孔子世家》，乃作窦鸣犊、舜华。《说苑·权谋篇》记载为：“晋有泽鸣、犊犨二人。”几种说法竟然如此不同。

五帝官天下

汉代盖宽饶上奏的封事书中，引用《韩氏易传》的话说：“五帝任用天下人为官，三王把天下作为自己的一家私产。后者是任用子孙世代相传，前者是任用贤才世代相传。就像四季运此。今世无《韩氏易》，诸家注释《汉书》，皆无一语。惟《说苑·至公篇》云："秦始皇帝既吞天下，召群臣议：五帝禅贤，三王世继，孰是？博士鲍令之对曰：'天下官，则选贤是也；天下家，则世继是也。故五帝以天下为官，三王以天下为家。'始皇帝叹曰：'吾德出于五帝，吾将官天下，谁可使代我后者！'"此说可以为证，辄记之以补《汉》注之缺。蒋济《万机论》亦有官天下、家天下之语。

黄帝李法

《汉书·胡建传》："《黄帝李法》。"苏林曰："狱官名也。《天文志》：'左角，李；左角，将。'"颜师古曰："李者，法官之号也，其书曰《李法》。"唐《世系表》："李氏自皋陶为尧大理，历虞、夏、商，世世作此官，以官命族为理氏。至纣之时，逃难于伊侯之墟，食木子得全，遂改'理'为李氏。"予案今本《汉书·天文志》骑官："左角，理。"乃用"理"字，而《史记·天官书》则为"李"，《说苑》载胡建事亦为"理法"。然则"理""李"一也。故《左传》数云"行李往来"。杜预注曰："行李，使人也。"至郑子产与晋盟于平转一样，前代中良好的制度一去不复返了。”他由于极力主张实行禅让制度，被判罪而死。所以有人认为后来称天下为“官家”，大概就是出自这里。现今《韩氏易传》已不流传，诸家对《汉书》的注释中，都无一句提到。只有《说苑·至公篇》记载：“秦始皇统一天下后，召集群臣商议：五帝任贤统治，三王世袭统治，哪种做法可取？博士官鲍令之回答说：‘以天下为官，就是选用贤能的人为官；以天下为家，乃是家族世代相承为官。所以五帝以天下人作为选官的对象，三王以天下作为自己的一家私产而世代相承为官。’秦始皇感叹说：‘我的圣德源于五帝，我将选用天下的人来统治国家，那么有谁可以代替我而继承后业呢！’”关于官天下、家天说，由此可得到证明，这里姑且记录下来以补《汉书》注释之缺。蒋济《万机论》中也有官天下、家天下的说法。

黄帝李法

《汉书·胡建传》中载有《黄帝李法》一书。苏林解释说：“这是用法官名称所定的书名。《天文志》记有：‘左角，李，右角，将。’”颜师古认为：“李是法官的名称，故称其书为《李法》。”《唐书·世系表》中说：“东夷族的李氏自传说中的东夷族首领皋陶时起，就担任了尧帝的大理官，以后经过虞舜、夏朝、商朝，李氏世世代代都担任大理官，于是后来用官名改称本族姓氏为理氏。至商纣王时，理氏外逃避难于伊侯的废墟地，靠吃树上的果子才得以活下来，于是又改‘理’为李氏。”我据今本《汉书·天文志》骑官条记载：“左角，理。”是用“理”字，而《史记·天官书》中作“李”。《说苑》记载胡建事情时也称“理丘，则曰："行理之命。"注亦云："行理，使人通聘问者。"其义益明。皋陶作大理，传子孙不改，迨商之季几千二百年，世官久任，仓氏、库氏不足道矣。表系疑不可信。

抄传文书之误

今代所传文书，笔吏不谨，至于成行脱漏。予在三馆假庾自直《类文》，先以正本点检，中有数卷皆以后板为前，予令书库整顿，然后录之。他多类此。周益公以《苏魏公集》付太平州镂板，亦先为勘校。其所作《东山长老语录序》云："侧定政宗，无用所以为用；因蹄得兔，忘言而后可言。"以上一句不明白，又与下不对，折简来问。予忆《庄子》曰："地非不广且大也，人之所用容足尔。然而厕足而垫之致黄泉，知无用而后可以言用矣。"始验"侧定政宗"当是"厕足致泉"，正与下文相应，四字皆误也。因记曾纮所书陶渊明《读山海经》诗云："形夭无千岁，猛志固常在。"疑上下文义若不贯，遂取《山海经》参校，则云："刑天，兽名也，口中好衔干戚而舞。"乃知是"刑天舞干戚"，故与下句相应，五字皆讹。以语友人岑公休、晁之道，皆抚掌惊叹，亟取所藏法”。然而，无论用“理”还是“李”，意思都一样。所以《左传》中多次提到“行李往来”。杜预为此作注说：“行李，使者的意思。”《左传》中记载郑子产同晋国在平丘会盟时，又提到“行理之命”。杜预也注释说：“行理，使者相通探问之意。”这个意思就更明确了。李氏自皋陶时就任大理官，以后子孙世代相承不变，一直到商朝末期，前后时间延续将近一千二百年。如果真有这样父子相继、世世代代长久担任大理官的情况，那么仓氏、库氏所具有的地位也不值得称道了。《唐世系表》中所记，我怀疑并不可信。

抄传文书之误

当今所传抄的文书，由于书写官吏不细致，有的造成成行脱漏。我在三馆任职时，借来庾自直的《类文》一书，先用正本点校，结果发现其中有几卷都是把后面的内容移到了前面，于是我令书库官整理之后才录用。其他的书也大多与此相类。周益公将《苏魏公集》交付太平州制版印刷，也是预先作了校勘。其中《东山长老语录序》一文中有说：“侧定政宗，无用所以为用；因蹄得兔，忘言而后可言。”前一句意思不明白，又与下句文意不通，于是周益公把这一段剪下来问我。我记得《庄子》一书中说：“世间的土地并不是不广大，而人们所用的只是能放下两个脚掌那么大的地方。然而如果人不存于世而被土埋入黄泉，这个时候方知已不能利用世上生活的土地，而可以说是利用了黄泉的土地。”由此证明，上文中的“侧定政宗”当为“厕足致泉”，这样正好与下文相对应，这四个字都是错的。于是我又想起曾纮所抄写的陶渊明《读山海经》诗中有：“形天无千岁，猛志本是正之。此一节甚类苏集云。

二十八宿

二十八宿，宿音秀。若考其义，则止当读如本音。尝记前人有说如此。《说苑·辩物篇》曰：“天之五星，运气于五行，所谓宿者，日月五星之所宿也。”其义照然。

大观元夕诗

大观初年，京师以元夕张灯开宴。时再复湟、鄯，徽宗赋诗赐群臣，其颔联云：“午夜笙歌连海峤，春风灯火过湟中。”席上和者皆莫及。开封尹宋乔年不能诗，密走介求援于其客周子雍，得句云：“风生阊阖春来早，月到蓬莱夜未中。”为时辈所称。子雍，汝阴人，曾受学于陈无已，故有句法。则作文为诗者，可无师承乎？

固常在。”我怀疑这句诗上下文意好像不连贯，于是就取来《山海经》对校，原书中说：“刑天，是一种野兽的名字，口中好衔着矛和盾跳舞。”因而才知道是“刑天舞干戚”，这样才可与下句相对应，陶诗中五字均错。我把这事对友人岑公休、晁之道说了，他们都拍手惊叹，马上取出他们所藏的本子对这一句进行校正。陶诗中的这句错误，很类似《苏魏公集》中的错误。

二十八宿

二十八宿，“宿”读“秀”字音。如若追考其原意，则只应读作“宿”字的本音。曾记得前人有这样的说法。《说苑·辨物篇》中记载：“天上的金、木、水、火、土五星，运气于五行，所谓宿，就是太阳、月亮和五星归宿之地。”这里“宿”的意思就很清楚了。

大观元夕诗

宋徽宗大观初年的除夕之夜，京城之内张灯结彩，举行宴会。当时再度收复西边的湟州和鄯州（今青海乐都），徽宗赋诗赐给当时的大臣们。其中的第二联是：“午夜笙歌连海峤，春风灯火过湟中。”宴席上其他唱和的诗都比不上这一句。当时在座的开封府（今属河南）尹宋乔年不会作诗，于是他就偷偷地让靠近他的人转告客友周子雍，请求他帮助，因而得以赋诗道：“风生阊阖春来早，月到蓬莱夜未中。”立时为客友们所称赞。周子雍是汝阴（今安徽阜阳）人，曾在陈无己门下学习，所以善于作诗。由此看来，能够做文章、赋诗句的人，怎么可以没有老师传授的因素呢？

颜鲁公帖

颜鲁公忠义气节，史策略尽。偶阅临汝石刻，见一帖云："政可守不可不守，吾去岁中言事得罪，又不能逆道苟时，为千古罪人也，虽贬居远方，终身不耻。汝曹当须谓吾之志不可不守也。"此是独赴谪地，而与其子孙者，无由考其岁月。千载之下，使人读之，尚可畏而仰也。

文潞公奏除改官制

自熙宁以来，士大夫资历之法，日趋于坏，岁甚一岁，久而不可复清。近年愈甚，综核之制，未尝能守。偶见文潞公在元祐中任平章军国重事，宣仁面谕，令具自来除授职次序一本进呈。公遂具除改旧制节目以奏，其一云："吏部选两任亲民，有举主，升通判。通判两任满，有举主，升知州、军，谓之'常调'。知州、军有绩效，或有举荐，名实相副者，特擢升转运使、副、判官，或提点刑狱、府推、判官，谓之'出常调'。转运使有路分轻重远近之差。河北、陕西、河东三路为重路，岁满多任三司使、副，或发运使。发运任满，亦充三司副使。成都路次三路，京东西、淮南又其次，江东西、荆湖、两浙又次之。二广、福建、梓、利、夔路为远小。已上三等路分，转运任满，或就移近上次等路分，或归任省

颜鲁公帖

颜鲁公讲忠义，守气节，有关他的事迹的记载，流传至今的几乎没有。偶尔一次我在临汝（今属河南）一个石刻上看到了他的一段话：“政策法令应该遵守的，不可以不遵守。我去年因为上书议论政事而被判罪，但又不能背道而驰，苟且一时，成为千古罪人。所以即使被贬后我居住在偏僻的地方，终生也不会感到有什么羞愧。你们该一定知道我的决心是不会不坚持的。”这里是他独自一人去了贬谪的地方，而他与他的子孙之间的书信来往情况，已无法查证其具体时间。时隔千年之后，人们读了这段话，仍感到此人可畏又可敬。

文潞公奏除改官制

自宋神宗熙宁以来，士大夫们凭资论辈制度日趋破坏，并且一年比一年严重，久而久之，已经不可能再度理清。尤其是近些年来，其破坏的程度更厉害，官吏的综合考察制度，未尝能够遵守。我偶尔一次看到，文潞公彦博于哲宗元祐年间任平章军国重事（宰相）时，宣仁皇后面谕他，令他把宋朝以来除授官职的次序问题写成一个文本进呈。文彦博于是就把历来官职除授、变化的旧制度写明上奏宣仁皇后。其中的一段说：“吏部负责选拔两任的亲民官，有举主推荐，可升任通判。通判年满两任，有举主推荐，可升任知州、知军，称为‘常调’。知州、知军政绩突出，或者为其他官员举荐的，若查实所说的情况与他的表现相符合，可以特迁为转运使、转运副使、转运判官，或迁为提点刑狱、各府推官和判官，称为‘出常调’。转运使官中，有所处路望轻重、距离远近的差别。河北、陕西、河东三路为重路，任满多改府判官，渐次擢充三路重任。内提点刑狱，则不拘路分轻重除授。”潞公所奏乃是治平以前常行，今一切荡然矣。京朝官未尝肯两任亲民。才为通判，便望州郡。至于监司，既无轻重远近之间，不复以序升擢云。

待制知制诰

庆历七年，曾鲁公公亮，自修起居注除天章阁待制。时陈恭公独为相，其弟妇王氏，冀公孙女，曾出也。当月旦出拜，恭公迎语之曰：“六新妇，曾三做从官，想甚喜。”应声对曰：“三舅荷伯伯提挈极欢喜，只是外婆不乐。”恭公问故，曰：“外婆见三舅来谢，责之曰：汝第五人及第，当过词掖，想是全废学，故朝廷如此处汝。”恭公默然自失，后竟改知制诰。盖恭公不由科第，不谙典故，致受讥于女子。而此女对答之时，元未尝往外家也，其警慧如此。国家故事，修注官次补必知制诰，惟赵康靖公以欧阳公位在下，而欲先迁，司马公以力辞，三人皆除待制，其杂压先后可见云。

任三司使、三司副使，或者发运使。发运使任满，也充任三司副使。其次由重到轻又分为成都路，京东西、淮南路，江东西、荆湖、两浙路。其他两广、福建、梓州、利州、夔州路为边远轻小路分。这第三等路分的转运使任满，有的就便移往近上次等路分任职，有的返回原地任省府判官，逐渐依次提升为河北等三路重任。提点刑狱官的除授，不受路分轻重的限制。”潞公奏言中所说的是英宗治平以前常行的官制，现在这一切已荡然无存。京官和朝官中，未尝有人愿意经历两任亲民官。刚任通判，就期望知州郡官。至于转运司、提刑司等地方监司的官员，既没有轻重远近的等级划分，也没有按资历依次升迁的制度。

待制知制诰

宋仁宗庆历七年，曾鲁公公亮，官位自修起居注晋升为天章阁待制。当时陈恭公执中一人为宰相，他的弟媳王氏，是冀公的孙女，是曾夫人生的。王氏出嫁的当月初一出拜的时候，恭公迎亲说：“六媳妇（下文有恭公第五人及第，故这里称其弟弟为六），有曾鲁公作陪从官，想来十分高兴吧！”冀公孙女应声对答说：“三舅你劳托曾公伯伯参办此事，我特别高兴，只是我外婆不高兴。”恭公问她外婆何故不高兴，她回答道：“外婆看见三舅来迎谢，就责备说：你及第排行第五位，当时应试已完全达到了录用资格，而现在想必是完全荒废了学业，所以朝廷安排你干这些事。”陈恭公听后默不作声，自觉有失落感，后来终于降任知制诰。由于恭公不是正规科第出身，不熟悉国家典章制度及事例，所以受到女子的讥笑。而这位女子与他对答时，还未尝到外家去，她的机敏聪慧竟达到如此高的程度。按国家

裴行俭景阳

裴行俭为定襄道大总管，讨突厥。大军次单于北，暮已立营，堑壕既周，更命徙营高冈。吏白："士安堵不可扰。"不听，促徙之。比夜风雨暴至，前占营所，水深丈余，众莫不骇叹。问何以知之，行俭曰："自今第如我节制，毋问我所以知也。"案，《战国策》云："齐、韩、魏共攻燕，楚王使景阳将而救之。暮舍，使左右司马各营壁地，已植表，景阳怒曰：'女所营者水皆至灭表，此焉可以舍？'乃令徙。明日大雨，山水大出，所营者水皆灭表，军吏乃服。"二事正同，而景阳之事不传。

北人重甘蔗

甘蔗只生于南方，北人嗜之，而不可得。魏太武至彭旧制度，修起居注官接着再升必为知制诰，只有赵康靖公自己认为欧阳修官位居他之下，要让欧阳修先晋升，司马光坚持不同意，于是当时三人都除授待制，其杂压先后的顺序从这里就可以明白了。

裴行俭景阳

裴行俭为定襄道大总管时，发兵进攻突厥。大军驻扎在单于以北，当晚已建立了营垒，周围的壕沟也已挖成，这时候裴行俭又命令把军营迁移到地势高的地方。官吏上报说："战士们都安于有防护设施的军营里，不可打扰。"裴行俭没有听从这些话，催促他们尽快迁移军营。到了晚上，突然刮起了大风，下起了大雨，先前建的军队营所，积水一丈多深，所有人莫不惊骇叹息。他们问裴行俭是如何预测出这种情况发生的，行俭回答说："你们自今以后只管听从我的指挥，不要问我能够预知的原因。"据《战国策》记载："齐、韩、魏三国联合攻打燕国，楚王派景阳率兵前往救援。晚上住下，令左右司马官各修自己的壁垒设施，当筑墙的木柱、标记建立起来以后，景阳又埋怨说：'你们的营建之处，当大水到来之后，所有的标记都会淹灭，这种地方怎么可以扎营呢？'于是，下令迁移营地。第二天就下起了大雨，山洪暴发，其先扎营的地方，水已淹灭了所有标记，这时候士兵们才佩服景阳的预见。"以上两件事例正好相同，而景阳的事迹却没有流传下来。

北人重甘蔗

甘蔗只生于南方，北方人喜欢食用，却得不到。北魏太武帝城，遣人于武陵王处求酒及甘蔗。郭汾阳在汾上，代宗赐甘蔗二十条。《子虚赋》所云："诸柘巴且。"诸柘者，甘蔗也。盖相如指言楚云梦之物。汉《郊祀歌》"泰尊柘浆"，亦谓取甘蔗汁以为饮。

抵达彭城（今江苏徐州市）后，派人到武陵王那里索要酒和甘蔗。郭汾阳在汾地（今山西境内）为官，唐代宗赐给他甘蔗二十条。汉代《子虚赋》中记："诸柘巴且。"诸柘就是甘柘。大概司马相如（《子虚赋》的撰者）这里所指的是楚国云梦地区的产物。汉代《郊祀歌》中有"泰尊柘浆"之语，也是说榨取甘蔗汁做饮料的意思。

卷三（十六则）

韩退之张籍书

韩公集中有《答张籍》二书，其前篇曰：“吾子所论，排释、老不若著书。若仆之见，则有异乎此，请待五六十然后为之。吾子又讥吾与人为无实驳杂之说，此吾所以为戏耳。若商论不能下气，或似有之。博塞之讥，敢不承教！”后篇曰：“二氏行乎中土，盖六百年，非可以朝令而夕禁，俟五六十为之未失也。谓吾与人商论不能下气，若好胜者。虽诚有之，抑非好己胜也，好己之道胜也。驳杂之讥，前书尽之。昔者夫子犹有所戏，乌害于道哉？”大略籍所论四事：乞著书、讥驳杂、谏商论好胜及博塞也。今得籍所与书，前篇曰：“汉之衰，浮图之法入中国，黄、老之术，相沿而炽。盍为一书，以兴存圣人之道？执事多尚驳杂无实之说，使人陈之前以为欢，此有累于盛德。又商论之际，或不容人之短，如任私尚胜者，亦有所累也。况为博塞之戏与人竞财乎？废弃日时，不识其然。愿绝博塞之好，弃无实之谈，弘虑以接士，嗣孟轲、扬雄之作，使圣人之道，复见于唐。”后篇曰：“老、释惑于生人久矣，执事可以任著书之事。君子汲汲于所欲为，若皆待五十六十而后有所为，则或有遗恨矣。君子发言举足，不远于礼，未闻以驳杂无实之说以为戏也。执事每见其说，则拊抃呼笑，是挠气害性，不得其正矣。”籍

韩退之张籍书

韩愈文集中有《答张籍》的两篇书信，前一篇中说：“您所论述的观点，认为排斥佛教、道教之说，不如自己去著书立说。卑人我的观点，与您的认识有所不同，认为等到五六十岁之后再著述也为时不晚。您又讥讽我给人传授无实际内容而驳杂不精的学问，这是我戏玩为常的事。您还指出我商讨问题时不能消解我心中的不满之气，或许好像有这种情况。至于您讥刺我玩弄博塞之戏，这一点我怎敢不接受您的赐教！”后一篇中说：“佛、道二教流行于中国大地，大约有六百年之久，并不是早上下令而晚上就能制止的，等待五六十岁以后著书立说以弃绝佛道也并不是不妥当的事。你认为我与别人讨论问题不能消解我的心头之气，好像我是要强好胜的人。如果真是这样，我也并不是好己私之取胜，而是好我所讲的道理取胜。关于你对我学问驳杂不精的讥刺，我的观点在前封信中已十分明确。关于这一点，过去的老师们也曾把它作为平素戏玩的常事，这对探讨问题的道理有什么害处呢！”大致张籍所论述的有四个问题：建议著书立说，讥讽驳杂之学，劝谏商讨好胜以及玩弄博塞之戏。现在查到张籍写给韩愈的两篇书信，其前篇中说：“汉代衰亡之后，佛教之法传入中国。黄帝、老子的学说，由于代代沿袭而日益盛行。何不撰著一部书去振兴和发扬圣人的学说呢！你更多的是崇尚驳杂不精的学问，这些东西使人读起来感到某种快乐，但有损于大贤大德的学说。还有在相互商讨问题时，有时之二书，甚劲而直。但称韩公为“执事”，不曰“先生”。考其时，乃云“执事参于戎府。”按韩公以贞元十二年为汴州推官，时年二十有九。十五年为徐州推官，时年三十有二，年位未盛，籍未以师礼事之云。

韩公称李杜

《新唐书·杜甫传赞》曰：“昌黎韩愈于文章重许可，至歌诗，独推曰：‘李杜文章在，光焰万丈长。’诚可信云。”予读韩诗，其称李、杜者数端，聊疏于此：《石鼓歌》曰：“少陵无人谪仙死，才薄将奈石鼓何？”《酬卢云夫》曰：“高你不能接受别人的短见，像这种专为己私而争强好胜的做法，也有损于圣贤大德。更何况玩弄博塞游戏与别人争夺钱财呢？丢弃大德之学的时间长了，也就不知道这些是有损于大德的行为。希望你能改掉玩博塞游戏的嗜好，舍弃驳杂无实的言论，从大德方面进行广泛研究以结交士人，继承孟轲、扬雄的学术传统，著书立说，使得圣人的道德思想在唐代发扬光大。”后一篇中说：“佛、道之学蛊惑人们思想的时间长了，你可以著书立说，宣传圣德，批判佛道。道德高尚的君子们迫切希望杜绝这些邪说，如果都等到五十、六十岁之后再做此事，那么或许就会只有遗憾和后悔。高尚君子的一言一行，都不远离礼义的范围，没有听说过把驳杂不实的学问作为自己习玩为常的研究内容。你每每看到这类说教，就会拍手称赞、发笑，所以这种学问影响了你的气质、本性，使你不能从事于圣贤道德的研究。”张籍这两篇书信，十分切重而直爽。这里只称韩愈为“执事”，而不称“先生”。查证张籍致书韩愈的时间，乃是“执事（韩愈）参于戎府”的时候。韩愈于唐德宗贞元十二年任汴州（今河南开封县）推官，当时是二十九岁。贞元十五年任徐州（今属江苏）推官，当时三十二岁。由于他年岁还不算大，张籍在致书中没有以老师的礼节对待他。

韩公称李杜

《新唐书·杜甫传赞》说：“昌黎韩愈在做文章方面十分精通，这是可以肯定的。至于诗歌，他唯独推崇说：‘李杜文章在，光焰万丈长。’确实可信。”我读韩愈的诗篇，其中称道李白、杜甫的有几种情况，姑且分别陈述于此：《石鼓歌》中有：“少揖群公谢名誉，远追甫白感至诚。”《荐士》曰：“勃兴得李杜，万类困凌暴”《醉留东野》曰：“昔年因读李白杜甫诗，长恨二人不相从。”《感春》曰：“近怜李杜无检束，烂漫长醉多文辞。”并唐《志》所引，盖六用之。

此日足可惜

韩退之《此日足可惜一首赠张籍》，凡百四十句，杂用东、冬、江、阳、庚、青六韵。及其亡也，籍作诗祭之，凡百六十六句，用阳、庚二韵，其语铿锵震厉，全仿韩体。所谓“乃出二侍女，合弹琵琶筝”者是也。

粉白黛黑

韩退之为文章，不肯蹈袭前人一言一句。故其语曰：“惟陈言之务去，戛戛乎其难哉！”独“粉白黛绿”四字，似有所因。《列子》：“周穆王筑中天之台，简郑、卫之处子娥媌靡曼者，粉白黛黑以满之。”《战国策》张仪谓楚王曰：“郑、周之女，粉白黛黑，立于衢间，见者以为神。”屈原《大招》：“粉白黛黑，施芳泽只。”司马相如：“靓庄刻饰。”郭璞曰：“粉白黛黑也。”《淮南子》：“毛嫱、西施，施芳泽，正娥眉，设笄珥，衣阿锡，粉白黛黑，笑目流眺。”韩公以“黑”为“绿”，其旨则同。

陵无人谪仙死，才薄将奈石鼓何？”《酬卢云夫》有：“高揖群公谢名誉，远追甫白感至诚。”《荐士》有：“勃兴得李杜，万类困凌暴。”《醉留东野》有：“昔年因读李白杜甫诗，长恨二人不相从。”《感春》有：“近怜李杜无检束，烂漫长醉多文辞。”这些都是《新唐书·志》中所引用的诗句。以上共有六处用到这类诗。

此日足可惜

韩愈所做的《此日足可惜一首赠张籍》诗，共一百四十句，诗中杂用了东、冬、江、阳、庚、青六字韵。到他去世时，张籍作诗祭悼他，共一百六十六句，使用阳、庚二字韵，其语句铿锵有力，完全仿照韩愈诗的体例。比如其中的“乃出二侍女，合弹琵琶筝”之句，就是如此。

粉白黛黑

韩愈做文章，不喜欢蹈袭前人文章中的一言一句。所以他曾说过：“做文章务必要达到不沿袭别人的陈词滥调，真的是难啊！”而他的文章中，唯有“粉白黛绿”四个字，似乎是对前人的东西有所沿用。《列子》中记载：“周穆王建筑中天的高台，选择郑国、卫国未婚女子中年轻貌美者，用粉白黛黑擦饰后集中在这里。”《战国策》中张仪对楚王说：“郑国、周室附近的女子，用粉白黛黑擦饰后，站在大街上，看见的人都以为是神仙。”屈原《大招》中也记：“粉白黛黑，施用香水香脂。”司马相如《上林赋》也有“美丽细致地化妆”之语。郭璞对此解释说：“是用粉白黛黑化妆的意思。”《淮南子》中载：“毛嫱、西施二

李杜往来诗

李太白、杜子美在布衣时，同游梁、宋，为诗酒会心之友。以杜集考之，其称太白及怀赠之篇其多。如“李侯金闺彦，脱身事幽讨”，“南寻禹穴见李白，道甫问讯今何如”，“李白一斗诗百篇，自称臣是酒中仙”，“近来海内为长句，汝与山东李白好”，“昔者与高李，晚登单父台”，“李侯有佳句，往往似阴铿”，“忆与高李辈，论交入酒垆”，“白也诗无敌，飘然思不群”，“昔年有狂客，号尔谪仙人”，“落月满屋梁，犹疑照颜色”，“三夜频梦君，情亲见君意”，“秋来相顾尚飘蓬，未就丹砂愧葛洪”，“寂寞书斋里，终朝独尔思”，“凉风起天末，君子意何如”，“不见李生久，佯狂真可哀”，凡十四五篇。至于太白与子美诗略不见一句。或谓《尧祠亭别杜补阙》者是已。乃殊不然，杜但为右拾遗，不曾任补阙，兼自谏省出为华州司功，迤丽避难入蜀，未尝复至东州，所谓“饭颗山头”之嘲，亦好事者所撰耳。

李太白怖州佐

李太白《上安州裴长史书》云：“白窃慕高义，得趋末尘，何图谤言忽生，众口攒毁，将恐投杼下客，震于严威。若人，用芳露粉饰面容，描画长而美的眉毛，头带簪子耳带环，身着轻细的丝织布衣。用粉白黛黑化妆后，面带笑容目光流露出柔情。”韩愈在文章中把“黑”字改作“绿”字使用，其意思都相同。

李杜往来诗

李太白、杜子美（甫）还是一般老百姓的时候，曾经一同游玩于梁、宋地区，成为以赋诗、饮酒交心的朋友。从杜甫的文集当中可以看到，他称道李白并怀念他、赠送他诗文的篇目很多。例如：“李侯金闺彦，脱身事幽讨”“南寻禹穴见李白，道甫问讯今何如”“李白一斗诗百篇，自称臣是酒中仙”“近来海内为长句，汝与山东李白好”“昔者与高李，晚登单父台”“李侯有佳句，往往似阴铿”“忆与高李辈，论交入酒垆”“白也诗无敌，飘然思不群”“昔年有狂客，号尔谪仙人”“落月满屋梁，犹疑照颜色”“三夜频梦君，情亲见君意”“秋来相顾尚飘蓬，未就丹砂愧葛洪”“寂寞书斋里，终朝独尔思”“凉风起天末，君子意如何”“不见李生久，佯狂真可哀”等等，共有十四五篇。至于李白赠给杜甫的诗，却一句也看不到。有人说《尧祠亭别杜补阙》就是他赠给杜甫的诗。实际根本不是。杜甫只任过右拾遗官，而不曾担任补阙。再者，他从劝谏机构外出后，就任华州（今陕西华县）司功官，以后又曲折辗转避难于四川，未曾再到过东边的州郡，这首诗中“饭颗山头”之类的嘲语，也是好事之人杜撰出来的。

李太白怖州佐

李太白在《上安州裴长史书》中说：“李白我仰慕您的清高义气，有辛能追随在您的后边，何曾想到过别人会突然来诽谤使事得其实，罪当其身，则将浴兰沐芳，自屏于烹鲜之地，惟君侯死生之。愿君侯惠以大遇，洞开心颜，终乎前恩。再辱英盼，必能使精诚动天，长虹贯曰。若赫然作威，加以大怒，即膝行而前，再拜而去耳。”裴君不知何如人，至誉其贵而且贤，名“飞天京”，天才超然，度越作者，棱威雄雄，下慑群物。予谓白以白衣入翰林，其盖世英姿，能使高力士脱靴子殿上，岂拘拘然怖一州佐者邪！盖时有屈伸，正自不得不尔。大贤不偶，神龙困于蝼蚁，可胜叹哉！白此书自叙其平生云：“昔与蜀中友人吴指南同游于楚，指南死于洞庭之上，白禫服恸哭，炎月伏尸，猛虎前临，坚守不动，遂权殡于湖侧。数年来，观筋骨尚在，雪泣持刃，躬申洗削，裹骨徒步，负之而趋，寝兴携持，元辍身手，遂丐贷营葬于鄂城。”其存交重义如此。“又与逸人东岩子隐于岷山，巢居数年，不迹城市。养奇禽千计，呼皆就掌取食，了无惊猜。”其养高忘机如此。而史传不为书之，亦为未尽。

我，众口极力攻击我，我恐怕您会像曾参母亲听信流言投杼而逃的故事一样，相信这些诽谤我的话而大怒。如果事实确实如此，自该判罪，这样无论让我处于什么境地，是生是死都听您的抉择。希望您能惠施大德，敞开您的善心，一直保持您以前的恩德。如果能再蒙您善待，您的作为必能使上天为之感动，长虹贯日。假若赫然发威，勃然大怒，我将跪着走到您的跟前，给您行拜两次的重礼，然后离去。”这里的裴长史不知道是什么样的人，只知道人们称道他显贵而且有才能，号称“飞天京”。他才智超群，甚至超过作者李白，威风凛凛，慑服万物。我认为李白以无功名的平民身份进入文翰荟萃的朝廷，而能以他的盖世英姿，使当时的高力士在殿上脱靴，难道会害怕一个州的辅佐小官吗？这是由于情况不同，能屈能伸，这个时候他不得不这样做。富有才智的人得不到重用，是神龙而被困于蝼蚁的境地，这种情况之多，不胜叹息啊！李白在这篇上书中叙述自己一生的情况时说：“过去我与四川友人吴指南一起在楚地游玩，后来指南死于洞庭湖上，我着丧服为他祭悼，悲痛涕哭，炎热天身伏在他的尸体上，猛虎就来到了跟前，我仍坚守不动，当时暂且把他埋葬在洞庭湖边上。时隔数年之后，我看到他的筋骨尚存，就抽泣着拿着刀，亲手把他的遗骨清理干净，然后用东西包着向前走，又把它背到肩上尽快赶路。途中无论睡着还是醒来，都不离身，生怕遗失了他的身手。于是我借贷钱物把他的遗骨安葬在鄂城（今属湖北）。”他们俩的交情义气竟达到如此深重的程度。他的自序中还说：“我又与隐士东岩子避居于岷山数年，没有外出涉足城市。在那里我们饲养各种鸟禽上千只，若呼叫它们都可飞来手掌上取食，一点也不感到惊怕。”他们两个养心山

祝不胜诅

齐景公有疾，梁丘据请诛祝史。晏子曰："祝有益也，诅亦有损。聊、摄以东，姑、尤为西，其为人也多矣。虽其善祝，岂能胜亿兆人之诅？"晋中行寅将亡，召其太祝欲加罪。曰："子为我祝，斋戒不敬，使吾国亡。"祝简对曰："今舟车饰，赋敛厚，民怨谤诅多矣。苟以为祝有益于国，则诅亦将为损。一人祝之，一国诅之，一祝不胜万诅，国亡不亦宜乎，祝其何罪？"此二说若出一口，真药石之言也。

吕子论学

《吕子》曰："天生人而使其耳可以闻，不学，其闻则不若聋；使其目可以见，不学，其见则不若盲；使其口可以言，不学，其言则不若喑；使其心可以智，不学，其智则不若狂。故凡学，非能益之也，达天性也，能全天下之所生，而勿败之，可谓善学者矣。"此说甚美，而罕为学者所称，故书以自戒。

中、忘却尘世的情趣竟到了如此地步。然而在史传当中没有记载这些事情，也可以说是不够全面的。

祝不胜诅

齐景公患病时，梁丘据请求诛杀负责祈祷的祝史官。晏子就说："祝福如果对人有好处，那么诅咒也会有坏处。在聊、摄以东，姑、尤以西地区，诅咒的人也很多。即使这里的祝史善于祝福，又怎么能够胜过亿万人之诅咒呢？"晋国中行寅行将死去的时候，召见他的太祝官，要治他的罪。中行寅说："你身为我负责祝福的官员，斋戒心不清敬，致使我的侯国面临灭亡的危险。"太祝官祝简回答说："现在舟车装饰豪华，赋税繁重，人民怨恨的诽言咒语很多。如果说祝福有益于国家，那么诅咒也将有害于国家。一个人祝福，而一国人诅咒，一人祝福不可能胜过万人诅咒，这样国家的灭亡也就是自然的了，负责祝福的人又有何罪？"以上两段话就像出自于一人之口，这真是像用于治病的药物和砭石一样的言论。

吕子论学

《吕子》中说："天地产生出人，使他有耳可听，若不学习，他所听到的还比不上聋子；使他有目可视，若不学习，他所看到的还比不上盲人；使他有口可言，若不学习，他所说的话还比不上哑巴；使他有心可以思维，若不学习，他的思智还比不上疯癫的人。所以，学习不但能使人受益，知晓天性之理，还能充分发挥天所赋予他的各种生理机能的作用，使他有所作为而不致沉沦。做到这样可以说是善于学习的人了。"这段议论十分精辟，

曾太皇太后

唐德宗即位，访求其母沈太后，历顺宗，及宪宗时为曾祖母，故称为曾太皇太后，盖别于祖母也。旧、新二《唐书·纪》皆载之。今慈福太皇太后在寿康太上时，已加尊称，若于主上则为曾祖母，当用唐故事加“曾”字。向者尝以告宰相，而省吏以为典故所无，天子逮事三世，安得有前比，亦可谓不知礼矣。又嗣濮王士歆在隆兴为从叔祖，在绍熙为曾叔祖，庆元为高叔祖矣，而仍称皇叔祖如故。士歆视嗣秀王伯圭为从祖，今圭称皇伯祖，而歆但为皇叔祖，乃是弟尔。礼寺亦以为国朝以来无称曾高者，彼盖不知累朝尊属，元未之有也。

中天之台

中天之台有二：其一，《列子》曰：“西极化人见周穆王，王为之改筑宫室，土木之功，赭垩之色，无遗巧焉。五府为虚，而台始成。其高千仞，临终南之上，名曰‘中天之台’。”其一，《新序》曰：“魏王将起中天台，许绾负操锸入，曰：‘臣能商台？’王曰：‘若何？’曰：‘天与地相去然而很少为学者所称颂，因此这里写出来作为自戒。

曾太皇太后

唐德宗即位后，访求他的母亲称沈太后。以后经历顺宗，到宪宗时沈太后已成为曾祖母，所以称曾太皇太后，以与祖母相区别。《旧唐书》和《新唐书》的《本纪》中，都记载了此事。现今的慈福太皇太后，在为寿康太上时已加封了尊号，如果对皇上而言，它应该是曾祖母，应按唐朝旧例加一“曾”字。过去曾经有人把这个建议告诉了宰相，而相府的官员认为，宋朝过去的事情中没有这样的例子，皇上族系为政已相继经历了三世，怎么能有前代与此相比，这也可以说是不懂礼义的表现。再如嗣濮王士歆，在孝宗隆兴时为从叔祖，在光宗绍熙时为曾叔祖，宁宗庆元时已成为高叔祖，然而当时仍称皇叔祖如故。嗣秀王伯圭对士歆而言是从祖，现在伯圭称皇伯祖，而士歆则为皇叔祖，成了伯圭的弟弟。大礼寺也认为宋朝自建立以来没有称曾或高的例子，他们大概不知道多少朝代以来，皇上亲族的称谓，原本没有这种称法。

中天之台

关于中天之台的建造情况有二：其一，《列子》一书中记载：“最西边地区有个身怀幻术的化人来见周穆王，穆王为他特地建筑了一座宫室，其土木结构之精善，红白颜色之对比，都无不精绝别致。耗尽了国家府库中的所有财物，才得以建立起这样的高台。其高度为一千仞，位临终南山的上方，名叫‘中天之台’。”其二，《新序》一书中说：“魏王将建造中天台，许绾背着万五千里，今王因而半之，当起七千五百里之台。高既如是，其趾须方八千里，尽王之地不足以为台趾。必起此台，先以兵伐诸侯，尽有其地，又伐四夷，得方八千里，乃足以为台趾。度八千里之外，当定农亩之地，足以奉给王之台者。台具以备，乃可以作。’王默然无以应，乃罢起台。”

实年官年

士大夫叙官阀，有所谓实年、官年两说，前此未尝见于官文书。大抵布衣应举，必减岁数，盖少壮者欲藉此为求昏地；不幸潦倒场屋，勉从特恩，则年未六十始许入仕，不得不豫为之图。至公卿任子，欲其早列仕籍，或正在童孺，故率增抬庚甲有至数岁者。然守义之士，就曰儿曹甫策名委质，而父祖先导之以挟诈欺君，不可也。比者以朝臣屡言，年及七十者不许任监司、郡守，搢绅多不自安，争引年以决去就。江东提刑李信甫，虽春秋过七十，而官年损其五，坚乞致仕，有旨官年未及，与之外祠。知房州章騆六十八岁，而官年增其三，亦求罢去。诸司以其精力未衰，援实为请，有旨听终任。知严州秦焴乞祠之疏曰：“实年六十五，而官年已挖土工具进来说：‘我可以估量一下建台的事吗？’魏王问道：‘你有什么可说的？’许绾回答说：‘天地之间相距一万五千里，现在魏王您要取其一半，当筑起七千五百里高的台子。高度既然已经确定，那么其地基也须有方圆八千里的面积，这样将魏王您统治范围内的所有土地都算上，也不够地基所用。如果一定要建立这样的高台，就要先用兵攻打诸侯国，全部占有其地。然后再进攻四周的少数民族的地区，才能得到方圆八千里的面积，这个时候才足以营建地基。同时还要考虑将八千里以外的土地定作农田使用，以保证建台所需用的消费。这样，建台的条件具备之后，方可破土动工！’魏王听后默不作声，说不出回答许绾的话，于是也取消了建台计划。”

实年官年

宋代士大夫叙官进位的年龄，有所谓“实年”“官年”两种说法。这种制度以前未曾在官方文书中见到过。大致是这样：平民初次应举，一定要虚减岁数，以期及第后凭少壮年岁的条件向富室人家求婚；如果不幸考场潦倒，能有幸得到特奏名的恩典，六十岁以下也可以为官。所以，他们不得不预先考虑年龄问题。位居公卿品官的人，要荫补他的子孙，想让他们尽早登入仕途，况且有的还处于幼童时期，这样一般多虚增年龄，有的多至数岁。然而恪守信义的士大夫仍认为，儿子们初次应举的情况，要与他们的年龄相符合，而父祖辈首先教导他们以虚妄欺骗君上，是不可以这样做的。此前因为朝臣屡屡上言请求，才规定年满七十者不准再担任监司、郡守官。而做官的人大多对此心怀不安，他们争相虚减或虚增年龄以确定自己官位的去就。江逾七十。”遂得去。齐庆胄宁国乞归，亦曰：“实年七十，而官年六十七。”于是实年、官年之字，形于制书，播告中外，是君臣上下公相为欺也。掌故之野甚矣，此岂可纪于史录哉？

雷公炮炙论

《雷公炮炙论》，载一药而能治重疾者，今医家罕用之，聊志于此。其说云：“发眉堕落，涂半夏而立生。目辟眼䁤，有五花而自正。脚生肉枕，裩系菪根。囊皱旋多，夜煎竹木。体寒腹大，全赖鸬鹚。血泛经过，饮调瓜子。咳逆数数，酒服热雄。遍体疹风，冷调生侧。肠虚泄利，须假草零。久渴心烦，宜投竹沥。除症去块，全仗硝、硇。益食加觞，须煎芦、朴。强筋健骨，酒是苁、鳝。驻色延年，精蒸神锦。知疮所在，口点阴胶。产后肌浮，甘皮酒服。脑痛，鼻投硝末。心痛，速觅延胡。”凡十八项。谓眉发堕落者，炼生半夏茎，取涎涂发落处，立生。五花者，五加皮也，叶有雄雌，三叶东的提点刑狱使李信甫，虽已年过七十，而官年却虚减了五岁，坚持要求退休。上面有令因为他官年未到，安排他为外地的祠禄官（宫观官）。房州（今湖北房县）知州章騆已六十八岁，而官年却虚增三岁，也请示退休。有关官司认为他精力尚好，但由于他根据自己的实际情况，极力要求离退，所以上面有令准许他自愿退职。严州（今浙江建德东北）知州秦焴请求退任祠禄官的上疏中说："我实际年龄六十五岁，而官年已超过了七十岁。"于是也退职了。宁国府（今安徽宣城）的齐庆胄求退时也说："我实年七十岁，而官年方六十七岁。"所以，实年、官年之语便见诸于皇帝的诏令和其他文书中，传播于朝野内外，这是君臣上下公开地相互欺骗。有关典章故实的内容，十分广泛，像这类事情怎么会全部记录在史册上呢？

雷公炮炙论

《雷公炮炙论》一书中，记载有关一种药物能治好一种病的办法，现在行医者已很少使用，姑且记录于此。其中有："头发眉毛脱落，涂半夏汁而生。眼睛歪斜，服用五花自正。脚生鸡眼，裤子上系菪根而愈。腹中翻腾而尿频，晚上煎熬竹竿服用即好。身寒腹胀，要吃水老鸦。经血过量，要调和服用瓜子。咳嗽不止，配酒服用熟雄。全身出现斑疹，调配生侧冷服。肠虚肚泄，须用草零。口渴心烦，宜喝竹子汁。要治腹中结硬块的病，全靠服用硝石和硇砂。增加食欲并想要多喝酒，须煎熬芦、朴汤服用。强筋健骨，要用苁和鳝。润面长寿，蒸煮神锦服用。要知道症瘕位于何处并治好它，就把阴胶点入口中。产后肌皮松弛，酒服甘皮。头痛，要往鼻子里撒入硝末。心痛，速找延胡为雄，五叶为雌，须使五叶者作末，酒浸用之，目雕者正。脚有肉枕者，取莨菪根，系裩带上，永痊。多小便者，煎萆薢服之，永不夜起。若患腹大如鼓，米饮调鸬鹚末服，立枯如故。血泛行者，捣甜瓜子仁作末去油，饮调服之，立绝。咳逆者，天雄炮过，以酒调一钱，匕服。疹风者，侧子附子傍生者。作末，冷酒服。虚泄者，捣五倍子末，熟水下之。症块者，以硇砂、硝石二味，乳钵中研作粉，同煅了，酒服、神效。不饮者并饮酒少者，煎逆水芦根并厚朴二味，汤服之。苁蓉并鱓鱼作末，以黄精酒圆服之，可力倍常十也。黄精自然汁拌细研神锦，于柳木甑中，蒸七日了，以蜜圆服，颜貌可如幼女之容色。阴胶是甑中气垢，点少许于口中，即知藏府所起，直彻至住处知痛，足可医也。产后肌浮，酒服甘皮立枯。头痛者，以硝石作末，内鼻中，立止。心痛者，以延胡索作散，酒服之。

治药捷法

药有至贱易得，人所常用，而难于修制者，如香附子、服用。”以上共十八种治病秘方。其中说毛发脱落的病，榨取生的半夏茎汁涂于脱落处，毛发很快就可以再生。五花就是五加皮，它的叶有雄雌两种，三片叶为雄叶，五片叶为雌叶，必须用五片的雌叶碾碎成末，泡在酒里服用，眼斜方可正。脚长鸡眼的病人，取来莨菪根，把它用带子系在裤带上，这样以后永久就不会再长了。小便多的人，煎熬草薢服用，就会永不夜起。如果患腹大如鼓的病，用米汤调配水老鸦碎末服用，腹部很快恢复如初。经血过多的人，把甜瓜的子仁捣碎成末，再除去子油，调配服用，即可止绝。患咳嗽的人，将天雄炒过后，用酒调配一钱，用勺子一点一点地服用。患斑疹的人，把靠近子旁生长的侧子捣成碎末，用酒冷服。肠虚泻肚的人，捣五倍子为末，开水服用。腹中结硬块的病症，把硇砂、硝石两种东西放在乳钵中研成粉末，再一同在火上煅烧，配酒服用，有神奇功效。不能喝东西，以及饮酒量少的人，煎熬水芦根和厚朴两物的汤水服用。把苁蓉和鳝鱼做成末状，再用黄精汁做成圆团服用，体力乃比平常倍增。天然的黄精汁调拌研成细末的神锦，放在柳木的甑器中蒸上七天以后，用蜂蜜圆成团服用，容色可达到像少女一样美丽。阴胶就是甑器中的气垢，在口中稍微点一些，就会知道五脏六腑发病的地方，这种东西会一直渗透到患处使你感觉疼痛，其病足可医治。产后肌皮松弛，酒服甘皮后即时得到恢复。头痛者，把硝石做成碎末，撒入鼻子中，头立即不痛。心痛者，用延胡索作粉末，配酒服用便可治愈。

治药捷法

药物中有的最便宜而且容易得到，又是人们治病所常用，菟丝子、艾叶之类。医家昧其节度，或终日疲劳而不能成。《本草》云：“凡菟丝子，暖汤淘汰去沙土，漉干，暖酒渍，经一宿，漉出，暴微白，捣之。不尽者，更以酒渍，经三五日乃出，更晒微干，捣之须臾悉尽，极易碎。”盖以其颗细难施工，其说亦殊劳费。然自有捷法，但捻纸条数枚置其间，则驯帖成粉。香附子洗去皮毛，炒之焦熟，然后举投水钵内，候浸渍透彻，漉出，暴日中微燥，乃入捣臼，悉应手縻碎。艾叶柔软不可着力，若入白茯苓三五片同碾，则即时可作细末。

陈翠说燕后

赵左师触龙说太后，使长安君出质，用爱怜少子之说以感动之。予尝论之于《随笔》中。其事载于《战国策》《史记》《资治通鉴》，而《燕语》中又有陈翠一段，甚相似。云：“陈翠合齐、燕，将令燕王之弟为质于齐，太后大怒曰：‘陈公不能为人之国，则亦已矣，焉有离人子母者！’翠遂入见后曰：‘人主之爱子也，不如布衣之甚也，非徒不爱子也，又不爱丈夫子独甚。’太后曰：‘何也？’对曰：‘太后嫁女诸侯，奉以千金。今王愿封公子，群臣曰，公子无功不当封。今以公子为质，且以为功而封之也。太后弗听。是以知人主之但是却难以把它研制出来服用，如香附子、菟丝子、艾叶之类的药物，就是如此。行医者不了解这些药物的特性和研制方法，有的终日疲劳用心也没有制成可服用的药。《本草》中记载："菟丝子的制作方法，是用热水淘去沙土，滤干后由热酒浸泡，停一晚上，再捞出晾晒呈微白色，然后捣碎。捣不碎的再次用酒浸泡，停三五天后捞出，再晾晒到稍微干，这时捣它马上就烂，很容易碎。"大概由于菟丝子颗粒细小，不容易加工，不过这里所说的制作方法也真够费事的。然而也有其简便的制作方法，只要点燃几根纸条放在菟丝子上，它就会很快变软成粉。香附子的制作方法是先洗去皮毛，再放锅里炒焦，然后放进水里，等到泡透了以后，再捞出在日光下暴晒微干，放入盛器中捣烂，再顺手碾碎。艾叶柔软不好用力弄碎，如果加入三五片白茯苓一起碾磨，就可立时成为细末。

陈翠说燕后

赵国左师官触龙规劝皇太后，让长安君出外作人质，他当时采用爱怜幼子的说法去感动太后。我在《随笔》中曾论述了这个事。此事记载于《战国策》《史记》和《资治通鉴》中。然而《燕语》中又有关于陈翠的一段记载，所说的内容与此事很相似。《燕语》载："陈翠在齐国与燕国之间说合，准备让燕王的弟弟到齐国去作人质，燕国太后听后大怒说：'陈翠你不能为人家的国家办成事，也就罢了，怎么能够拆散人家的母子呢？'于是陈翠进去会见太后说：'人君您怜爱自己的儿子，还不如一般老百姓爱子爱得那样深。您不爱自己年幼的儿子，更不爱自己已成年的儿子。'太后问他道：'何以见得？'陈翠回答说：'太后不爱丈夫子独甚也。且太后与王幸而在，故公子贵。太后千秋之后，王弃国家，而太子即位，公子贱于布衣。故非及太后与王封公子，则终身不封矣。’太后曰：‘老妇不知长者之计。’乃命为行具。”此语与触龙无异，而《史记》不书，《通鉴》不取，学者亦未尝言。

燕非强国

北燕在春秋时最为僻小，能自见于中国者，不过三四，大率制命于齐。七雄之际，为齐所取，后赖五国之力，乐毅为将，然后胜齐，然卒于得七十城不能守也。故苏秦说赵王曰：“赵北有燕，燕固弱国，不足畏也。”燕王曰：“寡人国小，西迫强秦，南近齐，赵，齐、赵强国也。”又曰：“天下之战国七，而燕处弱焉，独战则不能，有所附则无不重。”昭王谓郭隗曰：“孤极知燕弱小，不足以报齐。”苏代曰：“一齐之强，燕犹不能支。”奉阳君曰：“燕弱国也，东不如齐，西不如赵。”赵长平之败，壮者皆死，燕以二千乘攻之，为赵所败。太子丹谓荆轲曰：“燕小弱，数困于兵，何足以当秦？”楚、汉之初，赵王武臣为燕军所得，赵厮养卒谓其将曰：

您把自己的女儿嫁给诸侯，陪送她千金财物。现在国王愿意册封您的儿子，而大臣们却说，他无功不当受封。今让您的儿子去作人质，并将以此为功册封他，太后您又不同意。由此知道人主您更不爱自己已成年的儿子。再者，现在幸运的是太后您和国王都健在，所以您的这个儿子能处于高贵的地位。一旦你们去世之后，长子即帝位，那么您的这个儿子会贫贱得如老百姓。所以，如果不趁太后您和国王在世时册封您的这个儿子，那么他一辈子也不会受封。'太后听罢说：'老妇我原本不知道长老您的长远考虑。'于是，下令准备她的儿子前往齐国的行李。"这段话与触龙所讲的没有什么差别，然而《史记》没有记载，《资治通鉴》也没有采用，学者中也未尝有人说过。

燕非强国

北方的燕国在春秋时代是最为偏僻弱小的国家，能独立存在与中原诸国并列的时间，不足十分之三四，大体上受制于齐国。七雄争霸之际，被齐国吞并，后来依靠其他五国的力量，以乐毅为将帅，才战胜了齐国，然而最终得到的七十个城邑也没能力守护。所以，苏秦曾规劝赵王说："赵国北方的燕国，本来就弱小，不足担忧。"燕王也承认："我的国家弱小，西边为强秦所迫，南边接临的齐国和赵国，也都是强国。"他又说："天下的战国七雄中，燕国处于弱小地位，单独作战是不行的，而对情愿与我们合作的国家，无不重视对待。"昭王曾对郭隗说："势孤力单的时候，才知道燕国弱小，不足以对付齐国。"苏代说："一个强大的齐国，并不是燕国所能对付的。"奉阳君也认为："燕是弱小的国家，东不如齐国，西不如赵国。"赵国在长平（今山

“一赵尚易燕，况以两贤王，灭燕易矣。”彭宠以渔阳叛，即时夷灭。十六国之起，戎狄乱华，称燕称赵者多矣，未尝有只据幽、蓟之地者也。独安禄山以三十年节制之威，又兼领河东，乘天宝政乱，出不意而举兵，史思明继之，虽为天下之祸，旋亦殄灭。至于藩镇擅地，所谓范阳、卢龙，固常受制于天雄、成德也。刘仁恭、守光父子，僭窃一方，唐庄宗遣周德威攻之，克取巡属十余州，如拾地芥。石晋割赂契丹，仍其旧国，恃以为强，然晋开运阳城之战，德光几不免。周世宗小振之，立下三关。但太平兴国，失于轻举，又不治败将丧师之罪，至令披猖以迄于今。若以谓幽燕为用武之地，则不然也。

西高平西北）之战中失利，使年轻力壮者都惨死沙场。当时燕国乘机出动二千辅车马的兵力进攻赵国，却仍为赵国所败。燕国太子丹对荆轲说：“燕国是弱小国家，多次被外兵围困，怎么可以抵挡强大的秦国呢？”项羽、刘邦争夺天下之初，赵王武臣被燕国军队俘虏，赵国军队中的一个养马士兵对其将领说：“整个赵国都轻视燕国，何况还有两贤王执政，灭亡燕国是件容易的事。”所以之后彭宠在渔阳（今北京密云县西地）反叛，随即灭了燕国。西晋末年，全国各地纷纷建立了十六个国家，边区民族又纷纷入攻中原，当时称燕、称赵的国家不少，但未曾有占据幽（今河北北部及辽宁一带）、蓟（今北京城西南）一带的燕国或赵国。只有唐代安禄山（原系幽州节度使张守硅的养子，举兵后建国号燕）凭着三十年节度使的威势，又兼领河东节镇，乘天宝时正局混乱之机，出其不意，举兵叛乱。之后史思明又继续领兵反叛。虽然这给天下带来了灾难，但很快已被平定。他们立镇割据的地方，所谓范阳（今北京城西南）、卢龙（由范阳兼），本来常受制于天雄（今河北大名东北）、成德（今河北正定）两镇。刘仁恭、刘守光父子二人窃据一方，唐庄宗派遣周德威率兵进攻这里，克取沿边的十余州，如在地上拣草一样容易。后晋石敬瑭把这十余州地区割让给契丹辽朝，仍旧凭恃其原有地区作为强国统治。辽和晋在开运年间的阳城之战中，辽太宗耶律德光几乎不得脱身。后周世宗统治时又稍有振作，不长时间攻克了三关之地。但宋朝太宗太平兴国年间，朝廷失于轻举妄动，又不追究败将的责任，以至于辽朝猖獗时至今日。如果认为燕云十六州之地是借以发动战争的屏障，那就错了。

水旱祈祷

海内雨旸之数，郡异而县不同，为守为令，能以民事介心，必自知以时祷祈，不待上命也。而省部循案故例，但视天府为节，下之诸道转运司，使巡内州县，各诣名山灵祠，精洁致祷，然固难以一概论。乾道九年秋，赣、吉连雨暴涨。予守赣，方多备土囊，壅诸城门，以杜水入，凡二日乃退。而台符令祷雨，予格之不下，但据实报之。已而闻吉州于小厅设祈晴道场，大厅祈雨。问其故，郡守曰："请霁者，本郡以淫潦为灾，而请雨者，朝旨也。"其不知变如此，殆为侮威神天，幽冥之下，将何所据凭哉？俚语笑林谓："两商人入神庙，其一陆行欲晴，许赛以猪头。其一水行欲雨，许赛羊头。神顾小鬼言：'晴干吃猪头，雨落吃羊头，有何不可。'"正谓此耳。坡诗云："耕田欲雨刈欲晴，去得顺风来者怨。若使人人祷辄遂，造物应须日千变。"此意未易为庸俗道也。

水旱祈祷

天下是雨是晴的气候变化，根据各州郡所处的地区不同，所属各县的情况也不一样，作为当地的守令长官，如果注重民事，一定知道根据不同的季节对上天进行祈祷，并不是一味等待上级的指令安排。然而中央机构下去查实灾情情况的旧制度，只是以上级下达的祈祷命令为准，这些命令下达给诸路转运司，让他们巡察管内的各州县，分别到各名山灵祠，进行虔诚恭敬地祈祷，实际上这事本来就不可一概而论。宋孝宗乾道九年秋天，赣州（今属江西）、吉州（今属江西吉安市）地区连降暴雨，河流猛涨。我当时为赣州知州，就多方准备土袋，塞堵各个城门，以防洪水入城，两天后水势才退。而当时中央官府则下令祈天降雨，我压着令文没有下达实行，只据当时的实际情况上报。不久听说吉州在行礼用的小厅中设立祈晴道场，把大厅作为祈雨的地方。当问其为什么这样做时，知州说："祈求天晴，是因为本州遭受了涝灾。而祈天降雨，是朝廷下达的命令。"上级不知道天晴变化竟到了如此程度，这大概侮视迷惑了上天之灵，天底下的事情还有什么可依据呢？俗语中的一个笑话说："两个商人一同进入神庙祈祷，一个人在陆地上行走，希望天晴，许诺要以猪头酬神。另一个人在水上行进，希望下雨，许诺要以羊头酬神。于是这位庙神就对他的小鬼说：'天晴我们吃猪头，下雨我们吃羊头，何乐而不为。'"正是嘲讽这种做法。苏东坡有则诗句说："耕田欲雨刈欲晴，去得顺风来者怨。若使人人祷辄遂，造物应须日千变。"这里意思是说上天的意志如何，不容易向世俗间人们说清楚。

卷四（十五则）

今日官冗

元丰中，曾巩判三班院，今侍右也。上疏言：“国朝景德垦田百七十万顷，官万员。皇祐二百二十五万顷，官二万员。治平四百三十万顷，官二万四千员。田日加辟，官日加多，而后之郊费视前一倍。以三班三年之籍较之，其入籍者几七百人，而死亡免退不能二百，是年增岁溢，未见其止，则用财之端，入官之门，当令有司讲求其故，使天下之入如治平，而财之用官之数同景德，以三十年之通，可以余十年之蓄矣。”是时，海内全盛，仓库多有桩积，犹有此惧。庆元二年四月，有朝臣奏对，极言云：“曩在乾道间，京朝官三四千员，选人七八千员。绍熙二年，四选名籍，尚左，京官四千一百五十九员；尚右，大使臣五千一百七十三员；侍左，选人一万二千八百六十九员；侍右，小使臣一万一千三百十五员。合四选之数，共三万三千五百十六员，冗倍于国朝全盛之际。近者四年之间，京官未至增添，外选人增至一万三千六百七十员，比绍熙增八百一员。大使臣六千五百二十五员，比绍熙增一千三百四十八员。小使臣一万八千七百余员，比绍熙增七千四百员。而今年科举、明年奏荐不在焉。通无虑四万三千员，比四年之数增万员矣，可不为之寒心哉！”盖连有覃霈，庆典屡行，而宗室推恩，不

今日官冗

宋神宗元丰中期，曾巩任判三班院时，现为吏部侍郎右选。上给皇帝的奏议说：“我们宋朝在真宗景德时垦田面积一百七十万顷，官员万人。仁宗皇祐时，垦田二百二十五万顷，官员二万。英宗治平时垦田四百三十万顷，官员二万四千。垦田面积日益扩大，官员人日益增加，并且后来的南郊礼祭费用也比前高出一倍。以三班院这三年来的仕籍情况作比较，其中登入仕籍的将近七百人，而死亡和免退者不足二百人，可见入官的人数每年都在增长，没有终止的时候。那么，用财之道，入官之法，就应当令有关方面的官吏进行讨论，探求其利害关系，使天下财赋收入达到治平时水平，而用于官员消费的财政支出降低到景德时的水平。这样利用三十年时间进行平衡调配，就可以节省出十年的财物积蓄了。”当时，天下统治尚处于全盛时期，仓库财物多有封桩余积，然而仍有这样的担忧。宁宗庆元二年四月，在朝臣奏对中，有臣下陈词激昂地指出：“过去在孝宗乾道年间，京朝官有三四千人，选人官七八千人。光宗绍熙二年，尚书、侍郎四选司所铨注的官员名籍中，尚书左选注拟京官四千一百五十九员，尚书右选注拟大使臣五千一百七十三员，侍郎左选注拟选人一万二千八百六十九员，侍郎右选注拟小使臣一万一千三百一十五员。四选司注籍的官员数，共计三万三千五百一十六员，其冗多的程度已大大超过国家全盛时期的人数。最近的四年中，京官数量尚未增加，而地方的选人数以服派近远为间断。特奏名三举，皆值异恩，虽助教亦出官归正，人每州以数十百，病在膏肓，正使俞跗、扁鹊持上池良药以救之，亦无及已。

栾城和张安道诗

张文定公在蜀，一见苏公父子，即以国士许之。熙宁中，张守陈州南都，辟子由莫府。元丰初，东坡谪齐安，子由贬监筠酒税，与张别，张凄然不乐，酌酒相命，手写一诗曰："可怜萍梗飘蓬客，自叹匏瓜老病身。从此空斋挂尘榻，不知重扫待何人？"后七年，子由召还，犹复见之于南都。及元符末，自龙川还许昌，因侄叔党出坡遗墨，再读张所赠诗，其薨已十年，泣下不能已，乃追和之曰："少年便识成都尹，中岁仍为幕下宾。待我江西徐孺子，一生知己有斯人。"两诗皆哀而不怨，使人至今有感于斯文。今世薄夫受人异恩，转眼若不相识，况于一死一生，卷卷如此，忠厚之至，殆可端拜也。

增至一万三千六百七十员，比绍熙时增加八百零一员。大使臣增至六千五百二十五员，比绍熙时增加一千三百四十人员，小使臣增至一万八千七百零五员，比绍熙时增加七千四百员。而今年的科举人数、明年的举荐人数尚不在其列。总共算起来当不少于四万三千员，对比前四年的官数已增长了一万员，可以不为此而担忧吗！”大概由于常施恩泽，屡行庆典，而宗室的亲属推恩，没有亲缘关系远近的区分。恩科特奏名的三类举人，都受到特殊优待，即使原为无职掌的助教也出为正官，每州的人数以数千计，病入膏肓，就是让俞跗、扁鹊拿来上等好药来医治，也无济于事。

栾城和张安道诗

张文定公方平（字安道）在四川时，一见到苏洵及苏轼、苏辙父子三人，就以推荐他们入朝做官相许诺。宋神宗熙宁年间，张方平任陈州南都（今河南境）长官，收纳苏辙为他的府署官员。元丰初年，苏轼贬谪齐安，苏辙也被贬到筠州（今江西境）监盐酒务。他与张方平话别时，张方平闷闷不乐，酌酒相祝，并亲手题诗一首：“可怜萍梗飘蓬客，自叹匏瓜老病身。从此空斋挂尘榻，不知重扫待何人？”七年以后，苏辙被召还，又到南都见到了张方平。到哲宗元符末年，他又从龙川（今属广东）回到许昌（今属河南），其侄子叔党拿出了苏轼所留下的遗墨给他看，他又读了过去张方平赠给他的那首诗，回想起来方平之死已有十年，禁不住涕泣落泪，于是追和张方平诗道：“少年便识成都尹，中岁仍为幕下宾。待我江西徐孺子，一生知己有斯人。”以上两首诗作都表现出悲伤而没有怨恨，使人们一直到今

和范杜苏四公

晋相和凝，以唐长兴四年知贡举，取范质为第十三人。唐故事，知贡举者，所放进士，以己及第时名次为重，谓之“传衣钵”。盖凝在梁贞明中居此级，故以处质，且云：“他日当如我。”后皆至宰相，封鲁国公，官至太子太傅，当时以为荣。凝寿止五十八，质止五十四。《三朝史》质本传亦书之，而《新五代史·和凝传》误为第五，以《登科记》考之而非也。杜祁公罢相，以太子少师致仕，后以南郊免陪位恩，连进至太子太师，年八十而薨。苏子容初筮仕为南京判官，杜公方里居，告以平生出处本末，曰：“子异日所至，亦如老夫。”及苏更践中外，名德殊与之相似。集中有《谢杜公书》，正叙此事。其罢相也，亦以太子少师致仕，进太保，年八十二而薨。昔贤谓贵人往往善相人，以所阅多之故也。此二者并官爵年寿皆前知，异矣。

天对这两首诗都有很深的感触。一个人一生作为一般老百姓能得到如此特殊的恩待，而转眼之间又好像互不相识。但在一个活着、一个死去的情况下，活着的人能对死者如此真诚、极其忠厚的相待，也值得人们为他举双手行恭拜之礼。

和范杜苏四公

后晋宰相和凝，在后唐明帝长兴四年任知贡举官，当时录取了排行第十三名的范质为进士。按后唐旧有制度，知贡举官举拔进士，以他及第时所排列的名次为准，称为“传衣钵”。大概是由于和凝在后梁末帝贞明年间及第排行为第十三，所以取第十三名的范质为进士，并且对他说：“你以后会像我一样。”后来范质也晋升到了宰相，封为鲁国公，官品至太子太傅，当时也以此为荣耀。和凝享年五十八岁，范质活了五十四岁。《三朝史》范质本传中已记载了这件事，而《新五代史·和凝传》中把范质及第误写为第五名，以《登科记》考证并非如此。宋代杜祁公衍罢相以后，以太子少师身份退休。后来举行南郊祭礼时实行免于随从官员恩典，连升至太子太师，年八十而死。苏子容（颂）当初在家占卜入仕方为南京判官，当时杜衍在家乡居住，就告诉苏颂他一生所经历的前前后后，并说：“你以后的经历，也和老夫我一样。”等到苏颂进入仕途以后，他的名声、德操和杜衍非常相似。苏颂的《文集》中有一篇《谢杜公书》，就是叙述这件事。他罢相后，也以太子少师身份退休，然后晋升太保，活至八十二岁去世。过去的贤人说高贵的人往往善于预测人的一生，这是由于他们社会阅历丰富的缘故。以上和凝、杜衍二人对别人的官爵、年龄都可以预测，的确与众不同。

外台秘要

《外台秘要》载《制虎方》云：“到山下先闭气三十五息，所在山神将虎来到吾前，乃存吾肺中有白帝出，收取虎两目，塞吾下部中，乃吐肺气，上自通冠一山林之上。于是良久，又闭气三十五息，两手捻都监目作三步，步皆以右足在前，乃止，祝曰：‘李耳，李耳，图汝非李耳邪。汝盗黄帝之犬，黄帝教我问汝云何。’毕，便行，一山虎不可得见。若卒逢之者，因正面立，大张左手五指侧之，极势跳，手上下三度，于跳中大唤，咄曰：‘虎，北斗君使汝去！’虎即走。”予谓人卒逢虎，魂魄惊怖，窜伏之不暇，岂能雍容步趋，仗咒语七字而脱邪？因读此方，聊书之以发一笑。此书乃唐王珪之孙焘所作，本传云：“焘视母疾，数从高医游，遂穷其术，因以所学作书，讨绎精明，世宝焉。”盖不深考也。

六枳关

盘州种枳六本，以为藩篱之限。立小门，名曰“六枳关”。每为人问其所出，倦于酬应。今取冯衍《显志赋》中语书于此。衍云：“楗六枳而为篱。”案，《东观汉记》作八枳。《逸周书·小开》篇云：“呜呼！汝何敬非时，何择非德！德

外台秘要

《外台秘要》一书记载的《制虎方》中说："走到山下面，自己先闭住呼吸三十五次，那么所在的山神就会让老虎来到你跟前，于是就想着从我肺中有白帝出来，收取老虎的两只眼睛，又把它塞到我的腹中，这时再吐出肺气，肺气出来后自然上升冠于山林之上。这样停了一段时间，再闭住呼吸三十五次，双手向前并拢睁大眼睛前进三步，每步都先抬右脚，三步后停住，祝祷说：'李耳，李耳，如果想着袭击你就不是李耳。你偷走了黄帝的犬，黄帝让我来问你这是为什么。'说完便向前走，一个山虎就立时看不见了。若仓促间遇上了老虎，它就正面立在眼前，你应尽力张开左手的五指斜指着它，用尽力气跳跃，手上下摆动三回，并在跳跃中大声呼叫，呵斥说：'虎，北斗君使汝去！'这样虎就离开了你。"我想人们仓促遇见老虎，惊恐万状，跑藏还来不及，怎么能够镇定自若地靠近它，并凭着呵斥的七个字就可以脱身呢！因为读到这一制虎怪法，姑且记录下来，作为一个笑话。这本书是唐代王珪的孙子王焘所作，他的本传中说："王焘探视母病的时候，多次跟从名医游玩，于是探讨研究了他的法术，并把自己所学到的东西写成了书，论述精到明确，视为世宝。"这大概是由于没有深入考究而得出的结论。

六枳关

盘州（指洪适）曾种植六株枳子，作为篱笆隔墙。中间开了一个小门，名为"六枳关"。他每每被人问起这个名称的由来，整天疲于应答这些问题。现在我摘取冯衍《显志赋》中的话抄录于此。冯衍说："植六株枳子作为篱笆。"《东观汉记》中作八枳维大人，大人枳维公，公枳维卿，卿枳维大夫，大夫枳维士。登登皇皇，维在国枳，国枳维都，都枳维邑，邑枳维家，家枳维欲无疆。”言上下相维，递为藩蔽也。其数有八，与《东观记》同。予详考之，乃九枳也。宋景文公《贺宰相启》“式维公枳”盖用此云。

王荆公上书并诗

王荆公议论高奇，果于自用。嘉祐初，为度支判官，上《万言书》，以为“今天下财力日以困穷，风俗日以衰坏。患在不知法度，不法先王之政故也。法先王之政者，法其意而已。法其意，则吾所改易更革，不至乎倾骇天下之耳目，而固已合矣。因天下之力，以生天下之财。取天下之财，以供天下之费。自古治世，未尝以不足为公患也，患在治财无其道尔。在位之人才既不足，而闾巷草野之间，亦少可用之材，社稷之托，封疆之守，陛下其能久以天幸为常，而无一旦之忧乎！愿监苟且因循之敝，明诏大臣：为之以渐，期为合于当世之变。臣之所称，流俗之所不讲，而议者以为迂阔而熟烂者也。”当时富、韩二公在相位，读之不乐，知其得志必生事。后安石当国，其所注措，大抵皆祖此书。又不忍贫民，而深疾富民，志欲破富以惠贫。尝赋《兼并》诗一篇，曰：“三株枳子。《逸周书·小开》篇中说："真的是啊！你什么时间表示对上的尊仰不是时候，干什么事不表现出高尚的德操！德枳维护大人你，大人之枳维护公，公枳维护卿，卿枳维护大夫，大夫枳维护士。长长远远，维护在于国枳，而国枳又维护都，都枳维护邑，邑枳维护家，家枳维护的范围没有边际。"这里就是指上下之间相互维系、互为屏护的意思。此书中所说的枳子有八株，与《东观汉记》所载相同。我仔细查证后，知道实为九株枳子。宋景文公祁在《贺宰相启》一文中的"式维公枳"之语，就是取用这个意思。

王荆公上书并诗

王荆公安石议论问题的见解高深而新奇，他的政策在他执政后终于得到了实施。宋仁宗嘉祐初年，他任三司度支判官，在上奏仁宗的《万言书》中指出："现在天下的财力日趋困竭，风俗日趋败坏。这种患难的根源在于没有具体的法令制度，没有效法先王的政治。效法先王政治，就是要效法其根本的东西。只有效法其根本的东西，我们现在所实行的改易更张对天下人来说才不至于是危言耸听，而是顺乎自然，与当今的形势相适应。根据天下所具有的能力，创造天下的财物。利用天下的财物，供应天下的消费。自古以来对天下的治理，未曾有过因财力不足而酿成整个国家患难的情况，其患难就在于没有正确的理财制度。如果居于统治地位的人才缺乏，而各地方又很少有可利用的人才，那么要支撑一个国家、守卫统治的区域，陛下您能依靠天意凭侥幸长期统治而无一旦覆亡之忧吗？我希望您能认识到苟且因循的弊病，明确诏令大臣们，逐渐予以惩改，以此来适代子百姓，公私无异财。人主擅操柄，如天持斗魁。赋予皆自我，兼并乃奸回。奸回法有诛，势亦无自来。后世始倒持，黔首遂难裁。秦王不知此，更筑怀清台。礼义日已偷，圣经久堙埃。法尚有存者，欲言时所咍。俗吏不知方，掊克乃为才。俗儒不知变，兼并可无摧。利孔至百出，小人司阖开。有司与之争，民愈可怜哉！”其语绝不工。迨其得政，设青苗法以夺富民之利，民无贫富，两税之外，皆重出息十二。吕惠卿复作“手实”之法，民遂大病。其祸源于此诗。苏子由以为昔之诗病未有若此其酷也。痛哉！

左黄州表

唐肃宗时，王屿以祠祷见宠，骤得宰相。帝尝不豫，玙遣女巫乘传，分祷天下名山大川。巫皆盛服，中人护领，所至干托州县，赂遗狼藉。时有一巫美而艳，以恶少年数十自随，尤憸狡不法。驰入黄州，刺史左震晨至馆请事，门鐍不启，震怒，破鐍入，取巫斩廷下，悉诛所从少年，籍其赃得应当前社会形势的变化。臣我所讲的，是一般人所没有探讨的问题，也正是被那些议论是非的人看作是迂阔和腐烂不堪的东西。”当时富弼、韩琦二人任宰相，读到王安石这篇上书后心情不愉快，知道王安石执政后一定会变法生事。后来王安石当了宰相，他所实行的改革，大体上都是根据这篇上书中所表述的内容。他又怜悯贫民，而非常憎恨富民，决心要消富者以济贫者。他还曾作过一首《兼并》诗：“三代子百姓，公私无异财。人主擅操柄，如天持斗魁。赋予皆自我，兼并乃奸回。奸回法有诛，势亦无自来。后世始倒持，黔首遂难裁。秦王不知此，更筑怀清台。礼义日已偷，圣经久堙埃。法尚有存者，欲言时所咍。俗吏不知方，掊克乃为才。俗儒不知变，兼并可无摧。利孔至百出，小人司阖开。有司与之争，民愈可怜哉！”这首诗句的语言并不精致。到他为政的时候，实行青苗法以夺取富人的利益，平民无论贫富，除了缴纳两税以外，都要缴纳青苗借贷的利息钱十分之二。吕惠卿又实行自报丁产实况的“手实法”，于是地方出现了更严重的社会问题。实行“手实法”产生混乱的根源应归咎于王安石的这首诗。苏辙认为过去的诗作从来没有像这首诗一样产生如此恶劣的后果。我真为此而感到悲伤啊！

左黄州表

唐肃宗时期，王玙因为注重祠庙祈祷事务而得宠，很快升任宰相。肃宗身体不舒服时，王玙分派女巫人乘车前往各地，分别到各名山大川祈祷。巫人穿着华贵，由宦官护送引领，所到之处，干预州县事务，赠馈贿赂，破坏法制。当时有一个女巫姿色美丽，她以品质恶劣的几十个青年人作为随从，更加奸佞不法。

十余万，因遣还中人。玙不能诘，帝亦不加罪。震刚决如此，而史不记其他事。予读《元次山集》，有《左黄州表》一篇云：“乾元己亥，赞善大夫左振，出为黄州刺史，下车，黄人歌曰：‘我欲逃乡里，我欲去坟墓；左公今既来，谁忍弃之去。’后一岁，又歌曰：‘吾乡有鬼巫，惑人人不知；天子正尊信，左公能杀之。’盖此巫黄人也。振在州三迁侍御史，判金州刺史，将去，黄人多去思，故为作表。”予谓振即震也。为政宜民，见于歌颂，史官当特书之于循吏中，而仅能不没其实，故为标显于此。己亥者，乾元二年。玙以元年五月，自太常少卿拜中书相，二年三月罢，《本纪》及《宰相表》同。而《新史》本传，以为三年自太常卿拜相，明日罢，失之矣。乃承《旧史》之误也。

李郭诏书

唐代宗即位，郭汾阳为近昵所摇，惧祸之及，表上自灵她赶到黄州(今湖北黄冈)以后,州刺史左震一天早上到她下榻的地方去谈有关招待的事,但她闭门不开,左震一怒之下破门而入,逮捕了女巫,并斩首于厅堂之下,其他随从的青年人也全被诛杀。之后清查也她贪赃的财物十余万,遣还了护送她的宦官人员。王玙不便查问此事,而皇帝也没有治左震的罪。尽管左震为人这样的刚毅果敢,但历史书中没有更多地记述他的有关事迹。我阅读《元次山集》,其中有一篇《左黄州表》记载:“乾元己亥年,赞善大夫左振出任黄州刺史,到任所下车时,黄州人的歌谣称:‘我要逃离我们的家乡,我要离开我们的墓地;左公今天已经来了,有谁还忍心离你而去。’时隔一年以后,又有歌谣称:‘吾乡有鬼巫,惑人人不知;天子正尊信,左公能杀之。’看来这个被杀的女巫系黄州当地人氏。左振在黄州连升三级为侍御史,又判金州刺史。他行将离任的时候,黄州人许多去看望他,以寄托思念之情。所以我为他作了这篇表彰之文。”我认为左振(即左震)为政顺乎民意,在歌谣中也得到称赞,史官应当把他的事迹特别突出地记载于作为遵理守法官吏的本传之中,而能尽量全面地反映出他的为政实绩,所以这里特他为他的事迹作了表述。己亥年,就是唐肃宗乾元二年。王屿乾元元年五月始从太常少卿晋升为中书宰相,乾元二年三月罢相。正史《本纪》和《宰相表》的记载与此相同。而《新唐书》王均本传中,记载为乾元三年自太常少卿升任宰相,次日罢相,明显有误。这是沿用了《旧唐书》中的错误记载。

李郭诏书

唐代宗即位后,郭汾阳被他的亲近人所诋毁,他担心遭祸武、河北至于绛州，两朝所诒诏书一千余卷。家传载其表语，其多如是。又读韦端符所撰《李卫公故物记》云：“三原令座中有客曰李丞者，卫公之胄，藏文帝赐书二十通，多言征讨事，厚劳苦，‘其兵事节度皆付公，吾不从中治也。’暨公疾，亲诏者数四，其一曰：‘有昼夜视公病大老妪令一人来，吾欲熟知公起居状。’权文公视此诏，常泣曰：‘君臣之际乃如是耶！’”《新史》载其事云：“靖五代孙彦芳，大和中，为凤翔司录参军，以高祖、太宗赐靖诏书数函上之，天子悉留禁中。又敕摹诏本还赐彦芳。”即二事观之，唐世之所以眷礼名将相者，绸缪熟复至此，汉、晋以来所不及也。

两道出师

国家用兵行师，异道并出，其胜败功罪，当随其实而处之，则赏信罚明，人知劝戒。汉武帝遣卫青、霍去病伐匈奴，去病以功益封，又封部将四人为列侯，而青不得益封，军吏卒皆无封侯者。宣帝遣田广明等五将军击匈奴，又以常惠护乌孙兵共出，五将皆无功，而广明及田顺以罪诛，独常惠奉烧身，就向代宗进呈了他自灵武（今宁夏青铜峡东北）、河北（今河北大名东北）一直到绛州（今山西新绛）任官时所得到的两代皇帝诏书共一千余卷。他的私家传记中对这一奏表的记载，也多是述说过去诏书的事。我又读到的韦端符所作《李卫公故物记》中说：“三原（今属陕西）县令那里有个门客叫李丞，他是李卫公靖的后代，收藏有隋文帝赐的诏书二十道，其中许多内容是述说向外征伐的事情，十分辛劳，‘有关军政事务都托付给你去经办，我不从中做更多的干预’。李靖得病了以后，隋文帝又亲自屡下诏书，其中一道诏书中说：‘如果有昼夜观察你病情的老妇人的话，让其中一个人来我这里，我要详细了解你日常起居的情况如何。’权文公看到这段令文，曾经涕泣着说：‘君臣之间的关系竟能达到如此亲近的程度！’”《新唐书》记载李靖事迹说：“李靖的第五代孙子李彦芳，唐文宗大和（一作“太和”）中期任凤翔（今属陕西）司录参军，将唐高祖、太宗赐给李靖的诏书共数函上交给皇上，皇上都把它保留在宫中。同时又下令把这些诏书摹写一份回赐给李彦芳。”从以上郭、李进呈诏书的两件事来看，唐代宠爱、礼遇著名将相，其关怀的程度没有哪个时期达到如此深的地步，这是汉代、晋代以来所赶不上的。

两道出师

国家举兵讨伐，从不同道路一起出兵，各路胜败功罪的裁决，要根据各路的实际情况而定，这样采取赏信罚必的政策，才能使人们知道如何去发扬优点，纠正错误。汉武帝派卫青、霍去病率兵讨伐匈奴，霍去病因功加封，又册封他的四倍部将为列侯。而卫青不能加封，他的官兵吏卒中也没有封侯的人。汉宣使克获封侯。宋文帝伐魏，雍州诸将柳元景等，既拔弘农陕城，戍潼关矣，而上以东军王玄谟败退，皆召还。其后玄谟贬黜，元景受赏。绍兴七年淮西大帅刘少师罢，湖北岳少保以母忧去，累辞起复之命。朝廷以兵部尚书吕安老、侍郎张渊道分使两部。已而正除宣抚，遂掌其军。岳在九江，忧兵柄一失，不容再得，亟兼程至鄂，有旨复故任，而召渊道为枢密都承旨。安老在庐遭变，言者论罢张魏公，渊道亦继坐斥。隆兴中，北虏再动兵，张公为督帅，遣李显忠、邵宏渊攻符离，失利而退，一府皆贬秩。是时，江庄敏以参知政事督视荆、襄，东西不相为谋，乃亦坐谴。古今不侔如此。

杜韩用歇后语

杜、韩二公作诗，或用歇后语。如“凄其望吕葛”“仙鸟仙花吾友于”“友于皆挺拔”“再接再砺乃”“僮仆诚自剑”“为尔惜居诸”，“谁谓贻厥无基趾”之类是已。

帝派遣田广明等五位将军攻击匈奴，同时又令常惠统率乌孙兵力一同出击，最后田广明等五将没有立功，并且广明和田顺还因此犯罪被杀，只有常惠奉命征讨取得了胜利，他被封为侯爵。南朝宋文帝派兵讨伐北魏，雍州的诸将领柳元景等，率兵攻克了弘农的陕城（今河南陕县）之后，已进驻到潼关（今属陕西）一带。同时宋文帝鉴于东路军王玄谟部已经败退，下令把他们都召回。后来王玄谟被贬黜，而柳元景则因功受赏。南宋高宗绍兴七年，淮西边区的大将刘少师罢职，驻军湖北的岳飞因母丧家归，多次推辞上任军职之命。于是，政府任命兵部尚书吕安老（吕祉）、兵部侍郎张渊道二人分往淮西、湖北两部去统领。接着二人正除宣抚使，掌握了军权。岳飞当时在九江（今属江西），担心兵权一旦失去，就不能再得到，于是急忙兼程赶赴鄂州（今湖北武昌），这时政府下令恢复他的原职，并召还张渊道，任命他为枢密都承旨。吕安老在庐州（今安徽合肥市）因郦琼叛降而遇害，有人就要求罢免张渊道，这样他也被治罪贬斥。宋孝宗隆兴年间，北边金朝又出兵南进，这时任命张渊道为督帅，派遣李显忠、邵宏渊进攻符离（今安徽宿县北符离集），结果因失利而撤退，所有将官都遭贬斥或降秩。当时江庄敏以参知政事身份督察荆、襄战务，因为东西两方面不能协调计划，也被治罪贬谪。古代和现代在军事方面所采取的奖惩办法竟然如此不同。

杜韩用歇后语

杜甫、韩愈二人作诗，有时采用歇后语的写法。例如“凄其望吕葛”“仙鸟仙花吾友于”“友于皆挺拔”“再接再砺乃”“僮仆诚自剑”“为尔惜居诸”“谁谓贻厥无基趾”之类的句子便是

唐明皇赐二相物

唐明皇以李林甫为右相，颛付大政，而左相牛仙客、李适之、陈希烈前后同列，皆拱手备员。林甫死，杨国忠代之，其宠遇愈甚。天宝十三载，上御跃龙殿门，张乐宴群臣，赐右相绢一千五百匹，彩罗三百匹，彩绫五百匹，而赐左相绢三百，罗、绫各五十而已。其多寡不侔，至于五倍。如希烈庸才，知上恩意，安得不奴事之乎？宜其甘心臣于禄山也。

一百五日

今人谓寒食为一百五者，以其自冬至之后至清明，历节气六，凡为一百七日，而先两日为寒食故云，他节皆不然也。杜老有鄜州《一百五日夜对月》一篇，江西宗派诗云："一百五日足风雨，三十六峰劳梦魂"，"一百五日寒食雨，二十四番花信风"之类是也。吾州城北芝山寺，为禁烟游赏之地，寺僧欲建华严阁，请予作《劝缘疏》，其末一联云："大善知识五十三，永壮人天之仰；寒食清明一百六，鼎来道俗之观。"或问"一百六"所出，应之曰："元微之《连昌宫词》：'初过寒食一百六，店舍无烟宫树绿。'是以用之。"

如此。

唐明皇赐二相物

唐明皇（玄宗）任命李林甫为右丞相，把国家大政一概交由他管，而左丞相牛仙客、李适之、陈希烈虽处在同等官位，却只是备员，不管政事。李林甫死后，杨国忠担任右丞相，唐明皇对他的宠爱更甚。天宝十三年，唐明皇在跃龙殿门鼓乐设宴会集群臣，赐给右丞相一千五百匹绢，三百匹彩罗和五百匹彩绫，而赐给左丞相的只有三百匹绢，以及彩罗、彩绫各五十匹而已。赐给右相和左相的财物不相等，以至相差五倍。像陈希烈这样的庸才之辈，若能得到上边的一点恩宠，怎么能够不像奴才一样去事奉皇上呢？这大概就是他甘心臣属安禄山的缘故吧。

一百五日

今人之所以称寒食节为一百零五，是因为自冬至以后一直到清明节，经过六个节气，共计一百零七天，而提前两天即第一百零五天为寒食节，其他的节气都不这样称呼。杜老曾有一篇诗为《一百五日夜对月》，江西诗派的著作中，有“一百五日足风雨，三十六峰劳梦魂”“一百五日寒食雨，二十四番花信风”之类，也是这样称。我们的州城北边有个芝山寺，是禁止烟火的游览观赏之地，寺里的和尚准备建造华严阁，请我给他们作篇《劝缘疏》。我在其中的最后一联诗写道：“大善知识五十三，永壮人天之仰；寒食清明一百六，鼎来道俗之观。”有人问我‘一百六’源自何处，我回答说：“元微之《连昌宫词》中有‘初过寒食一百六，店舍无烟宫树绿’之句，所以我采用了‘一百六’

老杜寒山诗

老杜《春日忆李白》诗云："白也诗无敌，飘然思不群。清新庾开府，俊逸鲍参军。"尝有武弁议其失曰："既是无敌，又却似庾、鲍。"或折之曰："庾清新而不能俊逸，鲍俊逸而不能清新，太白兼之，所以为无敌也。"今集别本一作"无数"，殆好事者更之乎。寒山子诗云："吾心似秋月，碧潭清皎洁。无物堪比伦，教我如何说？"人亦有言，既似秋月、碧潭，乃以为无物堪比，何也？盖其意谓若无二物比伦，当如何说耳！读者当以是求之。

礜石之毒

读黄伯思《东观余论》，内评王大令书一节，曰："《静息贴》云：'礜石深是可疑事，兄憙患散辄发痈。'散者，寒食散之类。散中盖用礜石，是性极热有毒，故云深可疑也。刘表在荆州，与王粲登障山，见一冈不生百草，粲曰：'此必古冢，其人在世服生礜石，热蒸出外，故草木焦灭。'凿看果墓，礜石满茔。又今洛水冬月不冰，古人谓之温洛，下亦有礜石。今取此石置瓮水中，水亦不冰。又鹳伏卵以助暖气。其的说法。”

老杜寒山诗

老杜《春日忆李白》诗中说：“白也诗无敌，飘然思不群。清新庾开府，俊逸鲍参军。”曾经有位武官评论这句诗的不妥之处说：“李白的诗作既然无敌于天下，却又怎么与庾、鲍二人的诗相。”有人就驳斥他说：“庾的诗清新却不能达到俊逸，鲍的诗俊逸却不能达到清新。李白诗此二者兼而有之，所以可谓无敌于天下。”“无敌”，现今老杜集子的别本一作“无数”，大概是好事的人更改了。寒山子的诗中写道：“吾心似秋月，碧潭清皎洁。无物堪比伦，教我如何说？”作者心中有要说的话，就像秋夜的月亮映在碧绿的潭水里一样，却又找不到其他事物可以比喻，有什么事物呢？这里的意思就是说外界没有可以用来比喻我内心世界的事物，让我该如何述说是好呢？读者应当从他的心境中去理解诗的含意。

礜石之毒

我阅读宋人黄伯思的《东观余论》，其中评论王大令的文章中有一段说：“《静息贴》记载：‘礜石的药用性能很值得怀疑，哥哥憙患病服用散药后，马上就发作出现毒疮。’散药，就是寒食散之类的药物。散药中大概参用了石，这东西热性非常大并且有毒，所以这里说很值得怀疑。刘表在荆州日，与王粲一起攀登障山，曾看见一处高冈上百草不生，王粲就说：‘这里一定是古墓，埋在下面的这个人在世时服用过生石，埋入后热性蒸发外出，所以地面草木焦枯不生。’他们挖掘后一看，果然烈酷如此，固不宜饵服。子敬之语实然。”《淮南子》曰：“人食礜石死，蚕食之而不饥。”予仲兄文安公镇金陵，因秋暑减食。当涂医汤三益教以服礜石圆，已而饮啖日进，遂加意服之，越十月而毒作，鼻衄血斗余，自是数数不止，竟至精液皆竭，迨于捐馆。偶见其语，使人追痛，因书之以戒未来者。

会合联句

《韵略》上声二肿字险窄。予向作《汪庄敏铭》诗八十句，唯萧敏中读之，曰：“押尽一韵。”今考之，犹有十字越用一董内韵。其词曰：“维天生材，万汇倾竦。侯王将相，曾是有种？公家江东，世绎耕垄。桃溪之涘，是播是穜。孰丰厥培，艺此圭珙。公羁未奋，逸驾思駷。沈酣《春秋》，蹈迪周孔。径策名第，稍辞渫冗。横经湘沅，士敬如捧。蓬莱方丈，佩饰有琫。应龙天飞，荟蔚云滃。千官在序，摩厉从臾。吾惟片言，借箸泉涌。正冠霜台，过者卞悚。颜颜殿陛，声气不动。显仁东欑，巫史呼汹。昌言一下，恩浃千冢。薰粥孔炽，边戒毛氄。媕婀当位，左掣右壅。公云当今，沸渭混澒。

是古墓，满墓都是石。现今的洛水冬天不结冰，古人称之为‘温洛’，河底下也有礜石。今把礜石放入盛水的瓮中，水也不结冰。还有一种水鸟鹳，常常把石放在其孵化的卵上，以增加热量。礜石的热性如此酷烈，本来就不适宜作药饵服用。子敬说的是实际情况。”《淮南子》一书中也记载：“人吃了礜石就会死去，蚕吃了礜石就会一直不饿。”我的二哥文安公洪遵镇守金陵（今江苏南京市）时，因秋天暑热，食欲减退，当涂（今属安徽）医生汤三益就让他服用礜石圆，不久饮食日增，于是就服用了更多的礜石。过了当年十月，毒性发作，鼻子流血有一斗多，从此以后鼻子经常出血不止，一直到精血枯尽，最后死去。我偶尔看到这些有关石之毒的记载，回想起来使人感到悲伤，因而记录在这里以告诫后来的人们。

会合联句

《韵略》中记的上声二肿韵押韵的字很少。我过去作的《汪庄敏铭》诗文共八十句，只有萧敏中读了之后，认为这篇诗文：“都押在一个韵上。”现在我仔细考查，知道这篇诗文尚有十字是超用了一董内韵。诗文有：“维天生材，万汇倾竦。侯王将相，曾是有种？公家江东，世绎耕垄。桃溪之涘，是播是穮。孰丰厥培，艺此圭珙。公羁未奋，逸驾思駷。沈酣《春秋》，蹈迪周孔。径策名第，稍辞滐澒。横经湘沅，士敬如捧。蓬莱方丈，佩饰有琫。应龙天飞，荟蔚云滃。千官在序，摩厉从臾。吾惟片言，借箸泉涌。正冠霜台，过者下悚。颜颜殿陀，声气不动。显仁东欑，巫史呼汹。昌言一下，恩浃千冢。薰粥孔炽，边戒毛氄。娕婀当位，左掣右壅。公云当今，沸渭混澒。天威震耀，谁不愤

天威震耀，谁不愤踊。遂迁中司，西柄是董。出关启旆，筹檄倥偬。业业荆襄，将懦曰拱。投袂电赴，如尊乃勇。邓唐蔡陈，驰捷系踵。佛狸归骴，民恃不恐。玺书赐朝，百揆参总。亚勋赞册，国势尊巩。督军载西，寄责冞重。方规许洛，事援秦陇。符离罔功，奇画胶拳。钧枢建使，宰席亢宠。还临西州，夹道欢拥。有衔未罄，病癖且尰。曾不憖遗，使我心懵。湘湖高丘，草木蔚蓊。维水容裔，维山巃嵸。矢其铭诗，词费以冗。奈何乎公，万祀毋耸。”若韩、孟、籍、彻《会合联句》三十四韵，除蝝蛹二字《韵略》不收外，余皆不出二肿中，雄奇激越，如大川洪河，不见涯涘，非琐琐潢污行潦之水所可同语也。其诗曰：“离别言无期，会合意冞重。病添儿女恋，老丧丈夫勇。剑心知未死，诗思犹孤耸。愁云刷箭飞，欢来若泉涌。析言多新贯，摅抱无昔壅。念难须勤追，悔易勿轻踵。吟巴山荦岴，说楚波堆垄。马辞虎豹怒，舟出蛟鼍恐。狂鲸时孤轩，幽狖杂百种。瘴衣常腥腻，蛮器多疏冗。剥苔吊斑林，角饭饵沈冢。忽尔衔远命，归欤舞新宠。鬼窟脱幽妖，天居觌清拱。京游步方振，谪梦意犹恟。《诗》《书》夸旧知，酒食接新奉。嘉言写清越，愈病失肬肿。夏阴偶高庇，宵魂接虚拥。雪弦寂寂听，茗盌纤纤捧。驰辉烛浮萤，幽响泄潜蛬。诗老独何心，江疾有余尰。我家本瀍谷，有地介皋巩。休迹忆沉冥，峨冠慚闒阘。升朝高辔逸，振物群听悚。徒言濯幽泌，谁与薙荒茸。朝绅郁青绿，马饰曜珪珙。国仇未销铄，我志荡邛陇。君才诚倜傥，时论方洶溶。格言多彪踊。遂迁中司，西柄是董。出关启旆，筹檄倥偬。业业荆襄，将懦曰拱。投袂电赴，如尊乃勇。邓唐蔡陈，驰捷系踵。佛狸归骴，民恃不恐。玺书赐朝，百揆参总。亚勋赞册，国势尊巩。督军载西，寄责罙重。方规许洛，事援秦陇。符离罔功，奇画胶拳。钧枢建使，宰席亢宠。还临西州，夹道欢拥。有衔末卺，病癖且尰。曾不慭遗，使我心懵。湘湖高丘，草木蔚蓊。维水容裔，维山巃嵸。矢其铭诗，词费以冗。奈何乎公，万祀毋耸。”另外，像韩、孟、籍、彻《会合联句》的三十四韵中，除了蝝、蛹二字在《韵略》中没有收录外，其余都不超出二肿中韵的范围，诗文雄奇激荡，就像大川洪河一样，看不见边际，并不是那些小池小溪的水流所能相提并论的。其诗文中写道：“离别言无期，会合意罙重。病添儿女恋，老丧丈夫勇。剑心知未死，诗思犹孤耸。愁云剧箭飞，欢来若泉涌。析言多新贯，摅抱无昔壅。念难须勤追，悔易勿轻踵。吟巴山荦峃，说楚波堆垄。马辞虎豹怒，舟出蛟鼍恐。狂鲸时孤轩，幽狖杂百种。瘴衣常腥腻，蛮器多疏冗。剥苔吊斑林，角饭饵沈冢。忽尔衔远命，归欤舞新宠。鬼窟脱幽妖，天居觌清拱。京游步方振，谪梦意犹恟。《诗》《书》夸旧知，酒食接新奉。嘉言写清越，愈病失肬肿。夏阴偶高庇，宵魂接虚拥。雪弦寂寂听，茗盌纤纤捧。驰辉烛浮萤，幽响泄潜蛩。诗老独何心，江疾有余尰。我家本瀍谷，有地介皋巩。休迹忆沉冥，峨冠慚闒阘。升朝高辔逸，振物群听悚。徒言濯幽泌，谁与薙荒茸。朝绅郁青绿，马饰曜珪珙。国仇未销铄，我志荡邛陇。君才诚倜傥，时论方汹溶。格言多彪蔚，县解无梏拲。张生得渊源，寒色拔山冢。坚如撞群金，眇若抽独蛹。伊余何所拟！跛鳖讵能踊。块然堕岳石，飘尔罥巢氄。龙旆垂天衢，云韶凝禁甬。君蔚，县解无梏拳。张生得渊源，寒色拔山家。坚如撞群金，眇若抽独蛹。伊余何所拟！跛鳖讵能踊。块然堕岳石，飘尔罥巢氄。龙旆垂天衢，云韶凝禁甬。君胡眠安然，朝鼓声汹汹。”其间或有颣句，然众手立成，理如是也。

胡眠安然，朝鼓声汹汹。”这中间也有些生硬乖戾的句子，但由于是出于众人之手，又是短时间内写成，这些缺点的出现也就是不可避免的了。

卷五（十四则）

土木偶人

赵德甫作《金石录》，其跋汉居摄坟坛二刻石云："其一上谷府卿坟坛，其一祝其卿坟坛。曰坟坛者，古未有土木像，故为坛以祀之。两汉时皆如此。"予案《战国策》所载，苏秦谓孟尝君曰："有土偶人与桃梗相语。桃梗曰：'子西岸之土也，埏子以为人，雨下水至，则汝残矣。'土偶曰：'子东国之桃梗也，刻削子以为人，雨降水至，流子而去矣。'"所谓土木为偶人，非像而何？汉至寓龙、寓车马，皆谓以木为之，像其真形。谓之两汉未有，则不可也。

饶州风俗

嘉祐中，吴孝宗子经者，作《馀干县学记》，云："古者江南不能与中土等，宋受天命，然后七闽二浙与江之西东，冠带《诗》《书》，翕然大肆，人才之盛，遂甲于天下。江南既为天下甲，而饶人喜事，又甲于江南。盖饶之为州，壤土肥而养生之物多，其民家富而户羡，蓄百金者不在富人之列。又当宽平无事之际，而天性好善，为父兄者，以其子与

土木偶人

赵明诚作《金石录》，其中在《跋汉居摄坟坛二刻石》这篇文章中说："坟坛有二。一为上谷府卿的坟坛，一为祝其卿的坟坛。之所以叫坟坛，是因为古时候没有土偶像与木偶像，因而设坟坛用作祭祀。两汉时期，都是这样。"我根据《战国策》里所记载，苏秦曾对孟尝君说："土偶人与木偶人桃梗互相对话。木偶人说：'你本是西边的泥土，经过搅和手捏才成为人形的，每当下雨，雨水流到这个地方，你就会残毁无存。'土偶人接着说：'你本是东边的一根桃木，经过刻削成为人形的。每当下雨，雨水流到这个地方，你就被冲得无影无踪。'"这里所说的土偶人与木偶人，不是土木偶像是什么？汉代寓龙、寓车马，都说是用木头做成的，形象逼真。由此可见，那种认为两汉时没有土偶人与木偶人的说法，是不符合实际的。

饶州风俗

北宋仁宗嘉祐年间，吴孝宗曾撰《馀干县学记》，在这篇文章中说："古时候，江南地区在国内经济文化中的地位，不能与中原地区相比。宋朝建国以后，七闽（今福建）、二浙（浙东、浙西，今浙江），及大江东西（今长江中下游南、北两岸的地区），读书的风气很盛，人才辈出，数量之多，居于国内首位。江南已居国内首位，而饶州（今江西饶阳）又居江南首位。这是由于饶州土壤肥沃，适宜于多种动植物及农作物的生长，百姓生活富弟不文为咎；为母妻者，以其子与夫不学为辱。其美如此。”予观今之饶民，所谓家富户羡，了非昔时，而高甍巨栋连阡亘陌者，又皆数十年来寓公所擅，而好善为学，亦不尽如吴记所言。故录其语以寄一叹。

禽畜菜茄色不同

禽畜、菜茄之色，所在不同，如江浙间，猪黑而羊白，至江、广、吉州以西，二者则反是。苏、秀间，鹅皆白，或有一斑褐者，则呼为雁鹅，颇异而畜之。若吾乡，凡鹅皆雁也。小儿至取浙中白者饲养，以为湖沼观美。

浙西常茄皆皮紫，其皮白者为水茄。吾乡常茄皮白，而水茄则紫。其异如是。

余而有积蓄，有着百金的人家不能算作富人。每当天下安宁太平无事的时候，饶州人乐于行善，做父亲兄长的，往往为自己的儿子、兄弟不读书学习文化而感到内疚；做母亲妻子的，往往为自己的儿子、丈夫不学习文化而感到羞愧。这是多么好的社会风尚啊！”经过我的仔细观察，现在饶州的百姓，虽然家里富裕而有积蓄，可也非昔日之所比。高楼巨栋拔地而起连在一起，近几十年来，往往为那些坐享其成的寓公所占有。而那种乐于助人，好做善事，勤奋好学的社会风尚，也不像吴孝宗所说的那样美好。兹将吴孝宗所说录之于此，实乃令人惋惜！

禽畜菜茄色不同

家畜、蔬菜的颜色，由于各地环境不同，因而也不相同，比如在江、浙一带，猪的颜色是黑色，而羊则是白的。到江州（今江西九江）、广州、吉州（今江西吉安）以西的地方，二者颜色则相反，猪是白色的，羊是黑色的。在苏州、秀州（今浙江嘉兴）一带，鹅都是白色的，偶尔见到一只身上有褐色斑点的鹅，当地人就叫它为雁鹅，都很惊奇，把它当作稀奇动物进行饲养。而在我的故乡饶州鄱阳（今江西波阳），所有的鹅都是花色的。而把白色的鹅当作稀奇动物，有些小孩子甚至购买浙东、浙西的白鹅来饲养，放在湖泽小河中供人们观赏。

茄子皮的颜色，在浙西地区一般都是紫色的，长有白皮的茄子，当地人叫它为水茄。而在饶州鄱阳则相反，一般的茄子皮都是白颜色，水茄则是紫颜色。其差异之大，于此可见。

伏龙肝

《本草》伏龙肝，陶隐居云："此灶中对釜月下黄土也。以灶有神，故呼为伏龙肝。并以透隐为名尔。"雷公云："凡使勿误用灶下土，其伏龙肝，是十年已来灶额内火气积，自结如赤色石，中黄，其形貌八棱。"予尝见临安医官陈舆大夫，言当以砌灶时，纳猪肝一具于土中，俟其积久，与土为一，然后用之，则稍与名相应。比读《后汉书·阴识传》云："其先阴子方，腊日晨炊而灶神形见。"注引《杂五行书》曰："宜市买猪肝泥灶，令妇孝。"然则舆之说亦有所本云。《广济历》亦有此说。又列作灶忌日，云："伏龙在不可移作。"所谓伏龙者，灶之神也。

勇怯无常

"民无常勇，亦无常怯，有气则实，实则勇，无气则虚，虚则怯，怯勇虚实，其由甚微，不可不知。勇则战，怯则北，战而胜者，战其勇者也，战而北者，战其怯者也。怯勇无常，倏忽往来，而莫知其方，惟圣人独见其所由然。"此《吕氏春秋·决胜》篇之语，予爱而书之。

伏龙肝

《本草》一书中载有伏龙肝，陶隐居说：“这是做饭用的锅灶里正对锅底的黄土。人们以为灶有神灵，所以称它为伏龙肝。人们又叫它为透隐。”雷公说：“凡是使用它的人，切记不要误用锅灶下的土，其伏龙肝，是十年以来灶壁内柴火燃烧热气聚集，自然形成的赤色石，中间是黄色，它的形状是不规则的八棱形。”我曾见临安（今浙江杭州）医官陈舆大夫，说在砌锅灶时，将一副猪肝放入泥土中，烧火做饭，时间长了，猪肝与泥土混合在一起，然后变成伏龙肝，才能使用，这样才可与它的名字相应。近来读到《后汉书·阴识传》，这里说：‘他的先人阴子方，十二月初八日早晨烧火做饭时，见到灶神。”在这一记载下，注文引《杂五行书》说：“应当到集市上买猪肝泥锅灶，这样可使妇人守孝道。”这一说法，与陈舆大夫所说不同。然而，陈舆所说亦是有根据的。《广济历》中，亦有类似说法的记载。并且定为灶忌日，说：“伏龙在此，不可以变更灶的位置。”据此，人们所说的伏龙，就是灶神。

勇怯无常

“人无永远持久的勇敢，亦没有永远持久的胆怯。神气饱满则充实，充实则勇敢；神气不饱满则空虚，空虚则胆怯。胆怯勇敢，空虚充实，其由来十分精妙，不可不知道。勇敢的人战则必胜，胆怯的人战则必败。战而获胜的人，是由于他作战时勇敢，战而败北的人，是由于作战时胆怯。胆怯与勇敢不是固定不变的，而是不时变化的，忽来忽去，人们往往不知其变化的方法，只有圣人才能发现这一变化的原因和方法。”这是《吕氏春

赵德甫金石录

东武赵明诚德甫，清宪丞相中子也。著《金石录》三十篇，上自三代，下讫五季，鼎、钟、甗、鬲、槃、匜、尊、爵之款识，丰碑大碣显人晦士之事迹见于石刻者，皆是正沩谬，去取褒贬，凡为卷二千。其妻易安李居士，平生与之同志，赵没后，愍悼旧物之不存，乃作后序，极道遭罹变故本末。今龙舒郡库刻其书，而此序不见取。

比获见元稿于王顺伯，因为撮述大概云：

“予以建中辛巳归赵氏，时丞相作吏部侍郎。家素贫俭，德甫在太学，每朔望谒告出，质衣取半千钱，步入相国寺，市碑文果实归，相对展玩咀嚼。后二年，从官，便有穷尽天下古文奇字之志，传写未见书，买名人书画、古奇器。有持徐熙《牡丹图》求钱二十万，留信宿，计无所得，卷还之，夫妇相向惋怅者数日。

秋·决胜》里所说的一段话。我喜爱这段话，就将它抄之于此。

赵德甫金石录

东武（今山东诸城）人赵明诚，字德甫，是丞相赵挺之（谥清宪）的第二个儿子。著有《金石录》一书，共三十篇。取材上自夏、商、周三代，下止五代。凡是鼎、钟、甗、鬲、槃、匜、尊、爵等器物上的款识，丰碑大碣的名人事迹，见于石刻上的记载，都一一考订，纠正其中的伪讹谬误，并且加以评论，其计二千卷。他的妻子李清照，号易安居士。一生与他的志向相同，喜爱金石文物的收藏与鉴赏。赵明诚去世后，她痛惜与丈夫共同收集来的珍贵书籍字画及碑刻器物在战乱中丢失，于是为《金石录》一书写了后序，详细陈述了不幸惨遭浩劫的经过。现在龙舒郡库将赵明诚的《金石录》刻板印刷，李清照为该书所写的后序未见收录。

我在王顺伯那里见到后序原稿，读后很有感慨。因而摘要述其梗概如下：

"我于宋徽宗建中靖国元年与赵明诚结为夫妇。当时赵明诚的父亲丞相赵清宪还在吏部作侍郎，家中历来贫穷，生活俭朴。明诚在太学读书，每月初一、十五两天，告假出来，将衣服作为抵押，换取五百文钱，步行到京城相国寺，在市上买些碑文、水果回来，我们二人相对而坐，一边吃水果，一边评说古物书画，心情十分舒畅。两年以后，明诚做了官，有了薪俸，因而产生了尽收各地古书字画的念头。凡是遇到未有见过的传抄本就抄写，并且购买名人字画及古奇古器物。一天，见人拿着徐熙的《牡丹图》出售，要价二十万钱。我们很想买，留那个人住了一

“及连守两郡，竭俸人以事铅椠，每获一书，即日勘校装缉，得名画彝器，亦摩玩舒卷，指摘疵病，尽一烛为率。故纸札精致，字画全整，冠于诸家。每饭罢，坐归来堂，烹茶，指堆积书史，言某事在某书某卷第几页第几行，以中否胜负，为饮茶先后，中则举杯大笑，或至茶覆怀中，不得饮而起。凡书史百家字不刓缺、本不误者，辄市之，储作副本。

“靖康丙午，德甫守淄川，闻虏犯京师，盈箱溢箧，恋恋怅怅，知其必不为己物。建炎丁未，奔太夫人丧南来，既长物不能尽载，乃先去书之印本重大者，画之多幅者，器之无款识者，已又去书之监本者，画之平常者，器之重大者，所载尚十五车，连舻渡淮，江。其青州故第所锁十间屋，期以明年具舟载之，又化为煨烬。

宿，由于未能凑足二十万钱，只好将《牡丹图》卷起来还给了人家。我们夫妻二人为这件事，惋惜了好几天。

“后来，赵明诚连续在两郡任太守。我们每月将薪俸收入几乎全都用来购买书籍字画。每当购得一部书时，当天就校勘、装订，购得名人字画及古代彝器，我们就反复审视，摸玩展卷，进行评论，指出其中的弊病，大概要到一支蜡烛燃完的时间。所以，经过我们装裱的书画，纸张精致，字画完整，其他各家都比不上我们。我们每天每次饭后无事时，就到归来堂坐下，冲上一壶茶，一边饮茶，一边谈论收集来的书籍，以某一件事在某种书、某卷、第几页、第几行为话题，进行猜测。以猜中与不中定谁胜谁负，及饮茶先后。胜者先饮，负了后饮。胜者往往举杯大笑，有是不知不觉将茶泼在自己怀中，不能再喝了，才起身而去。凡是史书及百家之书，只要书中字没有磨损残缺，版本不错的，我们都买下，留作副本。

“高宗建康元年，明诚调到山东淄川（今山东淄博）去做太守。金兵进犯都城开封的消息传来，人们惊慌不安。我们对于收集而来满箱盈柜的书画器物，十分留恋，已经料想到会在战乱中丢失。高宗建炎元年，太夫人不幸病故，我们奔丧来到南方。由于太大太重的古器古物携带不便，于是决定先丢弃那些又重又大的刻印本书、篇幅多的画卷、没有款识的古器物，由于余下的还多，进而决定再丢弃那些监本书、一般的画及又重又大的器物。最后决定带走的，仍有十五车。我们乘船渡过了淮河，又渡过了长江，继续南行。而留在青州故宅十间屋里边的尽是古器字画，把门上落锁，想于明年用船运到南方。不幸在兵火中全都化为灰烬。

“己酉岁六月，德甫驻家池阳，独赴行都，自岸上望舟中告别。予意甚恶，呼曰：‘如传闻城中缓急，奈何？’遥应曰：‘从众，必不得已，先弃辎重，次衣衾，次书册，次卷轴，次古器。独宋器者可自负抱，与身俱存亡，勿忘之！’径驰马去。秋八月，德甫以病不起。时六宫往江西，予遣二吏，部所存书二万卷，金石刻二千本，先往洪州，至冬，虏陷洪，遂尽委弃。所谓连舻渡江者，又散为云烟矣！独余轻小卷轴，写本李杜韩柳集、《世说》《盐铁论》、石刻数十副轴，鼎鼐十数，及南唐书数箧，偶在卧内，岿然独存。上江既不可往，乃之台、温，之衢，之越，之杭，寄物于嵊县。

庚戌春，官军收叛卒，悉取去，人故李将军家。岿然者十失五六，犹有五七簏，挈家寓越城，一夕为盗穴壁，负五簏去，尽为吴说运使贱价得之。仅存不成部帙残书策数种。

“高宗建炎三年，我们就在池阳（今安徽贵池）安家住下。明诚接到任命通知，独自一人前往行都。他在河岸上与我分手告别。当时，我的心情很不好。就大声问他：“如果听到城将被金人攻占时，我该怎么办？”明诚遥相呼应回答说：“随着众人。实在不得已，先扔掉行李，然后是衣服，再次是书简、画卷、古器物。只有祭祀用的宗器不要丢弃，要随身携带，与你共存亡，不要忘了！”说罢，挥鞭奔驰而去。这年秋天八月，不料明诚患病，卧床不起。这时候，圣上和六宫已流亡到了江西。我派了两个小吏，带着存书两万卷，金石碑刻两千本，先到洪州（今江西南昌）。到了这年冬天，金兵攻占了洪州，运去的书籍器物，全都被毁。那些用船运到南方的书籍、字画、古器古物，也都化为云烟而无存。这时候，剩下的只有又轻又小的名人字画，手抄本李白、杜甫、韩愈，柳宗元的文集，《世说新语》《盐铁论》以及石刻几十件，鼎器鼐器几十个，以及《南唐书》数箧。这是由于这些东西放在我的卧室里，所以有才幸保存下来。因为江西已为金兵所占，我就不往再去，再是决定继续南下，先到台州（今浙江临海），后到衢州（今江西衢县），越州（今浙江绍兴），再到杭州，将随身携带的东西，寄存于嵊县。

“高宗建炎四年春天，宋朝官军收降叛卒，我带去幸存下来的东西全都被抢走，存入前李将军家里。由我携带去的那些东西，这时又丢失了十分之五六。剩下的，只有七竹箱，我随身携带，就暂时住在越州（今浙江绍兴）城内。这天晚上，盗贼趁夜深人静，在我住的屋墙上挖了一个洞，将我带去的五竹箱东西盗走，后来听说被转运使吴说用低价买去。留在我手中的只不过是不成套的残书数种而已。

“忽阅此书，如见故人，因忆德甫在东莱静治堂，装褾初就，芸签缥带，束十卷作一帙，日校二卷，跋一卷，此二千卷，有题跋者五百二卷耳。今手泽如新，墓木已拱！乃知有有必有无，有聚必有散，亦理之常，又胡足道？所以区区记其终始者，亦欲为后世好古博雅者之戒云。”

时绍兴四年也，易安年五十二矣，自叙如此。予读其文而悲之，为识于是书。

韩文公荐士

唐世科举之柄，颛付之主司，仍不糊名。又有交朋之厚者为之助，谓之通榜，故其取人也畏于讥议，多公而审。亦或胁于权势，或挠于亲故，或累于子弟，皆常情所不能免者。若贤者临之则不然，未引试之前，其去取高下，固已定于胸中矣。

韩文公《与祠部陆员外书》云：“执事与司贡士者相知

“这天，我翻阅存留下来的东西，忽然见到此书，就好像见到了故人一样，使我浮想联翩。我回忆起当年和明诚在东莱（今山东掖县）静治堂的情景，我们把书籍装订成册后，用芸香去薰淡黄色的绸带，把书十卷作为一帙捆起来。每天校勘两卷，为一卷写个题跋。在所存两千卷书中，写有题跋的有五百零二卷。而今明诚的书法手迹尚存犹新，他坟墓上的树木已长大可用两手围抱。我从自身的经历中深知，什么都是在变化的，有有的时候，也必有无的时候，有聚的时候，也必有散的时候。这是事物发展变化的规律，不必多加论述。我之所以详细地记述事情的始末，只不过是为了让后世喜爱古书字画文物的人，引为鉴戒。”

李清照这篇文章，写于高宗绍兴四年。这一年，她五十二岁。我读完这篇文章后，很为她悲伤。因此，将它收于本书。

韩文公荐士

唐代科举取士的大权，专门交给了主考官，仍然没有实行考试糊名的办法。那些交往密切、关系厚道的亲朋往往想方设法予以周旋，使得能够得中，当时人们称这种做法为通榜。所以，每次考试录取之后，害怕众人的讥讽议论，就责令有关考官，严格考选，秉公审核。也有迫于权贵势要的压力，或受亲朋故友的干扰，或为子孙门生所连累，这些都是人情世故所难以避免的。如果是公正贤明的人主考，情况就不会是这样。在未举行正式考试之前，对贡士去取高下的情况予以了解，这样就可以做到胸中有数。

韩愈在《与祠部陆员外书》中说：“执事官与掌管选拔贡士

识，彼之所望于执事者，至而无间，彼之职在乎得人，执事之职在乎进贤，如得其人而授之，所谓两得矣。愈之知者，有侯喜、侯云长、刘述古、韦群玉（《摭言》作纾）。此四子者，可以当首荐而极论，期于成而后止可也。沈杞、张茳（《科记》又作弘）、尉迟汾、李绅、张后余、李翊，皆出群之才，与之足以收人望，而得才实，主司广求焉，则以告之可也。往者陆相公司贡士，愈时幸在得中，所与及第者，皆赫然有声。原其所以，亦有梁补阙肃、王郎中础佐之。梁举八人无有失者，其余则王皆与谋焉。陆相于王与梁如此不疑也，至今以为美谈。”此书在集中不注岁月。案《摭言》云：“贞元十八年，权德舆主文，陆傪员外通榜，韩文公荐十人于傪，权公凡三榜，共放六人，余不出五年内皆捷。”以《登科记》考之，贞元十八年，德舆以中书舍人知举，放进士二十三人，尉迟汾、侯云长、韦纾、沈杞、李翊登第。十九年，以礼部侍郎放二十人，侯喜登第。永贞元年，放二十九人，刘述古登第。通三榜，共七十二人，而韩所荐者预其七。元和元年，崔邠下放李绅，二年，又放张后余，张弘。皆与《摭言》合。

官相识，掌管选拔贡士官希望执事官能够密切配合，他们的职责在于为朝廷发现人才，而执事官的职责则在于为朝廷选进贤能的人才。如果选出的确是人才而授之以官，这是两全齐美的。在为我所了解的人中，有侯喜、侯云长、刘述古、韦群玉，这四人，应当首先推荐，高度评价，希望得到录用才算完成了任务。沈杞、张弘、尉迟汾、李绅，张后余、李翊，都是出众之才，选拔录用他们六人亦是符合众望的。而获得真才实学之人才，亦正是主考官所孜孜以求的，所以我据实以告，以前，陆相公曾负责选拔贡士，我也一时有幸于其中被荐送京师。通过考试，所选取的人，都是很有名声的人。究其原因，还在于得到补阙梁肃、郎中王础的辅助。梁肃举荐八人，没有一人失误，其余都是与王础共同商定的，陆相公与王础、与梁肃密切合作，如此用心尽力选拔人才，至今仍然传为美谈。”此信在韩愈文集中没有注明写信的年份月份。按《唐摭言》一书有记：“德宗贞元十八年，权德舆主持科举考试，员外郎陆傪负责通榜，韩愈推荐十人给陆傪。权德舆主持考试，发布三榜，其取六人，其余未被录进的，也不出五年，都金榜题名，取得成功。”又据《登科记》一书所记，德宗贞元十八年，权德舆以中书舍人担任知贡举，主持考试，录取进士二十三人，尉迟汾、侯云长、韦纾、沈杞、李翊均及第被取。贞元十九年，权德舆以礼部侍郎担任知贡举，主持考试，录取进士二十人，侯喜于这一年考取。顺宗永贞元年，权德舆以礼部侍郎担任知贡举，录取进士二十九人，刘述古及第被取。以上三榜，共录取七十二人，而为韩愈所推荐考取的有七人。宪宗元和元年，礼部侍郎崔邠担任知贡举，主持考试，李绅及第被取。元和二年，张后余、张弘考试进士及第被取。此记与《唐摭陆傪在贞元间，时名最著，韩公敬重之。其《行难》一篇为傪作也，曰：“陆先生之贤闻于天下，是是而非非。自越州召拜祠部，京师之人日造焉。先生曰：‘今之用人也不详，位于朝者，吾取某与某而已，在下者多于朝，凡吾与者若干人。’”又送其刺歙州序曰：“君出刺歙州，朝廷耆旧之贤，都邑游居之良，齐咨涕洟，咸以为不当去。”则傪之以人物为己任久矣。其刺歙以十八年二月，权公放榜时，既以去国，而用其言不替，其不负公议而采人望，盖与陆宣公同。

韩公与书时，方为四门博士，居百寮底，殊不以其荐为犯分。故公作《权公碑》云：“典贡士，荐士于公者，其言可信，不以其人布衣不用。即不可信，虽大官势人交言，一不以缀意。”

又云：“前后考第进士，及庭所策试士，踊相蹑为宰相达官，其余布处台阁外府，凡百余人。”

梁肃及傪，皆为后进领袖，一时龙门，惜其位不通显言》相合。

陆傪在唐德宗贞元年间，享有盛名，韩愈非常尊重他。韩愈所撰《行难》一文，就是专门为陆傪写作的。文中写道："陆先生的贤能，闻名于天下。是非分明，凡是对的就给予肯定，不对的就给予否定。自越州（今浙江绍兴）召还，官于祠部，京师的官民前去拜访的，络绎不绝。先生曾说：'现在选官用人也不详细进行考察，在朝做官的人，说我取某人某人。而在下面的多于在朝任职的官员。能够与我交往的只是若干人。'"此外，他在送陆傪到歙州（今安徽歙县）任刺史时，写的序文中说："陆君出任歙州刺史，朝中的贤能大臣，地方上游居的有识之士，闻知之后，无不痛哭流涕，都说不应当调你离京外任。"陆傪以天下之人和事为己任由来已久，他出任歙州刺史是在贞元十八年二月。权德舆在发布进士录取榜时，已经去职，但是他所做出的决定仍然不变。选取人才取其声望而不违背众人的评论，这一点，与唐代的陆贽是相同的。

韩愈在给陆傪写这封信的时候，才被任用为四门博士，官小职卑，居于文武百官之低层。然而他并不以自己举荐人才为超越本分，正因为这样，他在所撰的《权公碑》中说："在你典选贡士的时候，向您推荐人才的人，如果说的话是可信的，你就不会因为他出身平民百姓就不选取。如果他说的不可信，即使是达官贵人来说情，你也私毫不改初衷。"

碑文中还说："权德舆前后主持进士考试及在殿庭策试的士人，所选拔的人才，有的相继入仕，官居宰相高位，其他也都在台、阁及外府中任职，总计有百余人。"

梁肃及陆傪都是后来考取进士的青年人的领袖，在当时有也，岂非汲引善士为当国者所忌乎？韩公又有《答刘正夫书》云："举进士者，于先进之门，何所不往？先进之于后辈，苟见其至，宁可以不答其意邪？来者则接之，举城士大夫，莫不皆然，而愈不幸独有接后进名。"以是观之，韩之留意人士可见也。

王勃文章

王勃等四子之文，皆精切有本原。其用骈俪作记序碑碣，盖一时体格如此，而后来颇议之。杜诗云："王、杨、卢、骆当时体，轻薄为文哂未休。尔曹身与名俱灭，不废江河万古流。"正谓此耳。身名俱灭，以责轻薄子。江河万古流，指四子也。韩公《滕王阁记》云："江南多游观之美，而滕王阁独为第一。及得三王所为序、赋、记等。壮其文辞。"注谓："王勃作游阁序。"又云："中丞命为记，窃喜载名其上，词列三王之次，有荣耀焉。"则韩之所以推勃，亦为不浅矣。勃之文今存者二十七卷云。

“龙门”之称。可惜他们的官位都不高，岂不是由于他们善于识别选拔人才而为当权者所忌恨呢？韩愈在《答刘正夫书》中说：“那些已经得中进士的人，于先前考取进士者，哪家之门不可以去呢？先考取进士的人，对于晚辈后来应举考试的人，一旦见他前来求教，岂有不热情耐心回答之理呢？对于所有前来求教拜访的人，都要热情接待，城里的所有士大夫，无不应当这样。遗憾的是，只有我韩愈才有热情接待后进者的名声。”由此来看，韩愈留心培养、选拔人才是显而易见的。

王勃文章

唐初王勃、杨炯、卢照邻、骆宾王等四杰的诗文，所用典故都精确恰当，而且都有它的出处。他们用骈体作记、作序，以及撰写碑铭。这是因为当时流行的文体和格式是这样。后人不了解这个情况，对此颇多议论。杜甫在他的一首诗中写道：“王、杨、卢、骆当时体，轻薄为文哂未休。尔曹身与名俱灭，不废江河万古流。”就是针对唐初四杰所用文体而言的。这里所说的，“身与名俱灭”，是用来谴责那些轻薄文人的。而“江河万古流”，则是指王、杨、卢、骆唐初四杰。韩愈在《滕王阁记》一文中说：“江南风景秀丽异人，有许多景点可以供人游览观赏。而在众多的游览景点中，滕王阁名列第一。后来见到王勃、王绪、王仲舒三人所写序、赋、记等诗文，认为他们写得很好。”在这一段后面，加注说：“王勃作游滕王阁序。”韩愈又说：“御史中丞王仲舒命我为洪州滕王阁写篇记文，我自己也为将韩愈的名字留在滕王阁上，文章排在王勃、王绪、王仲舒三王记文之后，感到荣幸。”由此来看，韩愈推崇王勃，并不是一天两天，而是由

吕览引诗书

《吕氏春秋·有始览·谕大》篇，引《夏书》曰：“天子之德，广运乃神，乃武乃文。”又引《商书》曰：“五世之庙，可以观怪；万夫之长，可以生谋。”高诱注皆曰：“《逸书》也。庙者，鬼神之所在，五世久远，故于其所观魅物之怪异也。”予谓吕不韦作书时，秦未有《诗》《书》之禁，何因所引讹谬如此？高诱注文怪异之说，一何不典之甚邪？又《孝行览》，亦引《商书》曰：“刑三百，罪莫重于不孝。”今安得有此文，亦与《孝经》不合。又引《周书》曰：“若临深渊，若履薄冰。”注云：“《周书》，周文公所作。”尤妄也。又以“普天之下，莫非王土，率土之滨，莫非王臣”，为舜自作诗；“子惠思我，褰裳涉洧，子不我思，岂无他士？”为子产答叔向之诗。不知是时《国风》《雅》《颂》何所定也。宁戚《饭牛歌》，高诱全引《硕鼠》三章，又为可笑。

蓝田丞壁记

韩退之作《蓝田县丞厅壁记》，柳子厚作《武功县丞厅来久矣。王勃一生所写的诗文，现在有存的，为二十七卷。

吕览引诗书

《吕氏春秋》中有一篇题为《有始览·谕大》的文章，该文引用《夏书》的一段记载："天子之德，广运乃神，乃武乃文。"又引用《商书》里的记载："五世之庙，可以观怪；万夫之长，可以生谋。"高诱在注释时说："这是散失的《逸书》上的记载。庙是鬼神所在的地方。人死之后，相隔五世，时间长了，所以在这里可以看到种种鬼怪奇异的令人莫测的现象。"按吕不韦在撰《吕氏春秋》时，秦国还没有严禁《诗经》《尚书》等儒家著作的禁令，为什么书中引文会有如此的谬误？高诱在注文中关于鬼怪奇异的说法，为什么如此的荒诞无稽？另外，在《吕氏春秋·孝行览》中亦引用《商书》说："天子刑罚多种，罪最重的莫重于不孝。"而今怎么能见到此书原文？同时这里所说，亦与今所见《孝经》里的记载不合。又引用《周书》说："若临深渊，若履薄冰。"在这一段话后加注说："《周书》为周文公所作。"这更是无稽之谈。该书中又说"普天之下，莫非王土，率土之滨，莫非王臣"，是舜自己作的一首诗。且说："子惠思我，褰裳涉洧，子不我思，岂无他士？"是子产答叔向而作的一首诗。不知当时《诗经》中《国风》《雅》《颂》的划分是根据什么确定的。《饭牛歌》为宁戚所作，高诱在作注时，竟然将与此毫无关系的《诗经》中《硕鼠》三章全部引出，这是非常可笑的。

蓝田丞壁记

唐代文学家韩愈撰有《蓝田县丞厅壁记》，柳宗元撰有壁记》，二县皆京兆属城，在唐为畿甸，事体正同，而韩文雄拔超峻，光前绝后，以柳视之，殆犹武夫之与美玉也。莆田方崧卿得蜀本，数处与今文小异，其“破崖岸而为文”一句，继以“丞厅故有记”，蜀本无而字。考其语脉，乃“破崖岸为文丞”是句绝。文丞者，犹言文具备员而已，语尤奇崛，若以丞字属下句，则既是丞厅记矣，而又云“丞厅故有记”，虽初学为文者不肯尔也。此篇之外，不复容后人出手。

侄孙倬，顷丞宣城，后生颇有意斯道，自作《题名记》示予。予晓之曰：“他文尚可随力工掘下笔，至如此记，岂宜犯不韪哉！”倬时已勒石，深悔之。近日亦见有为之者，吾家孙侄多京官调选，再转必为丞，虑其复有效尤者，故书以戒之。

钱武肃三改元

欧阳公《五代史》叙《列国年谱》云：“闻于故老，谓吴越亦尝称帝改元，而求其事迹不可得，颇疑吴越后自讳之。及旁采诸国书，与吴越往来者多矣，皆无称帝之事。独得其封落星石为宝石山制书，称宝正六年辛卯耳。”王顺伯收

《武功县丞厅壁记》。蓝田、武功两个县，都是京兆的属县，在唐代都在京城附近，基本情况大致相同。韩愈的文章，气势磅礴，空前绝后，柳宗元的文章与它相比，差别很大，如同石头与美玉相比那样。莆田方崧卿得到一种蜀本，与此对照，在内容上发现有几处与现在所见的有不同。其中有“破崖岸而为文”一句，后面接着是“丞厅故有记”。蜀本中此句没有“而”字。详细考订上下文的意思，是在“破崖岸为文丞”这一句中断句时将文丞连在一起。文丞，犹言文具备员，语言怪僻。如果将这里的丞字断为下句，便成为丞厅记了。然而这里接着又说“丞厅故有记”。即使初学写文章的人也不肯这样。除此篇之外，其他各篇就没有必要动手去改了。

我的侄孙洪倬，近来要到宣城（今属安徽）去作丞。他对韩愈等人厅壁记很感兴趣。于是就写了一篇《题名记》拿来给我看。我告诉他说：“其他文章都可以根据自己的能力功底下笔去写，至于写这样的论文，就不能这样，怎么能够轻易地冒犯天下之大不韪呢？”我说这话的时候，洪倬已经将《题名记》刻之于石碑上，对此，他深感懊悔。近来我又见到这种情形。我洪家的侄孙多为京官调选，如再改调，必得作丞，我担心以后还会有人这样仿效，所以，书之于此，予以戒备。

钱武肃三改元

欧阳修在《新五代史·列国年谱》（即《十国世家年谱》）序文中说：“听故老相传，说十国时的吴越亦曾经称帝改元，但是找不到有关其称帝改元的具体事实，怀疑这是吴越后人自己避讳不记其事。后又查找与吴越同时各国的史书，记载与吴碑，有《临安府石屋崇化寺尊胜幢》云："时天宝四年岁次辛未四月某日，元帅府府库使王某。"又《明庆寺白伞盖塔陀罗尼幢》云："吴越国女弟子吴氏十五娘建。"其发愿文序曰："十五娘生忝霸朝，贵彰国懿。天宝五年太岁壬申月日题。"顺伯考其岁年，知非唐天宝，而辛未乃梁开平五年，其五月改乾化，壬申乃二年。梁以丁卯篡唐，武肃是岁犹用唐天祐，次年自建元也。《钱唐湖广润龙王庙碑》云："钱镠贞明二年丙子正月建。"《新功臣禅院碑》《封睦州墙下神庙敕》，皆贞明中登圣寺磨崖，梁龙德元年，岁次辛巳，钱镠建。又有龙德三年《上宫诗》，是岁梁亡。

《九里松观音尊胜幢》："宝大二年岁次乙酉建。"《衢州司马墓志》云："宝大二年八月殁。"顺伯案，乙酉乃唐庄宗同光三年，其元年当在甲申。盖自壬申以后用梁纪元，至后唐革命，复自立正朔也。

又《水月寺幢》云："宝正元年丙戌十月，具位钱镠建。"是年为明宗天成。《招贤寺幢》云："丁亥宝正二年。"又小昭庆金牛、玛瑙等九幢，皆二年至五年所刻。贡院前桥柱，刻宝正六年岁在辛卯造。然则宝大止二年，而改宝正。

越相互交往的材料虽然不少，但不记吴越称帝之事。惟独在吴越所封空中坠落星石为宝山石的制书中，见有'宝正六年辛卯'的记载。”王顺伯广收各种碑刻，内有《临安府石屋崇化寺尊胜幢》石刻一方，碑文中说：“时在天宝四年辛未，四月某日，元帅府府库使王某。”另有《明庆寺白伞盖塔陀罗尼幢》石刻一方，碑文中记：“吴越国女弟子吴氏十五娘建。”碑文发愿部分的开头说：“十五娘生于霸朝，地位尊贵，德行高尚。天宝五年壬申月日题。”这里所书的年号是天宝，据王顺伯的查核考证，并不是唐玄宗时天宝。这里所说的辛未年，为后梁太祖开平五年。这一年五月，改年号为乾化。壬申年，即乾化二年。梁太祖朱温于丁卯年称帝代唐。这一年，钱镠仍采用的是唐哀宗天祐年号，第二年，钱镠才宣布改元，采用自己的年号。《钱唐湖广润龙王庙碑》中有“钱镠贞明二年丙子正月建”的记载。《新功臣禅院碑》《封睦州墙下神庙敕》这二块石碑的碑文，都是贞明年间登圣寺的磨崖，是梁末帝龙德元年辛巳，为钱镠所建。此外，还有龙德三年的《上宫诗》。这一年，后梁为后唐所取代。

《九里松观音尊胜幢》内载：“宝大二年乙酉建。”《衢州司马墓志》亦见有“宝大二年八月病殁”的记载。王顺伯在这里加按语说，乙酉年为后唐庄宗同光三年，同光元年应在甲申。这是因为自从壬申年以后使用的后梁的年号，自李存勖代唐称帝，才自立年号。

此外，在《水月寺幢》石刻中载：“宝正元年丙戌十月，具位钱镠建。”这一年，为后唐明宗天成元年。《招贤寺幢》中记：“丁亥宝正二年。”又有小昭庆金牛、玛瑙等石刻九幢。都是宝正二年至五年所刻。在贡院前桥柱上，刻有宝正六年辛卯造。

宝正尽六年，次年壬辰，有天竺《日观庵》经幢，复称长兴三年八月，用唐正朔，其年三月，武肃薨。方寝疾，语其子元瓘曰："子孙善事中国，勿以易姓废事大之礼。"于是以遗命去国仪，用藩镇法，然则有天宝、宝大、宝正三名，欧阳公但知其一耳。《通鉴》亦然。自是历晋、汉、周及本朝，不复建元。今犹有清泰、天福、开运、会同、系契丹年。乾祐、广顺、显德石刻，存者三四十种，固未尝称帝也。

黄庭换鹅

李太白诗云："山阴道士如相见，应写《黄庭》换白鹅。"盖用王逸少事也。前贤或议之曰："逸少写《道德经》，道士举鹅群以赠之。"元非《黄庭》，以为太白之误。

予谓太白眼高四海，冲口成章，必不规规然，旋检阅《晋史》，看逸少传，然后落笔，正使误以《道德》为《黄庭》，于理正自无害，议之过矣。东坡雪堂既毁，绍兴初，黄州一道士自捐钱粟再营建，士人何颉斯举作上梁文，其一联云："前身化鹤，曾陪赤壁之游；故事换鹅，无复黄庭之字。"乃用太白诗为出处。可谓奇语。案张彦远《法书要录》，载褚遂良右军书目，正书有《黄庭经》云。注：六十行。

然而，据记载，宝大只有二年，后改年号为宝正。宝正共计六年，第二年壬辰年，在天竺（今印度）《日观庵》经幢上，复称长兴三年八月，用的是后唐的年号，这一年三月，钱镠病死，谥号武肃。钱镠患病刚卧床时，就对他的儿子元瓘说："我钱氏子孙们要好好地侍奉大宋，不要以为赵氏取代了北周就不去侍奉了。"并且告诫元瓘，在他死后，不要采用朝廷的仪制，而要采用藩镇的仪制。然而他三次改元，年号有天宝、宝大、宝正三个名字，欧阳修只知其中的一个，《资治通鉴》亦是同样。自是而后，历经晋、汉、周及本朝，吴越不再改元。而今尚有清泰、天福、开运、会同系契丹年号，乾祐、广顺、显德石刻三四十种，从未见载有吴越称帝之事。

黄庭换鹅

李白在一首诗中写道："山阴道士如相见，应写《黄庭》换白鹅。"这是采用王羲之的遗事。在前贤中，有人议论说："王羲之写《道德经》，道士们举鹅群相赠。"原不是《黄庭经》，以为这是李白误述。

李白学识渊博，眼界开阔，出口成章，必然不是那么拘拘束束。不久，我翻阅《晋书》，读王羲之传，然后落笔，正好是误将《道德经》说成是《黄庭经》。按道理上说，也没有什么危害，议论的人不免有些言过其实。苏东坡的雪堂已被废毁。高宗绍兴初年，黄州（今湖北黄冈）有一道士自己捐钱捐粮食再次建造，士人何斯举曾作上梁文。其中一联说："前身化鹤，曾陪赤壁之游；故事换鹅，无复《黄庭》之字。"就是采用了李白诗中的说法。真可以说是奇语。据张彦远《法书要录》所载褚遂良书与山阴道士真迹故在。又武平一《徐氏法书记》云:“武后曝太宗时法书六十余函,有《黄庭》。”又徐季海《古迹记》:“玄宗时,大王正书三卷,以《黄庭》为第一。”皆不云有《道德经》,则知乃《晋传》误也。

宋桑林

《左传》:“宋公享晋侯于楚丘,请以《桑林》。”注,《桑林》者,殷天子之乐名。“舞师题以《旌夏》。晋侯惧而退,及著雍疾,卜桑林见。荀偃、士匄欲奔请祷焉,荀罃不可。”予案《吕氏春秋》云:“武王胜殷,立成汤之后于宋,以奉桑林。”高诱注曰:“桑山之林,汤所祷也。故使奉之。”《淮南子》云:“汤旱,以身祷于桑山之林。”许叔重注曰:“桑山之林,能兴云致雨,故祷之。”“桑林”二说不同。杜预注《左传》不曾引用,岂非是时未见其书乎?

冯夷姓字

张衡《思玄赋》:“号冯夷俾清津兮,棹龙舟以济予。”

目，内有《黄庭经》一书，下面加注：六十行。与山阴道士的真迹尚在。此外，武平一在所撰《徐氏法书记》中载："武则天将唐太宗时的书法著作六十余函拿出来晒，内有《黄庭经》一书。"还有徐季海的《古迹记》，内记："唐玄宗时，大王正书三卷，以《黄庭经》为第一。"在这些著作里都不记有《道德经》，由此可知《晋书·王羲之传》中所记有误。

宋桑林

《左传》中记载："宋襄公在楚丘（今山东曹县东）设宴款待晋侯，请求使用《桑林》之舞。"这里有注说：《桑林》是殷天子乐曲的名称。接着又说："舞蹈开始，乐师举《旌夏》之旗，率领乐队进来。晋侯害怕，急忙退下。到达著雍，晋侯生病，占卜，从卜兆里见到桑林之神。荀偃和士匄想返回宋国请求祈祷，荀罃不同意。"据《吕氏春秋》所载："周武王灭殷之后，封成汤的后人于宋（今河南商丘一带），让他们世世代代事奉桑林。"高诱在这里作注说："桑山之林，是成汤祈祷的地方。所以让们供奉。"《淮南子》中说："成汤遇到旱灾，便亲自前往桑山之林祈祷。"许叔重在这句话的后面，加注说："桑山之林，能够兴云致雨，所以天子要到这里祈祷。"可见，关于桑林的本意，有两种不同的说法。一说是乐曲的名字，一说是地名，祈祷的地方。杜预在注释《左传》时，没有引用《吕氏春秋》及《淮南子》中的材料，莫非是他在当年没有见到这些著书吗？

冯夷姓字

东汉张衡在《思玄赋》一文中写道："号冯夷俾清律兮，棹李善注《文选》引《青令传》曰："河伯姓冯氏，名夷，浴于河中而溺死，是为河伯。"《太公金匮》曰："河伯姓冯名修。"《裴氏新语》谓为冯夷。《庄子》曰："冯夷得之以游大川。"《淮南子》曰："冯夷服夷石而水仙。"《后汉·张衡传》注，引《圣贤冢墓记》曰："冯夷者，弘农华阴潼乡堤首里人，服八石，得水仙，为河伯。"又《龙鱼河图》曰："河伯姓吕名公子，夫人姓冯名夷。"唐碑有《河侯新祠颂》，秦宗撰，文曰："河伯姓冯名夷，字公子。"数说不同，然皆不经之传也。盖本于屈原《远游》篇，所谓"使湘灵鼓瑟兮，令海若舞冯夷。"前此未有用者。

《淮南子·原道训》又曰："冯夷、大丙之御也，乘云车，入云蜺。"许叔重云："皆古之得道能御阴阳者。"此自别一冯夷也。

龙舟以济予。”李善在注释《文选》时，引用了《青令传》一段记载。说：“河伯姓冯，名夷，在河中洗澡时溺死，因此叫河伯。”《太公金匮》一书中则说：“河伯姓冯名修。”《裴氏新语》里说，河伯为冯夷。《庄子》里载：“冯夷得之以游大川。”《淮南子》中记：“冯夷服用巨石变成为水仙。”《后汉书·张衡传》的注文中，引用《圣贤冢墓记》关于河伯的记载，说：“冯夷是弘农华阴潼乡堤首里人，服用了朱砂、雄黄、云母、空青、硫黄、戎盐、硝石、雌黄八种药石，成了水仙，人称河伯。”此外，《龙鱼河图》里记载：“河伯姓吕，名公子，他的夫人姓冯名叫夷。”唐代碑刻有《河阴新祠颂》一方，为秦宗撰文。碑文中说：“河伯姓冯，名夷，字公子。”凡此等等，说法不一，都是没有确凿可靠的根据的。究其原因，大概都是本于屈原《远游》篇中“使湘灵鼓瑟兮，令海若舞冯夷”的记载。在此之前，未见有人用冯夷的。

《淮南子·原道训》里又记：“冯夷、大丙能够腾云驾雾，乘云车，直入云霄。”许叔重说：“这些都是古时候得道成仙能够驾驭阴阳的人。”这里所说的冯夷，当与上面所说的河伯冯夷不是一人，自然是另一个冯夷！

卷六（十五则）

韩文公逸诗

唐五窦《联珠集》载，窦牟为东都判官，陪韩院长、韦河南同寻刘师，不遇，分韵赋诗。都官员外郎韩愈得寻字，其语云："秦客何年驻，仙源此地深。还随蹑凫骑，来访驭云襟。院闭青霞入，松高老鹤寻。犹疑隐形坐，敢起窃桃心。"今诸本韩集皆不载。近者莆田方崧卿考证访赜甚至，犹取《联珠》中窦庠《酬退之登岳阳楼》一大篇，顾独遗此，何也？

窦叔向诗不存

窦氏《联珠序》云，五窦之父叔向，当代宗朝，善五言诗，名冠流辈。时属贞懿皇后山陵，上注意哀挽，即时进三章，内考首出，传诸人口。有"命妇羞蘋叶，都人插柰花"，"禁兵环素帟，宫女哭寒云"之句。可谓佳唱，而略无一首存于今。荆公《百家诗选》亦无之，是可惜也。予尝得故吴良嗣家所抄唐诗，仅有叔向六篇，皆奇作。念其不传于世，今悉录之。

韩文公逸诗

唐代窦常、窦牟、窦群、窦庠、窦巩五兄弟的《联珠集》中记载，窦牟在任东都判官时，曾经陪同韩愈、韦执中一道去找刘尊师。不巧，未能见到。于是三人分韵赋诗。都员外郎韩愈的诗，韵用寻字。他在诗中写道：“秦客何年驻，仙源此地深。还随蹑凫骑，来访驭云襟。院闭青霞入，松高老鹤寻。犹疑隐形坐，敢起窃桃心。”而今所见韩愈文集的各种本子，都不见有这首诗。近来，莆田方崧卿在考订、访问方面狠下工夫，仍然只取《联珠集》中窦庠所写的《酬退之登岳阳楼》一长篇，仍将这首诗漏掉，这是什么原因呢？

窦叔向诗不存

窦氏《联珠集序》中说，窦氏兄弟五人，父亲是窦叔向。在唐代宗朝时，叔向擅长写五言诗，在当时同辈人中颇有点名气。那时候，正值贞懿皇后丧葬，代宗皇帝对贞懿皇后的去世十分悲痛，曾下令让群臣进呈挽词。窦叔向即时写贞懿挽歌三章致哀。进呈之后，老宫人首先将它传了出来，使它能够传之于世人。诗中有“命妇羞蘋叶，都人插柰花”“禁兵环素帝，宫女哭寒云”等句，真可以说是优美的绝唱，可惜而今没有一首存世。王安石选编的《百家诗选》，选有不少家诗人的作品，也没有将他的诗作辑入，实在可惜。我曾见到吴良嗣家中所抄的唐诗，仅见有窦叔向的诗六首，都为新奇的佳作。念其诗作未能传之于世，今将所

《夏夜宿表兄话旧》云：
“夜合花开香满庭，夜深微雨醉初醒。
远书珍重何时达，旧事凄凉不可听。
去日儿童皆长大，昔年亲友半凋零。
明朝又是孤舟别，愁见河桥酒幔青。”
《秋砧送包大夫》云：
“断续长门夜，清冷逆旅秋。
征夫应待信，寒女不胜愁。
带月飞城上，因风散陌头。
离居偏入听，况复送归舟。”
《春日早朝应制》云：
“紫殿俯千官，春松应合欢。
御炉香焰暖，驰道玉声寒。
乳燕翻珠缀，祥乌集露盘。
宫花一万树，不敢举头看。”
《过檐石湖》云：
“晓发鱼门伐，晴看檐石湖。
日衔高浪出，天入四空无。
咫尺分洲岛，纤毫指舳舻。
渺然从此去，谁念客帆孤。”
《贞懿挽歌》二首云：
“二陵恭妇道，六寝盛皇情。
礼逊生前贵，恩追殁后荣。
幼王亲捧土，爱女复连茔。

见六首，录之于后。

窦叔向在《夏夜宿表兄话旧》中写道：

“夜合花开香满庭，夜深微雨醉初醒。
远书珍重何时达，旧事凄凉不可听。
去日儿童皆长大，昔年亲友半凋零。
明朝又是孤舟别。愁见河桥酒幔青。”

在《秋砧送包大云》中写道：

“断续长门夜，清冷逆旅秋。
征夫应待信，寒女不胜愁。
带月飞城上，因风散陌头。
离居偏入听，况复送归舟。”

在《春日早朝应制》中写道：

“紫殿俯千官，春松应合欢。
御炉香焰暖，驰道玉声寒。
乳燕翻珠缀，祥乌集露盘。
宫花一万树，不敢举头看。”

在《过檐石湖》中写道：

“晓发鱼门伐，晴看檐石湖。
日衔高浪出，天入四空无。
咫尺分洲岛，纤毫指舳舻。
渺然从此去，谁念客帆孤。”

他所撰写的《贞懿挽歌》三首，其中二首是：

“二陵恭妇道，六寝盛皇情。
礼逊生前贵，恩追殁后荣。
幼王亲捧土，爱女复连茔。

东望长如在，谁云向玉京。”

“后庭攀画柳，上陌咽清笳。

命妇羞蘋叶，都人插柰花。

寿宫星月异，仙路往来赊。

纵有迎神术，终悲隔绛纱。”

第三篇亡。

叔向字遗直，仕至左拾遗，出为溧水令。《唐书》亦称其以诗自名云。

用柰花事

窦叔向所用柰花事，出《晋史》。云成帝时，三吴女子相与簪白花，望之如素柰，传言天公织女死，为之着服。已而杜皇后崩，其言遂验。

绍兴五年，宁德皇后讣音从北庭来，知徽州唐辉使休宁尉陈之茂撰疏文，有语云：“十年罹难，终弗返于苍梧。万国衔冤，徒尽簪于白柰。”是时，正从徽宗蒙尘，其对偶精确如此。

王廖儿良

贾谊《过秦论》曰：“六国之士，吴起、孙膑、带佗、儿良、王廖、田忌、廉颇、赵奢之朋制其兵。”《汉书》注家皆无所释，颜师古但音儿为五奚反，廖为聊而已。此八人者，东望长如在，谁云向玉京。”

“后庭攀画柳，上陌咽清笳。

命妇羞蘋叶，都人插柰花。

寿宫星月异，仙路往来赊。

纵有迎神术，终悲隔绛纱。”

而第三首散佚。

窦叔向字遗直，官至左拾遗，被贬外调出任溧水县（今属江苏）县令。《唐书》里评论，亦说他以善于作诗而著名。

用柰花事

唐代窦叔向在《贞懿挽歌》中所说“都人插柰花”一事，见于《晋书》。这里说晋成帝司马衍在位的时候，江、浙一带的女子们头上都戴白花，远远望去如同白色的柰花一样。相传天上的仙女织女死的时候，民间的女子为此头戴白花。没有多久，成帝的杜皇后便去世后，从而证实了这种说法。

宋高宗绍兴五年，宁德皇后在金国五国城去世的消息传来，知徽州（今属安徽）唐辉让休宁（今属安徽）尉陈之茂写一篇文章表示哀悼。其中有这样一段话：“十年罹难，终弗返于苍梧。万国衔冤，徒尽簪于白柰。”当时宁德皇后与徽宗作为俘虏被囚禁于金国。而陈之茂所撰此文，语句对偶竟如此精确！

王廖儿良

贾谊在他的《过秦论》中说：“六国时候的士人，吴起、孙膑、带佗、儿良、王廖、田忌、廉颇、赵奢等人，都统率过军队。”注释《汉书》的各家，对此都没有作过解释。颜师古在注带佗、儿良、王廖不知其何国人，独《吕氏春秋》云："老聃贵柔，孔子贵仁，墨翟贵廉，关尹贵清，子列子贵虚，陈骈贵齐，杨朱贵己，孙膑贵势，王廖贵先，儿良贵后。"而注云："王廖谋兵事，贵先，建茅也。儿良作《兵谋》，贵后。"虽仅见二人之名，然亦莫能详也。廖、良列于孔、老之末，而汉四种兵书，有良《权谋》一篇。又贾谊首称宁越、杜赫为之谋。《汉书》亦不注。吕氏云孔、墨、宁越，皆布衣之士也。越中牟人也，周威公师之。又称杜赫以安天下说周昭文君。则越、赫善谋，可以概见。漫书之以补《汉注》之缺。

徙木偾表

商鞅变秦法，恐民不信，乃募民徙三丈之木而予五十金。有一人徙之，辄予金，乃下令。

吴起治西河，欲谕其信于民，夜置表于南门之外，令于邑中曰："有人能偾表者，仕之长大夫。"民相谓曰："此必不中，在儿字下，仅注读音，为五奚反。在廖字下注，为聊而已。上面说的这八个人，带佗、儿良、王廖，不知他们为何地何国人。只在《吕氏春秋》中见这样的记载："老聃注重柔，孔子注重仁，墨翟注重廉，关尹注重清，列子注重虚，陈骈注重齐，杨朱注重己，孙膑注重势，王廖注重先，儿良注重后。"文中加注说："王廖谋划出兵打仗，注重先行，是为了建功立业，克敌制胜。儿良著《兵谋》一书，注重后，总结作战的经验教训，以利再战。这里仅仅提到这两个人的名字，亦未能具体述及他们的生平事略。但从《吕氏春秋》书中对这八人排列的名次来看，王廖、儿良排在孔子、老聃之后，而汉代的四种军事著作，其中一种是张良的《权谋》。另外，贾谊在记事时，首行提出有宁越、杜赫为之出谋划策。关于这一点，《汉书》中亦未注释与说明。吕不韦说，孔子、墨子、宁越都是平民出身的士人。宁越是中牟人，周威公曾拜他为师。又说杜赫曾用平定天下的主张游说于周昭文君。据此可知，宁越、杜赫都是善于谋划的人物。以上几则，随便写出，以补《汉注》所记的遗缺。

徙木偾表

战国时代，商鞅在秦国推行变法，他怕百姓不相信国家的改革法令，于是就决定在都城城门前，竖一根三丈长的木杆，并且公开宣布谁能搬走那根三丈长的木杆，就赏给五十金。这天，突然有一个人将这根木杆搬走，商鞅知道后，马上下令赏给那个人五十金。并且把它作一条重要的法令，布告天下。

魏起在魏国做西河（今陕西大荔）长官时，为了取信于民，就在一天夜里，派人在都城南门外竖立一根表杆，并在城中公信。”有一人曰：“试往偾表，不得赏而已，何伤？”往偾表，来谒吴起，起仕之长大夫。自是之后，民信起之赏罚。

予谓鞅本魏人，其徙木示信，盖以效起，而起之事不传。

建武中元续书

《随笔》所书《建武中元》一则，文惠公作《隶释》，于蜀郡守何君《阁道碑》一篇中，以为不然。比得蜀士袁梦麒应祥《汉制丛录》，亦以纪、志、传不同为惑，而云近岁雅州荥经县治之西，有得《蜀郡治道记》于崖壁间者，记末云：“建武中元二年六月就。”于是千载之疑，涣然冰释。予观何君《阁道》正建武中元二年六月就。袁君所言荥经崖壁之记，盖是此耳。但以出于近岁，恨不得质之文惠，为之恻然。

开宣布："谁能将这根表杆推倒，就任命做长大夫的官。"老百姓听到这些宣传，议论纷纷，有的人说："这是绝对不可相信的，哪有这样的好事。"也有人说："不管是真是假，不妨去试一试，如果将那根表杆推倒，最多得不到赏赐，也没有什么妨碍。"说完，就来到都城的南门外，一下子就把那根表杆推倒了。之后，他去求见吴起，告诉自己推倒了南门外的表杆。吴起当即宣布任命他为长大夫官。经过这件事之后，魏国的军民对吴起实行的改革法令及赏罚不再有所怀疑了。

商鞅本来是魏国人，后到秦国做官进行变法，他的搬移木杆取信于民的做法，大概是仿效吴起的计谋。而吴起立木示信的首创之功，却未流传下来，很少为人所知。

建武中元续书

《容斋随笔》中有《建武中元》一则，我曾对这一记载谈了自己的看法。文惠公洪适在所著《隶释》中，对于成都所存蜀郡太守何君《阁道碑》中的建武中元亦有考释，认为不是这样。近来看到蜀人袁应祥《汉制丛录》，亦以纪、志、传所记不同而感到困惑。近年来，在雅州荥经县县城西部山区的崖壁上，发现有《蜀郡治道记》石刻，在这篇记最后，书作："建武中元二年六月建成。"这一发现，使得一千多年来的疑虑，迎刃而解。依据蜀郡太守何君《阁道碑》所记，阁道正式建成是在汉光武帝建武中元六月。袁应祥所说荥经县西崖壁石刻的《蜀郡治道记》，也就是这块石碑。但是，由于它是近年来才被人们发现的，不能用它与文惠公质异商榷，非常遗憾！

草驹聋虫

今人谓野牧马为草马，《淮南子·修务训》，曰："马之为草驹之时，跳跃扬蹄，翘尾而走，人不能制。"注云："马五尺已下为驹，放在草中，故曰草驹。"盖今之所称者是也。下文曰："形之于马，马不可化，其可驾御，教之所为也。马，聋虫也，而可以通气志，犹待教而成，又况人乎？"注云："虫，喻无知也。"聋虫之名甚奇。

记李履中二事

崇宁中，蔡京当国，欲洗邢恕诬谤宗庙之罪，既拉拭用之，又欲令立边功以进身，于是以为泾原经略使，遂谋用车战法，及造舟五百艘，将直抵兴、灵，以空夏国。诏以付熙河漕臣李复。复长安人，久居兵间，习熟戎事，力上疏诋切之。予顷书之于国史恕列传中。比得上饶所刊《潏水集》，正复所为文，得此两奏，叹其能以区区外官而排斥上相之客如此。恨史传为不详尽，乃录于此。

革驹聋虫

现在人们都称在野外放牧的野马为草马。《淮南子·修务训》里说："马在幼年为草驹时，乱踢乱跳，翘起尾巴，四年奔跑，人们难以制服它。"在这一条后面，加注说："马，五尺以下为驹，因为在草地上放牧，所以叫它草驹。"这也就是现在人们所叫草驹的来历。这篇文章中接着又说："马是有形体的，它不能接受教化。它之所以可以供人驾驭，是经过驯化的结果。马，又被称为聋虫。马通人性，可以理解人的意向，仍然有待于人们驯化，只有经过驯化，它才能供人使用。而又何况人呢？"在这一条后面，加注说："虫，比喻无知的意思。"马又叫聋虫，聋虫这个名字非常奇特。

记李履中二事

宋哲宗崇宁年间，蔡京把持朝中大权，想洗刷邢恕诬陷诽谤朝廷的罪过，已经勾销了他的罪名，并且起用了他，又想责令他建立边功以便提升。于是，就起用他为泾原经略使。邢恕赴任后，谋划采用车战法，造船五百只，发兵直抵兴州（今陕西略阳）、灵州（今宁夏灵武北），给夏国以严重威胁。朝廷下诏把这件事交付李复具体经办。李复是长安（今陕西西安）人，长期在军队中生活，熟悉兵事，在朝廷诏书下达之后，他上疏极力反对这一做法，言辞恳切。我在编写国史时，曾将此事写入邢恕列传之中。近来，见到上饶刻印的《潏水集》，便是李复诗文的汇集。看到他的这两篇奏文，对于他这个小小的地方官敢于驳斥上相之客的精神十分钦佩。遗憾的是，史传中述之简略，兹将这两篇疏文录之于下。

其《乞罢造战车疏》云：

“奉圣旨，令本司制造战车三百两。臣尝览载籍，古者师行，固尝用车，盖兵不妄动，征战有礼，不为诡遇，多在平原易野，故车可以行。今尽之极边，戎狄乘势而来，虽鸷鸟飞翥，不如是之迅捷，下寨驻军，各以保险为利。其往也，车不及期，居而保险，车不能登，归则虏多袭逐，争先奔趋，不暇回顾，车安能收？非若古昔于中国为用。臣闻此议，出于许彦圭，彦圭因姚麟而献说，朝廷遂然之，不知彦圭剧为轻妄。唐之房琯，尝用车战，大败于陈涛斜，十万义军，无有脱者。畿邑平地且如此，况今欲用于峻阪沟谷之间乎？又战车比常车阔六七寸，运不合辙，牵拽不行。昨来兵夫，典卖衣物，自赁牛具，终日方进五七里，遂致兵夫逃亡，弃车于道，大为诸路之患。今乞便行罢造，如别路已有造者，乞更不牵拽前来。”

其《乞罢造舡奏》云：

“邢恕乞打造舡五百只，于黄河顺流放下，至会州西小李复在所上《乞罢造车车疏》中说：

“谨奉圣旨，令本司加紧制造战车三百辆。臣查览有关记载，古时候军队进行，曾经使用过战车，军兵不轻举妄动，征伐作战有礼有节，不搞阴谋诡计。战事多在平原旷野进行，所以战车可以通行。而今作战的战场在西部极边地方，戎狄乘势而来，迅猛异常，即使是凶猛的飞鹰飞翔，也不如他们来得那样迅速，他们在安营扎寨的时候，各自都选择在地势较高安全保险的地方。他们走的时候，我方的战车来不及出动，即使准备好了，也由于他们居住的地方地势较高，易守难攻，兵车无法上前。当我们兵车回来的时候，敌方往往尾追袭击，我军将士争先恐后退军，彼此无暇回顾，兵车怎么能收回来呢？这已不同于古时候那样，战车可以为中原地区使用。臣听说关于车战法的主意，是出于许彦圭。彦圭是经由姚麟献给朝廷的。朝廷虽然采纳了这个建议，可也并不知道许彦圭的这种意见是一种轻率欺妄的行为。详考历史，唐代房琯曾用车战，结果在陈涛斜一败涂地。十万军队，无有一人逃脱。京城附近土地平坦尚且如此，何况现在是想施行于陡坡山沟河谷之间？还有一点，战车比普通车宽六七寸，运行起来不合辙，牵拉也不可行。昨日调集来的兵夫，穷困不堪，典卖衣物，自己拿钱租赁耕牛农具，一天从早到晚不停地笔进，才前进五七里。致使士兵和民夫纷纷逃亡，兵车被丢弃在道路上，成为各路大道上的一大祸害。为此，恳请皇上降旨停止战车制造，如其他地方已有制作而成的，亦请不要将这些战车拉牵而来。”

在另一篇题为《乞罢造舡奏》的上疏中，李复写道：

“邢恕请求制作舡五百只，放入黄河，使其顺流而下，至会河内藏放。有旨专委臣监督，限一年了当契勘。本路只有舡匠一人，须乞于荆、江、淮、浙和雇。又丁线物料，亦非本路所出。观恕奏请，实是儿戏。且造舡五百只，若自今工料并备，亦须数年。自兰州驾放至会州，约三百里，北岸是敌境，岂可容易？会州之西，小河咸水，其阔不及一丈，深止于一二尺，岂能藏船？黄河过会州入韦精山，石峡险窄，自上垂流直下，高数十尺，船岂可过？至西安州之东，大河分为七道，水浅滩碛，不胜舟载，一船所载，不过五马二十人，虽到兴州，又何能为？又不知几月得至？此声若出，必为夏国侮笑，臣未敢便依旨挥擘画，恐虚费钱物，终误大事？”

疏既上，徽宗察其言忠，遂罢二役。复字履中，为关内名儒，官至中大夫、集英殿修撰。李昭玘尝赠诗云：

“结交赖有紫髯翁，鹤骨崭崭烂修目。
五言长城屹千丈，万卷书楼聊一读。”
可知其人矣。

乾宁覆试进士

唐昭宗乾宁二年试进士，刑部尚书崔凝下二十五人。放州（今甘肃靖远）西的小河内停留存放。朝廷降旨专门委派大臣监督制造，限一年时间完成这一任务。然而，本路只有舡匠一名，需要到荆州、江、淮及浙江等地去雇人来做。比如所需钉、线等各种造舡物料，亦不是本地所产。细观邢恕的奏请主张，实属儿戏。况且制造五百般船只，如果从现在开始着手，备齐各种工料，亦得用数年的时间。船只制成之后，自兰州入河，顺流到会州，约计路程三百里。黄河北岸是敌占区，怎么能够顺利通过？会州以西，有道小河，水是咸水，河身宽不到一丈，水深只有一二尺，怎么能够存放五百般战船呢？黄河经过会州后，流入韦精山，这一带地势险要，石峡狭窄，水流湍急，自上垂流直下，高达数十尺，船只在这里怎么通过？大河到了西安州的东部，分成六七条河，每条河的水流量小，且多沙滩，不能行船。一般船只，每只所载不过马五匹、人二十名。即使能够到达兴州（今陕西略阳），能有什么作为呢？何况又不知需要几个月的时间才可到达？关于造船一事，一旦传出，必定为夏国所耻笑。臣不敢随便遵依圣旨设计谋划，恐怕白白耗费国家钱物，终究误了国家大事。”

李复的这两篇奏疏进呈之后，徽宗细观观看，认为他一片忠心，于是降旨停止造车、造船。李复字履中，为关内名儒，官至中大夫、集英殿修撰。当时，一个叫李昭的，曾赠他诗一首。诗中说：

“结交赖有紫髯翁，鹤骨崭崭烂修目。

五言长城屹千丈，万卷书楼聊一读。”

从这里可以窥知李复其人。

乾宁覆试进士

唐昭宗乾宁二年，在京举行进士科考试，主考官为刑部尚榜后，宣诏翰林学士陆扆、秘书监冯渥入内，各赠衣一副，及毡被，于武德殿前覆试，但放十五人。自状头张贻范以下重落，其六人许再入举场，四人所试最下，不许再入，苏楷其一也。故挟此憾，至于驳昭宗“圣文”之谥。崔凝坐贬合州刺史。是时，国祚如赘旒，悍镇强藩，请隧问鼎之不暇，顾卷卷若此。

其再试也，诗赋各两篇，内《良弓献问赋》，以“太宗问工人术心不正，脉理皆邪，若何道理”十七字皆取五声字，依轮次以双周隔句为韵，限三百二十字成。贻范等六人，讫唐末不复缀榜。盖是时不糊名，一黜之后，主司不敢再收拾也。有黄滔者，是年及第，闽人也，九世孙沃为吉州永丰宰，刊其遗文，初试覆试凡三赋皆在焉。《曲直不相入赋》，以题中曲直两字为韵。释云：邪正殊途，各有好恶。终篇只押两韵。《良弓献问赋》，取五声字次第用各随声为赋格。于是第一韵尾句云：“资国祚之崇崇”，上平声也。第二韵：“垂宝祚于绵绵”，下平声也。第三韵：“曾非唯唯”，上声也。第四韵：“露其言而粲粲”，去声也。而阙入声一韵。赋韵如是，前所未有。国将亡，必多制，亦云可笑矣。

书崔凝，有二十五人落榜。考试完毕，将考试结果张榜公布之后，传命翰林学士陆扆、秘书监冯渥入宫进见。每人各赠给衣服一套，还有毡被等物，接着进行复试，复试在武德殿举行。复试完毕，正式宣布只取十五人。自第一名，张贻范以下十人再次落榜。在这十人中，有六人考试成绩还算可以，准许再下考场应试。另外四人，考试成绩很差，不许再入考场应试，苏楷便是这四人中的一个。他怀着胸中怒火，著文批驳昭宗"圣文"的谥号。因而为朝廷所恼恨。刑部尚书崔凝也因此事被贬调离京城去任合州（今四川合川）刺史。这时候，政局动荡不安。唐朝天子犹如多余的废物，强横有力的镇将和藩镇势力，为着谋取皇位，纷争不已，无暇顾及他事。而他却如此眷念着进士科的考试。

这次复试，考试内容为诗赋各两篇。其中一题为《良弓献问赋》，要求用"太宗问工人术心不正，脉理皆邪，若何道理"十七字，都取五声字，依轮次双周隔句为韵，字数以三百二十字为限。张贻范等六人，屡次应试，直至唐朝末年仍然榜上无名。这是由于当时考试，还没有实行糊名制度，一旦考试落选，再参加考试，考官在阅卷时可以直接看到他的真实姓名、籍贯，也就没有谁敢录取他了。有一个名叫黄滔的人，这一年考试进士。他是闽（今福建）人。他的第九代孙子黄沃为吉州宁丰县知县，曾将他的遗文搜集汇编刻印，他在应试时，初试、复试所做的三篇赋文都辑在书中。一篇题目是《曲直不相入赋》，要求用题目中的曲、直二字为韵。并且加注说，邪正殊途，各有好恶。终篇只押两韵。另一篇题目是《良弓献问赋》，要求取五声字次第用各随声为赋的格式。按照这一要求撰文，第一韵末句是"资国祚之崇崇"，崇字，上平声。第二韵"垂宝祚于绵绵"，绵字，下平声。

信州永丰人王正白，时再试中选，郡守为改所居坊名曰“进贤”，且减户税，亦后来所无。

临海蟹图

文登吕亢，多识草木虫鱼。守官台州临海，命工作《蟹图》，凡十有二种。

一曰蝤蛑。乃蟹之巨者，两螯大而有细毛如苔，八足亦皆有微毛。

二曰拨棹子。状如蝤蛑，螯足无毛，后两小足薄而微阔，类人之所食者，然亦颇异，其大如升，南人皆呼为蟹，八月间盛出，人采之，与人斗，其螯甚巨，往往能害人。

三曰拥剑。状如蟹而色黄，其一螯偏长三寸余，有光。

四曰彭蜎。螯微毛，足无毛，以盐藏而货于市，《尔雅》曰：“彭蠌，小者螃。”云小蟹也。蠌音泽，螃音劳。吴人呼为彭越。《搜神记》言，此物尝通人梦，自称长卿。今临海人多以长卿呼之。

第三韵“曾非唯唯”，唯字，上声。第四韵“露其言而粲粲”，粲字，去声。这里缺入声一韵。像这样的赋韵，是前所未有过的。在唐王朝行将覆亡之际，定出这样复杂的制度，亦是十分可笑的。

信州永丰（今属江西）人王正白，于这一年再试时中选，郡守将他家所在地的坊名改为“进贤”，并且决定免去他家里每年向官府交纳的户税。这是后来所没有的。

临海蟹图

文登（今属山东）人吕亢能够识到多种草木、昆虫和鱼类。他在台州临海肥（今属浙江）任县令时，曾让画工绘制《蟹图》，共计有十二种。

第一种，名叫蝤蛑。它是蟹中最大的，两个螯大，上有如同苔藓一样的细毛。八只足上都长有细微的毛。

第二种，名叫拔棹子，它的形状像蝤蛑，两螯和八只足上都没毛。后边的两只小足薄而微宽，与人们食用的蟹相似，可也有明显的区别，因它的形体有升子那么大，南方人都它叫蟹。每年八月间，大量涌出，人们在捕捉它时，它与人进行搏斗，两螯开合如钳，往往能伤人。

第三种，名叫拥剑。它的形状与蟹相似，黄色，两螯长短不等，有一螯稍扁，长三寸多，有光泽。

第四种蟳，名叫彭蟳。它的螯上有细微的毛，足上没有毛，用盐腌起来，可以拿到市场上出售。《尔雅》里说：“彭蜞，小者叫蟧”，就是说是小蟹。蜞字，音泽；蟧字，音劳。吴人叫它为彭越。《搜神记》里说，这种蟹能通人梦，自称为长卿。现在临海人多以长卿称呼它。

五曰竭朴。大于彭蚏，壳黑斑，有文章，螯正赤，常以大螯障目，小螯取食。

六曰沙狗。似彭蚏，壤沙为穴，见人则走，屈折易道不可得。

七曰望潮。壳白色，居则背坎外向，潮欲来，皆出坎举螯如望，不失常期。

八曰倚望。亦大如彭蚏，居常东西顾睨，行不四五，又举两螯，以足起望，惟入穴乃止。

九曰石蜠。大于常蟹，八足，壳通赤，状若鹅卵。

十曰蜂江。如蟹，两螯足极小，坚如石，不可食。

十一曰芦虎。似彭蜞，正赤，不可食。

十二曰彭蜞。大于蚏，小于常蟹。

吕君云："此皆常所见者，北人罕见，故绘以为图。又海商言，海中鼅鼊岛之东，一岛多蟹，种类甚异。有虎头者，有翅能飞者，有能捕鱼者，有壳大兼尺者，以非亲见，故不画。"李履中得其一本，为作记。予家楚，宦游二浙、闽、广，所识蟹属多矣。亦不悉与前说同。而所谓黄甲，白蟹、蟳、蠘诸种，吕图不载，岂名谓或殊乎？故纪其详以示博雅者。

第五种，名叫竭朴。它的形体大于彭蝟，壳上有黑色的斑点。有花纹，螯大红色，大小不等，通常用大螯挡住眼睛，用小螯攫取食物。

第六种，名叫沙狗。它的形状像彭蝟，喜欢在沙地城挖穴，一见人来就匆匆而去。能够屈折，动作迅速，不易捕捉。

第七种，名叫望潮，它的壳为白色，居则背坎外向，每当潮水涌来，全都出坎举螯眺望，以观潮水的到来，而且不失时机。

第八种，名叫倚望。它的大小与彭蝟相同。居则东顾西望，行走不过四五步，又将两螯举起，并且将足仰起作张望的姿势，只有到它入洞穴时才停止。

第九种，史叫石蜠。它比一般的蟹大，八只足，壳全是红色，形状像一个鹅蛋。

第十种，名叫蜂江。它的大小形状与蟹相同。两螯及足都很小，坚硬如石，此种，人不可吃。

第十一种，名叫芦虎。它的形状、大小如彭蜞，大红色，人不可吃。

第十二种，名叫彭蜞。它的形状比彭蝟大，但小于一般的蟹。

吕亢说："以上十二种蟹，都是常见的。在北方很少见到。所以绘图以供人们观赏。另外，听海商们说，在海中鼅鼊岛东部的一个岛上，聚集着很多的蟹，蟹的种类多种多样，有的十分稀奇。有像虎头的，有有翅膀会飞的，有会捕鱼的，有壳大不止一尺的，由于我没有亲自见到，所以没有绘出图形。"吕亢的《蟹图》，李履中曾经得到一本，并为该书写记评述。我家居楚地，曾

东坡作碑铭

东坡《祭张文定文》云："轼于天下，未尝铭墓，独铭五人，皆盛德故。"以文集考之，凡七篇。若富韩公、司马温公、赵清献公、范蜀公并张公，坡所自作。此外赵康靖、滕元发二志，乃代张公者，故不列于五人之数。《眉州小集》有元祐中奏稿云："臣近准敕差撰故同知枢密院事赵瞻神道碑并书者，臣平生本不为人撰行状、埋铭、墓碑，士大夫所共知。只因近日撰《司马光行状》，盖为光曾为臣亡母程氏撰埋铭，又为范镇撰墓志，盖为镇与先臣某平生交契至深，不可不撰。及奉诏撰司马光、富弼等墓碑，不可固辞，然终非本志，况臣老病废学，文词鄙陋，不称人子所欲显扬其亲之意，伏望圣慈别择能者，特许辞免。"

观此一奏，可印公心。而杭本奏议十五卷中不载。

在浙江、福建、广东做官，能够识别蟹类多种。就我所知，亦不全与上面所说的相同。而人们所说的黄甲，白蟹、蟳，蠘等，在吕亢的《蟹图》中未有著录。岂不是由于这些名字特殊吗？所以在此作详细记述，以供学识渊博者参考。

东坡作碑铭

苏轼号东坡居士，在其所撰《祭张文定公文》中说：“我从来就不愿意为天下人写墓志铭。在我的一生中，只给五人写过墓志铭，这是因为他们确实有大功大德。”仔细查考他的文集，墓志铭共有七篇。即富韩公弼、司马温公光、赵清献公抃、范蜀公镇及张文定公方平的墓志，是他自己撰写的。此外两篇，即赵康靖、滕元发二人墓志铭，是他替张文定撰写的。虽然也出之于他手笔，可以不列入五人之数中。《眉州小集》是苏东坡的一部著作。书中有他在哲宗元祐年间写的一篇奏稿。文中说：“臣近日遵依敕书所遣，去为已故的同知枢密院事赵瞻撰写神道碑并把撰文写在碑石上。臣一生本来不愿意为人撰写行状、墓铭、墓碑，这是士大夫们尽人皆知的事。只是近来臣为司马光写了行状，这是由于司马光曾为臣已故的母亲程氏撰写了墓铭。臣又为范镇撰写了墓志，这是由于范镇与臣的父亲交情很深。这是不能不写的。至于奉诏为司马光、富弼等人撰写墓碑，亦是不能推辞的。然而，终究不是为臣本人的心愿。况且，而今臣年老，体弱多病，学业荒废，文辞低下浅陋，不能满足作为子孙而想宣扬他的亲人功德恩泽的夙愿。因此，恳请陛下另选贤能之人去撰写，以免去臣的这个差使。”

根据此奏，可知为人撰写墓志碑铭并不是苏东坡的心愿。

洗儿金钱

车驾都钱塘以来，皇子在邸生男及女，则戚里、三衙、浙漕、京尹，皆有饷献，随即致答，自金币之外，洗儿钱果，动以十数合，极其珍巧，若总而言之，殆不可胜算，莫知其事例之所起。

刘原甫在嘉祐中，因论无故疏决云："在外群情，皆云圣意以皇女生，故施此庆，恐非王者之令典也。又闻多作金银、犀象、玉石、琥珀、玳瑁、檀香等钱，及铸金银为花果，赐予臣下，自宰相、台谏、皆受此赐。无益之费，无名之赏，殆无甚于此。若欲夸示奢丽，为世俗之观则可矣，非所以轨物训俭也。宰相、台谏，以道德辅主，奈何空受此赐，曾无一言，遂事不谏！臣愿深执恭俭，以答上天之贶，不宜行姑息之恩，以损政体。"伟哉刘公之论，其劲切如此。欧阳公铭墓，略而不书。予为国史亦不知载于本传，比方读其奏章，故敬纪之。

而今所见，杭州刻本苏东坡奏议十五卷里不载其文。

洗儿金钱

自从宋高宗南迁定都钱塘（今浙江杭州）以来，每遇皇子在王府中生男孩或女孩，皇亲国戚、三衙的长官、浙江漕司官、知临安府等，都要进献礼品表示祝贺。皇子随即进行答谢。答谢礼物，除金币之外，还有洗儿钱果。往往回赠几十盒。这些洗儿钱果，做得十分精致奇巧。如果把金币和洗儿钱果加在一起计算，数目很大，所用的花费难以数计。这种送礼及回赠制度，不知起于何时。

在仁宗嘉祐年间，刘原甫在所上《论无敌疏决》中说："在外面的人都说，凡是朝廷生了皇女，就要举行这样的庆典。恐怕这不是朝廷应该继承下来的好的典章制度。臣又听说在举行这种庆典时，要制作大量的金银、犀象、玉石、琥珀、玳瑁、檀香等钱币，还要将金银铸造成为各种各色形式的花果，并把这些钱币和花果赏赐给臣下，从宰相到台谏，每人都能得到一份赏赐。所谓无益的花费，无名的赏赐，没有比这更厉害了。如果想用这种方式来炫耀皇家的富有豪奢，让一般人看还是可以的。但是要借此来引导人们节俭则是不行的。众所周知，宰相、台谏都是国家官吏中的要员，应当用良好的道德来辅佐朝廷，怎么能使自己无功而受赏呢！没有一言上奏奉劝朝廷不要如此浪费，怎么能使这种庆典而得到遏止呢？臣恳切地希望朝廷恭行节俭，以答谢上天的昭示。不应再继续施行那些姑息之恩赏，以免伤害国家政体。"刘原甫的这些议论是很有远见卓识的，它中肯地揭示了问题的要害。欧阳修在为他撰写的墓志铭中，没有提及韩偓《金銮密记》云："天复二年，大驾在岐，皇女生三日，赐洗儿果子、金银钱、银叶坐子、金银铤子。"予谓唐昭宗于是时尚复讲此，而在庭无一言，盖宫掖相承，欲罢不能也。

告命失故事

祖宗时知制诰六员，故朝廷除授，虽京官磨勘，选人改秩，奏荐门客、恩科助教，率皆命词，然有官列已崇而有司不举者，多出时相之意。

刘原甫掌外制，以任颛落职，不降诰词曾奏陈以为非故事，得旨即施行之。已而刘元瑜、王琪降官，直以敕牒。刘又言非朝廷赏罚训诰恖重之意。今观刘集，有《太平州文学袁嗣立改江州文学制》云："昔先王简不帅教而不变者，屏之裔土，终身不齿，若尔之行，岂足顾哉！然犹假以仕板，徙之善郡，不赀之恩也。勉思自新，无重其咎。"未几，嗣立又徙洪州，制云："尔顷冒宪典，迁之寻阳，复以亲嫌，于法当避。

这件事。我在撰写国史时，由于当时不知道此事，因而也没有将此事写入他的传记之中。近来，读到他的奏章，见到此事的记述材料，便将此事记之于此。

除此之外，唐人韩偓在他的《金銮密记》中说：“唐昭宗天复二年，皇上的车驾停留在岐山（今陕西岐山东北），生了个皇女，三天之后，就大行赏赐，赐给臣下的礼物有洗儿果子，金银钱、银叶坐子、金银铤子。”这时候，唐昭宗正处在颠沛流离之中，他还如此讲究，而朝中文武官员，亦没有一人出来上书进行规劝，这大概是宫中早有定制，代代沿袭，即使有谁觉察到它的弊端，想把它废除，也是大势所趋无能为力了。

告命失故事

我祖宗朝设立掌管起草机要诏令的知制诰官六名，朝廷在选拔、委任知制诰时，非常慎重，虽是在京任职的京官也要进行认真考察。候补官员、改变品级，奏荐门客、皇帝特别恩授给的助教，一律都按照他们文章写得好与不好来确定。然而，也有官居高位而不被长官推荐的。这种推荐，大都是按照宰相的意图去办的。

刘原甫负责外制（中书省、门下省拟定诏敕的正规机构），由于任颛被罢免时，朝廷没有给他免官的诰词，于是他便上奏陈述这种做法不符合制度的规定。皇上采纳了他的建议，随即颁布了关于任颛免官的敕令。后来，刘元瑜、王琪降官，直接给予他们敕牒。刘原甫看到这种情形后，再次上奏指出这一做法，与朝廷赏罚训诰惩前毖后的意图不合。而今见到刘原甫的文集，内有《太平州文学袁嗣立改江州文学制》一文。文中说：“以夫薄志节、寡廉耻者，固不可使处有嫌之地，益徙豫章，思自湔涤。”嗣立之事微矣，乃费两诰，读此命书，可知其人。漫书之，以发一笑。

扁字二义

扁音薄典切，《唐韵》二义：其一曰扁署门户，其一曰姓也，此外无他说。案《鹖冠子》云：“五家为伍，十伍为里。四里为扁，扁为之长，十扁为乡。其上为县为郡。其不奉上令者，以告扁长。”盖如遂、党、都、保之称。诸书皆不载。

娑罗树

世俗多指言月中桂为娑罗村，不知所起。案，《酉阳杂俎》云：“巴陵有寺，僧房床下，忽生一木，随伐而长，外国僧前先王注意挑选那些不遵照教导而又坚持不改的人，将他们发落到边远荒芜的地方，使他们终身为人们所不齿，像你这样所作所为，怎么能够予以顾全呢？如果现在仍让你做，安置到一个相当好的地方，这是朝廷对你天高地厚的恩情，希望你进行反省，悔过自新，不要再加重你的过错。”没有多久，袁嗣立又被派至洪州（今江西南昌）。在朝廷颁布的制书中说：“你近来触犯国家法典，被贬到寻阳（今江西九江），由于那里有你的亲戚，依据法典规定应当回避。你志气薄弱，又少廉耻，因此，不应当让你在有亲戚嫌疑的地方。所以将你改派到豫章以便你反思悔过，痛改前非。”袁嗣立的事，不过是区区小事，先后两次颁布诰词。而今，读到这些诰词，可知其人的品德。顺手写下，以博他人一笑。

扁字二义

扁字，读音薄典切。《唐韵》里说，扁字有两个意思。一说以大字书写，悬挂在门头上。另一说扁为姓。除此之外，没有别的解释。然而，据《鹖冠子》一书的记载：“五家为一伍，十伍为一里。四里为一扁，扁设扁长，十扁为一乡。在乡之上为县、为郡。如果有人不执行上级的政令，准许人们报告给扁长。”由此可知，这里所说的扁，与遂、党、都、保的名字一样，都是县以下乡村基层行政组织的名称。诸书失载，仅见于此。

娑罗树

现在社会上一般人多将月中桂说成是娑罗树，但不知它的由来。据《酉阳杂俎》的记载：“巴陵有一座寺庙，在僧人所住见曰，此娑罗也。元嘉中，出一花如莲。唐天宝初，安西进娑罗枝，状言：‘臣所管四镇拔汗那国，有娑罗树，特为奇绝，不庇凡草，不止恶禽，近采得树枝二百茎以进’。”予比得楚州淮阴县唐开元十一年海州刺史李邕所作《娑罗树碑》云：“非中夏物土所宜有者，婆娑十亩，蔚映千人。恶禽翔而不集，好鸟止而不巢。深识者虽徘徊仰止而莫知冥植，博物者虽沈吟称引而莫辨嘉名。随所方面，颇证灵应，东瘁则春郊若而岁不稔，西茂则白藏泰而秋有成。尝有三藏义净，还自西域，斋戒瞻叹。于是邑宰张松质请邕述文建碑。”观邕所言，恶禽不集，正与上说同。又有松质一书答邕云：“此土玉像，爰及石龟，一离淮阴，百有余载，前后抗表，尚不能称，赖公威德备闻，所以还归故里，谨遣僧三人，父老七人，赍状拜谢。”

宣和中，向子諲过淮阴，见此树，今有二本，方广丈余，盖非故物。蒋颖叔云：“玉像石龟，不知今安在？”然则娑罗房屋的床下，忽然冒出一棵小树苗。外国僧人见到之后，说这是娑罗树。元嘉年间，在这棵树上忽然开出一朵花，很像莲花。唐玄宗天宝初年，安西（治所今新疆库车）向唐朝进献娑罗树枝。在呈给朝廷的状文中说："臣管辖四镇，在拔汗郍国有娑罗树。特别奇巧绝妙，与一般杂草不同，凶猛的飞禽都不在上停留，近来，采得该树二百枝，进呈。'"近来，我见到楚州淮阴（今属江苏）唐玄宗开元十一年，海州（今江苏连云港）刺史李邕撰写的《娑罗树碑》，碑文中说："该树不是中国气候土壤适宜生长的。婆娑树很大，一棵可占地十亩，可供千余人乘凉，恶鸟可以在树的上空飞翔但不往树上落，善鸟可以在树上落但不在这里构巢。有见识的人往往在树下徘徊抬头观看、低头深思而不知冥植，广见博闻的人虽然为之赞叹而不能辨清它的美名。它的上下左右一有变化，就会出现反应，而且大都很灵验。如果树的东部枝叶枯萎，那么东部就会出现旱灾而当年歉收，如果树的西部枝叶茂盛，那么西部就会出现好事而秋季丰收。过去尝有三藏义净，自西域返回时，在此斋戒瞻仰赞叹。于是淮阴县令张松质就请李邕撰文，并在此刻石立碑。"通观李邕所述，所谓恶鸟不在树上聚集，正好与上述《酉阳杂俎》的记载相同。此外，还有张松质在写给李邕的一封回信中说："这些泥像、玉像，以及石龟，离开淮阴，已经一百多年了。在此以前，虽然多次上奏朝廷，请求降旨归还这些遗物，于今仍然不能如愿。现在希望借助你的威望德行，上奏朝廷，能使这些遗物归还故里。为此，特派僧人三名，父老七人，携带状文，前往拜谢。"

我朝徽宗宣和年间，向子諲路过淮阴，见到此树，今有两棵，方广各一丈多，已经不是先前的娑罗树了。蒋叔颍曾说："这之异，世间无别种也。吴兴芮烨国器有《从沈文伯乞娑罗树碑》古风一首云：

“楚州淮阴娑罗树，霜露荣悴今何如？
能令草木死不朽，当时为有北海书。
荒碑雨侵涩苔藓，尚想墨本传东吴。”
正赋此也。欧阳公有《定力院七叶木》诗云：

“伊洛多佳木，娑罗旧得名。
常于佛家见，宜在月宫生。
扣砌阴铺静，虚堂子落声。”
亦此树耳，所谓七叶者未详。

里的玉像石龟，不知现在都在什么地方？”然而，娑罗树的不同，世上没有别的品种。吴兴人芮烨国器曾撰有《从沈文伯乞娑罗树碑》古风一首。诗中说道：

“楚州淮阴娑罗树，霜露荣悴今何如？
能令草木死不朽，当时为有北海书。
荒碑雨侵涩苔藓，尚想墨本传东吴。”

诗中所述，正是此树。另外，欧阳修在《定力院七叶木》诗中说：

“伊洛多佳木，娑罗旧得名。
常于佛家见，宜在月宫生。
扣砌阴铺静，虚堂子落声。”

亦是说的此树。但是，这里所说的“七叶”，指的是什么，可惜未有详说。

卷七（十四则）

天咫

黄鲁直和王定国诗《闻苏子由病卧绩溪》云："湔祓瘴雾姿，朝趋去天咫。"蜀士任渊注引"天威不违颜咫尺"。予案，《国语》，楚灵王筑三城，使子皙问范无宇，无宇不可。王曰："是知天咫，安知民则？"韦昭曰："咫者少也，言少知天道耳。"《酉阳杂俎》有《天咫篇》。黄诗盖用此。徐师川《喜王秀才见过小酌翫月》四言曰："君家近市，所见天咫。庭户之间，容光能几？菰蒲之中，江湖之涘。一碧万顷，长空千里。"正祖述黄所用云。

县尉为少仙

《随笔》载县尉为少公，予后得晏几道叔原一帖《与通叟少公》者，正用此也。杜诗有《野望因过常少仙》一篇，所谓"落尽高天日，幽人未遣回"者，蜀士注曰："少仙应是言县尉也。"县尉谓之少府，而梅福为尉，有神仙之称。少仙二字，尤为清雅，与今俗呼为仙尉不侔矣。

天咫

黄庭坚有和王定国诗一首，题目为《闻苏子由病卧绩溪》。诗中有“湔袚瘴雾姿，朝趋去天咫”一句话。在这里，蜀人任渊加注，引用“天威不违颜咫尺”这句话。据《国语》中所记，楚灵王在修筑三城时，派子皙去征求范无宇的意见，范无宇认为不能这样做。楚灵王说：“是知天咫，安知民则？”就是说既然天道知道得很少，怎么能知治民之法呢？韦昭说：“咫，是少的意思。这句话的意思是说对于天道知道的很少。”《酉阳杂俎》中有《天咫篇》一文。黄庭坚的诗，便是采用这一说法。徐师川有《喜王秀才见过小酌翫月》四言诗一首。诗中写道：“君家近市，所见天咫。庭户之间，容光能几？菰蒲之中，江湖之涘。一碧万顷，长空千里。”正是效法前人黄庭坚所用天咫而作的陈述。

县尉为少仙

我在《容斋随笔》中说县尉又叫少公，后来，我见到晏几道叙原题为《与通叟少公》的一份帖子，正好也采用这种说法。在杜甫所写的诗中，有《野望因过常少仙》一首。诗中写道：“落尽高天日，幽人未遣回。”在这一句下，蜀地的一位士人加注说：“少仙指的就是县尉。”县尉又称为少府，梅福为县尉，有称他为神仙。少仙二字，非常高洁文雅，与现在人们通常所叫的仙尉是不可同日而语的。

杜诗用受觉二字

杜诗所用受觉二字皆绝奇，今摭其受字云："修竹不受暑""勿受外嫌猜""莫受二毛侵""监河受贷粟""轻燕受风斜""能事不受相促迫""野航恰受两三人""一双白鱼不受钓""雄姿未受伏枥恩"。其觉字云："已觉糟床注""身觉省郎在""自觉成老丑""更觉松竹幽""日觉死生忙""最觉润龙鳞""喜觉都城动""更觉老随人""每觉升元辅""觉而行步奔""尚觉王孙贵""含悽觉汝贤""厨烟觉远庖""诗成觉有神""已觉披衣惯""自觉酒须赊""早觉仲容贤""城池未觉喧""无人觉来往""人才觉弟优""直觉巫山暮""重觉在天边""行迟更觉仙""深觉负平生""秋觉追随尽""追随不觉晚""熊罴觉自肥""自觉坐能坚""已觉良宵永""更觉彩衣春""已觉气与嵩华敌""未觉千金满高价""梅花欲开不自觉""胡来不觉潼关隘""自得随珠觉夜明""放箸未觉金盘空""东归贪路自觉难""更觉良工心独苦""始觉屏障生光辉""不觉前贤畏后生""吏情更觉沧洲远""我独觉子神充实""习池未觉风流尽"。

用之虽多，然每字命意不同，又杂于千五百篇中，学者读之，唯见其新工也。

若陈简斋亦好用此二字，未免频复者，盖只在数百篇内，所以见其多，如"未受风作恶""不受珠玑络""不受

杜诗用受觉二字

唐代杜甫在诗中爱用受、觉二字，而且每次都用得绝妙新奇。这里将他在诗中所用受字的诗句摘出：“修竹不受暑”“勿受外嫌猜”“莫受二毛侵”“监河受贷粟”“轻燕受风斜”“能事不受相促迫”“野航恰受两三人”“一双白鱼不受钓”“雄姿未受伏枥恩”。在杜甫诗中所用觉字的诗句，有说：“已觉糟床注”“身觉省郎在”“自觉成老丑”“更觉松竹幽”“日觉死生忙”“最觉润龙鳞”“喜觉都城动”“更觉老随人”“每觉升元辅”“觉而行步奔”“尚觉王孙贵”“含悽觉汝贤”“厨烟觉远庖”“诗成觉有神”“已觉披衣惯”“自觉酒须赊”“早觉仲容贤”“城池未觉喧”“无人觉来往”“人才觉弟优”“直觉巫山暮”“重觉在天边”“行迟更觉仙”“深觉负平生”“秋觉追随尽”“追随不觉晚”“熊罴觉自肥”“自觉坐能坚”“已觉良宵永”“更觉彩衣春”已觉气与嵩华敌”“未觉千金满高价”“梅花欲开不自觉”“胡来不觉潼关隘”“自得随珠觉夜明”“放箸未觉金盘空”“东归贪路自觉难”“更觉良工心独苦”“始觉屏障生光辉”“不觉前贤畏后生”“吏情更觉沧洲远”“我独觉子神充实”“习池未觉风流尽”。

杜甫在他写的诗中，虽然多次使用受字和觉字，然而每次使用这两个字时的用意各不相同。再者它分散在一千五百首诗中，学习它的人读后，没有重复的感受，从中可以体察到杜甫用字的新颖巧妙。

另外，陈简斋在写的诗中，亦好用受字和觉字。可是读了他的诗作之后，不免给人有重复的印象，这是由于陈简斋的诗，折简呼”“不受人招麾”“不受安危侵”“饱受今日闲”“却扇受景风”“语闻受远响”“坐受世故驱”“庭柏不受寒”“可复受忧戚”“宁受此酸辛”“滔滔江受风”“坐受世褊迫”“清池不受暑”“平池受细雨”“穷村受春晚”“不受急景催”“肯受元规尘”“了不受荣悴”“意闲不受荣与辱”“独自人间不受寒”“枯木无知不受寒”“天马何妨略受鞿”“来禽花高不受折”“不受阴晴与寒暑”“长林巨木受轩轾”“未觉懒相先”“未觉壮心休”“未觉身淹留”“未觉墉阴迟”“未觉欠孟嘉”“未觉有等伦”“未觉风来迟”“未觉经旬久”“欲往还觉非”“独觉赋诗难”“稍觉夜月添”“菰蒲觉风入”“未觉此计非”“高处觉眼新”“意定觉景多”“未觉徐娘老”“未觉有荣辱”“未觉饥肠虚”“未觉平生与愿违”“村空更觉水潺湲”“眼中微觉欠扁舟”“居夷更觉中原好”“便觉杯觞耐薄寒”“墙头花定觉风阑”，可谓多矣。盖喜用其字，自不如下笔所著也。

西太一宫六言

“杨柳鸣蜩绿暗，荷花落日红酣。三十六陂春水，白头想见江南。”荆公《题西太一宫》六言首篇也。今临川刻本以“杨柳”为“柳叶”，其意欲与荷花为切对，而语句遂不佳。此犹未足问，至改“三十六陂春水”为“三十六宫烟水”，则极可笑。公本意以在京华中，故想见江南景物，何预于宫禁哉？不学者妄意涂窜，殊为害也。彼盖以太一宫为禁廷离宫尔。

只有几百首。所以一看到他在诗中多次使用，就给人以重复用之过多的感觉。现举例列出："未受风作恶""不受珠玑络""不受折简呼""不受人招麾""不受安危侵""饱受今日闲""却扇受景风""语闻受远响""坐受世故驱""庭柏不受寒""可复受忧戚""宁受此酸辛""滔滔江受风""坐受世褊迫""清池不受暑""平池受细雨""穷村受春晚""不受急景催""肯受元规尘""了不受荣悴""意闲不受荣与辱""独自人间不受寒""枯木无知不受寒""天马何妨略受鞿""来禽花高不受折""不受阴晴与寒暑""长林巨木受轩轾"。"未觉懒相先""未觉壮心休""未觉身淹留""末觉墉阴迟""未觉欠孟嘉""未觉有等伦""未觉风来迟""未觉经旬久""欲往还觉非""独觉赋诗难""稍觉夜月添""菰蒲觉风入""末觉此计非""高处觉眼新""意定觉景多""未觉徐娘老""未觉有荣辱""未觉饥肠虚""未觉平生与愿违""村空更觉水潺湲""眼中微觉欠扁舟""居夷更觉中原好""便觉杯觞耐薄寒""墙头花定觉风阑"真可以说不少。这是因为他喜用受字和觉字，因而在下笔时不知不觉就用了这两个字。

西太一宫六言

"杨柳鸣蜩绿暗，荷花落日红酣。三十六陂春水，白头想见江南。"这首诗是王安石所作《题西太一宫》六言诗中的首篇。现在所见到的临川刻本王安石集中，以为"杨柳"应为"柳叶"。其用意在于想与荷花切对，但是语句并不好。对此，可不必责问。至于将诗中"三十六陂春水"改为"三十六宫烟水"，却是非常可笑的。王安石这首诗的本意是说在北方的人，会不时想念

由与犹同

《新唐书·藩镇传序》云：“其人自视由羌狄然。”据字义“由”当为“犹”，故吴缜作《唐书音训》有《纠谬》一篇，正指其失，彼元不深究《孟子》也。文惠公顷与予作《唐书补过》，尝驳其说。予作文每用之，辄为人所疑问，今为详载于此。如“以齐王，由反手也”“由弓人而耻为弓”“王由足用为善”“是由恶醉而强酒”“由己溺之，由己饥之”“由射于百步之外”“见且由不得亟”，其义皆然，盖由与犹通用也。

人焉廋哉

孔子论人之善恶，始之曰：“视其所以。”继之以“观其所由，察其所安。”然后重言之曰：“人焉廋哉，人焉廋哉！”盖以上之三语详察之也。而孟氏一断以眸子，其言曰：“存乎人者，莫良于眸子。眸子不能掩其恶，胸中正，则眸子瞭焉，胸中不正，则眸子眊焉。听其言也，观其眸子，人焉廋哉！”说者谓：“人与物接之时，其神在目。故胸中正，则神精而江南的美丽诱人的景物，这与皇宫中的禁令毫不相干。那些不学无术的人，任意窜改王安石的诗，危害是显而易见的。他们乱改致误的原因，大概是他们把太一宫作为皇宫中的离宫的缘故。

由与犹同

《新唐书·藩镇传序》载："其人自视由羌狄然。"按照字义，这句话里的由字应当使用犹字，是如同的意思。所以吴缜著《唐书音训》里有《纠谬》一篇，专门指出唐书中用字上的失误，并予以辨正，但他并没有进一步探究《孟子》一书在用字上存在的问题。近来，我的哥哥与我合撰《唐书补过》，曾对这一说法予以驳斥。我在写文章时，每当使用由字时，往往遭到别人的质疑，今在这里，作一详细的考述。比如写作："以齐王，由反手也""由弓人而耻为弓""王由足用为善""是由恶醉而强酒""由己溺之，由己饥之""由射于百步之外""见且由不得亟"在这些句子中，都使用有由字，其含义都是一样的，是相同的意思。与犹字同。究其原因就是由字与犹字可以通用。

人焉廋哉

孔子在谈到如何判断一个人的善恶时，开始说要观察他所交接的朋友，接着说要观察他为达到目的所采用的手段，了解他的心情安于什么，不安于什么，最后重复说："一个人的善恶怎么能隐藏得住呢？一个人的善恶怎么能隐藏得往呢？"以上这三句话，是孔子通过详细观察所得出的结论。而孟子在谈到这个问题时提出以眼睛来判断。他说："观察一个人的善恶，再没有比观察他的眼睛更好了。因为眼睛不能掩盖一个人的丑明。不正，则神散而昏。心之所发，并此而观，则之人之邪正不可匿矣。言犹可以伪为，眸子则有不容伪者。孔圣既已发之于前，孟子知言之要，续为之说，故简亮如此。”旧见王季明云，太学士子尝戏作一论，其略云：“知人焉廋哉之义，然后知人焉廋哉，人焉廋哉之义。知人焉廋哉，人焉廋哉之义，然后知人焉廋哉之义。孔子所云人焉廋哉，人焉廋哉者，详言之也。孟子所云人焉廋哉者，略言之也。孔子之所谓人焉廋哉，人焉廋哉，即孟子之所谓人焉廋哉也。孟子之所谓人焉廋哉，即孔子之所谓人焉廋哉，人焉廋哉也。”继又叠三语为一云：“夫人焉廋哉，人焉廋哉，人焉廋哉，虽曰不同，而其所以为人焉廋哉，人焉瘦哉，人焉廋哉，未始不同。”演而成数百字，可资一笑，亦几于侮圣言矣！

恶。心正，眼睛就明亮。心不正，眼睛就昏暗。听一个人说话时，注意观察他的眼睛。这个人的善恶，又能往哪里隐藏呢？”有人说：“人在与物接触的时候，他的神情集中表现在眼睛上。心正，注意力集中，眼睛就明亮。心不正，注意力分散，眼睛就昏暗。正与不正，出之内心，由此看来，一个人的心邪与心正是隐藏不住的。说话可以弄虚作假，但是眼睛是不能弄虚作假的。关于这一点，孔子早已提出，孟子亦深知孔子所说的宗旨，进一步阐发，所以简洁明确。”过去听王季明说，太学的士子曾经戏作一篇文章。大意是说：“明白‘一个人的善恶又能往哪里隐藏呢’这句话的意思，然后就会明白‘一个人的善恶怎么能隐藏得住呢，一个人的善恶怎么能隐藏得住呢’这句话的意思。明白了后一句话的意思，然后也会明白前一句话的意思。孔子所说的‘一个人的善恶怎么能隐藏得住呢，一个人的善恶怎么能隐藏得住呢’是详细而言的。孟子所说的‘一个人的善恶又能往哪里隐藏呢’是粗略而言。孔子连用‘一个人的善恶怎么能隐藏得住呢，一个人的善恶怎么隐藏得住呢’即是孟子所说的‘一个人的善恶怎么能隐藏得住呢’。反过来说，孟子所说的也就是孔子所说。不仅如此，继之而来的，还有三次重复：“‘一个人的善恶怎么能隐藏得住呢’这句话为一句话，虽然与单独使用与重复使用有所不同，而其所以三次重复写作‘一个人的善恶怎么能隐藏得住呢，一个人的善恶怎么能隐藏得住呢，一个人的善恶怎么能隐藏得住呢’的原因，与单独使用、重复使用并没有什么不同。”就这么一句话，甚至演变成好几百字，只可供人发笑，这亦几乎是对圣人言论的侮辱。

久而俱化

天生万物，久而与之俱化，固其理焉，无间于有情无情，有知无知也。

予得双雁于衢人郑伯膺，纯白色，极驯扰可玩，置之云壑，不远飞翔。未几，陨其一，其一块独无俦，因念白鹅正同色，又性亦相类，乃取一只与同处。始也，两下不相宾接，见则东西分背，虽一盆伺谷，不肯并啜。如是五日，渐复相就，逾旬之后，怡然同群，但形体有大小，而色泽飞鸣则一。久之，雁不自知其为雁，鹅不自知其为鹅，宛如同巢而生者，与之俱化，于是验焉。

今人呼鹅为舒雁，或称家雁，其褐色者为雁鹅，雁之最大者曰天鹅。唐太宗时，吐蕃录东赞上书，以谓圣功远被，虽雁飞于天，无是之速，鹅犹雁也，遂铸金为鹅以献。盖二禽一种也。

久而俱化

天生万物，久而久之都要发生变化，这是事物固有的规律。无论是有情感的还是无情感的，有知觉还是无知觉的，都一无例外。

我曾经从衢州人郑伯膺那里得到一对大雁，纯白色，非常温顺可爱，把它们放到云壑地方，也不远飞。没有多久，其中一只死去，另一只孤独无依。我想白鹅和它的颜色相同，二者性情也相似，于是就找来一只白鹅来与它做伴。开始的时候，它们根本不相理睬，一遇见，就掉头而去，各奔东西，背对着而立。虽然同在一个盆里喂食，它们也不在一起同时吃食。这样持续了五天，五天之后，它们开始相互接触。十天过后，它们就像与自己的同类在一起一样，十分快活。但是它们的体形一个大一个小，其他如颜色、能飞、会叫都是一样的。时间长了，大雁也不知道自己是雁，鹅也不知道自己是鹅了，就好像是在一个巢里出生的那样亲密无间。世界上的万物久而久之都会发生变化，于此可以得到验证。

现在有人叫鹅为舒雁，或叫它为家雁，褐色的鹅被叫作雁鹅，在雁类当中最大的雁叫它为天鹅。唐太宗李世民在位的时候，吐蕃人录东赞在上书中赞颂唐太宗的功德。认为唐太宗的功德无量，声闻远方，即使是大雁疾飞于空中，也没有唐太宗名声传播得那样快速。并且认为鹅就是雁，于是，就用金子铸成一只鹅献给了唐太宗。究其原因，就在于雁和鹅两种禽类本是同一种类。

黄文江赋

晚唐士人作律赋，多以古事为题，寓悲伤之旨，如吴融、徐寅诸人是也。黄滔字文江，亦以此擅名，有《明皇回驾经马嵬坡》隔句云：

“日惨风悲，到玉颜之死处；花愁露泣，认朱脸之啼痕。”

“褒云万叠，断肠新出于啼猿；秦树千层，比翼不如于飞鸟。”

“羽卫参差，拥翠华而不发；天颜怆恨，觉红袖以难留。”

“神仙表态，忽零落以无归；雨露成波，已沾濡而不及。”

“六马归秦，却经过于此地；九泉隔越，几凄恻于平生。”

《景阳井》云：

“理昧纳隍，处穷泉而讵得；诚乖驭朽，攀素绠以胡颜！”

“青铜有恨，也从零落于秋风；碧浪无情，宁解流传于夜壑。”

“荒凉四面，花朝而不见朱颜；滴沥千寻，雨夜而空啼碧溜。”

“莫可追寻，《玉树》之歌声邈矣；最堪惆怅，金瓶之咽处依然。”

《馆娃宫》云：

黄文江赋

晚唐文人赋诗作赋，多以古时候的历史事件为题，借以表达自己悲伤的思想感情。如吴融、徐寅等人即是如此。黄滔字文江，亦以此而著名于世。他在所撰《明皇回驾经马嵬坡》中说：

"日惨风悲，到玉颜之死处；花愁露泣，认朱脸之啼痕。"

"褒云万叠，断肠新出于啼猿；秦树千层，比翼不如于飞鸟。"

"羽卫参差，拥翠华而不发；天颜怆恨，觉红袖以难留。"

"神仙表态，忽零落以无归；雨露成波，已沾濡而不及。"

"六马归秦，却经过于此地；九泉隔越，几凄恻于平生。"

《景阳井》篇隔句为：

"理昧纳隍，处穷泉而讵得；诚乖驭朽，攀素绠以胡颜！"

"青铜有恨，也从零落于秋风；碧浪无情，宁解流传于夜壑。"

"荒凉四面，花朝而不见朱颜；滴沥千寻，雨夜而空啼碧溜。"

"莫可追寻，《玉树》之歌声邈矣；最堪惆怅，金瓶之咽处依然。"

《馆娃宫》篇隔句为：

“花颜缥缈，欺树里之春风；银焰荧煌，却城头之晓色。”

“恨留山鸟，啼百卉之春红；愁寄龙云，锁四天之暮碧。”

“遗堵尘空，几践群游之鹿；沧洲月在，宁销怒浊之涛？”

《陈皇后因赋复宠》云：

“已为无雨之期，空悬梦寐；终自凌云之制，能致烟霄。”

《秋色》云：

“空三楚之暮天，楼中历历；满六朝之故地，草际悠悠。”

《白日上升》云：

“较美古今，列子之乘风固劣；论功昼夜，姮娥之奔月非优。”

凡此数十联，皆研确有精致，若夫格律之卑，则自当时体如此耳。

沈季长进言

沈季长元丰中为崇政殿说书，考开封进士，既罢，入见，神宗曰：“《论不以智治国》谁为此者？”对曰：“李定所为。”上曰：“闻定意讥朕。”季长曰：“定事陛下有年，顷者御史言定乃人伦所弃，陛下力排群议，而定始得为人如初，

“花颜缥缈，欺树里之春风；银焰荧煌，却城头之晓色。”

“恨留山鸟，啼百卉之春花；愁寄龙云，锁四天之暮碧。”

“遗堵尘空，几践群游之鹿；沧洲月在，宁销怒浊之涛？”

《陈皇后因赋复宠》篇说：

“已为无雨之期，空悬梦寐；终自凌云之制，能致烟霄。”

《秋色》篇说：

“空三楚之暮天，楼中历历；满六朝之故地，草际悠悠。”

《白日上升》篇说：

“较美古今，列子之乘风固劣；论功昼夜，姮娥之奔月非优。”

黄文江所做的律赋类似于此的，总计有数十联，都是精心构思，富于情趣。若从格律上看，并不高明，这是受时代条件的制约。当时的文体多是这样。

沈季长进言

我朝神宗元丰年间，沈季长任崇政殿说书，给皇上讲解经史，充当皇帝的顾问。有一次，朝廷选派沈季长为主考官主持开封考试进士。考试结束后，沈季长向神宗报告考试情况。神宗问：“《论不以智治国》的文章是谁写的？”他回答说：“是李定写继又擢用不次，定虽怀利，尚当知恩，臣以此敢谓无讥陛下意。《诗序》曰：‘言之者无罪，闻之者足以戒。’《书》曰：‘小人怨汝詈汝，则皇自敬德。’陛下自视岂任智者，不知何自慊疑，乃信此为讥也？”上曰：“卿言甚善，朕今已释然矣，卿长者，乃喜为人辩谤。”对曰：“臣非为人辩谤，乃为陛下辩谮耳。”

他日，上语及前代君臣，因曰：“汉武帝学神仙不死之术，卿晓其意否？此乃贪生以固位耳。故其晚年举措谬戾，祸贻骨肉，几覆宗社。且人主固位，其祸犹尔，则为人臣而固位者，其患亦何所不至，故朕每患天下之士能轻爵禄者少。”季长曰：“士而轻爵禄，为士言之，则可，为国言之，则非福也。人主有尊德乐道之志，士皆以不得爵禄为耻，宁有轻爵禄者哉？至于言违谏佛，士有去志，故以爵禄为轻。”上曰：“诚如卿言。”

的。”神宗又问：“听说李定写这篇文章的用意是为了讽刺朕。”沈季长不慌不忙地说：“李定这个人服侍陛下已好几年了，不久前御史上书揭发他不讲人伦道德，不为父母守丧。陛下知道后，力排众议，才使他能一如既往去做人，接着陛下又破格提拔了他。他虽然怀有争利之心，可也知道陛下对他的大恩大德。臣据此敢断定他没有讽刺陛下的意思。《诗序》中说：‘敢于提意见的人是无罪的，听到意见的人要引以为戒。’《尚书》中说：‘小人怨你骂你，你要更加努力恭敬修德。’请求陛下自己看一下谁是用智治国之人。不知为什么产生这种怀疑，以为李定的这篇文章是讽刺自己的呢？”神宗听了非常高兴，说：“卿说得很好，我已完全明白了。爱卿不愧为一位长者，喜欢替别人辩诬解谤。”沈季长马上说：“臣并不是喜欢替别人辩诬解谤，而是为了替陛下辨清那些无中生有的谗言。”

一天，神宗与群臣谈论前代的君臣，对沈季长说：“汉武帝晚年热心学习神仙长生不老之术，爱卿可知晓他的用意吗？他所以这样做，只不过是他贪生怕死想永远保持自己皇位罢了。所以在他的晚年，有许多举动和措施都是很荒谬的，以致祸及他的骨肉，几乎使国家宗族覆亡。人主想永远保持皇位，祸害就如此之大，何况为人臣的想保持官位，他所遭遇的祸害更是比比皆是。所以朕每天总是为天下读书人能够轻视爵位俸禄的人太少而担心啊！”沈季长回答说：“读书人轻视官爵俸禄，对于其本人来说，是可以的。然而，对于国家来说，可不是什么好事。如果皇上真有尊德乐道的志向，读书人都以得不到官爵俸禄而感到羞耻，哪还有轻视官爵俸禄的人呢！至于说有的人上书言事，违背了皇上的旨意，规劝皇上的建议不被采纳，这样，读书案，季长虽尝至修起居注，其后但终于庶僚，史不立传。王和甫铭其墓，载此两论，予在史院时未之见也。其子铢为侍从，恨不获附见之，故表出于是。

繁遏渠

《国语》鲁叔孙穆子曰："金奏《肆夏》：《繁》《遏》《渠》。天子所以飨元侯也。"韦昭注曰："《繁》《遏》《渠》，《肆夏》之三也，《礼》有《九夏》，皆篇名。"昭虽晓其义，而不详释。案，《周礼·春官》："钟师掌金奏，以钟鼓奏《九夏》。"郑氏注引吕叔玉云："《肆夏》《繁遏》《渠》，皆《周颂》也。《肆夏》，《时迈》也。《繁遏》，《执竞》也。《渠》，《思文》也。"又曰："繁，多也。遏，止也。言福禄止于周之多也。故《执竞》曰：'降福穰穰；降福简简。'渠，大也。言以后稷配天，王道之大也。故《思文》曰：'思文后稷，克配彼天。'"予谓此说亦近于凿。

人才会产生消极辞官的想法，才会出现轻视官爵俸禄的情况。”神宗听了这番话后，满意地说：“事情正如爱卿所说的那样。”

据查沈季长虽然曾经参与起居注的纂修，但是，后来一直为普通幕僚，史书中不为他立传。王和甫在为他撰写的墓志铭中，载有他的上述两段论述，我在史馆供职时未曾见到。他的儿子沈铢为侍从，也为他未能见到父亲的这两段论述而感遗憾，特在此表出。

繁遏渠

《国语》中记载鲁国叔孙穆子说：“用金属乐器演奏《肆夏》乐曲中的《繁》《遏》《渠》三曲，这是天子犒赏诸侯之长时所使用的一种礼仪制度。”韦昭在作注时：“《繁》《遏》《渠》乐曲，是《肆夏》乐曲中的三章。《礼》中载有《九夏》，这些都是乐曲的名称。”韦昭虽然明白这个意思，但未能详细说明。据《周礼·春官》所载：“钟师掌管击鼓奏乐，在演奏《九夏》乐曲时配以钟鼓。”郑玄在作注时，引用吕叔玉的话说：“《肆夏》《繁遏》《渠》，都是《周颂》中的篇名。演奏《肆夏》乐曲，歌唱《时迈》。演奏《繁遏》乐曲，歌唱《执竞》。演奏《渠》乐曲，歌唱《思文》。”又说：“繁是多的意思，遏是止的意思。就是说福运福气到了周代达到了兴盛。所以《执竞》篇中说：‘赐福赐得多又多，赐福赐得大又大。’所谓渠是大的意思。就是说在祭天的时候，以后稷配祭，这是王道中的一件大事。所以在《诗经·思文》中说：‘大有文德是后稷，功德能和那天齐。’”我认为这种说法接近于实际。

替戾冈

坡公游鹤林、招隐，有冈字韵诗，凡作七首，最后云：“背城借一吾何敢，切勿樽前替戾冈。”小儿问三字所出。案，《晋书·佛图澄传》，澄能听铃音以知吉凶，往投石勒。及刘曜攻洛阳，勒将救之，其群下咸谏，以为不可。勒以访澄，澄曰：“相轮铃音云：‘秀支替戾冈，仆谷劬秃当。’此羯语也。秀支，军也。替戾冈，出也。仆谷，刘曜胡位也。劬秃当，捉也。此言军出捉得曜也。”勒遂擒曜。坡公正用此云。

文潞公平章重事

文潞公元丰六年以太师致仕，时七十八岁矣。后二年，哲宗即位，太皇太后垂帘同听政，用司马公为门下侍郎，公奏乞召潞公置之百僚之首，以镇安四海，后遣中使梁惟简宣谕曰：“彦博名位已重，又得人心，今天子幼冲，恐其有震主之威。且于辅相中无处安排，又已致仕，难为复起。”公当时以新人，不敢复言。

元祐元年三月，公拜左仆射，乃再上奏曰：

“《书》曰：‘人惟求旧。’盖以其历年之多也。彦博沈

替戾冈

苏东坡在游览鹤林、招隐的时候曾经赋诗，用冈字韵，共作七首，诗的最后一句是："背城借一吾何敢，切勿樽前替戾冈。"我的小儿问替戾冈三字出自何处。据《晋书·佛图澄传》所载，佛图澄能听铃的声音，就可以测知吉凶祸福，于是就去投依石勒。等到刘曜攻占洛阳，石勒想带兵前去救援，他的部下都出来劝阻，认为不可这样做。为此，石勒访问了佛图澄。佛图澄告诉石勒说："相轮的铃音说：'秀支替戾冈，仆谷劬秃当。'这是羯族的语言。这里所说的秀支，即军队。替戾冈，是出动的意思。仆谷，是指刘曜的名号。劬秃当，是捉拿的意思。这句话的意思是说出动军队可以将刘曜捉拿。"石勒得知，立即率军出战，擒获了刘曜。苏东坡的诗，正是采用了这一说法。

文潞公平章重事

神宗元丰六年，文彦博以太师离职退休。这一年，他七十八岁。两年之后，哲宗继承了皇位。由于哲宗年幼，只有八岁，便由太皇太后垂帘听政，起用司马光为门下侍郎。司马光就任后，上书请求召回文彦博，并让文彦博位居百官之首，以此来镇服国内，安抚天下。太后看到这个奏折后，就派宦官梁惟简前去宣布圣谕说："文彦博的名声和职位都很高，又深得众人爱戴，而今天子年幼，恐怕按卿所说的那样去做，就会出现位高震主的威胁。况且辅相没有空缺，无法予以安排。再说他已退休，实在难以召回再用。"司马光这时也是刚被起用，不敢再说什么。

哲宗元祐年三月，司马光升任左仆射，于是再次上奏：

"《尚书》中说：'用人只求老人。'大概是因为老年人经历敏有谋略，知国家治体，能断大事，自仁宗以来，出将入相，攻效显著，天下所共知，年逾八十，精力尚强。臣初曾奏陈，寻蒙宣谕。切惟彦博一书生尔，年逼桑榆，富贵已极，夫复何求？非有兵权死党可畏惧也。假使为相，一旦欲罢之，止烦召一学士，授以词头，白麻既出，则一匹夫尔，何难制之？有震主之威，防虑大过。若依今官制用之为相，以太师兼侍中，行左仆射，有何不可？倘不欲以剧务烦老臣，则凡常程文书，只委右仆射以下签书发遣，惟事有难决者，方就彦博咨禀。

自古致仕复起，盖非一人，彦博今年八十一，不过得其数年之力，愿急用之，臣但以门下侍郎助彦博，恐亦时有小补。今不以彦博首相，而以臣处之，是犹舍骐骥而策驽骀也，切为朝廷惜之。若以除臣左仆射，难为无故以他人易之，则臣欲露表举其自代。”

奏入，不许。给事中范纯仁亦劝乞召致，留为师臣。未几，右仆射韩缜求去，后始赐司马公密诏，欲除彦博兼侍中，行右仆射事，其合行恩礼，令相度条具。公以名体未正，的事多，经验丰富。文彦博其人，沉着机智，善于出谋划策，熟知国家的政体，又能决断大事。自仁宗朝以来，一直身居要职，出将入相，功绩卓著，为天下人所共知。而今他虽年逾八十，但精力旺盛。臣在此之前，曾经上奏请求起用他，不久，承蒙太后派人宣谕，才知道不能起用他的原因。在臣看来，文彦博只不过是一个书生，他已年过古稀，富贵到了极点，还会再有什么要求呢？何况他一没有兵权，二没有死党，还有什么可以畏惧的呢？如果起用他为宰相，一旦想罢免他，只不过是让一位学士，草拟一道制书，制书一下，他就立即变成一名普通百姓，又有什么难以制服的吗？那种担心有震主威胁的想法，恐怕是防范太过了。如果按照现在官制的规定，用他做宰相，以太师兼侍中，行左仆射，有什么不可以的呢？如果不想以繁杂紧急的事务去麻烦老臣，那些一般的日常事务性的上呈文书，可让右仆射以下的官吏签字下发，只有在处理一些难办的事情时，才向文彦博禀报请示。

自古以来，重新起用退休官员回来做官的，并不是只此一人。文彦博今年已经八十一岁。即使重新起用，也不过是能得到数年的力量。臣恳切希望陛下早下决心，趁他身体尚好时赶快任用，臣只以门下侍郎的身份来协助他。这样做，恐怕对于稳定当今的时局不是无益的。如果现在不起用文彦博做宰相，而让臣做宰相，那就如同舍弃骐骥那样的好马不用而去用劣马一样。臣为皇上的这种做法而痛惜。如果任用臣做左仆射，其他人无故很难取而代之，为此，臣愿布告天下举荐文彦博来代替我。”

司马光的这篇奏折进呈之后，没有得到批准。后来，给事中范纯仁也上书请求召回文彦博，留作师臣。没有多久，右仆射韩缜上书请求辞职，太后才赐给司马光一道密诏，想任命文彦不敢居其上，乞以行左仆射，自守右仆射。诏曰：“使彦博居卿上，非予所以待卿之意，卿更思之。”公执奏言：“臣为京官时，彦博已为宰相，今使彦博列位在下，非所以正大伦也。”于是召赴阙。

既而御史中丞刘挚、左正言朱光庭、右正言王觌俱上言：“彦博春秋高，不可为三省长官。”司马公又言：“若令以正太师平章军国重事，亦足以老尊成矣。”四月，遂下制如公言，诏一月两赴经筵，六日一入朝，因至都堂与执政商量事，朝廷有大政令，即与辅臣共议。

潞公此命，可谓郑重费力，盖本不出于主意也。然居位越五年，屡谢病，乃得归，竟坐此贻绍圣之贬。

考课之法废

唐制，尚书考功掌内外文武官吏之考课，凡应考之官，家具录当年功过行能，本司及本州长官对众读议其优劣，博为右仆射，兼任侍中。应该施行的加恩礼仪，让司马光拟定个方案奏报。司马光接到这个密诏之后，以为名位不正，不敢使自己的职位居于文彦博之上，请求任命文彦博为左仆射，自己做右仆射。为此，特下诏书给司马光说："让文彦博位居你的上面，这不符合我对你的厚望，希望爱卿再仔细想一下。"司马光坚持自己的主张，上奏解释说："臣在出任京官时，文彦博已经在朝做宰相。现在让他位居臣的下面，与社会公德不合。"由于司马光的坚持，朝廷才下诏召文彦博回朝。

接着，御史中丞刘挚、左正言朱光庭、右正言王觌都先后上书说："文彦博年龄太大，不宜再做尚书省、中书省、门下省三省的长官。"司马光看到这一情况后又上书说："如果下令让文彦博以正太师平章军国重事，也就足以表现出朝廷对元老重臣的敬重了。"这年四月，根据司马光的建议，发布制书委任文彦博为平章军国重事，让他一月两次为皇上讲解经史及治国安邦之策，六天上朝一次，到宰相办公的地方都事堂和执政大臣共商国是。朝廷有什么重大决策，重大政令的发布，都要让他与辅臣们共同商定。

文彦博这次重新起用的任命，可以说是费尽周折。究其原因，就在于这样的任命不是出于朝廷和太后的本意。他被召回担任平章军国重事五年多的时间，曾经多次因病请求辞职，最后得到准许。然而到了绍圣年间，他竟因此被贬。

考课之法废

唐代制定规定，由尚书省考功司专门负责内外文武官吏的考核。凡是被考核的官吏，都要详细呈报当年的功过、所行事定为九等考第，然后送省。别敕定京官位望高者二人，一校京官考，一校外官考。又定给事中、中书舍人各一人，一监京官考，一监外官考；郎中判京官考，员外郎判外官考。凡考课之法，有四善、二十七最。一最以上有四善，为上上。有三善，或无最而有四善，为上中。有二善，或无最而有三善，为上下。其末至于居官谄诈、贪浊有状为下下。外州则司录、录事参军主之，各据之以为黜陟。

国朝此法尚存，庆历、皇祐中，黄亚夫庶佐一府、三州幕，其集所载考词十四篇。

《黄司理》者曰："治犴狱、岁再周矣，论其罪弃市者五十四，流若徒三百十有四，杖百八十六，皆得其情，无有冤隐不伸，非才也其孰能？其考可书中。"

《舞阳尉》者曰："舞阳大约地广，它盗往往囊橐于其间，居一岁，为窃与强者风十一，前件官捕得之，其亡者一而已矣。非才焉固不能，可书中。"

《法曹刘昭远》者曰："法者，礼之防也。其用之以当人情为得，刻者为之，则拘而少恩。前件官以通经举进士，始迹及其能力。本司及本州的长官要对众宣读评议优劣意见。官吏的考核，定为九个等次，然后报送尚书省。另外，又规定选派京官职位高又有威望的二人，一个复核京官考察，一个复核外官考察。又规定选派给事中、中书舍人各一人，一个监督京官的考察，一个监督外官的考察；郎中负责京官考察，员外郎负责外官考察。考核的具体办法，是以四善、二十七最的规定作为标准。凡是具备一最以上、四善的官吏，都列入上上等。具备三善，或无最而有四善的官吏，列入上中等。具备二善，或无最而有三善的官吏，列入上下等。最末一等，是居官谄媚且贪污确有实据的官吏，列入下下等。京城以外的州官吏的考核，由州衙门中的司录、录事参军主持，按照考核所定的等级来确定官吏的升降。

唐代官吏的这种考核办法，在我朝建国之后继续实行。仁宗庆历、皇祐年间，黄庶曾在一个府里任佐贰，在三个州里任幕职。在他的文集中，辑有考核评语十四篇。

《黄司理》篇中说："治理牢狱中案犯，两年一次。按照其罪恶大小，处以弃市（死刑并将尸体暴露街头）的五十四人，处以徒刑、流放的三百一十四人，处以杖刑的一百八十六人。每一案犯的处理，都查明真相，取到确凿证据。凡有冤屈的无不给予伸冤。如无才能魄力谁能这样？其考语可定为合格。"

《舞阳尉》篇中说："舞阳县地土宽广，别处的盗贼往往在这里藏身，住下一年，强行为盗行窃的十一人。前述事件已为官府捕获，其中逃亡者只有一人。没有才能魄力是绝对办不到的。其考语可定为合格。"

《法曹刘昭远》篇中说："所谓法，是礼制的保证。在执法用法的时候，如能符合人情，处理得当，就能得到众人拥护。那掾于此，若老于为法者，每抱具狱，必传之经义然后处，故无一不当其情，其考可书中。”

它皆类此。不知其制废于何时。今但付之士案吏据定式书于印纸，比者又令郡守定县令臧否高下，人亦不知所从出。若使稍复旧贯，似为得宜，虽未必人人尽公得实，然思过半矣。

小官受俸

沈存中《笔谈》书国初时州县之小官俸入至薄，故有“五贯九百六十俸，省钱且作足钱用”之语。

黄亚夫皇祐间自序其所为《伐檀集》云：“历佐一府、三州，皆为从事，逾十年，郡之政，巨细无不与，大抵止于簿书狱讼而已，其心之所存，可以效于君、补于国、资于民者，曾未有一事可以自见。然月廪于官，粟麦常两斛，钱常七千，问其所为，乃一常人皆可不勉而能，兹素餐昭昭矣，遂以“伐檀”名其集，且识其愧。”

予谓今之仕宦，虽主簿、尉，盖或七八倍于此，然常有些刻薄的人执法，则往往拘于条文而少情义，为众人所怨。前述事件选拔通经举进士的人为官，从低级掾吏开始，如果一直执法用法，每次处理狱中案件，必从经义中找到根据，然后才去处理。所以无有一事处理不合实情的。其考语可定为合格。”

书中所载其他考词，也大致如此。但是不知道这一制度何时被废除了。现在的只是责成士人按吏依照定试填写于印纸上，近来又令郡守确定县令的好坏高下，人们都不清楚这种做法出自何处。如能逐渐地复用旧制，似乎更为方便合适。虽然未必人人都能做到秉公据实，想来过半人会是这样。

小官受俸

沈括在《梦溪笔谈》说，本朝建国初朝，州县衙门里小官的俸禄很低，所以社会上流传着“五贯九百六十钱的俸禄，省钱当作足钱用”的说法。

仁宗皇祐年间，黄庶在为自己所撰文集《伐檀集》写的序文中说：“我作过一个府、三个州的从事官，时间超过十年，州郡的政务，无论事大事小，都要过问，大体上着重于管理文书册簿，审理诉讼案件。一天到晚，心里所想的，都是如何效忠皇上，有益于国家，有利于百姓的一些事。认真回忆一下，还不曾有一件事自认为是满意的，然而，我每月向官府领取的俸禄，粟、麦通常是两斛，钱是七千。一问起我做了些什么事时，我就觉得惭愧，我所做的，是一个普通人都能做到的，可以说我是一个不劳而食的人。我用《伐檀》来命名自己的文集，也正是借此来表示自己心中惭愧。”

在我看来，而今国家官吏的俸禄，即使是主簿、县尉这样不足之叹，若两斛、七千，只可禄一书吏小校耳！岂非风俗日趋于浮靡，人用日以汰，物价日以滋，致于不能赡足乎？亚夫之立志如此，真可重也。山谷先生乃其子云。

的小官，也比开国之初增加了七八倍。然而他们仍然不时地发入不敷出的感叹。所谓两斛粮食，七千钱，只够发给一个书吏，小校的俸禄。这岂不是因为社会风气日趋奢侈，人们日常费用增多，市场物价日渐上涨，从而导致费用不足的紧张状况吗？在这种社会环境中生活的黄庶，能有这样高尚的志向和认识是很可贵的。山谷，是黄庶的儿子。

卷八（十七则）

库路真

《新唐书·地理志》："襄州，土贡漆器库路真二品十乘花文五乘。"库路真者，漆器名也，然其义不可晓。《元丰九域志》云："真漆器二十事"是以。《于頔传》，頔为襄阳节度，襄有髹器，天下以为法。至頔骄蹇，故方帅不法者，称为"襄样节度"。《旧唐书·职官志》，武德七年，改秦王、齐王下领三卫及库真、驱咥真，并为统军。疑是周、隋间西边方言也。记白乐天集曾有一说，而未之见。

得意失意诗

旧传有诗四句夸世人得意者云："久旱逢甘雨，他乡见故知。洞房花烛夜，金榜挂名时。"好事者续以失意四句曰："寡妇携儿泣，将军被敌擒。失恩宫女面，下第举人心。"此二诗，可喜可悲之状极矣。

狄监卢尹

文潞公留守西京，年七十七，为耆英会，凡十有二人。时富韩公年七十九，最长，至于太中大夫张问，年七十，唯

库路真

《新唐书·地理志》记载："襄州（今湖北襄樊）每进献给朝廷的贡品，有漆器库路真两种十车，带有花纹的十车。"所谓库路真，是漆器的一种。至于说为什么名叫库路真，人们不大清楚。《元丰九域志》所记："真品漆器二十事"，亦是指此而言的。《新唐书·于頔传》说，于頔任襄阳节度使，襄阳所产赤黑色的漆器很有名，为各地所仿效。于頔其人非常傲慢，不守国家法度，人们称他为"襄样节度"。《旧唐书·职官志》载，唐高祖武德七年，下令改秦王、齐王管辖三卫及库真、驱旺真，并为统军。我怀疑这是北周、隋朝西部边境地区的方言。据记载，白居易集中曾有此说法，但我未能找见。

得意失意诗

过去社会上流传一首诗，四句，称道人的得意。说："久旱逢甘雨，他乡见故知。洞房花烛夜，金榜挂名时。"有些多事的人，又仿照这首诗，续得四句，描写人的失意。说："寡妇携儿泣，将军被敌擒。失恩宫女面，下第举人心。"这两首诗，将人得意时的喜悦，失意时的悲伤，描绘得淋漓尽致。

狄监卢尹

文彦博做西京（今河南洛阳）留守，已是七十七岁高龄老人了。他与司马光等人，成立耆英会，共有十二人参加。这时候，富司马公方六十四岁，用狄监、卢尹故事，亦预于会。或问狄、卢之说，乃见唐白乐天集，今所谓九老图者。怀州司马胡杲年八十九，卫尉卿吉皎年八十六，龙武长史郑据八十四，慈州刺史刘嘉、侍御史卢贞皆八十二，其年皆在元丰诸公之上。永州刺史张浑、刑部尚书白居易皆七十四。时会昌五年。白公序云："六贤皆多年寿，予亦次焉。秘书监狄兼谟，河南尹卢贞，以年未七十，虽与会而不及列。"故温公纪韩公至张昌言，而自不书。今士大夫皆熟知此事，姑志狄、卢二贤，以示儿辈。但唐两卢贞本字犯唐讳，而又同会，疑文字或误云。

项韩兵书

汉成帝时，任宏论次兵书为四种，其《权谋》中有《韩信》三篇，《形势》中有《项王》一篇，前后《艺文志》载之，且云："汉兴，张良、韩信序次兵法，凡百八十二家，删取要用，定著三十五家。诸吕用事而盗取之。"项、韩虽不得其死；而遗书可传于后者，汉世不废，今不复可见矣。

弼七十九岁，在耆英会成员中，年龄是最大的。那时太中大夫张问七十岁。只有司马光年龄刚刚六十四岁。这二人，比照唐代狄监、卢尹的例子，也参与了耆英会。有人问狄监、卢尹故事是怎么回事？这件事，见于唐代白居易的文集，也就是现在人们所说的九老图。据记载，唐代宗会昌五年，怀州司马胡杲八十九岁，卫尉卿吉皎八十六岁，龙武长史郑据八十四岁，慈州刺史刘嘉、侍御史卢贞都是八十二岁。他们六人的年龄都比宋神宗元丰年间富弼、文彦博等人的年龄要大。会昌五年，永州刺史张浑、刑部尚书白居易都是七十四岁。白居易在为耆英会写的序文中说："胡杲、吉皎、郑据、刘嘉、卢贞等六贤都是高寿，我的年龄比他们小。秘书监狄兼謇、河南尹卢贞，因为他们二人年龄不到七十，虽然也参加了九老会的活动，可是没有将他们的名字列入。"所以司马光在谈到耆英会时，只记富弼与张昌言，而不提自己。现在士大夫们都很清楚。因此，我将唐代狄兼謇、卢尹二位的故事，书之于此，以使晚辈们知道这件事。然而，唐代有两个卢贞，本字犯唐的忌讳，而又同在一个会中，疑为史书所记文字上有误。

项韩兵书

西汉成帝时，任宏谈到的军事著作有四种。在其《权谋》一书中，有《韩信》三篇。《形势》中有《项王》一篇。《汉书》《后汉书》的《艺文志》里都有记载。并且说："汉朝建国后，张良、韩信整理编次了春秋战国以来的军事著作，共有一百八十二家，经过删节选择，取了三十五家。刘邦死后，吕后把持朝政，将这些军事著作窃为己有。"项羽、韩信虽然死于非命，不得善终，

承天塔记

黄鲁直初谪戎、涪，既得归，而湖北转运判官陈举，以时相赵清宪与之有小怨，讦其所作《荆南承天塔记》，以为幸灾，遂除名羁管宜州，竟卒于彼。今《豫章集》不载其文，盖谓因之兆祸，故不忍著录。其曾孙罃。续编别集，始得见之。大略云：“余得罪窜黔中，道出江陵，寓承天禅院，住持僧智珠方彻旧浮图于地，而属余曰：‘余成功之后，愿乞文记之。’后六年，蒙恩东归，则七级岿然已立，于是作记。”其后云：“儒者尝论一佛寺之费，盖中民万家之产，实生民谷帛之蠹，虽余亦谓之然。然自省事以来，观天下财力屈竭之端，国家无大军旅勤民丁赋之政，则蝗旱水溢或疾疫连数十州，此盖生人之共业，盈虚有数，非人力所能胜者邪！”其语不过如是，初无幸灾讽刺之意，乃至于远斥以死，冤哉！

但是他们所编著的军事著作却传之于世，在两汉四百二十多年间还流传于世，现在已失传不能见到了。

承天塔记

当初，黄庭坚被贬到戎州（今四川宜宾）、涪州（今四川涪陵）。后来，调回京城。湖北转运判官陈举，为了巴结权臣，得知黄庭坚与宰相赵抃曾有小的过节，就乘机上书攻击他所写的《荆南承天塔记》一文，指责这是一篇幸灾乐祸的文章，唯恐天下无灾。于是，黄庭坚被除名，编管到宜州（今广西宜山），后来，竟然死在这里。现在传之于世的《豫章集》中不载该文，大概是因为该文是他遭到陷害的起由，所以编者不忍心将它辑入集中。他的曾孙黄罃收集遗文，续编别集，才将该文揖入，才使人们得见其文。该文大意是说："我因获罪窜至黔州（今贵州），路过江陵，住在承天禅院。这里的住持智珠正在谋划建造一座佛塔。他嘱咐我说：'我院的佛塔建成之后，请你写篇文章记述其建造经过。'六年之后，承蒙皇恩，使我得以东归。我再次业到承天禅院，只见七层佛塔，巍然屹立。于是就挥笔写了这篇记文。"文章最后说："那些读书人尝说，建造一座佛寺的花费，相当于中等人家一万多家的家产，实为侵吞百姓谷物钱财的蛀虫。我自已也认为是这样。然而，自从我记事以来，看到国家财政困难的原因，用兵打仗、土木兴建、都要向百姓征取赋税，还有蝗灾、旱灾、水灾以及瘟疫流行往往蔓延数十州，这些都是百姓共同的遭遇，人力财力盈亏有数，不是单凭人力就能战胜的。"黄庭坚诗中所说，不过是如此。当初并无幸灾讽刺朝政的意思。就这样将他罢官斥逐边远地区迫害致死，岂不冤枉！

穆护歌

郭茂倩编次《乐府诗》《穆护歌》一篇，引《历代歌辞》曰：“曲犯角。”其语曰：“玉管朝朝弄，清歌日日新。折花当驿路，寄与陇头人。”黄鲁直题《牧护歌》后云：“予尝问人此歌，皆莫能说牧护之义。昔在巴、僰间六年，问诸道人，亦莫能说。他日，船宿云安野次，会其人祭神罢而饮福，坐客更起舞，而歌《本瓠》，其词有云：‘听说商人木瓠，四海五湖曾去。’中有数十句，皆叙贾人之乐，末云：‘一言为报诸人，倒尽百瓶归去。’继有数人起舞，皆陈述已事，而始末略同。问其所以为木瓠，盖刳曲木状如瓠，吉之以为歌舞之节耳。乃悟穆护盖木瓠也。”据此说，则茂倩所序，为不知本原云。且四句律诗，如何便差排为犯角曲，殊无意义。

省试取人额

累举省试，锁院至开院，限以一月。如未乞事，则申展亦不过十日，所奏名以十四人取一为定数，不知此制起于何年。黄鲁直以元祐三年为贡院参详官，有书贴一纸云：“正月乙丑锁太学，试礼部进士四千七百三十二人。三月戊申具奏

穆护歌

在郭茂倩编辑的《乐府诗》中，有《穆护歌》一首，诗中引用《历代歌辞》里所说的：“曲犯角。”其诗文是：“玉管朝朝弄，清歌日日新。折花当驿路，寄与陇头人。”黄庭坚读后，写了《题牧护歌后》说：“关于这首歌，我曾经问过一些人，为什么叫牧护歌，人们都不明白它的含义。以前，我在巴州（今四川奉节）、僰州（今四川宜宾）呆过六年，向当地人进行询问，牧护是什么意思，也无人知道。有一天，我乘船在云安乡下住下。正好遇到当地人祭神完毕而后，举行酒宴，共同分享祭祀的食物，坐客们也纷纷起来翩翩起舞，并且同声高唱《木瓠歌》。这首歌的歌词中说：“听说商人木瓠，四海五湖曾去。”中间有几十句，都是描述商人经商的欢乐的。它的最后一句是：‘一言为报诸人，倒尽百瓶归去。’接着又有数人起来跳舞。一边跳舞，一边陈述往事。开头与结尾的情景，大致一样。我曾问为什么叫木瓠歌，这是因为要将木材刳去成为瓠形的曲木，当作乐器，进行敲打，作为舞蹈的拍节。由此得到启发，所谓穆护即是木瓠，是一种木制乐器。”据此，郭茂倩在序中所说，表明他并没有弄清它的由来。况且所谓四句律诗，对于解释为什么叫“犯角曲”，也毫无意义。

省试取人额

省试是由尚书礼部主持在京城举行的科举考试。我朝历次举行省试。从主考官入贡院院门加锁，到主考官离贡院打开院门，时间限为一个月。如果未能结束考试，虽然可以延长时间，但不得超过十天。每次录取名额，以十四人取一名为定数。这一进士五百人。”乃是在院四十四日，而九人半取一人，视今日为不侔也。此帖载于别集。

通印子鱼

鱼通印之语，本出于王荆公《送张兵部知福州》诗：“长鱼俎上通三印”之句。盖以福州濒海多鱼，其大如此，初不知言为之鱼也。东坡始以“通印子鱼”对“披绵黄雀”，乃借“子”字与“黄”字为假对耳。山谷所云“子鱼通印蠔破山”，盖承而用之。陈正敏《遁斋闲览》云：“其地有通应庙，庙前港中子鱼最佳。王初寮诗‘通应子鱼盐透白’，正采其说。”郡人黄处权云：“兴化子鱼，去城五十里地名迎仙者为上，所产之处，土人谓之子鱼潭而已，初无通应港之名。”有大神祠，赐额曰：“显应”，乃《遁斋》所指之庙者，亦非“通应”也。潭傍又有小祠一间，痺陋之甚，农家以祀田神，好事欲实《遁斋》之说，遂粉刷一扁，妄标曰“通应庙”，侧题五小字曰“元祐某年立”，此尤可笑。且用神庙封额以名土物，它处未尝有也。

制度，不知始于何年。黄庭坚于宋哲宗元祐三年担任贡院参详官。他在一份帖子中写道：“正月乙丑十七日锁太学门，礼部主持考试进士四千七百三十二人。三月戊申一日，考试完毕，上疏陈述录取进士五百人。”据此，考官在贡院从锁院到开院，前后共四十四天，进士录取九个半人中取一名。与现在考试在院日期及录取比例不同。此帖，载于黄庭坚的别集之中。

通印子鱼

关于鱼通印的说法，出自王安石《送张兵部知福州》诗。这首诗中有：“长鱼俎上通三印”一句。这是因为福州临海，渔产丰富，而且有的鱼长得很大，起初，并不是指鱼而言的，从苏东坡开始，以“通印子鱼”对“披绵黄雀”，是借子字与黄字作为假对。黄庭坚在他的诗中说：“子鱼通印蠔破山”，亦是沿用了这一用法。陈正敏在《遁斋闲览》里说：“福州有通应庙，庙前河溪中所产子鱼品种最好。王初寮的诗中有‘通应子鱼盐透白’一句，亦是采取了这一说法。”当地人黄处权曾说：“兴化产子鱼，在离城五十里名叫迎仙地方的鱼最佳，可列为上等。所产子鱼的地点，当地人称为子鱼潭。当初，还没有通应港的名称。”这里有一座祠庙，里边的神像很大，朝廷赐给这座祠庙的匾额，上书“显应”二字。这座祠庙，也就是陈正敏在《遁斋闲览》中所说的那一座庙。是“显应”而不是“通应”。在子鱼潭旁边，又有一座小祠庙，只有一间房子，年久失修，又低又简陋。当地农家供奉田神，予以祭祀。那些多事的人，为了证实《遁斋闲览》中的说法，于是就将这座小祠庙整修粉饰一新，并制作一块匾额，竟然擅自写上“通应庙”三字，又在侧面题写“元祐某年立”五个小

寿亭侯印

荆门玉泉关将军庙中，有寿亭侯印一钮，其上大环，径四寸，下连四环，皆系于印上。相传云：绍兴中，洞庭渔者得之，入于潭府，以为关云长封汉寿亭侯，此其故物也，故以归之庙中。南雄守黄兑见临川兴圣院僧惠通印图形，为作记。而复州宝相院又以建炎二年，因伐木于三门大树下土中深四尺余，得此印，其环并背俱有文云："汉建安二十年寿亭侯印。"今留于左藏库。邵州守黄沃叔启庆元二年复买一钮于郡人张氏，其文正同，只欠五系环耳。予以谓皆非真汉物，且汉寿乃亭名，既以封云长，不应去汉字，又其大比它汉印几倍之。闻嘉兴王仲言亦有其一。侯印一而已，安得有四？云长以四年受封，当即刻印，不应在二十年，尤非也。是特后人为之以奉庙祭，其数必多。今流落人间者，尚如此也。予为黄叔启作辩跋一篇，见赘稿。

字。这种做法，更是荒唐令人耻笑。然而，以当地土特产的名字作为神庙的匾额，在其他地方还未尝见到。

寿亭侯印

在荆门玉泉关将军庙中，有一枚寿亭侯将军印。印的上部有一个大环，它的直径长四寸，下连四个小圆环，都系在印上。相传在高宗绍兴年间，洞庭湖地区的一位渔民发现了这枚印章，送交潭州（今湖南长沙）官府，以为这是三国时候被封为汉寿亭侯关云长的遗物，所以，就将它归还给将军庙。南雄太守黄兑见到临川（今属江西）兴圣院僧人惠通印章的图样，为它作记文记述其事。在复州（今湖北沔阳）宝相院，高宗建炎二年，因为砍伐树木，在该院三门一棵大树底下深四尺多的土中，发现了这枚印章。在印的环上及背上，都有文字说明："为汉献帝建安二十年寿亭侯印。"现收藏于左藏库。另外，邵州（治今湖南邵阳）太守黄叔启于宁宗庆元二年从当地人张氏那里又购得一枚，上面镌刻的文字，与复州宝相院那一枚相同，所不同的，只不过是缺少五个圆环。我认为这几枚印章，都不是汉代的原物。况且汉寿为一个亭子的名称。既然以此名封关云长，就不应去掉汉字。此外，这枚印章比其他汉代的印章要大几倍。我还听说嘉兴王仲言也收藏有这样一枚印章。按照汉代制度的规定，侯的印章只能有一枚，怎么能有四枚呢？关云长是汉献帝建安四年受封的，在受封时，便应制印，不应在十六年之后的建安二十年才去制作此印，说建安二十年制作此印，这更是错误的。就现在得知的这几枚寿亭侯印来看，都是后人为着祭祀特意制作的，其数也不止这四枚，还会更多。今散失在民间，已经知道的有四枚。为

茸附治疽漏

时康祖病心痔二十年，用《圣惠方》治腰痛者鹿茸、附子服之，月余而愈，《夷坚已志》书其事。予每与医言，辄云：“痈疽之发，蕴热之极也，乌有翻使热药之理？”福州医郭晋卿云：“脉陷则害漏，陷者冷也，若气血温暖则漏自止，正用得茸、附。”按《内经素问生气通天论》曰：“陷脉为瘘，留连肉腠。”注云：“陷脉谓寒气陷缺其脉也，积寒留舍，经血稽凝，久阏内攻，结于肉理，故发为疡瘘，肉腠相连。”此说可谓明白，故复记于此，庶几或有助于疡医云。

莆田荔枝

莆田荔枝，名品皆出天成，虽以其核种之，终于其本不相类。宋香之后无宋香，所存者孙枝尔。陈紫之后无陈紫，过墙则为小陈紫矣。《笔谈》谓焦核荔子，土人能为之，取本木，去其大根，火燔令焦，复植于土，以石压之，令勿生旁根，其核自小。里人谓不然，此果形状，变态百出，不可以理求，或似龙牙，或类凤爪，钗头红之可簪，绿珠子之旁缀，是此，我为黄叔启的记文作跋文一篇，予以辨析。这篇文章，辑在我的文稿之中。

茸附治疽漏

时康祖患心痔病已二十年了，他使用《圣惠方》里治腰痛病所用的鹿茸、附子，连续服用一个多月就痊愈了。我在《夷坚已志》里曾记述这件事。我每次与医生们交谈，常常说："恶性脓疮病的发作，是人体内蕴热达到了极点，怎么还会有使用热药治疗的道理？"福州一位叫郭晋卿的医生曾说："脉陷则害漏病，陷是冷的意思。如果一个人的气血温暖，则漏自然就会停止，所患漏病也就痊愈，这正好得使用热药鹿茸和附子。"按《内经素问生气通天论》申述称："陷脉为瘘，留连肉腠。"在这一条后面加注说："陷脉是寒气陷缺其脉，久而久之，寒气聚积，经脉血液停滞不通，日子长了，就在体内淤积，结成肉文，因而形成溃烂病变，分泌物由瘘管向外流出，使得肌肤上的纹理相连。"此说法清楚明白，因此又在这里写下来，或许有助于疡医对溃疡病的医治。

莆田荔枝

莆田荔枝的名品，都不是借人工培养而是自然形成的。虽然是用它的核作为种子种下，但是最终与其母树有很大不同。出于宋诚家的宋香之后没有宋香，所存者都是它的变种。出于陈琦家的陈紫之后没有陈紫，越过陈琦家院墙的，就叫小陈紫。沈括在《梦溪笔谈》中说：有一种名叫焦核荔枝，当地人能够培植，取其树枝，去掉树根，用火将它的底部烧焦，再植于土中，岂人力所能加哉？

初，方氏有树，结实数千颗，欲重其名，以二百颗送蔡忠惠公，给以常岁所产止此。公为目之曰“方家红”，著之于谱，印证其妄。自后华实虽极繁茂，逮至成熟，所存者未尝越二百，遂成语谶。

此段已载《遁斋闲览》中，郡士黄处权复志其详如此。

双陆不胜

《新唐书·狄仁杰传》，武后召问：“梦双陆不胜，何也？”仁杰与王方庆俱在，二人同辞对曰：“双陆不胜，无子也。天其意者以儆陛下乎？”于是召还卢陵王。《旧史》不载，《资治通鉴》但书鹦鹉折翼一事。而《考异》云：“双陆之说，世传《狄梁公传》有之，以为李邕所作，而其词多鄙诞，疑非本书，故黜不取。”

《艺文志》有李繁《大唐说纂》四卷，今罕得其书，予用石头压在上面，不使它生旁根，其核自然会小。村里人则说不是这样，此果的形状，多种多样，不可以常规来强求。有的像龙爪，有的像凤爪，钗头红可以插在头上作簪子，绿珠子可作旁缀，这岂能是人力所能做到的？

起初，方氏家有荔枝树，每年结果多达数千个。方氏为了提高它的知名度，就拿出二百个送给了蔡京，并欺骗蔡京说我家荔枝每年结果就是这么多。蔡京将方氏送来的荔枝定名为“方家红”。并在荔枝谱中予以著录，以印证方氏所说的不实。自此而后，方氏家的荔枝，虽然枝叶茂盛，待到成熟的时候，所存的没有超过二百个。于是，成为人们的咒语。

此条，已载入《遁斋闲览》一书之中，郡人黄处权复详记其事。

双陆不胜

《新唐书·狄仁杰传》中记载，武则天召见大臣狄仁杰、王方庆等人，对他们说：“昨天晚上我做了一个梦，梦见我在做双陆游戏，最后输了。这是什么兆头呢？”二人异口同声回答说：“梦做双陆游戏，最后输了，是身旁没有儿子的兆头。这是上天对陛下发出的警告！”武则天听了，就下诏将被贬的卢陵王召回。关于这件事，《旧唐书》里没有记载。《资治通鉴》里只载有鹦鹉折伤翅膀一事，也未提及此事。《资治通鉴考异》里指出：“关于双陆游戏的故事，世传在《狄梁公传》里有记载。认为这是出自李邕的手笔。其中有许多都是鄙陋荒诞不经之词，怀疑不是原书，因而弃而不耽。”

《新唐书·艺文志》载李繁撰《大唐说纂》四卷。现在人家有之，凡所纪事，率不过数十字，极为简要，《新史》大抵采用之。其《忠节》一门曰："武后问石泉公王方庆曰：'朕夜梦双陆不胜，何也？'曰：'盖谓宫中无子，意者恐有神灵儆夫陛下。'因陈人心在唐之意，后大悟，召卢陵王，复其储位，俾石泉公为宫相以辅翊之。"然则《新史》兼采二李之说，而为狄为王莫能辨也。《通鉴》去之，似为可惜。

华元入楚师

《左传》，楚庄王围宋，宋华元夜入楚师，登子反之床，起之曰："寡君使元以病告。"子反惧，与之盟，而退三十里。杜注曰："兵法，因其乡人而用之，必先知其守将左右谒者、门者之姓名，因而利道之。华元盖用此术，得以自通。"予案，前三年晋、楚邲之战，随武子称楚之善曰："军行，右辕，左追蓐，前茅虑无，中权后劲，军政不戒而备。"大抵言其备豫之固。今使敌人能入上将之幕而登其床，则刺客奸人，何施不得？虽至于所可也，岂所谓军制乎？疑不然也。《公羊传》云："楚使子反乘堙而窥宋城，宋华元亦乘堙而出见之。"其说，比《左氏》为有理。

们很少能见到此书。但是，我家中藏有这本书。书中分条记事，每条一般多是几十个字，非常简略。《新唐书》里采用了此书不少资料。其中有《忠节》一门。这里说：“武则天皇后问石泉公王方庆：‘朕昨夜梦见在做双陆游戏时没有获胜，这是什么兆头？’王方庆回答说：‘这大概是暗示宫中没有儿子在身旁、恐怕是神灵对陛下的警告。’接着又向武则天皇后陈说了天下人心向唐的情况。武则天听了恍然大悟，便下诏召回了卢陵王，恢复了他皇太子的地位，并决定让王方庆做他的宫相来辅助太子。”然而，《新唐书》中，同时采用李邕、李繁的说法，此事是狄仁杰还是王方庆所为，未能予以辨明。《资治通鉴》将它删去，似乎有些可惜。

华元入楚师

《左传》记载：楚庄王派兵进攻宋国，宋国遭到突然袭击。便急忙派华元连夜潜入楚营，登上楚将司马子反的床，叫他起来，说：“我国国君派我来把困难告诉你。”司马子反害怕了，就与宋国签订了盟约，下令楚军撤围，退兵三十里。杜预在这里作注说：“兵法上说，选将用人在选用其乡人时，一定要先知道守将的侍从左右谒者、守门人的姓名，以便因势利导。华元巧妙地使用了这一方法，因而取得了成功。”按在此前三年，晋、楚两国的军队，在郯（今河南荥阳北）会战。随武子称赞楚国治军有方：“军队出行，右军跟着主将的车辕，左军打草作为歇息的准备，前军以旌旗为路以防意外，中军斟酌谋划，后军以精兵作为后盾，军中政教不必等待命令而完备。”这则记述，大致是说军队出动要严密防备。现在让敌人进入上将军的行营帐篷并登上上

公羊用叠语

《公羊传》书楚子围宋，宋人及楚人平事，几四百字。其称“司马子反”者八，又再曰“将去而归尔”，“然后而归尔”，“然后归尔”，“臣请归尔”，“吾亦从子而归尔”。又三书“军有七日之粮尔”。凡九用“尔字”，然不觉其烦。

文书误一字

文书一字之误，有绝系利害者，予亲经其三焉，至今思之，犹为汗下。

乾道二年冬，蒙恩召还，过三衢，郡守何德辅问奏对用几札，因出草稿示之，其一乞蠲减郡阳岁贡诞节金千两事，言此贡不知起于何时，或云艺祖初下江南，郡库适有金，守臣取以献长春节，遂为故事。误书“长春”为“万春”，乃金主褒节名也。德辅读之，指以相告，予悚然面发赤，亟改之。

将军的床，那么使用刺客、间谍，又有什么做不到的呢？虽然来到王所是可以的，这难道是军中的制度吗？我怀疑情况不是这样。《公羊传》里记述这件事时说：“楚国让司马子反乘构筑的土堆工事而窥视宋城，宋国华元亦乘构筑的土堆工事而前往楚营见到司马子反。”在我看来，后面这一种说法，与《左传》所述相比，更为合乎情理。

公羊用叠语

《公羊传》里记载楚庄王派兵围攻宋国。宋国人及楚国人平息了这件事，从头至尾，总计不到四百字。使用“司马子反”有八处。另外，一再用“将去而归尔”“然后而归尔”“然后归尔”“臣请归尔”“吾亦从子而归尔”。还又三次使用“军有七日之粮尔”。虽然九次使用“尔”字，然而人们读后，并无厌烦之感。

文书误一字

在正式公文中，出现一字之误，往往关系重大。我亲身经历过三交这样的事，现在回想起来，还是不免浑身直冒冷汗。

第一次是在孝宗乾道二年的冬天，承蒙朝廷恩典诏我回京，路过浙江衢县，郡守何德辅问我奏对时用几个札子。这时，我拿出草稿给他看。其中一个札子是请求蠲免鄱阳地区岁贡朝廷生日黄金千两的事。札子中说这项岁贡不知道起于哪一年。有人说是我朝太祖皇帝初下江南时，郡中的仓库正好存有黄金，管理仓库的官吏就将这些黄金取出，作为皇上生日长春节的贺礼献上。从此开始，世代沿袭，遂成为一项制度。在这里，我把“长春”误写成“万春”。而万春节则是金朝皇帝完颜褒生日的名三年，以侍讲讲《毛诗》，作发题，引孔子于《论语》中说《诗》处云："不学《方》，无以言。"误书"言"为"立"，已写进读正本，经筵吏袁显忠曰："恐是言字。"予愧谢之。

淳熙十三年在翰苑，作《赐安南国历日诏》云："兹履夏正，载颁汉朔。"书"夏正"为"周正"，院吏以呈宰执，周益公见而摘其误，吏还以告，盖语顺意同，一时不自觉也。

历代史本末

古者世有史官，其著见于今，则自《尧》《舜》二典。始，周之诸侯各有国史，孔子因鲁史记而作《春秋》，左氏为之传，《郑志》、《宋志》、晋、齐太史、南史氏之事皆见焉。更纂异同以为《国语》。

汉司马谈自以其先周室之太史，有述作之意，传其子迁，紬金鐀石室之书，罔罗天下放失旧闻，述黄帝以来至于元狩，驰骋古今，上下数千载间，变编年之体为十二本纪、称。何德辅读到这里，就用手指着“万春”二字对我说是“长春”而不是“万春”。我大为吃惊，顿时面红耳赤，急忙改了过来。

第二次是在乾道三年。我担任侍讲，给皇上讲解《毛诗》。在我的讲稿中，说到学习《诗经》的重要性时，引用了孔子在《论语》中所说的“不学诗，无以言”这句话。我把“言”字误写成“立”字。并且在进读的正本中也是这样写的。经筵吏袁显忠看到后对我说：“立字恐怕是言字之误。”我觉得很惭愧，对他表示了谢意。

第三次是在淳熙十三年。这时候，我在翰林院任职，起草《赐安南国历日诏》。在这篇诏书中说：“兹履夏正，载颁汉朝。”我把“夏正”误写成“周正”。院吏将诏书呈给宰相。周必大看后，指出这一错误。院吏回院后，就把这件事告诉了我。造成这一错误的原因是语言通顺、意思类同，一时疏忽而未能觉察。

历代史本末

古时候，历朝都设有史官，他们纂修的史书现在还可以看到。最早的是《尧典》和《舜典》。周代分封诸侯，从这时候起，各个诸侯国都有自己的国史，记述本国发生的史事。孔子根据鲁国史官的记载，写成《春秋》，左丘明为这部书作传，称为《左传》。《郑志》、《宋志》、晋国和齐国的史官，南史氏的事迹，在这部史书中都有记载。左丘明又依据各国史官记载的异同，进行整理，写成了《国语》一书。

汉代司马谈自以为其先人是周朝的太史官，曾经立志要写一部史书，但是，他的这一愿望未能实现，他的儿子司马迁继承了父亲未竟的事业，利用汉代国家图书馆的藏书，又广泛收集十表，八书、三十世家、七十列传，凡百三十篇。而十篇有录无书，元、成之间，褚先生补缺，作《武帝纪》《三王世家》《龟策》《日者列传》，张晏以为言辞鄙陋，今杂于书中。而《艺文志》有冯商续太史公七篇，则泯没不见。司马之书既出，后世虽有作者，不能少紊其规制。班彪、固父子，以为汉绍尧运建帝业，而六世史臣，追述功德，私作本纪，编于百王之末，侧于秦、项之列。故采纂前纪，缀辑旧闻，以述《汉书》，起于高祖，终于王莽之诛，大抵仍司马氏，第更八书为十志，而无世家，凡百卷。固死，其书未能全，女弟昭续成之，是为《前汉书》。荀悦《汉纪》则续所论著者也。

后汉之事，初命儒臣著述于东观，谓之《汉纪》。其后有袁宏纪，张璠、薛莹，谢承、华峤、袁山松、刘义庆、谢沈皆有书。宋范晔删采为十纪、八十列传，是为《后汉书》，而张璠以下诸家尽废，其志则刘昭所补也。

全国各地的旧闻遗事。记事上起黄帝，，下至汉武帝元狩年间，从古至今，上下数千年。将原有的编年体史书，改为纪传体，计有本纪十二篇，表十篇，书八篇，世家三十篇，列传七十篇，共一百三十篇。其中十篇，只有目录，没有具体内容。到了汉元帝、成帝时，褚少孙才将缺文补入。为他所补入的有《武帝纪》《三王世家》《龟策列传》《日者列传》。张宴认为这几篇文辞拙劣，混杂于书中。而《汉书·艺文志》中还载冯商续司马迁《史记》撰文七篇，全都失传不存。自《史记》一书刻印之后，后人虽然也有人为它增补缺文，但都未能影响这部史学著作的体例规制。东汉时期，班彪、班固父子二人，认为汉代是直接承袭尧的体统而建功立业。经过六代，国家史官为了追述先人的功德，往往擅自撰写本纪，将汉代帝王编在百王之末尾，与秦始皇、项羽并列。所以史官们就广泛采集前人的有关著作，进行编辑整理，写成了《汉书》。该书记事始于汉高祖刘邦起事，终于王莽败亡被杀。大致是沿用了司马迁《史记》的体例，略作变动，将原来的八书改为十志，去掉了世家，全书共计一百卷。班固死时，该书还未能全部完稿，他的妹妹班昭，继承了他的事业，续补成书，这就是《汉书》。另外，荀悦所著《汉纪》一书，是为续《汉书》而撰写的一部著作。

后汉即东汉的历史，起初是命一些儒臣在东观进行纂修，成书之后，名叫《汉纪》。自此而后成书的，还有袁宏的《汉纪》，张璠、薛莹、谢承、华峤、袁山松、刘义庆、谢沈都有著述。南朝刘宋范晔根据这些史书的记载，经过精心删改写成本纪十篇，列传八十篇，定名为《后汉书》。而张璠、薛莹、谢承、华峤、袁山松、刘义庆、谢沈等人所撰有关汉代的著述则散失三国杂史至多，有王沈《魏书》、元行冲《魏典》、鱼豢《典略》、张勃《吴录》、韦昭《吴书》、孙盛《魏春秋》、司马彪《九州春秋》、丘悦《三国典略》、员半千《三国春秋》、虞溥《江表传》，今唯以陈寿书为定，是为《三国志》。

《晋书》则有王隐、虞预、谢灵运、臧荣绪、孙绰，干宝诸家，唐太宗诏房乔、褚遂良等修定为百三十卷，以四论太宗所作，故总名之曰“御撰”，是为《晋书》，至今用之。

南北两朝各四代，而僭伪之国十数，其书尤多，如徐爰、孙严、王智深、顾野王、魏澹、张大素、李德林之正史，皆不传。今之存者，沈约《宋书》，萧子显《齐书》，姚思廉《梁陈书》，魏收《魏书》，李百药《北齐书》，令孤德芬《周书》，魏郑公《隋书》。其它国则有和包《汉赵纪》，田融《赵石记》，范亨《燕书》，王景晖《南燕录》，高闾《燕志》，刘昞《凉书》，裴景仁《秦记》，崔鸿《十六国春秋》，萧方、武敏之《三十国春秋》。李太师延寿父子悉取为《南史》八十卷，《北史》百卷。今沈约以下八史虽存，而李氏之书独行，是为《南北史》。

唐自高祖至于武宗，有《实录》，后唐修为书，刘煦所上不存。《后汉书》中《志》，是后来刘昭增补的。

关于三国的杂史不少，见于记载的，有王沈的《魏书》，元行冲的《魏典》、鱼豢的《典略》、张勃的《吴录》、韦昭的《吴书》、孙盛的《魏春秋》，司马彪的《九州春秋》、丘悦的《三国典略》、员半千的《三国春秋》、虞溥的《江表传》。现在所存的，只有陈寿的定本《三国志》。

《晋书》当时有王隐、虞预、谢灵运、臧荣绪、孙绰、干宝等家的著述。到了唐代，太宗李世民命房玄龄、褚遂良等参照已有的史书，进行修订，成为一百三十卷的《晋书》。由于书中有四篇评语是唐太宗亲自撰写的，所以此书题名为“御撰”，该书至今仍在世上流传。

南朝北朝各有四个朝代，而那些夺权篡位、建国称帝的小国，又有十几个。有关南北朝的史书甚多，如徐爰、孙严、王智深、顾野王、魏澹、张大素、李德林主持纂修的正史，不知什么时候都散失了，现在也未发现。而今能见到有的：沈约的《宋书》，萧子显的《齐书》，姚思廉的《梁陈书》，魏收的《魏书》，李百药的《北齐书》，令狐德芬的《周书》，魏征的《隋书》。其他诸朝的史书有：和包的《汉赵纪》，田融的《赵石记》，范亨的《燕书》，王景晖的《南燕录》，高闾的《燕志》，刘眪的《凉书》，裴景仁的《秦记》，崔鸿的《十六国春秋》，萧方、武敏之的《三十国春秋》。李延寿父子依据上述著述，细心采摘，撰成《南史》八十卷，《北史》一百卷。现在沈约及萧之显、姚思廉、魏收、李百药、令狐德芬、魏征等八家的著述，虽有所存，但流行不广。只有李百药、李延寿父子的《南史》和《北史》传播于世。

唐代从高祖到武宗，历代都有《实录》。五代后唐时组织者是已，而猥酿无统。国朝庆历中，复诏刊修，历十七年而成，欧阳文忠公主纪、表、志，宋景文公主传，今行于世。

梁、唐、晋、汉、周谓之五代，国初监修国史薛居正提举上之。其后欧阳芠为《新书》，故唐书、五代史各有旧新之目。

凡十七代，本末如此，稚儿数以为问，故详记之。

贤者一言解疑谮

贤者以单词片言，为人释谤解患，卓卓可书者，予得两事焉。

秦氏当国时，先忠宣公、郑亨仲资政、胡明仲侍郎、朱新仲舍人，皆在谪籍，分置广东。方务德为经略帅，待之尽礼。秦对一客言曰："方滋在广部，凡得罪于朝廷者，必加意护结，得非欲为异日地乎？"客曰："非公相有云，不敢辄言。方滋之为人，天性长者，凡于人唯以周旋为志，非独于迁客然也。"秦悟曰："方务德却是个周旋底人。"其疑遂释。当时使一憸巧者承其问，微肆一语，方必得罪，而诸公不得安迹矣。言之者可谓大君子，当求之古人中。

人力纂修《唐书》,即后人所说的《旧唐书》。由刘煦题名进呈。这部书内容庞杂,没有统纪。我朝仁宗庆历年间,下诏重修唐书,花了十七年时间修成。由欧阳修负责撰写本纪、表、志部分,宋祁负责撰列传部分,这就是《新唐书》,现在传播于世。

唐亡之后,北方有梁、唐、晋、汉、周五个政权更迭,史称五代。我朝初年,任命薛居正为监修国史提举官主持纂修,成书后进呈,这就是《旧五代史》。后来,欧阳修依据所见材料,进行修订,成书后,取名为《新五代史》。所以,《唐书》及《五代史》,各自都有新、旧两个本了。

从尧舜至五代,共历十七朝,修史的始末大致是这样。我的小儿子几次问我,所以,在这里予以详述。

贤者一言解疑谮

贤能的人能用只言片语,替别人辩诬解患。特别突出可以记下来的,我记得有两件事。

第一件,是在秦桧当政的时候,资政忠宣公洪皓、郑亨仲,侍郎胡明仲,舍人朱新仲,都因不肯与秦桧同流合污而被斥逐,安置在广东。那时,方滋任广南东路经略使,对他们以礼相待。一天,秦桧问一个门客:“听说方滋在广东,对于凡是获罪被贬而来到这里的人,都特别用心保护。难道不是为将来自己的后路着想吗?”门客回答说:“不是公相你提出问我,我是不敢随便说的。方滋的为人,天生就是个忠厚长者,对待别人他总是以周旋保护为意,并非只是对被贬来到这里的官员是这样。”秦桧听门客这么一说,才明白了真相,说:“原来方滋的确是一个愿为他人周旋的人。”从而,也就解除了他对方滋的疑虑。假如严陵王大卞赴曲江守，过南安，谒张先生子韶，从容言：“大卞顷在检院，以罗彦济中丞章去国，其后彦济自吏书出守严，遂迁避于兰溪。彦济到郡，遗书相邀曰：‘与君有同年之契，何为尔？’不得已，复还。既见，密语云：‘前此台评，乃朱新仲所作，托造物之意以相授，一时失于审思，至今为悔。’此事既往，今适守韶，而朱在彼，邂后有弗惬，为之奈何？”张揣其必将修怨，即云：“国先为君子为小人，皆在此举。”王悚然曰：“谨受教。”至则降意弥缝，终二年，不见分毫行迹，盖本自相善也。予曩侍张公坐，闻其言，故追纪之。

当时问到的这个门客是一个阴险奸诈的人，他只要稍稍说上点坏话，方滋就会被问罪，而洪皓、郑仲亨等被贬到广东的人也会不得安生。回答问话的这个门客，真可以说是个大贤人君子，只能从古人中找到。

第二件，是严陵（今浙江桐庐）人王大卞到曲江（今广东韶关）任太守。途经南安（今江西大庆），前去拜见了张子韶先生。王大卞见到严陵后，从容不迫地说："我以前曾经在检院做官。后来由于中丞罗彦济上章弹劾，被贬离开了京城。不久罗彦济自吏部尚书调出担任严州（治今浙江建德）太守。我就到兰溪去躲避。罗彦济来到严州就任后，派人送信给我，说："我和你有同年的交情，为什么要躲开我呢？'我看到信后，不好说什么，就又回来了。我们两人相见之后，他就私下对我说：'以前上书弹劾你的是朱新仲，他写好奏折后，托我进呈，我当时欠加考虑，就答应了，直到现在我还感到后悔。'这件事已经过去了，我现在正好要到韶州去任太守，朱新仲也在那里任职。如果我们不期而遇就会很不愉快。我该怎么办呢？"张子韶暗自思忖，估计王大卞见了朱新仲后会算旧账，便对大王卞说："你是做一个君子还是做一个小人，就看你怎么做了。"王大卞听后忙说："请先生示教。"王大卞到韶州后，曲意与朱新仲结好，过了二年，二人相处和好。这大概是由于他们二人原来关系就不错。过去我曾与张子韶在一起闲谈，听他谈到这些，就顺便记下。

卷九（十六则）

蒋魏公逸史

蒋魏公《逸史》二十卷，颖叔所著也，多纪当时典章文物。云旧有数百册，兵火间尽失之，其曾孙芾始攟摭遗稿，而成此书，将以奏御，以其副上之太史，且板行之，传之天下后世。既而不果。蒋公在熙宁、元祐、崇宁时，名为博闻强识，然阅其论述，颇有可议，恨不及丞相在日与之言。

其一云："行、守、试，视其官品之高下，除者必带本官。吕晦叔除守司空而不带金紫光禄大夫者，此翰林之失也，既不带官，不当著'守'字，故晦叔辨之，遂去'守'字，为正司空。议者谓超过特进、东宫三太、仪同矣。"予谓行、守、试必带正官，固也。然自改官制以后，既为司空，自不应复带阶官。吕从金紫迁，只是超特进一级耳。东宫三太，何尝以为宰相官？仪同又系使相也，吕亦无自辨之说。

蒋魏公逸史

蒋魏公的《逸史》二十卷，实际上是蒋公颖叔一个人完成的，内容多是记述当时的典章制度和文物。据说原有数百册，在战争动乱中全都散失了。后来他的曾孙蒋芾多方搜集其遗文，整理汇编成为这部著作。书成之后，进呈朝廷，将副本交给史官希望能将它刻板刊印，以便传之于世。最终，没有结果。蒋颖叔在宋神宗熙宁、哲宗元祐、徽宗崇宁三十多年间，以自己见闻广博，强于记忆而闻名，然而，翻阅他的论述，有些地方却是值得商榷的，遗憾的是我未能在丞相在世时同他谈话。

其一说："官吏任用时高级官员任低职的称'行'，低级官员任高职的称'守'，官阶比实任职低二品以下的称'试'，这些都是依据官品的高低确定的。官员晋升必带本官。吕公著任司空，属于低级官员任高职称'守'，但在翰林院官草拟的制文中，不说他带金紫光禄大夫，这是一个失误，既然不带本官，就不应当用'守'字。所以吕公著提出辩驳，于是将'守'字去掉，改为正司空。有人提出异议，这样做超过了散官正二品的特进、东宫太师、太保、太傅，开府仪同三司。"详核宋代官制，在官吏任用上，称行、守、试，都必须带本官，这是一定的、不能变的。然而，改革官制之后，情况发生了变化，既然为司空加衔，就不应当再带官阶。吕公著从正三品金紫光禄大夫晋为司空，只不过是特进一级。东宫太师、太保、太傅合称为三太，怎么能视为宰相官呢？开府仪同三司不是实官，属于最高荣誉称号的使相。关于这其二云：“文潞公既为真太师矣，其罢也，乃加‘守’字，潞公怏怏，诸公欲为去之。议者谓非典故，潞公之意，止欲以真太师致仕耳，诸公曰：‘如此可乎？’曰：‘不可，为真太师则在宰相之上。’竟不去‘守’字，但出札子，令权去之。”案潞公本以开府仪同三司守太师，河东节度使致仕，入为平章军国重事，故系衔只云太师，及再致仕，悉还旧称，当时有旨于制词内除去‘守’字，以尝正任太师也。所谓札子权去，恐或不然。

其三云：“旧制，执政双转，谓自工部侍郎转刑部，刑部转兵部，兵部转工部尚书。惟宰相对转，工部侍郎直转工书，比执政三迁也。”予考旧制，执政转官，与学士等。六侍郎则升两曹，以工、礼、刑、户、兵、吏为叙，至兵侍者，转右丞，至吏侍者，转左丞，皆转工书，然后细迁。今言兵侍即转工书，非也。宰相为侍郎者，升三曹，为尚书者，双转。如工侍转户侍，礼侍转兵侍，若系户侍，当改二丞，而宰相故事不历丞，故直迁尚书。今言工侍对转工书，非也。

其四云：“杨察为翰林学士，一夜当三制，刘沆以参知政事，富弼以宣徽使，皆除宰相。宣徽在参政下，则富当在刘一点，吕公著亦没有提出辨证。

其二说：“文彦博既为实授太师，罢去其太师后，加‘守’字，他很不高兴。朝中官员想去掉‘守’字，有的人说这不合制度规定。文彦博的真正意图，只不过是想以实授太师退休。有些官员提出：‘这样做可以吗？’回答说：‘不能这样做。其原因在于作为实授太师位在宰相之上。’因而，不能将‘守’字去掉。可以出一个札子，说姑且去掉。”按文彦博原是以开府仪同三司加太师衔、河东节度使退休的。这次起用为平章军国重事，所以系衔只称太师。待他再次退休时，仍然全用旧称。当时朝廷降旨在制文内去掉‘守’字，因为他曾实任太师。那种所谓出个札子，姑且将‘守’字去掉的说法，恐怕不是这样。

其三说：“宋代官制原来规定：执政官调动，由工部侍郎转为刑部侍郎，刑部侍郎转为兵部侍郎，兵部侍郎转为工部侍郎，这种调动，称为双转。只有宰相是对转，由工部侍郎直接转为工部尚书，相当于执政官三迁。据查旧制规定，执政官转官，与学士同。六部各部侍郎可升两级，按照工部、礼部、刑部、户部、兵部、吏部的顺序进行。升至兵部侍郎，可转为右丞。升至吏部侍郎，可转为左丞，然后俱都转为工部尚书。此后渐渐升迁。今有人说，由兵部侍郎直接转为工部尚书，是不对的。由侍郎升为宰相的人，升三级。尚书升为宰相的人，是升二级。如工部侍郎转为户部侍郎，礼部侍郎转为兵部侍郎，若为户部侍郎，当改作左右二丞。旧制宰相不设丞，所以直接升为尚书。今有人说工部侍郎对转为工部尚书，是不对的。

其四说：“杨察为翰林学士，一夜之间起草了三篇制词。刘沆原为参知政事，富弼原为宣徽使，都晋升为宰相。按照宋代官下，乃误以居上，人皆不觉其失，惟学士李淑知之，扬言其事，遂贴麻改之。”予考国史，至和元年八月，刘沆以参知政事拜集贤相。二年六月，以忠武军节度使知永兴军文彦博为昭文相，位第一，刘沆迁史馆相，位第二，宣徽南院使判并州富弼为集贤相，位第三，其夕三制是已。而刘先一年已在位相，初无失误贴改之说。

其五云：“有四仪同：一曰开府仪同三司，二曰仪同三司，三曰左仪同三司，四曰右仪同三司。”案自汉邓骘始为仪同三司，魏晋以降，但有开府仪同三司之目，周、隋又增上字为一阶，又改仪同三司为仪同大将军，又有开府、上开府，仪同、上仪同，班列益卑，未尝有左右之称也。后进不当辄议前辈，因孙偃有问，书以示之。

沈庆之曹景宗诗

宋孝武尝令群臣赋诗，沈庆之手不知书，每恨眼不识字，上逼令作诗，庆之曰：“臣不知书，请口授师伯。”上即令颜师伯执笔，庆之口授之曰：“微生遇多幸，得逢时运昌。朽老筋力尽，徒步还南冈。辞荣此圣世，何愧张子房？”上甚悦，众坐并称其辞意之美。

制的规定，宣徽使位在参知政事之下，富弼应当位在刘沆之下，有人错误地认为富弼位居刘沆之上，人们也没有觉察到这一失误。只有学士李淑知道这一点，他指出这种说法错误所在，于是奏请朝廷改正过来。”我详细查核了国史所记，宋仁宗至和元年八月，刘沆以参知政事升任集贤相。二年六月，文彦博以忠武军节度使、知永兴军升任昭文相，位居第一。刘沆迁为史馆相，位居第二，于文彦博之后。富弼以宣徽南院使判并州升任集贤相，位列第三。所谓一夕三制，即是如此。而刘沆于一年之前即在宰相位上。当初，并无所谓失误贴改之说。

其五说：“仪同这一机构有四：一为开府仪同三司，二为仪同三司，三为左仪同三司，四为右仪同三司。”核之有关记载，仪同三司之设，始自汉代邓骘。魏、晋以后，仅有府仪同三司之名，北周与隋朝，又增上字为一阶。又改仪同三司为仪同大将军，又有开府、上开府、仪同、上仪同，班次排列更加低下，不尝有什么左、右之分。作为晚辈后学，不应当总是评论前辈之事。由于我的孙子洪偃问到这些，所以我把它写出给他看。

沈庆之曹景宗诗

一天，南朝宋孝武帝曾令群臣赋诗。沈庆之自己不会写字，也不认字，看到孝武帝也要他作诗，不免有些焦急。无奈，只好奏明圣上说：“臣自幼不会写字，请允许我口述，让颜师伯记录下来。”孝武帝接受了他的请求，就命颜师伯执笔记录。沈庆之思索之后说道：“微生遇多幸，得逢时运昌。朽老筋力尽，徒步还南冈。辞荣此圣世，何愧张子房？”孝武帝听了，十分高兴。在座的文武大臣听罢，也都异口称赞这首诗的语言优美。

梁曹景宗破魏军还，振旅凯入，武帝宴饮联句，令沈约赋韵，景宗不得韵，意色不平，启求赋诗，帝曰："卿伎能甚多，人才英拔，何必止在一诗！"景宗已醉，求作不已。时韵已尽，唯余竞、病二字，景宗便操笔，其辞曰："去时儿女悲，归来笳鼓竞。借问行路人，何如霍去病？"帝叹不已，约及朝贤，惊嗟竟日。

予谓沈、曹二公，未必能办此，疑好事者为之，然正可为一佳对，曰："辞荣圣世，何愧子房？借问路人，何如去病？"若全用后两句，亦自的切。

蓝尾酒

白乐天元日对酒诗云："三杯蓝尾酒，一碟胶牙饧。"又云："老过占他蓝尾酒，病余收得到头身。""岁盏后推蓝尾酒，春盘先劝胶饧牙。"《荆楚岁时记》云："胶牙者，取其坚固如胶也。"而蓝尾之义，殊不可晓。《河东记》载申屠澄与路旁茅舍中老父、妪及处女环火而坐，妪自外挈酒壶至曰："以君冒寒，且进一杯。"澄因揖，逊曰："始自主人翁，即巡澄，当婪尾。"盖以蓝为婪，当婪尾者，谓最在后饮也。

南朝梁曹景宗发兵与北魏军队作战，大获战捷，凯旋归来。梁武帝特设盛宴祝贺，并命文武群臣赋诗对句助兴。先让沈约提出赋诗时所用的韵，赋诗的人必须按照自己的韵去作诗。曹景宗没有得到分给他的韵字，不能赋诗，心中很不高兴。于是，就请求武帝允许他赋诗。武帝见此情景，就劝他说："爱卿武艺超人，人才英俊，何必为一首诗而计较呢？"这时候，曹景宗正在兴头上，饮酒已有醉意，连声请求武帝允许他赋诗。原先拟定的韵字，只剩竞、病两个字了。景宗听后，立即操笔疾书诗一首。诗中说："去时女儿辈，归来笳鼓竞。借问行路人，何如霍去病？"武帝看后，惊叹不已，赞不绝口。沈约及参与赋诗的文武大臣亦为此赞叹竟日。

在我看来，沈庆之、曹景宗二人，未必真能做出这样令人叹服的好诗。疑为那些多事的人所杜撰。然而，这两首诗正好可以合成为这样一篇佳对："辞荣圣世，何愧子房？借问路人，何如去病？"若全用后两句，亦非常恰当真切。

蓝尾酒

唐朝白居易在正月初一元日对酒作诗说："三杯蓝尾酒，一碟胶牙饧。"又说："老过占他蓝尾酒，病余收得到头身。""岁盏后推蓝尾酒，春盘先劝胶饧牙。"《荆楚岁时记》说："胶牙，是取牢固如粘胶的意思。"至于蓝尾意思是什么，人们则不大明白。《河东记》载：申屠澄与住在路旁茅屋中的老头、老太婆及少女，围着火炉而坐。一个老太婆从外面提着一个酒壶进来，对申屠澄说道："因为你冒着天寒而来，应当先喝一杯。"申屠澄急忙站起身来拱手施礼，辞让说："礼当先让主人喝上一杯，然后叶少蕴《石林燕语》云："唐人言蓝尾多不同，蓝字多作啉，出于侯白《酒律》，谓酒巡匝，末坐者连饮三杯，为蓝尾，盖末坐远，酒行到常迟，故连饮以慰之，以啉为贪婪之意。或谓啉为燣，如铁入火，贵其出色，此尤无稽。则唐人自不能晓此义。"叶之说如此。

予谓不然，白公三杯之句，只为酒之巡数耳，安有连饮者哉？侯白滑稽之语，见于《启颜录》。《唐艺文志》，白有《启颜录》十卷、《杂语》五卷，不闻有《酒律》之书也。苏鹗《演义》亦引其说。

欧阳公辞官

欧阳公自亳州除兵部尚书知青州，辞免至四，云："恩典超优，迁转颇数。臣近自去春由吏部侍郎转左丞，未逾两月，又超转三资，除刑部尚书。今才逾岁，又超转两资。尚书六曹，一岁之间，超转其五。"累降诏不从其请。此是熙宁元年未改官制时，今人多不能晓。盖昔者左右丞在尚书下，所谓左丞超三次除刑书者，谓历工、礼乃至刑也。下云又超两才能轮到我，当婪尾。”这里作婪尾，大概是因为把蓝字写成了婪字。当婪尾的意思，就是说在聚会饮酒时最后一个喝酒。

另外，叶梦得在他的《石林燕语》中述说：“唐朝的时候，人们所说蓝尾的意思，多有不同。蓝字大都写成啉，见于侯白所著《酒律》一书。在这里说聚会饮酒，轮流一圈，坐在末座即最后一个人要连喝三杯，称为蓝尾。这大概是因为坐在末座的人，最后才喝，轮到他时要经过一段时间，所以让他连喝三杯，以表示安慰。有人认为啉是贪婪的意思，还有人说啉即燷，就像把一块铁放进火中，认为他能出色，这纯是无稽之谈。由此可见，唐朝人自己也不大明白蓝尾的真正意思。”叶梦德的看法，即是如此。

在我看来，上述说法，未必就是这样。侯白在《酒律》中关于连喝三杯的记载，只是喝酒时的巡数，这里哪有连饮的意思呢？侯白这些滑稽有趣的话，见于《启颜录》一书。《唐书·艺文志》著录侯白著《启颜录》十卷，《杂语》五卷，并没有著录他著有《酒律》一书。苏鹗的《演义》里亦引用了叶梦得的说法。

欧阳公辞官

欧阳修自从在亳州（今安徽亳县）除授兵部尚书知青州（今山东潍坊）以来，连续奏请辞官。他在上书中说：“承蒙皇上特恩眷念，使臣得以多次晋升。臣自去年春天，由吏部侍郎转为左丞，不到两个月，又越次转资三等，升为刑部尚书。任刑部尚书到现在刚过一年的时间，又越次转资二等。尚书省下属有六曹，官员的晋升，是严格按照工、礼、刑、户、兵、吏的资序进行的。而臣在一年之内，连续越次转资五等。”欧阳修辞官的上次者，谓历户部乃至兵也。其上唯有吏部。故言尚书六曹，超转其五云。

南北语音不同

南北语音之异，至于不能相通，故器物花木之属，虽人所常用，固有不识者。如毛、郑释《诗》，以梅为楠，竹为王刍，蒌为翘翘之草是已。颜师古注《汉书》亦然。淮南王安《谏武帝伐越书》曰：“舆轿而逾领。”服虔曰：“轿音桥，谓隘道舆车也。”臣瓒曰：“今竹舆车也，江表作竹舆以行。”项昭曰：“陵绝水曰轿，音旗庙反。”师古曰：“服音、瓒说是也，项氏谬矣。此直言以轿过领耳，何云陵绝水乎？旗庙之音，无所依据。”

又《武帝纪》：“戈船将军。”张晏曰：“越人于水中负人船，又有蛟龙之害，故置戈于船下，因为以名。”瓒曰：“《伍子胥书》有戈船，以载干戈，因谓之戈船也。”师古曰：“以楼船之例言之，则非为载干戈也。此盖船下安戈戟书，接连进呈了四次。朝廷看到之后，就连次下诏不准许他辞官。这是神宗熙宁元年没有进行官制改革以前的事。现在有很多人都不知道这个情况。因为宋代官制旧制规定左丞、右丞位在尚书之下。所谓左丞越次转资三等为刑部尚书，是说没有经过工部、礼部直接转为刑部尚书。另外，下面所说越次转资两等，是说没有经过户部直接转为兵部。在兵部的上面只有吏部。所以欧阳修在上疏中说，自己是在尚书六曹中，连续越次转资有五次。

南北语音不同

南方和北方，地理环境不同，语音也有差异，以至于不能相互通用。因此，有些器具物品花卉草木等，虽然为人们日常使用，往往有些彼此不能互相知晓。比如毛亨、郑玄在注释《诗经》时说：梅即是楠，竹就是王刍，萋就是翘翘草。颜师古在注释《汉书》时，也是这样说的。汉代淮南王刘安在《谏武帝伐越书》中说："舆轿而逾领。"服虔解释说："轿音桥，这句话的意思是在狭隘的道路上驾车通过。"臣瓒解释说："轿，即今之竹舆车，江氏尝作竹舆以行。"而项昭则说："陵绝水曰轿，轿读音为旗庙反。"颜师古在注中说："服虔说轿音桥，臣瓒说轿是竹舆，这些都是对的，项昭说陵绝水曰轿是错误的。这里直截了当地说是以轿过领，怎么能说是陵绝水呢？将轿字注音为旗庙反，也是没有根据的。"

另外，《汉书·武帝纪》中有"戈船将军"的记载。关于这一点，人们解释也不一致。张晏的解释是："越人要在水中背人背船，往往遭到蛟龙的侵害，所以就将安有长柄带刃的兵器藏于船底下，因此人们就称它为戈船。"臣瓒说："《伍子胥书》里有以御蛟鼍水虫之害。张说近之。”

二说皆为三刘所破，云：“今南方竹舆，正作旗庙音，项亦未为全非。颜乃西北人，随其方言，遂音桥。”又云：“船下安戈戟，既难厝置，又不可以行。且今造舟船甚多，未尝有置戈者，颜北人，不知行船。瓒说是也。”予谓项音轿字是也，而云陵绝水则谬，故刘公以为未可全非。张晏云“越人于水中负船”，尤可笑。

南舟北帐

顷在豫章，遇一辽州僧于上蓝，与之闲谈，曰：“南人不信北方有千人之帐，北人不信南人有万斛之舟，盖土俗然也。”《法苑珠林》云：“山中人不信有鱼大如木，海上人不信有木大如鱼。胡人见锦，不信有虫食树吐丝所成。吴人身在江南，不信有千人毡帐，及来河北，不信有二万硕船。”辽僧之谈合于此。

戈船的记载。说由于船上装的是兵器干戈，因而叫它为戈船。”颜师古则认为：按照汉代楼船的情况而言，所谓的戈船，并不是因为这种船上装的是兵器干戈。这大概是由于在船的底下藏有戈、戟等兵器，以防御江河湖海中蛟龙、鳄鱼的侵害。张宴的解释与此相近。”

对于上述的两种说法，刘原甫、刘贡甫、刘中甫三人曾经进行过分析，指出：“现在南方仍有竹舆，轿读音读作旗庙。项昭所说的并不全是错的。颜师古为西北人，按照当时当地方言，遂说轿读音为桥。”又说：“在船底下安装兵器戈、戟，不仅安装困难，而且不便使用。况且现在造船业比过去发达，制造各种船只数量很大，未见有在船底下安装兵器的。颜师古为西北人，对于船的运行不十分了解。臣瓒的解释是对的。”据此，我认为项昭关于轿字的注音是对的，所谓陵绝水的说法是错的。刘公指出他们的这些解释并不全错。至于张宴所说“越人于水背船”的说法，更是荒唐可笑。

南舟北帐

近来我在江西上蓝遇见一个辽州（今山西左权）僧人，同他闲谈。他对我说：“南方人不相信北方有可以容纳一千人的帐篷，北方人也不相信南方有可以装载一万斛粮食的大船。然而当地的习俗却是这样。在北方就是有可以容纳一千人的大帐篷，在南方就是有可以容纳一万斛粮食的大船。”另外，《法苑珠林》里说：“长期生活在山区的人，不相信有的鱼大得像树那样大，长期生活在海边的人，不相信有的大树像大鱼那样大。北方的胡人见到丝织的锦，不相信蚕吃了桑树上的叶吐丝能织

魏冉罪大

自汉以来，议者谓秦之亡，由商鞅、李斯。鞅更变法令，使民不见德，斯焚烧诗书，欲人不知古，其事故然。

予观秦所以得罪于天下后世，皆自挟诈失信故耳。其始也，以商於六百里啖楚绝齐，继约楚怀王入武关，辱为藩臣，竟留之至死。及其丧归，楚人皆怜之，如悲亲戚。诸侯由是不直秦，未及百年，“三户亡秦”之语遂验。而为此谋者，张仪、魏冉也。仪之恶不待言，而冉之计颇隐，故不为士君子所诛。当秦武王薨，诸弟争立，唯冉力能立昭王。冉者，昭王母宣太后之弟也。昭王少，太皇自治事，任冉为政，威震秦国，才六年而诈留楚王。又怒其立太子，复取十六城。是时，王不过十余岁，为此者必冉也。后冉为范雎所间而废逐。

成锦，吴人身在南方，不相信北方有可以容纳一千人的用羊毛或其他动物毛制成的毡帐，等到他们北行来到并长期生活在黄河以北的地区之后，也就不会相信南方有可以容纳二万斛粮食的大船。”那位辽州僧所说，与该书中所载，是一致的。

魏冉罪大

自汉代以来，有人在谈到秦朝所以败亡时说，其因在于商鞅、李斯。商鞅在秦国推行变法，并没有给百姓带来好处。李斯在秦统一六国之后，焚毁诗书，就是不想让人们了解历史。其事姑且说是这样。

可是，仔细观察历史，就可以看到，秦朝所以败亡、得罪于天下后世的人们，主要原因在自己凭借奸诈，失信于民。起初，以商於（今河南淅川县西南）六百里的土地为诱饵，引诱楚国与齐国断绝关系。继之而来的是，约请楚怀王入武关（今陕西丹凤附近），将他扣留，进行侮辱，视为藩臣，甚至长期拘留不放，迫害致死。楚怀王死后，遗体被运回楚国安葬，楚国上下深痛哀悼，如同自己的亲人去世时那样悲伤。当时，各个诸侯看到秦国这样对待楚国，都很气愤，就不与秦国交往，不到秦国去商谈议事。这样，不到一百年的时间，那种所谓三户亡秦的预言就得到了验证。而为秦国出谋划策的，便是张仪和魏冉。张仪这个人的劣迹罪过，显而易见，不必细说。而魏冉其人，诡计多端，手段毒辣，方式隐避，因而还未得到正人君子应有的揭露和讨伐。秦武王死后，他的弟弟为争夺王位明争暗斗，正是在这个关键时刻，魏冉倾尽全力拥立他继承了王位，这就是秦昭王。魏冉是昭王的母亲宣太后的弟弟。这时候，昭王年幼，由太后管理司马公以为冉援立昭王，除其灾害，使诸侯稽首而事秦，秦益强大者，冉之功也。盖公不细考之云。又尝请赵王会渑池，处心积虑，亦与诈楚同，赖蔺相如折之，是以无所成，不然，与楚等耳！冉区区匹夫之见，徒能为秦一时之功，而诒秦不义不信之名万世不灭者，冉之罪诚大矣！

辩秦少游义倡

《夷坚已志》载潭州义倡事，谓秦少游南迁过潭，与之往来，后倡竟为秦死，常州教授钟将之得其说于李结次山，为作传。予反复思之，定无此事，当时失于审订，然悔之不及矣。秦将赴杭倅时，有妾边朝华，既而以妨其学道，割爱去之，未几罹党祸，岂复眷恋一倡女哉？予记国史所书温益知潭州，当绍圣中，逐臣在其巡内，若范忠宣、刘仲冯、韩川原伯、吕希纯子进、吕陶元钧，皆为所侵困。邹公南迁过谭，国事，任用魏冉处理日常事务。由于太后的支持，他擅权跋扈，威震国内。六年之后，他便用诈骗手段，拘留了楚怀王。又恼恨楚怀王立太子，重新夺占了十六城的土地。这一年，秦昭王不过是个十余岁的孩子，秦国所以能做出这样一些事来，必定是魏冉的主意。后来，他遭到范雎的攻击，终于被罢官驱逐出去。

司马迁以为魏冉拥立了秦昭王，为秦国清除了因争夺王位而带来的灾祸，施展谋略，使各地诸侯恭恭敬敬地事奉秦国，由此秦国日益强大起来，这是魏冉的功劳。我认为这是司马迁没有认真详细地进行考察所得出的结论。另外，魏冉还暗中谋划约请赵王会盟于渑池，也是费尽心机，所采用的手段与诈骗楚怀王时的那一套办法是一样的。多亏蔺相如识破了他的伎俩，及时给予了揭露，才使他的阴谋未能得逞。如果不是这样，赵王就会上当受骗与楚怀王的下场一样。魏冉以自己区区匹夫之见，竟然能在秦国横行取得一时之效，而遗留给秦国不讲义气，不讲信用的名声，以至万世也不能磨灭。魏冉的罪恶，实在大啊！

辩秦少游义倡

我在《夷坚已志》中记有潭州（今湖南长沙）一位义倡的事略。意思是说秦观在被贬南迁时，途经潭州，遇到一位倡女，并且与她往来，后来，这位倡女竟然为秦观献身而死。常州（今属江苏）教授钟将之从李次山那里得到这些传闻，因而就为倡女作传以记其义举。后来，我经过反复思考，查阅有关材料，认为绝无此事。我在写《夷坚已志》时，没有作详细的考订，就将倡女之事写入，真是后悔也来不及了。秦观在赴杭州去任副职时，曾有妾边朝华陪同以行，后来以为让朝华陪同会妨碍修道，于暮投宿村寺，益即时遣州都监将数卒夜出城，逼使登舟，竟凌风绝江去，几于覆舟。以是观之，岂肯容少游款昵累日？此不待辩而明，《己志》之失著矣！

姓源韵谱

姓氏之书，大抵多谬误。如唐《贞观氏族志》，今已亡其本。《元和姓纂》，诞妄最多。国朝所修《姓源韵谱》，尤为可笑。姑以洪氏一项考之，云："五代时有洪昌、洪杲皆为参知政事。"予按二人乃五代南汉僭主刘龚之子，及晟嗣位，用为知政事，其兄弟本连"弘"字，以本朝国讳，故《五代史》追改之，元非姓洪氏也。此与洪庆善序丹阳弘氏云："有弘宪者，元和四年尝跋《辋川图》。"不知弘宪乃李吉甫之字耳。其误正同，《三笔》已载此说。

是忍痛割爱让边朝华离去。没有多久，秦观就遭到党祸的迫害，怎么能够再去与一个倡女眷恋不舍呢？我记得国史里记载温益出任潭州知州，是在哲宗绍圣年间。我等被斥逐南迁的官吏，都在他的管辖范围之内，如范忠宣、刘仲冯、韩原伯、吕子进、吕元钧，都遭到了他的迫害刁难。邹浩被贬南迁，途经潭州，一天晚上，在一个村寺中投宿。温益得知后，即刻派州都监带领数人连夜出城，进行搜查，找到之后，逼迫上船，竟然凌风绝江而去，几乎导致船翻人亡。由此来看，如此凶狠的潭州知州温益岂肯允许秦观终日与倡女相款呢！这是毋须加以辨明的。《夷坚已志》中所言他与潭州义倡之事，是没有根据的。

姓源韵谱

姓氏族谱一类的书，大多数都有谬误不实之处。如唐代纂修的《贞观氏族志》，现在已看不到它了。而今所见到的《元和姓纂》，荒诞不实之处很多。我朝所修的《姓源韵谱》，更是令人可笑。这里，且以洪氏为一姓为例予以考察。书中说："五代时洪昌、洪杲，都做官为参知政事。实际上是并不是这样。"据查，洪昌、洪杲这两个人，都是南汉国刘龚的儿子，到刘葵次子刘晟杀哥哥刘玢自立后，才委任他们为参知政事。他们兄弟二人，原来名叫弘昌、弘杲。因为我朝太祖的父亲名叫赵弘殷，《五代史》的纂修者为避名讳，就将他们二人的名字改为洪昌、洪杲。可见，这二人本不是姓洪而是姓刘。此外，洪庆善在为丹阳《弘氏谱牒》写的序中说："有个名叫洪宪的人，在唐德宗元和四年曾为《辋川图》写过一篇跋文。"殊不知弘宪就是李吉甫的字。这个错误，与上面的错误正好相同。我在《容斋三笔》

誉人过实

称誉人过实，最为作文章者之疵病，班孟坚尚不能免。如荐谢夷吾一书，予盖论之于《三笔》矣。柳子厚《复杜温夫书》云："三辱生书，书皆逾千言，抵吾必曰周、孔，周、孔安可当也？语人必于其伦。生来柳州，见一刺史即周、孔之，今而去我，道连而谒于潮，又得二周、孔，去之京师，京师显人，为文词立声名以千数，又宜得周、孔千百。何吾生胸中扰扰焉多周、孔哉？"是时，刘梦得在连，韩退之在潮，故子厚云然。此文人人能诵，然今之好为谀者，固自若也。予表出之，以为子孙戒。张说贺魏元忠衣紫曰："公居伊、周之任。"即为二张所谗，几于陨命。此但形于语言之间耳。

作文句法

作文旨意句法，固有规仿前人，而音节铿亮不嫌于同者。如《前汉书赞》云：

里已有述及。

誉人过实

写文章颂扬一个人言过其实，是写文章的人一大弊病。这一点，就连班固那样著名的学者也难避免。比如，班固撰写的荐谢夷吾这篇文章，即是如此。我在《容斋三笔》里已有论述。唐代柳宗元在《复杜温夫书》中说："承蒙多次来信，每次写信都长达千余言，把我比作周公、孔子，我怎么敢当周公、孔子呢？估价一个人应当与他的同类相比。生来柳州（今属广西），见到刺史说他就是周公、孔子，现在离开我以去，途经连州（今广东连），到达潮州（今广东潮州），见到二州刺史，又称颂他们是周公、孔子。来到京师，京师名人汇集，善于写文章，并有一定名声的人数以千计，他们个个都是周公、孔子，岂不是又得到千百个周公、孔子。为什么在你心中有这么多的周公、孔子呢？"这时候，刘梦得正在连州，韩愈正在潮州，所以柳宗元在信中这样说。柳宗元的这篇文章，当时流传很广，人人都会背诵。然而今日那些喜好阿谀奉承的人仍然心安理得，若无其事。我之所以将它录之于此，目的在于让子孙后人引以为戒。另外，张说在祝贺魏元忠官位荣升时说："公位居伊尹、周公之任。"这种言过其实的颂扬，立即遭到攻击，几乎使他丧命。这些都仅仅是出现在语言文字中间的事。

作文句法

写文章的主要句法，可以模仿前人的而不去考虑音节声调是否相同。《汉书》的一则赞语说：

"竖牛奔仲叔孙卒，郈伯毁季昭公逐；
费忌纳女楚建走，宰嚭谮胥夫差丧，
李园进妹春甲毙，上官诉屈怀王执。
赵高败斯二世缢，伊戾坎盟宋痤死。
江充造蛊太子杀，息夫作奸东平诛。"
《新唐书》效之云：

"三宰啸凶牝夺辰，杜甫将蕃黄屋奔；
鬼质败谋兴元蹙，崔柳倒持李宗覆。"
刘梦得《因论儆舟》篇云：
"越子膝行吴君忽，晋宣尸居魏臣怠，
白公厉剑子西哂，李园养士春申易。"
亦效班史语也。然其模范，本自《荀子·成相》篇。

书简循习

近代士人，相承于书尺语言，浸涉奇猥，虽有贤识，不能自改。如小简问委，自言所在，必求新异之名。予守赣时，属县兴国宰诒书云："潋水有驱策，乞疏下。潋水者，彼邑一水耳。郡中未尝知此，不足以为工，当言下邑、属邑足矣。

“竖牛奔仲叔孙卒，郈伯毁季昭公逐；

费忌纳女楚建走，宰嚭谮胥夫差丧。

李园进妹春甲毙，上官诉屈怀王执。

赵高败斯二世缢，伊戾坎盟宋痤死。

江充造蛊太子杀，息夫作奸东平诛。”

欧阳修所撰《新唐书》有些赞语的写法，就是仿效这一句法。如：

“三宰啸凶牝夺辰，林甫将蕃黄屋奔；

鬼质败谋兴元蹙，崔柳倒持李宗覆。”

刘梦得在所撰《因论儆舟》一文中写道：

“越子膝行吴君忽，晋宣尸居魏臣怠；

白公厉剑子西哂，李园养士春申易。”

亦是仿效班固《汉书》赞语的句法。然而，班固《汉书》中的这种句法，也不是首创，而是一本于《荀子·成相》篇。

书简循习

最近一个时期，人们写信好用离奇古怪的套语，相沿成习。即使品德高尚又有才学的人，也不能不这样。比如，写信问候别人，谈到自己的地址时，不去明言直说，一定要标新立异写个奇奇怪怪的名字。我在赣州任太守时，所属兴国县的县令在写给我的一封信中说：“如果想让潋水干什么事，请求下令就可以了。”潋水是兴国县境内一条小河，就连当地人也很少有谁知道它的名字。所以不能用潋水作为兴国县的代称。说是下邑、属邑就可以了。

为县丞者，无不采《蓝田壁记》语云，“负丞某处”“哦松无补”“涉笔承乏”，皆厌烂陈言。至称丞曰“蓝田”，殊为可笑。

初赴州郡，与人书，必言“前政颓靡，仓库溃乏，未知所以善后”，沿习一律。正使真如所陈，读者亦不之信。

予到当涂日，谢执政书云：“郡虽小而事简，库钱仓粟，自可枝梧，得坐啸道院，诚为至幸。”周益公答云：“从前得外郡太守书，未有不以窘冗为词，独创见来缄如此。”盖觉其与它异也。

此两者皆狃熟成俗，故纪述以戒子弟辈。

健讼之误

破句读书之误，根著于人，殆不可复正。在《易·彖》之下，先释卦义，然后承以本名者，凡八卦。《蒙》卦曰“《蒙》，山下有险，险而止，《蒙》”，以“止”字为句绝，乃及于“蒙”，始系以“《蒙》亨，以亨行”。《讼》卦曰“《讼》，上刚下险，险而健，《讼》”，以“健”字为句绝，乃及于那些做县丞的人，往往喜欢用“负丞某处”“哦松无补”“涉笔承乏”等词语，实际上这些词语，全是陈词滥调，令人厌恶。甚至有的人称县丞为“蓝田”，更是令人发笑。

那些初任州郡长官的人，到任之后，在给人写信时，必然把前任长官的所作所为说得一塌糊涂。往往说：“前任政事颓废，奢侈糜烂，仓库空虚，不知用什么方法以善其后”，这也成为套语，相沿成习。即使实际情况真的如所说的那样，也无法使读到此信的人信以为真。

我来到当涂县（今属安徽）后，在写给执政周必大的答谢信中说：“当涂地方虽小，应办的事情也较少，仓库中所存的钱粮，也还勉强够用。所以我才能安静放心地坐在道院中吟诗，这的确是我最大的幸运。”周必大看了我给他的信后，马上回信对我说：“从前收到外郡太守的书信，没有一个不说他们那里的财用是如何的困难。只有你的信独创如此。”这大概是由于周必大觉得我的信与别人不同，所以才这样说。

以上这两种情形，都因循成俗。所以，我在这里予以记述，以期为晚辈们所注意。

健讼之误

读书断句的错误，根子在于人，几乎不可匡正。《周易》一书，在《彖》下，先解释各卦的卦义，然后述说各卦的卦名，共有八个卦名。《蒙》卦中载：“《蒙》卦的卦形，是山有危险，险而止（因为有危险而停止），所以取名为蒙。”这句话，在“止”字断句，以下接着就是“蒙”。再以后说“《蒙》卦所以说亨通，是由于行动切合时机，不偏不邪合乎中庸的原则”。《讼》卦中载：

《讼》，始系以“《讼》有孚。”《豫》卦“刚应而志行，顺以动，《豫》”。《随》卦“刚来而下柔，动而说，《随》”。《蛊》卦“刚上而柔下，巽而止，《蛊》”。《恒》卦“巽而动，刚柔皆应，《恒》”。《解》卦“《解》，险以动，动而免乎险，《解》”。《井》卦“巽乎水而上水，《井》”，皆是卦名之上为句绝。而童蒙入学之初，其师点句，辄混于上，遂以“健讼”相连，此下“说随”二字，尚为有说，若“止蒙”“动豫”之类，将如之何？凡谓顽民好讼者，曰“嚚讼”，曰“终讼”，可也，黄鲁直《江西道院赋》云“细民险而健，以终讼为能。筠独不嚚于讼”，是已。《同人》卦：“柔得中而应乎《乾》，曰《同人》。《同人》曰，同人于野，亨。”据其文义，正与诸卦同，但多下一“曰”字。王弼以为“乾之所行，故特曰“《同人》曰”。程伊川以为衍三字。恐不然也。

“《讼》卦，上卦是乾卦是刚，下卦是坎卦是险，下卦亦称内卦，上卦亦称外卦，险而健（内险外健），因而争讼，成为讼卦。”这句话，在“健”字断句。以下接着说：“讼卦有孚信。”《豫》卦中载：“一阳而五阴交，五阴应一阳，因而能按照自己志向去行，顺以动（能够顺应时机行动），所以命名为豫。”《随》卦中载：“刚来而下柔，动而说（上动而上说），称为随卦。”《蛊》卦中载：“阳刚在上，而阴柔在下，上卦为巽，巽为止（不能沟通），所以称蛊。”《恒》卦中载：“上卦是巽卦为雷，下卦是巽卦为风，巽卦为顺，震卦为动，动而顺应，刚柔皆应（是刚柔相应），称为恒卦。”《解》卦中载：“《解》卦，由下卦坎为险，与上卦震为动构成，动而免乎险（行动能脱离危险），称为解卦。”《井》卦中载：“巽乎水而上水（下为巽卦，上为坎卦，进入水中，将水汲上），称为井卦。”凡是断句的地方，都在卦名之上。而儿童入学之初，有些蒙师断句，往往把卦名与上一字相连，于是读成“健讼”，此后还有“说随”二字，这还可有其他解说，比如“止蒙”“动豫”等，又将作何解说呢？现在人们凡是说顽民好争讼的人，为“嚚讼”，为“终讼”，这是可以的。黄庭坚的《江西道院赋》中说：“细民险而健，以终讼为能。筠独不嚚于讼”，即是如此。《周易·同人卦》说：“同人卦，阴爻得下卦中位，而与上卦乾坤相应。所以曰‘同人’，同人的意思是说众人在旷野中和谐的聚集，所以亨通。”据其文义，正与上引诸卦句法相同。但多用了下一个曰字。王弼认为《乾》之所行，故特意作“《同人》曰”，程伊川认为此句中的“同人曰”三字为衍字，恐怕未必如此。

用史语之失

今之牵引史语者，亦未免有失。

张释之言便宜事，文帝曰："卑之，毋甚高论，令今可行也。"遂言秦、汉之间事，帝称善。颜师古云："令其议论依附时事。"予谓不欲使为甚高难行之讼，故令少卑之尔。而今之语者，直以言议不足采为"无甚高讼"。

又文帝问上林令禽兽簿，不能对，虎圈啬夫从旁代对，帝曰："吏不当如此邪？"

薛广德谏元帝御楼船，曰："宜从桥。"且有血污车轮之讦。张猛曰："乘船危，就桥安。"上曰："晓人不当如是邪？"师古谓"谏争之言，当如猛之详婉也。"

案，两帝之语皆是褒嘉之词，犹云"独不当如是乎？"今乃指往人引喻非理或直述其私曰"晓人不当如是"。

又韩公《送诸葛觉往随州读书》诗云："邺侯家多书，插架三万轴。一一悬牙签，新若手未触。为人强记览，过眼

用史语之失

现在人们引用史书的话，往往有失本意之处。

这天，张释之与汉文帝谈及国家应办的事情时，文帝告诫说："调子可以低一点，不要把调子定得那么高，要考虑到现在能否办到。"张释之按照文帝的这个想法，谈了对秦、汉之际一些事情的看法，文帝十分高兴，连连点头称赞。颜师古在注释时说："这是令张释之的议论依附于时事。"在我看来，这是不让张释之发表一些调子很高又难以实行的议论。而是要他少谈一些，调子低一点。而今人们引用这句话时，往往把那些见解低下不宜采纳的称为"无甚高论"。

又有一次，汉文帝来到上林苑，问主管禽兽饲养的上林令，禽兽簿上有哪些飞禽走兽？上林令一时回答不上来。在一旁的虎圈啬夫代为回答。文帝说："难道作吏的你不应当这样吗？"

还有一次，汉元帝想乘船渡河，薛广德听说后，立即上书劝阻，提出不要乘坐楼船说："应从桥上走过。"并且乱七八糟地说到车轮上有血污之事。张猛说："乘船危险，从桥上走过安全。"文帝称赞说："难道明白人不应当这样吗？"颜师古评论说："规劝进言，应当像张猛那样详明委婉。"

按上述汉文帝、汉元帝二人的话，都是褒奖之词，犹如所说"难道独不应当这样吗"一样。而今在指责那些议论无理或直述其私的人时，说"明白人不应当这样"。这是与汉元帝所说的本意不符的。

此外，韩愈在《送诸葛觉往随州读书》的诗中写道："邺侯家多书，插架三万轴。一一悬牙签，新若手未触。为人强记览，不再读。伟哉群圣文，磊落载其腹。”邺侯盖谓李繁，时为随州刺史，藏书既多，且记性警敏，故签轴严整如是。今人或指言虽名为收书而未尝过目者，辄曰：“新若手未触。”亦非也。

文字书简谨日

作文字纪月日，当以实言，若拘拘然必以节序，则为牵强，乃似麻沙书坊桃源居士辈所跋耳。至于往还书问，不可不系日，而性率者，一切不书。予有婿生子，遣报云：“今日巳时得一子。”更不知为何日。或又失之好奇。外姻孙鼎臣，每致书，必题其后曰：“某节”，至云“小暑前一日”“惊蛰前两日”之类。文惠公常笑云：“看孙鼎臣书，须著置历日于案上。”盖自元正、人日、三元、上巳、中秋、端午、七夕、重九、除夕外，虽寒食、冬至，亦当谨识之，况于小小气候？后生宜戒。

过眼不再读。伟哉群圣文，磊落载其腹。”这里所说的邺侯即李繁，当时任随州刺史，家中藏书很多。但他本人聪明过人，记忆力特别强，一本书看之后，不必再读。所以所藏卷轴及每册所标牙签都非常严整，如同“新若手未触”那样。这是对李繁的称赞。而今有人在指责那些名为收书而从不过目的人，往往用“新若手未触”一语。这亦是与它的本意不符的。

文字书简谨日

写文章写信要写明月日，应当照实去写，如果仅仅局限于书以节气，就不免牵强，引出笑话。比如麻沙书坊桃源居士所撰写的题跋就有这种情形。至于说来往书信，更是不可不写明日期。有些性情直率的人，在写的信中，月日节气，什么都不写，使人看后，不知此信是什么时候写的。我的门婿生了儿子，派人前来送信报喜。信中说：“今日巳时（上午九点到十一点）得一子。”看后，不知是哪一天巳时得了一子。更有一些人失之好奇。我的姻亲孙鼎臣，每次给我家写信，在信的后面必定写于什么节气，或写作“暑前一日”“惊蛰前两日”一类。我的哥哥文惠公洪适看后，常常笑着说：“每次看孙鼎臣的来信，须将历书放在桌子上去查，才知道他的信是什么时写的。”这是因为元正（正月初一日）、人日（正月初七日）、三元（上元，正月十五日；中元，七月十五日；下元，十月十五日）、上巳（三月初三日）、中秋（八月十五日）、端午（五月初五日）、七夕（七月初七日）、重九（九月初九日）、除夕（十二月三十日）这些节气的日期为人们所熟悉。除此之外，即使是寒食、冬至，亦都应当一一写明日期，何况那些小小的节气呢？子孙后代们在写信的时候，应以此为戒。

更衣

雅志堂后小室，名之曰“更衣”，以为姻宾憩息地。稚子数请所出，因录班史语示之。《灌夫传》：“坐乃起更衣。”颜注：“更，改也。凡久坐者皆起更衣，以其寒暖或变也。”“田延年起，至更衣。”颜注：“古者延宾必有更衣之处”，《卫皇后传》：“帝起更衣，子夫侍，尚衣。”

更衣

在雅志堂的后面，有一小屋，取名叫“更衣”。这里是亲戚朋友会客休息的地方。我的小儿子几次问为什么名叫更衣，因此，我将班固在《汉书》里有关记载抄出来给他看。《灌夫传》载：“坐着起来时更衣。”颜师古注释说：“更，是改的意思。凡是坐的时间长的人，都要起来换衣服，因为气候热冷有变化。”《灌夫传》中又记：“田延年起来去更衣。”颜师古注释说：“古时候宴请宾客必须有换衣服的地方。”此外，在《卫皇后传》里亦载：“皇帝起来更衣，由子夫服侍，为皇帝选择合适的衣服。”

卷十（十七则）

过所

《刑统·卫禁律》云："不应度关而给过所，若冒名请过所而度者。"又云："以过所与人。"又《关津疏议》："关谓判过所之处，津直度人，不判过所。"《释名》曰："过所，至关津以示之。"或曰："传，传转也，转移所在，识以为信。"汉文帝十二年，"除关无用传。"张晏曰："传，信也，若今过所也。""两行书缯帛，分持其一，出入关，合之乃得过，谓之传也。"《魏志》，仓慈为敦煌太守，西域杂胡欲诣洛者，为封过所。《廷尉决事》曰："广平赵礼诣洛治病，门人赍过所诣洛阳，责礼冒名渡津，受一岁半刑。"徐铉《稽神录》："道士张谨好符法，客游华阴，得二奴，曰德儿，归宝，谨愿可凭信。张东行，凡书囊、符法、过所、衣服皆付归宝负之，将及关，二奴忽不见，所赍之物，皆失之矣。时秦、陇用兵，关禁严急，客行无验，皆见刑戮，既不敢东度，复还，主人乃见二儿，因掷过所还之。"然过所二字，读者多不晓，盖若今时公凭引据之类，故裒其事于此。

过所

《宋刑统·卫禁律》中规定："不应该过关而发给通行证过所，与冒名顶替请求过所而过关的人同罪。"《关津疏议》中载："关是管理过所的地方，津只管人通过，不管过所。"《释名》中说："过所，到关口、渡口时要出示。"有的人则认为："传，就是转的意思。由一地去到另一地，就要以传作为凭据。"汉文帝十二年，曾经下令废除来往行人于关口渡口出示传的规定。张晏说得更为具体。他说："传就是信物，如同现在的过所一样，在一块绢上，写两行字，然后撕开，分为两半，各持其一。进出关卡时，要进行查验，合起来相对应，方准予通过。这就是所说的传。"《魏志》中载，仓慈在敦煌任太守时，西域一些胡人想去洛阳，仓慈接受了他们的请求，发给了过所。《廷尉决事》说："广平赵礼到洛阳治病，他的门人拿着他的过所来到洛阳。此事被发现后，官府就斥责赵礼冒名渡河，判他一年半的徒刑。"徐铉在所著《稽神录》中说："一个叫张谨的道士爱好符法，到华阴游历时，得到两个奴仆，一个名叫德儿，一个名叫归宝，他们谨慎朴实，可以信赖。张谨东行时，随身携带的书籍、符法、过所、衣服等，都让归宝挑着。快到关口时，德儿和归宝忽然都不见了，所带的行李物品，全部被他们拿走了。这时候，秦、陇之间，正在打仗。关禁盘查很严，凡是过关的旅客行人，如果没有携带过路凭据，都要被当作奸细杀掉。张谨没有作过为路凭证的过所，不敢过关东行，遂返回。后来，这两个奴仆的主人知道

露布

用兵获胜，则上其功状于朝，谓之露布。今博学宏词科以为一题，虽自魏、晋以来有之，然竟不知所出，唯刘勰《文心雕龙》云："露布者，盖露板不封，布诸观听也。"唐庄宗为晋王时，擒灭刘守光，命掌书记王缄草露布，缄不知故事，书之于布，遣人曳之，为议者所笑。然亦有所从来。魏高祖南伐，长史韩显宗与齐戍将力战，斩其裨将。高祖曰："卿何为不作露布？"对曰："顷闻将军王肃获贼二三人，驴马数匹，皆为露布，私每哂之。近虽得摧丑虏，擒斩不多，脱复高曳长缣，虚张功捷，尤而效之，其罪弥甚，臣所以敛毫卷帛，解上而已。"以是而言，则用绢高悬久矣。

这两件事后，让他们把过所还给了张瑾。”然而，过所二字的含义，很多人都不明白。大概和如今在的公凭、引类之类的凭证相似。所以，我将有关过所的材料，辑录于此。

露布

出兵打仗，取得战捷，向朝廷呈报其战功，称之为露布。现在国家选拔人才举行的博学宏词科中把它作为一个题目。虽然，自魏晋以来，就出现有露布，但是人们多不知它的出处。只有刘勰在《文心雕龙》中说：“露布是露板不封闭，让人们观看传播。”后唐庄宗为晋王时，擒拿了刘守光，命掌书记官王缄起草露布，表述其战功。王缄不知道露布的制度，就将事情的经过，写在布上，派人拉着布的两端，向众人展示。结果，遭到许多人的讥笑。然而，王缄也不是这一做法的创始人。在他之前，已有人这样做了。北魏高祖举兵南下，讨伐南齐，长史韩显宗与南齐守军展开激战，斩杀了南齐的几个副将。北魏高祖问韩显宗道：“爱卿作战获胜，为什么不作露布展示战功呢？”韩显宗听了，回答说：“近来听说将军王肃好作露布，每次出战，擒获贼寇二三人，驴马几匹，都作露布上报朝廷，以表其功。我每次听说后，就私下讥笑他。而今虽然出战获胜，打击了敌人的气焰，但俘获斩杀数量不多，如果也采取那种派人高拉绢布，虚张声势，炫耀自己的战功，那么臣的罪也就更大了。臣之所以搁笔卷绢，原因也就在于此。”由此来看，用绢高悬作为露布，也是由来已久。

东坡题潭帖

《潭州石刻法帖》十卷，盖钱希白所镌，最为善本。吾乡程钦之待制，以元符三年帅桂林，东坡自儋耳移合浦，得观其藏帖，每册各题其末。

第二卷云："唐太宗作诗至多，亦有徐、庾风气，而世不传。独于《初学记》时时见之。"

第四卷云："吴道子始见张僧繇画，曰：'浪得名耳！'已而坐卧其下，三日不能去。庾征西初不服逸少，有家鸡野鹜之论，后乃以为伯英再生。今观其书，乃不逮子敬远甚，正可比羊欣耳。"

第六卷云："'宰相安和，殷生无恙。'宰相当是简文帝，殷生则渊源也邪！"

第八卷云："希白作字，自有江左风味，故长沙法帖比淳化待诏所摹为胜，世俗不察，争访阁下本，误矣。此逸少一卷，尤妙。庚辰七夕，合浦官舍借观。"

第九卷云："谢安问献之：'君书何如尊公？'答曰：'故自不同'。安曰：'外人不尔。'曰：'人那得知！'"

东坡题潭帖

《潭州石刻法帖》十卷，为钱希白所镌刻，是最好的善本书。我的同乡程钦之在朝做待制，哲宗元符三年奉命到桂林任经略使，苏东坡也于这时从儋耳（在今海南境内）来到合浦（今属广东），在这里得以见到他所收藏的石刻法帖，他在每册的末尾都写有跋语。

该书卷二说："唐太宗写了很多首诗，也颇有徐陵、庾信的气势和风度，但未能流传于世，只在《初学记》一书中，时常见到。"

卷四中说："吴道子第一次见到张僧繇的画时说：'空有虚名而已！'不久就为他的画所吸引，坐在画的下面，整整三天，也不愿离开。庾征西当初对王羲之的书法很不服气，说他的书法不过是家鸡野鹜，并没有什么奇特之处，后来经过反复比较，改变了看法，认为他是汉代大书法家张芝（字伯英）的再生。现在仔细观察一下庾翼的书法，与王献之相比相差甚远，与羊欣相比则不分上下。"

卷六中说："'宰相平安无事，殷生无病无灾。'这里所说的宰相，应当是简文帝，殷生则是渊源。"

卷八中说："钱希白的书法，自有江左的风度。所以长沙法帖比太宗淳化年间待诏所模仿的要好。一般人不去详细辨别，争先恐后地访求待诏模仿的阁下本，这是一个失误。这里所辑王羲之书法一卷，全是精妙佳作。哲宗元符三年庚辰七月七日，于合浦县官舍中借览。"

卷九中说："谢安问王献之：'你的书法跟你父亲相比怎么样？'王献之回答说：'我们父子二人的书法，各有自己的特点。'

已上所书，今麻沙所刊《大全集志林》中或有之。案庾亮及弟翼俱为征西将军，坡所引者翼也。坡又有诗曰："暮年却得庾安西，自厌家鸡题六纸。"盖指翼前所历官云。此帖今藏予家。

山公启事

《晋书·山涛传》："涛再居选职，十有余年，每一官缺，辄启拟数人，诏旨有所向，然后显奏，随帝意所欲为先。故帝之所用，或非举首，众情不察，以涛轻重任意。或谮之于帝，涛行之自若。一年之后，众情乃寝。涛所奏甄拔人物，各为题目，时称《山公启事》。"此语今多引用，然不得其式，法帖中乃有之，云：

"侍中、尚书仆射、奉车都尉、新沓伯臣涛言，臣近启崔谅、史曜、陈准可补吏部郎，诏书可尔。此三人皆众所称，谅尤持正少华，可以崇教，虽大化未可仓卒，风尚所劝，为益者多，臣以为宜先用谅。谨随事以闻。"

谢安听后马上说：‘外人并不这样认为。’王献之接着说道：‘外人哪能知道？’”

以上这些，在今麻沙所刻《大全集志林》一书中有辑录。按庾亮和他的弟弟庾翼都曾为征西将军。苏东坡在这里所述的庾征西是庾翼。另外，苏东坡又在诗中写道：“暮年却得庾安西，自厌家鸡题六纸。”这里所说的庾安西，是指庾翼前所任官而言的。此帖今藏在我的家中。

山公启事

《晋书·山涛传》记载：“山涛再次居选职，任吏部尚书，负责官吏选拔任免，十多年来，每遇一官有缺要补时，就提出数人，启奏朝廷，以供选择。如果他得知皇上人选上的意向，就立即启奏，并按照皇上的意向去排列启奏备录官员的先后名次。所以，为朝廷选用的人，有的并不是他启奏时名列第一的人。人们不去详察，以为这是山涛在选官用人时任意确定的。有的人还借此做文章，在皇上面前说山涛的坏话，然而山涛则坦然自若。一年之后，众人的这些议论就渐渐消失了。山涛在启奏备录官员时，按照官员的类别，分别设立卷目进呈，当时人们称他的这种启奏为《山公启事》。”关于山公启事，现在仍为不少人引用，然而都未见到它的格式。今在法帖中见有辑录、特抄出：

“侍中、尚书仆射、奉车都尉、新沓伯臣涛言，臣近日启奏崔谅、史曜、陈准三人，可补吏部郎，皇上已诏示同意。以上三人，俱为众人所称道。崔谅其人，质朴少华，可以大力倡导教化，虽然在短期内不一定能取得大的变化，然而劝导树立良好的社会风尚，好处是很多的。臣以为皇上应当前先委用崔谅。谨观此一帖，可以概见。然所启三人，后亦无闻，既云皆众所称，当不碌碌也。旧《潭帖》为识者称许，以为贤于他本，然于此奏“未可仓卒”之下，乃云“风笔恻然”，全无意义。今所录者，临江本也。

亲王回庶官书

《随笔》中载亲王与侍从往还礼数，又得钱丕《行年杂纪》云：“异王受恩命，丕是时为将作少监，亦投贺状，王降回书签子启头。继为皇太子，三司判官并通榜子，诣内东门参贺。通入后，中贵出传令旨传语。及受册宝讫，百官班贺，又赴东宫贺，宰相亲王阶下班定，太子降阶，宰相前拜，致词讫，又拜。太子皆答拜，亦致词叙谢。”一时之仪如此。

责降考试官

天禧二年九月，敕差屯田员外郎判度支计院任布、著作郎直史馆徐奭、太子中允直集贤院麻温其，并充开封府发解官。十月，差兵部员外郎直集贤院杨侃、太子中允直集贤随事具奏。请皇上明鉴。”

所谓山公启事的格式，于此可以知其梗概。为山涛这次所启奏的崔谅等三人，后来情况如何，未见有材料记载。既然山涛说他们为众人所称赞，应当说不是平庸无为之辈。旧《潭帖》为之之士所赞颂，以为它比其他的本子要好。然而，此奏在“未可仓卒”之下，又说“风笔恻然”，这是毫无意义的。而今的此所录的，依据的是临江本。

亲王回庶官书

关于宋代亲王与侍从交往的礼仪，我在《容斋随笔》中立有专门记述。又见钱丕《行年杂记》中记述：“太宗第六子赵受益受封为昇王时，丕为将作少监，亦进呈贺状表示祝贺，昇王回书答谢时，将回书装在封带里，封带外面贴有一个长纸条。后来，昇王受封为皇太子时，三司判官一起先用榜子通报，同到内东门参拜祝贺。通报进入后，宫中宦官出来传达宣读令旨。举行接受册宝仪式完毕，文武百官列班恭贺，接着又到东宫祝贺，宰相及各个亲王在台阶下按照品级，排定班次，皇太子下台阶，宰相上前向太子拜贺，并致贺词，致辞完毕之后，再拜。皇太子俱都一一答谢，亦致辞表示谢意。”宋代开国之后，亲王回谢一般官员的礼仪，在一个时期内是这样的。

责降考试官

真宗天禧二年九月，朝廷发布敕令，派屯田员外郎判度支计院任布、著作郎直史馆徐奭、太子中允直集贤院麻温其，担任开封府考试的发解官。这年十月，又派兵部员外郎直集贤院院丁度，并国子监发解官。十一月，解一百四人，解元郭稹。十六日，宣翰林学士钱惟演、盛度，枢密直学士王晦叔，龙图阁待制李虚己、李行简，覆考开封举人，为落解举人有讼不平者。及奏名，郭稹依旧，其余覆落，并却考上人数甚多。十二月，发解官并降，差遣任布邓州，徐奭洪州，杨偘江州，丁度齐州，并监税。此事见于钱丕《杂记》。用五侍从覆考解试，前后未之有也。

青莲居士

李太白《赠玉泉仙人掌茶诗序》云："荆州玉泉寺近清溪诸山，往往有乳窟。其水边处处有茗草罗生，枝叶如碧玉，唯玉泉真公常采而饮之。余游金陵，见宗僧中孚，示予茶数十片，其状如手，名为"仙人掌茶"，盖新出乎玉泉之山，旷古未觌，因持以见遗，兼赠诗，要予答之，遂有此作。后之高僧大隐，知仙人掌茶发乎中孚禅子及青连居士李白也。"太白之称，但有"谪仙人"尔，"青连居士"，独于此见之，文人未尝引用。而仙人掌茶，今池州九华山中亦颇有之，其状略如蕨拳也。

杨侃、太子中允直集贤院丁度，担任国子监考试的发解官。十一月，各地派人解送贡士一百零四人至京，贡士第一名为郭稹。这月十六日，朝廷下令让翰林学士钱惟演、盛度，枢密直学士王晦叔，龙图阁待制李虚已、李行简五人，覆考开封举人。这是落解举人中有人上诉考试选取不公的缘故。覆考完毕后，将录取名单进呈，郭稹依旧未变，其余应试的人再次落选，并且以前考上的人很多也被除名。这年十二月，朝廷下令责降开封府考试发解官的官职；贬任布为邓州（今属河南）、徐奭为洪州（今江西南昌）、杨侃为江州（今江西九江）、丁度为齐州（今山东济南）的监税官。此事，在钱丕《杂记》里有记述。委任五侍从官覆考解试，这是在此之前也是在此以后不曾有过的事。

青莲居士

唐代诗人李白在《赠玉泉仙人掌茶诗序》中说："在荆州玉泉寺附近，有清溪诸山并峙，山间有石钟乳丛生的洞穴。在水边的地方，到处长满着名叫茗草的茶草。茗草的枝叶如同碧玉，似乎还没有引起人们的注意。只有玉泉寺的真公常常采摘作为茶叶饮用。有一次游历，我来到金陵（今江苏南京），与高僧中孚相见，他拿出一种茶叶数十片给我看，叶片的形状很像人的手掌，所以就把它叫作仙人掌茶。这是才从荆州玉泉山采集而来的，自古以来，从未有人见到过。因此，特意拿出来赠送给我，并且赠诗一首，要我作诗以答。为此，我写下了这首诗。后来的高僧及著名的隐士，都知道仙人掌茶起源于中孚禅子及青莲居士李白。"作为李白名号的太自称号，只有"谪仙人"；"青莲居士"的称号，仅仅在这里见到。还没有见到文人引用，未见有人

闽俗诡秘杀人

奸凶之民，恃富逞力，处心积虑，果于杀人。然揆之以法，盖有敕律所不曾登载。善治恶者，当原情定罪，必致其诛可也。

闽中习俗尤甚，每执缚其仇，穷肆残虐。或以酒调锯屑逼之使饮，欲其粘着肺腑，不能传化，驯致痰渴之疾。或炒沙镕蜡灌注耳中，令其聋聩。或以湿荐束体，布裹卵石痛加殴箠，而外无痕伤。或按擦肩背使皮肤宽皱，乃施针刺入肩井，不可复出。或以小钓钩藏于鳅鱼之腹，强使吞之，攻钻五脏，久而必死。凡此众者，类非一端，既痕肿不露于外，检验不得而见情犯，巨蠹功意两恶而法所不言。颜度鲁子为转运使，尝揭榜禁约。予守建宁，亦穷治一两事，吴、楚间士大夫宦游于彼者，不可不察也。

引用。而仙人掌茶，在现在池州（今安徽贵池）九华山中亦有出产，它的形状与才长出来的拳菜差不多，很像小孩子的手掌。

闽俗诡秘杀人

那些邪恶凶残的奸凶，依仗有权有势，想方设法，残害人命，然而在按照法律治他们罪时，却往往找不出有关的法律条文。而那些善于惩治奸恶的人，应当依据案件的实际情况定罪，这样就使他们无法逃脱严厉的惩罚。

关于诡秘杀人的案件，在闽中地区，多有发生，十分严重。他们目无国法，每每捉到仇人，就极尽其迫害虐待之能事。有的将锯末放入酒中，威逼仇人喝下去，致使肺腑粘连，呼吸受阻，造成痰渴的疾病。有的把砂子炒热，熔化到石蜡中，然后灌进仇人的耳朵里，使他丧失听力，成为聋子。有的用湿布敷在仇人身上，用布包卵石痛加捶打，造成内伤，在外面看不到伤痕。有的按肩擦背，使仇人的皮肤放松，然后把铁针刺入肩井，不再拔出。有的用小钓鱼钩暗藏于鱼腹之中，强迫仇人吞下，以便让鱼钩在他的腹内移动穿破五脏六腑，这样时间一长，其人必死无疑。凡此等等。杀人手段凶狠阴毒，多种多样。作案之后，由于外面不露伤痕，检验查证时也找不到罪犯作案的真凭确据。如何有效地惩治这种诡秘杀人的凶犯，在我朝的法律条文中却找不到明确的规定。颜度在任转运使时，曾经公开发布告示，严禁此类凶杀案件的发生。我在建宁（今福建建瓯）做太守时，也曾经查处过一二起这类案件。而后，吴、楚一带的士大夫们，如果谁到这里做官，不可不留心查处此类凶杀案件。

富从迁官

富韩公庆历二年以右正言知制诰报聘契丹，还，除吏部郎中、枢密直学士，不受。寻除翰林学士，又不受。三年，除右谏议大夫、枢密副使，力辞。乃改资政殿学士，而谏议如初，公受之。又五月，复为副枢。盖昔时除目才下，即时命词给告，及其改命，但不拜执政，而犹得所进官。用今日官制言之，是承议郎（旧为正言）、中书舍人（旧知制诰），而为太中大夫（旧为谏议）、资政殿学士也。

唐藩镇行墨敕

池州铜陵县乎觋侯庙，有唐中和二年二月一碑，其词云："敕宣、歙、池等州都团练、观察使牒。当道先准诏旨，许行墨敕授管内诸州有功刺史、大将等，宪官具件如后；晋朝故晋阳太守兼杨州长史张宽牒。奉处分，当道先准诏旨，许行墨敕，奖劝功勋，虽幽显不同，而褒升一致。神久标奇绝，早揖英风，灵迹屡彰，神逵不昧。夫宠赠之典，非列藩宜为，神功既昭，乃军都颙请，是行权制，用副人心。谨议褒赠游击将军宣州都督。"后云："使、检校工部尚书兼御史大夫裴押。"邑人以为裴休，《秋浦志》亦然，予考之，非也。张魏公宣抚川、陕，便宜封爵诸神，实本诸此。

富从迁官

仁宗庆历二年，富弼以右正言、知制诰的官衔，作为宋朝的使臣，回访契丹国。回访结束后，返回宋朝京城，授予他吏部郎中、枢密直学士，他辞去了。不久，授予他翰林学士，他又辞去了。庆历三年，授予他右谏议大夫、枢密副使，他又坚持辞去，于是，改任他为资政殿学士，同时仍旧授给他谏议大夫。富弼接受了这一任命。五个月之后，又任命他为枢密副使。依据过去宋朝官制规定，任免官员名单下达之后，凡是官职变动，都要及时发给朝廷签发关于官职升降变动的诰词。如有新的任命，只要不拜为执政，原来所加的官职仍可予以保留。就现行官制来说，富弼的官职，乃是由承议郎(旧时称正言)、中书舍人(旧时称制诰)升为太中大夫(旧时称谏议)、资政殿学士的。

唐藩镇行墨敕

在池州(今安徽贵池)铜陵县的孚贶侯庙内，有唐僖宗中和二年二月所立的一块石碑。碑文中记载："敕给宣州(今属安徽)，歙州(今安徽歙县)、池州等州都团练、观察使牒文。本道得到朝廷的批准，允许本道代表朝廷颁发不加盖国玺的教令，授给本司管辖区域内的有功刺史、大将等人，御史台官拟定的敕令如下：给晋朝故晋阳太守兼扬州长史张宽牒文。现奉本道长官决定，本道以前得到朝廷批准，允许朝廷颁发不加盖国玺的教令，奖赏有功之臣。功勋虽然有明显与不明显的区别，但是褒奖提升是一致的。久闻你奇特卓异，气质风度早为人们所敬重，丰功伟业屡次受到表彰，已为天下人所共知。封赠系国家之大典，不是地方藩镇所能做的。你功勋卓著，又有都督的奏

吏部循资格

唐开元十八年四月，以侍中裴光庭兼吏部尚书。先是，选司注官，惟视其人之能否，或不次超迁，或老于下位，有出身二十余年不得禄者。又州县亦无等级，或自大入小，或初近后远，皆无定制。

光庭始奏用《循资格》，各以罢官若干选而集，官高者选少，卑者选多，无问能否，选满则注，限年蹑级，毋得逾越，非负谴者皆有升无降。其庸愚沉滞者皆喜，谓之《圣书》，而材俊之士，无不怨叹，宋璟争之，不能得。

二十一年，光庭薨，博士孙琬议光庭用《循资格》，失劝奖之道，请谥曰“克”。是年六月制，自今选人有才业操行，委吏部临时擢用。虽有此制，而有司以《循资格》便于请，是以暂且委任，以满足众人之所望。谨决定赠你游击将军、宣州都督。”最后署名为“使、检校工部尚书兼御史大夫裴押。”当地人以为裴休的《秋浦志》里亦是这样记述的。据我的查核考证，不是这样。张魏公在宣抚四川、陕西地区时，凭借朝廷给予的临时权利给诸神封爵，亦是根据这一规定。

吏部循资格

唐玄宗开元十八年四月，任用侍中裴光庭兼吏部尚书。在这以前，吏部选拔官吏，只看其人是否有才能，如有才能，便破格提拔。否则，便不予提拔，一直让他在下面做官，这样就使已经取得了做官资格的人，有的等了二十年，还没有得到任何官职。州县官吏亦不分等级，有的自高位用为低职，有的当初任用为近官，后来改派为远官，都没有一定的制度。

针对上述情况，裴光庭在任吏部尚书之后，就提出《循资格》，上奏朝廷。其具体办法是，各级各类的官吏，都以罢官人数为依据进行选派，官高的选的人少，官小的选的人多，不论他有无才能，选满就可以升官。各种官职的任职期限都有明确严格的规定，不能超过。除去那些由于犯法而遭到降官斥逐的人外，一般官吏都是只升不降。那些平庸笨拙长期得不到提升的人看到这种办法之后，欣喜若狂，称赞《循资格》是“圣书”。相反，那些才能出众、年轻有为的士人，无不怨恨叹息。当时，宋璟曾就这种办法与裴光庭进行辩论，但没有取得什么效果。

唐玄宗开元二十一年，裴光庭病故，博士孙琬认为裴光庭提出的按照资格用人的办法，不利于奖勤罚惰，请求用“克”字作为他的谥号。这年六月，朝廷在颁发的制书中说：自今而后，己，犹踵行之。盖今日吏部四选，乃其法也。

予案无魏肃宗神龟二年，官员既少，应选者多，尚书李韶铨注不行，大致怨嗟。崔亮代之，奏为格制，不问士之贤愚，专以停解月日为断，沉滞者皆称其能。亮甥刘景安与书曰："商、周以乡塾贡士，两汉由州郡荐材，魏、晋中正，虽未尽美，应什收六七。而朝廷贡材，止求其文，不取其理，察孝廉唯论章句，不及治道，立中正不考材行，空辨姓氏。舅属当铨衡，宜须改张易调，反为《停年格》以限之，天下士子，谁复修厉名行哉？"洛阳令薛琡上书言："黎元命系长史，若选曹惟取年劳，不简能否，义均行雁，次若贯鱼，执簿呼名，一人足矣，数人而用，何谓铨衡？乞令王公贵人荐贤以补郡县。"诏公卿议之。其后甄琛等继亮，利其便己，踵而行之。魏之选举失人，自亮始也。至孝静帝元象二年，以高澄摄吏部尚书，始改亮年劳之制，铨擢贤能，当是自此一变。光庭又祖亮故智云。然后人罕有谈亮、澄事者。

候选人员中确有才能出众的，可让吏部临时提拔任用。虽然下达过这样一道制书，但是各级官府都认为《资格》对于自己有利，仍然继续遵照实行。直至今日吏部四选，也是沿用了这一办法。

详考历史，早在北魏肃宗神龟二年，由于国家机构官员空缺人少，而应选的人太多，吏部尚书李韶选官补缺工作不力，引起很多人的怨恨和不满。在这个时候，崔亮代替李韶任吏部尚书后，就上奏请求采用停格制，不问候选官的才能如何，专以御职后待用时间的长短为依据，那些长期得不到晋升的官吏都称赞崔亮有才干有魄力。崔亮的外甥刘景安在给他的信中说："商、周时期，实行乡举里选，以乡塾向天子贡献士人，两汉时期，由州郡推荐人才，魏晋期，实行九品中正制由中正选送人才，虽然不是尽善尽美，但是所选用的人才十分之六七都是合格的。现在选拔贡士，只看他的文章写得如何，不看他的德行。访求考廉，只看他经书读得如何，而不看他有无治国理民的能力。设立中正官不去考察官吏的才能品德，只看他出生在哪一个人家族。舅舅现在掌管选拔官吏的大权，理应改弦易调，反而以《停年格》来限制年轻有为的人，这样下去，天下士人，谁还再去修养品德勤奋做事呢？"这时候，洛阳县令薛琡在上书中亦说："一般平民百姓的命运，全都掌握在长吏手中。如果选拔官吏只取年限的长短，不问才能如何，像飞行的大雁排队那样，依次而进，拿着名册簿喊叫名字，一个人就行了，哪里还要吏部考察选拔呢？为此，请求下令让王公贵族推荐贤能的人，以填补郡县空缺的官位。"这一奏折进呈之后，皇上下诏让公卿大臣们讨论。后来，甄琛等人接替崔亮，认为停年格对自己有利，便于施行，也就继续执行。北魏选拔人才有失，是从崔亮开始的。到了孝敬帝元

五行纳音

六十甲子纳音之说，术家多不能晓。原其所以得名，皆从五音所生，有条不紊，端如贯珠。盖甲子为首，而五音始于宫，宫土生金，故甲子为金，而乙丑以阴从阳。商金生水，故丙子为水，而丁丑从之。角木生火，故戊子为火。徵火生土，故庚子为土。羽水生木，故壬子为木。而己丑、辛丑、癸丑各从之。

至于甲寅，则纳音起于商，商金生水，故甲寅为水。角木生火，故丙寅为火。徵火生土，故戊寅为土。羽水生木，故庚寅为木。宫土生金，故壬寅为金。

而五卯各从之。至甲辰，则纳音起于角，角木生火，故甲辰为火。徵火生土，故丙辰为土。羽水生木，故戊辰为木。宫土生金，故庚辰为金。商金生水，故壬辰为水。

而五巳各从之。宫、商、角既然，惟徵、羽不得居首。于是甲午复如甲子，甲申如甲寅，甲戌如甲辰，而五未、五酉、象二年，任用高澄兼任吏部尚书，才开始变更崔亮以年限选官的制度，破格提升了一些贤能之士。这是用人制度上的一大变化。裴光庭的那一套办法是效法崔亮而来的。然而，后人却很少有人谈及崔亮、高澄的主张及事略。

五行纳音

以六十甲子相配合，按金木水火土五行顺序旋相为宫的纳音学说，有不少掌管天文历法乐律的术家，也不大清楚。究其为什么取名纳音，则是因为它是同中国古代五声音阶宫、商、角、徵、羽五音而产生的，不仅很有节奏，而且声音和谐动听。六十甲子是以甲子为首位的，五音是以宫音为首位的。五音与金木水火土相结合，宫土生金，所以甲子为金，而乙丑则以阴从阳。商金生水，所以丙子为水，而丁丑亦为水。角木生火，所以戊子为火。徵火生土，所以庚子为土。羽水生木，所以壬子为木。而已丑、辛丑、癸丑各从为木。

至于甲寅，纳音起于五音中第二个音级商，其变化是：商金生水，所以甲寅为水。角木生火，所以丙寅为火。徵火为土，所以戊寅为土。羽水生木，所以庚寅为木。宫土生金，所以壬寅为金。而丁卯、己卯、辛卯、癸卯、乙卯则为金。

到了甲辰，纳音起于五音中第三个音级角，其变化是：角木生火，所以甲辰为火。徵火生土，所以丙辰为土。羽水生木，故戊辰为木。宫土生金，所以庚辰为金。商金生水，所以壬辰为水。而已巳、辛巳、癸巳、乙巳、丁巳这五巳都各从其类发生变化。

五音中第一、二、三个音级即宫、商、角既然是这样，那么作为第四个音级的徵、第五个音级的羽，则在六十甲子纳音中五亥、亦各从其类。

五行化真

五行运化，如甲、己化真土之类，若推求其义，无从可得，盖只以五虎元所生命之。如“甲、己之年丙作首”，谓丙寅月建也，丙属火，火生土，故甲、己化真土。“乙、庚之岁戊为头”，谓戊寅月建也，戊属土，土生金，故乙、庚化真金。”“丙、辛寄向庚寅去”，庚属金，金生水、故丙、辛化真水。“丁、壬壬位顺行流”，壬属水，水生木，故丁、壬化真木。“戊、癸但向甲寅求”，甲属木，木生火，故戊、癸化真火。

此二说皆得之莆田郑景实。顷在馆中，见魏几道谈五行纳音，亦然。

钱忠懿判语

王顺伯家有钱忠懿一判语，其状云：“臣赞宁，右臣伏奉宣旨撰文疏，今进呈，乞给下，取设斋日五更前上塔，臣自不能居于首位。这样，甲午就复同于甲子，甲申复同于甲寅，甲戌复同于甲辰。而辛未，癸未、乙未、丁未、己未，癸酉、乙酉、丁酉、己酉、辛酉，以及乙亥、丁亥、己亥、辛亥、癸亥，亦都各从其类发生变化。

五行化真

金、木、水、火、土五行的运行变化使万物不断产生、发展和变化。如甲、己化真土等等，即是如此。如果认真推求，问为什么甲、己可以化真土，则无从查考，难以说清。这大概是由于五虎原所生命的缘故。古时候，人们用干支纪时，十二地支纪月，叫月建。也有用十天纪月的。民间歌诀说，甲、己之年，丙为首，就是说凡是年干为甲、己的年份，正月都为丙，是丙寅月建。丙属火，火生土，所以甲、己之年可以化真土。乙、庚之年，正月都为戊，是戊寅月建。戊属土，土生金，所以乙、庚之年可以化真金。丙、辛之年正月都为庚，是庚寅月建，庚属金，金属水，所以丙、辛之年可以化真水。丁、壬之年，正月都为壬，是壬寅月建、壬属水，水生木，所以丁、壬之年可以化真木。戊、癸之年，正月都为甲，是甲寅月建，甲属木，木生火，所以戊、癸之年可以化真火。

以上这两种说法，都是从福建莆田人郑景实那里得到的。近来我在进修林院中供事，见到魏几道，听他谈五行纳音，亦是这样说的。

钱忠懿判语

王顺伯家中收藏有钱忠懿一则判语，其状中说："臣赞宁，右臣奉皇上旨意撰写疏文，现在进呈，请求发下，定于设斋这天宣却欲重建，乞于仁政殿前夜间化却，不然便向塔前化，并取圣旨。判曰：便要吾人宣读后，于真身塔前焚化。廿七日。”而在前花押。予谓钱氏固尝三改元，但或言其称帝，则否也。此状内“进呈”“圣旨”等语，盖类西河之人疑子夏于夫子，故自贻僭帝之议，想它所施行皆然矣。

王逸少为艺所累

王逸少在东晋时，盖温太真、蔡谟、谢安石一等人也，直以抗怀物外，不为人役，故功名成就，无一可言，而其操履识见，议论闳卓，当世亦少其比。公卿爱其才器，频召不就。殷渊源辅政，劝使应命，遗之书曰：“足下出处，正与隆替对，岂可以一世之存亡，必从足下从容之适？”

逸少报曰：“吾素自无廊庙，王丞相欲内吾，誓不许之，手迹犹存，由来尚矣，不于足下参政而方进退。自儿娶女嫁，便怀尚子平之志，数与亲知言之，非一日也。”

及殷侯将北伐，以为必败，贻书止之。殷败后，复图再五更前上塔。臣自己宣布打算重建新塔，请求在仁政殿前夜间将文稿火化，否则，就在塔前火化。穷竟在何处，并取圣旨。判语说：这是要我等宣读圣旨之后，在真身塔前火化。二十二日。”并且在状文前有签名花押。我曾说五代十国时期，吴越钱镠虽然三次改元，采用过三个年号，有人说他已经称帝，是不对的。今观此状内，有“进呈”“圣旨”等语，这大概是比照西河之人疑子夏即是孔夫子，从而自贻为僭位称帝之说，想来他别的举措亦是如此。

王逸少为艺所累

王羲之字逸少，在东晋时，与温太真、蔡谟、谢安石同为一个等次的人。由于不爱钱财，不愿为他人谄媚所用，所以在功名成就上，没有值得一提的。但是，他的品德高尚，识见超群，议论宏博精当，则是同时代人很少有能与他相比的。朝中大臣听说他很有才气，屡次派人请他出来做官，他都谢绝了。殷渊源任宰相，执掌政事，也劝他出来做官，在给王羲之的信中说：“足下是出山还是隐居，应与国家的兴衰相应，岂可以一世之存亡，来适合足下的愿望呢？”

王羲之收到殷渊源的来信之后，立即给他写了回信。信中写道：“我对在朝做官一向没有兴趣，王丞相想招揽任用我，我坚决不应许。我立下的誓言手迹尚存，由来已久。不能以足下作宰相与否而决定出山与隐居。自从儿子娶妻、女儿出嫁以后，我就心怀尚子平的志向，并且多次告诉了亲戚朋友与知交，这已不是一日之事了。”

后来，东晋殷渊源将举兵北伐，王羲之分析了当时的形势，举，又遗书曰："以区区江左，所营综如此，天下寒心久矣。自寇乱以来，处内外之任者，疲竭根本，各从所志，意无一功可论，一事可纪。任其事者，岂得辞四海之责哉！若犹以前事为未工，故复求之于分外，宇宙虽广，何所自容！"又与会稽王笺曰："今虽有可欣之会，内求诸己，而所忧乃重于所欣，以区区吴、越，经纬天下十分之九，不亡何待！愿令诸军皆还保淮，须根立势举，谋之未晚。"其识虑精深，如是其至，恨不见于用耳。而为书名所盖，后世但以翰墨称之。《晋书》本赞，标为唐太宗御撰，专颂其研精篆素，尽善尽美，至有"心慕手追"之语，略无一词论其平生，则一艺之工，为累大矣。

献之立志，亦似其父。谢安欲使题太极殿榜，以为万代宝，而难言之，试及韦仲将陵云榜事，即正色曰："使其若此，有以知魏德之不长。"遂不之逼。观此一节，可以知其为人，而亦以书名之故，没其盛德。

认为出兵北伐战则必败。所以就写信给殷渊源，劝他不要统兵出战。殷渊源没有接受他的劝阻，毅然兴兵北伐，结果失败。之后，殷渊源谋图再举，王羲之得知后，再次写信给他，信中写道：“以区区江左，经营成这个样子，天下人感到寒心已不是一天了。自寇乱南迁以来，在内外任职的文武百官，耗尽国家库存，各自按照自己的意向行事，其结果，竟然无一功可言，无一事可以称道载入史册的。具体办政事的人，岂能推卸自己对天下的责任呢？如果仍以前次北伐失败，复求之于分外谋图再举。天下虽然如此广大，何能自容！”他在写给会稽王的信中亦说：“而今虽有可以值得欣喜的事，但是认真反思，心中忧虑的事比值得欣喜的事还要多。以区区吴、越之地，去谋图收复治理天下的十分之九的广大地区，能有不遭失败的吗？为此，我殷切期望您能命令北伐诸军退军，驻这淮河沿岸，确保淮河安全，须待立定脚跟，时机成熟，再举兵北进，亦为时未晚。”王羲之对当时形势的分析、估计，识见精当，谋虑深远，如同自己亲临其地，可惜的是未被采纳见诸行动。他这些卓越见解，为他的书法名声所掩盖，后人在对他作评论时往往只是称颂他的书法。《晋书·王羲之传》的“赞”语中题作唐太宗御撰，专门颂扬王羲之精心研究书法，尽善尽美以至于用“心摹手追”一词来评论他的书法的影响。然而，对于他的平生为人处事，则无一词评论。可见他的这一技之长，所造成的累害多么大啊！

王献之是王羲之的第七子，他也很有志气，如同其父王羲之那样。东晋大臣谢安想请他题写太极殿榜，以为这是万代珍宝，有些难以开口。就以三国曹魏时韦仲将的故事进行试探，说：“魏国陵云殿榜无人题写，工匠就把它钉在殿门上，也不再二王尚尔，况于他人乎！

鄂州南楼磨崖

庆元元年，鄂州修南楼，剥土有大石露于外，奇崛可观。郡守吴琚见而爱之，命洗剔出圭角，即而谛视，乃摩崖二碑。其一刻两字，上曰“柳”，径二尺四寸，笔势清劲，下若翻书“天”字，唯存人脚，不可复辨，或以为符，或以为花押，邦人至褾饰置神堂，香火供事。或云道州学侧虞帝庙内亦有之，云柳君名应辰，是唐末五代时湖北人也。

其一高丈一尺，阔如其高而加五寸，刻大字八十五，凡为九行，其文曰：“乾正元年，荆襄寇乱，大吴将军出陈武昌，诏太守杨出公镇。”后云：“荆、江、京、汉推忠、辅国、侍卫将军吴居中记。”案杨行密之子溥嗣吴王位，是岁，唐取下，就让韦仲将站在凳子上去写。写完之后，累得气喘吁吁。”王献之听了，心中十分明白谢安的用意，就义正词严地说：“韦仲将是魏国的大臣，如果真有这样的事，那就从中便可看出魏国的统治时间不会长久了。”谢安不禁吃惊，也不再逼他题写了。观此一节，可知王献之的为人，他亦同样是以自己的书法著称于世的缘故，而掩盖了他的盛德。

王羲之、王献之二人尚且如此，何况其他人呢？

鄂州南楼磨崖

我朝宁宗庆元元年，鄂州（今湖北武汉）城南修建城楼。破土动工后，发现有一块巨石露出，形状奇特，巍峨壮观。郡守吴琚得知后，前去查看，见到露出地面的石块，形状特殊，非常有兴趣。他让人继续挖掘冲洗露出的圭角，继而仔细审视，才知道这是摩崖石刻两块。其中一块，上面刻有两个大字，上下排列。在上部的是柳字，直径长二尺四寸，笔势清秀有力。在下部的字已残，好像是个倒写的天字，唯存人脚，究竟是什么字，已经无法辨认了。对此，人们有种种揣测，有的说是刻有篆书的符（凭证），有的说这是用草书签名的花押。当地人甚至将它整饰一新，放进神庙殿堂，让人供奉，四时香火不绝。听说道州（今湖南道县）州学旁边虞帝庙亦有一块这样的石碑，碑上说柳君名叫应辰，是唐末五代时湖北人。

另一块石刻，高一丈一尺，宽一丈一尺五寸，上面镌刻大字八十五个，共九行。碑文说：“乾正元年，荆州、襄州（今湖北襄樊）地方寇盗作乱，吴国将军已出兵武昌，同时急令太守杨公统兵出战，严加防范。”碑文末尾署作：“荆州、江州（今江西九明宗天成二年，溥以十一月僭帝，改元乾贞，宋莒公《纪年通谱》书为“乾正”，云避仁宗嫌名，《通鉴》亦同。而此直以为“乾正”，一时所立，不应有误也。

赏鱼袋出处

《随笔》书衡山《唐碑》别驾赏鱼袋，云“名不可晓”，今按《唐职林·鱼袋门》叙金玉银铁带，及金银鱼袋云：“开元敕，非灼然有战功才，余不得辄赏鱼袋。”斯明文也。

江）、京、汉州（今四川广汉）推忠、辅国、侍卫将军吴居中记。”据杨行密的儿子杨溥是在杨行密死后当即继承吴王位的。这一年，是唐明宗天成二年。杨溥于这一年十一月宣布称帝，改年号为乾贞。宋莒公在《纪年通谱》中，书作乾正，说这是为避宋仁宗赵祯的名讳，将乾贞改为乾正。《资治通鉴》里亦持此说。而此碑上面直书以乾正。该碑为当时人所立，所书年号，是不会有误的。

赏鱼袋出处

我在《容斋随笔》中记述衡山唐碑别驾赏鱼袋时曾说："赏鱼袋之名不可晓"，他处亦未见有记载。今见《唐职林·鱼袋门》记述金玉银铁带及金银鱼袋事说："唐玄宗开元间敕令，赏鱼袋只赏给有显著战功的人，除此之外，其他人一律不许赏鱼袋。"为什么名叫赏鱼袋，此记意思甚明。

卷十一（十八则）

京丞相转官

庆元二年朝廷奉上三宫徽称册宝，继又进敕令、玉牒、实录，大臣迁秩，于再于三，盖自崇宁至于绍熙，未之有也。于是京右丞相以十月受册宝赏，由正议转宣奉。十二月用敕局赏，当得两官，以一回授、一转光禄。三年二月，用提举玉牒实录院及礼仪使赏，有旨三项各转两官，辞之至四五。诏减为四官，其半回授，其二遂转金紫。四月之间，陟五华资，仍回授三帙。在法宰执转官与除拜同，故得给使恩。百二十年而入流者二十有四。

迈记淳熙十四年，王左相进玉牒，并充国史礼仪使；梁右相进《四朝史传》《国朝会要》，并充玉牒礼仪使。诏各与转两官。所谓各者，指二相也。时梁公误认为三者各两官，已系特进，谓如此则序进太师矣，中批只共为两官，复辞之，诏许回授，又辞，但令加恩，亦辞。适已罢相在经筵，讫于分毫不受，唯王公独加恩。今日之事全相类，而又已有去

京丞相转官

宋宁宗庆元二年的一天，宁宗临朝，向高宗皇后、孝宗皇后、光宗皇后进献加给尊号的宝册。紧接着，诸臣又进呈待发的敕令，编写的玉牒、实录及大臣升职变动等，接连不断。这是宋代从徽宗崇宁到光宗绍熙八十多年来，不曾有过的事。就是在这一年的十月，右丞相京镗得到了朝廷颁布的册宝赏赐。由正四品正议大夫转为宣奉大夫。十二月，又得到敕局的赏赐，应得两官，一官回授（转授），一转为从二品光禄大夫。庆元三年二月，又一次得到提举玉牒实录院及礼仪使的赏赐。这时候，朝廷降旨凡是这三项的赏赐，一律各转两官。京右丞相接连推辞了四五次，都不接受。后来朝廷降旨提升他四官，其中一半为转授，那二官转为正三品的金紫光禄大夫。四个月时间内，官升五级，仍转授三级官给亲属。本朝法律上规定，宰相转官与除拜升官相同，所以能够得到朝廷的恩赏。一百二十年来，像他这种情况的人总共有二十四人。

我曾记得孝宗淳熙十四年，左相王淮进献玉牒，命他充任国史礼仪使。右相梁克家进献《四朝史传》《国朝会要》，命他充任玉牒礼仪使，并且特意下诏“各与转两官”，所谓各者，就是指王左相、梁右相二人，不包括其他人。当时，梁右相没有细心领会诏书的意思，认为是三者各转两官，已属于特进，照此按照官员晋升顺序的规定，就可以直接进为太师了。实际上，并不是这样。内廷批示总共只能转两官。梁右相再次辞去。朝廷下诏冬二赏矣。有司不谙练故实，径准昔年中旨行出，闻京公殊不自安，然无说可免，惜乎东阁贤宾客不告以十年内亲的故事，以成其美。

迈顷居翰苑，答王、梁诸诏，尝上章开析论列，是以窃识其详。

熙宁司农牟利

熙宁、元丰中，聚敛之臣，专务以利为国，司农遂粥天下祠庙。官既得钱，听民为贾区，庙中慢侮秽践，无所不至。南京有阏伯、微子两庙，一岁所得不过七八千，张文定公判应天府，上言曰："宋王业所基也，而以火王。阏伯封于商丘，以主大火，微子为宋始封，此二祠者独不可免乎！乞以公使库钱代其岁入。"神宗震怒，批出曰："慢神辱国，无甚于斯！"于是天下祠庙皆得不粥。

改作转授，他又辞去，只令加恩给予高于本职的虚衔，他亦再次辞去。这时候，梁克家已经被免去宰相的职务，在经筵定期为皇上讲解经史，终究什么赏赐都没有接受。唯独王左相得到了朝廷加恩的赐予。今日的情况全都与此相似，而在去年冬天，已有过两次赏赐。有些官府的长官，不了解官制沿革，直接比照过去御批实行，听说京镗对这一做法很感不安，但是没有理由制止这种做法。遗憾的是，东阁中的那些宾客贤能之士不把宫内十年来的遗事如实地告诉他，使他无法成全其美。

不久前，我在翰林院供职，见到答王左相，梁右相的一些诏书，曾上书分析论证，因此了解这件事的详情。

熙宁司农牟利

神宗熙宁、元丰年间，那些平日爱财如命的官员，聚敛钱粮不择手段。掌管国家财政的司农决定租赁全国各地的祠堂庙宇。官府为了得到一些钱，就让百姓在祠堂庙宇内投摊叫卖。祠堂庙宇中的神像及各种设施，任人侮辱践踏，而无人过问。南京（今河南商丘）有阏伯庙和微子庙，租赁之后，一年所得不过七八千钱。张方平在任应天府（今河南商丘）时曾经上疏说："南京是我朝王业根基重地，我朝是以火德为王的。阏伯是轩辕黄帝曾孙帝喾的儿子，受封到商丘，主管大火。微子是纣王庶兄，周武王灭商丘之后，被封于宋（今河南商丘）。而今就连这两个供奉阏伯和微子的祠庙，也不得幸免。恳请朝廷降旨以国家库存钱粮来代替这两个地方每年的收入。"神宗从这一奏折中得知各地祠庙遭到破坏的严重情况，十分恼火，立即批示说："侮神辱国，莫甚于此。"自此而后，各地的祠庙一如既往，不许人们在又有议前代帝王陵寝，许民请射耕垦，司农可之，唐之诸陵，因此悉见芟刈。昭陵乔木，剪伐无遗。御史中丞邓润甫言："熙宁著令，本禁樵采，遇郊祀则敕吏致祭，德意可谓远矣。小人掊克，不顾大体，使其所得不赀，犹为不可，况至为浅鲜者哉！愿绌创议之人，而一切如故。"于是未耕之地仅得免。

二者可谓前古未有，一日万几，盖无由尽知之也。

文与可乐府

今人但能知文与可之竹石，惟东坡公称其诗骚，又表出"美人却扇坐，羞落庭下花"之句。予常恨不见其全，比得蜀本石室先生《丹渊集》，盖其遗文也。于乐府杂咏，有《秦王卷衣》篇曰：

"咸阳秦王家，宫阙明晓霞。丹文映碧镂，光采相钩加。铜螭逐银猊，压屋惊蟠拏。洞户锁日月，其中光景赊。春风动珠箔，鸾额金窠斜。美人却扇坐，羞落庭下花。闲弄玉这里设摊叫卖。

此外，又有人提出前代帝王陵墓，占地甚广，请准许百姓开垦耕种，司农批准了这一建议。顿时，在前代帝王陵墓所在地的百姓纷纷起来开垦耕种。唐代帝王陵墓上的草木，被铲除一尽，昭陵上高大的树木，亦被砍伐无遗。御史中丞邓润甫得知这种情况后，就给神宗上疏说：“熙宁时的国家法令，本来是禁止打柴的人乱砍乱伐的。每遇在郊外祭祀天地的时候，都要诏令各地官吏前往致祭，朝廷的德意不能说不是深谋远虑、从长计议的。而今那些无耻小人，贪得无厌，不顾大局，他们搜刮所得已难以数计，仍然不以此为满足，何况要叫他们少搜括呢？希望贬斥首先提出准许垦耕前代帝王陵墓的人，恢复旧的制度。”神宗见到此奏之后，立即下令禁止。这样才使未被开垦耕种的帝王陵墓得到幸免。

以上二事，可以说是前所未有。皇上日理万机，哪能什么都知道啊！

文与可乐府

现在不少人都知道文与可是画竹石的画家，而苏东坡则极力称道他的诗作。并且特意举出他的诗作中“美人却扇坐，羞落庭下花”的佳句。我常常责怪自己不能见到文与可的全部诗作。近来得到蜀本石室先生《丹渊集》，便是他的诗文的汇集。在该书乐府杂咏中，见有题为《秦王卷衣》的一篇。文中写道：

“咸阳秦王家，宫阙明晓霞。丹文映碧镂，光采相钩加。铜螭逐银猊，压屋惊蟠拏。洞户锁日月，其中光景赊。春风动珠箔，鸾额金窠斜。美人却扇坐，羞落庭下花。闲弄玉指环，轻冰扼红指坏，轻冰扼红牙。君王顾之笑，为驻七宝车。自卷金缕衣，龙鸾蔚纷葩。持以赠所爱，结欢期无涯。”其语意采入骚人阃域。

又有《王昭君》三绝句云：

“绝艳生殊域，芳年入内庭。谁知金屋宠，只是信丹青。”

“几岁后宫尘，今朝绝国春。君王重恩信，不欲遣他人。”

“极目胡沙满，伤心汉月园。一生埋没恨，长入四条弦。”

令人读之，缥缥然感慨无已也！

讥议迁史

大儒立言著论，要当使后人无复拟议，乃为至当，如王氏《中说》谓：“陈寿有志于史，依大议而削异端，使寿不美于史，迁、固之罪也。”又曰：“史之失自迁、固始也，记繁而志寡。”王氏之意，直以寿之书过于《汉》《史》矣，岂其然乎？

《元经》续《诗》《书》，犹有存者，不知能出迁、固之右乎？苏子由作《古史》，谓：“太史公易编年之法，为本纪、世家、列传，后世莫能易之，然其人浅近而不学，疏略而轻牙。君王顾之笑，为驻七宝车。自卷金缕衣，龙鸾蔚纷葩。持以赠所爱，结欢期无涯。”其语意深入文人的意境。

另外，尚有《王昭君》绝句三首。其词是：

“绝艳生殊域，芳年入内庭。谁知金屋宠，只是信丹青。”

“几岁后宫尘，今朝绝国春。君王重恩信，不欲遣他人。”

“极目胡沙满，伤心汉月园。一生埋没恨，长入四条弦。”

这些诗作，文字优雅，寓于了作者的思想感情，读之，仍令人感慨不已！

讥议迁史

古时候的著名学者著书立说，最主要的是不让后人提出异议商榷，这是恰当不过的了。比如王通在《中说》一书说：“陈寿这个人立志写出一部完善的史书，他依据官府重大决议的观点取材，而削去与大义不合被官府视为异端材料，这样就使他不能实现自己的诺言，写出一部完善的史书来。这是史家司马迁和班固的罪过。”王通还说：“史书记事不实，出现谬误，是从司马迁、班固开始的。《史记》和《汉书》的失误，在于记的部分内容繁多量大，而志的部分内容简略量小。”按照王通的述评，陈寿编写的《三国志》中的失误，有甚于司马迁的《史记》和班固的《汉书》。实际情况真的是这样吗？

《元经》一书，是续《诗经》《尚书》而作，现在尚流传于世，不知该书能比司马迁、班固高明于何处？苏东坡是本朝一位著名学者。他在所撰《古史》中说：“司马迁在编写史书时，改编年体的写史方法，创立纪传体的写史体例，分为本纪、世家、列信，故因迁之旧，别为《古史》。”今其书固在，果能尽矫前人之失乎？指司马子长为浅近不学，贬之已甚，后之学者不敢谓然。

常何

唐太宗贞观五年，以旱，诏文武官极言得失。时马周客游长安，舍于中郎将常何之家。何武人，不学，不知所言，周代之陈便宜二十余条。上怪其能，以问何。对曰：“此非臣所能，家客马周为臣具草耳。”上即召周与语，甚悦，以何为知人，赐绢三百匹。常何后亦不显，莫知其所以进。予案《李密传》，密从翟让与张须陀战，率骁勇常何等二十人为游骑，遂杀须陀，常何之名盖见于此。唐史亦采于刘仁轨《行年河洛记》也。

传，后世史家仿效遵行而没有人能改变它，然而司马迁本人，学识浅薄而又不肯学习，疏忽粗略而又轻易相信，所以因循司马迁之旧例，另撰《古史》一书。”而今《古史》尚存，真的能够全部矫正前人在纪事中所出现的失误吗？同时，指责司马迁学识浅薄而又不肯学习，实为贬之过甚。自今而后，学人在作评论时，是不应该这样做的。

常何

唐太宗贞观五年，由于天下大旱，于是诏令朝中文武百官上书陈述国家政策的利弊得失。这时候，马周游历来到了长安（今陕西西安市），住在中郎将常何家里。常何是个武将，文化水平不高，在诏令下达之后，他不知说些什么为好，马周替常何起草了一篇疏文，对于时政提出了二十多条意见。这篇疏文进呈后，太宗看了，大为惊讶，他认为常何是不能够提出这样有见解的意见的，于是就命常何入见，问这篇疏文究竟是怎么一回事。常何据实回答说：“这篇疏文不是臣起草的，臣也没有这样的能力，而是暂时住在我家的马周替臣起草的。”太宗得知其事后，立即传召马周入见。通过交谈，见马周识见非凡，非常兴奋，以为常何善于知人，发现了马周这个人才，就赏给他绢三百匹。后来，常何没有什么明显的作为，亦没有被提拔。另据《唐书·李密传》记载，李密跟随翟让与隋将张须陀作战，率勇士常何等二十人为巡逻哨兵，遂将张须陀杀死。常何的名字见之于此。《唐书》中关于常何的记载，亦是取自刘仁轨《行年河洛记》中的记述。

李密诗

李密在隋大业中，从杨玄感起兵被获，以计得脱。变姓名为刘智远，教授诸生自给，郁郁不得志，哀吟泣下。唐史所书如此。刘仁轨《行年河洛记》专载密事，云："密往来诸贼帅之间，说以举大计，莫肯从者，因作诗言志，曰：

金风荡初节，玉露垂晚林。
此夕穷途士，郁陶伤寸心。
平野葭苇合，荒村葵藿深。
眺听良多感，徙倚独沾襟。
沾襟何所为？怅然怀古意。
秦、洛既未平，汉道将何冀？
樊哙市井屠，萧何刀笔吏。
一朝逢时会，千载传名谥。
寄言世上雄，虚生真可愧！
诸将见诗渐敬之。"予意此篇，正其哀吟中所作也。

寺监主簿

自元丰官制行，九寺五监各置主簿专以掌钩考簿书为职，它不得预。绍圣初，韩粹彦为光禄主簿，自言今辄预寺事，非先帝意也，请如元丰诏书。从之。如玉牒修书，主簿

李密诗

李密在隋炀帝大业年间，跟随杨玄感起兵反隋。在一次作战中失利，他被俘，后来设计逃走。改姓易名叫刘智远，依靠教书谋生。因为不得志，终日闷闷不乐，不时地哀叹落泪。《唐书》里关于李密的记载，大致是这样。刘仁轨《行年河洛记》一书，对于李密的事略有专门的记载。书中说："李密起事反隋之后，往来于举兵反隋的将帅之间，向他们陈述如何发展壮大自己的力量及如何夺取政权，但是无人相信采纳，心中不免苦闷。为了表达他内心的苦衷和自己的抱负，挥笔赋诗一首。诗中写道：

金风荡初节，玉露垂晚林。
此夕穷途士，郁陶伤寸心。
平野葭苇合，荒村葵藿深。
眺听良多感，徙倚独沾襟。
沾襟何所为？怅然怀古意。
秦洛既未平，汉道将何冀？
樊哙市井屠，萧何刀笔吏。
一朝逢时会，千载传名谥。
寄言世上雄，虚生真可愧！

那些将领们见到这首诗后，很受感动，渐渐地对李密表示敬意。"我读此篇，也认为李密的这首诗，是他不得志时的作品。

寺监主簿

自宋神宗元丰年间实行新的官制以来，在中央所设太常寺、光禄寺、卫尉寺、宗正寺、太仆寺、大理寺、鸿胪寺、司农寺、太府寺九寺及少作监、将作监、军器盐、都水盐、司天监五监机不预，见于王定国《旧录》，予犹及见。绍兴中，太府寺公状文移，惟卿丞系衔，后来掌故之吏，昧于典章，遂一切与丞等。今百官庶府，背戾官制，非特此一事也。

温大雅兄弟名字

《新唐书》，温大雅字彦弘，弟彦博字大临，大有字彦将，《旧史》不载彦博字，它皆同。三温，兄弟也，而两人以大为名，彦为字，一以彦为名，大为字。《宰相世系表》则云彦将字大有。而博、雅与传同；读者往往疑。欧阳公《集古录》引《颜思鲁制》中书舍人彦将行，证《表》为是，然则唯彦博异耳，故或以为误。

予少时因文惠公得欧率更所书《虞恭公志铭》，乃彦博也，其名字实然，后见《大唐创业起居注》，大雅所撰，其构中，各设主簿，专门掌管册簿文书，其他事情一律不再参与机构。宋哲宗绍圣初年，韩粹彦做光禄寺主簿，他据自己所见所闻说，现在的主簿往往参与寺中事务，这与我朝先帝的意图是不符合的。为此，请求按照元丰年间颁布的诏书行事。宋神宗采纳了他的这个建议。如掌管纂修皇族谱牒的玉牒所在纂修皇族谱牒时，主簿就没有参与，见于王定国的《旧录》一书，我尝亲自看到过。宋高宗绍兴年间，太府寺与其他官府来往的状文，只有卿、丞系衔，后来管理文书档案的书吏，鉴于对宋代典章制度不全部知晓，就以为吏的职责与丞相同。现在国家的文武百官，各级官府，违背官制之事，并不仅仅是这样一件事。

温大雅兄弟名字

《新唐书》中记载："温大雅字彦弘，一个弟弟名叫彦博字大临，另一个弟弟名叫大有字彦将。"《旧唐书》中记温氏三兄弟，不记彦博的字叫什么，其他关于名、字的记述，与《新唐书》都是相同的。温氏三兄弟，名与字有些不同。其中二人，是以大字为名，以彦字作字。另外一人，则是以彦字为名，以大字作字。《宰相世系表》里所说则与两《唐书》中所记有异。说温彦将的字叫大有。而对温彦博、温大雅名与字的记述与《唐书》本传所记相同。对此，一些读过《唐书》的人，往往产生怀疑。欧阳修在他编辑的《集古录》一书中，引《颜思鲁制》中书舍人彦将行的说法，以证明《宰相世系表》中所载是对的。惟独关于温彦博的记载，与《宰相世系表》相异。所以，有的人认为这是错误的。

我小时候，曾经见到文惠公所得欧率更书写的《虞恭公志铭》，上面署名彦博，可证他的名字彦博为实。后来，见到温大雅中云："炀帝遣使夜至太原，温彦将宿于城西门楼上，首先见之。报兄彦弘，弛以启帝，帝方卧，闻而惊起，执彦弘手而笑。"据此，则三温之名皆从彦。而此书首题乃云大雅奉敕撰，不应于其间敢自称字。

已而详考之，高宗太子弘为武后所酖，追尊为孝敬皇帝，庙曰义宗，列于太庙，故讳其名。如弘文馆改为昭文，弘农县改为恒农，徐弘敏改为有功，韦弘机但为机，李含光本姓弘易为李，曲阿弘氏易为洪，则大雅之名，后人追改之也。颜鲁公作《颜勤礼碑》，叙颜、温二家之盛，曰："思鲁、大雅、愍楚、彦博、游秦、彦将。以雅为名，亦由避讳耳。钱闻诗在太学，以此为策问，而言欧阳作传，戾于闻见，彼盖不察宋子京之作云。

册府元龟

真宗初，命儒臣编修君臣事迹，后谓辅臣曰："昨见《宴享门》中录唐中宗宴饮，韦庶人等预会和诗，与臣寮马上口摘含桃事，皆非礼也。已令削之。"又曰："所编事迹，盖欲垂为典法，异端小说，咸所不取，可谓尽善。"而编修官上所著《大唐创业起居注》一书，书中记有：隋炀帝派人星夜赶赴太原，夜宿在太原城西门楼上的温彦将，首先看到。他立即报告给哥温彦弘，说隋朝的使者已到太原。彦弘又急忙驰马启奏皇上，这时候，隋炀帝刚刚在床上躺下，以听到有人前来奏报，十分惊异，慌忙起身，听到彦弘的禀报，喜出望外，握着他的手，欣喜异常。根据以上的记载，温氏兄弟三人的名字都是以彦字取名的。而《大唐创业起居注》一书，在首页上题为温大雅奉敕修撰，不应擅自以字自称。

后来，我查阅了其他记载，详细进行考订，唐高宗李治的太子李弘，为武则天皇后毒死，死后追封为孝敬皇帝，庙号叫义宗，列于太庙之中，因而避讳其名弘字。比如将弘文馆改名为昭文馆，弘农县改名为恒农县，徐弘敏改名为有功，韦弘机改名为韦机，李含光本来姓洪，为避讳而改姓李。曲阿弘氏，为避讳改为姓弘。而大雅这个名字，也不是当时的名字，是在他死后后人追改的。颜真卿在所撰《颜勤礼碑》中，记叙颜氏、温氏二家的兴旺昌盛。名叫思鲁、大雅、愍楚、彦博、游秦、彦将。之所以以雅字为名，亦是由于避讳所致。钱闻诗在太学时，亦曾把它作为科举考试中的策问题目。说欧阳修在为温氏三兄弟立传时，有悖于见闻，而没有发现宋子京的著述中已有述及。

册府元龟

我朝真宗初年，下诏让儒臣搜集资料，编写君臣事迹。一天，真宗对辅政大臣说：“昨天，朕见《宴享门》书中记载，唐中宗举行宴会与群臣饮酒赋诗。韦庶人等也与会和诗。中宗与下臣在一起戏乐，骑在马上，口中含桃并用口去摘桃，非常热闹。但言："近代臣僚自述杨历之事，如李德裕《文武两朝献替记》、李石《开成承诏录》、韩偓《金銮密记》之类；又有子孙追述先德叙家世，如李繁《邺侯传》《柳氏序训》《魏公家传》之类，或隐己之恶，或攘人之善，并多溢美，故匪信书。并僭伪诸国，各有著撰，如伪《吴录》《孟知祥实录》之类，自矜本国，事或近诬。其上件数，并欲不取。余有《三十国春秋》《河洛记》《壶关录》之类，多是正史已有；《秦记》《燕书》之类，出自伪邦；《殷芸小说》《谈薮》之类，俱事诙谐小事；《河南志》《邠志》《平剡录》之类，多是故吏宾从述本府戎帅征伐之功，伤于烦碎；《西京杂记》《明皇杂录》，事多语怪；《奉天录》尤是虚词。尽议采收，恐成芜秽。"并从之。及书成，赐名《册府元龟》，首尾十年，皆王钦若提总，凡一千卷，其所遗弃既多，故亦不能暴白。

这些都不符合君臣的礼制，于是就下令删去。”又说：“编写君臣事迹是一件大事，是为了给后世效法。因此必须慎之又慎。对于异端小说中的材料，一概不予收录采纳。可以说考虑是很周全的。”这时，负责纂修的编修官在上书中说：“近些年来，有些官员为宣耀自己，往往自述本人的事略，如李德裕的《文武两朝献替记》、李石的《开成承诏录》、韩偓的《金銮密记》等等。有些子孙为了光宗耀祖，往往追述其先人的德行和家世，如李繁的《邺侯传》《柳氏序训》《魏公家传》等等。在这些著述中，有的蓄意掩益自己或其先人的劣迹恶行，或者把别人所做的好事善行化为已有，并且多是颂扬溢美之词。因此不能作为真实可信的著述。那些篡夺皇位称帝建国的伪政权，也各有自己的撰著。如《吴录》《孟知祥实录》一类的著述，都是进行自我炫耀，所言本国事略及功绩，多是歪曲事实，谬误不实之处，比比皆是。以上这些著述，也一律不予收录。除此之外，还有《三十国春秋》《河洛记》《壶关录》一类的著述，书中所记，在正史中大都可以找见。《秦纪》《燕书》这一类著书，都是出自非正统的伪邦之手。《殷芸小说》《谈薮》一类的著述，所记都是诙谐的区区小事。《河南志》《邠志》《平剡录》一类的著述，大都是那些故吏宾从述说本府将帅讨伐征战建立的功绩，其弊病在于所记琐碎繁杂。《西京杂记》《明皇杂录》一类著作，所记多为一些荒诞离奇之事，而《奉天录》书中所记，尤多虚构。如果不加选择，全都兼收并取，恐怕成为杂乱荒谬的。”真宗采纳了这些建议，并把这些建议作为编修君臣事迹的方针。书成之后，真宗赐名叫《册府元龟》。该书编修，整整花了十年时间，都是由宰相王钦若总负其责的，共一千卷。由于在材料选取上，有很多材料被遗如《资治通鉴》则不然。以唐朝一代言之，叙王世充、李密事，用《河洛记》；魏郑公谏争，用《谏录》；李绛议奏，用《李司空论事》；睢阳事，用《张中丞传》；淮西事，有《谅公平蔡录》；李泌事，用《邺侯家传》；李德裕太原、泽、潞、回鹘事，用《两朝献替记》；大中吐蕃尚婢婢等事，有林恩《后史补》；韩偓凤翔谋画，用《金銮密记》；平庞勋，用《彭门纪乱》；讨裘甫，用《平剡录》；记毕师铎、吕用之事，用《广陵妖乱志》。皆本末粲然，然则杂史、琐说、家传，岂可尽废也！

汉高帝祖称丰公

《前汉书·高祖纪赞》云："刘氏自秦获于魏。秦灭魏，迁大梁，都于丰。故周市说雍齿曰：'丰，故梁徙也。'是以颂高祖云：'汉帝本系，出自唐帝。降及于周，在秦作刘。涉魏而东。遂为丰公。'丰公，盖太上皇父。"案上六句皆韵语，不知何人作此颂，诸家注释，大抵阙如。予自少时读班史，今六七十年，何啻百遍，用朱点句亦须十本，初不记忆高帝之祖称丰公，比再阅之，恍然若昧平生，聊表见于此。旧弃不取，所以有些事情真相也不能得到暴露。

而《资治通鉴》则不是这样。以记叙唐朝一代的史事而言，记述王世充、李密的事略，采用的是《河洛记》的记载。记述魏征谏争之事，采用的是《谏录》的记载。记述李绛的奏议，采用的是《李司空论事》的记载。记述睢阳之事，采用的是《张中丞传》的记载。记述淮西之事，采用的是《谅公平蔡录》的记载。记述李泌之事，采用的是《邺侯家传》的记载。记述李德裕在太原、泽州（今山西晋城）、潞州（今山西长治）、回鹘事略，采用的是《两朝献替记》的记载。记述大中吐蕃尚婢婢等事，采用的是林恩《后史补》的记载。记述韩偓在凤翔的谋划，采用的是《金銮密记》的记载。记述平定庞勋举兵之事，采用的是《彭门纪乱》的记载。记述镇压裘甫起义事，采用的是《平剡录》的记载。记述毕师铎、吕用之事，采用的是《广陵妖乱志》的记载。关于这些史事的记述，始末都十分清楚。由此来看，杂史、琐说、家传这类的著述，岂可一概弃之不取呢？

汉高帝祖称丰公

《汉书·高祖纪赞》说：“刘氏自秦国被俘迁到了魏国。秦昭王伐魏。魏惠王被迫迁都大梁（今河南开封），刘氏也于这时迁到了丰邑（今江苏丰县）。所以秦末周市对雍齿说：‘丰邑，是由大梁遗民迁来后形成的。’因此，那些歌颂汉高祖刘邦的人就在所写的颂歌中说：‘汉帝本系，出自唐帝。降及于周，在秦作刘，涉魏而东，遂为丰公。”丰公，就是太上皇的父亲。”以上这六句颂词，都是韵语。不知为何人所作。注释《汉书》的各家，都没有对此做出任何的解说。我从小时候起，就喜欢读班固的书不厌百回读，信哉！

枢密行香

唐世枢密使专以内侍为之，与它使均称内诸司，五代以来始参用士大夫，遂同执政。案实录所载景德二年三月元德皇后忌，中书、枢密院文武百官，并赴相国寺行香。初枢密院言："旧例国忌行香，唯枢密使、副依内诸司例不赴，恐有亏恭恪。今欲每遇大忌日，与中书门下同赴行香。"从之。枢密使副、翰林、枢密直学士并赴，自兹始也。然则枢密之同内诸司久矣。隆兴以来，定朝臣四参之仪，自宰臣至于郎官、御史，皆班列殿庭拜舞，惟枢密立殿上不预，亦此意云。

船名三翼

《文选》张景阳《七命》曰："浮三翼，戏中沚。"其事出《越绝书》，李善注颇言其略，盖战船也。其书云："阖闾见

《汉书》，到今天已六七十年了，恐怕不止读过百遍，仅是用朱笔圈点过的，至少也有十本。当初从未注意到《汉书》中关于刘邦的祖父称丰公的记载。近来再读，看到《高祖纪赞》中这一段话，竟恍恍然好像是第一次才看到，所以，我就把它记之于此，所谓旧书不厌百回读这句话，说得多么真切可信啊！

枢密行香

在唐代，枢密使专从内侍省官员中选任。枢密使与中央其他官署的长官使都称为内诸司。五代以来，枢密使的人选有些变化，除从内侍省官员中选任外，还开始从士大夫中选任，其地位，与宰相相同。按《实录》中的记载，真宗景德二年三月元德皇后忌日（去世之日），中书省、枢密院的文武官员，一齐要到开封相国寺行香。起初，枢密院提出："我朝旧制规定，凡是忌日，朝中文武官员均应行香。只有枢密使、枢密副使，依内诸司例，不去行香，恐怕有损于恭敬谨慎。现在打算每遇大的忌日，枢密院官要与中书省、门下省官一道前往相国寺行香。"真宗采纳了这一建议。枢密使、枢密副使、翰林院官及枢密直学士一道前往行香，便是从此开始的。然而，枢密使与内诸司地位相同则由来已久了。孝宗隆兴年间以来，所定朝臣每月四次参拜的礼仪，自宰相以至郎官、御史，都在殿庭按品级列队进行参拜，惟独枢密使立于殿上不参与这些活动，也是这个意思。

船名三翼

《文选》中辑有张景阳所撰《七命》八首。这里说："浮三翼，戏中沚。"此说出于《越绝书》。李善在作注时，只是作了概子胥，问船运之备。对曰：‘船名在翼、小翼、突冒、楼船、桥船。大翼者当陵军之车，小翼者当陵军之轻车。’”又《水战兵法内经》曰：“大翼一艘，广一丈五尺三寸，长十丈；中翼一艘，广一丈三尺五寸，长九丈；小翼一艘，广一丈二尺，长五丈六尺。”大抵皆巨战船，而昔之诗人，乃以为轻舟，梁元帝云“日华三翼舸”，又云“三翼自相追”，张正见云“三翼木兰船”，元微之云“光阴三翼过”。其它亦鲜用之者。

东坡诲葛延之

江阴葛延之，元符间，自乡县不远万里省苏公于儋耳，公留之一月。葛请作文之法，诲之曰：“儋州虽数百家之聚，而州人之所须，取之市而足，然不可徒得也，必有一物以摄之，然后为己用。所谓一物者，钱是也。作文亦然，天下之事散在经、子、史中，不可徒使，必得一物以摄之，然后为己用。所谓一物者，意是也。不得钱不可以取物，不得意不可以用事，此作文之要也。”葛拜其言，而书诸绅。尝以亲制龟冠为献，公受之，而赠以诗曰：“南海神龟三千岁，兆叶朋从生庆喜。智能周物不周身，未死人钻七十二。谁能用尔作小冠，岣嵝耳孙创其制。今君此去宁复来，欲慰相思时整视。”今集中无此诗。葛常之，延之三从弟也。尝见其亲笔。

括的说明。所谓三翼，就是战船的名称。书中说：“吴王阖闾见到伍子胥就问运载的船只准备得如何。伍子胥回答说：‘船只的名字有大翼、小翼、突胃、楼船、桥船。名字叫大翼的船只相当于步兵的重型车。名字叫小翼的船只相当于步兵的轻便的车。’另外，《水战兵法内经》里说：“战船大翼一艘，宽一丈五尺三寸，长十丈。中翼一艘，宽一丈三尺五寸，长九丈。小翼一艘，宽一丈二尺，长五丈六尺。”据此所载，大翼、中翼、小翼，长宽各不相同，但大抵都是巨型的战船。过去的一些文人，在他们的诗作中把三翼作为轻便的小船。关于船名三翼，曾为文人所使用。如梁无帝说“日华三翼舸”，又说“三翼自相追”。张正见说“三翼木兰船”，元稹也有“光阴三翼过”的诗句，此外则很少人用它。

东坡诲葛延之

江阴葛延之于哲宗元符年间，从乡下不远万里不辞劳苦来到儋耳，见到了被朝廷贬斥的苏东坡，虚心向他求教。苏东坡很受感动。留葛延之在这里住了一个月。葛延之问苏东坡写文章有什么好方法，苏东坡耐心引导说：“儋州是一个几百户人家的小城，这里百姓日常所需要的各种用品，都可以从集市上得到，当然不是白白无故就能得到，必须用一样东西去换取，然后才能为自己所有。那么，这一样东西是什么呢？就是钱。写文章也是同样的道理。天下之事，千姿百态。各种材料都分散在经书、子书（诸子百家、笔记小说）及史书之中，虽然可以得到它，可也不能白白地得到使用，也必须先得到一个东西，然后才能把它们攫取过来，为自己所使用。那么，这个东西是什么呢？就是意。得不到钱就不能买到自己需要的物品，没有意也就不能写出文章。

用书云之误

今人以冬至日为书云，至用之于表、启中，虽前辈或不细考，然皆非也。《左氏传》：“僖公五年正月辛亥朔，日南至，公既视朔，遂登观台以望，而书，礼也。凡分、至、启、闭，必书云物，为备故也。”杜预注云：“周正月，今十一月。分、春、秋分也；到，冬、夏至也；启者，立春、立夏；闭者，立秋、立冬；云物者，气色灾变也。”盖四时凡八节，其礼并同。

汉明帝永平二年春正月辛未，宗祀光武毕，登灵台观云物，尤可为证。而但读《左传》前两三句，故遂颛以指冬至云。今太史局官，每至此八日，则为一状，若立春则日风从艮上位上来，春分则曰风从震位上来，它皆仿此，只是定本，这就是写文章的秘诀。”葛延之听了，很受启发。当即拜谢，并把这个秘诀写了下来，转告给各位绅士。他还将亲手制作的龟冠献给了苏东坡，以表示自己的敬意。苏东坡也赋诗回赠。诗中说：“南海神龟三千岁，兆叶朋从生庆喜。智能周物不周身，未死人钻七十二。谁能和尔作小冠，岣嵝耳孙创其制。今君此去宁复来，欲慰相思时整视。”而今所见苏东坡集中没有这首诗。葛常之，是葛延之的三从弟，曾经见到苏东坡亲笔所写这首诗的真迹。

用书云之误

现在人们都把冬至日称为书云。甚至在国家表、启这些正式文件中也有这样的用法。即使前辈也未见有人详细考订，实际上书云并不是指冬至日而言的。《左传》里记载：“僖公五年正月辛丑初一日，冬至。太阳在最南方。僖公于太庙听政之后，就登上观云台观察云气云象。加以记载，这是礼制的规定。凡属分、至、启、闭，必记录云气云色，这是为了解灾害作准备。”杜预在这里作注说：“周朝的正月，即今之十一月。所谓分，即春分、秋分；至，即冬至、夏至；启，即立春、立夏；闭，即立秋，立冬。云物就是天象中云气云色灾异等复杂异常现象。一年有春夏秋冬四时，可以分作八个节气。每个节气都要举行祭祀，节气虽有不同，所用的礼仪则是相同的。

汉明帝永平二年春季正月辛未十三日，在宗庙祭祀汉光武帝完毕之后，明帝登国家天文台灵台观察云物，更是有力的证据。然而，只读《左传》前两三句，不继续读下去，不看上下文的意思，就以为云物是专指冬至日而言的。而今国家掌管天文历法元非摭实。《起居注》随即修入，显为文具，盖古之书云意也。

张鷟讥武后滥官

武后革命，滥授人官，故张鷟为谚以讥之曰："补阙连车载，拾遗平斗量，杷推侍御史，椀脱校书郎。"唐新、旧史亦载其语，但泛言之。

案，天授二年二月，以十道使所举人石艾县令王山辉等六十一人，并授拾遗、补阙；怀州录事参军霍献可等二十四人，并授侍御史；并授录事参军徐昕等二十四人，授著作郎；内黄县尉崔宣道等二十三人，授卫佐校书。凡百三十二人，同日而命试官自此始也。其滥如此！《刘子玄传》："武后诏九品以上陈得失，子玄言：'君不虚授，臣不虚受，今群臣无功，遭遇辄迁，至都下有车载、斗量、杷推、碗脱之谚'。"正为此设，然只是自外官便除此四职，非所谓辄迁，子玄之言失之矣。

的太史局的官员们，每到此八日，就要写一个报告。如果是立春，就说风从艮位上来，如果是春分，就说风从震位上来。其他如立夏、夏至，立秋、秋分，立冬、冬至，都仿照此法。这是固定的书写格式，本来就不符合实情。《起居注》一书在编修时，将它纳入，显然是徒具空文。这大概是古时候书云的含义。

张鷟讥武后滥官

武则天代唐改国号为周后，曾经委任、提拔了一些官吏。有人说她的这种做法是滥授人官。一个叫张鷟的曾经专门写了一首谚语来进行讽刺嘲笑。谚语中道："补阙连车载，拾遗平斗量。把推侍御史，椀脱校书郎。"《旧唐书》和《新唐书》都录有这则谚语。但这里所说只是泛泛而言的。

据记载，武周天授二年二月，由各地十道长官推荐的石艾县令王山辉等六十一人，同时授给拾遗、补阙官职。怀州（治今河南沁阳）录事参军霍献可等二十四人，同时授给侍御史官职；并州（治今山西太原）录事参军徐昕等二十四人，同时授给著作郎官职；内黄县尉崔宣道等二十三人，同时授给卫佐校书。总计一百三十二人，是在同一天颁布诏书，授给他们的官职。在官吏任用上的试官制度，即是自此开始的。《刘子玄传》载："武则天改国号为周之后，颁布诏书，责令九品以上的官吏，上书陈述时政的利弊得失。刘子玄应诏上书说：'作为国君不要虚授人官职，作为人臣不要白白接受委任。而今群臣并没有立下什么功绩，往往给予升官晋职，以至在京城出现车载、斗量、杷椎、椀脱的谚语。'刘子玄所说的这一番话，也是针对武则天代唐之后选拔任用审吏情况所发出的议论。然而，就武则天当年选拔任用官

唐王府官猥下

唐自高宗以后，诸王府宫益轻，惟开元二十三年，加荣王以下官爵，悉拜王府官属。浸又减省，仅有一傅一友一长史，亦但备员，至与其府王不相见。宝历中，琼王府长史裴简求具状言："诸王府本在宣平坊，多年摧毁，后付庄宅使收管，遂为公局。每圣恩除授，无处礼上，王官为众所轻，府既不存，官同虚设，伏乞赐官宅一区。"乃诏赐延康坊宅。

予因阅《九经字样》一书，开成中唐玄度所纂，其官阶云朝议郎知沔王友，充翰林待诏，沔王名恂，宪宗之子，而以书吏为友。其余可知。

案文、武、宣、昭四宗，皆自藩王登大位，刚明果断，为史所称，盖出于天性，然非资于师友成就也。

吏的实际情况而论，只不过是从外官中选拔提升一些人为补阙、拾遗、侍御史、校书郎四职，并不是什么辄迁，刘子玄所言失实。”

唐王府官猥下

唐代自高宗李治以后，在各个亲王府任职的官员日益不为人们所重视。惟独唐玄宗开元二十三年，朝廷下诏给荣王府以下的官员加官进爵。王府的所有官员都得到赏赐。但是，后来渐渐地下诏裁减王府的官员，在一个亲王的王府中，仅设官三人：一个是傅，一个是友，一个是长史，而且还是以备顾问而已。以至于在同一王府中，属官不得与王相见。唐敬宗宝历年间，琼王府长史裴简求向朝廷上书，陈述各个王府的状况说：“诸王府原在京城宣平坊，由于年久失修，累经摧毁而无人过问。后来将王府交庄宅使收管，于是就成为官署衙门。每遇朝廷开恩降旨升迁赏赐的时候，诸王无处敬奉圣上。既然王府官员为众人所轻视，王府没有固定的办事地方，因而王府官员虽有任命实际上并没有就任做事，等于虚设。为此，恳求皇上赐给官宅一区，以供王府使用。”敬宗看到这个奏折之后，颇有感慨，于是降旨将京城延康坊的官宅赐给王府。这样才使王府的官员有了办事的地方。

《九经字样》一书，为唐文宗开成年间唐玄度所纂修。我在阅览该书时，见到书中自述其官阶为朝议郎知沔王的友人官翰林院待诏。这里所说的沔王，是李恂，是唐宪宗李纯的儿子，他与一个区区书吏为朋友，就可以看出王府在当时的地位，至于说王以下属官的地位那就不必细说了。

按唐代文宗李昂、武宗李瀍、宣宗李忱、昭宗李杰四人，都是由藩王登上帝位的，他们英明果断，为史家所称颂。这些都是

御史风闻

御史许风闻论事，相承有此言，而不究所从来，以予考之，盖自晋、宋以下如此。齐沈约为御史中丞，奏弹王源曰："风闻东海王源。"苏冕《会要》云："故事，御史台无受词讼之例，有词状在门，御史采状有可弹者，即略其姓名，皆云风闻访知，其后疾恶公方者少，递相推倚，通状人颇壅滞。开元十四年，始定受事御史，人知一日劾状，遂题告事人名，乖自古风闻之义。"然则向之所行，今日之短卷是也。二字本见《尉佗传》。

唐御史迁转定限

唐元和中，御史中丞王播奏："监察御史，旧例在任二十五月转，准具员不加，今请仍旧；其殿中侍御史，旧十二月转，具员加至十八月，今请减至十五月；侍御史，旧十月转，加至十三月，今请减至十二月。"从之。案唐世台官，虽职在抨弹，然进退从违，皆出宰相，不若今之雄紧，观其迁出于自己的天资，并不是依赖于教育辅导而取得成就的。

御史风闻

御史在秦汉以后为专职监察官，允许他们根据风闻即没有经过调查核实的传闻上奏弹劾论事。此种说法，代代相承，而无人查究它的由来。经过查实考订，我发现关于风闻的说法，在两晋、南北朝时候就有人使用了。南朝齐国的沈约曾任御史中丞，他在所上弹劾王源的奏折中说："风闻东海王源。"苏冕在所编修的《会要》中亦说："旧例规定，御史台官员不许接受、处理诉讼案件，如果有人将诉讼的状子送到门上，御史看了，可以采取状子中所列的事实上奏弹劾，但在上奏的奏折中，不许说出原告人的姓名，都说成是风闻访知。到了后来，疾恶如仇，公道正直的人少，他们互相推诿，投诉人的状子大量积滞，得不到及时处理。直到唐玄宗开元二十四年，才做出新的规定，由于接受职事的御史，了解一天弹劾投诉的情况，要求将投诉反映情况的人的姓名一一登记下来。这与古时候那种风闻奏事的情况是不相同的。"然而，过去一向所实行的御史风闻奏事制度，现在已不复存在了。"风闻"二字，见于《尉佗传》。

唐御史迁转定限

唐宪宗元和年间，御史中丞王播在所上奏折中说："监察御史，旧制规定任期二十五个月后升转，准许没有显著事迹的官员任期不加时间，现在请求仍按旧制施行。殿中侍御史，旧制规定任期十二月后升转，没有显著事迹的官员任期定为十八个月，现在请求减去三个月，定为十五个月。侍御史，旧制规定任期十叙定限可知矣。国朝未改宫制之前，任监察满四年而转殿中，又四年转侍御史，又四年解台职，始转司封员外郎。元丰五年以后，升沉迴别矣。

月后升转，没有显著事迹的官员任期定为十三个月，现在请求减去一个月，定为十二个月。”宪宗看后，认为这个办法可行，就采纳了他的建议。按唐代监察官员，虽然其职责在于弹劾官吏的失职与不法行为。然而，关于官吏的进退变动，都是出自宰相。不像今天宰相与御史的关系那么紧张，关于这一点，只要看一下有关官吏官位、勋爵升迁叙用期限的规定，就可一目了然了。本朝在没有改革官制之前，监察御史期满四年，转为殿中侍御史，任殿中侍御史期满四年，转为侍御史，任侍御史期满四年，就不许再在御史台监察机构中任职，升转为司封员外郎。神宗元丰五年以后，由于改革官制，官吏的升降办法与此迥然不同。

卷十二(十三则)

小学不讲

古人八岁入小学,教之六书,《周官》保氏之职,实掌斯事,厥后浸废。萧何著法,太史试学童,讽书九千字,乃得为吏,以六体试之。吏人上书,字或不正,辄有举劾。刘子政父子校中秘书,自史籀以下凡十家,序为小学,次于六艺之末。许叔重收集篆、籀、古文诸家之学,就隶为训注,谓之《说文》。蔡伯喈以经义分散、传记交乱、讹伪相蒙,乃请刊定五经,备体刻石,立于太学门外,谓之《石经》。后有吕忱,又集《说文》之所漏略,著《字林》五篇以补之。唐制,国子监置书学博士,立《说文》《石经》《字林》之学,举其文义,岁登下之。而考功、礼部课试贡举,许以所习为通,人苟趋便,不求当否。大历十年,司业张参纂成《五经文字》,以类相从。至开成中,翰林待诏唐玄度又加《九经字样》,补参之所不载。晋开运末,祭酒田敏合二者为一编,并以考正俗体讹谬。今之世不复详考,虽士大夫作字,亦不能悉如古法矣。韩子曰:“凡为文辞,宜略识字。”又云:“阿买不识字,颇知书八分。”安有不识字而能书?盖所谓识字者,如上所云也。予采张氏、田氏之书,择今人所共昧者,漫载于此,以训子孙。本字从木,一在其下,今为大十者非。休字象人息于木阴,加点者非。美从羊从大,今从犬从火者非。匍字,古

小学不讲

古代贵族子弟八岁就要进入小学，教给他们六书（六书是关于汉字构造的六种规则），《周官》（亦即《周礼》）记载的保氏的职责，就是负责这件事。其后，这项事业逐渐废弛。汉代萧何制定有关法令，规定由太史考试青年读书人，能够背诵律令条文九千字，才能作郡县的属吏。又用古今的六种字体考他们，六体谓古文、奇字、篆书、左书、缪篆、乌虫书之类。官吏上书，字体如果不正规，有关官员就要检举揭发他。刘子政父子校理宫廷藏书，自《史籀篇》以下共有十家排列在一起，定名为小学，编次在六经的末尾。许慎（字叔重）收集篆、籀，古文各家的学说，对篆文、籀文和古文用通行的隶书进行训释注解，成为一书，名曰《说文解字》。蔡邕（字伯喈）注意到当时对儒家经典义旨的理解五花八门，记录的文字也相互错乱，错讹和做假的现象层出不穷，因而就请求修整审定五经，完整地刊刻于石碑之上，将石碑竖立在太学门外，人们把它称作《石经》。后来晋朝有吕忱，又收集《说文》所遗漏忽略之字，著《字林》五篇来补充它。唐代制度，国子监设置书学博士，设立《说文》《石经》《字林》之学，负责收集整理天下文字，以三书对文字的释义为准绳，每年都对社会用字进行登记，将不合规范者明令消除。可是户部考功司或礼部考试各地举荐来的士子，准许用他们所熟习的俗字以为变通，人们因循苟且追求简便，不再讲究应当怎么写、不应当怎么写。唐代宗大历十年，国子监司业张参编纂成功者以车战，故军从勹下车，后相承作军，义无所取。看字从手，凡视物不审，则手遮目看之，作看者非。

扬州取轻扬之义，从木者非。梁州从木，作梁者非。乾有干、虔二音，为字一体，今俗分别作乹字音虔、而乾音干者非。尊从酋下寸，作尊者非。奠从酋从丌，作尊者非。夷从弓从大，作夷者讹。耆从旨，作老下目者讹。漆、泰、黍、黎，下并从水，相承省作氺，今从小〔水〕，从小者讹。决、冲、况、凉、盗并从水，作冫者讹。饑飢二字，上谷不熟，下饿也，今多误用。至于果、刍、韭之加草，岡加山，攜之作携，鉏作锄，恶作悪，霸作覇，笴作笋，顊作髭，须加髟或从水，祕从

《五经文字》一书，按照检字法原则的部首排列文字。到了唐文宗开成年间，翰林待诏唐玄度又增修为《九经字样》，用以补充张参所没有记录的部分。五代晋齐王开运末年，国子监祭酒田敏将这两书合为一编，并且用它来考正俗写字体的讹谬。当今社会不再详加考正，即使是士大夫写字，也不能全都合乎古法了。韩愈说："凡是作文属辞之人，都应该大略地了解文字演变情况。"又说："阿买不识字，颇知书八分。"哪有不认识字却能写的道理呢？因为所谓的识字，不是指认识字，是指上面所说的字形变化的情况。我采用张氏、田氏之书，择取现代人都不了然的昧于本源之字，散漫地记录在这里，用以教训子孙后人。本字从木，一横加在它的下面，而今写作上大下十就错了。休字像人在树荫下休息，写作左立人右木，有人在木之右上角加点就错了。美字从羊从大，字形写作上羊下大，而今有人写作下从犬或从火就错了。軍字，古者以车战，故军从勹下车，后相承写作军，从字，义无所取。看字从手，凡是看东西看不清楚，就把手横在眼睛上方再看，有人写作看就错了。

扬州的扬取轻扬的意思，有人写成从木的杨，那就错了。梁州的梁从木，有人写作从米的粱，那就错了。乾有干、虔两种读音，代表不同的词，但作为文字是一个形体，而今俗体分别作乹字音虔。而原字形音干，不对。尊字从酋，下边是个寸字，有人写作尊，多一横，不对。奠字从酋从丌，讹变作从大，有人写作奠，不够通俗，也不对。夷字从弓以大，写作夷的是讹体。耆字下部从旨，有人写作老下加目，因讹致误。漆、泰、黍、黎四字，下部都是从水，相承省简作水，而今有人写作从小，从小者是因讹致误。决、冲、况、凉、盗五字，都从水，写作冫的也是因讹致禾，簡作蕳，寶从尔，趨从之多，衡合从角从大而从鱼，啓从又及弋，肇从文，徹从去，龘作龕，蟲作虫，墮许规反，俗作隳、又以为惰，幡作幡，怪为恠，關为閞，灸从夕，閒从日，功从刀，兹合从二玄而作玆，升作𠦃，輩从北，妬从户，姦为奸，纛从毒，吝作吝，冤上加点，鄰作隣，牟从午，互作𤘘，元从点，舌从千，蓋作盖，京作亰，皎从日，次从冫，鼓从皮，潛、譖、僭从替，出作二山，覚从與，游、於以方为才，皁为皂，曷为曷，匹为疋，收作収，敍作叙，卧从臣从人、而以人为卜，改从戊己之己而以为卫，几作凡，允作乆，館作舘，覽作覧，祭合从月从又而作祭，瞻作瞻，綵从衣，滛从𡈼，徧作遍，徼作儌，漾作瀁，琴瑟之弦从系，輕作軽，如是者皆非也。

误。饑、饥是两个字，上一字义为庄稼失收，下一字义为饥饿，现在很多人用错。至于果、刍、韭之字加草头，岡字内含山字上再加山，攜字写作携，鉏字写作锄，恶字写作悪，霸字写作覇，笋字写作笋，鬛字写作髭，须字或上加髟或左边讹作从水，祕字写作从禾，簡字写作蕳，寶字本从缶讹作从尔，趋字本从刍讹作从多，衡字中部本为从角从大合并作从鱼，啓字改为从又或从弋，肇字从戈改为从文，徹字中上部改为从去，麤字写作麁，蟲字写作虫，隓字音许规反、俗体作隳、又用以为惰字，幡字写作幡，怪字写作恠，關字写作闗，炙字上部改为从夕，閒字本从月改为从日，功字本从力改为从刀，兹字本从二玄并列却写作兹，升字写作外、辈字上部从非改为从北，妒字以后改为从后，姦字写作奸，蠹字上部本从毒写作从毒，吝字写作恡，冤字上加点，鄰字写作隣，牟字从牛改为从午，互字写作，元字上原为短横改为从点，舌字本从干改为从千，蓋字写作盖，京字写作京，皎字从白改为从日，次从二改为从冫，鼓字从支改为从皮，潛、譖、赞、僭三字之右部改为从替，出字写作二山相压，觉字上部写作从舆，游、於左边从方写作从才，皁字写作皂，咼字写作咼，匹字写作疋，收字写作收，字写作叙，卧字本从臣从人却把人写成卜，改字从戊己之己却写成已，九字写作凡，允字写作允，馆字写作舘，覽字写作覧，祭字上部从月从又可是讹变作祭，瞻字写作瞻，緑字改为从衣，滛字右下部改为从缶，偏字写作遍，徼字写作侥，漾字写作漾，琴瑟之弦改为从系，轻字写作軽，像这样的一些字全都是错的。

主臣

汉文帝问陈平决狱、钱谷，平谢曰："主臣！"《史记》《汉书》皆同。张晏曰："若今人谢曰'惶恐'也。"文颖曰："惶恐之辞，犹今言死罪也。"晋灼曰："主，击也。臣服也。言其击服，惶恐之辞。"马融《龙虎赋》曰："勇怯见之，莫不主臣。"正用此意。《文选》载梁任昉《奏弹曹景宗》，先叙其罪，然后继之曰"景宗即主臣"，仍继之曰"谨案某官臣景宗"，又《弹刘整》亦曰"整即主臣"。齐沈约《弹王源》文亦然。李善舍《汉》《史》所书，而引王隐《晋书》庾纯自劾以谓然，以主为句，则臣当下读，殊为非是。不知所谓某人即主，有何义哉？

景华御苑

崔德符坐元符上书邪党，困于崇宁，后监洛南稻田务。尝送客于会节园，是时各暮，梅花已开。明年春，监修大内，阉官容佐取以为景华御苑，德符不知也。至春晚，复骑瘦马与老兵游园内，坐梅下赋诗。其词曰："去年白玉花，结子深枝间。小憩藉清影，低颦啄微酸。故人不可见，春事今已阑。绕树寻履迹，空余土花斑。"次日，佐入园，见地上马粪，知为德符。是时，府官事佐如不及，而德符未尝谒之。佐即具奏，劾以擅入御苑作践，有旨勒停。家素贫，传食于

主臣

汉文帝向陈平询问断狱、钱谷之类的事，陈平谢罪道：“主臣！”《史记》《汉书》都是这样记载的。张晏说：“主臣的意思，就像现代人谢罪时说的‘惶恐’。”文颖说：“惶恐的说法，就像现在称死罪。”晋灼说：“主，是击打的意思，臣，是屈服的意思。称他受打击而屈服，也是种表示惶恐的说法。”马融的《龙虎赋》中说：“勇怯见之，莫不主臣。”正是采用的这个意思。《文选》中载有梁朝任昉的《奏弹曹景宗》，先叙述他罪过，然后接着说“景宗即主臣”，仍然在其后续道“谨案某官臣景宗”，又《弹刘整》中亦说“整即主臣”。齐朝沈约的《弹王源》文中也是如此。李善舍弃《汉书》《史记》所记载的内容于不顾，却引用王隐的《晋书》中庾纯自己弹劾自己的一段文字，以为它才是对的，在主字下断句，那么臣字就该属于下一句来读，很是错误。不知道如此断句之后，上句指所谓某人即是主，有什么意思？

景华御苑

崔德符因为被诬陷为宋哲宗元符年间上书的邪党，直到宋徽宗崇宁年间还非常困顿，后来监理洛南县的稻田事务。曾经在会节园为客人饯行，那时是冬末，梅花已经开放。第二年的春天，监督修理皇宫内苑时，宦官容佐将会节园作了景华御苑，德符并不知道。到了春末，又骑着瘦马带着老兵来园内游玩，坐在梅花树下吟诗。诗的文句是：“去年白玉花，结子深枝间。小憩藉清影，低颦啄微酸。故人不可见，春事今已阑。绕树寻履迹，空余土花斑。”第二天，容佐进园，看见地上马粪，了解到是德符来过。这时候，州府的官吏侍奉容佐如恐不及，可是德符未诸贤之舍，久乃归阳翟。德符没于靖康。官卑不应立传，予详考本末，为特书之。颇忆此段事，拟载于传中，以悼君子之不幸。且知马永卿《懒真录》中有之，而求不可得，漫纪于此。

州升府而不为镇

州郡之名，莫重于府，虽节镇不及焉，固未有称府而不为节度者。比年以来，升蜀州为崇庆府、剑州为隆庆府、恭州为重庆府、嘉州为嘉定府、秀州为嘉兴府、英州为英德府。蜀、剑既有崇庆、普安军之额，而恭、嘉以下独未然，故幕职官仍云某府军事判官、推官，大与府不相称，皆有司之失也。信阳军一小垒耳，而司户参军衔内带兼节推，尤为可笑。顷在中都时，每为天官主者言之，云亦不必白朝廷，只本案检举改正申知足矣。乃曰："久例如此。"竟相承到今。文安公尝为左选侍郎，是时，未知此也。

曾拜谒过他。容佐就写表上奏，弹劾他擅自进入御苑糟蹋，随即传出圣旨勒令停职。其家本来就贫穷，只好辗转于诸位贤达的客舍，靠他们养活，时间久了就搬回到老家阳翟（今河南禹州市）。德符在宋钦宗靖康年间去世。因为官位低不该立传，我详细地查考了他的历史，特别地为他作了传记。这段事记得很清楚，想着写进传记中，用来悼念这位君子的不幸遭遇。并且知道马永卿的《懒真录》中记录有这件事，可是找不到书，就随便地记录在这里。

州升府而不为镇

州郡之类地方长官之名，没有比知府再重要的，就是节度使也比不上他，从来没有称知府却不是节度使的。近年以来，升蜀州（治今四川崇庆）为崇庆府、剑州（治今四川剑阁）为隆庆府、恭州（治今四川巴县）为重庆府、嘉州（治今四川乐山）为嘉定府、秀州（治今浙江嘉兴）为嘉兴府、英州（治今广东英德）为英德府。蜀州、剑州已经有了崇庆军、普安军的名额，可是恭州、嘉州以下的州却还没有建置为军。所以它们的属吏仍然称为某府军事判官、推官，是很与知府属员的建制不相符的，府官不管军事，这些都是有关主管官员的过错。信阳军（今河南信阳）只不过是一座小小的军事营垒罢了，可是司户参军衔内却带兼节度推官，兼职远大于本职，最为可笑。不久前在京都时，每每对吏部主管者谈及此事，说也不必要告诉朝廷，只要在此种案卷中查出错误改为正确并且告诉下级有关单位知道就够了。吏部的人却说："长久以来例都如此。"竟然相承沿袭一直到现在。文安公洪遵曹任左选侍郎，那时，还不了解这些。

汉唐三君知子

英明之君，见其子有材者，必爱而称之。汉高祖谓赵王如意类己，欲以易孝惠，以大臣谏而止。宣帝以淮阳王钦壮大，好经书、法律，聪达有材，数嗟叹曰：“真我子也！”常有意欲立为嗣，而用太子起于微细，且早失母，故弗忍。唐太宗以吴王恪英果类我，欲以代雉奴。其后如意为吕母所戕，恪为长孙无忌所害，钦陷张博之事，殆于不免。此三王行事无由表见。然孝惠之仁弱，几遭吕氏之覆宗；孝元之优柔不断，权移于阉寺，汉业遂衰；高宗之庸懦，受制凶后，为李氏祸尤惨。其不能继述固已灼然。高祖、宣帝、太宗盖本三子之材而言之，非专指其容貌也，可谓知子矣。彼明崇俨谓英王哲（即中宗也）貌类太宗，张说谓太宗画像雅类忠王（即肃宗也），此惟取其形似也。若以材言之，中宗之视太宗，天壤相隔矣！汉成帝所幸妾曹宫产子，曰：“我儿额上有壮发，类孝元皇帝。”使其真是孝元，亦何是道？而况于婴孺之状邪！

当官营缮

元丰元年，范纯粹自中书检正官谪知徐州滕县，一新公堂吏舍，凡百一十有六间；而寝室未治，非嫌于奉己也，曰

汉唐三君知子

英名的君主，发现自己儿子中有才能的，一定会喜爱并称赞他。汉高祖称赵王如意像自己，想叫他替换孝惠皇帝做太子，因为大臣们进谏才没有实行。汉宣帝根据淮阳王刘钦形象高大，喜欢研究经书和法律，聪明畅达富于才华，屡次叹赏道："真是我的儿子！"经常有心立他为继承人，可因为太子出生于贫贱之时，并且早年丧母，所以不忍心夺其位。唐太宗认为吴王李恪英明果断像自己，曾想以他取代雉奴（唐高宗李治乳名）。后来赵王如意被吕后残害，吴王恪被长孙无忌处死，淮阳王钦被牵连到张博的事件里，几乎不免于难。这三王建功立业的才能无从发挥。可是孝惠帝仁厚懦弱，几乎被吕氏覆灭宗族；孝元帝优柔寡断，大权旁落到宦官手里，汉朝的大业于是走向衰落；唐高宗平庸怯懦，受凶后武则天控制，给李氏带来的祸患更惨。他们没能力继承先人事业当然是昭然若揭的。汉高祖、汉宣帝、唐太宗大抵是根据三个儿子的才能来说话，并非专指他们的相貌，真可说是知子莫若父了。那明崇俨说英王李哲（即唐中宗）样子像太宗，张说说唐太宗的画像很像忠王（即唐肃宗），这只是取其形貌相似。如果从才能上来讲，唐中宗比之唐太宗，真是异同霄壤，汉成帝所宠幸的侍妾曹宫生子，说："我儿子额上有丛生突下的壮发，像孝元皇帝。"即使他真是孝元帝，又有什么值得称道的？更何况是婴儿的长相有点像呢！

当官营缮

宋神宗元丰元年，范纯粹从中书省检正官贬黜为徐州滕县知县，将公堂吏舍翻修一新，共一百一十六间；但寝室还没有吾力有所未暇而已。徐时，新法正行，御史大夫如束湿，虽任二千石之重，而一钱粒粟，不敢辄用，否则必著册书。东坡公叹其廉，适为徐守，故为作记。其略曰：“至于宫室，盖有所从受，而传之无穷，非独以自养也。今日不治，后日之费必倍。而比年以来，所在务为俭陋，尤讳土木营造之功，欹仄腐坏，转以相付，不敢擅易一椽，此何义也！”是记之出，新进趋时之士，娼疾以恶之。恭览国史，开宝二年二月诏曰：“一日必葺，昔贤之能事。如闻诸道藩镇、郡邑公宇及仓库，凡有隳坏，弗即缮修，因循岁时，以至颓毁，及僝工充役，则倍增劳费。自今节度、观察、防御、团练使、刺史、知州、通判等罢任，其治所廨舍，有无隳坏及所增修，著以为籍，迭相符授。幕职州县官受代，则对书于考课之历，损坏不全者，殿一选，修葺、建置而不烦民者，加一选。”太祖创业方十年，而圣意下逮，克勤小物，一至于此！后之当官者不复留意。以兴仆植僵为务，则暗于事体、不好称人之善者，往往翻指为妄作名色，盗隐官钱！至于使之束手讳避，忽视倾陋，逮于不可奈何而后已。殊不思贪墨之吏，欲为奸者，无施不可，何必假于营造一节乎？

整治，不是避忌奉养自己的口实，说只不过是尽力于他事尚没有空暇罢了。这时，新法正在推行，像柬湿那样的御史大夫，出任地方官，尽管肩负着州郡长官的重任，可是一文钱一粒米也不敢随便使用，要用的话就一定记录在簿册之上。苏东坡赏叹他廉洁，刚好正作徐州知州，所以专为此事作了一篇杂记文字。他约略说道："至于官府的宫室，大抵是从前任那里接受来的，并且要不断地传给后任，不只是用来奉养自己。宫室坏了今日不及时整治，以后所用费用定会成倍增加。可是近年以来，到处以因陋就俭为时尚，特别避忌土木营造的工程，即使房子倾斜了、腐坏了，转身就把它交给后任，不敢擅自动一根椽子，这是什么道理呢！"这篇杂记写出之后，新近提拔上来趋奉时尚的人，嫉妒并且讨厌他。我恭敬地披览本朝文献，见宋太祖开宝二年二月的诏书上说："就是在任一天也要修葺损坏了的房舍，这是过去的贤官良宰所能之事。可是听说各路的藩镇和郡县的官房和仓库，大抵是有了破坏，并不及时修缮，拖延岁月，以至于倾塌，等到筹集工料、募民充役进行修复的时候，劳务和费用就要倍增了。从今以后，节度使、观察使、防御使、团练使、刺史、知州、通判等谢任，他治所的廨舍，有没有毁坏以及增修的情况如何，都要记录在按，依次点验移交给后任。地方长官的属吏及州县长官任满去职，就对照着书写考核优劣的记事文书上，廨舍损坏不全的，落后一个选次授官，有所修葺、建置而且不烦扰百姓的，提前一个选次授官。"太祖皇帝创立基业才十年，就下达了这样的旨意，勤劳国事密切注意小的事物，居然达到这样的地步。后来的担任官职的人不再留心此类事。如果有人从事于倾颓官舍的修复，那么，不明事理、不喜欢称人之美的人往往反

治历明时

《易·革》之《象》曰："天地革而四时成。汤、武革命，顺乎天而应乎人。"魏、晋而降，凡及禅代者，必据以为说。案汉辕固与黄生争论汤、武于景帝前，但评受命之是非，不引《易》为证。卦之《象》曰："君子以治历明时。"其义了不相涉。偃孙颇留意历学，云按唐一行《大衍历·日度议》曰："《颛顼历》上元甲寅正月甲寅辰初合朔立春，七曜皆直艮维之首；汤作《殷历》，更以十一月合朔冬至为上元；周人因之。"此谓治历也。至于三统之建，夏以寅为岁首，得人统；殷以丑，为得地统；周武王改从子，为得天统。此谓明时也。其革命之说，刘歆作《三统历》及《谱》，引《革·象》"汤、武革命"，又曰"治历明时，所以和人道也"，如是而已。其前又引《逸书》曰："先其革命。"颜师古曰："言王者统业，先立算数，以命百事也。"推此而伸之，所云革命，盖谓是耳，非论其取天下也。况大衍之用四十有九，一行以之起历，而《革》卦之序，在《周易》正当四十九，然则专为历甚明。考其上句，尤极显白，然诸儒赞《易》，皆不及此，王弼亦无一言。

而指责为巧立名目贪污公款，以至于使得当事者束手不干，为避免嫌疑，无视墙倒屋塌，达到无可奈何的境地才罢手。都不想贪墨的官吏，想做坏事，无处不可，哪里一定要假借营造官舍一件事呢？

治历明时

《周易·革》之《彖》辞中说："天地自然界之道，阴阳升降、温暑凉寒等迭相变革，从而形成了四时递相变化之序。商汤、周武革除了夏桀、商纣的统治天下的命运并且取而代之，实属上顺天意、下应人心。"魏、晋以来，凡是言及帝位的禅让和接替，一定要据此立说。据考查，汉代辕固和黄生在景帝面前争论汤、武革命之事，只是评论取代桀、纣之是非，并没有引《周易》中的这些话作证。革卦的《象》辞中说："卦象为泽上火下，寓有变革之意。有学问的君子观此革象，联系天时改变之事，遂而修正历法明确时令。"它的含义也同人世君主的变换全无关系。孙儿洪偃非常留心历算之学，说根据唐朝一行的《大衍历·日度议》，其中称："《颛帝历》作为历始的上元是甲寅年正月的甲寅日，其日辰初（上午七时）日月相会，为月初一，又赶上是立春的节气，日、月和金、木、水、火、土五星正好运行在天空东北角上；商汤作了《殷历》，改用十一月甲子日作为上元，其日日月相会，为月初一，又是冬至节气；周朝人沿用了这种历法。"这是说的修治历数。至于夏、商、周三代正朔的建立，夏代以建寅之月为岁首，算是得人统，人统者，意谓人始成立之端；殷代以建丑之月为岁首。算是得地统，地统者，意谓地始化之端也；周武王改以建子之月为岁首，算是得天统，天统者，意谓天始施

仕宦捷疾

唐傅游艺以期年之中，历衣青、绿、朱、紫，时人谓之“四时仕宦”，言其速也。国朝惟绿、绯、紫三等。而紫袍者，除武臣外，文官之制其别有六：庶僚黑角带，佩金鱼；未至侍从，而特赐带者，为荔枝五子，不佩鱼；中书舍人、谏议、待制、权侍郎，红鞓黑犀带，佩鱼；权尚书、御史中丞、资政、端明殿阁学士、直学士、正侍郎、给事中，金御仙花带，不佩鱼，谓之横金；翰林学士以上正尚书，御仙带，佩鱼，谓之重金；执政官宰相，方团毬文带，俗谓之笏头者是也；其叙如此。若猛进躐得者则不然。绍兴中，宋朴自侍御之端也。这是说的宣明天时，岁首建立，一年的农事和其他事情就安排好了。关于革命的说法，刘歆作了《三统历》和《谱》，引用了《革·彖》的“汤，武革命”之语，又称“推算制定历法明确时间，是用来合理安排人事活动的”，如此而已。在这之前还引了《逸书》，其中说：“先其革命。”颜师古注解道：“说的是作君王的人统理百业，要首先制订历算之数，根据它发布治理百事的政令。”推广引申上述种种意见，所谓革命，大概说的是王者之起要改正朔罢了，并不是讨论他们应不应该取天下。况且大衍之数，其用途四十有九，一行用大衍的数术制定历法，并且《革》卦的次序，在《周易》中正好是第四十九位，这都不是偶然的，明明白白是专为历法而设。研究《彖》辞的上句，“天地革而四时成”，更是说得极其明显清楚，可是后世诸儒称赞《周易》，都未说到这一点，连王弼也没说过一句话。

仕宦捷疾

唐代傅游艺在一整年的时间里，以次穿过青、绿、朱、紫各种官服(在品色衣制度下，这种服色的每次更换，都意味着品级的升迁)，当时人称他为“四时仕宦”，言其升官很快。我们宋朝只有绿、绯、紫三种服色等级。穿紫袍的官员，除了武职之臣，文官的服制其区别有六种：各部一般官员束黑色以角为饰的腰带，佩带金鱼，金鱼是刻成金鱼形的金符；翰林学士、给事中、六尚书、侍郎为侍从，官职尚未达到侍从级别可是又蒙特赐而束带者，其带为荔枝五子图按，并不佩金鱼；中书舍人、谏议、待制、权侍郎，束以黑色犀牛角为饰的红色皮带，佩带金鱼；权尚书，御史中丞、资政或端明殿阁学士、直学士、正侍郎、给事中，束绣史迁中丞，施矩自中书检正、郑仲熊自右正言，并迁权侍郎，三人皆受告日易服，以正谢日拜执政。朴钜以绯，仲熊以绿，服紫之次日，而赐球文带。盖侍从以下，俟正谢乃易带，而执政命才下，即遣中使赍赐，遂服之而赴都堂供职，可谓捷疾矣。若李纲则又异于是，宣和七年十二月二十九日，自太常少卿除兵部侍郎，未谢间，靖康元年正月四日，胡骑将至京城，纲以边事求见。宰执奏事未退；纲语知阁门事朱孝庄曰："有急切公事，欲与宰执廷辩。"孝庄曰："旧例，未有宰执未退而从官求对者。"纲曰："此何时？而用例邪！"孝庄即具奏。诏引纲立于执政之末。时宰执议欲奉銮舆出狩襄、邓，纲请固守，上曰："谁可将者？"纲曰："愿以死报，第人微官卑，恐不足以镇服士卒。"白时中乞以为礼部尚书，纲曰："亦只是侍从。"即命除尚书右丞。纲曰："臣未正谢，犹衣绿，非所以示中外。"即面赐袍带并笏。纲服之以谢，且言："方时艰难，臣不敢辞。"此为不经绯紫而极其服章，未之有也。

有御仙花的金带，御仙花即荔枝，不佩带金鱼，人称之曰横金；翰林学士以上至正尚书，束绣有御仙花的金带，佩带金鱼，人称之曰重金；执政官宰相，束绣或织有或方或团的球形纹路的腰带，俗间称作笏头带的就是此种；它们的顺序就是这样，标志着官员品级的递升。一般官员遂级升迁，然而像那些提拔得快并不按正常次序而越级擢升的就不是这样。宋高宗绍兴年间，宋朴从侍御史升御史中丞，施钜从中书检正、郑仲熊从右正言，一起升任权侍郎，三个人都是在接到授官文书的那一天更换服色，在正式上朝谢恩的那一天被除授为执政官。宋朴、施钜从穿绯始，郑仲熊从穿绿始，换穿紫袍的第二天，就赐给了绣或织有球形纹路的腰带。因为侍从官以下的官员，要等到正式上朝谢恩时才更换腰带，可是除授执政官的命令刚传下去，皇帝就派遣宦官捧着球纹带来颁赐，于是他们三人就穿戴整齐跑到执政官的大堂上去履行职责，可算得上快速了。像李纲就又跟这不同，宋徽宗宣和七年十二月二十九日，从太常少卿被任命为兵部侍郎，尚未上朝谢恩，到了第二年即宋钦宗靖康元年的正月四日，敌人的骑兵就将杀到京城，李纲以抗敌事求见皇帝。其时执政官宰相们启奏事情尚未退下来，李纲对知阁门事朱孝庄说："有紧急公事，想去同执政官们当庭论辩。"朱孝庄说："按照旧例，从没有出现过执政官尚未退朝而从属官员请求对辩的事。"李纲说："这是什么时候？还援用旧例！"朱孝庄就具实奏闻皇上。皇上就降诏宣纲上殿，有关人员就领他站在执政官的末尾。当时执政官们正商议着想护卫皇帝车驾出京，巡狩襄阳（今湖北襄樊市）、邓州（今属河南），其实是想逃跑，李纲请求固守京都，皇上问："谁可为将呢？"李纲道："我愿意以死报国，但

词臣益轻

治平以前，谓翰林学士及知制诰为两制；自翰林罢补外者，得端明殿学士，谓之换职。熙宁之后，乃始为龙图。绍兴以来愈不及矣。修起居注者序迁知制诰，其次及辞不为者，乃为待制，赵康靖、冯文简、曾鲁公、司马公、吕正献公是也。学士阙，则次补；或为宰相所不乐者，犹得侍读学士，刘原甫是也。在职未久而外除者，为枢密直学士，韩魏公是也；亦为龙图直学士，欧阳公是也。后来褒擢者，仅得待制，王时亨是也。余以善去者，集英修撰而止耳。

夏英公好处

夏英公既失时誉，且以《庆历圣德颂》之故，不正之名是官低，人微言轻，恐怕不能够镇制士卒使之服从。”白时中请求任命李纲作礼部尚书，李纲说：“那也只是侍从之官。”遂即命令除授尚书右丞。李纲又说：“在此之前除授我为兵部侍郎，尚未正式上朝谢恩，也未易服，还穿着绿色袍服，不足以宣示内外，以正视听。”随即当面赏赐给他袍、带连同笏板。李纲穿上谢恩，并且说：“正当时局艰难，我不敢推脱责任。”这是不经过绯、紫的其他过渡阶段就骤升大位，穿上最高官阶衣装，以前没有过这种情况。

词臣益轻

宋英宗治平以前，称翰林学士和知制诰为两制；在翰林学士位置上免职补放外任者，给个端明殿学士的虚衔，称作换职。宋神宗熙宁以后，就开始任命这种补放外任者为龙图阁学士。宋高宗绍兴以后就更是每况愈下了。修起居注的官员可以按次序升任知制诰，次一等的或推辞不干的就任命为待制，赵概（谥康靖）、冯京（谥文简）、曾公亮（封鲁国公）、司马光、吕公著（谥正献）就是如此。学士的位置出缺，就按次序递补；有人当补却不讨宰相欢心，就只能得到侍读学士，刘原甫就是如此。在职不久却又放外任的，授予枢密直学士，韩琦（封魏国公）是这样的；亦可授予龙图阁直学士，欧阳修即是。后来被褒杨而提升的，只能得到待制，王刚中（字时亨）即是。其他的平安离职放外任的，只不过得个集英殿修撰的头衔罢了。

夏英公好处

夏竦（封英国公）已经在社会上失掉了信誉，又因为《庆历愈彰，然固自有好处。夏羌之叛，英公为四路经略安抚招讨使，韩魏公副之。贼犯山外，韩公令大将任福自怀远城趋得胜寨，出贼后，如未可战，即据险置伏，要其归，戒之至再。又移檄申约，苟违节度，虽有功亦斩。福竟为贼诱，没于好水川，朝论归咎于韩。英公使人收散兵，得韩檄于福衣带间，言罪不在韩，故但夺一官。英公此事贤矣，而后来士大夫未必知也，予是以表出之。

祖宗用人

祖宗用人，进退迟速，不执一端，苟其材可任，则超资越级，曾不少靳，非拘拘于爱惜名器也。宋琪自员外郎以正月擢拜谏议大夫，三月参知政事。太宗将用李昉，时昉官工部尚书，七月特迁琪刑书，遂并命为相。而琪居昉上，自外郎岁中至此。石熙载以太平兴国四年正月，自右补阙（今朝奉郎）为兵部员外郎（今朝请郎）、枢密直学士；才七日，签书院事；四月拜给事中（今通议大夫），为副枢；十月迁刑部侍郎（今正议）；六年迁户部尚书（今银青光禄），为使；八年罢为右仆射（今特进）；从初至此五岁，用今时阶秩言之，乃是朝奉郎而圣德颂》,心术不正的臭名更加昭著,可是其人本自有其优点。在西夏羌人叛乱时,英公为四路经略安抚招讨使,韩魏公(韩琦)做他的副手。敌人侵犯渭州(治今甘肃平凉市)山外,韩魏公命令大将任福从怀远城(今宁夏银川)奔赴得胜寨(在今甘肃静宁东北),逸出于敌人背后,如果情势未可接战,就占据险要设置埋伏,在敌人撤兵的时候中途拦截,三番两次告诫他未可贸然行动。又下达书面的命令申明以前的约定,强调假使违背命令,即使有功也要斩首。可是,任福终究还是被敌人引诱,受骗上当,在好水川(今宁夏隆县东)阵亡,朝廷的舆论归罪于韩魏公。夏英公派人收集败散之兵,在任福的衣带间得到了韩魏公的檄文,称罪过不在韩魏公,所以只是免去了他陕西经略安抚副使的官职。英公这件事办得好极了,可后来的士大夫们未必了解,因此我特为表明,突出其善。

祖宗用人

我朝太祖、太宗使用人才,提拔或贬黜的慢或快,并不拘限一个模式,只要他的才能可以担当大任,就不论资历越级提拔,竟然一点也不吝惜,从不缩手缩脚地一味爱惜官爵和车服仪制之类的名器。宋琪从员外郎开始,在正月里提拔为谏议大夫,三月就擢升为参知政事。太宗将要重用李昉,当时李昉任工部尚书,七月里特地升宋琪为刑部尚书,遂而一起任命为宰相。然而宋琪位居李昉之上,他从员外郎开始一年之内就达到这种地位。石熙载在宋太宗太平兴国四年正月里从右补阙(即今朝奉郎)升为兵部员外郎(即今朝请郎)、枢密直学士;才七天,就作了签书枢密院事;四月里官拜给事中(即今通议大夫),作了为特进也。当日职名，唯有密直多从庶僚得之，旋即大用。张齐贤、王沔皆自补阙、直史馆，迁郎中，充学士，越半岁并迁谏议、签枢。温仲舒、寇准皆自正言（今承议郎）、直馆，迁郎中，充职二年，并为枢密副使。向敏中自工部郎中以本官充职，越三月同知直院。钱若水自同州推官入密史馆，逾年擢知制诰，二年除进翰学士，遂以谏议同知密院，首尾五年。

至道九老

李文正公罢相后，只居京师，以司空致仕。至道元年，年七十一矣，思白乐天洛中九老之会。适交游中有此数，曰太子中允张好问，年八十五；太常少卿李运，年八十；故相吏部尚书宋琪、庐州节度副使武允成，皆七十九；吴僧赞宁，年七十八，；郢州刺史魏丕，年七十六；左谏议大夫杨徽之，年七十五；水部郎中朱昂与昉，皆七十一。欲继其事为宴集，会蜀寇起而罢。其中两宰相乃著一僧，唐世及元丰耆英所无也。次年，李公即世，此事竟不成。耆老康宁，相与燕嬉于升平之世，而雅怀弗遂，造物岂亦吝此耶！

枢密副使；十月升为刑部侍郎（即今正议大夫）；六年任户部尚书（即今银青光禄大夫），作了枢密使；八年罢职为右仆射（即今特进）；从开始到此时五年时间，用现在的阶官品秩来衡量，就是从朝奉郎升到了特进。当时的职衔，只有枢密直学士多为从普通官员中提拔出来的人得到，一得此官，马上就被重用。张齐贤、王沔都是从补阙、直史馆升郎中，充任枢密直学士，过了半年，一同升为谏议大夫、签书枢密院事。温仲舒、寇准皆从正言（即承议郎）、直史馆，升为郎中，充任枢密院直学士两年，都升为枢密副使。向敏中从工部郎中开始以原来的官衔充任枢密直学士，过了三个月就升为同知枢密院事。钱若水从同州（治今陕西大荔）推官开始，入朝作直史馆，过了一年就提升为知制诰，两年之后就升为翰林学士，接着就以谏议大夫的官阶作了同知枢密院事，前后一共才经过了五年。

至道九老

李昉（谥文正）解除了宰相职务之后，一直居住在京城里，以司空的官位退休。宋太宗至道元年，七十一岁了，想起白居易（字乐天）曾在洛阳建立洛中九老之会。正好交游的老人中有这么多，他们是太子中允张好问，八十五岁；大常少卿李运，八十岁；前宰相吏部尚书宋琪、庐州节度副使武允成，都是七十九岁；吴僧赞宁，七十八岁；郢州（治今湖北钟祥）刺史魏丕，七十六岁；左谏议大夫杨徽之，七十五岁；水部郎中朱昂和李昉，都是七十一岁。想着效法前贤集会游乐宴饮，碰巧蜀地乱作，只好作罢。这些人中有两位宰相还加一个僧人，是唐代及宋神元丰年间的耆英中所没有的。第二年，李昉下世，这事终究

李文正两罢相

宰相拜罢，恩典重轻，词臣受旨者，得以高下其手。李文正公昉，太平兴国八年，以工部尚书为集贤、史馆相。端拱元年，为布衣翟马周所讼。太宗召学士贾黄中草制，罢为右仆射，令诏书切责。黄中言："仆射百寮师长，今自工书拜，乃为殊迁，非黜责之义。若以均劳逸为辞，斯为得体"上然之。其词略云："端揆崇资，非贤不授。昉素高闻望，久展谟猷，谦和秉君子之风，纯懿擅吉人之美。辍从三事，总彼六卿，用资镇俗之清规，式表尊贤之茂典。"其美如此。淳化二年，复归旧厅。四年又罢，优加左仆射，学士张洎言："近者霖霪百余日，昉职在燮和阴阳，不能决意引退。仆射之重，右减于左，位望不侔，因而授之，何以示劝？"上批洎奏尾，止令罢守本官。洎遂草制峻诋，脑词云："燮和阴阳，辅相天地，此宰相之任也。苟或依违在位，启沃无闻，虽居廊庙之崇，莫著弥纶之效，宜敷朝旨，用罢鼎司。昉自处机衡，曾无规画，拥化源而滋久，孤物望以何深！俾长中台，尚为优渥。可依前尚书右仆射，罢知政事。"历考前后制麻，只言可某官，其云罢知政事者，洎创增之也。国史昉传云："昉厚善洎，及昉罢，洎草制如此。"绍兴二十九年，沈该罢制，学没办成。一代硕德的老年人健康幸福，在承平之世彼此一起游乐宴饮，确为快事，可是这种美好的心愿没能实现，难道造物主还吝啬这些吗？

李文正两罢相

宰相的授予和罢免，施与恩惠的大小，接受旨意负责草拟圣旨的翰林学士们，能够高下其手，施加影响。李昉（谥文正），宋太宗太平兴国八年，以工部尚书的身份做了主理集贤院、史馆的宰相。宋太宗端拱元年，被平民翟马周告发优游诗酒设置女乐不忧边事不尽职守。太宗皇帝召命学士贾黄中起草制书，罢免宰相职务去作右仆射，叫他在诏书的文字里严厉谴责。贾黄中说："仆射是百官的师长，现在李昉从工部尚书出任此官，原是特殊的升迁，并无黜退责罚的意思。如果用平均劳逸不使过于疲累为理由草制，才算得体。"太宗同意了他的意见。制书的内容大致说："宰相是种崇高的职位，若非贤才不会授予，李昉平时声誉名望甚高，长久以来为国事出谋划策，人品谦和，秉持君子的风范，高尚完美，具有吉人天相的福分。而今不再担当宰相职务，专任尚书仆射，具体领导六部尚书，采用此种措施，是为了帮助树立能上不能下的美好风范，镇制世俗的鄙陋之见，表示一种尊礼贤臣的优恤盛典。"文句之美一至于此。宋太宗淳化二年，李昉重新回到原来的政事堂，再为宰相。淳化四年又被罢免，皇上特为优礼，想升他为左仆射，学士张洎上言："近来连下大雨一百多天，李昉的职责在于燮和阴阳，而今阴阳失调，作为宰相理应引咎辞职，可是他却不能下决心引退。左、右仆射的轻重，右仆射官位低于左仆射，李昉的地位和声望都配不上左仆士周麟之于结句后，添入可罢尚书左仆射同平章事，盖用此云。

射，要是因此授予他，还能用什么办法激励人上进？”皇上在张洎奏章的末尾批示，只令其解除宰相职务保持原来右仆射的官职。张洎于是起草制书严加诋毁，开头的话说：“燮合阴阳，辅相天地，这是宰相的职责。假如有人占据宰相的位置，办事犹豫不决，说话模棱两可，从不闻其开导君主以治国方略，尽管身处宰相的高位，却并没有显示出统理天下的才干，朝廷就应该发布圣旨，革除其三公之位。李昉自从执掌国家大权，竟然没有任何筹划安排，身居掌管教化之源的高位非常之久，居然如此地辜负众望。而今叫他去作尚书省之长，处置不能不算是优待。可按照以前的官职仍作尚书右仆射，罢免参知政事的职务。”历考前前后后的制书，只是说可任革官，那种称罢参知政事的话语，是张洎创造增加的。本朝历史《李昉传》中说：“李昉对待张洎非常之厚，等到李昉罢相时，张洎草拟制书却是如此。”绍兴二十九年，沈该罢相的制书，由学士周麟之草拟，在结束语之后添上了可罢免其尚书左仆射同平章事内容的句子，大抵是沿用此式。

卷十三（二十四则）

科举之弊不可革

法禁益烦，奸伪滋炽，唯科场最然，其尤者莫如铨试。代笔有禁也，禁之愈急，则代之者获赂谢愈多。其不幸而败者无一二，正使得之，元未尝致法。吏部长贰帘试之制，非不善也，而文具儿戏，抑又甚焉。议论奉公之臣，朝夕建明，然此风如决流偃草，未尝少革。或以谓失于任法而不任人之故。殊不思所任之人，渠肯一意向方，见恶辄取，于事无益，而祸谤先集于厥身矣！开宝中，太子宾客边光范掌选，太庙斋郎李宗讷赴吏部铨，光范见其年少，意未能属辞，语之曰："苟援笔成六韵，虽不试书判，可入等矣。"宗讷曰："非唯学诗，亦尝留心词赋。"即试诗赋二首，数刻而就。甚嘉赏之，翌日拟授秘书省正字。今之世，宁复是有哉！

科举之弊不可革

法律禁令越来越繁多，奸诈、不诚实的现象就愈严重，这在科场上看得最清楚，其中尤为突出者是选授官职的考试。找人代笔是被禁止的，但禁令越急，代笔的人得到的贿赂和酬谢就越多。其中不幸败露的，一百个人中还不到一二，即使查出了这些人，开始时也没有受到法律制裁。宋代吏部诠选，凡中选人除同进士出身及恩科人员外，皆须赴吏部长贰厅前帘试，以防代笔之弊。这个规定，不能说不完善，但执行起来，却是一纸具文，如同儿戏，甚至连儿戏也不如。奉公守法、敢于议论的大臣，虽然天天提出改进意见，但这种坏的风气如同河决水溢，风吹草倒一样，一点也没有改变。有人认为，之所以产生这些流弊，是因为太相信法令而不相信执行法令的人。持这种议论的人也不想想，执行法令的官员，谁肯公平正直，一而再，再而三地得罪别人，弄个坏名声，对于事情没有帮助，而祸患诽谤倒先集中在自己身上了。宋太祖开宝年间，太子宾客边光范掌管铨选官员，太庙斋郎李宗讷到吏部应选，光范见他年轻，认为他不会写文章，对他说："如果你能提笔写成六首带韵的诗，即使不考试其他科目，也可入选了。"宗讷说："我不但学诗，而且也曾留心词赋。"于是便试着写诗赋两首，很快便写成了。边光范赞美并奖赏了他。第二天，便打算任命他为秘书省正字。现在还会有这样的好事吗？

宰执子弟廷试

太宗朝，吕文穆公蒙正之弟蒙亨举进士，礼部高等荐名。既廷试，与李文正公昉之子宗谔，并以父兄在中书罢之。国史《许仲宣传》云，仲宣子待问，雍熙二年举进士，与李宗谔、吕蒙亨、王扶并预廷试。宗谔即宰相之子，蒙亨参知政事蒙正之弟，扶盐铁使明之子。上曰："斯并势家，与孤寒竞进，纵以艺升，人亦谓朕有私也。"皆下第，正此事也。仲宣时为度支使。仁宗朝，韩忠宪公亿为参知政事，子维以进士奏名礼部，不肯试大廷，受荫入官。唐质肃公介参政，子义问锁厅试礼部，用举者召试秘阁，介引嫌罢之。旧制，严于宰执子弟如此，与夫秦益公柄国，而子熺孙埙皆于省殿试辄冠多士者异矣！

国初救弊

国朝削并僭伪，救民水火之中，然亦有因仍旧弊，未暇更张者，故须赖于贤士大夫昌言之。江左初平，太宗选张齐贤为江南西路转运使，谕以民间不便事，令一一条奏。先是诸州罪人多锢送阙下，缘路非理而死者，常十五六。齐贤至蕲州，见南剑州吏送罪人者，索得州贴视之，二人皆逢贩私

宰执子弟廷试

宋太宗朝，吕文穆公蒙正的弟弟吕蒙亨考中了进士，礼部在推荐时把他的名字排在前面。到廷试时，与李文正公李昉的儿子宗谔一起，都因为父亲、兄长在中书（宰相议事处）而被停止考试。本朝史书《许仲宣传》说，仲宣的儿子待问，于太宗雍熙二年中进士，与李宗谔、吕蒙亨、王扶一起参加廷试。宗谔是宰相李昉之子，蒙亨是参知政事吕蒙正之弟，王扶是盐铁使王明之子。太宗说："这几个人都是有权势人家的子弟，与没有靠山的贫寒人竞争高低，即使他们以才能而被录取，人们也会说朕徇私情啊！"这几个人都未被录取，就是这个原因。仲宣当时担任度支使。仁宗朝，韩忠献公韩亿任参知政事，他的儿子韩维以进士的身份被礼部推荐，但他不肯参加廷试，后来以恩荫的名义走入仕途。参知政事唐质肃公唐介的儿子唐义问，因其父是现任官员，为避嫌疑，锁厅参加礼部的考试。由于别人的推荐，唐义问可以参加秘阁考试，唐介为了回避嫌疑，又不让儿子参加。旧的制度对于宰相执政的子弟，就是如此之严，这和秦益公（桧）当政期间，他的儿子秦熺、孙子秦埙在省试、殿试时，名字排在其他士子前面相比，情况是不一样啊！

国初救弊

宋朝削平兼并割据对立的王朝，拯救百姓于水火之中，但是也有承袭旧的弊端，未来得及改正者，因此须要依靠贤能的人士提出建议。江南平定之初，宋太宗选派张齐贤任江南西路转运使，嘱咐他凡遇到民间不好解决的事，要逐一上奏。起初，各州获罪之人多数是禁锢之后送往京城，路途上非正常死亡盐者，为荷盐笼得盐二斤，又六人皆尝见贩盐而不告者，并黥决传送，而五人已死于路。江州司理院自正月至二月，经过寄禁罪人，计三百二十四人。建州民二人，本田家客户，尝于主家塘内，以锥刺得鱼一斤半，并杖脊、黥面，送阙下。齐贤上言："乞俟至京，择官虑问，如显有负屈者，本州官吏量加惩罚。自今只令发遣正身。"及虔州，送三囚，尝市得牛肉，并家属十二人悉诣阙，而杀牛贼不获，齐贤悯之，即遣其妻子还。自是江南送罪人者减大半。是皆相循习所致也，齐贤改为，其利民如此。齐贤以太平兴国二年方登科，六年为使者，八年还朝，由密学拜执政，可迅用也。

房玄龄名字

《旧唐书》目录书房元龄，而本传云房乔字玄龄，《新唐书》列传房玄龄字乔，而《宰相世系表》玄龄字乔松，三者不同。赵明诚《金石录》得其神道碑，褚遂良书，名字与《新史》传同。予记先公自燕还，有房碑一册，于志宁撰，乃玄龄者，常占十之五六。齐贤到了蕲州（今湖北蕲春），见到南剑州派遣官吏押送罪人，便要来罪人名单观看。其中有两个人碰到了卖私盐的人，替他们担盐笼得到二斤盐，因而获罪，还有六人都因为看见有卖私盐的没有上告而获罪，一并受到刺面的刑罚送往京城处理，其中五人已死于路上。江州（今江西九江市）司理院从正月到二月，两个月时间内，从这里经过并寄禁于此的罪人，就有三百二十四人。建州（今福建建瓯）有两个人，本来是地主家的佃户，曾经在主人家的池塘里，用锥子扎得一斤半鱼，却受到杖打脊背、脸上刺字，送往京城的惩罚。齐贤上书说："请求这些囚犯至京城时，选派官员仔细审问，如果确实有含冤负屈的，应由本州官吏给以适当的惩罚。从现在开始只往京城遣送罪犯本人，不要株连其他人。"齐贤到了虔州，那里正遣送三名囚犯，这三人曾经在集市上买过牛肉，连累家属十二人一块遣送京城，而杀掉耕牛的贼人却未捉获。齐贤可怜这些人，当下便释放这三人的妻子老小回家。从此之后，江南各州往京城送的罪人减少了大半。往京城送罪人的弊端都是各州官吏因循归习形成的，齐贤作了改革，给百姓带来了好处。齐贤在太宗太平兴国二年考中进士，太平兴国六年担任使者，太平兴国八年回朝，由枢密直学士升为参知政事，提拔得很快。

房玄龄名字

《旧唐书》目录中写的是房元龄，而他的传却说房乔字玄龄，《新唐书》列传中说房玄龄字乔，而该书《宰相世系表》却说玄龄字乔松，三人说法不同。赵明诚撰《金石录》一书时，找到房玄龄的神道碑，碑文由褚遂良书写，名字与《新唐书》的列传字乔松，本钦宗在东宫时所藏，其后犹有一印，曰“伯志西斋”。今亦不存矣。

二朱诗词

朱载上，舒州桐城人，为黄州教授，有诗云“官闲无一事，胡蝶飞上阶”。东坡公见之，称赏再三，遂为知己。中书舍人新仲翌，其次子也，有家学，十八岁时，戏作小词，所谓“流水泠泠，断桥斜路梅枝亚”者。朱希真见而书诸扇，今人遂以为希真所作。又有摺叠扇词云：“宫纱蜂赶梅，宝扇鸾开翅。数摺聚清风，一捻生秋意。摇摇云母轻，袅袅琼枝细。莫解玉连环，怕作飞花坠。”公亲书稿固存，亦因张安国书扇，而载于《于湖集》中。其咏五月菊词云：“玉台金盏对炎光。全似去年香。有意庄严端午，不应忘却重阳。菖蒲九节，金英满把，同泛瑶觞。旧日东篱陶令，北窗正傲羲皇。”渊明于五六月高卧北窗之下，清风飒至，自谓羲皇上人。用此事于五月菊，诗家叹其精切云。

金刚经四句偈

今世所行《金刚经》，用姚秦鸠摩罗什所译，其四句偈曰：“一切有为法，如梦幻泡影，如露亦如电，应作如是观。”又曰：“若以色见我，以音声求我，是人行邪道，不能相同。我记得先父自燕京归来，得到房玄龄碑文一册，是于志宁撰写的，上面说玄龄字乔松。那册碑文是宋钦宗当太子时收藏的，碑文后面还有一颗印，上写《伯志西斋》，现在已不复存在了。

二朱诗词

朱载上，是舒州桐城（今属安徽）人，任黄州（治今湖北黄区）教授，他写的诗中有“官闲无一事，蝴蝶飞上阶”的句子。苏东坡见了，再三称道赞赏，把朱载上引为知己。中书舍人朱翌字新忠，是朱载上的第二个儿子，有家学渊源，十八岁时写游戏之词，有“流水泠泠，断桥斜路梅枝亚”的句子，朱希真见到后书写在扇子上，现在人便以为是希真所写了。朱载上又有折叠扇词说：“宫纱蜂赶梅，宝扇鸾开翅。数折聚清风，一捻生秋意。摇摇云母轻，袅袅琼枝细。莫解玉连环，怕作飞花坠。”朱载上亲自书写在稿纸上永远保存，也因为张安国把这首诗写在扇子上，而记录在其著作《于湖集》中。朱载上咏五月菊词说：“玉台金盏对炎光。全似去年香。有意庄严端午，不应忘却重阳。菖蒲九节，金英满把，同泛瑶觞。旧日东篱陶令，北窗正傲羲皇。”陶渊明在五六月间高卧于北窗之下，清风飒飒吹来，自称羲皇上人。把陶渊明这件事写进五月菊诗中，诗人们都佩服他用典确切。

金刚经四句偈

现在所流行的《金刚经》，采用了十六国时期姚秦国鸠摩罗什的翻译，其中有四句偈语说：“一切有为法，如梦幻泡影，如露亦如电，应作如是观。”又说：“若以色见我，以音声求我，是人行邪道，不能见如来。”我广泛地考查了其他版本，有很大见如来。”予博观它本，颇有不同。元魏天竺三藏菩提流支译云：“一切有为法，如星翳灯幻，露泡梦电云，应作如是观。”而“不能见如来”之下更有四句云：“彼如来妙体，即法身诸佛，法体不可见，彼识不能知。”陈天竺三藏真谛译云：“如如不动，恒有正说，应观有为法，如暗翳灯幻，露泡梦电云。若以色见我，以音声求我，是人行邪道，不应得见我。由法应见佛，调御法为身，此法非识境，法如深难见。”唐三藏玄奘译云：“诸和合所为，如星翳灯幻，露泡梦电云，应作如是观。诸以色见我，以音声寻我，彼生履邪断，不能当见我。应观佛法性，即导师法身，法性非所识，故彼不能了。”唐沙门义净译前四句，与魏菩提本同，而后云：“若以色见我，以音声求我，是人起邪观，不能当见我。”后四句与玄奘本同。予案今人称六如，东坡以名堂者，谓梦幻泡影露电也。而此四译，乃知有九如。《大般若经》，第八会《世尊颂》，第九会《能断金刚分》二颂，亦与玄奘所译同。

四莲花之名

嗢钵摩华，青莲花也；钵特摩华；亦云波头摩，赤莲花也；拘毋陁华，亦云俱物头，亦云俱牟陁，红莲也；奔荼利华，亦云芬陁利，白莲也。堵罗绵，柳絮之类，即兜罗绵也。

黑法白法

安立黑法，感黑异熟，所谓地狱傍生鬼界。安立白法，的不同。元魏时期天竺人三藏菩提流支的翻译说:“一切有为法,如星翳灯幻,露泡梦电云,应作如是观。”而“不能见如来”之下还有四句说:“彼如来妙体,即法身诸佛,法体不可见,彼识不能知。”南朝陈国天竺人三藏真谛的翻译是:“如如不动,恒有正说,应观有为法,如暗翳灯幻,露泡梦电云。若以色见我,以音声求我,是人行邪道,不应得见我。由法应见佛,调御法为身,此法非识境,法如深难见。”唐朝三藏玄奘的翻译是:“诸和合所为,如星翳灯幻,露泡梦电云,应作如是观。诸以色见我,以音声寻我,彼生履邪断,不能当见我。应观佛法性,即导师法身,法性非所识,故彼不能了。”唐朝僧人义净翻译的前四句,与元魏菩提流支所译相同,后面几句是:“若以色见我,以音声求我,是人起邪观,不能当见我。”后四句与玄奘所译相同。案:今人称六如。苏东坡把六如当作堂名,六如是梦、幻、泡、影、露、电。而上以四人的翻译,使我知道六如应该变成九如。《大般若经》第八卷《世尊颂》、第九卷《能断金刚分》中的两段颂,也和玄奘所译的相同。

四莲花之名

嗢钵摩华,是青莲花;钵特摩华,也叫波头摩,是赤莲花;拘毋陁华,也称俱物头,又叫俱牟陁,是红莲;奔茶利华,也叫芬陁利,是白莲花。堵罗绵,是柳絮一类的东西,也就是兜罗绵。

黑法白法

习惯于黑法,便对黑法异常熟悉,这就是所说的地狱旁边感白异熟、所谓人天。安立黑白法，感黑白异熟，所谓一分傍生鬼界及一分人。安立非黑非白法，感非黑非白异熟，所谓预留果，或一来果，或不还果。

多心经偈

《多心经》偈曰：“揭帝揭帝，波罗揭帝，波罗僧揭谛，菩提萨摩诃。”又有《大明咒经》，鸠罗什所译，曰：“竭帝竭帝，波罗竭帝，波罗僧竭帝，菩提僧莎呵。”

天宫宝树

“行行相值，茎茎相望。枝枝相准，叶叶相向。华华相顺，实实相当。”此《无量寿经》所言，天宫宝树，非尘世所有也。

白分黑分

月盈至满，谓之白分；月亏至晦，谓之黑分。白前黑后合为一月。又曰：日随月后行，至十五日覆月都尽，是名黑半；日在月前行，至十五日具足圆满，是名白半。

是鬼界。习惯于白法，便对白法异常熟悉，这就是所说的人间与天上。习惯于黑白法，对黑白都非常熟悉，这就是所说的一半是地狱连着鬼界，一半是人间。习惯于非黑非白法，对于非黑非白异常熟悉，这就是所说的预留果，或叫一来果、不还果。

多心经偈

《多心经》的颂词说："揭帝揭帝，波罗揭帝，波罗僧揭谛，菩提萨摩诃。"另有《大明咒经》，鸠罗什所译，说："竭帝竭帝，波罗竭帝，波罗僧竭帝，菩提僧莎呵。"

天宫宝树

"每一行树都面对着另一行树，这棵树的主干望着另一棵树的主干，这棵树的树枝向另一棵树的树枝看齐，这棵树的树叶向着另一棵树的树叶，这棵树的花顺着另一棵树的花，每棵树结的果实都一样大。"这是《无量寿经》上说的话。天宫中的宝树，不是尘世上所能有的。

白分黑分

月亮从回到满月（农历每月十五夜），称为白分；月亮从欠缺到昏暗，称为黑分。白前黑后合为一个月。又有一说，太阳跟在月亮后边运行，过十五天之后，把月亮都覆盖起来了，称为黑半；太阳在月亮前边运行，过十五天后月亮非常圆满，称为白半。

月双闰双

十五夜为半月，两半月为一月，三月为一时，两时为一行，两行为一年，二年半为一双。此由闰，故以闰月兼本月，此谓月双，非闰双也，以五年再闰为闰双。

逾缮那一由旬

数量之称，谓缮那，四十里也。《毗昙论》四肘为一弓，五百弓为一拘卢舍，八拘卢舍为一由旬。一弓长八尺，五百弓长四百丈，一拘卢舍有二里，十六里有一由旬。

七极微尘

七极微尘成一阿耨池上尘，七阿耨尘为铜上尘，七铜上尘为水上尘，七水上尘为兔毫上尘，七兔毫上尘为一羊毛上尘。七羊毛上尘为一牛毛上尘，七牛毛上尘成一向游尘，七向游尘成一虮，七虮成一虱，七虱作一横麦，七横麦为一指，二十四指为一肘，四肘为一弓。

宰相赠本生父母官

封赠先世，自晋、宋以来有之，迨唐始备，然率不过一代，其恩延及祖庙者绝鲜，亦未尝至极品。郭汾阳二十四考中书令，而其父赠止太保；权德舆位宰相，其祖赠止郎中。唐末五季、宰辅贵臣、始追荣三代，国朝因之。李文正公昉

月双闰双

每月十五日的夜间是半月，两个半月为一月，三个月称作一时，两时称为一行，两行称为一年，两年半称为一双。这是因为时间有余数，因此以闰月兼本月，这叫作月双，不叫闰双。这五年之后，再次发生闰月，称为闰双。

逾缮那一由旬

关于数量的称呼，叫作缮那，长度为四十里。《毗昙论》上说，四肘称作一弓，五百弓称作一拘卢舍，八拘卢舍称作一由旬。一弓长度是八尺，五百弓长四百丈，一拘卢舍有二里，十六里称作一由旬。

七极微尘

七粒极小的尘土成为一个阿耨池上尘，七个阿耨尘成为一铜上尘，七个铜上尘成为一水上尘，七个水上尘成为一个兔毫上尘，七个兔毫上尘成为一个羊毛上尘。七个羊毛上尘成为一个牛毛上尘，七个牛毛上尘成为一个向游尘，七个向游尘成为一个虮，七个虮成为一个虱，七个虱成为一个横麦，七个横麦成为一指，二十四指成为一肘，四肘成为一弓。

宰相赠本生父母官

封赠祖先官职，从晋、南朝宋以来就有了，到了唐代才完备，但一般不超过一代，其恩泽扩大到祖先的极少，即使封赠，官职也不会达到一品。郭子仪从唐肃宗乾元元年到唐德宗建中二年，任中书令期间，前后二十四次主持官吏的考绩，后来本工部郎中超之子，出继从叔绍。昉再入相，表其事求赠所生父、祖官封，诏赠祖温太子太保，祖母权氏莒同太夫人，父超太子太师，母谢氏郑国太夫人。可谓异数，后不闻继之者。

执政赠三代不同

文臣封赠三代，自初除执政外，凡转厅皆不再该，唯知枢密院及拜相乃复得之。然旧法又不如是。欧阳公作程文简公琳父神道碑，历叙恩典曰："琳参加政事，赠为太子太师。在政事迁左丞（系转一官），又赠太子太师。罢为资政殿学士，又赠太师、中书令。为宣徽北院使，又赠兼尚书令。"则是转官与罢政亦褒赠，而自宫师得太师中令，更为超越。它或不然。

唐孙处约事

《新唐书·来济传》云："初，济与高智周、郝处俊、孙处约客宣城石仲览家，仲览衍于财，有器识，待四人甚厚。私相与言志。处俊曰：'愿宰天下。'济及智周亦然。处约曰：

“二十四考”成为封建文人称颂执政大官位高任久的典故，而他的父亲只封赠为太保；权德舆位至宰相，他的祖父只封赠为郎中。到了唐末五代，像宰相这样的尊贵大臣，才开始追赠三代，我朝也继承了这个传统。文正公李昉本来是工部郎中李超之子，过继给他的叔父李绍。李昉第二次任宰相时，上表叙述了过继给叔父为子这件事，要求追赠生身父亲和祖父官职，天子下诏追赠他的祖父李温为太子太保，祖母权氏为营国太夫人，他的父亲李超被追赠为太子太师，母亲谢氏为郑国太夫人。这种例子极为罕见，以后就没再听说有这类事情了。

执政赠三代不同

文职大臣封赠三代，起初除执政外，凡迁转别的职务，都不再封赠，只有知枢密院事和封为宰相的人，才可以封赠三代，但旧的法令又不是这样。欧阳修为文简公程琳的父亲作神道碑铭，一一叙述朝廷的恩典说：“程琳任参知政事，朝廷追赠他的父亲为太子少师。程琳由参政事改任左丞，又封赠他父亲为太子太师。程琳罢为资政殿学士，又封赠他父亲为太师、中书令。后来程琳任宣徽北院使，又追赠其父为兼尚书令。”如此看来，转迁官职与罢政也都褒赠他的父亲，而从太子太师到太师、中书令，更是超越官阶封赠。其他人就没有这种例子了。

唐孙处约事

《新唐书·来济传》上说：“起初，来济和高智周、郝处俊、孙处约都在宣城石仲览家作客，仲览家境富裕，又很有度量见识，对待四人非常好。他们在私下谈论各人的志愿。处俊说：

‘宰相或不可冀，愿为通事舍人足矣。’后济领吏部，处约始以瀛州书佐入调，济遽注曰：‘如志。’遂以为通事舍人。后皆至公辅。”《高智周传》云：“智周始与郝处俊、来济、孙处约共依江都石仲览。仲览倾产结四人欢，因请各语所期。处俊曰：“丈夫惟无仕，仕至宰相乃可。”智周、济如之。处约曰：“得为舍人，在殿中周旋吐纳可也。”后济居吏部，处约以瀛州参军入调，济曰：‘如志。’拟通事舍人。毕，降阶劳问平生。”案两传相去才一卷，不应重复如此，可谓冗长。本出韩琬所撰《御史台记》，而所载自不实。处约传：“贞观中，为济王祐记室。祐多过失，数上书切谏。王诛，太宗得其书，擢中书舍人。”是岁十七年癸卯。来济次年亦为中书舍人，永徽三年拜相，六年检校吏部尚书，是岁丁巳，去癸卯首尾十五岁。若如两传所书，大为不合，韩琬之说诚谬，史氏又失于不考。仲览乡里，一以为宣城，一以为江都，岂宣城人而家于广陵也？

‘我愿当宰相。’来济、高智周的志愿与处俊相同。处约说：‘当宰相可能没有希望，我当个通事舍人就满足了。’后来来济当了吏部尚书，孙处约以瀛书州佐的身份调入朝中，到吏部报到时，来济按照他的资叙授官时说：‘你的愿望实现了。’便任命他为通事舍人。后来二人都当了辅政大臣。”《高智周传》说：“智周最初与郝处俊、来济、孙处约共同投靠江都（今江苏扬州）人石仲览。仲览倾其所有家产结交这四个人，并请四人各自谈谈自己的愿望。处俊说：‘大丈夫不做官也就罢了，要做官得做到宰相才行。’高智周、来济也这样表示。处约说：‘能够当上舍人，在殿堂上来往议论就满意了。’后来来济担任吏部尚书，处约以瀛州参军的身份奉调入朝，来济说：‘你的愿望实现了。’任命他为通事舍人。事，隋办完，才走下台阶来慰问处约。”按，两传相隔才一卷，不应当重复得这么多，《高智周传》可说是太冗长了。这件事出自韩琬所撰写的《御史台记》，但这一记载不真实。处约的传记说：“唐太宗贞观年间，处约任济王李槛记室，李槛多次犯错误，处约曾上书谏止。后来济王被杀，唐太宗看到了处约给济王的谏书，升迁他为中书舍人。’这一年是唐太宗贞观十七年，干支是癸卯。来济第二年也当了中书舍人，唐高宗永徽三年任宰相，六年任检校吏部尚书，这一年的干支是丁巳（按：此处有误，永徽六年的干支是乙卯，显庆二年的干支才是丁巳），离癸卯年连头带尾十五年。如果和《新唐书》中来济、高智周二人的传相比较，显然不合，韩琬的说法十分荒谬，但写史的人又不加考查，便弄错了。仲览的家乡，一说是宣城，一说是江都，莫非是宣城人而居住在广陵吗？

夏侯胜京房两传

《汉书·儒林传》，欲详记经学师承，故序列唯谨，然夏侯胜、京房，又自有传。《儒林》云：“胜其先夏侯都尉，以《尚书》传族子始昌。始昌传胜，胜又事同郡简卿。传兄子建，建又事欧阳高。”而本传又云：“从始昌受《尚书》。后事简卿，又从欧阳氏。从子建，师事胜及欧阳高。”《儒林》言：“房受《易》梁人焦延寿。以明灾异得幸，为石显所谮，诛。”凡百余字，而本传又云：“治《易》，事梁人焦延寿。其说长于灾变，房用之尤精。为石显告非谤政治，诛。”此两者近于重复也。若其它张禹、彭宣、王骏、倪宽、龚胜、鲍宣、周堪、孔光、李寻、韦贤、玄成、薛广德、师丹、王吉、蔡谊、董仲舒、眭孟、贡禹、疏广、马宫、翟方进诸人，但志姓名及所师耳。

汉人坐语言获罪

汉昭帝时，有大石自立，僵柳复起。眭孟上书，言：“有从匹夫为天子，宜求索贤人，禅以帝位而退，自封百里。”霍光恶之，论以祆言惑众伏诛。案孟之妄发，其死宜矣。宣帝信任宦官，盖宽饶奏封事，言：‘五帝官天下，三王家天下。家以传子，官以传贤。”执金吾议以指意欲求禅，亦坐死。考其所引，亦不为无罪。杨恽之报孙会宗书，初无甚怨怒之语，

夏侯胜京房两传

《汉书·儒林传》，打算详细记载经学师承的渊源，因此排列次序非常小心谨慎，但是夏侯胜、京房又各自有传。《儒林传》说："夏侯胜的先人夏侯都尉，把《尚书》这门学问传授给同族兄弟的儿子始昌。始昌传给夏侯胜，夏侯胜拜同郡人简卿为师，传授给哥哥的儿子夏侯建，夏侯建又拜欧阳高为师。"而《夏侯传》又载："夏侯胜跟夏侯始昌学习《尚书》，后来向简卿求教，又向欧阳氏求学。侄子夏侯建拜夏侯胜和欧阳高为老师。"《儒林传》说："京房跟着梁这个地方的人焦延寿学《易经》。因为他通晓自然灾害和反常的自然规律而受到皇帝的宠幸，石显说他的坏话，被杀。"所记载的只有一百字左右，而他本人的传又说："跟随梁这个地方的人焦延寿研究《易经》，这一学说研究自然灾害的变化，京房运用得尤为娴熟。后来石显告发他诽谤政治，因而被杀。"这两条记载近乎重复。其他如张禹、彭宣、王骏、倪宽、龚胜、鲍宣、周堪、孔光、李寻、韦贤、玄成、薛广德、师丹、王吉、蔡谊、董仲舒、眭孟、贡禹、疏广、马宫、翟方进等人，仅只记载了姓名和他的老师罢了。

汉人坐语言获罪

汉昭帝时，有大石头自己站立起来，有干枯了的柳树又挺直了躯干。眭孟上书说："有从老百姓成为天子的人，现在应该寻求贤能的人，天子把帝位让给他，自己当个百里以内的王侯就可以了。"霍光对这一言论甚为恼火，说他是妖言惑众，结果眭孟被杀。我认为：眭孟妄发议论，他被杀是罪有应得。汉宣帝信任宦官，盖宽饶在上给天子密封的奏章中说："五帝（指黄帝、其诗曰:“田彼南山,芜秽不治,种一顷豆,落而为萁。”张晏释以为言朝廷荒乱,百官谄谀。可谓穿凿。而廷尉当以大逆无道,刑及妻子。予熟味其词,独有所谓“君父至尊亲,送其终也,有时而既。”盖宣帝恶其君丧送终之喻耳。严助论汲黯辅少主守成,武帝不怒,实系于一时祸福云。贾谊、刘向谈说痛切无忌讳,文、成二帝未尝问焉,《随笔》记之矣。

枢密书史

景德四年,命宰臣王旦监修两朝正史;知枢密院王钦若、陈尧叟,参知政事赵安仁并修国史。后来执政入枢府,皆不得提举修书,非故事也。

知州转运使为通判

今世士大夫既贵不可复贱。淳化中,北戎入寇,以殿前都虞侯曹璨知定州(河北定县)时,赵安易官宗正少卿,以知州颛顼、帝喾、尧、舜)时任命天下人做官，三王(夏禹、商汤、周文王)任命自己家的人做官。自家人做官把官位传给儿子，天下人做官则传给贤人。”执金吾议论时认为，这封密奏的用意是请求天子让位，也犯罪被杀。考查他所引用的典故，也不能说没罪。杨恽写的回报孙会宗的书信，起初也没有埋怨愤怒的语言，他的诗说：“在南山那里种田，因为没有种好而荒芜了，种了一顷豆子，只落下一堆豆秆。”张晏解释说，这首诗的意思是说朝廷荒淫混乱，文武百官拍马奉承，这是穿凿附会。但廷尉审理此案时，说杨恽大逆不道，连累老婆孩子跟着受刑。我仔细推敲书信，只有“君王和父亲是极为尊贵的亲人，为他们送终，时间再长也有结束的时候”。宣帝杀死他，是讨厌他君王死了去送终的比喻。严助曾经议论汲黯辅佐年轻君王保持已经取得的成就，汉武帝见了也未动怒，这实在是严助的福气啊！贾谊、刘向议论事情痛快淋漓而没有忌讳，汉文帝、汉成帝二人并未责怪他们，《随笔》这本书已把这件事记载上了。

枢密书史

宋国宗景德四年，天子命宰相王旦监修太祖、太宗两朝正史；知枢密院事王钦若、陈尧叟，参知政事赵安仁一起修本朝史。后来执政进入枢密院和中书省，都不能掌握管修史事务，这和过去的做法不合。

知州转运使为通判

现在士大夫在显贵之后，不能再降官。宋太宗淳化年间，北方的契丹族入侵，天子任命殿前都虞侯曹璨为定州(治今河遂就徙通判。同时有罗延吉者，既知彭、祁、绛三州，而除通判广州；滕中正知兴元府而通判河南。袁郭知楚、郓，会秦王廷美迁置房州，诏崇仪副使阎颜进知州，而以郭通判州事。范正辞既知戎、淄二州，而通判棣、深。又陈若拙历知单州、殿中侍御史，西川转运使，召归，会李至守洛都，表为通判；久之，柴禹锡镇泾州，复表为通判。连下迁而皆非贬降，近不复有矣。

范正辞治饶州

范正辞太平兴国中，以饶州多滞讼，选知州事。至则宿系者皆决遣之，胥吏坐淹狱停职者六十三人。会诏令料州兵送京，有王兴者，怀土惮行，以刃故伤其足，正辞斩之。兴妻上诉，太宗召见正辞，庭辩其事。正辞曰："东南诸郡，饶实繁盛，人心易动，兴敢扇摇，苟失控驭，则臣无待罪之地矣。"上壮其敢断，特迁官，充江南转运副使。饶州民甘绍者，为群盗所掠，州捕系十四人，狱具将死。正辞案部至，引问之，囚皆泣下。察其非实，命徒他所讯鞫。既而民有告盗所在者，正辞潜召监军掩捕之。盗觉遁去，正辞即单骑出郭北定县）知州，当时赵安易的官职是宗正少卿，他到定州后，曹璨从知州改任州的副长官通判。同时还有个叫罗延吉的，已经当过彭、祁、绛三州知州，却让他去当广州通判；滕中正以兴元府（治今陕西汉中）知府的身份被任命为河南府（治今河南洛阳）的通判。袁郭是楚、郓二州的知州，适逢秦王赵廷美迁往房州（今湖北房县）安置，天子下诏崇仪副使阎颜进为房州知州，而任命袁郭为房州通判。范正辞已经当了戎、淄二州的知州，又让他到棣州（治今山东惠民）、深州（治今河北深县）当通判，又如陈若拙历任单州（治今东单县）知州、殿中侍御史、西川转运使，召回朝中，适逢李至守洛阳，上书天子，要求陈若拙去当通判；过了一段时间，柴禹锡镇守泾州（治今甘肃泾川），也请陈若拙去当通判。职务连续下降但都不是因为犯错误而受到贬谪，这种现象现在不再有了。

范正辞治饶州

范正辞在宋太宗太平兴国年间，因为饶州有很多淹留未能解决的案件，派他任饶州知州。他到任后，凡是过去拘捕的人都判决释放，管理监狱的官吏因犯人关得太久而被停职者六十三人。适逢天子下诏令安排州兵送往京城事宜，有个叫王兴的人，眷恋家乡，害怕远行，拿刀故意把脚砍伤，范正辞将他斩首。王兴之妻上诉，太宗召见范正辞，在殿廷上辩论其事。范正辞说：“东南各郡，饶州最繁华兴旺，人心容易浮动，王兴敢煽动蛊惑别人，如果官府控制驾驭不住局势，那我连等待治罪的地方也找不到了。”太宗很欣赏他敢作敢为，特意升迁他的官职，让他当江南转运副使。饶州有个叫甘绍的百姓，被一群强二十里追及之。贼控弦稍来逼，正辞大呼，以鞭击之，中贼双目，仆之。余贼渡汇散走。被伤者尚有余息，旁得所弃赃，按其奸状伏法，十四人皆得释。此吾乡里事，而郡人多不闻之。

荣王藏书

濮安懿王之子宗绰，蓄书七万卷。始与英宗偕学于邸，每得异书，必转以相付。宗绰家本有"岳阳"记者，皆所赐也，此国史本传所载。宣和中，其子淮安郡王仲糜进目录三卷，忠宣公在燕得其中秩，云："除监本外，写本、印本书籍计二万二千八百三十六卷。"观一秩之目如是，所谓七万卷者为不诬矣。三馆秘府所未有也，盛哉！

秦杜八六子

秦少游《八六子》词云："片片飞花弄晚，濛濛残雨笼晴。正销凝，黄鹂又啼数声。"语句清峭，为名流推激。予家盗劫掠，州里逮捕了十四人，已经审判完毕，定为死罪。范正辞巡视部下来到这里，把这些人召来询问，囚犯们都难过得流下了眼泪。范正辞考察出他们并非强盗，下令把他们迁往别处审讯。不久，百姓有来报告强盗所在地方者，范正辞暗中派监军突击搜捕。强盗们发觉后都逃跑了，范正辞便单人独骑出城二十里，追上了贼寇。贼寇张弓搭箭，拿着长矛向他逼来，范正辞疾声大呼，用鞭击贼，打伤了贼人的双眼，贼人倒在了地上，其余的贼寇渡江四散而去。被击伤的贼人还有一口气，从他身旁获得了他丢弃的赃物，按照其罪恶斩首，被误捕的十四人都得以释放。这是我家乡的事，但家乡的人知道者不多。

荣王藏书

濮安懿王的儿子宗绰，藏书七万卷。起初他和英宗一起在藩府读书，英宗每次得到与众不同的书，必定转赠给他。凡是宗绰家的书上有“岳阳”二字标记的，都是英宗赏赐的，这是国史宗绰本人的传上记载的。宋徽宗宣和年间，宗绰之子淮安郡王仲糜献给朝廷目录三卷，忠宣公洪皓在燕京得到了中间的一函，其中说：“除了监本（国子监刊印之书），写本、印本书籍计二万二千八百三十六卷。”一函的目录就有这么多，说宗绰家藏书七万卷，也并非胡说了。史馆、昭文馆、集贤院三馆是古代禁中藏秘籍之所的秘府，也没有这么多书，真是盛事啊！

秦杜八六子

秦少游《八六子》这首词说：“片片飞花弄晚，濛濛残雨笼晴。正销凝，黄鹂又啼数声。”语句清新峭拔，被名家推崇赞旧有建本《兰畹曲集》，载杜牧之一词，但记其末句云："正销魂，梧桐又移翠阴。"秦公盖效之，似差不及也。

扬。我家过去藏有福建建阳刊印的《兰畹曲集》，上面登载有杜牧之的一首词，只记得最后一句是：“正销魂，梧桐又移翠阴。”秦少游的词是模仿杜牧之的，但似乎还差一点。

卷十四（十四则）

祖宗亲小事

太宗朝，吕端自谏议大夫、开封判官左迁卫尉少卿。时郡官有负宿谴者，率置散秩，会置考课院，每引对，多泣涕，以不免饥寒为请。至端，即前奏曰："臣罪大而幸深，苟得颍州副使，臣之愿也。"上曰：'朕自知卿。"无何、复旧官。逾月，拜参知政事。上留意金谷之务，一日尽召三司吏李溥等对于崇政殿，询以计司利害。溥等愿给笔札，于是二十七人共上七十一事。诏以四十四事付有司奉行；十九事下盐铁使陈恕等，议其可否，遣知杂御史监议，赐溥等白金缗钱，悉补侍禁、殿直，领其职。谓宰相曰："溥等条奏事，亦颇有所长。朕尝语恕等，若文章稽古，此辈固不可望卿，钱谷利病，彼自幼至长寝处其中，必周知根本。卿但假以颜色，引令剖陈，必有所益。"恕不肯降意询问，旋以职事旷废，上召而责之，始顿首谢。王宾以供奉官充亳州监军，妻极妒悍。时监军不许挈家至任所，妻擅至亳州，宾具以白上。上召见其妻诘责，俾卫士交捽之，杖一百，配为忠靖卒妻，一夕死。陈州民张矩，杀里中王裕家两人，知州田锡未尝虑问，又诣阙诉冤。遣二朝士鞫之，皆云："非矩所杀。"裕家冤甚，其子福应募为军，因得见，曰："臣非欲隶军，盖家冤求诉耳！"太宗怒，付御史府治之，置矩于法，二朝士皆坐贬，锡泊通判

祖宗亲小事

宋太宗时，吕端从谏议大夫、开封判官贬为卫尉少卿。当时有很多受过处分的官员，只安排为闲散而无一定职守的官职，适逢设置掌磨勘幕职、州县官功过，引对黜陟的考课院，每逢天子召见臣僚询问对答问题，这些人大都哭泣不已，请求天子怜悯自己，以免一家啼饥号寒之苦。到吕端引对时，便上奏说："臣罪大但得到陛下的宠幸却很多，能够得到颍州副使的职务，臣已很满意了。"太宗说："朕是了解你的。"不久，吕端便恢复了以前的职务，一个月后，升为参知政事。太宗留意钱财之事，一天，把三司官吏李溥等都召到崇政殿引对，询问他们三司的事如何办理。李溥等请求给笔墨纸砚，二十七个人共提了七十一件事。太宗下诏，以其中的四十四件事交给有关部门执行，十九件事交给盐铁使陈恕等人，议论一下是否可行，派知杂御史监督他们的议论，赏赐李溥等金帛财物，把提建议的人全部补为侍禁、殿直，各自领其职务。又对宰相说："李溥等条分缕析奏事，也很有可取之处。朕曾对陈恕等说过，若是写文章论述古代事情，这些人当然不能和你相比，若是议论钱粮等事的利害，他们这些人从幼到大都住在三司衙门里，必然详细了解一切。你只要对他们态度好，让他们分析陈述利害，必定大有益处。"陈恕不肯放下架子虚心询问，不久便因不称职而误了事，太宗召见、批评了他，他才磕头谢恩。王宾以供奉官的身份任亳州监军，他的妻子非常凶恶蛮横。当时规定监军不准带家属到任所，王宾的妻子不郭渭，谪为海、郢州团练副使。饶州卒妻诉理夫死，至召知州范正辞庭辩。且夫引见散秩庶僚，面容其各各有请；三司胥吏而引对正殿，命以官爵，听其所陈；一州都监而得自上奏，至召其妻责辱之；一卒应募，而得入见，遂伸家冤，为贬责吏。万机如是，安得不理？今之言典故者，盖未能尽云。

王居正封驳

绍兴五六年间，王居正为给事中，时王继先方以医进，中旨以其婿添监浙江税务，录黄过门下，居正封还，高宗批三省将上，及二相进呈，圣训云："卿等亦尝用医者否？"对曰："皆用之。"曰："所酬如何？"曰："或与酒，或与钱，或与缣帛，随大小效验以答其劳。"上曰："然则朕宫中用医，反不得酬谢耶？文字未欲再付出，可以喻居正使之书读。"

经允许便到了亳州，王宾只好报告给天子。太宗召见他的妻子严厉训斥，交给卫士揪打，打一百杖，发配给忠靖营一士兵为妻，一天晚上，这个女人死了。陈州百姓张矩，杀死同村中王裕家两人，知州田锡没有详细过问，王裕家人又跑到京城告状。朝廷派朝中两名官员审问，都说："王裕家的人不是张矩所杀。"王裕家的人认为太冤枉，王裕的儿子王福便应募入伍当兵，借机会见到了太宗，他说："臣并不想当兵，只因家有冤枉，想在陛下面前申诉，如此而已。"太宗非常生气，把这件事交给御史府治理，按法律惩罚了张矩，两名朝中官员贬出朝廷，田锡和通判郭渭，分别贬为海州和郢州团结副使。饶州一个士兵的妻子，陈诉丈夫死因不明，太宗召来知州范正辞，与士卒之妻当场辩论。接见没有具体职务的臣子，允许他们各自陈述意见；在正殿上引对三司中的普通官吏，给他们官爵，倾听他们的陈述；一个州的都监可以上书天子，天子竟召见其妻加以斥责；一个普通人应募当兵，而能见到天子，冤枉得以申雪，有罪过的官员受到贬谪。天子日理万机，竟能关心这样的小事，天下怎会得不到治理呢？现在谈论过去掌故的人，对这些事可能了解得不详细。

王居正封驳

宋高宗绍兴五、六年间，王居正任给事中，当时王继先正以医术受重用，宫中传旨让他的女婿增添为监察浙江税务。当中书省据天子旨意起草诏令，以黄纸录送门下省，经过给事中衙门时，居正把圣旨退了回去。高宗批给三省重新呈报，到两位宰相上报时，高宗说："你们曾经请过医生吗？"两位宰相回答说："都请过医生。"高宗说："你们给医生什么报酬？"二人回答丞相退，即语居正曰："圣意如此，是事亦甚小，给事不必固执。"居正唯唯，遂请对，上语如前，而玉色颇厉。居正对曰："臣庶之家，待此辈与朝廷有异，量功随力，各致陈谢之礼。若朝廷则不然，继先之徒，以技术庸流，享官荣，受俸禄，果为何事哉？一或失职，重则有刑，轻则斥逐。使其应奉有效，仅能塞责而已，想金帛之赐，固自不少。至于无故增创员阙，诚为未善，臣不愿陛下辄起此门。"上悟曰："卿言是也。"即日下其奏，前降指挥更不施行。居正之直谅有守，高宗之听言纳谏，史录中恐不备载，故敬书之。迈顷闻之于张九成。

王元之论官冗

省官之说，昔人论之多矣，唯王元之两疏，最为切当。其一云："臣旧知苏州长洲县，自钱氏纳土以来，朝廷命官，七年无县尉，使主簿兼领之，未尝阙事。三年增置尉，未尝立一功。以臣详之，天下大率如是。诚能省官三千员，减俸数千万，以供边备，宽民赋，亦大利也。"其二云："开宝中，设官至少，臣占籍济上，未及第时，止有刺史一人，李谦溥是说：“或者给酒，或者给钱，或者给布匹，这要根据看病的效果好坏而定。”高宗说：“难道朕在宫中用医生，反而得不到报酬吗？录黄文字不必再拿出去了，可晓谕居正签押。”丞相退朝后，就对居正说：“皇上的意见这样，这本是一件小事，给事中不要再固执己见了。”居正点头称是，便请求天子接见。高宗把以前说的话又重复了一遍，而颜色非常严厉。居正回答说：“一般老百姓的家庭，对待医生这样的人，和朝廷不同，他们根据医生的功劳和本人的力量，各自拿出酬谢的礼物。而朝廷就不一样了，像王继先这些人，以平庸的医术，享荣华，拿俸禄，究竟是为了什么呢？如果万一失职，重则受到刑罚，轻则受到呵斥贬谪，让他在宫中奔走效劳，仅能做到完成本职工作而已，臣料想金银布匹一类的赏赐，肯定不少了。如果无缘无故增加官员的名额，确实不是好办法，为臣不愿陛下生出这个主意。”高宗省悟说：“你说得对。”当天便准许了他的奏章，以前说要给王继先之婿增官的圣旨不再施行。王居正正直有操守，高宗能够采纳臣下的谏诤，历史书中恐怕不会有记载，因此恭敬地把这件事记下来。这是我不久以前从张九成那里听到这件事的。

王元之论官冗

减少官员的议论，古人谈论已很多了，只有王元之上的两个奏疏，疏文精彩确切。其中一个奏疏说：“臣过去曾当过苏州长洲县知县，那里自从钱叔纳土以来，朝廷派去的官员，七年之间没有县尉，让主簿兼领他的职务，一件事也没有旷缺，设置了三年县尉，没有立过一次功。臣仔细考虑过，天下的情况大致和长洲县相同。如果能减少三千名官员，省掉俸禄数千万两，用这些也，司户一人，孙赍是也。近及一年，朝廷别不除吏。自后有团练推官一人，毕士安是也。太平兴国中，臣及第还乡，有刺史、通判、副使、判官、推官、监军，监酒榷税算又增四员，曹官之外更益司理。问其租税，减于曩日也，问其人民，逃于昔时也，一州既尔，天下可知。冗兵耗于上，冗吏耗于下，此所以尽取山泽之利而不能足也。”观此二说，以今言之，何止于可为长太息哉！

梁状元八十二岁

陈正敏《遁斋闲览》：“梁灏八十二岁，雍熙二年状元及第。其谢启云：‘白首穷经，少伏生之八岁；青云得路，多太公之二年。’后终秘书监，卒年九十余。”此语既著，士大夫亦以为口实。予以国史考之，梁公字太素，雍熙二年，廷试甲科，景德元年，以翰林学士知开封府，暴疾卒，年四十二。子固亦进士甲科，至直史馆，卒年三十三。史臣谓：“梁方当委遇，中途夭谢。”又云：“梁之秀颖，中道而摧。”明白如此，遁斋之妄不待攻也。

钱供给边防，减轻百姓负担，对国家是大有益处的。”第二个奏疏说：“宋太祖开宝年间，设置的官员很少，臣的籍贯是济州，没有考中进士时，济州只有刺史一人，就是李谦溥，司户一人，就是孙赍。有将近一年，朝廷没有在济州再安排官吏。以后又增加团练推官一人，就是毕士安。太宗太平兴国年间，我考中进士回到家乡，济州的官员有刺史、通判、副使、判官、推官、监军，监理酒榷税算，又增加了四名官员，曹官之外，又增加了司理一职。询问济州的租税收入，比过去少了许多，询问那里的百姓，逃亡的比过去增多了，一个州是这样，天下的情况可以知道个大概。多余的士兵在朝廷上消耗钱粮，多余的官吏在地方上消耗钱粮，因此刮取完田地河泊中的所有出产也不敷应用。”读完王元之的两个奏折，拿现在的情况看，仅仅为此而叹息是不够的啊！

梁状元八十二岁

陈正敏著的《遁斋闲览》说：“梁灏八十二岁那年，宋太宗雍熙二年考中状元。他向天子上的谢表说：‘头发白了还在研究经典，比秦末汉初人，精通《尚书》的伏生，仅小八岁；在青云中找到仕进的道路，比姜太公还大两年。’后来梁灏官做到秘书监，死时已九十余岁。”这番话传播出去后，士大夫也认为这是事实。我考查本朝历史，梁灏字太素，雍熙二年，殿试时考中甲科，宋真宗景德元年，他以翰林学士的身份任开封府知府，得暴病而死，那年他四十二岁。他的儿子梁固也考中了进士甲科，在史馆任职，死时三十三岁。史臣说：“梁灏正当受到信任之际，突然中途凋谢。”又说：“梁灏聪明敏捷，突然中途就死了。”这些记载如此明白无误，《遁斋闲览》一书的荒谬便不攻自破了。

太宗恤民

曾致尧为两浙转运使，尝上言："去岁所部秋租，惟湖州一郡督纳及期，而苏、常、润三州，悉有逋负，请各按赏罚。"太宗以江、淮频年水灾，苏、常特甚。致尧所言，刻薄不可行，因诏戒之，使倍加安抚，勿得骚扰。是事必已编入《三朝宝训》中，此国史本传所载也。

潘游洪沈

绍兴十三年，敕令所进书删定官五员，皆自选人改秩。潘良能季成、游操存诚、沈介德和伯、兄景伯，皆拜秘书省正字，张表臣正民以无出身，除司农丞。四正字同日赴馆供职。少监秦伯阳于会食之次，谓坐客言，一旦增四同舍，而姓皆从水傍，熺有一句，愿诸君为对之，以成三馆异日佳话，即云："潘游、洪沈泛瀛州。"坐客合词赏叹，竟无有能对者。予因记《笔谈》所载，元厚之绛少时，曾梦人告之曰："异日当为翰林学士，须兄弟数人同在禁林。"厚之自思，素无兄弟，疑为不然。及熙宁中除学士，同时相先后入院者，韩维持国、陈绎和叔、邓绾文约、杨绘元素、名皆从系，始悟兄弟之说。欲用"绛绎绘维绾綍"为封，然未暇考之史录，岁月果同否也。

太宗恤民

曾致尧任两浙转运使时，曾经上书说：“去年为臣所辖地区的秋季租税，只有湖州（今属浙江）一个郡按时交纳，而苏州（今属江苏）、常州（今属江苏）、润州（今江苏镇江）三州，全部都有拖欠，请求按各郡的交纳情况而定赏罚。”太宗因为江、淮地区连年水灾，苏、常二州特别严重，致尧的建议，刻薄寡恩，不可实行，于是下诏告诫他，对未按期交租税的地区加倍安抚，不得骚扰。这件事必然已被编入《三朝宝训》中，这是国朝史曾致尧本人的传记中记载的。

潘游洪沈

宋高宗绍兴十三年，天子下诏要进用五个书籍删定官，都是从低级文臣寄禄官，即幕职州县官改官的。潘良能字季成、游操字存诚、沈介德字和伯和他的哥哥景伯，都封为秘书省正字，职掌是订正典籍讹误，张表臣字正民因为不是科举出身，被任命为司农丞，四个任正字的官员同一天到馆阁任职。少监秦伯阳在吃饭的时候对所有在座的人说：一日之间我增加了四个同伴，而他们的姓都带水字旁，我秦伯阳有一句话，请诸位对出下半联，以便成为史馆、昭文馆、集贤院三馆将来一段佳话，随口就说：“潘游洪沈泛瀛州。”在座的人一致赞叹不已，但没有人能对出下联。我记得《笔谈》曾记载，元绛（字厚之）年轻时，曾梦见有人告诉他：“将来你可能当翰林学士，但是须要弟兄数人在翰林院。”厚之自己想，本来就没有弟兄，怎会弟兄几人同在翰林院？怀疑这梦不会应验。到宋神宗熙宁年间，果真当了翰林学士，同时和他先后进入翰林院的有翰维（字持国）、陈

舞鸥游蜻

战国时，诸子百家之书，所载绝有同者。《列子·黄帝篇》云："海上之人有好沤（音鸥）鸟者，每旦之海上从沤鸟游，沤鸟之至者百数而不止。其父曰："吾闻沤鸟皆从汝游，汝取来吾玩之。'明日之海，沤鸟舞而不下也。"《吕览·精喻篇》云："海上人有好蜻（蜻蜓也）者，每朝居海上从蜻游，蜻之至者百数而不止，前后左右尽蜻也，终日玩之而不去。其父告之曰：'闻蜻皆从汝居，取而来，吾将玩之。'明日至海上，蜻无至者矣。"此二说如出一手也。

郎中用资序

国朝官制既行，除用职事官，不问资序高下，但随阶品，而加行、守、试以赋禄，郎中、员外郎亦自为两等，颇因履历而授之。后来相承，必欲已关升知州资序者为郎中，于是拜员外郎者具改官后实历岁月申吏部，不以若干任，但通理细满八考则升知州，乃正作郎中，别命词给告。顷尝有旨，初除郎官者，虽资历已高，且为员外，候吏部再申，然后升作郎中。近岁掌故失之，故李大性自浙东提刑除吏部，时佐自绎（字和叔）、邓绾（字文约）、杨绘（字元素），名字都有系字偏旁，才省悟出都是兄弟这一道理。我打算用“绛绎绘维绾纶綧”来当下联，但没有时间去考证历史记载，这几个人进入翰林院的时间是否相同。

舞鸥游蜻

战国时期，诸子百家的书籍，记载很少有相同的。《列子·黄帝篇》说：“海边的人有喜欢沤鸟的，每天早晨都到海上跟随沤鸟游玩，沤鸟飞来他身边的超过了一百只。他的父亲说：‘我听说沤鸟都跟着他游玩，你把沤鸟弄来，让我观赏一下。’第二天那人到了海上，沤鸟光在空中飞翔而不肯落到他身边。”《吕览·精喻篇》说：“海边上的人有喜欢蜻蜓的，每天到海上和蜻蜓玩耍，到他身边的蜻蜓超过一百只，他的前后左右都是蜻蜓，整天和他玩耍而不肯离去。他的父亲说：‘听说蜻蜓都跟着你跑，你把它们弄来，让我观赏一下。’第二天那人到了海上，蜻蜓都不来了。”这两条记载好像都出于一人之手。

郎中用资序

宋朝官制施行以后，任用掌管实事的官员，不问资格高低，只随该官员的阶品高低，在官职前面加上行、守、试等字样以确定俸禄多少，郎中、员外郎也分为两等，根据他一人的履历情况来定官职。后来继承了这种传统，必须把已经具备要升为知州资格的人作为郎中，于是任员外郎的都要把改官后的实际年月报到吏部，不以干满几任作为考核的根据，而是改为通过八次考核就升为知州，正在作郎中的，另外撰写文告说明。不久前曾经大理正除刑部，徐闳自大府丞除都官，岳震自将作少监除度支，其告内即云郎中，与元指挥戾矣。

台谏分职

台、谏不相见，已书于《续笔》中，其分职不同，各自有故实。元丰中，赵彦若为谏议大夫，论大臣不以道德承圣化，而专任小数，与群有司较计短长，失具瞻体。因言门上侍郎章子厚、左丞王安礼，不宜处位。神宗以彦若侵御史论事，左转秘书监。盖许其议论，而责其弹击为非也。元祐初，孙觉为谏议大夫，是时谏官、御史论事有分限，毋得越职。觉请申《唐六典》及天禧诏书，凡发令造事之未便，皆得奏陈。然国史所载，御史掌纠察官邪，肃正纲纪，谏官掌规谏讽谕，凡朝政阙失，大臣至百官，任非其人，三省至百司，事有失当，皆得谏正。则盖许之矣。唐人朝制，大率重谏官而薄御史。中丞温造道遇左补阙李虞，恚不避，捕从者笞辱。左拾遗舒元褒等建言："故事，供奉官惟宰相外无屈避，造弃蔑典礼，辱天子侍臣。遗、补虽卑，侍臣也；中丞虽高，法吏也。侍臣见陵，法吏自恣，请得论罪。"乃诏台官、供奉官共道路，听先后行，相值则揖。然则居此二雄职者，在唐日有旨，初次任命为郎官者，虽然资历已经很高，并且已经担任了员外郎职务者，等吏部再申报时，才能升作郎中。近来这一传统已经没有了，因此李大性从浙东提刑升为吏部尚书，时佐从大理正卿升为刑部尚书，徐闶从大府丞升为都官，岳震从将作少监升为度支使，发布的文告中就称他们是郎中，这和原来郎中的内涵相去太远了。

台谏分职

御史台和谏院的官员不能互相干涉，我已写在《容斋续笔》中了，因为他们的分职不同，这是有历史根据的。宋神宗元丰年间，赵彦若任谏议大夫，议论大臣不用道德来承受天子的教化，而专用计谋，与有关部门计较长短，失去了让人们瞻仰学习的体统。又说门下侍郎章子厚、左丞王安礼，不应该待在目前的位置上。神宗因为彦若侵犯了御史论事的权限，贬其官为秘书监。这样做是允许他议论朝政，但超越职权议论事是不对的。哲宗元祐初年，孙觉任谏议大夫，当时谏官、御史议论事情各有界限，不得越职言事。孙觉请求重申《唐六典》和真宗天禧年间的诏书，凡是天子发布的诏令和正在执行中的事，如有不妥当的，都允许上奏。但是本朝历史记载，御史的职责是掌管纠察官吏有邪恶行为，肃正朝廷纪律；谏官的职掌是规劝、谏止和婉言劝说，凡是朝政有不妥当之处，从大臣到文武百官，如果不适合相当其职务者，还有从门下省、中书省、尚书省三省到各有关部门，事情办得不恰当，都有权利谏止，朝廷已采纳孙觉的建议了。按唐朝人的规矩大多是重视谏官而鄙薄御史。中丞温造在道路上遇见左补阙李虞，气愤而不知躲避，他的随从人员了不相谋云。

贞元朝士

刘禹锡《听旧宫人穆氏唱歌》一诗云:“曾陪织女度天河,记得云间第一歌。休唱贞元供奉曲,当时朝士已无多。”刘在贞元任郎官、御史,后二纪方再入朝,故有是语。汪藻始采用之,其《宣州谢上表》云:“新建武之官仪,不图重见;数贞元之朝士,今已无多。”汪在宣和间为馆职符宝郎,是时,绍兴十三、四年中,其用事可谓精切。迈尝四用之,《谢侍讲修史表》云:“下建武之诏书,正尔恢张于治具;数贞元之朝士,独怜留落之孤踪。”以德寿庆典,曾任两省官者迁秩,蒙转通奉大夫,谢表云:“供奉当时,敢齿贞元之朝士;颂歌大业,愿赓至德之中兴。”充永思陵桥道顿弟使,转宣奉大夫,谢表云:“武德文阶,愧三品维新之泽;贞元朝士,动一时既往之悲。”主上即位,明堂礼成,谢加恩云:“考皇祐明堂之故,操以举行;念贞元朝士之存,今其余几。”亦各随事引用。近者单夔以知绍兴府进文华阁直学被捉去打了板子。左拾遗舒元褒等人建议："按照旧例，在天子跟前担任侍从的官员，除了宰相外，见了其他官员一律不回避。温造蔑视这一规定，侮辱天子的侍臣。遗、补之类的官员虽然官职低，但是天子的侍臣；中丞的地位虽高，不过是执法的官员而已。侍臣受到凌辱，执法官员为所欲为，请追究执法官吏的罪过。"哲宗于是下诏，御史台官员与天子侍从如在一条道上走，允许他们先后行走；如果遇见，互相作揖问候。但是担任这两项职务的人，在唐代是不会走在一起的。

贞元朝士

刘禹锡的《听旧宫人穆氏唱歌》一诗说："曾陪织女度天河，记得云间第一歌。休唱贞元供奉曲，当时朝士已无多。"刘禹锡在唐德宗贞元年间任郎官、御史，被贬出朝，过了二十四年，才再次入朝，因此才有当年朝廷上的官员存者已经不多的感叹。汪藻开始采用了刘禹锡说法，他的《宣州谢上表》说："汉光武帝建武年间制订的新官仪，不料想今日能重新得见；数一数贞元年间留下的朝中有志之士，现在留下来的已经不多了。"汪藻在宣和年间任馆职符宝郎，掌管宫内符玺，写谢表时是绍兴十三四年间，用事用典可称得上精确。洪迈我曾经四次使用刘禹锡用过的典故，《谢侍讲修史表》中说："天子下了像建武年间那样的诏书，正是恢宏张大治理国家的至治之具；数一数贞元年间朝中的官员，我只可怜那些被贬谪流落的孤独无依的人。"因为德寿宋高宗过生日，曾经担任两省（门下省与中书省）官员的都升官，我蒙恩转为通奉大夫，谢表中说："我在当时若侍奉天子左右，敢和贞元年间朝廷上的士子并列；歌颂当今天士，谢表云："数甘泉法从之归，真贞元朝士之余。"夔当淳熙中虽为侍郎，然一朝名臣尚多，又距今才十余岁，似为未稳贴也。

表章用两臣字对

表章自叙以两"臣"字对说，由东坡至汪浮溪多用之。然须要审度君臣之间情义厚薄，及姓名眷顾于君前如何，乃为合宜。坡《湖州谢表》云："知臣愚不适时，难以追陪新进；察臣老不生事，或能牧养小民。"《登州表》云："于其党而观过，谓臣或出于爱君；就所短以求长，知臣稍习于治郡。"《侍读谢表》云："谓臣虽无大过人之才，知臣粗有不欺君之实，欲使朝夕与于讨论。"《颍州表》云："意其忠义许国，故暂召还；察其老病畏人，复许补外。"汪《谢徽州》云："谓臣不改岁寒，故起之散地；察臣素推月旦，故付以本子的伟大功业，祝愿能和唐肃宗至德年间的中兴一样。”担任永恩陵（宋高宗赵构的陵墓）桥道顿递使，转为宣奉大夫，谢表中说：“我像唐高祖武德年间的文阶官员一样，享受三品官的待遇使人惭愧；想起贞元年间朝中官员的遭遇，又打动了我对那些受到不公正待遇的人的悲哀。”孝宗即位，帝王宣明政教的地方的明堂建成，我写的谢加恩表说：“考查宋仁宗年间明堂的那些规矩，操练之后再举行，想起像唐代贞元年间留存下来的朝中士大夫，今天我朝还有几人呢？”这些都是根据情况引用刘禹锡的这一典故的。最近单夔以绍兴府知府的身份升为文华阁直学士，谢表中说：“我好似汉代在甘泉宫跟随车驾的侍从，真像唐代贞元年间余留下来的士子。”单夔在淳熙年间虽然是侍郎，但当时朝中名臣还有很多。距现在才十几年，在谢表中引用汉、唐二代的典故，看来不十分妥当。

表章用两臣字对

表章自叙中用两个“臣”字对照着说，从苏东坡到汪浮溪才大量使用。但用时须要考虑君臣之间情义厚薄以及这个人的姓名在天子脑海中印象如何，这样才合适。苏东坡的《湖州谢表》中说：“陛下了解臣愚笨不识时务，难以追赶陪伴新近提拔上来的人；考察为臣老年不愿多事的特点，或者能管理好百姓。”《登州表》说：“人是各种各样的，所犯错误也是各种各样，仔细考察某人所犯错误，就可知他是什么样的人，为臣做到了这一点，有人说是出于爱护君王之心；在短处上找长处，人们知道为臣对于治理郡县还是比较熟悉的。”《侍读谢表》说：“人们说臣虽然没有过人的才能，但了解臣有从不欺君的品德，打州。”《为陆藻谢给事中》云：“知臣椎钝无他，故长奉贤王之学；悯臣践扬滋久，故亟升法从之班。”《为汪枢密谢子自虏中归不令入城降诏奖谕表》云：“知臣齿发已凋，常恐邓攸之无后；怜臣肺肝可见，有如去病之辞家。”凡此所言，皆可自表于君前者。刘梦得《代窦群容州表》，有“察臣前任事实，恕臣本性朴愚”之句，坡公盖本诸此。近年后生假倩作文，不识本体，至有碌碌常流，乍得一垒，亦辄云知臣察臣之类，真可笑也。

刘梦得谢上表

郡守谢上表，首必云：“伏奉告命授臣某州，已于某月某日到任上讫。”然后入词。独刘梦得数表不然。《和州》者曰：“伏奉去年六月二十五日制书，授臣使持节和州诸军事，守和州刺史。臣自理巴、賨，不闻善最，恩私忽降，庆抃失容。臣某中谢。伏惟皇帝陛下丕承宝祚，光阐鸿猷，有汉武天人之姿，禀周成睿哲之德。发言合古，举意通神，委用得算让我朝夕和他们议论国事。”《颍州表》说：“陛下了解我一腔忠义，以身许国，因此才召我回朝，察知我老而有病，不适宜在朝，才又允许我到外地补缺。”汪浮溪的《谢徽州》说：“陛下知道臣在困境中仍能保持节操，因此才起用我于闲散之地；洞悉臣平常就善于品评人物，因此把徽州交给臣掌管。”《为陆藻谢给事中》说：“陛下知道臣愚钝没有别的本事，但长期以来跟随贤人学习；怜悯为臣我遵循先进的人的做法去学习，为时已经很久，因此才很快地提拔我任随从之职。”《为汪枢密谢子自虏中归不令入城降诏奖谕表》说：“陛下知道为臣我牙齿和头发都脱落了，常常担心像邓攸那样没有后代；可怜为臣我忠心一片，好似霍去病那样为国而辞别家乡。”以上这些谢表中说的话，都可以在君王跟前表白。唐代诗人刘梦得《代窦群容州表》中有“请陛下观察以前做过的事，原谅臣生性本来就朴实愚钝”的话，苏东坡谢表中的话就是引用他的。近年来青年人照着别人的样子写文章，不识时务，甚至有庸碌平常的人，忽然得到了一个上谢表的机会，也往往说“陛下知道我了解我”之类的话，真是荒唐可笑！

刘梦得谢上表

当郡守的谢上表，首先必说：“伏奉告命任命臣为某州知州，已于某月某日上任。”然后进入正题。只有刘梦得数次上表不是这样，《和州》一表说：“去年六月二十五日接到天子的命令，授予臣持符节主持和州军事，守和州刺史。为臣自治理巴（今四川东部一带）、賨（即巴人）以来，没有听到对我治绩的评价，陛下忽然降给我了恩惠，使我高兴得失去了常态。臣某表示由衷人，动植咸悦，理平之速，从古无伦。微臣何幸，获睹昌运。臣业在辞学，早岁策名。德宗尚文，擢为御史。出入中外，历事五朝，累承恩光，三换符竹。分忧之寄，禄秩非轻，而素蓄所长，效用无日。臣闻一物失所，前王轸怀，今逢圣朝，岂患无位。臣即以今月二十六日到所任上讫。伏以地在江、淮，俗参吴、楚，灾旱之后，绥抚诚难。谨当奉宣皇风，慰彼黎庶，久于其道，冀使知方。伏乞圣慈俯赐昭鉴。”首尾叙述皆与他人表不同。其《夔州》《汝州》《同州》，《苏州》，诸篇一体。迈长子樟常称颂之。及为太平州，遂拟其体，代作一表。其词云：“臣迈言：伏奉今年九月十七日制书，授臣知太平州者。一麾出守，方切兢危，三命滋共，弗容控避。仰皇天之大造，扣丹地以何言！中谢。恭惟皇帝陛下睿知有临，神武不杀，慕舜之孝，见尧于墙，德冠古今而独尊，仁并清宁而遍覆。明见万里，将大混于车书；子来庶民，更精求于岳牧。臣家本儒素，时无令名，滥竽宏博之科，税驾清华之地，瀛山抱椠，郎省握兰。在绍兴之季年，污记注于右史。龙飞应运，凤历纪祥，不遗细微，兼取愚钝，遂以词赋之职，获侍清闲之欢。虽宿命应仙，许暂来于天上，而尘心未断，旋即堕于人间。一去十八年之电，三叨二千之寄，末由金华郡，还细石室书，从珍台闲馆之游，劝广厦细旃之讲。真拜学士，号名私人，受九重知己之殊，极三入承明之幸，使与大议，不专斯文。而臣弱不足以当雄风，蹇步不足以胜重任。上恩惜其终弃，左符宠其余生。李广数奇，徒羡侯于校感谢。皇帝陛下继承了天子宝位，运用远大的谋略治理国家，有汉武帝这样出类拔萃的风姿，继承了周成王聪颖贤能的美德。所发言论合乎古礼，一举一动，意向都和神明相合，任用的人都很合适，人和自然界都感到高兴，治理国家速度之快，从古到今都没有过。像我这样低级的官员有多么幸运，目睹了这太平盛世。为臣的本业是辞学，早年走入仕途，德宗尊重文人，提拔我为御史，出入朝内朝外，侍奉过五个帝王，累次受到恩宠，三次担任郡守。陛下希望我能为国分忧，给我的俸禄已经很厚，我将把平日所学的知识全部报效国家。臣听说一人安置不妥当，前朝天子痛念不已，如今正逢圣明的天子在位，不用担心没有位置。臣已在这个月二十六日上任报到。臣管辖之地在长江、淮河之间，风俗与吴、楚不同，旱灾之后，抚恤非常困难。我会很恭敬谨慎地执行天子的政策，安慰那些受灾的百姓，时间长了，他们就知道天子的关怀了。这一切都请陛下明察。”此表的首尾叙述都与他人的谢表不同。他的《夔州》《汝州》《同州》《苏州》谢表，也都是用的这个格式。我的大儿子樺经常称赞背诵这些谢表，我任太平州(今安徽当涂)知州后，他就仿照这种体例，替我作了一个谢表，全文是：“臣洪迈上言：今年九月十七日接到陛下命令，任命我为太平州知州。从京官改为地方官，心中战战兢兢，按臣出生的年、月、日三命推算，该有一次到地方任职的机会，不能回避。蒙皇天给我以大恩，我凭一颗赤诚的心办事，还有什么好说！恭贺皇帝陛下睿智聪明，临朝治理天下，神明威武，从不妄行杀戮。美慕大舜的孝心、再现尧的风度，德行古今无人能比而独树一帜，仁爱清静，天下太平，全国皆受其利，英明远见，统一了国家的体制制度，体一般平民百姓，对地尉；汲黯妄发，敢叹薄于淮阳。臣即以今月二十八日到任上讫。伏以郡在江东，昔称道院；地邻淮右，今谓壮藩。谨当宣布恩威，奉行宽大，求民之瘼，问俗所宜。缓带轻裘，虽弗贤长城于李勣；清心省事，敢不避正堂于盖公。庶几固结本根，少复报酬知遇。”全规模其步骤，然视昔所作，犹觉语烦。

方官员寄托了更大的希望。为臣本是儒生出身，并无美名，滥竽充数考中了宏词博学一科，在清高显贵的门第找到了归宿之地，在翰林院从事写作，在中央部门担任史官。绍兴末年，忝列右史的行列。陛下即位是交了好运，隆兴这个年号代表着祥瑞，天子不遗弃有小小才能的人，即使愚笨的也照样收录，我便以词人的身份，得到了修起居注的清闲官职。这虽然是臣命中注定应该成仙，天帝允许我暂时到达天上，但因尘凡之心不断，不久便又都堕入人间。以往十八年之中，三次担任郡守，后来由金华郡守，回朝后缀集石室金匮之书，因修国史能在国家珍藏的秘籍中随意读书，又因任读讲官能为居住在广厦之下、帷帐之内、旃茵之上的天子讲解历史。天子拜我为龙图阁学士，掌管收藏太宗御书、御制文集等事，成为天子的私臣，受陛下的知遇之恩可说是到了顶点。三次进入天子寝所，让我议论朝政，不专门修史，真是荣幸！但是为臣我好比柔弱的羽毛挡不住雄风的袭击，又好比行走艰难的人担当不了重任。陛下皇恩浩荡，怕我最后有被抛弃的处境，让我担任太守，使我的余生得到优待。汉代李广晚年遭遇不幸，立有大功未能封侯，只能羡慕校尉的赫赫权势；汲黯好发议论，被汉武帝贬往淮阳任太守，最后死去，其遭遇令人叹息！为臣已在这个月二十八日上任。臣所辖之郡地处江东，因为道人众多，过去称为道院；该地邻接淮右，现在是国家比较大的藩郡。臣一定恭敬地宣传陛下的恩德，保持陛下的威信，奉行宽大政策，了解百姓的疾苦，探讨哪些风俗应保留，哪些应去掉。雍容大度，从从容容治理地方，虽然不敢说比唐代的天子倚为长城的李實有才能，但清心省事，而百姓自然安定，我敢和汉代曹参避开正室让盖公居住的盖公媲美。这样一来，才能使

陈简斋葆真诗

自崇宁以来，时相不许士大夫读史作诗，何清源至于修入令式，本意但欲崇尚经学，痛沮诗赋耳，于是庠序之间以诗为讳。政和后稍复为之，而陈去非遂以《墨梅绝句》擢置馆阁。尝以夏日偕五同舍集葆真宫池上避暑，取“绿阴生昼静”分韵赋诗，陈得“静”字。其词曰：“清池不受暑，幽讨起予病。长安车辙边，有此万荷柄。是身唯可懒，共寄无尽兴。鱼游水底凉，鸟语林间静。谈余日亭午，树影一时正。清风不负客，意重百金赠。聊将两鬓蓬，起照千丈镜。微波喜摇人，小立待其定。梁王今何许，柳色几衰盛。人生行乐耳，诗律已其剩。邂逅一尊酒，它年《五君咏》。重期踏月来，夜半啸烟艇。”诗成出示坐上，皆诧为擅场。朱新仲时亲见之，云京师无人不传写也。

仙传图志荒唐

昔人所作神仙传之类，大抵荒唐谬悠，殊不能略考引史策。如《卫叔卿》事云：“汉仪凤二年，孝武皇帝闲居殿上而见之。”月支使者事云：“延和三年，武帝幸安定，而月支国遣使献香。”案仪凤乃唐高宗纪年名，延和乃魏太武、国家的根本巩固，以此报答陛下的知遇之恩。”此表全部仿效刘梦得所作谢表的格式，但我看到过去的作品，现在还觉得语句烦琐。

陈简斋葆真诗

自从宋徽宗崇宁年间以来，当时宰相不许士大夫读史作诗，何清源甚至把这一意见列入条令之中，本意是推崇经学，阻止人们学习诗赋，于是学校之间都忌讳写诗。政和年间后这一禁令稍稍放宽，陈去非便以《墨梅绝句》升官到馆阁中去。他曾经在夏天偕同一起住的五个人聚集在葆真宫池边避暑，取“绿阴生昼静”五字分韵作诗，陈去非分到的是“静”字。该诗全文是：“清池不受暑，幽讨起予病。长安车辙边，有此万荷柄。是身唯可懒，共寄无尽兴。鱼游水底凉，鸟语林间静。谈余日亭午，树影一时正。清风不负客，意重百金赠。聊将两鬓蓬，起照千丈镜。微波喜摇人，小立待其定。梁王今何许，柳色几衰盛。人生行乐耳，诗律已其剩。邂逅一尊酒，他年《五君咏》。重期踏月来，夜半啸烟艇。”诗写好后拿给座上的人观看，都惊异他把诗写绝了。朱新仲当时亲自见到了这首诗，他说京师的人都争着传抄。

仙传图志荒唐

从前的人所作神仙传记一类的书，大多是荒谬不通，和历史事实相去甚远。如写卫叔卿事迹时说：“汉朝仪凤二年，孝武皇帝朝政闲暇时在殿上接见过他。”写月支派使者到中国的事时说：“延和三年，武帝到了安定，月支国派遣使臣献香。”据唐睿宗纪年名，而诞妄若是。自余山经地志，往往皆然。近世士大夫采一方传记及故老谈说，竟为图志，用心甚专，用力甚博，亦不能免抵牾。高夔守襄阳，命僚属作一书，其叙历代沿革云："在周为楚、邓、鄾诸国。"据《左传》，鄾乃邓邑，后巴人伐楚围鄾，盖楚灭邓，故亦来属，元非列国包。又引《左传》蔓成然事，以蔓为国。据成然乃楚大夫，灵王夺其邑，无所谓"蔓国"也。

查，仪凤是唐高宗年号，延和是北朝魏太武帝和唐睿宗的年号，神仙传的记载竟然这样荒唐。其余记载山川地名的，也是如此错误百出。近来士大夫采用一篇传记和故老的谈话，便争相写成图志，用心很专，用力很勤，但也免不了有矛盾不通之处。高夔镇守襄阳时，命令他的下属写一本书，叙述襄阳的历代沿革，书中说："襄阳在周代是楚、邓、鄾诸国。"根据《左传》记载，鄾是邓州所属的城池，后来巴人攻楚国时包围了鄾这个地方，后来楚国灭了邓国，因此鄾地也就归属楚国了，它原来并不是一个国家。又引《左传》蔓成然的事迹，把蔓说成是一个国家。据查成然是楚国大夫，楚灵王夺走了他的封邑，并没有什么"蔓国"。

卷十五(十五则)

徽庙朝宰辅

蔡京擅国命，首尾二十余年，一时士大夫未有不因之以至大用者，其后颇采公议，与为异同。若宰相则赵清宽挺之、张无尽商英、郑华原居中、刘文宪正夫，所行所言，世多知之。其居执政位者，如张康国宾老、温益禹弼、刘逵公路、侯蒙元功者，皆有可录。康国定元祐党籍，看详讲议司编汇奏版，皆深预密议，及后知枢密院，始浸为崖异。徽宗察京专愎，阴令狙伺其奸，盖尝许以相。是时，西北边帅，多取部内好官自辟置，以力不以才。康国曰："并塞当择人以纾忧，顾奈何欲私所善乎？"乃随阙选用，定为格。京使御史中丞吴执中击之，康国先知之，具以奏。益镇潭州，凡元祐逐臣在湖南者，悉遭侵困，因《爱莫助之图》遂为京用。至中书侍郎，乃时有立异。京一日除监司郡守十人，将进画，益判其后曰："收。"京使益所厚中书舍人郑居中间之，益曰："君在西掖，每见所论事，舍人得举职，侍郎顾不许邪？今丞相所拟十人，共皆姻党耳，欲不逆其意，得乎？"逵以附京至中书侍郎。京去相，逵首劝上碎元祐党碑，宽上书邪籍之禁，凡京所行悖理殃民事，稍稍厘正之。蒙在政地，上从容问蔡京何如人，对曰："使京能正其心术，虽古贤相何以加？"上颔首，且使密伺京所为，京闻而衔之。凡此数端，皆

徽庙朝宰辅

蔡京掌握国家政权，先后二十余年，一时之间朝中士大夫没有不借助他的支持而得到重用的，后来这些人采取了公正的立场，与蔡京唱反调。如宰相赵清宪（字挺之）、张商英（号无尽居士）、郑华原（字居中）、刘文宪（字正夫）。他们的言论、行动，世人都已知道。当执政的如张康国（字宾老）、温益（字禹弼）、刘逵（字公路）、侯蒙（字元功），皆有值得记载的地方。张康国确定元祐党籍，审定讲议司编排汇集的奏牍时，也参与了处理元祐党人的秘密会议，后来康国改任知枢密院事，才慢慢地不随波逐流，提出了自己的看法。徽宗觉察出蔡京专权、刚愎自用，暗中让康国侦察蔡京的奸邪之状，并且答应他将来当宰相。当时，西北边境上的领兵将领，多数自行选定部下官员，凭借力气大小而不看才能高低。康国说："任命官员当选择有才能的人来为国分忧，为什么专挑自己关系好的人呢？"便根据阙员多少，挑选有才能的人使用，并定为格式。蔡京指使御史中丞吴执之攻击康国，康国已经预先知道了，便把此事上奏给了徽宗。温益镇守潭州，凡是哲宗元祐年间贬往湖南的大臣，全部遭到侵扰围困，又借着于《爱莫助之图》受到蔡京重用，官至中书侍郎，立场便有了变化。蔡京一次任命监司、郡守十人，正准备交给徽宗批准执行时，温益在后面写上批语说："收回。"蔡京派和温益关系很好的中书舍人郑居中问他，温益说："你在中书省任职，每次见讨论任命的事，中书舍人推荐的人，哪有被中书侍郎否见地国史本传。

教官掌笺奏

所在州郡，相承以表奏书启委教授、因而饷以钱酒。予官福州，但为撰公家谢表及祈谢晴雨文，至私礼笺启小简皆不作。然遇圣节乐语尝为之，因又作他用者三两篇，每以自愧。邹忠公为颍昌教授，府守范忠宣公属撰兴龙节致语，辞不为。范公曰："翰林学士亦作此。"忠公曰："翰林学士则可，祭酒、司业则不可。"范公敬谢之。前辈风节，可畏可仰如此。

经句全文对

予初登词科，再至临安，寓于三桥西沈亮功主簿之馆，沈以予买饭于外，谓为不便，自取家馔日相供。同年汤丞相来访，扣旅食大概，具为言之。汤公笑曰："主人亦贤矣！"

决的呢？如今丞相所推荐的十个人，通统都是他的姻亲，怎么能使人同意呢？”刘逵因为附和蔡京升为中书侍郎，蔡京被罢相后，刘逵第一个劝徽宗砸碎元祐党人碑，放宽因上书得罪天子而被列入奸邪之籍的禁令，凡是蔡京所做的违背情理、祸国殃民等事，稍稍加以纠正。侯蒙在政府任职，天子从容问他蔡京是什么样人，侯蒙回答说：“如果蔡京心术纯正，虽古代的贤明宰相也不比上他的才能。”天子点头称是，让他密切侦察蔡京的所做所为，蔡京知道后非常恨他。以上几件事，都见之于国朝历史他们本人的传记。

教官掌笺奏

全国各地州郡，辗转相承把表奏书启一类的事委托给教授去写，用钱酒犒赏他们作为酬谢。我在福州做官时，只替公家撰写谢表和祈雨谢晴文，至于私人之间的礼笺、谢启、小简之类的文字都不写，但逢天子生日也偶尔写些祝贺的话，同时还写了三两篇其他东西，每每感到惭愧。邹浩（忠公）为颍昌（治今河南许昌）教授，知府范纯仁（忠宣公）嘱托他为兴龙节写一段贺词，邹浩坚决不干。范纯仁说：“翰林学士也写这类文章。”邹浩说：“翰林学士可以写，祭酒、司业则不可写。”范纯仁向他道歉。前辈人的气节，真使人敬畏啊！

经句全文对

我第一次由词科考中进士后，再次到临安（今浙江杭州），住在三桥西沈亮功主簿家里，沈主簿因我在外边买饭吃，很不方便，便拿来他家的饭让我吃。和我同榜的汤丞相来看我，问我因戏出一语曰："哀王孙而进食，岂望报乎？"良久，予应之曰："为长者而折枝，非不能也。"公大激赏而去。汪圣锡为秘书少监，每食罢会茶，一同舍辄就枕不至。及起，亦戏之曰："宰予昼寝，于予与何诛。"众未有言，汪曰："有一对，虽于今事不切，然却是一个出处。"云："子贡方人，夫我则不暇。"同舍皆合词称美。

北郊议论

三代之礼，冬至祀天南郊，夏至祭地于北郊。王莽于元始中改为合祭，自是以来，不可复变。元丰中，下诏欲复北郊，至六年，唯以冬至祀天，而地祇不及事。元祐七年，又使博议，而许将、顾临、范纯礼、王钦臣、孔武仲、杜纯各为一说。逮苏轼之论出，于是群议尽废。当时诸人之说有六：一曰，今之寒暑与古无异，宣王六月出师，则夏至之日，何为不可祭；二曰，夏至不能行礼，则遣官摄行，亦有故事；三曰，省去繁文末节，则一岁可以再郊；四曰，三年一礼天，又一年一祭地；五曰，当郊之岁，以十月神州之祭，易夏至之方泽，可以免方暑举事之患；六曰，当郊之岁，以夏至祀地祇于方泽，上不亲郊，而通爟火于禁中望祀。轼皆辟之，以谓无一可行之礼，其文载于奏议，凡三千言。元符中，又诏议合祭，吃住的情况，我一一详细回答。汤公笑着说：“主人是够贤明有道德了。”便开玩笑地说出一句话：“我可怜公子王孙才让他吃饭，哪里希望报答呢？”过了很久，我才应和说：“为年长的人折取树枝，是能够办得到的。”汤公非常赞赏。汪圣锡任秘书少监时，每次吃罢饭喝茶时，他同一宿舍居住的人往往睡觉时不来，等他们起床时，汪圣锡就开他们的玩笑说：“孔子的学生宰予白天睡觉，该给他什么样的责备呢？”大家都没有话，汪圣锡说：“我有一对，虽然和现在的事不切题，但是也是一个出处。”接着说：“子贡好评论别人的短长，而我却没这个工夫。”同屋住的人一致赞扬对答得好。

北郊议论

夏商周三代的礼节，冬至这一天在南郊祭天，夏至在北郊祭地。王莽在元始年间改为合祭，从此之后，不再改变。神宗元丰年间，天子下诏打算恢复北郊祭地的礼仪，到元丰六年，只在冬至时祭天，而没有祭地神。元祐七年，天子下诏让人们广泛议论，而许将、顾临、范纯礼、王钦臣、孔武仲、杜纯等人各持一说。到苏轼的议论出来后，其他的议论便都废弃了。当时众人的说法有六种：第一种说，现在的寒暑与古代一样，周宣王能六月出师，那么夏至时，为什么不能祭地神呢？第二种说，夏至不能举行祭地神之礼，就派人代行，过去也有例子；第三种说，省掉烦琐的礼节，那么一岁之中可以再次举行郊祭；第四种说，三年祭一次天，中间隔一年再祭地神；第五种说，当郊祭那年，可以十月份在京师举行，更换夏至在方泽祭地(夏至日祭地处，掘地为方池，贮水以祭，故称方泽)，可以避免炎热时祭地神的论者不一，唯太常少卿宇文昌龄之议，最为简要。曰："天地之势，以高卑则异位，以礼制则异宜，以乐则异数。至于衣服之章，器用之具，日至之时，皆有辨而不乱。夫礼者，自有以感于无，自实以通于虚，必以类应类，以气合气，然后可以得而亲，可以冀其格。今祭地于圜丘，以气则非所合，以类则非所应，而求高厚之来享，不亦难乎？"后竟用其议。此两说之至当如此。

讨论滥赏词

东坡公《行香子》小词云："清夜无尘，月色如银。酒斟时，须满十分。浮名浮利，休苦劳神。叹隙中驹，石中火，梦中身。虽抱文章，开口谁亲？且陶陶，乐尽天真。不如归去，作个闲人。对一张琴、一壶酒，一溪云。"绍兴初，范觉民为相，以自崇宁以来，创立法度，例有泛赏。如学校，荣盐、钱币，保伍，农田，居养，安济，寺观，开封，大理狱空，四方边事，御前、内外诸司，编敕会要、学制、礼制、道史等书局、不便；第六种说，当郊祭那年，因夏至时在方泽祭礼地神，天子不必亲临北郊，而在宫廷中点燃祭礼的火炬，苏轼都一一驳斥，认为以上六种说法哪一种也不可行，他的文章记载在奏议中，有三千字那么长。宋哲宗元符年间，天子下诏让郡臣议论合祭，议论的人说法不一，只有太常少卿宇文昌龄的议论最为简明扼要。他说："按照天地的形势，天高地低位置不同，因此在祭礼的礼节上应不同对待，在奏乐上演奏的曲子数目也不同。至于衣服的花纹，祭礼时的用具，祭礼的时间，都有规矩，不得紊乱。所谓祭礼，是从没有实体存在的东西处找感觉，以实际存在的人通往虚无的神，必须以同类去求同类，以相同的气去合相同的气，这样，神才会和你亲近，你才可以寄希望神来接受祭礼。如今在祭天的圆形高坛中祭地，气既不相合，类也不同无法沟通，这样做还要求天地神灵来享用你的祭礼，不是很难吗？"后来天子便采纳了他的建议。苏轼和宇文昌龄二人的议论，都是很妥当的。

讨论滥赏词

苏东坡《行香子》小词说："清夜无尘，月色如银。酒斟时，须满十分。浮名浮利，休苦劳神。叹隙中驹，石中火，梦中身。虽抱文章，开口谁亲？且陶陶，乐尽天真。不如归去，作个闲人。对一张琴，一壶酒，一溪云。"宋高宗绍兴初年，范觉民担任宰相，查出自宋徽宗崇宁年间以业，凡是创立了一项法令制度，照例广泛赏赐，如学校，茶盐、钱币，保伍，农田，居住赡养，安抚接济，寺庙道观，开封府有事，大理寺狱空，四方边境之事，皇帝座位之前及朝廷内外诸衙门，编纂会要、学校制度、礼乐制度、掖庭编泽，行幸，曲恩，诸色营缮，河埽功役，采石、木栰、花石等纲，祥瑞，礼乐，两城所公田，伎术、伶优，三山，永桥，明堂，西内，八宝，玄圭，种种滥赏，不可胜述。其曰应奉有劳、献颂可采、职事修举、特授特转者，又皆无名直与，及白身补官，选人改官，职名碍格，非随龙而依随龙人，非战功而依战功人等，每事各为一项，建议讨论。又行下吏部，若该载未尽名色，并合取朝廷指挥，临时参酌。追夺事件，遂为画一规式，有至夺十五官者。虽公论当然，而失职者胥动造谤，浮议蜂起。无名子因改坡语云："清要无因，举选艰辛。系书钱，须要十分。浮名浮利，虚苦劳神。叹旅中愁，心中闷，部中身。虽抱文章，苦苦推寻。更休说，谁假谁真。不如归去，作个齐民。免一回来，一回讨，一回论。"至大字书写贴于内前墙上，逻者得之以闻。是时，伪齐刘豫方盗据河南，朝论虑或摇人心，亟罢讨论之举。范公用是为台谏所攻，今章且叟奏稿中正载弹疏，竟去相位云。

编写道教史等书局、宫廷中编排恩泽，天子行幸，天子法外施恩，各种建筑物的修缮，治河功役，采石、木栰、花石等纲船、祥瑞，礼乐，掌管公田的机构两城所，方伎，伶优，三山、永桥、明堂，西内，八宝(宋徽宗时天子六个玉玺加上镇国之宝、受命之宝，合称八宝)，玄圭等等，都要赏赐，赏赐之滥，不能一一叙述。赏赐的名目有为朝廷服务有功劳、献给朝廷的颂词有可采用之处、本职工作做得好、特别授予官职和特别转升官职者，都是直接赏赐的。还有白丁补官，当幕职的州县官改授别的官职，因职务名分所限或官受阻者，太子即位前不是东宫旧日僚属而按旧日僚属封官的，没立战功而按立战功的人对待的，等等，一件事情列为一项，建议让百官讨论。又行文吏部，以上所举各项如果还有没包括进去的而又应该让天子作决定进行赏赐的，可以临时参考别的办法赏赐。追夺官职事件，朝廷规定了统一的格式，有人甚至被夺官十五次。有的人虽然大家都认为应该夺官，但是失官者全部出动造谣诽谤，议论纷纷不已。一些无名小卒于是就改动了苏东坡的话说："出身平常没有后台的人，中举做官都很难。为读书而投资的钱已花了不少。浮名浮利，虚苦劳神。叹旅中愁，心中闷、部中身。虽抱文章，苦苦推寻。更休说，谁假谁真。不如归去，作个齐民。免一回来，一回讨，一回论。"甚至有人把这首词抄写后贴在京城内的墙上，被侦察的人得到献给朝廷。当时，伪齐国王刘豫正窃据河南，朝廷顾虑这会动摇人心，便马上停止了关于赏赐问题的议论。范觉民因此受到了御史和谏官的攻击，一个叫章且叟的人，奏稿中还有弹劾范觉民的奏章，范觉民为此丢了宰相官职。

尺八

唐卢肇为歙州刺史，会客于江亭，请目前取一事为酒令，尾有乐器之名。肇令曰：“遥望渔舟，不阔尺八。”有姚岩杰者，饮酒一器，凭栏呕哕，须臾即席，还令曰：“凭栏一吐，已觉空喉。”此语载于《摭言》，又《逸史》云：“开元末，一狂僧往终南回向寺，一老僧令于空房内取尺八来，乃玉笛也。谓曰：‘汝主在寺，以爱吹尺八，谪在人间，此常吹者也。汝当回，可将此付汝主。’僧进于玄宗，特以吹之，宛是先所御者。”孙夷中《仙隐传》：“房介然善吹竹笛，名曰尺八。将死，预将管打破，告诸人曰：‘可以同将就圹。’”亦谓此云。尺八之为乐名，今不复有。《吕才传》云：“贞观时，祖孝孙增损乐律，太宗诏侍臣举善音者，王珪、魏征盛称才制尺八，凡十二枚，长短不同，与律谐契。太宗即召才参论乐事。”尺八之所出，见于此，无由晓其形制也。《尔雅·释乐》亦不载。

三给事相攻

元祐中，王钦臣仲至，自权工部侍郎除给事中，为给事姚勔所驳而止。大观中，陈亨伯自左司员外郎擢给事中，为权官蔡嶷所沮而出。正和末，伯祖仲达在东省，以疾暂谒告两日，张天觉复官之命，过门下第四厅，给事方会论为畏缴驳之故，所以托病，遂罢知滁州。

尺八

唐朝卢肇任歙州（治今安徽歙县）刺史时，在江亭大会宾客，让众人拿眼前所见器物一件为酒令，末尾得带上乐器的名字。卢肇作酒令说："遥望渔舟，不阔尺八。"有个叫姚岩杰的人，饮酒一大杯，靠着栏杆呕吐，停了一会回到席上，回报酒令说："凭栏一吐，已觉空喉。"以上两条记载，见于《摭言》这本书。又《逸史》说："唐玄宗开元末年，一个发狂僧人去终南山回向寺，一个老僧人让他在空房内取尺八来，乃是一只玉笛，老僧对他说：'你的主人在本寺时，因为爱吹尺八，才被贬谪在凡间，这只是他经常吹的。你回去时，可把它交给你的主人。'狂僧把玉笛献给玄宗，玄宗试了一下，和先前他用的一模一样。"孙夷中著的《仙隐传》说："房介然善于吹竹笛，命名为尺八。快要死时，预先把笛管打破，告诉别人说：'可把此笛埋在我墓中。"也是指的尺八。把乐器称尺八，现在没有了。《吕才传》说："唐太宗贞观年间，祖孝孙增删乐律，太宗下诏侍臣中懂乐律的人参与其事，王珪、魏征夸奖吕才会制作尺八，他做了十二枚，长短不同，但都和音律谐和。太宗就召吕才参与。"尺八的出处，见于这里，尺八的形状如何，《尔雅·释乐》篇也没有记载。

三给事相攻

宋哲宗元祐年间，王钦臣（字仲至）从权工部侍郎被提升为给事中，被给事姚勔驳回，撤销了任命。宋徽宗大观年间，陈亨伯从左司员外郎升为给事中，被有权势的官员蔡薿所阻挠而未成功。政和末年，我的本家伯祖仲达在门下省任职，因疾病暂请假两天，到期后，张天觉宰相签发了恢复官职的命令，在经过门

朱藏一诗

政和末，老蔡以太师鲁国公总治三省，年已过七十，与少宰王黼争权相倾。朱藏一在馆阁，和同舍秋夜省宿诗云："老火未甘退，稚金方力征。炎谅分胜负，顷刻变晴阴。"两人门下士互兴谮言，以为嘲谤。其后黼独相，馆职多迁擢，朱居官如故，而和人菊花诗云："纷纷桃李春，过眼成枯萎。晚荣方耐久，造物岂吾欺？"或又谮于黼以为怨愤。是时，士论指三馆为闹蓝。

蔡京轻用官职

蔡京三入相对，除用士大夫，视官职如粪土，盖欲以天爵市私恩。政和六年十月，不因赦令，侍从以上先缘左降同日迁职者二十人。通奉大夫张商英为观文殿学士，中大夫王襄为延康殿学士，显谟阁待制李图南为述古殿学士，宝文阁待制蔡薿、显谟阁待制叶梦得并为龙图阁直学士，宝文阁待制张近、通奉大夫钱即、右文殿修撰王汉之并为显谟阁直学士，中大夫叶祖洽为徽猷阁直学士，朝散大夫曾孝蕴下省第四厅时，给事方会说仲达因为畏惧缴驳（呈报的事情被驳回），因此才托病的，于是被罢免了朝中的职务，改任滁州知州。

朱藏一诗

宋徽宗政和末年，蔡京以太师鲁国公的身份负责门下省、中书省、尚书省，年龄已超过七十，同少宰王黼为争权而互相倾轧。朱藏一当时在馆阁任职、酬和同屋人所作秋夜在三省住宿值班的诗说："老火未甘退（蔡京七十余岁，故云老火），稚金方力征（王黼当时三十余岁，故称稚金）。炎凉分胜负（谁受天子垂青就能取胜），顷刻变阴晴（马上能判断出阴晴，也即谁能赢）。"二人的门客也互相说对方的坏话，作为嘲笑诽谤对方的资本。以后王黼独任宰相，朱藏一仍在馆阁，而馆阁的其他人多已升官。他应和别人的菊花诗说："纷纷桃李春，过眼成枯萎。晚荣方耐久，造物岂吾欺？"又有人在王黼跟前说他的坏话，说他这首诗是泄私愤。当时，舆论说史馆、昭文馆、集贤院三馆是众鬼大闹佛寺。

蔡京轻用官职

蔡京第三入朝任宰相时，选用士大夫，把官职看得如粪土一样贱，他是想用天子的爵禄来做人情，让别人感激他。宋徽宗政和六年十月，天子没有颁布赦令，侍从以上官员以前曾被贬官，现在又同日升官者二十人。通奉大夫张商英任观文殿学士，中大夫王襄任延康殿学士，显谟阁待制李图南为述古殿学士，宝文阁待制蔡嶷、显谟阁待制叶梦得一起任龙图阁直学士，宝文阁待制张近、通奉大夫钱即、右文殿修撰王汉之一起任显谟阁为天章阁待制，朝散郎俞㮚、朝议大夫曾孝序、中奉大夫范致明、右文殿修撰蔡肇、大中大夫孙䜣、朝议大夫王觉、右文殿修撰陈旸并为显谟阁待制，朝请郎蔡懋、中奉大夫庞恭孙、朝请郎洪彦昇并为徽猷阁待制。至十一月冬祀毕，大赦天下，仍复推恩。

节度使改东宫环卫官

太祖有天下，将收藩镇威柄，故渐行改革。至于位至侍中、中书令、使相者，其高仅得东宫官，次但居环卫。凤翔王宴为太子太师，安远武行德为太子太傅，护国郭从义为左金吾上将军，凤翔王彦超为右金吾上将军，定国白重赞为左千牛上将军，保太杨廷璋为右千牛上将军，静难刘重进为羽林统军。若符彦卿者，以太师中书令、天雄节度使直罢归洛，八年不问，亦不别除官。其庙谟雄断如是。靖康初，以戚里冒政、宣恩典，多建节钺，乃稽用此制。钱景臻以少傅安武节度，刘宗元以开府仪同三司、镇安节度，并为左金吾上将军。范讷以平凉、刘敷以保信，刘敏以保成，张懋以向德，王舜臣以岳阳，朱孝孙以应道，钱忱以泸川节度，并为右金吾上将军。自后不复举行矣。

直学士，中大夫叶祖洽为徽猷阁直学士，朝散大夫曾孝蕴为天章阁待制，朝散郎俞㮚、朝议大夫曾孝序、中奉大夫范致明、右文殿修撰蔡肇、大中大夫孙𧂐、朝议大夫王觉、右文殿修撰陈旸一起任显谟阁待制，朝请郎蔡懋、中奉大夫庞恭孙、朝请郎洪彦昇，一起任徽猷阁待制。到十一月冬天祭天完毕，大赦天下，又把恩惠推移到其他人身上。

节度使改东宫环卫官

宋太祖得天下后，打算收回藩镇兵权，因此逐渐对官制进行了改革。以至于官到侍中、中书令、使相的人，改革后，官职高的仅能任东官，次等的只能担任天子的环卫保卫宫廷。陕西凤翔人王宴后来任太子太师，安远人武行德任太子太傅，护国人郭从义任左金吾上将军，凤翔人王彦超为右金吾上将军、定国人白重赞为左千牛上将军，保太人杨廷璋为右千牛上将军，静难军（今陕西彬县）人刘重进任羽林统军。如符彦卿这样的大将，以太师中书令、天雄节度使的身份罢归洛阳，八年时间天子都没过问他，也没任命其他官职。太祖的雄才大略就是这样。钦宗靖康初车，皇亲国戚假冒徽宗政和、宣和时的恩典，大多成为拥有符节与斧钺的大将，那是参考了太祖时的制度。钱景臻以少傅安武节度，刘宗元以开府仪同三司、镇安节度使的身份，一起任左金吾上将军。范讷以平凉（治今属甘肃）节度，刘敷以保信（治今安徽合肥）节度，刘敏以保成（治今河南汝阳）节度，张懋以向德节度，王舜臣以岳阳（治今属湖南）节度，朱孝孙以应道节度，钱忱以泸川节度的身份，都担任右金吾上将军。以后便不再有这种事了。

宰相任怨

宰相欲收士誉，使恩归已，故只以除用为意，而不任职及显有过举者，亦不肯任怨，稍行黜徙。文惠公在相位，尝奏言："今之监司、郡守，其无大过者，台谏固不论击。但其间实有疲懦庸老之人，依阿留之，转为民害。臣欲皆与祠禄，理作自陈，监司或就移小郡，庶几人有家食之资，国无旷官之失。"孝宗欣然听许。于是湖南转运判官任诏，改知复州，广东提举盐事刘景，改知南雄州。时太常丞阙，监左藏席许子绍欲得之，公以大超越，谕使小缓。子绍宛转愈力，乃白其事，出通判静江府。议者私谓若如此则是庙堂而兼台谏之职。殊不思进贤退不肖，真宰相之事耳。欲拟宫观三四人，未暇而去位，子绍之出，遂织入言章中。近者京丞相以国子录吴仁杰居职未久，便欲求迁，奏罢归吏部注鉴判，亦此意也。

四李杜

汉太尉李固、杜乔，皆以为相守正，为梁冀所杀。故掾杨生上书，乞李、杜二公骸骨，使得归葬。梁冀之诛，权势专

宰相任怨

宰相打算沽名钓誉，博取士大夫的欢心，使别人感激他，因此很注意任用人，而不胜任职务和有错误的，宰相也不肯落埋怨，稍为压抑他们，贬谪或是迁徙。文惠公任宰相时，曾上奏说："如今监察各州的官吏、郡守，如果没有大的过错，御史、谏官都不去抨击他们。但是临司郡守中间实在有疲软庸碌之人，如果胸无定见，随声附和，让他们留任，会成为百姓的灾难。为臣我打算改任他们为宫观官，就说是他们自己要求改官的。任监司的官员迁往较小的州郡任职，这样一来，他们的衣食可以无忧，国家也不至于有失职的官员。"孝宗欣然采纳了这个意见。于是湖南转运判官任诏改任复州（治今湖北沔阳）知州，广东提举盐事刘景改为南雄州（治今广东南雄）知州。当时太常丞阙人，监左藏库许子绍想任太常丞，文惠公认为越级太多，晓谕他稍为等待一下。子绍宛转请求，更加迫切，文惠公便上奏天子，任命为静江府（治今广西桂林）通判。人们私下议论说文惠公这样干，是政府首脑又兼任了御史和谏官的职务。这些人也不想想，任用贤人，去掉不称职的人，这才是宰相应干的事。文惠公还打算改任三四个宫观官，还未来得及办便离任了，许子绍出任通判，便被言官编入了奏章中。京丞相名镗因为国子录吴仁杰任职不久，便要求升迁，京丞相上奏罢免他的职务让吏部重新分配，也是这个用意。

四李杜

汉朝太尉李固、杜乔，都因为守正不阿，被梁冀所杀。他们的老部下杨生上书天子，请求收敛李、杜二人尸骨，运回老家安归宦官，倾动中外，白马令李云露布上书，有帝欲不谛之语。桓帝得奏震怒，逮云下北寺狱。弘农五官掾杜众，伤云以忠谏获罪，上书愿与云同日死。帝愈怒，下廷尉，皆死狱中。其后襄楷上言，亦称为李、杜。灵帝再治钩党，范滂受诛，母就与之诀，曰："汝今与李、杜齐名，死亦何恨！"谓李膺、杜密也。李太白、杜子美同时著名，故韩退之诗云："李杜文章在，光焰万丈长。"凡四李、杜云。

浑脱队

唐中宗时，清源尉吕元泰上书言时政曰："比见坊邑相率为浑脱队，骏马胡服，名曰'苏幕遮'，旗鼓相当，腾逐喧噪。以礼义之朝，法胡虏之俗，非先王之礼乐，而示则于四方。书曰：'谋时寒若'，何必羸形体，欢衢路，鼓舞跳而索寒焉！"书闻不报。此盖并论泼寒胡之戏。《唐史》附于《宋务光传》末，元泰竟亦不显。近世风俗相尚，不以公私宴集，皆为耍曲耍舞，如《渤海乐》之类，殆犹此也。

岁阳岁名

岁阳、岁名之说，始于《尔雅》。太岁在甲日阏逢，在乙葬。梁冀被朝廷处死后，权势都转到了宦官手里，朝内外都受到震动，白马县（今河南滑县）令李云上了一封没有封口的奏章，上面有天子做事不妥当的话，桓帝看到后非常生气，把李云逮捕到北寺的监狱中去。弘农（今河南灵宝）人杜众当时任五官掾，对李云因忠言谏主而获罪感到悲伤，上书天子愿意和李云同一天死。桓帝更加恼怒，交给廷尉处理，结果二人都死在狱中。后来襄楷上书时，称二人为李、杜。汉灵帝再次惩治结为党羽的人，范滂被杀，他的母亲和他诀别说："你今天和李、杜齐名，死也无遗憾了。"李、杜是指李膺、杜密。李白、杜甫同时出名，因此韩退之有诗说："李杜文章在，光焰万丈长。"以上共有四个李杜。

浑脱队

唐中宗时，清源县（今福建清源）尉吕元泰上书评论当时朝政说："近来见坊邑上相继组织跳舞的队伍，骑骏马，穿胡服，命名为'苏幕遮'，跳舞的分作几队，旗鼓相当，欢腾追逐，喧噪不已。我朝是礼仪之邦，却效法胡虏的习俗，这不是先王的礼乐，而在这里给天下做榜样。《尚书》说："计算时间恰好在如此寒冷的季节。"何必赤身露体，欢呼于街衢，鼓舞跳跃而去求得寒冷呢！"奏章递了上去，没有回答。这是一并讨论泼寒胡的游戏。《唐史》把此事附在《宋务光传》的最后，吕元泰传上倒没记载。近来风俗互相影响，不论是公私宴会集合众人，都要唱曲跳舞，如《渤海乐》一类游戏，也和这近似。

岁阳岁名

岁阳、岁名的说法，开始于《尔雅》。太岁在甲叫阏逢，左乙曰旃蒙，在丙曰柔兆，在丁曰彊圉，在戊曰著雍，在己曰屠维，在庚曰上章，在辛曰重光，在壬曰玄黓，在癸曰昭阳，谓之岁阳。在寅曰摄提格，在卯曰单阏，在辰曰执徐，在巳曰大荒落；在午曰敦牂，在未曰协洽，在申曰涒滩，在酉曰作噩，在戌曰阉茂，在亥曰大渊献，在子曰困敦，在丑曰赤奋若，谓之岁名。自后唯太史公《历书》用之，而或有不同。如阏逢为焉逢，旃蒙为端蒙，柔兆为游兆，彊圉为彊梧、著雍为徒雍，屠维为祝黎，上章为商横，重光为昭阳，玄黓为横艾，昭阳为尚章，大荒落为大芒落，协洽为汁洽，涒滩乃为汭汉，作噩为作鄂，阉茂为淹茂，大渊献、困敦更互，赤奋若乃为赤夺者，此盖年祀久远，使写或讹，不必深辨。但汉武帝太初元年太岁丁丑，而以为甲寅，其失多矣。《尔雅》又有月阳、月名。月在甲曰毕，在乙曰橘，在丙曰修，在丁曰圉，在戊曰厉，在己曰则，在庚曰窒，在辛曰塞，在壬曰终，在癸曰极。正月为陬，二月为如，三月为寎，四月为余，五月为皋，六月为且，七月为相，八月为壮，九月为玄，十月为阳，十一月为辜，十二月为涂。考之典籍，唯《历书》谓太初十月为毕聚。《离骚》云："摄提贞于孟陬。"《左氏传》："十月曰良月。"《国语》："至于玄月。"它未尝称引。郭景纯注释云："自岁阳至月名，皆所未详通者，故阙而不论。"盖不可强为之说。非若《律书》所言二十八舍、十母、十二子，犹得穿凿傅致也。《资治通鉴》专取岁阳、岁名以冠年，不可晓解，殊不若甲子至癸亥为明百尔。韩退之诗："岁在渊献牵牛中"，叫旃蒙，在丙叫柔兆，在丁叫强圉，在戊叫著雍，在己叫屠维，在庚叫上章，在辛叫重光，在壬曰玄黓，在癸叫昭阳，这些名称合在一起叫岁阳。太岁在寅叫摄提格，在卯叫单阏，在辰叫执徐，在巳叫大荒落，在午叫敦牂，在未叫协洽，在申叫涒滩，在酉叫作噩，在戌叫阉茂，在亥叫大渊献，在子叫困敦，在丑叫赤奋若，称为岁名（按：古代以干支纪年，甲乙丙丁戊己庚辛壬癸十干叫岁阳。寅卯辰巳午未申酉戌亥子丑十二地支叫岁名）。从《尔雅》记载以后，只有司马迁的《史记·历书》中用过，但稍有不同。如阏逢称焉逢，旃蒙称端蒙，柔兆称游兆，强圉称强梧，著雍称徒雍，屠维称祝黎，上章称商横，重光称昭阳，玄黓称横艾，昭阳称尚章，大荒落称大芒落，协洽称汁洽，涒滩称汭汉，作噩称作鄂，阉茂称淹茂，大渊献、困敦互相替换位置，赤奋若成为赤夺，这些都因为年代久远，传写讹误，不必多说。但汉武帝太初元年太岁星在丁丑，却说成甲寅，错误就大了。《尔雅》还有月阳、月名之说。月在甲称毕，在乙称橘，在丙称修，在丁称圉，在戊称厉，在己称则，在庚称窒，在辛称塞，在壬称终，在癸称极。正月叫陬，二月称如，三月称寎，四月称余，五月称皋，六月称且，七月称相，八月称壮，九月称玄，十月称阳，十一月称辜，十二月称涂。考查典籍，只有司马迁《史记·历书》篇称太初元年十月为毕聚。《离骚》说："摄提贞于孟陬。"《左氏传》说："十月叫良月。"《国语》说："至于玄月。"其他典籍没有引用的。郭景纯注释说："从岁阳到月名，没有人能详细知晓，因此阙而不论。"不能强不知以为知。不像《律书》所说二十八舍、十母、十二子一类，可以穿凿附会。《资治通鉴》专门用岁阳、岁名来纪年，让人不明白，真不如用甲子一直到癸亥，让人明白无王介甫《字说》言“疆圉”，自余亦无说。《左传》所书，“岁在星纪，而淫于玄枵”，“岁在降娄，降娄中而旦”，“岁在陬訾之口”，“岁五及鹑火”，“岁在颛帝之虚”，“岁在豕韦”，“岁在大梁”，皆用岁星次舍言之。司马倬跋温公《潜虚》，其末云：“乾道二年，岁在柔兆阉茂，玄黓执徐月，极大渊献日。”谓丙戌年、壬辰月、癸亥月，以岁名施于月日，尤为不然。汉章不自为文，殆是僚案强解事者所作也。

官称别名

唐人好以它名标榜官称，今漫疏于此，以示子侄子未能尽知者。太尉为掌武，司徒为五教，司空为空土，侍中为大貂，散骑常侍为小貂，御史大夫为亚台、为亚相、为司宪，中丞为独坐、为中宪，侍御史为端公、南床、横榻、杂端，又曰脆梨，殿中为副端，又日开口椒，监察为合口椒，谏议为大坡、大谏，补阙（今司谏）为中谏，又曰补衮，拾遗（今正言）为小谏，又曰遗公，给事郎为夕郎、夕拜，知制诰为三字，起居郎为左螭，舍人为右螭，又并为修注，吏部尚书为大天，礼部为大仪，兵部为大戎，刑部为大秋，工部为大起，吏部郎为小选、为省眼，考功、度支为振行，礼部为小仪、为南省舍人，今曰南宫，刑部为小秋，祠部为冰（柄）厅，比部为比盘，又曰昆脚皆头，屯田为田曹，水部为水曹，诸部郎通曰哀乌、依乌，太常卿为乐卿，少卿为少常、奉常，光禄为饱卿，鸿胪误。韩退之的诗说："岁在渊献牵牛中"，王安石的《字说》书上说"强圉"，其他的就没什么说法了。《左传》记载"岁在星纪，而淫于玄枵"，"岁在降娄，降娄中而旦"，"岁在陬訾之口"，"岁五及鹑火"，"岁在颛帝之虚"，"岁在豕韦"，"岁在大梁"，都是用岁星止宿的营地来命名的。司马倬为司马光的《潜虚》写跋语，末句说："乾道二年，岁在柔兆阉茂，玄黓执徐月，极大渊献日。"是说丙戌年、壬辰月、癸亥日把岁名用在月日上，尤为不妥。司马倬（字汉章）不亲自写文章，大概是他手下喜好卖弄知识的僚属所写的吧。

官称别名

唐朝人喜欢用其他名称称呼官职，现在我随便写在这里，让子侄辈不知道这些称呼的知道一下。太尉称掌武，司徒称五教，司空称空土，侍中称大貂，散骑常侍称小貂，御史大夫称亚台、亚相、司宪，中丞称独坐、中宪，侍御史称端公、南床、横榻、杂端，又称脆梨，殿中称副端，又称开口椒，监察称合口椒，谏议称大坡、大谏，补阙（今司谏）称中谏，又称补衮，拾遗（今日叫正言）称小谏，又称遗公，给事郎称夕郎、夕拜，知制诰称三字，起居郎称左螭，舍人称右螭，二者并称为修注，吏部尚书称大天，礼部称大仪，兵部称大戎，刑部称大秋，工部称大起，吏部郎称小选、省眼，考功、度支称振行，礼部称小仪，南省舍人，现在称南宫，刑部称小秋，祠部称冰厅，比部称比盘，又称昆脚皆头，屯田称田曹，水部称水曹，诸部郎通称哀乌、依乌，太常卿称乐卿，少卿称少常、奉常，光禄寺称饱卿，鸿胪称客卿、睡卿，司农称走卿，大理称棘卿，评事称廷平，将作监称大为客卿、睡卿，司农为走卿，大理为棘卿，评事为廷平，将作监为大匠，少监为少匠，秘书监为大蓬，少监为少蓬，左右司为都公，太子庶子为宫相，宰相呼为堂老，两省相呼为阁老，尚书丞郎为曹长，御史、拾遗为院长。下至县令曰明府，丞曰赞府、赞公，尉曰少府、少公、少仙，此已见前《笔》。

匠，少监称少匠，秘书监称大蓬，少监称少蓬，左右司称都公，太子庶子称宫相，宰相称为堂老，两省互相称呼为阁老，尚书丞郎作曹长，御史、拾遗称院长。地方上县令称明府，县丞称赞府、赞公，县尉称少府、少公、少仙，这些已见之于前边的《随笔》中了。

卷十六（十二则）

汉重苏子卿

汉世待士大夫少恩，而独于苏子卿加优宠，盖以其奉使持节，褒劝忠义也。上官安谋反，武子元与之有谋，坐死。武素与上官桀、桑弘羊有旧，数为燕王所讼，子又在谋中，廷尉奏请逮捕武，霍光寝其奏。宣帝立，录群臣定策功，赐爵关内侯者八人，刘德、苏武食邑。张晏曰：“旧关内侯无邑，以武守节外国，德宗室俊彦，故特令食邑。”帝闵武年老，子坐事死，问左右：“武在匈奴久，岂有子乎？”武曰：“前发匈奴时，胡妇实产一子通国，有声问来，愿因使者赎之。”上许焉。通国至，上以为郎，又以武弟子为右曹，以武著节老臣，令朝朔望，称祭酒，甚优宠之。皇后父、帝舅、丞相、御史、将军皆敬重武。后图画中兴辅佐有功德知名者于麒麟阁，凡十一人，而武得预。武终于典属国，盖以武老不任公卿之故。先公絷留绝漠十五年，能致显仁皇太后音书，蒙高宗皇帝有“苏武不能过”之语。而厄于权臣，归国仅升一职，立朝不满三旬，讫于窜谪南荒恶地，长子停官。追诵汉史，可为痛哭者已！又案武本传云：“奉使初还，拜为典属国，秩中二千石。昭帝时，免武官。后以故二千石与计谋立宣帝，赐爵。张安世荐之，即时召待诏，数进见，复为典属国。”然则豫定策时，但以故二千石耳。而霍光传连名奏昌

汉重苏子卿

汉朝对待士大夫刻薄寡恩，而独对苏武优宠有加，这是因为他持符节出使匈奴，以此褒扬勉励忠义之人。上官安谋反，苏武的儿子苏元和他有密谋，连坐被杀。苏武平常与上官桀、桑弘羊有交往，几次被燕王告发，他的儿子又在谋反人当中，廷尉上奏天子，请求逮捕苏武，霍光把奏章压了下来。宣帝即位，奖赏大臣中出力拥戴他的人，封赏关内侯爵位者八人，刘德、苏武都有封地，可收赋税而食的食邑。张晏说："过去关内侯没有食邑，因为苏武在国外坚持气节，刘德是天子宗室中比较优秀的，因此特别给他们食邑。"宣帝怜惜苏武年老，儿子又受株连被杀，便问身边的侍从："苏武在匈奴时间长，有没有儿子？"苏武回答说："臣从匈奴回来时，我的匈奴籍妻子生了一个儿子叫通国，曾捎过信来，请求凭借使臣出国的机会，把他赎回来。"天子答应了。通国回汉朝后，天子任命他为郎，又封苏武弟弟的儿子为右曹，因苏武是坚持气节的老臣，让他每月初一、十五上朝，其他日子免朝，称他为祭酒，甚为优待宠幸。皇后之父、皇太后兄弟、丞相、御史、将军都很尊重苏武。后来在麒麟阁挂中兴辅佐有功知名将帅十一人的画像，苏武也在十一人之中。苏武最后的职务是典属国，是因为年老不能担任公卿。先父洪皓被囚禁沙漠中十五年，能从金国带回显仁皇太后的书信，高宗夸奖他"即使苏武也超不过他的功劳"，但是受制于有权势的大臣，回国后仅升了一级官职，在朝中为官不满一月，最后贬谪到南方荒邑王时，直称典属国，宣纪封侯亦然，恐误也。

昔贤为卒伍

三代而上，文武不分，春秋列国军将皆命卿，处则执政，出则将兵，载于《诗》《书》《左传》，可考也。然此特谓将帅耳，乃若卒伍之贱，虽贤士亦为之，不以为异。鲁哀公时，吴伐鲁，次于泗上。微虎欲宵攻王舍，私属徒七百人，三踊于幕庭，卒三百人，有若与焉。杜预云："卒，终也，谓于七百人中，终得三百人任行也。"或谓季孙曰："不足以害吴，而多杀国士，不如已也。"乃止之。此盖后世斫营劫寨之类，而有若亦为之。齐伐鲁，冉求帅左师，樊迟为右，季孙曰："须也弱。"有子曰："就用命焉。"谓虽年少，能用命也。冉有用矛于齐师，故能入其军。杜预云："言能以义勇也。"皆孔门高弟，而亲卒伍之事，后世岂复有之？

凉偏僻之地，我的长兄被罢官，追读汉朝历史，比较先父与苏武的不同遭遇，怎不使人失声痛哭！又案苏武本传说：“出使匈奴回朝，受封为典属国之职，俸禄是二千石。汉昭帝时，被免官。后来他以原是二千石的身份与别人合谋拥立宣帝，赐关内侯爵位。张安世举荐他，宣宗马上让他等待任命，几次见到天子，恢复了典属国的职务。”但是事先定策立宣宗时，只是以原二千石的身份进行的，霍光的传说他和苏武联名上奏说昌邑王不宜立为天子时，直接称苏武为典属国，宣帝本纪说苏武在这时也已封侯，恐怕都是记载错了。

昔贤为卒伍

夏商周三代以前，官员不分文武，春秋时各个国家军队将领都是受命的大臣，在朝时执政，出外时率兵，这见之于《诗经》《书经》《左传》，有据可考。不过以上所指乃是将帅，至于士兵之类下贱的人，即使是很贤能的人也干过，不认为这有什么奇怪。鲁哀公时，吴国攻打鲁国，军队驻扎在泗上（今江苏西北），微虎这个人打算乘着夜晚进攻吴王，他有私人部属七百人，三次召集到大帐前的庭阶上，最后有三百人参加，有个叫有若的人也在其中。杜预说：“卒，最后之意，是说七百人中，最后有三百人愿去攻打王宫。”有人对季孙说：“袭营杀不了吴王，只是使本国人受到损失，不如停止这次行动。”季孙接受了这个意见。这就是后代所谓砍杀敌人军营或劫寨一类，而有若也想这样干。齐国攻打鲁国，冉求率领左师，樊迟率领右师迎战，季孙说：“樊迟太软弱。”有子说：“但是他能拼命。”意思是说，樊迟虽然年少，但却勇敢拼命。冉有善于用矛进攻齐军，因此能攻

兵家贵于备预

晋盗卢循据广州，以其党徐道覆为始兴相，循寇建康，以为前锋。初，道覆遣人伐船材于南康山，至始兴贱卖之，居人争市之，船材大积，而人不疑。至是悉取以装舰，旬日而办。萧衍镇雍州，以齐室必乱，密修武备，多伐材竹，沉之檀溪，积茅如冈阜，皆不之用。中兵参军吕僧珍觉其意，亦私具橹数百张。衍既起兵，出竹木装舰，葺之以茅，事皆立办。诸将争橹，僧珍出先所具者，每船付二张，争者乃息。魏太武南伐盱眙，太守沈璞以郡当冲要，乃缮城浚湟、积材谷，储矢石，为城守之备。魏攻之，三旬不拔，烧攻具退走。古人如此者甚多，道复虽失所以，为畔涣之归，然其事固可称也。

渠阳蛮俗

靖州之地，自熙宁九年收复唐溪洞诚州，元丰四年，仍建为诚州，元祐二年，废为渠阳军，又废为寨，五年复之，崇入齐军中去。杜预说："冉有因为是正义之军因而勇敢。"以上几人都是孔子的得意学生，但却当了普通的士兵，后代哪里还有这种事呢？

兵家贵于备预

晋代大盗卢循占据广州，以他的党羽徐道复作始兴长官，卢循攻打建康（今江苏南京）时，让他担任前锋。起初，徐道复派人在南康山砍伐造船的木材，运到始兴（今广东韶关）贱价出卖，当地百姓争着购买，造船的木材堆集了很多，但没人怀疑他别有用心。到攻建康时全部取出来装上兵舰，十来天就办好了。萧衍镇守雍州时，预见到南齐必然发生战乱，暗地里准备武装，砍伐了很多成材的竹子，沉到檀溪中去，竹木堆积如山，都没拿出来用。中兵参将吕僧珍觉察出了他的用意，也暗中准备了船桨数百个。萧衍起兵后，取出贮藏的竹木装在战舰上，上面用茅草覆盖，事情很快就办好了。诸位将领争要船桨，吕僧珍拿出先前所预备的，每只船上发给两个，争议才平息了。魏太武帝拓跋焘向南进攻盱眙（今属江苏），盱眙的地方官沈璞因为这个郡是冲要之地，便修缮城池，疏浚城河，聚积财物粮食，储备弓箭，作守城的准备。魏兵攻打了三十天，还没攻下来，烧掉攻城的器材退走了。古人这样做的很多，徐道复虽然跟随错了人，成为一个跋扈将领，但他这件事还是值得称道的。

渠阳蛮俗

靖州（今湖南靖县）这个地方，自从宋神宗熙宁九年收复南唐时的溪洞诚州，元丰四年，仍设诚州，哲宗元祐二年，废诚州宁二年，改为靖州。始时渠阳县为治所，后改属沅州而治永平，其风俗复与中州异。蛮酋自称曰官，谓其所部之长曰都幙，邦人称之曰土官。酋官入郭，则加冠巾，余皆椎髻，能者则以白练布缠之，曾杀人者谓之能。妇人徒跣，不识鞋履，以银、锡或竹为钗，其长尺有咫。通以斑细为之裳。纪岁不以建寅为首，随所处无常月。要约以木铁为契。病不谒医，但杀牛祭鬼，率以刀断其咽，视死所向以卜，多至十百头。凡昏姻，兄死弟继，姑舅之昏，他人取之，必贿男家，否则争，甚则仇杀。男丁受田于酋长，不输租而服其役，有罪则听其所裁，谓之草断。凡贷易之逋，甲不能偿，则掠乙以取直，谓之准擎。长少相犯，则少者出物，谓之出面。言语相诬，则虚者出物，谓之裹口。田丁之居，峭岩重阜，大率无十家之聚。遇仇杀则立栅布棘以受之。各有门款，犹言伍籍也，借牛于邻洞者，谓之拽门款。方争时，以首博首，获级一二则溃去，明日复来，必相当乃止。欲解仇，则备财物以和，谓之陪头暖心。战之日，观者立其傍和劝之，官虽居其中，不敢犯也。败则走，谓之上坡。志在于掠，而不在于杀，则震以金鼓，而挺其一隅，纵之逸，谓之趑。败者屈而归之，掠其财而还其地，谓之入地。兵器有甲胄、标牌、弓弩，而刀之铁尤良。弩则傅矢于弦而偏架之，谓之偏架弩，以利侔中土神臂弓，虽暑湿亦可用。凡仇杀，虽徽隙必发，虽昔衅必报，父子兄弟之亲不避也。子弟为士人者，隶于学，仇杀则归，罢则复来。荆湖南、北路，如武冈、桂阳之属傜民，大略如此。

为渠阳军，后来又废为寨，五年之后恢复渠阳军，宋徽宗崇宁二年，改为靖州。开始时靖州治所是渠阳县，后来改属沅州，治所是永平（今湖南靖县），那里的风俗与中原不同。他们的首领自称叫官，他部下的酋长叫都幙，当地人称他们叫土官。蛮酋官入城时，戴上头巾，其余的人只在脑后挽个椎髻，有财力的人头上缠一条白练布，曾经杀过人者被人称为有才能。妇女赤足走路，不知鞋子为何物，用银、锡或竹子做成首饰，长一尺八寸，所有的人都穿斑紬布做成的衣裳。记年岁不把建寅放在首位，随处迁徙，都不常住。定条约时用木头或铁作凭证。有病不求医，只是杀牛祭鬼，常以刀割断牛的咽喉，看牛死的方向占卜，多时杀牛百十头。凡是结为婚姻的，哥哥死了，弟弟可娶嫂子，如果是姑舅结亲，又被别人娶走，必须送给男家钱财，否则便起争端，甚至发生仇杀。男子丁壮从酋长那里得到田地，不缴地租，仅服劳役，如犯罪便听酋长裁决，称为草断。凡是借贷款，如甲不能偿还，便掠夺乙以求取报酬，这叫准擎。老年人和少年人发生矛盾，由少年人出东西，称为出面。用谎言骗人，骗人者出财物，称为裹口。种田壮丁居住之处，都是在陡峭的山岩或大土山上，很少有十家住在一起。遇到相互相仇杀便树立栅栏或布置荆棘，以此接受对方的挑战。居民各有门款，门款就是户籍，以五户为单位。向邻洞借牛和彩帛的，称为拽门款。双方争斗时，用头颅换取对方的头颅，杀死对方一二人便溃散跑走，明天再来，一直到双方死的人数相等才住手。如打算与仇敌和解，就准备财物解和，这叫陪头暖心。双方交战那天，旁观者站立在一旁劝解，这时即使有官员在场，也不敢冒犯任何一方。打败了就走，称为上坡。双方斗殴的目的是夺取对方钱财，而不在于杀

寄资官

内侍之职，至于干办后苑，则为出常调，流辈称之曰苑使。又进而干办龙图诸阁，曰阁长。其上曰门司，曰御药，曰御带。又其上为省官，谓押班及都知也。在法，内侍转至东头供奉官则止，若干办御药院，不许寄资，当迁官则转归吏部。司马公论高居简云："旧制，御药院官至内殿崇班以上，即须出外，今独留四人，中外以此窃议。"言之详矣。后乃不然，逮其迁带御器械可带阶官，然后尽还所寄之资。至于宣庆诸使，遥郡防、团、观察，其高者为延福宫、景福殿承宣使，顷在枢密行府，有院吏兵房副承旨董球，于绍兴三十二年正月尚未有正官，至四月，予接伴人使回，球通刺字来谒，已转出为武显大夫。问其何以遽得至此，曰："副承旨比附武显郎，后用赏故尔。"盖亦寄资也。

人，争斗时金鼓震天，而放开一角，放纵对方逃跑，这叫作趀。失败者向对方屈服，从逃跑的地方归来，战胜者掠取失败者的财物而归还土地，这叫作入地。兵器有甲胄、标牌、弓弩，而铁制的刀尤为精良。弩弓是把箭安放在弦上，放入偏架上，称为偏架弓，它的锋利可和中原的神臂弓相等，即使暑天发湿也可应用。凡是仇杀，即使有小矛盾也要发难，即使过去的仇也报，就是父子兄弟这样的亲属也不回避。蛮人的子弟是读书人，属学校管理，遇到仇杀便回乡去，报了仇再回来。荆湖南路、北路，如武冈、桂阳一带的瑶族人，其风俗大概就是这样。

寄资官

在皇帝宫廷供使唤的内侍官职，如做到干办后苑这个官的，就算是出常调（吏部按正常制度对官员注授差遣窠阙），同辈称之为苑使。苑使再进升就是干办龙图阁和其他阁，称之为阁长。他的上级叫门司、御药、御带，再往上是省官，即押班和都知。按照规定，内侍官升到东头供奉官就到顶了，如果是干办御药院，不允许寄资（不转出而非正式地带较高级阶官者称寄资），再升官时须转归吏部。司马公论高居简时说：“按照规定，御药院官升到内殿崇班以上，便须要出外，如今官已至内殿崇班而仍未出外者，又留下四人，因此朝野内外议论纷纷。”说得已很详细了。以后又不是这样，等到升为带御器械才可带高级阶官，然后归还所寄的官资。至于宣庆等使，遥远边郡的防、团、观察，最高的是延福宫、景福殿承宣使。不久前我在枢密行府，有个院吏兵房副承旨董球，在高宗绍兴三十二年正月还没有正式官职，到了四月，我迎接伴随入金使节归来的人，刚回到家，

亲王带将仕郎

薛氏《五代史》，梁太祖开平元年五月，皇第五男友雍封贺王。及友珪篡位，以将仕郎试秘书省校书郎贺王友雍为银青光禄大夫、检校工部尚书兼御史大夫。以亲王而阶将仕郎，仍试衔初品，虽典章扫地之时，恐不应尔也。

郡县用阴阳字

山南为阳，水北为阳，《穀梁传》之语也。若山北水南则为阴，故郡县及地名多用之，今略叙于此。山之南者，如嵩阳、华阳、恒阳、衡阳、镇阳、岳阳、峄阳、夏阳、城阳、陵阳、岐阳、首阳、营阳、咸阳、栎阳、宜阳、山阳（属河内郡，太行在北）、广阳、辟阳、河阳、鲁阳、黎阳、枞阳、零阳、巫阳、东阳、韶阳、郴阳、揭阳、弋阳（属汝南郡，弋山在西北）、当阳、青阳、黔阳、寿阳、麻阳、云阳、美阳、复阳（南阳复山之阳）、上曲阳（属常山）、下曲阳（属钜鹿）、稒阳（在五原）、原阳（属云中）。水之北者，冯翊之池阳、频阳、郃阳、沈阳，扶风之杜阳，河东之大阳（在大河之北），平阳（平河之阳），太原之晋阳、汾阳，及河阳、洛阳、荥阳、偪阳、渭阳、淮阳、汶阳、济阳、董球便送来名片拜见我，他已转出外为武显大夫。我问他怎么会升得这么快，他说："副承旨可以比附武显郎，这是天子奖赏的缘故。"这也是寄资官。

亲王带将仕郎

牟居正的《归五代史》记载，后梁太祖开平元年五月，太祖朱温的第五子友雍被封为贺王。到王友珪篡位时，任命将仕郎试秘书省校书郎贺王友雍为银青光禄大夫、检校工部尚书兼御史大夫。以亲王而阶将仕郎，只相当于巡判官、理、司户、县主簿等官阶，这只是士人初次当官时的官衔，即使是在战争年代，典章制度扫地之时，恐怕也不应该这么做。

郡县用阴阳字

山的南边称阳，水的北边称阳，这是《谷梁传》中说的，若山的北边水的南边则称阴，因此郡县和地名多采用之，现在大略叙述在这里。山的南边以阳字命名的，如嵩阳、华阳、恒阳、衡阳、镇阳、岳阳、峄阳、夏阳、城阳、陵阳、岐阳、首阳、营阳、咸阳、栎阳、宜阳、山阳（属河内郡）、广阳、辟阳、河阳、鲁阳、黎阳、枞阳、零阳、巫阳、东阳、韶阳、郴阳、揭阳、弋阳（山在西北）、当阳、青阳、黔阳、寿阳、麻阳、云阳、美阳、复阳（南阳复山之阳）、上曲阳（属常山）、下曲阳（属钜鹿）、稒阳（属五原）、原阳（属云中）。水之北者，冯翊所属之池阳、频阳、郃阳、沈阳，扶风之杜阳，河东之大阳（大河之北），平阳（平河之阳），太原之晋阳、汾阳，及河阳、洛阳、荥阳、偪阳、渭阳、淮阳、汶阳、济阳、襄阳、滏阳、渔阳、辽阳、泗阳、伊阳、永阳、

襄阳、滏阳、渔阳、辽阳、泗阳、伊阳、永阳、滁阳、潮阳、澧阳、灌阳、汧阳、洮阳、沭阳，东郡之濮阳，东武阳，颍川之颍阳、昆阳、舞阳，汝南之汝阳、鲖阳、细阳、灌阳、滇阳、新阳、安阳、博阳、成阳、南阳之育阳、涅阳、堵阳、蔡阳、筑阳、棘阳、比阳、朝阳、湖阳、红阳，江夏之西阳，庐江之寻阳，九江之曲阳，济阴之句阳（音钩，句渎之丘），沛郡之谷阳、扶阳、溧阳，魏郡之繁阳，钜鹿之堂阳，清河之清阳，涿郡之高阳，饶阳、范阳，勃海之浮阳，济南之般阳、朝阳，泰山之东平阳、东武阳、宁阳、北海之胶阳，东海之开阳、曲阳、都阳，临淮之射阳、兰阳、丹阳之丹阳、陵阳、溧阳，豫章之鄱阳、鄡阳、桂阳之耒阳、桂阳、浈阳、武陵之无阳、辰阳、酉阳、零阳、零陵之洮阳，汉中之旬阳、沔阳、安阳，犍为之江阳、武阳、汉阳、金城之枝阳，天水之略阳、阿阳，安定之泾阳、彭阳，北地之泥阳，上郡之定阳，雁门之沃阳、剧阳，上谷之沮阳，渔阳之要阳，辽西之海阳，右北平之夕阳、聚阳，苍梧之封阳，赵国之易阳，胶东之观阳，长沙之益阳，已上皆见《汉书·地理志》。其水之下，必曰在某水之阳。合山水之称阳者，百有五六十，至阴字则甚少，盖面势在背，自难立国邑耳。山之北者，唯华阴、山阴、龟阴、蒙阴、鹑阴、雕阴、襄阴、水之南者，汾阴、荡阴、颍阴、汝阴、舞阴、济阴、汉阴、晋阴、蒲阴、湘阴、漯阴、河阴、湖阴、江阴、淮阴、阛阴，仅三十而已。若乐阳、南阳、合阳、祓阳、富阳（在泰山者）、昌阳、建阳（在东海者）、武阳之类，尚多有之，莫能知其为山为滁阳、潮阳、澧阳、灌阳、汧阳、洮阳、沭阳，东郡之濮阳，东武阳，颍川之颍阳、昆阳、舞阳，汝南郡所属的汝阳、鲖阳、细阳、灌阳、滇阳、新阳、安阳、博阳、成阳、南阳郡所属的育阳、涅阳、堵阳、蔡阳、筑阳、棘阳、比阳、朝阳、湖阳、红阳，江夏之西阳，庐江之寻阳，九江之曲阳，济阴之句阳（音钩，句读之丘），沛郡之谷阳、扶阳、溧阳，魏郡之繁阳，钜鹿所属之堂阳，清河之清阳，涿郡所属之高阳，饶阳、范阳，渤海之浮阳，济南之般阳、朝阳，泰山以南的东平阳、东武阳、宁阳、北海之胶阳，东海的开阳、曲阳、都阳，临淮的射阳、兰阳、丹阳所属的丹阳、陵阳、溧阳，豫章郡所属的鄱阳、鄡阳、桂阳之耒阳、桂阳、浈阳、武陵郡的无阳、辰阳、酉阳、零阳、零陵郡的洮阳，汉中郡的旬阳、沔阳、安阳，犍为郡的江阳、武阳、汉阳、金城郡的枝阳，天水郡的略阳、阿阳，安定郡的泾阳、彭阳，北地郡的泥阳，上郡的定阳，雁门郡的沃阳、剧阳，上谷郡的沮阳，渔阳郡的要阳，辽西郡的海阳，右北平郡的夕阳、聚阳，苍梧郡的封阳，赵国郡的易阳，胶东郡的观阳，长沙郡的益阳，已上都见于《汉书·地理志》。在水的北边，一定说在某水之阳。汇合山南水北称阳的地名，有一百五六十个，而带阴字的很少，这是因为山的北边水的南边地势不好，难于建立城池。山的北面以阴字命名的，只有华阴、山阴、龟阴、蒙阴、鹑阴、雕阴、襄阴、水的南面以阴字命名的地名有汾阴，荡阴、颍阴、汝阴、舞阴、济阴、汉阴、晋阴、蒲阴、湘阴、漯阴、河阴、湖阴、江阴、淮阴、圜阴，仅三十个而已。其他和乐阳、南阳、合阳、被阳、富阳（属泰山者）、昌阳、建阳（属东海）、武阳之类，还有很多，不知道这些城池的命名是根据山还是根据水。

水也。

杜畿李泌董晋

汉建安中，河东太守王邑被召，郡掾卫固、范先请留之。固等外以请邑为名，而内实与并州高干通谋。曹操选杜畿为太守，固等使兵绝陕津，数月不得渡。畿曰："河东有三万户，非皆欲为乱也。吾单车直往，出其不意，固为人多计而无断，必伪受吾。吾得居郡一月，以计縻之足矣。"遂诡道从郖津度，固遂奉之。畿谓固、先曰："卫、范，河东之望也，吾仰成而已。"比数十日，诸将斩固等首。

唐贞元初，陕虢兵马使达奚抱晖杀节度使张劝，代总军务，邀求旌节。德宗遣李泌往，欲以神策军送之，泌请以单骑入，上加泌观察使。泌出潼关，鄜坊步骑三千布于关外，曰："奉密诏送公。"泌写宣以却之，疾驱而前。抱晖不使将佐出迎，去城十五里方出谒。泌称其摄事保城壁之功，入城视事。明日，召抱晖至宅，语之曰："吾非爱汝而不诛，恐自今有危疑之地，朝廷所命将帅，皆不能入，故丐汝余生。"抱晖遂亡命。

宣武节度使李万荣疾病，其子乃为兵马使，欲为乱，都虞

杜畿李泌董晋

东汉献帝建安年间，河东太守王邑被召往京师，王邑的部下卫固、范先请求挽留王邑。卫固等人名义上是挽留王邑，而实际上却和并州(今山西太原)的高干密谋。曹操挑选杜畿任太守，卫固等派兵把守陕津渡口，杜畿几个月没能渡过黄河。杜畿说："河东有百姓三万户，并非都跟着卫固等人反叛的，我一人乘车前往，出其不意，卫固等人虽然计谋很多，但优柔寡断，必然假装允许我去，我到大原城一个月，想办法笼络住卫固等人就可以了。"于是便另外从郖津渡河，卫固等便听他指挥。杜畿对卫固、范先说："你们二人是河东百姓的希望所在，我来不过是坐享其成而已。"过了十多天，诸将杀死了卫固等人。

唐德宗贞元初年，陕虢兵马使达奚抱晖杀死节度使张劝，代理军队事务，要求朝廷让他专门管理陕虢军事。德宗派李泌前往，并打算派神策军护送，李泌则请求单人独骑前往。德宗加封李泌为观察使。李泌出了潼关，鄜坊驻军步兵骑兵三千人分布在潼关外，他们说："我们奉天子的秘密诏令送你。"李泌写了个命令让他们退走，自己疾驰前进。达奚抱晖不派部下迎接李泌，等李泌离城十五里时才去迎接。李泌称赞他代管军事和保卫城池之功，然后入城办公。第二天，把抱晖叫到家里，对他说："我并不是因为喜欢你，才没对你进行惩罚，恐怕从今以后凡是有危险疑难之地，朝廷所任命的将帅，都不能前去，因此才饶了你的性命。"抱晖于是逃命出走。

宣武节度使李万荣病重，他的儿子李乃任兵马使，打算乘机侯邓惟恭执送京师。诏以东都留守董晋为节度使。惟恭权军事，自谓当代万荣，不遣人迎晋。晋既受诏，即与傔从十余人赴镇，不用兵卫。至郑州，或劝晋且留观变。有自汴州出者，言不可入，晋不对，遂行。惟恭以晋来之速，不及谋，去诚十余里，乃帅诸将出迎。晋入，仍委以军政。久之，惟恭内不自安，潜谋作乱，事觉，晋悉捕斩其党，械惟恭送京师。

观此三者，其危至矣！杜畿、李泌、董晋，皆以单车入逆城，从容妥定，其智勇过人如此。唐史犹讥晋为懦弛苟安，殆不然也。是时，朝议以晋柔仁多可，恐不能集事，用汝州刺史陆长源为行军司马以佐之。长源性刚刻，多更张旧事，晋初皆许之，案成则命且罢，由是军中得安。初，刘玄佐、李万荣、邓惟恭时，士卒骄不能御，乃置腹心之士，幕于公庭庑下，挟弓执剑以备之，时劳赐酒肉。晋至之明日，悉罢之。谓之懦弛，实为失当。晋在汴三年而薨，长源代之，即为军士所杀。向使晋听用其言，汴乱久矣。又，《李泌传》但云拜陕虢观察使，开车道至三门，及杀淮西亡兵。于赴镇事略不书，亦失之也。

作乱，被都虞侯邓惟恭捉住送往京城。天子下诏让东都留守董晋为节度使。惟恭代管军事，自认为应当取代万荣，不派人迎接董晋。董晋接受任命后，便和仆从数十人从洛阳到宣武（今河南开封）去，不带其他士兵。到了郑州，有人劝他暂且停下来观察形势。有人从汴州（今河南开封）出来，说那里不能去，董晋不回答，便动身了。邓惟恭因为董晋来得很快，来不及商量对策，当董晋离城十余里时，便率领诸将迎接。董晋进入开封后，仍委任惟恭管理军事。时间长了，惟恭心里不安，阴谋叛乱，事发后，董晋全部逮捕了他的同党，把惟恭囚禁起来送往京城。

试看以上三件事，真是危险啊！杜畿、李泌、董晋，都是一人坐车进入叛逆之城，从容镇定，大智大勇，超过一般的人。唐朝史书讥讽董晋懦弱废弛，苟且求安，其实不是如此。当时，朝廷上议论认为董晋柔弱仁慈，办事不果断，恐怕办不好事，任命汝州刺史陆长源为行军司马来辅助他。长源性格刚直厉害，喜欢改变旧制度，董晋最初都允许了，等事办完后便又恢复了原来的制度，因此军中得以安定。起初，刘玄佐、李万荣、邓惟恭掌兵权时，士兵骄横，不可控制，便安置心腹士兵，在办公的院子里安上营幕，每人都拿着弓箭、宝剑，以防不测，并不时犒赏士兵酒肉。董晋到任的第二天，便停止了这件事。史书上说他懦弱废弛，实在不妥当。董晋在汴州三年便死去了，用陆长源代替他，不久便被士兵杀死。如果董晋采用长源的做法，汴州早就混乱了。又，《李泌传》只说他被授为陕虢观察使，修路一直修到三门（今河南三门峡东北），又杀了淮西逃亡的士兵，对于他到汴州赶任的事略而不写，实是一个失误。

严有翼诋坡公

严有翼所著《艺苑雌黄》，该洽有识，盖近世博雅之士也。然其立说颇务讥诋东坡公，予尝因论玉川子《月蚀诗》，诮其轻发矣。又有八端，皆近于蚍蜉撼大木，招后人攻击。如《正误篇》中，摭其用五十本葱为"种薤五十本"，发丘中郎将为"校尉解摸金"，扁鹊见长桑君，使饮上池之水，为"仓公饮上池"，郑余庆伮胡芦为卢怀慎云，如此甚多。坡诗所谓抉云汉，分天章，万斛泉源不择地而出。若用葱为薤，用校尉中郎，用扁鹊为仓公，用余庆为怀慎，不失为名语，于理何害？公岂一一如学究书生，案图索骏，规行矩步者哉！《四凶篇》中，谓坡称太史公多见先秦古书，四族之诛，皆非殊死，为无所考据。《卢橘篇》中，谓坡咏枇杷云"卢橘是乡人"为何所据而言。《昌阳篇》中《昌蒲赞》，以为信陶隐居之言，以为昌阳，不曾详读《本草》，妄为此说。《苦荼篇》中，谓"《周诗》记苦荼"为误用《尔雅》。《如皋篇》中，谓"不向如皋闲射雉"与《左传》杜注不合，其误与江总"暂往如臯路"之句同。《荔枝篇》中，谓四月食荔枝诗，爱其体物之工，而坡未尝到闽中，不识真荔枝，是特火山耳。此数者或是或非，固未为深失，然皆不必尔也。最后一篇遂名曰《辨坡》，谓雪诗云，"飞花又舞谪仙檐"，李太白本言送酒，即无雪事。"水底笙歌蛙两部"，无笙歌字。殊不知坡借花咏雪，以鼓吹为笙歌，正是妙处。"坐看青丘吞泽芥"，"青丘已吞云梦芥"，用芥字和韵，及以泽芥对溪

严有翼诋坡公

严有翼所作《艺苑雌黄》一书，详备广博，很有见地，是近代知识渊博的人。但他立论喜好诋毁东坡，我曾论说玉川子的《月蚀诗》，讥诮他轻狂好发议论。还有八条，都近于蚂蚁摇大树，招致后人攻击。如《正误篇》中，拾取东坡用五十本葱为“种薤五十本”，摘引东坡把丘中郎将说成“校尉解摸金”，把扁鹊见长桑君，让他饮用上池之水写成“仓公饮上池”，把郑余庆伋葫芦写成卢怀慎等等，这类的例子很多。东坡的诗真所谓拨开云雾，现出天上的日月星辰，又如万斛泉水遍地涌出，好极妙极。如以葱为薤，以校尉为中郎，以扁鹊为仓公，以余庆为怀慎，不失为名言，在道理上又有什么说不过去的呢？东坡岂能像学究书生，按图索骥，规行矩步，不可变通的吗？严有翼在《四凶篇》中，说东坡称道太史公司马迁见了很多先秦古书，四个不服从舜管教的部族首领被杀，都死得不平常，这在书上没有根据。《卢橘篇》中，说东坡咏枇杷的诗“卢橘是乡人”这句是根据什么写的。《昌阳篇》中的《昌蒲赞》，认为东坡是相信了陶隐居的话，把昌蒲说成昌阳，是没有详读《本草》，妄发议论。《苦茶篇》中，说“《周诗》记苦荼”是误引《尔雅》。《如皋篇》中，说“不向如皋闲射雉”一句与《左传》杜预的注解不合，其错误和江总的诗“暂往如臬路”一句相同。《荔枝篇》中，说东坡所写四月食荔枝的诗，状物虽然很工整，但东坡没有到过福建，不认识真荔枝，只是指火山罢了。这几条指责或是或非，都无关大局，用不着这样纠缠。最后一篇名字叫《辨坡》，关于咏雪的诗说，“飞花又舞谪仙檐”，李太白本来是说送酒，不是说下雪的事。“水底笙歌蛙两部”这首诗，通篇又没有笙歌字样，殊不知东坡是蘋，可谓工新。乃以为出处曾不蒂芥，非草芥之芥，“知白守黑名曰谷”正是老子所言，又以为考子只云为天下谷，非名曰谷也。如此论文章，其意见亦浅矣。

曹马能收人心

曹操自击乌桓，诸将皆谏，既破敌而还，科问前谏者，众莫知其故，人人皆惧。操皆厚赏之，曰：“孤前行，乘危以徼幸，虽得之，天所佐也，顾不可以为常。诸君之谏，万安之计，是以相赏，后勿难言之。”魏伐吴，三征各献计，诏问尚书傅嘏，嘏曰：“希赏徼功，先战而后求胜，非全军之长策也。”司马师不从，三道击吴，军大败。朝议欲贬出诸将，师曰：“我不听公休，以至于此，此我过也，诸将何罪？”悉宥之。弟昭时为监军，唯削昭爵。雍州刺史陈泰求敕并州，并力讨胡，师从之。未集，而二郡胡以远役遂惊反，师又谢朝士曰：“此我过也，非陈雍州之责。”是以人皆愧悦。讨诸葛诞于寿春，王基始至，围城未合，司马昭敕基敛军坚壁。基累求进讨，诏引诸军转据北山。基守便宜，上疏言：“若迁移依险，人心摇荡，于势大损。”书奏报听。及寿春平，昭遗基书曰：“初，议者云云，求移者甚众，时未临履，亦谓宜然。将军深算利害，独秉固心，上违诏命，下拒众议，终于制敌禽贼，虽古人所述，不过是也。”然东关之败，昭问借花咏雪，以青蛙鼓吹为笙歌，正是诗的妙处。“坐看青丘吞泽芥”，“青丘已吞云梦芥”，用芥字和韵，以及用泽芥对溪革，可说是工整清新。严有翼认为诗中所用芥字是蒂芥之芥，也就是心中存有嫌隙，或心中不快，并不是草芥之芥。“知白守黑名曰谷”，正是老子的话，严有翼认为老子只是说谷是天下的山谷，象征空虚，并不是名字叫谷。这样来讨论文章，见识也太浅了。

曹马能收人心

曹操自己率兵去攻打乌桓，部下将领都劝他不要去，不久，曹操打败乌桓凯旋，一一询问以前劝止他的人，众人不知他出于什么意图，人人都很恐惧。曹操厚赏以前劝止过他的人，说：“孤王我前往攻打乌桓，是冒着很大危险才侥幸成功，虽然获得了胜利，但不能常常做这样的事。诸位劝止我，是为了孤王能立于不败之地，因此才重赏你们，以后你们要勇于提建议。”魏国攻打东吴，三次征伐，大将们都纷纷献计，天子下诏问尚书傅嘏，傅嘏说：“事先没有周密的部署，将士希望赏赐，求功心切，先去作战，而后才想法取得胜利，这不是保全军队的长久计策。”司马师不听，分三路进攻吴国，结果打了败仗。朝廷上下议论打算把出主意的那些大将贬出朝中，司马师说：“我没有听从傅嘏的话，才打了败仗，这是我的过失，诸位将领有什么罪？”都宽恕了他们。司马师的弟弟司马昭当时任监军，被削去了爵位。雍州刺史陈泰要求司马师给并州下命令，把力量合并在一起讨伐胡人，司马师采纳了这个建议。队伍还没有集合起来，有两个郡的胡人因为要到远方打仗，惊慌之余，都起来造反了。司马师给朝中的士大夫道歉说：“这是我的过失，不是陈泰的于众曰："谁任其咎？"司马王仪曰："责在元帅。"昭怒曰："司马欲委罪于孤耶？"引出斩之。此为谬矣！操及师、昭之奸逆，固不待言。然用兵之际，以善推人，以恶自与，并谋兼智，其谁不欢然尽心悉力以为之用？袁绍不用田丰之计，败于官渡，宜罪己，谢之不暇，乃曰："吾不用丰言，卒为所笑。"竟杀之。其失国丧师，非不幸也。

取蜀将帅不利

自巴蜀通中国后，凡割据擅命者，不过一传再传，而从东方举兵临之者，虽多以得俊，将帅辄不利，至于死贬。汉伐公孙述，大将岑彭、来歙遭刺客之祸，吴汉几不免。魏伐责任。”人人都佩服他的雍容大度。司马昭攻打寿春（今安徽寿县）的诸葛诞，王基领兵刚到，还未把城包围起来，司马昭命令王基收兵坚壁。王基多次请求攻城，司马昭才让他率领诸军转移到北山。王基可以根据情况提出建议，他上疏说：“如果把军队迁移到平安保险的地方去，不能打仗，人心动摇，就会损伤士气。”这个意见得到了司马昭的赞同。寿春平定后，司马昭给王基的书信说：“起初，议论攻城的人七嘴八舌，要求军队迁移到保险地方的人很多，我没有亲自前往，也认为应该这样。将军你计算了利害得失，坚持己见，上边违背天子命令，下边拒绝众人建议，终于制服了敌人，捉住了贼寇首领，即使古代谋略出众的人，也不过如此吧。”但是司马昭在东关打了败仗，也问众人：“谁应承担打败仗的责任？”司马王仪说：“责任在元帅。”司马昭大怒说：“司马想把罪责推在我身上吗？”拉到帐外把王仪杀了。这就太荒谬了！曹操和司马师、司马昭的奸诈，就不必说了。但在用兵的时候，把美名推给人，把恶名担起来，善于吸收别人的计谋和智慧，还有谁不尽心竭力，为自己所用呢？袁绍不听田丰的建议，在官渡败给了曹操，应该责问自己，向田丰致谢，他却说：“我没有采用田丰的意见，打了败仗，受到他的耻笑。”竟然把田丰杀了。袁绍失去了国家，葬送了军队，是咎由自取啊！

取蜀将帅不利

自从巴蜀和中原沟通后，凡是在那里割据一方，不听中央号令的，至多传两代就灭亡了。但是从东边中原地区派往四川镇压的部队，虽然很多将领都是很有才能的人，而将帅的结局都不刘禅，大将邓艾、钟会皆至族诛。唐庄宗伐王衍，招讨使魏王继岌、大将郭崇韬、康延孝皆死。国朝伐孟昶，大将王全斌、崔彦进皆不赏而受黜，十年乃复故官。

李峤杨再思

李峤、杨再思相唐中宗，皆以谀悦保位，为世所诋，然亦有可称。武后时，峤为给事中，来俊臣陷狄仁杰等狱，将抵死，敕峤与大理少卿张德裕、侍御史刘宪复验。德裕等内知其冤，不敢异，峤曰："知其枉不申，是谓见义不为者。"卒与二人列其枉。忤旨后，出为润州司马，然仁杰数人竟赖此获脱。峤此举可谓至难，而《资治通鉴》不载。神龙初，要官阙，执政以次用其亲。韦巨源秉笔，当除十人，再思得其一，试问余授，皆诸宰相近属。再思喟然曰：吾等诚负天下！"巨源曰："时当尔耳。"再思此言，自状其短，观过知仁，亦足称也。

好，有的死亡，有的被贬谪。汉代讨伐公孙述，大将岑彭、来歙遭到刺客的暗杀，吴汉差点送命。三国时魏国攻打刘备的儿子刘禅，大将邓艾、钟会都死于非命，甚至株连九族。五代时后唐庄宗讨伐王衍，招讨使魏王李继岌、大将郭崇韬、康延孝都丢了性命。本朝讨伐孟昶，大将王全斌、崔彦进没有受到奖赏，反而受到贬谪，十年之后才恢复了原来官职。

李峤杨再思

李峤、杨再思在唐中宗时任宰相，二人都因善于献媚取宠而保住了相位，受到后世的责难，但他们也有可以称道之处。武则天在位时，李峤任给事中，来俊臣诬陷狄仁杰等人，狄仁杰被下于狱中，将要判死刑，武则天下旨让李峤和大理少卿张德裕、侍御史刘宪复审。德裕等心中知道狄仁杰冤枉，但不敢提出异议，李峤说："知道狄仁杰冤枉不替他申冤，是见义而不为的人。"终于和张德裕、刘宪共同提出了狄仁杰的冤枉之处。因为违背了武则天的旨意，李峤被贬为润州（治今江苏镇江）司马，但仁杰等数人却因此得到了解脱。李峤这一举动是很难得的事，但《资治通鉴》却没有记载。唐中宗神龙年间，朝中重要的官职，执政大臣都安排了自己的亲属。大臣韦巨源起草任命官员的文告，应当任命十人人，再思是其中的一个，他问其余九个人都是什么样的人，回答是：都是宰相的亲属。再思长叹一声说："我们真是对不起天下人！"巨源说："当时这事只能这样办。"再思的这番话，自己说自己的短处，这叫作看见了错误，才知道什么叫仁义，这一举动也是值得称道的。

文/白/对/照

容齋隨筆

五笔

〔宋〕洪　迈　著
王兴亚 主编

团结出版社

目　录

卷一（十九则）

天庆诸节 ………………… 1868
虢州两刺史 ………………… 1868
狐假虎威 ………………… 1870
徐章二先生教人 ………………… 1872
张吕二公文论………………… 1872
郎官非时得对………………… 1876
王安石弃地 ………………… 1876
双生以前为兄………………… 1878
风俗通………………… 1880
俗语有出 ………………… 1882
昏主弃功臣 ………………… 1882
问故居………………… 1884
唐宰相不历守令 ………………… 1886
张释之柳浑 ………………… 1886
人臣震主 ………………… 1888
五经秀才 ………………… 1892
陶潜去彭泽 ………………… 1892
羌戎畏服老将………………… 1894
古人字只一言………………… 1894

卷二（十五则）

二叔不咸 ………………… 1898
官阶服章 ………………… 1898
月非望而食 ………………… 1900
庆善桥………………… 1902

西汉以来加官…………1902
吕望非熊…………1906
唐曹因墓铭…………1906
唐史省文之失…………1908
李德裕论命令…………1908
汉武唐德宗…………1910
诸公论唐肃宗…………1912
孙马两公所言…………1914
元微之诗…………1916
谏缭绫戏龙罗…………1918
详正学士…………1918

卷三（十五则）

人生五计…………1922
瀛莫间二禽…………1924
士大夫避父祖讳…………1924
元正父子忠死…………1926
萧颖士风节…………1930
石尤风…………1932
江枫雨菊…………1932
开元宫嫔…………1934
相里造…………1934
先公诗词…………1936
州县名同…………1942
三衙军制…………1944
欧阳公勋封赠典…………1948
嘉祐四真…………1950
五方老人祝圣寿…………1950

卷四（九则）

作诗旨意…………1954
平王之孙…………1956
毛诗语助…………1958
东坡文章不可学…………1960
韩文称名…………1966
棘寺棘卿…………1966
晋代遗文…………1968
汉武帝田蚡公孙弘…………1972
近世文物之殊…………1974

卷五（十五则）

庚公之斯 …… 1980
万事不可过 …… 1982
致仕官上寿 …… 1984
桃花笑春风 …… 1984
严先生祠堂记 …… 1984
大言误国 …… 1986
宗室覃恩免解 …… 1988
唐书载韩柳文 …… 1990
冥灵社首风 …… 1992
左传州郡 …… 1994
贫富习常 …… 1996
唐用宰相 …… 1996
史记渊妙处 …… 1996
玉津园喜晴诗 …… 2000
虢巨贺兰 …… 2002

卷六（十二则）

鄱阳七谈 …… 2006
经解之名 …… 2006
卜筮不敬 …… 2008
糖霜谱 …… 2010
李彦仙守陕 …… 2012
奸雄疾胜己者 …… 2020
俗语放钱 …… 2022
汉书多叙谷永 …… 2022
玉堂殿阁 …… 2024
汉武帝喜杀人者 …… 2026
知人之难 …… 2028
馆职迁除 …… 2030

卷七（十四则）

盛衰不可常 …… 2032
唐赋造语相似 …… 2034
张蕴古大宝箴 …… 2036
国初文籍 …… 2040
叙西汉郊祀天地 …… 2040
骞騫二字义训 …… 2042

书麹信陵事……2044
贡禹朱晖晚达……2046
琵琶行海棠诗……2046
东坡不随人后……2048
元白习制料……2050
门生门下见门生……2050
韩苏杜公叙马……2052
风灾霜旱……2056

卷八（十二则）

白苏诗纪年岁……2060
天将富此翁……2064
白公说俸禄……2066
白居易出位……2068
醉翁亭记酒经……2070
白公感石……2074
礼部韵略非理……2076
唐臣乞赠祖……2078
承习用经语误……2080
长庆表章……2082
元白制科……2084
八种经典……2086

卷九（十二则）

畏人索报书……2088
不能忘情吟……2088
擒鬼章祝文……2092
欧公送慧勤诗……2094
委蛇字之变……2096
东不可名园……2098
一二三与壹贰叁同……2100
何恙不已……2102
两汉用人人元元字……2102
韩公潮州表……2108
燕赏逢知己……2110
端午贴子词……2110

卷十（十二则）

哀公问社 ……………………… 2114
绝句诗不贯穿……………………… 2116
农父田翁诗 ……………………… 2118
卫宣公二子 ……………………… 2118
谓端为匹 ……………………… 2120
唐人草堂诗句……………………… 2120
公穀解经书日……………………… 2122
柳应辰押字 ……………………… 2130
唐尧无后 ……………………… 2132
斯须之敬 ……………………… 2134
丙午丁未 ……………………… 2136
祖宗命相 ……………………… 2138

容斋五笔

卷一（十九则）

天庆诸节

大中祥符之世，谀佞之臣，造为司命天尊下降及天书等事，于是降圣、天庆、天祺、天贶诸节并兴。始时，京师宫观每节斋醮七日，旋减为三日、一日，后不复讲。百官朝谒之礼亦罢。今中都未尝举行，亦无休假，独外郡必诣天庆观朝拜，遂休务，至有前后各一日。此为敬事司命过于上帝矣，其当寝明甚，惜无人能建白者。

虢州两刺史

唐韩休为虢州刺史，虢于东、西京为近州，乘舆所至，常税厩刍。休请均赋它郡，中书令张说曰："免虢而与它州，此守臣为私惠耳！"休复执论，吏白恐忤宰相意，休曰："刺史幸知民之弊而不救，岂为政哉？虽得罪，所甘心焉。"讫如休请。卢杞为虢州刺史，奏言虢有官豕三千，为民患。德宗曰："徙之沙苑。"杞曰："同州亦陛下百姓，臣谓食之便。"帝曰："守虢而忧它州，宰相材也。"诏以豕赐贫民，遂有意柄任矣。俄召人，逾年拜相。案两人皆以虢州守臣言公家事，而休见疑于名相，杞受知于猜主，遇合有命，信哉！

天庆诸节

北宋真宗大中祥符年间，一些谄谀奸佞之臣，鼓噪掌管命运的天尊下凡以及上帝下天书等事，于是降圣、天庆、天祺、天贶等节日一并兴起。开始的时候，每遇上述诸节京城的宫观都要设斋坛，向神佛祈祷七天，很快就减为三天、一天，后来就不再举行了。百官朝谒之礼也随即作罢。现在京城已不再举行此类活动，遇上述诸节也无休假。只是有一些地方每遇诸节必到天庆观朝拜，于是他们放下公务，以至有费时达前后两天的。这是敬事司命超过了上帝。很明显，这类活动早就应当禁止，可惜无人能向皇上提出这种建议。

虢州两刺史

唐玄宗时，韩休为虢州(今河南灵宝一带)刺史，虢州正处于东、西两京(今河南洛阳、陕西西安)之间，距两京都很近，每当皇帝的车马至此，常常向当地百姓征用马厩、草料，给百姓造成很重的负担。韩休奏请朝廷让邻州均摊，中书令张说知道后说："减免虢州而把负担均给邻州，这是虢州刺史为自己的利益着想！"韩休再次上书争论，属吏告诉他这样做恐怕会违忤宰相的意思，韩休说："我身为刺史知道百姓的困苦而不及时补救，还怎么管理百姓？我这样做虽然得罪宰相，也心甘情愿。"最后，朝廷终于答应了韩休的奏请。唐德宗时，卢杞任虢州刺史，上奏皇帝说：虢州有官猪三千头，经常糟蹋庄稼，已成为百

狐假虎威

谚有“狐假虎威”之语，稚子来叩其义，因示以《战国策》《新序》所载。《战国策》云：“楚宣王问群臣曰：‘吾闻北方之畏昭奚恤也，果诚何如？’群臣莫对。江乙对曰：‘虎求百兽而食之，得狐，狐曰：“子无敢食我矣，天帝使我长百兽，今子食我，是逆天帝命也。子以我为不信，吾为子先行，子随我后，观百兽之见我而敢不走乎？”虎以为然，故遂与之行。兽见之皆走，虎不知兽畏己而走也，以为畏狐也。今王之地方五千里，带甲百万，而专属之昭奚恤，故北方之畏奚恤也，其实畏王之甲兵也，犹百兽之畏虎也。’”《新序》并同。而其后云：“故人臣而见畏者，是见君之威也，君不用，则威亡矣。”俗谚盖本诸此。

姓的一块心病。德宗批复说："那就把它们迁到沙苑吧！"卢杞又上奏说："同州（今陕西大荔）百姓也是陛下的臣民，臣认为还是把它们吃掉的好！"德宗看完奏章情不自禁地说："身为虢州刺史却能为它州百姓担忧，真是宰相之材！"于是就下诏将官猪赐予当地的贫苦百姓，并有意让卢杞执掌朝政。不久，卢杞被德宗召入朝廷，第二年就被拜授宰相。韩休、卢杞都以虢州刺史的身份谈论国家公事，而韩休却被名相张说怀疑为怀有私心，而卢杞被多疑的德宗发现且委以重任，看来人的机遇都是命中注定的，这还是很可信的！

狐假虎威

有个成语叫"狐假虎威"，我的幼子向我请教其意义，我就把《战国策》《新序》两书中的有关记载让他看。《战国策》中记载："楚宣王曾问群臣：'我听说北方诸国很害怕昭奚恤将军，果真如此吗？'群臣中一时无人应对。江乙回答说："老虎天天捉各种动物以充饥，一天，它捉住一只狐狸，狐狸就对老虎说："你不敢吃我！上帝让我做百兽之王，今天你要吃我，这是违逆上帝命令的。你如果不相信，我可以在前面走，你紧随我身后，看看百兽之中有谁见了我敢不逃跑？"老虎信以为真，所以就跟随它一起走。百兽见到它们都慌忙逃窜，老虎不知道百兽是害怕自己而逃跑，还认为它们是害怕狐狸。现在大王您的属地方圆五千里，有上百万强大的军队，而把军队委托给昭奚恤指挥，所以北方诸国畏惧昭奚恤，其实他们害怕的是大王强大的军队，就像是百兽害怕老虎一样。'"《新序》中所记载的与此相同。而且在前文之后接着写道："所以说人们害怕那些大臣，主

徐章二先生教人

徐仲车先生为楚州教授，每升堂，训诸生曰："诸君欲为君子，而劳己之力，费己之财，如此而不为，犹之可也；不劳己之力，不费己之财，何不为君子？乡人贱之，父母恶之，如此而不为可也；乡人荣之，父母欲之，何不为君子？"又曰："言其所善，行其所善，思其所善，如此而不为君子者，未之有也。言其不善，行其不善，思其不善，如此而不为小人者，未之有也。"成都冲退处士章詧，隐者，其学长于《易》《太玄》，为范子功解述大旨，再复摘词曰："'人之所好而不足者，善也；所丑而有余者，恶也。君子能强其所不足，而拂其所有余，则《太玄》之道几矣。'此子云仁义之心，予之于《太玄》，述斯而已。或者苦其思，艰其言，迂溺其所以为数，而忘其仁义之大，是恶足以语道哉！"二先生之教人，简易明白，学者或未知之，故表出于此。

张吕二公文论

张文潜诲人作文，以理为主，尝著论云："自《六经》

要是害怕君主的权力，君主若不用自己的权力，那么大权就将旁落了。”这句成语大概就说的这个道理。

徐章二先生教人

宋朝人徐仲车先生曾为楚州（今江苏淮安）州学教授，每次给学生上课，就教导学生说：“各位都想成为君子，如果为此而耗费了你的精力和钱财，你不想做还说得过去；若不需你出力，也不需你破费，为什么不做君子呢？若同乡人都鄙视君子，父母也讨厌君子，你不想做君子也说得过去；若同乡人以做君子为荣耀，父母也希望你成为君子，为什么不做君子呢？”他又说：“若言、行、思都以善为本，没有不成为君子的。若言、行、思都以恶为源，也没有不成为小人的。”成都冲退处士章詧，是一位隐者，他对《易》《太玄》有精深地研究，他为范子功讲解其中的要旨，又用摛词解释说：“对于人来说，喜欢的而从不满足即是善；厌恶而多余即是恶。若君子能增强他所不足的东西，而摒弃他多余的东西，那么《太玄》所讲的道理就领悟了。’这是孔子所提倡的仁义之心，我对于《太玄》，也不过是讲述这些罢了。有的人或为其精深的思想而困惑，或为其晦涩的语言所难倒，或沉溺于它所讲的术数，而忘掉了其中最宝贵的东西——仁义，这样的人，怎么能够给他讲大道呢？”二位先生教育人，总是简易明白，学人有的还不知道这些，所以我把他们的事迹记述于此。

张吕二公文论

宋朝人张耒（字文潜）先生教人写文章时，强调以说理以下，至于诸子百氏、骚人、辩士论述，大抵皆将以为寓理之具也。故学文之端，急于明理，如知文而不务理，求文之工，世未尝有是也。夫决水于江、河、淮、海也，顺道而行，滔滔汩汩，日夜不止，冲砥柱，绝吕梁，放于江湖而纳之海，其舒为沦涟，鼓为涛波，激之为风飙，怒之为雷霆，蛟龙鱼鳖，喷薄出没，是水之奇变也。水之初，岂若是哉！顺道而决之，因其所遇而变生焉。沟渎东决而西竭，下满而上虚，日夜激之，欲见其奇，彼其所至者，蛙蛭之玩耳！江、河、淮、海之水，理达之文也，不求奇而奇至矣。激沟渎而求水之奇，此无见于理，而欲以言语句读为奇，反复咀嚼，卒亦无有，此最文之陋也。”一时学者仰以为至言。予作史，采其语著于本传中。又，吕南公云：“士必不得已于言，则文不可以不工。盖意有余而文不足，则如吃人之辩讼，心未始不虚，理未始不直，然而或屈者，无助于辞而已矣。观书契以来，特立之士未有不善于文者。士无志于立则已，必有志焉，则文何可以卑浅而为之。故毅然尽心，思欲与古人并。”此南公与人书如此，予亦载之传中。

为主，曾著述论证其观点说："从《诗》《书》《礼》《乐》《易》《春秋》六经成书，到诸子百家、诗人、辩士的论述，大都把文章作为说明道理的工具。所以说，开始学习做文章，首先要明白道理，只知道作文用华丽的辞藻而不重视说理，务求文章的工整，这样是难以写出好文章的。把水引入长江、黄河、淮河、大海之中，水顺河道而流，浩浩荡荡，日夜不停，冲砥柱，穿吕梁，放任于江湖而归纳入海中，舒缓则起涟漪，震怒则起波涛，激荡则起巨浪，狂怒则为雷霆，蛟龙鱼鳖，出没于其中，这就是水的奇特变化。把水引入江河之前，怎么会有如此变化！顺水势而引导它，它就会随着环境的变化而有上述奇观。沟渠中的水东面决口，西边就会干竭，下游水满，则上游干涸，日夜吹激水面，想使其出现奇观，而这样所能达到的，最多不过是蛙蛭之类的嬉戏而已！说理透彻的文章，就像是长江、黄河、淮河、大海中的水一样，不求其奇观而奇观自然而然出现。忽视说理的文章，就像是吹激沟渎中的水欲求其奇观一样，想靠文辞修饰来创造出好文章，这是不可能的。这样的文章反复咀嚼以后，使人一无所获，这才是最坏的文章。"当时学者都把此说尊以为至理名言。我修史时，把这段话记述在他本人的传记中。对如何作文，吕南公也有自己的见解，他说："士人不得已而必须写文章时，则行文一定要讲究文辞精美。如果文章道理充裕而文辞欠缺，就像是口吃的人与人辩论，虽理直气壮，却打输了官司，这是不善于表达的缘故。我观察到，自从有文字以来，有独特见解的士人，没有人不善于运用语言的。士人无志于立言也就罢了，如果一定想立言，那么怎么能用卑浅的词句写文章呢？所以，决心立言者一定要尽心竭力修炼文辞，以求与古人看齐。"这是吕南公

郎官非时得对

唐肃宗在灵武，关东献俘百，将即死，有叹者。司膳员外郎李勉过而问之，曰："被胁而官，非敢反。"勉入见帝，曰："寇乱之污半天下，其欲澡心自归无繇，如尽杀之，是驱以助贼也。"帝驰骑全宥。以一郎吏之微，而非时得入对，虽唐制不可详知，想兵戈艰难时暂如是耳。

王安石弃地

熙宁七年，辽主洪基遣泛使萧禧来言河东地界，未决。八年再来，必欲以代州天池分水岭为界。诏询于故相文彦博、富弼、韩琦、曾公亮以可与及不可许之状，皆以为不可。王安石当国，言曰："将欲取之，必固与之。"于是诏不论有无照验，擗拨与之。往时界于黄嵬山麓，我可以下瞰其应、朔、武三州，既以岭与之，虏遂反瞰忻、代，凡东西失地七百里。案庆历中，虏求关南十县，朝廷方以西夏为虑，犹不过增岁币以塞其欲，至于土地，尺寸弗与。熙宁之兵力胜于曩给人的信中这样说的，我也将此段话记载到他本人的传记中。

郎官非时得对

唐肃宗在灵武(今宁夏灵武)时，在关东(今陕西潼关以东)作战的官军解送来俘虏百人，即将把他们处死时，其中有人发出叹息。司膳员外郎李勉从此经过，听到后就问他为什么，那人回答说："我们也是被胁迫而做伪官的，从来不敢反叛朝廷。"李勉马上就此事入宫晋见皇帝说："贼寇之乱波及半壁江山，这些人都是被迫而为，想弃暗投明投归朝廷却又没有门径，如果全部杀掉他们，这是驱使其他人死心塌地地助贼反叛。"肃宗听后，恍然大悟，马上派人驰马传令，全部赦免。凭一地位卑微的郎吏官，不分何时能够入宫奏言，虽然从唐代制度中我们很难详细地了解，我想，可能是战乱不已、艰难困苦之际，暂时所行的权宜之计罢了！

王安石弃地

北宋熙宁七年，辽国皇帝耶律洪基派遣使节萧禧来宋，谈判宋辽两国河东(今山西太原)一带的边界问题，没有结果。第二年萧禧又为此事而来，坚持要两国以代州(今山西代县)天池分水岭为国界。神宗皇帝就能否接受辽国的条件下诏征求前宰相文彦博、富弼、韩琦、曾公亮的意见，他们都认为不能答应。当时，王安石做宰相执掌朝政，上奏皇帝说："要想取之，必先与之。"于是皇帝下诏，不论是否查验勘合，都按萧禧的要求划拨给辽国。以前，宋辽两国边界在黄嵬山麓，我方可以居高临下俯瞰辽国的应州(今山西应县)、朔州(今山西朔县)、武州(今时，而用萧禧坚坐都亭之故，轻弃疆埸设险要害之处。安石果于大言，其实无词以却之也。孙权谓：“鲁肃劝吾借刘玄德地云：‘帝王之起，皆有驱除，关羽不足忌。’此子敬内不能辨，外为大言耳！”安石之语亦然。

双生以前为兄

《续笔》已书《公羊传》注双生子事，兹读《西京杂记》，得一说甚详。云：“霍将军妻一产二子，疑所为兄弟。或曰：‘前生为兄，后生为弟，今虽俱日，亦宜以先生为兄。’或曰：‘居上者宜为兄，居下者宜为弟，居下者前生，今宜以前生为弟。’光曰：‘昔殷王祖甲一产二子，以卯日生嚚，以巳日生良。则以嚚为兄，以良为弟，若以在上者为兄，嚚亦当为弟矣。’许庄公一产二女，曰妖曰茂，楚大夫唐勒一产二子，一男一女，男曰正夫，女曰琼华，皆以先生为长。近代郑昌时、文长倩并生二男，滕公一生二女，李黎生一男一女，并以前生为长。霍氏亦以前生为兄焉。”此最可证。

山西神池）三州，现在把黄嵬山岭割给辽国，辽贼反而俯瞰我忻州（今山西忻县）、代县（今山西代县），从东到西，失地总共七百里。而宋仁宗庆历年间，辽贼提出把关南十县割让给他们的无理要求，朝廷当时正为西夏的入侵而担忧，只不过每年多给辽贼一些钱粮来满足其贪欲，至于国土，却连尺寸都不让。熙宁年间，兵力比庆历年间要强大，只因为萧禧不达目的坚决不走，就轻而易举地放弃了军事上的冲要之地。王安石说大话像真的一样，事实上是因为他没有其他措辞来拒绝辽国的无理要求。三国时吴主孙权曾说："鲁肃劝我把荆州借给刘备时说：'帝王之起，皆有驱除，关羽实不足挂齿。'这是鲁肃不能分辨形势，口吐大话罢了！"王安石的话与鲁肃的话没什么两样。

双生以前为兄

我在《续笔》中已记载《公羊传》中所注的双胞胎之事，最近，我读《西京杂记》，又搜集到一条更详细的记载。《西京杂记》中说："西汉大将军霍光的妻子生了一对双胞胎，却搞不清谁该当是兄，谁该当是弟。有人说：'先生者为兄，后生者为弟，现在俩兄弟虽是一天出世，也应当以先生者为兄。'有人不以为然地说：'在娘胎中居上者应当是兄，居下者应当是弟，居下者先出世，所以应该以先生者为弟。'霍光听完两种说法，说：'从前商王祖甲之妻生下一对双胞胎嚣先出生，隔了一天才生下良。祖甲就以嚣为兄，以良为弟，假若按居上者为兄来分的话，嚣不应是兄而应是弟。'春秋时，许庄公之妻生下一对双胞胎女儿，名字分别叫妖和茂，楚国大夫唐勒的妻子也生下了一对双胞胎，一男一女，男孩名叫正夫，女孩名叫琼华，他们都是以先出世者为

风俗通

应劭《风俗通》虽东汉末所作，然所载亦难尽信。其叙希姓者曰：“合浦太守虎旗、上郡太守邸杜、河内太守遇冲、北平太守贱琼、东平太守到质、沐宠、北平太守卑躬、雁门太守宿详、五原太守督瓒、汝南太守谒涣、九江太守荆修、东海太守鄐熙、弘农太守移良、南郡太守为昆、酒泉太守频畅、北海太守处兴、巴郡太守鹿旗，涿郡太守作显、庐江太守贵迁、交趾太守赖先、外黄令集一、洛阳令诸於、单父令即卖、乌伤令昔登、山阳令职洪、高唐令用虬。”此二十君子，皆是郡守、县令，惟移良之名曾见于史，恐未必然也。

长。近世的郑昌时、文长倩之妻都是一胞生下两个男孩，滕公之妻一胞生下两个女孩，李黎之妻一胞生下一男一女，他们也都是以先生者为长。霍光也以先生者为兄。”由此可见，双胞胎中以先生者为长是古代流传下来的习惯，是有据可查的。

风俗通

应劭的《风俗通》虽是东汉末年所作，但其所记载的内容也难以令人尽信。其中他举例说明稀有姓氏时说：“合浦（今广东新兴）太守虎旗、上郡（今陕西榆林东南）太守邸杜、河内（今河南武陟西南）太守遇冲、北平（今河北满城北）太守贱琼、东平（今山东东平）太守到质、沐宠、北平太守卑躬、雁门（今山西代县西北）太守宿详、五原（今内蒙古包头市西北）太守督瓒、汝南（今河南上蔡西南）太守谒涣、九江（今安徽寿县）太守荆修、东海（今山东郯城北）太守鄗熙、弘农（今河南灵宝）太守移良、南郡（今湖北江陵）太守为昆、酒泉（今甘肃酒泉）太守频畅、北海（今山东冒乐东南）太守处兴、巴郡（今重庆市嘉陵江北）太守鹿旗、涿郡（今河北涿县）太守作显、庐江（今安徽合肥市）太守贵迁、交趾（今越南河内西北）太守赖先、外黄（今河南民权西北）县令集一、洛阳（今河南洛阳）县令诸於、单父（今山东单县）县令即卖、乌伤（今浙江义乌）县令昔登、山阳（今山东金乡）县令职洪、高唐（今山东禹城）县令用虬。”这二十位君子，都是郡守、县令，只有移良一人的名字史迹中有记载，其他人的姓名及任职未必像应劭说的那样。

俗语有出

今人意钱赌博，皆以四数之，谓之“摊”。案《广韵》“摊”字下云：“摊蒱，四数也。”竹工谓屋椽上织箔曰簾笪，《广韵》簾字下云：“筕簾，竹笪也。”采帛铺谓剪截之余曰帵子。帵，一欢切。注：裁余也。挑剔灯火之杖曰棎，他念切。注，火杖也。李济翁《资暇集》云：“意钱当曰摊铺，疾道之。讹其音为蒱。”此说不然。

昏主弃功臣

燕昭王伐齐，取其七十城，所存者惟莒、即墨，田单一旦悉复之，使齐复为齐。而襄王听幸臣九子之谮，单几不免。秦苻坚举百万之师伐晋，赖谢安却之，而孝武帝听王国宝之谗，安不能立于朝廷之上。桓温伐慕容暐，暐兵屡挫，议欲奔北，慕容垂一战，使燕复存，乃用慕容评之毁，垂窜身苻氏，国随以亡。朱泚据京都，德宗播迁奉天，李怀光继叛，李晟孤军坚壁，竟平大难，而德宗用张延赏之谮，讫罢其兵，且百端疑忌，至于鞅鞅以死。自古昏主不明，轻弃功臣如此，真可叹也！

俗语有出

今人从事的意钱（一种博戏）赌博，都是以四作为盈数，称此为“摊”。考查《广韵》，“摊”字下面注释道“：摊蒱，以四为盈数的一种博戏。”竹匠称屋椽上的织箔为篖笪，《广韵》解释“篖”字下面注释说：“筕篖，用竹子编成的质地粗糙的席子。”彩帛铺称剪截后余下来的丝织品为帵子。帵，一欢切。注释说：就是布帛剪裁后剩下的零头。挑拨灯光所用的工具称为㮇，他念切。《广韵》注释说，㮇，就是拨火棍。唐人李匡义（字济翁）在其《资暇集》中说：“意钱应当叫摊铺，说得快了，就把铺字的音错读成蒲了。”这种解释是不对的。

昏主弃功臣

战国时，燕国国君燕昭王命乐毅率军讨伐齐国，齐国的七十余城都被攻占，只剩下莒（今山东莒县）、即墨（今山东平度东）两城。即墨人田单率军抵抗燕国的入侵，很快就为齐国收复了失地，为重建齐国立下了汗马功劳。但齐襄王却听信九个宠幸之臣的谗言，田单几乎自身难保。东晋十六国时期，北方的前秦皇帝苻坚率百万大军南下攻晋，东晋全靠尚书仆射谢安指挥有方，才以少胜多，大破苻坚，而晋孝武帝却听信王国宝的谗言，把谢安排挤出朝廷，到地方任职。东晋大将桓温征讨前燕国，前燕皇帝慕容暐率军迎敌，屡战屡败，君臣商议想北逃，幸赖吴王慕容垂率军击败桓温，才使前燕转危为安，而慕容暐却听信太傅慕容评的谗言，慕容垂被迫逃命前秦，归附苻坚，前燕也很快被前秦灭亡。唐德宗时，藩镇兵拥立泾原节度使朱泚为皇帝，占据京师长安，德宗被迫出逃奉天（今陕西乾县），接着李怀光

问故居

陶渊明《问来使》诗云:“尔从山中来,早晚发天目。我屋南窗下,今生几丛菊?蔷薇叶已抽,秋兰气当馥。归去来山中,山中酒应熟。”诸集中皆不载,惟晁文元家本有之,盖天目疑非陶居处。然李太白云:“陶令归去来,田家酒应熟。”乃用此尔。王摩诘诗云:“君自故乡来,应知故乡事。来日绮窗前,寒梅着花未?”杜公《送韦郎归成都》云:“为问南溪竹,抽梢合过墙。”《忆弟》云:“故园花自发,春日鸟还飞。”王介甫云:“道人北山来,问松我东冈。举手指屋脊,云今如许长。”古今诗人怀想故居,形之篇咏,必以松竹梅菊为比、兴,诸子句皆是也。至于杜公《将别巫峡赠南卿兄瀼西果园》诗云:“苔竹素所好,萍蓬无定居。远游长儿子,几地别林庐。杂蕊红相对,他时锦不如。具舟将出峡,巡圃念携锄。”每读至此,未尝不为之凄然。《寄题草堂》云:“尚念四小松,蔓草易拘缠。霜骨不甚长,永为邻里怜。”又一篇云:“四松初移时,大抵三尺强。别来忽三岁,离立如人长。”尤可见一时之怀抱也。

也反叛朝廷，当时任右神策军都将的忠臣李晟，孤军奋战，终于讨平叛乱，收复了长安，而德宗却听信权臣张延赏的谗言，罢除李晟的兵权，并对他百端怀疑猜忌，以至于李晟终日怏怏寡欢，抑郁而死。自古以来，那些昏庸无知的君主都是这样轻易地抛弃功臣的，实在令人感慨万千！

问故居

晋陶渊明的《问来使》诗道："尔从山中来，早晚发天目。我屋南窗下，今生几丛菊？蔷薇叶已抽，秋兰气当馥。归去来山中，山中酒应熟。"陶渊明的各种集子中都不见记载，只有晁文元家藏的那个版本中有这首诗。之所以各种集子中不见记载，大概与人们怀疑陶渊明不曾在天目山（今浙江临安西北）住过有关。然而唐人李白的诗："陶令归去来，田家酒应熟。"就是引用陶渊明的这首诗。王维的诗写道："君自故乡来，应知故乡事。来日绮窗前，寒梅着花未？"杜甫在《送韦郎归成都》诗中写道："为问南溪竹，抽梢合过墙。"《忆弟》诗中写道："故园花自发，春日鸟还飞。"王安石的诗写道："道人北山来，问松我东冈。举手指屋脊，云今如许长。"古今诗人怀想故居的时候，一定以松竹梅菊为比喻，通过诗文表达出来，以上诗句就是明证。至于杜甫《将别巫峡赠南卿兄瀼西果园》诗说："苔竹素所好，萍蓬无定居。远游长儿子，几地别林庐。杂蕊红相对，他时锦不如。具舟将出峡，巡圃念携锄。"每读到此，都不能不为之感到凄凉。《寄题草堂》诗中写道："尚念四小松，蔓草易拘缠。霜骨不甚长，永为邻里怜。"还有一篇写道："四松初移时，大抵三尺强。别来忽三岁，离立如人长。"尤为可见其胸襟宽阔。

唐宰相不历守令

唐杨绾、崔祐甫、杜黄裳、李藩、裴垍皆称英宰，然考其履历，皆未尝为刺史、县令。绾初补太子正字，擢右拾遗，起居、中书舍人，礼、吏部侍郎，国子祭酒，太常卿，拜相；祐甫初调寿安尉，历藩府判官，入为起居、中书舍人，拜相；黄裳初佐朔方府，入为侍御史，太子宾客，太常卿，拜相；藩佐东都、徐州府，入为秘书郎，郎中，给事中，拜相；垍由美原尉四迁考功员外郎，中书舍人，户部侍郎，拜相。五贤行业，史策书之已详，兹不复论。然则后之用人，必言践扬中外，谙熟民情，始堪大用，殆为隘矣。

张释之柳浑

汉张释之为廷尉。文帝出行，有人惊乘舆马，使骑捕之，属廷尉。释之奏当此人犯跸，罚金。上怒，释之曰："方其时，上使使诛之则已。"颜师古谓："言初执获此人，天子即令诛之，其事即毕。"唐柳浑为相，玉工为德宗作带，误毁一銙，工私市它玉足之。帝识不类，怒其欺，诏京兆论死，浑曰："陛下遽杀之则已，若委有司，须详谳乃可。于法，罪当杖，请论如律。"由是工不死。予谓张、柳之论，可谓善

唐宰相不历守令

唐朝的杨绾、崔祐甫、杜黄裳、李藩、裴垍都堪称是一代名相。然而，考察他们的出身和经历后可知，他们都不曾做过刺史、郡守和县令等地方官。杨绾最初补升太子正字，后逐步擢拔为右拾遗、起居舍人、中书舍人、礼部侍郎、吏部侍郎、国子监祭酒、太常寺卿，然后拜相；崔祐甫最初任寿安尉，后任藩镇判官，调入朝廷后担任过起居舍人、中书舍人，然后拜相；黄裳最初为朔方府（今宁夏灵武）佐僚，调入朝廷后历任侍御史、太子宾客、太常寺卿、然后拜相；李藩曾任东都（今河南洛阳）、徐州府（今江苏徐州）佐僚，调入朝廷后历任秘书郎、郎中、给事中，然后拜相；裴垍初任美原尉，经四次考核升迁，官至考功员外郎、中书舍人、户部侍郎，然后拜相。这五位贤相的生平事迹，史书上有详细地记载，在此无需赘述。然而，后来选官用人时，一定要求在地方、京师都要任过职，谙熟民情，才能授之宰辅，这样选宰相也未免太狭隘了。

张释之柳浑

西汉文帝时，张释之为廷尉，主管全国的司法工作。有一次，文帝出行时，有个人从马队前突然穿过，致使为文帝拉车的马受惊，文帝马上派骑兵将此人抓获，交廷尉处理。张释之了解情况后，上奏文帝认为此人有犯跸之过，按汉律当罚款处理。文帝听后大怒，张释之解释说：“当时若抓住此人，陛下使人杀掉他也就罢了。现在将此人交给我审理，我就得对他以法治罪。”颜师古注此事说：“当初抓到此人时，天子就下令杀掉，此事就算结束了。”唐德宗时，柳浑为宰相。有一次，一位玉匠为矣，然张云“上使使诛之则已”，柳云“陛下遽杀之则已”，无乃启人主径杀人之端乎！斯一节未为至当也。

人臣震主

人臣立社稷大功，负海宇重望，久在君侧，为所敬畏，其究必至于招疑毁。汉高祖有天下，韩信之力为多，终以挟不赏之功，戴震主之威，至于诛灭。霍光拥昭立宣，势侔人主，宣帝谒见高庙，光从骖乘，上内严惮之，若有芒刺在背。其家既覆，俗传之曰：“威震主者不畜，霍氏之祸，萌于骖乘。”周亚夫平定七国，景帝怒其固争栗太子，由此疏之，后目送其出，曰：“此鞅鞅，非少主臣也。”讫以无罪杀之。谢安却苻坚百万之众，晋室复存，功名既盛，险诐求进之徒，多毁短之，孝武稍以疏忌，又信会稽王道子之奸扇，至使避位出外，终以至亡。齐文宣之篡魏，皆高德政之力，德政为相，数强谏，帝不悦。谓左右曰：“高德政恒以精神凌逼人。”遂杀之，并其妻子。隋文帝将篡周，欲引高颎入府，德宗作玉带，不小心弄坏了一个銙，玉匠就私自到市场上买了一个类似的补上。玉带作成交给德宗，德宗发现玉带上的一个玉銙与其他玉不同，对玉匠的欺骗行为很生气，下诏将玉匠交京兆府论罪处死，柳浑知道此事后，规劝德宗说："陛下发现其作弊时，马上下令杀掉他也就罢了，若把此事交有关机关处理，就必须严格审查才行。从法律上讲，玉匠之罪当处以杖刑，不应处死，请陛下恩准按法律处理。"这样，玉匠才免于一死。张释之、柳浑的话无论是对犯人，还是对国家法律的实施，都是有利的。但他们都说"陛下当时杀掉此人也就罢了"这句话，这不是引导皇帝轻率杀人的开端吗？这句话，两人都说得很不恰当。

人臣震主

作为人臣，为江山社稷立下大功，身负海内众望，长期伴随君主，连君主也对他感到敬畏的话，其结果必然会招致君主的猜忌，以至于身死。汉高祖刘邦统一天下，韩信的功劳最大，最后却因其功劳太高无以封赏，其权威在汉天下稳定后使汉高祖深感不安，以至于寻找借口将其诛灭。大司马、大将军霍光有拥立昭帝、宣帝之功，其权势与皇帝并驾齐驱，宣帝谒见宗庙时，霍光陪宣帝坐在车的右端，宣帝内心很害怕他，如有芒刺在背一样不安。霍光死后不久，宣帝就找到一个借口将其家诛灭。民间传说："威重震主者，没有好下场，霍氏灭族之祸，起自霍光与宣帝同坐一车之时。"周亚夫曾平定七国之乱，景帝对他坚持要立自己不喜欢的刘栗为太子很是恼火，并因此疏远了他，一次周亚夫朝见景帝完毕离开朝廷，景帝目送其出朝，说："看他这种怏怏不乐的样子，以后肯定不会作少主的忠臣。"最后，景帝罗颎忻然曰："愿受驱驰，纵公事不成，亦不辞灭族。"及帝受禅，用为相二十年，朝臣莫与为比。颎自以为任寄隆重，每怀至公，无自疑意。积为独孤皇后、汉王谅等所谮，帝欲成其罪，既罢之后，至云："自其解落，瞑然忘之，如本无高颎。不可以身要君，自云第一也。"迨于炀帝，竟以冤诛。郭子仪再造王室，以身为天下安危，权任既重，功名复大，德宗即位，自外召还朝，所领副元帅诸使悉罢之。李晟以孤军复京城，不见信于庸主，使之昼夜泣，目为之肿，卒夺其兵，百端疑忌，几于不免。李德裕功烈光明，佐武宗中兴，威名独重，宣宗立，奉册太极殿，帝退谓左右曰："向行事近我者，非太尉邪？每顾我，毛发为之森竖。"明日罢之，终于贬死海外。若郭崇韬、安重诲，皆然也。

织罪名，周亚夫含冤而死。谢安率军以少胜多，击退前秦皇帝苻坚及其百万大军的进攻，使东晋王朝转危为安。谢安功劳既大，一些奸佞小人，经常在孝武帝面前搬弄是非，陷害谢安，会稽王司马道子也趁机煽风点火，晋孝武帝偏信奸臣之言，将谢安调出朝廷，最后谢安病死于外地。齐文宣帝高洋之所以能篡夺东魏政权取而代之，都是高德政出的力。齐立国后，高德政任宰相，数次犯颜强谏，文宣帝为此很不高兴。曾对左右侍臣说："高德政总是这样盛气凌人。"于是就寻找借口把高德政及其妻子、儿子一起杀掉。隋文帝杨坚想篡周自立，拉拢高颎为自己出谋划策，高颎欣然答应说："愿效犬马之劳，即使此事不成，纵然灭族也心甘情愿。"隋文帝受禅之后，高颎任宰相二十年，权位之显赫，朝臣中没有人比得上他。高颎为不辜负文帝的信任，一心为公，宵旰为政。后来，文帝听信皇后独孤氏、汉王杨谅的谗言，想治其罪可又没有理由，只好将其削职为民。并告诫大臣说："自高颎削职为民后，我已经把他忘掉了，就好像没高颎这个人一样，为人臣者千万不能威逼其君，自称天下第一。"到隋炀帝杨广即位以后，高颎竟含冤被杀。唐朝名将郭子仪，平定安史之乱，有再造王室之功。当时，天下安危系于其一身，权任很重，功名也大。德宗即位后，对他不放心，把他从外地召回朝廷，并罢免了他的天下兵马副元帅和诸使职务。李晟曾孤军奋战，平定叛乱，收复长安，却不被庸主唐德宗信任。唐德宗回到长安后，夺其兵权，对他百般猜忌，李晟昼夜感伤流泪，眼睛红肿，几乎被折磨致死。李德裕功劳卓著，辅佐唐武宗，形成中兴局面，其权威名望很重，唐宣宗即位时，李德裕奉册于太极殿，唐宣宗退朝后对左右侍臣说："刚才我身边的，不是太尉吗？他

五经秀才

唐杨绾为相，以进士不乡举，但试辞赋浮文，非取士之实，请置《五经》秀才科。李栖筠、贾至以绾所言为是，然亦不闻施行也。

陶潜去彭泽

《晋书》及《南史·陶潜传》皆云："潜为彭泽令，素简贵，不私事上官。郡遣督邮至，县吏曰：'应束带见之。'潜叹曰：'吾不能为五斗米折腰，拳拳事乡里小人。'即日解印绶去，赋《归去来》以遂其志。"案陶集载此辞，自有序，曰："余家贫，耕植不足以自给。彭泽去家百里，故便求之。及少日，眷然有归欤之情。何则？质性自然，非矫励所得，饥冻虽切，讳己交病。怅然慷慨，深愧平生之志，犹望一稔，当敛裳宵逝。寻程氏妹丧于武昌，情在骏奔，自免去职，在官八十余日。"观其语意，乃以妹丧而去，不缘督邮。所谓矫励违己之说，疑心有所属，不欲尽言之耳！词中正喜还家之乐，略不及武昌，自可见也。

看我时，我都感到毛骨悚然。”第二天就罢免了李德裕的职务，把他贬谪到外地，最后李德裕也死于贬谪之地。至于像郭崇韬、安重诲等功高震主的大臣，其下场都是这样。

五经秀才

唐朝人杨绾曾任宰相，他认为进士不经过乡举里选，只是考华丽的辞赋、不切实际的文章，这不符合选拔进士的真正意图，于是上奏皇帝，请求设置《五经》（即《易》《书》《诗》《礼》《春秋》五种儒家经典）秀才科。大臣李栖筠、贾至认为杨绾的建议很有道理，但也没有听到其施行的情况。

陶潜去彭泽

《晋书》和《南史》的《陶潜传》中都说：“陶潜任彭泽（今江西湖口县）县令，平时对权贵很怠慢，从不私事上级。郡守派督邮来县检查工作，他的属吏告诉他：‘应当整饰衣冠，束紧衣带，恭恭敬敬去见他。’陶潜感叹道：‘我不能为五斗米而折腰，更不能装出诚恳的样子去侍奉这类乡里小人。’当天就解下印绶，辞职而去，并作《归去来》以表达其志。”《陶潜文集》中记载有这首诗，并且自己作了序，序中讲道：“我家很穷，靠耕田种地还不足以自给。彭泽离我家近百里，较近，所以就请求去那里做官。过了一段时间，就有了辞官回家的想法，为什么呢？因为我质性自然，不是虚伪矫饰的人，在家虽饥寒交迫，总比做官违背自己心愿行事痛快。因此，我觉得做官有愧于我平生之志，这一想法一成熟，就应当辞官而去。不久，嫁给武昌程氏的妹妹病逝，我恨不能马上赶去，于是自己就辞去了现任职务，共

羌戎畏服老将

汉先零羌犯塞，赵充国往击之。羌豪相数责曰："语汝亡反，今天子遣赵将军来，年八九十矣，善为兵。今请欲壹斗而死，可得邪！"充国时年七十六，讫平之。唐代宗时，回纥、吐蕃合兵入寇，郭子仪单骑见回纥，复与之和。诸酋长皆大喜曰："鼐以二巫师从军，巫言：'此行甚安稳，不与唐战，见一大人而还。'今果然矣。"郭公是时年七十，乃知羌、戎畏服老将如此。班超久在西域，思归，故其言云："蛮夷之俗，畏壮侮老。"盖有为而云。

古人字只一言

《檀弓》云："幼名冠字，五十以伯仲，周道也。"古之人命字，一而已矣。初曰子，已而为仲为伯，又为叔为季，其老而尊者为甫，盖无以两言相连取义。若屈原《离骚经》："名余曰正则兮，字余曰灵均。"案《史记》原字平，所谓做了八十余天官。”看他话中的意思，是因为其妹妹去世他才离职的，与督邮到县没有关系。他说的“矫励违己”，我怀疑肯定有所指，只是不想把话说透罢了。从《归去来》中只说还家之欢乐，对去武昌略而不提，就可以知道这一点。

羌戎畏服老将

西汉宣帝时，居住在先零（今青海西宁一带）的羌族起兵反叛，进犯汉胡边塞。汉宣帝派老将赵充国前往征讨，消息传出，羌族的几位首领相互指责说：“叫你们不要反叛，都不听。现在汉天子派赵将军来，已经八九十岁了，善于用兵，我们想和他决一死战，也没有机会了！”赵充国时年七十六岁，最后他果真平定了先零叛羌。唐代宗时，回纥、吐蕃合兵入侵大唐，老将郭子仪单骑进入回纥营中，分析利害，回纥与大唐又和好如初。回纥各位首领十分高兴地说：“以前随军的两个巫师曾预言：‘此次行动非常安全，不会和唐兵打仗，见到一个大人物就可返回了。’果然是这样啊！”郭子仪时年七十岁。从这两件事可知，羌、回纥等少数民族还是很畏服老将的。汉朝班超长期待在西域，很想回来，所以他才说：“蛮夷之俗，畏壮侮老。”从上述事实看，他说这话是别有用心的。

古人字只一言

《礼记·檀弓》中说：“年幼时只有名，弱冠时才加字，五十岁开始称伯仲，这周代的礼制。”古代人取字，只用一个字而已，年幼者称子，年长者或称仲、伯，或称叔、季，年老而受人尊重者称甫，没有把两个字相连取义的。如屈原在《离骚经》

"灵均"者，释"平"之义，以缘饰词章耳。下至西汉，与周相接，故一切皆然。除子房、子卿、子孟、子政、子孺、子长、子云、子兄、子真、子公、子阳、子宾、子幼之外，若仲孺、仲卿、仲子、长卿、少卿、孺卿、君卿、客卿、游卿、翁卿、圣卿、长君、少君、稚君、游君、次君、赣君、近君、曼君、王孙、翁孙、次公、少公、孟公、游公、仲公、长公、君公、少叔、翁叔、长叔、中叔、子叔、长倩、曼倩、次倩、稚季、长孺、仲孺、幼孺、少孺、次孺、翁孺、君孺、长翁、弱翁、仲翁、少翁、君房、君宾，君倩、君敖、君兰、君长、君仲、君孟、少季、少子、少路、少游、稚宾、稚圭、稚游、稚君、巨先、巨君、长宾、长房、翁思、翁子、翁仲之类，其义只以一训，极为雅训。至于妇人，曰少夫、君侠、政君、君力、君弟、君之、阿君。单书一字者，若陈胜字涉，项籍字羽，彭越字仲，张欧、吴广、枚乘字叔，楚元王交，朱云字游，爰盎字丝，张释之字季，郑当时字庄，刘德字路，眭弘字孟。迨东汉以下，则不尽然。

中说："名余曰正则，字余曰灵均。"《史记》记载屈原字平，所谓"灵均"，就是"平"的意思，只不过是用来修饰词章而已。下至西汉，与周朝相接，所以，一切都和周代一样。除子房、子卿、子孟、子政、子孺、子长、子云、子兄、子真、子公、子阳、子宾、子幼之外，像仲孺、仲卿、仲子、长卿、少卿、孺卿、君卿、客卿、游卿、翁卿、圣卿、长君、少君、稚君、游君、次君、赣君、近君、曼君、王孙、翁孙、次公、少公、孟公、游公、仲公、长公、君公、少叔、翁叔、长叔、中叔、子叔、长倩、曼倩、次倩、稚季、长孺、仲孺、幼孺、少孺、次孺、翁孺、君孺、长翁、弱翁、仲翁、少翁、君房、君宾、君倩、君敖、君兰、君长、君仲、君孟、少季、少子、少路、少游、稚宾、稚圭、稚游、稚君、巨先、巨君、长宾、长房、翁思、翁子、翁仲之类，其字义只有一种解释，且文雅不俗。至于妇人之字，称少夫、君侠、政君、君力、君弟、君之、阿君。单书一字的，像陈胜字涉，项籍字羽，彭越字仲，张欧、吴广、枚乘字叔，楚元王字交，朱云字游、爰盎字丝、张释之字季，郑当时字庄，刘德字路，眭弘字孟。到东汉以后，就不全是这样了。

卷二（十五则）

二叔不咸

《左氏传》载富辰之言曰："昔周公吊二叔之不咸，故封建亲戚，以蕃屏周。"士大夫多以二叔为管、蔡。案《蔡仲之命》云："群叔流言，乃致辟管叔于商，囚蔡叔，降霍叔为庶人。"盖三叔也。杜预注以为周公伤夏、殷之叔世，疏其亲戚，以至灭亡，故广封其兄弟。是以方叙说管、蔡、郕、霍十六国，其义昭然。所言亲戚者，指兄弟耳。

官阶服章

唐宪宗时，因数赦，官多泛阶；又帝亲郊，陪祠者授三品、五品，不计考；使府军吏以军功借赐朱紫，率十八；近臣谢、郎官出使，多所赐与。每朝会，朱紫满庭，而少衣绿者，品服太滥，人不以为贵，帝亦恶之，诏太子少师郑馀庆条奏惩革。淳熙十六年，绍熙五年，连有覃霈，转官赐服者众。绍熙元年，予自当涂徙会稽，过阙，遇起居舍人莫仲谦于漏舍，仲谦云："比赴景灵行香，见朝士百数，无一绿袍者。"又，朝议、中奉皆直转行，故五品官不胜计，颇类元和也。

二叔不咸

《春秋左氏传》中记载富辰的言论说："从前，周公哀痛二叔不归服，所以才分封亲戚，作为周朝的屏藩。"士大夫大都认为二叔是管叔和蔡叔。据《蔡仲之命》记载："群叔散布言论，才导致管叔在商地被处死，蔡叔被囚禁，霍叔被贬为庶人。"大概是他们三人。杜预作的注解认为，周公对夏、殷国运衰落之时，疏远其亲戚，以至灭亡的教训进行了反思，所以才大封其兄弟为各地诸侯。因此，方才叙说的管、蔡、郕、霍等十六国，其意义是很明白的。所说的亲戚，指的就是兄弟。

官阶服章

唐宪宗时，由于多次大赦，大多数官员都升迁了官阶；每年冬至，皇帝又亲自到南郊祭天，陪同祭祀的官员不管考核政绩的优劣都授以三品、五品官；军营中的武官大概十个中有八个凭军功被赐予中高级官员所穿的朱紫之衣；皇帝身边的官员调外任职向皇帝辞别，郎官受皇帝派遣出使地方，大都会受到皇帝的恩赐。每到大臣朝见皇帝的日子，朝廷上的官员都是身着朱紫之衣，很少有穿绿官服的，由于官员服饰赏赐太滥，人们也都不以得之为贵，皇帝也觉得这样太不成体统，就下诏让太子少师郑馀庆逐条列出改革意见上奏。南宋孝宗淳熙十六年、光宗绍熙五年，广施皇恩，很多人因此升官被赐以朱紫官服。南宋绍熙元年，我从当涂（今安徽南陵东南）调职到会稽（今浙江绍兴），

月非望而食

历家论日月食，自汉太初以来，始定日食，不在朔则在晦，否则二日，然甚少。月食则有十四、十五、十六之差，盖置望参错也。天体有二交道，曰交初，曰交中。交初者，星家以为罗睺。交中者，计都也。隐暗不可见，于是为入交法以求之，然不过能求朔望耳。若余日入交，则书所不载，由汉及唐二十八家，暨本朝十一历，皆然。姑以庆元丁巳岁五次月食考之，二月望为入交中，七月为交初，唯十月二十日、二十一日连两夜，乃以二更尽月食之既，才两刻复明，十一月十八夜复加之。案，此三食皆是交中。十月二十夜月在张五度，而计都在翼二度，次夜月在张十七度，计都未定，相距才四度耳。十一月十八夜，月在星五度，计都在张十九度，相距二十度。十二月十七夜五更，月在星二度，入交阳末，卯初四刻交甚，食六分半，八刻退交。十八夜四更，月在张六度，入交中阴初，至寅四刻交甚，食九分，卯五刻退交。其验如此。予窃又有疑焉，太阴一月一周天，必两值交道，今年遂至八食，一一如星官、历翁之说，仍不拘月望，则玉川子之诗不胜作矣，当更求其旨趣云。顷见太史局官刘孝荣言："月经过京城皇宫时，在漏舍中遇上起居舍人莫仲谦，仲谦告诉我："不久前，我去景灵烧香，见到数百位官员，竟没有一位穿绿袍的。"再加上朝议、中奉等散官也身着朱紫，所以五品官有多少都数不过来，很像唐宪宗元和年间那样泛滥。

月非望而食

历法家研究日食、月食，从西汉武帝太初年间以来，才开始确定日食，日食现象一般发生在朔日或者晦日，除此二天，其他时间很少出现日食。月食一般发生在十四、十五、十六三天，之所以有这种差别，是因为望日并非确定在其中一天，而是随月份的不同，望日会在这三天内变化。天体有两种交道方式，一种称交初，一种称交中。所谓交初，星象家认为就是罗睺或称为蚀神。所谓交中，就是计都。当月亮隐暗看不到时，就可以用入交的办法去找寻，但所能寻找的日子，也不过是朔日或望日。至于其他的日子入交，书中就没有记载，从汉至唐共二十八家历法，以及本朝十一家历法，都是这样。我们姑且从宋宁宗庆元三年五次月食的情况来考察，二月望日入交中，七月则入交初，只在十月二十日、二十一日连续两夜，才在二更出现全月食，持续了大约两刻。十一月十八日夜类似情况又出现一次。按，这三次日食都是交中。十月二十日夜，月在张星五度，而计都在翼星二度，第二天夜里，月在张星十七度，计都没有确定，相距才四度。十一月十八日夜，月在星五度，计都在张星十九度，相距二十度。十二月十七夜五更天，月在星二度，入交阳之末，至卯时初四刻交甚，月食部分占整个月亮的六分半，八刻月食渐退。十八日夜四更天，月在张星六度，入交中阴初，到寅时四刻交甚，月食部分本无光，受日为明，望夜正与日对，故一轮光满。或月行有迟疾先后，日光所不照处，则为食。朔旦之日，日月同宫，如月在日上，掩太阳而过，则日光为所遮，故为日食。非此二日，则无薄食之理。”其说亦通。

庆善桥

饶州学非范文正公所建，予既书之矣。城内庆善桥之说，亦然。比因郡人修桥，拆去旧石，见其上镌云：“康定庚辰。”案，范公以景祐乙亥为待制，丙子知开封府，黜知饶州，后徙润、越，至庚辰岁乃复职，帅长安，既去此久矣。

西汉以来加官

《汉书·百官表》云侍中、左右曹、诸吏、散骑、中常侍，皆加官。所加或将军、列侯、卿、大夫、将、都尉。给事中亦加官，所加或大夫、博士、议郎。其侍中、中常侍得入禁中，占整个月亮的九分，卯时五刻月食渐退。竟如此应验。我私下对它还有怀疑，月亮一月一周天，一定会有两次交道，今年就会有八次月食，如果都按星官、历法家的说法，仍然不会局限于月望之日，那么玉川子的诗就可以作的更多，应当更加追求一些有意义的东西。不久前见到太史局官刘孝荣，他说：“月亮本身并不会发光，只是受日光照射才显得明亮。望夜月亮正与日相对，所以出现一轮明亮的圆月。月亮运行得有快有慢，日光照不到的地方，就形成了月食。朔日那一天，日月同在一宫（古代划分星空的区域），如果月在日之上，运行时掩遮了太阳的光线，所以就形成了日食。如果不是在这两天，就没有日食、月食的道理。”他的这种说法也说得通。

庆善桥

饶州（今江西波阳）学校并不是北宋范仲淹先生所建，我已经作了记载了。城内的庆善桥也一样不是他修建的。不久前，由于本地人维修这座桥，拆去一块旧石块，只见上面镌刻着几个字：“康定庚辰。”按，范公在北宋仁宗景祐二年担任待制职务，第二年担任开封府知府，接着被贬谪到饶州做知州，后来又调职到润、越两地任职，到康定元年就恢复了原来的职务，在长安（今陕西西安）任职，这时已经离开此地很长时间了。

西汉以来加官

《汉书·百官公卿表》中所说的侍中、左右曹、诸吏、散骑、中常侍，都是加官，能加这些官职的主要是将军、列侯、卿、大夫、将、都尉。给事中也是加官，能加此职的是大夫、博士、议诸曹受尚书事，诸吏得举法，散骑并步浪反。乘舆车。案汉世除授此等称谓，殆若今之而职者，不甚为显秩，然魏相以御史大夫兼给事中。它如刘向以宗正，散骑、给事中；苏武以右曹，典属国；杨雄为诸吏，光禄大夫是也。至于金日磾以降虏为侍中，其子赏、建，诸孙常、敞、岑、明、涉、汤、融、钦，皆以左曹、诸吏、侍中，故班史赞之云："七世内侍，何其盛也！"盖如今时阁门宣赞、祗候之类。但汉家多用士人，武帝所任庄助、朱买臣、吾丘寿王、东方朔诸人，皆天下选，此其所以为人贵重。东汉大略亦然。晋、宋以来，又有给事黄门侍郎、散骑常侍、通直散骑常侍、散骑侍郎等，皆为兼官，但视本秩之高下。已而复以将军为宠，齐高帝以太子詹事何戢领选，以戢资重，欲加常侍，褚渊曰："臣与王俭既已左珥，若复另戢，则八座遂有三貂。若帖以骁、游，亦为不少。"乃以为吏部尚书，加骁骑将军。唐有检校官、文武散阶、宪衔，乃此制也。国朝自真宗始创学士、直学士、待制、直阁职名，尤为仕宦所慕。今自观文殿大学士至直秘阁，几四十种，不刊之典，明白易晓，非若前代之冗泛云。

郎。侍中、中常侍可以出入宫中，诸曹可以接受尚书事务，诸吏可以办理法律事务，散骑能与皇帝一起乘坐御用车辆。据考，汉代授予官吏这样一些称谓，大概像今天的兼职，不是为了显耀某官的地位，如魏相以御史大夫之职兼任给事中就是这样。其他的像刘向以宗正之职，兼任散骑、给事中；苏武以右曹之职，兼任典属国；杨雄以诸吏之职，兼任光禄大夫等，都是这样。以至于金日磾身为归降的胡人而担任侍中之职，他的儿子赏、建，孙子常、敞、岑、明、涉、汤、融、钦，都担任左曹、诸吏、侍中等职，所以班固在《汉书》中赞叹道："七世内侍，多么兴盛啊！"大概像今天的阁门宣赞、祗候之类。只是汉代所用内侍大多是知识分子，汉武帝任用的庄助、朱买臣、吾丘寿王、东方朔等人，皆是国内选拔出的优秀人才，这也是内侍之职被人们尊崇的重要原因。东汉的情况也大致如此。晋、南朝宋以来，又有给事黄门侍郎、散骑常侍、通直散骑常侍、散骑侍郎等官职，都是作为兼职而出现的，只看原来品秩的高低。不久，官吏们又以有将军称号为荣，北齐高帝让太子詹事何戢主持选官工作，因何戢资历深，想给他加一个常侍的加官，褚渊对高帝说："我与王俭刚加过常侍之职，若再给何戢加此职，那么八座（指尚书令、左右仆射、五曹尚书）之外，又有三个常侍。若给他加一个骁骑将军或游击将军称号也不算低。"于是高帝就以何戢为吏部尚书，加官骁骑将军。唐代有检校官、文武散官、宪衔，也就是这种加官制度。我大宋朝从宋真宗时开始设学士、直学士、待制、直阁等职名，很为做官的所慕求。今天的加官，从观文殿大学士到直秘阁，将近四十种，典籍上没有记载，但明白易懂，不像前代加官那样庞杂。

吕望非熊

自李瀚《蒙求》有“吕望非熊”之句，后来据以为用。然以史策考之，《六韬》第一篇《文韬》曰：“文王将田，史编布卜曰：‘田于渭阳，将大得焉。非龙非彲，非虎非罴，兆得公侯，天遗汝师。’文王曰：‘兆致是乎？’史编曰：‘编之太祖史畴，为禹占得皋陶兆。’”《史记》云：“吕尚穷困年老，以渔钓干西伯，西伯将出猎，卜之，曰：‘所获非龙非彲，非虎非罴，所获霸王之辅。’”后汉崔骃《达旨》云“渔父见兆于元龟”，注文乃引《史记》“非龙非彲，非熊非罴”为证。今之《史记》，盖不然也。“非熊”出处，惟此而已。

唐曹因墓铭

庆元三年，信州上饶尉陈庄发土得唐碑，乃妇人为夫所作。其文云：“君姓曹，名因，字鄙夫，世为鄱阳人。祖、父皆仕于唐高祖之朝，惟公三举不第，居家以礼义自守。及卒于长安之道，朝廷公卿、乡邻耆旧，无不太息。惟予独不然。谓其母曰：‘家有南亩，足以养其亲；室有遗文，足以训其子。肖形天地间，范围阴阳内，死生聚散，特世态耳，何忧喜之有哉！’予姓周氏，公之妻室也。归公八载，恩义有夺，故赠之铭曰：‘其生也天，其死也天，苟达此理，哀复何

吕望非熊

自从后晋李瀚的《蒙求集》中有“吕望非熊”之句，后来人们都以此为根据加以引用。但是用史策来考证这句话，《六韬》中的第一篇《文韬》中说：“周文王要去打猎，史编告诉他占卜结果：‘在渭水之北打猎，将会有大的收获。所获非龙非彲，非虎非罴，预兆会得公侯，是上天送给你的国师。’文王问道：‘征兆会这么准确吗？’史编回答说：‘我的太祖史畴，曾为大禹占卜到获得皋陶的征兆。’”《史记》中说：“吕尚穷困年老，经常在河边钓鱼，希望能遇到西伯（周文王），西伯将出去打猎，对这次活动进行了占卜，结果道：‘所获得的东西非龙非彲，非虎非罴，所获得的是帮你成就霸王之业的人’。”东汉崔骃在《达旨》中说“渔父（吕尚）从大龟身上见到了征兆”，注文是引用《史记》中的“非龙非彲，非熊非罴”作为证据。今天的《史记》，就不是这样说的。“非熊”的出处，就是从此而来。

唐曹因墓铭

南宋宁宗庆元三年，信州上饶（今江西上饶）尉陈庄挖出一块唐代的墓碑，这是一位妇女为其去世的丈夫所作的墓志铭。碑文写道：“我丈夫姓曹，名叫因，字鄙夫，世世代代都是鄱阳（今江西波阳北）人。祖父和父亲都在唐高祖之朝做官，只有我丈夫三次参加科举考试都没获取功名，后来就居于家中，以礼义约束自己和全家。到我丈夫死在通往长安（今陕西西安）路上的时候，朝廷公卿、乡邻乡亲、耆老世交，都感到很难过惋惜。只有我不以为然。我对婆母说：‘家有良田，足以养活双亲；家有夫君留下的文章，足以教育子女成人。人生在天地之间，言！’”予案唐世上饶本隶饶州，其后分为信，故曹君为鄱阳人。妇人能文达理如此，惜其不传，故书之，以裨图志之缺。

唐史省文之失

杨虞卿兄弟，怙李宗闵势，为人所奔向。当时为之语曰：“欲入举场，先问苏、张，苏、张尚可，三杨杀我。”而《新唐书》减去“先”字。李德裕《赐河北三镇诏》曰：“勿为子孙之谋，欲存辅车之势。”《新唐书》减去“欲”字。遂使两者意义为不铿锵激越，此务省文之失也。

李德裕论命令

李德裕相武宗，言从计行。韦弘质建言宰相不可兼治钱谷，德裕奏言：“管仲明于治国，其语曰：‘国之重器，莫重于令。令重君尊，君尊国安。治人之本，莫要于令，故曰亏令者死，益令者死，不行令者死，留令者死，不从令者死，五者无赦。’又曰：‘令在上，而论可否在下，是主威下系于人也。’

在阴、阳间转换，死生聚散，这就是世间的特征，有什么可忧可喜的呢！’我姓周，是夫君的结发妻子。嫁给我丈夫八年，我们恩爱非常，今天他去世了，我就作一铭文赠送他：‘人活着是天意，死了也是天意，假若明白这个道理，为什么还要说些悲伤的话呢？’”唐朝时，上饶本来隶属于饶州，后来才从饶州分出隶属信州，所以说曹因世代都是鄱阳人。一位妇道人家，能写这样通情达理的文章，可惜她的事迹没有通过史书流传下来，所以我把这件事记录下来，以补史志之缺憾。

唐史省文之失

唐代杨虞卿兄弟三人，依仗着宰相李宗闵的权势，成为追求名利的人奔走趋附的目标。当时为此而编了几句俗语：“欲入举场，先问苏、张；苏、张尚可，三杨杀我。”而《新唐书》却把此俗语中的“先”字删去了。宰相李德裕草拟以皇帝名义颁布的《赐河北三镇诏》中说：“勿为子孙之谋，欲存辅车之势。”《新唐书》在收集此诏时却把“欲”减去了。这两字一去，两段原文的意义就不再铿锵有力、激昂慷慨了，这是刻意追求文字精练而造成的错误。

李德裕论命令

李德裕是唐武宗时的宰相，唐武宗对李德裕言听计从。给事中韦弘质向皇帝建议宰相不能兼理财政，李德裕知道后就上奏皇帝说：“春秋时，齐相管仲善于治国，他曾说过：‘治国的要方，没有比朝廷的法令更重要的了。法令受到重视，君主就有了权威，君主有了权威，国家随之安定。管理臣民的根本，关键在大和后，风俗寖敝，令出于上，非之在下，此敝不止，无以治国。臣谓制置职业，人主之柄，非小人所得干，弘质贱臣，岂得以非所宜言，妄触天听，是轻宰相也。”德裕大意，欲朝廷尊，臣下肃，而政出宰相，故感愤切言之。予谓德裕当国，它相取充位而已。若如所言，则一命一令之出，臣下皆不得有言，谏官、御史、给事、舍人之职废矣。弘质位给事中，亦非贱臣。宜其一朝去位，遂罹抵巇，皆自取之也。

汉武唐德宗

汉张汤事武帝，舞文巧诋以辅法，所治夷灭者多，旋以罪受诛。上惜汤，稍进其子安世，擢为尚书令。安世宿卫忠正，肃敬不怠，勤劳国家，卒为重臣，其可大用不疑。而武帝之意，乃以父汤故尔。唐卢杞相德宗，奸邪险贼，为天下祸。以公议不容，谴逐致死。帝念之不忘，擢叙其子元辅，至兵于法令，所以说，臣下私自删减朝廷法令者，当死；私自增添朝廷法令者，当死；不执行朝廷法令者，当死；私自扣留朝廷法令者，当死；不服从朝廷法令者，当死。这五种罪行都是不可饶恕赦免的。’他还说过：‘法令由君主制定颁布，而臣下议论其可行与否，这是君主的权威受到蔑视的表现。’自文宗大和年间以来，积弊很深，君主颁布的法令，臣下横加指责。这种陋习不革除，就无法治理国家。我认为划分职务权限，是君主的权力，不是小人所能干涉的。韦弘质身为微贱之臣，怎么说他不该说的话，狂妄地干涉皇上处理国家事务的权力！这也是他轻视宰相的表现。”李德裕说这番话的要旨是想使朝廷威严，臣子肃穆，国家行政事务由宰相处理，因此言辞感愤激切。李德裕执政时专权擅政，其他宰相都是充数而已。假如按他上述所言行事，朝廷任何一项命令一下达，臣下都不能有意见，那么朝廷设立的专司规谏皇帝、监察政令得失的谏官、御史、舍人等官职都应当废除了。再说韦弘质身为给事中，是门下省主管审核、封驳政令的重要官员，也不是微贱之臣。像这样偏激的话，李德裕说过不少，也因此得罪了很多人。所以他被罢相以后，就遭到打击报复，这都是他自作自受。

汉武唐德宗

西汉武帝时，张汤历任廷尉、御史大夫等职务，他以无中生有、诬蔑陷害等手段辅助法律的推行，他所经手的案子，大多数人都被灭族，后来他也因犯法而被杀掉。武帝对张汤的死很痛惜，就逐渐地让他的儿子张安世做官，后来擢拔为皇帝身边的秘书——尚书令。张安世宿卫严格认真，从不懈怠，对皇帝忠正部侍郎。元辅端静介正，能绍其祖奕之忠规，陟之台省要官，宜也。而德宗之意，乃以父杞故尔。且武帝之世，群臣不幸而诛者，如庄助、朱买臣、吾丘寿王诸人，及考终名臣，如汲黯、郑庄、董仲舒、卜式，未尝恤其孤。德宗辅相之贤，如崔祐甫、李泌、陆贽，皆身没则已。而独于汤、杞二人卷卷如此，是可叹也！

诸公论唐肃宗

唐肃宗于干戈之际，夺父位而代之。然尚有可诿者，曰："欲收复两京，非居尊位，不足以制命诸将耳。"至于上皇还居兴庆，恶其与外人交通，劫徙之西内，不复定省，竟以怏怏而终，其不孝之恶，上通于天。是时，元次山作《中兴颂》，所书天子幸蜀，太子即位于灵武，直指其事。殆与《洪范》云"武王胜殷杀受"之辞同。其词曰："事有至难，宗庙再安，二圣重欢。"既言重欢，则知其不欢多矣，杜子美肃敬，为国事宵旰为政，最后他官至大司马、右将军、光禄勋，封富平候，可谓人臣至极。其才可大用是毋庸置疑的。然而，汉武帝当初任用张安世，是因为他的父亲是张汤。唐德宗时，卢杞任宰相，其人阴险奸诈，作了许多伤天害理之事。许多大臣都上疏斥其罪恶，后被贬逐而死。但唐德宗对他念念不忘，就擢拔他的儿子卢元辅，累官至兵部侍郎。元辅稳重干练，忠诚正直，能遵从其祖父卢奕的忠告，一心为国，不做坏事，最后成为中央高级官员，这是当之无愧的。但唐德宗当初之意，是因为卢杞是卢元辅的父亲。西汉武帝统治时期，有名的大臣不幸被杀的也不少，像庄助、朱买臣、吾丘寿王等人；因年老而死的名臣，如汲黯、郑庄、董仲舒、卜式，武帝都未曾照顾过他们的后代。唐德宗时的贤相，如崔祐甫、李泌、陆贽，都是死后就罢了，后代也没有受到照顾。这么多名臣的后代都没有眷顾，而汉武帝、唐德宗唯独对张汤、卢杞二人的后代给予特别真诚的照顾，真让人叹息不已！

诸公论唐肃宗

唐肃宗是在安史之乱爆发，军事形势很严峻的情况下，篡夺父位而当上皇帝的。但还有人替他推卸责任，说：“想收复被叛军占据的长安、洛阳两京，身不处于皇帝之位，就不足以敕命诸将。”如果这还有情可原，那么太上皇从四川还京居于兴庆宫，肃宗讨厌他与外人交往，强迫他迁到太极宫，也不再定期去探望，太上皇竟抑郁不乐而死，肃宗不孝顺父皇的恶名，是上通于天，不能原谅的。当时，元结（字次山）作《中兴颂》，记载天子（唐玄宗）出逃四川，太子（唐肃宗）即位于灵武，就直截了当地

《杜鹃》诗："我看禽鸟情，犹解事杜鹃。"伤之至矣。颜鲁公《请立放生池表》云："一日三朝，大明天子之孝；问安视膳，不改家人之礼。"东坡以为彼知肃宗有愧于是也。黄鲁直《题磨崖碑》尤为深切："抚军监国太子事，何乃趣取大物为？事有至难天幸尔，上皇局脊还京师。南内凄凉几苟活，高将军去事尤危。臣结舂陵二三策，臣甫《杜鹃》再拜诗。安知忠臣痛至骨，世上但赏琼琚词！"所以揭表肃宗之罪，极矣。

孙马两公所言

卢照邻有疾，问孙思邈曰："高医愈疾奈何？"答曰："天有四时五行，寒暑迭居，和为雨，怒为风，凝为雪霜，张为虹蜺，天常数也。人之四支五藏，一觉一寐，吐纳往来，流为荣卫，章为气色，发为音声，人常数也。阳用其形，阴用其精，天人所同也。失则烝生热，否生寒，结为瘤赘，陷为痈疽，奔则喘乏，竭则焦槁，发乎面，动乎形。天地亦然，五纬缩赢，孛彗飞流，其危诊也。寒暑不时，其烝否也。石立土踊，是其瘤赘。山崩土陷，是其痈疽。奔风暴雨，其喘乏。川渎竭涸，其焦槁。高医导以药石，救以砭剂，圣人和以至指出这件事。差不多与《洪范》中所载“武王胜殷杀受”之辞相同。其词是这样说的：“事有至难，宗庙再安，二圣重欢。”既然说到唐玄宗、肃宗父子相聚重欢之事，那么就知道他们之间有更多不欢的事。杜甫在他的《杜鹃》诗中道：“我看禽鸟情，犹解事杜鹃。”可见这首诗是对此事感伤至极而作。颜真卿上奏肃宗的《请立放生池表》中说：“一日三朝，大明天子之孝；问安视膳，不改家人之礼。”宋人苏轼认为，颜真卿肯定知道肃宗在对父亲孝顺问题上是问心有愧的。黄庭坚在《题磨崖碑》中，言词更为深挚切实。碑文写道：“抚军监国太子事，何乃趣取大物为？事有至难天幸尔，上皇局脊还京师。南内凄凉几苟活，高将军去事尤危。臣结舂陵二三策，臣甫《杜鹃》再拜诗。安知忠臣痛至骨，世上但赏琼琚词！”可以说把肃宗虐待其父之罪揭露得淋漓尽致。

孙马两公所言

初唐四杰之一的卢照邻，身患疾病，他请教名医孙思邈说：“高明的医生是如何治好疾病的？”孙思邈回答说：“天有四时五行，寒暑交替，和为雨，怒为风，凝为雪霜，张为虹霓，这是上天变化的规律。人有四肢五脏，一觉一寐，吐纳往来，流为荣卫，章为气色，发为音声，这是人变化的规律。阳用其形，阴用其精，这是天与人共同的地方。对人来说，失则生热，否生寒，结为瘤赘，陷为痈疽，奔则喘乏，竭则焦槁，发于面，动于形。天地也是一样，五纬缩赢，孛慧飞流，是其危诊。寒暑变化不正常，是其烝否。石立土踊，是其瘤赘。山崩土陷，是其痈疽。狂风暴雨，是其喘乏。川渠干涸，是其焦槁。高明的医生用药物来德，辅以人事，故体有可愈之疾，天有可振之灾。”睿宗召司马子微问其术，对曰：“为道日损，损之又损，以至于无为。夫心目所知见，每损之尚不能已，况攻异端，而增智虑哉！”帝曰：“治身则尔，治国若何？”曰：“国犹身也，故游心于淡，合气于漠，与物自然，而无私焉，而天下治。”孙公、司马所言，皆至道妙理之所寓，治心养性，宜无出此者矣。

元微之诗

《唐书·艺文志》元稹《长庆集》一百卷，《小集》十卷，而传于今者，惟闽、蜀刻本，为六十卷。三馆所藏，独有《小集》。文惠公镇越，以其旧治，而文集盖缺，乃求而刻之。外《春游》一篇云：“酒户年年减，山行渐渐难。欲终心懒慢，转恐兴阑散。镜水波犹冷，稽峰雪尚残。不能辜物色，乍可怯春寒。远目伤千里，新年思万端。无人知此意，闲凭小栏干。”白乐天书之，题云“元相公《春游》”。钱恩公藏其真迹，穆父守越时，摹刻于蓬莱阁下，今不复存。集中逸此诗，文惠为列之于集外。李端民平叔尝和其韵寄公云：“东阁经年别，穷愁客路难。望尘惊岳峙，怀旧各云散。茵醉恩逾厚，樯歌兴未残。冯唐嗟已老，范叔敢言寒。玉烛调魁柄，阳春在笔端。应怜扫门役，白首滞江干。”乐天所书，治疗，用石针刺病以抢救危重的病人。圣人用高尚的品德使一切和睦，用人的努力来辅助，所以人体有病就可以治愈，天有灾害就可以赈救。”唐睿宗召见司马承祯（字子微）问其医术，司马子微回答说：“为道日损，损之又损，以至于无为。心目中所能了解和看到的，虽每害之，尚不能自已，何况攻异端而增加智虑呢？”睿宗说：“治病是这样，国家怎么治理呢？”司马子微回答说：“国家就像人的身体一样，所以宁静淡泊，合气平缓，与物自然，且治国者无私心，那么天下就太平了。”孙思邈、司马子微两位先生所言，虽讲的是行医治病，却把一些至妙的道理寓于其中，要修养心性，应当是没有比他们说的办法更好了。

元微之诗

据《新唐书·艺文志》记载，唐代著名诗人元稹的《长庆集》有一百卷，《小集》有十卷，流传至今的《长庆集》，只有闽、蜀两种刻本，共六十卷。唐代的弘文、集贤、史馆三馆只收藏有《小集》。文惠公镇守越州（今浙江绍兴），因其旧治，文集大概很缺，就找到它并把它雕刻下来。集外《春游》中一篇写道：“酒户年年减，山行渐渐难。欲终心懒慢，转恐兴阑散。镜水波犹冷，稽峰雪尚残。不能辜物色，乍可怯春寒。远目伤千里，新年思万端。无人知此意，闲凭小栏干。”著名诗人白居易亲自抄写，题记“元相公《春游》。”钱恩公收藏着作品的真迹，穆父镇守越州时，曾临摹真迹重新刻制，立于蓬莱阁下，今天已不复存在。《长庆集》中佚失这首诗，文惠公为此把它列于集子之外。李端民（字平叔）曾和这首诗的韵作了一首诗寄给文惠公，诗是这样写的：“东阁经年别，穷愁客路难。望尘惊岳峙，怀旧予少时得其石刻，后亦失之。

谏缭绫戏龙罗

李德裕为浙西观察使，穆宗诏索盘绦缭绫千匹，德裕奏言：“立鹅、天马、盘绦、掬豹，文彩怪丽，惟乘舆当御，今广用千匹，臣所未谕。”优诏为停。崇宁间，中使持御札至成都，令转运司织戏龙罗二千，绣旗五百，副使何常奏：“旗者，军国之用，敢不奉诏。戏龙罗唯供御服，日衣一匹，岁不过三百有奇，今乃数倍，无益也。”诏奖其言，为减四之三。以二事观之，人臣进言于君，切而不讦，盖无有不听者。何常所论，甚与德裕相类云。

详正学士

唐太宗时，命秘书监魏徵写四部群书，将藏内府，置雠正二十员。后又诏虞世南、颜师古踵领之，功不就。显庆中，罢雠正官，使散官随番刊正。后诏东台侍郎赵仁本等，充使检校，置详正学士以代散官，此名甚雅，不知何时罢去。然各云散。茵醉恩逾厚，樯歌兴未残。冯唐嗟已老，范叔敢言寒。玉烛调魁柄，阳春在笔端。应怜扫门役，白首滞江干。”由白居易抄写而雕刻的碑文，我年轻时也收藏过，后来也丢失了。

谏缭绫戏龙罗

唐朝末年，李德裕担任浙西观察使职务，穆宗下诏要求上供盘绦、缭绫千匹，李德裕上奏皇帝说：“立鹅、天马、盘绦、掬豹，这些丝织品的花纹非常鲜艳秀丽，只有陛下的乘舆上可作装饰用，现在要求上供千匹之多，我不知道要这么多干什么用？”于是皇帝又下优待诏书停止索求。北宋徽宗崇宁年间，使者手持皇帝的御札来到成都，命令转运司织戏龙图二千匹，绣旗五百面，转运副使何常上奏说：“旗帜是军队和国家的必用之物，我不敢不奉诏。戏龙图只是供皇上做衣服用的，就是每天做衣用一匹，一年也不过三百多匹，现在要数倍于此的戏龙罗，这对国家，对陛下，对百姓都没有什么好处。”皇帝知道后专门下诏对其忠言进行奖励，并把原来要戏龙罗的数目减去了四分之三。从这二件事可以看出，作人臣的向君主进谏，只要有道理，态度恳切，而不是指责君主的错误，大概没有不被君主采纳听从的。何常所讲的道理，与李德裕所讲的都很相似。

详正学士

唐太宗时，让秘书监魏徵编写四部群书，编成后将藏于内府，于是就设置雠正官二十名。后来，太宗又下诏让虞世南、颜师古接管此事，很长时间过去了也没有完成。高宗显庆中期，罢除雠正官，让散官轮换，随时校正书中的错误。后来，皇帝下诏秘省自有校书郎、正字，使正名责实足矣。绍兴中，以贵臣提举秘书省，而置编定书籍官二员，亦其类也。

让门下省侍郎赵仁本等，充任检校使，负责这项工作，又设置洋正学士代替散官从事校正工作，详正学士之名听起来很文雅，不知是什么时候废除的。然而，秘书省本来就有校书郎、正字等官职，若使名实相符，校正工作足以完成，也不用再设置其他官职了。大宋朝高宗绍兴年间。让贵臣主持秘书省事务，设置编定书籍官二人，与唐代的详正学士工作性质相似。

卷三（十五则）

人生五计

朱新仲舍人常云："人生天地间，寿夭不齐，姑以七十为率：十岁为童儿，父母膝下，视寒暖燥湿之节，调乳哺衣食之宜，以须成立，其名曰生计；二十为丈夫，骨强志健，问津名利之场，秣马厉兵，以取我胜，如骥子伏枥，意在千里，其名曰身计；三十至四十，日夜注思，择利而行，位欲高，财欲厚，门欲大，子息欲盛，其名曰家计；五十之年，心怠力疲，俯仰世间，智术用尽，西山之日渐逼，过隙之驹不留，当随缘任运，息念休心，善刀而藏，如蚕作茧，其名曰老计；六十以往，甲子一周，夕阳衔山，倏尔就木，内观一心，要使丝毫无慊，其名曰死计。"朱公每以语人，以身计则喜，以家计则大喜，以老计则不答，以死计则大笑，且曰："子之计拙也。"朱既不胜笑者之众，则亦自疑其计之拙，曰："岂皆恶老而讳死邪？"因为南华长老作《大死庵记》，遂识其语。予之年龄逾七望八，当以书诸绅云。

人生五计

朱新仲经常说："人生活在天地之间，寿命的长短不一样，姑且以七十岁为准：十岁左右还是儿童，跟随在父平身旁，天气的寒暖燥湿父母都得为他操心，衣食住行都由父母安排，只待长大成人，这叫生计；二十岁时已是成人，筋骨强健，志向高远，开始问津名利场，秣马厉兵，以争取自己获胜，就像是千里驹虽然屈伏槽枥，却想着有朝一日，驰骋千里，这叫身计；三十到四十岁之间，日夜苦思，选择有利于己的事情去做，欲求高官厚禄，财源茂盛，门第高大，子孙兴盛，这叫家计；五十岁时，心力已经疲惫，俯仰人世间，自己的聪明才智已经施展殆尽，生命已接近尾声，就像过白驹一样，过去的岁月已经一去不复返。这时应当听从命运的安排，收起名利之心，善藏在名利场上拼杀的工具，像蚕作茧一样建一个舒适的安乐窝，这叫老计；六十岁以后，人生已过了一个甲子，生命就像夕阳衔山一样很快要就木入土了，这时应静心修养，使生活安宁，死而无憾，这叫死计。"朱新仲先生每次把他的人生五计讲给人听时，听者的情绪都在不断地变化。讲到身计，听者喜笑颜开；讲到家计，听者欣喜若狂；讲到老计，听者沉默不语；讲到死计，听者则哈哈大笑。并对朱新仲说："你的五计太笨拙了。"笑话他的人多了，朱新仲自己也对五计产生了怀疑，自言自语地说："难道人们都讳老忌死吗？"我在为庄子作《大死庵记》时，才真正认识到他讲的人生五计的深刻内涵。我已是七八十岁的人了，觉得他说的人生五计

瀛莫间二禽

瀛、莫二州之境，塘泺之上有禽二种。其一类鹄，色正苍而喙长，凝立水际不动，鱼过其下则取之，终日无鱼，亦不易地。名曰信天缘。其一类鹜，奔走水上，不闲腐草泥沙，唼唼然必尽索乃已，无一息少休。名曰漫画。信天缘若无能者，乃与漫画均度一日无饥色，而反加壮大。二禽皆禀性所赋，其不同如此。

士大夫避父祖讳

国朝士大夫，除官避父、祖名讳，盖有不同。不讳嫌名，二名不偏讳，在礼固然，亦有出于一时恩旨免避，或旋为改更者。建隆创业之初，侍卫帅慕容彦钊、枢密使吴廷祚皆拜使相，而彦钊父名章，廷祚父名璋，制麻中为改同中书门下平章事为同二品。绍兴中，沈守约、汤进之二丞相，父皆名举，于是改提举书局为提领。自余未有不避者。吕希纯除著作郎，以父名公著而辞。然富韩公之父单名言，而公以右正言知制诰，韩保枢之子忠宪公亿，孙绛、缜，皆历位�密，未尝避。岂别有说乎?

很有道理，所以应把这五计记在腰带间，铭刻在心中。

瀛莫间二禽

在瀛州（今河北河间）和莫州（今河北任丘）境内的河塘湖泊上有两种鸟。一种很像是天鹅，全身灰白色，嘴很长，长时间静立于水边不动，有鱼从它身下经过时，它就用嘴将其捉住吃掉，即使终日无鱼，它也不换地方。它的名字叫信天缘。另一种很像是鸭子，经常在水上游来游去，不停地在腐草泥沙中唼唼寻觅食物，直至找完为止，也不休息。它的名字叫漫画。信天缘好像是很无能，却和漫画一样都要度过一天，且面无饥色，反比漫画更壮更大。二禽的秉性都是天赋予的，却有如此不同。

士大夫避父祖讳

我大宋的士大夫，任官避讳父亲、祖父名字的情况与前朝有所不同。不避讳与祖父、父亲名字音相近的字，名有二字的虽偏举其一，也要忌讳，从礼节上说固然如此，但大宋朝也有受皇帝特别恩准免于避讳的，或者很快为之更改官称。宋太祖建隆年间，正值创业艰难之时，侍卫帅慕容彦钊、枢密使吴廷祚都被授予使相之职，而彦钊父亲的名字叫章，廷祚父亲的名字叫璋，在任命他们为使相的诏书中，把同中书门下平章事改称同二品。高宗绍兴中期，沈守约、汤进之二位丞相，父亲的名字都叫举，于是改提举书局为提领书局。自此以后，任官没有不避讳祖父、父亲名字的。吕希纯被任命为著作郎，因为其父名字叫公著而辞职。但是富弼父亲的名字也只有一个字叫言，而富弼在右正

元正父子忠死

唐安禄山表权皋入幕府，皋度禄山且叛，以其猜虐不可谏，欲行，虑祸及亲，因献俘京师，在道诈死，既唅敛而逸去。皋母谓实死，恸哭感行路，故禄山不之虞，归其母。皋潜奉侍，昼夜南奔。既渡江而禄山反。天下闻其名，争取以为属。甄济居青岩山，诸府五辟，诏十至，坚卧不起。安禄山入朝，求济于玄宗，授范阳掌书记，济不得已而起。察禄山有反谋，不可谏，因谒归，阳欧血不支，舁归旧庐。禄山反，使封刀召之，曰："即不起，断其首。"济引颈待之。使以实病告，庆绪复使强舆至东都。会广平王平东都，诣军门上谒，肃宗使污贼官罗拜，以愧其心。《新唐书》列二人于《卓行传》，褒之至矣。有元正者，在河南幕府，史思明陷河、洛，辇父匿山中。贼以名召之，正度事急，谓弟曰："贼禄不可养亲，彼利吾名，难免矣。然不污身而死，吾犹生也。"贼既得，诱以高位，瞋目固拒，兄弟皆遇害。父闻，仰药死。事平，诏录伏节十一姓，而正为冠。皋、济之终，与正皆赠秘书少监。予谓皋、济得生，而正一门皆并命，故当时以为伏节之冠。而《唐史》不列之《忠义》《卓行》中，但附见于其祖万顷《文艺》之末，《资治通鉴》亦不载其事，使正之名寂寥不章显，为可恨也！白乐天作张諴碑云："以左武卫参军分司言兼知制诰，韩保枢之子忠宪公韩亿，孙子韩绛、韩缜，都历任枢密之职，没有避其父、祖父的名讳。是否还有其他的说法呢？

元正父子忠死

唐朝中期，平卢、范阳、河东三镇节度使安禄山上表推荐权皋为自己幕府中的幕僚，权皋估计到安禄山将会反判朝廷，又因为他猜忌暴虐不听劝谏，就想离开他远走高飞，但又考虑到这样会祸及双亲，于是就趁献俘京师之机，诈称在途中因病而死，装殓以后又逃跑掉。权皋的母亲认为他确实死了，号啕恸哭，使人听到了不免感到悲伤，所以安禄山也信以为真，就让权皋的母亲回老家。权皋偷偷地在路上接母亲，侍奉母亲昼夜南奔。刚渡过长江，就听到了安禄山起兵造反的消息。于是，权皋天下闻名，一些地方长官争着聘请他做自己的幕僚。甄济是居住在青岩山的一位隐士，官府五次请他做官，皇帝十次下诏请他出山，他都坚辞不出。安禄山入京朝见唐玄宗时，请求皇帝批准甄济到范阳（今河北涿县）去做官，并授予甄济为范阳掌书记之职，玄宗答应了，这样，甄济不得已被迫赴任。到任后，他发现安禄山阴谋反叛朝廷，而且不能劝谏制止他，因此在谒见安禄山归家后，假装自己呕血不止，让人抬着重返旧居。安禄山反叛后，派使者拿刀召甄济回来，并对使者说："如果甄济不回来，就砍掉他的头。"使者到后，甄济仍装病不起，引颈待戮。使者无奈只好作罢，回见安禄山时说甄济确实有病。后来，安禄山的儿子安庆绪又派人强行把甄济抬到东都洛阳。不久，广平王收复洛阳，甄济就到广平王处诉说自己的遭遇。唐肃宗知道后，就让那些曾投降叛军的官员列队拜见甄济，目的是使他们感到羞东都，属安禄山陷覆洛京，以伪职淫刑，胁劫士庶。公与同官卢巽潜遁于陆浑山，食木实，饮泉水者二年，讫不为逆命所污。肃宗诏河南搜访不仕贼庭、隐藏山谷者，得六人以应诏，公与巽在焉。繇是名节闻于朝，优诏褒美，特授密县主簿。”

愧。《新唐书》把权皋、甄济二人列入《卓行传》中，大加褒扬。有位叫元正的人，曾在河南幕府中任职，史思明攻下河洛、地区时，元正用车接着其父藏匿于山中。叛贼认为他名声大而召他做官。元正考虑到事情紧急，对他的弟弟说："叛贼的俸禄是不能用来奉养亲人的。他们是想利用我的影响以维持他们的统治，看来我难以逃脱他们的魔掌。但不玷污于身而死，死而犹生，死而犹荣。"叛贼搜捕到元正后，以高官厚禄来引诱他，元正横眉冷对，宁死不从。叛贼恼羞成怒，把他兄弟二人一并杀害。元正父亲知道此事，也喝毒药自杀。安史之乱平定后，皇帝下诏访查了十一家保持了名节的人家，其中元正为第一人。权皋、甄济死后，与元正一样都被皇帝追赠为秘书少监。我想权皋、甄济虽经磨难却得以生存，而元正父子全都为国捐躯，这是人们认为元正是保持名节者之冠的原因。而《新唐书》不把他列入《忠义传》《卓行传》中，只把他附列在《文艺传》其祖父元万顷的传记后面，《资治通鉴》中对其事迹也没有记载，这就使元正的名字鲜为人知，实在是太遗憾！白居易在为张諴作的碑文中记载道："张諴以左武卫参军的职务分司东都洛阳，适逢安禄山攻陷洛阳，以高官厚禄和滥施酷刑，胁迫士人、百姓追随他。张諴与同僚卢巽偷偷逃到陆浑山中，靠采摘野果和饮用泉水艰苦地生活了两年，最终没有被叛贼玷污自己的名节。唐肃宗下诏命河南府搜访那些拒绝到叛贼中做官而隐居山野的人，最后找到六人，张諴与卢巽就在其中。因此，张諴的忠义名节朝廷上下尽人皆知，皇帝也专门下诏予以褒奖赞扬，并授予他密县主簿的职务。"

萧颖士风节

萧颖士为唐名人，后之学者但称其才华而已，至以笞楚童奴为之过。予反复考之，盖有风节识量之士也。为集贤校理，宰相李林甫欲见之，颖士不诣，林甫怒其不下己。后召诣史馆，又不屈，愈见疾，至免官更调河南参军。安禄山宠恣，颖士阴语柳并曰："胡人负宠而骄，乱不久矣。东京其先陷乎！"即托疾去。禄山反，往见河南采访使郭纳，言御守计，纳不用。叹曰："肉食者以儿戏御剧贼，难矣哉！"闻封常清陈兵东京，往观之，不宿而还，身走山南，节度使源洧欲退保江陵，颖士说曰："襄阳乃天下喉襟，一日不守，则大事去矣。公何遽轻土地，取天下笑乎？"洧乃按甲不出。洧卒，往客金陵，永王璘召之，不见。刘展反，围雍丘，副大使李承式遣兵往救，大宴宾客，陈女乐。颖士曰："天子暴露，岂臣下尽欢时邪！夫投兵不测，乃使观听华丽，谁致其死哉？"弗纳。颖士之言论操持如此，今所称之者浅矣。李太白，天下士也，特以堕永王乱中，为终身累。颖士，永王召而不见，则过之焉。

萧颖士风节

萧颖士是唐代的名人，后代学者只称赞其才华出众而已，把他鞭笞童奴作为他的过错。我反复考查有关资料后发现，他还是一位高风亮节、有胆识、有抱负的人。在他担任集贤殿校理时，当时的权相李林甫想召见他，他却辞而不去，李林甫对他不屈从于自己很恼火。后来，李林甫又让他到史馆任职，但他仍然不屈从于李林甫，为此他更被李林甫所忌恨，以至被免除史官职务外调到河南府任参军。当时，安禄山自恃玄宗的宠信，恣意妄为，萧颖士私下对柳并说："胡人（指安禄山）依仗着皇上的宠信而骄横跋扈，他反叛朝廷的时间不会太久了。东都洛阳到时会最先陷落的！"不久，他便托病很快离开了洛阳。安禄山反叛以后，萧颖士去见河南采访使郭纳向他进献防守抵御叛军的策略，可郭纳不予采用。萧颖士感叹道："那些身居高位要职的人抵御来势凶猛的叛贼如同玩儿戏，想抵挡住也太难了！"他听说大将封常清陈兵东都洛阳，就去观察了一番，结果很失望，连夜返回，南逃到山南东道（今湖北襄樊）避乱，当地节度使源洧想放弃襄阳，退保江陵（今湖北江陵），萧颖士规劝道："襄阳是天下的咽喉要冲，兵家必争之地，一日不坚守，则大势即去。你何必匆忙轻易放弃这个战略要地，让天下人取笑你呢？"源洧听从了他的建议，就按兵不出。源洧死后，萧颖士又去金陵（今江苏南京），并客居于此。唐肃宗的弟弟永王李璘慕名要召见他，他坚辞不去。后来，刘展反叛，兵围雍丘，副大使李承式派兵救援，出兵前去大宴宾客，歌女环列。萧颖士见此劝李承式说："天子逃离京师，风餐露宿，这难道是臣下尽情欢乐的时候吗？现在要到吉凶难测的战场战斗，临行前却让他们看听如此华

石尤风

石尤风，不知其义，意其为打头逆风也。唐人诗好用之。陈子昂《入峡苦风》云：“故乡今日友，欢会坐应同。宁知巴峡路，辛苦石尤风。”戴叔伦《送裴明州》云：“潇水连湘水，千波万浪中。知君未得去，惭愧石尤风。”司空文明《留卢秦卿》云：“知有前期在，难分此夜中。无将故人酒，不及石尤风。”计南朝篇咏，必多用之，未暇忆也。

江枫雨菊

作诗要有来处，则为渊源宗派。然字字执泥，又为拘涩。予于此学，无自得之见，少年时，尤失之雕琢。记一联，初云：“雨深荒病菊，江冷落愁枫。”后以其太险，改为：“雨深人病菊，江冷客愁枫。”比前句微有蕴藉。盖取崔信明“枫落吴江冷”、杜老“雨荒深院菊”、“南菊再逢人卧病”、严武“江头赤叶枫愁客”，合而用之。乃如补衲衣裳，殊为可笑。聊书之以示儿辈云。

丽的歌舞音乐，谁还想去拼死疆场呢？”李承式拒不接受其建议。萧颖士的言论如此精辟，操持胆识如此卓异，今天对他的议论也太浅薄了。李白，是天下闻名的大诗人，只因身陷永王李璘的叛军之中，而终身受到连累。萧颖士对永王李璘的召见辞而不见，可见他的胆识远远超过李白。

石尤风

“石尤风”这个词，其确切含义我们不知，估计它是指顶头风。唐代人作诗好用这个词。诗人陈子昂在他的《入峡苦风》诗中说：“故乡今日友，欢会坐应同。宁知巴峡路，辛苦石尤风。”戴叔伦在《送裴明州》诗中吟道：“潇水连湘水，千波万浪中。知君未得去，惭愧石尤风。”司空文明在《留卢秦卿》诗中说：“知有前期在，难分此夜中。无将故人酒，不及石尤风。”若算起南朝的诗词中，用这个词的肯定更多，只是没有时间全记下来。

江枫雨菊

作诗要有出处，表示学有渊源宗派。然而，如果每字都要有出处，又会使诗文显得呆板晦涩。我对诗学，没有高明的见解，年轻时，又失之于过于雕琢。我记得写过一联，最初是这样写的：“雨深荒病菊，江冷落愁枫。”后来觉得这样写用词太险，就改写为：“雨深人病菊，江冷客愁枫。”这句比前句稍微含蓄一些。这句诗是综合崔信明的“枫落吴江冷”、杜甫的“雨荒深院菊”、“南菊再逢人卧病”、严武的“江头赤叶枫愁客”等四句诗而成的。这就像是一件多处补衲的衣裳一样，现在看来，真是可笑。我记述这件事是希望后辈学者以此为鉴。

开元宫嫔

自汉以来，帝王妃妾之多，唯汉灵帝、吴归命侯、晋武帝、宋苍梧王、齐东昏、陈后主。晋武至于万人。唐世明皇为盛，白乐天《长恨歌》云“后宫佳丽三千人”，杜子美《剑器行》云“先帝侍女八千人”，盖言其多也。《新唐史》所叙，谓开元、天宝中，宫嫔大率至四万。嘻，其甚矣！隋大业离宫遍天下，所在皆置宫女。故裴寂为晋阳宫监，以私侍高祖。及高祖义师经过处，悉罢之。其多可想。

相里造

唐内侍监鱼朝恩，怙贵诞肆，凡诏会群臣计事，折愧坐人出其上。虽宰相元载辩强，亦拱默。唯礼部郎中相里造、殿中侍御史李衎，酬诘往返，未始降屈。朝恩不怿，黜衎以动造，又谋将易执政，以震朝廷，乃会百官都堂，且言：“今水旱不时，屯军馈运困竭，天子卧不安席，宰相何以辅之？不退避贤路，尚何赖乎？”宰相俯首，坐皆失色。造徙坐从之，因曰：“阴阳不和，五谷踊贵，皆军容事，宰相何与哉？且军拏不散，故天降之沴。今京师无事，六军可相维镇，又屯十万，馈粮所以不足，百司无稍食，军容为之。宰相行文书而已，何所归罪？”朝恩拂衣去，曰：“南衙朋党且害我。”此

开元宫嫔

自汉朝以来，拥有众多妃妾的帝王，只有东汉灵帝刘宏、三国吴归命侯孙皓、西晋武帝司马炎、南朝宋苍梧王刘昱、南朝齐东昏侯萧宝卷、南朝陈后主陈叔宝几人。晋武帝司马炎的后宫中嫔妃近万人。唐代以唐玄宗的嫔妃最多，白居易在《长恨歌》中写道“后宫佳丽三千人”，杜甫在《剑器行》中也写道“先帝侍女八千人”，都是形容唐玄宗嫔妃之多。据《新唐书》记载，唐玄宗开元、天宝年间，后宫中嫔妃大概有四万人之多。嘻，这也太过分了！隋炀帝大业年间，离宫遍布天下，每座离宫中都有数量不等的宫女。故此，裴寂才能以晋阳宫监的身份，私下里归奉唐高祖李渊。唐高祖起义兵以后，所到之处，把离宫中的宫女全部释放回家。其宫女之多可想而知。

相里造

唐代宗时，内侍监宦官鱼朝恩自恃皇帝的宠信，骄横跋扈，凡皇帝召见群臣商议国家大事时，他都要想方设法羞辱在座的人，出尽风头。宰相元载虽然善辩好强，也只好屈服沉默。只有礼部郎中相里造、殿中侍御史李衎不屈抗争，始终不投降屈从。鱼朝恩对此很不高兴，贬黜李衎的官职以警告相里造。鱼朝恩又阴谋撤换宰相，以进一步控制朝廷，于就在都堂（唐尚书省办公处）召集文武百官，指责宰相说：“今年旱涝灾害严重，军用匮乏，皇上为此寝不安席，食不甘味，宰相是怎么辅政的？还不主动退位让贤，赖在那里干什么？”宰相听后低头不语，在座大臣也都大惊失色。相里造移坐到鱼朝恩跟前，反驳他说：“阴阳不和，灾害不断，五谷涨价，这都是你们这些观军容使干政的段载于《唐史·宦者传》中，不能记相里造之本末。予谓造当阉侍威权震主，生杀在手之时，以区区一郎吏，而抗身与为敌，后来名人议论，及叙列忠言鲠词，未见有称述之者，《通鉴》亦不书，聊纪于此，以章潜德。同时刘给事争幸河中，亦然。

先公诗词

先忠宣公好读书，北困松漠十五年，南谪岭表九年，重之以风淫末疾，而翻阅书策，早暮不置，尤熟于杜诗。初归国到阙，命迈作谢赐物一札子，窜定两句云：“已为死别，偶遂生还。”谓迈曰：“此虽不必泥出处，然有所本更佳。东坡《海外表》云：‘子孙恸哭于江边，已为死别。’杜老《羌村》诗云：‘世乱遭飘荡，生还偶然遂。’正用其语。”在乡邦日，招两使者会集，出所将宣和殿书画旧物示之。提刑洪结果，与宰相有什么关系？况且军用物资没有供给军队就不见了，所以上天才降此大灾。现在京师安定无事，禁军就可维持京城治安，却又在京师周围屯军十万，这是军粮不足的主要原因，文武百官并没有多吃一点，这都是你们这些观军容使一手造成的。宰相只不过是照章行事而已，怎么能归罪于宰相呢？”鱼朝恩被反驳得哑口无言，只好拂袖而去，边走边恼羞成怒地说：“这是你们南衙（指中央各行政司法机关）勾结起来诬陷我！”这段话记载在《新唐书·宦者传》中，没有能把相里造全部事迹记载下来。我认为，相里造在宦官弄权，控制君主，手握生杀予夺大权之时，以区区一个郎中小官，敢于挺身而出反抗宦官的淫威，真让人佩服！而后来名人在议论和记叙忠言鲠词时，却没有见到叙述称赞这段佳话的，《资治通鉴》中也不记载此事，所以我把此事记述下来，以表彰他几乎被埋没的崇高品德。与他同时代的刘给事中规劝皇帝去河中府（今山西永济），也与此事相同。

先公诗词

先父忠宣公洪皓爱好读书，在松漠（今内蒙古巴林右旗南）被金人困住十五年，又被贬谪到岭表（即岭南，今广东省广州市）九年，即使在这样漫长而又艰苦的岁月里，身患重病，仍然不停地翻阅书策，无论早晚手不释卷，对唐代大诗人杜甫的诗尤为精通。当初从金国归来到朝廷，让我作了一篇感谢皇上赐物的奏事札子，改定其中两句叫：“已为死别，偶遂生还。”先父对我说：“这些话虽不必拘泥于出处，但有根据会更好。苏轼的《海外表》中说：‘子孙恸哭于江边，已为死别。’杜甫的《羌庆善作诗曰："愿公十袭勿浪出，六丁取将飞辟历！"辟历二字如古文，不从雨。公和之曰："万里怀归为公出，往事宣和空历历！"迈请其意，曰："亦出杜诗'历历开元事，分明在目前'也。"绍兴丁巳，所在始歌《江梅引》词，不知为谁人所作，己未、庚申年，北庭亦传之。至于壬戌，公在燕，赴张总侍御家宴，侍妾歌之，感其"念此情，家万里"之句，怆然曰："此词殆为我作！"既归不寐，遂用韵赋四阕。时在囚拘中，无书可检，但有《初学记》、韩、杜、苏、白乐天集，所引用句话，一一有来处。北方不识梅花，士人罕有知梅事者，故皆注所出。

其一，《忆江梅》云："天涯除馆忆江梅。几枝开，使南来，还带余杭春信至燕台。准拟寒英聊慰远，隔山水，应销落，赴愬谁？空恁遐想笑摘蕊。断回肠，思故里。漫弹绿绮。引三弄，不觉魂飞。更听胡笳哀怨泪沾衣。乱插繁华须异日，待孤讽，怕东风，一夜吹。"元注引杜公："忽忆两京梅发时。""胡笳在楼上，哀怨不堪听。""安得健步移远梅，乱插繁华向晴昊！"乐天《忆杭州梅花》："三年闲闷在余杭，曾为梅花醉几场。"车驾时在临安。柳子厚："欲为万里村》诗中说：‘世乱遭飘荡，生还偶然遂。’正是借用他们的妙语。”在乡邦的日子里，先父曾把两使者招到家里，把珍藏的宣和殿书画旧物拿出来让他们看。提点刑狱公事洪庆善作诗道：“愿公十袭勿浪出，六丁取将飞辟历！”“辟历”二字如同古文之义，不是下雨时雷电轰鸣的霹雳。先父和其诗道：“万里怀归为公出，往事宣和空历历！”我请教先父“历历”二字出自何处，回答说：“也出自杜甫的诗句‘历历开元事，分明在目前’。”宋高宗绍兴七年，处处都在传唱《江梅引》词，不知作者是谁，绍兴九年、十年，北方也传唱这首词。到了绍兴十二年，先父在燕地赴张总侍御家宴时，听到歌伎唱这首词，对其中“念此情，家万里”一句感慨万分，怆然泪下说：“这首词大概就是为我而作！”回到住处，辗转反侧，难以入睡，于是就用这首词的韵作词四首。当时，先父还在金人囚拘之中，没有书可供其查阅，手头只有《初学记》、韩愈、杜甫、苏轼、白居易的文集，作词所引用的句子，一一都有来处。北方人不认识梅花，士人中很少有人知道关于梅花的事，所以在此我把词中关于梅花的句子都注明出处。

第一首叫《忆江梅》：“天涯除馆忆江梅。几枝开，使南来，还带余杭春信到燕台。准拟寒英聊慰远，隔山水，应销落，赴愬谁？空恁遐想笑摘蕊。断回肠，思故里。漫弹绿绮。引三弄，不觉魂飞。更听胡笳哀怨泪沾衣。乱插繁华须异日，待孤讽，怕东风，一夜吹。”注引自杜甫的诗句：“忽忆两京梅发时。”“胡笳在楼上，哀怨不堪听。”“安得健步移远梅，乱插繁华向晴昊！”白居易的《忆杭州梅花》诗：“三年闲闷在余杭，曾为梅花醉几场。”当时天子在临安（今浙江杭州市）。柳宗元的：“欲为万里赠，杳杳山水隔。寒英坐销落，何用慰远客？”南朝赠，杳杳山水隔。寒英坐销落，何用慰远客？”江总：“桃李佳人欲相照，摘蕊牵花来并笑。”高适：“遥怜故人思故乡，梅花满枝空断肠！”卢仝：“含愁更奏绿绮琴，相思一夜梅花发。”刘方平：“晚岁芳梅树，繁花四面同。东风吹渐落，一夜几枝空。”东坡：“忽见早梅花，不饮但孤讽。”“一夜东风吹石裂，半随飞雪度关山。”

其二，《访寒梅》云：“春还消息访寒梅。赏初开，梦吟来，映雪衔霜清绝绕风台。可怕长洲桃李妒，度香远，惊愁眼，欲媚谁？曾动诗兴笑冷蕊。效少陵，惭《下里》。万株连绮。叹金谷，人坠莺飞。引领罗浮翠羽幻青衣。月下花神言极丽，且同醉，休先愁，玉笛吹。”注引李太白：“闻道春还未相识，走傍寒梅访消息。”“绿珠楼下梅花满，今日曾无一枝在。”江总：“金谷万株连绮甍，梅花隐处藏娇莺。”何逊：“衔霜当路发，映雪拟寒开。枝横却月观，花绕凌风台。”杜公：“东阁官梅动诗兴，还如何逊在杨州。”“未将梅蕊惊愁眼，要取楸花媚远天。”“巡檐索共梅花笑，冷蕊疏枝半不禁。”乐天：“赏自初开直至落。”“莫怕长洲桃李妒，明年好为使君开。”王昌龄梦中作梅花诗。梁简文赋“香随风而远度”，及赵师雄《罗浮见美人在梅花下有翠羽啾嘈相顾》诗云：“学妆欲待问花神。”崔橹：“初开已入雕梁画，未落先愁玉笛吹。”

其三，《怜落梅》云：“重闺佳丽最怜梅。牖春开，学妆来。争粉翻光何遽落梳台。笑坐雕鞍歌古曲，催玉柱，金卮陈江总的："桃李佳人欲相照，摘蕊牵花来并笑。"唐朝高适的："遥怜故人思故乡，梅花满枝空断肠！"唐朝卢仝的："含愁更奏绿绮琴，相思一夜梅花发。"唐朝刘方平的："晚岁芳梅树，繁华四面同。东风吹渐落，一夜几枝空。"苏轼的："忽见早梅花，不饮但孤讽。""一夜东风吹石裂，半随飞雪度关山。"

第二首叫《访寒梅》："春还消息访寒梅。赏初开，梦吟来，映雪衔霜清绝绕风台。可怕长洲桃李妒，度香远，惊愁眼，欲媚谁？曾动诗兴笑冷蕊。效少陵，惭《下里》。万株连绮。叹金谷，人坠莺飞。引领罗浮翠羽幻青衣。月下花神言极丽，且同醉，休先愁，玉笛吹。"注引自李白的："闻道春还未相识，走傍寒梅访消息。""绿珠楼下梅花满，今日曾无一枝在。"江总的："金谷万株连绮甍，梅花隐处藏娇莺。"南朝梁何逊的："衔霜当路发，映雪拟寒开。枝横却月观，花绕凌风台。"杜甫的句："东阁官梅动诗兴，还如何逊在扬州。""未将梅蕊惊愁眼，要取楸花媚远天。""巡檐索共梅花笑，冷蕊疏枝半不禁。"白居易的："赏自初开直至落。""莫怕长洲桃李妒，明年好为使君开。"王昌龄梦中作梅花诗。梁简文的赋"香随风而远度"，以及赵师雄的《罗浮见美人在梅花下有翠羽啾嘈相顾》诗中写道："学妆欲待问花神。"崔橹："初开已入雕梁画，未落先愁玉笛吹。"

第三首叫《怜落梅》："重闺佳丽最怜梅。牖春开，学妆来，争粉翻光何遽落梳台。笑坐雕鞍歌古曲，催玉柱，金卮满，劝满，劝阿谁？贪为结子藏暗蕊。敛蛾眉，隔千里。旧时罗绮。已零散，沈谢双飞。不见娇姿真悔着单衣。若作和羹休讶晚，堕烟雨，任春风，片片吹。”注引梁简文赋：“重闺佳丽，貌婉心娴，怜早花之惊节，讶春光之遣寒。”“顾影丹墀，弄此娇姿，洞开春牖，四卷罗帷。春风吹梅畏落尽，贱妾为此敛蛾眉。”又：“争楼上之落粉，夺机中之织素。”梁王诗：“翻光同雪舞。”鲍泉：“萦窗落梳台。”江总：“满酌金卮催玉柱，落梅树下宜歌舞。”太白：“千金骏马邀少妾，笑坐雕鞍歌落梅。”古曲有《落梅花》。又：“片片吹落春风香。”谢庄赋：“隔千里兮共明月。”庾信：“早知觅不见，真悔着衣单！”东坡：“抱丛暗蕊初含子。”“玉妃谪堕烟雨村。”王建：“自是桃花贪结子。”

第四篇失其稿。每首有一笑字，北人谓之“四笑《江梅引》”，争传写焉。

州县名同

晋、宋以来，置立州郡，惟以多为贵。先是中原陷胡、羯，本土遗民，或侨寓南方，故即其所聚为立郡。而方伯所治之州，亦仍旧名。如南徐、南兖、南豫、南雍州、南兰陵、南东海、南琅邪、南东莞、南鲁郡，其类不一。魏、周在北，亦如此。隋、唐不复然。国朝之制，州名或同，则增一字以别之。若河北有雄州、恩州，故广东者增“南”字；蜀有剑州，故福建者，亦增“南”字。以至西和、西安州亦然。其声阿谁？贪为结子藏暗蕊。敛蛾眉，隔千里。旧时罗绮。已零散，沈谢双飞。不见娇姿真悔着单衣。若作和羹休讶晚，堕烟雨，任春风，片片吹。”注引自梁简文的赋：“重闺佳丽，貌婉心娴，怜早花之惊节，讶春光之遣寒。”“顾影丹墀，弄此娇姿，洞开春牖，四卷罗帷。春风吹梅畏落尽，贱妾为此敛蛾眉。”又有：“争楼上之落粉，夺机中之织素。”梁王的：“翻光同雪舞。”鲍泉的：“萦窗落梳台。”江总的：“满酌金卮催玉柱，落梅树下宜歌舞。”李白的：“千金骏马邀少妾，笑会雕鞍歌落梅。”还有古曲《落梅花》。又有：“片片吹落春风香。”谢庄的赋：“隔千里兮共明月。”庾信的：“早知觅不风，真悔着衣单！”苏轼的：“抱丛暗蕊初含子。”“玉妃谪堕烟雨村。”王建的：“自是桃花贪结子。”

第四首词，稿子现已佚失。这四首词中都有一个笑字，所以北方人称之为“四笑《江梅引》”，争相传抄。

州县名同

自东晋、南朝宋以来，设立州郡，只以多为贵。东晋初年，中原地区被匈奴、鲜卑、羌、氐、羯等少数民族占据，锋刃余生的本地百姓有一部分迁到南方居住，所以就在他们所聚居的地方设立一个与原居住地州郡名相同的州郡。而原来地方官管理的州郡，也仍叫其旧名。如当时设立的侨州郡有，南徐州、南兖州、南豫州、南雍州、南兰陵郡、南东海郡、南琅琊郡、南东莞郡、南鲁郡等，像这样的州郡还有很多，不一一列举。北方的西魏、北周也设置了一些像上述的州郡。隋、唐时，彻底废除侨置音颇同，患于舛误，则俗间称呼，自加上下东西为别。故称岳为上岳，鄂为下鄂。清州与青类，称为北清；郢州与颍类，称为西郢；融州与容类，称为西融者是也。若县邑则不问，今河南、静江府、巩州皆有永宁，饶、邛、衡州皆有安仁县，蔡、英之真阳，卢、汝之梁，光、台之仙居，临安、建昌之新城，越、筠之新昌，婺、蜀之永康，处、吉之龙泉，严、池之建德，渭、秀之华亭，信、吉之永丰，郴、兴国之永兴，衢、嘉之龙游，施、监江之清江，洪、万之武宁，福、循之长乐，郴、连之桂阳，福、桂之永福是也。

三衙军制

乾道四年正月，迈为中书舍人，因入对，论三衙军制名称不正："以祖宗之制论之，军职之大者，凡八等。除都指挥使或不常置外，曰殿前副都指挥使、马军副都指挥使、步军副都指挥使，曰殿前都虞候、马军都虞候、步军都虞候，曰捧日天武四厢都指挥使、龙神卫四厢都指挥使，秩秩有郡县，不再有类似的情况。大宋朝的制度是，州名有相同的，就增加一个字以示区别。如河北有雄州、恩州，所以广东的雄州、恩州名字前要加一个“南”字。蜀地有剑州，所以福建的剑州名前也要加一个“南”字。像西和州、西安州亦是由此而来。州郡名字读音类似或相同的，为免于舛误，就按民间的称呼，在州郡名前加上下东西以示区别。所以称岳州为上岳州，鄂州为下鄂州。清州的“清”与青州的“青”音同，称之北清州；郢州的“郢”与颍州的“颍”音同，称之为西郢州；融州的“融”与容州的“容”读音接近，称之为西融。若是县邑名字相同就不作规定，如今的河南府、静江府、巩州都有永宁县，饶州、邛州、衡州都有安仁县，蔡州、英州都有真阳县，卢州、汝州都有梁县，光州、台州都有仙居，临安府、建昌府都有新城县，越州、筠州都有新昌县，婺州、蜀州都有永康县，处州、吉州都有龙泉镇，严州、池州都有建德县，渭州、秀州都有华亭县，信州、吉州都有永丰县，郴州、兴国军都有永兴县，衢州、嘉州都有龙游县，施州、临江军都有清江县，洪州、万州都有武宁县，福州、循州都有长乐县，郴州、连州都有桂阳县，福州、桂州都有永福县，这些名字相同的县邑，不因两地都有而改名。

三衙军制

大宋朝孝宗乾道四年正月，我担任中书舍人之职，乘入朝晋见皇帝之际，上表论奏三衙（指殿前司、侍卫亲军马军司、侍卫亲军步军司的合称）军制名称不正：“根据祖宗创立的军制，军队中职位最高的，共分为八等。除都指挥使一般不设置以外，主要的常设是：殿前副都指挥使、马军副都指挥使、步军副都序，若登梯然，不可一级辄废。一或有阙，即以功次递迁。降此而下，则分营、分厢，各置都副指挥使，如捧日左厢第一军、天武右厢第二军之类。边境有事，命将讨捕，则旋立总管、钤辖、都监之名，使各将其所部以出。事已，则复初。累圣相承，皆用此术，以制军诘禁。自南渡以后，触事草创，于是三帅之资浅者，始有主管某司公事之称。而都虞候以下，不复设置，乃以宿卫虎士而与在外诸军同其名，以统制、统领为之长。又使遥带外路总管、钤辖。考之旧制则非法，稽之事体则非是。以陛下圣明，能知人善任，使所谓爪牙之士岂无十数人以待用者？若法祖宗之制，正三衙之名，改诸军为诸厢，改统制以下为都虞候、指挥使，使宿卫之职预有差等，士卒之心明有所系，异时拜将，必无一军皆惊之举。于以销压未萌，循名责实，则环卫将军虽不置可也。乞下枢密院讨论故实，图议其当，恐或可以少赞布昭圣武之意。”读札子毕，孝宗甚喜，即批付枢密院。是时，知院虞允文使四川，同知刘珙不乐，曰：“舍人要如何行？”对之以：“但随所见敷陈，若施行与否，自系庙堂处分。”竟寝不行。后阅《华阳集》，王珪撰《高琼神道碑》云：“王为殿前都指挥使，管军员阙，兼领二司，王乃言曰：‘臣老矣，如有负薪之忧，谁为可任者？先朝自殿前而下，各置副都指挥使，及都虞候，常有十人，职近事亲，易以第进，又使士卒预识其威名，缓急临戎，上下得以附习，此军制之大要也。’有旨从之。”据琼所言如此，正合前说。

指挥使；殿前都虞候、马军都虞候、步军都虞候；捧日天武四厢都指挥使、龙神卫四厢都指挥使，井然有序，就像登攀梯子一样，不能越过一级。一旦有职空缺，就根据功劳的大小依次升迁。这八等职位以下，就是营、厢一级，分别设置都副指挥使，如捧日左厢第一军、天武右厢第二军就是这一类。边境有战事时，下令征讨之，就马上设立总管、钤辖、都监等军职，让他们各帅所部出征。战争结束，就恢复如初。几位先帝相承，都是采用这种办法，来控制军队。自从南渡以后，各种事情都在草创之中，于是那些资历较浅的三帅，开始称主管某司公事。都虞候以下，不再设置指挥使等职，把宿卫禁军和在外诸军的名字统一起来，以统制、统领作为其首长。又让他们遥领在外诸路的总管、钤辖。从旧军制来考察，现行军制没有效法旧制，从事体来看，现行军制也是不合适的。以陛下能知人善任的圣明，役使所谓的爪牙之士，难道没有十多个人作为备用吗？假如效法祖宗制定的军制，正三衙之名，改诸军为诸厢，改统制以下为都虞候、指挥使，让禁军将领的职位事先就有等级上的差别，士兵要听从各级将领的指挥，以后需要拜将时，一定不会引起一军的震惊。只要能循名责实，消除产生乱事的苗头，虽不设环卫将军也是可以的。乞请陛下将此事下到枢密院讨论是否效法旧制，研究其适当与否，这样或许可以对陛下布昭圣武的想法有所帮助。”读完奏表，孝宗很高兴，马上批付到枢密院办理。当时，枢密院知院虞允文出使四川，同知刘珙对办理此事很不高兴，说：“你认为要怎样办理？”我回答道“只是把我所见到的上奏皇上，至于施行与否，当然由朝廷来决定。”此事最终搁置不议。后来我翻阅王珪《华阳集》，他撰写的《高琼神道碑》碑

欧阳公勋封赠典

吉州新刊《欧阳公文集》，于年谱下尽载官爵、制词，无一遗落，考之今制，多有不合。虽非事之所以损益，谩书于策，且记典章随时之异云。公自太子中允初加勋，便得骑都尉，越过骁、武、飞、云四级。自龙图阁直学士初封爵，便得信都县子，越过男一等。翰林学士加恩而得五百户，初加实封，便得二百户。及罢政，为观文学士，遇郊而加食邑五百户，实封二百户。薨之后，以子登朝，遇大礼，自太子太师合赠司空，而躐赠太尉，盖超空、徒、保、傅四官。再赠即为太师，仍封国公。今殊不然，除勋官既罢外，侍从初封，亦从县男为始，每加不过三百户。待制侍郎只二百。初得实封财百户。执政去位，但与侍从同，均为虚邑三百而已。身后加赠，只单转一官，两子升朝，乃进二官，虽三四人亦不增，未有宫师直赠太尉者。今太傅也。又公任知制诰、知颍州转官而与直龙图阁、知亳州王洙同一词。《唐书》成，进秩，五人同制。公与宋景文公、范忠文公、王忠简公皆带从官职，而宋文说："王为殿前都指挥使，主管军官官缺，兼任二司，王曾向皇上说：'臣年纪大了，假如我身体一旦得病，谁可成为担任此职的人？先朝自殿前都指挥使以下，分别设置副都指挥使，以及都虞候，常有十人之多，他们侍从君侧，容易提升，又可让士卒事先知道他们的威名，不论军事紧急与否，上级与下级之间已习惯于原来领导与服从的关系，这是军制的要旨。'皇上下旨遵从他的建议。"根据高琼所说的情况，正好与我前面所说的一致。

欧阳公勋封赠典

吉州（今江西吉安）新刊出了《欧阳公文集》，文集中，年谱之下详细记载了欧阳修被授予的官爵和制词的情况，没有一处被遗落。但从现行的制度来考察，有很多内容不尽吻合。这不是说年谱把增删过的事迹随便地记载下来，而是说记述典章制度要随时代而变化。欧阳修自任太子中允时，开始被授予勋官，勋官名称是骑都尉，越过骁骑尉、武骑尉、飞骑尉、云骑尉四级。从任龙图阁直学士时，最初封爵，便越县男一等，被封为信都县子。任翰林学士时，由皇上加恩，食邑五百户，开始加食实封，就食二百户之多。到被罢除宰相之职，为观文殿学士，适遇皇帝祭天活动而被加食邑五百户，食实封二百户。去世以后，其子为官，又遇朝廷庆祝皇帝的婚礼，以太子太师本应赠以司空，却超赠太尉之官，超越了司空、司徒、太保、太傅四级官称。若再赠官就是太师了，还要封国公。现行的制度与以前完全不同，除勋官已被废除外，侍从官职初次封爵，也是从县男开始，每次加封食邑也不过三百户。待制侍郎只有二百户。最初得食实封的仅有百户之多。宰相离职，也只和侍从官职一样，均为食邑三百户次道乃集贤校理耳。

嘉祐四真

嘉祐中，富韩公为宰相，欧阳公在翰林，包孝肃公为御史中丞，胡翼之侍讲在太学，皆极天下之望。一时士大夫相语曰："富公真宰相，欧阳永叔真翰林学士，包老真中丞，胡公真先生。"遂有四真之目。欧阳公子之发、棐等，叙公事迹，载此语，可谓公言。

五方老人祝圣寿

圣节所用祝颂乐语，外方州县各当筵致语一篇，又有王母队者。若教坊，唯祝圣而已。欧阳公集，乃载《五方老人祝寿文》五首，其东方曰："但某太山老叟、东海真仙，溜穿石而曾究始终，松避雨而备知岁月。羲氏定三百六日，尝守寅宾之官；夷吾纪七十二君，尽睹登封之事。遇安期而遗枣，笑方朔之偷桃。风入律而来自岩前，斗指春而光临洞口。昔汉武帝尝怀三岛之胜游，有羡门生欲谒巨公于昭代，今则紫庭降圣，华渚开祥，远离朝日之方，来展望云之悬。

而已。去世后加官，也仅迁转一级，两子都在朝做官，才迁转二级，即使有三四子都在朝做官，也不再增加。没有东宫师傅死后追赠太尉的。还有，欧阳修任知制诰、知颍州转官和直龙图阁，知亳州王洙是同一词。《新唐书》编成后，参与编写的五人在皇帝发布的同一命令中奖励晋级。欧阳修与宋祁、范镇、王畴都兼领侍从官职，而宋敏求仅赐集贤殿校理之职罢了。

嘉祐四真

宋仁宗嘉祐年间，富弼为宰相，欧阳修为翰林学士，包拯为御史中丞，胡瑗（字翼之）为太学侍讲，他们都是当时天下德高望重的人物。当时士大夫们都称赞说："富弼真宰相，欧阳永叔真翰林学士，包拯真中丞，胡翼之真先生。"于是就有了"四真"之名。欧阳修先生之子欧阳发和欧阳棐等，在叙其父事迹时，也记载了此语，可以说这是公论。

五方老人祝圣寿

皇帝的生日所用的祝颂词和音乐，一般来说，外地州县要在庆祝宴会上各献祝颂词一篇，还有一幅王母娘娘的画像。至于太常寺下属掌音乐教育的教坊，只奉上祝颂乐就可以了。欧阳修的文集中，还记载了《五方老人祝寿文》五首，其中东方老人的祝寿文写道："但某太山老叟、东海真仙，溜穿石而曾究始终，松避雨而备知岁月。羲氏定三百六日，尝守寅宾之官；夷吾纪七十二君，尽睹登封之事。遇安期而遗枣，笑方朔之偷桃。风入律而来自岩前，斗指春而光临洞口。昔汉武帝尝怀三岛之胜游，有羡门生欲谒巨公于昭代，今则紫庭降圣，华渚开祥，远离朝日千八百国，咸归至治之风；亿万斯年，共祷无疆之寿。”其颂只四句，西、中、南、北方皆然。集中不云何处所作，今无复用之。

之方，来展望云之悫。千八百国，咸归至治之风；亿万斯年，共祷无疆之寿。”其颂词只有四句，西、中、南、北四方老人的祝词也都与之相同。文集中没有说明祝寿文是在什么地方作的。现在为皇帝祝寿也没有再用过这样的祝寿文。

卷四（九则）

作诗旨意

《诗》三百篇中，其誉妇人者至多。如叙宗姻之贵者，若“平王之孙，齐侯之子”，“汾王之甥，蹶父之子”，“齐侯之子，卫侯之妻，东宫之妹，邢侯之姨，谭公维私”。夸服饰之盛者，若“副笄六珈”，“如山如河”，“玉之瑱也，象之揥也”。赞容色之美者，若“唐棣之华”，“华如桃李”，“鬒发如云”，“手如柔荑，肤如凝脂，领如蝤蛴，齿如瓠犀，螓首蛾眉。巧笑倩兮，美目盼兮”，“颜如舜华”，“洵美且都”；语嫁聘之侈者，若“百两彭彭，八鸾锵锵，不显其光。诸娣从之，祁祁如云，烂其盈门”。其词可谓尽善矣。魏、晋、六朝，流连光景，不可胜述。唐人播之歌诗，固亦极挚。若“态浓意远淑且真，肌理细腻骨肉匀，绣罗衣裳照暮春，蹙金孔雀银麒麟”，“翠微匐叶垂鬓唇，珠压腰衱稳称身”，“深宫高楼入紫清，金作蛟龙盘绣楹。佳人当窗弄白日，弦将手语弹鸣筝”，“回眸一笑百媚生，六宫粉黛无颜色”，“后宫佳丽三千人，三千宠爱在一身”，“金屋妆成娇侍夜，玉楼宴罢醉和春”，“楼上楼前尽珠翠，眩转荧煌照天地”。此皆李、杜、元、白之丽句也。予独爱朱庆馀《闺意》一绝句上张籍水部者，曰：“洞房昨夜停红烛，待晓堂前拜舅姑。妆罢低声问夫婿，画眉深浅入时无？”细味此章，元不谈量女之容

作诗旨意

在《诗经》三百篇中，有很多是称赞妇女的。比如，记述贵族婚姻尊贵的诗句，像“平王之孙，齐侯之子”，“汾王之甥，蹶父之子”，“齐侯的女儿，卫侯的妻；东宫太子的妹，邢侯的姨，谭公是她姊妹辈的夫婿”；夸耀服饰华丽的诗句，如“头戴步摇横簪，加上六种玉饰”，“如山如河”，“美玉琢成的耳环，象牙制作的发卡”；赞赏容颜美丽的诗句，有“唐棣之花”，“花如桃李”，“黑发如云”，“两手像又软又白的嫩茅，皮肤如凝结成团的膏脂，脖子宛如白而长的天牛幼虫，牙齿恰似瓠瓜子，蝉一样的方额，蛾一样的长眉，笑窝常在呵，美目流盼呵”；“容颜美如木槿花”，“洵美之至”；谈到聘嫁仪式的壮观，则有这样的诗句，“百辆车声彭彭，八铃响声锵锵，排场十分风光。她的姊妹从嫁，送嫁队伍如云，门前车水马龙”。这些诗句真可谓极尽颂扬之能事了。魏、晋、六朝时代，这类诗句也很多，不能一一述说。唐人在诗中赞扬妇女，描写得更加情真意切。像“态浓意远淑且真，肌理细腻骨肉匀。绣罗衣裳照暮春，蹙金孔雀银麒麟”；“翠微匎叶垂鬓唇，珠压腰衱稳称身”，“深宫高楼入紫清，金作蛟龙盘绣楹。佳人当窗弄白日，弦将手语弹鸣筝”，“回眸一笑百媚生，六宫粉黛无颜色”，“后宫佳丽三千人，三千宠爱在一身”，“金屋妆成娇侍夜，玉楼宴罢醉和春”，“楼上楼前尽珠翠，眩转荧煌照天地”。这些都是李白、杜甫、元稹、白居易的华丽诗句。我只喜欢朱庆馀上张籍的那首绝句《闺意》：“洞貌，而其华艳韶好、体态温柔、风流酝藉，非第一人不足当也。欧阳公所谓“状难写之景，如在目前，含不尽之意，见于言外，然后为工。”斯之谓也。庆馀名可久，以字行。登宝历进士第，而官不达。著录于《艺文志》者，只一卷，予家有之，他不逮此。张籍酬其篇云：“越女新妆出镜心，自知明艳更沉吟。齐纨未是人间贵，一曲菱歌直万金。”其爱之重之，可见矣。然比之庆馀，殊为不及。

平王之孙

《周南》《召南》之诗，合为二十有五篇。自汉以来为之说者，必系之文、武、成、康，故不无牴牾。如《何彼秾矣》，乃美王姬之诗，其辞有“平王之孙，齐侯之子”两句，翻覆再言之。毛公笺云：“武王女，文王孙，适齐侯之子。”郑氏不立说。考其意，盖以平王为平正之王，齐侯为齐一之侯，若所谓武王载旆，成王之孚，成王不敢康，非指武与成者。然证诸《春秋经》，鲁庄公元年，当周庄王之四年，齐襄公之五年，书曰：“单伯送王姬。”继之以“筑王姬之馆于外”，又继之以“王姬归于齐”。杜预注云：“王将嫁女于齐，命鲁为主，庄公在谅闇，虑齐侯当亲迎，不忍便以礼接于庙，故筑舍于外。”末书“归于齐”者，终此一事也。十一年又书“王房昨夜停红烛，待晓堂前拜舅姑。妆罢低声问夫婿，画眉深浅入时无？”仔细玩味这首诗，原本没有谈论女主人公的容貌，然而她的艳丽美好、体态温柔、风流蕴藉，不是第一流的人是不能有的。欧阳修说过：“描绘难写的景况使人如在眼前，丰富的内容呈现在言外，这才叫精巧。”说的就是这个道理。朱庆馀名可久，世人多呼其字。唐敬宗宝历年间中进士，然而为官一直不能显达，他的著作著录于《艺文志》的只有一卷，我家藏有一部，其内容都不及这首诗。张籍酬答朱庆馀的诗为：“越女新妆出镜心，自知明艳更沉吟。齐纨未是人间贵，一曲菱歌直万金。”他对女主人的爱重，一下就可见到。然而比起朱庆馀的《闺意》，意境上却差得远了。

平王之孙

《诗经》中的《周南》《召南》两个部分，合起来共有二十五篇。从汉代以来解说《诗经》的，大都把它们系于文王、武王、成王和康王时代，所以处处牴牾不通。比如《召南》中的《何彼秾矣》，这是赞美王姬的诗篇，其中有“平王之孙，齐侯之子”两句，反复出现。毛公笺注说：“武王的女儿，文王的孙女，嫁给齐侯的儿子。”郑玄在这里没有注释。然而仔细推敲诗的原意，则是把“平王”作为“平正之王”“齐侯”作为“齐一之侯”讲，就像其他地方所说的“武王载旆”是指雄武的君王载着大旗，“成王之孚”是指成就君王的美名，“成王不敢康”是有成就的君主不敢淫逸的意思一样，不是指的周武王和周成王。从《春秋经》上看，鲁庄公元年，当周庄王四年，齐襄公五年，经文记载说：“单伯送王姬出嫁。”接着记“（鲁国）在城外为王姬修姬归于齐”，《传》言“齐侯来逆共姬”，乃桓公也。庄王为平王之孙，则所嫁王姬当是娣妹，齐侯之子，即襄公、桓公也，二者必居一于此矣。明白如是，而以为武王女，文王孙，于义何取？

毛诗语助

《毛诗》所用语助之字，以为句绝者，若之、乎、焉、也、者、云、矣、尔、兮、哉，至今作文者皆然。他如只、且、忌、止、思、而、何、斯、旃、其之类，后所罕用。“只”字，如“母也天只，不谅人只”。“且”字，如“椒聊且”，“远条且”，“狂童之狂也且”，“既亟只且”。“忌”字，如“叔善射忌，又良御忌”。“止”字，如“齐子归止”，“曷又怀止”，“女心伤止”。“思”字，如“不可求思”，“尔羊来思”，“今我来思”。“而”字，如：“俟我于著乎而，充耳以素乎而，尚之以琼华乎而。”“何”字，如“如此良人何”，“如此粲者何”。“斯”字，如“恩斯勤斯，鬻子之闵斯”，“彼何人斯”。“旃”字，如“舍旃舍旃”。“其”字，音基。如“夜如何其”，“子曰何其”。皆是也。“忌”唯见于《郑诗》，“而”唯见于《齐诗》。

筑了一座馆舍”，再下来记载“王姬嫁到了齐国”。杜预注释说：“周天子准备把女儿嫁给齐侯，命令鲁国主婚。鲁庄公正在守孝，担心齐侯亲自来迎接，不忍心在祖庙里以便礼来接待他，所以在城外为王姬修筑了一座馆舍。”最后记载“王姬嫁到了齐国”，把这件事一直讲完。鲁庄公十一年又记载：“王姬嫁到了齐国”，《左传》记载“齐侯来迎接共姬”，这里的齐侯是指齐桓公。周庄王是周平王的孙子，那么所嫁的王姬应当是他的娣妹，“齐侯之子”就是齐襄公或齐桓公，二者必居其一。这样明白的事情，而一定要说是武王的女儿，文王的女孙，这和诗的原意岂不相去太远了？

毛诗语助

《毛诗》用在句末作语气助词的，像之、乎、焉、也、者、云、尔、矣、兮、哉等，现在写文章还是这样。其他的像只、且、忌、止、思、而、何、斯、旃、其之类，后世就很少使用了。“只”字，像“母也天只，不谅人只”（“妈呀天呀，不体谅人呵”）。“且”字，如“椒聊且，远条且”（“花椒球呵，香气远悠悠呵”）、“狂童之狂也且”（“情郎你太张狂了”）、“既亟只且”（“你也太性急了”）。“忌”字，像“叔善射忌，又良御忌”（“太叔神射，又善赶车”）。“止”字，像“齐子归止”（齐子归来”）、“曷又怀止”（为什么又怀恋他”）、“女心伤止”（女心伤悲）。“思”字，像“不可求思”、“尔羊来思”、“今我来思”。“而”字，像“俟我于著乎而，充耳以素乎而，尚之以琼华乎而。”（我的情郎等候在影壁前，冠上的湖丝绦垂在耳边，缀饰的美玉悬荡在我眼前）。“何”字，像“如此良人何”（“这样的妙人呵”）

《楚辞·大招》一篇全用“只”字。《太玄经》：“其人有辑杭，可与过其。”至于“些”字，独《招魂》用之耳！

东坡文章不可学

东坡作《盖公堂记》云：“始吾居乡，有病寒而欬者，问诸医，医以为蛊，不治且杀人。取其百金而治之，饮以蛊药，攻伐其肾肠，烧灼其体肤，禁切其饮食之美者。期月而百疾作，内热恶寒而欬不已，累然真蛊者也。又求于医，医以为热，授之以寒药，旦朝吐之，莫夜下之，于是始不能食。惧而反之，则钟乳、乌喙，杂然并进，而漂疽、痈疥、眩瞀之状，无所不至。三易医而病愈甚。里老父教之曰：‘是医之罪，药之过也。子何疾之有？人之生也，以气为主，食为辅。今子终日药不释口，臭味乱于外，而百毒战于内，劳其主，隔其辅，是以病也。子退而休之，谢医却药，而进所嗜，气全而食美矣。则夫药之良者，可以一饮而效。’从之，期月而病良已。昔之为国者亦然。吾观夫秦自孝公以来，至于始皇，立法更制，以镌磨锻炼其民，可谓极矣。萧何、曹参亲见其斫丧之

“如此粲者何”（“这等的明艳呵”）。“斯”字，像“恩斯勤斯，鬻子之闵斯”（“恩情呵，勤恳呵，这个孩子太可怜了”）、“彼何人斯”（“他是个什么人呵”）；“旃”字，像“舍旃舍旃”（“抛弃它吧，抛弃它”）。“其”字，读作“基”，像“夜如何其”、“子曰何其”。这些都是一些例句。“忌”字只见于《国风·郑风》中，“而”字只见于《国风·齐风》中。《楚辞·大招》全篇都用“只”字作语气助词。《太玄经》有这样的话：“其人有车船，可以和他一起度过吗？”至于“些”字，只有《招魂》篇才使用过它作语气词。

东坡文章不可学

苏东坡作《盖公堂记》，文章说：“以前我在乡下居住的时候，着了凉而咳嗽，询问医生，医生认为有蛊，不治疗就会死人。于是我拿出百金来治疗，喝了打蛊药，攻伐肾肠，烧灼体肤，禁食一切美味佳肴。一个月以后各种疾病都发作了，忽冷忽热而咳嗽不已，疲惫不堪像真有蛊一样。又请了一个医生，医生认为是内热，给开了清热药，喝下之后一直吐了一天多，于是饭也吃不下去了。医生害怕了，反过来给开了钟乳、乌喙等，喝下之后，疖子、疮疥、眩晕等症状，一齐都来了。三次换药而病得越来越厉害。乡里的老人对我说：‘这是医生的责任和吃药的过错。你有什么病？人生在世，以气为主，食物为辅。现在您一直药不离口，外面的味觉破坏之后，各种病毒发作于体内，气受劳顿，食物被阻，所以真的就病了。您回头休息一下，不找医生，停止服药，喜欢吃什么就吃什么，气全饭也就香了，那时一剂药立即见效。’我听从他的话，一个月后病真的全好了。过去治理天下也是这个祸，而收其民于百战之余，知其厌苦、憔悴、无聊，而不可与有为也，是以一切与之休息，而天下安。”是时，熙宁中，公在密州，为此说者，以讽王安石新法也。其议论病之三易，与秦、汉之所以兴亡治乱，不过三百言而尽之。

张文潜作《药戒》，仅千言，云：“张子病痞，积于中者，伏而不能下，自外至者，捍而不能纳，从医而问之。曰：‘非下之不可。’归而饮其药，既饮而暴下。不终日，而向之伏者散而无余，向之捍者柔而不支。焦膈导达，呼吸开利，快然若未始有疾者。不数日，痞复作，投以故药，其快然也亦如初。自是逾月而痞五作五下，每下辄愈。然张子之气，一语而三引，体不劳而汗，股不步而栗，肤革无所耗于外，而其中藾然，莫知其所来。闻楚之南，有良医焉，往而向之。医叹曰：‘子无叹是藾然者也。天下之理，其甚快于予心者，其末必有伤，求无伤于终者，则初无望于快吾心。痞横于胸中，其累大矣。击而去之，不须臾而除甚大之累，和平之物不能为也。必将击搏震挠而后可，其功未成而和气已病。则子之痞，凡一快者，子之和一伤矣。不终月而快者五，则和平之气，不既索乎？且将去子之痞，而无害于和乎！子归，燕居三月，而后予之药可为也。’张子归三月而复请之。医曰：‘子之气少全矣！’取药而授之。曰：‘服之三月而疾少平，理儿。我看秦自孝公以来至于始皇，颁布法令，更改制度，百般地挫磨百姓，可以说已经达到了顶点。萧何、曹参亲眼看见了秦暴政的祸害，他们在百战之后统治天下，知道人民的疾苦和劳顿，知道不能再继续使人民劳作了，于是一切与民休息，从而安定了天下。”当时是宋神宗熙宁中，苏东坡在密州（今山东诸城一带），他写这篇文章的目的在于讽刺王安石的新法。他议论三次换药及秦汉兴亡的原因，不过短短的三百字就把理说透了。

张耒（字文潜）作过一篇千余字的《药戒》，文章说：“张文潜胸中郁闷，气积于中而下不去，从外吸的气，好像有东西顶着进不来，于是他找到了医生，医生说：‘必须把气顺下去。’文潜回来服了他开的药，一喝气就猛地下去了，以前郁结的气全部散尽，以前顶着的现在也变得十分柔和。焦膈通达，呼吸顺利，畅快得就像不曾有病一样。可是过了没几天，气闷又发作了，服了以前服过的药，也像以前一样畅快。从这以后一个多月而病发作了五次，每次用药之后气也就顺了。然而文潜的气却渐渐跟不下来，说一句话要停顿两三次，经常盗汗，腿不动而发抖，并没有什么劳作消耗，而内中却日见虚弱疲劳，不知道其中的缘故。听说南方有一位名医，文潜于是去拜访他。这位名医叹惜道：‘你不要感叹这样疲乏无力。天下的事情存在着同一个理：那些一时畅快的东西，最后必然带来损伤；要想最终不受损伤，当初就不要图一时的快活。郁气横于胸中，它的危害性可大啦。要想把它赶走，不花费一定的时日就想达到目的，平和的东西是做不到的，一定要搏击震挠而后可，那么，目的没有达到而平和之气已受了损伤。这样说来，你的病就起因于图一时的痛快。痛快一次，你的平和之气受了一次损伤；不满一月你痛快五次，那么又三月而少康，终年而复常。且饮药不得亟进。’张子归而行其说。其初使人懑然迟之，盖三设其药而三反之也。然日不见其所攻，久较则月异而时不同，盖终岁而疾平。张子谒医谢，而问其故。医曰：‘是治国之说也。独不见秦之治民乎？敕之以命，捍而不听令；勤之以事，放而不畏法。令之不听，治之不变，则秦之民尝痞矣。商君见其痞也，厉以刑法，威以斩伐，痛刬而力锄之。流荡四达，无敢或拒，痞尝一快矣。至于二世，凡几痞而几快矣。积快而不已，而秦之四支，枵然徒有其物而已。民心日离，而君孤立于上，故匹夫大呼，不终日而百疾皆起，欲运其手足肩臂，而漠然不我应。故秦之亡者，是好为快者之过也。昔者，先王之民初亦尝痞矣。先王不敢求快于吾心，阴解其乱，而除去其滞，使之悠然自趋于平安而不自知。于是政成教达，悠久而无后患。则余之药终年而愈疾者，盖无足怪也。’”

予观文潜之说，尽祖苏公之绪论，而千言之烦，不若三百言之简也。故详书之、俾作文立说者知所矜式。窃料苏平和之气不就损耗完了吗？而且要去掉你的气闷，而能不伤害平和之气吗？你回去休息三个月，然后我的药就可以用了。’文潜回来三个月后又去了名医那里。名医说：‘你的气比以前稍微全了些！’取一些药交给文潜，并交代说：‘服用三个月而病缓解，再服三个月身体开始恢复健康，一年后就完全正常了。而且不要喝得太快。’文潜回来后按医嘱行事。刚开始喝的时候使人郁闷气短，反复喝而效果也有反复。终日不见病去，时间一长才见到效果，一年后病也就完全好了。文潜到医生那里拜谢，并询问治病的道理。医生说：‘这和治理国家的道理是一样的。你没看到秦国是怎样治理它的百姓吗？颁布命令，人民抗法不遵；不断征发，人民放肆而不畏法。人民不服从法令，反复治理而总是改变不了他们，说明秦国的民情已经有些郁结了。商鞅发现了郁结，用刑法进行迫吓，用斩杀进行威胁，痛加铲除而用力锄挖。人民四处流荡而没有人敢于抗拒，秦国的郁结病症得到了一次痛快的渲泻。一直到秦二世，秦国几次郁结而几次宣泄。不停地图痛快，而秦王朝的四肢却已经麻木不仁了。民心日益离散，君主孤立于上。所以匹夫陈胜一声大呼，一天之内秦王朝的各种疾病一起发作，想运动一下手足肩臂，它们却木然没有反应。所以秦的灭亡，正是好图一时痛快的过错。过去先王治理天下的百姓，开始时民情也有郁结，先王不敢图一时的痛快，暗地里缓解其纷乱，除去其郁滞，让他们慢慢地在不知不觉中走向平安，于是政令完成而人民被教化，时间虽慢却没有后患。这样说来，我的药一年后才见效就不足为怪了。’”

我看张文潜的说法，全是根据苏东坡的绪余，一千多字的内容反而不及短短的三百余字丰富。所以我把它们原原本本地公之记，文潜必未之见，是以著此篇；若既见之，当不复屋下架屋也。

韩文称名

欧阳公作文，多自称予，虽说君上处亦然，《三笔》尝论之矣。欧公取法于韩公，而韩不然。《滕王阁记》《袁公先庙》为尊者所作，谦而称名，宜也。至于《徐泗掌书记壁记》《科斗书后记》《李虚中墓志》之类，皆曰愈，可见其谦以下人。后之为文者所应取法也。

棘寺棘卿

今人称大理为棘寺，卿为棘卿，丞为棘丞，此出《周礼·秋官》："朝士掌建邦外朝之法。左九棘，孤、卿、大夫位焉。右九棘，公、侯、伯、子、男位焉。"郑氏注云："植棘以为位者，取其赤心而外刺也。棘与枣同。"棘之字，两朿相并；枣之字，两朿相承。此所言者，今之枣也。然孤、卿、大夫皆同之，则难以独指大理。《王制》云："正以狱成，告于大司寇，大司寇听之棘木之下。"料后人藉此而言。郑注亦只引前说，此但谓其入朝立治之处，若以指刑部尚书亦可也。《易·坎卦》"系用徽纆，寘于丛棘"，以居险峭囚执为词，其义自别。

抄在这里，让著书立说的人有所参考，我猜想张文潜一定没有见到苏东坡的《盖公堂记》，所以才写了这篇东西；如果他见了，就不应该再去重复了。

韩文称名

欧阳修写文章，自称时多称“予”，即使说到皇上的地方也是这样，这一点我在《容斋三笔》中已经讨论过了。欧阳修先生的取法于韩愈先生，而韩愈却不是这样。《滕王阁记》《袁公先庙》为尊者所作，谦虚地自己称名，这是应该的。至于《徐泗掌书记》《壁记》《科斗书后记》《李虚中墓志》之类，都自称“愈”，可见他是多么谦虚。后代写文章的人应该对此加以效法。

棘寺棘卿

现代人称呼大理为“棘寺”，卿为“棘卿”，丞为“棘丞”，这种叫法来源于《周礼·秋官篇》：“朝士掌管建邦外朝的法令。左边植上九棵棘刺，代表孤、卿和大夫的位置。右边栽上九棵棘刺，代表着公、侯、伯、子、男的位置”。郑玄注：“栽棘代表位置，用的是它心红而外边长刺的意思。棘与枣（棗）是同一个字：“棘”，从字形上看为两“朿”并立，“枣”字则为两“朿”相承（繁体字枣作棗，译者），这里所说的“棘”就是今天的“枣树”。然而孤、卿、大夫相同，那就难以独指大理。《礼记·王制》说：“狱正判决之后，把结果报告给大司寇，大司寇在棘木下面听取汇报。”后人可能就是根据这条材料说的。郑玄注也只引前说，这里只说他入朝办公的地方，如果指刑部尚书

晋代遗文

故簏中得旧书一帙，题为《晋代名臣文集》，凡十四家，所载多不能全，真太山一毫芒耳。有张敏者，太原人，仕历平南参军、太子舍人、济北长史。其一篇曰《头责子羽文》，极为尖新。古来文士皆无此作，恐《艺文类聚》《文苑英华》或有之，惜其泯没不传，谩采之以遗博雅君子。其序云：“太原温长仁、颍川荀景伯、范阳张茂先、士卿刘先生、南阳邹润甫、河南郑思渊。余友有秦生者，虽有姊夫之尊，少而狎之，同时昵好。张、荀之徒，数年之中，继踵登朝，而此贤身处陋巷，屡沽而无善价，抗志自若，终不衰堕，为之慨然！又怪诸贤既已在位，曾无伐木嘤鸣之声，又违王、贡弹冠之义，故因秦生容貌之盛，为头责之文以戏之。并以嘲六子焉。虽似谐谑，实有兴也。”

文曰：“维泰始元年，头责子羽曰：‘吾托为子头，万有余日矣。大块禀我以精，造我以形。我为子莳发肤，置鼻耳，安眉頞，插牙齿。眸子桥光，双权隆起。每至出入人间，遨游市里，行者辟易，坐者竦跽。或称君侯，或言将军，捧手倾侧，伫立踦跂，如此者，故我形之足伟也。子冠冕弗戴，金银弗佩，艾以当笄，帽以代带，百味弗尝，食粟茹菜，岁暮年也是可以讲通的。《周易·坎卦》说“用徽绳捆起来，放到棘丛中”，说的是居于险阻之地囚禁起来，自是另一层意思。

晋代遗文

最近从旧竹箱子里检得一卷旧书，书名为《晋代名臣文集》，一共有十四家，所收文章都不全，就像泰山上的一棵小草一样。其中有一位张敏，太原人，官历平南参军、太子舍人、济北长史，他的文章收入一篇《头责子羽文》，很是尖锐新颖，从来文人没有这种作品，恐怕《艺文类聚》《文苑英华》已经收入，我还是有点担心它泯没不传于后世，所以便抄在这里以传给后世的博雅君子。这篇文章的小序说：“太原温长仁、颍川荀景伯、范阳张茂先、士卿刘文生，南阳邹润甫、河南郑思渊。我的朋友秦生，虽然是我的姐夫，但我们从小就玩得很好。张华、荀禹等人，几年之间相继作上了朝官，而你身处陋巷一直卖不出个好价钱，自己却悠然自得，我行我素，我为你感慨万千。张华、荀禹诸贤在位之后，毫无顾念朋友之心，又违王吉、贡禹弹冠谦让之意，我对此感到生气，故因秦生的仪表堂堂，写出这篇文章来和他开个玩笑，同时嘲讽上述六位。虽然诙谐，实乃有感而发”。

文章说：“泰始元年，头指责子羽说：‘我托生为您的头已经一万多天了。天地赋予我精神和形体，我为您生长毛发，放置鼻子、耳朵，安排眉毛、额头，插上牙齿。目光炯炯，颧骨隆起。每当穿插于人丛当中，游荡于闹市之上，正在行走的人立即让路，坐着的人庄重地跪下，有的称君侯，有的喊将军，一个个庄严肃穆，这都是因为我形状伟岸的缘故。您没有冠冕可戴，没过，曾不自悔。子厌我形容，我贱子意态。若此者，必子行已累也。子遇我如仇，我视子如仇。居常不乐，两者俱忧，何其鄙哉！子欲为仁贤耶？则当如咎陶、后稷、巫咸、伊陟、保乂王家，永见封殖。子欲为名高耶？则当如许由、子臧、卞随、务光，洗耳逃禄，千载流芳。子欲为游说耶？则当如陈轸、蒯通、陆生、邓公，转祸为福，含辞从容。子欲为进趋耶？则当如贾生之求试，终军之请使，砥砺锋颖，以干王事。子欲为恬淡耶？则当如老聃之守一，庄周之自逸，漠然离俗，志凌云日；子欲为隐遁耶？则当如荣期之带索，渔父之瀺灂，栖迟神岳，垂饵巨鳌。此一介之人，所以显身成名者也。今子上不睎道德，中不效儒、墨，块然穷贱，守此愚惑。察子之情，观子之志，退不为处士，进无望三事，而徒玩日劳形，习为常人之所喜，不亦过乎？’子羽愀然深念而对曰：“凡所教敕，瑾闻命矣。受性拘系，不闻礼义，误以天幸，为子所寄。今子欲使吾为忠耶？当如包胥、屈平；欲使吾为信耶？则当杀身以成名；欲使吾为节耶？则当赴水火以全贞。此四者，人之所忌，故吾不敢造意。’头曰：‘子所谓天刑地网，刚德之尤。不登山抱木，则蹇裳赴流。吾欲告尔以养性，诲尔以优游。而与虮虱同情，不听我谋，悲哉！俱御人体，而独为子头。且仪人其伦，喻子侪偶，曾不如太原温颙、颍川荀禹、范阳张华、士乡刘许、南阳邹湛、河南郑诩。此数子者，或蹇吃无宫商；或尪陋希言语；或淹伊多姿态；或讙哗少智谞；或口如含胶饴；或头如巾齑杵。而犹以文采可观，意思详序，有金银可佩，用艾棍作笄，用布条为带，各种美味尝不到，一年到头吃糠咽菜也不后悔，您讨厌我的容貌，我还瞧不起您的意态呢！这样一定给您的行为带来不便。您我像仇敌一样，双方都不快和，有什么意思呢？你想作一个仁人贤者吗？那就应当像咎陶、后稷、巫咸、伊陟那样，保护王家平安，您也永远得到分封。您想作名士吗？那就应当像许由、子臧、卞随、务光那样，逃避尘世，流芳千古。您想作游士吗？那就应当像陈轸、蒯通、陆贾、邓公那样，转祸为福、从容谈吐。您想有所进取吗？那就应当像贾谊求试和终军请求出使那样，磨尖锋芒，脱颖而出，以参与朝廷大事。您想恬淡利禄吗？那就应当像老聃一样恪守一意和庄周那样飘然自逸，漠然离俗，壮志凌云。您想遁世吗？就应当像荣期和渔父那样，栖居山岳，垂钓大壑。这一群人都是些显身成名者。现在您上不注意道德，中不效法儒、墨，孤零零地处于穷贱境地，恪守着您的愚惑。考察您的情形和志向，您退不能为隐士，进不能取三公，每天白白地虚度年华，安于俗人的喜怒哀乐，这样您觉得合适吗？’子羽痛心思考后回答说：‘您的教诲我都听到了。由于天性的限制，我不懂什么礼义，幸亏上天把您安置到了我的身上。现在您想让我作忠臣吗？那么下场就像申包胥和屈原。您想让我守信吗？那我就应该杀身以成名。您想让我有气节吗？那我就必须投入水火之中以求得贞节之名。这种种名号，人人忌惮，所以我也不敢想。’头说：‘您说的是天刑地网，刚德有罪，不是登山抱木而死，就是撩起衣服投水自杀。我想告诉您的则是如何养性，从容地生活，您与虮虱一样不听我的话，太可悲了！都是长在人体上，为什么单单托生为您的头？而且人与人相比，拿您与太原温颙、颍川荀禹、范阳张华、攀龙附风，并登天府。夫舐痔得车，沉渊窃珠，岂若夫子，徒令唇舌腐烂，手足沾濡哉？居有事之世，而耻为权谋，譬犹凿地抱瓮，难以求富。嗟乎子羽！何异牢槛之熊，沉阱之虎，石间饿蟹，灶中之鼠！事虽多，而见工甚少，宜其卷局煎蹙，至老无所睎也。支离其形者，尤能不困。命也夫，与子同处！’”

其文九百余言，颇有东方朔《客难》、刘孝标《绝交论》之体。《集仙传》所载神女《成公智琼传》，见于《太平广记》，盖敏之作也。邹湛姓名，因羊叔子而传，而字曰“润甫”。则见于此。

汉武帝田蚡公孙弘

尚论古人者，如汉史所书，于武帝则讥其好大喜功，穷奢极侈，置生民于涂炭；于田蚡则诋其负贵骄溢，以肺腑为相，杀窦婴、灌夫；于公孙弘则云：“性意忌，外宽内深，饰诈钓名，不为贤大夫所称述。”然以予考之，三君臣者，实有大功于名教。自秦始皇焚书坑儒，六学散缺，高帝初兴，未皇庠序之事，孝惠高后时，公卿皆武力功臣，孝文好刑名，孝景不任儒。至于武帝，田蚡为丞相，黜黄老刑名百士卿刘许、南阳邹诩、河南郑翔相比，您还不如他们？这几位，有的口吃五音不全，有的委琐寡言少语，有的迟钝而故作姿态，有的喜欢哗众取宠而缺少智谋，有的像口里含着胶饴一样张不开口，有的头就像木棒一样，然而却以文采可观、思想明晰，最终能够攀龙附凤，登上朝官的宝座。有的靠舔人痔疮而得到彩车，到深渊之中偷到宝珠，您倒好，白白让唇舌白白腐烂，手足沾湿？在一个多事之秋里生活，却耻于为人出谋划策，就像挖地和抱瓮汲水，这是难以致富的。哎呀子羽！您和牢圈中的熊，陷阱中的虎，乱石中的饿蟹以及炉灶中的鼠有什么区别呢？事干了不少，收效却甚微，您煎熬一生，前途暗淡，真应该呀！支离形体，尚能不困，与您同处一体，这都是命啊！'"

这篇文章九百多字，和东方朔的《客难》、刘峻(字孝标)的《绝交论》颇为相似。《集仙传》所载神女《成公智琼传》，见于《太平广记》，这也是张敏的作品。邹湛姓名，靠羊祜(字叔子)得以传世，而其字润甫，则在这里见到。

汉武帝田蚡公孙弘

谈论古人，就像汉代史书所记载的那样，对汉武帝则讽刺他好大喜功、穷奢极欲，致使人民生灵涂炭；对田蚡则诋毁他仗势骄傲，以外戚为相，杀窦婴、灌夫；对公孙弘则说他："生性狭隘，表面宽厚，内心促狭，矫饰沽名，为贤大夫所不赞成。"然而在我看来，这君臣三位，实际上对名教都有大功。自打秦始皇焚书坑儒，《诗》《书》《礼》《乐》《易》《春秋》六艺散缺，汉高祖建国初期，无暇顾及文化事业，惠帝吕后时代，公卿都是些武官功臣，孝文帝好刑名之学，孝景帝不喜欢儒生。至家之言，延文学儒者以百数。帝详延天下方闻之士，咸登诸朝，令礼官劝学，讲议洽闻，举遗兴礼，以为天下先。而公孙弘以治《春秋》为丞相，天下学士靡然向风。弘为学官，悼道之郁滞，始请为博士官置弟子，郡国有秀才异等，辄以名闻，请著功令。而《诗》《书》《易》《礼》之学，彬彬并兴，使唐、虞、三代以来稽古礼文之事，得以不废。今之所以识圣人至道之要者，实本于此。史称其“罢黜百家，表章《六经》，号令文章，焕焉可述”，盖已不能尽其美。然则武帝奢暴，固贻患于一时；蚡、弘之为人，得罪于公论，而所以扶持圣教者，乃万世之功也。平帝元始诏书，尚能称弘之率下笃俗，但不及此云。

近世文物之殊

国家南渡以来，典章文物，多不与承平类。姑以予所亲见者言之，盖月异而岁不同，今聊纪从官立班随驾、省试官入院、政府呼召、百官驺从、朝报简削数项，以示子侄。

侍从常朝，绍兴中分立于垂拱殿隔门上，南北相向，以俟追班。乾道中犹然。暨淳熙，则引于殿门上，东西对立。车驾出，常朝文臣自宰相至二史，武臣自宗王、使相至观察使，以杂压次序行焉。孝宗在普安邸，官检校少保节度使，每出必处正尚书之后。而乾道以来，两班分而为二，唯使相于武帝，用田蚡为相，罢黜黄老刑名百家之学，招揽文学儒生上百人。武帝广召天下多闻之士到朝廷上来，命令礼官鼓励儒学，讲论学术，兴礼乐，举遗才，作为天下的表率。公孙弘于是以治《春秋公羊传》而登上丞相的宝座，天下学士风起响应。公孙弘为学官，对于学术荒芜感到痛心，请求皇上为博士官置弟子员，地方郡国有秀才异等要报到中央来，并请求把这些内容用法律的形式加以肯定。《诗》《书》《易》《礼》之学于是彬彬兴起，唐尧、虞舜、三代以来的典章制度得以传播。现在能够认识圣人之道的基本精神，全赖这些人的努力。史书记载武帝“罢黜百家，表彰儒家《六经》，于是儒学焕然明白”，已经不能把好处全部记述。然而武帝奢侈暴虐，的确给那时的人带来灾难；田蚡、公孙弘的为人处事，得罪了社会舆论界；但他们扶持圣教，则是万世之功。平帝元始年间的诏书，还能称赞公孙弘率领下属笃正风气，只是没说到这一点罢了。

近世文物之殊

南宋王朝建立以来，其典章制度与北宋时代有许多不同。这里只就我所见到的说一说。由于在不同的时代里各项制度都有变化，这里只记从官立班随驾、省试官入院、宰相府呼召、百官驺从、朝报简削几项，以便让子侄辈明白。

侍从官平时上朝，高宗绍兴年间是分立在垂拱殿隔门上，南北两队面对面，以等待追班的到来。孝宗乾道年间还是这样。到淳熙年间，就站到了垂拱殿门前，东西对站。皇上出来，文官从宰相至二史，武官从宗王、使相至观察使，以官阶排列次序前进。孝宗在普安邸的时候，检校少保、节度使等官，出行必随不然。故开府仪同三司皆与执政官联行，而居其上。

绍兴十二年壬戌，予寓南山净慈，待词科试，见省试官联骑，公服戴帽，不加披衫。每一员以亲事官一人执敕黄行前。是时，知举、参详、点检官，合三十一员，最后一中官宣押者，入下天竺贡院。及三十年庚辰，予以吏部郎充参详官，既入内受敕，则各各乘马，不同时而赴院。至淳熙十四年丁未，忝司贡举，则了与昔异。三三两两，自为迟速，其乘轿者十人而九矣。

宰府呼召之礼，始时庶僚皆然，已而卿、监、郎官及史局、玉牒所缘提举官属之故，一切得免。逮乾道以后，宰相益自卑，于是馆职亦免。迄于淳熙，则凡职事官悉罢此制。

朝士驺从，至少各得扉募若干，取步军司名籍，而帮钱米于左藏，率就扉游手、冗卒，两分可供一名。如假借于近郡者，给其半。初犹破省，马并一驭者，后不复有焉。若乘轿，仅能充负荷而已。今日似益增，虽下列亦占十余辈。

进奏院报状，必载外郡谢上或监司到任表，与夫庆贺表章一篇，凡朝廷除郡守，先则除目，但云“某人差知某州，替某人”；及录黄下吏部，则前衔后拟云“某官姓名宜差知（或权知、权发遣）、某州、军州兼管内劝农营田事，替某人到任”，成资阙（或云年满），仍借紫借绯，候回日却依旧服色”。外官求休致，则云“某州申某官姓名，为病乞致仕”，或两正尚书之后。而乾道以来，两班分开前进，只有使相不是这样，故开府仪同三司与各执政官并行，位居其上。

高宗绍兴十二年，我暂住在南山净慈，等待考试，看到省试官骑马并行，公服戴帽，不加披衫。每一员省试官面前都有一位亲事官执着敕黄在前引导。当时，知举官、参详官和点校官，共有三十一人，最后由一位宦官宣押，进入下天竺贡院。到绍兴三十年，我以吏部侍郎的身份充任参详官，进朝接受了高宗的敕令后，就分头乘着马，各自进了贡院。孝宗淳熙十四年，我忝列主管贡举的官职，情形与过去已大相径庭了。三三两两，有快有慢，考官中十分之九的人都是乘轿进去的。

宰相府呼召的制度，开始时群僚是一样的，不久，卿、监、郎官及史局、玉牒所沿提举官属的旧例，全部免除。到乾道年间后，宰相更加谦卑，于是各馆职官也都免除。而至淳熙年间，所有职事官都废除了这项制度。

朝士随员，各自可以雇佣若干人，占着步军司的名额，帮一些钱米给左藏，大抵雇佣游手、冗卒，两分可供一名。如果从近郡假借，供给一半的费用。开始的时候还知节省，马仅一匹，后来就不再有了。如果乘轿，随员仅够扛扛挑挑之用。现在却大大增加了，官阶很低的人也有随员十几人。

进奏院报状，一定要载明外郡谢上或监司到任表，以及一篇庆贺表彰。凡是朝廷任命郡守，必先列明要目，只写明“某人差知某州，替换某人”；到录黄下到吏部后，写的时候前边是官衔，后面是拟派的工作，即“某官姓名，应该委任（即差知）（或权知、权发遣）某州、军州兼管州内农业生产事务，替下前任某人。到任期限过后（或说限满），仍享受原来的服饰待遇，回朝人三人，后云“某时已降敕，命各守本官致仕”。今不复行，但小报批下。或禁小报，则无由可知。此必一宰相以死为讳者，故去之。外官表章闻，有一二欲士大夫见之者，须以属东省乃可。郡守更不报细衔。礼文简脱，一至于此。

时则依照原来的品位着装”。外官请求退休，应该这样写“某州报告某官，因为生病而乞求退休”，或者两三人，后面则写上“某时已经降下敕令，命各守本官退休”。现在这种制度已不再施行，只要小报批下来就行了。有时禁止小报，则无法知道恩准与否。这肯定是因为一位宰相以死为讳，所以去掉了这种制度。外官表章报上来，有些内容要让士大夫知道，则要交给东省后才行。郡守不用详细禀报官衔的全称。制度简脱到这种程度。

卷五（十五则）

庾公之斯

《孟子》：“逢蒙学射于羿，尽羿之道，思天下惟羿为愈己，于是杀羿。孟子曰：‘是亦羿有罪焉’。公明仪曰：‘疑若无罪焉。’曰：‘薄乎云尔，恶得无罪？’”此一段既毕，而继之曰：“郑人使子濯孺子侵卫，卫使庾公之斯追之。子濯孺子曰：‘今日我疾作，不可以执弓，吾死矣夫。’问其仆曰：‘追我者谁也？’其仆曰：‘庾公之斯也。’曰：‘吾生矣。’其仆曰：‘庾公之斯，卫之善射者也。夫子曰吾生，何谓也？’曰：‘庾公之斯学射于尹公之他，尹公之他学射于我。夫尹公之他，端人也，其取友必端矣。’庾公之斯至，曰：‘夫子何为不执弓？’曰：‘今日我疾作，不可以执弓。’曰：‘小人学射于尹公之他，尹公之他学射于夫子，我不忍以夫子之道反害夫子。虽然，今日之事，君事也，我不敢废’。抽矢，扣轮，去其金，发乘矢而后反。”

《孟子》书子濯、庾公一段，几二百字，其旨以谓使羿如子濯，得尹公而教之，则必无逢蒙之祸。然前段结尾，自常为文者处之，必云如子濯孺子施教于尹公之他则可，不然，后段之末，必当云：以是事观之，羿之不善取友，至于杀

庾公之斯

《孟子·离娄下》说：“逄（逢）蒙跟随后羿学习射箭，完全获得了后羿的技巧，考虑到天下只有羿比自己强，就把羿杀死了。孟子说：‘这事羿也有过错。’公明仪说：‘好像不是这样。’孟子说：‘过错不大罢了，怎能说一点没有呢？”这一段说完，《孟子》接着写道：“郑国曾经派子濯孺子去攻打卫国，卫国派庾公之斯来追击他。子濯孺子说：‘现在我的病发作了，拿不了弓，这下是活不成了。’他问赶车人：‘谁在追我？’赶车人回答说：‘庾公之斯’。子濯孺子说：‘我死不了啦’。赶车人问道：‘庾公之斯是卫国的神射手，您反而说死不了，这是为什么？’子濯孺子回答说：‘庾公之斯跟尹公之他学射，尹公之他又跟我学射，尹公之他是个正派人，他选择的学生一定也正派。’庾公之斯追上来后问道：‘先生您为什么不拿弓？’子濯孺子回答说：‘今天我的病发作了，拿不起弓。’庾公之斯便说：‘我跟尹公之他学射，尹公又学射于您。我不忍心用您的技巧来伤害您自己。但是，今天的事情是公事，我不敢完全废弃。’于是抽出箭向车轮敲了几下，把箭头拔下，射了几箭然后就回去了。’”

《孟子》记述子濯、庾公一段，近二百字，它的意思是让羿像子濯一样，得到像尹公那样的好人才教，这样就不会有逄蒙的祸害。然而在前段结尾处，如果是一般人写文章，一定要说像子濯孺子教尹公之他那样才行，不这样写的话，则要在后段的末尾处加上这样一句话：这样看来，羿交友不当，以致招来杀身身，其失如此，然后文体相属。兹判为两节，若不关联，而宫商相宣，律吕明焕，立言之妙，是岂步趋模仿所能仿佛哉？人为儿童时，便读此章，未必深识其趣，故因表出而极论之。《左氏传》书卫献公奔齐云："尹公佗学射于庾公差，庾公差学射于公孙丁。佗与差为孙林父追公，公孙丁御公，庾公差曰：'射为背师，不射为戮，射为礼乎！'射两軥而还。尹公佗曰："'子为师，我则远矣。'乃反之。公孙丁授公辔而射之。贯佗臂。"即《孟子》所引者，而名字、先后、美恶皆不同。

万事不可过

天下万事不可过，岂特此也？虽造化阴阳亦然。雨泽所以膏润四海，然过则为霖淫；阳舒所以发育万物，然过财为燠亢。赏以劝善，过则为僭；刑以惩恶，过则为滥。仁之过则为兼爱无父，义之过则为为我无君。执礼之过，反邻于谄；尚信之过，至于证父。是皆偏而不举之弊，所谓过犹不及者。杨子《法言》云："周公以来，未有汉公之懿也，勤劳则过于阿衡。"盖谄王莽也；后之议者，谓阿衡之事不可过也，过则反，乃诮莽耳。其旨意固然。

之祸，他的过失就在这里。这样全文上下才能贯穿起来。这里判为两节，好像没有关联，然而却相辅相成，相得益彰，孟子立论的巧妙，这是那些亦步亦趋的人怎能模仿得了的？每个人从小都读《孟子》中的这一章，然而却未必都能够明了它的意趣，所以我把它列出来详加讨论。《左传》对卫献公出奔于齐是这样记载的："尹公佗学射于庾公差，庾公差学射于公孙丁。尹公佗和庾公差替孙林父追赶卫献公，公孙丁为献公赶车，庾公差说：'向他射击就背叛了老师，不射回去就要被处死，依照礼义射两箭吧！'于是向两个轮子射击后就回来了。尹公佗说：'公孙丁是你的老师，和我就隔得远了。'于是，掉过头来准备射击。公孙丁把车缰绳交给献公，向尹公佗射击，箭穿透了尹公佗的手臂。"这就是《孟子》那段话的出处，只是名字、次序以及各人的美恶都不相同。

万事不可过

天下的各种事情都不可过分，难道只有人事是这样吗？即使阴阳造化也是这样。下雨是为了滋润四海，然而过分后就是暴雨；阳气上升是用来培育万物的，然而过分就是酷热。奖赏是对善德的鼓励，过分就是僭越；惩罚是为了杜绝恶行，过分就是枉滥。过于仁慈，就会像墨家那样兼爱不顾自己的父亲；行义过分，就会像道家那样自私不要君主。过于拘礼，就像是在向邻居献媚。太讲信守，最终会证明自己父亲的过失。这些都是偏执的行为，就像平常所说的，过分和达不到效果是一样的。杨雄的《法言》说："从周公以来，还没有人的德行像安汉公（王莽）这样美好，而其勤劳则超过了阿衡伊尹。"这是向王莽

致仕官上寿

国朝大臣及侍从致仕后，多居京师。熙宁中，范蜀公自翰林学士以本官户部侍郎致仕，同天节乞随班上寿，许之。遂著为令。元祐初，韩康公以故相判大名府，还都，拜司空致仕。值太皇太后受册，礼毕，乞随班称贺，降诏免赴。皆故事也。

桃花笑春风

王荆公集《古胡笳词》，一章云："欲问平安无使来，桃花依旧笑春风。"后章云："春风似旧花仍笑，人生岂得长年少？"二者贴合，如出一手，每叹其精工。其上句盖用崔护诗，后一句久不见其所出。近读范文正公《灵岩寺》一篇云"春风似旧花犹笑"，以"仍"为"犹"，乃此也。李义山又有绝句云："无赖夭桃面，平明露井东。春风为开了，却拟笑春风。"语意两极其妙。

严先生祠堂记

范文正公守桐庐，始于钓台建严先生祠堂，自为《记》，用《屯》之初九，《蛊》之上九，极论汉光武之大，先生之献媚的；后人议论说，阿衡的功德是没法超过的，超过就走向了反面，这是讥诮王莽的。思想本来就是这样。

致仕官上寿

本朝大臣及侍从官退休后，大都居住在京城。神宗熙宁中，蜀国公范镇从翰林学士的位置上以本官户部侍郎的身份退休，同天节的时候请求随着朝官上寿，神宗答应了，于是著为律令。哲宗元祐初年，康国公韩绛以前相官的身份判大名府，回到京城，拜为司空后退休。恰赶上太皇太后受册，大礼完了之后，韩康公请求跟随朝官前去祝贺，太皇太后下诏免了。这些都是本朝由先例而成为一项制度的。

桃花笑春风

王安石辑录的《古胡笳词》，第一章说："欲问平安无使来，桃花依旧笑春风。"后一章说："春风似旧花仍笑，人生岂得长年少？"二者合起来看，如出一手，我常常赞叹它们的精巧。上句用的是崔护《游城南》中的诗句，后一句很长时间查不到出处。最近读范仲淹《灵岩寺》诗，发现其中有这样一句，"春风依旧花犹笑"，以"仍"为"犹"，原来出处在这里。李商隐（字义山）又有一句五言绝句："无赖夭桃面，平明露井东。春风为开了，却拟笑春风。"语意各尽其妙。

严先生祠堂记

范仲淹为桐庐（今杭州市西南）县令时，在钓台建造严光先生祠堂，并作了一篇《严先生祠堂记》，用《屯卦》的初九爻辞高，财二百字。其歌词云："云山苍苍，江水泱泱。先生之德，山高水长。"既成，以示南丰李泰伯。泰伯读之，三叹不已，起而言曰："公之文一出，必将名世，某妄意辄易一字，以成盛美。"公瞿然握手扣之。答曰："云山江水之语，于义甚大，于词甚溥，而德字承之，乃似趢趚，拟换作'风'字，如何？"公凝坐颔首，殆欲下拜。

张伯玉守河阳，作《六经阁记》，先托游士及在职者各为之，凡七八本，既毕，并会于府，伯玉一一阅之，取纸书十四字，遍示客曰："六经阁，诸子、史、集在焉，不书，尊经也。"时曾子固亦预坐，惊起摘伏。迈顷闻此二事于张子韶，不能追忆经阁所在及其文竟就于谁手，后有君子，当有知之者矣。

大言误国

隗嚣谋畔汉，马援劝止之甚力，而其将王元曰："今天水全富，士马最强，案秦旧迹，表里河山，元请以一丸泥为大王东封函谷关。"嚣反遂决，至于父子不得其死，元竟降汉。

隋文帝伐陈，大军临江，都官尚书孔范言于后主曰："长江天堑，古以为限隔南北，今日虏军岂能尽度邪？臣每患官卑，虏若渡江，臣定作太尉公矣。"或妄言北军马死，范和《蛊》的上九爻辞，充分论述了光武帝的胸怀博大和严光先生的节操高洁，全文却仅有二百余字。文末的歌词为：“云山苍苍，江水泱泱。先生之德，山高水长。”文章写成后，他拿给南丰李泰伯看。李泰伯读了以后赞叹不已，接下来说：“这篇文章出来后一定要闻名于世，我冒昧地给您改一个字使之更加完美。”范仲淹惊奇地握住他的手，请他快说。李泰伯回答说：“云山江水一句，意义博大，蕴含丰富，下面紧接一‘德’字，似乎显得窄了点，我准备换作‘风’字，您认为怎么样？”范仲淹端坐频频点头，几乎要拜下去。

张伯玉守河阳，作了一篇《六经阁记》，先让游士及僚属每人作一篇，一共七八篇，写完之后一起拿到衙门里，张伯玉一一阅读之后，铺开纸写了十四个字，让在座的人传看。这十四个字是：“六经阁，各种子书、史书和文集都有，不提它们是为了尊崇经书。”当时曾巩也在座，惊奇地站起来表示佩服。我不久前从张子韶那里听说了这两件事，现在已经回忆不起来六经阁究竟在哪里和《六经阁记》成于谁手，后世有博学的人，可能会知道的。

大言误国

隗嚣准备叛汉，马援极力阻止，而其部将王元说：“现在天水十分富裕，兵强马壮，我们应该像秦人那样，认为山河天险作为屏障，请允许我用一个泥丸替大王您封函谷关。”于是隗嚣反叛的决心下定，最后父子被杀，王元也投降了刘秀。

隋文帝准备伐陈，大军临江，都官尚书孔范对陈后主说：“长江天险，自古以来就阻隔着南北方的交通，现在敌军难道能够飞渡吗？我常常为我的官位太低感到不安，敌军如果胆敢曰："此是我马，何为而死？"帝笑以为然，故不为深备。已而国亡，身窜远裔。

唐元宗有克复中原之志，及下南闽，意以谓诸国可指麾而定，而事力穷薄，且无良将。魏岑因侍宴言："臣少游元城，好其风物，陛下平中原，臣独乞任魏州。"元宗许之。岑趋墀下拜谢，人皆以为佞。

孟蜀通奏使王昭远，居常好大言，有杂耕渭上之志，闻王师入讨，对宾客援手言："此送死来尔。乘此逐北，遂定中原，不烦再举也。"不两月蜀亡，昭元为俘。

此四臣之佞，本为爵禄及一时容悦而已，亦可悲哉！

宗室覃恩免解

淳熙十三年，光尧太上皇帝以圣寿八十，肆赦推恩，宇宙之内，蒙被甚广。太学诸生，至于武学，皆得免文解一次。凡该此恩者千二三百人，而宗子在学者不预。诸人相率诣宰府，且遍谒侍从、台谏，各纳一札子，叙述大旨，其要以为："德寿霈典，普天同庆，而玉牒支派，辱居胶庠，顾不获与布衣书生等。窃譬之世俗尊长生日，召会族姻，而本家子孙，不享杯酒脔炙，外议谓何？今庬鸿之泽如此，宗学乃不许厕渡江，我一定能够立功之后登上太尉的宝座。”有人妄言隋军的战马死了不少，孔范说：“这是我们的军马，为什么会死呢？”陈后主笑着表示赞同，并不作认真的准备。不久陈国灭亡，孔范也逃窜远方。

南唐元宗有夺取中原的雄心壮志，灭了南闽之后，认为各国可以指麾而定，然而实力弱小，并且没有一员良将。魏岑在宴会上对元宗说：“我从小就游过元城，喜欢这里的风俗和物产，陛下您平定了中原，我单单请求委任我作魏州的地方官。”元宗答应了，魏岑快步到台阶下拜谢，世人认为这是故意在用花言巧语骗人。

后蜀的通奏使王昭远，平常就好说大话，志向是杂耕于渭水之上。听到宋军来攻，对宾客搓着手说：“这是来送死的。乘此机会我们北伐，平定中原，不用麻烦再次用兵了。”这话说过不到两个月后蜀也就灭亡了，王昭远本人也被宋军俘虏。

这四位的花言巧语，本来是为了爵禄以及博得一时的宠爱，也太可怜了。

宗室覃恩免解

孝宗淳熙十三年，光尧太上皇（宋高宗）过八十大寿，施恩大赦，宇宙之内都蒙受恩惠。太学乃至武学学生，都得以免除文解一次。受此恩惠者达一千二三百人，而赵氏宗室子弟在学者不在免除之列。这些人于是一起到宰相府求情，并且一一拜见了侍从官和台谏官，向各衙门呈交一卷札子，讲述自己的要求，其大意为：“圣上大寿，普天同庆，而我们这些宗室子弟居于太学者，却得不到与平民子弟学生同等的待遇。我们私下里打个比喻，一名，于义于礼，恐为未惬。”是时，诸公莫肯出手为言，迈以待制侍讲内宿，适蒙宣引，因出其纸以奏，仍为敷陈此辈所云尊长生日会客，而本家子弟不得坐，譬谕可谓明白。孝宗亦笑曰：“甚是切当有理。”时所携只是白札子，蒙径付出施行，遂一例免举。其人名字，今不复能记忆矣。

唐书载韩柳文

宋景文修《唐书》，《韩文公传》全载其《进学解》《谏佛骨表》《潮州谢上表》《祝鳄鱼文》，皆不甚润色，而但换《进学解》数字，颇不如本意：元云“招诸生立馆下”，改“招”字为“召”。既言先生入学，则诸生在前，招而诲之足矣，何召之为？“障百川而东之”，改“障”字为“停”。本言川流横溃，故障之使东，若以为停，于义甚浅。改“跋前疐后”为“踬后”，韩公本用《狼跋》诗语，非踬也。其他以“爬罗剔抉”为“杷罗”，“焚膏油”为“烧”，以“取败几时”为“其败”。《吴元济传》书《平淮西碑文》千六百六十字，固有他本不同，然才减节辄不稳当。“明年平夏”一句，悉芟之；“平蜀西川”，减“西川”字；“非郊庙祠祀，其无用乐”，减“祠”、“其”两字；“皇帝以命臣愈，臣愈再拜般的老百姓长辈过生日，大会宾朋，假若本家子弟连一杯酒、一块肉都捞不到，别人会怎么说这家人呢？现在这么大的恩泽，宗室子弟为太学生者却不在蒙受之列，无论从道义还是从大礼上讲，恐怕都不合适。”当时，朝官们都不肯替这些人在孝宗面前说话，我正以待制侍讲的身份宿在宫内，恰赶上皇帝宣召，我趁势把他们的札子奏上，并向孝宗陈述道：这些人所说的尊长过生日会宾客，而本家弟子却不得陪坐，这个比喻挺有意思。孝宗也笑着说：“这个比喻很是贴切有理。”当时我所带的只是白札子，承蒙皇上恩准，直接拿出去交外边执行，于是宗室子弟也一律得免。只是当时写札子的人的名字，现在我已记不起来了。

唐书载韩柳文

宋祁修《新唐书》，其中的《韩愈传》把他的《进学解》《谏佛骨表》《潮州谢上表》《祝鳄鱼文》全收进去了，改动不大，只是《进学解》只换了几个字，却都不如原文好。原文“招诸生立馆下”，宋祁把“招”字改为“召”。既然已经说过先生入学，那么学生一定就在跟前，招呼过来教诲他们就行了，还用“召”吗？“障百川而东之”，改“障”为“停”。韩愈本来是说百川横流，所以把它拦一下让它向东流，如果把它堵起来，那么意义就太浅了。改“跋前疐后”为“踬后”，韩文本来用的是《诗经·豳风·狼跋》中的诗句，不是“踬”字。其他的还有以“爬罗剔抉”为“杷罗”，“焚膏油”的“焚”为“烧”，以“取败几时”为“其败”等。《吴元济传》载韩愈的《平淮西碑文》一千六百六十字，本来有版本的差别，然而宋祁的裁剪删节有些是不妥当的。“明年平夏”这句话全被删去；“平蜀西川”，删掉“西川”两个字；“非稽首”，减下“臣”字，殊害理；“汝其以节都统讨军”，以“讨”为“诸”，尤不然。“讨”者，如《左传》“讨军实”之义，若云“诸军”，何人不能下此语？《柳子厚传》载其文章四篇：《与萧俛》《许孟容书》《贞符》《惩咎赋》也。《孟容书》意象步武，全与汉杨恽《答孙会宗书》相似，《贞符》仿班孟坚《典引》，而其四者次序或失之，至云：“宗元不得召，内闵悼，作赋自儆。”然其语曰“逾再岁之寒暑”，则责居日月未为久，难以言不得召也。《资治通鉴》但载《梓人》及《郭橐驼传》，以为其文之有理者。其识见取舍，非宋景文可比云。

冥灵社首风

光尧上仙，于梓宫发引前夕，合用警场导引鼓吹词。迈在翰苑制撰。其《六州歌头》内一句云：“春秋不说楚冥灵。”常时进入文字，立待报者，则贴黄批“急速”，未尝停滞。是时，首尾越三日，又入奏，趣请付出。太常吏欲习熟歌唱，守院门伺候。适有表弟沈日新在军将桥客邸，一士人乃上庠旧识，忽问“楚冥灵”出处，沈亦不能知，来扣予，因以《庄子》语告之，急走报，此士大喜。初，孝宗以付巨珰霍汝弼，使释其意，此士，霍客也，故宛转费日如此。又面奉旨令代作挽诗五章，其四云：“鼎湖龙去远，社首风来迟。”当时郊庙祠祀，其无用乐”，删“祠”“其”二字；“皇帝以命臣愈，臣愈再拜稽首”，下一句的“臣”字被删，于文理上很是不通。“汝其以节都统讨军”，把“讨”字改为“诸”字，更是不通。“讨”的意义和《左传》中“讨军实”的“讨”是一样的，若说“诸军”，谁都可以说这句话。《柳宗元传》收入他的文章四篇，即《与萧俛》《许孟容书》《贞符》《惩咎赋》。《许孟容书》的意义和行文，基本上是效法汉代杨恽的《报孙会宗书》，《贞符》则是模仿班固的《典引》，而且四者的时间次序可能还有错。宋祁说：“柳宗元不得被召见，内心悲伤，所以作赋自相勉励。”按柳宗元的原文为“过了两年多”，那么责居时间不算很长，很难说得上“不得被召见”。《资治通鉴》于柳宗元处，只收入了他的《梓人传》和《郭橐驼传》，认为这是柳文中文理最佳的两篇。司马光的见识和取舍，是宋祁所无法比拟的。

冥灵社首凤

光尧太上皇仙逝，灵棺发引前夕，正用上警场导引的歌词，我当时在翰林院制作这些歌词。共中《六州歌头》内有这样一句：“春秋不说楚冥灵。”在平常的时候，上报文件中的急件，则贴黄之后批上“急速”的字样，不曾有任何耽搁。而这次却前后停了三天不见答复，我又进去奏请快点批下来。太常寺的官员为了早点熟悉歌词，守在翰林院门口等候。恰巧我的表弟沈日新在军将桥官邸，一个过去考试时认识的读书人，突然来问他“楚冥灵”的典故出自何处，沈日新也不知道而来问我，我告诉他出自《庄子》，他急忙回去给人作答，这位读书人大喜。原来孝宗把我所写的歌词交给权官霍汝弼，让他解释其中的意思，这位读书不敢宣泄，而带御器械谢纯孝密以为问，乃为举王子年《拾遗记》，盖周成王事也。禁苑文书，周悉乃尔。

左传州郡

《左传·鲁哀公二年》：晋赵鞅与郑战，誓众曰："克敌者，上大夫受县，下大夫受郡，士田十万。"注云："《周书·作雒篇》：'千里百县，县有四郡。'"然则郡乃隶县，而历代地理、郡国志未之或书。又《传》所载地名，从州者凡五，"鲁宣公会齐于平州，以定其位"。注云："齐地，在泰山牟县西，见于正经。"它如"允姓之奸，居于瓜州"，注"今燉煌也"；"楚庄王灭陈，复封之，乡取一人焉以归，谓之'夏州'"；"齐子尾使闾丘婴伐我阳州"，注"鲁地"；后四十年，又书"鲁侵齐，门于阳州"，注"攻其门也"；"苫越生子，将待事而名之，阳州之役获焉，名之曰阳州"，是齐鲁皆有此地也。卫庄公登城以望，见戎州，曰："我姬姓也，何戎之有焉？"以上唯瓜州之名至今。

人就是汝弼的门客，所以前后费了三天时间还批不出来。同时孝宗还当面命我作五章挽联，第四章为：“鼎湖龙去远，社首凤来迟。”当时我不敢泄露，带御器械谢纯孝偷偷地问我，我乃为他指出来典出王子年的《拾遗记》，该书讲的是周成王的事迹。皇家的文章，周全仔细到这种程度。

左传州郡

《左传·鲁哀公二年》记载：晋国执政大夫赵鞅与郑国打仗，赵鞅起誓说：“打败敌人之后，上大夫赏给一个县，下大夫赏给一个郡，士赏田十万。”杜预注：“《周书·作雒篇》记载：‘每千里设一百个县，每个县有四个郡。’”这样看来，郡原来是隶属于县的，而历代史书中的《地理志》《郡国志》，却从未加以记载。又，《左传》所记载的地名，带“州”字的共有五个，“鲁宣公会齐于平州，以定其位”，杜预注释说，“齐地，在泰山郡牟县西边，见于经文。”其他的如“允姓之奸，属于瓜州”，杜预注，“即今天的敦煌”；“楚庄王灭陈之后，又让其复国，每乡只带走一个人，在楚国把他们安顿下来。称其组织为‘夏州’”；“齐子尾派闾丘婴伐鲁阳州”，杜预注：“鲁地。”后四十年，又记载，“鲁侵齐，攻打阳州城门。”杜预注“门就是攻打城门的意思”；“苫越生了个儿子，等待取得事功后再给他起名字。阳州之役取胜后，就给孩子取名‘阳州’”，这说明齐、鲁各有一个地方叫阳州。卫庄公登上卫都城墙瞭望，看到戎州后说：“这里是华夏地方，有什么戎州呢？”以上只有瓜州的地名保留到今天。

贫富习常

少时见前辈一说云；“富人有子不自乳，而使人弃其子而乳之；贫人有子不得自乳，而弃之以乳他人之子。富人懒行，而使人肩舆；贫人不得自行，而又肩舆人。是皆习以为常而不察之也。天下事，习以为常而不察者，推此亦多矣，而人不以为异，悲夫”！甚爱其论。后乃得之于晁以道《客语》中，故谨书之，益广其传。

唐用宰相

唐世用宰相不以序，其得之若甚易。然固有出入大僚，历诸曹尚书、御史大夫，领方镇，入为仆射、东宫师傅，而不得相者，若颜真卿、王起、杨於陵、马总、卢钧、韩皋、柳公绰公权、卢知猷是也。如人主所欲用，不过侍郎、给事中，下至郎中、博士者，才居位即礼绝百僚，谏官、御史听命之不暇，顾何敢辄抨弹其失?，与国朝异矣。其先在职者，仍许引其同列，若姚元崇之引宋璟，萧嵩之引韩休，李林甫引牛仙客、陈希烈，杨国忠引韦见素，卢杞引关播，李泌引董晋、窦参，李吉甫引裴垍，李德裕引李回，皆然。

史记渊妙处

太史公书不待称说，若云褒赞其高古简妙处，殆是摹

贫富习常

小时候听长辈说:“富人有了孩子自己不亲自哺乳,而使别人抛弃自己的孩子来替她哺乳;穷人有了孩子不能自己哺乳,撇下自己的孩子去给他人喂养孩子。富人懒于行走,而让人给抬着;穷人不能自己行走,而要抬人。这些现象都被人们习以为常后忽视了。天下之事,习以为常后视而不见者,以此类推就太多了,人们都不感到奇怪,太可悲了!”我很赞成这种说法。后来从晁以道的《客语》中又读到了这样的话,所以我恭敬地把它抄在这里,以使它传播得更加广泛些。

唐用宰相

唐代任命宰相不按次序,得到相位好像很容易。然而也有些人出入于各重要衙门,历任各曹尚书、御史大夫,出任节度使,入朝为仆射、太子的师傅,最终却得不到相位,像颜真卿、王起、杨於陵、马总、卢钧、韩皋、柳公权、卢知猷等都是这样。如果皇上想提拔,即使是给事中、侍郎,甚至郎中、博士,居位不久就被提拔为宰相,谏官和御史们听从命令还来不及,哪敢抨击他们的过失?这一点和我们宋朝是不一样的。先提为宰相的,允许引荐其同列,像姚崇引荐宋璟,萧嵩引荐韩休,李林甫引荐牛仙客、陈希烈,杨国忠引荐韦见素,卢杞引荐关播,李泌引荐董晋、窦参,李吉甫引荐裴垍,李德裕引荐李回等,都是这样。

史记渊妙处

《史记》文章之妙是不用说了,如果硬要一一指明它的高写星日之光辉，多见其不知量也。然予每展读至《魏世家》《苏秦》《平原君》《鲁仲连传》，未尝不惊呼击节，不自知其所以然。魏公子无忌与王论韩事曰："韩必德魏、爱魏、重魏、畏魏，韩必不敢反魏。"十余语之间五用"魏"字。苏秦说赵肃侯曰："择交而得则民安，择交而不得则民终身不安，齐、秦为两敌而民不得安，倚秦攻齐而民不得安，倚齐攻秦而民不得安。"平原君使楚，客毛遂愿行，君曰："先生处胜之门下几年于此矣？"曰："三年于此矣。"君曰："先生处胜之门下三年于此矣，左右未有所称诵，胜未有所闻，是先生无所有也。先生不能，先生留。"遂力请行，而折楚王，再言："吾君在前，叱者何也？"至左手持盘血，而右手招十九人于堂下，其英姿雄风，千载而下，尚可想见，使人畏而仰之，卒定从而归。至于赵，平原君曰："胜不敢复相士。胜相士多者千人，寡者百数，今乃于毛先生而失之。毛先生一至楚，而使赵重于九鼎、大吕。毛先生以三寸之舌，强于百万之师，胜不敢复相士。"秦围赵，鲁仲连见平原君曰："事将奈何？"君曰："胜也何敢言事！魏客新垣衍令赵帝秦，今其人在是，胜也何敢言事！"仲连曰："吾始以君为天下之贤公子也，吾今然后知君非天下之贤公子也。客安在？"平原往见衍曰："东国有鲁仲连先生者，胜请为绍介，交之于将军。"衍曰："吾闻鲁仲连先生，齐国之高士也。衍，人臣也，使事有职，吾不愿见鲁仲连先生。"及见衍，衍曰："吾视居此围城之中者，皆有求于平原君者也；今吾观妙之处，那几乎就像描画星星和太阳的光辉，说明了他的不自量力。然而我每次读到《魏世家》《苏秦列传》《平原君列传》和《鲁仲连列传》，没有不拍案叫绝的，我真不知道这是为什么。魏公子无忌与魏王分析韩国的形势时指出：“韩必德魏、爱魏、重魏、畏魏，韩必不敢反魏。”十几个字之间，竟然用了五个“魏”字。苏秦对赵肃侯说：“同盟国选准了，人民就平安，选不准则人民危险。赵与齐、秦两国为敌则赵国人民危险，靠秦攻齐而人民危险，仗齐攻秦而人民危险。”平原君出使楚国，门客毛遂请求一起去，平原君问：“先生到我的门下几年了？”毛遂回答说：“到这里已经三年了。”平原君说：“先生到我的门下已经三年，而人们没有一点称赞，我也没有听到过，说明你是不行的。你不行，不要去。”毛遂坚决请行。到楚国后，他当面指责楚王说：“我们平原君在跟前，你咋呼什么？”之后写到他左手端着一盘血，右手招呼平原君的另外十九名随员，其雄风英姿跃然纸上，千年之后的今天还可以想见，使人敬仰惊叹，最终完成合纵之约的订立，获胜而归。回到赵国后，平原君感叹道：“我再也不敢相看士人了。我所相看的士人，多者千人，少说也有上百，而今天却没看出来毛先生，毛先生一到楚国，便使赵国的地位一下子提高许多。毛先生的三寸之舌比百万大军还强，我再也不敢相看士人了。”秦军包围邯郸，鲁仲连见到平原君后问道：“事情怎么样了？”平原君说：“我还敢说什么？魏国客将军新垣衍让赵国向秦进帝号，他现在正在这里，我还敢说什么？”鲁仲连说：“以前我认为你是为天下的贤公子，现在我才知道你不是为天下的贤公子。新垣衍在哪里？”平原君去见新垣衍说：“齐国有一位鲁仲连先生，请我介绍以和你结交。”新先生之玉貌，非有求于平原君者也。”又曰：“始以先生为庸人，吾乃今日知先生为天下之士也。”是三者重沓熟复，如骏马下驻千丈坡，其文势正尔。风行于上而水波，真天下之至文也。

玉津园喜晴诗

淳熙十二年三月二十六日，车驾宿戒幸玉津园，命下，大雨，有旨许从驾官带雨具。将晓有晴意，已而天宇豁然。至晚归，迈进一诗歌咏其实云：“五更犹自雨如麻，无限都人仰翠华。翻手作云方怅望，举头见日共惊嗟。天公的有施生妙，帝力堪同造物夸。上苑春光无尽藏，何须羯鼓更催花。”四月四日，扈从诣景灵宫朝献，蒙于幕次赐和篇，圣制云：“比幸玉津园，纵观春事，适霁色可喜，卿有诗来上，因俯同其韵：春郊柔绿遍桑麻，小驻芳园览物华。应信吾心非暇逸，顿回晴意绝咨嗟。每思富庶将同乐，敢务游畋漫自夸？不似华清当日事，五家车骑烂如花。”后二日，兵部尚书宇文价内引，上举似此诗曰：“洪待制用雨如麻字，偶思得桑麻可押。又其本句用羯鼓催花事，故以华清车骑答之。”价拱手称赞，明日以相告云。

垣衍说:“我听说,鲁仲连先生是齐国的高士,我不过是一个小臣,并且公务在身,我不愿见鲁仲连先生。”鲁仲连见到新垣衍后,新垣衍说:“我看在这个被围之城中不愿离去的人,都是有求于平原君的。然而我看您的玉貌,不像有求于平原君的人。”最后他说:“开始我认为您是庸人,今天才知道您是为天下的士人。”这三段话反复相重,就像骏马停在悬崖前,文章的气势十分凌厉陡峭。风刮在水面上掀起波折,真是天下最奇妙的文章呵!

玉津园喜晴诗

宋孝宗淳熙十二年三月二十六日,皇上及其宿卫临幸玉津园,命令刚下来恰赶上天下大雨,皇上降旨准许从驾的各位官吏带上雨具。天将亮时开始放晴,不久就一片晴朗。晚上回来时,我献上一首记述当时情形的诗:“五更犹自雨如麻,无限都人仰翠华。翻手作云方怅望,举头见日共惊嗟。天公的有施生妙,帝力堪同造物夸。上苑春光无尽藏,何须羯鼓更催花。”到四月初四,扈从官吏到景灵宫向皇上朝献,我蒙恩在幕前得到皇帝赏赐的和诗,圣上是这样写的:“在我驾幸玉津园观览春色的时候,正赶上雨后放晴的美好景色,洪卿有诗献上,我俯用其韵和诗一首:春郊柔绿遍桑麻,小驻芳园览物华。应信吾心非暇逸,顿回晴意绝咨嗟。每思富庶将同乐,敢务游畋漫自夸?不似华清当日事,五家车骑烂如花。”过了两天,兵部尚书宇文价被引见,皇上举着像这首诗的东西说:“洪待制用雨如麻的比喻,朕偶然想起桑和麻可以押韵。而且,他的末句诗用羯鼓催花的典故,所以我以华清池的杨家车骑来回答他。”宇文价拱手称

虢巨贺兰

天下国家不幸而有四郊之警，为人臣者当随其事力，悉心尽忠，以致尺寸之效。苟为叨窃禄位，视如秦、越，一切惟己私之是徇，虽千百载后，睹其事者犹使人怒发冲冠也。唐天宝禄山之乱，可谓极矣。虢王巨为河南节度使，贺兰进明继之，拥数道之兵，临要害之地，尊为征镇，有民有财，而汗漫忌疾，非徒无益，而反败之。巨在彭城，张巡在雍丘，以将士有功，遣使诣巨请空名告身及赐物，巨惟与折冲、果毅告身三十通，不与赐物，巡竟不能立，徙于睢阳。先是，太守许远积粮六万石，巨以其半给濮阳、济阴，远固争不得。二郡得粮，遂以城叛，而睢阳食尽。颜鲁公起兵平原，合众十万，既成魏郡堂邑之功矣。是时，进明为北海太守，亦起兵，公以书召之并力，进明度河，公每事咨之，军权始移，遂取舍任意，以得招讨。后诣行在，因谮房琯，自岭南而易河南。张巡受围困棘，遣南霁云告急于其所治临淮，相去三百里，弃而不救。平原、睢阳失守，实二人之故。一时议者，皆不以为言，使之连据高位，显为佚罚。曾不十年，巨斥刺遂州，为段子璋所杀，进明坐第五琦党，自御史大夫窜谪以死。天网恢恢，兹焉不漏。

赞，第二天就把这个情况告诉了我。

虢巨贺兰

国家不幸发生战乱，作为人臣应该随自己的能力而竭力尽忠，以建立尺寸之功。如果叨窃禄位，对国家大事漠不关心，一切绕着私利转，即使千百年之后，人们看到其事迹还不免要怒发冲冠。唐朝天宝年间的安禄山叛乱，可以算得上登峰造极了。虢王李巨为河南节度使，贺兰进明后来接任，握有几个道的兵力，占据着险要的地方，身为藩镇之尊，人力、物力都很强大，却玩忽职守，互相猜忌，不但没有用处，反而连吃败仗。李巨在彭城，张巡在雍丘，因为将士有功，派人到李巨那里请求空头委任状及赏赐之物，李巨只给了“折冲”“果毅”两种委任状三十个，却不赏赐任何东西，张巡于是防守不住，退到了睢阳。在这之前，睢阳太守许远积聚了六万石粮食，李巨把其中的一半强行调拨给濮阳、济阴，许远力争，李巨就是不采纳。而濮阳、济阴两郡得到粮食后，立即全城叛变，睢阳的粮食很快也吃完了。颜真卿从平原郡起兵，合众十万，已经在魏郡堂邑打了胜仗。这时，贺兰进明为北海太守，也起兵讨叛。颜真卿写信召他合兵，贺兰进明于是渡过黄河来到颜军那里，颜公遇事总和他商量，他却渐渐夺过军权，任意妄为。后来他到了肃宗所在的地方灵武，使中伤房琯，不久他以岭南节度使调为河南节度使。张巡受围情况紧急，派南霁云到他的治所临淮告急，临淮距离睢阳只有三百里路程，他却坐视不救。平原和睢阳失守，实在是因为李巨和贺兰进明的缘故。然而当时的人都不揭发，使他们继续占据高位，很明显属于漏罚。只可惜不到十年之间，李巨被贬为遂州刺

史，接着被段子璋杀死；贺兰进明与第五琦结党坐罪，从御史大夫的位置上被流放而死。真可谓天网恢恢，疏而不漏呵！

卷六（十二则）

鄱阳七谈

鄱阳素无图经地志，元祐六年，馀干进士都颉，始作《七谈》一篇，叙土风人物云："张仁有篇，徐濯有说，顾雍有论，王德琏有记，而未有形于诗赋之流者，因作《七谈》。"其起事则命以"建端先生"，其止语则以"毕意子"。其一章，言澹浦、彭蠡山川之险胜，番君之灵杰；其二章，言滨湖蒲鱼之利，膏腴七万顷，柔桑蚕茧之盛；其三章，言林麓木植之饶，水草蔬果之衍，鱼鳖禽畜之富；其四章，言铜冶铸钱，陶埴为器；其五章，言宫寺游观，王遥仙坛，吴氏润泉，叔伦戴堤；其六章，言鄱江之水；其七章，言尧山之民，有陶唐之遗风。凡三千余字，自谓八日而成，比之太冲十稔、平子十年为无慊。予偶于故簏中得之，惜其不传于世，故表著于此。其所引张、徐、王、顾所著，今不复存，更为可恨也。

经解之名

晋、唐至今，诸儒训释《六经》，否则自立佳名，盖各以百数，其书曰《传》、曰《解》、曰《章句》而已。若战国迨汉，则其名简雅。一曰"故"，故者，通其指义也。《书》有《夏侯解故》，《诗》有《鲁故》《后氏故》《韩故》也。《毛

鄱阳七谈

鄱阳地区一直没有地理方面的著作，哲宗元祐六年，馀干进士都颉才作了一篇《七谈》，叙述这一地区的风土民情，他写道："张仁、徐濯、顾雍、王德琏等人曾经写过文章，却从来没有人用诗赋的形式对这一地区的风情加以记述，所以我写下这篇《七谈》。"它的记事起于"建端先生"，止于"毕意子"。第一章讲了澹浦、彭蠡的险要山川，番君的灵杰；第二章讲述湖滨地区发达的渔业、农业和蚕桑业的盛况；第三章讲述林业、蔬菜和水产副业生产的富饶；第四章记述冶炼、陶埴等手工业生产；第五章记述寺院情况，王遥仙坛、吴氏润泉、叔伦戴堤；第六章讲鄱江之水；第七章讲当地百姓纯朴的民风。一共三千余字，都颉自己说八天写成，比之太冲十稔、平子十年一点也不逊色。我偶然从旧籍子里翻到了它，为它没有流传于世而感到惋惜，所以写在这里以示显扬。他所引张、徐、王、顾的著作，现在都已失传，更为可惜了。

经解之名

从晋代、唐代到今天，学者们或者训释《六经》，或者自立一些好名目，总起来有几百家，其著作却不出"传""解""章句"三个种类。战国至汉代，名目则要简朴典雅一些。第一种叫作"故"，所谓"故"，就是通其思想。《尚书》有《夏侯解故》，《诗经》有《鲁故》《后氏故》《韩故》。《毛诗故训传》，据颜师诗故训传》，颜师古谓流俗改故训传为“诂”，字失真耳。小学有杜林《苍颉故》。二曰“微”，谓释其微指。如《春秋》有《左氏微》《铎氏微》《张氏微》《虞卿微传》。三曰“通”，如洼丹《易通论》名为《洼君通》，班固《白虎通》，应劭《风俗通》，唐刘知幾《史通》，韩滉《春秋通》。凡此诸书，唯《白虎通》《风俗通》仅存耳。又如郑康成作《毛诗笺》，申明其义，他书无用此字者。《论语》之学，但曰《齐论》《鲁论》《张侯论》，后来皆不然也。

卜筮不敬

古者龟为卜，筴为筮，皆兴神物以前民用。其用之至严，其奉之至敬，其求之至悉，其应之至精。斋戒乃请，问不相袭，故史祝所言，其验若答。周史筮陈敬仲，知其八世之后莫之与京，将必代齐有国。史苏占晋伯姬之嫁，而及于为嬴败姬，惠、怀之乱。至邃至赜，通于神明。后世浸以不然，今而愈甚，至以饮食猥杂之际，呼日者隅坐，使之占卜，往往不加冠裳，一问四五，而责其术之不信，岂有是理哉！善乎班孟坚之论曰：“君子将有为也，将有行也，问焉而以言，其受命也如响。及至衰世，懈于斋戒，而娄烦卜筮，神明不应。故筮渎不告，《易》以为忌；龟厌不告，《诗》以为刺。”谓《周易》之《蒙卦》曰：“初筮告，再三渎，渎则不告。”《诗·小旻》之章云：“我龟既厌，不我告犹。”言卜问烦数，狎嫚于龟，龟灵厌之，不告以道也。汉世尚尔，况在于今，未尝顷刻古说，“故训”的“故”成为“诂”字乃是世俗所改，失去了它的本来面目。文字学中有杜林的《苍颉故》。第二种叫作“微”，就是阐释其微言大义。如《春秋》中有《左氏微》《铎氏微》《张氏微》《虞卿微传》。第三种叫作“通”。比如洼丹的《易通论》叫作《洼君通》，班固的《白虎通义》，应劭的《风俗通》，唐代刘知几的《史通》和韩滉的《春秋通》。这些书中，只有《白虎通》和《风俗通》存世。又如郑玄（字康成）作《毛诗笺》，申明传义，其他书没有用“笺”字的。《论语》之学，只叫《齐论》《鲁论》和《张侯论》，后来都不是这样了。

卜筮不敬

古代用龟壳占卜，用蓍草筮算，这些神物都为我们的先民们所使用。先民们使用得非常严格，尊奉得十分虔敬，求问极为详细，所以神物的应答也极为精确。请问以前先斋戒，问题不相重复，所以卜祝的话，就像回答问题一样灵验。周王室史官替陈完占卜，知道他八世之后没有人能与他抗争，必将代姜氏而有齐国。史苏占卜晋国的伯姬出嫁，将赶上怀嬴败坏姬氏，以及晋惠公和晋怀公时代的动乱。这其中的奥妙，简直直通神明。后世浸坏，今天更甚。甚至在吃饭杂闹的时候，让占卜者坐在角落里进行占卜，往往衣冠不整，接连发问，这样却要批评占卜不能应验，哪有这样的道理？班固说得好：“君子有所动作，外出行动，问而有答，十分灵验。后世风俗衰败，懈于斋戒，而屡烦卜筮，神明也不应验了。所以亵渎之后，神灵就不会告诉你，《周易》以此为忌；神龟烦了，就不回答，《诗经》对此进行了批评。”这里说的是，《周易·蒙卦》：“初次卜筮，神灵回答你，反复卜尽敬，而一归咎于淫巫瞽史，其可乎哉！

糖霜谱

糖霜之名，唐以前无所见。自古食蔗者始为蔗浆，宋玉《招魂》所谓“胹鳖炰羔有柘浆”是也。其后为蔗饧，孙亮使黄门就中藏吏取交州献甘蔗饧是也。后又为石蜜，《南中八郡志》云“笮甘蔗汁，曝成饴，谓之石蜜”；《本草》亦云“炼糖和乳为石蜜”是也。后又为蔗酒，唐赤土国用甘蔗作酒，杂以紫瓜根是也。唐太宗遣使至摩揭陁国，取熬糖法，即诏扬州上诸蔗，榨沉如其剂，色味愈于西域远甚，然只是今之沙糖。蔗之技尽于此，不言作霜，然则糖霜非古也。历世诗人模奇写异，亦无一章一句言之，唯东坡公过金山寺，作诗送遂宁僧圆宝云：“涪江与中泠，共此一味水。冰盘荐琥珀，何以糖霜美。”黄鲁直在戎州，作颂答梓州雍熙长老寄糖霜云：“远寄蔗霜知有味，胜于崔子水晶盐。正宗扫地从谁说，我舌犹能及鼻尖。”则遂宁糖霜见于文字者，实始二公。甘蔗所在皆植，独福唐、四明、番禺，广汉、遂宁有糖冰，而遂宁为冠，四郡所产甚微，而颗碎色浅味薄，才比遂之最下者，亦皆起于近世。唐大历中，有邹和尚者，始来小筮，亵渎了神明，神明就不回答了。”《诗经·小雅·小旻》说：“我们的灵龟已经厌倦，不再告诉我们未来的吉凶。”这是说卜问太多了，狎嫚了灵龟，灵龟厌倦后就不再把吉凶显示出来。汉代尚且如此，何况今天？顷刻的虔敬也没有，却把不灵验的责任统统归结到占卜者的身上，这怎么能行呢？

糖霜谱

糖霜的名字，唐以前没有见过。古代吃蔗糖，最早制成的叫作“蔗浆”，宋玉《招魂》所说的“胹鳖炰羔有柘浆”，说的就是这个东西。后来出现了糖稀，孙亮派黄门到中藏吏那里取交州所献的甘蔗饧，甘蔗饧就是糖稀。后来又出现了石蜜，《南中八郡志》说“榨甘蔗汁，晒成饴状的东西，就叫作石蜜”，《本草》也说“炼糖和乳而成的东西叫石蜜”。后来又出现了蔗酒，唐时赤土国用甘蔗作酒，杂以紫瓜根，就是这个东西。唐太宗派使者到摩揭陁国去，学来熬糖的方法，太宗立即下诏扬州地区上交甘蔗，用其法榨糖，色味比西域糖强多了，然而只是今天的沙糖。蔗糖制作的技术只有这些，并不曾说过作糖霜的话，那么糖霜的制作只能是晚近的事情。历代诗人喜欢猎奇，也无一章一句提到过。只有苏东坡先生过金山寺时，作诗送给遂宁僧人圆宝时提到：“涪江与中泠，共此一味水。冰盘荐琥珀，何以糖霜美。”黄庭坚在戎州，作诗答谢梓州雍熙长老寄赠糖霜时写道：“远寄蔗霜知有味，胜于崔子水晶盐。正宗扫地从谁说，我舌犹能及鼻尖。”遂宁糖霜见于文字记载，的确是从苏、黄二位开始的。甘蔗到处都种，只有福唐、四明、番禺、广汉、遂宁出产糖冰，其中遂宁的最好，其他四个地方的产量低，而且颗碎、色浅、味薄，溪之繖山，教民黄氏以造霜之法。繖山在县北二十里，山前后为蔗田者十之四，糖霜户十之三。蔗有四色，曰杜蔗；曰西蔗；曰艻蔗，《本草》所谓荻蔗也；曰红蔗，《本草》昆仑蔗也。红蔗止堪生啖，艻蔗可作沙糖，西蔗可作霜，色浅，土人不甚贵，杜蔗紫嫩，味极厚，专用作霜。凡蔗最困地力，今年为蔗田者，明年改种五谷以息之。霜户器用，曰蔗削，曰蔗镰，曰蔗凳，曰蔗碾，曰榨斗，曰榨床，曰漆瓮，各有制度。凡霜，一瓮中品色亦自不同，堆叠如假山者为上，团枝次之，瓮鉴次之，小颗块次之，沙脚为下；紫为上，深琥珀次之，浅黄又次之，浅白为下。宣和初，王黼创应奉司，遂宁常贡外，岁别进数千斤。是时，所产益奇，墙壁或方寸，应奉司罢，乃不再见。当时因之大扰，败本业者居半，久而未复。遂宁王灼作《糖霜谱》七篇，具载其说，予采取之以广闻见。

李彦仙守陕

靖康夷虏之祸，忠义之士死于守城而得书史传者，如汾州之张克戬、隆德之张确、怀之霍安国、代之史抗、建宁寨之杨震、震武之朱昭是已。唯建炎以来，士之得其死者盖不少。兹读王灼所作《李彦仙传》，虽尝具表上进，然虑实录、只能比上遂宁的最低级，这也都是近代才学会制作的。唐代宗大历中，有个叫邹和尚的人来到小溪的繖山，开始教当地一个姓黄的老百姓制作糖霜的方法。繖山在小溪县城北二十里，山前山后十分之四的土地都种上了甘蔗，十分之三的人家从事熬糖的工作。当地的甘蔗有四个品种：杜蔗；西蔗；艻蔗，这就是《本草》所说的荻蔗；红蔗，即《本草》上的昆仑蔗。红蔗只能生吃；艻蔗可作沙糖；西蔗可作糖霜，因其色浅，当地人不很稀罕；杜蔗紫嫩，味极甜，专门用来作糖霜。种甘蔗最耗地力，今年作蔗田，明年必须改种粮食以休息地力。制作糖霜人家所持的器械，有蔗削、蔗镰、蔗凳、蔗碾、榨斗、榨床、漆瓮等，各有标准。一瓮之中的糖霜质量也分不同的等级，堆叠得像假山一样的为上等，像团枝一样的稍次一些，像瓮鉴一样的再次些，小颗粒的再次些，像沙子一样的为末等。从颜色上说，一等为紫色，二等为深琥珀色，浅黄为三等，浅白为最下等。徽宗宣和初年，王黼创设应奉司，遂宁在定额之外，每年还必须另外贡献几千斤。当时，出产很少，墙壁或方寸，应奉司撤了之后，就再见不到了。当时人因此人心惶惶，破产者过半，元气很长时间恢复不过来。遂宁人王灼作《糖霜谱》七篇，把这件事记载得很详细，我采摘一些过来使之传播得更广泛些。

李彦仙守陕

靖康之难，死于守城的忠义之士，得到史书记载的，像汾州的张克戬，隆德的张确，怀县的霍安国，代县的史抗，建宁寨的杨震，震武的朱昭等。只是高宗建炎以来，将士死得其所的又有不少。我读了王灼所作的《李彦仙传》后，虽曾写了奏章献上去，正史未曾采用，谨识于此。

彦仙字少严，本名孝忠，其先宁州人也，后徙于巩。幼有大志，喜谈兵，习骑射，所历山川形势必识之。尚气，谨然诺，非豪侠不交。金人南侵，郡县募勤王军，彦仙散家赀，得三千人，入援京师。虏围太原，李纲为宣抚使，彦仙上书切诋，有司逮捕急，乃易今名；弃官亡命。顷之，复从种师中，师中败死，仙走陕州。守将李弥大问北事，条对详复，使扼殽、渑间。金人再围汴，陕西范致虚总六路兵进援，仙请曰："殽、渑险隘，难于立军，前却即众溃矣。宜分道并进，伺空以出。且留半军于陕，为善后计。"致虚曰："如子言乃逗挠也。"仙曰："兵轻而分，正可速达。"不从，争益牢，致虚怒，罢其职。既而败绩，卒无功。

建炎元年四月，金人屠陕州，经制使王瓔度不能支，引部曲去，官吏逃逸。仙为石壕尉，独如平时，归者繦属，即徙老稚入土花砦、三觜、石柱、大通诸山，拔武锐者分主之，自营三觜。谕众曰："虏实易与，今得地利，若辈坚守足矣。"少日虏复据陕，分军来攻，有健酋升前阜嫚骂，仙单骑冲击，挟之以归，始料众，正部伍。虏数万围三觜，仙邀战，伏精兵后崦，掩杀万计，夺马三百，虏解去。京、洛间多争附者，势益然而仍担心实录、正史等未加采用，所以我恭敬地把它抄在这里。

李彦仙字少严，原名孝忠，祖居宁州，后来迁到了巩县。自幼有大志，喜欢议论军事，精于骑射之术，经过山川险要的地方一定要加以察看。重气节，尚信用，结交的都是一些豪爽侠义之人。金人南侵后，孝忠散尽家产，在本地招募了三千人，进京支援。敌人包围太原，李纲当时为宣抚使，孝忠上书强烈批评，有关衙门紧急下令抓他，于是改名彦仙，弃官逃命。不久跟上了种师中。师中兵败而死，彦仙逃走陕州。陕州守将李弥大问起敌情，彦仙对答如流，于是李弥大派他去扼守崤关和渑池之间的险要地方。金兵第二次包围汴京，陕西的范致虚率领六路人马支援，李彦仙请求说："崤关和渑池之间地势险要，难以站住脚跟，前队人马退却就会一哄而散，应该分头并进，伺机出兵。一半人马留下做些善后工作。"范致虚说："如果照你所说的去做，那等于在给敌人挠痒。"李彦仙争辩说："轻装部队容易分合，正可以快速进军。"范致虚没听从。李彦仙更加坚决地争辩，范致虚一怒之下免了他的官。不久六路兵马大败，没有取得任何功绩。

高宗建炎元年四月，金军杀向陕州，经制使王璎忖度支撑不住，带领自己的人马逃走，陕州官吏逃散。独有作为石壕尉的李彦仙像平时一样坚守岗位，陕州人纷纷归属于他，于是他把老年人和小孩分别送入土花砦、三觜、石柱、大通等山中，选拔年轻勇武的人编成军队，自己亲自经营三觜。他吩咐众人说："对付金人不难，现在我们又得地利，你们只要坚守就行了。"不几天后敌人又一次占领陕州，分兵来攻，敌方一个健壮的小雄张，未阅月，破虏五十余壁。初，虏再入陕，官其土人，俾招复业者，人给符别之。仙阴纵麾下往，约日内应。二年三月，引兵直州南，城中火起，虏方备南壁，而水军自新店，夜顺流薄城东北蒙泉坡龙堂沟以入，表里夹攻，僵尸相藉，遂复陕。始，河东之人倡义拒虏，仙约胡夜叉者为助，假以沿河提举，意不满，叛趋南原。仙诱致杀之，夺五千众。邵隆、邵云本其党，欲为复仇，仙因客镌说，遂来归。乘胜渡河，栅中条诸山，蒲、解至太原皆响动，乃分遣隆、云等取安邑、虞乡、芮城、正平、解，皆下之，蒲几拔，会援至不克。以功迁阁门宣赞舍人，就畀陕，兼安抚司公事，悉裒所俘酋长护送行在。上咨叹，赐袍带、枪剑，许直达奏事，便宜处决。时关以东独陕在，益增障、疏堑、蒐军、缮铠，广屯田，训农耕作。家素留巩，尽取至官，曰：“吾父母妻子同城存亡矣！”闻者感说，各有固志。十二月，金酋乌鲁撒拔围陕，仙背城鏖斗七日，虏伤甚，跳奔。三年，娄宿孛堇自绛移屯蒲、解，谍知之，设伏于诸谷，鼓躁横突，俘馘十八，娄宿仅以身免。制置使王庶檄使轻军掎角，次虞乡，虏以万甲逆石钟谷口，终日战，斩级二千，迁武功大夫、宁州观察使、河解同耀制置使。时河东土豪密附，期王师来为应。仙益治军，欲请于朝，乞诏陕西诸路各助步骑二万。会张浚经略处置川、陕，弗之许。十二月，娄宿众十万复围陕，仙夜使人隧地，焚其攻具，营部嚣乱，纵兵乘之，虏稍退。四年正月，益生兵傅垒，昼夜进攻，鹅车、天桥、火车、冲车丛进，仙随机拒敌，又为金头目在山前叫骂，李彦仙单骑出击，把他活捉之后夹在腰间带了回来，然后才计点民众，整理队伍。几万敌军包围三觜，彦仙引敌深入，在后山埋伏了精兵，结果杀敌一万多，夺得马匹三百，敌人仓皇而逃。汴京至洛阳之间的百姓归者如流，势力更加强大，不到一个月破敌五十余阵。当初，金军第二次占领陕州，委任一些本地人为官，让他们做工作以安定社会秩序，每人发给一张符以示区别。彦仙偷偷地让其部下潜入陕州城以做内应。建炎二年三月彦仙率军直奔城南，城中火焰冲天，敌人正在防备城的南端，而水兵却从新店出发，乘夜顺流而下直扑城东北，从蒙泉坡龙堂沟打开缺口，攻入城内，内外夹攻，敌人尸骸枕藉，陕州被收复。开始的时候，河东人倡义抗敌，彦仙约请一个叫胡夜叉的人帮助，暂时委任他为沿河提举，胡夜叉不满意，叛投南原之敌。彦仙诱他前来后把他杀掉，夺取了他的五千人马。邵隆、邵云为其同谋，想替他报仇，彦仙托人晓之以大义，二邵于是来归。彦仙乘胜渡过黄河，在中条山上修造栅栏，薄、解乃至太原都闻风而动，于是分派二邵等向安邑、虞乡、芮城、正平、解州方向发起进攻，所向披靡，只有蒲州因为敌援来到而不克。彦仙因功迁阁门宣赞舍人，在陕州就职，兼管安抚司公事，他把所俘敌酋全部交到了皇上所在地——临安。皇上赞叹不已，赐给他袍带、枪、剑，恩准他直接呈送、奏事，先斩后奏。当时函谷关以东只有陕州没有沦陷，彦仙不断修缮城墙，疏通护城河，演练军队，整治武器，广开屯田，劝农耕作。过去家属一直留在巩县，现在也一并接来，他说："我们全家决心与陕州城共存亡。"听者感动，人心更加稳定。十二月，金军酋帅乌鲁撒拔围陕，彦仙率军背城鏖战七天，敌人严重受挫后撤围。建炎三年，汁炮，火药所及，糜烂无遗，而围不解。日凭堞须外援，浚为遣军，虏先阻雍，不得进，则令泾原曲端出鄜坊绕虏后。端素嫉仙声绩逾己，幸其败，诡托不行。丁巳，城陷，仙挟亲军巷战，矢集身如猬，左臂中刃，不殊，战逾力，遂死之，并其家遇害。

先是，虏尝许以河南元帅，及围合，复言如前约，当退师。仙叱曰："吾宁鬼于宋，安用汝富贵为！"虏惜其才，必欲降之，城将破，先令军中，生致者予万金。仙平时弊衣同士卒，及是杂群伍中死，虏不能察。其为人，面少和色，有犯令，虽亲属不贷。诸将败事，或有他过，其外屯者，辄封箠，遣帐下往，皆裸就笞，不敢出一词。当是时，同、华、长安尽敌帅娄宿孛堇从绛州换防到蒲、解，谍报获悉了这一消息，彦仙布置在各个山谷埋伏，敌人到来后伏兵突起，喊声冲天，抓获敌军十八名，娄宿只身逃脱，制置使王庶传令彦仙屯扎虞乡作为主力的犄角，彦仙军与敌人在石钟谷口遭遇，混战一整天，杀敌两千人，彦仙迁为武功大夫、宁州观察使、河解同耀制置使。当时河东地区地方上的大族私下里归附，盼望宋军前来，他们好作内应。彦仙进一步扩军，打算向朝廷请求，让陕西各路帮助给他招募两万人马。正赶上张浚经略处置川、陕地区事务，没有得到准许。十二月，娄宿孛堇率领十万人马再次包围陕州。彦仙趁着夜色派人打隧道，焚烧了敌人的攻城器械，敌阵大乱，宋军乘机发起进攻，敌人稍稍后退。建炎四年正月，敌人增兵攻城，昼夜轮番不停，鹅车、云梯、点火的车子以及冲锋车齐头并进，彦仙随机应变，制作了金汁炝驳向敌阵发射，火药所到之处，全被烧烂，然而敌围不解。彦仙终日靠在城垛上等候外援。张浚派出一支人马，敌人提前阻击，前进不动，于是下令泾原曲端从鄜坊出发绕到敌后以支援李军。可是曲端一直嫉妒彦仙的名声政绩超过自己，巴不得他吃败仗，于是百般托词不去支援。丁巳日，陕州城陷，彦仙率领亲兵进行巷战，箭头猥集，左臂被砍了一刀，仍然搏杀不止，直至壮烈牺牲，全家也同时遇害。

在这之前，敌人曾许愿给他个河南元帅的职位，围城之后，敌人又重申了此前的承诺，并答应撤围。彦仙叱骂道：“我宁愿作宋朝的忠鬼，要你的富贵干什么？”敌人怜惜他的才能，一定要让他投降，破城之前就下令，活捉李彦仙者赏给万金。彦仙平时穿着和士卒一样的破衣服，这时混杂在士卒中战死，敌人找不到其尸首。彦仙为人严肃，如果违犯命令，即使亲属也为敌薮，陕斗绝一隅，初无朝家素定约束，中立，孤军日与虏确，但诵忠义，感励其众。每拜君赐暨取敌金赀，悉均之，毛铢不入己。以是精兵三万，大小二百战，皆乐为用。军事独裁决，至郡政必问法所底，阖境称治。浚承制赠彰武军节度使，建庙商州。

邵云者，龙门人。城破被执，娄宿欲命以千户长，肆詈不屈，乃钉之木架上，置解州东门外。恶少抚其背涅文，戏曰："可鞘吾佩刀。"云怒，偃架仆之。后五月磔解之，至抉眼摘肝，詈不绝，喉断乃已。初行刑，将剸刀，云叱之，失刀而毙，其忠勇盖如此。

奸雄疾胜己者

自古奸雄得志，包藏祸心，窥伺神器，其势必嫉士大夫之胜己者，故常持"宁我负人，无人负我"之说。若蔡伯喈之值董卓，孔文举、祢正平、杨德祖之值曹操，嵇叔夜、阮嗣宗之值司马昭、师，温太真之值王处仲，谢安石、孟嘉之值桓温，皆可谓不幸矣。伯喈仅仅脱卓手，终以之陨命。正平转死于黄祖，文举覆宗，德祖被戮。叔夜罹东市之害、嗣宗沉湎佯狂，至为劝进表以逃大咎。太真以智挫钱风而免，不宽容。诸将吃了败仗，或有其他过失，屯扎在外者，总是封着木棒，派部下前去，受罚者裸衣受刑，不敢有一声怨言。当时，同州、华州和长安成了敌人的大本营，陕州被隔绝于一隅，开始也没有朝廷的制度约束，陕州孤立于中原与敌较量，彦仙只念诵忠义来激励部下。每当朝廷赏赐或分配战利品，一律平均分配，自己不多拿丝毫。因此三万精兵，历经大小二百余战，都肯为之卖命。打仗的事彦仙独自决定，地方上行政事务则依法办事，全境治理得井井有条。张浚后来承制追赠他为彰武军节度使，在商州立庙纪念。

邵云是龙门人。城破被俘，娄宿准备任命他为千户长，他大骂不屈，于是敌人把他钉到木架上，挂在解州东门外。有个地痞抚摸着他背上的黑纹说："可以作我佩刀的鞘。"邵云怒而挣倒木架向他扑去。五天之后被敌人肢解，挖眼摘肝，邵云仍怒骂不已，直到喉管被割断。行刑开始时，刽子手拿着刀，邵云怒喝一声，刽子手吓得失刀倒地，其忠勇到这种程度。

奸雄疾胜己者

自古奸雄得志，包藏祸心，图谋篡位，他们势必嫉妒那些德才超过自己的士大夫，恪守着"宁肯我对不起别人，不能让别人对不起我"的自私信条。像蔡邕遇上董卓，孔融、祢衡、杨修遇上曹操，嵇康、阮籍遇上司马昭、司马师兄弟，温峤遇上王敦，谢安、孟嘉遇上桓温，都算是不幸了。蔡邕仅仅免于董卓的杀害，最终却仍为他而死。祢衡转死于黄祖之手，孔融被满门抄斩，杨修被杀。嵇康被斩于东市，阮籍装疯卖傻，沉湎于酒，甚至为司马氏写劝进表以免被杀。温峤智挫钱凤才幸免于难，其其危若蹈虎尾。唯谢公以高名达识，表里至诚，故温敬之重之，不敢萌相窥之意，然尚有“为性命忍须臾”，及“晋祚存亡在此一行”之虞。孟嘉为人夷旷冲默，名冠州里，称盛德人。仕于温府，历征西参军、从事、中郎、长史，在朝隤然仗正，必不效郗超辈轻与温合，然自度终不得善其去，故放志酒中，如龙山落帽，岂为不自觉哉！温至云“人不可以无势，我乃能驾驭卿”，老贼于是见肺肝矣。嘉虽得全于酒，幸以考终，然财享年五十一，盖酒为之累也。陶渊明实其外孙，伤其道悠运促，悲夫！

俗语放钱

今人出本钱以规利入，俗语谓之放债，又名生放，予考之亦有所来。《汉书·谷永传》云：“至为人起责，分利受谢。”颜师古注曰：“言富贾有钱，假托其名，代之为主，放与他人，以取利息而共分之。”此“放”字所起也。

汉书多叙谷永

予亡弟景何，少时读书甚精勤，昼夜不释卷，不幸有心疾，以至夭逝。尝见梁弘夫诵《汉书》，即云：“唯谷永一人，无处不有。”弘夫验之于史，乃服其说。今五十余年矣，漫摭永诸所论建，以渫予在原之思：薛宣为少府，御史大夫缺，永言宣简在两府；谏大夫刘辅系狱，永同中朝臣上书救之；

危险不亚于舞于虎尾之后。只有谢安以名高识远，表里如一，桓温十分敬重，不敢萌生加害之意，然而谢安还时常有性命和东晋国运的担忧。孟嘉为人平正旷达，淡泊名利，名冠州里，被称为盛德之人。在桓温府中做事，历任征西参军、从事、中郎、长史，在朝仗义执言，肯定不会像郗超等人那样轻易地投靠桓温，然而自己忖度最终不能脱身离开，所以故意沉湎于酒中，像龙山落帽一样，难道是不自觉的吗？桓温甚至对他说“人不可以无势，我因为有势才能驾驭你”，桓温老贼在这里讲了心里话。孟嘉虽然因为酒而得以保全，幸而可以寿终，然而享年才五十一岁，还是由于酒的戕害。陶渊明为孟嘉的外孙，曾经感叹自己的外祖父志向远大却命运不佳，可怜呵！

俗语放钱

现在人们出本钱以图收利息，俗语叫作“放债”，又叫“生放”，据我考证也有来历。《汉书·谷永传》说：“甚至为人收债，分利受谢。”颜师古注释说：“说的是富商们有钱，假托他们的名字，替他们做主人，把钱放给别人，收取利息后两家分。”“放”字最早就是从这里来的。

汉书多叙谷永

我的亡弟景何，小时候读书十分勤奋，经常昼夜手不释卷，不幸心脏有病，以至夭折。有一次，他看到梁弘夫正在读《汉书》，立即接上一句：“只有谷永一个人在《汉书》中无处不在。”梁弘夫仔细检验之后，才服了他的这个说法。这件事已经过去了五十多年，现在我随便地把谷永的一些建议采摘在这里，以寄光禄大夫郑宽中卒，永乞以师傅恩加其礼谥；陈汤下狱，永上疏讼其功；鸿嘉河决，永言当观水势，然后顺天心而图之；成帝好鬼神方术，永言皆妄人惑众，挟左道以欺罔世主，宜距绝此类；梁王为有司奏禽兽行，永上疏谏止勿治；淳于长初封，下朝臣议，永言长当封；段会宗复为西域都护，永怜其老复远出，手书戒之；建昭雨雪，燕多死，永请皇后就宫，令众妾人人更进；建始星孛营室，永言为后宫怀妊之象；彗星加之，将有绝继嗣者；永始日食，永以《易》占对，言酒亡节之所致；次年又食，永言民愁怨之所致；星陨如雨，永言王者失道，下将叛去，故星叛天而陨，以见其象；《楼护传》言“谷子云之笔札”；《叙传》述其论许、班事；《许皇后传》云：“上采永所言以答书”，其载于史者详复如此。本传云：“永善言灾异，前后所上四十余事”，盖谓是也。

玉堂殿阁

汉谷永对成帝问曰：“抑损椒房、玉堂之盛宠。”颜师托对亡弟的不尽哀思；薛宣为少府，御史大夫职位空缺，谷永说薛宣的政绩明显地著在丞相和御史大夫两府，应该提拔；谏大夫刘辅囚系狱中，谷永同中朝诸臣一起上书营救；光禄大夫郑宽中去世，因为他作过皇上的老师，谷永请求使其葬礼更隆重些，谥号再好一些；陈汤入狱，谷永上书力陈他在西域的功绩；成帝鸿嘉年间黄河决口，谷永说应当观察水势，顺从天意而后图谋对策；成帝喜欢鬼神方术，谷永说这是坏人在造谣惑众，靠旁门左道来欺骗皇上，应该彻底禁绝；有关衙门举报梁王立乱伦禽兽行，谷永上疏劝告皇上不要穷追；淳于长封侯，交给朝臣讨论，谷永认为该封；段会宗重新被任命为西域都护，谷永可怜他年老而又远任，写信劝慰告诫；元帝建昭年间雨雪不时，很多燕子被冻死，谷永奏请皇后到自己的宫殿去，让众妾们都能得到亲近皇上的机会；成帝建始年间，有星孛入营室，谷永说星象表明后宫已有人怀孕，而彗星的窜入，说明有人的后嗣要断；成帝永始年间日食，谷永用《易经》占卜后说，这是酗酒过度招致的；第二年再次日食，谷永说这是由于人民的愁苦抱怨所致；天上降下陨石雨，谷永说皇上失道，臣下背叛，所以星辰背叛上天而降落人间；《楼护传》提起“谷永的文章”；《汉书·叙传》谈到谷永评论许、班事迹；《许皇后传》说“皇上采纳谷永的话以作答书”。谷永事迹在《汉书》中详细到这种程度。《汉书·谷永传》说谷永擅长于谈论灾异，前后所提建议四十多条”，说的就是这些。

玉堂殿阁

西汉末年谷永回答成帝的问题时说：“应该贬损一些对椒

古注：“椒房，皇后所居；玉堂，嬖幸之舍也。”按《汉书·李寻传》：“久污玉堂之署。”注：“玉堂殿在未央宫。”翼奉疏曰：“孝文帝时，未央宫又无高门、武台、麒麟、凤皇、白虎、玉堂、金华之殿。”《三辅黄图》曰：“未央宫有殿阁三十二，椒房、玉堂在其中。”《汉宫阁记》云：“未央宫有玉堂、宜室阁。”又引《汉书》“建章宫南有玉堂，壁门三层，台高三十丈，玉堂内殿十二门阶，阶皆玉为之。又有玉堂、神明堂二十六殿。”然今《汉书·郊祀志》但云“建章宫南有玉堂壁门”，而无它语。晋灼注杨雄《解嘲》“上玉堂”之句曰：“《黄图》有大玉堂，小玉堂殿。”而今《黄图》无此文。国朝太宗淳化中，赐翰林“玉堂之署”四字，其后以最下一字犯庙讳，故元符中只云“玉堂”。绍兴末，学士周麟之又乞高宗御书“玉堂”二字，揭于直庐，麟之跋语，自有所疑。已而议者皆谓玉堂乃殿名，不得以为臣下直舍，当如承明故事，请曰“玉堂之庐”可也。今翰林但扁“摛文堂”三字，示不敢居。然则其为禁内宫殿明白，有殿，有阁，有台。谷永以配椒房言之，意当日亦尝为燕游之地，师古直以为嬖幸之舍，与前注自相舛异，大误矣。

汉武帝喜杀人者

汉武帝天资刚严，闻臣下有杀人者，不唯不加之罪，更喜而褒称之。李广以故将军屏居蓝田，夜出至亭，为霸陵醉房、玉堂的宠爱。”颜师古注释说：“椒房是皇后居住的地方，玉堂是成帝嬖幸居住的地方。”按《汉书·李寻传》记载：“久污玉堂之署。”颜师古注：“玉堂殿在未央宫。”翼奉疏：“孝文帝时，未央宫还没有高门、武台、麒麟、凤凰、白虎、玉堂、金华诸殿。”《三辅黄图》记载：“未央宫有三十二座殿阁，椒房殿和玉堂殿是其中的两个。”《汉宫阁记》记载：“未央宫有玉堂殿、宜室阁”。它征引《汉书》说：“建章宫的南边是玉堂殿，它有三层壁门，台高三十丈，玉堂内殿有十二级台阶，台阶都由玉石砌成。还有玉堂殿、神明堂，共有二十六座殿阁。”然而今天的《汉书·郊祀志》只说“建章宫的南边是玉堂殿的壁门”，没有下面那段话。晋灼在注释杨雄《解嘲》中“上玉堂”一句时写道：“《三辅黄图》有大玉堂和小玉堂殿。”而今天的《三辅黄图》却没有这句话。本朝太宗淳化中，御赐翰林院为“玉堂之署”，后来因为“署”字犯了庙讳，所以到哲宗元符中只称“玉堂”。高宗绍兴末，学士周麟之又请高宗题写“玉堂”二字，悬于直庐，周麟之在作跋语时产生了疑问。不久人们议论“玉堂”属于殿名，不得作为臣下办公地方的名字，应当按照承明先例，叫作“玉堂之庐”。现在翰林院只悬挂“摛文堂”三个字，表示不敢居内。然而它为禁苑内殿是十分明白的，它有殿，有阁，又有台。谷永用它来与椒房相配合，想来当时也曾经作过游玩场所，颜师古直接断言为嬖幸之舍，与前一个注自相矛盾，岂不大错特错了。

汉武帝喜杀人者

汉武帝天性刚戾，听到臣下有人杀人，不但不加以治罪，反而加以赞扬。李广以故将军的身份退居蓝田，夜出至亭，被醉了尉所辱。居无何，拜右北平太守，请尉与俱，至军而斩之，上书自陈谢罪。上报曰："将军者，国之爪牙也。怒形则千里竦，威振则万物伏。夫报忿除害，朕之所图于将军也。若乃免冠徒跣，稽颡请罪，岂朕之指哉！"胡建守军正丞（谓未得真官，兼守之也），时监军御史穿北军垒垣以为贾区，建欲诛之。当选士马日，御史与护军诸校列坐堂皇上，建趋至拜谒，因令走卒曳御史下，斩之。遂上奏曰："案军法'正亡属将军，将军有罪以闻，二千石以下行法焉'。丞于用法疑，臣谨以斩。"谓丞属军正，斩御史于法有疑也。制曰："三王或誓于军中，欲民先成其虑也；或誓于军门之外，欲民先意以待事也；或将交刃而誓，致民志也。建又何疑焉。"建繇是显名。观此二诏，岂不开妄杀之路乎？

知人之难

霍光事武帝，但为奉车都尉，出则奉车，人侍左右，虽以小心谨饬，亲信初未尝少见于事也。一旦位诸百僚之上，使之受遗当国。金日磾以胡父不降，没入官养马，上因游宴见马，于造次顷刻间，异其为人，即日亲近，其后遂为光副。两人皆能称上所委。然一日用四人，若上官桀、桑弘羊亦同时辅政，几于欲害霍光，苟非昭帝之明，社稷危矣。则其知人之哲，得失相半，为未能尽，此虽帝尧之圣而以为难也。

酒的霸陵尉羞辱一顿。过了不久，李广被拜为右北平太守，请把霸陵尉调出随他一起走，到了右北平就把他斩首，接着上书谢罪。武帝批示道："将军为国家的爪牙，发怒则千里惊恐，奋威则万物倒伏。报仇除害，正是我对将军你的期望。如果你摘帽赤脚，叩头谢罪，这哪里是我的意思？"胡建代理军正丞，监军御史推倒北军的一堵院墙作为军市，胡建准备斩了他。在挑选战士的那一天，御史和护军诸校尉站在武帝的两边，胡建跨前拜谒过皇上后，命令随从把御史拖下来斩掉。于是上奏武帝说："按照军法，'军正不受将军统属，将军有罪要及时报告，二千石以下的官吏可以就地处置'。我对军法有点疑问，但我还是把监军御史斩了"。这是说军丞统属于军正，斩御史不知是否合法？武帝答复说："三王之中，有的在军中起誓，这是想让人民不要有疑虑；有的在军门之外誓师，这是让人民先有个思想准备；有的则在战前誓师，这是为了鼓励斗志。你有什么疑虑的呢？"胡建由此出了名。看了这两道诏书之后，怎能不开妄杀之戒呢？

知人之难

霍光在武帝朝，官不过奉车都尉，出门则为武帝骖乘，入内则为左右服侍，虽然小心谨慎，起初并没有获得武帝十分明显的宠信。然而一旦登上相位，却向他托孤，让他主持大政。金日磾因为父亲不降，被没为奴隶替武帝养马，武帝因为游宴见马，顷刻之间金日磾的身份变了，日见亲幸，其后终于成为霍光的副手。两人都能尽到自己的职责。在武帝同一天所委任的四个辅政大臣中，还有上官桀和桑弘羊，他们几次准备加害霍光。如果没有昭帝的英明，社稷就十分危险了。以武帝的睿哲还只能得

馆职迁除

建炎南渡，稍置馆职，绍兴初，始定制，除监、少丞外，以著作郎、佐郎、秘书郎二员，校书、正字通十二员为额，仿唐瀛州十八学士之数。其迁出它司，非郎官即御史。唯林之奇以疾，王十朋以论事，皆徙越府大宗正丞。自乾道以后，有旨，须曾任为县，始得取台、察，曾任郡守，始得为郎。三馆之士固无有历此者，于是朝廷欲越次擢用者，乃以为将作、军器少监，旋进为监，既班在郎上，则无所不可为。欲径隮清要者，则由著迁秘郎，而拜左右二史，不然，不过兼权省郎，年岁间求一郡而去。而御史之除，皆归六院矣。尔后颇靳其选，俟再迁寺监丞簿，然后命之。向时郡守召用，虽自军垒亦除郎，今资浅望轻者，但得丞及司直，或又再命，始入省云。

失参半，不能尽善，可见即使是圣明的帝尧，也会对知人感到为难的。

馆职迁除

宋王朝自建炎南迁以来，渐渐重新设置各馆，到高宗绍兴初年，制度确立下来，除了监和少丞之外，定员一共十八人：即著作郎、佐郎、秘书郎各二人，校书、正字通十二人，以仿效唐代文学馆十八学士的名额。调往其他衙门的，不是郎官就是御史。只有林之奇因为健康原因，王十朋因为论事的缘故，两人被迁为越府大宗正丞。从孝宗乾道年间以后，皇上降旨，京官中必须出任过知县，才能任台、察官，出任过郡守，才能任郎官。广文、大学、律学三馆各官都没有这一经历，于是朝廷对于那些准备破格提拔的人，先委之以将作、军器少监，很快提升为监，地位既在郎官之上，再调他职就畅通无阻了。准备直接跻身于清显枢要的，则由著作郎迁秘书郎，进而拜为左右二史。否则，不过兼权省郎，一年半载之后求得一郡守的位置离去。而御史的选拔任命，都归登文检院、登闻鼓院、官告院、都进奏院、诸军司粮科院、两审计司六个衙门，其后选拔渐渐严格，要等到再迁寺监丞簿之后，才能任命。以前郡守召用，即使从军营中直接调出亦可任为郎官，现在资历浅、声望小的人，只能先充任丞或司直，再次提拔后才能入省。

卷七（十四则）

盛衰不可常

东坡谓废兴成毁不可得而知。予每读书史，追悼古昔，未尝不掩卷而叹。伶子于叙《赵飞燕传》，极道其姊弟一时之盛，而终之以荒田野草之悲，言盛之不可留，衰之不可推，正此意也。国初时，工部尚书杨玢长安旧居，多为邻里侵占，子弟欲以状诉其事，玢批纸尾，有“试上含元基上望，秋风秋草正离离”之句。方去唐未百年，而故宫殿已如此，殆于宗周《黍离》之咏矣。慈恩寺塔有荆叔所题一绝句，字极小而端劲，最为感人。其词曰：“汉国河山在，秦陵草树深。暮云千里色，无处不伤心。”旨意高远，不知为何人，必唐世诗流所作也。李峤《汾阴行》云：“富贵荣华能几时？山川满月泪沾衣。不见只今汾水上，唯有年年秋雁飞。”明皇闻之，至于泣下。杜甫《观画马图》云：“忆昔巡幸新丰宫，翠华拂天来向东。腾骧磊落三万匹，皆与此图筋骨同。君不见金粟堆前松柏里，龙媒去尽鸟呼风。”《公孙大娘弟子舞剑器行》云：“先帝侍女八千人，公孙剑器初第一。五十年间似反掌，风尘澒洞昏王室。梨园弟子散如烟，女乐余姿映寒日。”元微之《连昌宫词》云：“两京定后六七年，却寻家舍行宫前。庄园烧尽有枯井，行宫门闼树宛然。”又云：“舞榭欹倾基尚存，文窗窈窕纱犹绿。”“上皇偏爱临砌

盛衰不可常

苏东坡说兴坏成败不可能预先得知。每当我阅读史书,追思往古的人事,没有一次不是合上书卷便长长感叹。汉代伶玄(字子于)写《赵飞燕传》,极力渲染飞燕姐妹一时间的荣宠,却以荒田野草的悲凉作为结尾,所谓贵盛不能永留,衰落是不可改变的结局,正是这个意思。宋朝初年,工部尚书杨玢在长安的旧居有不少被邻居们侵占去了,杨家的后代想递状告这件事,杨玢在状纸下面批了几句话,有一句说"试上含元基上望,秋风秋草正离离"。唐朝灭亡还不到一百年,而故宫旧殿就变成这般模样,几乎和宗周《黍离》的歌咏差不多了。慈恩寺的塔壁上有荆叔题写的一首绝句,字很小但很端正道劲,写得非常感人。这首诗写道:"汉国河山在,秦陵草树深。暮云千里色,无处不伤心。"寓意深沉高远,不知作者荆叔是什么人,但肯定是唐代诗人的笔墨。李峤《汾阴行》说:"富贵荣华能几时?山川满目泪沾衣。不见只今汾水上,唯有年年秋雁飞。"唐玄宗读了之后,竟然为之伤心落泪。杜甫《观画马图》诗说:"忆昔巡幸新丰宫,翠华拂天来向东。腾骧磊落三万匹,皆与此图筋骨同。君不见金粟堆前松柏里,龙媒去尽鸟呼风。"《公孙大娘弟子舞剑器行》说:"先帝侍女八千人,公孙剑器初第一。五十年间似反掌,风尘澒洞昏王室。梨园弟子散如烟,女乐余姿映寒日。"元稹的《连昌宫词》说:"两京定后六七年,却寻家舍行宫前。庄园烧尽有枯井,行宫门闼树宛然。"又说:"舞榭攲倾基尚存,文窗窈花，依然御榻临阶斜。”“寝殿相连端正楼，太真梳洗楼上头。晨光未出帘影黑，至今反挂珊瑚钩。指似傍人因恸哭，却出宫门泪相续。”凡此诸篇，不可胜纪。《飞燕别传》以为伶玄所作，又有玄自叙及桓谭跋语。予切有疑焉，不唯其书太媟，至云杨雄独知之，雄贪名矫激，谢不与交；为河东都尉，捽辱决曹班躅，躅从兄子彪续司马《史记》，绌子于无所叙录，皆恐不然。而自云：“成、哀之世，为淮南相。”案，是时淮南国绝久矣，可照其妄也。因序次诸诗，聊载于此。

唐赋造语相似

唐人作赋，多以造语为奇。杜牧《阿房宫赋》云：“明星荧荧，开妆镜也。绿云扰扰，梳晓鬟也。渭流涨腻，弃脂水也。烟斜雾横，焚椒兰也。雷霆乍惊，宫车过也。辘辘远听，杳不知其所之也。”其比兴引喻，如是其侈。然杨敬之《华山赋》又在其前，叙述尤壮，曰：“见若咫尺，田千亩矣。见若环堵，城千雉矣。见若杯水，池百里矣。见若蚁蛭，台九层矣。醯鸡往来，周东西矣。蠛蠓纷纷，秦速亡矣。蜂窠联联，起阿房矣。俄而复然，立建章矣。小星奕奕，焚咸阳矣。累累茧栗，祖龙藏矣。”后又有李庚者，赋西都云：“秦址薪矣，汉址芜矣。西去一舍，鞠为墟矣。代远时移，作新窕纱犹绿。”“上皇偏爱临砌花,依然御榻临阶斜。”“寝殿相连端正楼,太真梳洗楼上头。晨光未出帘影黑,至今反挂珊瑚钩。指似傍人因恸哭,却出宫门泪相续。”总之这样的诗篇,多得无法计数。《飞燕别传》世传伶玄所写,其书还载有伶玄的自叙和桓谭的跋语,我对此颇有怀疑,不单单是因为这本书描写猥亵,至于说杨雄了解他,说杨雄由于顾惜名声,掩盖真情,所以不与伶玄交往;还有人说伶玄曾任河东都尉,殴打过决狱官班躅,班躅叔伯兄长的儿子班彪续写司马迁《史记》时,以伶玄没有像样的著述为由把他排除于史书之外,这些说法恐怕都不可信。伶玄的自叙又说:“汉成帝、哀帝时任淮南王相。”按,成帝、哀帝时淮南封国早就亡了,足可证明这种说法的荒谬。因而只摘录上述这些诗篇,附记在此。

唐赋造语相似

唐代人写赋,大都把创造新鲜词语作为高妙奇绝。杜牧《阿房宫赋》说:“明星荧荧,开妆镜也。绿云扰扰,梳晓鬟也。渭流涨腻,弃脂水也。烟斜雾横,焚椒兰也。雷霆乍惊,宫车过也。辘辘远听,杳不知其所之也。”它的比喻和征引,真是够丰富的了。然而杨敬之的《华山赋》又作于《阿房宫赋》之前,叙述尤其壮观。这篇赋说:“见若咫尺,田千亩矣。见若环堵,城千雉矣。见若杯水,池百里矣。见若蚁蛭,台九层矣。醯鸡往来,周东西矣。蠛蠓纷纷,秦速亡矣。蜂窠联联,起阿房矣。俄而复然,立建章矣。小星奕奕,焚咸阳矣。累累茧栗,祖龙藏矣。”此后又有一位叫李庚的人以西都为题作赋说:“秦址薪矣,汉址芜矣。西去一舍,鞠为墟矣。代远时移,作新都矣。”这都矣。”其文与意皆不逮杨、杜远甚。高彦休《阙史》云敬之“赋五千字，唱在人口”。赋内之句，如上数语，杜司徒佑、李太尉德裕常所诵念。牧之乃佑孙，则《阿房赋》实模仿杨作也。彦休者，昭宗时人。

张蕴古大宝箴

唐太宗初即位，直中书省张蕴古上《大宝箴》，凡六百余言，遂擢大理丞。《新唐史》虽具姓名于《文艺·谢偃传》末，又不载此文，但云“讽帝以民畏而未怀，其辞挺切”而已。《资治通鉴》仅载其略曰：“圣人受命，拯溺亨屯。”“故以一人治天下，不以天下奉一人。”“壮九重于内，所居不过容膝，彼昏不知，瑶其台而琼其室；罗八珍于前，所食不过适口，惟狂罔念，丘其糟而池其酒。”“勿汶汶而闇，勿察察而明，虽冕旒蔽目而视于未形，虽黈纩塞耳而听于无声。”然此外尚多规正之语，如曰：“惟辟作福，惟君实难。宅普天之下，处王公之上，任土贡其有求，具寮陈其所唱。是故恐惧之心日弛，邪僻之情转放。岂知事起乎所忽，祸生乎无妄。”“大明无私照，至公无私亲。”“礼以禁其奢，乐以防其佚。”“勿谓无知，居高听卑；勿谓何害，积小就大。乐不可极，乐极生哀；欲不可纵，纵欲成灾。”“勿内荒于色，勿外荒于禽。勿贵难得货，勿听亡国音。内荒伐人性，外荒荡人心。难得之货侈，亡国之音淫。勿谓我尊而慢贤侮士，勿篇赋的文采和意境都远不如杨敬之、杜牧之作。高彦休的《阙史》说杨敬之"赋共五千字,传唱在人口"。此赋中的用句,大致都如上文所引,唐司徒杜佑、太尉李德裕都时常背诵朗读。杜牧是杜佑的孙子,看来《阿房宫赋》实际上是模仿杨敬之《华山赋》写出的。高彦休是唐昭宗时人。

张蕴古大宝箴

唐太宗刚刚即位时,直中书省张蕴古进呈《大宝箴》一首,共六百多字,不久他被提升为大理寺丞。《新唐书》将他的姓名附在《文艺传·谢偃传》的后面,但没有载录这篇文章,只是说"以百姓惧怕君王而君王又未能施仁义于天下的现实讽太宗,其文辞亮直恳切"而已。《资治通鉴》仅仅记载了其中的几句话说:"圣人敬受天命,拯救危亡,克服艰难。""因此要以一人之力治理天下,而不能以天下之力事奉一人。""在内廷修建十分雄壮的宫殿,真正居处的也不过一身之地,那些昏庸的帝王不明此理,一味用美玉、宝石装点他们的台榭宫室;面前罗列出百味珍馐,不过求一餐适合自己的美味,那些迷乱心性的帝王不思此理,一味使美酒盈池、糟糠成山。""不要沉溺于帝王的高位而使朝政昏暗,也不要过于刚愎而自认为清明。纵然是冕旒遮蔽了眼目,也要像没有这些器物一样前视,即使是黈纩塞在耳边,也要像没有这些绵丸一样不听无益之言。"然而除此之外,还有许多规劝帝王的良言,譬如《大宝箴》中还说:"虽然只有君王专享威福,但做个好的君王的确很难。他主宰着天下万民,身居王公之上,八方贡物任凭他索求,文武百官尽听他的旨意。因此,谨慎惶恐之心会一天比一天松懈,殆情乖戾之心会一天谓我智而拒谏矜己。”“安彼反侧，如春阳秋露，巍巍荡荡，恢汉高大度；抚兹庶事，如履薄临深，战战栗栗，用周文小心。”“一彼此于胸臆，捐好恶于心想。”“如衡如石，不定物以限，物之悬者，轻重自见；如水如镜，不示物以情，物之鉴者，妍蚩自生。勿浑浑而浊，勿皎皎而清；勿汶汶而闇，勿察察而明。”“吾王拨乱，戡以智力，民惧其威，未怀其德；我皇抚运，扇以淳风，民怀其始，未保其终。”“使人以心，应言以行。”“天下为公，一人有庆。”其文大抵不凡，既不为史所书，故学者亦罕传诵。蕴古为丞四年，以无罪受戮，太宗寻悔之，乃有覆奏之旨，传亦不书，而以为坐事诛，皆失之矣。《旧唐书》全载此箴，仍专立传，不知宋景文何为削之也？

比一天增长。岂不知大难往往起于细微的小事，祸患往往生于意想不到的地方。”“太阳之光不因它的偏爱照耀万物，圣王的仁惠不因它的偏爱亲近哪个人。”“礼是用来阻禁奢侈的，乐是用来防备放荡的。”“不要说自己不察民情，居于高位要倾听万民的声音；不要说小错有什么祸害，小错积多了就成了大祸。享乐不要超越极限，享乐超越了极限就要转化成悲哀；欲望不能放纵，放纵了欲望就会酿成灾祸。”“在内廷不要耽溺于女色，在朝外不要耽溺于畋猎。不要把难得之物看得过于贵重，不要听亡国的靡靡之音。耽溺于女色会使人精神昏聩，耽溺于畋猎会使人心性浮躁。难得之物看得过重就会变得奢侈，亡国之音听的过多就会变得萎靡。不要认为自己至尊无上就侮慢贤人志士，不要认为自己聪明睿智就骄傲而拒绝讽谏。”“对于那些稍有贰心的人要善于安抚，就像春天的朝阳，秋天的雨露，像高山巍巍，大河荡荡，具有汉高祖的广阔襟胸；对于日常诸事要谨慎处理，就像走在薄冰上、走到深渊前，要一丝不苟，认认真真，学习周文王的恭谨。”“要把这样那样的意见都装在胸中，要把喜好的和厌恶的感情排出心外。”“像衡器、量具，不要给事物限定什么标准，事物摆出来，它的轻重自己就会显现出来；像清水、明镜，不要给事物规定一定的情态，事物摆出来，它的美丑自己也会表现出来。不要浑浑噩噩头脑混浊，也不要自视高洁、清高孤傲；不要沉溺于帝王的高位而使朝政昏暗，也不要过于刚愎而自认为清明。”“现在陛下平定天下，用的是智谋和武力，百姓害怕君王的威严，但陛下还未能施仁义于天下；现在陛下治理天下，虽然已经注重教化仁爱，但百姓还只能爱其始，不能保其终。”“教化治理人民要以诚心相待，说出来的话一定

国初文籍

国初承五季乱离之后，所在书籍印板至少，宜其焚炀荡析，了无孑遗。然太平兴国中编次《御览》，引用一千六百九十种，其纲目并载于首卷，而杂书、古诗赋又不及具录，以今考之，无传者十之七八矣，则是承平百七十年，翻不若极乱之世。姚铉以大中祥符四年集《唐文粹》，其序有云："况今历代坟籍，略无亡逸。"观铉所类文集，盖亦多不存，诚为可叹！

叙西汉郊祀天地

郊祀合祭、分祭之论，国朝元丰、元祐、绍圣中三议之矣，莫辩于东坡之立说，然其大旨驳当时议臣，谓周、汉以来，皆尝合祭，及谓夏至之日行礼为不便。予固赞美之于《四笔》矣。但熟考《汉史》，犹为未尽。自高皇帝增秦四畤要用实际行动来验证它。”“天下万民一心为公，这才是君王一人的福分。”这篇文章用意大都不同凡响，因为没有被史书记载下来，所以读书人也就传诵的很少。张蕴古担任大理寺丞四年，没有犯罪而惨遭杀戮，事后不久，唐太宗也为此而深深懊悔，于是传旨恢复覆奏死刑犯的制度，《新唐书》的附传也没有记载这件事，而误认为他是牵连罪案而受到诛杀，这都与事实不符。《旧唐书》将这篇《大宝箴》全部录入，又为他专立一传，不知道宋祁为什么要把这些内容删去。

国初文籍

宋朝开国接续于五代战乱之后，各地的书籍印版十分少见，这当然是由于焚烧毁弃，所以几乎绝迹。然而太宗太平兴国年间编集《太平御览》，引用书籍达一千六百九十种，这些书的目录全部记录在该书第一卷，而杂书和古代诗赋还没能够大量收录。拿今天的书录来核查《御览》，失传的书籍占十分之七八了，如此看来，宋朝太平一百七十年，反倒不如战乱频仍的时代。真宗大中祥符四年，姚铉撰集《唐文粹》，该书的序言说：“何况如今历代的经典图籍，大都没有亡佚。”查检姚铉类编的文集，如今也有很多原书已经不复存在，实在可惜！

叙西汉郊祀天地

郊祀中的合祭和分祭，本朝元丰、元祐、绍圣年中已经议论了三次，没有比苏轼的议论更明白的，然而苏轼之说的主要目的在于驳斥当时参加议论的大臣，说周、汉以来，都曾是合祭天地，并说夏至这一天行郊祭礼十分不便。我原已在《容斋四笔》

为五，以事天地。武帝以来，至于元、成，皆郊见甘泉。武帝因幸汾阴，始立后土祠于脽上，率岁岁间举之，或隔一岁，常以正月郊泰畤，三月祠后土。成帝建始元年，初立南北郊，亦用正月、三月辛日，而罢甘泉、汾阴之祭。元丰、祐、绍三议，皆未尝及此。盖盛夏入庙出郊，在汉礼元不然也。是时，坡公以非议者所起，故不暇更为之说，似不必深攻合祭为王莽所行，庶几往复考赜，不至矛盾，当复俟知礼者折衷之焉。

骞骞二字义训

骞、鶱二字，音义训释不同。以字书正之，骞，去乾切。注云："马腹縶，又亏也。"今列于《礼部韵略》下平声二仙中。鶱，虚言切。注云："飞皃。"今列于上平声二十二元中。文人相承，以骞腾之骞为轩昂掀举之义，非也。其字之下从马，马岂能掀举哉？闵损字子骞，虽古圣贤命名制字，未必有所拘泥，若如亏少之义，则涣然矣。其下从鸟，则于掀飞之训为得。此字殆废于今，故东坡、山谷亦皆押骞字入元韵，如"时来或作鹏骞""传非其人恐飞骞"之类。特不暇毛举深考耳，唯韩公《和侯协律咏笋》一联云："得时方张王，中予以赞美，只是仔细地考察《汉书》，感到苏轼之说还不是十分详尽。自从汉高祖刘邦把秦朝的四个祭地增为五个，并以此敬事天地。汉武帝以后，直到元帝、成帝，都在甘泉宫进行祭祀。因汉武帝曾巡行于汾阴，才在脽上建立了后土祠，其后年年都到那里去祭后土，有时也隔一年去一次，通常是正月里祭泰畤，三月里祭后土。汉成帝建始元年，开始设立南北两郊，也还采用正月和三月的辛日祭天地，但取消了甘泉和汾阴的郊祭活动。元丰、元祐、绍圣间的三次议论，都没有说到这些。看来盛夏之时进入庙中、外出郊野，在汉代的礼制中原本就不是如此。当时，苏东坡由于持错误意见的大臣占了上风，所以来不及再提出详尽的说法。看来似乎没有必要深究合祭是王莽实行的制度，或许可以通过更详密的考证，使之不至于自相矛盾，这就要等待深知礼制的学者来为之折中了。

骞二字义训

骞、鶱两个字，读音和释义各不相同。用字书来订正它们，骞，去乾切。注释说："马腹部的缰绳。又一义释为亏。"现在列在《礼部韵略》下平声中的"二仙"韵中。鶱，虚言切。注释说："飞的样子。"现在列在《礼部韵略》上平声中的"二十二元"韵中。文人们彼此相承，认为骞腾的骞字应为轩昂、飞腾的意思，这是不正确的。这个字的形旁是个马字，马怎么能飞腾呢？孔子弟子闵损字子骞，虽说古代的圣贤起名、造字不一定有什么拘泥限定，可是就像这个"亏缺"的意义，与损的意义相通，不是再明白不过了吗？形旁是个鸟字，那就和"飞腾"的解释相一致了。这个字恐怕当今已不再用，所以苏轼、黄庭坚都把骞字押入挟势欲腾骞。”乃为得之。此固小学琐琐，尤可以见公之不苟于下笔也。

书麹信陵事

夜读白乐天《秦中吟》十诗，其《立碑》篇云：“我闻望江县，麹令抚惸嫠（麹，名信陵）。在官有仁政，名不闻京师。身殁欲归葬，百姓遮路岐。攀辕不得去，留葬此江湄。至今道其名，男女涕皆垂。无人立碑碣，唯有邑人知。”予因忆少年寓无锡时，从钱伸仲大夫借书，正得信陵遗集，财有诗三十三首、《祈雨文》三首。信陵以贞元元年鲍防下及第，为四人，以六年作望江令。读其《投石祝江文》云：“必也私欲之求，行于邑里，惨黩之政，施于黎元，令长之罪也。神得而诛之，岂可移于人以害其岁？”详味此言，其为政无愧于神天可见矣。至大中十一年，寄客乡贡进士姚辇以其文示县令萧缜，缜辍俸买石刊之。乐天十诗作于贞元元和之际，距其亡十五年耳，而名已不传。《新唐·艺文志》但记诗一卷，略无它说。非乐天之诗，几于与草木俱腐。乾道二年，历阳陆同为望江令，得其诗于汝阴王廉清，为刊板而致之郡库，但无《祈雨文》也。

了“元”韵，比如“时来或作鹏骞”“传非其人恐飞骞”之类的句子，都是落笔之前没有进行详细的考察。只有韩愈《和侯协律咏笋》诗中的一联说：“得时方张王，挟势欲腾骞。”才真用得精当。这本来不过是琐屑的小学而已，正因其琐屑，才更可以发现韩公不轻易下笔！

书麴信陵事

夜间读白居易的《秦中吟》十首，其中《立碑》篇写道：“我闻望江县，麴令抚惸嫠。（麴，是信陵的名字。）在官有仁政，名不闻京师。身殁欲归葬，百姓遮路岐。攀辕不得去，留葬此江湄。至今道其名，男女涕皆垂。无人立碑碣，唯有邑人知。”我由此回忆起少年时代寓居无锡的时候，向钱伸仲大夫借书，恰好借得一部麴信陵的遗集，总共才有三十三首诗和三篇《祈雨文》。麴信陵于唐德宗贞元元年鲍防榜下进士及第，排在第四名，于贞元六年担任望江县令。读他的《投石祝江文》，文中说：“如果一定要把个人的欲求施行于乡里，把残酷暴虐的政令强加于百姓，那无疑是县令的罪恶。神灵有知，一定要诛罚他，怎能将劣行恶迹强加于民而使年成也受到伤害！”细细咀嚼这些话语，信陵施行的政令无愧于神灵上天，不是很明白的吗？到了唐宣宗大中十一年，寄居望江县的乡贡进士姚辇把麴信陵的诗文交给当时县的令萧缜，萧缜用自己的俸禄买来石版，请匠人将文集刊刻出来。白居易这十首诗写于贞元、元和之交，距麴信陵去世不过十五年而已，然而麴信陵的名字已经不为人所传诵。《新唐书·艺文志》只记有麴信陵诗一卷，其他未见记载。如果不是白居易的诗，麴信陵的名字大概会和草木一同消亡了。孝宗

贡禹朱晖晚达

贡禹壮年仕不遇，弃官而归。至元帝初，乃召用，由谏大夫迁光禄，奏言："臣犬马之齿八十一，凡有一子，年十二。"则禹入朝时，盖年八十，其生子时固已七十岁矣，竟再迁至御史大夫，列于三公。杜子美云："长安卿相多少年，富贵应须致身早。"是不然也。朱晖在章帝朝，自临淮太守屏居，后召拜仆射，复为太守，上疏乞留中，诏许之。因议事不合，自系狱，不肯复署议，曰："行年八十，得在机密，当以死报。"遂闭口不复言。帝意解，迁为尚书令。至和帝时，复谏征匈奴，计其年当九十矣，其忠正非禹比也。

琵琶行海棠诗

白乐天《琵琶行》一篇，读者但羡其风致，敬其词章，至形于乐府，咏歌之不足，遂以谓真为长安故倡所作。予窃疑之。唐世法纲虽于此为宽，然乐天尝居禁密，且谪官未久，必不肯乘夜入独处妇人船中，相从饮酒，至于极弹丝之乾道二年，和州人陆同任望江县令，从汝阴人王廉清处得到了麴信陵的诗，陆同将此集雕成印版后交到州治府库中收藏，只是没有《祈雨文》了。

贡禹朱晖晚达

贡禹壮年时仕途不显达，于是辞官回乡。到汉元帝初年，才得到朝廷重用，由谏议大夫升为光禄大夫，上奏说："下臣今年已经八十一岁，只有一个儿子，年纪一十二岁。"这样算来，贡禹入朝的时候，大约已八十岁，他生儿子时也够七十岁了，此后竟再升为御史大夫，跻身于三公的行列。杜甫有诗说："长安卿相多少年，富贵应须致身早。"看来也不尽然。朱晖在汉章帝一朝，从临淮郡太守的官位上卸任乡居，后来征召为仆射，又被任为郡太守，朱晖上疏请求留在朝中，章帝答应了他的奏请。由于与朝廷官员议事意见不合，自己投身于牢狱，三天后出狱，不肯再议朝中大事，奏道："臣已经八十岁，蒙圣恩得居朝中显官，理当以死相报。"于是闭上嘴巴，不再说话。后来章帝怒气消了，提升他担任尚书令。到了汉和帝朝，陈晖又奏请朝廷西击匈奴，算一算他当时的年纪，大约有九十岁了。朱晖的忠贞正直是贡禹无法相比的。

琵琶行海棠诗

白居易作《琵琶行》一诗，读者大都只欣赏它的风韵情调，佩服它的华词丽句，以至将它配乐歌唱，并且传唱不歇，而后竟认为此诗是白居易专为长安的故妓琵琶女所作，我心中对此论很有疑问。唐朝的法律对于官吏狎妓虽然管束不严，然而白居易乐，中夕方去，岂不虞商人者它日议其后乎？乐天之意，直欲摅写天涯沦落之恨尔。东坡谪黄州，赋《定惠院海棠》诗，有“陋邦何处得此花，无乃好事移西蜀”“天涯流落俱可念，为饮一尊歌此曲”之句，其意亦尔也。或谓殊无一话一言与之相似，是不然，此真能用乐天之意者，何必效常人章摹句写而后已哉？

东坡不随人后

自屈原词赋假为渔父、日者问答之后，后人作者悉相规仿。司马相如《子虚》《上林》以子虚、乌有先生、亡是公，杨子云《长杨赋》以翰林主人、子墨客卿，班孟坚《两都赋》以西都宾、东都主人，张平子《两都赋》以凭虚公子、安处先生，左太冲《三都赋》以西蜀公子、东吴王孙、魏国先生，皆改名换字，蹈袭一律，无复超然新意稍出于法度规矩者。晋人成公绥《啸赋》无所宾主，必假逸群公子，乃能遣词。枚乘《七发》本只以楚太子、吴客为言，而曹子建《七启》遂有玄微子、镜机子。张景阳《七命》有冲漠公子、殉华大夫之名。言话非不工也，而此习根著未之或改。若东坡公作《后杞菊赋》，破题直云：“吁嗟先生，谁使汝坐堂上称太守？”殆如飞龙搏鹏，骞翔扶摇于烟霄九万里之外，不可搏曾经在朝为官，而且贬官时间也不长，一定不会乘着黑夜独自一人进入乐妓的船里相对饮酒，并极尽丝竹弹唱之乐，直到深夜才离去，他难道就不怕那些商人们日后议论他不检点吗？其实白居易的本意，无非是借此抒发自己沦落天涯的感慨罢了。苏轼贬官到黄州（今湖北黄冈），写了一首《定惠院海棠》诗，诗中有"陋邦何处得此花，无乃好事移西蜀""天涯流落俱可念，为饮一尊歌此曲"的句子，他的用意也是一样的。有人说这两首诗没有一言一语是相似的，其实不能这样看，这才是真正善于化用白居易诗意的好诗，何必非要像一般诗人那样模仿前人的词语才算真好诗呢？

东坡不随人后

自从屈原的辞赋里假借渔父、日者问答之后，后代的作者都竞相模仿。司马相如的《子虚赋》和《上林赋》假托子虚先生、乌有先生和亡是公，杨雄的《长杨赋》假托翰林主人、子墨客卿；班固的《两都赋》假托西都宾和东都主人；张衡的《两都赋》假托凭虚公子和安处先生，左思的《三都赋》假托西蜀公子、东吴王孙和魏国先生，都是改名换姓，相互蹈袭沿用，没有能够创出新意或突破这个格套的。晋代人成公绥写《啸赋》，没有宾客和主人两方，也一定要假托一位逸群公子才能开篇动笔。枚乘的《七发》原本只是假托楚太子和吴客来对答，而曹植的《七启》便假托了玄微子和镜机子。张协的《七命》也出现了冲漠公子、殉华大夫的名称。它们中的词语不能说不工不稳，只是这种旧习气没有人刻意去改变它。像苏轼写《后杞菊赋》，开篇时点破题目直截了当地说："吁嗟先生，谁让你坐在厅堂上诘，岂区区巢林翾羽者所能窥探其涯涘哉？于诗亦然，乐天云：“醉皃如霜叶，虽红不是春。”坡则曰：“儿童误喜朱颜在，一笑那知是酒红。”杜老云：“休将短发还吹帽，笑倩傍人为正冠。”坡则曰：“酒力渐消风力软，飕飕，破帽多情却恋头。”郑谷《十日菊》云：“自缘今日人心别，未必秋香一夜衰。”坡则曰：“相逢不用忙归去，明日黄花蝶也愁。”又曰：“万事到头都是梦，休休，明日黄花蝶也愁。”正采旧公案而机杼一新，前无古人，于是为至。与夫用“见他桃李树，思忆后园春”之意以为“长因送人处，忆得别家时”，为一僧听嗤者有间矣。

元白习制料

白乐天、元微之同习制科，中第之后，白公寄微之诗曰：“皆当少壮日，同惜盛明时。光景嗟虚掷，云霄窃暗窥。攻文朝矻矻，讲学夜孜孜。策目穿如札，毫锋锐若锥。”注云：“时与微之结集策略之目，其数至百十，各有纤锋细管笔，携以就试，相顾辄笑，目为毫锥。”乃知士子待敌，编缀应用，自唐以来则然，毫锥笔之名起于此也。

门生门下见门生

后唐裴尚书年老致政。清泰初，其门生马裔孙知举，妄称太守？”几乎像飞腾的蛟龙搏击大鹏，高高翻飞在九霄之上、万里之空，没办法对答发问，难道是那些不值一提的林中小鸟能够企及的吗？对于诗来说也是如此。白居易说：“醉皃如霜叶，虽红不是春。”苏轼则说：“儿童误喜朱颜在，一笑那知是酒红。”杜甫说：“休将短发还吹帽，笑倩傍人为正冠。”苏轼则说：“酒力渐消风力软，飕飕，破帽多情却恋头。”郑谷的《十日菊》诗说：“自缘今日人心别，未必秋香一夜衰。”苏轼则说：“相逢不用忙归去，明日黄花蝶也愁。”还说：“万事到头都是梦，休休，明日黄花蝶也愁。”正所谓妙用前人诗意，而手法焕然一新，前无古人，至此算是到了极点。这和那种用“见他桃李树，思忆后园春”的意境而化作“长因送人处，忆得别家时”之语，被一位僧人所嘲笑的情况迥然不同了。

元白习制料

白居易、元稹两个人共同攻习制科考试，中第以后，白居易寄一首诗给元稹说：“皆当少壮白，同惜盛明时。光景嗟虚掷，云霄窃暗窥。攻文朝矻矻，讲学夜孜孜。策目穿如札，毫锋锐若锥。”注释说：“当时白居易和元稹共同收集策试范本，总共收集了上百篇，每篇都抄在细锋细管的毛笔管内，带在身上去参加考试，参考后两个人相对而笑，称之为‘毫锥’。”由此可知举子们对付考试，把范本编排在一起记忆背诵，从唐朝时就已经有了，“毫锥”笔的名称就是从那时开始的。

门生门下见门生

五代后唐裴皞尚书年事高迈，致仕居家。清泰初年，他的放榜后引新进士谒谢于裴，裴欢宴永日，书一绝云："宦途最重是文衡，天与愚夫作盛名。三主礼闱今八十，门生门下见门生。"时人荣之。事见苏耆《开谭录》。予以《五代登科记》考之，裴在同光中三知举，四年放进士八人，裔孙预焉。后十年，裔孙为翰林学士，以清泰三年放进士十三人，兹所书是已。裔孙寻拜相，新史亦载此一句云。白乐天诗有《与诸同年贺座主高侍郎新拜太常同宴萧尚书亭子》一篇。注云："座主于萧尚书下及第。"予考《登科记》，乐天以贞元十六年庚辰中书舍人高郢下第四人登科，郢以宝应二年癸卯礼部侍郎萧昕下第九人登科，迨郢拜太堂时，几四十年矣。昕自癸卯放进士之后，二十四年丁卯，又以礼部尚书再知贡举，可谓寿俊。观白公所赋，益可见唐世举子之尊尚主司也。

韩苏杜公叙马

韩公《人物画记》，其叙马处云："马大者九匹，于马之中又有上者下者焉，行者，牵者，奔者，涉者，陆者，翘者，顾者，鸣者，寝者，讹者，立者，龁者，饮者，溲者，陟者，降者，痒磨树者，嘘者，嗅者，喜而相戏者，怒相踶啮者，秣者，骑者，骤者，走者，载服物者，载狐兔者，凡马之事二十有七焉。马大小八十有三，而莫有同者焉。"秦少游谓其叙事该门生马裔孙知贡举，放榜以后，带领新科进士到裴皞府上谢恩，裴皞非常高兴，和他们欢快地宴饮了整整一天，写了一首绝句说："宦途最重是文衡，天与愚夫作盛名。三主礼闱今八十，门生门下见门生。"当时士大夫都以此事赞誉裴皞。这件事见苏耆写的《开谭录》一书。我取《五代登科记》考证此事，裴皞在后唐同光年中曾三次知贡举，同光四年录取的进士共八名，马裔孙就在其中。十年后，马裔孙任翰林学士，清泰三年放榜时，共取进士十三人，《开谭录》所说的不错。不久，马裔孙当了丞相，《新五代史》也记载了有关几句。白居易的诗集中有《与诸同年贺座主高侍郎新拜太常同宴萧尚书亭子》一首。诗的注释说："今科座主高郢侍郎是萧昕尚书门及第。"我取《唐登科记》考查，白居易在贞元十六年中书舍人高郢门下第四名中进士，而高郢则在宝应二年礼部侍郎萧昕门下第九名中进士，到高郢被升为太常卿时，差不多已经中第四十年了。萧昕自从宝应二年癸卯知贡举以后，二十四年后的贞元三年丁卯，又以礼部尚书之职再次知贡举，真可说是长寿的隽才了。看到白居易诗中所写，更可以看出唐朝的举子们是多么尊重主考的座主了。

韩苏杜公叙马

韩愈《人物画记》中描述马的那一段说："马肥大的共有九匹，在马群之中又有上等好马和普通的马。有正在行走的，有想摆脱牵缚的，有狂奔的，有过水的，有跳跃的，有翘着头的，有回头看的，有引颈长鸣的，有卧息不动的，有慢慢走动的，有站立不动的，有正在吃草的，有正在饮水的，有解溲的，有上坡的，有下坡的，有身痒在树下磨蹭的，有喷鼻的，有闻味的，有而不烦，故仿之而作《罗汉记》。坡公赋《韩干十四马》诗云：“二马并驱攒八蹄，二马宛颈鬃尾齐。一马任前双举后，一马却避长鸣嘶。老髯奚官骑且顾，前身作马通马语。后有八匹饮且行，微流赴吻若干声。前者既济出林鹤，后者欲涉鹤俯啄。最后一匹马中龙，不嘶不动尾摇风。韩生画马真是马，苏子作诗如见画。世无伯乐亦无韩，此诗此画谁当看？”诗之与记，其体虽异，其为布置铺写则同。诵坡公之语，盖不待见画也。予《云林绘监》中有临本，略无小异。杜老《观曹将军画马图》云：“昔日太宗拳毛騧，近时郭家师子花。今之新图有二马，复令识者久叹嗟。其余七匹亦殊绝，迥若寒空动烟雪。霜蹄蹴踏长楸间，马官厮养森成列。可怜九马争神骏，顾视清高气深稳。”其语视东坡，似若不及。至于“斯须九重真龙出，一洗万古凡马空”，不妨独步也。杜又有《画马赞》云：“韩干画马，毫端有神。骅骝老大，騕褭清新”及“四蹄雷雹，一日天池。瞻彼骏骨，实惟龙媒”之句。坡公《九马赞》言：“薛绍彭家藏曹将军《九马图》，杜子美所为作诗者也。”其词云：“牧者万岁，绘者惟霸。甫为作诵，伟哉九马。”读此诗文数篇，真能使人方寸超然，意气横出，可谓“妙绝动宫墙”矣。

高兴而相互嬉戏的，有发怒而互相踢咬的，有正吃草的，有被人骑着的，有狂跑的，有慢跑的，有驮着服饰器物的，有驮着野兔狐狸的，马的活动形态共二十七类。这幅画一共画了八十三匹马，却没有一点雷同。”秦观称道此文叙述马事完备而不烦琐，因此模仿它的格套写了一篇《罗汉记》。苏轼作《韩干十四马》诗这样写道：“二马并驱攒八蹄，二马宛颈鬃尾齐。一马任前双举后，一马却避长鸣嘶。老髯奚官骑且顾，前身作马通马语。后有八匹饮且行，微流赴吻若干声。前者既济出林鹤，后者欲涉鹤俯啄。最后一匹马中龙，不嘶不动尾摇风。韩生画马真是马，苏子作诗如见画。世无伯乐亦无韩，此诗此画谁当看！”诗和记的体裁虽然大不相同，但它们的铺陈描绘则是相同的。读完苏轼的诗，几乎不用再看图画了。我的《云林绘监》里有这幅画的摹写本，与原画毫厘不差。杜甫的《观曹将军画马图》诗说：“昔日太宗拳毛騧，近时郭家师子花。今之新图有二马，复令识者久叹嗟。其余七匹亦殊绝，迥若寒空动烟雪。霜蹄蹴踏长楸间，马官厮养森成列。可怜九马争神骏，顾视清高气深稳。”这些诗句和苏轼的诗相比，似乎稍逊一筹，至于“斯须九重真龙出，一洗万古凡马空”一句，可谓无可超越之语。杜甫还有一篇《画马赞》说：“韩干画马，笔端像有神助。骅骝大而脱俗，騕褭清新悦目。”还有“四蹄如雷电，一日到天池。看它骏骨相，无疑是龙媒”的句子。苏轼的《九马赞》说：“薛绍彭家收藏有曹将军《九马图》，就是杜甫为之作诗的那幅画。”赞词说：“有马的是天子，画马的是曹霸，杜甫为它作诗赞诵，了不起啊，九匹骏马！”读了这几篇诗文，真能令人超脱豁朗，意气风发，可以说是“妙绝动宫墙”了！

风灾霜旱

庆元四年，饶州盛夏中，时雨频降，六七月之间未尝请祷，农家水车龙具倚之于壁，父老以为所未见，指期西成有秋，当倍常岁，而低下之田，遂以潦告。馀干、安仁乃于八月罹地火之厄。地火者，盖苗根及心，孽虫生之，茎干焦枯，如火烈烈，正古之所谓蟊贼也。九月十四日，严霜连降，晚稻未实者，皆为所薄，不能复生，诸县多然。有常产者，诉于郡县，郡守孜孜爱民，有意蠲租，然僚吏多云："在法无此两项。"又云："九月正是霜降节，不足为异。"案白乐天讽谏《杜陵叟》一篇曰："九月霜降秋早寒，禾穗未熟皆青干。长吏明知不申破，急敛暴征求考课。"此明证也。予因记元祐五年苏公守杭日，与宰相吕汲公书，论浙西灾伤曰："贤哲一闻此言，理无不行，但恐世俗谄薄成风，揣所乐闻与所忌讳，争言无灾，或有灾而不甚损。八月之末，秀州数千人诉风灾，吏以为法有诉水旱而无诉风灾，闭拒不纳，老幼相腾践，死者十一人。由此言之，吏不喜言灾者，盖十人而九，不可不察也。"苏公及此，可谓仁人之言。岂非昔人立法之初，如所谓风灾、所谓旱霜之类，非如水旱之田可以稽考，惧贪民乘时，或成冒滥，故不轻启其端。今日之计，固难添创条式。但凡有灾伤，出于水旱之外者，专委良守令推而行之，则实惠及民，可以救其流亡之祸，仁政之上也。

风灾霜旱

宋宁宗庆元四年，饶州(今江西省鄱阳县)在盛夏时节连连降雨，六月、七月两个月里一次也没有祈雨，农夫家的水车和求雨祭具都斜靠在家中的墙壁上，老年人都说这种天气前所未见，于是盼望着今年秋天的收成比往年要好上一倍，然而不久，那些耕种低洼田地的农夫们便说已经涝了。馀干、安仁两县在八月里又遭受了地火之灾。什么叫地火呢？那就庄稼从苗根到苗心都生了孽虫，致使庄稼的茎变枯变焦，远远望去，像是金黄的烈火一样，这正是古时候所说的“蟊贼”之害。九月十四日，又接连下了寒霜，晚稻还没有灌浆成粒的都被这场大霜冻死，不能再成粒实了，饶州所属各县大都如此。一些有田产的农夫到郡县衙门去报告灾情，知州是一位体察民情的官，闻知此情，便有了减免租赋的打算，可是属官们却纷纷说：“皇朝法典规定的减免租赋，可没有说到‘蟊贼’和‘旱霜’两种情况啊！”还说：“九月里就该有霜降节，下霜也不足为奇。”按：白居易有一首《杜陵叟》说：“九月霜降秋早寒，禾穗未熟皆青干。长吏明知不申破，急敛暴征求考课。”这是九月不应该下霜的明证。我因而又记起哲宗元祐五年苏轼知杭州时，给宰相吕大防写过一封信，专论浙西的灾伤情形，信中说：“圣人在上，贤哲之相辅佐他。听到这些灾伤之情，绝不会放任不管，只是怕世俗庸人欺君昧上已成恶习，报喜不报忧，争着抢着说本处并没有灾荒，或者说虽有灾情，不很严重。八月下旬，秀州(今嘉兴市)几千民众到州衙报知本州发生了风灾，州官认定法典上只有报知水灾、旱灾的而没有报知风灾的，因此闭门不听百姓的诉说，州衙外百姓气愤地奔马也践踏，混乱中踩死了十一位老人和孩子。由此事可知，

地方官吏只喜欢说丰收，不喜欢说灾害的，十人之中就有九人，这种情形不能不明察。”苏轼说到这一步，真可以说是仁人之言了。这是不是古人在创立法律的时候，考虑到像风灾、旱霜一类的灾情不像旱、涝那样一看即知，而怕一些刁民借此为由，冒领赈济、滥减租赋，所以不便轻易地将它们纳入法律条文呢？如今看来，把这类灾情重新纳入法典怕是太难，但是只要出现了灾情，那些不包括在水灾、旱灾之内的灾情，朝廷应该专门委派贤良的地方长官实行救助，这样便可以使百姓切实感受到天子的恩德，避免造成大量灾民流离失所，这是施仁政的上策。

卷八（十二则）

白苏诗纪年岁

白乐天为人诚实洞达，故作诗述怀，好纪年岁。因阅其集，辄抒录之："此生知负少年心，不展愁眉欲三十""莫言三十是年少，百岁三分已一分""何况才中年，又过三十二""不觉明镜中，忽然三十四""我年三十六，冉冉昏复旦""非老亦非少，年过三纪余""行年欲四十，有女曰金銮""我今欲四十，秋怀亦可知""行年三十九，岁暮日斜时""忽因时节惊年岁，四十如今欠一年""四十为野夫，田中学锄谷""四十官七品，拙宦非由它""毛鬓早改变，四十白发生""况我今四十，本来形皃羸""衰病四十身，娇痴三岁女""自问今年几，春秋四十初""四十未为老，忧伤早衰恶""莫学二郎吟太苦，才年四十鬓如霜""下有独立人，年来四十一""若为重入华阳院，病发愁心四十三""已年四十四，又为五品官""面瘦头斑四十四，远谪江州为郡吏""行年四十五，两鬓半苍苍""四十六时三月尽，送春争得不殷勤""我今四十六，衰悴卧江城""鬓发苍浪牙齿疏，不觉身年四十七""明朝四十九，应转悟前非""四十九年身老日，一百五夜月明天""衰鬓蹉跎将五十，关河迢递过三千""青山举眼三千里，白发平头五十人""宦途气味已谙尽，五十不休何日休""五十江城守，停杯忽自思""莫

白苏诗纪年岁

白居易为人诚恳实在，光明磊落，因此他写诗抒情，喜欢记下自己当时的年岁。由于我细细阅读他的文集，故而记下一些诗句："此生知负少年心，不展愁眉欲三十""莫言三十是年少，百岁三分已一分""何况才中年，又过三十二""不觉明镜中，忽年三十四""我年三十六，冉冉昏复旦""非老亦非少，年过三纪余""行年欲四十，有女曰金銮""我今欲四十，秋怀亦可知""行年三十九，岁暮日斜时""忽因时节惊年岁，四十如今欠一年""四十为野夫，田中学锄谷""四十官七品，拙宦非由它""毛鬓早改变，四十白发生""况我今四十，本来形皃羸""衰病四十身，娇痴三岁女""自问今年几，春秋四十初""四十未为老，忧伤早衰恶""莫学二郎吟太苦，才年四十鬓如霜""下有独立人，年来四十一""若为重入华阳院，病发愁心四十三""已年四十四，又为五品官""面瘦头斑四十四，远谪江州为郡吏""行年四十五，两鬓半苍苍""四十六时三月尽，送春争得不殷勤""我今四十六，衰悴卧江城""鬓发苍浪牙齿疏，不觉身年四十七""明朝四十九，应转悟前非""四十九年身老日，一百五夜月明天""衰鬓蹉跎将五十，关河迢递过三千""青山举眼三千里，白发平头五十人""宦途气味已谙尽，五十不休何日休""五十江城守，停杯忽自思""莫学尔兄年五十，蹉跎始得掌丝纶""五十未全老，尚可且欢娱""长庆二年秋，我年五十一""二月五日花如雪，五十二人头似霜""老学尔兄年五十，蹉跎始得掌丝纶”“五十未全老，尚可且欢娱”“长庆二年秋，我年五十一”“二月五日花如雪，五十二人头似霜”“老校于君合先退，明年半百又加三”“前岁花前五十二，今年花前五十五”“倘年七十犹强健，尚得闲行十五春”“去时十一二，今年五十六”“我年五十七，荣名得几许”“我年五十七，归去诚已迟”“身为三品官，年已五十八”“五十八翁方有后，静思堪喜亦堪嗟”“半百过九年，艳阳残一日”“火销灯尽天明后，便见平头六十人”“六十河南尹，前途足可知”“不准拟身年六十，上山仍未要人扶”“不准拟身年六十，游春犹自有心情”“我今悟已晚，六十方退闲”“今岁日余二十六，来岁年登六十二”“心情多少在，六十二三人”“六十三翁头雪白，假如醒黠欲何为”“行年六十四，安得不衰羸”“我今六十五，走若下坡轮”“年开第七秩，屈指几多人”“五十八归来，今年六十六”“无忧亦无喜，六十六年春”“共把十千沽一斗，相看七十欠三年”“七十欠四岁，此生那足论”“六十八衰翁，乘衰百疾攻”“又问年几何，七十行欠二”“更过今年年七十，假如无病亦宜休”“今日行年将七十，犹须惭愧病来迟”“且喜同年满七十，莫嫌衰病莫嫌贫”“旧语相传聊自慰，世间七十老人稀”“皤然七十翁，亦足称寿考”“昨日复今辰，悠悠七十春”“人生七十希，我年幸过之”“白须如雪五朝臣，又入新正第七旬”（时年七十一）“行开第八秩，可谓尽天年。”“吾今已年七十一，眼昏须白头风眩”“七十校于君合先退，明年半百又加三”“前岁花前五十二，今年花前五十五”“倘年七十犹强健，尚得闲行十五春”“去时十一二，今年五十六”“我年五十七，荣名得几许”“我年五十七，归去诚已迟”“身为三品官，年已五十八”“五十八翁方有后，静思堪喜亦堪嗟”“半百过九年，艳阳残一日”“火销灯尽天明后，便见平头六十人”“六十河南尹，前途足可知”“不准拟身年六十，上山仍未要人扶”“不准拟身年六十，游春犹自有心情”“我今悟已晚，六十方退闲”“今岁日余二十六，来岁年登六十二”“心情多少在，六十二三人”“六十三翁头雪白，假如醒黠欲何为”“行年六十四，安得不衰羸”“我今六十五，走若下坡轮”“年开第七秩，屈指几多人”“五十八归来，今年六十六”“无忧亦无喜，六十六年春”“共把十千沽一斗，相看七十欠三年”“七十欠四岁，此生那足论”“六十八衰翁，乘衰百疾攻”“又问年几何，七十行欠二”“更过今年年七十，假如无病亦宜休”“今日行年将七十，犹须惭愧病来迟”“且喜同年满七十，莫嫌衰病莫嫌贫”“旧语相传聊自慰，世间七十老人稀”“皤然七十翁，亦足称寿考”“昨日复今辰，悠悠七十春”“人生七十希，我年幸过之”“白须如雪五朝臣，又入新正第七旬”（当时七十一岁）“行开第八秩，可谓尽天年”“吾今已年七十一，眼昏须白头风眩”“七十人难到，过三更较稀”“七十三人难再到，今春来是别花来”“七十三翁旦暮身，誓开险路作通津”“风光抛得也，七十四年春”“寿及七十五，俸沾五十千”其数量是如此之多。苏轼一向敬重白居易，所以有时也模仿白居易的作法，比如“龙钟三十九，劳生已强半，岁莫日斜时，还为昔人叹”一句，正是仿照白居易所作。又如“四十岂不知头颅，畏人不出何其愚”“我人难到，过三更较稀”“七十三人难再到，今春来是别花来”“七十三翁旦暮身，誓开险路作通津”“风光抛得也，七十四年春”“寿及七十五，俸沾五十千”其多如此。苏公素重乐天，故间亦效之，如“龙钟三十九，劳生已强半，岁莫日斜时，还为昔人叹”，正引用其语。又“四十岂不知头颅，畏人不出何其愚”“我今四十二，衰发不满梳”“忆在钱塘正如此，回头四十二年非”“行年四十九，还此北窗宿”“吾年四十九，赖此一笑喜”“嗟我与君皆丙子，四十九年穷不死”“五十之年初过二，衰颜记我今如此”“白发苍颜五十三，家人强遣试春衫”“先生年来六十化，道眼已入不二门”“纷纷华发不足道，当返六十过去魂”“我年六十一，颓景薄西山”“结发事文史，俯仰六十逾”“与君皆丙子，各已三万日”。玩味庄诵，便如阅年谱也。

天将富此翁

唐刘仁轨任给事中，为宰相李义府所恶，出为青州刺史。及代还，欲斥以罪，又坐漕船覆没免官。其后百济叛，诏以白衣检校带方州刺史。仁轨谓人曰：“天将富贵此翁邪！”果削平辽海。白乐天有《自题酒库》一篇，云：“身更求何事，天将富此翁。此翁何处富？酒库不曾空。”注云“刘仁轨诗：‘天将富此翁。’以一醉为富也。”然则唐史以此为仁轨之语，而不言其诗，为未审耳。

今四十二，衰发不满梳”“忆在钱塘正如此，回头四十二年非”“行年四十九，赖此北窗宿”“吾年四十九，赖此一笑喜”“嗟我与君皆丙子，四十九年穷不死”“五十之年初过二，衰颜记我今如此”“白发苍颜五十三，家人强遣试春衫”“先生年来六十化，道眼已入不二门”“纷纷华发不足道，当返六十过去魂”“我年六十一，颓景薄西山”“结发事文史，俯仰六十逾”“与君皆丙子，各已三万日”。仔细咀嚼品味，就好像是在看年谱。

天将富此翁

唐朝刘仁轨担任给事中，被宰相李义府所憎恶，于是命刘仁轨离朝担任青州刺史。到了任满受代还朝，李义府要寻他一些过失加罪于他，又因牵连漕运船只倾覆被罢免。后来百济人反叛，朝廷命刘仁轨以平民的身份临时担任带方州刺史。刘仁轨对别人说：“老天打算使我这个老翁富贵呀！”后果然把百济骚乱平息了。白居易有一首《自题酒库》诗说：“身更求何事，天将富此翁。此翁何处富？酒库不曾空。”注释说：“刘仁轨诗说：‘天将富此翁。’把醉酒当作富贵。”既是如此，那么新、旧《唐书》把这句话当成了刘仁轨对别人说的话，而没有提到这原是

白公说俸禄

白乐天仕宦，从壮至老，凡俸禄多寡之数，悉载于诗，虽波及它人亦然。其立身廉清，家无余积，可以概见矣。因读其集，辄叙而列之。其为校书郎，曰："俸钱万六千，月给亦有余。"为左拾遗，曰："月惭谏纸二千张，岁愧俸钱三十万。"兼京兆户曹，曰："俸钱四五万，月可奉晨昏。廪禄二百石，岁可盈仓囷。"贬江州司马，曰："散员足庇身，薄俸可资家。"《壁记》曰："岁廪数百石，月俸六七万。"罢杭州刺史，曰："三年请禄俸，颇有余衣食。""移家入新宅，罢郡有余资。"为苏州刺史，曰："十万户州尤觉贵，二千石禄敢言贫！"为宾客分司，曰："俸钱八九万，给受无虚月。""嵩洛供云水，朝廷乞俸钱。""老宜官冷静，贫赖俸优饶。""官优有禄料，职散无羁縻。""官衔依口得，俸禄逐身来。"为河南尹，曰："厚俸如何用，闲居不可忘。"不赴同州，曰："诚贪俸钱厚，其如身力衰！"为太子少傅，曰："月俸百千官二品，朝廷雇我作闲人。""又问俸厚薄，百千随月至。""七年为少傅，品高俸不薄。"其致仕，曰："全家遁此曾无闷，半俸资身亦有余。""俸随日计钱盈贯，禄逐年支粟满囷。""寿及七十五，俸占五十千。"其泛叙曰："历官凡五六，禄俸及妻孥。""料钱随官用，生计逐年营。""形骸僶俛班行内，骨肉勾留俸禄中。"其它人者，如陕州王司马他的一句诗，是没作审慎的考察。

白公说俸禄

白居易做官，从壮年到老年，凡是俸禄多少的数目，全都记在诗歌中，即使是牵涉到别人，也是如此。他为官清廉，家里并没有多余的钱财，从这些诗歌中也可以看出来了。由于详细诵读他的诗集，因而依次摘录如下。他担任校书郎时，说道："俸钱万六千，月给亦有余。"担任左拾遗，说道："月惭谏纸二千张，岁愧俸钱三十万。"兼任京兆府户曹时，说道："俸钱四五万，月可奉晨昏。廪禄二百石，岁可盈仓囷。"贬为江州司马，说道："散员足庇身，薄俸可资家。"《壁记》说道："岁廪数百石，月俸六七万。"罢官担任杭州刺史，说道："三年请禄俸，颇有余衣食。""移家入新宅，罢郡有余资。"又任苏州刺史，说道："十万户州尤觉贵，二千石禄敢言贫！"后任太子宾客，分司西京，说道："俸钱八九万，给受无虚月。""嵩洛供云水，朝廷乞俸钱。""老宜官冷静，贫赖俸优饶。""官优有禄料，职散无羁縻。""官衔依口得，俸禄逐身来。"担任河南府尹，说道："厚俸如何用，闲居不可忘。"任命为同州刺史，没有赴官，说道："诚贪俸钱厚，其如身力衰！"担任太子少傅，说道："月俸百千官二品，朝廷雇我作闲人。""又问俸厚薄，百千随月至。""七年为少傅，品高俸不薄。"后来他年老致仕，说道："全家遁此曾无闷，半俸资身亦有余。""俸随日计钱盈贯，禄逐年支粟满囷。""寿及七十五，俸占五十千。"其他泛泛而谈说："历官凡五六，禄俸及妻孥。""料钱随官用，生计逐年营。""形骸僶俛班行内，骨肉勾留俸禄中。"还有涉及别人的，比如说陕州王司曰:“公事闲忙同少尹,俸钱多少敌尚书。”刘梦得罢宾客,除秘监,禄俸略同,曰:“日望挥金贺新命,俸钱依旧又如何!”叹洛阳、长水二县令曰:“朱绂洛阳官位屈,青袍长水俸钱贫。”其将下世,有《达哉乐天行》曰:“先卖南坊十亩园,次卖东郭五顷田。然后兼卖所居宅,仿佛获缗二三千。但恐此钱用不尽,即先朝露归夜泉。”后之君子试一味其言,虽日饮贪泉,亦知酎酌矣。观其生涯如是。东坡云:“公廪有余粟,府有余帛。”殆亦不然。

白居易出位

白居易为左赞善大夫,盗杀武元衡,京都震扰。居易首上疏,诸亟捕贼,刷朝廷耻,以必得为期。宰相嫌其出位,不悦,因是贬江州司马。此《唐书》本传语也。案是时宰相张弘靖、韦贯之,弘靖不足道,贯之于是为失矣。白集载与杨虞卿书云:“左降诏下,明日而东,思欲一陈于左右。去年六月,盗杀右丞相于通衢中,进血体,磔发肉,所不忍道。合朝震栗,不知所云。仆以书籍以来,未有此事。苟有所见,虽畎亩皂隶之臣,不当默默,况在班列,而能胜其痛愤邪?故武丞相之气平明绝,仆之书奏日午入。两日之内,满城知之,其不与者,或语以伪言,或陷以非语,皆曰:‘丞、郎、给、舍、谏官、御史尚未论请,而赞善大夫何反忧国之甚也?’仆闻此语,退而思之,赞善大夫诚贱冗耳,朝廷有非常事,即日马，说道：“公事闲忙同少尹，俸钱多少敌尚书。”刘禹锡罢免了太子宾客，新命为秘书少监，俸禄多少差不多，白居易说道：“日望挥金贺新命，俸钱依旧又如何！”感叹洛阳、长水（今河南洛宁县西南）两位县令时说道：“朱绂洛阳官位屈，青袍长水俸钱贫。”他临终前，有一首《达哉乐天行》诗说：“先卖南坊十亩园，次卖东郭五顷田。然后兼卖所居宅，仿佛获缗二三千。但恐此钱用不尽，即先朝露归夜泉。”后来的仁人君子若是能品味一下这些诗语，即使是每天都饮贪泉之水，也会知道自己该怎么做人了。看白居易一生就是这样清贫廉洁。苏轼有句话说：“白公粮库里有余粮，仓库里有用着的丝帛。”恐怕此话不一定对。

白居易出位

白居易担任左赞善大夫时，强盗残杀了武元衡，一时间京城上下震惊恐惧，议论纷纷。白居易率先向朝廷上奏，请求迅速捉捕杀人强盗，洗刷朝廷的耻辱，并请求要限期捕贼。宰相嫌他超越了权限，很不高兴，因此贬他为江州司马。这是《唐书·白居易传》里的话。按：当时的宰相是张弘靖和韦贯之，张弘靖没有必要多说，韦贯之在这件事上是很不对的。《白居易集》载有他写给杨虞卿的一封信，信中说：“贬官的诏旨已经下达，明天就要出京东行了，想把心中的委屈详细地对阁下说一说。去年六月里，强盗在大街上杀害了右丞相武元衡，满身血浆，头发和肉体都被砸烂了，我实在不忍心再说下去。当时满朝文武震惊恐惧，不知该说什么话，我觉得有史以来，也没有过这样的事。假如人们当时见到右丞相死的惨状，即使是田夫奴仆，也不该闭口无言，更何况是朝廷大臣，反倒能忍受这样的愤恨？武元衡丞独进封章，谓之忠，谓之愤，亦无愧矣！谓之妄，谓之狂，又敢逃乎？以此获辜，顾何如耳，况又不以此为罪名乎！”白之自述如此。然则一时指为出位者，不但宰相而已也。史又曰：“居易母坠井死，而赋《新井篇》，以是左降。”前书所谓“不以此为罪名”者是已。

醉翁亭记酒经

欧阳公《醉翁亭记》、东坡公《酒经》，皆以“也”字为绝句。欧用二十一也字，坡用十六也字，欧记人人能读，至于《酒经》，知之者盖无几。坡公尝云：“欧阳作此记，其词玩易，盖戏云耳，不自以为奇特也。而妄庸者作欧语云：‘平生为此文最得意。’又云：‘吾不能为退之画记，退之不能为吾《醉翁亭记》。’此又大妄也。”坡《酒经》每一也字上必押韵，暗寓于赋，而读之者不觉。其激昂渊妙，殊非世间笔墨所能形容，今尽载于此，以示后生辈。其词云：“南方之氓，以糯与粳，杂以卉药而为饼，嗅之香，嚼之辣，揣之枵相黎明时断的气，我的奏章中午呈上。两天之内，满城的人都知道了，那些不乐意我这样做的人，有的说些谣言，有的说我这样做大错特错，都说：‘尚书、郎、给事中、中书舍人、谏官、御史尚且还没有上书奏事，一个赞善大夫为什么倒如此忧国呢？’我听到这些话，回到家中仔细思量，赞善大夫固然官职低微，而朝廷中发生了这样特殊的事件，当即进一奏疏，说这是忠诚，这是义愤，也问心无愧！说这是虚妄，这是张狂，我又能辩解些什么呢？因为这样一件事而获罪，您以为怎么样？更何况还不是以这件事定罪呢！”白居易的自述是这样的。既然是这样，看来当时指责他超越职权的人，还不仅仅是宰相而已。史书上又说：“白居易的母亲掉进井中淹死，而白居易却写了一首《新井篇》，因此受到贬斥。”上面那封书信里所说的“不是以这件事定罪”，就是就此而言。

醉翁亭记酒经

欧阳修的《醉翁亭记》和苏轼的《酒经》，都以“也”字做语尾。欧阳修共用了二十一个也字，苏轼共用了十六个也字。欧阳修的《醉翁亭记》人人都会诵读，而说到《酒经》，知道它的人就不多了。苏轼曾说：“欧阳修写《醉翁亭记》，遣词用语都很平易，恐怕是游戏笔墨而已，自己并没有以为多么新奇特别。但是一些庸俗之徒却假托欧阳修的话说：‘平生所作的文章，这一篇是最得意的。’还说：‘我虽然不能写韩愈的画记，韩愈也写不出我的《醉翁亭记》。’这又是信口胡说了。”苏轼的《酒经》每一个也字上面的字一定要求押韵，暗里与赋体相合，只是读它的人没有注意到罢了。这篇文章激昂畅快，渊深奥妙，实在不然而轻，此饼之良者也。吾始取面而起肥之，和之以姜液，烝之使十裂，绳穿而风戾之，愈久而益悍，此曲之精者也。米五斗为率，而五分之，为三斗者一，为五升者四，三斗者以酿，五升者以投，三投而止，尚有五升之羸也。始酿，以四两之饼，而每投以二两之曲，皆泽以少水，足以散解而匀停也。酿者必瓮按而井泓之，三日而井溢，此吾酒之萌也。酒之始萌也，甚烈而微苦，盖三投而后平也。凡饼烈而曲和，投者必屡尝而增损之，以舌为权衡也。既溢之三日乃投，九日三投，通十有五日而后定也。既定乃注以斗水，凡水必熟而冷者也。凡酿与投，必寒之而后下，此炎州之令也。既水五日乃笃，得二斗有半，此吾酒之正也。先笃半日，取所谓羸者为粥，米一而水三之，揉以饼曲，凡四两，二物并也。投之糟中，熟撋而再酿之，五日压得斗有半，此吾酒之少劲者也。劲、正合为四斗，又五日而饮，则和而力、严而不猛也。笃绝不旋踵而粥投之，少留则糟枯中风而酒病也。酿久者酒醇而丰，速者反是，故吾酒三十日而成也。”此文如太牢八珍，咀嚼不嫌于致力，则真味愈隽永，然未易为俊快者言也。

是用世间言语能够形容得出的，现在全录于下，留给后来学者诵读。这篇文章说：“南方的百姓，用糯米和粳米，再掺上些花卉制成的药粉团合成饼，这种饼闻起来香，嚼起来辣，掂量着十分轻，这样的饼是最好的饼。而后我取些面来，加入此饼把面发起来，再用有姜汁的水和好面，加火蒸，使它迸裂开来，再用绳子把它们分别穿起来，放在当风处吹干，风干得时间越长，它们就越坚固，这是曲子中最好的曲子。其后取米五斗，分为五份，把其中三斗合为一份，另外两斗分成四份，每份五升。三斗那一份用来酿酒，五升的那四份用来掺入，投三份之后便停下来，这样还有五升的富余。开始酿制时，取四两的酒饼，再取二两的酒曲，都先浸上些水，足够用来把它们泡开并成为均匀的曲浆便可以了。酿制时一定要用大瓮压好并用井水将瓮边灌满，使它内气不透。三天之后，边缘的井水开始冒泡，这就是我的酒开始出现了。刚出的酒，酒气十分浓烈，还稍稍有点发苦，大约掺入三次米之后便趋向平和了。凡是酒饼劲足而酒曲比较平和的，掺米的人一定要时时品尝而注意多掺米还是少掺米，以自己舌头的感觉而定。一般在井水发泡三天后开始掺米，九天内掺上三次，总共十五天后，酒便酿成了。初成的酒要再灌入一斗左右的水，这水一定要煮开之后再晾凉的。凡是酿酒和掺米，也一定要尽量凉透之后再开始操作，这在炎热的南方是尤须遵守的。加水五天后开始过滤，得到酒两斗半，这是我所说的正规的酒。过滤后半天，把那些溢出来的粥一样黏稠的东西取出来，三份水再加一份米，和上酒饼和酒曲共四两，两种物品一块投到酒糟里，反复搅拌之后再酿，五天后又能压出一斗半酒，这是我所说的更为浓烈的酒，将上述正规的酒和后出的更浓烈的酒

白公感石

白乐天有《奉和牛思黯以李苏州所寄太湖石奇状绝伦因作诗兼呈刘梦得》，其末云：“共嗟无此分，虚管太湖来。”注：“与梦得俱典姑苏，而不获此石。”又有《感石上旧字》云：“太湖石上镌三字，十五年前陈结之。”案，陈结之并无所经见，全不可晓。后观其《对酒有怀寄李郎中》一绝句，曰：“往年江外抛桃叶，去岁楼中别柳枝。寂寞春来一杯酒，此情唯有李君知。”注曰：“桃叶，结之也；柳枝，樊素也。”然后结之之义始明。乐天以病而去柳枝，故作诗云：“两枝杨柳小楼中，袅娜多年伴醉翁。明日放归归去后，世间应不要春风。”因刘梦得有戏之之句，又答之云：“谁能更学孩童戏，寻逐春风捉柳花。”然其钟情处竟不能忘，如云“病共乐天相伴住，春随樊子一时归”“金羁骆马近贳却，罗袖柳枝寻放还”“觞咏罢来宾閤闭，笙歌散后妓房空”是也，读之使人凄然。

合在一起，可得酒四斗，再过五天后饮用，那就平和而有酒劲，浓香但不酷烈了。过滤后应立即将粥样的稠物掺进去，稍迟了酒糟便发干、中间变空，再制出的酒就不好了。酿制时间长的酒香气醇厚而气味馥郁，相反，酿制时间短的酒则香气淡薄，因此我酿酒往往是三十天才完成。”这篇文章就像是祭神用的八种珍奇美味，诵读它时不要怕吃力，其中的真味越读越觉得绵绵不断，美不胜收，只是其中之味没办法给那些匆匆一阅的读者说清楚。

白公感石

白居易有《奉和牛思黯以李苏州所寄太湖石奇状绝伦因作诗兼呈刘梦得》诗，诗的末尾说：“共嗟无此分，虚管太湖来。”注释说：“白居易和刘禹锡都当过苏州刺史，但都没有见过太湖石。”又有一首《感石上旧字》诗说：“太湖石上镌三字，十五年前陈结之。”按：陈结之这个名字于史籍文献中未曾见过，其事迹完全不知道。后来看到他的《对酒有怀寄李郎中》这首绝句说：“往年江外抛桃叶，去岁楼中别柳枝。寂寞春来一杯酒，此情唯有李君知。”注释说：“桃叶，就指结之；柳枝，就指樊素。”这样“结之”的意思才全然明白了。白居易因身体有病而离开柳枝，因此作了首诗说：“两枝杨柳小楼中，袅娜多年伴醉翁。明日放归归去后，世间应不要春风。”因为刘禹锡曾有嘲谑他的诗句，又答刘禹锡说：“谁能更学孩童戏，寻逐春风捉柳花。”看来他对于自己所喜爱的女子是久久不能忘怀的，比如像“病共乐天相伴住，春随樊子一时归”“金羁骆马近贳却，罗袖柳枝寻放还”“觞咏罢来宾阁闭，笙歌散后妓房空”都是如此，

礼部韵略非理

《礼部韵略》所分字，有绝不近人情者，如东之与冬，清之与青，至于隔韵不通用。而为四声切韵之学者，必强立说，然终为非是。如撰字至列于上去三韵中，仍义训不一。顷绍兴三十年，省闱举子兼经出《易简天下之理得赋》。予为参详官，有点检试卷官蜀士杜莘云：“简字韵甚窄，若撰字必在所用，然唯撰述之撰乃可尔，如‘杂物撰德’、‘体天地之撰’、‘异夫三子者之撰’、‘欠伸，撰杖屦’之类，皆不可用。”予以白知举，请揭榜示众。何通远谏议初亦难之，予曰：“倘举场皆落韵，如何出手？”乃自书一榜。榜才出，八厢逻卒以为逐举未尝有比例，即录以报主者。士人满帘前上请，予为逐一剖析，然后退。又静之与靓，其义一也，而以静为上声，靓为去声。案：《汉书》贾谊《服赋》“澹虖若深渊之靓”，颜师古注：“靓与静同。”《史记》正作“静”。杨雄《甘泉赋》“暗暗靓深”，注云：“靓即静字耳。”今浙入两音，殊为非理。予名云竹庄之堂曰“赏静”，取杜诗“赏静怜云竹”之句也。守僧居之，频年三易，有道人指曰：“静之左傍乃争字，以故不定叠。”于是撤去元扁，而改为“靓”云。

读了这些诗，让人感到十分惨然。

礼部韵略非理

《礼部韵略》这部韵书的分字，有非常不合情理的情况，比如东和冬、清和青，竟然隔韵不通押。而那些研究四声音韵的学者们，又强词夺理为它辩护，但最终也说不出道理。又如“撰”字，排列在上声、去声的三个韵部当中，对它的释义也不相同。不久前的绍兴三十年省试时，举子们应考的兼经题出的是《易简天下之理得赋》。当时我担任参详官，有一个批改试卷的蜀中士人杜莘对我说：“‘简’字这个韵太窄了，像‘撰’字肯定要用在答卷当中，可是只有撰写的撰才能与简相押，像‘杂物撰德’的撰、‘体天地之撰’的撰、‘异夫三子者之撰’的撰、‘欠伸，撰杖屦’的撰，这些意义的撰字，都不能和简相押。”我把我的意见告诉了主考，请求写成榜文公之于众。主考官谏议大夫何通远刚开始时也为此事感到为难，我说：“如果这场考试都按出韵算，我们怎么批改？”于是自作主张书写了一道榜文。榜文刚刚张贴出去，各考区的监场士卒感到历次考试时都没有这样的先例，立即将此事报给知贡举。举子们也都拥到帘前询问，我为他们一条条地分析，他们听得明白了，便又回到了自己的考厢。再如静字和靓字，两个字意义完全相同，但《礼部韵略》却把静字列于上声，而把靓字列于去声。按：《汉书·贾谊传·鹏鸟赋》“澹虖若深渊之靓”，颜师古注解说：“靓字和静字相同。”《史记》中就写作“静”。杨雄《甘泉赋》“暗暗靓深”，注释说：“靓字就是静字。”如今分成了两个音，真是不合情理。我为我的云竹庄中的堂取了个名字叫“赏静”，是取于杜甫诗“赏静怜

唐臣乞赠祖

唐世赠典唯一品乃及祖，余官只赠父耳。而长庆中流泽颇异，白乐天制集有户部尚书杨於陵，回赠其祖为吏部郎中，祖母崔氏为郡夫人。马总准制赠亡父，亦请回其祖及祖母。散骑常侍张惟素亦然。非常制也。是时崔植为相，亦有《陈情表》云："亡父婴甫，是臣本生；亡伯祐甫，臣今承后。嗣袭虽移，孝心则在。自去年以来，累有庆泽，凡在朝列，再蒙追荣，或有陈乞，皆许回授。臣猥当宠擢，而显扬之命，独未及于先人。今请以在身官秩，并前后合叙勋封，特乞回充追赠。"则知其时一切之制如此。伯兄文惠执政，乞以己合转官回赠高祖，既已得旨，而为后省封还。固近无此比，且失于考引唐时故事也。

云竹”中的句子。看守田庄的僧人住在其中，不想一年中连连更换人，有位道士指着堂上的匾额说：“静字的左边是个争字，所以总是不安宁。”我把原来的匾额撤下去，把“赏静”改成了“赏靓”。

唐臣乞赠祖

唐朝赠官的法令规定：只有一品官才能追赠他的祖父辈，其余官品的官员只追赠到父辈。然而穆宗长庆年间，皇恩更为浩荡。白居易的制词中有写户部尚书杨於陵的一首，追赠杨的祖父为吏部郎中、祖母崔氏为郡夫人。马总得到恩准，追赠已故的父亲，也请求天子追赠他的祖父和祖母。散骑常侍张惟素也是如此。似乎不是法定制度。当时崔植担任宰相，也有一封《陈情表》说：“已故父亲婴甫，是下臣的生身之父；已故伯父祐甫，是下臣的继养之父。虽然过继给伯父祐甫，但孝敬亲父之心却念念不能忘怀。自从去年以来，朝廷对大臣们多有恩泽，凡是在朝的大夫，都得到陛下追赠先祖的荣宠，只要是有所陈述，都准许追赠授官。下臣不才，有幸得到陛下的奖拔重用，只是荣显的恩泽还没有施及于先人。如今下臣请求以在身的官位和此前此后应当叙的勋阶和封爵，乞望圣上允许追赠先人。”看来当时的法定制度就如此。我的叔伯兄长洪适当宰相时，也曾请求以在身应该迁转的官爵追赠高祖，随即得旨准许了请求，却被中书省封还，不予办理，此种追赠近代确无前例，而且没有详细地考察唐朝的旧制度。

承习用经语误

经传中事实多有转相祖述而用，初不考其训故者，如：《邶·谷风》之诗，为淫新昏弃旧室而作，其词曰：“宴尔新昏，以我御穷。”宴，安也，言安爱尔之新昏，但以我御穷苦之时，至于富贵则弃我。今人乃以初娶为宴尔，非惟于诗意不合，且又再娶事，岂堪用也。《抑》之诗曰：“訏谟定命，远犹辰告。”毛公曰：“訏，大也；谟、谋也；犹，道也；辰，时也。犹与猷同。”郑笺曰：“犹，图也，言大谋定命。为天下远图庶事，而以岁时告施之，如正月始和布政也。”案：此特谓上告下之义，今词臣乃用于制诏以属臣下，而臣下于表章中亦用之，不知其与“人告尔后”之告不侔也。《生民》之诗曰：“诞弥厥月。”毛公曰：“诞，大也；弥，终也。”郑笺言：“后稷之在其母，终人道十月而生。”案：训弥为终，其义亦未易晓。至“俾尔弥尔性，似先公酋矣”，既释弥为终，又曰：酋，终也。颇涉烦复。《生民》凡有八诞字：“诞寘之隘巷”“诞寘之平林”“诞寘之寒冰”“诞实匍匐”“诞后稷之穑”“诞降嘉种”“诞我祀如何”，若悉以诞为大，于义亦不通。它如“诞先登于岸”之类，新安朱氏以为发语之辞，是已。莆田郑氏云：“弥只训满，谓满此月耳。”今称圣节日降诞，曰诞节，人相称曰诞日、诞辰、庆诞，皆为不然，但承习胶固，无由可革，虽东坡公亦云“仰止诞弥之庆”，未能免俗。书之于此，使子弟后生辈知之。《左传》：“王使宰孔赐齐侯胙，齐侯将下拜，孔曰：‘天子使孔曰：以伯舅耋老，无下拜。’对

承习用经语误

经书和传注中的事实有不少被后人沿袭而用，而当初却没有详细考察它的旧注的，比如《诗经·邶风·谷风》这首诗，原本是为迷恋新婚、厌弃前妻的人提出警戒，这首诗说："宴尔新昏，以我御穷"。宴即安的意思，是说安然无愧地爱你的新婚恋人，只把我当成穷苦时的伴侣，到你富贵便抛弃我。如今人们却把初次娶妻称为"宴尔"，不仅跟原诗诗意不合，而且即使是再婚再娶，难道还能使用吗？《诗经·大雅·抑》这首诗说："訏谟定命，远犹辰告。"毛亨注释说："訏，即大的意思；谟，即谋的意思；犹，即道的意思；辰，即时的意思。犹和猷在此处通用。"郑玄注解说："犹，即图的意思，是说远大的谋略为王确定政令。为天下谋划大事，并在适合的时节里诏告臣民，比如正月里开始宣布一年中的大政。"按：这里只指人君诏告下民的意思，如今的舍人、学士们常用在诏令、诰词当中，用来训示臣下，可是一些大臣们的上表奏章里也用这个词，不了解它和"人告尔后"中的"告"毫不相同。《诗经·大雅·生民》这首诗说："诞，弥厥月。"毛亨注解说："诞，即大的意思；弥，即终结的意思。"郑玄注解说："后稷在他母亲的腹中，足月十个月降生。"按：把弥解释为终结，这个意义也不很明确。至于"俾尔弥尔性，似先公酋矣"这句话，既已经把弥解释成终结，又说：酋，即终结的意思。这就显得重复烦琐。《生民》中共出现了八个诞字："诞寘之隘巷""诞寘之平林""诞寘之寒冰""诞实匍匐""诞后稷之穑""诞降嘉种""诞我祀如何"，如果把这其中的诞字都解释为大，恐怕也无法讲通。其他像"诞先登于岸"之类，新安人朱某认为是发语虚词，这是正确的。莆田郑先生说："弥只能解曰：'天威不违颜咫尺，敢不下拜？'下拜，登受。"谓拜于堂下，而受胙于堂上。今人简牍谢馈者，辄曰"谨已下拜"，犹未为甚失，若"天威不违颜咫尺"，则上四字为天子设，下三字为人臣设，故注言："天鉴察不远，威严常在颜面之前。"今士大夫往往于表奏中言违颜，或曰咫颜、咫尺之颜，全与本指爽戾。如用龙颜、圣颜、天颜之类，自无害也。

长庆表章

唐自大历以河北三镇为悍藩所据，至元和中，田弘正以魏归国，长庆初王承元、刘总去镇、幽，于是河北略定。而穆宗以昏君，崔植、杜元颖、王播以庸相，不能建久长之策，轻徙田弘正，以启王庭凑之乱；缪用张弘靖，以启朱克融之乱。朝廷以诸道十五万众，裴度元臣宿望，乌重胤、李光颜当时名将，屯守逾年，竟无成功，财竭力尽，遂以节钺授二释成满，就是说满了十月而已。”如今人们称天子生日为降诞、诞节，普通人之间相互称为诞日、诞辰、庆诞等等，都是不正确的。只是以讹传讹，越传越真，几乎没办法改变，就连苏轼这样的大家也说“仰止诞弥之庆”，不能超越俗讹。现把这些辨证记在这里，让后学以及后来人明白其中的原委。《左传》说：“周天子派宰孔赐给齐桓公祭肉，齐桓公准备下阶施跪拜之礼，宰孔说：‘周天子曾对我讲过：因为伯舅您年事已高，不必下阶施礼了。’齐桓公答道：‘天子的威德离我不到咫尺之远，我怎敢不下阶跪拜！于是下阶跪拜，然后登上台阶，接受了赏赐。”说的是拜于堂之下，而接受祭肉于堂之上。如今人们的简牍里感谢馈赠者，动不动就说“谨已下拜”，这还不算什么大的失误，像“天威不违颜咫尺”这个句子里，前四个字是写周天子的，后三个字才是写臣下的，所以注释说：“上天神鉴明察并不遥远，天子的威严时常在面前。”如今的士大夫时常在章表奏疏里说违颜，或者说咫颜、咫尺之颜等等，和经书中的原意根本相反。假如用作龙颜、圣颜、天颜之类的意思，那就没什么妨碍了。

长庆表章

唐朝的河北三大重镇自从代宗大历年间被强大的藩镇所占据，到宪宗元和年间，田弘正才宣布他控制的魏博归顺朝廷，穆宗长庆初年，王承元、刘总也离开了镇、幽两个重镇，至此河北一带才渐渐安定。然而唐穆宗是位昏君，崔植、杜元颖、王播是几位庸碌的宰相，他们未能采取长治久安的良策，轻易地调离田弘正，于是造成了王庭凑之乱；又错误地重用张弘靖，结果引发了朱克融之乱。朝廷调集各道十五万大军，又凭着裴度老贼，再失河朔，讫于唐亡。观一时事势，何止可为痛哭！而宰相请上尊号表云："陛下自即大位，及此二年，无巾车汗马之劳，而坐平镇、冀；无亡弓遗镞之费，而立定幽燕。以谓威灵四及，请为'神武'。"君臣上下，其亦云无羞耻矣。此表乃白居易所作。又翰林学士元稹求为宰相，恐裴度复有功大用，妨己进取，多从中沮坏之。度上表极陈其状，帝不得已，解稹翰林，恩遇如故。稹怨度，欲解其兵柄，劝上罢兵。未几拜相，居易代作谢表，其略云："臣遭遇圣明，不因人进；擢居禁内，访以密谋。恩奖太深，谗谤并至。虽内省行事，无所愧心；然上黩宸聪，合当死责。"其文过饰非如此。居易二表，诚为有玷盛德。

元白制科

元、白习制科，其书后分为四卷，命曰《策林》。其《策头》《策项》各二道，《策尾》三道，此外曰《美谦逊》《塞臣崇高的威望以及乌重胤、李光颜两位当朝名将,在河北屯兵戍守一年多,最终也没有成功,落得个钱财用完,精力耗尽,还是把兵权交给了王、朱两个逆贼,河朔大片领土再度失陷,一直延续到唐朝灭亡。纵观这一时的丧权辱国,何止是可以痛哭就可了结的!然而当时宰相的《请上尊号表》却说:“自从陛下继承皇位以来,至此刚刚二年,没有兴兵动武之劳,端坐朝堂便平定了镇、冀;没有损兵折将之费,顷日之间就平定了幽燕。因此可以说,天子的威灵已经遍及四海,臣等请陛下受尊号为‘神武’。”国君朝臣,上上下下,也真可以说是不知羞耻了。这封奏表是白居易写的。另外,翰林学士元稹谋求担任宰相,又担心裴度由于有功劳而得以重用,妨碍自己的升迁之路,于是屡屡在天子跟前讲裴度的坏话。裴度也递上奏章揭露他的卑劣行径,穆宗迫于无奈,只好解除了元稹翰林学士的职务,但对他的恩宠依然如故。元稹也十分怨恨裴度,想解除他的兵权,便上表请求朝廷收兵,没多久便被任命为宰相。白居易代元稹草拟谢表,其中有几句说:“下臣遭逢圣明的君王,并没有请谒之嫌;受到提拔而入居宰相之职,得与君王共商国家大事。这样的恩宠实在太深了,然而谗言毁谤也随之而来。回想下臣在翰林供职,并无愧于本心,然而屡屡地搅扰圣上,这真该以死罪相责。”竟然是如此玩弄文字来掩饰自己的过错。白居易这两篇奏表,对他一贯的美德确实有所玷污。

元白制科

元稹、白居易研习制科考试,后来他们的习作编成了书,分为四卷,取名叫《策林》。其中《策头》和《策项》各有两道,《策尾》有三道。此外还有些叫作《美谦逊》《塞人望》《教必

人望》《教必成》《不劳而理》《风化浇朴》《复雍熙》《感人心》之类，凡七十五门，言所应对者百不用其一二，备载于文集云。

八种经典

开士悟入诸佛知见，以了义度无边，以圆教垂无穷，莫尊于《妙法莲华经》，凡六万九千五百五字。证无生忍，造不二门，住不可思议解脱，莫极于《维摩经》，凡二万七千九十二字。摄四生九类，入无余涅槃，实无得度者，莫先于《金刚般若波罗蜜经》，凡五千二百八十七字。坏罪集福，净一切恶道，莫急于《佛顶尊胜陀罗尼经》，凡三千二十字。应念顺愿，愿生极乐土，莫疾于《阿弥陀经》，凡一千八百字。用正见，观真相，莫出于《观音普贤菩萨法行经》，凡六千九百九十字。诠自性，认本觉，莫深于《实相法密经》，凡三千一百五字。空法尘，依佛智，莫过于《般若波罗蜜多心经》，凡二百五十八字。是八种经典十二部，合一十一万六千八百五十七字。三乘之要旨，万佛之秘藏尽矣。唐长庆二年，苏州重玄寺法华院石壁所刻金字经，白乐天为作碑文，其叙如此。予窃爱其简明洁亮，故备录之。

成》《不劳而理》《风化浇朴》《复雍熙》《感人心》一类的名称，总共有七十五门。实际上真能备用做应付考试的充其量只有百分之一、二，这些作品都详细地收录在他们的文集之中。

八种经典

僧人们求其觉悟而使自身进入诸佛的智慧，用“了断”妙义脱离苦海，以“圆融”的奥理教化他人，没有比《妙法莲华经》更为高妙的了，此经共计六万九千五百零五字。证实法界无生无灭，进入无言无说的法门，停留于不必再费思考议论的解脱境界，没有比《维摩经》更精到的了，此经共计两万七千零九十二字。引领万物生灵进入永远的涅槃，使无法得到度脱者得到度脱，没有比《金刚般若波罗蜜经》更直接的了，此经共计五千二百八十七字。消除罪孽，求得幸福，洗净一切罪恶根源，没有比《佛顶尊胜陀罗尼经》更迅捷的了，此经共计三千零二十字。思有所应，愿有所顺，最终到达极乐之地，没有比《阿弥陀经》更简便的了，此经共计一千八百字。以诸佛般的智慧，能察万物真相，没有比《观音普贤菩萨法行经》更高深的了，此经共计六千九百九十字。能解说自我之性、认清自我觉悟，没有比《实相法密经》更透彻的了，此经共计三千一百零五字。剔除法界的污染，归依佛祖的智慧，没有能超过《般若波罗蜜多心经》的了，此经共计二百五十八字。这八种佛门经典计十二部，总共十一万六千八百五十七个字。佛说的精华，历代诸佛的奥秘都囊括无遗了。唐穆宗长庆二年，苏州重玄寺的法华院石壁上刻写了金字佛经，白居易为它写了一篇碑文，所述如上。我私下里喜好它的简洁明了，因而全录在这里。

卷九（十二则）

畏人索报书

士大夫得交朋书问，有懒傲不肯即答者。记白乐天《老慵》一绝句曰：“岂是交亲向我疏，老慵自爱闭门居。近来渐喜知闻断，免恼嵇康索报书。”案：嵇康《与山涛绝交书》云：“素不便书，又不喜作书，而人间多事，堆案盈几，不相酬答，则犯教伤义，欲自勉强，则不能久。”乐天所云正此也。乃知畏于答书，其来久矣。

不能忘情吟

予既书白公钟情蛮、素于前卷，今复见其《不能忘情吟》一篇，尤为之感叹，辄载其文，因以自警。其序云：“乐天既老，又病风，乃录家事，会经费，去长物。妓有樊素者，年二十余，绰绰有歌舞态，善唱《杨柳枝》，人多以曲名名之，由是名闻洛下，籍在经费中，将放之。马有骆者，籍在长物中，将鬻之。马出门，骧首反顾。素闻马嘶，惨然立见拜，婉娈有辞，辞毕涕下。予亦愍默不能对，且命反袂，饮之酒，自饮一杯，快吟数十声，声成文，文无定句。予非圣达，不能忘情，又不至于不及情者，事来搅情，情动不可柅，因自哂，题其篇曰《不能忘情吟》。”吟曰：“鬻骆马兮，放杨柳枝。掩

畏人索报书

士大夫们收到愿交朋友的书信，往往有赖于回信和因为不屑一顾而不回信的。记得白居易有一首名叫《老慵》的绝句说："岂是交亲向我疏，慵老自爱闭门居。近来渐喜知闻断，免恼嵇康索报书。"按：嵇康的《与山涛绝交书》说："一向感到写信不方便，也根本不喜欢写信，可是这世间偏偏有许多多事之徒，以至于来信堆满书案桌几。不回信吧，就犯了礼教、伤了义气；想要强迫自己写回信吧，又坚持不下来。"白居易所说的也正是这个意思。由此可知人们害怕回信，并非自今日始。

不能忘情吟

我已经在前一卷里记载过白居易十分钟爱小蛮和樊素，如今又见到一篇《不能忘情吟》，深深地为之感叹，于是将本文抄录于后，也用来提醒自己。这篇吟序言说："乐天年事已高，又患风病，于是便过问家中诸事，节省开支，去除多余。女妓樊素，二十多岁，身姿袅袅，风韵翩翩，大有能歌善舞之态，且善于演唱《杨柳枝》词，于是人们都以此曲名称她，由此名声传遍东都洛阳，因为由我来供她支用，故而打算放她出门。还有一匹叫黑骆的马，属于家中的多余之物，故而打算卖掉它。黑骆出了家门，翘着马头频频回顾。樊素听到了马的嘶鸣，神情凄惨地站着向我行礼，说了些悲悲切切的柔情话，说罢掉了泪珠。我为此动情，无言答对，并让她擦干泪水，请她饮酒，自己也饮了一翠黛兮，顿金羁。马不能言兮，长鸣而却顾。杨柳枝再拜长跪而致辞，辞曰：‘素事主十年，凡三千有六百日。巾栉之间，无违无失。今素貌虽陋，未至衰摧。骆力犹壮，又无虺隤。即骆之力，尚可以代主一步。素之歌，亦可以送主一杯。一旦双去，有去无回。故素将去，其辞也苦，骆将去，其鸣也哀，此人之情也，马之情也，岂主君独无情哉？’予俯而叹，仰而咍，且曰骆骆尔勿嘶，素素尔勿啼。骆反厩，素反闺。吾疾虽作年虽颓，幸未及项籍之将死，亦何必一日之内弃骓兮而别虞兮！乃目素兮，素兮为我歌《杨柳枝》，我姑酌彼金罍，我与尔归醉乡去来。”观公之文，固以遣情释意耳，素竟去也。此文在一集最后卷，故读之者未必记忆。东坡犹以为柳枝不忍去，因刘梦得“春尽絮飞”之句方知之，于是美朝云之独留，为之作诗，有“不似杨枝别乐天，恰如通德伴伶玄”之语。然不及二年而病亡，为可叹也。

杯，而后激动地吟诵了几十句，虽然也成了一篇文章，但文中句子不拘长短。我不是圣贤之人，自然不能忘记旧情，也不至于毫无感情。遇到事来便动情怀，便一发不可收，因此也自嘲，将这篇短文取名叫《不能忘情吟》。”文章这样写道：“卖骆马啊，放樊素，收拾起红粉黛墨啊，取下金笼头。马不能诉说啊，长鸣而回头顾望，樊素再拜，跪在我面前哭诉。樊素说：‘樊素侍奉您十年，合起来三千六百日。为您洗脸梳头，不违意，无疏失。如今樊素虽然称不上美好，却也并没有人老色衰。骆马筋骨还强壮，没有伤也没有疾。就是这匹骆马，还可以为您代步。樊素的歌声，也可以博您高兴，让您痛饮一杯。此一番双双离去，一去却永无回。因此樊素离去，言语哀切；黑骆离去，鸣声凄凄。这是人之情，也是马之情，难道只有您竟如此无情吗？’我低头哀叹，昂头也哀叹，说道：骆马骆马你不要嘶鸣，樊素樊素你不要啼哭。骆马回马厩，樊素回闺房。我虽然有病在身，年纪也已衰老，幸好还没有到项羽将死之时，何必在一天之内抛弃乌骓而告别虞姬啊！于是我望着樊素，樊素为我再唱一首《杨柳枝》，我且举杯痛饮，我和你到醉乡中走一遭！”细读白居易这篇文章，原本是为宣泄感情、开解胸臆的，樊素最终还是离去了。这篇文章收在白集的最后一卷，所以读白集的人不一定都能读记。苏轼原以为樊素不忍心与白居易诀别，读了刘禹锡“春尽絮飞”一句，才知道樊素真的去了，于是赞赏自己的爱妓朝云一直留在自己身边，并为她作诗，诗中有“不似杨枝别乐天，恰如通德伴伶玄”一句。可惜不到两年，朝云便因病去世，这真令人惋叹。

擒鬼章祝文

东坡在翰林作《擒鬼章奏告永裕陵祝文》云:“大狝获禽,必有指踪之自。丰年多廪,孰知耘耔之劳?昔汉武命将出师,而呼韩来庭,效于甘露;宪宗厉精讲武,而河湟恢复,见于大中。”其意盖以神宗有平唃氏之志,至于元祐,乃克有成。故告陵归功,渭武帝、宪宗亦经营于初,而绩效在于二宣之世,其用事精切如此。今苏氏眉山功德寺所刻大小二本,及季真给事在临安所刊,并江州本、麻沙书坊《大全集》,皆只自“耘耔”句下,便接“憬彼西戎,古称右臂”。正是好处,却芟去之,岂不可惜?唯成都石本法帖真迹,独得其全。坡集奏议中登州上殿三札,皆非是。司马季思知泉州,刻温公集,有作中丞日弹王安石章,尤可笑。温公以治平四年解中丞,还翰林,而此章乃熙宁三年者。二集皆出本家子孙,而为妄人所误,季真、季思不能察耳。坡内制有《温公安葬祭文》云:“元丰之末,天步为艰。社稷之卫,中外所属。惟是一老,屏予一人。名高当世,行满天下。措国于太山之安,下令于流水之源。岁月未周,纲纪略定。天若相之,又复夺之。殄瘁之哀,古今所共。知之者神考,用之者圣母。驯致其道,太平可期。长为宗臣,以表后世。往奠其葬,庶知予怀!”而石本颇不同,其词云:“元丰之末,天步惟艰,社稷之卫,存者有几?惟是一老,屏予一人。措国于太山之安,下令于流水之原。岁未及期,纲纪略定。道之将行,非天而谁?天既予之,又复夺之。惟圣与贤,莫如天何!然其所立,

擒鬼章祝文

苏轼在担任翰林学士时，写了一篇《擒鬼章奏告永裕陵祝文》，祝文这样写道：“出猎而有所获，一定指挥精当，丰年百谷丰收，谁知耕夫除草培土的辛劳？当年汉武帝派大将出征，而单于呼韩邪来到朝廷，宣帝甘露年中俯首受降；唐宪宗励精图治，以武强国，而河湟一带复入版图，功劳显于大中年间。”此文本意在于说明宋神宗有扫平西夏唃氏的壮志，直至元祐年间，才取得辉煌战绩，因此祭告先帝之灵，归功于先帝之祐，指明汉武帝、唐宪宗也是开始运筹谋划，真正的成功则在于汉宣帝和唐宣宗之时，苏轼使用典故竟是如此的精当。现今苏氏眉山功德寺所刻的大字本、小字本，以及给事中苏季真在临安府所刻本，还有江州本、建阳麻沙书坊刻本《东坡先生大全集》中，都是在“耘耔之劳”这一句的后接“憬彼西戎，古称右臂”句。其实“耘耔之劳”后面的几句才真正是精华之笔，却被删去，怎不令人深觉惋惜？只有成都石印的碑帖真迹还保留了原貌。苏轼文集的奏议部分有登州上殿三封短短的奏札，都不是苏轼所作。司马季思任泉州知州，刻印了《司马温公集》，其中有司马光担任御史中丞时写的弹劾王安石的奏章，尤其令人发笑。司马光在英宗治平四年便从御史中丞的职位上改官，还到翰林学士院任职，而这篇奏章却是神宗熙宁三年时所作。这两部文集都是由本家子孙校刻的，可是刻印前已被某些人窜改过，季真、季思没能审查出来而已。苏轼的翰院制词里有一首《温公安葬祭文》，祭文写道：“元丰末年，神宗多病，选择良相，是朝廷上下一致关注的大事。这位老臣，可谓是唯一的人选。他的名声远布天下，他的廉洁举世称颂。把国家治理得安如泰山，发号令像是流水一样天亦不能亡也。知之者神考，用之者圣母。驯致其道，终于太平。永为宗臣，与国无极。于其葬也，告诸其柩。”今莫能考其所以异也。

欧公送慧勤诗

国朝承平之时，四方之人，以趋京邑为喜。盖士大夫则用功名进取系心，商贾则贪舟车南北之利，后生嬉戏则以纷华盛丽而悦。夷考其实，非南方比也。读欧阳公《送僧慧勤归余杭》之诗可知矣。曰：“越俗僭宫室，倾赀事雕墙。佛屋尤其侈，耽耽拟侯王。文彩莹丹漆，四壁金焜煌。上悬百宝盖，宴坐以方床。胡为弃不居，栖身客京坊？辛勤营一室，上下贯通，没有多久，朝廷纲纪便井井有条。这是上天要任他为宰相，可偏偏又夺去了他的宰相之职。他为国家鞠躬尽瘁，人们对他的哀悼也如同古代贤臣。真正了解他的是已驾崩的神宗，大胆任用他的是圣明的太后。如果按照他的政策治理，太平盛世指日可待。他多年在朝中担任重臣，可以垂范于后代。如今参加他的葬礼，谁能知道我的沉重和悲哀！”但是石印本的《东坡全集》字句与上述大有出入，石印本这样写道：“元丰末年，神宗多病，选择良相，真正在世的还有几个人？只有这位老臣，可谓是唯一的人选。他把国家治理得安如泰山，发号令像是流水一样上下贯通。不到一年，朝廷纲纪便井井有条。开明的政令得以实施，这不是上天的意志又是谁呢？上天既把大任交付给他，却又把宰臣之位夺了回去，看来圣人贤人，对于天意也无可奈何！然而他的治理和他的表率，是上天夺不走的。真正了解他的是已驾崩的神宗，大胆任用他的是圣明的太后。如果按照他的政策治理，最终能出现太平盛世；让他久任宰相之职，对国家的贡献则无人可比。如今在他的葬礼上，我以此文来告慰他的英灵。”如今也没有办法来考察二者为什么相差这么多。

欧公送慧勤诗

本朝太平的时节，四面八方的人们都把游京城当作喜欢的事。士大夫们想的大都是到这里求取功名利禄，商人们大都是贪图买卖上的利益，后生少年们游玩，也喜欢京城的繁华热闹。考察事实，还并不是南宋才如此。读到欧阳修的《送僧慧勤归余杭》这首诗就可以清楚了。这首诗说：“越俗僭宫室，倾赀事雕墙。佛屋尤其侈，耽耽拟侯王。文彩莹丹漆，四壁金焜煌。

有类燕巢梁。南方精饮食，菌笋比羔羊。饭以玉粒粳，调之甘露浆。一馔费千金，百品罗成行。晨兴未饭僧，日昃不敢尝。乃兹随北客，枯粟充饥肠。东南地秀绝，山水澄清光。余杭几万家，日夕焚清香。烟霏四面起，云雾杂芬芳。岂如车马尘，鬓发染成霜？三者孰苦乐？子奚勤四方！”观此诗中所谓吴越宫室、饮食、山水三者之胜，昔日固如是矣。公又有《山中之乐》三章送之归。勤后识东坡，为作《诗集序》者。

委蛇字之变

欧公《乐郊诗》云：“有山在其东，有水出逶夷。”近岁丁朝佐《辨正》谓其字参古今之变，必有所据。予因其说而悉索之，此二字凡十二变。一曰委蛇，本于《诗·羔羊》：“退食自公，委蛇委蛇。”毛公注：“行可从迹也。”郑笺：“委曲自得之皃。委，於危反。蛇音移。”《左传》引此句，杜注云：“顺貌。”《庄子》载齐桓公泽中所见，其名亦同。二曰委佗，《诗·君子偕老》：“委委佗佗。”毛注：“委委者，行可委曲从迹也。佗者，德平易也。”三曰逶迤，《韩诗》释上文云：“公正貌。”《说文》：“逶迤，斜去貌。”四曰倭迟，《诗》：“四牡騑騑，周道倭迟。”注：“历远之貌。”五曰逶夷，《韩诗》之文也。六曰威夷，潘岳诗：“回溪萦曲阻，峻阪路威夷。”孙绰《天台山赋》：“既克隮于九折，路威夷而修通。”

上悬百宝盖，宴坐以方床。胡为弃不居，栖身客京坊？辛勤营一室，有类燕巢梁。南方精饮食，菌笋比羔羊。饭以玉粒粳，调之甘露浆。一馔费千金，百品罗成行。晨兴未饭僧，日昃不敢尝。乃兹随北客，枯粟充饥肠。东南地秀绝，山水澄清光。余杭几万家，日夕焚清香。烟霏四面起，云雾杂芬芳。岂如车马尘，鬓发染成霜？三者孰苦乐？子奚勤四方！”可以看出，此诗当中所说的吴越之地的宫室、饮食和山水三方面的出色，北宋时就已经是这样了。欧阳修还有《山中之乐》三章诗，也是送慧勤返回余杭的。慧勤后来也结识了苏轼，就是为苏轼的诗集写序言的和尚。

委蛇字之变

欧阳修的《乐郊诗》说：“有山在其东，有水出逶夷。”近年丁朝佐的《欧集辨正》指出逶夷这两个字用了古书中的变体，但欧阳修一定是有所依据的。根据这种说法，我翻阅古书，细细查检，见这两个字一共有十二种变异形式。第一种是“委蛇”，本于《诗经·召南·羔羊》：“退食自公，委蛇委蛇。”毛亨注释说：“行走时摇摇摆摆。”郑玄注释说：“弯弯曲曲悠然自得的样子。委，於和危的反切。蛇读作移的音。”《左传》引用了这一句，杜预注释说：“顺畅的样子。”《庄子》中记载齐桓公在大泽里所见到的动物，名称与此相同。第二种是“委佗”，《诗经·鄘风·君子偕老》说：“委委佗佗。”毛亨注释说：“委委，指行为没有大的偏颇摇摆。佗，指道德比较平和简易。”第三种是“逶迤”，《韩诗》在解释上述这句话时说：“公正的样子。”《说文》说：“逶迤，斜行的样子。”第四种是“倭迟”，《诗经》：“四牡李善注引《韩诗》“周道威夷”。薛君曰：“威夷，险也。”七曰委移，《离骚经》：“载云旗之委蛇。”一本作“逶迤”，一本作“委移”。注：“云旗委移，长也。”八曰逶移，刘向《九叹》：“遵江曲之逶移。”九曰逶蛇，后汉《费凤碑》：“君有逶蛇之节。”十曰蝼蛇，张衡《西京赋》：“女、娥坐而长歌，声清畅而蝼蛇。”李善注：“蝼蛇，声余诘曲也。”十一曰遢池，汉《逢盛碑》：“当遂遢池，立号建基。”十二曰威迟，刘梦得诗：“柳动御沟清，威迟堤上行。”韩公《南海庙碑》“蜿蜿蛇蛇”，亦然也。则欧公正用韩诗，朝佐不暇寻绎之尔。

东不可名园

今人亭馆园池，多即其方隅以命名。如东园、东亭、西池、南馆、北榭之类，固为简雅，然有当避就处。欧阳公作《真州东园记》最显。案：《汉书·百官表》：“将作少府，掌治宫室。属官有东园主章。”注云：“章谓大材也。主章掌大材，以供东园大匠。”绍兴三十年，予为省试参详官，主司委出词科题，同院或欲以“东园主章”为箴，予曰：“君但知汉表耳！《霍光传》：‘光之丧，赐东园温明。’服虔曰：‘东园处騑騑，周道倭迟。”毛亨注释说：“走得很遥远的样子。”第五种是“逶夷”，《韩诗》里的文字。第六种是“威夷”，潘岳的诗：“回溪萦曲阻，峻阪路威夷。”孙绰的《天台山赋》：“既克隮于九折，路威夷而修通。”李善注引《韩诗》“周道威夷”来指明出处及其意义。薛综解释说：“威夷，高险的样子。”第七种是“委移”，《离骚》说：“载云旗之委蛇。”一种版本写作“逶迤”，还有一种版本写作“委移”。王逸注解说：“云旗委移，长长的样子。”第八种是“逶移”，刘向的《九叹》说：“沿江边之逶移。”第九种是“逶蛇”，东汉的《费凤碑》说：“君有逶蛇之节。”第十种是蝼蛇，张衡的《西京赋》说：“娥皇女英坐而长歌，声清畅而蝼蛇。”李善注释：“蝼蛇，指余音宛转曲折。”第十一种是“遢池”，汉代《逢盛碑》说：“当遂遢池，立国号而建基业。”第十二种是“威迟”，刘禹锡诗：“柳动御沟清，威迟堤上行。”韩愈《南海庙碑》中的“蜿蜿蛇蛇”，其实也是这个词的一种形式。看来欧阳修用的正是《韩诗》中的词形，丁朝佐没能来得及寻找它的踪迹脉络而已。

东不可名园

当今人们的亭台楼馆、园林水池，很多都根据它们的方位命名，比如东园、东亭、西池、南馆、北榭之类，这样的名称固然明快典雅，可还是有应当避而不用的字。欧阳修写《真州东园记》就是很明显的。按：《汉书·百官公卿表》说：“将作少府主管修建宫室，他的属官主要有东园主章。”注释说：“章指的是硕大的木材。主章主管搜求大木，供东园大匠选用。”高宗绍兴三十年时，我担任省考的参详官，主管委托我们出词科的考此器，以镜置其中，以悬尸上。’师古曰：‘东园，署名也，属少府。其署主作此器。’《董贤传》：‘东园秘器以赐贤。’注引《汉旧议》：东园秘器作棺。若是，岂佳处乎？”同院惊谢而退。然则以东名园，是为不可。予有两园，适居东西，故扁西为西园，而以东为东圃，盖避此也。

一二三与壹贰叁同

古书及汉人用字，如一之与壹，二之与贰，三之与叁，其义皆同。《鸤鸠序》：“刺不壹也。”又云：“用心之不壹也。”而正文”其仪一兮”。《表记》：“节以壹惠。”注：“言声誉虽有众多者，节以其行一大善者为谥耳。”汉《华山碑》：“五载壹巡狩。”《祠孔庙碑》：“恢崇壹变。”《祝睦碑》：“非礼，壹不得犯。”而后碑云：“非礼之常，一不得当。”，则与壹通用也。《孟子》：“市价不贰。”赵岐注云：“无二贾者也。”本文用大贰字，注用小二字，则二与贰通用也。《易·系辞》：“叁天两地。”《释文》云：“叁，七南反。又如字，音三。”《周礼》：“设其叁。”注：“叁，谓卿三人。”则三与叁通用也。九之与久、十之与拾，百之与栢亦然。予顷在题，同僚中有人想以“东园主章”为题，我说：“先生只见到《汉书·百官公卿表》了，《霍光传》说：‘霍光死后，朝廷赐予东园所制的葬器。’服虔解释说：‘东园所制作的这种葬器，用一面镜子放在其中，镜子恰好悬在尸体上面。’颜师古说：‘东园，官署的名称，隶属于少府寺。这个官署负责制作这种葬器。’《董贤传》说：‘将东园的秘器赐给董贤。’注释转引《汉旧议》的说法说：东园秘器就是棺材。这样的地方是什么好去处吗？”同僚听罢，吃了一惊，连忙道歉几句回去了。这样看来，用东字来作为园的名称，是不行的。我有两个园子，恰好一东一西，因此把西面的园子称作西园，而把东面的园子称做东圃，主要是避开这个意思。

一二三与壹贰叁同

古书以及汉代人用字，比如一和壹、二和贰、三和叁，它们之间意义全都相同。《诗经·鸤鸠》的序言说：“刺不壹也。”又说：“用心之不壹也。”而诗的正文“其仪一兮”则用了一字。《礼记·表记》说：“节以壹惠。”注释说：“是说一个人的优点长处虽然很多，只选他品德中最为显著的一点为他加谥号就可以了。”汉代的《华山碑》写道：“五年壹巡狩。”《祠孔庙碑》写道：“恢崇壹变。”《祝睦碑》写道：“不合礼法者壹不能犯。”而后面一碑文则写道：“非常之礼，一不得当。”这样看来，一和壹是通用的。《孟子》说：“市价不贰。”赵岐注解说：“没有二价的情形。”经文用的是大写的贰字，注文用的是小写的二字，看来二和贰也是通用的。《周易·系辞》说：“叁天两地。”《经典释文》说：“叁，七南相切。还有一个意义是读作三。”《周礼》

英州，访邻人利秀才。利新作茅斋，颇净洁，从予乞名。其前有两高松，因为诵《蓝田壁记》，命之曰“二松”。其季请曰：“是使大贰字否？”坐者皆哂。盖其人不知书，信口辄言，以贻讥笑。若以古字论之，亦未为失也。文惠公名流杯亭曰“一咏”，而采借隶法，扁为“壹咏”，读者多以为疑，顾第弗深考耳。

何恙不已

公孙弘为丞相，以病归印，上报曰：“君不幸罹霜露之疾，何恙不已？”颜师古注：“恙，忧也。何忧于疾不止也。”《礼部韵略》训恙字亦曰忧也。初无训病之义，盖既云罹疾矣，不应复云病，师古之说甚为明白。而世俗相承，至问人病为贵恙，谓轻者为微恙，心疾为心恙，风疾为风恙，根著已深，无由可改。

两汉用人人元元字

《前汉书》好用人人字，如《文帝纪》“人人自以为得之说：“设其叁。”注释说：“叁，指的是三位卿。”那么三和参也是通用的。其他如九和久、十和拾、百和佰也是如此。前段时间我在英州（今广东英德市），到邻居利秀才家串门。利秀才刚建了一所茅屋，十分干净整洁，他让我为茅屋取个名字。这所茅屋前面有两颗高大的松树，于是我背诵《蓝田壁记》，而后取名叫作“二松”。他的弟弟问我说：“是用那个大写的贰字不是？”在座的其他人都嘲笑他。看来这个人不大读书，开口随便说，所以被别人讥笑。但如果按古人用字来说的话，他的问话也并没有什么错误。文惠公洪适的流杯亭取了个名字叫作“一咏”，写匾额时采用隶书，写成“壹咏”，看到此匾的人都觉得这样写未必正确，这只是对古人用字未能详细研究而已。

何恙不已

汉朝公孙弘担任丞相，由于病重请求辞官。皇帝批复说：“爱卿不过是不小心感了点风寒小病，哪里值得发愁这病就好不了呢？”颜师古注释说：“恙，担忧的意思。这句话说：哪里值得发愁这病就好不了呢？”《礼部韵略》解释“恙”这个字的意义，也说担忧的意思。看来恙字最初并没有释为病的意义，总之上面既然已经说过得病，下面当然不应该再重复说“病”，颜师古的解释十分清楚明确。如今以讹传讹，凡是问别人的病情都称“贵恙”，把小病叫作“微恙”，心病叫作“心恙”，风病叫作“风恙”，这种用法根深蒂固，已经到了无法纠正的地步了。

两汉用人人元元字

班固《汉书》喜欢用“人人”二字，比如《文帝纪》说“人者以万数”，又曰“人人自安难动摇”，《元帝纪》“人人自以得上意”，《食货志》“人人自爱而重犯法”，《韩信传》“人人自以为得大将”，《曹参传》“齐故诸儒以百数，言人人殊”，《张良传》“人人自坚”，《叔孙通传》“吏人人奉职”，《贾谊传》“人人各如其意所出”，《杨雄传》“人人自以为咎繇”，《鲍宣传》“人人牵引所私”，《韩延寿传》“人人问以谣俗”“人人为饮”，《张骞传》“人人有言轻重”，《李寻传》“人人自贤”，《王莽传》“人人延问”，《严安传》“人人自以为更生”，《王吉传》“人人自制”是也。《后汉书》亦间有之，如《崔骃传》“人人有以自优”，《五行志》“人人莫不畏宪”，《吴汉传》“诸将人人多请之”，《申屠刚传》“人人怀忧”，《王允传》“人人自危”，《荀彧传》“人人自安”，《吕强传》“诸常侍人人求退”是也。又元元二字，考之六经无所见，而两《汉书》多用之。如《前汉·文帝纪》“全天下元元之尸”，《武纪》“烛幽隐，劝元元”“所以化元元”，《宣纪》“不忘元元”，《元纪》“元元失望”“元元何辜”“元元大困”“元元之民，劳于耕耘”“元元骚动”“元元安所归命”，《成纪》“元元冤失职者众”，《哀纪》“元元不赡”，《刑法志》“罹元元之不逮”，《严安传》“元元黎民，得免于战国”，《严助传》“使元元之民，安生乐业”，《贾捐之传》“保全元元”，《东方朔传》“元元之民，各得其所”，《魏相传》“尉安元元”“唯陛下留神元元”，《鲍宣传》“为天牧养元元”，《萧育传》“安元元而已”，《匡衡薛宣传》“哀人自认为得到的，要用万来计算”，又说“人人都使自己安定稳固，难以动摇”，《元帝纪》说“人人都自认为得到天子的满意”，《食货志》说“人人自爱，对于违犯法律看得很重”，《韩信传》说“人人都自认为能受封为大将军”，《曹参传》说“齐地的老学者有几百名，可人人讲的都不相同”，《张良传》说“人人都巩固自己”，《叔孙通传》说“官吏们人人奉公尽职”，《贾谊传》说“人人都认为他的意见与自己相同”，《杨雄传》说“人人自比为咎繇”，《鲍宣传》说“人人都提携自己的党羽”，《韩延寿传》说“人人都问民俗民谣”“人人都为他而饮酒”，《张骞传》说“人人说的都轻重不一”，《李寻传》说“人人修养自身”，《王莽传》说“人人询问”，《严安传》说“人人都自认为得到再生”，《王吉传》说“人人自我克制”均属此类。《后汉书》中这种用法也时而可见，如《崔骃传》说“人人都有感到优越的方面”，《五行志》说“人人都十分畏服窦宪”，《吴汉传》说“各将军人人都上前请求”，《申屠刚传》说“人人心怀忧虑”，《王允传》说“人人都感到自身难保”，《荀彧传》说“人人都感到安定”，《吕强传》说“常侍们人人都请求离去”等，也属于此类。还有元元两个字，六经之中并没有出现，而《汉书》和《后汉书》却用得很普遍，比如《汉书·文帝纪》说“保全天下的人民”，《武帝纪》说“照亮幽暗，劝导人民”“所以教化人民”，《宣帝纪》说“不忘人民”，《元帝纪》“人民失去希望”“人民有什么罪过”“人民遇到了极大的困苦”“天下人民，辛勤耕种”“人民骚动不安”“人民到哪里去求生存”，《成帝纪》说“人民受冤而失职的很多”，《哀帝纪》说“人民食不能饱”，《刑法志》讲“使人民犯罪，抓都抓不完”，《严安传》说“天下百姓，得以免遭闵元元”，《王嘉传》“忧闵元元”，《谷永传》“以慰元元之心”，《匈奴传》“元元万民”是也。《后汉·光武纪》“下为元元所归”“贼害元元”“元元愁恨”“惠兹元元”，《章纪》“诚欲元元去未归本”“元元未谕”“深元元之爱”，《和纪》“爱养元元”“下济元元”，《顺纪》“元元被害”，《质纪》“元元婴此困毒”，《桓纪》“害及元元”，《邓后纪》《刘毅传》“垂恩元元”，《王昌传》“元元创痍”，《耿弇传》“元元叩心”，《郎顗传》“弘济元元”“贷赡元元”，《曹褒传》“仁济元元”，《范升传》“元元焉所呼天”“免元元之急”，《钟离意传》“忧念元元”，《何敞传》“元元怨恨”“安济元元”，《杨终传》“以济元元”，《虞诩传》“遭元元无妄之灾”，《皇甫规传》“平志毕力，以庆元元”是也。予谓元元者，民也。而上文又言元元之民、元元黎民、元元万民，近于复重矣。故颜注：“或云，元元，善意也。”

战国时那种苦难”，《严助传》说“使天下万民安居乐业”，《贾捐之传》说“保全人民”，《东方朔传》说“天下万民，各自得到他们所需要的东西”，《魏相传》说“安抚百姓黎民”“希望陛下一定要留心民生疾苦”，《鲍宣传》说“替天帝管来养活百姓”，《萧育传》说“安民而已”，《匡衡薛宣传》说“同情爱惜人民”，《王嘉传》说“同情忧虑人民”，《谷永传》说“用来安慰人民之心”，《匈奴传》说“天下万民”等等，都属于此类。《后汉书·光武帝纪》说“对下来说，这也是人心所向”“残害人民”“人民愁苦怨恨”“把这些恩惠施于人民”，《章帝纪》说“真的想让百姓抛弃末道，回到根本”“人民还没有知晓”“加深对人民的爱心”，《和帝纪》说“爱惜施惠于人民”“对下要施恩惠于人民”，《顺帝纪》说“人民受到残害”，《质帝纪》说“人民受到这样的困苦荼毒”，《桓帝纪》说“祸害殃及人民”，《邓后纪》和《刘毅传》都说“加恩德给人民”，《王昌传》说“人民受到各种创伤”，《耿弇传》说“人民是要时时放在心中的”，《郎顗传》说“把利益施于人民身上”“赈救百姓”，《曹褒传》说“把仁爱施于人民”，《范升传》说“人民到哪里去求救于天”“免除人民的急难”，《钟离意传》说“忧虑、惦念着人民”，《何敞传》说：“人民怨怒愤恨”“保护和帮助人民”，《杨终传》说“用来帮助人民”，《虞诩传》说“使人民凭白遭受如此灾难”，《皇甫规传》说“端正思想，竭尽全力，使人民得到吉祥欢乐”等等，也属此类。我认为“元元”指的是人民，但上面所引用的一些句子说“元元之民”“元元黎民”“元元万民”，这就显得过于重复了，因此颜师古注释说：“另有一种意义，元元，善良的意思。”

韩公潮州表

韩文公《谏佛骨表》，其词切直，至云：“凡有殃咎，宜加臣身，上天监临，臣不怨悔。”坐此贬潮州刺史。而谢表云：“臣于当时之文，未有过人者，至论陛下功德，与《诗》《书》相表里。作为歌诗，荐之郊庙，虽使古人复生，臣亦未肯多逊。而负罪婴衅，自拘海岛，怀痛穷天，死不闭目。伏惟天地父母，哀而怜之。”考韩所言，其意乃望召还。宪宗虽有武功，亦未至编之《诗》《书》而无愧。至于“纪泰山之封，镂白玉之牒，东巡奏功，明示得意”等语，摧挫献佞，大与谏表不侔，当时李汉辈编定文集，惜不能为之除去。东坡自黄州量移汝州，上表云：“伏读训词，有‘人材实难，不忍终弃’之语，臣昔在常州，有田粗给饘粥，欲望许令常州居住。辄叙徐州守河及获妖贼事，庶因功过相除，得从所便。”读者谓与韩公相类，是不然。二表均为归命君上，然其情则不同。坡自列往事，皆其实迹，而所乞不过见地耳，且略无一佞词，真为可服。

韩公潮州表

韩愈《谏佛骨表》遣词剀切亮直，以至说道："日后凡是国家再出现祸殃灾变，都情愿加在下臣一人身上，上天可证，下臣无怨无悔。"也正因为这封谏表，他被贬为潮州刺史。在潮州作的《谢上表》说："下臣当时所作的谏表，也没有比别人更出格的言语，至于论到陛下的功德，可用《诗经》《尚书》相比拟。当时写的诗，置于神圣的郊坛神庙之前，即使是让古人复活，下臣也不肯承认逊色。而如今身负重罪，自己使自己困在海岛之中，内心的苦痛可谓齐天，死在这里也不能瞑目。但愿天地父母，惜我怜我。"考察韩愈这些话的意思。是希望朝廷能召他还京。唐宪宗虽说有以武捍边的功绩但远不至于编在《诗经》《尚书》中却毫无愧色吧！至于"功劳可在封泰山时刻石铭记，可在白玉的牍牒上镂刻铭记，东封时奏明此功，向天地表明成就"等话，过于献媚吹捧，与《谏佛骨表》全然不同，当时李汉等人编定《韩公文集》时，可惜没有把这篇谢表删掉。苏轼从黄州（今湖北黄石市）转移到汝州（今河南临汝市）后，写的《谢上表》说："谨读朝廷的训示，其中有'人材实难，不忍终弃'的句子，下臣过去在常州任职时，有几亩田地可以供我养家糊口，今请求陛下允许下臣居住在常州待罪。并念下臣任徐州知州时守护河决以及捕获妖贼的成绩，或者可以功过相抵，允许下臣的请求。"读书人都说这篇谢表和韩愈的谢表相差不多，其实不然。这两篇谢表都是向君王请求赦命，但是感情大不相同。苏轼自己摆列的往事都是实实在在的一些事迹，况且所求的不过是另一个去处而已，全表没有使用一个谄媚的词，实在令人佩服。

燕赏逢知己

白乐天为河南尹日，有《答舒员外》云：“员外游香山寺，数日不归，兼辱尺书，大夸胜事。时正值坐衙虑囚之际，走笔题长句以赠之，曰：‘黄菊繁时好客到，碧云合处佳人来。（注：谓遣英、倩二妓与舒君同游也。）酡颜一笑夭桃绽，清泠秋声寒玉哀。轩骑逶迤棹容与，留连三日不能回。白头老尹府中坐，早衙才退暮衙催。’”谢希深、欧阳公官洛阳，同游嵩山归，暮抵龙门香山，雪作，留守钱文僖公遣吏以厨传歌妓至，且劳之曰：“山行良劳，当少留龙门赏雪，府事简，无遽归也。”王定国访东坡公于彭城，一日，棹小舟与颜长道携盼、英、卿三子游泗水，南下百步洪，吹笛饮酒，乘月而来。坡时以事不得往，夜着羽衣，伫立黄楼上，相视而笑，以为李太白死，世间无此乐三百余年矣。定国既去逾月，复与参寥师泛舟洪下，追忆曩游，作诗曰：“轻舟弄水买一笑，醉中荡桨肩相摩。归来笛声满山谷，明月正照金叵罗。”味此三游之胜，今之燕宾者宁复有之？盖亦值知己也。

端午贴子词

唐世五月五日扬州于江心铸镜以进，故国朝翰苑撰端午贴子词，多用其事，然遣词命意，工拙不同。王禹玉云：

燕赏逢知己

白居易担任河南府尹时，有一首《答舒员外》的诗说：“舒员外游览香山寺，多日不回府，又给我写了一封书信，信中极力称道景致之胜。当时我正坐在堂前审问囚犯，提起笔来写了一首七言诗回赠他，诗云：‘黄菊繁时好客到，碧云合处佳人来（注：我曾派英、蒨两位歌妓陪同舒员外一同游览）。酡颜一笑夭桃绽，清泠秋声寒玉哀。轩骑逶迤棹容与，留连三日不能回。白头老尹府中坐，早衙才退暮衙催。’”本朝谢绛、欧阳修在洛阳为官时，一同游览嵩山，回来时天色已晚，抵达龙门香山寺，正赶上下起大雪，东都留守文僖公钱惟演派属下安排酒食和歌妓来劳慰他们，钱公说：“走了一天山路太辛苦、太劳累了，应该暂留龙门观赏雪景，府中没有多少事，不必急着回去。”王巩（字定国）到徐州拜访苏轼，一天，划着小船和颜长道带着王盼、王英、王卿三个儿子游览泗水，向南到了百步洪，一路上吹笛饮酒，乘着皎洁的月光缓缓而至。苏轼当时有事未能同游，至夜，身穿道服，站在黄楼之上，两人相视而笑，都说自从李白死后，人间没有此番乐事已经三百多年了。王巩走后一个多月，苏轼又和道师参寥子划船来到百步洪下，回忆旧日之游，作诗一首：“轻舟弄水买一笑，醉中荡桨肩相摩。归来笛声满山谷，明月正照金叵罗。”细细体味这三次游览的妙处，如今请客的人哪里能有？究其原因，还是因为遇到了真正的知音。

端午贴子词

唐代五月初五，扬州要向朝廷进献在长江江心铸造的铜镜，所以本朝翰林院撰写端午贴子词时，往往好用这个典故，

“紫阁曈昽隐晓霞，瑶墀九御荐菖华。何时又进江心鉴，试与君王却众邪。”李邦直云：“艾叶成人后，榴花结子初。江心新得镜，龙瑞护仙居。”赵彦若云：“扬子江中方铸镜，未央宫里更飞符。菱花欲共朱灵合，驱尽神奸又得无？”又“扬子江中百炼金，宝奁疑是月华沉。争如圣后无私鉴，明照人间万善心。”又“江心百炼青铜镜，架上双纫翠缕衣。”李士美云：“何须百炼鉴，自胜五兵符。”傅墨卿云：“百炼鉴从江上铸，五时花向帐前施。”许冲元云：“江中今日成龙鉴，苑外多年废鹭陂。合照乾坤共作镜，放生河海尽为池。”苏子由云：“扬子江中写镜龙，波如细縠不摇风。宫中惊捧秋天月，长照人间助至公。”大概如此。唯东坡不然，曰：“讲余交翟转回廊，始觉深宫夏日长。扬子江心空百炼，只将《无逸》监兴亡。”其辉光气焰，可畏而仰也。若白乐天《讽谏百炼镜》篇云：“江心波上舟中铸，五月五日日午时。”“背有九五飞天龙，人人呼为天子镜。”又云：“太宗常以人为镜，监古监今不监容。”“乃知天子别有镜，不是扬州百炼铜。”用意正与坡合。予亦尝有一联云：“愿储医国三年艾，不博江心百炼铜。”然去之远矣。端午故事，莫如楚人竞渡之的，盖以其非吉祥，不可施诸祝颂，故必用镜事云。

只是遣词用意，水平和深度各不相同。王珪（字禹玉）说：“紫阁曈昽隐晓霞，瑶墀九御荐菖华。何时又进江心鉴，试与君王却众邪。”李清臣说：“艾叶成人后，榴花结子初。江心新得镜，龙瑞护仙居。”赵彦若说：“扬子江中方铸镜，未央宫里更飞符。菱花欲共朱灵合，驱尽神奸又得无？”又说：“扬子江中百炼金，宝奁疑是月华沉。争如圣后无私鉴，明照人间万善心。”还有一首说：“江心百炼青铜镜，架上双纫翠缕衣。”李邦彦说：“何须百炼鉴，自胜五兵符。”傅墨卿说：“百炼鉴从江上铸，五时花向帐中施。”许将（字冲元）说：“江中今日成龙鉴，苑外多年废鹭陂。合照乾坤共作镜，放生河海尽为池。”苏辙说：“扬子江中写镜龙，波如细縠不摇风，宫中惊捧秋天月，长照人间助至公。”总体水平大致如上。只有苏轼与他们大不相同。苏轼说：“讲余交翟转回廊，始觉深宫夏日长。扬子江心空百炼，只将《无逸》监兴亡。”这气势和光芒，真令人敬畏崇仰。像白居易的《讽谏百炼镜》诗说：“江心波上舟中铸，五月五日日午时。”“背有九五飞天龙，人人呼为天子镜。”还说：“太宗常以人为镜，监古监今不监容。”“乃知天子别有镜，不是扬州百炼铜。”所寓的深意正和苏轼相同。我也曾写过一联说：“愿储医国三年艾，不博江心百炼铜。”但是离白、苏的水平相去甚远。端午节的旧俗，没有比楚地百姓划龙船竞渡更为明快的了，只是因为它起因不太吉利，不能写进祝文颂词中去，所以都用江心镜的典故了。

卷十（十二则）

哀公问社

哀公问社于宰我，宰我对曰：“夏后以松，殷人以柏，周人以栗。”曰：“使民战栗。”子闻之，曰：“成事不说，遂事不谏，既往不咎。”古人立社，但各因其土地所宜木为之，初非求异而取义于彼也。哀公本不必致问，既闻用栗之言，遂起“使民战栗”之语。其意谓古者弗用命戮于社，所以威民，然其实则非也。孔子责宰我不能因事献可替否，既非成事，尚为可说，又非遂事，尚为可谏，且非既往，何咎之云？或谓“使民战栗”一句亦出于宰我，记之者欲与前言有别，故加“曰”字以起之，亦是一说。然战栗之对，使出于我，则导君于猛，显为非宜。出于哀公，则便即时正救，以杜其始。两者皆失之，无所逃于圣人之责也。哀公欲以越伐鲁而去三家，不克成，卒为所逐，以至失邦，其源盖在于此。何休注《公羊传》云：“松，犹容也，想见其容貌而事之，主人正之意也。柏，犹迫也，亲而不远，主地正之意也。栗犹战栗，谨敬貌，主天正之意也。”然则战栗之说，亦有所本。《公羊》云：“虞主用桑，练主用栗。”则三代所奉社，其亦为松、柏、栗为神之主乎？非植此木也。程伊川之说有之。

哀公问社

鲁哀公向宰我询问，作社主用什么木，宰我回答说："夏代用松木，商代用柏木，周代用栗木。"哀公又问："要使人民战栗吗？"孔子听到了这些话，责备说："已经做过的事就不用再解释了，已经完成的事就不便再挽救了，已经过去的事就不必再追究了。"古代人为祭土地之神而要为它做一个木主，只是各自根据当地比较常见的树木来制作，最初并不是有意区别并对木的名称有所寓意的。鲁哀公其实完全没有必要问，听说"用栗木"这样的说法，于是联想到"使人民战栗"这层意思。他的意思是说古时候虽然没有严命，但在社中还是有所象征的，这象征用来震慑百姓，但实际上完全不是这么回事。孔子责备宰我不能根据具体事情讲清楚可以怎样做或还可以怎样做，如果是还没有做的事，还可以再解释，还没有完成的事，还可以再劝谏，又不是已经过去的事，还有什么可追究的呢？还有人说"使民战栗"这一句也出自宰我之口，写书的人想让这句话和前边几句有所区别以示强调，所以又加一个"曰"字来提示，这也可备一说。然而"使民战栗"这句话，如果是出于宰我之口，那么就是引导国君趋向严酷，显然是不恰当的。如果是出于哀公之口，那还可以马上劝谏他，以此来杜绝他趋向严酷。总之两种说法都是不正确的，所以没法逃避圣人的责备。鲁哀公想借越人的力量攻打鲁国的仲孙、叔孙、季孙氏三大家族，没能成功，反而亡了国，它的根源恐怕就在于御下过于严酷了。何休注释《公羊

绝句诗不贯穿

“夜凉吹笛千山月，路暗迷人百种花。棋罢不知人换世，酒阑无奈客思家。”此欧阳公绝妙之语。然以四句各一事，似不相贯穿，故名之曰《梦中作》。永嘉士人薛韶喜论诗，尝立一说云：“杜老近体律诗，精深妥帖，虽多至百韵，亦首尾相应，如常山之蛇，无间断龃龉处。而绝句乃或不然，五言如‘迟日江山丽，春风花草香。泥融飞燕子，沙暖睡鸳鸯。’‘急雨梢溪足，斜晖转树腰。隔巢黄鸟并，翻藻白鱼跳。’‘江动月移石，溪虚云傍花。鸟栖知故道，帆过宿谁家。’‘凿井交棕叶，开渠断竹根，扁舟轻袅缆，小径曲通村。’‘日出篱东水，云生舍北泥。竹高鸣翡翠，沙僻舞鹍鸡。’‘钓艇收缗尽，昏鸦接翅稀。月生初学扇，云细不成衣。’‘舍下笋穿壁，庭中藤刺檐。地晴丝冉冉，江白草纤纤。’七言如‘糁径杨花铺白毡，点溪荷叶叠青钱。笋根雉子无人见，沙上凫雏傍母眠。’‘两个黄鹂鸣翠柳，一行白鹭上青天。窗含西岭千秋雪，门泊东吴万里船’之类是也。”予因传》说："松，好比说容貌，想到了他的容貌并侍奉他，说的是人君之道。柏，好比说近迫，亲近而并不遥远，说的是地神之道。栗，好比说战栗，谨慎恭敬的样子，说的是天神之道。"看来"使民战栗"的说法也是有所依据的。《公羊传》说："国君死丧，做木主要用桑木；祭奠国君，做木主要用栗木。"看来夏商周所供奉的社主，可能真的用松、柏、栗作为神灵的木主吧？这里说的并不是在社周围种的树木。程颐有过这样的说法。

绝句诗不贯穿

"夜凉吹笛千山月，路暗迷人百种花。棋罢不知人换世，酒阑无奈客思家。"这是欧阳修的一首绝妙小诗。此诗四句，每句各说一件事，好像没有一条主线贯穿其中，所以取个诗题叫作《梦中作》。永嘉（今浙江温州市）士子薛韶喜好评论诗歌，曾创立一家说法说："杜甫的近体律诗，意义深远，用词熨帖，即使得多达一百韵，也能前后呼应，就像是常山巨蛇，中间绝没有间断梗阻的地方。而绝句就不一定如此了，五言绝句像'迟日江山丽，春风花草香，泥融飞燕子，沙暖睡鸳鸯。''急雨梢溪足，斜晖转树腰。隔巢黄鸟并，翻藻白鱼跳。''江动月移石，溪虚云傍花。鸟栖知故道，帆过宿谁家。''凿井交棕叶，开渠断竹根。扁舟轻袅缆，小径曲通村。''日出篱东水，云生舍北泥。竹高鸣翡翠，沙僻舞鹍鸡。''钓艇收缗尽，昏鸦接翅稀。月生初学扇，云细不成衣。''舍下笋穿壁，庭中藤刺檐。地晴丝冉冉，江白草纤纤。'七言绝句像'糁径杨花铺白毡，点溪荷叶叠青钱。笋根雉子无人见，沙上凫雏傍母眠。''两个黄鹂鸣翠柳，一行白鹭上青天。窗含西岭千秋雪，门泊东吴万里船。'之类，都不相贯其说，以唐人万绝句考之，但有司空图《杂题》云："驿步堤萦阁，军城鼓振桥。鸥和湖雁下，雪隔岭梅飘。""舴艋猿偷上，蜻蜓燕竞飞。樵香烧桂子，苔湿挂莎衣。"

农父田翁诗

张碧《农父》诗云："运锄耕劚侵晨起，陇畔丰盈满家喜。到头禾黍属他人，不知何处抛妻子！"杜荀鹤《田翁》诗云："白发星星筋力衰，种田犹自伴孙儿。官苗若不平平纳，任是半年也受饥！"读之使人怆然。以今观之，何啻倍蓰也！

卫宣公二子

卫宣公二子之事，《诗》与《左传》所书，始末甚详。《乘舟》之诗，为急、寿而作也。《左传》云："宣公烝于庶母夷姜，生急子。为之娶于齐而美，公取之，生寿及朔。宣姜与公子朔谮急子。宣姜者，宣公所纳急之妻，翻谮其过。公使诸齐，使盗待诸莘，将杀之。寿子告之，使行，不可。寿子载其旌以先，盗杀之，遂兄弟并命。"案：宣公以鲁隐四年十二月立，至桓十二年十一月卒，凡十有九年。姑以即位之始便成烝乱，而急子即以次年生，势须十五岁然后娶。既娶而夺之，又生寿、朔，朔已能同母谮兄，寿又能代为使者以越境，非十岁以下儿所能办也。然则十九年之间，如何消破？此最为穿。”我根据他的说法，考察了一万余首唐人的绝句，只有司空图《杂题》说：“驿步堤萦阁，军城鼓振桥。鸥和湖雁下，雪隔岭梅飘。”“舴艋猿偷上，蜻蜓燕竞飞。樵香烧桂子，苔湿挂莎衣。”两首如此。

农父田翁诗

张碧的《农父》诗说：“运锄耕劚侵晨起，陇畔丰盈满家喜。到头禾黍属他人，不知何处抛妻子！“杜荀鹤《田翁》诗说：“白发星星筋力衰，种田犹自伴孙儿。官苗若不平平纳，任是半年也受饥！”读这样的诗真令人感到悲伤酸楚。再拿当今来看，其惨状何止比唐代更甚几倍！

卫宣公二子

卫宣公两个儿子的事迹，《诗经》和《左传》所记载的来龙去脉十分详细。《诗经·二子乘舟》，就是为急子、寿子而作的。《左传》说：“卫宣公和他的庶母夷姜私通，生下了急子。后来给急子从齐国娶了一位妻子，十分秀丽，宣公又霸占了去，生下了寿子和朔子。宣姜和公子朔一同谗毁公子急。宣姜就是卫宣公霸占的急子的妻子，此人反过来又谗害她的前夫。宣公命急子到齐国出使，另派了一些武士在莘地埋伏，准备杀掉急子。寿子把这个消息告知了急子，让他快快逃走，急子不肯。寿子打着急子的旌旗先行赴齐，武士们杀死了寿子，后来兄弟二人都被杀死。”按：卫宣公于鲁隐公四年十二月立为卫国国君，到鲁桓公十二年十一月死去，总共十九年。姑且算他即位当年便与他庶母私通，那么急子必然在第二年才生下，按常理必得到十五岁才难晓也。

谓端为匹

今人谓缣帛一匹为壹端，或总言端匹。案《左传》“币锦二两”注云：“二丈为一端，二端为一两，所谓匹也。二两，二匹也。”然则以端为匹非矣。《湘山野录》载夏英公镇襄阳，遇大礼赦恩，赐致仕官束帛，以绢十匹与胡旦，旦笑曰：“奉还五匹，请检《韩诗外传》及诸儒韩康伯等所解‘束帛戋戋’之义，自可见证。”英公检之，果见三代束帛、束脩之制。若束帛则卷其帛为二端，五匹遂见十端，正合此说也。然《周易正义》及王弼注、《韩诗外传》皆无其语。文莹多妄诞，不足取信。案《春秋公羊传》“乘马束帛”注云：“束帛谓玄三纁二，玄三法天，纁二法地。”若文莹以此为证，犹之可也。

唐人草堂诗句

予于东圃作草堂，欲采唐人诗句书之壁而未暇也，姑录之于此。杜公云：“西郊向草堂”“昔我去草堂”“草堂少能娶妻。就算急子刚娶妻便被宣公夺去，又生下寿子和朔子，朔子已经能与他母亲一起谗害兄长，而寿子又能代替急子为使者出国越境，这肯定不是十岁以下的小孩子所能做到的事。这样分析，那么这些事发生在十九年之内，怎么安排呢？这一点实在难以理解。

谓端为匹

当今人们把一匹丝帛叫作一端，或者合称为一端匹。按：《左传》“币锦二两”句注释说：“两丈叫作一端，两端为一两，就是通常所说的匹。二两，指两匹。”这样看来，把一端叫作一匹显然不正确。《湘山野录》记载英国公夏竦镇守襄阳，遇到朝廷大礼加恩，赐给已经致仕的官吏们束帛，把十匹丝绢赐给胡旦，胡旦笑着说：“我退还五匹，请你查检一下《韩诗外传》这本书以及儒士韩康伯等人对‘束帛戋戋’这句话的解释，就自会明白了。”夏竦查检了这些资料，果然明白了三代时束帛、束脩的制度。像束帛，指把丝帛卷起来便有两端，五匹就有十端，正和上面说的相合。然而今传的《周易正义》和王弼的注解、《韩诗外传》都没有见到这种记载。文莹这个人讲的话十分随意，不足为信。按：《春秋公羊传》“乘马束帛”这句话的注释说：“束帛指的是黑三黄二，黑色三象征天，黄色二象征地。”如果文莹用这句话来证明束帛为五匹，那还是很有说服力的。

唐人草堂诗句

我在东圃建了一间草堂，本想采集唐人的诗句写在墙壁上，但还没有来得及，暂且集录在这里。杜甫说：“西郊向草花今欲栽”“草堂蜇西无树林”。白公有《别草堂》三绝句，又云：“身出草堂心不出。”刘梦得《伤愚溪》云：“草堂无主燕飞回。”元微之《和裴校书》云：“清江见底草堂在。”钱起有《暮春归故山草堂》诗，又云：“暗归草堂静，半入花源去。”朱庆馀：“称著朱衣入草堂。”李涉：“草堂曾与雪为邻。”顾况：“不作草堂招远客。”郎士元：“草堂竹径在何处？”张籍：“草堂雪夜携琴宿。”又云：“西峰月犹在，遥忆草堂前。”武元衡：“多君能寂寞，共作草堂游。”陆龟蒙：“草堂只待新秋景。”又云：“草堂尽日留僧坐。”司空图：“草堂旧隐犹招我。”韦庄：“今来空讶草堂新。”子兰“策杖吟诗上草堂。”皎然有《题湖上草堂》云：“山居不买剡中山，湖上千峰处处闲。芳草白云留我住，世人何事得相关？”

公穀解经书日

孔子作《春秋》，以一字为褒贬，大抵志在尊王，至于纪年叙事，只因旧史。杜预见《汲冢书·魏国史记》，谓“其著书文意大似《春秋经》，推此足以见古者国史策书之常也。”所谓书日不书日，在轻重事体本无所系，而《公羊》《穀梁》二传，每事断之以日，故窒而不通。《左氏》惟有公子益师卒，“公不与小敛，故不书日”一说，其它亦鲜。今表二传之语，以示儿曹。《公羊》云：“益师卒，何以不日？远也。”“葬者不及时而日，渴葬也。不及时而不日，慢葬堂”“昔我去草堂”“草堂少花今欲栽”“草堂堑西无树林”。白居易有《别草堂》绝句三首，还有诗说：“身出草堂心不出。”刘禹锡的《伤愚溪》诗说：“草堂无主燕飞回。”元稹的《和裴校书》诗说：“清江见底草堂在。”钱起有《暮春归故山草堂》诗，又有诗说：“暗归草堂静，半入花源去。”朱庆馀诗：“称著朱衣入草堂。”李涉的诗：“草堂曾与雪为邻。”顾况诗：“不做草堂招远客。”郎士元诗：“草堂竹径在何处？”张籍诗：“草堂雪夜携琴宿。”又说：“西峰月犹在，遥忆草堂前。”武元衡诗：“多君能寂寞，共作草堂游。”陆龟蒙诗：“草堂只待新秋景。”还说：“草堂尽日留僧坐。”司空图诗：“草堂旧隐犹招我。”韦庄诗：“今来空讶草堂新。”子兰诗：“策杖吟诗上草堂。”皎然有一首《题湖上草堂》诗说：“山居不买剡中山，湖上千峰处处闲。芳草白云留我住，世人何事得相关？”

公穀解经书日

孔子写《春秋》，往往从一个用字看出褒美还是贬抑，这主要体现了他的尊王思想，至于纪年和叙事，则仅仅根据旧的史书记载。晋代杜预见到《汲冢书·魏国史记》，说：“《汲冢书》写作的文意和《春秋》十分相似，根据这部书，可以推测古时候各国史书的撰写规律。”史家经常说的写出日子还是不写出日子，这和事件的重不重要、正确不正确本没有什么必然联系，但是《公羊传》和《穀梁传》却每有事件便用写日子不写日子来定其善恶轻重，因此使文意反倒不明确、不晓畅。《左传》只有公子益师死时，“鲁隐公不为他穿上葬服，因此不写具体日也。过时而日，隐之也。过时而不日，谓之不能葬也。当时而不日，正也。当时而日，危不得葬也。”“庚寅，入邴。其日何？难也。”“取邑不日。”“桓之盟不日，信之也。”“甲寅，齐人伐卫。伐不日，此何以不日？至之日也。”“壬申，公朝于王所。其日何？录乎内也。”“辛巳，晋败秦于郩。诈战不日，此何以日？尽也。”“甲戌，败狄于咸。其日何？大之也。”“子卒。何以不日？隐之也。”“即位不日。”《穀梁》最多：“卑者之盟，不日。”“大夫日卒，正也。”“诸侯日卒，正也。”“日入，恶入者也。”“外盟不日”。“取邑不日。”“大阅崇武，故谨而日之。”“前定之盟，不日。”“公败齐师，不日，疑战也。”“公败宋师。其日，成败之也。”“齐人灭遂。其不日，微国也。”“公会齐侯，盟于柯，桓盟虽内与，不日，信也。”“媵陈人之妇。其不日，数渝，恶之也。”“癸亥，葬纪叔姬，不日卒，而日葬，闵纪之亡也。”“子卒日，正也。不日，故也。有所见则日。”“戊辰，盟于葵丘。桓盟不日，此何以日？美之也。”“辛卯，沙鹿崩。其日，重变也。”“戊申，陨石于宋。是月，六鹢退飞。石无知，故日之。鹢微有知之物，故月之。”“乙亥，齐侯小白卒。此不正，其日之，何也？”“壬申，公朝于王所。其日，以其再致天子，故谨而日之。日系于月，月系于时。其不月，失其所系也。”“丁未，商臣弑其君髡。日髡之卒，所以谨商臣之弑也。”“乙巳，及晋处父盟。不言公，讳也。何以知其与公盟？以其日也。”“甲戌，取须句。取邑不日，此其日，何也？不正其再子”这么一说，其他也就很少见了。现在摘录《公羊传》和《穀梁传》中此类例句，用来提示儿孙们。《公羊传》说：“公子益师死了，为什么不写日子呢？年代久远，孔子没有见到。”“送葬不记月份只写日子，是表示急于下葬。不记月份也不写日子，表示不能以礼下葬。不能按时下葬而记下日子，表示为此痛惜。不能按时下葬又不记下日子，是说不能尽快地下葬。写明了月份而不写日子，是确已下葬。写明月份又写明了日子，是表示还有危急，没有来得及下葬。”“庚寅这天，我军攻入邴。这里为什么要写日子呢？因为此战艰难，到这天才攻入。”“攻取城邑不写日子。”“桓公会盟诸侯一般不写日子，这里写了日子，表示诸侯相信这次会盟没有危险。”“甲寅这天，齐国攻打卫国。攻打他国不应该写日子，这里为什么写日子呢？这里是表示到达卫国的日子。”“壬申这天，鲁僖公到京师朝见周天子。这里为什么要写明日子？不写日子，怕为诸侯所憎恶。”“辛巳这天，晋国在崤地击败了秦国。不明胜败的战争不应写明日子，这里为什么要写明日子呢？是说秦军被彻底击败。”“甲戌这天，在咸地击败了狄人。为什么要写明日子呢？是要强调这一战的重要。”“子赤死了，为什么不写明日子呢？是因为遇弑不忍明言而隐去不书。”“国君即位不写明日子。”而《穀梁传》里这种用法尤其多，比如：“与弱小者会盟不写明日子。”“写明大夫某日死，是准确的。”“写明诸侯国君某日死，是准确的。”“写明某日进入，是憎恶进入者。”“在外的会盟不应写明日子。”“攻取城邑不应写明日子。”“大规模的阅兵表示崇尚武功，因此特地写明日子。”“以前订立的盟约，不写日子。”“庄公击败了齐军。这里不写明日子，是表示不拘具体日子的奇袭。”“庄公击败了取，故谨而日之也。”“辛丑，葬襄王。日之，甚矣，其不葬之辞也。”“乙卯，晋、楚战于邲。日，其事败也。”“癸卯，晋灭潞。灭国有三术：中国谨日，卑国月，夷狄不日。其日，潞子贤也。”“甲戌，楚子卒。夷狄卒而不日。日，少进也。”“癸酉，战于鞍。其日，或曰日其战也，或曰日其悉也。”“梁山崩。不日。何也？高者有崩道也。”“鼷鼠食郊牛角。不言日，急辞也。”“庚申，莒溃。恶之，故谨而日之也。”“秋，公至自会。不日，至自伐郑也。”“丙戌，郑伯卒于操。其日，未逾竟也。”“乙亥，臧孙纥出奔邾。其日，正纥之出也。”“蔡世子弑其君。其不日，子夺父政，是谓夷之。”“冬十月，葬蔡景公。不日卒而月葬，不葬者也。”“四月，楚公子比弑其君。弑君者日。不日，比不弑也。”“甲戌，同盟于平丘。其曰，善是盟也。”“内之大事日。即位，君之大事也。其不日，何也？以年决者，不以日决也。定之即位，何以日也？著之也。”它释时月者亦然。通经之士，可以默谕矣。沙鹿、梁山为两说，尤不然。苏子由《春秋论》云：“《公羊》《穀梁》之传，日月土地，皆所以为训。夫日月之不知，土地之不详，何足以为喜怒？”其意盖亦如此。

宋军。这里写明了日子，是表示列兵大战，不以奇袭取胜。”“齐军灭了遂国，这里没有写日子，是因为遂是个小国。”“庄公会见齐桓公，在柯地订立了盟约。虽然是与信义远著的齐桓公订盟，也不写明日子，是表示深信的意思。”“公子与陈国的陪嫁女子会面。这里不写明日子，是因为陈国多次背盟，表示憎恶的意思。”“癸亥这天，为纪叔的姬妾下葬，这里不写明死于哪天，葬于哪天，表示哀悯纪叔有丧。”“子野死，写明日子是应该的。子赤死，不写明日子，是因为事情发生得太早了。见到了才能写明日子。”“戊辰这天，庄公和桓公在葵丘订立了盟约。齐桓公的订盟不应该写明日子，这里为什么写明了呢？是表示赞美的意思。”“辛卯这天，沙山山脚发生了崩塌。这里写明日子，表示对这次变异的重视。”“戊申这天，有巨石陨落在宋国。这个月中，一群鶂鸟倒着飞。石头是没有知觉的，这必是天意，因此写出了日子。鶂鸟是稍有些知觉的动物，所以记下了月份。”“乙亥这天，齐国国君小白死了。这里并不该写具体日子，但还是记下了日子，为什么呢？”“壬申这天，鲁公到天子朝中朝见。这里记下了日子，是因为第二次朝见天子，所以谨慎地记下了日子。日是编排在月份上的，月份是根据天时历法来的。这里没有记下月份，是失去了依托。”“丁未这天，商臣杀死了他的君主髡。把髡的死日记了下来，是用来特意说明商臣弑君的。”“乙巳这天，鲁文公和晋国大夫阳处父订立盟约。不言明鲁文公，是避开不说。怎么知道是与鲁文公订立盟约呢？就因为这里记明了日子。”“甲戌这天，攻取了须句。按常规攻取城邑是不应该写明日子的，这里却记下了日子，这是为什么呢？是因为作者不认为再次攻取他人的城邑是应该的，所以特地记下了这个日子。”“辛丑这天，为

襄王下葬。这里记下了日子，显得过分，这恐怕是暗示实际上并不下葬。”“乙卯这天，晋国、楚国两军在鄢开战，这里记下了日子，是特意指出晋国失败了。”“癸卯这天，晋国消灭了潞国。消灭一个国家有三种不同的表示：中等的国家要特意写明日子，小国只写明月份，如果是夷狄之邦，就不再写日子了。这里写出了具体日子，是因为潞国国君是位贤君。”“甲戌，楚子吕死了。夷狄之国国君死去是不应写明日子的，这里写明了日子，这比以前是进了一步。”“癸酉这天，齐、晋两军在鞍地大战。这里写明了日子，可能是明确指出战争的具体时间，也可能是特地暗示鲁国大夫也参加了战斗。”“梁山崩，不写明日子，这是为什么呢？高山自有它崩塌的规律。”“小鼷鼠咬噬郊祀用的牛角。这里没有写明日子，是表示行文急切。”“庚申这天，莒军大败。作者对它充满恶感，所以特意把日子记下来。”“秋天，昭公从会盟处回来。不写明日子，是说从攻打郑国的前线回来。”“丙戌，郑伯死在操，这里写明了日子，因为郑伯没有死在国外。”“乙亥这天，臧孙纥逃到邾国，这里写明了日子，是准确记载臧孙纥出逃的日子。”“蔡国太子杀死了国君，这里不写明日子，是因为儿子夺取父亲的王位，这与夷狄之行一样。”“十月，蔡景公出葬，不写他哪天死而写明哪月里下葬，这并不是真的下葬。”“四月，楚国公子比杀了国君，依理，杀其国君应该写明日子，这里没有写明日子，说明国君不是公子比杀的。”“甲戌这天，各诸侯在平丘订立了和约。这里写明了日子，是作者赞成这样的盟约。”“朝廷中的大事都应该写明日子。国君即王位，这是国君的大事，这里不写明日子，是为什么呢？因为在史官看来，即位是按年来记的，而不是按日来记的。定公即位为什么写明日子呢？是要特意强调

柳应辰押字

予顷因见鄂州南楼土中磨崖碑，其一刻“柳”字，下一字不可识，后访得其人名应辰，而云是唐末五代时湖北人也，既载之《四笔》中，今始究其实，柳之名是已。盖以国朝宝元元年吕溱榜登甲科，今浯溪石上有大押字，题云：“押字起于心，心之所记，人不能知。大宋熙宁七年甲寅岁刻，尚书都官员外郎武陵柳应辰，时为永州通判。”仍有诗云：“浯溪石在大江边，心记闲将此地镌。自有后人来屈指，四千六百甲寅年。”有阆中陈思者跋云：“右柳都官欲以怪取名，所至留押字盈丈，莫知其何为。押字，古人书名之草者，施于文记间，以自别识耳。今应辰镌刻广博如许，已怪矣。好事者从而为之说，谓能祛逐不祥，真大可笑。”予得此帖，乃恨前疑之非。石傍又有蒋世基《述梦记》云：“至和三年八月，知永州职方员外郎柳拱辰受代归阙，祁阳县令齐术送行至白水，梦一儒衣冠者曰：‘我元结也。今柳公游浯溪，无诗而去，子盍求之。’觉而心异之，遂献一诗。柳依韵而他的即位。”其他一些解释时间、月份的也都是这样。熟读经书的人们可以根据这样一些原则去理解古书了。沙鹿、梁山采取了两种不同的说法，显得尤其不合情理。苏辙的《春秋论》说：“《公羊传》《穀梁传》中，凡日月土地，都附会了一些字义之外的解释。日、月并没有知觉，土地并不知道人间的事，它们又怎么能有喜怒哀乐呢？”他的意见也是这样。

柳应辰押字

不久前我在鄂州（今湖北武昌北）的南楼土中见到一块磨崖石碑，上面刻了一个“柳”字，下一个字认不得，后来打听到此人名叫应辰，并且说是唐末五代时期的湖北人。这件事我已经记在《容斋四笔》中，如今才探得此人的实际情况，就是“柳”字后面的名字。此人于本朝宝元元年吕溱那一榜中进士甲科，现今浯溪的巨石上还有大的花押名字，并题写于其后说：“押字是发于内心的灵感，心里有了这灵感，照样子记下来，别人是不能全面理解的。大宋神宗熙宁七年甲寅年刻石，尚书都官员外郎武陵人柳应辰题，此时官任永州（今湖南零陵市）通判。”后面还有一首诗说：“浯溪石在大江边，心记闲将此地镌。自有后人来屈指，四千六百甲寅年。”还有阆中人陈思的跋语说：“上面是都官员外郎柳公的押字。柳公想使自己的名字写得古怪，所到之处都留下一丈高的押字文，不知道他心中是怎样想的。押字不过是古人签名时用的草体字，用在文书之中，自己便于识别而已。如今柳公应辰的押字刻得如此高大，已经成为怪事了。而那些喜好生事的人又根据这大押字编出许多说法，说它能驱除灾恶，令人深觉好笑。”我得到此帖后，才为此前的不解深感和，其语不工。”拱辰以天圣八年王拱辰榜登科，殆应辰兄也，辄并记之。

唐尧无后

尧、舜之子，不肖等耳。舜之后虽不有天下，而传至于陈及田齐，几二千载。惟尧之后，当舜在位时即绝，故禹之戒舜曰：“毋若丹朱傲，用殄厥世。”又作戒曰：“惟彼陶唐，有此冀方。今失厥道，乱其纪纲，乃底灭亡。”源丹朱之恶，固在所绝。方舜、禹之世，顾不能别访贤胄为之立继乎？《左传》载子产之辞曰：“唐人是因，以服事夏商，其季世曰唐叔虞。（注：谓唐人之季，非周武王子封于晋者。）成王灭唐而封太叔。”又蔡墨曰：“陶唐氏既衰，其后有刘累氏，曰御龙。”范宣子曰：“匄之祖，自虞以上为陶唐氏，在夏为御龙氏。”然则封国虽绝，尚有子孙。武王灭商，封帝尧之后于蓟，而未尝一见于简策。史赵言楚之灭陈曰：“盛德必百世祀，虞之世数，未也。”臧文仲闻蓼与六二国亡，曰：“皋陶庭坚不祀，忽诸！”尧之盛德，岂出舜、皋之下，而爵邑不能及孙，何也？

遗憾。巨石旁边还有蒋世基写的《述梦记》一篇，文章说：“仁宗至和三年八月，永州知州职方员外郎柳拱辰任满交割，回朝复命，祁阳县令齐术送他到白水边，梦见一位穿着儒服的成年男子说：‘我是唐朝的元结。如今柳公游览浯溪，不留下诗篇便匆匆离去，你何不向他求取一诗呢？’齐术醒过来，心中感到十分惊异，于是吟诗一首，赠给柳拱辰。柳拱辰依照齐诗的原韵和诗一首，词语并不工丽。”柳拱辰于天圣八年王拱辰榜进士登第，此人可能是柳应辰的哥哥，也就一并记在这里。

唐尧无后

尧、舜的儿子，一样地不修仁德、不求进取。舜的后代虽然没有享有天下，但传到了陈和齐田氏，将近两千年绵延不绝。而尧的后代，还在舜在位的时候便断了承继，因此舜告诫禹说：“千万不能像丹朱那样狂傲，他因此而覆灭了封国！”又作了一篇诫词说：“那尧帝啊，曾拥有冀地。如今后代不修道德，扰乱纲纪，终遭灭亡。”数一数丹朱的罪恶，也确实应当让他灭国，舜、禹统治天下的时候，难道就选不出贤人的后代替他传宗立国吗？《左传》中记子产的话说：“唐国人居住在那里，臣服于夏商，唐国的末代君主叫作唐叔虞（注：指的是唐国的末代国君，不是周武王之子被封在晋的那个人）。周成王消灭了唐国，而封唐叔虞为唐侯。”蔡墨说：“陶唐氏衰落之后，又有刘累氏，称为御龙。”范宣子说：“我的远祖，舜帝以前为陶唐氏，夏朝为御龙氏。”这样看来，尧的后代虽然失去了封国，还是有子孙的。周武王灭了商朝，把尧的后代封在蓟地，但是这种说法不见于历史记载。史赵在说到楚国灭陈国时说：“有盛德的人必将得到

斯须之敬

今公私宴会，称与主人对席者曰席面。古者谓之宾、谓之客是已。《仪礼·燕礼》篇："射人请宾，公曰：'命某为宾。'宾少进，礼辞。又命之，宾许诺。"《左传》季氏饮大夫酒，臧纥为客。宋公兼享晋、楚之大夫，赵孟为客。杜预云："客，一坐所尊也。"乾道二年十一月，薛季益以权工部侍郎受命使金国，侍从共饯之于吏部尚书厅，陈应求主席，自六部长贰之外，西省官皆预，凡会者十二人。薛在部位最下，应求揖之为客，辞不就，曰："常时固自有次第，奈何今日不然？"诸公言："此席正为侍郎设，何辞之为？"薛终不可。予时为右史，最居末坐。给事中王日严目予曰："景卢能仓卒间应对，愿出一转语折衷之。"予笑谓薛曰："孟子不云乎？'庸敬在兄，斯须之敬在乡人。'侍郎姑处斯须之敬可也。明日以往，不妨复如常时。"薛无以对，诸公皆称善，遂就席。

百世的祭祀，唐叔虞才刚刚几世，还没有绝祀。”臧文仲听到蓼和六两个国家灭亡的消息，感叹说：“皋陶、庭坚就没有人祭祀了！”尧的盛德难道在舜、皋陶之下？但尧却不能把封国和爵位传给自己的后代，这是为什么呢？

斯须之敬

现在公家和私人举行的宴会，都称主人对面坐的人为“席面”，古时候叫作宾、客。《仪礼·燕礼》篇说：“司仪延请宾客，主人说：‘让某人为上宾。’客人走向前，很有礼貌地辞让。主公再次命客，客人才答应下来，坐于客位。”《左传》写季氏请大夫们饮宴，臧纥为上宾。宋公同时宴请晋、楚两国的大夫，以赵孟为上宾。杜预注解说：“宾客，是满座最尊崇的人。”孝宗乾道二年十一月，薛季益以权尚书工部侍郎的身份受朝廷委派出使金国，侍从官一起在吏部尚书办公厅内为他设宴饯行，陈应求来主持宴会，尚书六部的主要长官除外，中书、门下两省的官员们都来了，参加宴会的共有十二个人，薛季益在部长官中职位最低，陈应求给他行礼，并请他就客位，薛季益推辞不肯，说道：“此前宴会都有固定的次序，为什么今天要破例？”官员们都说：“今天这宴席是专门为你而设，你为何要推让呢？”薛季益怎么也不肯就座。当时我担任史官，职位最低，当然坐在最末一个座位上。这时，给事中王日严看着我说：“景卢最能在短时间里想出好办法，请你说几句把这个场面定下来。”我笑着对薛季益说：“孟子不是说过嘛？‘平常的恭敬在于兄长，暂时的恭敬在于乡里长者。’薛侍郎姑且受大家一次暂时的恭敬当然可以。明天以后，不妨再恢复以往的次序。”薛季益无言可对，在

丙午丁未

丙午、丁未之岁，中国遇此辄有变故，非祸生于内，则夷狄外侮。三代远矣，姑摭汉以来言之。高祖以丙午崩，权归吕氏，几覆刘宗。武帝元光元年为丁未，长星见，蚩尤旗亘天。其春，戾太子生，始命将出征匈奴，自是之后，师行三十年，屠夷死灭，不可胜数，及于巫蛊之祸，太子子父皆败。昭帝元平元年丁未，帝崩，昌邑立而复废，一岁再易主。成帝永始二年、三年为丙午、丁未，王氏方盛，封莽为新都侯，立赵飞燕为皇后，由是国统三绝，汉业遂颓，虽光武建武之时，海内无事，然勾引南匈奴，稔成刘渊乱华之衅，正是岁也。殇帝、安帝之立，值此二年，东汉政乱，实基于此。桓帝终于永康丁未，孝灵继之，汉室灭矣。魏文帝以黄初丙午终，明帝嗣位，司马氏夺国，兆于此时。晋武太康六年、七年，惠帝正在东宫，五胡毒乱，此其源也。东晋讫隋，南北分裂，九县飚回，在所不论。唐太宗贞观之季，武氏已在后宫，中宗神龙、景龙，其事可见。代宗大历元，二，大盗初平，而置其余孽于河北，强藩悍镇，卒以亡唐。宝历丙午，敬宗遇弑。大和丁未，是为文宗甘露之悲，至于不可救药。僖宗光启之际，天下固已大乱，而中官劫幸兴元，襄王煴僭立。石晋开运，遗祸至今。皇朝景德，方脱契丹之扰，而明年祥符，神仙宫观之役崇炽，海内虚耗。治平丁未，王安石入朝，愲乱宗座的各位长官都说我讲得妙，于是各自就座。

丙午丁未

丙午年和丁未年，中原国家碰到这两个年头就会有些灾变，不是祸乱出于国内，就是受到异族侵略。夏商周三代年代太久远，不说了，就摘录汉朝以来的事变来说。汉高祖死于丙午年，大权被吕后一族掌握，几乎使刘家天下毁于一旦。汉武帝元光元年是丁未年，这一年里彗星出现，贼星蚩尤旗横亘天空。这年春天，戾太子出生，武帝派大将西击匈奴，从此之后，一连征战三十年，匈奴死伤不计其数，直到发生巫蛊之祸，戾太子父子都毁于此祸。汉昭帝元平元年是丁未年，昭帝驾崩，昌邑王刘贺刚刚登基就被废除了，一年之中两次更换天子。汉成帝永始二年、三年是丙午、丁未年，王氏家族正强盛，王莽被封为新都侯，赵飞燕被立为皇后，因此国家纪纲崩坏，汉朝基业从此动摇震荡。汉光武帝建武年间，四海平安，然而后来勾引南匈奴，终于酿成了刘渊扰乱中原的惨祸，其根源也就在这一年里。汉殇帝、安帝即位之年，正在丙午和丁未二年，东汉朝政荒乱，实际上是从这时开始的。汉桓帝死在永康元年丁未，汉灵帝即位，终至汉王朝最后灭亡。魏文帝于黄初七年丙午驾崩，明帝即位，后来司马氏篡夺政权，祸根也生于此时。晋武帝太康六年、七年，惠帝正居于太子东宫，其后五胡乱华，祸根也在此时。东晋到隋，南北长期分裂，天下动乱，更不必说。唐太宗贞观末年，武氏已经入了后宫，到中宗神龙、景龙年间，她的祸乱才告结束。代宗大历元年、二年，国乱刚刚平息，却将安史余孽安置在河北，形成强大的藩镇，最终还是藩镇灭了唐朝。宝历二年丙午，敬宗社。靖康丙午，都城受围，逮于丁未，汴失守矣。淳熙丁未，高宗上仙。总而言之，大抵丁未之灾，又惨于丙午，昭昭天象，见于运行，非人力之所能为也。

祖宗命相

祖宗进用宰相，惟意所属，初不以内外高卑为主。若召故相，则率置诸见当国者之上。太平兴国中，薛文惠公居正薨，卢多逊、沈伦在相位，而赵韩王普以太子太保散秩而拜昭文。咸平四年，李文靖公沆为集贤，而召故相吕文穆公蒙正为昭文。景德元年，文靖薨，王文正公旦、文穆公钦若为参政，不次补，而毕文简公士安由侍读学士、寇忠愍公准由三司使，并命为史馆集贤，毕公虽历参政，不及一月。至和二年，陈恭公执中罢，刘沆在位，而外召文、富二公，文公复为昭文，富为集贤，而沆迁史馆。熙宁三年，韩献肃公绛、王荆公安石同拜，韩在上而先罢，荆公越四年亦罢。韩复为馆相，明年荆公再入，遂拜昭文，居韩之上。元祐元年，召文正公于洛，司马公自门下侍郎拜左仆谢，固辞，乞令彦博以遭到杀害。文宗大和元年丁未，埋下了甘露之变的祸根，乃至一发不可收拾。僖宗光启年中，天下已经大乱，而宦官又把僖宗劫到兴元府，襄王篡位登基。后晋石重贵开运三年丙午之耻，其祸一直遗留到如今。国朝景德年间，刚刚摆脱了契丹的威胁，第二年即大中祥符元年，又大兴土木，修建神仙宫观，以至国库空虚，国力贫弱。英宗治平四年丁未，王安石入朝为宰相，搞乱了国家法度。靖康元年丙午，京城开封府受到金人围困，到次年丁未，京城陷落。淳熙十四年丁未，高宗辞世。总而言之，丁未年的灾难，又往往比丙午年更为惨烈。天象高悬，造成人间祸福交替，这不是人的力量能够逆转的。

祖宗命相

前朝祖先任用宰相，只凭自己的意愿所定，最初并不把内官外官、高职低职作为主要条件。如果是召用前宰相再任，那么一般是安排在现任宰相职位之上。太宗太平兴国年中，文惠公薛居正逝世，当时卢多逊、沈伦担任丞相，而韩王赵普以太子太保的散官官秩拜为直昭文馆，任首席宰相。真宗咸平四年，文靖公李沆为直集贤院，而宋真宗召用前宰相文穆公吕蒙正为直昭文馆，位在李沆之上。景德元年，李沆逝世，文正公王旦、文穆公王钦若为参知政事，没有依次补迁，而文简公毕士安由翰林侍读学士、忠愍公寇准由三司使同时被命为史馆直集贤院，在王旦、王钦若之上。毕士安虽然以前担任过宰相，但还不到一个月就被免职了。仁宗至和二年，恭公陈执中罢相，当时刘沆在相位，而仁宗从朝廷之外召用文彦博、富弼二人，文彦博再命为直昭文馆，富弼命为直集贤院，而迁刘沆直史馆。神宗熙宁三太师兼侍中行左仆射。而己为右以佐之。宣仁不许，曰：“彦博岂可居卿上？”欲命兼侍中行右仆射，会台谏有言，彦博不可居三省长官，于是但平章军国重事。崇宁以后，蔡京凡四人，辄为首台。此非可论典故也。隆兴元年冬，汤岐公思退为右仆射，张魏公浚为枢密使。孝宗欲命张为左，请于德寿，高宗曰：“汤思退元是左相，张浚元是右相，只仍其旧可也。”于是出命。

年，献肃公韩绛、荆国公王安石一同被命为宰相，韩绛位在上却先罢免了，过了四年，王安石也被罢免了。随后韩绛再次被命为直史馆、宰相，第二年王安石又被召用为宰相，于是拜为直昭文馆，位在韩绛之上。元祐元年，哲宗从洛阳召用文正公司马光为相，司马光从门下侍郎之职拜为左仆射，他坚决辞让，请求让文彦博以太师兼侍中的官职兼任尚书左仆射，自己担任右仆射来辅助他。宣仁皇太后不答应，说："文彦博怎么能位居你之上？"要任命文彦博兼侍中，为尚书右仆射。正好这时谏官也上奏，说文彦博不能担任三省首长，于是只让他主管军事。徽宗崇宁之后，蔡京等四个人，都担任首席宰相，这属特例，不能作为典故来评论。孝宗隆兴元年冬天，岐国公汤思退任尚书右仆射，魏国公张浚任枢密使，孝宗想任张浚为左相，向高宗请求，高宗说："汤思退原来就担任左丞相，张浚原来就担任右丞相，还按照原来的安排就可以了，不必再变。"于是发了圣旨。

图书在版编目（CIP）数据

容斋随笔 / (宋) 洪迈著 ; 王兴亚注译. — 北京 : 团结出版社, 2019.1

（谦德国学文库）

ISBN 978-7-5126-6785-3

Ⅰ. ①容… Ⅱ. ①洪… ②王… Ⅲ. ①笔记—中国—南宋—选集 ②《容斋随笔》—注释③《容斋随笔》—译文 Ⅳ. ①Z429.442

中国版本图书馆CIP数据核字(2018)第280589号

出版: 团结出版社

（北京市东城区东皇城根南街84号 邮编: 100006）

电话:（010）65228880　65244790 (传真)

网址: www.tjpress.com

Email: zb65244790@vip.163.com

经销: 全国新华书店

印刷: 天宇万达印刷有限公司

开本: 145×210　1/32

印张: 69.25

字数: 2000千字

版次: 2020年8月 第1版

印次: 2024年8月 第4次印刷

书号: 978-7-5126-6785-3

定价: 256.00元（全五册）